L'AFRIQUE FRANÇAISE DU NORD

VOLUME 2

AMS PRESS
NEW YORK

MINISTÈRE DE LA GUERRE
ÉTAT-MAJOR DE L'ARMÉE — SERVICE HISTORIQUE

L'AFRIQUE FRANÇAISE DU NORD

BIBLIOGRAPHIE MILITAIRE

DES OUVRAGES FRANÇAIS OU TRADUITS EN FRANÇAIS
ET DES ARTICLES DES PRINCIPALES REVUES FRANÇAISES
RELATIFS À L'ALGÉRIE, À LA TUNISIE ET AU MAROC
(jusqu'en 1927)

PARIS
IMPRIMERIE NATIONALE

MCMXXXV

Library of Congress Cataloging in Publication Data

France. Armée. État-Major. Service historique.
L'Afrique française du nord.

Reprint of the 1930-1935 ed. published by Impr.
nationale, Paris.
Vol. 2 has title: Bibliographie militaire...
jusqu'en 1927.
CONTENTS: v.1. L'Algérie.—v.2. La Tunisie.
1. Africa, North—Bibliography. 2. Africa, North—
History, Military—Bibliography. 3. France—Colonies—
Africa, North—Bibliography. I. Title.
Z3515.F812   1975   016.961   70-180313
ISBN 0-404-56206-X

Reprinted from the edition of 1935, Paris
First AMS edition published in 1975
Manufactured in the United States of America

International Standard Book Number:
Complete Set: 0-404-56206-X
Volue II: 0-404-56208-6

AMS PRESS INC.
NEW YORK, N. Y. 10003

En 1930, le Service Historique de l'Armée faisait paraître, en deux fascicules concernant l'Algérie, le début du présent ouvrage; son intention était de dresser, en un troisième et dernier fascicule, la liste des publications relatives à la Tunisie et au Maroc. Mais il a été reproché aux auteurs de la partie algérienne de cette bibliographie d'avoir limité leurs recherches aux ouvrages et articles publiés seulement après 1830 et traitant uniquement des événements survenus depuis le débarquement des Français sur le sol de l'Algérie. La documentation qu'il est nécessaire de consulter pour connaître les questions algériennes déborde, en effet, largement ce cadre trop étroit. On n'est documenté réellement sur une question moderne que si l'on n'ignore pas ce qui a été écrit soit avant soit après la conquête.

Il a donc été décidé de procéder autrement pour les bibliographies de nos deux protectorats nord-africains et de reprendre les recherches sur des bases nouvelles et élargies. Leur état d'avancement permet de publier aujourd'hui les deux fascicules relatifs à la Tunisie, dont la présentation reste identique à celle précédemment adoptée. Toutefois, une amélioration a été apportée : dans chaque chapitre, les ouvrages ou articles ne sont plus classés dans l'ordre alphabétique des noms d'auteurs, mais dans l'ordre chronologique de leur publication.

Indépendamment des bibliothèques énumérées dans la préface (p. v) du premier fascicule, les dépôts suivants ont été spécialement utilisés pour l'établissement de cette bibliographie :

A Paris, Bibliothèque de l'Académie de médecine;
— de l'École coloniale;

A Paris, Bibliothèque de l'École nationale des langues orientales vivantes;
— de l'École nationale supérieure des Mines;
— de l'Institut de France;
— de l'Institut national agronomique;
— de l'Institut national d'agronomie coloniale (Nogent-sur-Marne);
— de l'Office du Protectorat français en Tunisie;
— de l'Union coloniale française;
— de l'Université;
— de la Chambre de commerce;
— de la Chambre des députés;
— de la Société d'anthropologie;
— de la Société des agriculteurs;
— de la Société des ingénieurs civils;
— de la Société géologique de France;
— de la Société nationale d'agriculture;
— du laboratoire de géologie;
— du Ministère des Affaires étrangères;
— du Muséum d'histoire naturelle;
— du Sénat.

A Alger, Bibliothèque du Gouvernement général;
— nationale.

A Tunis, Bibliothèque publique (Souk El-Attarine).

Nous avons l'agréable devoir de remercier tous ceux qui ont bien voulu s'intéresser à notre travail et faciliter nos recherches. Nous devons des marques d'une gratitude toute particulière à M. Gabriel Esquer, administrateur de la bibliothèque nationale d'Alger; au docteur Maurice Genty, de la bibliothèque de l'Académie de médecine; à M. Georges Girard, bibliothécaire du Ministère des Affaires étrangères; à Mme Colette Meuvret, bibliothécaire de l'École nationale des langues orientales vivantes; enfin à M. Louis Barbeau, conservateur de la bibliothèque publique de Tunis.

TABLE DES ABRÉVIATIONS

EMPLOYÉES POUR DÉSIGNER LES PÉRIODIQUES.

A. L'Armée.
A. A. L'Armée d'Afrique.
A. Col. L'Armée coloniale.
A. Ill. Armée illustrée.
A. Mod. L'armée moderne.
A travers le monde. Le Tour du monde. Nouvelles géographiques avec supplément *A travers le monde.*
Ac. Inscr. B.-Lettres, C. R. Académie des Inscriptions et Belles-Lettres, comptes rendus des séances...
Ac. Sc. Col. Académie des Sciences coloniales, comptes rendus des séances, communications.
Act. afr. L'Action africaine.
Act. nat. Action nationale.
Aéro. L'aéronautique.
Af. expl. L'Afrique explorée et civilisée.
Af. latine. L'Afrique latine.
Afric. L'Africaine, revue de l'Afrique latine, *devenu* L'Africaine et les actualités diplomatiques et coloniales (réunies), *puis* L'Africaine, organe de mutualité et de propagande coloniale.
Agro. col. L'Agronomie coloniale. Bulletin mensuel de l'Institut national d'agronomie coloniale.
Alger Méd. Alger médical.
Alm. marsouin. Almanach du marsouin.
Alp. mil. Les Alpes militaires, organe mensuel de liaison entre les officiers des réserves et leurs camarades de l'active (XIV° C. A.).
Am. Aut. L'Amateur d'autographes.
Ann. Ac. Sc. Col. Annales de l'Académie des Sciences coloniales.
Ann. agro. Annales agronomiques.
Ann. Col. Les Annales coloniales.
Ann. Extr. Or. Annales de l'Extrême Orient et de l'Afrique.
Ann. G. Annales de géographie.
Ann. G., Bibl. Annales de Géographie; bibliographie géographique annuelle, *devenu* Bibliographie géographique...

Ann. Guimet. Annales du musée Guimet. Bibliothèque de vulgarisation.
Ann. hydr. Service hydrographique de la Marine. Annales hydrographiques. Recueil de documents et mémoires relatifs à l'hydrographie et la navigation.
Ann. Hyg. Méd. col. Annales d'Hygiène et de Médecine coloniales.
Ann. Hyg. pub. Annales d'Hygiène publique et de Médecine légale.
Ann. Inst. Pasteur. Annales de l'Institut Pasteur.
Ann. mar. col. Annales maritimes et coloniales.
Ann. Mines. Annales des Mines.
Ann. d'Oc. Annales d'Oculistique.
Ann. Pol. Lit. Les Annales politiques et littéraires.
Ann. Ponts et chaussées (M.). Annales des Ponts et Chaussées (Mémoires).
Ann. Sc. agro. Annales de la Science agronomique française et étrangère.
Ann. Sc. Pol. Annales de l'École libre des Sciences politiques.
Ann. Serv. bot. Tunis. Annales du Service botanique de la Direction générale de l'agriculture, du commerce et de la colonisation en Tunisie.
Ann. Soc. agric. Lyon. Annales de la Société d'agriculture, histoire naturelle et arts utiles de Lyon.
Ann. Soc. géol. Belgique. Annales de la Société géologique de Belgique.
Ann. Soc. géol. Nord. Société géologique du Nord. Annales.
Ann. Soc. linnéenne Lyon. Annales de la Société linnéenne de Lyon.
Ann. Soc. Nantes. Annales de la Société académique de Nantes.
Ann. Un. Alg. Annales universitaires de l'Algérie.
Année col. L'Année coloniale.
Annuaire encycl. Annuaire encyclopédique.
Annuaire Soc. mét. France. Annuaire de la Société météorologique de France.
Anthr. L'Anthropologie.
Arch. anthr. crim. Archives d'anthropologie criminelle et des sciences pénales, *devenu* Archives d'anthropologie criminelle, de criminologie et de psychologie normale et pathologique.
Arch. Berb. Archives berbères, publication du Comité d'Études berbères de Rabat.
Arch. G. G. Les Archives de la grande guerre.
Arch. génér. Méd. Archives générales de Médecine.
Arch. Inst. Pasteur Af. N. Archives des Instituts Pasteur de l'Afrique du Nord.
Arch. Inst. Pasteur Tunis. Archives de l'Institut Pasteur de Tunis.
Arch. Mar. Archives marocaines.
Arch. Méd. Pharm. Mil. Archives de Médecine et de Pharmacie militaires (faisant suite à *J.*, puis *Rec. Mém. Méd. Chir. Pharm. Mil.*).
Arch. Méd. [Pharm.] Nav. Archives de Médecine navale, *devenu* Archives de Médecine et Pharmacie navales.

Arch. missions scient. litt. Archives des missions scientifiques et littéraires, *devenu* Nouvelles archives des missions scientifiques et littéraires.
Arch. Parasit. Archives de Parasitologie.
Ass. fr. av. sc. Association française pour l'avancement des sciences.
Av. Mil. Avenir militaire.
Bibl. É. Chartes. Bibliothèque de l'École des Chartes.
Bibl. g. Bibliographie géographique... *faisant suite à la* Bibliographie géographique annuelle des Annales de géographie.
Bibl. univ. et R. Genève [Suisse]. Bibliothèque universelle et Revue de Genève [Suisse].
Bul. Ac. Hippone. Bulletin de l'Académie d'Hippone.
Bul. Ac. Méd. Bulletin de l'Académie de Médecine.
Bul. agence Col. Bulletin de l'Agence générale des Colonies.
Bul. agr. Alg. Tun. [Maroc]. Bulletin agricole de l'Algérie et de la Tunisie, *devenu* Bulletin agricole de l'Algérie-Tunisie-Maroc.
Bul. all. Israël. Bulletin de l'Alliance israélite universelle.
Bul. antiq. afric. Bulletin trimestriel des antiquités africaines, *devenu* Revue de l'Afrique française. Bulletin des antiquités africaines.
Bul. Arch. Bulletin du Comité des travaux historiques et scientifiques, *devenu* Bulletin archéologique du Comité des travaux historiques et scientifiques.
Bul. Ass. Af. Nord. Bulletin de l'Association de l'Afrique du Nord.
Bul. Ass. Sc. France. Bulletin hebdomadaire de l'Association scientifique de France.
Bul. Belge Sc. Mil. Bulletin belge des Sciences militaires.
Bul. Com. A. F. Bulletin du Comité de l'Afrique française.
Bul. Cor. Af. École supérieure des lettres d'Alger. Bulletin de correspondance africaine.
Bur. Dir. agr., com. [col.] Tunis. Régence de Tunis. Bulletin de la Direction [générale] de l'agriculture, du commerce [et de la colonisation].
Bul. Éc. Sc. Alger. Bulletin de l'École supérieure des sciences d'Alger.
Bul. écon. Madagascar. Bulletin économique de Madagascar.
Bul. enseign. pub. Maroc. Bulletin de l'enseignement public du Maroc.
Bul. G. Hist. Descr. Bulletin de Géographie historique et descriptive.
Bul. G. Q. G. Bulletin de la section d'information du G. Q. G.
Bul. Hôp. civil Tunis. Bulletin de l'hôpital civil français de Tunis.
Bul. Inst. Col. Agr. Nancy. Bulletin de l'Institut colonial et agricole de Nancy.
Bul. inst. écon. soc. Bulletin mensuel des institutions économiques et sociales (Institut international d'agriculture).
Bul. Inst. H. É. Maroc. Bulletin de l'Institut des Hautes Études marocaines.

Bul. Méd. Le Bulletin médical.
Bul. Méd. Algérie. Bulletin médical de l'Algérie.
Bul. Mém. Soc. Af. France. Bulletins et Mémoires de la Société africaine de France.
Bul. Mém. Soc. Anthr. Bruxelles. Bulletin et Mémoires de la Société d'Anthropologie de Bruxelles.
Bul. Mém. Soc. méd. Hôp. Paris. Bulletins et Mémoires de la Société médicale des hôpitaux de Paris.
Bul. Musée Châteauroux. Musée municipal de Châteauroux. Bulletin...
Bul. Muséum. Bulletin du Muséum.
Bul. Office tunisien [Protectorat]. Bulletin mensuel de l'Office du Gouvernement tunisien [du Protectorat français en Tunisie].
Bul. Officiel médecins réserve et A. T. Bulletin officiel de l'Union fédérative des médecins de réserve et de l'armée territoriale.
Bul. polonais. Bulletin polonais, littéraire, scientifique et artistique.
Bul. R. Ét. A. Bulletin de la Réunion d'Études algériennes.
Bul. R. Off. Bulletin de la Réunion des Officiers.
Bul. [R.] Sect. Tunis. Bulletin [puis Revue] de la Section tunisienne de la Société de Géographie commerciale de Paris.
Bul. Sc. Éc. Soc. Bulletin des Sciences économiques et sociales.
Bul. Sc. Mil. Bulletin des Sciences militaires.
Bul. Soc. Anthr. Lyon. Bulletin de la Société d'Anthropologie de Lyon.
Bul. Soc. Anthr. Paris. Bulletin de la Société d'Anthropologie de Paris, *devenu* Bulletins et Mémoires de la Société d'Anthropologie de Paris.
Bul. Soc. Arch. Sousse. Bulletin de la Société archéologique de Sousse.
Bul. Soc. Arch. Touraine. Bulletin de la Société d'Archéologie de Touraine.
Bul. Soc. belge Ét. Col. Bulletin de la Société d'Études coloniales, *devenu* Bulletin de la Société belge d'Études coloniales.
Bul. Soc. belge G. Société royale belge de Géographie. Bulletin...
Bul. Soc. bretonne G. Bulletin de la Société bretonne de Géographie.
Bul. Soc. climat. algér. Bulletin de la Société algérienne de climatologie, sciences physiques et naturelles, *devenu* Bulletin de la Société des sciences physiques, naturelles et climatologiques de l'Algérie, *puis* Bulletin de la Société de climatologie algérienne.
Bul. Soc. enc. ind. nat. Bulletin de la Société d'encouragement pour l'industrie nationale.
Bul. Soc. Ét. Col. Mar. Bulletin de la Société des Études coloniales et maritimes, *devenu* Revue des Questions coloniales et maritimes.
Bul. Soc. fr. ing. col. Bulletin de la Société française des ingénieurs coloniaux.
Bul. Soc. fr. H. Méd. Bulletin de la Société française d'histoire de la Médecine.

Bul. Soc. G. Alger. Bulletin de la Société de Géographie d'Alger et de l'Afrique du Nord.
Bul. Soc. G. Arch. Oran. Bulletin de la Société de Géographie et d'Archéologie de la province d'Oran.
Bul. Soc. G. Caire. Bulletin de la Société khédiviale de Géographie du Caire.
Bul. Soc. G. Cher. Bulletin de la Société de Géographie du Cher.
Bul. Soc. G. Com. Bordeaux. Bulletin de la Société [*devenu* Revue] de Géographie commerciale de Bordeaux.
Bul. Soc. G. Com. Havre. Société de Géographie commerciale du Havre. Bulletin...
Bul. Soc. G. Com. Nantes. Bulletin de la Société de Géographie commerciale de Nantes.
Bul. Soc. G. Com. Paris. Bulletin de la Société de Géographie commerciale de Paris, *devenu* Revue économique française publiée par...
Bul. Soc. G. Const. Bulletin de la Société de Géographie de Constantine.
Bul. Soc. G. Dijon. Bulletin de la Société de Géographie de Dijon, *devenu* Mémoires de la Société bourguignonne de géographie et d'histoire.
Bul. Soc. G. Dunkerque. Bulletin de la Société de Géographie de Dunkerque.
Bul. Soc. G. Est. Bulletin de la Société de Géographie de l'Est.
Bul. Soc. G. Ét. Col. Marseille. Bulletin de la Société de Géographie et d'Études coloniales de Marseille.
Bul. Soc. G. Lille. Bulletin de la Société de Géographie de Lille.
Bul. Soc. G. Lyon. Bulletin de la Société de Géographie de Lyon.
Bul. Soc. G. Maroc. Bulletin de la Société de Géographie du Maroc.
Bul. Soc. G. Marseille. Bulletin de la Société de Géographie de Marseille.
Bul. Soc. G. Paris. La Géographie; Bulletin de la Société de Géographie de Paris.
Bul. Soc. G. Saint-Quentin. Bulletin de la Société de Géographie de Saint-Quentin.
Bul. Soc. G. Toulouse. Bulletin de la Société de Géographie de Toulouse.
Bul. Soc. géol. France. Bulletin de la Société géologique de France.
Bul. Soc. Hist. nat. Af. Nord. Bulletin de la Société d'Histoire naturelle de l'Afrique du Nord.
Bul. Soc. ind. min. Bulletin de la Société de l'industrie minérale, *devenu* Bulletin et comptes rendus mensuels de la Société de l'industrie minérale.
Bul. Soc. languedoc. G. Bulletin de la Société languedocienne de Géographie.
Bul. Soc. lég. comp. Bulletin de la Société de législation comparée.

Bul. Soc. Méd. mil. fr. Bulletin de la Société de Médecine militaire française.
Bul. Soc. nat. acclim. Bulletin de la Société nationale d'acclimatation de France, *devenu* Revue des Sciences naturelles appliquées.
Bul. Soc. nat. antiq. France. Bulletin de la Société nationale des antiquaires de France.
Bul. Soc. neuchât. G. Bulletin de la Société neuchâteloise de Géographie.
Bul. Soc. normande G. Société normande de Géographie. Bulletin...
Bul. Soc. Path. exot. Bulletin de la Société de Pathologie exotique.
Bul. Soc. prop. col. Bulletin de la Société de propagande coloniale.
Bul. Soc. royale G. Égypte. Bulletin de la Société royale de Géographie d'Égypte.
Bul. Soc. Sc. Méd. Tunis. Bulletin de la Société des sciences médicales de Tunis, *devenu* Bulletin et travaux de la Société des sciences médicales de Tunis, *puis* Revue tunisienne des sciences médicales, *et de 1922 à 1926,* Revue tunisienne des sciences médicales et Tunis-Médical réunis.
Bul. Soc. Sc. nat. Maroc. Bulletin de la Société des Sciences naturelles du Maroc.
Bul. Soc. topo. France. Bulletin de la Société de topographie de France.
Bul. Statist. Ministère des Finances. Bulletin de statistique et de législation comparée.
Bul. union col. Bulletin de l'Union coloniale française, *devenu* La Quinzaine coloniale.

C. R. Ac. agric. France. Comptes rendus des séances de l'Académie d'agriculture de France.
C. R. Ac. Sc. Comptes rendus hebdomadaires des séances de l'Académie des Sciences.
C. R. Ac. Sc. Mor. Pol. Séances et travaux de l'Académie des Sciences morales et politiques (Institut de France). Compte rendu...
C. R. Soc. biogéographie. Comptes rendus sommaires de la Société de biogéographie.
C. R. Soc. biologie. Comptes rendus hebdomadaires des séances et mémoires de la Société de biologie.
C. R. Soc. G. Paris. Compte rendu des séances de la Société de Géographie de Paris et de la Commission centrale.
C. R. Soc. géol. France. Compte rendu sommaire des séances de la Société géologique de France.
C. R. Soc. savantes. Comptes rendus du Congrès des Sociétés savantes de Paris et des départements. Section des Sciences.
Cad. Le Caducée; colonies, guerre, marine.
Cah. Dr. Hom. Les Cahiers des Droits de l'Homme.

Carn. H. L. Le Carnet historique et littéraire, devenu Le Carnet.
Chimie ind. Chimie et industrie.
Chr. Institut Col. fr. Chronique de l'Institut colonial français.
Cl. Clarté.
Col. Colonia.
Col. Mar. Colonies et Marine.
Com. Tr. H. Comité des Travaux historiques. Bulletin des Sciences économiques et sociales.
IVe Congrès sc. g. Paris 1889. IVe Congrès international des sciences géographiques tenu, à Paris, en 1889.
Cor. Le Correspondant.
Cor. Or. Correspondance d'Orient.
Coton. Coton et culture cotonnière.

Éc. nouv. L'Économie nouvelle, organe de la Fédération des industriels et commerçants français.
Écon. europ. L'Économiste européen.
Écon. fr. L'Économiste français.
Études. Études publiées par les Pères de la Compagnie de Jésus.
Études Atl. Les Études atlantéennes. Bulletin de la S. E. A.
Eur. Europe.
Eur. nouv. Europe nouvelle.
Exp. fr. col. L'Expansion française coloniale.
Explorateur. L'Explorateur, journal géographique et commercial.

F. H. Feuilles d'histoire du xiie au xxe siècle.
Fr.-Islam. France-Islam.
Fr. islamiq. La France islamique, archives des questions franco-musulmanes.
Fr. Maroc. France-Maroc. Revue.
Fr. Monde. France et Monde.
Fr. nouv. La France nouvelle.

G. Heb. Méd. Chir. Gazette hebdomadaire de Médecine et de Chirurgie.
G. Hôp. Gazette des Hôpitaux civils et militaires.
G. R. La Grande Revue, *faisant suite à* Revue du Palais.
Gaz. G. Gazette géographique.
Gén. civil. Le génie civil.
Gl. Le Globe, journal géographique, organe de la Société de géographie de Genève.

Hesp. Hespéris. Archives berbères et Bulletin de l'Institut des Hautes Études marocaines.

J. A. Journal de l'Armée.
J. Ann. Journal de l'Université des Annales.
J. As. Journal asiatique.
J. D. Int. pr. Journal du Droit international privé, *devenu* Journal du Droit international privé et de la jurisprudence comparée.
J. écon. Journal des économistes.
J. I. C. Journal de l'Infanterie et de la Cavalerie.
J. Mar. marchande. Journal de la Marine marchande.
J. Méd. Bordeaux. Journal de Médecine de Bordeaux.
J. O. Journal officiel.
J. praticiens. Journal des praticiens.
J. savants. Journal des savants.
J. Sc. Mil. Journal des Sciences militaires.
J. Soc. nat. hortic. Journal de la Société nationale d'horticulture de France.
J. Soc. stat. Paris. Journal de la Société de statistique de Paris.

Lyon Chir. Lyon chirurgical.
Lyon Col. Lyon colonial.

Mar. fr. La Marine française.
Maroc Méd. Maroc médical. Journal de la médecine et des médecins du Maroc.
Maroc-R. Maroc-Revue.
Marseille Méd. Marseille médical.
Mél. Rome. École française de Rome. Mélanges d'archéologie et d'histoire.
Mém. Ac. Stan. Mémoires de l'Académie de Stanislas.
Mém. Acad. Inscr. B.-L. Mémoires de l'Institut national de France. Académie des Inscriptions et Belles-Lettres.
Mém. Acad. Vaucluse. Mémoires de l'Académie de Vaucluse.
Mém. Art. Mar. Mémorial de l'Artillerie de la Marine.
Mém. poudres. Mémorial des poudres et salpêtres.
Mém. Soc. Alès. Mémoires et comptes rendus de la Société scientifique et littéraire d'Alès.
Mém. Soc. anthr. Paris. Mémoires de la Société d'anthropologie de Paris.
Mém. Soc. Aveyron. Mémoires de la Société des Lettres, Sciences et Arts de l'Aveyron.

Mém. Soc. ing. civils. Mémoires et compte rendu des travaux de la Société des ingénieurs civils de France.
Mém. Soc. ling. Paris. Mémoires de la Société de linguistique de Paris.
Mém. Soc. nat. antiq. France. Mémoires de la Société nationale des antiquaires de France.
Mém. Soc. Sc. nat. Maroc. Mémoires de la Société des Sciences naturelles du Maroc.
Merc. F. Mercure de France.
Missions cath. Les Missions catholiques. Bulletin hebdomadaire illustré de l'œuvre de la propagation de la foi.
Mon. U. Moniteur universel.
Monde écon. Le Monde économique.
Monde nouv. Le Monde nouveau, revue mensuelle interalliée et internationale.
Montpellier Méd. Montpellier médical.
Mouv. géogr. Le Mouvement géographique. Journal populaire des sciences géographiques, organe des intérêts belges dans les pays d'outre-mer.
Mouv. soc. Le Mouvement socialiste, revue de critique sociale, littéraire et artistique.

N. Ann. voyages. Nouvelles Annales des voyages, de la géographie, de l'histoire...
N. R. Nouvelle Revue.
N. R. Int. La Nouvelle Revue internationale.
N. R. Rétr. Nouvelle Revue rétrospective.
Nat. La Nature.

Off. Rés. L'Officier de Réserve, édition des Écoles de perfectionnement.
Op. L'Opinion.
Or. Occ. Orient et Occident.

P. Panorama.
Paris Méd. Paris médical.
Parl. Op. Le Parlement et l'Opinion.
Philo. pos. La Philosophie positive.
Presse méd. La Presse médicale.
Progrès agric. vit. Le Progrès agricole et viticole.

Q. act. Les questions actuelles.
Q. Dipl. Col. Questions diplomatiques et coloniales.
Quinz. Quinzaine.
Quinz. col. La Quinzaine coloniale, organe de l'Union coloniale française.

R. La Revue (ancienne Revue des Revues).
R. A. Revue algérienne.
R. Aéro. Mil. Revue de l'Aéronautique militaire.
R. Af. Revue africaine. Journal des Travaux de la Société historique algérienne.
R. Af. fr. Revue de l'Afrique française. Bulletin des antiquités africaines.
R. Af. Nord. Revue de l'Afrique du Nord.
R. Alg. Col. Revue algérienne et coloniale.
R. Alg. Tun. [*Maroc.*] *lég. jurisp.* Revue algérienne, tunisienne [et marocaine] de législation et de jurisprudence.
R. anthr. Revue anthropologique.
R. anthr. Paris. Revue de l'École d'anthropologie de Paris, *devenu* Revue anthropologique.
R. arch. Revue archéologique.
R. Arm. T. M. Revue des Armées de terre et de mer.
R. Art. Revue d'Artillerie.
R. Aveyron Lot. Revue de l'Aveyron et du Lot.
R. belge. La Revue belge.
R. Bibl. Revue des Bibliothèques.
R. bot. agr. col. Revue de botanique appliquée et d'agriculture coloniale.
R. Br. Revue britannique.
R. C. Revue de Cavalerie.
R. C. M. Revue du Cercle militaire.
R. Col. Revue coloniale.
R. Cont. Revue contemporaine.
R. Crit. Revue critique d'histoire et de littérature.
R. Crit. idées. Revue critique des idées et des livres.
R. Crit. lég. jurisp. Revue critique de législation et de jurisprudence.
R. cultures col. Revue des cultures coloniales.
R. D. Int. Revue de Droit international et de Législation comparée.
R. D. Int. privé. Revue de Droit international privé.
R. D. Int., Sc. dipl. pol. soc. Revue de Droit international, de sciences diplomatiques, politiques et sociales.
R. D. M. Revue des Deux Mondes.
R. d'anthr. Revue d'anthropologie.
R. d'Europ. Revue d'Europe, *devenu* Revue d'Europe et des Colonies.
R. des Français. Revue des Français.
R. du mois. Revue du mois.
R. É. H. Revue des Études historiques, publiée par la Société des Études historiques.
R. É. juives. Revue des Études juives.

R. É. M. Revue d'Histoire, rédigée à l'État-Major de l'Armée (Section historique).
R. écon. fr. Revue économique française.
R. écon. intern. Revue économique internationale.
R. écon. pol. Revue d'économie politique.
R. Enc. Revue encyclopédique, *devenu* Revue universelle.
R. enseig. fr. Revue de l'enseignement français hors de France.
R. ét. napoléon. Revue des études napoléoniennes.
R. Europ. Revue européenne.
R. F. Revue de France.
R. F. Étr. Col. Revue française de l'étranger et des colonies.
R. F. M. Revue de la France moderne.
R. Fr. Mus. Revue franco-musulmane et saharienne.
R. G. Revue de Géographie.
R. G. alpine. Revue de Géographie alpine, publiée par l'Institut de géographie alpine (Université de Grenoble).
R. G. intern. Revue de Géographie internationale.
R. G. Sc. Revue générale des Sciences pures et appliquées.
R. Gén. Revue du Génie militaire.
R. gén. ch. de fer. Revue générale des chemins de fer.
R. gén. Col. Revue générale des Colonies.
R. gén. D. Int. Revue générale de Droit international public.
R. gén. intern. sc. lit. art. Revue générale internationale, scientifique, littéraire et artistique.
R. H. Revue hebdomadaire.
R. H. Col. Fr. Revue de l'Histoire des Colonies françaises.
R. H. Dipl. Revue d'Histoire diplomatique, publiée par les soins de la Société d'Histoire diplomatique.
R. H. L. Fr. Revue d'Histoire littéraire de la France.
R. H. Missions. Revue d'Histoire des Missions.
R. H. Mod. Cont. Revue d'Histoire moderne et contemporaine.
R. H. nat. appliquée. Revue d'Histoire naturelle appliquée.
R. H. Relig. Revue de l'Histoire des Religions.
R. Historiq. Revue historique.
R. Hyg. Revue d'Hygiène et de Police sanitaire, *puis* Revue d'Hygiène.
R. I. Revue d'Infanterie.
R. Ind. Revue indépendante.
R. Indig. Revue indigène.
R. Int. Revue de l'Intendance.
R. int. enseign. Revue internationale de l'enseignement.
R. jeunes. Revue des jeunes.
R. L. Revue du Lyonnais. Recueil historique et littéraire.

R. M. C. Revue du Monde catholique.
R. M. Col. Revue du Monde colonial.
R. M. Étr. Revue militaire de l'étranger, rédigée à l'État-Major général... (2ᵉ bureau).
R. M. F. Revue militaire française.
R. M. G. Revue militaire générale.
R. M. J. A. T. M. Revue militaire; Journal des Armées de terre et de mer.
R. M. M. ill. Revue militaire mensuelle illustrée.
R. M. S. Revue militaire suisse.
R. M. U. La Revue militaire universelle.
R. M. Mus. Revue du Monde musulman, publiée par la Mission scientifique du Maroc.
R. Mar. Revue maritime.
R. Mar. Col. Revue maritime et coloniale.
R. Mar. marchande. Revue de la Marine marchande.
R. Maroc. La Revue marocaine.
R. Méd. Revue de Médecine.
R. Méd. Hyg. tropic. Revue de Médecine et d'Hygiène tropicales.
R. Méd. Suisse romande. Revue médicale de la Suisse romande.
R. mondiale. Revue mondiale (ancienne Revue des Revues).
R. N. Revue Nouvelle.
R. N. Af. Revue Nord-Afrique.
R. N. Af. ill. La Revue nord-africaine illustrée.
R. Or. Alg. Col. Revue de l'Orient, de l'Algérie et des Colonies (*ancienne* Revue de l'Orient, *devenu* Revue de l'Orient et de l'Algérie).
R. orient. et algér. Revue orientale et algérienne.
R. orient. et amér. Revue orientale et américaine.
R. P. Revue de Paris.
R. P. L. Revue politique et littéraire (Revue bleue).
R. P. Parl. Revue politique et parlementaire.
R. Palais. Revue du Palais, *devenu* La Grande Revue.
R. Péd. Revue pédagogique.
R. pour Français. Revue pour les Français.
R. Q. Col. Mar. Revue des Questions coloniales et maritimes (*ancien* Bulletin de la Société des Études coloniales et maritimes).
R. Q. Hist. Revue des Questions historiques.
R. races latines. Revue des races latines.
R. Rh. La Revue Rhénane. Rheinische Blätter.
R. Sc. Revue scientifique (Revue rose).
R. Sc. nat. Revue des sciences naturelles.
R. Sc. nat. avpl. Revue des sciences naturelles appliquées... *devenu* Bulletin de la Société nationale d'acclimatation de France.

R. Sc. Pol. Revue des Sciences politiques (*faisant suite à* Annales de l'École libre des Sciences politiques, *devenu* Annales des Sciences politiques).
R. Sect. Tun. Revue [*ancien* Bulletin] de la Section tunisienne de la Société de Géographie commerciale de Paris.
R. Semaine. Revue de la Semaine.
R. Synt. Hist. Revue de Synthèse historique.
R. T. Revue tunisienne.
R. Toulouse. Revue de Toulouse et du Midi de la France.
R. trachome. Revue du trachome.
R. troupes col. Revue des troupes coloniales.
R. Tun. Sc. Méd. Revue tunisienne des Sciences médicales, *faisant suite à* Bulletin de la Société des Sciences médicales de Tunis.
R. Univ. Revue universelle.
R. Univ. mines. Revue universelle des mines, de la métallurgie, des travaux publics, des sciences et des arts appliqués à l'industrie.
R. Vét. alg. tun. Revue Vétérinaire algérienne et tunisienne.
R. Vét. Mil. Revue Vétérinaire Militaire.
R. vit. Revue de viticulture.
R. Viv. Revue historique et archéologique du Vivarais.
R. zootechnie. Revue de zootechnie.
Rec. Hyg. Méd. Vét. Mil. Recueil de Mémoires et Observations sur l'Hygiène et la Médecine vétérinaire militaires.
Rec. jurisp. col. mar. Recueil général de jurisprudence, de doctrine et de législation coloniales et maritimes.
Rec. lég. jurisp. maroc. Recueil de législation et de jurisprudence marocaines.
Rec. Mém. Méd. Chir. Pharm. Mil. Recueil de Mémoires de Médecine, de Chirurgie et de Pharmacie militaires.
Rec. Soc. Arch. Const. Recueil des notices et mémoires de la Société archéologique (de la province) du département de Constantine.
Réf. Soc. La Réforme sociale.
Ren. La Renaissance politique, littéraire et artistique.
Ren. N.-afric. La Renaissance nord-africaine.
Révol. Fr. La Révolution française. Revue historique... publiée par la Société de l'Histoire de la Révolution.

S. Carnet de la Sabretache. Revue militaire rétrospective publiée par la Société «La Sabretache».
S. A. La Sentinelle de l'Armée.
Sc. et Nat. Science et Nature.
Sc. mod. La Science moderne.

Soc. belge ét. exp. Société belge d'études et d'expansion.
Sol. Soleil, revue nord-africaine d'art et de littérature.
Souv. Mém. Souvenirs et Mémoires, recueil mensuel de documents autobiographiques, souvenirs, mémoires, correspondances.
Sp. Mil. Le Spectateur militaire.

Tunisie méd. La Tunisie médicale; revue mensuelle de médecine et de chirurgie.

Vie agric. La Vie agricole et rurale.
Vie technique. La Vie technique, industrielle, agricole et coloniale.

TABLE DES MATIÈRES.

(3ᵉ FASCICULE.)

Table des abréviations employées pour désigner les périodiques........... IX

LA TUNISIE.

PREMIÈRE PARTIE.

LA TUNISIE ET L'AFRIQUE DU NORD.

CHAPITRE PREMIER.

BIBLIOGRAPHIES ET GÉNÉRALITÉS.

I. Recueils bibliographiques et sources diverses....................... 1
II. Ouvrages d'ensemble sur l'Afrique du Nord, la colonisation et les protectorats... 19

CHAPITRE II.

DES ORIGINES AU PROTECTORAT.

I. Périodes carthaginoise, romaine, vandale et byzantine............... 68
II. Dominations arabe et turque.................................. 114
III. La crise tunisienne... 154

DEUXIÈME PARTIE.

L'EXPÉDITION DE TUNISIE
ET L'ÉTABLISSEMENT DU PROTECTORAT FRANÇAIS. 183

TROISIÈME PARTIE.

LA FRANCE EN TUNISIE.

CHAPITRE PREMIER.
POLITIQUE ET ÉVOLUTION DU PROTECTORAT................. 237

CHAPITRE II.
LA COLONISATION.

I. Le peuplement français.. 337
II. L'immigration étrangère et la naturalisation en Tunisie............... 366
III. La législation; propriété foncière, habous; l'organisation judiciaire.... 386
IV. L'agriculture, la viticulture, les forêts, l'élevage.................... 423
V. L'hydraulique, la climatologie, les pluies......................... 477

LA TUNISIE.

PREMIÈRE PARTIE.

LA TUNISIE ET L'AFRIQUE DU NORD.

CHAPITRE PREMIER.

BIBLIOGRAPHIES ET GÉNÉRALITÉS.

I. RECUEILS BIBLIOGRAPHIQUES ET SOURCES DIVERSES.

4194. — TERNAUX-COMPANS (H.). *Bibliothèque asiatique et africaine, ou catalogue des ouvrages relatifs à l'Asie et à l'Afrique qui ont paru depuis la découverte de l'imprimerie jusqu'en 1700...* — Paris, A. Bertrand, 1841, in-8°, VI-347 p.

Cite 3184 art. classés par ordre chronologique; table des matières (v. notamment Afrique, Alger, Barbarie, Maroc, Tunis, etc.) et table des auteurs.

4195. — TESTA (Bon I. de). *Recueil des traités de la Porte ottomane avec les puissances étrangères, depuis le premier traité conclu, en 1536, entre Suléyman Ier et François Ier, jusqu'à nos jours... France...* — Paris, Amyot [Muzard, puis E. Leroux], 1864-1894, 8 vol. in-8°.

Bibliothèque diplomatique. — L'ouvrage, à partir du t. IV, fut continué par Alfred et Léopold de Testa, fils de l'auteur. Réunion non seulement des traités, conventions, protocoles, mais aussi de tous les actes intéressants concernant l'histoire des relations de la Porte avec les puissances. V. notamment t. Ier (623 p.) : documents relatifs aux capitulations (p. 91, 141, 186), aux régences barbaresques (p. 409-436), à Alger, à l'expédition, puis à l'occupation (p. 436-481); collection des traités entre Tripoli, Tunis et la France depuis 1604 (p. 320-409). Par volume, tables analytique et chronologique et notices historiques.

4196. — MARSY (Cte A. de). *Essai de bibliographie tunisienne, ou indication des principaux ouvrages publiés en France sur la*

Régence de Tunis, par A. Demarsy (sic)... — Paris, Arras, typ. Rousseau-Leroy, 1869, in-8°, 44 p.

Liste des ouvrages généraux, de géographie, d'histoire (historiens français et historiens orientaux), récits de voyageurs (européens et orientaux), ouvrages relatifs aux corsaires, description et histoire des villes ou provinces de la Régence, politique, linguistique, manuscrits concernant la Tunisie; courte notice pour chaque ouvrage. Nombreuses erreurs dans les noms. D'après J. Jackson (v. n° **4202**. p. 141), cette bibliographie a été refondue dans celle signalée sous le n° **29**.

4197. — *Annuaire de législation étrangère, publié par la* Société de législation comparée, *contenant la traduction des principales lois votées dans les pays étrangers*. — Paris, Cotillon et fils, 1872 [et ann. suiv.], in-8°.

Publication annuelle contenant, pour l'année précédente, en particulier les lois et conventions conclues avec les pays étrangers et relatives au Maroc et à la Tunisie.

Table alphabétique et analytique des matières contenues dans les 30 premiers volumes (1872-1901), dressée par Léon Adam, avocat. Paris, Pichon et Durand-Auzias, 1905, in-8°, iv-709 p.

4198. — Daniel (André), pseud. de Folet (Dr Henri) [1874-1879], de Lebon (André) [1880-1890], de Cruchon-Dupeyrat [1891-1897], de Bonnefous (Georges) [1898-1905]. *L'année politique*... — Paris, Charpentier [Perrin], 1874-1905, 32 vol. in-18.

Série de vol. ayant pour but «de fixer la physionomie politique de l'année», exposant mois par mois les faits accomplis. En particulier : année 1879 (422 p.), les intérêts français en Tunisie. 1880 (488 p.), l'Italie et la Tunisie; l'influence française en Tunisie. 1881 (viii-458 p.), causes, but, résumé de l'expédition; attitude de l'Angleterre, de l'Italie et de la Turquie; traité du Bardo, son accueil par la presse française et par l'étranger; critiques, fautes et erreurs commises; la question de l'annexion; mouvements insurrectionnels en Algérie et dans le Sud tunisien; deuxième expédition de Tunisie. 1882 (xi-428 p.), progrès de la pacification en Tunisie, organisation du Protectorat, troupes maintenues en Tunisie; traité du 10 juillet 1882; insurrection de Bou Amama en Algérie. 1883 (vii-447 p.), la question des tribunaux tunisiens, interpellations du duc de Broglie à la Chambre; convention du 8 juin 1883 avec le bey; réduction des effectifs du corps d'occupation; les capitulations. 1884 (viii-403 p.), ratification par la Chambre de la convention de 1883. L'année 1905 (xii-678 p.) traite du conflit franco-allemand au sujet des affaires marocaines et de sa répercussion à la Chambre des députés. Chaque vol. est suivi d'une table chronologique, de notes, documents et pièces justificatives.

4199. — SAINTE-MARIE (E. de). *Bibliographie carthaginoise...* — Constantine, L. Arnolet, 1875, in-8°, 47 p.

Rec. Soc. Arch. Const., 1875, p. 69-110. — Liste de 233 ouvrages romains, grecs, arabes et récents sur l'histoire de Carthage.

4200. — SAINTE-MARIE (E. de), consul de France. *Recherches bibliographiques sur Karthage...* — Constantine, imp. L. Arnolet, 1879, in-8°, 90 p.

Rec. Soc. Arch. Const., 1878, p. 97-186. — Bibliographie des ouvrages des auteurs indigènes, grecs, romains, des Pères de l'église et des auteurs latins nés en Afrique, des auteurs arabes, modernes, suivi d'un index donnant les noms de 385 auteurs anciens et modernes ayant écrit sur Carthage punique, romaine, chrétienne, vandale et musulmane.

4201. — *L'Afrique explorée et civilisée, journal mensuel.* — Genève, J. Sandoz, 1879 à 1893, in-8°, cartes.

Journal d'information visant à être complet sans sortir du champ des actualités; bulletin mensuel des événements, articles divers, analyses d'ouvrages dont beaucoup intéressent l'Afrique française du Nord.

4202. — JACKSON (James), archiviste-bibliothécaire de la Soc. de géographie. *Liste provisoire de bibliographies géographiques spéciales...* — Paris, Soc. de géographie, 1881, in-8°, VIII-340 p.

Publication de la Société de géographie.—V. notamment : Afrique en général (n°ˢ 532 à 541), Afrique septentrionale (n°ˢ 546 à 584). An. dans *Af. expl.*, 1881-1882, p. 179-180.

4203. — HASSEN LAZOUGHLI (El Hadj). *Annuaire tunisien pour l'an 1882...* — Tunis, imp. du Gouvernement tunisien [1881], in-8°, 88 p.

Almanach paraissant depuis 21 ans en langue arabe et publié pour la première fois en français; quelques renseignements sur la famille régnante, noms des fonctionnaires de la Régence, des consuls de France à Tunis depuis 1583 et des représentants des puissances étrangères. Parut également pour 1883 (2ᵉ année), ...1886 (5ᵉ année).

4204. — TEISSIER (Octave). *Inventaire des archives modernes de la Chambre de commerce de Marseille...* — Marseille, typ. Barlatier-Feissat, 1882, in-fol., 380 p. sur 2 col.

Nombreux documents relatifs à l'Afrique du Nord au xixe siècle; v. notamment les mots Alger (1802-1850), Bône (1832-1840), Bougie (1833), concessions d'Afrique (1806-1839), Maroc (1821-1829), Tunis (1804-1869), etc.

4205. — *Annuaire de législation française*, publié par la Société de législation comparée, *contenant le texte des principales lois votées en France en 1881.* — Paris, A. Cotillon, 1882 [et ann. suiv.], in-8°.

Publication annuelle donnant, pour l'année précédente, les différentes lois, décrets, conventions et traités, en particulier pour les colonies et protectorats français; de 1881 à 1887, n'a été qu'une annexe à l'*Annuaire de législation étrangère* (v. n° **4197**).

Table décennale des tomes I à X (texte des années 1881 à 1890), dressée par J. Challamel, M. Dufourmantelle et G. Huard. Paris, Pichon, 1891, in-8°, LXXIX p.

Table alphabétique et analytique des matières contenues dans les 20 premiers volumes (1882-1901), dressée par Léon Salefranque. Paris, Pichon et Durand-Auzias, 1905, in-8°, 121 p.

4206. — *Journal officiel tunisien.* — Tunis, Imp. officielle à la Casbah, 1883 [et ann. suiv.], in-fol.

Créé par décret du 27 janvier 1883; parut le jeudi au début, puis devint bihebdomadaire à partir d'oct. 1893. La partie officielle contient les décrets, lois, circulaires, etc.; la partie non officielle des nouvelles diverses, annonces, etc.

4207. — MINISTÈRE DE L'INSTRUCTION PUBLIQUE ET DES BEAUX-ARTS. *Bulletin archéologique du Comité des travaux historiques et scientifiques.* — Paris, E. Leroux, 1885 [et ann. suiv.], in-8°, pl., fig.

Débute en 1882, sous le titre *Bulletin du Comité des travaux historiques et scientifiques*, publié sous les auspices du ministère de l'Instruction publique; consulter notamment les procès-verbaux des séances de la Commission de l'Afrique du Nord, les rapports et communications adressés par des officiers du Service des Affaires indigènes et des brigades topographiques (irrigation, colonisation, voies de communication, etc.).

4208. — PAULITSCHKE (Dr Philipp). *Die Afrika-Literatur in der Zeit von 1500 bis 1750 n. Ch. Ein Beitrag zur geographischen*

Quellenkunde (gelegentlich des II. deutschen Geographentages zu Halle a/S.)... — Wien, Brockhausen & Braüer, 1882, in-8°, v-123 p.

Liste de 1.212 ouvrages parus pendant cette période; l'Afrique en général (n°˙ 1 à 294), l'Afrique du Nord (n° 295-747). An. dans *Af. expl.*, 1881-1882, p. 281-282.

4209. — LANGARD (Paul). *Annuaire commercial, industriel, administratif, agricole et viticole de l'Algérie et de la Tunisie*... 1901... 18° année. — Paris, Soc. fermière des annuaires, 1901, in-8°, 1084 p.

Cet annuaire eut son titre modifié à plusieurs reprises depuis son apparition en 1884; nombreux renseignements administratifs; renseignements sur les villes, villages arabes, centres, douars, tribus; composition détaillée du 19° C. A., de la division d'occupation et de la division navale de Tunisie (v. n° **4233**).

4210. — WAILLE (Victor). *Bibliographie des ouvrages concernant la Cyrénaïque et la Tripolitaine.* — *Bul. Cor. Af.*, 1884, p. 227-237.

Liste de 130 ouvrages ou art., dont certains intéressent aussi la Tunisie.

4211. — PROTECTORAT FRANÇAIS. Gouvernement tunisien. Direction générale des Travaux publics. *Tableaux statistiques*, année... — Tunis [imp. diverses], in-8°, broch., graph.

Depuis 1885, la Direction générale des Travaux publics fit paraître annuellement des tableaux relatifs aux divers Services. A partir de 1900, ces statistiques et renseignements divers furent publiés en deux fasc. : le premier concerne les Ponts et chaussées, les mines, le service topographique; le second, les Services maritimes (ports de commerce, navigation, pêches). An. par L. Raveneau et D. Bellet, dans *Ann. G., Bibl.*, 1900, p. 228; par G. Yver, *ibid.*, 1901, p. 235-236, 1902, p. 223, 1903, p. 218, 1905, p. 230, 1908, p. 230.

4212. — *Revue algérienne et tunisienne de législation et de jurisprudence*, publiée par l'École de droit d'Alger, avec le concours et la collaboration de magistrats et de jurisconsultes... — Alger, A. Jourdan, 1885 [et ann. suiv.], in-8°.

Revue annuelle devenue, en 1913, *Revue algérienne, tunisienne et marocaine de législation et de jurisprudence*... Divisée en trois part. : 1re, doctrine et législation; 2°, jurisprudence; 3°, lois, décrets, arrêtés, etc. A partir de 1921, une quatrième part. concerne les lois, décrets, arrêtés, etc., relatifs au Maroc; renseignements importants sur les travaux parlementaires et les questions d'organisation militaire. *Tables décennales (1885-1894)*, dressées par Paul Sumien. Alger, A. Jourdan, 1895, in-8°, 539 p.

4213. — LASTEYRIE DU SAILLANT (Cte de). *Bibliographie générale des travaux historiques et archéologiques publiés par les sociétés savantes de la France*, dressée sous les auspices du ministère de l'Instruction publique par Robert de Lasteyrie... — Paris, Imp. nat., 1888-1918, 6 vol. in-4°.

Dépouillement des recueils des sociétés savantes classés par départements et parus avant 1901 (132.235 art. cités), avec la collaboration de Eugène Lefèvre-Pontalis (t. I et II), E.-S. Bougenot (t. II et III), A. Vidier (t. III à VI). T. Ier (1888, xi-706 p.), Ain-Gironde. T. II (1893, ii-740 p.), Hérault-Haute-Savoie : *Bul. Soc. G. Est, Bul. Soc. G. Lyon.* T. III (1901, xxxi-784 p.), Seine, 1re part. : *Ass. fr. av. sc., J. As., Ac. Inscr. B.-Lettres, C. R., Bul. Soc. Anthr. Paris, Bul. Arch., Bul. Soc. nat. antiq. France*, etc. T. IV (1904, xxiv-725 p.), Seine à Yonne, colonies et étranger : *R. Af., Bul. Ac. Hippone, Rec. Soc. Arch. Const., Bul. Soc. G. Arch. Oran, Bul. Soc. G. Paris, R. Or., Bul. Soc. Ét. Col. Mar., Bul. Soc. normande G.*, etc. T. V 1911, 831 p.), suppl. concernant la période de 1886 à 1900 : *Bul. Soc. G. Marseille, Bul. Soc. languedoc. G., Bul. Soc. G. Com. Bordeaux, Bul. Soc. G. Lille*, etc. T. VI (1918, xii-846 p.), *ibid., : R. H. Dipl., Bul. Soc. G. Alger, R. T., S.*; index des recueils analysés dans les t. I à VI (p. 805-840) [v. n° **4248**].

4214. — BEAUVOIR (H.-Roger de). *Almanach illustré de l'armée française... 1889.* — [Paris], E. Plon, Nourrit [1888], in-4°, 71 p., fig., couv. ill.

1re année d'une publication dont le titre devint *Annuaire illustré de l'armée française... 1890[-1894]. Ibid.*, [1889-1894], 5 vol. in-4°, fig., puis *L'Armée française, annuaire illustré... 1895[-1900]. Ibid.*, [1895-1900], 6 vol. in-4°, fig.; *L'Armée française... 1901. Ibid.*, [1901], in-4°, fig., et enfin *L'Armée française, album annuaire... 1902[-1909]. Ibid.*, [1902-1909], 6 vol. in-4°, fig. Pour chaque année, donne la répartition des troupes et services du XIXe C. A. et de la division d'occupation de Tunisie; phot. d'officiers généraux, planches d'uniformes; en 1889, biographies sommaires des généraux Bréart, Delebecque, Forgemol de Bostquénard, Galland, Japy, Logerot, Saussier.

4215. — *Orientalische Bibliographie...* herausgegeben von Professor Dr A. Müller [Dr E. Kuhn, Dr Lucian Scherman]... — Berlin, H. Reuther, 1888 [et ann. suiv.], in-8°.

Importante bibliographie, dont les trois ou quatre fascicules annuels sont consacrés aux ouvrages et articles de l'année précédente; contient, dans une partie relative à l'Afrique, un chapitre réservé à l'Afrique du Nord-Ouest; indique également les comptes rendus parus sur ces ouvrages; consulter également pour l'Afrique du Nord, la partie intitulée généralités. Les trois fasc. du t. XXV, dernier vol. de la série, relatifs à l'année 1911, parurent de 1917 à 1922. Un nouveau fasc. concernant l'année 1926 fut publié en 1928.

4216. — ASHBEE (H. S.). *A Bibliography of Tunisia, from the earliest times to the end of 1888...* — London, Dulau & C°, 1889, 2 part. en 1 vol. gr. in-8°, 144 p., carte.

Paru dans *Travels in Tunisia*, de Alexander Graham et H. S. Ashbee (London, Dulau, 1887, gr. in-8°, VIII-295 p., fig. pl.). — Dans la préface, liste des bibliographies consultées; concerne surtout Carthage, les guerres puniques, l'occupation romaine, la conquête arabe, les expéditions de saint Louis et de Charles-Quint; quelques ouvrages et articles relatifs à l'expédition de 1881-1882 et au Protectorat français. An. par Chauvin (Victor), *A Bibliography of Tunisia...* Leipzig, O. Harrassowitz [1890], in-8°, paginé 431-440 (Separatabdruck aus dem *Centralblatt für Bibliotekswesen*) : «l'auteur, se servant trop de tables, de catalogues, de bibliographies, n'a eu, semble-t-il, que bien rarement les livres mêmes en main». Cf. H. S. A., *La Régence de Tunis. L'intermédiaire des chercheurs et curieux*, 1886, col. 12, 58, 120, 137, 273, 491, 527, 585, 620 : recherche et indications d'ouvrages concernant la Tunisie.

4217. — PLAYFAIR (Lieut^t-Colonel Sir R. Lambert). *The Bibliography of the Barbary States.* Part. I. *Tripoli and the Cyrenaica...* — Royal Geographical Society, supp. Papers, 1889, vol. II, p. 557-614, carte.

Énumération de 579 ouvrages ou art. parus jusqu'en 1889, dont certains concernent également la Tunisie ou l'Afrique du Nord; tables par sujets et par noms d'auteurs.

4218. — MINISTÈRE DES AFFAIRES ÉTRANGÈRES. *Rapport au Président de la République sur la situation de la Tunisie (1881-1890).* — Paris, Imp. nat., 1890, in-8°, 204 p.

Cet important rapport, prévu par la loi du 9 avril 1884, sur la situation financière de la Tunisie, l'action et le développement du Protectorat, parut pour la première fois en 1890 (occupation militaire, effectif, dépenses pour l'entretien des troupes, p. 18-19, liste des commandements militaires). Nombreuses annexes statistiques. Publié ensuite annuellement (Paris, Imp. nat., puis Tunis, Imp. rapide, imp. Weber, etc.) jusqu'en 1926 (v. n° **4264**). De 1890 à 1898, le rapport est signé par le ministre des Affaires étrangères (A. Ribot, puis J. Develle, G. Hanotaux, Th. Delcassé). De 1904 à 1912 inclus, les statistiques ne figurent plus sous forme d'annexes et sont groupées sous une rubrique *Statistique générale de la Tunisie* (démographie, recrutement et opérations des conseils de révision, enseignement public, office postal, assistance publique et santé, justice, agriculture et colonisation, commerce, propriété immobilière, voies de communication, Travaux publics) [v. n° **1251**]. A consulter pour toute recherche relative aux questions ci-dessus. An. par L. Farges, dans *R. Historiq.*, 1892, t. XLIX, p. 123 ; par Édouard Driault, *ibid.*, 1908, t. XCVIII, p. 342-343, etc.

1219. — *Bibliographie tunisienne.* — *R. F. Étr. Col.*, 1890, t. XII, p. 383-384.

Liste de 35 publications concernant les sciences naturelles, rédigées d'après les documents recueillis par les membres de la mission de l'exploration scientifique de la Tunisie.

1220. — Régence de Tunis. Protectorat français. *Procès-verbaux de la Conférence consultative*, 1re session (janvier 1891). — Tunis, Imp. rapide, 1891, in-8°, 95 p.

Publication parue pour chaque session ordinaire ou extraordinaire, donnant les procès-verbaux de la section française, de la section indigène (depuis nov. 1910) et du Conseil supérieur de Gouvernement ; présidents : 1891-1892 J. Massicault, 1893-1894 Ch. Rouvier, 1894-1900 R. Millet, 1900 Grimault, 1901 Benoit, 1902-1905 St. Pichon, 1906 A. d'Anthouard, 1907-1918 G. Alapetite, 1919-1920 Ét. Flandin, 1920 de Castillon Saint-Victor, déc. 1921 (48° session) Lucien Saint (v. n^{os} **1256** et **1257**).

Table alphabétique des matières traitées à la Conférence consultative depuis sa création jusqu'à la réorganisation du 2 janvier 1905, sessions I-XXVII (1891-1904). Tunis, Imp. rapide, 1905, in-8°, 72 p.

Table alphabétique... depuis la réorganisation (2 janvier 1905) jusqu'à la session de novembre 1912, session XXVIII-XXXVI (1905-1912). Ibid., 1913, in-8° 201 p.

Table alphabétique... depuis la session de décembre 1914 jusqu'à la session de février 1919, sessions XXXVIII-XLIV (1914-1919). Ibid., 1919, in-8°, 28 p.

1221. — Le François (Henri). *Guide-annuaire tunisien officiel, administratif, commercial, industriel, agricole et viticole...* — Tunis, H. Le François [1891], in-16, 256 p., ill., carte.

1re année de cette publication annuelle : notice générale sur la Tunisie ; la Tunisie autrefois et aujourd'hui, par A. P. (v. n^{os} **1582** et **5381**) ; renseignements politiques et administratifs, armée, contrôles civils et commandements militaires, renseignements statistiques sur les localités. An. par E. V. [Vassel], dans *R. T.*, 1898, p. 257.

4222. — CAT (É.). *Mission bibliographique en Espagne; rapport à M. le Ministre de l'Instruction publique...* — Paris, E. Leroux, 1891, in-8°, 148 p.

Publications de l'*École des lettres d'Alger, bulletin de Correspondance africaine*, t. VIII.— Recherche des documents relatifs à l'histoire, à la géographie de l'Afrique du Nord, a l'occupation espagnole des ports barbaresques, qui peuvent exister dans les bibliothèques de l'Espagne. An. par R. Basset, dans *R. Historiq.*, 1904, t. LXXXIV, p. 314-315; par G. Jacqueton, dans *R. Af.*, 1893, p. 257-260.

4223. — RÉGENCE DE TUNIS. *Service météorologique. Années 1889-1890-1891.* — Tunis, imp. B. Borrel, 1892, in-4°, non paginé, cartes, graph.

Premier vol. d'une publication parue ensuite à des dates irrégulières et donnant, pour deux ou trois années, la liste des stations, le relevé des observations météorologiques par stations et les relevés généraux; publié de 1896 à 1919 par la Direction de l'Enseignement public, de 1921 à 1926 par la Direction générale des Travaux publics de la Régence.

4224. — *Catalogue des monuments intéressant l'histoire de la Tunisie reproduits par les soins du Service des antiquités et des arts de Tunisie. Collections du musée Alaoui (Bardo), collections du musée de Saint-Louis de Carthage. Monuments de l'époque antique, monuments et habitations arabes.* — Tunis, Imp. rapide, 1892, in-8°, 31 p.

Exposition historique de Madrid. Tunisie. — Simple énumération.

4225. — MOREL-FATIO (Alfred). *Bibliothèque nationale, département des manuscrits. Catalogue des manuscrits espagnols et des manuscrits portugais...* — Paris, Imp. nat., 1892, in-fol., XXVIII-423 p.

Ouvrage, dont le premier fasc. parut en 1881, terminé en collaboration avec Ch. Baudon de Mony; manuscrits relatifs aux pays barbaresques. An. par G. Jacqueton, dans *R. Af.*, 1893, p. 253-255.

4226. — CAZÈS (D.). *Notes bibliographiques sur la littérature juive-tunisienne.* — Tunis, Imp. internat., 1893, in-16, 370 p.

Travail ayant pour but de faire connaître aux hébraïsants les ouvrages des rabbins tunisiens; 111 notices sur les œuvres des auteurs décédés, titre et matières traitées dans les publications des auteurs vivants.

4227. — *Revue tunisienne,* organe de l'Institut de Carthage... — Tunis, imp. L. Nicolas, 1894 [et ann. suiv.], in-8°, cartes, ill.

Paraît par fasc. tous les trois mois, depuis 1903 tous les deux mois, formant un vol. par année. Publie des travaux inédits, analyses ou traductions d'études ou mémoires sur la Tunisie notamment; bibliographie dans chaque numéro. Rubriques annuelles : l'année géographique nord-africaine, par G. M. (1902), puis par H. Nicolas (1903 à 1906); l'année anthropologique nord-africaine, par le Dr L. Bertholon (1902 à 1912); l'année orientaliste nord-africaine, par le Dr Naamé (1902-1903), puis par Is. Cattan (1904 à 1907); chronique scientifique tunisienne, par Combet (1903 à 1913); chronique archéologique nord-africaine [barbaresque], par le Dr Carton (1902 à 1920).

Table générale des tomes I à XX... Tunis, 1914, 168 p. sur deux col. (par noms d'auteurs et par matières, avec un extr. du catalogue de la Bib. de l'Institut de Carthage).

4228. — *Bulletin de l'Union coloniale française.* — Paris, 56, rue de Provence, 1894 [et ann. suiv.], in-4°.

Périodique mensuel (n° 1, nov. 1894) devenu bi mensuel, de 1897 à juillet 1914, sous le titre *La Quinzaine coloniale, organe de l'Union coloniale française;* reprend le titre de *Bul. Union col.,* de 1923 à 1927, et celui de *Quinz. col.* à partir de 1928. Articles généraux, bulletin de la quinzaine, documents et articles spéciaux; l'information bibliographique, avec analyse, porte sur les ouvrages, périodiques, publications officielles; le Bulletin bibliographique colonial paraissant sous forme de supplément (1900) constitue une véritable encyclopédie coloniale. An. par L. Raveneau, dans *Ann. G., Bibl.,* 1909, p. 75-76. Cf. Union coloniale française. *But, moyens d'action, résultats.* Paris, au siège de l'Union coloniale française, 1900, in-8°, 31 p.

4229. — *Bulletin agricole de l'Algérie et de la Tunisie; journal des informations agricoles pour les colons,* publié sous la direction du Dr Trabut et R. Marès... — Alger, imp. Giralt, 1895 [et ann. suiv.], in-8°.

Publication bi mensuelle devenue, en 1914, *Bulletin agricole de l'Algérie-Tunisie-Maroc;* met en vue des découvertes et des observations sur des sujets nouveaux; citations, extr. et analyses de travaux français ou étrangers intéressant l'Afrique du Nord; chronique, bibliographie.

4230. — RIBIER (Gabriel de). *Répertoire des traités de paix, de commerce, d'alliance, etc... conventions et autres actes conclus entre toutes les puissances du globe depuis 1867 jusqu'à nos jours* (faisant suite au répertoire de M. Tétot). *Table générale des principaux* *recueils français et étrangers... Partie chronologique (1867-1894)*. — Paris, A. Pédone, 1895, in-8°, viii-347 p.

Donne l'indication du vol. et des pages du recueil où se trouve le texte de chaque traité (v. n° **4236**).

4231. — *Revue internationale de législation et de jurisprudence musulmane*. — Le Caire, imp. J. Barbier, 1895-1896, in-8°.

Recueil mensuel fondé par Eug. Clavel, avocat près la Cour d'appel d'Alexandrie, dans le but de grouper dans une publication périodique les décisions rendues, en particulier, en Algérie et en Tunisie, par les tribunaux européens ou indigènes; a cessé de paraître en avril 1896.

4232. — Régence de Tunis. *Bulletin de la Direction de l'agriculture et du commerce*. — Tunis, imp. L. Nicolas [1896 et ann. suiv.], in-8°.

Publication trimestrielle, parut cependant tous les deux mois ou tous les mois de 1913 à 1920. Son titre fut modifié à plusieurs reprises et devint, notamment, en 1907, *Bulletin de la Direction de l'agriculture, du commerce et de la colonisation;* il est, depuis 1912, *Direction générale de l'agriculture, du commerce et de la colonisation, Bulletin*. A partir du n° 2 (janvier 1897) comprend : une partie officielle (décrets, arrêtés, circulaires) et des documents ou renseignements divers (articles, informations, bulletins agricole et commercial, météorologie par G. Ginestous). Tables des matières : du n° 1 (nov. 1896) au n° 17 (oct. 1900) dans *Bul. Dir. agr. com. Tunis*, 1901, 16 p.; du n° 18 (janvier 1901) au n° 57 (4° trim. 1910), *ibid.*, 1911, p. 185-253.

4233. — Le Bourgeois (F.). *Grand annuaire général de l'Algérie, de la Tunisie et du Maroc*... 44ᵉ année, 1927. — Paris, 1927, in-8°, cartes, phot.

Fondé en 1896, *l'Annuaire Le Bourgeois* portait encore en 1903 le titre de *Annuaire général algérien et tunisien administratif, commercial, industriel, agricole et viticole...* Paris, imp. Chaix, 1903, in-8°, 44 (ann.)-xi-1275-48 p., ill. Il prit son titre actuel, en 1904 (Paris, imp. Chaix, 1904, in-8°, 1443 p., ill.), lorsqu'il fusionna avec l'*Annuaire Langard* (v. **4209**) fondé en 1883. Ouvrage présenté en 6 parties : renseignements géographiques, historiques, politiques, administratifs sur l'Algérie (p. 1-84); département d'Alger (p. 85-1092); de Constantine (p. 85-604); d'Oran (p. 86-894); Tunisie (p. 1-532); Maroc (p. 1-436). Indépendamment des renseignements d'ordre commercial et industriel pour les villes, nombreux détails géographiques, historiques, militaires sur les villages, hameaux, tribus et douars de toute l'Afrique du Nord, y compris le Maroc espagnol.

1234. — JORDELL (D.). *Répertoire bibliographique des principales revues françaises pour l'année 1897 [1898, 1899]*, rédigé par D. Jordell. Préface de Henri Stein. — Paris, P. Lamm, 1898 [1900, 1901], gr. in-8°, x-210 p. [xi-272-5 et xiii-359-6 p.].

Trois années seulement ont paru; nomenclature des articles de fond et des mémoires originaux publiés dans 146 revues en 1897, 257 revues en 1898, 346 revues en 1899, par ordre alphabétique des matières, puis des noms d'auteurs. An. par E. Vassel, dans *R. T.*, 1900, p. 238-240; par G. de B., dans *R. Q. Hist.*, 1899, t. XXI, p. 351-352; par M. Langlois, dans *R. É. H.*, 1900, p. 297-299; par Emm. de Margerie, dans *Bul. G. Hist. Descr.*, 1900, p. 431-432.

1235. — BROCKELMANN (Carl). *Geschichte der arabischen Litteratur...* — Weimar, Berlin, E. Felber, 1898-1902, 2 vol. in-8°, xii-528 et xi-714 p.

Bibliographie adoptant le même classement que l'ouvrage signalé sous le n° **1241**; renseignements biographiques sur les auteurs, leurs œuvres publiées en Europe et en Orient ou conservées dans les bibliothèques de tous les pays.

1236. — RIBIER (Gabriel de). *Répertoire des traités de paix, de commerce, d'alliance, etc... conventions et autres actes conclus entre toutes les puissances du globe depuis 1867 jusqu'à nos jours* (faisant suite au répertoire de M. Tétot). *Table générale des principaux recueils français et étrangers... Partie alphabétique (1867-1897)*. — Paris, A. Pédone, 1899, in-8°, 363 p.

V. notamment : Maroc (p. 252), Tunisie (p. 328-333) [v. n° **1230**].

1237. — LECORE-CARPENTIER (E.). *1899. L'indicateur tunisien. Annuaire des administrations de la Régence de Tunis; guide du commerce, de l'industrie, de l'agriculture et des touristes...* — Tunis, imp. L. Nicolas [1899], gr. in-8°, xxiii-1296 p.

1re éd. de cette publication annuelle (v. n° **5447**). La Tunisie avant et depuis le Protectorat, par Auguste Pavy (p. 1-29); renseignements sur le Protectorat, les Directions, l'armée : historique de l'expédition de 1881 et des transformations du corps d'occupation (p. 336-358), la division d'occupation, la division navale, l'armée beylicale, les services du trésor et des postes; la colonisation; guide de l'émigrant; renseignements historiques et géographiques sur les localités groupées par contrôles civils et commandements militaires; adresses. Cessa de paraître après 1914. An. par L. Raveneau, dans *Ann. G., Bibl.*, 1900, p. 229.

4238. — *L'année coloniale...* 1ʳᵉ année (1899)... — Paris, Ch. Tallandier [1900 et ann. suiv.], in-8°, croq., ill.

Publiée sous la direction de Ch. Mourey et Louis Brunel, parut jusqu'en 1905 pour les années 1899, 1900, 1901 et 1902-1903; indépendamment d'art. de fond, groupe les renseignements épars et présente pour l'année écoulée l'histoire politique, économique et les actes administratifs de chaque colonie; bibliographie d'ensemble et par colonie (ouvrages et art. parus dans l'année). An. par Ch. R., dans *Bul. Soc. G. Paris*, 1905, t. XII, p. 139; par J. Machat, dans *R. G. Sc.*, 1901, p. 145; dans *Bul. Com. A. F.*, 1900, p. 295, 1902, p. 48, 1903, p. 72, 1905, p. 294; dans *Bul. Soc. G. Lille*, 1901, t. XXXV, p. 152; par L. Raveneau, dans *Ann. G., Bibl.*, 1901, p. 55-56, 1902, p. 62, 1903, p. 61, 1906, p. 68.

4239. — [Glasser (G.)]. *Costumes militaires. Catalogue des principales suites de costumes militaires français parues tant en France qu'à l'étranger depuis le règne de Louis XV jusqu'à nos jours et des suites de costumes militaires étrangers parues en France*, par un membre de *la Sabretache*. — Paris, H. Vivien, 1900, gr. in-8°, vii-566 p., 4 pl. en coul., couv. ill.

La 1ʳᵉ part. de l'ouvrage catalogue 147 ouvrages se rapportant aux costumes militaires français; table des matières et table chronologique; à consulter notamment pour les troupes de l'armée d'Afrique.

4240. — Roy (B.), secrétaire général du Gouvernement tunisien, Moḥammad Abou'l Khodja et Moḥammad ibn ʿOthmān al Hachaichī. *Extrait du catalogue des manuscrits et des imprimés de la bibliothèque de la grande mosquée de Tunis*, par B. Roy... *Histoire*, avec la collaboration de Mhammed bel Khodja et de Mohammed el Hachaichi. — Tunis, imp. J. Picard, 1900, in-fol., iii-85 p. sur 2 col.

Secrétariat général du Gouvernement tunisien. — Histoire de cette bibliothèque; extr. du fonds «histoire» intéressant les pays musulmans.

4241. — Brockelmann (Dʳ C.). *Geschichte der arabischen Litteratur...* — Leipzig, C. F. Amelang, 1901, in-8°, vi-265 p.

Die Litteraturen des Ostens in Einzeldarstellungen, Bd. VI. — Classement en 8 périodes, par région de l'Islam ou par genre, des ouvrages littéraires arabes; énumération et analyses de ces ouvrages dont un certain nombre intéressent l'Afrique du Nord.

4242. — Bégouën (Cte). *Notes et documents pour servir à une bibliographie de l'histoire de la Tunisie (sièges de Tunis, 1535, et de Mahedia, 1550)...* — Paris, A. Picard, 1901, in-8°, 106 p., fig., cartes.

Liste et analyse de sources imprimées contemporaines des événements, d'après les exemplaires contenus dans la bibliothèque du comte Riant; pièces justificatives.

4243. — Minutilli (Prof. Federico). *Bibliographia della Libia...* — Torino, Fratelli Bocca, 1903, in-16, viii-136 p.

Catalogue méthodique de 1.269 livres, brochures, art. de revues et de journaux, cartes parus jusqu'en 1902 concernant la Tripolitaine, la Cyrénaïque, le Fezzan et les régions voisines du désert; intéresse également la Tunisie et l'Algérie; tables alphabétiques par auteurs et par sujets. An. par René Basset, dans *R. Af.*, 1908, p. 244; par Att. Mori, dans *Ann. G., Bibl.*, 1904, p. 234.

4244. — Jugue (Capitaine). *L'œuvre des sociétés savantes algériennes et tunisiennes.* — *R. Af.*, 1905, p. 463-485.

Esquisse de l'histoire et des publications de la Soc. archéologique de Constantine, de l'Académie d'Hippone, de la Soc. de géographie et d'archéologie d'Oran, de l'Institut de Carthage, de la Section tunisienne de la Soc. de géographie commerciale de Paris, de la Soc. de géographie d'Alger et de l'Afrique du Nord, de la Soc. archéologique de Sousse.

4245. — Tantet (Victor). *Catalogue méthodique de la bibliothèque du ministère des Colonies...* — Melun, Imp. administrative, 1905, in-8°, xxiv-651 p.

Bibliothèque en voie de formation lors de l'impression du catalogue; consulter notamment les rubriques Algérie, Sahara, Tunisie, Maroc, voyages et les ouvrages périodiques. Cf. *Table alphabétique* (par noms d'auteurs), par O. Wirth (paginé 653-680).

4246. — *Archives de l'Institut Pasteur de Tunis.* — Tunis, imp. J. Orliac, 1906 [et ann. suiv.], in-8°, graph., ill.

Protectorat français. Gouvernement tunisien. Direction de l'agriculture et du commerce.
— En dehors des études de l'Institut Pasteur de Tunis, qui jusqu'en 1906 paraissaient dans divers périodiques, cette publication trimestrielle donne dans chaque numéro une importante bibliographie, avec analyses, des travaux de microbiologie publiés en dehors de l'Institut sur les maladies infectieuses humaines ou animales et sur l'hygiène de la Régence; fait paraître annuellement un résumé des travaux scientifiques et le fonctionnement des services de l'Institut. Fusionnée en 1921 et 1922 avec les *Archives des Instituts Pasteur de l'Afrique du Nord.* Tables annuelles.

4247. — *Revue indigène...* — Paris, 34, rue Truffaut, 1906 [et ann. suiv.], in-8°.

Organe des intérêts des indigènes aux colonies publié sous la direction de Paul Bourdarie; chronique de la politique indigène; bulletin international; enquêtes auprès de personnalités européennes et indigènes, civiles et militaires, sur les principaux sujets intéressant les musulmans; courte bibliographie dans chaque fasc. Cf. *Bul. Com. A. F.*, 1907, p. 40.

4248. — LASTEYRIE DU SAILLANT (Cte de). *Bibliographie annuelle des travaux historiques et archéologiques publiés par les sociétés savantes de la France*, dressée... par Robert de Lasteyrie... avec la collaboration d'Alexandre Vidier... — Paris, Imp. nat., 1906-1914, 3 vol. in-4°.

Suite du n° **4213**; donne en outre le dépouillement de revues nouvelles (*Arch. Mar., R. M. Mus*, etc.). T. Ier, 3 fasc., années 1901-1904 (1904-1906, VIII-287, 261 et 289 p.); t. II, 3 fasc., années 1904-1907 (1907-1909, 217, 212 et 265 p.); t. III, 3 fasc., années 1907-1910 (1901-1914, 207, 207 et 320 p.). Le dernier fasc. (année 1909-1910) contient la table des 3 vol. de 1901 à 1910.

4249. — *Bulletin mensuel de l'Office du Gouvernement tunisien.* — Paris, Bureaux de l'Office, 1907 [et ann. suiv.], in-8°.

Publication commencée le 15 décembre 1907, parut, à partir de 1921, sous le titre *Bulletin mensuel de l'Office du Protectorat français, Tunisie;* contient, outre les actes officiels et la législation, des renseignements sur la population, la colonisation et la situation économique de la Régence, les phosphates, le trafic des ports, l'industrie, le commerce, l'agriculture et l'élevage, le budget, le tourisme, l'effort de la Tunisie au cours de la guerre 1914-1918, les cartes de Tunisie publiées par le Service géographique de l'Armée, l'Institut Pasteur de Tunis, les troupes stationnées en Tunisie, etc.; courte bibliographie dans chaque bulletin.

4250. — *Dictionnaire d'histoire et de géographie ecclésiastiques*, publié sous la direction de Mgr Alfred Baudrillart... M. Albert Vogt... et M. Urbain Rouziès... — Paris, L. Letouzey, 1912 [et ann. suiv.], in-4° sur 2 col., cartes en noir et en coul.

Publié en fasc.; bibliographie pour chaque nom cité. T. Ier, *Aachs-Albus* (1912, VII p.-1744 col.), v. notamment Afrique (col. 705-861), par Aug. Audollent, (col. 861-871), par H. Froidevaux; abondante bibliographie. T. II, *Alcaini-André* (1914, 1664 col.), v. Alger (col. 420-423), par A. Rastoul, Algérie (col. 424-433), par H. Froidevaux. T. III, *Anforaria-Arfons* (1924, 1670 col.). T. IV, *Argaiz-Athaulf* (1930, 1402 col.). T. V, *Athéisme-Azzon* (1931, 1930 col.). An. par R. D. [Dussaud], dans *R. H. Relig.*, 1912, t. CLX, p. 144.

4251. — Régence de Tunis. Protectorat français. Direction générale de l'agriculture du commerce et de la colonisation. *Statistique générale de la Tunisie.* Année 1913... — Tunis, Imp. rapide, 1914 [et ann. suiv.], in-8°.

A partir de l'année 1913, la *Statistique générale de la Tunisie* (v. n° **4218**) paraît à part : mouvement de la population européenne et indigène, recrutement (répartition du recrutement, degré d'instruction des incorporés, opérations des conseils de révision), communes, assistance publique et santé, enseignement, justice, établissements pénitentiaires, postes et télégraphes, Travaux publics, finances, agriculture, commerce et navigation, colonisation, institutions économiques et sociales. Importante documentation.

4252. — *Recueil des textes législatifs et juridiques concernant les israélites de Tunisie de 1857 à 1913,* annotés et commentés par R. Arditti, grand rabbin... — Tunis, Imp. rapide, 1915, in-8°, xiv-264 p.

I : culte et assistance publique. II : juridiction. III : nationalité. IV : participation aux pouvoirs publics ; tables chronologiques et alphabétique. An. dans *R. T.*, 1915, p. 195-196 ; par G. Rectenwald, dans *R. Alg. Tun. Maroc. lég. jurisp.,* 1920, 1re part., p. 48 ; par A. Cour, dans *Bul. Soc. G. Arch. Oran,* 1915, p. 221.

4253. — Mennessier de la Lance (Général), ancien commandant de la 3° D. C. *Essai de bibliographie hippique donnant la description détaillée des ouvrages publiés ou traduits en latin et en français sur le cheval et la cavalerie avec de nombreuses biographies d'auteurs hippiques...* — Paris, L. Dorbon, 1915-1917, 2 vol. in-8°, ix-760 et 736 p.

T. Ier : A à K ; t. II : L à Z et supp. Un second supp. (*ibid.,* 1921, in-8°, 64 p.) contient les ouvrages omis dans les deux premiers vol. et ceux publiés de 1917 à oct. 1921. La plus importante bibliographie concernant la cav^{ie} ; chaque ouvrage cité est accompagné d'une notice analytique et critique, ainsi que d'une biographie succincte de l'auteur. Nombreux art. relatifs à la cav^{ie}, aux animaux de bât, de selle ou de trait dans l'Afrique du Nord. An. par R. Musset, dans *Bibl. g.,* 1923, p. 93.

4254. — Maunier (René). *Bibliographie économique, juridique et sociale de l'Égypte moderne (1798-1916).* — Le Caire, imp. de l'Institut français d'archéologie orientale, 1918, in-8°, xxxii-372 p.

Le chap. XI (p. 282-287) donne une bibliographie du droit musulman en général. Reproduit dans *R. Alg. Tun. Maroc. lég. jurisp.*, 1920, 1re part., p. 106-112.

4255. — 1919. *Indicateur général Havas de l'Afrique du Nord (Algérie, Tunisie, Maroc). Guide des administrations, du commerce, de l'industrie, de l'agriculture et du tourisme...* — Alger, 6, rue Joinville, 1919, in-4°, CXLIV-2469-XL-VIII p.

1er vol. d'une publication annuelle fournissant des renseignements de toute nature. An. dans *Bul. Soc. G. Paris*, 1921, t. XXXV, p. 307.

4256. — Régence de Tunis. Protectorat français. *Procès-verbaux du Grand Conseil de la Tunisie et de la Commission arbitrale*, 1re session (décembre 1922), *section française...* — Tunis, Imp. rapide, 1923, in-8°, 606 p.

1er vol. d'une publication actuellement en cours, faisant suite à celle signalée sous le n° **4220**, donnant pour chaque session les procès-verbaux de la section française et ceux de la Commission arbitrale, des documents annexes, des tables, les vœux émis.

4257. — Régence de Tunis. Protectorat français. *Procès-verbaux du Grand Conseil de la Tunisie*, 1re session (décembre 1922), *section indigène...* — Tunis, Imp. rapide, 1923, in-8°, 232 p.

1er vol. d'une publication actuellement en cours, analogue à celle signalée sous le n° **4220**, donnant pour chaque session les procès-verbaux de la section indigène, les tables, les vœux émis.

4258. — *Bulletin des Officiers de complément de la division d'occupation de Tunisie.* — Tunis, Guénard et Franchi [puis Imp. rapide], 1923 [et ann. suiv.], in-8°.

Paraît deux fois par trimestre; 1er n° janvier 1923; le titre devint, en oct. 1924, *Bulletin des Officiers de réserve de la division d'occupation de Tunisie* et, depuis avril 1926, *Bulletin des Officiers de réserve du Commandement supérieur des troupes de Tunisie*. Publie des conférences [lieut^t Laverdet, *La mutualité militaire en Tunisie* (juillet 1923); lieut^t-colonel Duchat, *La guerre au Maroc* (mars 1925) et autres sujets militaires], les programmes des écoles, des exercices pratiques sur le terrain, les décisions officielles, des notices bibliographiques, etc.

4259. — *L'armée d'Afrique…* — Alger, Imp. algérienne, 1924-1929, in-4°, ill., cartes.

Organe de liaison entre les officiers de réserve de l'Algérie-Tunisie et du Maroc et leurs camarades de l'active. Articles de fond notamment sur des questions militaires, historiques et géographiques; documents officiels concernant les officiers; rubriques mensuelles : *Questions musulmanes* (exposé des questions politiques, économiques et militaires en pays d'Islam, notamment au Maroc, zones française et espagnole); *Courrier des Territoires du Sud* (résumé des événements touchant aux mêmes sujets dans les Territoires du Sud de l'Algérie, du Sud-Tunisien, du Sahara, de la Tripolitaine, du Fezzan et de la Cyrénaïque); *informations* (renseignements divers). Bibliographie. An. par Augustin Bernard, dans *Bibl. g.*, 1925, p. 353-354.

4260. — Protectorat français. Régence de Tunis. Direction générale de l'Intérieur. *Recueil des textes officiels publiés au Journal officiel tunisien.* 1ᵉʳ fascicule, 1ᵉʳ janvier-30 juin 1925. — Tunis, Imp. rapide, 1925, in-8°, 384 p.

1ᵉʳ vol. d'une publication semestrielle encore en cours.

4261. — Monchicourt (Charles). *Essai bibliographique sur les plans imprimés de Tripoli, Djerba et Tunis-Goulette au xvıᵉ siècle et note sur un plan d'Alger…* — *R. Af.*, 1925, p. 385-418, 2 fig., 2 pl.

Description détaillée de ces plans. Cf. nᵛ **4901**.

4262. — *Annuaire tunisien du commerce, de l'industrie [de l'agriculture] et des administrations de la Régence…* 1926, édité par la Soc. française de publicité… — Tunis, imp. A. Guénard, 1926, gr. in-8°, 632-632 p., carte, portr.

1ʳᵉ année de cette publication annuelle. Notice historique sur la Tunisie, par Marcel Gandolphe (p. 1-9); renseignements sur le Protectorat, les corps élus, les diverses directions, l'armée française, l'armée tunisienne, détails historiques sur les localités situées dans les contrôles civils, caïdats ou Territoires militaires du Sud, listes des villes, communes, centres, agglomérations, etc.

4263. — Gattefossé (Jean) et Roux (Claudius). *Bibliographie de l'Atlantide et des questions connexes (géographie, ethnographie et migrations anciennes, Atlantique et Méditerranée, Afrique et Amérique, fixité ou dérive des continents, déluges, traditions, etc.).* —

Lyon, imp. Bosc frères et Riou, 1926, in-8°, 111 p., 15 pl., croq.

Importante amorce à une bibliographie générale de l'Atlantide : tableau chronologique des auteurs cités, bibliographie atlantéenne par ordre alphabétique des auteurs (liste de 1.700 ouvrages, articles ou mémoires), table-index analytique et méthodique (v. notamment Afrique du Nord, Algérie, Berbères, Maroc, Sahara, mer intérieure, Tunisie, etc.); note sur la situation et la configuration probables de l'Atlantis de Platon, par Cl. Roux (p. 103-110).

4264. — RÉSIDENCE GÉNÉRALE DE LA RÉPUBLIQUE FRANÇAISE À TUNIS. *Rapport sur l'activité des services du Protectorat* [en 1927] *et prévisions budgétaires pour 1928. Grand Conseil de la Tunisie, VIe session (nov.-déc. 1927).* — Tunis, imp. J. Barlier, 1927, in-8°, 527 p., tableaux.

1er vol. d'une publication annuelle faisant suite à celle mentionnée sous le n° **4218**.

4265. — *Les Études atlantéennes. Bulletin de la S. E. A.* — Paris, 22, rue de Condé, 1927-1928, in-8°.

Devait être mensuel; organe d'une Société ayant pour but de compléter les associations savantes étudiant les civilisations primitives et de montrer que si l'hypothèse d'une civilisation atlante se vérifie l'hiatus qui existe entre la fin des âges préhistoriques et le début de l'histoire ancienne est comblé.

II. OUVRAGES D'ENSEMBLE SUR L'AFRIQUE DU NORD, LA COLONISATION ET LES PROTECTORATS.

4266. — MAUROY (P.). *Du commerce des peuples de l'Afrique septentrionale dans l'antiquité, le moyen-âge et les temps modernes, comparé au commerce des Arabes de nos jours,* ouvrage faisant suite à la *Question d'Alger en 1844*... — Paris, Comptoir des imprimeurs-unis, 1er déc. 1845, in-8°, XI-199 p.

2e éd., 1845, *ibid.*, 192 p. — Étude reproduite dans la 2e part. de l'ouvrage (p. 45-147, 197-294) signalé sous le n° **1048** : commerce des Carthaginois, Romains, Vandales, Grecs et des peuples du moyen âge avec le nord et l'intérieur de l'Afrique; les caravanes carthaginoises, traité de 1270 avec Tunis, les pirates barbaresques, les principaux objets d'échange.

— 20 —

4267. — Bainier (P.-F.). *La géographie appliquée à la marine, au commerce, à l'agriculture, à l'industrie et à la statistique...* — Paris, E. Belin, 1877-1878, 2 vol. in-4°.

T. II (xxvi-912 p.) : Afrique. Livre III, la région du Moghreb : régence de Tripoli, Tunisie (p. 232-263) [extr. dans *Bul. Soc. G. Com. Bordeaux*, 1881, p. 297-300], Algérie (p. 263-400), empire du Maroc (p. 400-458). Livre IV, la région saharienne ; pour chaque chapitre : aperçu général, production et consommation, industrie, commerce, administration. An. par P. Foncin, dans *R. G.*, 1878, t. III, p. 490-493 ; par E. Génin, dans *Bul. Soc. G. Est*, 1880, p. 159-162.

4268. — Lamarre (Clovis) et Fliniaux (Charles). *L'Égypte, la Tunisie, le Maroc et l'exposition de 1878...* — Paris, C. Delagrave, 1878, 3 part. en 1 vol. in-16, viii-184-80-84 p., plan, 3 cartes en coul.

Les pays étrangers et l'exposition de 1878. — Pour chaque pays, aperçu sur le Gouvernement, notice historique et géographique.

4269. — Lesseps (Ferdinand de). *Algérie et Tunisie.* — *N. R.*, 1881, t. XIII, p. 489-497.

En vue de contribuer à la pacification de l'Algérie, l'auteur considère les difficultés ou les facilités qu'offrent le caractère et les mœurs des Arabes musulmans au point de vue de la civilisation européenne ; relations avec les musulmans ; la mission Roudaire ; propositions de Mathieu de Lesseps, en 1830, au bey de Tunis, au sujet du beylik de Constantine (v. n° **4289**).

4270. — Charmes (Gabriel). *La colonisation chez les peuples modernes.* — Paris, imp. J. Kugelmann, 1882, in-8°, 16 p.

Extr. du *Journal des Débats*, 10 sept. 1882. — Analyse de l'ouvrage signalé sous le n° **129**, dont la 2ᵉ éd. vient de paraître : « étude la plus complète, et à mon sens, la plus parfaite qu'ait inspirée ce grave sujet. M. Paul Leroy-Beaulieu y a employé la meilleure des méthodes, c'est-à-dire la méthode historique... ».

4271. — *Nos colonies et la législation française.* — *Bul. Soc. Ét. Col. Mar.*, 1882, p. 387-394.

Extr. d'une série d'art. publiés dans le journal *La Ville de Paris* ; inventaire général de nos colonies, leurs ressources, nécessité de la « colonisation pour la France et pour les Français ».

1272. — LEROY-BEAULIEU (Paul). *La politique française en Afrique : Algérie, Tunisie, Égypte.* — *Écon. fr.*, 1882, t. Ier, p. 597-599, 663-664.

Nécessité d'une politique française plus décidée et plus entreprenante en Afrique où, en particulier, nos voies ferrées doivent pénétrer plus profondément; nous devons pacifier le Sud-Oranais, nous installer à Figuig, progresser vers le Soudan; à défaut de l'annexion de la Tunisie que nous aurions dû réaliser, nous devons doter ce pays d'une organisation rationnelle.

1273. — RENAUD (G.). *Des conditions du développement de notre civilisation en Afrique...* — *Bul. Soc. G. Lyon*, 1881-1884, t. IV, p. 77-80 (procès-verbaux).

Résumé d'une conférence (1er avril 1883); les conditions du progrès de l'Algérie et de la Tunisie.

1274. — DESGRAND (Louis). *Progrès de la civilisation en Afrique...* — *Bul. Soc. G. Lyon*, 1881-1884, t. IV, p. 309-355.

Rapport présenté à la Soc. (7 janvier 1883); un chapitre sur l'Algérie, la Tunisie, le Sénégal et le Maroc; l'effort civilisateur.

1275. — LANIER (L.). *L'Afrique, choix de lectures de géographie...* 14e éd. — Paris, Belin frères, 1909, in-12, x-921 p., 57 fig., 42 cartes et plans.

1re éd., *ibid.*, 1884, in-12, x-920 p., 57 fig., 42 cartes et plans. — Ces lectures sont accompagnées de résumés, d'analyses, de notices historiques, de notes explicatives et bibliographiques pour chaque pays : Maroc (p. 42-85), Algérie (p. 86-280), Tunisie (p. 281-344), région tripolitaine et saharienne (p. 345-424). An. dans *R. Historiq.*, 1884, t. XXV, p. 473-474; par A. Cat, dans *Bul. Cor. Afr.*, 1885, p. 175-176.

1276. — ROBINET (D^r). *La politique coloniale...* 2e éd. — Paris, E. Leroux, 1884, in-8°, 46 p.

Contribution à une campagne contre l'institution d'une armée coloniale; pourquoi au point de vue matériel, militaire-défensif, social et moral, la France doit rejeter le régime colonial, se retirer notamment de Tunisie et appliquer en Algérie le régime d'assimilation des indigènes.

1277. — JOÙBERT (Joseph). *La colonisation française jugée en Angleterre.* — *Bul. Soc. Ét. Col. Mar.*, 1884, p. 457-468.

Étude d'un art. de la revue *The XIX*[th] *Century*, qui montre combien les Anglais ne peuvent se résigner «à voir la France suivre avec résolution une politique coloniale et agrandir son empire extérieur»; appréciation des Anglais sur notre action en Algérie et en Tunisie.

4278. — Nolte (Frédérick). *L'Europe militaire et diplomatique au* XIXe *siècle, 1815-1884...* — Paris, Plon, 1884, 4 vol. in-8°.

T. III et IV : guerres coloniales et expéditions d'outre-mer, 1830-1884. T. III (575 p.) : les Français à Alger (1830), résumé de la conquête, des gouvernements successifs, de la colonisation (p. 3-164). Les Français en Tunisie (1881), l'expédition, le Protectorat (p. 257-298); l'expédition était «une nécessité de la situation de la France en Algérie, qui devait s'imposer un jour ou l'autre... Pour n'avoir pas été l'occasion d'actions brillantes», elle «n'en a pas moins montré que la race des vieux Africains n'était pas perdue». T. IV (608 p.) : guerre de l'Espagne contre le Maroc, 1859-1860 (p. 425-457). Bibliographie en tête de chaque chapitre; nombreuses références. An. par L. H., dans *J. Sc. Mil.*, 1884, t. XVI, p. 463-466; par Victor Pierre, dans *R. Q. Hist.*, 1884, t. XXXVI, p. 688-689.

4279. — Postel (Raoul), ancien magistrat. *En Tunisie et au Maroc.* — Paris, libr. gén. de vulgarisation. [1885], in-8°, 221 p., 15 dessins.

Bibliothèque variée. — Ouvrage de vulgarisation. La première part. est consacrée à la Tunisie (p. 5-148); un chapitre sur l'expédition de 1881 (p. 77-84). La seconde part. concerne le Maroc : la frontière algérienne et Figuig, l'armée (p. 211-216) et l'avenir du Maroc. Extr. sous le titre *Au Maroc (les populations)*, dans *Gaz. G.*, 1885, 1er sem., p. 437-441.

4280. — Guyot (Yves). *Lettres sur la politique coloniale...* — Paris, C. Reinwald, 1885, in-18, XVIII-434 p., carte, 2 graph.

Paru partiellement dans *la Lanterne*, sept.-oct. 1884. — Examen d'une série de questions coloniales : l'importance de l'empire colonial français; a-t-il contribué et est-il susceptible de contribuer à l'expansion de la race française?; importance des débouchés pour le commerce et l'industrie, procédés actuels de la politique coloniale, etc. L'auteur conclut à la «substitution de la civilisation scientifique et productive à la civilisation religieuse et guerrière». An. dans *N. R.*, 1885, t. XXXIV, p. 667; par A. Cat, dans *Bul. Cor. Af.*, 1885, p. 175.

4281. — *Les colonies nécessaires, Tunisie, Tonkin, Madagascar,* par un marin. — Paris, P. Ollendorf, 1885, in-16, VIII-91 p.

Défend la politique coloniale, au point de vue de son utilité pour la marine et pour contrebalancer l'influence anglaise sur les mers; la Tunisie offre à ce sujet un point d'appui exceptionnel dans la Méditerranée. An. par d'H., dans *J. Sc. Mil.*, 1886, t. XXIII, p. 475-476.

1282. — CHARMES (Gabriel). *Politique extérieure et coloniale...* — Paris, Calmann Lévy, 1885, in-12, XLII-429 p.

Histoire de la politique extérieure française depuis l'avènement de la République jusqu'aux difficultés rencontrées à Madagascar et dans les mers de Chine; causes diverses intérieures et extérieures qui ont compromis notre politique en ces dernières années; les leçons des événements.

1283. — LE MYRE DE VILERS. *La politique coloniale.* — *N. R.*, 1885, t. XXXV, p. 5-27.

L'opinion en France sur la politique coloniale; étude des frais de premier établissement que nécessitent les colonies, leurs dépenses d'administration et les bénéfices qu'elles procurent. La France doit renoncer « à des pratiques dont le temps a fait justice ».

1284. — GIDE (Charles). *A quoi servent les colonies?* — *R. G.*, 1886, t. XVIII, p. 36-52, 141-147.

La colonisation, devoir auquel les grandes nations ne peuvent se soustraire sans encourir une déchéance morale; réfutation des arguments des économistes et des démocrates radicaux.

1285. — A.-M. G., membre de la Soc. de géographie de Paris. *La France coloniale, Algérie, Tunisie, Congo, Madagascar, Tonkin...* — Tours, A. Mame, 1886, gr. in-8°, 376 p., cartes, grav.

Renseignements historiques, géographiques, ethnographiques et commerciaux; Algérie (p. 24-130), Tunisie (p. 131-166). An. dans *Af. expl.*, 1887, p. 32.

1286. — LONLAY (Dick de). *Les marins français depuis les Gaulois jusqu'à nos jours; récits anecdotiques, combats et batailles, biographies, etc...* — Paris, Garnier frères, 1886, in-8°, 443 p., 110 fig.

Participation de la marine à l'expédition d'Alger (p. 368-370), au bombardement de Tanger (p. 374-377), à l'expédition de Tunisie (p. 431-434).

1287. — IMBART DE LA TOUR. *L'expansion de la France dans la Méditerranée.* — *Bul. Soc. G. Com. Bordeaux*, 1886, p. 353-371.

Conférence (9 avril). L'auteur insiste particulièrement sur la Tunisie, son organisation et les progrès de notre domination depuis 1882 ; l'œuvre du cardinal Lavigerie.

4288. — Bellanger (Charles). *Histoire et géographie des colonies de la France et des pays placés sous son protectorat*, d'après les documents les plus récents... — Paris, E. Dentu, 1886, in-12, 229 p., carte.

Résumé historique, géographique, administratif et commercial pour chaque colonie : l'Algérie (p. 38-95), la Tunisie (p. 95-111). An. par G.W., dans *N. R.*, 1886, t. XLII, p. 217.

4289. — Lesseps (Ferdinand de). *Souvenirs de quarante ans dédiés à mes enfants*. — Paris, *Nouvelle Revue*, 1887, 2 vol. in-8°, 551 et 769 p.

T. Ier (p. 363-378), Algérie et Tunisie : v. n° **4269**.

4290. — Variot (Abbé Joseph). *Les Pères Blancs d'Afrique*... — *Bul. Soc. G. Lille*, 1887, t. VIII, p. 77-111.

Conférence faite à Lille (8 février). Les Missions des Pères Blancs dans le nord de l'Afrique, leurs tentatives dans le Sahara et le Soudan, leur contribution à l'établissement de notre influence en Tunisie, le cardinal Lavigerie.

4291. — Masson, professeur. *La colonisation africaine*... — *Bul. Soc. G. Com. Bordeaux*, 1888, p. 545-554.

Discours prononcé à la distribution des prix du collège de Bergerac (juillet 1888). Tableau général de l'œuvre en Afrique, en particulier en Algérie-Tunisie.

4292. — *Extension de l'influence arabe en Afrique*. — *Af. expl.*, 1888, p. 46-56.

Étude sur les causes de cette extension ; faits à prendre en considération pour qui veut donner à l'Afrique une civilisation supérieure.

4293. — Rambaud (Alfred). *Les nouvelles colonies de la République française*... — Paris, A. Colin, 1889, in-12, 70 p., ill., cartes.

Un chapitre sur la Tunisie (p. 24-33) : brève description du pays, son histoire, résumé succinct de l'expédition de 1881, situation politique et économique de la Tunisie. An. par Gabriel Gravier, dans *Bul. Soc. normande G.*, 1889, p. 273-274.

4294. — WILHELM (A.). *Des protectorats. Questions de principe se rattachant à leur fonctionnement.* — *Ann. Sc. Pol.*, 1889, p. 694-707.

Étude juridique concernant notamment la Tunisie. Nature et essence du protectorat, les principaux traités récemment conclus par la France; le législateur des pays de protectorat.

4295. — *La côte africaine d'Alexandrie à Tanger : l'Égypte, la Tripolitaine, la Tunisie, l'Algérie, le Sahara, le Maroc.* — Lille et Bruges, Soc. de Saint-Augustin, 1889, in-8°, 99 p., ill.

Généralités présentées dans un ouvrage à caractère religieux : la Tunisie (p. 56-66), l'Algérie et le Sahara (p. 67-88), le Maroc (p. 89-97). An. dans *Af. expl.*, 1890, p. 198.

4296. — ROUQUETTE (Dr Jules). *Colonisation à travers les principaux peuples anciens et modernes...* — Paris, C. Bayle, 1889, in-12, 321 p.

La colonisation en général, natalité des peuples, colonisation rationnelle et scientifique; colonisation romaine, française, anglaise, allemande, leurs défauts et leurs qualités; l'Algérie et son avenir, réformes à faire; l'acclimatement et l'acclimatation, hygiène dans les pays chauds, le paludisme. An. dans *Af.expl.*, 1889, p. 282-283.

4297. — DESGRAND (Louis). *Les progrès de la civilisation en Afrique...* — *Bul. Soc. G. Lyon*, 1889-1890, t. VIII, p. 609-652.

État de la civilisation en Afrique à la fin du xviii° siècle; les voies de pénétration en Algérie et en Tunisie qui ont favorisé les progrès de la civilisation: l'œuvre du cardinal Lavigerie.

4298. — WAHL (Maurice). *L'Algérie et la Tunisie au Congrès colonial.* — *Bul. Ass. Af. Nord*, 1890, p. 2-6.

Programme d'études (déc. 1889), travaux. Cf. *ibid.*, p. 17-28, vœux émis.

4299. — WILHELM (A.). *Théorie juridique des protectorats.* — *J. D. Int. pr.*, 1890, p. 204-219.

En quoi consiste le protectorat, cas particulier de la Tunisie; conséquences juridiques des rapports nouveaux introduits dans le droit international public et privé par les traités de protectorat; rapports des nations tierces avec les États signataires du traité; situation respective des États signataires de la convention, pouvoirs législatifs; exercice des actions judiciaires et contentieux administratif.

4300. — Lonlay (Dick de). *Notre armée; histoire populaire et anecdotique de l'infanterie française depuis les Gaulois jusqu'à nos jours...* — Paris, Garnier frères, 1890, gr. in-8°, 1138 p., fig., pl. en noir et en coul.

Concerne l'organisation et résume les opérations : l'expédition d'Alger, Constantine, Isly, Zaatcha (p. 1024-1052), la Tunisie (p. 1129); anecdotes.

4301. — Prou-Gaillard (Auguste). *La France extérieure...* 2ᵉ éd. — Paris, Téqui, 1890, in-12, 387 p.

Synthèse de la politique coloniale de la France, de nos lois et nos devoirs coloniaux; nos missionnaires; chapitre sur l'Algérie et la Tunisie (p. 280-332). An. dans *Cor.*, 1891, t. CLXIII, p. 204.

4302. — Playfair (Sir Lambert). *La Méditerranée : géographie et histoire.* — *R. Sc.*, 1890, t. XLVI, p. 577-586.

Discours prononcé à l'Ass. britannique pour l'avancement des sciences. Esquisse des caractères physiques et de l'histoire de la Méditerranée.

4303. — Isaac, sénateur. *Rapport fait au nom de la Commission, nommée le 4 avril 1888, et chargée d'élaborer une proposition de loi relative aux modifications à introduire dans l'organisation coloniale...* — Paris, Imp. du Sénat, 1890, in-4°, 174 p.

Sénat, session 1890. Annexe au procès-verbal de la séance du 15 juillet 1890, n° 146. — Étude générale des différents organismes ou ministères auxquels doit être rattachée l'administration des colonies et des protectorats; historique de ce qui s'est passé pour l'Algérie, la question de la défense des colonies; le nombre et l'importance actuelle de nos colonies ne rendent pas nécessaire la création d'un ministère de l'Algérie et des colonies; conclusions en faveur du rattachement, au ministère de la Marine, des colonies et pays de protectorat. Cf. du même, Rapport supplémentaire, Sénat, session de 1893, n° 235.

4304. — Reinach (Joseph). *La politique opportuniste, 1880-1889.* — Paris, Charpentier, 1890, in-12, 378 p.

Série d'art., dont quelques-uns ont paru dans des revues ou des journaux, concernant notamment la politique coloniale (le traité du Bardo, Constantine et Lang-Son) et des questions militaires (armée d'Afrique et armée coloniale).

4305. — Du Fief (J.). *Le partage de l'Afrique entre les puissances européennes...* — *Bul. Soc. belge G.*, 1890, p. 377-467.

L'aperçu chronologique de l'occupation européenne en Afrique depuis le xv⁰ siècle (p. 379-393) intéresse l'Afrique du Nord. An. dans *Af. expl.*, 1891, p. 94.

4306. — *Les partages coloniaux. Les compensations. La nécessité de délimiter la zone d'influence française en Afrique.* — *Écon. fr.*, 1890, t. II, p. 37.

Points sur lesquels semblent s'être porté le débat diplomatique, notamment l'abandon par l'Angleterre du traité de commerce anglo-tunisien, la question de l'hinterland de l'Algérie et de la Tunisie. Cf. *Les compensations pour Zanzibar. Ibid.*, p. 5-6; *La délimitation de la zone française en Afrique. Ibid.*, p. 69-70; *La délimitation anglo-française dans l'Afrique septentrionale. Ibid.*, p. 163-164.

4307. — Orgeval (Pierre d'). *Les protectorats allemands.* — *Ann. Sc. Pol.*, 1890, t. V, p. 698-717; 1891, t. VI, p. 625-646.

Conception juridique du protectorat et valeur rationnelle des traités de protectorat; aucune assimilation ne peut être faite entre les protectorats français et les protectorats allemands; l'expansion coloniale de l'Allemagne, le protectorat administratif, son échec vient de ce que l'Allemagne a méconnu «la véritable notion juridique de la colonisation»; organisation et administration coloniale.

4308. — Deschamps (Léon). *Histoire de la question coloniale en France...* — Paris, Plon, 1891, in-8°, xvi-405 p.

Étude d'ensemble de la question coloniale en France jusqu'en 1815 traitant «de la participation spéculative et effective de la nation à l'œuvre coloniale»; la conclusion générale donne quelques aperçus administratifs et commerciaux sur l'Algérie-Tunisie montrant la connexité des questions coloniales et politiques en France. An. par Louis Farges, dans *R. Historiq.*, 1892, t. L, p. 93-95; dans *R. F. Étr. Col.*, 1891, t. XIV, p. 351.

4309. — Malaville (L.). *Le partage politique de l'Afrique en décembre 1891...* — *Bul. Soc. languedoc. G.*, 1891, p. 617-731, carte.

Tableau historique et géographique des changements opérés en Afrique; la distribution actuelle.

4310. — *Tableau statistique du partage de l'Afrique.* — *Af. expl.,* 1891, p. 90-93, carte.

Reproduction du tableau publié dans l'*Ami de l'Ordre,* par F. Alexis M. G., sous le titre *Bilan géographique de 1890,* pour donner une idée approximative de la répartition des territoires entre les puissances de l'Europe; superficie, population. Cf. *Bul. Soc. G. Arch. Oran,* 1891, p. 253-255.

4311. — Joyeux (A.). *L'Afrique française...* préface de J.-L. de Lanessan... — Paris, F. Alcan [1891], in-16, 186 p.

Bibliothèque utile, t. CV. — Géographie générale de l'Afrique; la France dans l'Afrique du Nord (Algérie, p. 51-73, Tunisie, p. 74-98), dans l'Afrique occidentale, dans l'Afrique orientale : conditions physiques et ethnologiques des colonies françaises. An. dans *Af. expl.,* 1892, p. 31 ; dans *Bul. Com. A. F.,* 1891, VI, p. 16.

4312. — Lannoy (de), chef de bat[on] du génie. *Afrique occidentale-septentrionale. Les possessions françaises de la Méditerranée au Soudan (Niger)...* — *Bul. Soc. G. Lyon,* 1891-1892, t. X, p. 137-169, carte.

Conférence (15 mars 1891). Description rapide du Maroc, de la Tripolitaine, de l'Algérie, de la Tunisie, du Sahara, du Sénégal et du Soudan; les explorateurs du Maroc, la question du transsaharien.

4313. — Bonnassieux (Pierre). *Les grandes compagnies de commerce. Étude pour servir à l'histoire de la colonisation...* — Paris, Plon, 1892, in-8°, IV-563 p.

Historique de chaque c[ie] et considérations économiques dont chacune était l'objet. Ces c[ies] sont groupées par pays (Hollande, Angleterre, France, autres États), par ordre géographique (Europe et Levant, Afrique, Asie, Nouveau Monde) et chronologique. Les paragraphes consacrés aux c[ies] (du Bastion de France, du Cap Nègre) formées en France pour favoriser le commerce avec l'Afrique sont imprécis et insuffisants (*R. Q. Hist.,* 1905, t. LXVII, p. 202).

4314. — Thirion (Paul). *La politique coloniale et nos difficultés présentes...* — Paris, Ch. Delagrave, 1892, in-8°, 38 p.

R. G., 1891, t. XXIX, p. 359-366, 449-456; 1892, t. XXX, p. 51-55, 124-128, 207-211, 296-301, 380-383. — L'utilité générale des colonies et l'effet de leur possession sur la vie d'un peuple de nos jours; examen de nombreux problèmes intéressant notamment l'Afrique du Nord; la défense de l'Algérie et le transsaharien, l'armée et l'administration coloniales.

1315. — THALAMAS (A.). *Les colonies françaises et la géographie.* — *R. G.,* 1893, t. XXXII, p. 90-98, 178-189.

Définition d'une colonie, quels sont les états qui ont besoin de colonies, quelles sont les colonies actuelles de la France qui correspondent à des besoins réels; point de vue nouveau duquel il faut examiner la question coloniale.

1316. — DRAPEYRON (Ludovic). *D'où venons-nous et où allons-nous au point de vue colonial?* — *R. G.,* 1893, t. XXXIII, p. 1-17.

Développement et «raccordement» nécessaires des institutions géographiques en vue de la direction de la politique intérieure et extérieure, de la colonisation, etc.; tableaux synoptiques de l'histoire de la colonisation, de l'organisation des colonies et des problèmes soulevés (v. n° **1315**).

1317. — HUBERT (Lucien). *La question coloniale...* — Compiègne, imp. H. Lefebvre, 1893, in-8°, 46 p.

Idées générales sur la colonisation; considérations sur les tentatives de colonisation religieuse; la colonisation militaire, pourquoi il faut la subir; caractère que doit prendre la politique coloniale de la France.

1318. — GÉRARD (Henri). *De la nature juridique du protectorat déterminée par les traités et la jurisprudence.* — *R. Alg. Tun. lég. jurisp.,* 1893, 1re part., p. 117-129, 215-229.

Recherche de la solution des difficultés qui se sont présentées en jurisprudence en remontant aux principes dégagés par la détermination de la nature juridique du protectorat.

1319. — CONGRÈS NATIONAL DES SOCIÉTÉS FRANÇAISES DE GÉOGRAPHIE. XIVe session, Tours 1893... *Compte rendu des travaux du Congrès.* — Tours, siège de la Société, 1894, in-8°, 341 p., 3 cartes.

Société de géographie de Tours. — Consulter notamment : Nicolle (Gustave), *Moyens à employer pour favoriser le développement de l'émigration française spécialement en Algérie et en Tunisie* (p. 84-92); Privat-Deschanel, *De la nécessité d'étudier à nouveau les moyens de pénétration dans le Gourara, le Touât et le Tidikelt* (p. 329-337).

1320. — PEREZ HENRIQUE (J.). *Conférence de Mgr de Rocquancourt : de l'influence française en Afrique et des moyens de l'y développer.* — *Bul. Soc. G. Com. Bordeaux,* 1894, p. 185-186.

Compte rendu de la conférence faite par Mgr de Rocquancourt (12 mars); l'influence française particulièrement en Tunisie, l'œuvre du cardinal Lavigerie.

4321. — Préville (A. de). *Les sociétés africaines, leur origine, leur évolution, leur avenir.* — Paris, Firmin-Didot, 1894, in-16, xix-345 p., 10 cartes.

Paru dans la *Science sociale*. — L'auteur examine dans leur constitution essentielle et dans les modifications qui naissent de leur contact réciproque, les diverses formes de société sous lesquelles se trouvent groupés les habitants du continent africain ; la zone des déserts du nord : régions des pasteurs cavaliers et des pasteurs chameliers, les oasis, régions des pasteurs chevriers et des pasteurs vachers. An. par G. Vasco, sous le titre *Les sociétés africaines, la femme saharienne*, dans *R. F. Étr. Col.*, 1894, p. 427-430, croq.; par H. D., dans *R. G. Sc.*, 1895, p. 352; par J. B. [Brunhes], dans *Ann. G., Bibl.*, 1895, p. 208.

4322. — Deschamps (Léon). *Histoire sommaire de la colonisation française*... Lettre préface de M. Foncin... — Paris, F. Nathan, 1894, in-18, xii-156 p., 10 cartes, 13 grav.

Manuel présentant un exposé méthodique des questions coloniales lié à une histoire de la colonisation ; l'Algérie et la Tunisie ; renseignements pratiques, la valeur économique des colonies, notions élémentaires de colonisation ; résumés en fin de chapitres ; brève bibliographie. An. par Henri Froidevaux, dans *Ann. G. Bibl.*, 1894, p. 26.,

4323. — Girault (Arthur). *Le problème colonial, assujettissement, autonomie ou assimilation*... — Paris, Chevalier-Marescq, 1894, in-8°, 52 p.

Extr. *Rev. du droit public et de la science politique en France et à l'étranger*, mai-juin 1894. — Exposé des trois conceptions qui peuvent présider aux rapports entre métropole et colonies ; «c'est dans le sens de la politique d'assimilation, d'ailleurs traditionnelle chez nous, qu'il convient d'orienter l'ensemble de nos colonies».

4324. — White (Arthur Silva). *Le développement de l'Afrique.* Traduit de l'anglais sur la 2ᵉ éd. par le Dr E. Verrier... et Mlle L. Lindsay... — Bruxelles, C. Muquardt, 1894, in-8°, xv-422 p., 15 cartes en coul.

Étude géographique et géologique, climats, populations indigènes, islamisme et christianisme, traite des esclaves, progrès de l'exploration, ressources commerciales, la domination européenne, division politique, valeur comparative des terres africaines. An. dans *Bul. Com. A. F.*, 1894, x, p. 160 ; dans *R. F. Étr. Col.*, 1894, p. 704 ; par L. G. [Gallois], dans *Ann. G., Bibl.*, 1895, p. 208-209.

4325. — GARNIER (Noël). *L'Afrique, anthologie géographique*... — Paris, Ch. Delagrave, 1894, in-18, 566 p., cartes.

Caractères généraux de la géographie de l'Afrique; extr. d'ouvrages et d'articles de nombreux auteurs, en particulier sur le Sahara, l'orographie de l'Algérie, les côtes tunisiennes, Bizerte, les forêts de la Kroumirie, les pêcheries de Bizerte, le méhari, les races humaines de l'Afrique du Nord, l'histoire, la vie, les mœurs en Algérie et en Tunisie. An. dans *Bul. Com. A. F.*, 1895, sup., p. 32.

4326. — SAINT-ARROMAN (Raoul JOLLY, *dit* R. de). *Les missions françaises, causeries géographiques*... — Paris, Journal des voyages [1894-1896], 2 vol. in-8°, 382 et 328 p., ill., cartes.

Bibliothèque du Journal des voyages. — Le t. Ier (première série) contient un chapitre sur la Tunisie (l'expédition de 1881, les missions scientifiques d'histoire naturelle et d'archéologie) et un chapitre sur le Sahara (les voyages sahariens de Foureau, 1876-1892, les projets de traversée du Sahara jusqu'au Soudan, la mission Foureau de 1892, les rapports avec les Touareg).

4327. — CONGRÈS NATIONAL DES SOCIÉTÉS FRANÇAISES DE GÉOGRAPHIE. XVe session, Lyon 1894... *Compte rendu des travaux du Congrès*. — Lyon, E. Vitte, 1895, in-8°, 471 p., cartes, phot.

Société de géographie de Lyon. — Consulter notamment : Saurin (Jules), *La colonisation française en Tunisie* (p. 290-304). Cf. p. 215-216. Résumé dans *R. T.*, 1894, p. 517-519.

4328. — LOIR (Maurice). *Gloires et souvenirs maritimes*... — Paris, Hachette, 1895, in-4°, VIII-331 p., pl. en coul., ill.

Recueil de récits empruntés à divers auteurs; pour la période de 1815 à 1855 : le tir des forts d'Alger sur la *Provence* (C. Rousset, v. n° **321**), les naufragés de *l'Aventure* et du *Silène* (A. d'Assigny, v. n° **367**), énergique attitude du baron d'Haussez (d'Haussez, v. n° **3873**), le débarquement de Sidi-Ferruch (Rouquerol, v. n° **536**), affaires de Tanger et de Mogador (p^{ce} de Joinville, v. n° **1028**); pour la période de 1855 à 1893 : prise de Sfax (vice-amiral Garnault).

4329. — SCHEFER (Christian). *La politique coloniale et la politique européenne de la France au XIXe siècle*. — *R. H. Dipl.*, 1895, p. 28-52.

Quelles ont été les conditions diplomatiques nécessaires pour que la France fût en mesure d'étendre son influence dans les pays d'outre-mer; comment les modifications successives de la politique européenne ont influé sur la politique coloniale, notamment lors de l'expédition d'Alger et du ministère de J. Ferry.

4330. — Pillet (A.). *Des droits de la puissance protectrice sur l'administration intérieure de l'état protégé, contribution à l'étude des effets du protectorat.* — R. gén. D. Int., 1895, p. 583-608.

Conséquences de la théorie moderne du protectorat d'un état civilisé sur un état moins civilisé; la fin normale du protectorat : un nom et une alliance intime entre états égaux une fois l'évolution accomplie. résultat dépendant de la bonne foi et de l'entente des deux parties.

4331. — Dubois (Marcel). *Systèmes coloniaux et peuples colonisateurs, dogmes et faits.* — Paris, Plon, 1895, in-18, xv-287 p.

« Il n'y a point de théorie absolue de la colonisation... ; l'œuvre de la colonisation dépend du caractère du peuple colonisateur et de la nature du pays colonisé »; colonisation ancienne et moderne, portugaise, espagnole, hollandaise, anglaise, russe, des États-Unis, allemande, italienne; idées sur la continuité des doctrines et des pratiques coloniales en France. An. par L. R. [Raveneau], dans *Ann. G., Bibl.*, 1895, p. 61. Cf. Carl Siger, *Les théories sur la colonisation et Marcel Dubois. Merc. F.*, 1917, t. CXX, p. 117-123.

4332. — Saint-Arroman (R. de). *Note sur les missions scientifiques et littéraires présentée à la Commission des voyages et missions...* — Arch. missions scient. litt., 1895, t. VI, p. i-xli.

Tableau d'ensemble des résultats obtenus par les missions de 1887 à 1892, notamment en Afrique (p. xxiv-xxxiv).

4333. — Despagnet (Frantz). *Essai sur les protectorats. Étude de droit international...* — Paris, L. Larose, 1896, in-8°, 438 p.

Idées générales, au point de vue des principes du droit international, qui se dégagent de la variété des traités de protectorat. Évolution historique du protectorat; dans quels cas, sur quelles collectivités et dans quelles formes il peut être établi; la Tunisie; sujets actifs et passifs du protectorat; rapports du protecteur et du protégé.

4334. — Gairal [de Sérézin] (François). *Le protectorat international...* — Paris, A. Pédone [1896], in-8°, 313 p.

Règles correspondant aux trois situations : la protection simple ou sauvegarde, le protectorat de droit des gens, le protectorat colonial; l'occupation à titre de protectorat, le protectorat administratif.

4335. — Pic (Paul). *Influence de l'établissement d'un protectorat sur les traités antérieurement conclus avec des puissances tierces par l'état protégé.* — Paris, A. Pédone, 1896, in-8°, 35 p.

R. gén. D. Int., 1896. — Réfutation de la thèse des adversaires de l'expansion coloniale française qu'un état protecteur, dont la domination a été agréée et reconnue par les puissances, est responsable et garant de tous les traités conclus par l'état protégé avant l'établissement du protectorat; les traités temporaires n'impliquant aucun partage de la souveraineté doivent seuls être respectés; références.

4336. — Hachenburger (Marcel). *De la nature juridique du protectorat et de quelques-unes de ses conséquences en matière pénale.* Thèse... — Paris, A. Pédone, 1896, in-8°, 142 p.

Faculté de droit de Paris. — Recherche d'un principe essentiel commun à tous les traités de protectorat; conséquences qui en découlent et dont l'application dépend de la sagesse et de la modération de l'état protecteur; justification du protectorat; références.

4337. — Drouet (Francis). *Au nord de l'Afrique. Tunisie, Algérie, Melilla, Gibraltar, Tanger; notes de voyage.* — Nice, place Sasserno, 1896, in-4°, 171 p., pl., fig.

Extr. (concernant Melilla, Malaga, Gibraltar, Tanger) dans *Bul. Soc. normande G.*, 1896, p. 102-124. — Notes d'un rapide voyage de Tunis à Tanger; souvenir de l'insurrection kabyle, en 1871, à Bordj-bou-Arreridj. An. par Le Myre de Vilers, dans *N. R.*, 1896, t. XCIX, p. 867; par P. Collesson, dans *Bul. Soc. G. Est*, 1901, p. 133.

4338. — Cagnat (R.). *L'activité scientifique de la France en Afrique depuis quinze ans...* — *Ac. Inscr. B.-Lettres, C. R.*, 1896, t. XXIV, p. 558-575.

Discours à la séance publique annuelle (13 nov.).

4339. — Étienne, député. *La politique coloniale de la France en Asie et en Afrique...* — *Bul. Soc. G. Lyon*, 1896-1898, t. XIV, p. 268-270.

Résumé d'une conférence (21 fév. 1897); aperçu sur nos colonies, l'Algérie et la Tunisie.

4340. — Congrès national des Sociétés françaises de géographie. XVII° session, Lorient 1896. *Compte rendu des travaux du*

Congrès. — Lorient, imp. A. de La Morinière, 1897, in-8°, 418 p.

Société bretonne de géographie de Lorient. — Consulter notamment : Bernard (Augustin), *La colonisation maritime en Algérie et en Tunisie* (p. 198-214); Gaudefroy-Demombynes, *L'enseignement des indigènes en Algérie* (p. 321-322); Blanchet, *Le dessèchement du Sahara et la colonisation tunisienne* (p. 332-333).

4341. — CHAUDORDY (Cte de). *Considérations sur la politique extérieure et coloniale de la France.* — Paris, Plon, 1897, in-18, xx-116 p.

Développement d'un art. du *Figaro* (27 mai 1895), dans lequel l'auteur montre que la politique allemande cherche à nous faire perdre de vue nos provinces perdues et à nous pousser vers des expéditions lointaines; ces projets « ne tendent à rien moins qu'à abaisser l'influence continentale de la France ». An. par Georges Sénéchal, dans *N. R.*, 1897, t. CIV, p. 881-882; par Charles Mourey, dans *Bul. Com. A. F.*, 1897, p. 61-63.

4342. — LANESSAN (J.-L. de). *Principes de colonisation...* — Paris, F. Alcan, 1897, in-8°, v-283 p.

Bibliothèque scientifique internationale, t. LXXXIV. — Résumé des observations et de l'expérience de l'auteur. Généralités sur l'histoire de la colonisation; la colonisation et les luttes de races; phénomènes généraux de la colonisation moderne; conduite à tenir envers les indigènes, à l'égard des colons, relations avec les autorités indigènes; défense militaire extérieure et intérieure des colonies, l'armée coloniale, troupes européennes et indigènes, rattachement des troupes coloniales à la Guerre et leur détachement aux Colonies, services administratifs et médicaux des troupes coloniales; police des colonies; pouvoirs coloniaux et étendue de leur autorité. An. par L. Sevin-Desplaces, dans *N. R.*, 1897, t. CIV, p. 433-434; dans *Bul. Com. A. F.*, 1897, p. 63.

4343. — NADAILLAC (Mis de). *Colonies françaises et colonies anglaises.* — Paris, imp. de Soye et fils, 1897, in-8°, 32 p.

Cor., 1897, t. CLXXXVI, p. 867-894. — Rapide extension des colonies européennes; l'auteur est du même avis que M. Chamberlain : « La France du xixe siècle est incapable de coloniser; nous avons beau entasser la Tunisie sur l'Algérie, le Tonkin sur la Cochinchine, Madagascar sur le Soudan, si nous cherchons les résultats, il faut reprendre un mot qui fut redoutable dans un temps déjà loin de nous : rien, rien, rien !. »

4344. — THIRION (Paul). *L'Afrique du Nord...* — *Quinz.*, 1897, t. XVI, p. 455-477; 1898, t. XXI, p. 227-247;

t. XXII, p. 172-199; 1899, t. XXIX, p. 168-189, 502-524.

I. *La Tunisie en 1897* : vue d'ensemble géographique, historique, administrative, commerciale, agricole et maritime. II. *L'Algérie en 1897* : le pays, l'état politique et économique, la population, résultats à obtenir du côté des Arabes et ceux à poursuivre du côté de la colonisation européenne. IV. (*sic*). *Le Maroc* : ce que vaut l'enjeu; le Maroc porte la marque de la décadence, la conquête européenne est le seul remède; les populations, les finances, l'armée, les convoitises européennes; la question du Maroc ne peut pas être réglée sans la France.

4345. — CONGRÈS NATIONAL DES SOCIÉTÉS FRANÇAISES DE GÉOGRAPHIE. XVIII° session, Saint-Nazaire, août 1897... *Compte rendu des travaux du Congrès.* — Saint-Nazaire, imp. Fronteau, 1898, in-8°, 341 p., cartes, pl.

Société de géographie commerciale de Saint-Nazaire. — Consulter notamment : Loth (G.), *La nouvelle carte de Tunisie de M. Machuel* (p. 118); Loth (G.), *La Tunisie* (p. 211-213).

4346. — ***. *Vingt-huit ans de politique étrangère.* — R. P., 1898, t. VI, p. 62-79.

Exposé rapide, mentionnant notamment la conquête de la Tunisie (1881), la revision des traités tunisiens; « au Maroc et dans le Sud algérien, notre politique n'a été ni méditée ni persévérante ».

4347. — VIGNON (Louis). *Les sociétés indigènes.* — R. Sc., 1898, t. IX, p. 161-171.

Politique que doivent suivre les nations colonisatrices à l'égard des sociétés indigènes; erreurs commises en Algérie; avantages du système du protectorat; qualités nécessaires aux fonctionnaires coloniaux. An. par L. B., dans *R. T.*, 1898, p. 251-253.

4348. — VAN ORTROY (F.), capitaine commandant. *Conventions internationales définissant les limites actuelles des possessions, protectorats et sphères d'influence en Afrique,* publiées d'après les textes authentiques... — Bruxelles, Soc. belge de libr., 1898, in-8°, XIX-517 p., carte.

Recueil des conventions politiques, économiques, « humanitaires », etc., relatives à l'Afrique, éléments d'un « Code diplomatique du continent noir »; donne le traité du 12 mai 1881 pour la Tunisie et les accords relatifs aux frontières du

Maroc; tables chronologiques par pays, signataires, matières. An. par B. Auerbach, dans *R. Crit.*, 1900, t. L, p. 267-268.

4349. — Congrès national des Sociétés françaises de géographie. XIXe session, Marseille, septembre 1898... *Compte rendu des travaux du Congrès.* — Marseille, Secrétariat de la Société, 1899, in-8°, 539 p., 5 pl., 4 fig.

Société de géographie de Marseille. — Communications concernant l'Algérie et la Tunisie : *Le chemin de fer transsaharien par la province d'Oran,* par Eug. Étienne (p. 442-444); *La situation économique de la Tunisie,* par E. Fallot (p. 465-485) [v. n° **5433**]; *Le lac de Bou-Grara et la pénétration,* par Eusèbe Vassel (p. 485-489); *Le chemin de fer de Bizerte au Kef et à la vallée du Sarrath,* par Eusèbe Vassel (p. 489-490) [v. n° **6872**]; *Henri Duveyrier, son dernier projet de voyage dans le Sahara (lettres inédites),* par le commandant Henri Wolff (p. 490-505); *Les archives de la Chambre de commerce de Marseille et les rapports de la Tunisie avec la France avant la conquête française,* par le v^{te} Bégouen (p. 505-506); *Les travaux actuels du Service géographique de l'Armée,* par le comd^t Romieux (p. 506-507); *Itinéraires de Mogador à Marrakech, 1890-1892,* par Hubert Giraud (p. 507-522). An. par E. Vassel, dans *R. T.*, 1900, p. 236-238; par L. Raveneau, dans *Ann. G., Bibl.*, 1900, p. 66.

4350. — Orléans (Henri d'). *Politique extérieure et coloniale.* — Paris, E. Flammarion [1899], in-16, XVIII-292 p.

Réunion d'art. : marche de la politique extérieure de la France depuis 29 ans (p. 133-146), situation extérieure de la France en 1899 (p. 147-167), politique extérieure et conscience nationale (p. 171-178), avenir (p. 181-192).

4351. — Lavisse (Ernest). *France et Angleterre.* — *R. P.*, 1899, t. Ier, p. 453-482.

Lettre à sir Charles Dilke concernant l'ensemble des questions qui divisent la France et l'Angleterre : Fachoda, les affaires anciennes et présentes de Tunisie (p. 456-459), Terre-Neuve, etc.

4352. — Villebois-Mareuil (Cte G. de). *L'œuvre coloniale de la troisième République.* — *Cor.,* 1899, t. CLXXXXVII, p. 931-953, 1230-1247, carte.

« Plus nous nous sommes engagés colonialement, plus nous nous sommes éloignés de l'Alsace-Lorraine. En avions-nous le droit? En sommes-nous récompensés?»; l'absence de plan et de système de colonisation.

4353. — SAUSSURE (Léopold de). *Psychologie de la colonisation française dans ses rapports avec les sociétés indigènes...* — Paris, F. Alcan, 1899, in-16, 311 p.

Importante étude ayant pour but de dégager les esprits du dogmatisme ambiant, en vue de créer un mouvement d'opinion contre la doctrine erronée de l'assimilation. An. par E. V. [Vassel], dans *R. T.*, 1901, p. 120-121; par H. F., dans *Q. Dipl. Col.*, 1900, t. IX, p. 63-64; par G. Monod, dans *R. Historiq.*, 1899, t. LXXI, p. 324-326; dans *Bul. Com. A. F.*, 1899, p. 168.

4354. — REY (Francis), avocat. *De la protection diplomatique et consulaire dans les Échelles du Levant et de Barbarie...* Thèse... — Paris, L. Larose, 1899, in-8°, xvi-552 p.

Faculté de droit de l'Université de Paris. — Étude d'ensemble des relations des peuples occidentaux avec l'Orient et de la France avec l'empire ottoman et les régences barbaresques (Alger, Tunis, Tripoli, Maroc) depuis leurs origines jusqu'au XIX° siècle (p. 160-174); importante bibliographie; en appendice : règlements sur la protection au Maroc (p. 514-519). An. dans *R. P. Parl.*, 1900, t. XXIII, p. 234-235; dans *Bul. Com. A. F.*, 1899, sup., p. 140.

4355. — CONGRÈS NATIONAL DES SOCIÉTÉS FRANÇAISES DE GÉOGRAPHIE. XX° session, Alger, 1899. *Compte rendu des travaux du Congrès.* — Alger, imp. S. Léon, 1900, in-8°, 432 p., cartes, graph., fig.

Société de géographie d'Alger. — Consulter notamment : Godchot (Cap[ne]), *Du rôle de l'armée en Algérie* (p. 67-77); Ney (Comd[t] Napoléon), *La France et l'Islam* (p. 79-85, 233-234); Busson (H.), *La naturalisation des immigrés coloniaux* (p. 110-118); Couput, *Le mouton en Algérie* (p. 119-128); Rivière (Charles), *Géothermie et refroidissements nocturnes en Algérie* (p. 128-155); Couput (G.), *La géographie de l'olivier dans l'Afrique du Nord* (p. 155-167); Pascal (D[r]), *Le climat d'Alger au point de vue de la cure à air libre de la tuberculose* (p. 167-171); Soliers (de), *La fusion des races européennes en Algérie, par les mariages croisés* (p. 180-183, 231-233); Simian, *Les causes et les effets du développement du port d'Alger* (p. 184-189); Sabatier, ancien député, *La répartition géographique de la criminalité en Algérie* (p. 190-193); Vialar (B[on] de), *L'origine et les destinées des races de l'Afrique du Nord* (p. 194-205); Flamand (G.-B.-M.), *Les premiers habitants des Hauts-Plateaux et du Sahara algérien, d'après les monuments rupestres* (p. 207-218); Bascou, *Communications postales et télégraphiques entre la France et les colonies françaises de l'Afrique* (p. 235-245, 258-259); Cazenave, *La main-d'œuvre indigène aux colonies et spécialement en Algérie* (p. 249-256); Demontès (V.), *Acclimatation des races européennes en Algérie* (p. 259-276); Doutté (E.), *Récentes contributions à la géographie du Maroc* (p. 276-278); Ficheur (E.), *Les chaînes calcaires du littoral algérien* (p. 278-279); Flamand (G.-B.-M.), *Les grandes dépressions du sud de l'Oranie* (p. 279-280); Huguet

(Médecin-major), *Le M'zab d'après les géographes et les voyageurs* (p. 281-290); Lebourgeois, *La colonisation par voie ferrée* (p. 292-297); Broussais (É.), *Les chemins de fer africains et transafricains* (p. 301-321); Bonnard (P.), *Le tracé oriental du transsaharien* (p. 322-325, 383-384); Servan (Contre-Amiral), *Le transsaharien et le cours du Niger* (p. 325-328); Bouty (J.), *Divers tracés de transsahariens* (p. 329-358); *Délibération de la Chambre de commerce d'Oran au sujet du transsaharien* (p. 358-361); Simian, *Observations de la Chambre de commerce d'Alger sur le transsaharien* (p. 362-364); Vivarez (Mario), *Projet de construction du transsaharien* (p. 366-371); Bernard (A.), *La question du transsaharien* (p. 372-383) [v. n° **1895**]; Laurens, *La pénétration africaine par les voies ferrées* (p. 384-396); Broussais (É.), *Réponse aux objections contre le transsaharien* (p. 397-407). Cf. Noufflard (Charles), *Le 20ᵉ Congrès national des Sociétés de géographie.* Quinz. col., 1899, t. V, p. 230-234. An. par Augustin Bernard, dans *Ann. G., Bibl.,* 1901, p. 229-230.

4356. — Vignon (Louis). *L'exploitation de notre empire colonial...* — Paris, Hachette, 1900, in-16, 355 p.

Extr. (p. 1-114), sous le titre *De la mise en valeur de notre domaine colonial,* dans *R. Sc.,* 1899, t. XII, p. 769-784; 1900, t. XIII, p. 231-238, 458-465. — Les colons, notamment en Algérie et en Tunisie; principales conditions de leur établissement; les capitaux et leur emploi dans les Travaux publics; le transsaharien; les compagnies privilégiées de commerce et d'exploitation; le crédit et les banques; l'action de l'État, légitime et nécessaire pour la mise en train de l'œuvre coloniale, ne doit pas se substituer à l'initiative privée qui «fera les colonies comme elle a fait la France»; nécessité d'une politique coloniale suivie. An. par C. M., dans *Q. Dipl. Col.,* 1900, t. X, p. 62; par E. Cheysson, dans *Bul. Soc. G. Paris,* 1900, t. II, p. 65; dans *R. F. Étr. Col.,* 1900, p. 383; par Maurice Zimmermann, dans *Ann. G., Bibl.,* 1901, p. 61.

4357. — Petit (Émile). *Des effets du protectorat relativement à la souveraineté intérieure de l'état protégé.* Thèse... — Poitiers, imp. Blais et Roy, 1900, in-8°, 144 p.

Université de Poitiers, Faculté de droit. — Examen des restrictions apportées par la France à l'autonomie interne des pays placés sous son protectorat, notamment de la Tunisie, en fonction du double but à atteindre : expansion coloniale et marche vers la civilisation; régime législatif, pouvoir judiciaire, fonctionnement de la justice française, ses organes; autres juridictions; gouvernement et administration, caïds, khalifas, cheiks, organisation communale; courte bibliographie.

4358. — Yver (Georges). *Esquisse d'une histoire de la Méditerranée...* — Sousse, Imp. française, 1900, in-8°, 228 p.

Régence de Tunis. Direction générale de l'Enseignement public. — Conférences faites à l'Hôtel des Soc. françaises à Tunis. Rôle de la Méditerranée dans l'antiquité, sous les Romains, les Arabes, pendant les croisades; le commerce des ports de l'Afrique du Nord depuis le moyen âge; la France méditerranéenne, l'Algérie et la Tunisie. An. par P. Vidal de La Blache, dans *Ann. G., Bibl.*, 1901, p. 9.

4359. — ROMAGNY (Capitaine Ch.). *Campagnes d'un siècle... Tunisie, Sénégal, Soudan, Dahomey, Congo.* — Paris, Charles-Lavauzelle [1900], in-32, 104 p., croq.

Le partage politique de l'Afrique, le lot de la France; résumé de la conquête de la Tunisie (p. 21-38) : l'intervention, les deux campagnes, la pacification.

4360. — *Un siècle, mouvement du monde de 1800 à 1900.* — Paris, H. Oudin [1900], in-8°, XXVI-914 p.

Autre éd., Paris, J. Boussod, Manzi, Joyant, 1900, 3 vol. in-fol., pl., portr. — Préambule de Eugène-Melchior de Vogüé; série d'articles fournissant une vue d'ensemble sur le mouvement politique et économique (le partage du monde, par René Pinon, p. 112-145), le mouvement intellectuel et religieux au XIX° siècle. An. dans *Q. Dipl. Col.*, 1901, t. XI, p. 576-577; par P. Girardin, dans *Ann. G., Bibl.*, 1901, p. 73.

4361. — DRIAULT (É.). *Les problèmes politiques et sociaux à la fin du XIX° siècle...* — Paris, F. Alcan, 1900, in-8°, 388 p.

Bibliothèque d'histoire contemporaine. — 2° éd., *ibid.*, 1906. — Chap. V, la Méditerranée (p. 91-107) : l'histoire de la Méditerranée, les peuples et les intérêts autour de la Méditerranée. Chap. VII, le partage de l'Afrique (p. 127-155) : l'Afrique en 1885, le Congrès de Berlin, les conventions de 1890 et de 1898-1899. An. par A. B., dans *Q. Dipl. Col.*, 1900, t. X, p. 382; par G. Monod, dans *R. Historiq.*, 1900, t. LXXIII, p. 346-348; dans *Q. Dipl. Col.*, 1907, t. XXIII, p. 319-320.

4362. — BONNEFON (E.-L.), capitaine du génie. *L'Afrique politique en 1900.* — Paris, Charles-Lavauzelle [1900], in-8°, 532 p.

Résumé des faits les plus récents exposant la situation de l'Afrique au printemps de 1900 et tirant des conclusions relatives à l'avenir des sociétés européennes sur les divers points du continent noir. Tripolitaine et pays de Barka, les Senoussia, Tunisie (p. 47-54) : succès de la politique française, situation économique, rôle méditerranéen, Bizerte, l'Italie en Tunisie; Algérie (p. 55-72) : condition actuelle, tendances séparatistes, ce que l'Algérie coûte à la France, l'ordre des Tidjania, l'armée d'Afrique, pénétration vers le Sud; Maroc (p. 73-82) : condition actuelle, compétitions européennes, intérêts de la France, importance politique et stratégique du Maroc; le Sahara (p. 83-94) : les Touareg, projet d'expédition du général Philebert, routes du Sahara, les chemins de fer de l'avenir; les transsahariens (p. 94-105). An. dans *Sp. Mil.*, 1900, t. XL, p. 82-83; dans *R. M. U.*, 1900,

t. XVII, p. 368-369; par A. A., dans *Q. Dipl. Col.*, 1900, t. X, p. 126; par Victor Waille, dans *R. Af.*, 1901, p. 94; par M. Chesneau, dans *Bul. Soc. G. Paris*, 1900, t. II, p. 153-154; dans *R. F. Étr. Col.*, 1900, p. 624; par Alfred Uhry, dans *Ann. G., Bibl.*, 1901, p. 225.

4363. — JUNG (R. P.). *Les pionniers africains, les Pères Blancs, les Frères armés, les pionniers, la razzia, la traite...* — *Bul. Soc. G. Toulouse*, 1900, p. 13-19.

Résumé de la conférence faite à la Soc. (19 fév.); l'œuvre en Afrique du cardinal Lavigerie.

4364. — CONGRÈS NATIONAL DES SOCIÉTÉS FRANÇAISES DE GÉOGRAPHIE. XXIe session, Paris, 20-24 août 1900. *Comptes rendus publiés par la Société de géographie.* — Paris, Soc. de géographie, 1901, in-8°, 284 p., 3 cartes.

Consulter notamment : Hulot (B^{on}), *Les missions françaises vers le Tchad* (p. 84-85); Chanteloube, *Note sur l'exploitation de l'alfa et ses applications dans l'industrie* (p. 136-138); Bourgeois (Commandant), *Les travaux et les méthodes actuelles de la géodésie au Service géographique de l'Armée* (p. 141-146); Flamand (G.-B.-M.), *Le Sahara, reliefs et dépressions* (p. 231-232); Demontès (V.), *Densité comparée des populations européennes et des populations indigènes en Algérie* (p. 196-214).

4365. — INSTITUT COLONIAL INTERNATIONAL. *Compte rendu de la session tenue à Paris..., 1900.* — Bruxelles, Institut col. internat., 1901, in-8°, 706 p., graph.

Bibliothèque coloniale internationale. — Voir : Dr G. K. Anton, *Le régime foncier aux colonies françaises* (p. 549-702) : étude détaillée concernant l'Algérie et la Tunisie (p. 551-682).

4366. — INSTITUT COLONIAL INTERNATIONAL. *Compte rendu de la session tenue à La Haye..., 1901.* — Bruxelles, Institut col. internat., 1901, in-8°, 338 p.

Bibliothèque coloniale internationale. — Voir : J. Chailley-Bert, *La législation qui convient aux colonies* (p. 197-235).

4367. — VAN BRUYSSEL (Ernest), consul général de Belgique. *Tunisie, Algérie, Tripolitaine : cultures, élevage, industrie, commerce...* — Bruxelles, imp. P. Weissenbruch, 1901, in-8°, 78 p.

Extr. du *Recueil consulaire belge*, t. 111. — Rapport, daté de Tunis, 26 nov. 1900, sur la situation économique en Tunisie (p. 4-38), en Algérie (p. 39-65) et en Tripolitaine. An. dans *Bul. Dir. agr. com. Tunis*, 1901, p. 308-310.

4368. — BERTHOLON (L.). *L'assimilation aux colonies par la réforme des lois françaises sur le mariage.* — *R. T.*, 1901, p. 169-185.

Défaut de notre législation du mariage, impossibilité de son application à des populations immigrantes; la simplification du mariage s'impose aux colonies, influence sur l'évolution des populations indigènes; le métissage est le seul moyen d'assimilation d'une population soumise à une autre; protection de la jeune fille.

4369. — CAPITAN. *La question de la Méditerranée.* — *R. C. M.*, 1901, 2e sem., p. 145-149, 165-167, 185-192.

Rôle de la Méditerranée dans le passé; la situation présente, la France en Tunisie, l'Angleterre en Égypte; l'équilibre méditerranéen, le rôle de l'Angleterre, de la France, de l'Italie et de l'Espagne.

4370. — *La France au dehors. Les missions catholiques françaises au XIXe siècle*, publiées sous la direction du Père J.-B. Piolet, S. J., avec la collaboration de toutes les Sociétés des Missions... — Paris, A. Colin, 1901-1903, 6 vol. in-4°, grav.

T. V (1902, 512 p.), Missions d'Afrique; chap. III (p. 47-96), l'Afrique du Nord, par le R. P. Comte : le pays et ses habitants, la Mission d'Algérie, Mgr Dupuch, Mgr Pavy, Mgr Lavigerie, les villages d'arabes chrétiens, Missions de Kabylie, Tunisie, Sahara et Soudan. Bibliographie. An. par J. Chailley-Bert, dans *Quinz. col.*, 1903, t. XIV, p. 551-553.

4371. — FALLOT (E.), ancien chef de service du commerce et de l'immigration à Tunis. *L'avenir colonial de la France, études pratiques sur les principes de la colonisation et la situation économique des colonies françaises et étrangères*... préface de M. René Millet... — Paris, C. Delagrave [1902], in-18, VIII-550 p., 12 cartes en coul.

Rôle économique de la colonisation dans la société contemporaine, rôle de l'État en matière de colonisation, l'émigration humaine et le problème de la population en France, l'émigration des capitaux, le crédit aux colonies, les diverses colonisations étrangères; l'Algérie géographique et économique, la Tunisie géographique, politique, administrative et économique; l'avenir de la colonisation française. An. dans *N. R.*, 1902, t. XVI, p. 572, et t. XVIII, p. 286; dans *Q. Dipl. Col.*,

1902, t. XIII, p. 763-764; dans *R. Sc.*, 1902, t. XVIII, p. 19-20; dans *Bul. Com. A. F.*, 1902, p. 344; par H. L. [Lorin], dans *Bul. Soc. G. Com. Bordeaux*, 1902, p. 226-227; dans *R. F. Étr. Col.*, 1902, p. 447; par Maurice Zimmermann, dans *Ann. G., Bibl.*, 1903, p. 56-57.

1372. — INSTITUT COLONIAL INTERNATIONAL. *Le régime minier aux colonies*, documents officiels précédés de notices historiques... — Bruxelles, Institut col. internat., 1902-1903, 3 vol. in-8°.

Bibliothèque coloniale internationale, 6ᵉ série. — T. II (1903, 655 p.) : Algérie (p. 181-194), Tunisie (p. 195-204).

1373. — CONGRÈS NATIONAL DES SOCIÉTÉS FRANÇAISES DE GÉOGRAPHIE. XXIIIᵉ session, Oran, 1ᵉʳ-5 avril 1902. *Compte rendu des travaux du Congrès*. — Oran, imp. P. Perrier, 1903, in-8°, 275 p.

Société de géographie et d'archéologie du département d'Oran. — Consulter notamment : Bernard d'Attanoux, *Du rôle de la femme arabe dans la société indigène* (p. 144-148); Bernard (Augustin), *L'Oranie et ses régions naturelles* (p. 149-152); Bernard (Augustin), *Les ports de l'Oranie* (p. 152-155); Bonnard (Paul), *Bizerte, port de mer et peut-être centre métallurgique* (p. 156); Castries (Cᵗᵉ Henry de), *Introduction à l'histoire générale du Maroc* (p. 158-160); Miramont, *Les entrepôts francs dans le Sud-Oranais* (p. 160-172); Bel (Alfred), *Les lacs d'Algérie, chotts et sebkhas* (p. 172-204); Segonzac (de), *La question marocaine* (p. 207); Bonnard (Paul), *Le chemin de fer transsaharien* (p. 208); Monbrun (Th.), *Conférence sur le vieil Oran* (p. 208); Moreau (Dʳ), *Une carte de la répartition du paludisme en Algérie* (p. 211-217); Fournier (Joseph), *Les origines de la représentation diplomatique française au Maroc, 1577* (p. 240-245). An. par Augustin Bernard, dans *Ann. G., Bibl.*, 1904, p. 220.

1374. — INSTITUT COLONIAL INTERNATIONAL. *Compte rendu de la session tenue à Londres..., 1903.* — Bruxelles, Institut col. internat., 1903, in-8°, 608 p.

Bibliothèque coloniale internationale. — Voir : Arthur Girault, *Des rapports politiques entre métropole et colonies* (p. 369-418); J. Chailley-Bert, *La législation qui convient aux colonies* (p. 419-454).

1375. — HANOTAUX (Gabriel). *La paix latine.* — Paris, Combet, 1903, in-16, XXXVII-336 p.

Ouvrage écrit au cours des voyages de l'auteur; la France africaine, Tlemcen, Algérie, Carthage (p. 43-86); l'Islam (p. 87-130); ports français, Marseille, Bizerte (p. 275-285).

4376. — MELON (Paul), membre du Conseil supérieur des Colonies. *Problèmes algériens et tunisiens; ce que disent les chiffres...* — Paris, A. Challamel, 1903, in-8°, VII-170 p.

Notes recueillies en Afrique du Nord et écrites en été 1901. — I. Les principaux problèmes algériens : l'immigration étrangère, la naturalisation et ses effets, l'assimilation, les indigènes; «la politique s'est installée en maîtresse dans les affaires algériennes et elle y a été un agent de désorganisation». — II. Exposé du système du Protectorat en Tunisie, progrès, situation actuelle, l'immigration italienne; «la Régence ne connaît pas la surenchère électorale»; supériorité de la méthode de gouvernement appliquée en Tunisie. An. dans *Q. Dipl. Col.*, 1903, t. XVI, p. 855; par Angel Marvaud, *ibid.*, 1906, t. XXI, p. 367; dans *Quinz. col.*, 1903, t. XIII, p. 107.

4377. — SOREL (Albert). *Des conditions de la politique coloniale de la France...* — *Bul. Soc. normande G.*, 1903, p. 1-20.

Conférence à la Soc. (16 oct. 1902). Circonstances qui rendent cette politique possible, les tentatives coloniales depuis le XVI° siècle.

4378. — BERNARD (Augustin). *L'Afrique du Nord...* — Paris, Ch. Delagrave, 1903, in-8°, 16 p.

R. G., 1903, t. LII, p. 354-366. — Leçon d'ouverture à la Faculté des lettres (9 janvier); questions qui feront l'objet du cours; éléments de comparaisons entre l'Algérie et la Tunisie et en dehors de l'Afrique du Nord, questions indigènes et de colonisation. An. par L. Raveneau, dans *Ann. G., Bibl.*, 1904, p. 218.

4379. — CHAILLEY-BERT (Joseph). *La politique coloniale de la France.* — *Quinz. col.*, 1903, t. XIV, p. 515-521.

Traduction d'un art. paru dans la *Fortnightly Review* (1ᵉʳ août); bilan de la première période de vingt années de politique coloniale; ce qu'il reste à faire sur le terrain de l'administration intérieure et sur celui de la politique extérieure; la question du Maroc.

4380. — [ALLEMAND-MARTIN (A.)]. *De l'étude scientifique des colonies et de ses rapports avec leur mise en valeur* (Signé : A. A.-M.). — *R. T.*, 1903, p. 309-312.

4381. — DEVAULX (André). *Les protectorats de la France en Afrique.* Thèse... — Domois-Dijon, imp. de l'Union typographique, 1903, in-8°, 165 p.

Université de Paris, Faculté de droit. — Le protectorat du droit des gens et le protectorat colonial; les protectorats du droit des gens de la France en **Afrique** : Tunisie (p. 18-27); les protectorats coloniaux de la France en Afrique, valeur des protectorats coloniaux; protectorat administratif.

4382. — Despagnet (Frantz). *La diplomatie de la troisième République et le droit des gens...* — Paris, L. Larose, 1904, gr. in-8°, viii-806 p.

Livre II, chap. IV (p. 212-247), la question tunisienne et la rivalité entre la France et l'Italie : la Tunisie, son passé, ses relations avec la Turquie; causes de l'intervention, le traité du 12 mai 1881 et le Protectorat; la seconde campagne, les suites du Protectorat sur la Tunisie au point de vue des relations internationales. Chap. IX (p. 400-413), expansion coloniale de la France en Afrique : la question du Maroc. Références. An. dans *R. P. Parl.*, 1905, t. XLIII, p. 224-225; dans *Quinz. col.*, 1904, p. 743.

4383. — Duchêne (Albert). *Un ministère de l'Algérie et des Colonies.* — *R. P.*, 1904, t. II, p. 89-106.

Le rattachement des services de l'Algérie et de la Tunisie au ministère des Colonies proposé par la Commission du budget de la Chambre est justifié (v. n° **5496**); historique de la question; l'Algérie et la Tunisie conserveront leur organisation spéciale, leurs services et leur personnel.

4384. — Congrès national des Sociétés françaises de géographie. XXVe session, Tunis, 3-7 avril 1904. *Compte rendu des travaux du Congrès.* — Tunis, Imp. rapide, 1904, in-8°, 325 p.

Section tunisienne de la Société de géographie commerciale de Paris. — Consulter notamment : Sfar (Béchir), *Étude sur la géographie chez les Arabes* (p. 71-92) [v. n° **1843**]; René-Leclerc (Charles), *Les monographies dans l'Afrique du Nord* (p. 109-127), bibliographie; Busson (Henri), *Relations commerciales de Bordeaux avec la Tunisie* (p. 129-130); Randet, *Étude de la modification de la loi douanière actuellement en vigueur en Tunisie* (p. 131-134); Grébauval, *De la nécessité de la création d'un service maritime postal régulier entre Tunis et la métropole, avec escales en Corse* (p. 137); Marcaggi, *De la nécessité d'une étude côtière de l'Algérie et de la Tunisie en vue du développement de la pêche maritime* (p. 145-150) [extr. dans *Quinz. col.*, 1905, p. 310-312]; Vassel (Eusèbe), *La littérature populaire des israélites tunisiens* (p. 159-160) [v. n° **7534**]; Deman (Thomas), *Le port de Dunkerque et ses relations avec l'Afrique du Nord* (p. 165-168); Belbézé, *Les mines et lignes de communication en Tunisie* (p. 169-172); Sogno, *L'avenir des mines en Tunisie* (p. 173-179); Serres, *Notes sur le voyage du cheikh El Hachaïchi dans la régence de Tripoli* (p. 203); Monchicourt, *Des ressemblances géographiques qui existent entre la région de Tunis et la région d'Oran* (p. 205); Ducroquet (Félix), *Note sur un essai de géographie apicole de la Tunisie* (p. 207-209); Bertholon (D^r), *De l'utilisation des populations du nord de l'Afrique pour la mise en valeur* *du Soudan* (p. 221-226); Valran (Gaston), *Le rôle social de la France en Tunisie* (p. 227-235) [v. n° **5512**]; Bordier (C* Désiré), *La voie transafricaine de Tunisie à Loango par le Tchad* (p. 237-245) [v. n° **6897**]; Bonnard (Paul), *L'Ouenza-Bizerte* (p. 245-250); Bonnard (Paul), *Le transsaharien (Méditerranée-Bilma-le Tchad)* [p. 251-252]; Brunswic-Le Bihan (D^r), *L'assistance médicale des indigènes et les auxiliaires médicaux* (p. 253-259) [v. n° **8296**]; Destrées, *Voyage au Gharb marocain et à Fez* (p. 279-280); Ginestous, *Le climat et les régions naturelles de la Tunisie* (p. 281); Segonzac (Mis de), *Le Maroc* (p. 285-293); Méhier de Mathuisieulx, *La Tripolitaine* (p. 295); Lorin (Henri), *L'expansion coloniale de la France* (p. 297-304). Cf. M., *Le Congrès de géographie de Tunis. Quinz. col.*, 1904, p. 275-277; Pelleport (L.), *Rapport sur le XXVe Congrès national des Sociétés françaises de géographie...* Alger, imp. S. Léon, 1904, in-8°, 9 p., couv. ill. (*Bul. Soc. G. Alger*, 1904); *Congrès national des Sociétés françaises de géographie à Tunis... Bul. Soc. G. Toulouse*, 1904, p. 235-241; Bordier (Commandant), *La XXVe session du Congrès national de géographie... Bul. Soc. languedoc. G.*, 1904, p. 101-113, 230-232; René-Leclerc (Ch.), *Compte rendu du XXVe Congrès national des Sociétés françaises de géographie...* Oran, imp. L. Fouque, 1904, in-8°, 15 p. (*Bul. Soc. G. Oran*, 1904, p. 186-198). An. par G. Yver, dans *Ann. G., Bibl.*, 1905, p. 228-229.

4385. — INSTITUT COLONIAL INTERNATIONAL. *Compte rendu de la session tenue à Wiesbaden..., 1904.* — Bruxelles, Institut col. internat., 1904, in-8°, 407 p.

Bibliothèque coloniale internationale. — Discussion des rapports : de J. Chailley-Bert, sur la meilleure manière de légiférer pour les colonies (p. 61-157); de Paul de Valroger, sur le régime minier aux colonies (p. 159-191, 251-296); de J. W. Post, sur les différents systèmes d'irrigation aux colonies (p. 191-204). Notes : sur l'hydraulique agricole en Algérie (p. 377-388); sur le service hydraulique en Tunisie et textes qui le régissent (p. 389-403). An. par Maurice Zimmermann, dans *Ann. G., Bibl.*, 1905, p. 62-63.

4386. — FOCK (A.). *La conquête économique de l'Afrique par les voies ferrées.* — *R. G. Sc.*, 1904, p. 251-265, 4 cartes.

Situation présente des chemins de fer africains (Algérie et Tunisie, p. 253-255), projets à l'étude, lignes en construction; comment la France a été distancée et comment elle pourra déterminer le rétablissement de l'équilibre.

4387. — ROUIRE. *L'avenir de l'Afrique au point de vue européen.* — *Cor.*, 1904, t. CCXV, p. 883-906.

Le partage de l'Afrique commencé par le traité de Kassar-Saïd (1881) s'achève avec la convention conclue le 8 avril 1904; les causes de ce rapide partage, le but visé par les nations européennes, le profit qu'elles peuvent obtenir du fait même de cette annexion (v. n° **4401**).

4388. — Vibert (Paul). *La colonisation pratique et comparée. Colonies françaises, colonisation pratique, colonies étrangères, colonisation comparée.* Deux années de cours libre à la Sorbonne... — Paris, É. Cornély, 1904-1905, 2 vol. in-8°, 422 et 421 p.

T. Ier : X^e leçon (p. 215-235), la main-d'œuvre en Algérie et en Tunisie, l'assimilation étrangère, les écoles bilingues ; XXe leçon (p. 399-415), la mise en valeur de l'Algérie et de la Tunisie.

4389. — Bernard (Augustin). *Les capitales de la Berbérie.* — Alger, imp. P. Fontana, 1905, in-8°, 35 p.

Extr. du *Recueil de mémoires et de textes publiés par l'École des lettres et les Médersas en l'honneur du XIVe Congrès des orientalistes à Alger.* — Les centres d'action religieuse et politique de l'Afrique du Nord ; configuration de la Berbérie ; Carthage, Fès, Marrakech, etc. ; considérations générales qui découlent de l'action passée de ces centres pour la politique de la France dans l'Afrique du Nord. An. par L. Raveneau, dans *Ann. G., Bibl.*, 1906, p. 776.

4390. — Vernier de Byans (J.), officier d'administration de 2e classe du Commissariat des troupes coloniales. *Condition juridique et politique des indigènes dans les possessions coloniales.* Thèse... — Paris, A. Leclerc, 1905, in-8°, 285 p.

Université de Toulouse, Faculté de droit. — Autre éd., *ibid.*, 1906. — Exposé des principes qui régissent la législation, en matière indigène ; les diverses théories générales, le droit civil, le droit public, la procédure. An. dans *Quinz. col.*, 1906, p. 137.

4391. — Vignon (Louis), professeur à l'École coloniale. *La politique du protectorat fondée sur l'inégalité des races.* — *R. P. L.*, 1905, t. III, p. 372-376, 400-403.

Leçon d'ouverture du cours de «Politique coloniale dans ses rapports avec la sociologie», faite au Collège des sciences sociales (janvier-mars 1905). L'importance primordiale de la question indigène dans les préoccupations coloniales ; les différentes politiques suivies ; deux erreurs, réforme de la propriété immobilière et «fureur scolaire» ; les avantages des «modalités infinies» du système du protectorat.

4392. — *Exposition coloniale de Marseille, 1906.* — Marseille, Barlatier, 1905-1907, 15 vol. gr. in-8°.

Série de vol. publiés à l'occasion de cette exposition ; les ouvrages suivants traitent de l'Algérie-Tunisie : *Les colonies françaises au début du* xxe *siècle*... T. Ier

Algérie, par F. Nicollet et G. Volran, Tunisie, par E. Toutey (v. n° 54); *Les ressources agricoles et forestières des colonies françaises*, par H. Jumelle (viii-442 p.); *Les productions minérales et l'extension des exploitations minières*, par L. Laurent (150 p., pl., cartes); *L'industrie des pêches aux colonies*, par G. Darboux, J. Cotte, P. Stephan, F. van Gaver (2 vol., 261 et 416 p., fig., pl., cartes); *Mouvement de la législation coloniale...*, par H. Babled (554 p.); *Organisation sanitaire des colonies*, par le Dr Treille (141 p.); *L'enseignement colonial en France et à l'étranger*, par le Dr É. Heckel et C. Mandine (198 p.); *Histoire de l'expansion coloniale de la France depuis 1870 jusqu'en 1905*, par P. Gaffarel (426 p., cartes), résume l'histoire des progrès de la France en Afrique, la conquête du Sahara, la jonction de l'Algérie au Soudan, les missions et explorations Soleillet, Dournaux-Dupéré, Largeau, Say, Flatters, Foureau-Lamy, la nécessité du transsaharien ; la question marocaine, traité de 1845, question de Figuig ; le protectorat français en Tunisie, le projet de mer intérieure ; la défense militaire des colonies, Bizerte (p. 411-419); *Marseille et la colonisation française*, par P. Masson (592 p., ill., cartes) [v. n° 4852]; *Rapport général*, par Ch. Roux.

4393. — *Comptes rendus du XXVIe Congrès national des Sociétés françaises de géographie et sociétés assimilées... Saint-Étienne... août 1905*, publiés par le bureau de la section stéphanoise de la Soc. de géographie commerciale. — Saint-Étienne, imp. J. Thomas, 1906, in-8°, xiv-477 p., pl., portr.

Voir : *L'Extrême-Sud tunisien, Ben Gardane, ses rapports avec la Tripolitaine*, par C. de Givenchy (p. 150-159): *Le commerce tunisien*, par Otman Djouini (p. 160-166); *Les oasis du Sud algérien et tunisien*, par Eugène Gallois (p. 287-301); *Du commerce des minerais de plomb tunisiens*, par Pageyral, ingénieur civil (p. 330-334).

4394. — Bonet-Maury (Gaston). *L'islamisme et le christianisme en Afrique.* — Paris, Hachette, 1906, in-16, vi-299 p., carte.

L'auteur recherche si les États du nord et du centre de l'Afrique ayant joué un certain rôle dans l'histoire ont dû l'impulsion féconde pour leur culture littéraire et de leur état moral et social aux doctrines monothéistes (judaïsme, christianisme, islamisme) qui ont prévalu sur le polythéisme des indigènes. An. par Jean Noitel, dans *R. P. L.*, 1906, t. VI, p. 57-59 ; dans *N. R.*, 1906, t. XL, p. 143 ; par L. R., dans *R. Crit.*, 1906, t. LXII, p. 118-119 ; dans *Bul. Com. A. F.*, 1906, p. 180 ; dans *A travers le monde*, 1906, p. 169-172, 3 phot.; par G. M., dans *R. Historiq.*, 1907, t. XCV, p. 438 ; dans *R. M. Mus.*, 1911, t. XVI, p. 254.

4395. — Leroy-Beaulieu (Paul). *La France dans l'Afrique du Nord. Indigènes et colons.* — *R. D. M.*, 1906, t. XXXIII, p. 45-83.

L'Algérie : les indigènes, accroissement de la population et du mouvement commercial ; les musulmans, leur antagonisme religieux, mais symptômes de leur évolution ; utilité du concours indigène ; les colons, formation, productions, rapports avec les indigènes, les deux éléments peuvent se développer parallèlement. La Tunisie : richesses naturelles, le Protectorat français ; les musulmans, les israélites, les étrangers ; réformes à réaliser. Nécessité des chemins de fer transsahariens.

4396. — Franklin (J.-H.). *L'agitation musulmane dans l'Afrique du Nord.* — *Q. Dipl. Col.*, 1906, t. XXII, p. 85-90.

Déclarations de sir Edward Grey à la Chambre des Communes (6 juillet) au sujet de l'Égypte ; menées allemandes en Tripolitaine, semblant pousser les Turcs « soit jusqu'en Tunisie, soit vers Djanet » ; propagande antifrançaise identique au Maroc, dont la répercussion s'est propagée jusqu'au Soudan.

4397. — Congrès géologique international. *Compte rendu de la Xe session, Mexico, 1906.* — Mexico, impr. de la Secretaria de Fomento, 1907, gr. in-8°, 1358 p., cartes, pl.

Consulter notamment : Lamothe (Général L. de), *Le climat de l'Afrique du Nord pendant le pliocène supérieur et le pléistocène* (p. 341-347). An. par Emm. de Margerie, dans *Ann. G., Bibl.*, 1908, p. 40-42.

4398. — Congrès national des Sociétés françaises de géographie. XXVIIe session, Dunkerque, juillet-août 1906... *Compte rendu des travaux du Congrès.* — Dunkerque, imp. P. Michel, 1907, in-8°, xii-307 p.

Société de géographie de Dunkerque.— Voir : *Les relations maritimes entre Dunkerque, les colonies françaises et pays de protectorat*, par Léon Fayol (p. 181-192) ; *L'œuvre française au Maroc*, par Auguste Terrier (p. 193-194) ; *Relations commerciales du port de Dunkerque avec la Tunisie*, par S. Fellous (p. 251-252).

4399. — Loth (G.) et Aurès (P.). *Petite histoire de France et de l'Afrique du Nord, à l'usage des cours moyen et supérieur des écoles primaires d'Algérie et de Tunisie...* — Paris, C. Delagrave [1907], in-16, vii-264 p., fig., couv. ill.

Permet de suivre, dans ses grandes lignes, le développement parallèle de la France et de l'Afrique du Nord ; relations politiques et commerciales de ces régions avant d'être intimement liées l'une à l'autre ; l'œuvre de renaissance accomplie par la France. An. dans *R. M. Mus.*, 1908, t. IV, p. 219.

4400. — Loth (G.) et Aurès (P.). *Petite histoire de France et de l'Afrique du Nord, à l'usage du cours élémentaire des écoles primaires* *d'Algérie et de Tunisie...* — Paris, C. Delagrave [1908], in-8°, viii-151 p., fig.

Livre plus simple que le précédent.

4401. — ROUIRE (D^r). *L'Afrique aux Européens; les colonies de l'Europe en Afrique, la conquête, le partage, l'avenir.* — Paris, Hachette, 1907, in-4°, 336 p., 170 grav., cartes.

Bibliothèques des écoles et des familles. — L'auteur a utilisé et complété ses articles parus, de 1881 à 1906, dans différentes revues (v. n° **4387**); historique de la pénétration européenne en Afrique et de la formation territoriale de chacune des colonies envisagées : l'Algérie (p. 141-156), la Tunisie (p. 157-166), le Maroc (p. 318-331). An. dans *Q. Dipl. Col.*, 1909, t. XXVII, p. 63-64; dans *Bul. Com. A. F.*, 1907, sup., p. 304.

4402. — CORBIE (Albert). *L'épopée africaine...* Préface de M. Lucien Hubert... — Paris, imp. Levé, 1908, in-16, 253 p.

Recueil de poèmes; Algérie (p. 47-85) : le coup d'éventail, prise d'Alger, prise de Constantine, Abd el Kader, Mazagran, prise de la smala, Isly, Sidi-Brahim...; Tunisie (p. 87-95); Sahara (p. 97-129); Maroc (p. 239-242); France-Afrique (p. 243-247). An. dans *Q. Dipl. Col.*, 1909, t. XXVII, p. 143-144; dans *Bul. Com. A. F.*, 1908, sup., p. 244.

4403. — DARDENNE (Auguste). *Les emprunts publics et le régime de décentralisation financière dans les colonies françaises et les pays de protectorat.* Thèse... — Paris, A. Rousseau, 1908, in-8°, 291 p.

Université de Lyon, Faculté de droit. — Contribution à l'étude de la mise en valeur des colonies; théorie générale des emprunts coloniaux; historique des budgets locaux, notamment en ce qui concerne la Tunisie; emprunts des colonies françaises avant le régime de décentralisation financière et administrative; régime actuel, étude des différents emprunts coloniaux (Algérie, Tunisie); courte bibliographie.

4404. — CONGRÈS NATIONAL DES SOCIÉTÉS FRANÇAISES DE GÉOGRAPHIE. XXVIIIe session, Bordeaux, juillet-août 1907... *Compte rendu des travaux du Congrès.* — Bordeaux, siège de la Soc., 1908, in-8°, 552 p., cartes, grav.

Société de géographie commerciale de Bordeaux. — Voir : 1° l'évolution économique de la Tunisie (p. 337-347), 2° l'évolution de la Tunisie indigène (p. 347-356), par C. de Givenchy.

4405. — *La Chambre de commerce de Marseille et l'exposition coloniale de 1906*. — Marseille, typ. Barlatier, 1908, in-8°, 374 p., pl., cartes, tableaux.

Marseille et l'expansion coloniale française dans les Échelles de Barbarie (p. 37-42). Annexes : notices coloniales, Algérie (p. 293-297), Tunisie (p. 299-306). An. dans *Bul. Com. A. F.*, 1908, sup., p. 263-264.

4406. — *Exposition coloniale de Marseille, 1906. Compte rendu des travaux du Congrès colonial de Marseille*, publié sous la direction de J.-Charles-Roux..., par Ch. Depincé... — Paris, A. Challamel, 1908, 4 vol. gr. in-8°, 439, 615, 463 et 570 p.

Compte rendu des séances, communications et conférences faites en particulier sur l'Algérie et la Tunisie. T. I. *La francisation du petit personnel employé par l'État et par les compagnies subventionnées par l'État en Algérie et en Tunisie*, par J. Saurin ; *Importance politique du peuplement français dans l'Afrique du Nord*, par V. Houchard ; *L'utilisation des indigènes au point de vue militaire*, par le commandant Chénard ; *La colonisation militaire* (résumé), par le capitaine Condamy. T. II. *Rapport sur le régime économique et l'organisation commerciale de l'Afrique du Nord*, par Jules Grosjean ; *La pénétration au Maroc par l'Algérie*, par M. Aubert ; *L'organisation judiciaire de l'Algérie*, par M. Lucciani ; *La réorganisation de la justice indigène en Tunisie*, par H. Aïachi ; *ports et communications sur les Travaux publics (mines, chemins de fer, irrigations), la Rapport sur la Tunisie*, par M. Lasram et P. de Dianous (v. n° **5556**). T. III. Rapports et communications sur les Travaux publics (mines, chemins de fer, irrigations), la médecine et l'hygiène aux colonies en général. T. IV. Les cultures et productions des colonies, l'élevage et les forêts domaniales ; *La question cotonnière en Algérie*, par A. Malbot ; *La culture du cotonnier en Algérie*, par M. Déchaud ; *Les régions cotonnières de la Tunisie...*, par Francis Bernard ; *Les ressources maritimes de l'Algérie*, par le Dr J.-P. Bounhiol. Cf. *Quinz. col.*, 1906, p. 540-546, 571-577 : vœux émis. An. par Maurice Zimmermann, dans *Ann. G., Bibl.*, 1909, p. 64-67.

4407. — WARE (Lewis), ingénieur. *Étude sur la section coloniale de l'exposition franco-britannique de Londres en 1908...* — Paris, Imp. de la *Dépêche coloniale*, 1909, in-8°, 430 p.

Notices sur l'Algérie (p. 15-74) et la Tunisie (p. 75-130) : ressources économiques, colonisation, voies de communication, richesses agricoles, forestières et minérales ; leurs relations avec l'Angleterre.

4408. — EXPOSITION FRANCO-BRITANNIQUE. *Londres 1908. Les colonies françaises. Notice publiée par le Comité national des expositions coloniales*, sous la direction de J.-L. Brunet..., 2e éd. —

Paris, Comité national des expositions coloniales, s. d., in-8°, 487 p., cartes, ill., plans, portr.

Renferme des notices sur l'Algérie et surtout sur la Tunisie : historique, outillage économique, mouvement commercial, agriculture, industrie, mines; relations commerciales de l'Algérie et de la Tunisie avec l'Angleterre. An. dans *Bul. Com. A. F.*, 1909, sup., p. 128.

4409. — VAST (Henri). *La plus grande France. Bilan de la France coloniale.* — Paris, Garnier frères, 1909, in-8°, 557 p., cartes.

Étude générale sur nos colonies et en particulier sur l'Algérie et la Tunisie; géographie physique, histoire, résumé de la conquête; géographie politique, colonisation, justice, armée, gouvernement et administration; le Sahara algérien et tunisien.

4410. — AUBRY (Pierre). *La colonisation et les colonies...* — Paris, O. Doin, 1909, in-18, 274-XII p.

Encyclopédie scientifique publiée sous la direction du Dr Toulouse. — Histoire générale de la colonisation française et différents types de colonies; celle de l'Afrique du Nord : Algérie et Tunisie; théorie de la colonisation et systèmes de politique coloniale; la question indigène; le régime des terres, la main-d'œuvre en Algérie-Tunisie. Mentionne seulement le Maroc en le donnant comme exemple d'un pays où la France «ne veut pas s'engager dans une conquête qui serait la pire des folies». Bibliographie. An. dans *Q. Dipl. Col.*, 1909, t. XXVII, p. 487-488.

4411. — MESSIMY, député. *Rapport fait au nom de la Commission du budget chargée d'examiner le projet de loi portant fixation du budget général de l'exercice 1910. I. Ministère des Colonies... II. Budgets locaux des Colonies...* — Paris, imp. Martinet, 1909, in-4°, 567 p.

Chambre des députés, 9e législature, session de 1909. Annexe au procès-verbal de la séance du 27 juillet 1909, n° 2762. — Un chapitre sur la nécessité de grouper dans un même ministère, l'Algérie, les colonies et les pays de protectorat (p. 16-19).

4412. — *Congrès de l'Afrique du Nord, tenu à Paris, du 6 au 10 octobre 1908. Compte rendu des travaux,* publié par M. Ch. Depincé... — Paris, 44, rue de la Chaussée-d'Antin, 1909, 2 vol. gr. in-8°, 802 et 903 p.

Congrès coloniaux quinquennaux... — Traite, sous tous les aspects, de la vie sociale, politique et administrative, de la colonisation et de la politique indigène.

I. Discours (de J. Chailley, C. Jonnart et G. Alapetite), conférences (si l'Islam est incompatible avec la civilisation moderne, par René Millet; la politique coloniale et ses résultats, par J. Chailley), procès-verbaux des séances, rapports et communications : *questions économiques, colonisation* (la colonisation de l'Afrique du Nord dans l'antiquité, par S. Gsell; la colonisation dans l'antiquité et dans les temps modernes, le problème de l'eau et de la terre, par C. Marchal; la grande, la moyenne et la petite colonisation en Algérie, par V. Demontès; la colonisation agricole en Afrique du Nord, par H. Vaysse; les Italiens en Tunisie, par E. Fallot; l'organisation de la propriété foncière dans l'Afrique romaine et la Tunisie, par le Dr Carton (v. n° 6249); la propriété du sol et les terrains collectifs en Tunisie, par G. Barrion; le nouveau régime foncier de la Tunisie, par Ch. Martineau; le problème de l'eau en Tunisie dans l'antiquité, par M. Merlin; le problème de l'eau en Algérie, par Lucien Deslinières; contributions diverses à l'hydrogenèse, par H. Dessoliers; le problème de l'eau en Tunisie, par G. Barrion; projet d'aménagement hydraulique de la région de Mateur, par M. Melcor; les services maritimes et postaux entre la métropole et l'Algérie, par M. Hannedouche; l'élevage en Algérie, par Roger Marès; les nomades et le pays de la transhumance en Algérie, par A. Boquet-Bréchot, etc.); *questions politiques et administratives* (le problème de la sécurité en Algérie et en Tunisie par M. Marchal; la police algérienne, par Laurent Pons; le code de l'indigénat en Algérie, par M. Ruyssen; problèmes actuels sur l'organisation algérienne, par René Brouillet; les impôts européens en Algérie, par Henri Pouyanne; les impôts arabes en Algérie, par Maurice Pouyanne; l'organisation judiciaire en Algérie, par M. Rinderhagen; le Résident général, ses rapports avec les directeurs et les contrôleurs civils, par E. Fallot; la Conférence consultative et la représentation des indigènes, par E. Fallot; les attributions financières de la Conférence consultative, par M. Gounot; l'organisation budgétaire et financière de la Tunisie, par G. Dubourdieu; les Travaux publics en Tunisie, par E. de Fages, etc.). II. Procès-verbaux des séances, rapports et communications : *questions indigènes* (le service militaire des indigènes en Algérie, par le c^{te} H. de Castries; réflexions au sujet du service militaire des indigènes, par P. Ducroquet; enseignement; la justice en Tunisie, par S. Berge; la justice tunisienne, par M. Smaja; l'organisation de la justice musulmane en Algérie, par M. Rinderhagen; la justice musulmane en Algérie, par J. Vaysse; les habous en Tunisie, par Béchir Sfar; la propriété foncière en Tunisie, par A. Gounot; les confréries religieuses et les marabouts en Algérie, par A. Joly; l'assistance médicale des indigènes en Tunisie, par le Dr Brunswic-Le Bihan, etc.); *questions marocaines* (la politique marocaine de la France, par André Tardieu; le makhzen, étendue et limites de son pouvoir, par Henri Gaillard; la propriété immobilière au Maroc, par Augustin Bernard; l'association agricole au Maroc, par P. Bourdarie; les Travaux publics au Maroc, par M. Porché-Banès; la situation religieuse au Maroc, par Ch. René-Leclerc; l'enseignement au Maroc, par Ch. René-Leclerc; la presse au Maroc, par Ch. René-Leclerc; les régions nord et sud de la frontière algéro-marocaine, par Ch. René-Leclerc; la zone saharienne du Maroc, par Ch. René-Leclerc; l'action française au delà de l'Extrême-Sud marocain, par Ch. René-Leclerc; note sur les troupes françaises du corps de débarquement de la Chaouïa, par Ch. René-Leclerc; l'action française en Mauritanie, ses relations avec la question marocaine, par le colonel Montané-Capdebosq, etc.). An. dans *R. P. Parl.*, 1909, t. LXI, p. 417-418; dans *Bul. Com. A. F.*, 1909, p. 303; dans *Quinz. col.*,

1910, p. 665; par Augustin Bernard, dans *Ann. G., Bibl.*, 1910, p. 229-230. Cf. Henri Lorin, *L'évolution de l'Afrique du Nord. Q. Dipl. Col.*, 1909, t. XXVIII, p. 321-331; Ch. Depincé, *Le Congrès de l'Afrique du Nord. Quinz. col.*, 1908, p. 797-800; P. Chemin-Dupontès, *Le Congrès de l'Afrique du Nord. Q. Dipl. Col.*, 1908, t. XXVI, p. 567-573.

4413. — HARMAND (Jules). *Les conditions et les nécessités de la politique coloniale française.* — R. pour Français, 1909, p. 270-283.

Résumé d'idées développées dans l'ouvrage signalé sous le n° **117** (v. n° **4414**).

4414. — HARMAND (Jules), ambassadeur de France. *Une nécessité de l'expansion française : l'autonomie coloniale...* — Paris, 56, rue de l'Université, 1909, in-8°, 11 p.

R. pour Français, 1909, p. 368-378. — Conclusion pratique de l'argumentation théorique exposée sous le n° **4413**; le seul moyen de sauver l'expansion mondiale de la France et de préserver sa lutte continentale pour l'existence est l'adaptation systématique à tous les établissements d'un régime analogue, en principe, à celui du Protectorat, barrière la plus efficace à opposer aux tendances de concentration et d'assimilation.

4415. — JACQUEMART (Pierre), publiciste. *La colonisation française dans l'Afrique du Nord.* — Paris, Éd. de l'Action col. et mar., 1909, in-8°, 43 p., carte.

Étude générale, pour l'Algérie et la Tunisie : le sol et le climat, l'agriculture, l'industrie, le commerce, les banques, les ports, les voies de communication, le problème technique.

4416. — DRIAULT (É.), professeur agrégé..., et MONOD (G.), de l'Institut. *Évolution du monde moderne. Histoire politique et sociale, 1815-1909...* — Paris, F. Alcan, 1910, in-12, VII-699 p., grav., cartes.

Manuel. Résumé de la conquête de l'Algérie (p. 150-159); dans le chapitre consacré à la politique de Jules Ferry, quelques lignes sur les insurrections en Algérie (1871-1881) et l'occupation de la Tunisie (p. 535-536, 538-540); ne parle qu'incidemment de la question du Maroc. Bibliographie après chaque chapitre.

4417. — VIAL (Colonel J.). *Histoire abrégée des campagnes modernes...* complétée et mise à jour par... C. Vial, chef d'escadron... 6° éd. — Paris, R. Chapelot, 1910, 2 vol. in-8°, atlas.

5° éd., *ibid.*, 1894, 2 vol. in-8°, atlas. — T. II (580 p., croq.), conquête de l'Algérie (p. 7-14), campagne de Tunisie (p. 409-414), campagne du Maroc, 5 août 1907-7 juin 1908 (p. 553-563), campagne espagnole de Melilla, 1909 (p. 565-570).

4418. — JACOBÉ DE NAUROIS (Étienne). *Le protectorat, théorie générale et application aux protectorats français.* Thèse... — Paris, A. Rousseau, 1910, in-8°, VIII-136 p.

Université de Toulouse, Faculté de droit [1910-1911]. — Théorie générale : origine du protectorat, le protectorat moderne, criterium et nature du protectorat, comment cesse le protectorat; les protectorats français en Afrique : Tunisie (p. 63-70). Bibliographie.

4419. — BUSSON (Henri), FÈVRE (Joseph), HAUSER (Henri). *Notre empire colonial...* — Paris, F. Alcan, 1910, in-8°, II-272 p., 108 grav. et cartes.

Excellent résumé de l'inventaire scientifique et du bilan économique de nos possessions d'outre-mer. La colonisation française; l'Afrique du Nord, milieu physique, habitants, organisation politique, développement économique et principales régions de l'Algérie et de la Tunisie; le Sahara, Bibliographie. An. par A. Biovès, dans *R. Crit.*, 1910, t. LXX, p. 316-317; dans *Q. Dipl. Col.*, 1910, t. XXIX, p. 772; par E. D. [Driault], dans *R. Historiq.*, 1911, t. CVI, p. 192; par L. Perruchot, dans *Bul. Soc. G. Paris*, 1910, t. XXII, p. 438; dans *R. F. Étr. Col.*, 1910, p. 511; par Pierre Clerget, dans *Ann. G., Bibl.*, 1911, p. 60.

4420. — THÉBAULT (L.-G.). *Les peuples de l'Afrique du Nord.* — *Ann. Col.*, 6 oct. 1910.

Bref tableau des différentes dominations et invasions dans l'Afrique du Nord, en particulier en Tunisie.

4421. — NEUVIÈME CONGRÈS INTERNATIONAL DE GÉOGRAPHIE. Genève... 1908. *Compte rendu des travaux du Congrès*, publié... par Arthur de Claparède. T. III, 2, *travaux scientifiques*... — Genève, Soc. gén. d'imp., 1911, in-8°, x-517 p., 18 fig., 5 cartes.

V. notamment : César de Givenchy, colon à Douémis, *Évolution économique et sociale de la Tunisie* (p. 138-146); Bon Hulot, *Coup d'œil sur les explorations françaises en Afrique au début du XXe siècle* (p. 206-224).

4422. — *La naturalisation des musulmans dans leur statut.* — R. *Indig.*, 1911, p. 397-456.

Enquête faite par la revue auprès d'un certain nombre de personnalités; avant-propos : les temps nouveaux de l'Algérie, par P. Bourdarie; l'accession aux droits politiques, par A. de Lamothe, position juridique de la question, par R. Doucet et Numa Léal; opinions des juristes : André Weiss, E. Rouard de Card, Arthur Giraud, Eugène Audinet, Ch. de Boeck; résumé et conclusion. Cf. *ibid.*, p. 525-536.

4423. — CONGRÈS NATIONAL DES SOCIÉTÉS FRANÇAISES DE GÉOGRAPHIE. XXXe session, Roubaix... 1911. *Compte rendu*... — Lille, imp. L. Danel, 1912, in-8°, 448 p.

Société de géographie de Roubaix, section de la Société de géographie de Lille. — V. : Capitaine P. Azan et R. Millet, la pénétration française au Maroc (p. 180-191); Dr Carton, *L'olivier sauvage* (p. 195-208); Eugène Gallois, *Développement de la Tunisie sous le protectorat français* (p. 209-214); Armand Mesplé, *L'Algérie, 1900-1911* (p. 215-221); Paul Bonnard, Le transafricain français, Bizerte-Bougrara-Tchad (p. 222-232); L. Gauthier, *Les mines en Algérie* (p. 233-240); P. Bourdarie, L'armée arabe (p. 249-257); P. Bourdarie, Rétablissement des communications économiques entre le Sud tunisien et le Tchad (p. 283-292); Jean Lavoix, *Fez et les intérêts français* (p. 299-306). Cf. Couchard (A.-J.), *Rapport sur le 30e Congrès des Sociétés de géographie*... *Bul. Soc. G. Com. Bordeaux*, 1911, p. 233-242.

4424. — GERVAIS (A.), sénateur. *Rapport fait au nom de la Commission des finances, chargée d'examiner le projet de loi, adopté par la Chambre des députés, portant fixation du budget général de l'exercice 1912 (ministère des Colonies)*... — Paris, imp. du Sénat, 1912, in-4°, 350 p.

Sénat, session ordinaire de 1912. Annexe au procès-verbal de la séance du 25 janvier 1912, n° 27. — Étudie la question du ministère intégral des Colonies et des Protectorats et ses avantages en ce qui concerne notamment l'Afrique du Nord (p. 20-24); la politique musulmane (p. 148-152); l'utilisation des éléments indigènes, en particulier au Maroc (p. 327-328).

4425. — LEROY-BEAULIEU (Paul). *La France dans l'Afrique du Nord.* — R. D. M., 1912, t. IX, p. 815-858.

Action exercée depuis 82 ans par la France et celle qu'elle exercera dans le prochain avenir en Algérie, en Tunisie et au Maroc; examen et appréciation au point de vue politique et financier d'État, économique général, social et moral.

4426. — WARREN (Cte Édouard de). *Nos provinces du Nord Afrique. L'opinion publique française et le monde musulman africain.* — *R. P. Parl.*, 1912, t. LXXIV, p. 473-493.

L'auteur voudrait « unir la sagesse à la force pour créer une situation où les gens de Mahomet apercevront nettement, entre leur rôle de domination à abandonner et la sujétion peut-être inutile à leur imposer, l'utilité d'une collaboration vraiment consentie et loyale ».

4427. — GSELL (Stéphane). *L'histoire de l'Afrique du Nord.* — *R. P. L.*, 1912, 2e sem., p. 772-777, 805-809.

Leçon d'ouverture de la chaire d'histoire de l'Afrique du Nord au Collège de France. Esquisse rapide montrant comment l'Afrique du Nord a été successivement la plus riche et la plus pauvre des contrées de l'Occident, comment elle a adopté les civilisations étrangères, comment elle les a rejetées; le passé ne justifie ni les impatiences ni les découragements.

4428. — *Comment organiser l'Afrique du Nord.* — *R. Indig.*, 1912, p. 322-348, 426-430.

Reproduction d'art. parus dans *Le Temps* sur la nécessité et les moyens de réorganiser l'Afrique du Nord; la gravité de la question indigène, le régime de violence actuel, les bases d'une organisation rationnelle. Analyse et critique de ces articles par G. Mercier, *ibid.*, p. 683-687, 764-770, 828-831. Cf. Bourdarie (P.), *La discussion du problème indigène dans l'Afrique du Nord. Ibid.*, p. 516-529.

4429. — ESPÉ DE METZ (G.). *Vers l'empire...* préface du sénateur Henry Bérenger, avant-propos de M. Edmond Locard. — Paris, Ambert, 1913, in-16, XXVI-252 p.

La préface expose que la France coloniale sera définitivement créée le jour où toutes les populations coloniales des cinq continents seront représentées au Parlement; les ouvrages littéraires de l'auteur. Réunion d'articles (la *Presse coloniale, l'Islam, l'Évolution économique...*) sur l'organisation de l'empire colonial français, notamment sur le danger de l'antimilitarisme qui résulterait du service militaire obligatoire.

4430. — INSTITUT COLONIAL INTERNATIONAL. *Compte rendu de la session tenue à Londres... 1913.* — Bruxelles, Institut col internat., 1913, in-8°, 602 p.

Bibliothèque coloniale internationale. — Discussions portant sur diverses questions coloniales (hygiène, emprunts, missions, législation, etc.). V. notamment un rapport du Dr J. H. Abendanon (p. 413-533), *Quelles sont les dispositions à prendre pour obtenir la collaboration des chefs indigènes à l'administration et au gouvernement des colonies?*, les divers modes d'administration des pays indigènes, en particulier en Algérie et en Tunisie (p. 483-502).

4431. — Simond (Lt-Colonel Émile). *Histoire de la troisième République de 1887 à 1894. Présidence de M. Carnot.* — Paris, Charles-Lavauzelle, 1913, in-16, 470 p.

Manuel présentant chronologiquement un exposé succinct des principaux événements (v. n°ˢ **4451** et **4452**). An. par Raymond Guyot, dans *R. Historiq.*, 1913, t. CXIII, p. 360.

4432. — Tridon (H.), ancien officier de cav^{ie}, directeur de la *Tunisie française*. *Comment la France perdra ses colonies.* — Paris, éditions et librairies, 40, rue de Seine [1913], in-8°, 148 p.

L'expansion coloniale européenne transforme l'unité de croyance en unité d'action contre l'ingérence européenne en pays musulman; le panislamisme en Tunisie, appel à la résistance. L'auteur s'attache à montrer les inconvénients de la «fureur scolaire» et à dissiper le malentendu créé entre Français de France et Français d'outre-mer par des journaux, organes d'esprits férus d'idées humanitaires dont l'application tomberait à faux en Afrique du Nord. An. par Carl Siger, dans *Merc. F.*, 1914, t. CVIII, p. 591; dans *Bul. Com. A. F.*, 1914, p. 232; dans *Quinz. col.*, 1914, p. 106-107.

4433. — Vellay (Charles). *Le problème méditerranéen...* — Paris, Berger-Levrault, 1913, in-8°, 87 p.

«Il n'y a point de problème méditerranéen en soi; mais il y a un problème méditerranéen pour chacune des nations de l'Europe». Examen des points de vue anglais, allemand, italien, austro-hongrois, russe et français. An. dans *R. M. G.*, 1913, t. XIII, p. 728; par Edmond Barthèlemy, dans *Merc. F.*, 1913, t. CIV, p. 813; dans *Q. Dipl. Col.*, 1913, t. XXXV, p. 512.

4434. — Espé de Metz (G.) [pseud. du Dr G. Saint-Paul]. *Par les colons...* — Paris, É. Larose [1914], in-16, 273 p.

Dans l'avant-propos, l'auteur expose ses idées sur le régime qui convient à l'Algérie et à la Tunisie; polémiques relatives à ce sujet, nombreux extr. d'ouvrages et de périodiques; références. An. dans *Bul. Com. A. F.*, 1914, p. 356.

4435. — Péchot (L.), capitaine breveté, en retraite. *Histoire de l'Afrique du Nord avant 1830, précédée de la géographie physique* *et politique de la Tunisie, de l'Algérie et du Maroc...* — Alger, Gojosso, 1914, 3 vol. in-8°, 3 cartes, 12 croq.

Vue d'ensemble comprenant un chapitre spécial pour chaque dynastie et exposant chronologiquement, année par année, les faits intéressants. T. Ier (xiii-322 p.) : géographie physique et politique, périodes phénicienne, romaine, vandale et byzantine. T. II (303 p.) : période arabe (647-972), période berbère (972-1573). T. III (323 p.) : période turque. Appendice (p. 275-321) : période française, résumé de l'occupation militaire jusqu'en 1914.

4436. — Bruzon (Paul). *Le problème africain.* — *Fr. islamiq.*, 1914, p. 1-19.

Les visées allemandes et surtout italiennes sur l'Afrique du Nord; extr. de journaux italiens sur la Tunisie et la situation des Italiens dans la Régence; la propagande de la Soc. «Dante Alighieri», le jeune impérialisme italien.

4437. — Ceccaldi, député. *Rapport fait au nom de la Commission du budget chargée d'examiner le projet de loi portant fixation du budget général de l'exercice 1914 (ministère des Colonies)...* — Paris, imp. Martinet, 1914, in-4°, 83 p.

Chambre des députés, 10e législature, session de 1914. Annexe au procès-verbal de la séance du 10 février 1914, n° 3511. — L'Algérie, la Tunisie et le Maroc relèvent de ministères différents et même de plusieurs ministères à la fois; nécessité d'un «ministère des Colonies et des Protectorats» (v. n° **4442**).

4438. — *Les grands produits végétaux des colonies françaises; état actuel, avenir...* — Paris, É. Larose, 1915, in-8°, viii-564 p., 37 pl., cartes.

Ouvrage édité par les soins du Commissariat des colonies françaises à l'exposition internationale du caoutchouc et des grands produits coloniaux, sous la direction de M. le professeur Perrot et avec la collaboration de MM. Adam, Capus, Fauchère, etc.; études, en ce qui concerne l'Afrique du Nord, en particulier, du coton, des agaves, de l'alfa, de l'oléiculture en Tunisie (par Verry, Tourniéroux, Robinet et Guillochon), de la situation oléicole en Oranie (par D. Vermeil), etc. An. par Henri Lecomte, dans *R. G. Sc.*, 1916, p. 158-159; dans *Bul. Com. A. F.*, 1916, p. 148; par G. Capus, dans *Bibl. g.*, 1921, p. 86.

4439. — Driault (Édouard). *Les traditions politiques de la France et les conditions de la paix...* — Paris, F. Alcan, 1916, in-16, 254 p.

Bibliothèque d'histoire contemporaine. — Chap. III, résumé de l'œuvre coloniale de la France contemporaire (p. 38-51) : politique de J. Ferry, la Tunisie, l'affaire du Maroc. Chap. XII, l'Afrique française, la plus grande France (p. 170-183) : la conquête de l'Algérie, la Tunisie, le Soudan, le Maroc, les richesses de l'Afrique française, la renaissance du monde arabe.

4440. — BASSARD (André). *Six leçons sur l'histoire de l'Afrique du Nord...* 5ᵉ éd. — Paris, A. Colin, 1929, in-8°, 96 p., 55 ill.

1ʳᵉ éd., *ibid.*, 1916 ; 4ᵉ éd., *ibid.*, 1926. — Ouvrage destiné aux écoles primaires de l'Afrique du Nord et surtout de Tunisie. L'Afrique du Nord depuis les origines jusqu'à l'invasion arabe ; l'islamisme ; de l'invasion arabe à la conquête française ; la conquête et l'organisation de l'Algérie ; le Protectorat tunisien ; la France au Maroc.

4441. — CHAILLEY (Joseph). *Les colonies éblouissantes.* — *J. Ann.*, 1917, t. Iᵉʳ, p. 1-18, ill., carte.

Conférence de vulgarisation (27 nov. 1916), consacrée particulièrement à la Tunisie, après un bref aperçu sur le Maroc et l'Indochine. La carte de la Tunisie est erronée. An. dans *R. T.*, 1918, p. 134.

4442. — [CECCALDI, député]. *La question de l'Afrique du Nord.* — *Bul. Com. A. F.*, 1917, sup., p. 178-180.

Avis présenté au nom de la Commission du budget sur la proposition de résolution de Gratien Candace relative à la réorganisation des services du ministère des Colonies (Chambre des députés, n° 3476) : «donner à l'action de la France dans notre domaine africain une direction commune» (v. n° **4437**).

4443. — DUBOSCQ (André). *L'Orient méditerranéen, impressions et essais sur quelques éléments du problème actuel.* — Paris, Perrin, 1917, in-16, VIII-168 p.

Chap. V (les musulmans de la France), question de l'enseignement qui peut être utilement donné aux indigènes ; chap. VI (réflexions sur l'Islam), recherche d'un terrain d'entente entre chrétiens et musulmans.

4444. — FAUCHÈRE, inspecteur d'agriculture coloniale. *Rapport... sur l'utilisation de la main-d'œuvre coloniale dans l'industrie métropolitaine.* — Paris, Soc. des ingénieurs civils, 1918, in-8°, 14 p.

Rapport présenté au Congrès d'agriculture coloniale. La main-d'œuvre de l'Afrique du Nord, les disponibilités de l'Algérie, de la Tunisie et du Maroc qui n'ont que trop besoin de leurs propres travailleurs.

— 60 —

1115. — LEBRUN (Albert), député. *L'effort colonial français*...
— Paris, Bloud et Gay, 1918, in-8°, 32 p.

L'hommage français. Publication du Comité « l'effort de la France et de ses alliés ». — *Bul. Soc. G. Toulouse*, 1917, p. 208-248. — Conférence faite à Toulouse (24 juin 1916), sous la présidence d'Eugène Étienne. Loyalisme des colonies, événements de guerre aux colonies, l'effort des colonies dans la métropole même, participation militaire, économique, financière. An. par Vidal de La Blache, dans *Bul. G. Hist. Descr.*, 1917, p. XLIII-XLIV.

1116. — CANAL (Joseph). *L'unité géographique de l'Afrique du Nord*. — Tunis, imp. M. Zarcka, 1919, in-8°, 12 p.

Sol., 1918, p. 66-68, 83-86; 1919, p. 11-16. — Le Maroc, l'Algérie et la Tunisie « forment géographiquement *un tout* nettement défini et parfaitement délimité ». An. par Ch. Roger Dessort, dans *R. T.*, 1919, p. 461.

1117. — UNION COLONIALE FRANÇAISE. *Congrès d'agriculture coloniale, 21-25 mai 1918. Compte rendu des travaux* publié sous la direction de M. J. Chailley... par D. Zolla [et A. Fauchère]...
— Paris, A. Challamel, 1920, 4 vol. in-8°.

V. notamment : t. Ier, rapport général (p. 5-85), par M. du Vivier de Streel. T. II, *L'olivier au Maroc* (p. 563-566); *L'olivier en Tunisie et au Maroc* (p. 568-572), par M. Galula; *L'olivier en Tunisie* (p. 573-581); *Le ricin au Maroc* (p. 582-584). T. III, *L'agriculture indigène dans l'Afrique du nord* (p. 330-340), par P. Jarry; *Exposé d'ensemble de la situation de l'élevage aux colonies* (p. 343-361), par M. Dechambre; *Le cheptel bovin, ovin et porcin en Tunisie* (p. 362-368); *Les ressources du Maroc en bétail* (p. 369-384), par M. Greffhule; *La culture du coton au Maroc* (p. 481-485); *Essais de culture au Maroc, 1914-1916* (p. 486-494). T. IV, *Les pêches maritimes de la Tunisie* (p. 695-697), par M. Bourge; *La pêche maritime au Maroc* (p. 698-699), par M. Boutellier; *La pêche de l'alose au Maroc* (p. 700-702), par M. Wattier.

1118. — SCHEFER (Christian), professeur à l'École des sciences politiques. *D'une guerre à l'autre. Essai sur la politique extérieure de la troisième République (1871-1914)*. — Paris, F. Alcan, 1920, in-8°, XI-371 p.

Bibliothèque d'histoire contemporaine. — Remarquable synthèse des événements de la politique générale et plus spécialement des directives de la politique française de 1871 à la grande guerre. 1re période, l'effacement (1871-1879); 2e période, le relèvement (1879-1892) : ministère J. Ferry, échec dans le Sud algérien, la Tunisie (v. n° **5303**); 3e période, l'équilibre (1892-1905) : entente avec l'Angleterre, débuts de l'affaire marocaine, accords de 1904, Tanger; 4e période, l'agression (1905-1914) : Algésiras, les attaques alternées, les difficultés marocaines, Agadir, «la situation était manifestement grave», traité de 1911. Bibliographie. An. par Henri Froidevaux, dans *R. H. Col. Fr.,* 1920, 2° sem., p. 309-316; par L. R., dans *R. Crit.,* 1921, t. LXXXVIII, p. 196-198; par Raymond Guyot, dans *R. Historiq.,* 1921, t. CXXXVI, p. 251-252; par P. de La Gorce, dans *C. R. Ac. Sc. Mor. Pol.,* 1921, 2° sem., p. 381-382; dans *Bul. Com. A. F.,* 1921, sup., p. 38-39.

4449. — LEFEBVRE (Eugène), THOMSON (Gaston), BUREAU (Georges) et DARIAC (Adrien), députés. *Proposition de résolution invitant le Gouvernement à ne procéder à aucune modification ni innovation dans l'organisation du régime de l'une quelconque des parties du domaine colonial de l'Afrique du Nord qu'après avis des Chambres* (renvoyée à la Commission de l'Algérie, des colonies et des protectorats)... — Paris, imp. Martinet, 1920, in-4°, 2 p.

Chambre des députés, 12° législature, session de 1920. Annexe au procès-verbal de la 2° séance du 3 juillet 1920, n° 1218. — S'oppose au projet de création d'un ministère de la France extérieure ou de l'Afrique du Nord et des colonies (v. n° **4450**).

4450. — MORINAUD, député. *Rapport fait au nom de la Commission de l'Algérie, des colonies et des protectorats chargée d'examiner la proposition de résolution de M. Eugène Lefebvre et plusieurs de ses collègues invitant le Gouvernement à ne procéder à aucune modification ni innovation dans l'organisation de l'une quelconque des parties du domaine colonial de l'Afrique du Nord qu'après avis des Chambres...* — Paris, imp. Martinet, 1920, in-4°, 2 p.

Chambre des députés, 12° législature, session de 1920. Annexe au procès-verbal de la séance du 28 juillet 1920, n° 1421. — Réponse aux bruits répandus du rattachement de l'Algérie au ministère des Colonies, puis de la création d'un sous-secrétariat d'État de l'Afrique du Nord qui réunirait la direction de la Tunisie, de l'Algérie et du Maroc (v. n° **4449**).

4451. — SIMOND (Lt-Colonel Émile). *Histoire de la troisième République de 1894 à 1896. Présidence de M. Casimir-Perier, présidence de M. Félix Faure.* — Paris, Charles-Lavauzelle, 1921, in-16, 355 p.

Suite du n° **4431**; débats sur l'Algérie (p. 149-153) [v. n° **4452**].

4452. — Simond (Lt-Colonel). *Histoire de la troisième République de 1897 à 1899. Présidence de M. Félix Faure.* — Paris, Charles-Lavauzelle, 1921, in-16, 444 p.

Suite des n^{os} **4431** et **4451**; conventions au sujet de la Tunisie (p. 74-75), les troubles d'Alger (p. 109-114), le port de Bizerte (p. 434).

4453. — Johannet (René). *L'Afrique du traité de Versailles.* — *R. Univ.*, 1921, t. VI, p. 206-212.

Les solutions africaines du traité de Versailles «ont accumulé à l'étranger une collection très bien assortie de nuages, que le premier vent un peu frais fera monter et déverser sur nos têtes».

4454. — Cros (Louis). *L'Algérie et la Tunisie pour tous.* — Paris, A. Michel, 1921, in-8°, 494 p., cartes.

Livre d'où la «géographie proprement dite est exclue, afin de faire la part la plus large aux suggestions d'ordre pratique»; comment se rendre en Algérie-Tunisie, y acquérir de la terre, y devenir industriel, commerçant ou colon; le transafricain; nos collaborateurs : Berbères, Italiens, Espagnols et juifs; chronologie de l'an 880 à 1914; le péril musulman; vocabulaire franco-arabe; principaux usages et coutumes des musulmans. An. dans *Bul. Soc. G. Paris,* 1922, t. XXXVII, p. 310-311.

4455. — *Guide aérien de l'Afrique du Nord...* — Paris, E. Chiron [1921], in-4°, 99 p., carte, croq., ill.

Publié sous la direction et avec le concours du sous-secrétariat de l'Aéronautique et des Transports aériens et établi d'après la documentation fournie par les commandants Cheutin et de La Fargue, réunie par le lieutenant de Vaureix. Donne pour l'Algérie, la Tunisie et le Maroc, l'organisation aérienne, les plans des terrains d'atterrissage, des notes météorologiques, le régime douanier. An. par Augustin Bernard, dans *Bul. Soc. G. Paris,* 1921, t. XXXVI, p. 629-630, et dans *Bibl. g.,* 1922, p. 298.

4456. — Lasbax (Émile). professeur de philosophie à la Faculté des lettres de Clermont. *La philosophie dans l'Afrique du Nord et l'histoire de l'esprit africain...* — Paris, F. Alcan, 1922, in-8°, 53 p.

Collection historique des grands philosophes. — *R. Af. Nord,* 1922, p. 291-317. — «L'esprit africain» est la résultante des différentes races qui se sont déversées sur l'Afrique; étude de ces divers apports; le fond primitif berbère, son individualisme religieux, son esprit de révolte; les apports étrangers, phéniciens et romains; le rayonnement de Carthage; l'apparition du christianisme; Apulée, Tertullien, saint Augustin; la décadence spirituelle depuis les époques vandale, arabe et turque jusqu'à la période française; la tâche de la France. An. par Lucien Roure, dans *Études,* 1923, t. CLXXV, p. 241.

4457. — *Réflexions sur le voyage du Président de la République, d'après les discours officiels.* — R. *Indig.*, 1922, p. 81-113.

Le voyage de M. Millerand au Maroc, en Algérie et en Tunisie; discours prononcés; enseignements à tirer de ce voyage, les promesses faites par le Président; réclamations qui lui ont été présentées, en particulier en Algérie; les problèmes algériens et tunisiens.

4458. — Haudos (Ernest), député. *La francisation de l'Afrique du Nord menacée.* — *Ann. Col.*, 28 mars 1922.

En Tunisie particulièrement, les intérêts français sont insuffisamment soutenus; la colonisation française subit de même une crise en Algérie.

4459. — *L'œuvre de la France dans l'Afrique du Nord.* — *Ann. Col.*, 16 avril 1922, ill., carte.

Numéro spécial consacré au voyage du président Millerand; articles de E. Morinaud, député de Constantine, sur *La France africaine;* de Roux-Freissineng, député d'Oran, sur *L'œuvre des colons en Algérie; l'œuvre française en Tunisie (1881-1922);* l'œuvre française au Maroc : *Le Maroc pays d'avenir,* par Ch. Debierre, sénateur; *La situation économique du Maroc,* par E. Devaux.

4460. — *L'Afrique du Nord après le voyage présidentiel.* — *Ann. Col.*, 31 mai 1922, ill.

Suite d'art. : *Une lettre d'Algérie sur le voyage de M. Millerand,* par E. Morineau; *Douze jours au Maroc,* par P. Valude; *La Tunisie d'aujourd'hui,* par E. Gallini.

4461. — Kaid-Hammoud, ingénieur agronome, délégué financier. *La France et l'Islam dans le nord de l'Afrique.* — R. *Af. Nord*, 1922, p. 246-252.

Comment la question indigène a été traitée jusqu'ici par la France; la meilleure politique à suivre : faire confiance à l'élite musulmane.

4462. — Chaligne (Commandant). *Aperçu sur l'histoire ancienne de l'Afrique du Nord.* — *Af. latine*, 1922, p. 652-673.

Bref tableau de l'histoire ancienne de l'Afrique du Nord; la Berbérie antique, l'Afrique romaine et l'Afrique byzantine; l'étonnante vitalité de ce pays et ses prodigieux relèvements.

4463. — Megglé (Armand). *Le domaine colonial de la France, ses ressources et ses besoins...* — Paris, F. Alcan, 1922, in-16, viii-344 p., 10 cartes.

Bibliothèque d'histoire contemporaine. — Guide pratique de l'Algérie, de la Tunisie, du Maroc et des autres colonies, pays de Protectorat ou territoires à mandat publié sous le patronage du ministère du commerce et de l'industrie à l'occasion de l'exposition de Marseille, en 1922. Pour chaque pays : résumé historique et géographique, voies de communication, productions et ressources, débouchés offerts à la production française, renseignements généraux et conseils pratiques. An. dans *R. M. G.*, 1923, t. XX, p. 878-879; par J. L. L. [Lacharrière], dans *Bul. Com. A. F.*, 1922, p. 472; par G. Regelsperger, dans *Bibl. g.*, 1923, p. 81.

4464. — Haudos (Ernest), député. *L'unité de l'Afrique du Nord.* — *Ann. Col.*, 27 février 1923.

L'unification entre l'Algérie, la Tunisie et le Maroc ne pourra jamais devenir complète, mais celle réalisée par la Conférence de l'Afrique du Nord entre les administrations de ces trois pays leur permettra d'exercer une surveillance solidaire sur les menées qui s'étendraient d'un territoire à l'autre.

4465. — *1922. L'Exposition nationale coloniale de Marseille décrite par ses auteurs...* — Paris, imp. de Vaugirard [1923], in-fol., 309 p., 4 aquarelles, 811 ill., 12 plans.

Album édité à l'occasion de cette exposition et renfermant des études sur chacune de nos colonies et pays de Protectorat : *l'Algérie*, par E. Gérard (p. 157-168), *la Tunisie*, par P. Geoffroy Saint-Hilaire (p. 169-178), *le Maroc*, par A. Terrier (p. 179-201). An. par L. Raveneau, dans *Bibl. g.*, 1924, p. 78.

4466. — [Barrès (Maurice)]. *L'œuvre des Pères Blancs.* — *Bul. Com. A. F.*, 1923, sup., p. 326-330.

Extr. du rapport n° 6110 fait en vue d'accorder l'autorisation légale à la Soc. des Missionnaires d'Afrique (v. n° 4470); fondation en 1868 par Mgr Lavigerie, leur œuvre, leur activité notamment en Tunisie, en Algérie et au Sahara.

4467. — Fonville (Robert). *De la condition en France et dans les colonies françaises des indigènes des protectorats français.* — Paris, L. Chauny et L. Quinsac, 1924, in-8°, 175 p.

Problèmes juridiques, politiques et même économiques qui se posent à l'attention des pouvoirs publics lorsque les indigènes du Maroc ou de Tunisie viennent séjourner sur le territoire de la métropole ou aux colonies; définition du protectorat, sa nature juridique, situation des protégés avant 1914 et depuis cette date, en particulier au point de vue de la naturalisation, du service militaire, les troupes auxiliaires indigènes. An. dans *Bul. Com. A. F.*, 1926, p. 440; dans *Bul. union col.*, 1925, p. 87.

4468. — Du Vivier de Streel (Edmond). *La politique coloniale de la France. L'outillage public et les communications avec la métropole.* Conférence... — Coulommiers, imp. E. Dessaint, 1924, in-32, 42 p.

Conférence à l'École des Sciences politiques (25 janvier). L'œuvre entreprise jusqu'ici dans nos colonies et les principaux travaux effectués; ce qui reste à faire, mesures à prendre pour intensifier les relations maritimes entre les colonies, les protectorats et la métropole (v. n° **76**).

4469. — *Les ports maritimes français (métropole et Afrique du Nord)*, édité par le Comité central des armateurs de France... — Paris, imp. Chaix, 1924, in-4°, LXVI-1034 p., pl., cartes.

Important annuaire mis à jour au 31 déc. 1923, donnant pour les ports de l'Algérie, de la Tunisie et du Maroc : 1° des renseignements statistiques pour les onze dernières années (1912-1922); 2° des renseignements et adresses concernant les services du port; 3° la description et les conditions nautiques du port; 4° les taxes particulières à chaque port; 5° les règlements spéciaux et usages commerciaux.

4470. — Barrès (Maurice). *Faut-il autoriser les Congrégations?...* — Paris, Plon, 1924, in-16, XIV-292 p.

Reproduction de cinq rapports annotés faits au nom de la Commission des Affaires étrangères de la Chambre; notamment (p. 61-86) rapport n° 6110 du 7 juin 1923 concernant la Soc. des Missionnaires d'Afrique (Pères Blancs) [v. n° **4466**] et (p. 113-169) rapport n° 7083 du 4 février 1924 relatif aux Franciscains français pour les missions à l'étranger.

4471. — Bunle (Henri). *Démographie de l'Afrique française du Nord au début du vingtième siècle.* — *J. Soc. stat. Paris*, 1924, p. 278-296, 347-364.

Recensements de la population depuis 1901 et méthodes employées; résultats principaux «qui sont d'étendue et de valeur différentes pour les trois colonies» mouvement de la population. An. par Augustin Bernard, dans *Bibl. g.*, 1925 p. 340.

4472. — Depont (Octave). *Les Berbères en France.* — *Bul. Com. A. F.*, 1925, sup., p. 429-448.

Étude sur le problème de l'émigration ouvrière des nord-africains en France; la main-d'œuvre berbère avant, pendant et après la guerre, nécessité de lui donner un statut, l'enrôlement des nord-africains dans le communisme, les réactions utiles en France et en Afrique.

4473. — Hardy (Georges). *Histoire coloniale et psychologie ethnique...* — Paris, au siège de la Société, 1925, in-8°, paginé 161-172.

R. H. Col. Fr., 1925, p. 161-172. — Nécessité de reviser les méthodes de l'histoire coloniale et de donner l'importance nécessaire à l'étude de la psychologie des races.

4474. — Union géographique internationale. *Congrès international de géographie. Le Caire, avril 1925, compte rendu...* — Le Caire, imp. de l'Institut français d'archéologie orientale, 1925-1926, 5 vol. in-8°, pl., cartes.

T. IV (1926, 313 p., 3 pl., 3 cartes), v. *La charrue en Afrique*, par Augustin Bernard (p. 283-293) [v. n° **6452**].

4475. — *Le pétrole en France et dans les colonies françaises.* — Paris, éd. de la *Dépêche coloniale*, s. d., in-8°, 32 p., 6 cartes.

Monographies de la Dépêche coloniale. Collection Octave Homberg, n° 1. — Un chapitre sur les gisements de pétrole en Algérie, en Tunisie et au Maroc; le petit nombre de tentatives sérieuses faites dans ces pays. An. par A. Charton, dans *Bul. Soc. G. Maroc*, 1926, p. 166-167; dans *Bul. Com. A. F.*, 1925, sup., p. 504.

4476. — *L'industrie de la pêche aux colonies...* — Paris, éd. de la *Dépêche coloniale*, s. d., in-8°, 64 p., 4 phot.

Monographies de la Dépêche coloniale. Collection Octave Homberg, n° 8. — Chapitres sur la pêche en Algérie, Tunisie et au Maroc.

4477. — Zévaés (Alexandre). *Histoire de la troisième République (1870-1926).* — Paris, éd. G. Anquetil, 1926, in-16, 642 p.

Les expéditions de Tunisie et du Tonkin, la chute du ministère Jules Ferry (p. 225-237); la politique extérieure de l'avant-guerre, notamment la question marocaine (p. 475-483); courte bibliographie. An. par C. de P. [Combes de Patris], dans *R. É. H., 1926*, p. 454.

4478. — *La Conférence nord-africaine de Tunis.* — *Bul. Com. A. F., 1926*, sup., p. 193-206, phot.

Réunion à Tunis (22-25 mars) de la troisième Conférence nord-africaine; ordre du jour; discours de MM. Saint, Steeg, Violette et Duchêne; questions traitées, notamment : liaison sanitaire, nomadisme, chemins de fer, liaison télégraphique et téléphonique, navigation aérienne, aménagement des routes aériennes militaires, pénétration par l'automobile dans les Territoires du Sud, échange de renseignements directs et rapides entre l'Afrique du Nord et l'A. O. F.

4479. — LEHURAUX (Capitaine L.). *La Conférence nord-africaine de Tunis et les questions sahariennes.* — *Bul. Com. A. F.*, 1926, sup., p. 288-293.

L'aspect des questions sahariennes soumises à la Conférence; mesures adoptées concernant le programme d'action des c[ies] méharistes, les communications transsahariennes notamment par l'automobile et l'avion.

4480. — BOURDARIE (Paul). *La Conférence nord-africaine.* — *R. Indig.*, 1926, p. 56-62.

Conférence tenue, en 1926, à Tunis; les questions étudiées; discours de MM. Steeg, Violette et Saint; la question du Rif jugée par M. Steeg; la question du Sahara et de la liaison Tunis-Tchad.

4481. — FONTANIER (Henry), député. *Le groupement de l'Afrique du Nord.* — *Ann. Col.*, 25 juin 1927.

Les résultats du recensement de 1926, population de l'Algérie du Nord, des Territoires du Sud, de la Tunisie; accroissement de l'élément français dans ce dernier pays, la population italienne; évaluations approximatives pour le Maroc.

4482. — VANLANDE (René). *Chez les Pères Blancs (Tunisie, Kabylie, Sahara)...* — Paris, Peyronnet, 1929, in-8°, 212 p.

L'œuvre de propagande française et de colonisation des Pères Blancs en Tunisie, en Kabylie et au Sahara (Laghouat et Ghardaïa); aperçu sommaire sur la situation en Kabylie; hommage au cardinal Lavigerie.

CHAPITRE II.

DES ORIGINES AU PROTECTORAT.

I. PÉRIODES CARTHAGINOISE, ROMAINE, VANDALE ET BYZANTINE.

4483. — [Mestre (Al.-C. de)]. *Annibal et Scipion ou les grands capitaines, avec les ordres et plans des batailles et les annotations, discours et remarques politiques et militaires de M. le Cte G. L. de Nassau, etc., auxquelles on a ajouté un autre traité de remarques politiques.* — La Haye, J. et D. Steucker, 1675, in-12, VIII-208 p., pl.

Autre éd., Amsterdam, M.-M. Rey, 1768, in-8°, VIII-219 p., pl.

4484. — Polybe. *Histoire de Polybe,* **nouvellement** traduite du grec par D. Vincent Thuillier... *avec un commentaire ou corps de science militaire, enrichi de notes critiques et historiques, où toutes les grandes parties de la guerre... sont expliquées, démontrées et représentées en figures...* par M. de Folard,... mestre de camp d'inf^{ie}. — Paris, P. Gandouin, 1727-1730, 6 vol. in-4°, pl., fig.

Autres éd., Amsterdam, 1729-1730, 6 vol. in-4°; Amsterdam, Z. Chatelain, 1759, 7 vol. in-4° (avec suppl.); Amsterdam, 1774, 7 part. en 3 vol. in-4°. — Les luttes entre Rome et Carthage. T. Ier, victoire de Régulus à Adis, victoire de Xantippe à Tunis; t. II, la guerre des étrangers contre les Carthaginois, sièges d'Utique, d'Hippone-Zaryte, de Carthage et de Tunis; t. IV, la seconde guerre punique; t. VI, bataille de Zama (v. n° **4487**).

4485. — Séran de La Tour (Abbé). *Histoire de Scipion l'Africain, pour servir de suite aux* Hommes illustres *de Plutarque, avec les observations de M. le chevalier de Folard sur la bataille de Zama.* — Paris, Didot, 1738, in-12, XXXVI-406 p., pl.

Nouv. éd. revue et augmentée, *ibid.,* 1752, in-12, XLIV-296 p., pl.

4486. — GUISCHARDT (Charles). *Mémoires militaires sur les Grecs et les Romains, où l'on a fidèlement rétabli, sur le texte de Polybe et des tacticiens grecs et latins, la plupart des ordres de bataille et des grandes opérations de la guerre, en les expliquant... et en relevant les erreurs du chevalier de Folard et des autres commentateurs. On y a joint une dissertation sur l'attaque et la défense des places des anciens... et l'analyse de la campagne de Jules César en Afrique...* — La Haye, P. de Hondt, 1758, 2 t. en 1 vol. in-4°, x-250-275 p., fig., pl.

Autre éd., *ibid.*, 1758, 2 vol. in-4°. — 1re éd. (même texte) de l'ouvrage signalé sous le numéro suivant.

4487. — GUISCHARDT (Charles). *Mémoires militaires sur les Grecs et les Romains, pour servir de suite et d'éclaircissement à l'*Histoire de Polybe, *commentée par le chevalier Folard, avec une dissertation sur l'attaque et la défense des places des anciens, la traduction d'Onosander et de la tactique d'Arrien, et l'analyse de la campagne de Jules César en Afrique...* — Lyon, J.-M. Bruyset, 1760, 2 part. en 1 vol. in-4°, xvi-123-155 p., pl.

Autre éd., *ibid.*, 1760, 2 vol. in-8°. '— T. Ier, les batailles de Tunis et de Zama ; t. II, analyse de la campagne de Jules César en Afrique, décrite par Hirtius (p. 87-153) [v. n^{os} **4484** et **4488**].

4488. — LO-LOOZ (de). *Recherches d'antiquités militaires, avec la défense du chevalier Follard contre les allégations insérées dans les* Mémoires militaires sur les Grecs et sur les Romains... — Paris, C.-A. Jombert, 1770, in-4°, 226 p., pl.

Réponse à l'ouvrage signalé sous le n° **4487**.

4489. — GUISCHARDT (Charles). *Mémoires critiques et historiques sur plusieurs points d'antiquités militaires, contenant la défense des* Mémoires militaires sur les Grecs et les Romains *contre les* Recherches d'antiquités militaires *du chevalier de Lo-looz...* par Charles Guischard, nommé Quintus Icilius, colonel d'inf^{ie}.. — Paris, P.-E.-G. Durand neveu, 1774, 4 vol. in-8°, pl., plans.

T. IV (359 p.) : l'ordre de bataille des armées de César et de Scipion près d'Uzita, en Afrique ; les batailles de Tunis, de Macar, de Zama (v. n^{os} **4487** et **4490**).

4490. — Lo-Looz (de), colonel au service de Suède. *Défense du chev. de Follard, contre les nouvelles opinions sur la méthode des anciens dans leurs sièges, retranchements,... ordres de marche, de bataille et plusieurs faits de guerre extraits de Polybe avec une explication... entièrement opposée aux* Mémoires critiques et historiques... *de M. Charles Guischardt...* — Bouillon, imp. de la Soc. typographique, 1776, in-8°, vii-164 p.

<small>Réponse à l'ouvrage signalé sous le n° **4489**.</small>

4491. — Saint-Cyr (Cte de), cornette-blanc. *Notes sur le génie, la discipline militaire et la tactique des Égyptiens, des Grecs, des rois d'Asie, des Carthaginois et des Romains, avec la relation raisonnée des principales expéditions militaires de ces peuples guerriers...* — Paris, Lottin l'aîné, 1783, in-4°, xx-294 p., 48 pl.

<small>Des Carthaginois, fortifications de Carthage (p. 118-137), histoire militaire des Romains (p. 138-200); batailles de Tunis (p. 209-212), du Macar (p. 214-217), de Zama (p. 242-248).</small>

4492. — Dampmartin (A.-H. Cabet, Vte de), capitaine au rég^t Royal cav^{ie}. *Histoire de la rivalité de Carthage et de Rome, à laquelle on a joint la* mort de Caton, *tragédie, nouvellement traduite de l'anglais, de M. Addison...* — Strasbourg, J.-G. Treuttel; Paris, Onfroi [1789], 2 vol. in-8°.

<small>T. Ier (viii-374 p.), origines, gouvernement, puissance, religion de Carthage. II (402-iv-175 p.), les guerres puniques.</small>

4493. — Guay (C.). *Cours d'histoire à l'usage des élèves de l'École royale spéciale militaire de Saint-Cyr... Histoire ancienne...* — Paris, Thomine, 1828-1829, 2 vol. in-8°.

<small>T. II (542 p.), histoire générale des révolutions de Rome et des divers États dont elle a fait la conquête (1270 av. J.-C.-476 ap. J.-C.), les guerres puniques, la guerre de Numidie.</small>

4494. — [Dureau de La Malle]. *Recherches sur l'histoire de la partie de l'Afrique septentrionale connue sous le nom de régence d'Alger et sur l'administration et la colonisation de ce pays à l'époque de la domination romaine,* par une Commission de l'Académie royale des inscriptions et belles-lettres... T. Ier. — Paris, Imp. royale, 1835, in-8°, viii-149 p.

Seul vol. paru. — Mission et état des travaux de la Commission. Colonisation de l'Afrique septentrionale par les Romains; résumé des faits historiques depuis les guerres de Scipion jusqu'à la prise de Carthage par les Arabes; discussion des opérations militaires sous la république romaine et sous le règne des empereurs de Rome et de Byzance dans les Maurétanies et en Numidie.

4495. — MARCUS (Louis). *Histoire des Wandales depuis leur première apparition... jusqu'à la destruction de leur empire en Afrique...* — Paris, A. Bertrand, 1836, in-8°, viii-424-96 p

2ᵉ éd., Paris, Roret, 1838, in-8°, *ibid.* — Le sujet fut mis au concours par l'Académie des inscriptions et belles-lettres en 1836. Le livre III (p. 139-404) retrace l'histoire des Vandales depuis leur arrivée en Afrique jusqu'à la prise de Carthage et la destruction totale de l'empire vandale (429-534 de J.-C.); nombreuses références.

4496. — SAINT-MARC GIRARDIN [Marc GIRARDIN, dit]. *De la domination des Carthaginois et des Romains en Afrique comparée avec la domination française.* — R. D. M., 1841, t. XXVI, p. 408-445.

Étude historique des dominations qui ont précédé la conquête française, en vue d'appliquer le secret de leur force et de leur stabilité et de nous éclairer sur les difficultés que notre domination rencontre en Afrique. Cet article eut pour suite : *L'Algérie par M. le baron Baude (ibid.,* 1841, t. XXVII, p. 433-461) : compte rendu de l'ouvrage cité sous le n° **630**; *Études d'histoire comparée sur l'Afrique (ibid.,* 1842, t. XXXI, p. 972-993; t. XXXII, p. 877-898) : l'Afrique sous saint Augustin, les idées du général Duvivier (v. n° **3121**).

4497. — MARCUS (Louis) et DUESBERG. *Géographie ancienne des États barbaresques,* d'après l'allemand de Mannert, par MM. l. Marcus et Duesberg, avec des additions et des notes par M. L. Marcus... — Paris, Roret, 1842, in-8°, xxxvi-803 p.

Autre éd., *ibid.* — Ouvrage publié sous les auspices et par ordre du ministère de la Guerre. Traduction annotée et complétée du dernier tome (Leipzig, Hahn, 1825) de l'ouvrage en 10 vol. de Konrad Mannert, *Geographie der Griechen und Römer, aus ihren Schriften...* : description détaillée, d'après les auteurs grecs et romains, des pays du Nord de l'Afrique : Lybie, Marmarique, Cyrénaïque, les Syrtes, peuples du désert; possessions de la République de Carthage, la Numidie; Mauritanie; origine, mélange, caractère des habitants. Appendices, importante bibliographie (p. 769-799), supp. à celle du n° **201**.

4498. — Armandi (Pietro Damiano). *Histoire militaire des éléphants, depuis les temps les plus reculés jusqu'à l'introduction des armes à feu, avec des observations critiques sur quelques-uns des plus célèbres faits d'armes de l'antiquité,* par le chev. P. Armandi, ancien colonel d'art[ie]. — Paris, Amyot, 1843, in-8°, xvi-570 p., pl.

Notamment les éléphants d'Afrique; les éléphants de guerre dans les armées de Carthage, batailles de Tunis, du Macar, de Zama; dressage, organisation des éléphants, expédients imaginés pour leur résister (v. n° 4536).

4499. — Avezac (A. d'), Dureau de La Malle, Yanoski (J.), Lacroix (Louis). *Afrique. Esquisse générale de l'Afrique et Afrique ancienne,* par M. d'Avezac... *Carthage,* par M. Dureau de La Malle... et par M. J. Yanoski... *Numidie et Mauritanie,* par M. Louis Lacroix... *L'Afrique chrétienne et domination des Vandales en Afrique,* par M. J. Yanoski... — Paris, F. Didot frères, 1844, in-8°, iii-272-170-109-63-96 p., cartes, pl.

L'Univers pittoresque. — Série d'études consacrées à la description et à l'histoire de l'Afrique ancienne.

4500. — Fortia d'Urban (Mis de). *Recueil des itinéraires anciens, comprenant l'itinéraire d'Antonin, la Table de Peutinger et un choix des périples grecs,* avec dix cartes dressées par M. le colonel Lapie, publié par M. le m[is] de Fortia d'Urban... [édité par E. Miller]. — Paris, Imp. royale, 1845, in-4°, xix-558 p., atlas in-fol.

4501. — Polybe. *Histoire générale, traduction nouvelle plus complète que les précédentes, précédée d'une notice accompagnée de notes et suivie d'un index* par M. Félix Bouchot... — Paris, Charpentier, 1847, 3 vol. in-12, xxiv-540, 384 et 387 p.

4502. — Dupuch (Mgr Ant.-Ad.). *Fastes sacrés de l'Afrique chrétienne; études sur les différentes époques de l'Afrique chrétienne, d'après Morcelli...* — Bordeaux, typ. Suwerinck, 1849-1850, 4 vol. in-8°.

2e éd., Bordeaux, imp. H. Faye, 1849-1850, 4 vol. in-8°. — Les quatre époques principales : depuis la prédication apostolique jusqu'à la paix de l'Église sous Constantin ; depuis Constantin jusqu'à la prise de Carthage par Genséric ; la domination des Vandales ; depuis la reprise de Carthage par Bélisaire jusqu'à l'extinction du christianisme en Afrique, au viie siècle ; la période de 1830 à 1846.

1503. — DUREAU DE LA MALLE. *L'Algérie... Histoire des guerres des Romains, des Byzantins et des Vandales, accompagnée d'examens sur les moyens employés anciennement pour la conquête et la soumission de la portion de l'Afrique septentrionale nommée aujourd'hui l'Algérie. Manuel algérien.* — Paris, Firmin Didot, 1852, in-18, xlviii-327 p.

Manuel spécialement destiné à l'armée. Guerre de Scipion contre Annibal, la Numidie, l'armée numide, plans de campagne des généraux romains et de Jugurtha, les principaux faits ; expédition de Théodose contre Firmus, la guerre des Vandales par Procope.

1504. — GUIBOUT (A.). *Rome et Carthage...* — Rouen, Mégard, 1856, in-8°, 207 p., pl.

Bibliothèque morale de la jeunesse. — 7 réimp. de 1857 à 1880. — Origine de Carthage, conquêtes des Carthaginois en Afrique, les guerres puniques.

1505. — BERBRUGGER (A.). *L'Afrique septentrionale après le partage du monde romain en Empire d'orient et Empire d'occident.*— R. Af., 1856-1857, p. 81-88.

Notions essentielles sur l'organisation et l'administration civile et militaire, sous la domination romaine, des contrées appelées aujourd'hui Maroc, Algérie, Tunisie, Tripolitaine.

1506. — TISSOT (Ch.), élève consul. *Des routes romaines du sud de la Byzacène.* — R. Af., 1856-1857, t. Ier, p. 184-196.

Fragment d'un travail sur le chott el Djerid (v. n° **9074**), faisant ressortir son importance à la fois commerciale et militaire. Cf. du même, *Archéologie tunisienne. Ibid.*, 1861, p. 286-293.

1507. — BERBRUGGER (A.). *Itinéraires archéologiques en Tunisie.* — R. Af., 1856-1857, p. 266-280, 370-392 ; 1857-1858, p. 14-27, 195-214 ; 1858-1859, p. 9-22.

Notes journalières prises au cours d'un voyage de reconnaissance exécuté en 1850. N'a pas paru dans *Mém. Acad. Inscr. B.-L.* comme l'indique la *R. Af.*, 1856-1857, p. 266.

4508. — Guiter (Lieut. A.). *Exploration en Tunisie.*— R. Af., 1860, p. 422-426.

L'auteur fut chargé par le ministre de la Guerre, en 1859, d'explorer la Tunisie, tant au point de vue archéologique qu'au point de vue de l'histoire physique du pays; les traces de la civilisation romaine dans la Régence.

4509. — Tauxier (Henri). *Étude sur les migrations des nations berbères avant l'islamisme...* — J. As., 1862, t. XX, p. 340-354.

4510. — Guérin (V.). *Voyage archéologique dans la Régence de Tunis*, exécuté et publié sous les auspices et aux frais de M. H. d'Albert, duc de Luynes... — Paris, H. Plon, 1862, 2 vol. in-8°, xv-438 et 395 p., carte, pl.

Journal de marche de l'auteur au cours de ses quatre explorations successives faites en 1860; indépendamment des renseignements épigraphiques, il fournit de nombreux et intéressants détails sur les régions visitées. An. par Élisée Reclus, dans R. D. M., 1863, t. XLIV, p. 249-252; par J. M., dans J. As., 1862, t. XX, p. 391-392.

4511. — Bache (E.). *Notice sur les dignités romaines en Afrique (cinquième siècle de J.-C.).* — R. Af., 1862 à 1866, 27 articles.

Étude basée sur l'important ouvrage abondamment documenté édité par Eduard Böcking, *Notitia dignitatum et administrationum omnium, tam civilium quam militarium in partibus Orientis et Occidentis...* Bonnae, 1839-1853, 2 vol. in-8°; nombreux renseignements sur l'annone, l'organisation et l'administration de l'armée romaine d'Afrique.

4512. — Vivien de Saint-Martin. *Le nord de l'Afrique dans l'antiquité grecque et romaine. Étude historique et géographique...* — Paris, Imp. impériale, 1863, gr. in-8°, xix-519 p., cartes.

Étude et exposition des connaissances des anciens sur l'Afrique; intéresse surtout la Nigritie et la région du Haut Nil, mais traite également de l'occupation romaine, du perfectionnement apporté aux connaissances géographiques par les expéditions militaires; l'Afrique d'Hérodote, de Pline, de Ptolémée; index alphabétique.

4513. — Flaubert (Gustave). *Salammbô...* — Paris, M. Lévy frères, 1863, in-8°, 475 p.

2° à 4° éd., 1863, *ibid.;* 5° éd., 1864, in-18, *ibid.;* 6° éd., 1866, *ibid.;* éd. définitive avec des documents nouveaux, Paris, Charpentier, 1874, in-12, 375 p.; 8 réimp., de 1877 à 1905, *ibid.; ibid.,* Paris, E. Fasquelle, 1921, in-16, 379 p.; 1924, *ibid.,* 375 p.; 1929, *ibid.* (Bibliothèque Charpentier); autre éd., Paris, Quantin, [1887], in-8°, 367 p., pl. gravées; autre éd., préface par Léon Hennique, Paris, A. Ferroud, 1900, 2 vol. gr. in-8°, pl. gravées; autre éd., dans *Œuvres de Gustave Flaubert. Salammbô.* Paris, A. Lemerre, 1879, 2 vol. in-16; *ibid.,* 1891; autre éd., dans *Œuvres complètes de Gustave Flaubert...* II. *Salammbô.* Paris, A. Quantin, 1885, in-8°, portr.; *ibid.,* Paris, L. Conard, 1910, in-16, 507 p. (notes et index de Léon Abrami); autre éd., Paris, Devambez, 1926, in-4°, 22 grav. (tiré à 200 ex.); etc.

4514. — LACROIX (Frédéric). *Colonisation et administration romaines dans l'Afrique septentrionale.* — R. *Af.*, 1863, p. 363-383, 415-432.

Programme d'un travail (daté du 12 juillet 1852) intéressant notamment le département de la Guerre, prescrit par le général Randon (17 février 1851) : étude du système de colonisation adopté par les Romains en Afrique, diverses phases par lesquelles est passée, depuis lors, l'agriculture du pays (v. n° **4518**).

4515. — *Résumé de l'histoire ancienne de l'Algérie, de la Régence de Tunis et du Maroc, avant la conquête musulmane.* — Paris, Imp. impériale, 1864, in-8°, 32-40 p.

En français et en arabe. L'Afrique septentrionale, origine et puissance des Carthaginois, établissement de la domination romaine; domination romaine de l'empire d'Occident, domination vandale, domination de l'empire d'Orient jusqu'à l'invasion arabe.

4516. — LACROIX (Fr.). *Notice sur la carte de l'Afrique sous la domination des Romains,* dressée au Dépôt de la Guerre, d'après les travaux de M. Fr. Lacroix, par Nau de Champlouis, capitaine au corps impérial d'état-major, par ordre de S. Exc. le maréchal comte Randon, ministre de la Guerre. — Paris, Imp. impériale, 1864, in-4°, 46 p.

Notice indiquant les documents géographiques et historiques utilisés pour l'établissement de cette carte et les synonymies adoptées.

4517. — MAC CARTHY (O.). *Étude critique sur la géographie comparée et la géographie positive de la guerre d'Afrique de Jules César.* — R. *Af.*, 1865, p. 430-442; 1866, p. 36-42.

1518. — LACROIX (Frédéric). *Afrique ancienne...* — *R. Af.*, 1868, p. 409-420; 1869, p. 5-20, 81-99, 161-178, 241-262, 331-354; 1870, p. 12-44, 97-129.

Extr. du travail signalé sous le n° 1514 : I, *produits végétaux* : fécondité de l'Afrique du Nord, notamment de la Proconsulaire et de la Byzacène; II, *procédés agricoles* : mise en valeur de l'Afrique du Nord par les Carthaginois et les Romains.

1519. — DAUX (A.). *Recherches sur l'origine et l'emplacement des* emporia *phéniciens dans le Zeugis et le Byzacium (Afrique septentrionale), faites par ordre de l'Empereur...* — Paris, Imp. impériale, 1869, gr. in-8°, II-307 p., 9 pl.

Aspect général des nombreuses ruines de tout âge qui couvrent le sol tunisien; Utique et ses environs (villes antiques, citernes, murailles, fortifications).

1520. — HENNEBERT (E.), capitaine du génie. *Histoire d'Annibal...* — Paris, Imp. impériale [nat.], 1870-1891, 3 vol. in-8°, pl., cartes, atlas in-4°.

Importante étude. T. Ier (540 p.) : temps de Carthage antérieurs à Annibal, Carthage au temps d'Annibal, appendices, bibliographie. T. II (596 p.) : bibliographie (p. 555-575). T. III (433 p.) : campagnes de 215 à 203 en Afrique, rappel d'Annibal en Afrique, Zama, Annibal à Carthage.

1521. — DESJARDINS (Ernest). *La Table de Peutinger, d'après l'original conservé à Vienne...* — Paris, Hachette, 1872, gr. in-fol., VI-260 p., cartes et pl. en coul.

Ouvrage inachevé (14 livraisons parues sur 18 prévues). Cette *Table* représente non seulement l'empire romain avec ses routes militaires jusque vers l'an 400, mais aussi les pays situés au delà des frontières les plus reculées et intéresse les régions septentrionales de l'Afrique. Cette éd. corrige et complète les éd. antérieures, notamment celles de Scheyb et de Mannert.

1522. — SALLUSTE. *Guerre de Jugurtha.* — Paris, Hachette, 1872, in-16, VII-152 p.

Bibliothèque de l'armée française. — Avertissement, par C. R. [Rousset], historiographe du ministère de la Guerre. La traduction est celle de P. Croiset. Cf. Salluste, *Jugurtha.* Paris, Hachette, 1850, in-16, 398 p. (Les auteurs latins expliqués d'après une méthode nouvelle par deux traductions françaises...)

4523. — Mercier (E.). *Historique des connaissances des anciens sur la géographie de l'Afrique septentrionale. Résumé de leur système.* — *Rec. Soc. Arch. Const.*, 1873-1874, p. 19-39, carte.

Étude faite en partie d'après l'ouvrage signalé sous le n° **4512**; les notions d'Hérodote sur ces régions, les connaissances plus étendues après les guerres puniques et la conquête de Carthage, les descriptions de Pline et de Ptolémée; le système géographique et ethnographique des anciens.

4524. — Devoulx (Alphonse). *Voyage à l'amphithéâtre romain d'El-Djem en Tunisie (janvier 1830).* — *R. Af.*, 1874, p. 241-261, carte, 2 pl.

Journal de marche de l'auteur (5-21 janvier).

4525. — Lavigerie (Cardinal). *Saint Louis, roi de France, et son tombeau sur les ruines de Carthage; lettre de Mgr l'archevêque d'Alger* [Lavigerie] *aux missionnaires de son diocèse chargés de desservir ce sanctuaire...* — Saint-Cloud, imp. Vve E. Belin, 1875, in-8°, 16 p.

4526. — Tauxier (H.). *Notice sur Corippus et sur la Johannide.* — *R. Af.*, 1876, p. 289-299.

Le poème de Flavius Cresconius, édité par Mazzucchelli (1820) et réédité par Becker (1836); exploits de Jean Troglita successeur de Bélisaire et de Salomon au généralat d'Afrique; trois périodes de guerre terminées respectivement par la victoire au camp de Gordien, la défaite des bords du Lyaeus, enfin la victoire près des monts Tripolitains.

4527. — Sainte-Marie (E. de). *La Tunisie chrétienne...* — Lyon, Bureau des Missions catholiques, 1878, in-8°, xii-152 p., cartes, plan, ill.

Bibliothèque illustrée des Missions catholiques. — Géographie ancienne de la Tunisie, l'Église de Carthage, les chrétiens en Tunisie. En appendice : tableau chronologique des beys de Tunis, des consuls de France, des préfets apostoliques, etc.

4528. — Lanoaille de Lachèse (D^r), médecin-major de 1re cl. *Les races latines dans la Berbérie septentrionale...* — Limoges, Barbou frères, 1878, in-8°, 16 p.

Brève étude historique cherchant à déterminer la part que l'étiolement dû au climat aurait eue dans les causes de la décadence romaine en Afrique; l'assainissement nécessaire pour la mise en valeur du pays, la mer intérieure. An. par Paul Juillerat, dans *R. G.*, 1879, t. IV, p. 466-468.

4529. — Sainte-Marie (E. de). *Sur la topographie de la première guerre punique...* — Constantine, imp. L. Arnolet, 1878, in-8°, 15 p., carte.

Rec. Soc. Arch. Const., 1876-1877, p. 309-323, carte. — Résultat des recherches et observations suggérées par l'étude sur place des lieux et la comparaison des récits de Tite-Live et de Polybe, les *Tables* de Peutinger et le *Routier* d'Antonin.

4530. — Boissière (Gustave). *Esquisse d'une histoire de la conquête et de l'administration romaines dans le nord de l'Afrique et particulièrement dans la province de Numidie...* — Paris, Hachette, 1878, in-8°, 438 p.

Quelle fut l'œuvre de Rome, quelle est l'œuvre de la France dans le nord de l'Afrique? l'Afrique de Salluste et l'Algérie contemporaine, les indigènes, le Berber; principales étapes de la domination romaine en Afrique, luttes de Rome et de Carthage, victoire de Zama, destruction de Carthage; comment Rome a administré ses provinces africaines, l'armée d'occupation, la légion troisième Augusta et les troupes auxiliaires (v. n° **4541**).

4531. — Chevarrier (Ph.), vice-consul de France à Gabès. *Voyage de Gabès au Zaghouan, par El-Hamma, les plaines de Segui, Thala, Oued Rhane, Zlass, Kairouan...* — Paris, Imp. nat., 1878, in-8°, 16 p., fig., carte.

Arch. missions scient. litt. 1879, t. V, p. 233-246, fig., carte. — Notes de route (déc. 1876), recherches de ruines romaines.

4532. — Flatters (P.), chef de bat[on], détaché dans le Service des Affaires indigènes en Algérie. *L'Afrique septentrionale ancienne...* — Alger, A. Jourdan, 1879, in-8°, 91 p.

R. Af., 1877, p. 153-168, 233-248, 345-360, 438-460; 1878, 65-76, 105-114. — État des connaissances des anciens sur la géographie générale de l'Afrique; ethnographie et divisions géographiques de l'Afrique du Nord, sa situation aux différentes périodes phénicienne, carthaginoise, romaine, vandale, etc.

4533. — Chevarrier (Ph.). *Voyage de Figuira Alima (Thala) à Henchir-Mougaïd, à travers les plaines de Thala et de l'oued*

Rhane... — *Arch. missions scient. litt.*, 1880, t. VI, p. 55-70, fig., cartes.

Notes de route.

4534. — TAUXIER (Capitaine H.). *Une émigration arabe en Afrique, un siècle après Jésus-Christ. Réponse aux questions de M. l'interprète Mercier.* — *R. Af.*, 1880, p. 373-397; 1881, p. 138-157.

Contribution à l'étude des origines des populations berbères du Moghreb; les Louata, leur poussée vers l'ouest de Barka vers l'Ifrikia, leur guerre contre les Latins et les Africains; leur origine arabe. Cf. *Ibid.*, 1880, p. 240.

4535. — TISSOT (Ch.). *Recherches sur la campagne de César en Afrique...* — Paris, Imp. nat. [1881], in-4°, 61 p., 3 pl.

Mémoires de l'Institut national de France, Académie des inscriptions et belles-lettres, t. XXXI, 2° part. — Fidélité des descriptions du livre *De Bello africano;* reconstitution de la topographie comparée de la campagne qui commença aux portes d'Hadrumète pour finir sous les remparts de Thapsus.

4536. — ARVANDI (Général P.). *Histoire des éléphants dans les guerres et les fêtes des peuples anciens jusqu'à l'introduction des armes à feu...* — Limoges, E. Ardant [1881], gr. in-8°, VIII-304 p.

Autres éd., [1882], [1886], *ibid.* — Nouvelle éd. (sans notes et réduite) de l'ouvrage signalé sous le n° **4498**.

4537. — CAGNAT (R.). *Étude historique sur les impôts indirects chez les Romains jusqu'aux invasions des barbares, d'après les documents littéraires et épigraphiques...* — Paris, Imp. nat., 1882, gr. in-8°, XV-256 p., cartes.

Les différents impôts indirects successivement établis; le *porturium* et la *vicesim*? *libertatis* en Afrique. An. par J. Poinssot, dans *Bul. Soc. G. Arch. Oran*, 1881-1882, p. 73-74.

4538. — TISSOT (Charles). *Rapport... sur la communication adressée à l'Académie par M. le lieutenant-colonel de Puymorin (inscriptions de Tunisie)... Découverte de la* Colonia Ucitana major. — Paris, Imp. nat., 1882, in-8°, 11 p., pl.

Arch. missions scient. litt., 1883, t. X, p. 131-139, pl. — Étude des rapports adressés par le lieut.-colonel de Puymorin, du 16° d'inf¹⁰, au Kef; notamment, découverte de l'un des quinze *oppida civium romanorum* de la province d'Afrique.

4539. — [Tissot (Charles)]. *Fastes des provinces africaines, Afrique, Numidie, Maurétanie* (Signé : Ch. T.). — *Bul. antiq. afric.*, 1882-1883, t. Ier, p. 1-17, 77-128, 153-184, 217-237.

Premiers matériaux d'une étude destinée à former un appendice d'une géographie comparée de l'Afrique romaine; liste chronologique des gouverneurs des différentes provinces de l'Afrique romaine.

4540. — Cagnat (René). *Explorations épigraphiques et archéologiques en Tunisie...* — Paris, Imp. nat., 1883-1886, 3 fasc. in-8°, pl.

Arch. missions scient. litt., 1882, t. IX, p. 61-169, 11 pl.; 1885, t. XI, p. 1-156, ill., 8 pl., carte; t. XII, p. 107-272, croq., 4 cartes. — Comptes rendus de trois missions. I. 1883 (113 p., 11 pl.), excursions à Nabeul, Bizerte, Tunis, Medjez-el-Bab. II. 1884 (156 p., ill., 8 pl., carte), régions entre Zaghouan, Sousse, Kairouan et entre Le Kef et Tabarka. III. 1886 (170 p., croq., 4 cartes), région entre Kairouan, Gafsa et la frontière algérienne (v. n° **4558**); table des trois fasc.

4541. — Boissière (Gustave). *L'Algérie romaine...* 2° éd. — Paris, Hachette, 1883, 2 vol. in-16, xxxviii-332 et p. 333-711.

Nouv. éd. refondue et complétée de l'ouvrage signalé sous le n° **4530**. An. dans *Af. expl.*, 1884, p. 195-196.

4542. — Clarin de La Rive (Abel). *Histoire générale de la Tunisie, depuis l'an 1590 avant Jésus-Christ jusqu'en 1883...* introduction par M. P. Mignard... — Tunis, E. Demoflys, 1883, in-12, lx-414 p.

Vue d'ensemble sur la Tunisie depuis l'époque préhistorique, éphémérides; quelques lignes sur l'expédition de 1881; texte du traité du Bardo (p. 384-387).

4543. — La Chauvelays (Jules de). *L'art militaire chez les Romains, nouvelles observations critiques sur l'art militaire chez les Romains pour faire suite à celles du chevalier Folard et du colonel Guischardt...* — Paris, Plon, 1884, in-8°, xii-325 p.

Lettre du général Davout, duc d'Auerstaedt. Aperçu général de l'organisation militaire des Romains, la tactique romaine; les principales batailles des guerres puniques (Tunis, Zama) avec les versions de Folard et de Guischardt et le texte de Polybe; comparaison de la phalange et de la légion.

1544. — PALLU DE LESSERT (Clément). *Études sur le droit public et l'organisation sociale de l'Afrique romaine*... — Paris, A. Picard, 1884, in-8°, 90 p.

Bibliothèque des antiquités africaines. — *Bul. antiq. afric.*, 1884, t. II, p. 5-67, 321-344. — L'organisation des assemblées provinciales et du culte provincial; les *concilia* et les *sacerdotes provinciae* de l'Afrique (v. n° **4568**).

1545. — FERRERO (Hermann). *La marine militaire de l'Afrique romaine.* — *Bul. antiq. afric.*, 1884, t. II, p. 157-181, fig.

Aperçu général sur l'établissement, l'organisation, la composition et la situation militaire des flottes dans l'Empire romain; les stations navales en Afrique du Nord.

1546. — JULLIAN (Camille). *Notes sur l'armée d'Afrique sous le bas empire.* — *Bul. antiq. afric.*, 1884, t. II, p. 269-276.

Commentaire « des rares inscriptions du bas empire qui parlent de soldats ayant servi en Afrique » et essai de reconstitution des troupes qui, à différentes époques, ont combattu du IV° au VI° siècle en Maurétanie et en Numidie.

1547. — TISSOT (Charles), ancien ambassadeur. *Exploration scientifique de la Tunisie. Géographie comparée de la province romaine d'Afrique...* — Paris, Imp. nat., 1884-1888, 2 vol. in-4°, VIII-697 et XXXVIII-868 p., cartes, pl., ll., atlas.

Ministère de l'Instruction publique. — Étude commencée il y a plus de trente ans lors du premier séjour de l'auteur à Tunis. Après sa mort (1884), le t. second et l'atlas furent publiés par Salomon Reinach. L'atlas eut un deuxième tirage en 1891. Étude de la province romaine d'Afrique; géographie physique, historique (v. n° **1560**), les différentes régions, description détaillée du réseau routier. Cf. *C. R. Soc. G. Paris*, 1884, p. 499-501. An. par C. Pallu de Lessert, dans *R. Af. fr.*, 1888, t. VI, p. 163-168.

1548. — RINN (Louis). *Les premiers royaumes berbères et la guerre de Jugurtha.* — *R. Af.*, 1885, p. 172-209, 241-283.

Étude sur la géographie ancienne de l'Afrique du Nord basée notamment sur les expéditions militaires contre Jugurtha, d'après Salluste.

4549. — Tissot (Charles), ambassadeur de France. *Fastes de la province romaine d'Afrique*... publiés d'après le manuscrit original... par Salomon Reinach... — Paris, C. Klincksieck, 1885, in-8°, LXXXVIII-316 p., portr.

Notice biographique sur Ch. Tissot (p. VII-LXXXVIII); liste des prêteurs et des proconsuls qui ont gouverné la province romaine d'Afrique depuis la prise de Carthage jusqu'au VI⁰ siècle après J.-C.

4550. — Pallu de Lessert (Clément). *Études sur le droit public et l'organisation sociale de l'Afrique romaine*... II. *Les gouverneurs des Maurétanies*. — Paris, A. Picard, 1885, paginé 95 à 150.

Bibliothèque des antiquités africaines. — *Bul. antiq. afric.*, 1885, t. III, p. 65-88, 141-173. — Renseignements classés chronologiquement et par provinces (césarienne, tingitane, sitifienne) concernant les gouverneurs jusqu'à l'invasion vandale. An. par A. H. de V. [Héron de Villefosse], dans *R. Af. fr.*, 1886, t. IV, p. 88-89.

4551. — Mommsen (Th.). *Les provinces africaines, chapitre extrait du t. V de l'*Histoire romaine *de Th. Mommsen*, traduit par M. Cl. Pallu de Lessert [et L. Walter]. — *Bul. antiq. afric.*, 1885, t. III, p. 192-196, 269-278; 1886, t. IV, p. 16-25, 90-97, 315-330.

4552. — Poinssot (J.). *Voyage archéologique en Tunisie, exécuté en 1882-1883, sur l'ordre de S. E. le ministre de l'Instruction publique*... — *Bul. antiq. afric.*, 1885, t. III, p. 16-44, 89-111, 174-183, 265-268; 1886, t. IV, p. 5-9, pl., cartes.

Les routes de Carthage à Sicca Veneria et à Theveste, de Kairouan au Fahs er Riah. Cf. du même, *Inscriptions inédites recueillies pendant un voyage exécuté en 1882-1883*... *Ibid.*, 1882-1883, t. Iᵉʳ, p. 292-329; 1884, t. II, p. 68-99, 150-156, 225-259, 361-374, ill., pl.

4553. — Tissot (Ch.), membre de l'Institut. *Quatrième rapport*... *sur les missions archéologiques en Afrique*. — *Arch. missions scient. litt.*, 1885, t. XI, p. 253-269, ill., pl.

La collaboration des officiers de l'armée d'occupation de la Tunisie à l'exploration archéologique de ce pays : Dʳ Rouire, lieutᵗˢ Espérandieu, Fonssagrives, capitaines Vincent, de Prudhomme, etc.

4554. — Pigeonneau (H.). *L'annone romaine et les corps de naviculaires particulièrement en Afrique...* — R. Af. fr., 1886, t. IV, p. 220-237.

4555. — [*Découvertes archéologiques faites en Tunisie par les officiers des brigades topographiques*]. — C. R. Soc. G. Paris, 1886, p. 9-11.

Note communiquée par le Service géographique de l'armée.

4556. — Charvériat (F.). *De l'assimilation des indigènes dans l'Afrique romaine.* — R. Alg. Tun. lég. jurisp., 1886, 1re part., p. 45-60.

Discours prononcé dans la séance de rentrée des Écoles d'enseignement supérieur d'Alger (3 nov. 1885). Politique des Romains à l'égard des peuples conquis; les anciens soldats et le droit de cité; comment, vis-à-vis des Berbères, cette politique aboutit à un échec complet; le donatisme point de ralliement contre la puissance décroissante de Rome.

4557. — Mas Latrie (Cte L. de). *Les anciens évêchés de l'Afrique septentrionale...* — Alger, imp. P. Fontana, 1887, in-8°, 19 p.

Bul. Cor. Af., 1886, t. IV, p. 80-98. — Classification des évêchés par province (Tripolitaine, Byzacène, Proconsulaire, Numidie, etc.).

4558. — Saladin (Henri). *Description des antiquités de la Régence de Tunis. Monuments antérieurs à la conquête arabe...* — Paris, Imp. nat.; E. Leroux, 1886-1893, 2 vol. in-8°, 235 et 188 p., fig., pl.

Arch. missions scient. litt., 1887, t. XIII, p. 1-125, 366 fig., 6 pl.; 1892, t. II, p. 377-561, 167 fig., 10 pl. — Rapports adressés au ministre de l'Instruction publique. I. Résumé des recherches faites avec R. Cagnat de nov. 1882 à avril 1883 (v. n° **4540**); caractère de l'occupation romaine surtout agricole, l'aménagement et la distribution de l'eau, les monuments par styles et par époques. II. Suite de l'étude concernant notamment Chemtou, Hammam-Darredji (Bulla Regia), Dougga, Teboursouk, Aïn-Tounga, etc.

4559. — Pallu de Lessert (C.). *Fastes de la Numidie sous la domination romaine.* — Rec. Soc. Arch. Const., 1888, p. 1-261.

Partie de l'ouvrage signalé sous le n° **4592**, en ce qui concerne la Numidie pendant la période de l'an 46 avant J.-C. à l'an 410 de notre ère; gouverneurs, proconsuls, légats, etc.; bref chapitre sur la Numidie proconsulaire; index alphabétique.

4560. — Rouire (D^r). *Une page de l'histoire des guerres puniques : bataille entre Xantippe et Regulus.* — *N. R.*, 1888, t. L, p. 375-386.

Contrairement à la version répandue, l'action n'a pas eu pour théâtre la rive septentrionale du lac de Tunis ou les bords de la Djériba (v. n° **4547**), mais ceux du lac Kelbia. An. dans *Bul. Soc. G. Est*, 1888, p. 109, et 1889, p. 614-615; par A. Tausserat, dans *R. Af. fr.*, 1888, t. VI, p. 128.

4561. — Saladin (Henri). *Étude sur les monuments antiques de la Régence de Tunis (mission de 1882-1883)...* — Paris, imp. Chaix, 1888, in-8°, 32 p., fig.

Congrès des architectes de 1887. — Extr. du *Bul. de la Société centrale des architectes, 1886-1887*. — Conférence; les monuments contribuant à déterminer le caractère de l'occupation romaine.

4562. — Cagnat (R.). *Rapport sur une mission en Tunisie...* — *Arch. missions scient. litt.*, 1888, t. XIV, p. 1-132, 3 pl.

Mission effectuée en 1886 dans les régions centrale et septentrionale de la Régence, afin de contrôler sur place les découvertes faites depuis 1881 soit par les explorateurs soit par les officiers du corps d'occupation et des brigades topographiques.

4563. — Pallu de Lessert (Clément). *Les briques légionnaires, contribution à la géographie militaire de l'Afrique romaine...* — Paris, A. Picard, 1888, in-8°, 12 p., fig.

R. Af. fr., 1888, t. VI, p. 206-209, 223-230, fig. — Les travaux de l'armée romaine en temps de paix; les briques légionnaires (*tegulae legionariae*) ou matériaux divers en terre cuite préparés et utilisés par les soldats dans leurs travaux.

4564. — Cagnat (René). [*Alimentation de l'armée romaine d'Afrique*]. — *Ac. Inscr. B.-Lettres, C. R.*, 1890, t. XVII, p. 174-175.

Séance du 7 juin 1889. Utilisation des ressources locales en temps de paix et en temps de guerre.

4565. — Tauxier (H.), capitaine en retraite. *Récits de l'histoire d'Afrique. Le comte Romanus.* — *R. Af.*, 1890, p. 193-222.

Récit emprunté à un auteur païen et montrant dans tout leur jour les caractères du IVe siècle : la tyrannie féroce de Valentinien, la corruption et l'avidité sans borne des dignitaires et employés romains, une armée de mercenaires sans autre passion que l'argent.

4566. — Gautier (François). *Coup d'œil général sur la Régence de Tunis depuis son origine jusqu'à nos jours...* — Paris, les libraires, 1891, in-8°, 63 p.

4567. — Pallu de Lessert (A. Clément). *Vicaires et comtes d'Afrique (de Dioclétien à l'invasion vandale)...* — Constantine, A. Braham, 1891, in-8°, 183 p.

Rec. Soc. Arch. Const., 1890-1891, p. 1-183. — Organisation de l'administration romaine en Afrique (préfectures, diocèses, provinces) et du pouvoir militaire (comtes et ducs) ; étude des titres, attributions, rangs et juridiction des vicaires et des comtes militaires ; notices sur les vicaires et comtes d'Afrique de l'an 304 à l'an 429 reproduites dans l'ouvrage signalé sous le n° **4592** (t. II, p. 153-389). An. par Georges Goyau, dans *R. arch.*, 1892, t. XX, p. 388-390.

4568. — Pallu de Lessert (Clément). *Nouvelles observations sur les assemblées provinciales et le culte provincial...* — Paris, A. Picard, 1891, in-8°, 53 p.

Additions à l'étude signalée sous le n° **4544**.

4569. — Diehl (Charles). *Les découvertes de l'archéologie française en Algérie et en Tunisie...* — Paris, A. Colin, 1892, in-8°, 39 p.

R. int. enseign., 1892, t. XXIV, p. 97-130. — La conquête archéologique de l'Algérie (1830-1881), le vandalisme contemporain dans l'Afrique du Nord, l'occupation de la Tunisie et l'exploration scientifique de la Régence (1881-1892), l'organisation du Service des antiquités en Tunisie et en Algérie.

4570. — Carton (D^r), médecin militaire. *Nouveau document épigraphique relatif au colonat en Afrique.* — Paris, E. Leroux, 1892, in-8°, 11 p., 3 fig., carte.

R. arch., 1892, t. XIX, p. 214-222, 3 fig., carte. — Intéresse les domaines impériaux et les *saltus* en Afrique.

4571. — Cagnat (René), professeur au Collège de France. *L'armée romaine d'Afrique et l'occupation militaire de l'Afrique sous* *les empereurs...* — Paris, Imp. nat., 1892, in-4°, xxiv-811 p., pl., cartes.

Ministère de l'Instruction publique. — Important ouvrage, dédié à l'armée française d'Algérie et de Tunisie, réunissant de nombreux renseignements épars et traçant un cadre dans lequel les découvertes de l'avenir trouveront place. Les guerres d'Afrique sous l'empire, l'armée d'occupation jusqu'à Dioclétien : armées de Numidie, de Maurétanie césarienne, de Maurétanie tingitane, troupes irrégulières, escadre d'Afrique, régime administratif et légal du corps d'occupation ; l'occupation territoriale de l'Afrique, l'occupation militaire après Dioclétien. La France a fait en 50 ans plus que les Romains avaient accompli en trois siècles. Nombreuses références, bibliographie. Une nouv. éd. (*ibid.,* 1912, in-4°, xxviii-805 p., fig., pl., cartes) tient compte des découvertes faites depuis 1892 (v. n° **4572**). An. par Paul Guiraud, dans *R. Crit.,* 1892, t. XXXIV, p. 398-399 ; par Stéphane Gsell, dans *R. Af.,* 1893, p. 88 ; dans *Ann. G., Bibl.,* 1894, p. 36 ; par M. Besnier, dans *R. Crit.,* 1912, t. LXXV, p. 265-266, et ; 1914, t. LXXVII, p. 349-350 ; par J. Toutain, dans *R. Historiq.,* 1913, t. CXIII, p. 320.

4572. — Thédenat (Abbé Henry). *L'Afrique militaire sous les Empereurs.* — Besançon, imp. P. Jacquin [1893], in-8°, 8 p.

R. Q. Hist., 1893, t. X, p. 549-556. — Analyse de l'ouvrage précédent.

4573. — Carton (D^r), médecin-major. *La colonisation chez les Romains, création officielle d'un centre agricole en Afrique...* — Paris, May et Motteroz, 1893, in-8°, 7 p.

C. R. Soc. G. Paris, 1893, p. 87-93. — Découverte faite à Aïn-Ouassel ; enseignements que comporte cette inscription au point de vue du développement agricole de notre colonie. An. dans *Ann. G., Bibl.,* 1894, p. 25.

4574. — Winkler (Capitaine A.). *Opérations de Bélisaire pendant sa campagne d'Afrique de 533-534. Bataille de Tricamara, son emplacement?* — *Bul. Soc. G. Arch. Oran,* 1893, p. 345-368, carte.

Causes et opérations de cette campagne, emplacement probable de Tricamara.

4575. — Diehl (Charles). *Rapport sur deux missions archéologiques dans l'Afrique du Nord (avril-juin 1892 et mars-mai 1893)...* — Paris, E. Leroux, 1894, in-8°, 150 p., 4 fig., 33 plans, 24 pl.

Arch. missions scient. litt., 1893, t. IV, p. 285-434, 4 fig., 33 plans, 24 pl. — Étude des monuments religieux et des constructions militaires de l'Afrique byzantine ; la frontière de l'ouest et du sud-ouest de la Numidie, la frontière méridionale de la Numidie, la frontière méridionale de la Byzacène, la seconde ligne de défense de la Numidie, l'occupation militaire byzantine dans le massif central tunisien, les forteresses byzantines de la Proconsulaire; nombreuses références.

4576. — CAGNAT (R.) et SALADIN (H.). *Voyage en Tunisie.* — Paris, Hachette, 1894, in-16, VI-419 p., 25 grav., carte.

Tour du Monde, 1884, t. XLVII, p. 353-384; 1885, t. XLIX, p. 289-336; t. L, p. 385-416; 1886, t. LII, p. 193-224; 1887, t. LIII, p. 225-272; 1888, t. LVI, p. 97-160; 1893, t. LXVI, p. 97-128. — Récit d'une mission archéologique accomplie, sur l'ordre du ministre de l'Instruction publique, à travers la région Tunis, Tabarka, Le Kef, Sousse, Kairouan, pendant trois années, avant, pendant et aussitôt après l'expédition de 1881; descriptions des régions et des villes; mœurs et coutumes des habitants. An. par Paul Monceaux, dans *R. P. L.,* 1895, t. III, p. 58-59; dans *Bul. Com. A. F.,* 1895, p. 176.

4577. — CAGNAT (R.). *Découvertes des brigades topographiques en Tunisie en 1893...* — Paris, E. Leroux, 1894, in-8°, 41 p., pl.

Bul. Arch., 1893, p. 203-241, pl. — Renseignements extr. d'un rapport remis au général Derrécagaix par le capitaine Toussaint auquel appartiennent la plupart des inscriptions trouvées.

4578. — WINKLER (Capitaine). *Notes sur la voie romaine d'Hippo-Diarrhytus (Bizerte) à Thabraca...* — *Bul. Arch.,* 1894, p. 369-373.

Tracé de la voie romaine du littoral. An. par L. B., dans *R. T.,* 1897, p. 122.

4579. — LECOY DE LA MARCHE (Lieut[t] H.), attaché à la mission de M. Foureau dans le Sud tunisien. *Recherche d'une voie romaine du golfe de Gabès vers Ghadamès...* — Paris, Imp. nat., 1894, in-8°, 27 p., 7 fig., pl., carte.

Bul. Arch., 1894, p. 389-413, 7 fig., pl., carte. — Une voie se dirigeant vers le sud et Cydamus (Ghadamès) partait probablement de Gightis (Bou-Ghrara), qui semble avoir été le port important du Sud tunisien. An. par L. B., dans *R. T.,* 1897, p. 122.

4580. — CAGNAT (R.). *Note sur les limites de la province romaine d'Afrique, en 146 avant J.-C....* — [Paris], Imp. nat., 1894, in 8°, 11 p.

Ac. Inscr. B.-Lettres, C. R., 1894, t. XXII, p. 43-51. — An. dans *R. T.,* 1894, p. 395-396.

4581. — Héron de Villefosse. *Rapport... sur la mission du lieutenant d'artillerie H. Lecoy de La Marche, dans le Sud tunisien...* — *Ac. Inscr. B.-Lettres, C. R.*, 1894, t. XXII, p. 469-481.

<small>Séance du 21 déc. 1894. Découvertes archéologiques intéressant l'organisation militaire à la fin du III° siècle.</small>

4582. — Pavy (Auguste), vice-président de la Ligue de l'Enseignement de Tunis et secrétaire général de l'Institut de Carthage. *Histoire de la Tunisie...* — Tours, A. Cattier, 1894, in-4°, vi-387 p., 2 cartes, grav.

<small>Historique de la Tunisie dans l'antiquité et notamment sous les dominations romaine et arabe; quelques pages consacrées à l'attitude du bey Hussein pendant l'expédition française contre Alger, aux causes de l'intervention et au récit de la campagne de 1881 (p. 356-374); courte bibliographie. L'art. signalé sous le n° 4221 a été utilisé pour cet ouvrage. An. par H. Goin, dans *R. T.*, 1895, p. 56-58; par René Bittard des Portes, dans *R. É. H.*, 1899, p. 229-230.</small>

4583. — Monceaux (Paul). *Les Africains, étude sur la littérature latine d'Afrique, les païens...* — Paris, Lecène, Oudin, 1894, in-18, v-500 p.

<small>*Nouvelle bibliothèque littéraire.* — Le génie africain et l'éducation classique, le développement original du pays, la parenté des œuvres, la physionomie des auteurs, Carthage grand centre de la vie intellectuelle en Afrique; les deux classes d'écrivains païens et chrétiens ne peuvent être confondues. An. par Paul Lapie, sous le titre *Les idées païennes dans l'Afrique romaine d'après un livre récent*, dans *R. T.*, 1895, p. 59-65.</small>

4584. — Goetschy. *Notes sur un passage du Cherb (route de Nefzaoua), barré par une muraille romaine dite de « Bir-Oum-Ali ».* — *Rec. Soc. Arch. Const.*, 1894, p. 593-598, croq.

<small>Le passage de Khanguet Oum-Ali, le seul praticable dans la chaîne du Cherb entre le Nefzaoua et la région de Gafsa, que les Romains avaient barré par une muraille.</small>

4585. — Versini (Raoul). *Salammbô, le roman de Flaubert et l'opéra de M. Reyer...* — *R. T.*, 1894, p. 207-214.

<small>Résumé d'une conférence (10 février); critique par M° Gouin, ancien bâtonnier de l'ordre des avocats de Tunis, parue dans *la Tunisie française*.</small>

4586. — BOISSIER (Gaston). *L'Afrique romaine, promenades archéologiques en Algérie et en Tunisie...* — Paris, Hachette, 1895, in-16, III-323 p., carte, pl.

R. D. M., 1894, t. CXXI, p. 284-305, 764-787; t. CXXII, p. 481-506; t. CXXIV, p. 5-30, 827-852; t. CXXVI, p. 241-267; 1895, t. CXXVII, p. 43-69. — 2ᵉ éd., 1901, *ibid.*, 367 p., cartes, pl.; 4ᵉ éd., 1909, *ibid.*, v-367 p., 4 pl.; 8ᵉ éd., 1929, *ibid.* (*Bibliothèque d'histoire*). — Les indigènes, notamment les Berbères, Carthage, l'administration, l'armée d'Afrique peu nombreuse mais vigilante et ferme; les conditions de la propriété, l'état des campagnes africaines, les villes, Timgad; la littérature africaine, la conquête des indigènes. An. par René Cagnat, dans *N. R.*, 1895, t. XCIII, p. 916; par Camille Jullian, dans *R. Historiq.*, 1896, t. LX, p. 350-352, et 1902, t. LXXIX, p. 345; par A. Rambaud, dans *R. P. L.*, 1895, t. III, p. 658-660; dans *Bul. Com. A. F.*, 1895, p. 175.

4587. — WINKLER (Capitaine A.). *Description de la voie romaine de Simittu-Colonia (Chemtou) à Tabraca (Tabarka)...* — *R. T.*, 1895, p. 38-47.

Description, comparaison du tracé de la voie romaine avec celui de la route moderne de Souk-el-Arba à Tabarka.

4588. — TOUTAIN (J.). *Les cités romaines de la Tunisie. Essai sur l'histoire de la colonisation romaine dans l'Afrique du Nord...* — Paris, A. Fontemoing, 1896, in-8°, 412 p., 2 cartes.

Bibliothèque des écoles françaises d'Athènes et de Rome, fasc. 72. — Autre éd., thèse, Paris, E. Thorin, 1895, *ibid.* — Limites géographiques de la région, répartition géographique et situation topographique des cités africaines, l'alimentation en eau, les Travaux publics, le réseau routier, l'apogée de la prospérité des cités romaines; ethnographie des habitants de l'Afrique proconsulaire, la société africaine, caractères de la colonisation romaine. An. par Georges Goyau, dans *R. Q. Hist.*, 1896, t. XVI, p. 339-341; par Aug. Audollent, dans *R. Crit.*, 1897, t. XLIII, p. 221-226.

4589. — MERCIER (Ernest). *La population indigène de l'Afrique sous la domination romaine, vandale et byzantine...* — Constantine, imp. Braham, 1896, in-8°, 87 p.

Rec. Soc. Arch. Const., 1895-1896, p. 127-211. — Étude «des procédés employés par les Romains à l'égard des indigènes des pays conquis ou occupés par eux»; les indigènes de l'Ifrikia, de la Numidie et des Maurétanies avant et pendant l'occupation romaine; condition de la propriété indigène; la colonisation, «les révoltes indigènes»; l'invasion vandale, la période byzantine; la nation berbère telle que les Arabes l'ont trouvée. An. par E. F. [Fagnan], dans *R. Af.*, 1897, p. 290; dans *Bul. Com. A. F.*, 1897, p. 144.

4590. — Diehl (Charles). *L'Afrique byzantine, histoire de la domination byzantine en Afrique (533-709)*... — Paris, E. Leroux, 1896, in-8°, xv-644 p., 11 pl., 2 cartes.

Description de l'Afrique du Nord, entreprise par ordre du ministre de l'Instruction publique et des Beaux-Arts. — Étude très documentée faisant notamment ressortir la réorganisation de l'administration civile et la réorganisation militaire (p. 119-298) par les Byzantins; l'armée d'occupation et l'administration militaire, principes du système défensif et de la construction militaire, les citadelles byzantines, les forteresses de la frontière et de l'intérieur, l'occupation de la Numidie, la défense du pays plat; les rapports du gouvernement avec les indigènes; l'église d'Afrique au vi° siècle, l'exarchat d'Afrique; décadence intérieure et chute de la domination byzantine; la conquête arabe. Nombreuses références. An. par R. Cagnat, dans *R. P. L.*, 1897, t. VII, p. 802-806; par Gabriel Millet, dans *R. Historiq.*, 1897, t. LXIV, p. 140-144.

4591. — Toutain (Jules). *Notes sur quelques voies romaines de l'Afrique proconsulaire (Tunisie méridionale et Tripolitaine). Les Romains dans le Sahara.* — Rome, imp. Ph. Cuggiani, 1896, in-8°, 49 p., carte.

Extr. des *Mélanges d'archéologie et d'histoire,* publiés par l'École française de Rome, t. XV et XVI. — Routes stratégiques partant de la Méditerranée et voies transversales; stations de ces routes; discussion des études de Tissot et de Carton. Les régions sablonneuses qui s'étendent au sud des Syrtes n'ont pas été rattachées à l'Empire. An. par E. F. [Fagnan], dans *R. Af.*, 1896, p. 91-92, et 1897, p. 295-296; par L. B., dans *R. T.*, 1897, p. 475; par l'abbé Thédenat, dans *Bul. Soc. nat. antiq. France,* 1896, p. 243-244.

4592. — Pallu de Lessert (A. Clément). *Fastes des provinces africaines (Proconsulaire, Numidie, Maurétanies) sous la domination romaine...* — Paris, E. Leroux, 1896-1897-1901, 2 t. en 4 vol. in-4°, viii-571 et 427 p.

Ministère de l'Instruction publique. — Important ouvrage composé surtout de notices, destiné particulièrement aux africanistes. T. Ier. République et Haut-Empire : Afrique proconsulaire, Numidie, Maurétanie césarienne, sitifienne et tingitane. T. II. Bas-Empire (v. n°^{s} **4559** et **4567**). Extr. concernant les gouverneurs et l'armée paru dans *Bul. Soc. G. Arch. Oran,* 1893, p. 181-240. An. par Camille Jullian, dans *R. Historiq.*, 1902, t. LXXIX, p. 345; par L. Demaeght, dans *Bul. Soc. G. Arch. Oran,* 1896, p. 318; dans *Bul. Com. A. F.,* 1896, p. 232, et 1897, p. 144 (v. n° **4684**).

4593. — MAURICE (Jules). *Étude sur l'organisation de l'Afrique indigène sous la domination romaine...* — Nogent-le-Rotrou, imp. Daupeley-Gouverneur, 1896, in-8°, 54 p.

Mém. Soc. nat. antiq. France, 1896, t. LV. — Le sort qui fut réservé aux populations indigènes en Afrique pendant l'occupation romaine, les «saltus» et les grands domaines, les villes, les «principes»; le double but de la politique romaine.

4594. — DRAPEYRON (Ludovic). *Calcul géographique et chronologique des périodes de l'histoire de l'Afrique ancienne dont Carthage fut la capitale (872 av. et 698 ap. J.-C.).* — Ass. fr. av. sc., 2ᵉ part., 1897, p. 668-675.

25ᵉ session, Carthage, 1896. — Résumé de l'existence entière de Carthage punique, romaine, byzantine. Cf. ibid., 1ʳᵉ part., 1896, p. 246.

4595. — BLANCHET (P.). *Le régime des populations dans la Tunisie centrale à l'époque romaine.* — Ass. fr. av. sc., 2ᵉ part., 1897, p. 807-816, carte.

25ᵉ session, Carthage, 1896. — Le régime des populations a été, aux temps romains, ce qu'il est aujourd'hui ou peu s'en faut; Rome «n'avait pas colonisé, elle avait civilisé le pays». Cf. ibid., 1ʳᵉ part., 1896, p. 277-278.

4596. — HILAIRE (Lieutᵗ) et VELLARD. *La défense de la vallée de la Siliana pendant l'occupation byzantine.* — Ass. fr. av. sc., 2ᵉ part., 1897, p. 829-840, 11 fig.

25ᵉ session, Carthage, 1896. — Description des moyens de défense; l'esprit de méthode présida non seulement aux grandes lignes, mais aux moindres détails de cette mise en état (v. n° **4604**). Cf. ibid., 1ʳᵉ part., 1896, p. 281. An. dans R. T., 1896, p. 621.

4597. — FERRÈRE (F.). *La situation religieuse de l'Afrique romaine depuis la fin du IVᵉ siècle jusqu'à l'invasion des Vandales (429)...* — Paris, F. Alcan, 1897, in-8°, XXIV-382 p.

Constitution de l'église d'Afrique, ses dernières luttes avec le paganisme; le schisme des Donatistes; les hérésies (manichéisme, pélagianisme, arianisme).

4598. — FAURE-BIGUET (Général Paul). *Note sur l'Afrique romaine...* — Grenoble, imp. F. Allier, 1897, in-8°, 31 p.

Extr. Bul. de l'Académie delphinale, 4ᵉ série, t. XI. — Discours de réception à l'Académie delphinale; comparaison entre le passé du Moghreb et ce qu'il est actuellement, analogies et raisons de confiance en l'avenir de l'Afrique française.

4599. — Cuq (Édouard). *Le colonat partiaire dans l'Afrique romaine sous le règne de Trajan*... — Ac. Inscr. B.-Lettres, C. R., 1897, t. XXV, p. 493-494.

Séance du 17 sept. Mémoire établi d'après l'inscription d'Henchir-Mettich; la notion du colonat partiaire, sollicitude du législateur pour les colons africains.

4600. — Cuq (Édouard). *Le colonat partiaire dans l'Afrique romaine, d'après l'inscription d'Henchir Mettich*... — Paris, C. Klincksieck, 1897, in-4°, 66 p.

Mémoires présentés par divers savants à l'Académie des inscriptions et belles-lettres, 1re série, t. XI, 1re part. — Renseignements fournis par cette inscription au point de vue du droit, particulièrement du colonat partiaire sous le règne de Trajan (v. n° **4601**).

4601. — Toutain (J.). *L'inscription d'Henchir Mettich. Un nouveau document sur la propriété agricole dans l'Afrique romaine*... — Paris, C. Klincksieck, 1897, in-4°, 55 p., 4 pl.

Mémoires présentés par divers savants à l'Académie des inscriptions et belles-lettres, 1re série, t. XI, 1re part. — Le plus ancien des documents africains du même genre, découvert au nord-ouest de Testour par le lieut^t Poulain, des brigades topographiques (v. n° **4600**). An. dans Bul. Soc. nat. antiq. France, 1897, p. 445.

4602. — Winkler (A.). *Notes sur les deux voies romaines de Suffetula (Sbeïtla) au littoral de la Byzacène méridionale (Tunisie)*. — R. T., 1897, p. 225-228, carte.

4603. — Winkler (Capitaine A.), du 12e escadron du train. *Notes sur la voie romaine de Thelepte à Aggarsel-Nepte*... — R. T., 1897, p. 442-445, carte.

La voie stratégique qui reliait Médinet-el-Kdima (près Fériana) à Nefta.

4604. — Gauckler (P.). *Note sur la vallée inférieure de la Siliana à l'époque romaine, d'après les documents archéologiques relevés par M. Hilaire, lieut^t au 4e bat^{on} d'inf^{ie} légère*... — [Paris], Imp. nat., 1898, in-8°, 15 p.

Bul. Arch., 1896, p. 287-301. — Complément à l'art. signalé sous le n° **4596**.

4605. — Ferrère (F.). *De Victoris vitensis libro qui inscribitur Historia persecutionis africanae provinciae, historica et philologica commentatio.* Thesim... — Parisiis, C. Klincksieck, 1898, in-8°, 191 p.

Cf. Ruinart, *Historia persecutionis Vandalicae*. Paris, 1694, in-8°; autre éd. 1737, *ibid.*

4606. — Cagnat (R.). *Découvertes épigraphiques des brigades topographiques d'Algérie et de Tunisie en 1897*... — *Bul. Arch.*, 1898, p. 155-159.

Cf. *ibid.*, p. cxiv-cxxii.

4607. — Toussaint (Capitaine P.). *Note sur la région reconnue en 1897 par la 2ᵉ brigade topographique de Tunisie*... — *Bul. Arch.*, 1898, p. 196-225.

Région comprise entre la plaine de la Medjerda, la frontière algérienne et les routes du Kef à Sidi-Youssef et à Souk-el-Arba; voies romaines, ruines.

4608. — Pernot (Maurice). *A propos de l'inscription d'Henchir-Mettich.* — *R. arch.*, 1898, t. XXXIII, p. 350-351.

Divergences de lecture avec A. Schulten (*die Lex Manciana*. Berlin, Weidmann, 1897).

4609. — Blanchet (P.). *Sur quelques points fortifiés de la frontière saharienne de l'empire romain*... — *Rec. Soc. Arch. Const.*, 1898, p. 71-96, croq., carte.

La frontière saharienne de l'Empire; les systèmes de défenses continues du sud tunisien; les points fortifiés de Henchir-Oum-el-Bagueul, Kalaat-Benia et Henchir-Skifla, vestiges des murailles et travaux de fortification.

4610. — Godchot (Capitaine), du 1ᵉʳ régᵗ de zouaves. *Étude sur la colonisation romaine en Afrique*... — Alger, imp. P. Fontana, 1898, in-8°, 23 p.

Société de géographie d'Alger (section de colonisation). — Les modes d'occupation de la terre, la vie des colons et des cultivateurs.

4611. — CARTON (D^r), médecin-major. *La restauration de l'Afrique du Nord...* — Bruxelles, imp. des Travaux publics, 1898, gr. in-8°, 28 p.

<small>Extr. du *Compte rendu du Congrès international colonial de Bruxelles*, 1897. — Conditions différentes dans lesquelles Romains et Français se sont trouvés lorsqu'ils ont débarqué sur le sol africain; le pouvoir colonisateur des Romains, moyen de peuplement de l'Afrique du Nord avec les colonies militaires; nécessité de consulter les belles ruines pour rendre à ce pays sa splendeur d'autrefois. An. par E. Vassel, dans *R. T.*, 1898, p. 382-384.</small>

4612. — CAGNAT (René) et GAUCKLER (Paul). *Les monuments historiques de la Tunisie*, 1re partie : *les monuments antiques*, publiés par René Cagnat... Paul Gauckler... avec des plans exécutés par Eugène Sadoux... *Les temples païens*. — Paris, E. Leroux, 1898, in-fol., x-167 p., 16 fig., 39 pl.

<small>*Régence de Tunis. Protectorat français. Direction des antiquités et arts.* — Résultats d'une enquête commencée depuis sept ans, synthèse de tous les travaux poursuivis depuis vingt ans sur l'archéologie en Tunisie. An. par Paul Monceaux, dans *R. P. L.*, 1899, t. XI, p. 307-311; par Gaston Loth, dans *R. T.*, 1898, p. 517-522; par Maurice Besnier, dans *R. arch.*, 1899, t. XXXIV, p. 492-495.</small>

4613. — BERTRAND (Louis). *Le sang des races.* — Paris, P. Ollendorff, 1899, in-16, 345 p.

<small>*R. P.*, 1898, t. VI, p. 80-134, 251-318, 541-591, 785-826; 1899, t. Ier, p. 155-202. — Éd. complète, revue et corrigée, *ibid.*, 1921, in-16, 345 p. (*Le cycle africain*). — Comment l'auteur retrouve le Latin de tous les temps dans le Méditerranéen d'aujourd'hui et reconnaît l'Afrique latine perçant «le trompe-l'œil du décor islamique moderne».</small>

4614. — BESNIER (Maurice). *Les Scholae de sous-officiers dans le camp romain de Lambèse.* — Rome, imp. P. Cuggiani, 1899, in-8°, 62 p., 7 fig., 3 pl.

<small>*Mélanges d'archéologie et d'histoire*, publiés par l'École française de Rome, 1899, t. XIX, p. 199-258, 7 fig., 3 pl. — Tiré à 100 ex. — Ce qu'était le quartier des *Scholae*, son aménagement.</small>

4615. — BLANCHET (Paul). *Mission archéologique dans le centre et le sud de la Tunisie (avril-août 1895)...* — *Arch. missions scient. litt.*, 1899, t. IX, p. 103-156, 29 fig.

Recherche des traces de l'occupation romaine; constructions militaires, restes d'ouvrages hydrauliques et agricoles. An. par L. Raveneau, dans *Ann. G., Bibl.*, 1900, p. 227.

4616. — CAGNAT. *La Tunisie romaine.* — *N. R.*, 1899, t. CXVI, p. 664-671.

«Nous ne faisons, en somme, que reprendre en Tunisie l'œuvre des Romains».

4617. — TOUTAIN (J.). *Nouvelles observations sur l'inscription d'Henchir Mettich...* — Paris, L. Larose, 1899, in-8°, 74 p.

Extr. de la *Nouvelle revue historique de droit français et étranger*, mars-août 1899. — Réfutation des objections faites à la thèse de l'auteur (v. n° **4601**). An. par l'abbé Thédenat, dans *Bul. Soc. nat. antiq. France*, 1899, p. 326.

4618. — TOUSSAINT (Commandant P.). [*Rapport sur les recherches archéologiques des brigades topographiques d'Algérie et de Tunisie en 1898*]. — *Bul. Arch.*, 1899, p. CXXXVII-CXLIV.

Ruines, routes romaines (v. n° **9157**).

4619. — CORIPPUS (Flavius Cresconius). *La Johannide*, traduction de J. Alix, professeur au lycée de Tunis. — *R. T.*, 1899, p. 31-39, 148-160, 314-324, 453-462; 1900, 106-120, 184-195, 372-377, 477-488; 1901, p. 210-213, 327-335; 1902, p. 83-96.

Le soulèvement des indigènes de l'Afrique du Nord auquel mit fin (548 après J.-C.) Jean Troglita, général de Justinien et gouverneur de la province. Poème épique en l'honneur de Jean. Cf. *ibid.*, 1898, p. 499-502.

4620. — WINKLER (A.). *Les voies romaines de Sufetula à Theveste.* — *R. T.*, 1899, p. 161-163, carte.

Les deux routes reliant Sufetula (Sbeïtla) à Theveste (Tebessa).

4621. — MÉDINA (Gabriel). *Sur un peuplement syro-héthéen dans le nord de l'Afrique avant la colonisation phénicienne.* — *R. T.*, 1899, p. 375-399.

4622. — WINKLER (Auguste). *Les voies romaines* d'Aquae Regiae *et de* Vicus Augusti *à* Thysdrus. — *R. T.*, 1899, p. 466-468, carte.

4623. — HILAIRE, capitaine au 102° d'inf^{ie}. *Reconnaissance du segment Tacape-Thasarte de la voie romaine de Tacape à Theveste...* — Paris, Imp. nat., 1900, in-8°, 16 p.

Bul. Arch., 1899, p. 542-555. — Recherche concernant la voie militaire de Gabès à Tebessa alors que l'auteur appartenait au 4° Bat. d'Af. Cf. *ibid.,* p. CLXXVII.

4624. — CAGNAT (R.). [*Résumé des recherches archéologiques exécutées par les brigades topographiques d'Algérie et de Tunisie en 1899*]. — *Bul. Arch.,* 1900, p. CXX-CXXVII.

Résumé du rapport du commandant P. Toussaint.

4625. — MOINIER (Colonel A.). *Une expédition en Afrique en 49 avant J.-C., épisode de la guerre civile.* — *R. Af.,* 1900, p. 5-43.

Comment les deux légions de Curion furent anéanties par Juba dans la vallée de la Medjerda. An. dans *Bul. G. Hist. Descr.,* 1900, p. 354.

4626. — CUQ (Édouard). *Sur une nouvelle méthode d'interprétation des documents juridiques, à propos de l'inscription d'Henchir Mettich...* — Paris, L. Larose, 1900, in-8°, 31 p.

Nouvelle revue historique de droit français et étranger, nov.-déc. 1899. — Examen des critiques adressées à J. Toutain concernant l'interprétation de cette inscription.

4627. — BERTRAND (Louis). *Flaubert et l'Afrique.* — *R. P.,* 1900, t. II, p. 599-624.

«Nul n'a mieux vu l'Afrique»; avec Salammbô, il a eu l'intention de «ressusciter Carthage».

4628. — BOUCHOUCHA (Ali), directeur du journal *El Hadira. Aperçu historique de la Tunisie jusqu'au protectorat.* — *Bul. Soc. G. Dunkerque,* mars 1901, p. 221-229.

Bref aperçu sur l'histoire ancienne de la Régence et le rôle de Carthage.

4629. — MONCEAUX (Paul), docteur ès lettres. *Histoire littéraire de l'Afrique chrétienne depuis les origines jusqu'à l'invasion arabe...* — Paris, E. Leroux, 1901-1923, 7 vol. in-8°, VII-512, 390, 559, 517, 346, 409 et 295 p.

Description de l'Afrique du Nord entreprise par ordre du ministre de l'Instruction publique et des Beaux-Arts. — Étude critique des documents et de la littérature proprement dite, considérée dans sa genèse, dans son évolution et dans ses œuvres, étendue sur une période de cinq siècles depuis les derniers Antonins jusqu'à l'invasion arabe; en tête de chaque période littéraire se trouve une partie historique marquant les progrès du christianisme dans la région; nombreuses références. An. par E.-Ch. Babut, dans *R. Historiq.*, 1908, t. XCVI, p. 164-166; par Prosper Alfaric, *ibid.*, 1924, t. CXLIV, p. 253-255; par Ch. Guignebert, *ibid.*, 1926, t. CLIII, p. 94; par Paul Deslandres, dans *R. É. H.*, 1912, p. 717-718, 1920, p. 541-542, et 1923, p. 366; par Eugène Albertini, dans *R. Af.*, 1920, p. 340-342, et 1926, p. 208-209; dans *Bul. Com. A. F.*, 1906, sup., p. 164, 1912, p. 248, et 1921, sup., p. 208; par R. Cagnat, dans *Ac. Inscr. B.-Lettres, C. R.*, 1912, p. 45.

4630. — Toussaint (Commandant). [*Recherches archéologiques des brigades topographiques d'Algérie et de Tunisie, en 1900*]. — *Bul. Arch.*, 1901, p. CXXXVI-CXLIV.

4631. — Hilaire (Capitaine). *Note sur la voie stratégique romaine qui longeait la frontière militaire de la Tripolitaine. Essai d'identification des gîtes d'étapes de la portion de cette voie comprise entre* Ad Templum *et* Tabuinati... — *Bul. Arch.*, 1901, p. 95-105, croq.

Cf. *ibid.*, 1900, p. CXCII-CXCIII.

4632. — Renault (H.). *Note sur l'inscription de Ras-el-Aïn et le Limes tripolitain à la fin du IIIe siècle*... — *Bul. Arch.*, 1901, p. 429-437.

Époque de la scission des deux Numidies.

4633. — Médina (Gabriel). *Le christianisme dans le nord de l'Afrique avant l'Islam*... — *R. T.*, 1901, p. 7-19, 156-168, 293-317, 407-427.

Période romaine, les schismes et les hérésies; les Vandales en Afrique, triomphe de l'arianisme; les Byzantins en Afrique, réaction catholique.

4634. — Moinier (Colonel). *Campagne de J. César en Afrique (47-46 avant J.-C.).* — *R. Af.*, 1901, p. 289-321; 1902, p. 145-176, 302-359; 1903, p. 5-12, carte.

4635. — Schulten (A.). *L'arpentage romain en Tunisie...* — Paris, Imp. nat., 1902, in-8°, 45 p., 7 pl., 6 fig.

<small>*Bul. Arch.*, 1902, p. 129-173, 7 pl., 6 fig. — Règles de l'arpentage romain, restes de la centuriation romaine en Tunisie (Carthage, Sousse, entre Soliman et Grombalia, plaine du Mornak).</small>

4636. — Saladin (H.). *Fouilles à Henchir-bou-Guerba (Tunisie) exécutées par M. du Breil de Pontbriand...* — Paris, Imp. nat., 1902, in-8°, 11 p., 3 pl.

<small>*Bul. Arch.*, 1902, p. 405-411, 3 pl. — Concernent un mausolée, des citernes, un barrage.</small>

4637. — Toussaint (Commandant). [*Reconnaissances archéologiques des brigades topographiques d'Algérie et de Tunisie, en 1901*]. — *Bul. Arch.*, 1902, p. cxx-cxxv.

<small>Renseignements intéressants au point de vue de l'épigraphie et de la géographie comparée.</small>

4638. — Gsell (Stéphane). *Le fossé des frontières romaines dans l'Afrique du Nord.* — Paris, A. Fontemoing, 1903, in-8°, paginé 227-234.

<small>Extr. des *Mélanges Boissier*. — Étude sur les limites de l'Empire marquées, au moins dans certaines régions, par un fossé; identification des vestiges de ce fossé découverts par les capitaines Verdier et Dinaux; références.</small>

4639. — Winkler (A.). *Campagne de César en Afrique (47-46 av. J.-C.), bataille de Thapsus.* — *R. T.*, 1903, p. 222-230, carte.

4640. — Schulten (Adolf). *L'Afrique romaine*, traduction [par le Dr Florance] du livre de M. Schulten (1899). — Tunis, Imp. rapide, 1904, in-8°, 71 p., pl.

<small>*R. T.*, 1903, p. 253-267, 367-377, 455-469; 1904, p. 11-36, pl. — Résumé, sous forme de conférence, de l'histoire de l'Afrique romaine (*Das römische Afrika...* Leipzig, Dieterich, 1899, in-8°).</small>

4641. — Le Boeuf (Capitaine). *La colonisation romaine de l'Extrême-Sud tunisien.* — *R. T.*, 1903, p. 352-366, croq., fig.

L'occupation romaine, le peuple indigène et le pays au temps d'Auguste, la colonisation romaine, zone de colonisation militaire, éléments du succès de la colonisation romaine, la colonisation sous le Protectorat français.

4642. — TOUTAIN (J.). *Note sur une inscription trouvée dans le Djebel-Asker, au sud de Gafsa...* — Bul. Arch., 1903, p. 202-207.

Intérêt que présente cette inscription découverte par le capitaine Donau, notamment en ce qui concerne la marche progressive des Romains vers le Sahara (v. n° **4668**).

4643. — TOUTAIN (J.), membre de la Commission de l'Afrique du Nord. *Notes et documents sur les voies stratégiques et sur l'occupation du Sud tunisien à l'époque romaine,* par MM. les capitaines Donau et Le Bœuf, les lieutenants de Pontbriand, Goulon et Tardy. Rapport... — Paris, Imp. nat., 1904, in-8°, 140 p., fig.

Bul. Arch., 1903, p. 272-409, fig. — Parties essentielles des travaux de ces officiers, groupées pour donner une idée d'ensemble des résultats des recherches effectuées; les cinq grandes voies stratégiques identifiées : route du littoral, route de Tacape à Capsa (v. n° **4676**), routes de Tacape au Nefzaoua, route entourant le djebel Matmata, *Limes tripolitanus;* la mise en valeur de la région à l'époque romaine; questions restant à résoudre. Cf. *ibid.,* 1901, p. CCXXVIII-CCXXIX; 1902, p. CLXI-CLXII,

4644. — TOUSSAINT (Commandant P.). *Résumé des reconnaissances archéologiques exécutées par les officiers des brigades topographiques d'Algérie et de Tunisie pendant la campagne de 1902-1903...* — Paris, Imp. nat., 1904, in-8°, 19 p.

Bul. Arch., 1904, p. 127-141. — Dans le Sud tunisien, étude spéciale sur les travaux hydrauliques antiques.

4645. — GAUCKLER (P.). *Rapport sur l'exploration du Sud tunisien en 1903...* — Paris, Imp. nat., 1904, in-8°, 11 p.

Bul. Arch., 1904, p. 142-150. — Exploration des vestiges de l'occupation romaine entreprise depuis trois ans «avec le précieux concours des officiers du Service des Affaires indigènes».

4646. — MARTROYE (F.). *Une tentative de révolution sociale en Afrique; donatistes et circoncellions.* — Paris, Bureaux de la Revue, 1904, in-8°, 114 p.

R. Q. Hist., 1904, t. LXXVI, p. 353-416; 1905, t. LXXVII, p. 5-53. — Les événements du iv° siècle dans l'Afrique du Nord; comment les abus de l'administration impériale et une querelle religieuse de peu d'importance furent l'origine des troubles qui précipitèrent la dissolution de l'ancienne société et préparèrent l'établissement du premier royaume barbare; nombreuses références.

4647. — Leclercq (Dom Henri). *L'Afrique chrétienne...* — Paris, V. Lecoffre, 1904, 2 vol. in-18, xliv-435 et 380 p.

Bibliothèque de l'enseignement de l'histoire ecclésiastique. — Exposé des origines, du développement, de la décadence et de la ruine de l'Église d'Afrique. An. par Paul Monceaux, dans *R. Historiq.*, 1908, t. XCVI, p. 163-164; par G. Lacour-Gayet, dans *R. É. H.*, 1904, p. 613-614; dans *R. Alg. Tun. lég. jurisp.*, 1904, 1ʳᵉ part., p. 240.

4648. — Besnier (Maurice). *La Tunisie punique...* — Paris, F.-R. de Rudeval, 1904, in-8°, 24 p., 10 fig.

Extr. de l'ouvrage signalé sous le n° **5500**.

4649. — Rambaud (Alfred). *L'empereur de Carthage, scènes de la vie africaine au vii° siècle après J.-C.* — Paris, E. Flammarion [1904], in-16, 410 p., ill.

Roman historique.

4650. — Gauckler (Paul). *Lettre... sur l'emplacement du camp de la première cohorte urbaine à Carthage.* — *Ac. Inscr. B.-Lettres, C. R.*, 1904, p. 695-703.

Séance du 2 déc. La première cohorte urbaine, venant de Lyon, résida à Carthage depuis la fin du 1ᵉʳ siècle.

4651. — Donau (Capitaine). *Note sur la voie de Turris Tamalleni à Capsa et sur quelques ruines romaines situées dans le Bled-Segui...* — Paris, Imp. nat., 1905, in-8°, 8 p., 2 fig.

Bul. Arch., 1904, p. 354-359, 2 fig. — Recherches démontrant l'existence, même dans les parties aujourd'hui stériles, de nombreux bâtiments agricoles attestant une fertilité due aux travaux hydrauliques (v. n° **4642**). Cf. du même, *Note relative à de nouveaux documents sur la voie de Capsa à Turris Tamalleni... Ibid.*, 1909, p. 277-281.

4652. — Diehl (Ch.). *Note sur le fortin de Ksar-Makouda, près d'Hadjeb-el-Aïoun...* — Paris, Imp. nat., 1905, in-8°, 7 p., fig.

Bul. Arch., 1904, p. 360-362, fig. — Ouvrage militaire d'une certaine importance signalé par le lieut[t] Jacques.

1653. — MOREAU (Lieut[t]). *Le castellum de Ras-Oued-el-Gordab, près de Ghoumrassen...* — Paris, Imp. nat., 1905, in-8°, 12 p., 2 pl.

Bul. Arch., 1904, p. 369-376, 2 pl. — Tracé général des murs d'enceinte et des parois; travaux hydrauliques.

1654. — MONTALIER (Capitaine) et MONNIER (Lieut[t]). *Note sur Henchir-Haratt* (Segermes)... *Appendice* par M. Diehl... — Paris, Imp. nat., 1905, in-8°, 16 p., 6 pl.

Bul. Arch., 1904, p. 453-466, 6 pl. — Fouilles exécutées par les auteurs en 1902, puis par le commandant Hannezo en 1904.

1655. — DONAU (Capitaine). *Le castellum de Benia-Guedah-Ceder, fouilles exécutées en 1904...* — Paris, Imp. nat., 1905, in-8°, 15 p., plan.

Bul. Arch., 1904, p. 467-477, pl. — Suite des fouilles exécutées en 1902 (*ibid.*, 1903, p. 315 et sqq.); conclusions rattachant le castellum et un poste d'Henchir-el-Baguel au plan d'organisation militaire donné par Justinien aux généraux d'Afrique.

1656. — TOUSSAINT (Commandant). *Résumé des reconnaissances archéologiques exécutées par les officiers des brigades topographiques d'Algérie et de Tunisie pendant la campagne de 1903-1904...* — Paris, Imp. nat., 1905, in-8°, 23 p.

Bul. Arch., 1905, p. 56-74. — Colonisation romaine, ouvrages défensifs, routes.

1657. — JACQUES (Lieut[t] M.-P.-J.-L.). *Notes sur d'anciens ouvrages militaires des environs d'Hadjeb-el-Aïoun...* — Paris, Imp. nat., 1905, in-8°, 7 p., fig.

Bul. Arch., 1905, p. 105-111, fig. — Description sommaire de plusieurs petits fortins. Cf. *ibid.*, p. CLIV.

1658. — LE BOEUF (Capitaine). *La voie romaine de Tacapes à Aquae Tacapitanae...* — *Bul. Arch.*, 1905, p. 346-350.

Identification du tracé de la route reliant Gabès à El-Hamma des Beni-Zid.

4659. — Gsell (Stéphane). *Étendue de la domination carthaginoise en Afrique.* — Alger, imp. P. Fontana, 1905, in-8°, 43 p.

Extr. du *Recueil de mémoires et de textes publié par l'École des lettres et les Médersas en l'honneur du XIVe Congrès des Orientalistes à Alger*, p. 347-387. — Savante étude particulièrement documentée sur les hypothèses relatives à l'expansion carthaginoise en Afrique et la nature de la domination exercée sur les différents pays africains indiqués comme ayant appartenu à Carthage ; références.

4660. — Toutain (J.). *Les nouveaux milliaires de la route de Capsa à Tacape découverts par M. le capitaine Donau...* — Nogent-le-Rotrou, imp. Daupeley-Gouverneur, 1905, in-8°, 78 p., fig., carte.

Mém. Soc. nat. antiq. France, 1905, t. LXIV, p. 153-230, fig., carte. — Exploration méthodique de cette route (1903 et 1904) par le capitaine Donau, commandant militaire du cercle de Kebili.

4661. — Toussaint (Commandant). *Résumé des reconnaissances archéologiques exécutées par les officiers des brigades topographiques d'Algérie et de Tunisie pendant la campagne de 1904-1905...* — *Bul. Arch.*, 1906, p. 223-241.

Renseignements recueillis concernant la géographie comparée et la viabilité du Nord africain aux époques romaine et byzantine.

4662. — Péricaud (Lieut^t). *La Turris Maniliorum Abellorium dans le massif des Matmata (Tunisie)...* — Paris, Imp. nat., 1906, in-8°, 15 p., fig.

Bul. Arch., 1905, p. 259-264, fig. — Ce rapport est suivi d'une note complémentaire de P. Gauckler (p. 264-269) concernant ce poste fortifié de population civile.

4663. — Toutain (J.). *Le limes Tripolitanus en Tripolitaine, d'après les récentes découvertes de M. Méhier de Mathuisieulx (1901-1904)...* — Paris, Imp. nat., 1906, in-8°, 19 p.

Bul. Arch., 1905, p. 351-365. — Ces découvertes et celles d'officiers dans le Sud tunisien permettent d'indiquer dans ses grandes lignes le tracé depuis la *Turris Tamalleni* jusqu'à *Leptis magna*.

4664. — BERNARD (Lieut^t M.). *Le cheval dans les mosaïques de l'Afrique du Nord...* — Paris, Imp. nat., 1906, in-8°, 31 p., 32 pl.

Bul. Arch., 1906, p. 3-31, 32 pl. — Catalogue des mosaïques nord-africaines où le cheval est représenté ; catégories de chevaux, allures, harnachement.

4665. — GUÉRIN (E.), avocat. *Des IV P. A. (Les quatre Publica).* — *Bul. Soc. G. Alger*, 1906, p. 76-82.

Étude des quatre impôts de l'occupation romaine, réfutation de l'explication donnée par M. Rostowzew. Cf. du même, *Étude sur les Quatuor Publica Africae,* dans *Rec. Soc. Arch. Const.*, 1900, p. 1-18.

4666. — CARCOPINO (Jérôme). *Inscription d'Aïn-el-Djemala, contribution à l'histoire des Saltus africains et du colonat partiaire.* — *Mél. Rome*, 1906, p. 365-481, 8 fig.

Document découvert à 6 kil. S.-O. d'Aïn-Tounga.

4667. — MERLIN (Alfred). [*Épitaphe d'un soldat de la 1re cohorte urbaine trouvée à Carthage*]. — *Bul. Soc. nat. antiq. France*, 1906, p. 373-377.

4668. — TOUTAIN (J.). *Nouvelles découvertes sur la voie de Capsa à Turris Tamalleni. Rapport... sur deux communications de M. le capitaine Donau.* — Paris, Imp. nat., 1907, in-8°, 11 p.

Bul. Arch., 1906, p. 242-250. — Cf. *ibid.*, p. ccxi-ccxii.

4669. — TOUSSAINT (Lieut^t-Colonel). *Reconnaissances archéologiques exécutées par les officiers des brigades topographiques d'Algérie et de Tunisie pendant la campagne de 1905-1906. I. Rapport général...* — *Bul. Arch.*, 1907, p. 302-314.

Renseignements sur la viabilité du Nord africain aux époques romaine et byzantine.

4670. — POINSSOT (L.). *Note sur la* fossa regia... — *Ac. Inscr. B.-Lettres, C. R.*, 1907, p. 466-481, 2 croq.

Tracé du fossé séparant la province romaine d'Afrique du royaume des princes numides (v. n° **4681**).

4671. — Toutain (J.). *Le cadastre de l'Afrique romaine. Étude sur plusieurs inscriptions recueillies par le capitaine Donau dans la Tunisie méridionale...* — Paris, C. Klincksieck, 1907, in-4°, 46 p., fig., carte.

Extr. des *Mémoires présentés par divers savants à l'Académie des inscriptions et belles-lettres*, t. XII, 1re part., p. 341-382. — Description détaillée de 15 bornes retrouvées dans la région comprise entre les plateaux et le Sahara; reconstitution du travail des arpenteurs romains, intervention de l'armée dans la cadastration exécutée (29 à 30 J.-C.); remarques sur les inscriptions déchiffrées : routes existantes, relations antiques entre Ghadamès et El-Oued. An. dans *R. É. H.*, 1907, p. 216; par M. Besnier, dans *Ann. G., Bibl.*, 1908, p. 23.

4672. — Winkler (A.). *La bataille du Muthul (109 ans avant l'ère vulgaire).* — *R. T.*, 1907, p. 493-503, carte.

La vallée de l'oued Mellègue, les chefs des deux armées, dispositions et objectif de Metellus, la bataille, Jugurtha harcèle l'armée romaine.

4673. — Martroye (F.). *Genséric. La conquête vandale en Afrique et la destruction de l'empire d'Occident...* — Paris, Hachette, 1907, in-8°, vii-392 p.

L'Afrique au ive siècle avant l'invasion des Vandales, la conquête, politique et alliances de Genséric, la guerre contre l'empire, l'organisation de la conquête, gouvernement de Genséric. Abondantes références.

4674. — Toussaint (Lieut^t-Colonel). *Résumé des reconnaissances archéologiques exécutées par les officiers des brigades topographiques d'Algérie et de Tunisie pendant la campagne de 1906-1907...* — *Bul. Arch.*, 1908, p. 393-409.

Renseignements sur la viabilité et le développement de la colonisation à l'époque romaine.

4675. — Winkler (A.). *Campagne de Marius qui termine les guerres de Jugurtha (de 106 à 107 avant l'ère vulgaire).* — *R. T.*, 1908, p. 333-341.

4676. — Donau (Commandant). *La voie romaine de Theveste à Thelepte.* — Nogent-le-Rotrou, imp. Daupeley-Gouverneur, 1908, in-8°, 79 p.

Extr. des *Mém. Soc. nat. antiq. France,* t. LXVII. — Ruines, pierres et inscriptions ayant permis d'identifier entre les *Castra Hiberna* de la IIIe légion et Capsa la voie romaine déjà reconnue entre Capsa et Tacape (v. n° **4643**). Cf. *Bul. Arch.*, 1906, p. CCLXXVI-CCLXXVII.

4677. — CAGNAT (R.). *Les deux camps de la légion IIIe Auguste à Lambèse, d'après les fouilles récentes...* — Paris, Imp. nat., 1908, in-4°, 63 p., fig., pl.

Mém. Acad. Inscr. B.-L., 1909, t. XXXVIII, 1re part., p. 219-277, fig., pl. — Le camp provisoire, le grand camp légionnaire, portes, voies, prétoire, praententura; reconstitution de l'assiette des casernements (v. n° **4571**). An. par J. Toutain, dans *R. Historiq.,* 1909, t. CII, p. 363.

4678. — DONAU (Commandant). *Recherches archéologiques exécutées par MM. les officiers des Territoires du Sud tunisien en 1907 et pendant le premier semestre de 1908...* — Paris, Imp. nat., 1909, in-8°, 23 p.

Bul. Arch., 1909, p. 30-50. — Recherche des voies de communication antiques.

4679. — WINKLER (A.). *Frontière méridionale ou limes de l'Afrique propre (Tunisie et Algérie).* — *R. T.,* 1910, p. 37-47.

4680. — WINKLER (A.). *La frontière entre la Tripolitaine et l'Afrique propre à l'époque romaine (Tunisie Sud et Tripolitaine).* — *R. T.,* 1910, p. 100-103.

4681. — PACHTÈRE (F.-G. de). [*Bornes de la délimitation opérée sous Vespasien entre l'*Africa vetus *et l'*Africa nova]. — *Ac. Inscr. B.-Lettres, C. R.,* 1910, p. 315-317.

La frontière des deux provinces romaines (v. n° **4670**).

4682. — BERTRAND (Louis). *Le livre de la Méditerranée.* 2e éd. — Paris, B. Grasset, 1911, in-16, 326 p.

Autre éd., Paris, Plon, 1923, in-16, 334 p. — Ouvrage extrait en grande partie des premiers romans et des livres de voyage de l'auteur; l'Afrique latine (p. 77-142), reconnaissance à l'Afrique (p. 319-323). Cf. Bertrand (L.), *Le jardin de la mort.* Paris, P. Ollendorff, 1905, in-18, XIV-308 p., et n° **4613**. An. dans *R. F. Étr. Col.,* 1911, p. 319; par Pierre Mille, dans *Ann. G., Bibl.,* 1912, p. 90; par G. Regelsperger, dans *Bibl. g.,* 1924, p. 225.

4683. — TOUTAIN (Jules). *Le cadastre de l'Afrique romaine...* — Nogent-le-Rotrou, imp. Daupeley-Gouverneur, 1911, in-18, 27 p.

<small>*Mém. Soc. nat. antiq. France*, 1911, t. LXX, p. 79-103. — Réponse à une note de W. Barthel (*Wochenschrift für klassische Philologie*, 15 nov. 1909) qui discutait les déductions tirées des découvertes du capitaine Donau. Cf. n° **4671.**</small>

4684. — LANTIER (R.). *Quelques additions aux Fastes de la province romaine de Numidie.* — *Rec. Soc. Arch. Const.*, 1911, p. 1-18.

<small>Additions à l'ouvrage signalé sous le n° **4592**, à la suite de fouilles archéologiques exécutées en Algérie et en Tunisie de 1901 à 1910.</small>

4685. — SLOUSCH (Nahum). *La civilisation hébraïque et phénicienne à Carthage. Conférence...* — Tunis, Imp. rapide, 1911, gr. in-8°, 29 p.

<small>*R. T.*, 1911, p. 213-239. — La société carthaginoise apparaît intimement liée à celle des sociétés hébraïques de la Palestine.</small>

4686. — RATHGEN (B.). *Les projectiles puniques de l'arsenal de Carthage et les projectiles de Lambèse.* — *R. T.*, 1911, p. 291-305, phot.

<small>Traduction de la *Zeitschrift für historische Waffenkunde*, 1910.</small>

4687. — GIMON (Capitaine). *L'Afrique romaine...* — *Bul. Soc. G. Toulouse*, 1911, p. 71-88.

<small>Vue d'ensemble depuis la chute de Carthage; les enseignements du passé.</small>

4688. — BERTRAND (Louis). *Gustave Flaubert, ses voyages en Orient et en Afrique.* — *R. H.*, 1911, t. II, p. 465-494.

<small>Conférence prononcée à la Soc. des Conférences (10 fév.). Étude de l'influence considérable de ces voyages sur le développement du génie et de l'œuvre de Flaubert.</small>

4689. — DOUËL (Martial). *Au pays de Salammbô.* Préface de René Cagnat... — Paris, Fontemoing, 1911, in-16, 270 p.

<small>« Ce volume contient, à sa façon et sous une forme originale, une véritable esquisse de l'histoire générale de l'Afrique du Nord »; chapitres sur Alger, Kairouan, Biskra, etc. An. par F. B., dans *R. Crit.*, 1912, t. LXXIII, p. 111.</small>

4690. — CAGNAT (R.). *A travers le monde romain.* — Paris, Fontemoing, 1912, in-16, 303 p., 11 ill.

Conférences faites au musée Guimet depuis 1904; le dernier article, les Romains et la conquête de l'Afrique du Nord (p. 259-300) [v. n° **4695**]. An. dans *Bul. Com. A. F.*, 1913, sup., p. 239. Cf. *Mélanges Cagnat. Recueil de mémoires concernant l'épigraphie et les antiquités romaines,* dédié par ses anciens élèves du Collège de France à M. René Cagnat... Paris, E. Leroux, 1912, gr. in-8°, 452 p., fig., portr. V. notamment : *Bibliographie de R. Cagnat* (p. 5-15); *Les progrès de la vie urbaine dans l'Afrique du Nord sous la domination romaine,* par J. Toutain (p. 319-347); *Le château d'eau de Mactaris,* par Louis Chatelain (p. 399-405); *Primat de Carthage et métropolitain de Byzacène, un conflit dans l'Église africaine au VIe siècle,* par René Massigli (p. 427-440). An. par M. Besnier, dans *Ann. G., Bibl.,* 1913, p. 18.

4691. — MESNAGE (Le P. J.), des Pères Blancs. *L'Afrique chrétienne, évêchés et ruines antiques, d'après les manuscrits de Mgr Toulotte et les découvertes archéologiques les plus récentes...* — Paris, E. Leroux, 1912, gr. in-8°, XII-593 p., 3 cartes en coul.

Description de l'Afrique du Nord entreprise par ordre du ministre de l'Instruction publique et des Beaux-Arts. — Ouvrage particulièrement documenté notamment par les listes épiscopales copiées à Rome, en 1884, pour le cardinal Lavigerie. Nomenclature des localités où des ruines chrétiennes ont été retrouvées. I. Tunisie et Tripolitaine; II. Algérie; III. Maroc. Appendices et tables. Cf. *Bul. Arch.,* 1910, p. CXC-CXCI.

4692. — PALLU de LESSERT (C.). *Les colonies attribuées à César (Coloniae Juliae) dans l'Afrique romaine...* — Nogent-le-Rotrou, imp. Daupeley-Gouverneur, 1912, in-8°, 82 p.

Mém. Soc. nat. antiq. France, 1912, p. 29-110. — Étude critique, la question d'authenticité des Coloniae Juliae. An. par A. Julien, dans *Bul. Soc. G. Arch. Oran,* 1903, p. 137-138.

4693. — DONAU (Commandant) et PERVINQUIÈRE (L.). *Notes archéologiques sur la frontière tuniso-tripolitaine...* — Paris, Imp. nat., 1912, in-8°, 45 p., ill., 22 pl. et cartes.

Bul. G. Hist. Descr., 1912, p. 465-507, ill., 22 pl. et cartes. — Renseignements divers recueillis au cours de la mission de bornage de la frontière fixée par la convention de Tripoli (19 mai 1910). I : de la Méditerranée à Ghadamès; II : monographie de Ghadamès. An. dans *R. H. Col. Fr.,* 1913, p. 495-496; par L. Raveneau, dans *Ann. G., Bibl.,* 1913, p. 12.

4694. — LECOCQ (André), professeur. *Le commerce de l'Afrique romaine.* — Oran, imp. L. Fouque, 1912, in-8°, 194 p., carte.

Bul. Soc. G. Arch. Oran, 1912, p. 293-380, 447-546, carte. — Recherche de la place tenue par l'Afrique dans les relations commerciales qui existaient entre tous les pays du monde méditerranéen; l'Afrique romaine et ses provinces; les conditions du commerce, les exportations, les importations, l'évolution du commerce; bibliographie. An. par A. Bernard, dans *Ann. G., Bibl.*, 1913, p. 16-17.

4695. — CAGNAT (R.). *Comment les Romains se rendirent maîtres de toute l'Afrique du Nord...* — *Ann. Guimet*, 1912, t. XXXVIII, p. 129-177.

Conférence faite au musée Guimet en 1912. Comment les Romains ont résolu des problèmes analogues à ceux devant lesquels nous sommes placés (v. n° **4690**).

4696. — CAGNAT (R.). *La frontière militaire de la Tripolitaine à l'époque romaine...* — Paris, Imp. nat., 1912, in-4°, 37 p., fig., pl.

Mém. Acad. Inscr. B.-L., 1914, t. XXXIX, p. 77-109. — Description de la Tripolitaine et du Sud tunisien, itinéraire d'Antonin de Cyrénaïque en Tunisie, occupation militaire du pays, emplacement des postes, leur plan, description et usages de leurs divers bâtiments. An. par M. Besnier, dans *R. Crit.*, 1912, t. LXXIV, p. 281-282; par J. Toutain, dans *R. Historiq.*, 1913, t. CXIII, p. 320.

4697. — GSELL (Stéphane), professeur au Collège de France. *Histoire ancienne de l'Afrique du Nord.* — Paris, Hachette, 1913-1928, 8 vol. in-8°, cartes.

Ouvrage de base qui devait embrasser l'histoire de cette contrée jusqu'à la conquête arabe; le t. VIII, dernier paru, ne conduit qu'à l'annexion, en l'an 40, du royaume de Maurétanie à l'Empire. Œuvre considérable qui utilise toutes les sources et fournit de nombreuses références. T. Ier (1913, 544 p.; 4e éd., *ibid.*, 1920) : les conditions du développement historique de l'Afrique du Nord (p. 1-176) : régions naturelles, place dans le monde méditerranéen, climat, faune et flore dans l'antiquité, conditions de l'exploitation du sol; les temps primitifs, la colonisation phénicienne. An. par L. B. [Bouvat], dans *R. M. Mus.*, 1913, t. XXV, p. 404-407; par Henri Froidevaux, dans *R. H. Col. Fr.*, 1913, p. 483-488; dans *Bul. Com. A. F.*, 1914, sup., p. 40; par A. Bernard, dans *Ann. G.*, 1916, p. 61-65; dans *Cor.*, 1914, p. 1038; par Paul Pallary, dans *R. Af.*, 1914, p. 143-149; par Maurice Besnier, dans *R. Q. Hist.*, 1914, t. LII, p. 207-211; par Lucien Maury, dans *R. P. L.*, 1914, 1er sem., p. 152-154; par A. Merlin, dans *R. Crit.*, 1914, t. LXXVII, p. 229-232; par J. Toutain, dans *R. Historiq.*, 1915, t. CXIX, p. 146-148; par A. Julien, dans *Bul. Soc. G. Arch. Oran*, 1914, p. 127-130 T. II

(1918, 475 p., 6 cartes; 3° éd., *ibid.*, 1928) : Carthage et ses possessions en Afrique, son gouvernement, ses armées (v. n° **9060**). T. III (1918, 424 p., carte; 3° éd., *ibid.*, 1928); histoire militaire de Carthage. An. par de Lanzac de Laborie, dans *Cor.*, 1919, t. CCLXXVII, p. 916-934; par A. Merlin, dans *R. Crit.*, 1918, t. LXXXV, p. 361-367; par le Dr L. Carton, dans *R. T.*, 1918, p. 233-235; par J. Toutain, dans *R. Historiq.*, 1919, t. CXXX, p. 292-293; dans *Bul. Com. A. F.*, 1918, p. 390-391; par Henry Sage, dans *R. É. H.*, 1919, p. 304-305; par Jérôme Carcopino, dans *R. Af.*, 1918, p. 270-273. T. IV (1920, 515 p.; 2° éd., *ibid.*, 1924) : histoire économique de Carthage, mœurs et croyances. An. par Augustin Bernard, dans *Bibl. g.*, 1922, p. 19; dans *Bul. Com. A. F.*, 1921, sup., p. 58-59; par Edmond Barthèlemy, dans *Merc. F.*, 1920, t. CXXXIX, p. 765-767; par R. Dussaud, dans *R. H. Relig.*, 1920, t. LXXXI, p. 361-367; par A. Merlin, dans *R. Crit.*, 1920, t. LXXXVII, p. 301-305 (v. n° **7580**). T. V et VI (1927, 297 et 302 p.) : les royaumes indigènes : organisation sociale et politique, exploitation du sol, modes d'habitation, vie matérielle, intellectuelle et morale. T. VII (1928, 312 p., carte) : la république romaine et les rois indigènes. T. VIII (1928, 306 p., 2 cartes) : Jules César et l'Afrique, fin des royaumes indigènes. An. par Edmond Barthèlemy, dans *Merc. F.*, 1929, t. CCXIII, p. 161-164. Extr. dans *R. Af.*, 1927, p. 169-197.

4698. — BERTRAND (Louis). *Saint Augustin.* — Paris, A. Fayard, 1913, in-16, 463 p.

Autre éd. (revue pour la jeunesse), *ibid.*, 1914, in-16, 448 p. — Psychologie et vie de saint Augustin; son génie universel qui en fit pendant quarante ans «le porte voix de la catholicité» dont la destinée se confond avec celle de l'empire finissant, et le grand Africain qui assura à Carthage, dans le domaine spirituel, la suprématie qu'elle avait si longuement disputée à Rome.

4699. — BOIZOT (Capitaine), du 4° Tirailleurs. *Fouilles exécutées en 1912 dans le camp romain de Ras-el-Aïn-Tlalet (Tunisie)...* — *Bul. Arch.*, 1913, p. 260-266, 2 fig.

4700. — MESNAGE (Le P. J.), des Pères Blancs. *Romanisation de l'Afrique, Tunisie, Algérie, Maroc...* — Paris, G. Beauchesne, 1913, in-8°, VIII-228 p., 2 cartes.

La christianisation a suivi la colonisation, la faillite complète de la romanisation de l'Afrique, les situations de Rome au v° siècle et de la France au xx°. L'assimilation ne pouvant s'obtenir qu'en arrivant à l'âme d'un peuple, ce que seule permet la religion, la France ne sera pas plus avancée dans quatre ou cinq siècles que maintenant si elle ne traite pas le problème religieux autrement qu'elle ne l'a fait. Nombreuses références. An. dans *R. T.*, 1913, p. 384; par P. Engel, dans *Bul. Soc. G. Arch. Oran*, 1913, p. 133-135; par L. P., dans *R. Af.*, 1913, p. 354-355.

4701. — Maitrot (A.). *Les gendarmes de l'armée romaine d'Afrique.* — *Rec. Soc. Arch. Const.*, 1914, p. 105-111.

Dédié aux gendarmes de la 19ᵉ légion. Origine et formation des «frumentarii»; ceux de la 3ᵉ légion Augusta.

4702. — Mesnage (Le P. J.), des Pères Blancs. *Le christianisme en Afrique : origines, développements, extension...* — Alger, A. Jourdan; Paris, A. Picard, 1914, gr. in-8°, xiv-352 p., carte en coul.

R. Af., 1913, p. 361-701, 3 cartes en coul. — Étude faisant notamment ressortir comment la dispersion des juifs dans l'Afrique du Nord préparait cette contrée à recevoir la prédication évangélique et comment, au moment de la disparition de la puissance romaine, le christianisme n'était qu'un simple vernis pour une partie de la population encore imprégnée de paganisme.

4703. — Mesnage (Le P. J.). *Évangélisation de l'Afrique, part que certaines familles romaines y ont prise...* — Alger, A. Jourdan; Paris, A. Picard, 1914, in-8°, 98 p.

La patriciat romain et la colonisation de l'Afrique; christianisme dans les principales familles du patriciat romain; le patriciat romain et l'évangélisation de l'Afrique.

4704. — Saladin (H.). *Note sur les fouilles exécutées à Bou-Gornine en 1913 et en 1914 par M. le lieutenant Fiévet...* — *Bul. Arch.*, 1914, p. 590-594, fig., pl.

Description d'un édifice constituant un type bien complet des nombreux postes fortifiés du Sud tunisien. Cf. du même, *Note sur les fouilles exécutées en 1912 à Bou-Gornine (Tunisie) par M. le capitaine Désévaux... Ibid.*, p. 154-156, croq.

4705. — Carton (Dʳ L.). *Nybgenii et Nefzaoua.* — *R. T.*, 1914, p. 207-216, 354-368; 1915, p. 35-47.

Les limites du territoire des Nybgenii, les traces d'occupation de l'époque romaine que l'on y rencontre, les postes fortifiés, les voies antiques.

4706. — Cagnat (René). *L'annone d'Afrique...* — Paris, C. Klincksieck, 1915, in-4°, 35 p.

Mém. Acad. Inscr. B.-L., 1916, t. XL, p. 247-277 — *Annona civica* et *annona militaris*; mise en exploitation de la province d'Afrique; comment celle-ci a été mise à contribution pour assurer le ravitaillement de la population romaine et la fourniture des denrées destinées à l'intendance militaire ou aux suppléments en nature accordés aux employés et fonctionnaires civils de l'État. An. par M. Besnier, dans *Bibl. g.*, 1921, p. 13.

4707. — PACHTÈRE (Lieut^t de). *Les camps de la troisième légion en Afrique au premier siècle de l'Empire*... — *Ac. Inscr. B.-Lettres, C. R.*, 1916, p. 273-284.

Trouvailles épigraphiques récentes dans le Sud tunisien et constantinois.

4708. — DOUËL (Martial). *Sept villes mortes*... — Paris, E. de Boccard, 1917, in-12, VIII-275 p.

Les cités anciennes de Cherchel, Tipasa, Thubursicum, Madaure, Theveste, Djemila; bibliographie. An. dans *Bul. Soc. G. Paris*, 1920, t. XXXIV, p. 405.

4709. — BERTRAND (Louis). *Pour le centenaire de Flaubert. Discours à la nation africaine*... — *R. D. M.*, 1921, t. VI, p. 481-495.

Flaubert «héros éponyme de Carthage ressuscitée» a fait revivre la splendeur de l'Afrique antique; appel à la nation africaine de s'unir à la France, en vue de la restauration de leur passé commun, la civilisation helléno-latine, encore si vivante en Afrique; heureux résultats d'une pareille entreprise (v. n° **5572**). Variante de ce discours dans la 14° éd. de l'ouvrage signalé sous le n° **4710**.

4710. — BERTRAND (Louis). *Les villes d'or. Afrique et Sicile antiques*... Nouv. éd. — Paris, A. Fayard, 1921, in-16, 399 p.

Les éd. antérieures (*ibid.*, 1921, in-16, 255 p.) portent le titre : *Les villes d'or. Algérie et Tunisie romaines*... *Le cycle africain.* — Paru partiellement dans *R. D. M.*, 1920, t. LVIII, p. 695-709; t. LIX, p. 52-73, 576-600, 776-805 (v. n° **4712**). Développement de la thèse d'une Afrique française continuant une Afrique romaine et restaurant la latinité latente, sous le revêtement d'un Islam superficiel (v. n° **5572**). La nouv. éd. contient un chapitre consacré à un voyage en Sicile et le texte du discours préparé pour le centenaire de Flaubert (v. n° **4709**). An. dans *Cor.*, 1921, t. CCLXXXIII, p. 381; par Charles Moulié, dans *R. Univ.*, 1921, t. VI, p. 487-491; dans *Bul. Soc. G. Paris*, 1921, t. XXXVI, p. 402.

4711. — SAUMAGNE (Ch.). *La crise de l'autorité en Afrique au début du IVe siècle de notre ère.* — *R. T.*, 1921, p. 133-142.

Observations relatives à des monnaies frappées à Carthage entre 305 et 312 après J.-C.; indications concernant le loyalisme de l'Afrique envers les empereurs ou usurpateurs depuis Dioclétien.

4712. — BERTRAND (Louis). *De Cherchell à Carthage*. — Paris, Ph. Rosen, s. d., in-8°, 18 p., ill.

Extr. de l'ouvrage signalé sous le n° **4710**. Découvertes archéologiques, monuments et ruines que l'on rencontre sur le parcours entre ces deux villes.

4713. — MERLIN (Alfred). *Le fortin de Bezereos sur le limes tripolitain*... — *Ac. Inscr. B.-Lettres, C. R.*, 1921, p. 236-248.

Communication faite à la séance du 22 juillet. Exposé des découvertes faites, en mai 1919 par le colonel Donau, commandant militaire des Territoires du Sud tunisien, à Sidi-Mohammed-Ben-Aïssa, au sud-est du chott el Djerid ; le fortin de Bezereos la défense de la frontière sous les Romains et l'organisation militaire du Sud tunisien. An. dans *R. H. Col. Fr.*, 1923, t. XVI, p. 138-142.

4714. — ALFARIC (Prosper). *Saint-Augustin et l'Afrique du Nord.* — *R. Af. Nord*, 1922, p. 179-186.

Saint Augustin est un Africain de race ; c'est à Carthage qu'il a appris à penser ; l'influence que cette formation exerça sur lui.

4715. — BERTRAND (Louis). *Africa*... — *R. D. M.*, 1922, t. VIII, p. 114-135.

Réponse aux critiques adressées à l'auteur au sujet de son projet de **restauration** de l'**Afrique latine** (v. n° **5772**). Erreurs dues à la méconnaissance du passé **africain**, la conquête romaine, la conquête française, l'Islam ; la civilisation latine subsiste toujours ; sa restauration peut **constituer**, entre les indigènes et nous, une entreprise commune féconde en heureux résultats.

4716. — PEYRAT (Joseph). *Encore « l'Afrique latine ».* — *R. Indig.*, 1922, p. 265-275.

Critique de l'entreprise « historico-littéraire » de Louis Bertrand pour lequel « tout ce que l'on croit arabe ou musulman en Afrique du Nord, n'est que du latin qui s'ignore ou que nous ignorons ».

4717. — ALBERTINI, professeur à la Faculté des lettres de l'Université d'Alger. *L'Afrique romaine.* Notes prises aux conférences faites... au cours d'instruction préparatoire au Service des Affaires indigènes d'Algérie-Tunisie, 2° éd. — Alger, imp. É. Pfister, 1927, in-8°, 63 p., 12 pl., carte.

Gouvernement général de l'Algérie. Direction de l'agriculture, du commerce et de la colonisation. — 1re éd., Alger, imp. Fontana, 1922.¡ n-8°, 63 p., fig. — Série de six remarquables conférences : limites de la domination romaine dans le temps et dans l'espace; organisation administrative, vie économique de l'Afrique romaine; les monuments romains de l'Afrique; la vie intellectuelle et morale dans l'Afrique romaine; la fin de la période romaine en Afrique. Principaux ouvrages sur l'Afrique romaine.

4718. — Saumagne (Ch.). *Sur la législation relative aux terres incultes de l'Afrique romaine.* — R. T., 1922, p. 57-116.

Objet des lois *Manciana* et *Hadriana*, objet des règlements des procurateurs, essai d'interprétation de l'inscription d'Henchir-Mattich; nombreuses références.

4719. — Chaligne (Commandant), du 3ᵉ zouaves. *Étude sur l'armée romaine d'Afrique.* — Rec. Soc. Arch. Const., 1922-1923, p. 61-96.

Conférence. Aperçu général de l'histoire et de l'organisation d'une légion romaine; la 3ᵉ légion Augusta à l'armée d'Afrique; une de ses campagnes; ce que devint l'armée d'Afrique sous le Bas-Empire, son effectif.

4720. — Peyronnet (Capitaine). *La Berbérie, de la conquête romaine à la conquête arabe.* — Bul. Soc. G. Alger, 1924, p. 1-46, 139-180, cartes.

Extrait du livre en préparation signalé sous le n° **157** concernant : 1° l'Afrique romaine, les limites de l'occupation romaine, comment elle a étendu sa domination, l'œuvre militaire, administrative et économique de Rome en Afrique du Nord; critique des différentes thèses sur la «romanisation» de ce pays; 2° les périodes vandale et byzantine; 3° l'Afrique du Nord à la veille de la conquête arabe.

4721. — Cagnat (René). *Les Romains dans l'Afrique du Nord.* — Roma, tip. del Senato, 1925, in-8°, 24 p.

Rivista della Tripolitania, 1924-1925, p. 323-342. — La conquête du pays, les adversaires; l'armée, les corps auxiliaires, la flotte, la prise de possession militaire, les mesures de colonisation par les soldats (v. n° **4722**).

4722. — Cagnat (René). *Les Romains dans l'Afrique du Nord; l'occupation romaine en Afrique, ses méthodes, ses résultats.* — Roma, tip. del Senato, 1925, in-8°, 18 p.

Rivista della Tripolitania, 1925-1926, p. 75-90. — Suite du numéro précédent; tableau des rapports que Rome entretint avec les provinces africaines; «l'assimilation du pays ne fut pas très profonde». An. par Augustin Bernard, dans *Bibl. g.*, 1926, p. 15.

4723. — JOUNARD (Capitaine). *Observations sur les ruines contenues dans la feuille du djebel Bargou (carte de Tunisie au 1/50.000ᵉ)...* — *Bul. Arch.*, 1925, p. 271-281.

Archéologie romaine, ruines mégalithiques, travaux d'eau, communications.

4724. — CROZES (Paul). *Louis Bertrand et l'Afrique romaine.* — *Rec. Soc. Arch. Const.*, 1926, p. 177-210.

Conférence faite le 24 déc. 1925. A propos de l'élection de L. Bertrand à l'Académie française, évoque la période de la domination romaine en Afrique, saint Augustin, sa vie et son œuvre.

4725. — CONTENAU (Dr G.). *La civilisation phénicienne.* — Paris, Payot, 1926, in-8°, 396 p., 173 ill.

Ouvrage d'ensemble sur les Phéniciens ; histoire résumée de Carthage depuis sa fondation jusqu'à sa prise, en 146, par les Romains (p. 93-96), constitution politique de la Phénicie et de Carthage (p. 96-98). An. par Raoul Blanchard, dans *Bibl. g.*, 1927, p. 27.

4726. — [BERTRAND (L.) et CAMBON (J.)]. *Discours prononcés dans la séance publique tenue par l'Académie française pour la réception de M. Louis Bertrand... le jeudi 25 novembre 1925.* — Paris, typ. Firmin-Didot, 1926, in-4°, 55 p., portr.

Institut de France. Académie française. — Réponse de Jules Cambon (p. 35-55) au discours de Louis Bertrand : les œuvres de celui-ci, notamment ce qu'il a vu et peint en Afrique du Nord, le patient effort des soldats et des colons: ses erreurs de vision particulièrement en ce qui concerne la latinité et sa renaissance ; mise en garde contre la chimère de l'assimilation des indigènes. Extr. sous le titre *L'Afrique à l'Académie*, dans *Bul. Com. A. F.*, p. 573-575.

II. DOMINATIONS ARABE ET TURQUE.

4727. — FOUCQUES. *Mémoires portants plusieurs advertissemens presentez au Roy par le cappitaine Foucques, capitaine ordinaire de Sa Majesté en la marine du Ponant ; après estre délivré de la captivité des Turcs, pour le soulagement des François et autres nations chrestiennes, marchands et matelots qui trafiquent sur mer ; avec une description des grandes cruautez et prises des Chrestiens par les pyrates turcs de la ville de Thunes, par l'intelligence qu'ils ont avec* *certains François renégats*. — Paris, imp. G. Marrette, 1609, in-8°, 14 p.

<small>Autre éd., *ibid.*, 1612, in-8°, 14 p.</small>

4728. — *Relation du voyage et prinse de quatre galions du roy de Tunis en Barbarie faite par les galères de Malte*... traduite d'italien en françois, par le commandeur de Naberat, conseiller, aumosnier de la royne... — Paris, J. de Bordeaux, 1629, in-12, 15 p.

4729. — AVITY (Pierre d'). *Le monde, ou la description générale de ses quatre parties, avec tous ses empires, royaumes, estats et républiques*... *avec un discours universel comprenant les considérations générales du monde céleste et terrestre*... — Paris, C. Sonnius, 1637, 7 t. en 5 vol. in-fol., cartes.

<small>2° éd., Paris, C. Sonnius et D. Bechet, 1643, 7 t. en 5 vol. in-fol., cartes; nouv. éd. revue par J.-B. de Rocoles, Troyes, Paris, D. Bechet et L. Billaine, 1660, 7 t. en 6 vol. in-fol., cartes. — T. III (VI), description générale de l'Afrique, seconde partie du monde avec tous ses empires... : généralités (p. 1-35), Barbarie (p. 36-54), royaumes de Maroc (p. 54-106), de Fès (p. 106-149), états du Turc en Afrique, royaumes d'Alger, de Tunis, etc. (p. 149-332), états du roi d'Espagne en Afrique...</small>

4730. — ABELLY (Mgr Louis). *La vie du vénérable serviteur de Dieu Vincent de Paul*..., par Mre Louys Abelly... — Paris, F. Lambert, 1664, in-4°.

<small>3° éd., Paris, E. Michallet, 1684, in-8°; autre éd., Paris, N. Couterot, 1698, in-8°; autre éd., Paris, Lebel, 1823, 5 vol. in-12; 2° éd., Paris, Méquignon, 1832, 5 vol. in-12; autre éd., Clermont-Ferrand, Thibaut-Landriot, 1835, 6 vol. in-12; autre éd., Paris, Debécourt, 1839, 2 vol. in-12; *ibid.*, 1843, 2 t. en 1 vol. in-8°; autre éd., Paris, Vve Poussielgue-Rusand, 1854, 2 vol., in-8°; *ibid.*, 1865, 2 vol. in-18.</small>

4731. — BIRAGO AVOGARO (G. B.). *Histoire africaine de la division de l'empire des Arabes, de l'origine et du progrez de la monarchie des Mahométans dans l'Affrique et dans l'Espagne*, escrite en italien, par J. B. Birago Avogadro, et mise en françois par M. M. D. P. [de Pure]. — Paris, G. de Luyne, 1666, 2 part. en 1 vol. in-8°, 302 et 262 p.

4732. — *Recueil historique contenant diverses pièces curieuses de ce temps.* — Cologne, C. Van Dyck, 1666, in-12°, 350 p.

V. notamment : Projet pour l'entreprise d'Alger (p. 1-13); relation des voyages faits à Thunis par le sieur de Bricard, par les ordres de Sa Majesté (p. 14-25), relation contenant diverses particularitez de l'expédition de Gigery et entre autres a retraitte des trouppes françoises, par Monsieur de Castellan (p. 26-58), etc.

4733. — JOINVILLE (Jean, sire de). *Histoire de S. Louys, IX. du nom, roy de France, écrite par Jean, sire de Joinville, sénéchal de Champagne, enrichie de nouvelles observations et dissertations historiques, avec les établissements de S. Louys, le Conseil de Pierre de Fontaines et plusieurs autres pièces concernant ce règne...* par Charles Du Fresne, sieur Du Cange... — Paris, S. Mabre Cramoisy, 1668, 3 part. en 1 vol. in-fol., portr.

Liste des chevaliers qui accompagnèrent saint Louis à Tunis (2ᵉ part., p. 397-398) [v. n° **4745**].

4734. — DAPPER (Olfert). *Description de l'Afrique, contenant les noms, la situation et les confins de toutes ses parties, leurs rivières, leurs villes et leurs habitations...* traduite du flamand d'O. Dapper.... — Amsterdam, Wolfgang, Waesberge, Boom et Van Someren, 1686, in-fol., VI-534 p. et la table, front., fig., pl., cartes.

L'Afrique en général, la Barbarie, royaumes du Maroc, de Fès, d'Alger, de Tunis, de Tripoli, etc.

4735. — *Histoire des dernières révolutions du royaume de Tunis et des mouvemens du royaume d'Alger.* — Paris, J. Le Febvre, 1689, in-16, VIII-384 p.

Événements survenus dans le royaume de Tunis depuis 1595.

4736. — [GODEFROY (Le P.), COMELIN (Le P. François) et LA MOTTE (Le P. Philémon de)]. *État des royaumes de Barbarie, Tripoly, Tunis et Alger...* — Rouen, G. Behourt, 1703, in-12, pièces limin., 413 p.

Autre éd. (qui indique les auteurs), Rouen, P. Machuel, 1731, 2 part. en 1 vol. in-8°, pièces limin., 263 et 270 p., grav. — Réunion de lettres (Tripoli,

Tunis, Marseille, juin-août 1700) sur « l'histoire naturelle et politique de ces pays, la manière dont les Turcs y traitent les esclaves, comment on les rachète... avec la tradition de l'Église pour le rachat ou le soulagement des captifs » (v. n° **4738**). An. dans *Quinz. col.*, 1907, p. 724-727.

4737. — LUCAS (Paul). *Voyage du sieur Paul Lucas, fait par ordre du Roy dans la Grèce, l'Asie Mineure, la Macédoine et l'Afrique...* — Paris, N. Simart, 1712, 2 vol. in-8°, pl., cartes, tableau.

Le t. II est, en partie, rempli (p. 140-405) par un *Mémoire pour servir à l'histoire de Tunis depuis l'année 1684,* qui fut remis à Lucas lors de son passage à Tunis en 1708.

4738. — COMELIN (Le P. François), LA MOTTE (Le P. Philémon de), BERNARD (Le P. Joseph). *Voyage pour la rédemption des captifs aux royaumes d'Alger et de Tunis, fait en 1720...* — Paris, L.-A. Sevestre et P.-F. Giffard, 1721, 3 part. en 1 vol. in-8°, épitre limin., 169-LX-306 p., pl., portr.

2° éd., Rouen, P. Machuel, 1721, 3 part. en 1 vol. in-8°, pièces limin., 153-54-270 p., pl., portr. — Quelques détails sur Alger, la milice, les beys, la marine. La 3° part. intitulée : *La tradition de l'Église dans le soulagement ou le rachat des esclaves* figure déjà dans l'ouvrage signalé sous le n° **4736**.

4739. — ARVIEUX (Laurent d'). *Mémoires du chevalier d'Arvieux... contenant ses voyages à Constantinople, dans l'Asie, la Syrie, la Palestine, l'Égypte et la Barbarie... recueillis de ses mémoires originaux et mis en ordre avec des réflexions par le R. P. Jean-Baptiste Labat...* — Paris, C. Delespine, 1735, 6 vol. in-12.

Envoyé extraordinaire du roi auprès de la Porte, consul d'Alep, d'Alger, de Tripoli, etc., l'auteur décrit ces pays, les religions, mœurs, coutumes des habitants, leurs gouvernements. T. III (558 p.) : détails sur les Arabes, religions, mœurs, justice, médecine ; mission à Tunis concernant le rachat des esclaves, traité conclu par le duc de Beaufort avec le dey de Tunis (1665). T. IV (571 p.) : description de Tunis et de ses environs, son gouvernement (p. 1-95). T. V (613 p.) : Arvieux à Alger, lettres du pacha, du dey, du divan, écrites au roi le 23 sept. 1674, traité de paix entre la France et Alger, description d'Alger, son gouvernement, sa milice (p. 1-289). Cf. Bouvat (L.), *Le chevalier d'Arvieux (1635-1702), d'après ses Mémoires.* R. M. Mus., 1914, t. XXVI, p. 1-83. An. par Henri Froidevaux, dans R. H. Col. Fr., 1917, p. 109-114.

4740. — Saint-Gervais (de), ci-devant consul de France à Tunis. *Mémoires historiques qui concernent le gouvernement de l'ancien et du nouveau royaume de Tunis, avec des réflexions sur la conduite d'un consul et un détail du commerce...* — Paris, Ganeau, 1736, in-12, 344 p.

L'histoire ancienne de Tunis, les différentes révolutions, les derniers beys, la forme du Gouvernement ancien et présent, les mœurs du pays, usages, forces militaires de l'État, la politique, la religion, le commerce, le climat (v. n° **4743**).

4741. — Tollot. *Nouveau voyage fait au Levant ès années 1731 et 1732, contenant les descriptions d'Alger, Tunis, Tripoly de Barbarie, Alexandrie en Égypte, Terre sainte, Constantinople, etc...* par le sieur Tollot. — Paris, Durand, 1742, in-8°, vi-354 p.

Autre éd., Paris, A. Cailleau, *ibid.* — Voyage fait à bord de l'escadre de Duguay-Trouin; Alger (p. 11-84), sa milice et sa marine (p. 40-51); Tunis (p. 85-95). Cf. A. Berbrugger, *Un voyage de Paris à Alger en 1731, par le sieur Tollot. R. Af.,* 1867, p. 417-434.

4742. — Shaw, M. D. *Voyages... dans plusieurs provinces de la Barbarie et du Levant, contenant des observations géographiques, physiques, philologiques et mêlées sur les royaumes d'Alger et de Tunis, sur la Syrie, l'Égypte et l'Arabie Pétrée...* Traduits de l'anglois... — La Haye, J. Neaulme, 1743, 2 vol. in-4°, xliv-414 et iv-192-172 p., cartes, planches, musique.

L'auteur fut, de 1720 à 1732, chapelain de la factorerie anglaise, à Alger. Le t. Ier concerne uniquement les royaumes d'Alger et de Tunis : renseignements géographiques, productions, gouvernement, forces des Algériens, recrues, officiers (p. 405-408), alliances avec les chrétiens. Le t. II contient des extr. « d'auteurs anciens et autres pièces qui servent de preuves et d'éclaircissements à cet ouvrage ».

4743. — [Laugier de Tassy]. *Histoire des États barbaresques qui exercent la piraterie, contenant l'origine, les révolutions et l'état présent des royaumes d'Alger, de Tunis, de Tripoli et de Maroc, avec leurs forces, leurs revenus, leur politique et leur commerce, par un auteur qui y a résidé plusieurs années avec caractère public* [Laugier de Tassy]. Traduite de l'anglois [par P. Boyer de Prébandier]... — Paris, Chaubert, 1757, 2 vol. in-12, ix-388 et 265 p.

L'ouvrage original *Histoire du royaume d'Alger*... (v. n° 1408) fut plagié par L. Le Roi, sous le titre *État général et particulier du royaume et de la ville d'Alger*... La Haye, 1750, in-12, puis par un anglais J. Morgan, qui ajouta quelques pièces, une analyse des *Mémoires sur Tunis* (v. n° 1740) et un morceau sur le Maroc. Le premier vol. et une partie du second concernent le royaume d'Alger : milice, gouvernement, forces, camps et armées, de leur marche et manière de combattre, marine et armements. Renseignements moins détaillés sur le royaume de Tunis (t. II, p. 127-182) et sur le royaume de Fès et du Maroc (t. II, p. 190-265).

1744. — *Lettre par laquelle on voit ce que souffre* (sic) *les chrétiens esclaves sous la Barbarie et la Tunisse* (sic). — S. l., [1756], in-8°, 2 p.

Datée de Lyon, 17 février 1756 ; supplice infligé à deux Pères.

1745. — JOINVILLE (Jean, sire de). *Histoire de saint Louis,* par Jehan, sire de Joinville ; *les Annales de son règne,* par Guillaume de Nangis ; *sa vie et ses miracles,* par le confesseur de la reine Marguerite. *Le tout publié d'après les manuscrits de la bibliothèque du roi et accompagné d'un glossaire* [par Melot, l'abbé Sallier et Capperonnier]. — Paris, Imp. royale, 1761, in-fol., xxII-558-CLXXIII p., carte, grav.

Liste des chevaliers qui accompagnèrent saint Louis à Tunis (p. XXI-XXII) ; l'expédition (p. 275-287) ; extr. d'un manuscrit arabe (p. 544-545) [v. n°⁸ 1733, 1755 et 1756].

1746. — DUCROT. *Mélanges historiques, politiques, critiques et philosophiques*... — Paris, d'Houry, 1774, 2 t. en 1 vol. in-8°, xvi-340 et 359 p.

T. II, 3° part. : description historique, civile et naturelle, d'après les géographes et les missionnaires, des royaumes de Tripoli (p. 281-288), de Tunis (p. 288-294), d'Alger (p. 294-314).

1747. — RAYNAL (Abbé G.-T.). *Histoire philosophique et politique des établissemens et du commerce des Européens dans les deux Indes*... — Genève, les libraires associés, 1775, 3 vol. in-4°, grav., cartes.

Vaste compilation ; dans le t. II (p. 357-365), les notions sur la côte septentrionale de l'Afrique présentent peu d'intérêt. — Autre éd., Genève, J.-L. Pellet, 1780, 4 vol. in-8°, grav., atlas de 49 cartes. Dans le t. III (p. 106-122), situation actuelle de Tunis, d'Alger et de Maroc, notamment de leurs forces de terre et de mer, origine de la piraterie barbaresque et moyens de la réprimer.

4748. — Bury (de). *Histoire de saint Louis, roi de France, avec un abrégé de l'histoire des croisades...* — Paris, Vve Desaint, 1775, 2 vol. in-12, xii-456 et 451 p., pl.

21 réimp., 1817 à 1902. — T. II (p. 166-237), l'expédition de Tunis (1270).

4749. — *Armistice conclu entre la République française et S. Exc. Hamouda, bey de Tunis, le 9 fructidor an VIII.* — Paris, imp. de la République, brumaire an IX, in-16, 2 p.

Signé Hamouda Pacha et Deroize ; 5 art.

4750. — Galland (A.). *Relation de l'esclavage d'un marchand de la ville de Cassis, à Tunis...* — Paris, Ferra, 1810, in-12, 179 p.

4751. — Michaud (J.-F.). *Histoire des croisades...* — Paris, L.-G. Michaud, 1813-1822, 7 vol. in-8°, grav., cartes.

Nombreuses éd. — Vol. IV (p. 365-423), l'expédition de saint Louis contre Tunis. Vol. VI et VII, bibliographie des croisades (v. n° **4761**). An. par C., dans *J. As.*, 1825, t. VII, p. 374-379 ; par Reinaud, *ibid.*, 1830, t. V, p. 60-65.

4752. — Macgill (Thomas). *Nouveau voyage à Tunis, publié en 1811 par M. Thomas Maggill (sic) et traduit de l'anglais avec des notes par M**** [Ragueneau de La Chesnaye].* — Paris, C.-L.-F. Panckoucke, 1815, in-8°, xvi-207 p., musique.

L'éd. française ne contient pas les diatribes de l'auteur, notamment contre le consul général de France à Tunis, parues dans l'éd. anglaise (*An Account of Tunis...* Glasgow, London, 1811, in-8°, 188 p.). Révolutions à Tunis depuis que les beys se sont emparés du gouvernement ; Hamouda Pacha, bey régnant ; caractère des Maures ; l'armée du bey et sa conduite dans les dernières rencontres avec celle d'Alger ; population et revenus de la Régence, coutumes, commerce, exportations, caravanes.

4753. — *Précis historique sur les nations barbaresques, suivi d'un tableau des crimes, des horreurs et des brigandages des pirates africains, des souffrances et des tourmens qu'endurent ceux qu'ils réduisent en esclavage, d'un coup d'œil général sur les expéditions* qui ont déjà eu lieu contre ces brigands, de celle qu'entreprennent aujourd'hui contre eux plusieurs puissances de l'Europe. — Paris, Tiger [1816], 2 vol. in-18, 108 et 108 p.

T. Ier : généralités sur les royaumes d'Alger, de Tunis, de Tripoli, de Fès et de Maroc. T. II : l'expédition de lord Exmouth (1816), précédé d'un résumé des expéditions antérieures contre les Barbaresques. Cf. *Adresse aux souverains de l'Europe, ou coup d'œil historique et politique sur les puissances barbaresques.* Marseille, A. Ricard [mars 1816], in-8°, 39 p. : concerne surtout les royaumes de Tunis et d'Alger ; les forces militaires et leur manière de combattre ; projet pour subjuguer les puissances barbaresques.

4754. — Azuni (Chevalier D. A.). *Recherches pour servir à l'histoire de la piraterie, avec un précis des moyens propres à l'extirpation des pirates barbaresques...* — Gênes, imp. A. Ponthenier, avril 1816, in-8°, xvi-151 p.

4755. — *Extraits des manuscrits arabes, dans lesquels il est parlé des événemens historiques relatifs au règne de saint Louis,* traduits par M. Cardonne... *Dissertations ou réflexions sur l'histoire de S. Louys,* du sire de Joinville, par Charles Du Fresne, sieur Du Cange... — Paris, Foucault, 1819, in-8°, 530 p.

Collection complète des Mémoires relatifs à l'histoire de France..., par M. Petitot, t. III. — Passage relatif à l'expédition de Tunis (p. 35-37), extr. d'un manuscrit arabe (v. n° **4745**).

4756. — Joinville (Jean, sire de). *Mémoires du sire de Joinville, ou histoire de saint Louis...* — Paris, Foucault, 1819, in-8°, 442 p.

Collection complète des Mémoires relatifs à l'histoire de France..., par M. Petitot, t. II. — Liste des chevaliers qui accompagnèrent saint Louis dans l'expédition de Tunis (p. 438-441) [v. n° **4745**].

4757. — Sacy (Bon Silvestre de). *Mémoire sur le traité fait entre Philippe-le-Hardi et le roi de Tunis, en 1270, pour l'évacuation du territoire de Tunis par les croisés...* — Paris, Dondey-Dupré, 1825, in-8°, 15 p.

J. As., 1825, t. VII, p. 138-150. — Détails circonstanciés sur les clauses du traité et la forme de sa ratification.

1758. — Mills (Charles). *Histoire des croisades, entreprises pour la délivrance de la terre sainte...* traduite de l'anglais par Paul Tiby... — Paris, Boulland, 1825-1835, 3 vol. in-8°, plans, cartes, atlas.

<small>OEuvres complètes... — T. III (505 p., cartes, plans) : saint Louis à Tunis (p. 241-243, 427-431). An. par R., dans *J. As.*, 1835, t. XVI, p. 589-590.</small>

1759. — Raynal (Abbé). *Histoire philosophique et politique des établissements et du commerce des Européens dans l'Afrique septentrionale*, ouvrage posthume de G. T. Raynal, *augmenté d'un aperçu de l'état actuel de ces établissements et du commerce qu'y font les Européens, notamment avec les puissances barbaresques et la Grèce moderne*, par M. Peuchet.... — Paris, A. Costes, 1826, 2 vol. in-12, vi-412 et 444 p., carte, plan.

<small>T. Ier, livre Ier : de la Barbarie en général (p. 1-240). T. II, livre IV : Tunis (p. 1-34); livre V : Alger (p. 35-166); livre VI : Maroc (p. 167-288). Ouvrage de peu de valeur, sans références.</small>

1760. — Castiglioni (Cte Carlo Ottavio). *Mémoire géographique et numismatique sur la partie orientale de la Barbarie appelée Afrikia par les Arabes, suivi de recherches sur les Berbères atlantiques, anciens habitans de ces contrées*, par le c^{te} Ch^s Oct^e Castiglioni... — Milan, Imp. impériale et royale, 1826, in-8°, 130 p.

<small>Limites de l'Afrikia, origine et vicissitudes des villes de cette contrée, notamment Afrikia, Mahdia, Kairouan, Tunis, Tripoli, Alger. Notes diverses sur les dynasties (Fatimides, Almoravides, Ahmohades, etc.), les rois et les tribus.</small>

1761. — Reinaud (J.-T.). *Histoires des guerres des croisades, sous le règne de Bibars, sultan d'Égypte, d'après les auteurs arabes...* — *J. As.*, 1827, t. XI, p. 3-33, 65-93, 129-163.

<small>Seconde croisade de saint Louis (v. n° **1751**).</small>

1762. — Peyssonnel et Desfontaines. *Voyages dans les régences de Tunis et d'Alger*, publiés par Dureau de La Malle... — Paris, Gide, 1838, 2 vol. in-8°, xxxvii-485 et lii-385 p., 6 pl., carte.

I. Relation d'un voyage sur les côtes de Barbarie, fait par ordre du Roi, en 1724 et 1725, par Jean-André Peyssonnel, docteur-médecin : 14 lettres adressées la plupart à l'abbé Bignon, conseiller d'État, contenant notamment la description géographique du royaume de Tunis. II. Fragments d'un voyage dans les régences de Tunis et d'Alger, fait de 1783 à 1786 par Louiche-René Desfontaines : Tunis et ses environs, Tunis à Gafsa, l'intérieur de la Régence, Tunis à Sfax, Alger à Constantine et à Bône, La Calle, l'île de Tabarka. Notice sur la ville de Constantine. Cf. *Lettres écrites par Desfontaines pendant son exploration de la Régence de Tunis (1783-1784). Ass. fr. av. sc.,* 2ᵉ part., 1897, p. 434-439 *(25ᵉ session, Carthage,* 1896) : 4 lettres publiées par le Dʳ Bonnet, adressées par Desfontaines à son correspondant de Marseille (v. nᵒˢ **4858, 4859** et **4876**).

4763. — EN-NOWEIRI. *Histoire de la province d'Afrique et du Maghrib,* traduite de l'arabe d'En-Noweiri, par le baron Mac Guckin de Slane. — *J. As.,* 1841, t. XI, p. 97-135; t. XII, p. 441-483; 1842, t. XIII, p. 49-64.

Traduction faite d'après trois manuscrits de la Bibl. royale; histoire depuis la première expédition des musulmans dans la province d'Afrique et le Moghreb (de 647-8 à 800 de J.-C.) [v. n° **4766**].

4764. — IBN KHALDOUN (ʿAbd al-Raḥman ibn Moḥammad). *Histoire de l'Afrique sous la dynastie des Aghlabites, et de la Sicile sous la domination musulmane.* Texte arabe d'Ebn-Khaldoun, accompagné d'une traduction française et de notes par A. Noël Des Vergers. — Paris, typ. Firmin Didot frères, 1841, in-8°, XXXIX-201-84 p.

L'introduction résume l'histoire de l'Afrique du Nord depuis son occupation par les Vandales jusqu'au début du récit d'Ibn Khaldoun. Les commentaires du traducteur et les nombreuses notes explicatives complètent utilement le récit de l'auteur.

4765. — THOMASSY (R.). *Notice de deux manuscrits inédits, concernant les régences d'Alger et de Tunis. — N. Ann. voyages,* 1843, t. II, p. 48-78.

I. Mémoire adressé vers 1691 probablement à M. de Pontchartrain sur la ville d'Alger, son gouvernement et ses intérêts avec la France. II. Mémoire concernant l'état présent du royaume de Tunis et de ce qui s'est passé de plus remarquable entre la France et cette régence depuis 1701 jusqu'en 1752, établi par M. Dupoiron, commissaire de la Marine française, qui vint à Tunis en 1724 et en 1752.

4766. — MAC GUCKIN DE SLANE (B⁰ⁿ W.). *Lettre à M. Hase...* — *J. As.*, 1844, t. IV, p. 329-365.

Renseignements sur les premières expéditions des musulmans en Afrique septentrionale; objections au récit d'En-Noweiri que l'on doit «regarder comme un pur roman» (v. n° **4763**).

4767. — IBN ABĪ DĪNĀR (Moḥammad ibn Abī al-Roʿaīnī al-Qaīrwānī, *surnommé*). *Histoire de l'Afrique*, de Moh'ammed-ben-Abi-el-Raïni-el-K'aïrouāni, traduite de l'arabe par MM. E. Pellissier et Rémusat. — Paris, Imp. royale, 1845, in-8°, xvi-517 p.

Exploration scientifique de l'Algérie pendant les années 1840, 1841, 1842... Sciences historiques et géographiques, t. VII. — L'auteur, qui a puisé ses renseignements dans Zarkachî (v. n° **4820**), écrit l'histoire de l'Ifriqya, sous les gouvernements arabe et musulman, puis du royaume de Tunis, depuis la chute des Almohades, sous la dynastie des Beni-Hafss et la domination turque. jusqu'en 1681. Nombreuses notes (v. nᵒˢ **49** et **4793**).

4768. — SOLAIMÂN AL-ḤARÂʿIRÎ. *Concordance entre le calendrier musulman et le calendrier chrétien*, par Soliman el-Haraïri, traduit de l'arabe par Henri Cotelle... — *J. As.*, 1847, t. X, p. 249-258.

Moyen de trouver la concordance entre une date de l'ère musulmane et une date de l'ère chrétienne, et *vice versa*.

4769. — *Négociations de la France dans le Levant, ou correspondances, mémoires et actes diplomatiques des ambassadeurs de France à Constantinople... à Venise, Raguse, Rome, Malte et Jérusalem, en Turquie, Perse, Géorgie, Crimée, Syrie, Égypte, etc. et dans les États de Tunis, d'Alger et de Maroc*, publiés... par E. Charrière... — Paris, Imp. nat., 1848-1860, 4 vol. in-4°.

Collection de documents inédits sur l'histoire de France, Iʳᵉ série. *Histoire diplomatique.* — Concerne surtout la période de 1515 à 1589. T. Iᵉʳ : relations de la France avec les États barbaresques, expédition de Charles-Quint contre Tunis (1535), contre Alger (1541). T. III : négociations avec la Porte pour la cession de l'État d'Alger à la France (1572), désastre de l'expédition de don Sébastien de Portugal (1578), etc.

4770. — Abou'l ʿAbbās Aḥmad-al-Kātib. *Histoire de la dynastie des Beni-Hafs,* par Abou'l-Abbas Ahmed el-Katib; usurpation du faux El-Fadhel, fragment publié en arabe et traduit en français par M. Cherbonneau... — *J. As.,* 1848, t. XII, p. 237-258.

Épisode de l'histoires de Hafsites (681-683 H.), par un chroniqueur constantinois du ix° siècle; texte arabe et traduction (v. n°ˢ **4771** et **4772**).

4771. — Abou'l ʿAbbās Aḥmad al-Kātib. *Extrait de la Farésiade,* ouvrage d'Abou'l-Abbas-Ahmed-el-Khatib, traduit en français et accompagné d'un commentaire par M. A. Cherbonneau... — *J. As.,* 1849, t. XIII, p. 185-211.

Suite du n° **4770**; la dynastie des Hafsites de 683 à 711 H. (1284-1311 J.-C.), les luttes entre Constantine et Tunis.

4772. — Zarkachī (Abou ʿAbd Allâh Moḥammad ibn Ibrâhîm al-Lou' lou'î, dit al-). *Extrait de l'histoire de la dynastie des Beni-Hafss,* par Abou Abd-Allah Mohammed ben Ibrahim el Lowlowi el Zerkeschi, fragment traduit par M. Alphonse Rousseau... — Paris, Imp. nat., 1849, in-8°, 51 p.

J. As., 1849, t. XIII, p. 269-315. — Texte arabe et traduction annotée d'une partie [années 678 à 683 H. (1279 à 1284 J.-C.)] d'un manuscrit embrassant une période de 367 ans (du premier prince de la dynastie des Almohades au vingtième prince de la dynastie des Beni-Hafss) [v. n° **4820**]; différences avec l'ouvrage signalé sous le n° **4770**.

4773. — Abou'l ʿAbbās Aḥmad al-Kātib. *La Farésiade, ou commencement de la dynastie des Beni-Hafss;* troisième [quatrième] extrait traduit en français et accompagné de notes par M. Cherbonneau. — *J. As.,* 1851, t. XVII, p. 51-84; 1852, t. XX, p. 208-244.

V. n°ˢ **4770** et **4771**. Extr. (texte arabe et traduction annotée) de l'ouvrage d'Ibn el Katib, qui traite spécialement la question berbère de 505 à 805 H.; les luttes entre Constantine et Tunis de 711 à 756 H. (1311-1355 J.-C.), les gouvernements successifs.

4774. — Tidjanī (Abou Moḥammad ʿAbd Allāh al-). *Voyage du scheikh Et-Tidjani dans la régence de Tunis, pendant les années*

706, 707 et 708 de l'hégire (1306-1309 de J.-C.), traduit de l'arabe par M. Alphonse Rousseau. — Paris, Imp. impériale, 1853, in-8°, 290 p.

J. As., 1852, t. XX, p. 57-208; 1853, t. Ier, p. 101-168, 354-425. — Ouvrage géographique et historique particulier au royaume des Beni-Hafs, dont l'autorité s'étendait de Tripoli à Bougie; l'auteur, érudit et cultivé, accompagnait dans un voyage le cheikh des Mouah'edin; renseignements sur l'état du pays de Tunis au xiiie siècle qui n'existent guère chez d'autres historiens.

4775. — Garcin de Tassy. *Mémoire sur les noms propres et les titres musulmans...* — Paris, Imp. impériale, 1854, in-8°, 93 p.

J. As., 1854, t. III, p. 422-510. — 2° éd. (suivie d'une notice sur des vêtements avec inscriptions arabes, persanes et hindoustanes), Paris, Maisonneuve, 1878, in-8°, 128 p., pl. — Exposé du système des noms propres chez les musulmans : noms propres, surnoms, sobriquets, titres honorifiques, noms de relation, titres de fonction ou de dignité, surnoms poétiques; expressions arabes désignant chacune de ces différentes classes de noms.

4776. — Cherbonneau (Auguste). *Notice et extraits du voyage d'El-Abdery à travers l'Afrique septentrionale, au viie siècle de l'hégire...* — Paris, Imp. impériale, 1854, in-8°, 35 p.

J. As., 1854, t. IV, p. 144-176. — Autre éd., Paris, L. Hachette, 1860, in-8°, 22 p. (paru dans *R. Alg. Col.*, 1860, t. III, p. 282-303). — Reproduit sous le titre *Voyage d'El-Abdéry à travers l'Afrique septentrionale au treizième siècle*, dans *R. G.*, 1880, p. 50-61. — Voyage du Maroc à La Mekke, renseignements précis relatifs à l'Algérie et à la Tunisie actuelles (v. n° **9242**). An. dans *R. P. L.*, 1880, t. XIX, p. 167-168.

4777. — Sédillot (L.-A.). *Histoire des Arabes...* — Paris, L. Hachette, 1854, in-18, vii-510 p., 3 cartes, 5 ill.

Histoire universelle publiée... sous la direction de M. V. Duruy. — Essai d'histoire générale.

4778. — Ibn Hammad (Abou 'Abd Allāh Moḥammad ibn 'Ali). *Documents inédits sur Obéid Allah, fondateur de la dynastie fatimite*, traduits de la Chronique d'Ibn Hammād..., par M. Cherbonneau... — [Paris], Imp. impériale, 1855, in-8°, 19 p.

J. As., 1855, t. V, p. 529-547. — Traduction annotée reproduite dans *R. Af.*, 1868, p. 464-477.

1779. — ALI HAÏDĒR BEY, attaché à l'ambassade impériale de Turquie. *Histoire abrégée de Tunis jusqu'à la conquête des Turcs*, par Aly Haïdēr Bey. — Paris, imp. H. Plon, 1857, in-8°, 24 p.

Les divers possesseurs du pays de Tunis, conquête par les Turcs sous le commandement de Sinam Pacha, causes de la décadence de Tunis sous l'administration des Méliques.

1780. — VAYSSETTES (E.). *Histoire des derniers beys de Constantine, depuis 1793 jusqu'à la chute d'Hadj Ahmed*. — *R. Af.*, 1858-1859, p. 107-128, 193-198, 259-270; 1859-1860, p. 127-132, 201-210, 439-445; 1861, p. 93-113; 1862, p. 206-213, 383-392; 1863, p. 114-120.

Ce premier essai concernant les beys de Constantine de 1793 à 1824 fut revisé et parut (p. 249-374) dans l'ouvrage signalé sous le n° **3455**; siège de Constantine par les Tunisiens, bataille de l'oued Sarrath (1807), guerre avec Tunis (1813).

1781. — CHATEAUBRIAND (François-René, Vte de). *OEuvres complètes*... Nouvelle édition... précédée d'une étude littéraire sur Chateaubriand, par M. Sainte-Beuve... — Paris, Garnier frères, 1859-1861, 12 vol. in-8°, pl.

Nombreuses autres éd. — Dans le t. V : *Itinéraire de Paris à Jérusalem* (560 p.), Chateaubriand ne consacre que quelques pages aux deux capitales moderne et ancienne de la Régence. Il insère (p. 544-557), un *Mémoire sur Tunis* qui lui fut remis lors de son passage à Tunis (1807). Ce Mémoire expose l'état de la Tunisie (gouvernement, capitulations, population, revenus, armée, caravanes, commerce) à la veille de la Révolution française (v. n° **4895**). Cf. Marthe Conor, *Chateaubriand à Tunis, janvier-mars 1807. R. T.*, 1918, p. 337-348.

1782. — BERBRUGGER (A.). *Abd Allah Teurdjman, renégat de Tunis en 1388*. — *R. Af.*, 1861, p. 261-275.

Étude sur un prêtre majorquais qui, sous le nom de cheikh Abd Allah Teurdjman, aurait écrit un ouvrage utilisé par divers auteurs musulmans; apostolat de Raymond Lulle à la fin du XIII° siècle.

1783. — CUSSON (C.). *Histoire du royaume de Tunis, depuis Bou-Fars jusqu'à sa conquête par les Turcs, de 1204 à 1574, suivi d'une notice sur le gouvernement des beys jusqu'au traité* *anglais en 1716*... — Oran, imp. Dededant et Alexandre, 1863, in-8°, vii-146 p.

4784. — Féraud (L.). *Un vœu d'Hussein Bey, Constantine, 1807.* — R. Af., 1863, p. 84-95.

Présentation d'un document relatif à la guerre entre Alger et Tunis, en 1806, à la défaite des Algériens et à l'exécution d'Hussein Bey.¹

4785. — Dewulf (E.), capitaine du génie. *Note sur Ibn-Hammad et sur un mémoire de M. Cherbonneau intitulé* Notice et extrait du Eunouan el-Diraïa fi mechaiekh Bidjaïa. — R. Af., 1863, p. 446-452.

Étude sur des ouvrages traitant notamment de la domination Sanhadja en Ifrikia et à Bougie et des négociations de paix entre le sultan Abou'l-Baca et le sultan de Tunis (début du xiv° siècle).

4786. — Rousseau (Alphonse), consul de France, ancien premier interprète du consulat général de France à Tunis... *Annales tunisiennes ou aperçu historique sur la Régence de Tunis...* — Alger, Bastide, 1864, in-8°, 571 p.

Histoire de la Tunisie depuis 1535 jusqu'en 1830, précédée d'un tableau succinct des époques antérieures à 1535 ; les dominations espagnole et turque, celle des deys, gouvernement des beys ; effet sur les Tunisiens de la rupture de la France avec Alger, mission de d'Aubignosc et Girardin, le bey envoie une députation au général de Bourmont ; en appendice, traités conclus par la Tunisie à l'époque ancienne et aux temps modernes (v. n° 4898).

4787. — Mériade Marchot (L.). *Abrégé de l'histoire de la Régence de Tunis...* — Bruxelles, F. Vromant [1865], in-8°, 40 p.

Aperçu géographique, renseignements divers, résumé de l'histoire des deys et des beys.

4788. — Mas Latrie (de). *Mémoire sur la rédaction, la traduction et la transcription officielle des traités conclus au moyen âge entre les Chrétiens et les Arabes de l'Afrique septentrionale.* — Ac. Inscr. B.-Lettres, C. R., 1866, t. II, p. 353-354.

Séance du 19 oct. Analyse d'un mémoire lu en communication.

4789. — Mas Latrie (L. de), chef de section aux Archives de l'Empire, sous-directeur des Études à l'École impériale des Chartes. *Traités de paix et de commerce et documents divers concernant les relations des Chrétiens avec les Arabes de l'Afrique septentrionale au moyen âge, recueillis par ordre de l'Empereur et publiés avec une introduction historique...* — Paris, H. Plon, 1866, in-4°, xxvii-342-403 p.

L'introduction historique (342 p.) constitue une importante histoire du Moghreb depuis les invasions arabes jusqu'au début du xvi° siècle (v. n° **4808**). Recueil des traités conclus entre les puissances chrétiennes, et notamment le royaume de France (p. 88-106), avec les Barbaresques (rois de Tunis, du Maroc, de Bône, de Bougie, etc.) [v. n° **4796**]. Préface parue dans *Bibl. É. Chartes,* 1866, t. XXVII, p. 409-444.

4790. — Rabusson (A.). *Lettre à M. le maréchal de Mac-Mahon... au sujet de la seconde expédition du roi Saint-Louis en Afrique...* — Paris, J. Corréard, 1867, in-8°, 113 p., 2 pl.

L'auteur recherche si c'est bien dans la partie de l'Afrique où la France a élevé un monument à la mémoire de saint Louis qu'a eu lieu l'expédition pendant laquelle il est mort.

4791. — Mercier (E.), interprète judiciaire. *Une page de l'histoire de l'invasion arabe... La Kahena.* — *Rec. Soc. Arch. Const.,* 1868, p. 241-254.

L'état du pays au moment de l'invasion des Arabes et la résistance que les Berbères leur ont opposée; la première invasion de l'Ifrikia (646-647); les invasions de 689 et 693, le rôle joué par la Kahena.

4792. — Ibn Hammad (Abou ʿAbd Allāh Moḥammad ibn ʿAlī). *Documents historiques sur l'hérétique Abou-Yesid-Mokhalled-ibn-Kidad de Tademket,* traduits de la Chronique d'Ibn-Hammād, par A. Cherbonneau... — Alger, imp. Bastide, 1869, in-8°, 31 p.

R. Af., 1869, p. 425-453; déjà paru dans *J. As.,* 1852, t. XX, p. 470-510. — Contribution à l'étude des luttes des schismatiques de l'Aurès contre les khalifes obeïdites au x° siècle J.-C., notamment des expéditions dirigées contre Kairouan.

4793. — [F. F., sous-lieut[t] attaché aux Affaires arabes]. *Tunis et son historien El-Kaïrouani.* — Marseille, typ. Cayer, 1871, in-8°, 31 p.

Étude datée de Bône, 5 avril 1871. Résumé de l'histoire de Tunis depuis ses origines, d'après l'ouvrage d'El-Kaïrouani (v. n° **4767**).

4794. — WATBLED (Ernest). *Aperçu sur les premiers consulats français dans le Levant et les États barbaresques.* — *R. Af.*, 1872, p. 20-34.

Recherches sur les consuls établis notamment à Tunis, à La Goulette, à Alger et au Maroc depuis le XIII° siècle jusqu'en 1597.

4795. — MERCIER (E.). *Examen des causes de la croisade de saint Louis contre Tunis (1270).* — *R. Af.*, 1872, p. 267-272.

Comparaison des données de l'histoire de France et de l'examen des documents des auteurs arabes, notamment Ibn Khaldoun; l'affaire el Luliani, son analogie avec l'affaire Bacri.

4796. — MAS LATRIE (L. de). *Traités de paix et de commerce et documents divers concernant les relations des Chrétiens avec les Arabes de l'Afrique septentrionale au moyen âge...* supplément et tables. — Paris, J. Baur et Détaille, 1872, in-4°, II-119 p.

Suite et complément du n° **4789.** Cf. *Instructions de Foscari, doge de Venise, au consul de la République chargé de complimenter le nouveau roi de Tunis en 1436. Bibl.É. Chartes*, 1881, p. 279-282 : publiées par L. de Mas Latrie ; le commerce des chrétiens en Afrique.

4797. — OUALID (A.). *Principales époques de la Tunisie. Documents pour servir à l'histoire de ce pays...* — Alger, imp. V. Aillaud, 1874, in-4°, 58 p.

Réunion de renseignements sur l'histoire de la Tunisie de 1270 à 1859, mort de M'Hamed Bey.

4798. — FÉRAUD (L.-Charles). *Les Harar, seigneurs des Hanencha; études historiques sur la province de Constantine.* — *R. Af.*, 1874, p. 11-32, 119-149, 191-236, 281-294, 321-396.

Formation, puis dislocation de la confédération des Hanencha, qui constitua une sorte de principauté redoutable enclavée entre la régence d'Alger et celle de Tunis ; son histoire depuis les premières invasions arabes jusqu'en 1872.

4799. — WALLON (H.). *Saint Louis et son temps...* — Paris, Hachette, 1875, 2 vol. in-8°, xxxvi-492 et 556 p.

T. II, chap. XXIV (p. 490-552) : la dernière croisade, causes et exécution de l'expédition de Tunis ; références.

4800. — *Documents inédits sur l'histoire de l'occupation espagnole en Afrique (1506-1574)*, publiés par ordre de M. le maréchal de Mac-Mahon... [par F. Élie de La Primaudaie...]. — Alger, A. Jourdan, 1875, in-8°, 323 p.

R. Af., 1875 à 1877, 16 articles. — Mémoires, lettres et documents recueillis par M. Tiran, de 1841 à 1858, provenant surtout des archives de Simancas et concernant notamment : l'occupation d'Oran et de Bône (1506-1542), l'établissement de Bougie (1510-1555), l'expédition de Charles-Quint à Tunis (1535), l'occupation de Bône (1535-1540), les négociations du comte d'Alcaudète avec le chérif Mohamed (1555), le prise de La Goulette et du fort de Tunis par les Turcs (1574).

4801. — CHERBONNEAU (A.). *L'Afrikia chez les historiens arabes.* — *R. G.*, 1880, t. VII, p. 313-314.

Elle correspond, d'après les divisions géographiques modernes, aux régences de Tripoli et de Tunis et à la partie orientale de l'Algérie jusqu'à Miliana.

4802. — MERCIER (Ernest). *Épisodes de la conquête de l'Afrique par les Arabes. Les héros de la résistance berbère : Koceïla, la Kahéna...* — Constantine, imp. Ad. Braham, 1883, in-8°, 39 p., carte.

Rec. Soc. Arch. Const., 1882, p. 232-268, carte. — Réunion de toutes les traditions que l'on possède sur la résistance opposée aux conquérants arabes par le peuple autochtone de la Berbérie ; situation des indigènes sous la domination romaine ; les Berbères ; expédition des Arabes en Afrique, conquête de l'Ifrikia, Koceïla, la Kahena ; description du théâtre de la résistance de cette dernière.

4803. — STEIN (Henri). *Un dessein français sur Alger et Tunis sous Louis XIII.* — *R. G.*, 1883, t. XII, p. 23-29.

Publication d'un rapport de 1627 ou 1628 adressé par un Marseillais, Blaise Reimond Merigon, indiquant la nécessité pour l'avenir de la France d'établir « au pays d'Afrique... une forteresse qui subjugera les royaumes d'Alger et de Thunis ».

4804. — Mas Latrie (L. de). *L'*Episcopus gummitanus *et la primauté de l'évêque de Carthage*. — Nogent-le-Rotrou, imp. Daupeley-Gouverneur [1883], in-8°, 6 p.

Extr. de *Bibl. É. Chartes*, 1883, p. 72-77.

4805. — Féraud (Charles). *Annales tripolitaines*. — *R. Af.*, 1883, p. 207-223.

L'auteur, consul général de France à Tripoli, résume dans une lettre à M. de Grammont (30 mars 1883) une monographie intitulée *Annales tripolitaines* qu'il prépare; en 1460, la population tripoline profite des embarras du souverain hafside de Tunis avec les sultans du Maroc pour se déclarer indépendante.

4806. — Mercier (E.). *Les Berbères au VIIe siècle de l'ère chrétienne*. — *Bul. Soc. G. Const.*, 1884, p. 46-54.

Situation et importance du peuple berbère à cette époque; mœurs, religion, organisation politique, groupement et situation des familles de la race, fractionnement.

4807. — Grammont (H.-D. de). *Un pacha d'Alger précurseur de M. de Lesseps (1586)*. — *R. Af.*, 1885, p. 359-365.

Étude sur Euldj Ali, beglierbey d'Afrique, qui reprit Tunis aux Espagnols (1569, puis 1574) et multiplia ses exploits de la Géorgie au Maroc jusqu'à sa mort (1587): ses projets d'ouverture de la mer Rouge.

4808. — Mas Latrie (Cte de), membre de l'Institut. *Relations et commerce de l'Afrique septentrionale ou Magreb avec les nations chrétiennes au moyen âge...* — Paris, Firmin-Didot, 1886, in-12, v-551 p.

Réimpr. légèrement remaniée de l'importante introduction historique publiée en tête de l'ouvrage n° **4789**. An. par Emm. d'A., dans *R. Q. Hist.*, 1887, t. XLI, p. 299-300; dans *Af. expl.*, 1886, p. 282-283.

4809. — Jurien de La Gravière (Vice-Amiral). *Les corsaires barbaresques et la marine de Soliman le Grand...* — Paris, E. Plon, Nourrit, 1887, in-18, xi-380 p., 4 cartes.

Charles-Quint et les pirates d'Alger, la conquête d'Africa par les chrétiens, le désastre de la flotte du duc de Medina-Celi et d'André Doria à Zerbi; un chapitre (p. 301-314) sur la prise de Sfax en 1881. An. par P. L. [Lehautcourt], dans *Sp.*

Mil., 1887, t. XXXVII, p. 95; par J.-V. B. [Barbier], dans *Bul. Soc. G. Est*, 1887, p. 172.

4810. — DELATTRE (Le P. Alfred-Louis). *Souvenirs de la croisade de Saint-Louis trouvés à Carthage...* — Lyon, imp. Mougin-Rusand, 1888, in-8°, 13 p.

Extr. des *Missions catholiques*. — Autre éd., Tunis, imp. B. Borrel, mai 1890, in-8°, 13 p. — Quelques objets laissés par les croisés et recueillis après plus de six siècles (v. n° **9045**).

4811. — DUPONT (G.-D.). *Récit d'un voyage de Tunis au Kef exécuté eu 1744 par Sr Gabriel Dupont*. — *R. Af. fr.*, 1888, t. VI, p. 341-344, 352-360, 366-369.

Manuscrit publié par Georges Musset; l'auteur, qui fut commissaire des fontes de l'artillerie de marine à Rochefort, avait eu « mission du bey de Tunis, pour visiter une mine en cuivre ».

4812. — ANSELME DES ARCS (Le P.). *Mémoires pour servir à l'histoire de la mission des Capucins dans la Régence de Tunis, 1624-1865...*, revus et publiés par le R. P. Apollinaire de Valence... — Rome, Archives générales de l'ordre des Capucins, 1889, in-12, 188 p.

Notice détaillée rédigée à l'aide des archives des Capuçins de Tunisie, dont la destruction fut achevée par l'incendie de 1885. En appendice : le passage de la mission aux mains du cardinal Lavigerie (1881), ses conséquences; tableaux des préfets apostoliques, des princes souverains de Tunis et des consuls de France; *regestum pontificium*.

4813. — BOURNICHON (Abbé J.). *L'invasion musulmane en Afrique, suivie du réveil de la foi chrétienne dans ces contrées et de la croisade des noirs, entreprise par S. É. le cardinal Lavigerie...* — Tours, A. Cattier, 1890, gr. in-8°, 351 p., fig.

Autre éd., 1890, in-4°, *ibid.*; 3° éd., [1897], *ibid.* — Ouvrage romancé dans lequel l'auteur veut montrer ce qu'était l'Afrique à l'époque de l'invasion musulmane, ce que l'islamisme a fait, ce que l'Afrique peut et doit redevenir. An. dans *Af. expl.*, 1891, p. 348-349.

4814. — LACOINE (Émile). *Tables de concordance des dates des calendriers arabe, copte, grégorien, israélite, julien, républicain, etc.*, *établies d'après une nouvelle méthode...* — Paris, Baudry, 1891, in-8°, xvi-67 p., tableau.

An. par le b°ⁿ Carra de Vaux, dans *J. As.,* 1891, t. XVIII, p. 191-196.

4815. — CASTAN (Auguste). *La conquête de Tunis en 1535, racontée par deux écrivains franc-comtois, Antoine Perrenin et Guillaume de Montoiche...* — Besançon, imp. Dodivers, 1891, in-8°, 64 p.

Extr. des *Mém. de la Soc. d'émulation du Doubs.* - Mémoire lu à la Société (19 déc. 1889). An. par G. Jacqueton, dans *R. Af.,* 1893, p. 278-279.

4816. — CAT (É.). *De Caroli V in Africa rebus gestis, thesim proponebat Facultati litterarum Parisiensi E. Cat.* — Parisiis, apud E. Leroux, 1891, in-8°, iii-103 p.

Publications de l'École des lettres d'Alger, Bulletin de Correspondance africaine, t. VII. — Au début du xvi° siècle, les Espagnols semblent sur le point de conquérir l'Afrique ; modification de cette situation ; Ximenès en Afrique, les expéditions d'Hugues de Moncade ; les pertes infligées aux Espagnols par les pirates africains (1520-1534); les deux expéditions de Charles-Quint (Tunis, 1535, Alger, 1541), d'après les sources européennes et indigènes. An. par R. Basset, dans *R. Historiq.,* 1904, t. LXXXIV, p. 314 ; par G. Jacqueton, dans *R. Af.,* 1893, p. 260-262.

4817. — SPONT (Alfred). *La France et la Tunisie au xvii° siècle.* — *R. Q. Hist.,* 1892, t. LII, p. 225-231.

Exposé de la vie politique et commerciale de la colonie française de Tunis au xvii° siècle, d'après le t. Iᵉʳ de l'ouvrage suivant. An. par G. Jacqueton, dans *R. Af.,* 1893, p. 279.

4818. — PLANTET (Eugène), attaché au ministère des Affaires étrangères. *Correspondance des beys de Tunis et des consuls de France avec la Cour, 1577-1830...* — Paris, F. Alcan, 1893-1899, 3 vol. in-8°, XLVII-654, XLVIII-784 et LXXXIV-734 p., grav.

Importante collection de 3.650 documents officiels, publiés sous les auspices du ministère des Affaires étrangères, concernant les rapports de la France avec la Régence depuis la fin du xvi° siècle jusqu'en 1830 ; l'introduction de chaque volume contient un résumé historique de ces rapports. Instructions et correspondance du consul général Mathieu de Lesseps à Tunis au moment de l'expédition d'Alger, ses négociations avec le bey de Constantine, avec les caïds de cette province et avec le comte de Bourmont. Rapports du colonel d'état-major Gérardin et de L.-P. Brun d'Aubignosc (mission envoyée à Tunis par le ministre de la Guerre pour recueillir des renseignements, avril et août 1830); traité franco-tunisien du 8 août 1830; liste des deys et des beys, des consuls de France, des envoyés extraordinaires de France à Tunis et de Tunisie en France, des traités conclus (v. n°˙ **1817, 1839** et **1849**). An. par Jean Kaulek, dans *R. Crit.*, 1893, t. XXXV, p. 394-395.

1819. — Bombard (Abbé). *Les vicaires apostoliques de Tunis et d'Alger.* — *R. T.*, 1894, p. 387-391, 495-498; 1895, p. 73-76, 259-262, 429-432, 581-586.

La Tunisie dépend religieusement de la France pendant deux siècles; chronologie des vicaires apostoliques de Tunis (1645-1666), d'Alger (1646-1668), de Tunis et d'Alger (1668-1827), principaux événements survenus.

1820. — Zarkachī (Abou ʿAbd Allâh Moḥammad ibn Ibrâhîm al-Lou'lou'î, *dit* al-). *Chronique des Almohades et des Hafçides*, attribuée à Zerkechi. Traduction française d'après l'édition de Tunis et trois manuscrits, par E. Fagnan. — Constantine, imp. A. Braham, 1895, in-8°, VI-298 p.

Rec. Soc. Arch. Const., 1894, p. 1-279. — Chronique s'occupant plus particulièrement de la région est de l'Algérie et de la Tunisie actuelles. Le texte s'arrête en 882 H. (1477 de J.-C.). Traduit déjà partiellement (v. n°˙ **1767** et **1772**).

1821. — Lapie (Paul). *Saint Vincent de Paul à Tunis.* — *R. T.*, 1895, p. 33-37.

Mœurs des pirates, état de la société tunisienne, traitement des esclaves chrétiens (v. n° **1730**).

1822. — [Mouillard (L.)]. *Établissement des Turcs en Afrique et en Tunisie.* — *R. T.*, 1895, p. 358-375, 556-571.

Exposé des guerres du XVIᵉ au XVIIIᵉ siècle : Barberousse Iᵉʳ, Kheir Eddine dit Barberousse II, Dragut, Euldj Ali el Fartas, organisation politique des Turcs en Afrique, Euldj Ali Beylerbey, les deys, le dey Othmane, Youssef Dey, Hamouda Bey.

1823. — S. *Notes chronologiques pour l'histoire de Constantine.* — *R. Af.*, 1895, p. 164-172.

Texte et traduction d'un extr. de manuscrit ayant trait à l'expédition tunisienne contre Constantine, en 1807.

4824. — Basset (René). *Le livre des conquêtes de l'Afrique et du Maghreb...* — Leyde, E. J. Brill, 1896, in-4°, 9 p.

Extr. des *Mélanges Charles de Harlez*, p. 26-34. — Analyse de 18 manuscrits connus du *Fotouḥ Ifriqyah*, sorte de récits épiques relatifs à l'invasion des Arabes au VIIe siècle.

4825. — Saint-Yves (G.). *Les pertes du commerce de Marseille, de la rupture de la paix de Nimègue à la paix de Ryswick (1688-1698)...* — Bul. G. Hist. Descr., 1896, p. 205-246.

Renseignements, d'après les archives de la Chambre de commerce de Marseille, sur les dommages causés par la piraterie barbaresque, les croisières ennemies, les corsaires; prises faites par les navires armés à Marseille. Cf. *ibid.*, p. 111-112.

4826. — Salles (Georges). *Les origines des premiers consulats de la nation française à l'étranger*, d'après des documents inédits... — Paris, E. Leroux, 1896, in-8°, 63 p.

Étude faite d'après des documents inédits extraits principalement de la Bibl. impériale de Vienne, des Arch. des Bouches-du-Rhône et de la Bibl. nat. de Paris; l'établissement des premiers consuls à Alger en 1565, à Tunis depuis 1577, à Fès en 1577, et les essais d'installation de consulats à Mogador et à Alhucemas en 1647 et 1655.

4827. — Bonet-Maury (G.). *Les précurseurs français du cardinal Lavigerie dans l'Afrique musulmane.* — R. D. M., 1896, t. CXXXVI, p. 899-932.

La situation des États barbaresques au XVe siècle, les dommages et les souffrances que les pirates de Barbarie ont fait subir aux populations chrétiennes, les secours de la chrétienté, les Trinitaires et les Pères de la Mercy, puis les Lazaristes, se dévouent pour la rédemption des esclaves à Tunis et à Alger.

4828. — Bonnet (D[r] Ed.). *Deux ambassades tunisiennes à la Cour de France (1728-1777), d'après les comptes rendus manuscrits des secrétaires interprètes du roi.* — Ass. fr. av. sc., 2° part., 1897, p. 697-708, ill.

25° session, Carthage, 1896. — Publication d'un journal de Louis Pétis de La Croix, témoin oculaire de l'ambassade de 1728; résumé du journal de l'ambassade de Suleiman aga... rédigé par le Sr Ruffin (v. n° **4881**).

4829. — Ibn al-Athīr (Abou'l Ḥasan ʿAlī ibn Abī'l-Karam Moḥammad ibn Moḥammad). *Annales du Maghreb et de l'Espagne,* traduites et annotées par E. Fagnan. — Alger, A. Jourdan, 1898, in-8°, 664 p.

R. Af., 1896 à 1901, 14 art. — Importante traduction d'extraits de l'œuvre d'un chroniqueur oriental particulièrement documenté sur les événements du Moghreb ; travail portant sur la période 642-1207, notamment la conquête et le gouvernement de l'Ifrikya par Okba, la fondation de Kairouan, les guerres entre Francs et Musulmans, les tentatives de conquête de Roger de Sicile ; nombreuses notes explicatives. An. par Georges Périn, dans *Bul. G. Hist. Descr.*, 1897, p. 361-362, 1898, p. 3, 1899, p. 10-12, 1900, p. 343-344, 1901, p. 301-306.

4830. — MERCIER (Ernest). *Sidi Okba, ses opérations dans l'Extrême-Sud.* — *R. Af.*, 1898, p. 332-329.

Contribution à l'étude des expéditions d'Okba et de la pénétration de l'islamisme au Soudan ; Barka base des expéditions arabes du VII° siècle, fondation de Kairouan ; mise en garde contre la tradition ennemie de l'histoire dans l'Afrique du Nord. An. par G. Périn, dans *Bul. G. Hist. Descr.*, 1900, p. 346-347.

4831. — LA CONDAMINE (Ch.-Marie de). *La Condamine. Tunis, Le Bardo, Carthage.* Extraits inédits du *Journal de mon voyage au Levant (21 mai-6 octobre 1731)*, publiés avec une introduction, des notes et pièces justificatives par le vicomte Begouen... — Tunis, imp. L. Nicolas, 1898, in-8°, 24 p.

R. T., 1898, p. 71-94. — Manuscrit de la Bibl. nat. ; l'auteur, embarqué sur l'escadre de Duguay-Trouin, visite Tunis, Le Bardo et Carthage.

4832. — *Une Jeanne d'Arc africaine, épisode de l'invasion des Arabes en Afrique : la Kahina.* — Paris, J. André [1898], in-8°, VII-31 p., pl.

4833. — LOTH (Gaston). *Tunis sous la dynastie des Hafsides*... — *R. Enc.*, 1899, t. IX, p. 261-265, 10 phot.

La cour des Hafsides, les fêtes de la kasbah, les jardins du Bardo, les fortifications de Tunis, les quartiers riches, les commerçants des souks, les fondouks chrétiens, l'Université de Tunis, mosquées et monuments divers.

4834. — SAINT-PATHUS (Guillaume de). *Vie de saint Louis*, par Guillaume de Saint-Pathus, confesseur de la reine Marguerite, publiée par H.-François Delaborde. — Paris, A. Picard, 1899, in-8°, XXXII-166 p.

Collection de textes pour servir à l'étude et à l'enseignement de l'histoire, t. 27 Quelques passages concernant Louis IX à Tunis (p. 28, 111, 152-155).

4835. — Loth (Gaston). *La Tunisie, son histoire.* — *R. Enc.*, 1900, t. X, p. 827-933, ill.

Résumé de l'ouvrage signalé sous le n° **5430**; histoire de la Tunisie sous les différentes dominations et jusqu'en 1881; rien sur l'expédition de 1881-1882.

4836. — Moḥammad Saghir ibn Youssouf. *Mechra El Melki, chronique tunisienne (1705-1771), pour servir à l'histoire des quatre premiers beys de la famille husseïnite*, par Mohammed Seghir ben Youssef, de Béja. Ouvrage traduit en français par Victor Serres... et Mohammed Lasram... — Tunis, imp. L. Nicolas, 1900, in-8°, 488 p.

Paru dans *R. T.*, 1896-1900, sous le titre *Soixante ans d'histoire de la Tunisie*. — Ouvrage rédigé en 1763-64; récit des événements qui se sont déroulés du vivant de l'auteur et qui constituent une période complète et bien tranchée de l'histoire tunisienne au XVIII° siècle. An. dans *Q. Dipl. Col.*, 1901, t. XI, p. 255; par Georges Yver, dans *R. Historiq.*, 1902, t. LXXIX, p. 412-413.

4837. — Caudel (M.). *Les premières invasions arabes dans l'Afrique du Nord. L'Afrique du Nord, les Byzantins, les Berbers, les Arabes avant les invasions...* — Paris, E. Leroux, 1900, in-8°, II-207 p.

Parut, avec un autre avant-propos, sous le titre *Les premières invasions arabes dans l'Afrique du Nord (21-100 H., 651-718 J.-C.)...*, dans *J. As.*, 1899, t. XIII, p. 102-155, 189-237, 385-422; t. XIV, p. 50-87, 187-222. — Développement des considérations préliminaires à l'histoire des invasions arabes dans l'Afrique du Nord; configuration du pays, organisation politique et sociale, tournure d'esprit des envahisseurs et des envahis. Les idées générales constituent le premier chapitre du n° **4838**. An. par L. B., dans *R. T.*, 1901, p. 467-469.

4838. — Caudel (Maurice). *Les premières invasions arabes dans l'Afrique du Nord (21-78 H., 641-697 J.-C.)...* — Paris, E. Leroux, 1900, in-8°, VI-201 p.

Bibliothèque d'archéologie africaine..., fasc. III. — Le pays et ses habitants, les conquérants avant les invasions, idées générales développées dans le n° **4837**. Récit des invasions: les premières incursions, les expéditions de 34 à 55 H., puis de 55 à 63 H., enfin de 69 à 78 H. L'auteur conclut en faisant ressortir la facilité du succès des Arabes et comment l'Islam, portant au paroxysme l'instabilité des tribus, brise les liens qui les attachent au sol.

4839. — SPONT (Alfred). *Les Français à Tunis de 1600 à 1789.* — *R. Q. Hist.*, 1900, t. LXVII, p. 88-147.

Étude faite à l'aide du recueil de textes signalé sous le n° **4818**.

4840. — [MARCESCHEAU, vice-consul de France à Tunis]. *Voyage de Marcescheau dans le Sud de la Régence de Tunis en 1826*, publié par J. Letaille. — Tunis, imp. L. Nicolas, 1901, in-8°, 9 p.

R. T., 1901, p. 149-155. — Rapport au baron de Damas, ministre et secrétaire d'État des Affaires étrangères, sur un voyage fait avec le bey du camp (19 février-28 mars 1826).

4841. — MASSON (Paul), professeur d'histoire et de géographie économiques. *Histoire des établissements et du commerce français dans l'Afrique barbaresque (1560-1793) [Algérie, Tunisie, Tripolitaine, Maroc]...* — Paris, Hachette, 1903, in-8°, XXII-678 p., pl.

Étude très détaillée puisée aux meilleures sources; les origines des Concessions d'Afrique, le commerce français et les guerres contre les Barbaresques, les c[ies] du Bastion et du cap Nègre, les échelles de Barbarie (Alger, Tunis, Tripoli, Maroc); la paix avec les Barbaresques et ses premiers résultats (1690-1740), l'essor du commerce français (1740-1793). Bibliographie. An. par Henri Froidevaux, dans *R. Q. Hist.*, 1905, t. LXXVII, p. 200-207; par Georges Yver, dans *R. H. Mod. Cont.*, 1903-1904, t. V, p. 709-713, et dans *R. Af.*, 1906, p. 109-111; par Henri Hauser, dans *R. Histor.*, 1904, t. LXXXV, p. 352-353; par Augustin Bernard, dans *Ann. G., Bibl.*, 1904, p. 225-226.

4842. — MÉDINA (Gabriel). *Le christianisme dans le nord de l'Afrique à travers l'Islam.* — *R. T.*, 1903, p. 268-275.

Régime des chrétiens en pays musulmans sous la domination des premiers khalifes; étude inachevée.

4843. — SFAR (Béchir). *La géographie chez les Arabes...* — Tunis, Imp. rapide, 1904, in-8°, 24 p.

Reproduit (revu et augmenté) dans *R. Sect. tunis.*, 1922, p. 171-204. — Communication faite au XXV° Congrès de géographie (v. n° **4384**). Les connaissances et les progrès accomplis dans l'étude de la géographie par les musulmans du moyen âge; travaux géographiques, cartographiques et dictionnaires des Arabes; leurs relations commerciales avec l'Afrique et l'Europe (d'après l'ouvrage signalé sous le n° **7490**); principaux voyageurs et explorateurs, état actuel de la géographie chez les Arabes.

4844. — FAURE-BIGUET (Général G.). *Histoire de l'Afrique septentrionale sous la domination musulmane.* — Paris, Charles-Lavauzelle [1905], in-8°, 458 p.

L'auteur, en négligeant beaucoup de détails, a voulu faire une synthèse à l'usage du grand public; période antérieure à l'islamisme; l'Afrique dépend des califes d'Orient (740 à 802); de l'avènement des Ar^dlabites à celui des Almoravides (802 à 1067); Almoravides et Almohades (1064 à 1269); de la chute des Almohades à l'apparition des Turcs (1269 à 1510); de l'apparition des Turcs à la conquête française (1510 à 1830). Pas de références. An. par G. Yver, dans *R. Af.*, 1906, p. 106-108; dans *Quinz. col.*, 1906, p. 405-406.

4845. — HAMY (Dr E.-T.). *Le royaume de Tunis en 1271, étude de géographie historique...* — Paris, Imp. nat., 1905, in-8°, 16 p., carte.

Bul. G. Hist. Descr., 1905, p. 31-42, carte. — Les frontières du royaume au lendemain de la mort de saint Louis; rectifie les erreurs commises par Champollion-Figeac dans la traduction du traité conclu (14 février 1271) entre Jacme 1er d'Aragon et l'émir de Tunis. Cf. *ibid.*, p. 182. An. par A. C. [Chuquet], dans *R. Crit.*, 1905, t. LX, p. 375.

4846. — MOTYLINSKI (A. de C.). *Expédition de Pedro de Navarre et de Garcia de Tolède contre Djerba (1510), d'après les sources abâdhites...* — *Actes 14e congrès Alger 1905*, 3e part., t. II, p. 133-159.

Texte et traduction d'une relation dont l'auteur est inconnu, vraisemblablement un habitant de Djerba appartenant à la secte abâdhite; une traduction incomplète parut sous le n° **9070**.

4847. — LOTH (Gaston). *Arnoldo Soler, chargé d'affaires d'Espagne à Tunis, et sa correspondance, 1808-1810.* Thèse... — Tunis, Imp. rapide, 1905, in-8°, 98 p.

Thèse pour le doctorat, Faculté des lettres de Paris, 1904-1905. — Reproduit dans *R. T.*, 1905, p. 194-206, 305-319, 377-385, 531-537; 1906, p. 45-50, 143-161. — Les lettres postérieures à 1808 sont traduites et reproduites; celles antérieures à cette date sont résumées. Difficultés qu'éprouve l'agent espagnol

4848. — MONCHICOURT (Ch.). *La Tunisie et l'Europe. Quelques documents relatifs aux* XVIe, XVIIe *et* XVIIIe *siècles.* — R. T., 1905, p. 89-104, 516-537.

Texte de trois lettres de Ferdinand le Catholique concernant une nouvelle entreprise contre Djerba et Tunis (1510) et de petits journaux des XVIe et XVIIe siècles au sujet du coup de main des chevaliers de Malte contre Hammamet (1605) et de la destruction de navires tunisiens sous La Goulette (1640); résumé d'autres plaquettes relatives à la répression de la piraterie. Cf. Canal (Joseph), *Au temps des corsaires, Dragut. Ren. N.-Afric.*, 1905, p. 98-101.

4849. — GÉRIN-RICARD (H. de). *Étienne Famin et son véritable rôle diplomatique à Tunis (1795-1802).* — Tunis, Imp. rapide, 1905, in-8°, 19 p., pl.

R. T., 1905, p. 177-193, pl. — Rectification d'erreurs commises dans différents ouvrages, en particulier celui de Plantet (v. n° **4818**) au sujet du traité de paix que Famin, commissaire de la République française, à Tunis, de 1796 à 1799, aurait négocié, en 1797, entre les États-Unis d'Amérique et la Régence.

4850. — HUGON (H.). *Une mission topographique à Tunis en 1808.* — R. T., 1905, p. 369-376, 2 pl.

Analyse des dix feuilles composant l'atlas du commandant Boutin.

4851. — COQUELLE (P.). *La mission de J.-B. de Cocquiel à Alger et à Tunis (1640), d'après des documents inédits...* — Paris, Imp. nat., 1906, in-8°, 31 p.

Extr. du *Bul. historique et philologique*, 1905. — Pages de l'histoire de la Régence d'Alger au XVIIe siècle; accords de 1619, 1628 et 1629 entre la France et la Régence, destruction du Bastion de France par les Turcs; négociations de Cocquiel; Richelieu lui donne mandat de négocier avec le bey de Tunis; traités du 7 juillet 1640; expéditions de Duquesne, rétablissement du Bastion de France; notes et références.

4852. — MASSON (Paul). *Marseille et la colonisation française. Essai d'histoire coloniale...* — Marseille, imp. Barlatier, 1906, in-8°, 592 p., cartes, ill.

Exposition coloniale de Marseille, 1906. — 2e éd., Paris, Hachette, 1912, in-8°, XI-592 p., cartes, ill. — Rôle joué par Marseille dans la colonisation depuis l'antiquité jusqu'à nos jours; en Barbarie du xvi⁰ au xviii⁰ siècle, en Algérie-Tunisie-Maroc au xix⁰ siècle (v. n° **4392**). An. par G. Fagniez, dans *C. R. Ac. Sc. Mor. Pol.*, 1907, t. LXVII, p. 252-255; dans *Bul. Com. A. F.*, 1909, sup., p. 68; par Maurice Zimmermann, dans *Ann. G., Bibl.*, 1907, p. 66; par Pierre Clerget, *ibid.*, 1913, p. 17-18.

4853. — Médina (Gabriel). *L'expédition de Charles-Quint à Tunis, la légende et la vérité.* — *R. T.*, 1906, p. 185-194, 301-307, pl.

Circonstances qui engagèrent Charles-Quint à commander l'expédition, but de l'empereur.

4854. — *Documents sur l'expédition de Tripoli en 1209 de l'hégire (1795).* — *R. T.*, 1906, p. 283-291.

Traduction par B. Roy d'un mémoire adressé au sultan Sélim III par Hamouda, bey de Tunis, à la suite de l'expédition de Tripoli; annexes.

4855. — Dislère (Paul). *Les États barbaresques en 1766...* — Paris, R. Chapelot, 1906, in-8°, 10 p.

Extr. de notes de M. de Vaudricourt, sous-commissaire de la Marine, qui fit partie de l'escadre chargée de la démonstration, en 1766, sous les ordres du prince de Listenois Beauffremont, à Alger, Tunis, Tripoli et en Méditerranée orientale.

4856. — [Abou'l Maḥasin ibn Tagrī-Bardī]. *En-Nodjoum ez-Zâhira (extraits relatifs au Maghreb)*, par E. Fagnan... — Constantine, imp. D. Braham, 1907, in-8°, 114 p.

F*Rec. Soc. Arch. Const.*, 1906, p. 269-382. — Présentation et traduction, par E. Fagnan, d'extr. de l'ouvrage de l'auteur égyptien Djemâl ed-Din Abou'l Mehâsin Yoûsof ben Tangri-berdi, concernant l'histoire de la période s'étendant de 641 à 1438; index (p. A.-G), nombreuses références.

4857. — Bréhier (Louis). *L'Église et l'Orient au moyen âge, les croisades...* 3ᵉ édit. — Paris, J. Gabalda, 1911, in-18, xv-383 p.

Bibliothèque de l'enseignement de l'histoire ecclésiastique. — 1ʳᵉ éd., *ibid.*, 1907, in-18, xv-377 p. — La politique orientale de Charles d'Anjou et l'expédition de Tunis (p. 233-241); bibliographie, références.

4858. — RAMPAL (Auguste). *Une relation inédite du voyage en Barbarie du médecin naturaliste marseillais Peyssonnel...* — Paris, Imp. nat., 1908, in-8°, 28 p.

Bul. G. Hist. Descr., 1907, p. 317-340. — Analyse du manuscrit n° 1373 de la bibl. d'Avignon qui complète l'ouvrage signalé sous le n° **4762**; notes bibliographiques sur J.-A. Peyssonnel; extr. de ce manuscrit : audience du bey, Carthage, réception à Testour.

4859. — HAMY (Dr E.-T.). *Peyssonnel et Antoine de Jussieu...* — Paris, Imp. nat., 1908, in-8°, 7 p.

Bul. G. Hist. Descr., 1907, p. 341-345. — Rapport de Jussieu sur les lettres de Peyssonnel (v. n° **4762**) faisant ressortir l'esprit pratique du professeur et la façon dont il suivait ses élèves.

4860. — MASSON (Paul). *Les Compagnies du corail; étude historique sur le commerce de Marseille au xvie siècle et les origines de la colonisation française en Algérie-Tunisie...* — Paris, Fontemoing, 1908, in-8°, 254 p., 5 pl.

Étude faite à l'aide de documents conservés aux Arch. départementales de l'Isère; les débuts de la c^{ie} du corail (1533-1580), ses vicissitudes; les établissements marseillais en Algérie au xvie siècle, la pêche du corail et le commerce des épices, les c^{ies} de Tunis. An. par Henri Hauser, dans *R. Historiq.*, 1908, t. XCVII, p. 354-355; par G. Fagniez, dans *C. R. Ac. Sc. Mor. Pol.*, 1908, t. LXIX, p. 731-732; par Augustin Bernard, dans *Ann. G., Bibl.*, 1909, p. 72-73.

4861. — PIQUET (Victor). *Les civilisations de l'Afrique du Nord, Berbères, Arabes, Turcs.* — Paris, A. Colin, 1909, in-16, ix-396 p., 4 cartes.

2e éd., *ibid.*, 1917, in-16, ix-398 p., 4 cartes. — Résumé de l'histoire des Berbères (Libyens, Numides et Maures) jusqu'à l'arrivée des Arabes, puis histoire de la Berbérie musulmane jusqu'à l'établissement des Français. L'histoire des civilisations est étouffée sous l'histoire purement politique; citations nombreuses, mais parfois inexactes; bibliographie incomplète. An. dans *Bul. Soc. G. Oran*, 1909, p. 611-612; par Alfred Bel, *ibid.*, 1910, p. 304-315; dans *R. T.*, 1910, p. 177-180; par H. Rogé, dans *Bul. Soc. G. Com. Paris*, 1910, p. 144; dans *Q. Dipl. Col.*, 1910, t. XXIX, p. 455-456 et 712; par E. D. [Driault], dans *R. Historiq.*, 1911, t. CVI, p. 194-195; par A. Ch. [Chuquet], dans *F. H.*, 1910, t. IV, p. 189; par J. Peyrat, dans *R. Indig.*, 1909, p. 539-541; par Jacques Lux, dans *R. P. L.*, 1910, 2e sem., p. 96; dans *Bul. Com. A.F.*, 1910, sup., p. 30-31; dans *R. F. Étr. Col.*, 1910, p. 128; dans *Quinz. col.*, 1910, p. 20; par Augustin Bernard, dans *Ann. G., Bibl.*, 1910, p. 237.

4862. — HANNEZO (Lieut^t-Colonel). *Occupation espagnole de La Goulette et Tunis, de 1535 à 1574.* — Tunis, Imp. rapide, 1912, in-8°, 51 p., portr., fig., plans.

R. T., 1912, p. 3-20, 177-191, 248-262. — Expédition de Charles-Quint contre Barberousse (1535), prise de La Goulette et de Tunis; reprise de ces villes par les Turcs (1574). An. par Ch. de La Roncière, dans *Bul. G. Hist. Descr.*, 1918, p. XLVIII-XLIX.

4863. — MOHAMMED EL HACHAÏCHI. *Le début de l'histoire dans l'Islam et les historiens arabes de Carthage.* — R. T., 1912, p. 200-204.

Conférence à l'Institut de Carthage.

4864. — P. G.-G. [GARRIGOU-GRANDCHAMP]. *Documents divers relatifs à la croisade de Saint-Louis contre Tunis (1270).* — Tunis, Imp. rapide, 1912, in-8°, 36 p.

R. T., 1912, p. 384-394, 447-470; 1913, p. 480-481, phot. — Résumé de la croisade; texte, traduction et reproductions de documents, notamment le traité de 1270, commentaire de Silvestre de Sacy. An. par R. M. [Michel], dans *R. Historiq.*, 1913, t. CXII, p. 162.

4865. — CONOR (Marthe). *Les exploits d'Alonso de Contreras, aventurier espagnol, en Tunisie (1601-1611).* — R. T., 1913, p. 597-611.

Résumé et extr. des *Mémoires du capitan Alonso de Contreras... écrits par lui-même et mis en français* par Marcel Lami et Léo Rouanet. Paris, Champion, 1911, in-16.

4866. — *Mémoires de Philippe Prévost de Beaulieu-Persac, capitaine de vaisseau (1608-1610 et 1627), publiés...* par Ch. de La Roncière. — Paris, H. Laurens, 1913, in-8°, XXXVI-292p.

Publiés par la Soc. de l'histoire de France. Dans la 1re part., Discours du voyage faict en Levant (1608-1610) : rencontre avec l'escadre algérienne de Dansa, combat naval avec l'escadre tunisienne de Soliman, destruction de la flotte tunisienne à La Goulette. Appendices : documents divers sur les corsaires tunisiens, le combat de La Goulette, historique des relations franco-tunisiennes (26 août 1610). An. par Henri Froidevaux, dans *R. H. Col. Fr.*, 1914, p. 382-386; par Henri Hauser, dans *R. Historiq.*, 1914, t. CXV, p. 365-366.

4867. — MARÇAIS (Georges). *Les Arabes en Berbérie du xie au xive siècle*... — Paris, E. Leroux, 1913, in-8°, 771 p., carte.

Faculté des lettres de Paris, Thèse pour le doctorat. — Extr. de *Rec. Soc. Arch. Const.*, 1913, p. 1-771, carte. — Étude de sociologie arabo-berbère au moyen âge; l'invasion, la fin des empires çanhâjiens, le passage des Arabes en Moghreb extrême et l'épopée des Benoû Râniya; rapports des Arabes avec les princes sédentaires, le makhzen, les Arabes en Moghreb central, en Moghreb el Aqçâ et en Ifrikia pendant les xiiie et xive siècles; état des Arabes en Berbérie à la fin du xive siècle; conclusions sur la vie des Arabes en Berbérie, organisation sociale, rôle politique; index; importante bibliographie. An. par Ed. Michaux-Bellaire, dans *R. M. Mus.*, 1914, t. XXVII, p. 409-413; par M. G.-D. [Gaudefroy-Demombynes], dans *R. Crit.*, 1914, t. LXXVIII, p. 1-4; par A. Cour, dans *Bul. Soc. G. Arch. Oran*, 1914, p. 237-238; par Georges Yver, sous le titre *L'invasion hilâlienne d'après un livre récent*, dans *R. Af.*, 1918, p. 97-114; par A. Bel, dans *J. As.*, 1915, t. VI, p. 343-353; par Augustin Bernard, dans *Ann. G., Bibl.*, 1915, p. 31.

4868. — MONCHICOURT (Ch.). *L'expédition espagnole de 1560 contre l'île de Djerba (Essai bibliographique, récit de l'expédition, documents originaux)*... Thèse... — Paris, E. Leroux, 1913, in-8°, ii-273-iii p., 13 fig.

Thèse pour le doctorat, Faculté des lettres de Paris, 1912-1913. — Autre éd., *ibid.* — Paru dans *R. T.*, 1913, p. 499-516, 627-653; 1914, p. 14-37, 136-155, 227-246, 332-353, 419-450. — Excellente monographie. Bibliographie de la question y compris les documents géographiques relatifs à Djerba; description de l'île, récit détaillé des événements de 1560 en insistant sur le côté tunisien de l'affaire : les préparatifs de l'expédition contre Dragut, la prise du château de Djerbâ, le désastre naval, le siège et la capitulation de la forteresse. Documents rares ou inédits (v. n° **9072**). An. par Henri Froidevaux, dans *R. H. Col. Fr.*, 1915, p. 537-543; par Cl. Huart, dans *R. H. Relig.*, 1917, t. LXXV, p. 381-383; par G. Esquer, dans *R. Af.*, 1918, p. 508-509; par Cl. Huart, dans *J. As.*, 1916, t. VIII, p. 541-543; par L. Gallois, dans *Ann. G., Bibl.*, 1915, p. 33-34.

4869. — *Saint Vincent de Paul, textes choisis et commentés* par J. Calvet... — Paris, Plon [1913], in-16, ii-336 p., portr.

Bibliothèque française, xviie siècle. — Consulter notamment les premières lettres de saint Vincent de Paul (esclavage à Tunis) et celles sur les missions d'Alger, les missions de Barbarie; bibliographie.

4870. — GARRIGOU-GRANDCHAMP (P.). *Documents relatifs à la fin de l'occupation espagnole en Tunisie (1569-1574)*. — *R. T.*, 1914, p. 3-13, 3 pl.

Résumé de la dernière phase du conflit hispano-ottoman en Tunisie(1569-1574); publication de documents inédits relatifs à ces cinq années. An. dans *R. H. Col. Fr.*, 1916, p. 236-239.

4871. — GROSJEAN (Georges). *La maîtrise de la Méditerranée et la Tunisie pendant la Révolution française (1789-1802). Étude d'histoire diplomatique et navale.* — Paris, Chapelot, 1914, in-16, 274 p.

L'action française en Tunisie dictée par des conditions pressantes tirées des besoins de son ravitaillement et des nécessités de la défense nationale; la mission de Devoize, lutte contre Herculais envoyé extraordinaire.

4872. — GLEIZES (Raymond), prêtre. *Jean Le Vacher, vicaire apostolique et consul de France à Tunis et à Alger (1619-1683), d'après les documents contemporains.* — Paris, J. Gabalda, 1914, in-8°, xvii-294 p.

Histoire de ce missionnaire qui remplit les fonctions de consul de France à Tunis, puis à Alger; son rôle pour le rachat des esclaves, ses travaux apostoliques, sa mort à la bouche du canon «La Consulaire» en 1683. An. par Henri Froidevaux, dans *R. Q. Hist.*, 1914, t. LII, p. 549-553; par Paul Deslandres, dans *R. É. H.*, 1915, p. 62-63.

4873. — MESNAGE (Le P. J.). *Le christianisme en Afrique : déclin et extinction...* — Alger, A. Jourdan; Paris, A. Picard, 1915, gr. in-8°, xiv-302 p., carte en coul.

Recherche des causes de la disparition rapide du christianisme en Afrique entre 647 et 710; étude de la conduite de l'Islam; période vandale, période byzantine, état religieux et politique de l'Afrique à l'arrivée des Arabes, conquête e islamisation de l'Afrique, causes de l'extinction des chrétientés indigènes; références.

4874. — MESNAGE (Le P. J.). *Le christianisme en Afrique : église mozarabe, esclaves chrétiens...* — Alger, A. Jourdan; Paris, A. Picard, 1915, gr. in-8°, xiii-261 p., cartes en coul.

Le renouveau de vie chrétienne en Afrique aux xiii° et xiv° siècles; l'église mozarabe à l'époque des Almohades, conséquences de l'invasion hilalienne; l'église mozarabe chez les Hafsides de Tunis, dans le royaume zaianide de Tlemcen, au Maroc des Mérinides; les églises portugaises et espagnoles, causes de leur extinction; traite et rachat des esclaves; l'apostolat en Barbarie au xvi° siècle, au Maroc aux xvi° et xvii°, abolition de la traite des esclaves; nombreuses références.

4875. — Abou'l 'Arab Mohammad ibn Ahmad ibn Tamīm et Mohammad ibn al Hārith ibn Asad al-Khochanī. *Classes des savants de l'Ifrīqīya*, par Abu'l-'Arab Mohammed ben Ahmed ben Tamīm et Mohammed ben al-Hārit ben Asad al Hošanī. Texte arabe, publié avec une traduction française et des notes par Mohammed ben Cheneb, professeur à la Médersa d'Alger... — Paris, E. Leroux; Alger, J. Carbonel, 1915-1920, 2 vol. in-8°, 300 et xxvi-415 p.

Publications de la Faculté des lettres d'Alger, Bulletin de Correspondance africaine, t. LI et LII. — Comprend trois ouvrages et fournit notamment un recueil de biographies anecdotiques des savants les plus célèbres qui ont vécu à Kairouan et à Tunis depuis la conquête musulmane jusqu'à la première moitié du iv° siècle H., ainsi que des détails historiques sur la conquête de l'Ifrīqīya. An. par M. G. D. [Gaudefroy-Demombynes], dans *R. Crit.*, 1916, t. LXXXII, p. 125-126; par H. M., dans *R. M. Mus.*, 1921, t. XLIII, p. 284; par Georges Marçais, dans *R. Af.*, 1921, p. 178-182.

4876. — Monchicourt (Ch.). *Le voyageur Peyssonnel, de Kairouan au Kef et à Dougga (août 1724)*. — *R. T.*, 1916, p. 266-277, 356-364.

Complément aux études signalées sous les n°ˢ **4762** et **4858**. à l'aide du manuscrit n° 1373, de la bibl. d'Avignon. Cf. Auguste Rampal, *La correspondance de Barbarie de J.-A. Peyssonnel et le but véritable de son voyage (1724-1725). R. T.,* 1917, p. 388-399. An. dans *R. H. Col. Fr.*, 1917, p. 484-488.

4877. — Misermont (Lucien), prêtre de la mission. *Études sur Jean Le Vacher, consul de France et vicaire apostolique : Le martyre (28 juillet 1683)*. — Paris, J. Gabalda, 1917, in-8°, xix-51 p.

Étude montrant que la mort de Jean Le Vacher remplit toutes les conditions du vrai martyre; bibliographie et biographie. An. par A. B., dans *R. É. H.*, 1918, p. 78-79; par G. Esquer, dans *R. Af.*, 1918, p. 283.

4878. — Conor (M.) et Grandchamp (P.). *Relation du court voyage d'un antiquaire amateur [Felice Caronni] surpris par les corsaires, conduit en Barbarie et heureusement rapatrié* [1804]... — Tunis, Imp. rapide, 1917, in-8°, 72 p.

R. T., 1916, p. 287-294, 393-403; 1917, p. 30-54, 97-122. — *Ragguaglio del viaggo compendioso di un dilettante antiquario sorpreso da'corsari, condotto in Barberia e felicemente ripatriato*. Milano, F. Sonzogno, 1805-1806, 2 t. en 1 vol. in-8°; détails de l'agression, transfert en Barbarie, arrivée à Tunis par terre, premières journées en Barbarie, observations de l'auteur sur la milice, la marine, libération définitive. Annexes, correspondance relative au Père Caronni, notamment lettres du commissaire général Devoize. An. par Georges Yver, dans *R. Af.*, 1918, p. 507-508.

4879. — Roy (B.). *Deux documents inédits sur l'expédition algérienne de 1628 (1037 Hég.) contre les Tunisiens.* — *R. T.*, 1917, p. 183-204.

Résumé du texte italien et texte *in extenso* du récit de la campagne par Marcello Attardo, esclave de Mourad Bey; texte arabe et traduction du traité de 1628.

4880. — Grandchamp (Pierre). *Pages d'histoire tunisienne. II. L'incident du Guérin-Mesquin, 6 prairial an XII (26 mai 1804).* — Tunis, Imp. rapide, 1917, in-8°, 15 p.

R. T., 1917, p. 325-337. — Résumé de l'incident survenu à Kelibia et publication de sept documents provenant des archives de la Résidence.

4881. — *Journal de l'ambassade de Suleiman Aga à la Cour de France (janvier-mai 1777), rédigé par Ruffin, interprète du roi*, publié avec une préface, des notes et des éclaircissements par Marthe Conor et Pierre Grandchamp. — Tunis, Imp. rapide, 1917, in-8°, XIV-123 p., grav.

R. T., 1917, n° spécial, 1. — *Mémoires et documents rares ou inédits relatifs à la Tunisie...* — Publication intégrale de ce *Journal*, qui existe sous la cote *Manuscrits français* n° 13982, à la Bib. nat. de Paris, et dont l'auteur fut chargé par le roi de la conduite de l'ambassadeur extraordinaire du bey. Pièces annexes (v. n° **4828**). An. dans *R. H. Col. Fr.*, 1919, 1er sem., p. 337-339; par G. Yver, dans *R. Af.*, 1918, p. 149-150.

4882. — Hilaire (Général Jean). *La Kahéna... drame historique en 5 actes en vers*, préface de Georges Dubosc. — Rouen, H. Defontaine [1918], in-8°, IX-103 p.

Composé vers 1898, par l'auteur alors lieut^t; la préface constitue une notice sur l'épopée de la Kahéna; le drame se passe en 703-704 de J.-C., au plus fort de la lutte entre les Berbères de la Kahéna et les envahisseurs arabes. An. dans *Bul. Com. A. F.*, 1921, sup., p. 59.

4883. — MONCHICOURT (Charles). *Épisodes de la carrière tunisienne de Dragut (1550-1551)*. — Tunis, Imp. rapide, 1918, in-8°, 30 p., carte, croq.

R. T., 1917, p. 317-324 ; 1918, p. 35-43, 263-273. — L'insécurité en Méditerranée durant l'été de 1550 ; essais du chef corsaire Dragut de se constituer en Tunisie une souveraineté territoriale (hiver 1550-1551) ; le stratagème qu'il employa à El-Kantara de Djerba pour soustraire sa flotte à l'ennemi. An. dans *R. H. Col. Fr.*, 1920, 1er sem., p. 361-367.

4884. — GRANDCHAMP (Pierre). *Pages d'histoire tunisienne.* III. *Désignation d'un vice-consul de France pour Sousse, Monastir, Sfax et Djerba en février 1686.* — Tunis, Imp. rapide, 1918, in-8°, 3 p., fac-similé.

R. T., 1918, p. 44-46. — Désignation de Louis Benoit, comme titulaire de cette fonction ; sans doute le premier Français chargé de défendre nos intérêts sur la côte orientale de la Régence. An. dans *R. H. Col. Fr.*, 1920, 1er sem., p. 377-378.

4885. — GRANDCHAMP (Pierre). *Pages d'histoire tunisienne.* IV. *Antoine Michel, consul de France à Tunis, 30 sept. 1679-23 nov. 1680, 9 février 1685-6 février 1690.* — Tunis, Imp. rapide, 1918, in-8°, 8 p.

R. T., 1918, p. 118-123, fac-similé. — Le consul de 1685 n'est autre que le consul suppléant de 1679 (v. n° **4818**). An. dans *R. H. Col. Fr.*, 1920, 2° sem., p. 170-171.

4886. — GRANDCHAMP (Pierre). *Pages d'histoire tunisienne.* V. *Établissement en 1692 d'une auberge dans le fondouk de la Nation française ; sa suppression en 1778.* — S. l., [1918], in-8°, 7 p.

R. T., 1918, p. 226-232, fac-similé. — Documents donnant des détails sur l'intérieur des fondouks.

4887. — AUZOUX (André). *La mission de l'amiral Leissègues à Alger et à Tunis, 1802.* — *R. ét. napoléon.*, 1918, t. XIII, p. 65-95.

Politique du Premier Consul à l'égard des Barbaresques ; démonstration de l'amiral Leissègues, ses résultats. An. dans *R. T.*, 1918, p. 136-137.

4888. — GRANDCHAMP (Pierre). *Le citoyen Louis Guiraud, proconsul de la République française à Tunis (12 avril-20 sept. 1796); correspondance et documents inédits...* — Tunis, Imp. rapide, 1919, in-8°, 91 p., fac-similé, 4 pl.

<small>R. T., 1919, p. 25-119, 4 pl. — L'œuvre de désorganisation d'Herculais et de son successeur Guiraud à Tunis; leur lutte contre Devoize, consul général et chargé d'affaires. An. dans R. H. Col. Fr., 1922, 1ᵉʳ sem., p. 116-126; par G. Lacour-Gayet, dans C. R. Ac. Sc. Mor. Pol., 1919, t. XCII, p. 94-95.</small>

4889. — GRANDCHAMP (Pierre). *La France en Tunisie à la fin du XVIe siècle (1582-1600). Documents inédits publiés sous les auspices de la Résidence générale de France à Tunis...* — Tunis, Imp. rapide, 1920, in-8°, XXI-231 p., portr., fac-simil.

<small>1ᵉʳ vol. d'une importante collection constituant l'inventaire des archives du consulat de France à Tunis de 1582 à 1700. Les «actes» figurant dans les registres du consulat sont analysés, ceux concernant la nation française et les cⁱᵉˢ installées en Tunisie pour la pêche du corail sont reproduits *in extenso* (v. nᵒˢ **4892**, **4903** et **4907**). An. dans R. T., 1921, p. 268-269; par G. Rectenwald, dans R. Alg. Tun. Maroc. lég. jurisp., 1921, 1ʳᵉ part., p. 186; dans Bul. Com. A. F., 1920, p. 340; par G. Yver, dans R. Af., 1921, p. 189-190; par Augustin Bernard, dans Bul. Soc. G. Paris, 1921, t. XXXV, p. 307.</small>

4890. — DUPUY (Aimé). *La croisade de 1270 (Saint Louis à Carthage).* — Tunis, imp. Namura et Bonici, 1920, in-16, 11 p.

<small>An. par Ch. Roger Dessort, dans R. T., 1920, p. 120-123.</small>

4891. — GLEIZES (Raymond). *Saint Vincent de Paul esclave à Tunis.* — R. T., 1920, p. 208-216.

<small>Détails sur Tunis au début du XVIIᵉ siècle.</small>

4892. — GRANDCHAMP (Pierre). *La France en Tunisie au début du XVIIe siècle... Suite des documents inédits...* — Tunis, Imp. rapide, 1921-1925, 2 vol. in-8°, VI-256 et XII-503 p., fac-simil.

<small>Suite du vol. n° **4889**. T. II, *1601-1610*; t. III, *1611-1620* : analyse des actes passés en chancellerie, documents annexes, tables (v. nᵒˢ **4902** et **4907**). An. par J. T. [Tramond], dans R. H. Col. Fr., 1925, p. 629-631; par G. R. [Rectenwald], dans R. Alg. Tun. Maroc. lég. jurisp., 1922-1923, 1ʳᵉ part., p. 258-259, et 1925, 1ʳᵉ part., p. 187-188; par G. Yver, dans R. Af., 1922, p. 514-515; dans Bul. Com. A. F., 1922, p. 59, et 1925, sup., p. 449-450.</small>

4893. — GRANDCHAMP (Pierre). *La mission de Pléville-le-Pelley à Tunis (1793-1794).* — Tunis, Imp. rapide, 1921, in-8°, xii-135 p., portr.

Chargé par les Représentants du Peuple de remplacer le commandant Vence, dénoncé comme suspect et bloqué à Tunis avec son escadre, il se rend à Tunis, où, après enquête, il refuse de lui enlever son commandement. Publication de documents inédits : journal de la mission, correspondance, comptes de la mission, documents annexes. An. par Henri Froidevaux, dans *R. H. Col. Fr.*, 1922, 2° sem., p. 317-322 ; par G. Rectenwald, dans *R. Alg. Tun. Maroc. lég. jurisp.*, 1921, 1ʳᵉ part., p. 186-187; par G. Esquer, dans *R. Af.*, 1921, p. 394; dans *Bul. Soc. G. Paris*, 1921, t. XXXVI, p. 405; par G. Lacour-Gayet, dans *C. R. Ac. Sc. Mor. Pol.*, 1921, 2° sem., p. 546; dans *Bul. Com. A. F.*, 1921, sup., p. 208.

4894. — HANNEZO (G.). *Documents inédits concernant la Tunisie.* — *R. T.*, 1921, p. 80-82, 143-145, 217-219.

Documents manuscrits de la bibl. de Douai intéressant la période de 1762-1779 et relatifs aux affaires de l'Échelle de Tunis pendant le consulat de M. de Saizieu; ne figurent pas dans l'ouvrage signalé sous le n° **4818**. Cf. *ibid.*, 1922, p. 265-272, autres documents inédits provenant de la bibl. de Carpentras relatifs au xvii° siècle.

4895. — MONCHICOURT (Ch.). *Un autre texte du Mémoire sur Tunis, publié par Chateaubriand...* — Paris, au siège de la Soc., 1923, in-8°, paginé 67-104.

Société de l'*Histoire des colonies françaises*. — *R. H. Col. Fr.*, 1923, t. XVI, p. 67-104. — A l'aide d'un autre exemplaire récemment retrouvé, l'auteur dévoile la personnalité du *Mémoire* et les circonstances qui ont entouré la rédaction de ce rapport (v. n° **4781**). Influence de ce dernier sur les ouvrages concernant la Tunisie parus postérieurement.

4896. — *Lettres sur l'histoire politique de la Tunisie de 1728 à 1740.* — *R. T.*, 1924, p. 209-230; 1925, p. 287-303; 1926, p. 352-364, 457-483.

Publication annotée et commentée par Marcel Gandolphe d'un manuscrit appartenant au comte Bégouën et intitulé : « Recueil de diverses lettres écrites en forme de journal par un Français résidant à Tunis sur les révolutions arrivées dans le royaume du Gouvernement »; ces 22 lettres concernent la rivalité d'Ali Pacha et d'Hossein Bey.

4897. — MONCHICOURT (Ch.). *Fragmens historiques et statistiques sur la Régence de Tunis, suivis d'un itinéraire dans quelques régions* *du Sahara,* par le comte Filippi, agent et consul général de S. M. à Tunis. — Paris, au siège de la Soc., 1924, 3 broch. in-8°, paginé 193-236, 381-428, 551-592, fig.

<small>*Société de l'Histoire des colonies françaises.* — *R. H. Col. Fr.*, 1924, p. 193-236, 381-428, 551-592. — Notice sur la vie et les ouvrages du comte Filippi, consul de Sardaigne à Tunis (1825-1830); origine de la maison régnante, avènement du bey actuel. la régence de Tunis, Tunis et ses alentours, climat, productions, sciences, religion, lois, langage, mœurs et usages des Tunisiens; forces militaires et maritimes de la Régence (p. 551-561); rapports avec la Porte, relations avec les puissances européennes; finances, douanes; attributions du bey; manière d'attaquer la Régence en cas de rupture (v. n° **4905**). Cf. *Bul. Arch.*, 1898, p. CLXI-CLXII.</small>

4898. — SERRES (Jean), consul de France. *Mémoires concernant l'état présent du royaume de Tunis,* par M. Poiron, avec une préface et des notes. — Paris, E. Leroux, 1925, in-8°, XVII-106 p.

<small>*Publications de l'Institut des Hautes Études marocaines,* t. XV. — Publié partiellement dans l'ouvrage signalé sous le n° **4786**; description du royaume de Tunis, forces et revenus du souverain, caractère et mœurs des divers peuples du royaume, forme du Gouvernement, la ville de Tunis, ses souverains, événements les plus importants survenus de 1701 à 1752, la guerre franco-tunisienne de 1740 à 1743. Cf. *R. H. Col. Fr.,* 1921, 1er sem., p. 322-323.</small>

4899. — GRANDCHAMP (Pierre). *Documents relatifs aux corsaires tunisiens* (2 octobre *1777-4 mai 1824*). Documents publiés sous les auspices de la Résidence générale de France à Tunis. — Tunis, imp. J. Barlier, 1925, in-8°, 88 p., ill.

<small>Récapitulation des passeports demandés au consul de France pour les corsaires tunisiens. An. par J. T. [Tramond], dans *R. H. Col. Fr.,* 1925, p. 628; dans *Bul. Com. A. F.,* 1925, sup., p. 416.</small>

4900. — MAGALI-BOISNARD. *Le roman de la Kahena,* d'après les anciens textes arabes. — Paris, H. Piazza, 1925, in-16, VIII-182 p.

<small>An. par J. Ladreit de Lacharrière, dans *Bul. Com. A. F.,* 1925, sup., p. 573.</small>

4901. — LANFREDUCCI et BOSIO. *Costa e discorsi di Barberia. Rapport maritime, militaire et politique sur la côte d'Afrique, depuis le Nil jusqu'à Cherchell,* par deux membres de l'Ordre de Malte (1er septembre 1587). Manuscrit italien des Archives du Gouvernement général de l'Algérie, publié avec une préface, des notes et des éclaircissements par Ch. Monchicourt... traduction française de Pierre Grandchamp... — *R. Af.*, 1925, p. 419-549, 8 pl.

Complément du n° **4261**; indications sur les auteurs et sur l'ouvrage, texte italien et traduction, nombreuses références.

4902. — GRANDCHAMP (Pierre). *La France en Tunisie au XVIIe siècle... Suite des documents inédits...* — Tunis, imp. J. Barlier [puis J. Aloccio], 1926-1932, 6 vol. in-8°, fac-similé.

Suite des vol. signalés sous les n°* **4889** et **4892**. T. IV, *1621-1630*; t. V, *1631-1650*; t. VI, *1651-1660* (v. n°* **4908** et **4909**); t. VII, *1661-1680*; t. VIII, *1681-1700*; t. IX, *Correspondance de Nicolas Béranger, de Marseille, marchand à Tunis* (v. n° **4907**). An. par J. Tramond, dans *R. H. Col. Fr.*, 1926, p. 272-273, et 1927, p. 466-468; dans *Bul. Com. A. F.*, 1926, sup., p. 236; par C. Kehl, dans *Bul. Soc. G. Arch. Oran*, 1926, p. 273.

4903. — LA RONCIÈRE (Ch. de). *La France en Tunisie au temps de Henri IV et de Louis XIII.* — *J. Savants*, 1926, p. 167-172.

Analyse détaillée des quatre premiers vol. de documents inédits publiés par P. Grandchamp (v. n°* **4889** et **4892**).

4904. — VACHEROT (Louis). *Éphémérides tunisiennes ou deux cent dix années de l'histoire de Tunis,* précédées d'une introduction historique... — *R. T.*, 1926, p. 383-434.

Publication intégrale d'un manuscrit offert par l'auteur, en 1856, à M'Hamed Bey, donnant une chronologie de tous les événements principaux survenus dans la Régence, depuis l'établissement du Gouvernement des deys (1590) jusqu'en 1800.

4905. — MONCHICOURT (Ch.). *Itinéraire dans quelques régions du Sahara,* par le comte Filippi (*5 mars-8 mai 1829*). — *R. H. Col. Fr.*, 1926, p. 235-260, 387-422, 537-592, croq.

Seconde partie du travail du comte Filippi (v. n° **4897**). Récit détaillé et journalier de sa randonnée à travers la Tunisie par Bizerte, Mateur, Béja, Dougga, Le Kef, Kairouan, Djilma, Gafsa, Tozeur, Nefta, Tlemine, Gabès, île de Djerba, Sfax, Sousse, Nabeul et retour à Tunis.

4906. — Ibn Faḍl Allāh al-ʿOmarī. *Masālik el absār fi mamālik el amṣār.* I. *L'Afrique, moins l'Égypte,* traduit et annoté avec une introduction... par Gaudefroy-Demombynes. — Paris, P. Geuthner, 1927, gr. in-8°, LXVIII-284 p., 5 cartes.

Bibliothèque des géographes arabes, t. II. — Traduction d'une partie d'un ouvrage écrit entre 1340 et 1349, «sorte d'encyclopédie où sont résumées les connaissances essentielles à un homme cultivé»; renseignements provenant de lectures et surtout d'informations orales sur l'empire mérinide de Fès, le royaume abdelwādite de Tlemcen, l'état hafside de Tunis (l'Ifriqiya); quelques pages sur l'Espagne musulmane.

4907. — Gleizes (Abbé Raymond). *La France en Tunisie; le consul Le Vacher.* — Bordeaux, imp. J. Bière, 1928, in-8°, 22 p.

R. Q. Hist., 1928, t. CIX, p. 81-100. — L'œuvre de Jean Le Vacher à Tunis et analyse des sources précieuses d'histoire publiées par P. Grandchamp (v. nᵒˢ **4889, 4892** et **4902**).

4908. — Grandchamp (Pierre). *La prétendue captivité de Saint-Vincent de Paul à Tunis (1605-1607).* — Tunis, imp. J. Barlier [1928], in-8°, 20 p., croq., fac-similé.

Extr. de l'ouvrage signalé sous le n° **4902**, t. VI. «Le récit de l'esclavage à Tunis n'est autre chose qu'un conte inventé pour les besoins de la cause.»

4909. — Grandchamp (Pierre). *Le Fondouk des Français à Tunis (1660-1881).* — Tunis, imp. J. Barlier [1928], in-8°, 11 p., ill., carte.

Extr. de l'ouvrage signalé sous le n° **4902**, t. VI. Description du caravansérail destiné aux consuls de France et aux voyageurs français.

III. LA CRISE TUNISIENNE.

4910. — Dusgate (R.). *Notice sur les poids, mesures et monnaies de Tunis, et sur leurs rapports avec ceux de France et d'Angleterre.* — Paris, Barrois l'aîné, 1832, in-8°, VII-56 p.

4911. — *Une promenade à Tunis en 1842*, par le capitaine ***, ancien officier suisse au service de S. M. le roi des Deux-Siciles. — Paris, Dentu, 1844, in-8°, 227 p.

Notes prises par l'auteur au cours d'un voyage d'agrément en Tunisie; un chapitre (p. 97-112) sur l'armée tunisienne, sa force, uniformes, instructeurs étrangers, inf^{ie}, cav^{ie}, la Manouba (caserne de cav^{ie}), le bey du camp, art^{ie}, organisation et discipline.

4912. — BRANDIN (A.-V.). *Considérations politiques, historiques, statistiques et hygiéniques sur le royaume de Tunis dans ses rapports avec l'état actuel de l'Algérie...* — Paris, Dubos et Marest, 1846, in-12, XXIV-152 p.

Ouvrage dédié au bey de Tunis; notes sur les mœurs des Arabes, la situation générale de la Régence de Tunis, son sol, ses villes, usages et habitudes des habitants, force militaire de terre et de mer de la Régence; quelques lignes sur le caractère d'Abd el Kader et ses « prétendus hauts faits ». Cf. Roux de Rochelle, *Remarques sur un voyage de M. Brandin à Tunis, et sur les sages réformes commencées par S. A. Ahmet-Bey. Bul. Soc. G. Paris,* 1847, t. VII, p. 68-72.

4913. — LATOUR (Antoine [Tenant] de). *Voyage de S. A. R. Monseigneur le duc de Montpensier à Tunis, en Égypte, en Turquie et en Grèce...* — Paris, A. Bertrand [1847], in-8°, II-261 p., atlas in-fol.

Lettres écrites au jour le jour par l'auteur qui accompagnait le duc de Montpensier au cours de son voyage à Tunis, en 1845; quelques détails sur l'armée du bey et sur la mission militaire française à Tunis; en appendice, le voyage du bey de Tunis en France et à Paris en 1846 (p. 225-243).

4914. — *La Tunisie.* — *R. Or.*, 1847, t. Ier, p. 1-19.

Exposé de la géographie et des ressources naturelles de la Tunisie d'après les travaux de Shaw (v. n° **408**), Greaves, Grenville Temple, E. Carette (v. n° **49**), Pricot Sainte-Marie, Falbe (v. n° **9036**) et Brandin (v. n° **4912**).

4915. — CHASSIRON (Bon Charles de). *Aperçu pittoresque de la Régence de Tunis...* — Paris, imp. Bénard, 1849, gr. in-fol., 27 p., 37 lith. en coul.

Notes et croquis relevés au cours d'un séjour de deux mois dans la Régence; aperçu général sur le pays, architecture, mœurs; quelques mots sur l'armée tunisienne, son organisation, son recrutement, le bey du camp, son rôle; appendice historique sur les îles de Djerba et de Tabarka ; deux grav. représentent des costumes de l'armée tunisienne.

4916. — Pellissier [de Reynaud] (E.). *Description de la Régence de Tunis*... — Paris, Imp. impériale, 1853, in-8°, 455 p., carte.

Exploration scientifique de l'Algérie pendant les années 1840, 1841, 1842..., t. XVI (v. n° **49**). — Premier ouvrage moderne d'ensemble concernant la Tunisie ; très intéressant pour l'époque. Géographie, description physique, nature et produits du sol ; géographie ancienne et archéologie ; un chapitre (p. 373-378) sur les forces militaires de la Tunisie, troupes régulières, troupes auxiliaires et irrégulières, défense des frontières, lignes d'opérations, marine ; carte de la Régence à 1/800.000°.

4917. — Benaïad (Mahmoud). *Deux notes du général Mahmoud Benaïad à S. Exc. M. le ministre des Affaires étrangères, accompagnées des pièces justificatives, 1853.* — Poissy, typ. Arbieu [1853], in-8°, 62 p.

4918. — *Créances et réclamations personnelles de M. Ben-Aïad contre le Gouvernement tunisien.* — S. l. n. d., in-4°, non paginé, [40 p.], lithogr.

4919. — *Réclamations de M. Benaïad* [et] *réponse aux réclamations de M. Benaïad.* — S. l. n. d., in-fol., 12 p. sur 2 col., lithogr.

4920. — Comité du contentieux des Affaires étrangères. *Exposé des réclamations réciproques du Gouvernement de Tunis et du général M. Benaïad, présenté par la sous-direction du contentieux.* — S. l. n. d., in-4°, 206 p.

4921. — Benaïad (Mahmoud). *Extraits des mémoires du gé éral Benaïad relatifs au mandat au porteur de cinq millions sur la ferme des cuirs souscrit par le Gouvernement tunisien et négocié à MM. Perier frères.* — Paris, imp. C. Lahure, sept. 1854, in-4°, 19 p.

4922. — Benaïad (Mahmoud). [Recueil des mémoires présentés au ministère des Affaires étrangères par le général Benaïad].

Ce recueil (12 pièces) existe à la bibl. du ministère des Affaires étrangères sous la cote 24 O². *Index des pièces et mémoires contenus dans le volume relié et distribué au Comité par le général Benaïad.* Paris, imp. H. Plon, [1856], in-4°, 4 p.; *État des obligations du Gouvernement tunisien négociées à divers tiers porteurs français, par le général Mahmoud Benaïad, d'ordre et par compte de ce Gouvernement, avec la justification de l'emploi fait par S. A. le Bey du produit de ces négociations* [et] *État de situation des créances et réclamations personnelles du général Mahmoud Benaïad, sur le Gouvernement tunisien.* Paris, imp. C. Lahure, s. d., in-fol., 4 p.; *Le Gouvernement tunisien et le général Mahmoud Benaïad. Réponse du général Benaïad à la note tunisienne, communiquée à S. E. M. le ministre des Affaires étrangères, le 16 mai 1854.* Ibid., juin 1854, in-4°, 103 p.; *Note réfutative du général Mahmoud Benaïad sur le mémoire lithographié des agents du Gouvernement tunisien intitulé :* Réponse aux réclamations de M. Benaïad. Ibid., sept. 1854, in-4°, 66 p.; *État des questions entre le général Benaïad et le Gouvernement tunisien, après la note explicative en date du 12 sept. 1854 et la note supplémentaire en date du 2 nov. 1854, produites par les agents de ce Gouvernement.* Ibid., déc. 1854, in-4°, 47 p.; *Le Gouvernement tunisien et le général Mahmoud Benaïad. Les questions de la Commission et les réponses du général Mahmoud Benaïad.* Paris, imp. H. Plon, 1855, in-4°, 67 p.; *Le Gouvernement tunisien et le général Mahmoud Benaïad. Le dernier mot sur les comptes en blé du général Benaïad et le prétendu compte de Bahram.* Ibid., 87 p.; *Note du général Benaïad sur la 6ᵉ communication des agents tunisiens (céréales).* Ibid., [1856], in-4°, 155 p.; *Explications du général Benaïad aux dernières questions du Comité sur ses réclamations personnelles.* Ibid., 44 p.; *Le Gouvernement tunisien et le général Mahmoud Benaïad. La Banque. Émissions frauduleuses de billets au porteur par le kasnadar... causes véritables de la suspension des payements de la Banque de Tunis.* Ibid., 32 p.; *Le général Benaïad sur la 11ᵉ communication tunisienne (teskérés de sortie d'huile).* Ibid., 7 p.; *Réfutation des allégations contenues aux pages 33, 34, 35, 36, 37, 38, 39 et 40 d'un des mémoires du général Kereddin, communiquées au général Benaïad par le sous-directeur du contentieux selon sa lettre du 12 juin 1856.* Ibid., 9 p. (v. n° **4924**).

4923. — *Détail des pièces produites par M. Benaïad, et communiquées au général Khérédine par la sous-direction du contentieux, le 26 novembre 1855.* — Paris, imp. N. Chaix [1856], in-4°, 47 p.

4924. — Khair al Dīn al Tounsī (Général). [Recueil des mémoires présentés au ministère des Affaires étrangères par le général Khérédine].

Ce recueil (19 pièces) existe à la bibl. du ministère des Affaires étrangères sous la cote 24 O¹. *Index des matières contenues dans ce volume.* Paris, imp. N. Chaix, s. d., in-4°, 3 p.; *Réponse du général Khérédine aux réclamations de M. Benaïad. Ibid.,* 17 p.; *Note explicative des réclamations du Gouvernement de S. A. le bey de Tunis contre M. Mahmoud Benaïad. Ibid.,* [1854], in-4°, 44 p.; *Réplique à la note réfutative de M. Benaïad. Ibid.* [1855], in-4°, 37 p.; *N° 1. Note supplémentaire à la réponse faite aux réclamations de M. Benaïad. Ibid.*, 10 p.; *Redressement des questions, juillet 1855. Ibid.*, 43 p.; *Réponse aux questions posées par le Comité sur les réclamations de S. A. le bey contre M. Benaïad, sept. 1855. Ibid.*, 52 p.; *Réponse sur les réclamations de M. Benaïad contre le Gouvernement tunisien. Ibid.*, 19 p.; *Observations du général Kherreddine sur les pièces présentées par M. Benaïad à l'appui de ses réclamations. Ibid.*, [1856], in-4°, 40 p.; *Suite des observations du général Kherreddine sur les pièces communiquées par M. Benaïad en réponse aux réclamations du Gouvernement tunisien. Ibid.*, 10 p.; *Observations du général Kherreddine sur les pièces composant la 9ᵉ production de M. Benaïad et à lui communiquées par la sous-direction du contentieux . Ibid.*, 19 p.; *Réponse à la note de M. Benaïad, du 17 juin 1856, intitulée* Réfutation des allégations contenues dans un des Mémoires du général Khérédine. *Ibid.*, 9 p.; *Observations du général Khérédine sur la rabta, la koucha et l'alfa. Ibid.*, 18 p.; *Réponse du général Khérédine à la dernière note de M. Benaïad sur la banque. Ibid.*, 6 p.; [*Observations du général Khérédine sur les pièces produites par M. Benaïad, composant sa*] *Huitième communication. Ibid.*, 10 p.; *Réponse du général Khérédine aux observations de M. Benaïad sur la 11ᵉ communication tunisienne (teskérés de sortie d'huile). Ibid.*, 15 p.; *Suppléments à la première communication du général Khérédine. Ibid.*, 8 p.; *Observations du général Khérédine sur les pièces produites par M. Benaïad en réfutation des réclamations de Son Altesse. Ibid.*, 47 p.; *État des pièces justificatives classées par chapitre avec les explications qui en déterminent la signification et la valeur. Ibid.*, [1855], in-4°, 12 p. (v. n° **4922**).

4925. — Khair al Dīn al Tounsī (Général). *Appendice au dernier mémoire du général Khérédine sur la rabta, l'alfa et la coucha.* — Paris, imp. N. Chaix [1856], in-4°, 18 p.

4926. — Pellissier de Reynaud (E.). *La Régence de Tunis. Le gouvernement des beys et la société tunisienne.* — R. D. M., 1856, t. III, p. 123-149.

Physionomie du territoire tunisien; gouvernement et populations; revenus publics et intérêts commerciaux.

4927. — Daumas (Philippe), capitaine au 65ᵉ de ligne. *Quatre ans à Tunis...* — Alger, Tissier, 1857, in-8°, 180 p.

L'auteur a séjourné à Tunis de 1850 à 1854, comme instructeur militaire pour les batᵒⁿˢ de soldats légers créés par le bey à l'instar de nos chasseurs à pied; description de Tunis; présentation au bey; impressions sur la vie et les mœurs dans la Régence; l'administration du pays; notes sur l'armée tunisienne, effectif, valeur, instruction.

4928. — *Sentence arbitrale rendue par Sa Majesté l'Empereur des Français sur les réclamations réciproques de Son Altesse le Bey* *de Tunis et le général Benaïad.* — Paris, typ. H. Plon, 1857, in-4°, 87 p.

Autre éd., Paris, typ. E. Penaud, 1857, in-4°, 155 p. — Avis motivé du comité sur chacune des sections des réclamations, considérant l'impossibilité de statuer faute de preuves et posant les principes d'après lesquels les prétentions des parties doivent être appréciées, compte tenu de la loi tunisienne. Cf. *Résumé des comptes dressés pour l'exécution de la sentence arbitrale rendue, le 30 novembre 1856, par S. M. l'empereur Napoléon III, entre S. A. le Bey de Tunis et le général Mahmoud Benaïad.* Paris, imp. H. Plon, [1857], gr. in-fol. plano.

4929. — BENAÏAD (Mahmoud). *Lettre adressée le 2 mars 1857 à Son Altesse le Bey de Tunis par le général Mahmoud Benaïad.* — [Paris], imp. Dubois et Vert [1857], in-4°, 10 p.

Demande l'exécution de la sentence arbitrale rendue le 30 nov. 1856 et présente ses réclamations. Cf. du même, *Lettre adressée le 30 mars 1857 à S. A. le Bey de Tunis par le général Mahmoud Benaïad.* Paris, H. Plon, [1857], gr. in-4°, 3 p. : suite à la lettre précédente, demande de la levée du séquestre apposé sur ses biens.

4930. — DUVERNOIS (Clément). *Les réformes en Tunisie.* — *R. Or.*, 1858, t. VII, p. 83-91, 143-152, 202-211.

Description et bref historique de la Tunisie; les effectifs tunisiens en 1848; organisation, recrutement et solde de l'armée; rapports avec la France et le Gouvernement de l'Algérie; l'avenir de la Tunisie.

4931. — DUNANT (J.-Henry). *Notice sur la Régence de Tunis...* — Genève, imp. J.-G. Fick, 1858, in-8°, 261 p.

Résumé historique, la ville de Tunis, la cour, Gouvernement et justice, armée (p. 73-83), marine et impôts, climat et productions, industrie et commerce, villes et localités, religion, littérature; les Maures, les Arabes, les Kabyles, les Juifs de Tunis, société et population européenne (v. n° **4958**). An. par Th. Pavie, dans *R. D. M.*, 1858, t. XIV, p. 491-496; dans *J. As.*, 1858, t. XI, p. 479-480.

4932. — CHARENCEY (H. de). *La Régence de Tunis...* — Paris, Challamel aîné, 1859, in-8°, 36 p.

R. orient. et amér., 1859, n° 7. — Généralités sur la géographie, le climat, la population, les races, la religion, les mœurs et coutumes, l'histoire du Gouvernement et l'administration de la Régence, l'armée tunisienne, les rapports avec la France (v. n° **4958**).

4933. — Morel (Louis). *Mémoire sur la nécessité de réformer le système des poids et mesures de la Régence de Tunis, système proposé...* — Oran, typ. A. Perrier, 1860, in-8°, 18 p.

Daté de Zaghouan (16 déc. 1859); paru en italien dans la *Gazette de Tunis;* inconvénients du système actuel, recherche de la base du système à adopter, ensemble du système proposé.

4934. — *Notes sur la Tunisie.* — *R. Alg. Col.*, 1860, t. III, p. 235-238.

Quelques renseignements sur l'état politique et social de la Régence, l'armée, la mission militaire française, la marine.

4935. — *Emprunt national de la Régence de Tunis. Exposé.* — Marseille, imp. J. Barile [1860], in-4°, 10 p.

Cf. *Emprunt national de la Régence de Tunis. Ibid.*, 6 p. : concerne l'émission de 80.000 obligations à 3 p. o/o (1860).

4936. — [Rosny (Léon de)]. *La Constitution de Tunis et sa nouvelle promulgation.* — *R. orient. et amér.*, 1860, t. V, p. 285-291, 321-346.

Traduction, précédée d'un court préambule historique, de la Constitution ou code politique et administratif du royaume de Tunis, élaboré en 1858 et promulgué en 1860.

4937. — *Retour de M. Victor Guérin. Analyse succincte et principaux résultats de son voyage dans la Tunisie.* — *N. Ann. voyages,* 1860, t. IV, p. 368-372.

Analyse du compte rendu fait à la Soc. de géographie (séance du 2 nov.).

4938. — Grosjean (J.). *Le télégraphe en Tunisie.* — *Ann. télégraphiques,* 1860, t. III, p. 419-422.

Historique du réseau télégraphique tunisien depuis 1859, le réseau en 1860 grâce aux efforts du Gouvernement français.

4939. — Duval (Jules). *Tunis.* — *Annuaire encycl.,* 1860-1861, p. 1678-1681.

Notice sur Tunis pour l'année 1861 et sur la Constitution donnée par Mohamed es Sadok.

4940. — Cardon (Émile). *Étude sur les progrès de la civilisation dans la Régence de Tunis...* — Paris, Revue du monde colonial, 1861, in-8°, 67 p.

R. M. Col., 1861, t. Ier, p. 305-319, 378-392, 487-503. — Les progrès de l'empire mulsuman de Tunisie; historique de cette contrée depuis l'invasion arabe, les capitulations régulières entre le royaume de Tunis et la France, les rapports entre ces deux pays; le règne de Ahmed Bey, ses réformes; le bey Mohamed es Sadok, sa visite à l'empereur Napoléon III, en 1860, à Alger, le code tunisien qu'il a fait adopter; considérations générales sur la Régence et ses ressources. Cf. *Constitution tunisienne promulguée le 25 avril 1861 par le bey Sidi Mohammed-el-Sadak*. Bruxelles, imp. M.-J. Poot, 1861, in-8°, 58 p. : texte du pacte fondamental promulgué par Mohamed Bey; les innovations de Mohamed es Sadok, texte de la Constitution.

4941. — Hulin (H.-Raimond). *Le royaume de Tunis (essai historique et philosophique).* — R. races latines, 1861, t. XXVIII, p. 337-385.

Étude d'ensemble sur la Tunisie faite d'après des ouvrages (notamment celui signalé sous le n° **4916**) ou des art. de la *R. Alg. col.*, *R. Or.* et *Monde colonial;* physionomie générale du pays et de ses habitants, son gouvernement, nomenclature des villes et tribus, description d'itinéraires.

4942. — Gay (Oscar). *La Tunisie, notice historique...* — Paris, imp. W. Remquet, Goupy, 1861, in-8°, 73 p.

Généralités sur l'histoire de la Tunisie, où des faits nouveaux «attestent que ce pays est entré peu à peu dans le mouvement d'idées et de préoccupations qui agite le reste du monde» (v. n° **4958**).

4943. — Prevost (F.). *La Tunisie devant l'Europe.* — Paris, E. Dentu, 1862, in-8°, 31 p.

La réforme radicale accomplie à Tunis et la Constitution octroyée par Mohamed es Sadok; historique et dispositions principales de cette réforme; les principes du droit international commandent-ils la reconnaissance de la Tunisie comme État souverain et indépendant?

4944. — Cortambert (Richard). *La Régence de Tunis...* — Paris, imp. W. Remquet, Goupy [1863], in-8°, 8 p., ill.

La Science pour tous, 1863, p. 89-90, 109-110, ill. — Esquisse historique, la Constitution nouvelle, description succincte de Tunis, de ses environs et des anciennes cités.

4945. — Cardon (Émile). *Le progrès en Tunisie.* — *R. M. Col.*, 1863, t. IX, p. 345-350.

Résultat des réformes introduites en Tunisie par la Constitution de 1860 accordée par Mohamed es Sadok; reconstitution de l'armée, progrès dans la situation générale de la Régence.

4946. — *Traité anglo-tunisien de 1863.* — S. l. n. d., in-4°, 12 p., lithogr.

Concerne le droit de propriété des sujets anglais dans le royaume de Tunis.

4947. — [Delamotte (Raoul)]. *Lettre d'un Français à Son Altesse Mohamed-el-Sadok, bey de Tunis.* — Paris, imp. G. Kugelmann, 1864, in-8°, 30 p.

Les bons rapports entre la France et la Tunisie, les nombreux Français employés au service tunisien, les Tunisiens en Crimée; la proclamation de juin 1856, les garanties octroyées, dès 1861, par Mohamed es Sadok, «l'allié de la France».

4948. — Tulin (Charles). *Le royaume tunisien et les représentants des puissances étrangères à Tunis...* — Bône, imp. Dagand, 1864, in-8°, 96 p.

Origine des consulats, fonctions des représentants des puissances étrangères accréditées près du bey.

4949. — Fonvielle (W. de). *La France à Tunis.* — *R. M. Col.*, 1864, t. XI, p. 352-358.

C'est à la France qu'il appartient de rétablir l'ordre et de mettre en valeur la Tunisie; l'intervention d'une autre puissance européenne serait dangereuse pour l'Algérie.

4950. — Julien (Félix). *Tunis et Carthage, souvenirs d'une station sur les côtes d'Afrique...* — Paris, bureaux de la *R. Cont.*, 1864, in-8°, 16 p.

R. Cont., 30 nov. 1864. — Quelques détails sur Tunis et Carthage; l'influence de la France en Tunisie, notamment depuis 1839; rivalité de l'Angleterre, prétentions de la Porte, la première division de l'escadre de la Méditerranée, sous les ordres du contre-amiral d'Herbinghem, dans les eaux tunisiennes.

4951. — Bonneau (Alex.). *Tunis.* — *Annuaire encycl.*, 1864, p. 1618-1627.

Notice sur les événements de Tunisie de 1864 ; le conflit anglo-français au sujet des concessions de terres en Tunisie ; répercussions de l'insurrection algérienne ; envoi d'une escadre française devant Tunis.

4952. — AFFAIRES ÉTRANGÈRES. *Documents diplomatiques, 1864.* — Paris, Imp. impériale, 1865, in-4°, 185 p.

Recueil de documents concernant diverses questions. Affaires de Tunis (p. 139-144) : 4 lettres du ministre des Affaires étrangères au sujet des intérêts spéciaux de la France en Tunisie, en raison de la possession de l'Algérie (v. n° **5190**).

4953. — *Des rapports de la Tunisie avec l'Europe,* par un cosmopolite. — Paris, Challamel, 1865, in-8°, 159 p.

La Tunisie possède une dynastie forte, indépendante, qui la gouverne sans interruption depuis 150 ans ; l'auteur recherche, dans l'appréciation du règne de Mohamed es Sadok, «les éléments ébauchés d'une régénération future de l'islamisme» ; visées italiennes et projets d'annexion français concernant la Tunisie.

4954. — CRAPELET (Amable). *Voyage à Tunis...* — *Tour du Monde,* 1865, t. Ier, p. 1-32, ill.

Notes d'un voyage en Tunisie en 1859 ; histoire et description de Tunis ; divisions administratives de la Tunisie, population, gouvernement, richesse du pays.

4955. — FARINE (Charles). *A travers la Kabylie...* — Paris, Ducrocq [1865], in-8°, 425 p., fig.

Cet ouvrage eut une 2° éd. (v. n° **3350**) qui diffère de la première par plusieurs chapitres refondus et d'autres ajoutés, notamment chap. XXXVI, le pays des Kroumirs (p. 405-419) : renseignements très sommaires sur la Tunisie et sur les débuts de l'expédition. An. dans *Af. expl.,* 1881-1882, p. 247-248.

4956. — FLAUX (A. de). *La Régence de Tunis au XIXe siècle...* — Paris, Challamel aîné, 1865, in-8°, 410 p.

L'auteur fut chargé d'une mission scientifique à Tunis et à Carthage en 1861. Détails sur les mœurs, coutumes, religion des habitants ; l'armée tunisienne (p. 171-176), le Gouvernement tunisien. Chronologie des deys de Tunis, abrégé de l'histoire de Tunis, liste des consuls et vice-consuls de France. Texte du pacte fondamental et de la loi organique, traités conclus entre le Gouvernement de Tunis et les diverses puissances (v. n° **4958**).

4957. — Moulin, élève consul au Consulat général de France, à Tunis. *Note sur le pays des Khoumirs...* — *Bul. Soc. G. Paris,* 1865, t. X, p. 516-521.

Hydrographie, forêts, gîtes métalliques, carrières, historique.

4958. — Rocca (Nonce). *A propos d'un livre récent sur la Tunisie, observations...* — Paris, F. Salmon, 1866, in-8°, 62 p.

L'auteur indique les imperfections générales de plusieurs ouvrages «déjà un peu oubliés, mais que l'on consulte encore» (v. n°ˢ **4931, 4932** et **4942**) et étudie en détail «un livre accepté comme supérieur aux précédents, mais qui répète et consacrera, s'il n'est convaincu d'erreurs, les fautes de ceux qu'il prétend compléter et remplacer définitivement» (v. n° **4956**).

4959. — Dilhan (Alphonse). *Histoire abrégée de la Régence de Tunis...* — Paris, imp. Balitout, Questroy, 1866, in-8°, VI-304 p.

L'auteur a séjourné sept ans en Algérie où il a rassemblé les matériaux pour la rédaction de cet ouvrage; histoire ancienne de la Régence; description géographique; notes sur l'armée, inf[ie], cav[ie], art[ie]; population, mœurs, coutumes et races.

4960. — Cubisol (Charles). *Notices abrégées sur la Régence de Tunis...* — Paris, Challamel, 1867, in-16, 90 p., 16 pl.

Géographie, villes, population de la Tunisie; famille régnante, état-major général du bey, armée, état général de la solde annuelle et frais de l'armée régulière et de l'armée irrégulière; marine; lignes télégraphiques, postes; importations et exportations; état général de la navigation; revenus et dépenses du Gouvernement tunisien.

4961. — François (Albert). *Tunis et la Régence sous Mohammed-el-Sadak-Bey...* — Paris, imp. Jouaust, 1867, in-8°, 27 p.

Portrait et éloge du bey régnant; la constitution de 1861; Mohamed Bey comptera «parmi les souverains qui auront le plus contribué à faire de la Régence de Tunis un Gouvernement indépendant et heureux».

4962. — Simonne (Paul-Albert). *La Tunisie et la civilisation.* — Paris, M. Lévy, 1867, in-8°, 32 p.

«Il n'y a... que le royaume de Tunis qui soit dans d'excellentes conditions pour remplir la grande mission de sauver les destinées de l'Islam»; politique intérieure et extérieure d'Ahmed Bey, la Tunisie depuis la conquête de l'Algérie, les réformes de Mohamed es Sadok.

4963. — Noël (O.) et Girard de Charbonnière (V. de). *Du progrès en Tunisie*... — Paris, tous les libraires, 1867, in-8°, 16 p.

«Héritière de Carthage, Tunis a continué glorieusement son œuvre... Aujourd'hui, elle peut rivaliser avec les grandes nations européennes par son commerce, son industrie et ses produits agricoles».

4964. — *Emprunt tunisien de 1865. Compte rendu de la réunion générale des porteurs d'obligations de cet emprunt, séance du 6 septembre 1867*... — Paris, imp. Poitevin, 1867, in-4°, 19 p.

Compte rendu daté du 6 sept., rédigé par A. Delmary, secrétaire du Comité des obligations de l'emprunt tunisien de 1865.

4965. — Paton (Émile). *La Tunisie et son gouvernement*... — Paris, imp. A. Chaix, 1868, in-8°, 22 p.

Esquisse de la situation territoriale, politique et financière de la Régence.

4966. — Khair al Dīn al Toūnsī (Général). *Réformes nécessaires aux États musulmans. Essai formant la première partie de l'ouvrage politique et statistique intitulé* La plus sûre direction pour connaître l'état des nations, par le général Khérédine..., traduit de l'arabe... — Paris, imp. P. Dupont, 1868, in-8°, 80 p.

2ᵉ éd., Sᵗ Omer, typ. H. d'Homont, 1875, in-8°, 75 p. — Les peuples musulmans ne sont pas rebelles aux progrès modernes, mais au contraire très disposés à se transformer; étude des institutions occidentales (v. n° **5043**).

4967. — [Leconte (Sébastien)]. *Dix ans de voyages, recueil de correspondances*, par S. L. — Paris, imp. J. Claye, 1868, in-12, 432 p.

Lettres adressées par l'auteur au cours d'excursions effectuées de 1858 à 1867 surtout en France, Italie, Algérie (Philippeville, Bône, Guelma, Constantine, Alger, Blida) et Tunisie (Tunis, Carthage, La Goulette).

4968. — Hugelmann (Gabriel). *Le conflit tunisien. Lettre à S. Exc. M. de Moustier, ministre de nos Affaires étrangères*... — Paris, imp. Balitout, Questroy, 1868, in-8°, 23 p.

Lettre du 10 juin 1868; appréciation sur l'état de la Régence, les forces militaires et maritimes du bey; examen de la convention du 4 avril 1868 entre la France et la Tunisie relative aux dettes tunisiennes.

4969. — LAGRANGE (Octavie). *Souvenirs de voyage : Algérie et Tunisie, correspondance.* — Langres, imp. Vathelet, 1868, in-16, 407 p., autographié.

Réunion de lettres écrites de janvier à mai 1864.

4970. — *Comité des porteurs d'obligations tunisiennes. Rapport aux obligataires* (Signé : les membres du Comité). — Paris, imp. Balitout, Questroy, 1868, in-8°, 56 p.

Autre éd., Paris, Secrétariat général du Comité, 1868, in-8°, 48 p. — Rapport daté de Paris, 30 mars 1868, suivi de 14 documents.

4971. — COMMISSION DES FINANCES TUNISIENNES. *Conversion en rente 6 p. 100 de la dette générale publique tunisienne, comprenant les obligations émises en 1863 et en 1865.* — Paris, imp. Poitevin [1868], in-4°, 22 p.

4972. — *Traité d'amitié, de commerce et de navigation, signé à La Goulette de Tunis, le 8 septembre 1868, entre l'Italie et la Tunisie.* — S. l. [1868], in-4°, 22 p., lithogr.

Les ratifications furent échangées le 29 sept.

4973. — *État de la marine militaire de la Régence de Tunis.* — R. Mar. Col., 1868, t. XXII, p. 655-656.

Navires et personnel. Reproduit dans R. Af., 1868, p. 233-234.

4974. — [ERLANGER (Émile)]. *Mémoire sur la créance de MM. Émile Erlanger et Cie envers le Gouvernement tunisien.* — Paris, imp. Poitevin, 1869, in-4°, 36 p.

Provenance et nature de la créance, l'emprunt de 1867 ; 12 pièces annexes.

4975. — *Mémoire sur la question des finances tunisiennes.* — Florence, imp. J. Pellas, 1869, in-4°, 22 p.

Mémoire daté de Tunis, 22 mai 1869, signé des Commissaires des conversions du 2 mars, 1er août 1867 et 1er janvier 1868.

4976. — *Exposé des faits concernant les emprunts tunisiens et les réclamations des créanciers français.* — Paris, imp. A. Chaix, 1869, in-4°, 68 p.

Importance de la question, renseignements généraux sur la Tunisie; situation financière avant 1855, de 1855 à 1859, embarras du Trésor, premier emprunt (1863), l'insurrection de 1864, second emprunt (1865); la crise, arrangements proposés, solution; nécessité d'une intervention protectrice de l'Europe, politique traditionnelle de la France.

4977. — Affaires étrangères. *Documents diplomatiques, 1869...* — Paris, Imp. impériale, 1869, 3 t. en un vol. in-4°.

Recueil d'exposés des affaires politiques et commerciales, et de documents concernant diverses questions. N° XI, janvier 1869 (268 p.) : suspension des payements de la dette tunisienne (p. 11 et 169-198). N° XII, mars 1869 (254 p.). N° XIII, nov. 1869 (215 p.) : institution d'une Commission financière (p. 11-12 et 153-172).

4978. — Paysant (L.), rédacteur en chef de l'*Akhbar*. *Le Bey de Tunis devant l'opinion publique...* — Alger, typ. Paysant, 1869, gr. in-8°, 15 p.

La situation financière tunisienne a empiré depuis les emprunts de 1863 et 1865; les mesures prises par le Gouvernement; ressources que le Trésor se procurerait à l'aide de la loterie.

4979. — Neu (Justin). *La vérité sur la Tunisie...* — Paris, imp. A. Chaix, 1870, in-8°, 42 p.

Au sujet de la dette tunisienne, qui provoqua le différend franco-tunisien. La Tunisie au point de vue des ressources territoriales, de l'industrie, du commerce; sa situation politique, réformes que le Gouvernement a introduites et qu'il se propose d'introduire.

4980. — Sablon de La Salle (M.-M.-V.-G.). *L'avenir de la Tunisie...* — Paris, imp. A. Chaix, 1870, in-8°, 39 p.

La Tunisie dans l'antiquité; ce qu'est Tunis aujourd'hui; richesses métallurgiques et autres richesses du sol; la civilisation tunisienne par rapport aux autres États barbaresques.

4981. — *Documents relatifs à la question italo-tunisienne, 1871.* — Florence, J. Civelli, 1871, in-8°, 23 p.

Série de 8 lettres écrites par L. Pinna, agent et consul général d'Italie à Tunis, ou adressées à lui, notamment au sujet de l'affaire Castelnuovo.

4982. — Kersanté (Vic.). *Impressions de voyage. L'Afrique au xixe siècle. La Tunisie aux points de vue politique, agricole et commercial...* — Dinan, imp. Bazouge, 1871, in-8°, 62 p.

Moyens d'arriver à la prospérité de la Régence, méthodes de culture, les productions, les richesses minérales et forestières, l'élevage.

4983. — O'Kelly de Galway (Cte Alphonse). *Études politiques sur le royaume de Tunis...* — Bruxelles, imp. du Cosmopolite, 1871, in-8°, 112 p.

Rapports diplomatiques aux différentes époques de la Belgique avec la Tunisie; texte du traité du 25 juin 1839; caractères de l'indépendance politique de la Tunisie, liste des traités conclus avec les puissances; courte bibliographie.

4984. — *Grandeur et décadence de la Dette tunisienne. I. Simple aperçu sur l'origine de la Dette tunisienne.* — Paris, imp. Schiller [1871], in-16, 21 p.

Résultats déplorables de l'administration du premier ministre, de 1862 à 1869; défense de la Commission financière.

4985. — *Documents relatifs à M. le baron Jacques Castelnuovo. Réponses à la lettre adressée par M. le baron Castelnuovo à l'honorable avocat de la Société industrielle, commerciale et agricole pour la Tunisie en date du 15 juillet 1872. Documents communiqués à MM. les arbitres par ordre du Gouvernement tunisien...* — Florence, imp. L. Niccolaï, 1872, in-4°, 67 p.

4986. — *Tribunale arbitrale istituito col compromesso 15 Febbraio e 24 Marzo 1872. Governo di S. A. S. il bey di Tunisi e Società per la Tunisia. Documenti prodotti dal Governo di Tunisi.* — Firenze, tip. L. Niccolai, 1872, in-8°, 65 p.

Recueil de 59 documents en français et en italien relatifs notamment à l'affaire Castelnuovo.

4987. — [Brulat (A.)]. *Mémoire pour les créanciers de M. Philippe Caillat contre le Gouvernement tunisien.* — Paris, imp. Perreau, 1872, in-4°, 26 p.

Mémoire daté de Tunis, 29 oct. 1872. P. Caillat, conducteur des Ponts et chaussées en Algérie (1846 à 1859) vint ensuite collaborer aux travaux de restauration de l'aqueduc de Carthage et eut l'entretien et la surveillance du canal (1865-1870); il ne fut plus payé à partir de 1867 (v. n°ˢ **4988** à **4990** et **5022**).

4988. — *Pièces justificatives à annexer au mémoire présenté pour les créanciers de M. Philippe Caillat contre le Gouvernement tunisien.* — Paris, imp. Perreau, 1872, in-4°, 36 p.

4989. — *Pièces adressées par M. Philippe Caillat, ingénieur de S. A. S. le bey de Tunis, relativement aux spoliations dont il a été victime en 1870.* — Paris, imp. Perreau, 1872, in-4°, 42 p.

4990. — *Récapitulation des comptes à annexer au mémoire présenté pour les créanciers de M. Philippe Caillat contre le Gouvernement tunisien.* — Paris, imp. Perreau, 1872, in-4°, 28 p., lithogr.

Travaux ordonnés et exécutés du 12 oct. 1862 au 31 déc. 1869; sommes reçues et dues.

4991. — PONTET DE FONVENT (Henry). *La Tunisie, son passé, son avenir et la question financière...* — Gisors, Bardel, 1872, in-8°, 32 p.

«Au nombre des royaumes dont la France a entrepris l'agrandissement, se place celui de Tunis»; intérêt de son étude en raison des qualités du prince qui le gouverne, de la richesse de son sol, des liaisons qui le rattachent à la France. «La Tunisie s'est laissé gagner par un sentiment naturel, l'impatience du progrès.»

4992. — *Comité des obligataires français des emprunts tunisiens 1863-1865... Procès-verbaux des séances du Comité et pièces annexes à consulter.* — Paris, imp. A. Chaix, 1872, in-8°, 68 p.

Réunion de deux brochures *Procès-verbaux des séances du Comité des obligataires français des emprunts tunisiens 1863-1865... Ibid.*, 31 p. (séances du 17 février au 19 avril 1872), et *Comité des obligataires des emprunts tunisiens 1863-1865... pièces à consulter. Ibid.*, 35 p. (reproduction de 14 documents).

4993. — CESANA (J. de J.). *Appel aux porteurs d'obligations de la dette tunisienne...* — Bône, imp. J. Carle, 1873, in-12, 87 p.

Série de documents destinés à justifier le refus de l'auteur (membre italien du

Comité de contrôle de la Commission financière) de signer la note adressée aux consuls d'Angleterre, de France et d'Italie.

4994. — [Colin (P.)]. *Mémoire justificatif des droits de M. Colin, ingénieur civil, à la constitution d'un nouveau tribunal arbitral pour statuer sur les différends existant entre lui et S. A. le bey de Tunis.* — Paris, imp. L. Hugonis, 1873, in-4°, 39-23 p.

<small>P. Colin travailla à la restauration de l'aqueduc de Zaghouan de 1859 à 1862.</small>

4995. — Legrand (Adolphe), attaché au ministère de la Guerre. *La Tunisie, étude historique,...* — Paris, imp. J. Claye, 1873, in-8°, 57 p.

<small>Historique de Carthage; aperçu géographique sur la Tunisie; les beys; institutions dont Mohamed es Sadok a doté la Tunisie depuis 1859.</small>

4996. — [Bouteille (Fernand), avocat à la Cour d'appel d'Aix, et Vincent (L.), avoué]. *Historique des contrats de M. le comte de Sancy avec S. A. le bey de Tunis, MM. Carter, Tiffany et Wise et Mme Ronalds.* — Aix, A. Makaire, 1874, in-4°, 12-10 p.

<small>De Sancy vint, vers 1866, offrir au bey de créer des haras dans la Régence; il reçut 4 concessions de 1.400 hectares chacune.</small>

4997. — Sevestre (H.), aide-commissaire de la Marine, officier d'administration du *Kléber*. *D'Alger à Tripoli. Mission de l'aviso Le Kléber (mai et juin 1874).* — *R. Mar. Col.*, 1874, t. XLIII, p. 685-722.

<small>Récit de la mission à Bizerte, Tunis, Sousse, Sfax, île de Djerba, Tripoli et île de Tabarka, de l'aviso *Le Kléber*, chargé de montrer le pavillon français dans les principaux ports des Régences de Tunis et de Tripoli.</small>

4998. — Juillet Saint-Lager (Marcel). *La Régence de Tunis; géographie physique et politique, description générale, gouvernement, administration, finances, etc.* — Alger, Juillet Saint-Lager, 1874, in-8°, 70 p.

<small>Description géographique, villes principales, gouvernement, armée et marine (p. 43-44), administration, religion, instruction, justice, finances, commerce, etc., **consulats, renseignements généraux.**</small>

4999. — Tirant et Rebatel, docteurs. *Voyage dans la Régence de Tunis*... — *Bul. Soc. G. Lyon,* 1875-1877, t. Ier, p. 35-64, carte.

Mission dans le sud de la Régence entreprise dans un but de recherche botanique; la vallée de Talah, le djebel Reças, non encore explorés jusque là; relevé des observations météorologiques faites au cours de ce voyage.

5000. — Brunialti (Dr A.). *Tunisie, l'exploration italienne.* — *Explorateur,* 1875, t. II, p. 67-69.

L'utilisation du Sahara, chemin de fer et mer intérieure, projets italiens, la mission du vice-amiral Acton.

5001. — Benaïad (Mahmoud). *Lettre adressée à S. Exc. le général Hussein, chargé d'affaires du Bey de Tunis, à Livourne*... — Paris, imp. P. Dupont, 1875, in-8°, 7 p.

Lettre datée de Paris, 4 février 1875, au sujet de la succession du caïd Nessim Samama. Cf. du même, *Lettre... adressée au Directeur du journal* l'Italie. *Ibid.,* 7 p.: lettre datée de Paris, 8 avril 1875; du même, *Réponse... à la lettre du général Heussein, ministre du bey de Tunis. Ibid.,* 16 p.: lettre datée de Paris, 4 mai 1875; du même, *Seconde lettre adressée... au général Heussein... Ibid.,* 11 p.

5002. — *Note rectificative présentée par le général Mahmoud Benaïad, en réponse au second mémoire des héritiers du caïd Nessim Samama.* — Paris, imp. P. Dupont, 1875, in-4°, 31 p.

5003. — Ḥosaïn (Général). *Réponse du général Heusséïn au général Mahmoud Benaïad.* Traduction de l'arabe. — Livourne, imp. F. Vigo, 1875, in-4°, 157 p.

Cf. Benaïad (Mahmoud), *Réplique pour le général Benaïad aux accusations de M. Heussein*. Paris, imp. P. Dupont, [1876], in-8°, 111 p.

5004. — Sainte-Marie (E. Pricot de). *Les lignes télégraphiques françaises en ,Tunisie*... — *Bul. Soc. G. Paris,* 1875, t. IX, p. 321.

Extr. d'une lettre adressée à M. d'Avezac; lignes établies en 1860 et nouvelles lignes.

5005. — Zaccone (Prosper), capitaine au 108° de ligne, détaché aux Affaires arabes. *Notes sur la Régence de Tunis...* — Paris, Ch. Tanera, 1875, in-8°, 265 p., carte.

Résumé de nombreux renseignements «sévèrement contrôlés» que l'auteur a rassemblés pendant son séjour au bureau arabe de Tebessa; aperçu historique, limites de la Régence, villes et tribus, industrie, commerce, agriculture; forces militaires (p. 246-252).

5006. — Desfossés (Edmond). *Affaires d'Orient. La disgrâce de Sidi Moustapha Khasnadar, ancien premier ministre de LL. AA. Ahmet, Mohamed, Essadock, beys de Tunis, considérée au point de vue des intérêts européens...* — Paris, Le Chevalier, 1875, in-4°, 52 p.

Historique de l'administration de Mustapha, justification des accusations portées contre le khasnadar.

5007. — Des Godins de Souhesmes (Gaston), publiciste. *Tunis, histoire, mœurs, gouvernement, administration, climat, productions, industrie, commerce, religion, etc...* — Paris, G. Guérin, 1875, in-16, iv-346 p.

3ᵉ éd., *ibid.*, 1880. — Précis historique de la Régence sous les dominations grecque, romaine et arabe; attitude bienveillante d'Ahmed Bey (1837-1855) vis-à-vis des Français; instructeurs français à l'école militaire de Tunis; texte du pacte fondamental (1857) et de la loi organique du royaume tunisien. Races, coutumes, superstitions, détails sur Tunis et ses environs.

5008. — *Note sur le rôle et les attributions de la Commission financière tunisienne relativement à l'établissement des voies de communication dans la Régence de Tunis (sept. 1875).* — Paris, imp. P. Dupont, 1875, in-4°, 35 p.

Examen des clauses de la convention financière du 23 mars 1870.

5009. — *Rapport sur l'exercice quinquennal 1870-1875 de la gestion des revenus concédés pour le service de la Dette tunisienne,* présenté à S. E. M. le président de la Commission financière par les membres du Comité de contrôle de ladite Commission, délégués des porteurs de titres. — Bône, imp. Dagand, 1875, in-4°, 10 p., 34 tabl.

Rapport, daté de Tunis, 7 déc. 1875, adressé au général Khair al Dîn.

5010. — COUVERT (J.). *Étude sur la Tunisie au point de vue financier et commercial*... — Paris, imp. P. Dupont, 1875, in-4°, 42 p.

Les emprunts tunisiens (1863, 1865, 1867), la crise financière, la Commission financière; la situation financière actuelle; les conditions du développement de la puissance agricole et commerciale de la Régence.

5011. — CHALON (Henri). *Chrétiens et musulmans. Étude sur la question d'Orient, la Tunisie et les autres pays soumis à l'islamisme*... — Paris, E. Dentu, 1876, in-18, 289 p.

Étude destinée à montrer les résultats que notre civilisation peut apporter aux musulmans et pour laquelle l'auteur a pris pour cadre la Tunisie; brève histoire de la Régence, gouvernement, administration; les réformes introduites dans ce pays grâce à l'influence française; la Tunisie pourrait faire de grands progrès si les principales puissances lui accordaient leurs encouragements. Annexe : Mémoires et documents sur nos rapports avec la Régence de 1604 à 1876. An. par B. M. [Barbier de Meynard], dans *J. As.*, 1877, t. IX, p. 287-288.

5012. — FÉRAUD (L.-Charles). *Notes sur un voyage en Tunisie et en Tripolitaine.* — *R. Af.*, 1876, p. 490-513.

Notes journalières au cours d'un voyage par mer d'Alger à Malte, par Tabarka, Tunis, Sousse, Mahdia, Sfax, Gabès, Tripoli et Bengazi; le mouvement intellectuel chez les indigènes de Tunis, le collège Sadiki et ses professeurs français.

5013. — *La dette générale tunisienne, étude financière.* — Marseille, imp. Barlatier-Feissat, 1876, in-8°, 18 p.

Étude datée du 22 nov. 1876.

5014. — DESFOSSÉS (Edmond), avocat. *Affaires d'Orient. La Tunisie. Histoire, finances, politique*... — Paris, A. Ghio, 1877, in-4°, 75 p.

Carthage, Tunis, histoire résumée de la Tunisie, attitude du bey en 1830, l'insurrection de 1864; finances, la dette tunisienne; politique, «la Tunisie doit être une, libre et indépendante. Elle doit rompre tout lien de vassalité»; les visées de la Turquie, de l'Allemagne, de l'Angleterre et de l'Italie sur la Tunisie, la situation de la France à l'égard de la Tunisie.

5015. — Doûmet-Adanson. *Rapport sur une mission scientifique en Tunisie...* — Paris, Imp. nat., 1878, in-8°, 40 p.

Arch. missions scient. litt., 1877, t. IV, p. 347-382. — Notes de route d'un botaniste (18 février-28 avril 1874).

5016. — Ḥosaïn (Général). *Lettre du général Heusseïn au collège de la défense du Gouvernement tunisien, dans l'affaire du caïd Nessim Samama.* Traduction de l'arabe. — Paris, imp. Vve Renou, Maulde et Cock [1878], in-4°, 35 p.

Lettre datée de Livourne, 22 avril 1878; observations sur le jugement rendu par le tribunal de cette ville (27 janvier).

5017. — [Ḥosaïn (Général)]. *Le caïd Nessim peint par lui-même.* Traduction de l'arabe. — Paris, imp. Vve Renou, Maulde et Cock, 1879, in-4°, 105 p.

5018. — Outrey (Edmond). *Avenir financier de la Tunisie...* — Paris, A. Ghio, 1879, in-16, iii-43 p.

La course, moyen principal employé par Tunis pour se procurer de l'argent avant la conquête de l'Algérie; les difficultés financières, moyens à prendre par la Régence pour trouver les ressources nécessaires à l'extinction de la dette et à son propre entretien.

5019. — Desfossés (Edmond). *La Tunisie. Description physique et économique.* — *R. G.,* 1879, t. IV, p. 81-96.

Situation, climat, population; golfes, ports, cours d'eau, irrigation; voies de communication et de correspondance; productions; Tunis et sa campagne; religion, fanatisme.

5020. — Desfossés (Edmond). *Études sur la Tunisie. Les Kroumirs.* — *R. G.,* 1879, t. V, p. 108-115, croq.

Renseignements généraux sur le territoire des Kroumirs et ses habitants; moyens à employer pour gagner leur confiance (v. n° **9204**). Croquis à 1/400.000° établi d'après les reconnaissances faites en 1865, par J. Fanelly, chef du bureau arabe de La Calle, rectifié par Ph. Caillat, ancien ingénieur du bey de Tunis. Extr. paru dans *R. P. L.,* 1881, t. XXVII, p. 468-469 (v. n° **5120**). Cf. *R. G.,* 1881, t. VIII, p. 397.

5021. — *A MM. les sénateurs et députés des Bouches-du-Rhône.* — Marseille, imp. Barlatier-Feissat [1880], in-4°, 4 p.

Pétition (Marseille, 27 janvier 1880) de porteurs de titres de la dette générale 5 p. 100 du Gouvernement tunisien.

5022. — *Sentence rendue par la Commission arbitrale nommée par les Gouvernements français et tunisien à l'effet de statuer en dernier ressort sur les réclamations de M^r Ph. Caillat contre le Gouvernement de S. A. le bey de Tunis.* — Tunis, typ. Finzi, 1880, in-8°, 29 p.

5023. — [MAGGIORANI (O.), avocat]. *Le Gouvernement de S. A. le bey de Tunis et le sieur Ph. Caillat. Réfutation de la réponse au rapport du Comité consultatif de 1877.* — Rome, imp. du Sénat, 1880, in-8°, v-54 p.

5024. — BOULLIER (Auguste). *L'Italie et l'Allemagne à Tunis...* — *Cor.*, 1881, t. CXIII, p. 393-411.

Étude de la politique secrète de la Prusse et des négociations entre Bismarck et Mazzini d'après l'ouvrage *Politica segreta italiana* (Turin, Roux et Favale, in-8°), concernant la période de 1863 à 1870; négociations en vue d'une alliance, la question de Tunis.

5025. — JULIEN (Félix). *Tunis et Carthage...* — Paris, E. Plon, 1881, in-8°, 23 p.

Aspects de Tunis, la part de la Turquie dans les affaires tunisiennes, l'influence de la France surtout depuis 1830, les intrigues britanniques, les protestations italiennes, le rôle civilisateur de la France, le passé de la Tunisie.

5026. — *Mémoire pour le sieur Joseph Cohen contre le prince Sidi-Taïeb-Bey, d'une part, et le Gouvernement tunisien, d'autre part.* — Paris, imp. Schiller, 1881, in-4°, 24 p.

J. Cohen, négociant français à Tunis, est créancier du prince Sidi Taïeb, frère du bey, de diverses sommes.

5027. — [REY (Albert)]. SOCIÉTÉ MARSEILLAISE DE CRÉDIT INDUSTRIEL ET COMMERCIAL ET DE DÉPÔTS... *Mémoire sur l'affaire de l'Enfida, propriété acquise de S. A. Khérédine Pacha (Tunisie).* — Paris, imp. A. Chaix, 1881, gr. in-8°, 64 p.

Le mémoire est suivi de 10 pièces annexes.

5028. — 1ʳᵉ *Chambre de la Cour... Succession Samama. Note pour les légataires intervenants en réponse aux conclusions de M. l'avocat général.* — Pontoise, imp. A. Pâris, 1882, in-4°, 3 p.

Note signée de Mᵉ Ambroise Rendu, avocat, et Mᵉ Meunier, avoué.

5029. — Du Buit, avocat. *Cour d'appel de Paris. 1ʳᵉ Chambre. Note pour S. E. Taher Benaïad, fils du général Mahmoud Benaïad et son héritier, contre les héritiers de Nessim Samana.* — Paris, imp. Vᵛᵉ Renou, Maulde et Cock, 1882, in-4°, 39 p.

5030. — Rothan (G.), ancien ministre plénipotentiaire. *Souvenirs diplomatiques. L'Allemagne et l'Italie, 1870-1871...* — Paris, C. Lévy, 1884-1885, 2 vol. in-8°.

T. Iᵉʳ, l'Allemagne. T. II, l'Italie (456 p.) : dépêche de Jules Favre à Rothan (30 mars 1871) au sujet du règlement de l'affaire de Tunis et du départ de l'escadre italienne pour La Goulette (p. 367-368).

5031. — *Conclusions du Procureur de la République, M. Cruppi, et jugement de la 1ʳᵉ Chambre du tribunal civil de la Seine, rendu le 18 juillet 1885 en faveur de la succession du général Mahmoud ben-Aïad contre Hamida ben-Aïad et consorts.* — Paris, imp. L. Guérin, 1885, gr. in-8°, 89 p.

Le jugement de la 1ʳᵉ Chambre du tribunal civil de la Seine est suivi (p. 51-87) des conclusions de l'avocat général et de l'arrêt (26 janvier 1888) de la Cour d'appel de Paris.

5032. — Elmilik (Chevalier Léon). *Mémoire du chev. Léon Elmilik adressé à ses avocats contre Heussein Pacha, ex-général tunisien.* — Tunis, imp. V. Finzi, 1885, in-4°, 351-260 p.

Traduit de l'italien, par Z. Eymon.

5033. — Hosaïn (Général). *Note personnelle à mes honorables avocats. Lettre du général Heusseïn relative à la demande formée contre M. Elmilik devant le tribunal civil de Tunis* (traduction de l'arabe). — Paris, imp. Vᵛᵉ Renou et Maulde, 1885, in-8°, 8 p.

Le chevalier Elmilik fut pris comme secrétaire par le général Hosaïn en 1878.

5034. — GRÉGOIRE (Eugène). *Mémoire sur l'autorité* erga omnes *dans les limites du territoire de la Régence de Tunis des jugements rendus en matière immobilière par le tribunal musulman, ou* chaâra, *de Tunis, soit entre Tunisiens, soit entre Tunisiens et Européens.* — Paris, imp. A. Lahure, s. d., in-4°, VI-170-LV p.

Cf. du même, Lettre à M. le ministre des Affaires étrangères de la République française. S. l., [1885], in-4°, 6 p. : revendications immobilières de la famille beylicale contre le général Mustapha ben Ismaïl, ex-premier ministre du Gouvernement tunisien.

5035. — LENTÉ (Frédéric), avocat. *Tribunal civil de la Seine. 1ʳᵉ Chambre. Mémoire à l'appui de la cause du général Hamida Ben-Abdurrahman Benayad et de ses frères, le colonel Aly et Hassouna Benayad, contre les héritiers de feu leur oncle, le général Mahmoud Benayad.* — Paris, imp. Vᵛᵉ Renou et Maulde, 1885, in-4°, 83 p.

Cf. Tribunal civil de la Seine. 1ʳᵉ Chambre. Documents cités dans le mémoire à l'appui de la cause du général Hamida Ben-Abdurrahman Benaïad et de ses frères... Ibid., in-4", 388 p.

5036. — GAUDIN (Laurent). *Attitude politique du Gouvernement français dans ses rapports avec la Turquie, en ce qui concerne l'indépendance de la Régence de Tunis, 1840-1856...* — Alger, Gavault Saint-Lager, 1885, in-8°, 27 p.

Publication de nombreux documents diplomatiques montrant l'attitude «logique, loyale et digne» de la France vis-à-vis de la Turquie au sujet de la Régence ; les négociations n'avaient que le but d'éloigner de nos côtes algériennes l'influence de la Porte.

5037. — M***. *Notice historique sur la Tunisie.* — Paris, imp. L. Baudoin, 1886, in-8°, 77 p.

J. Sc. Mil., 1886, t. XXI, p. 276-292, 427-444 ; t. XXII, p. 439-462 ; t. XXIII, p. 450-469. — Histoire de la Tunisie avant la conquête française ; quelques détails sur l'attitude des beys au moment de l'expédition d'Alger, en 1856 lors de la visite de Napoléon III en Algérie et au moment de l'expédition de 1881 ; liste des souverains musulmans de Tunisie et des beys de Tunis ; quelques références.

5038. — DEMAY (Charles). *Le clergé français en Tunisie.* — Cor., 1886, t. CXLV, p. 569-600, 761-800

L'auteur se place au point de vue pratique de notre action extérieure et retrace l'histoire des œuvres religieuses françaises « depuis le jour où la conquête de l'Algérie, faisant du bey notre voisin, nous interdisait de souffrir chez lui la prépondérance d'aucune nation rivale »; situation de la France en Tunisie en 1830, hésitations des gouvernements de Louis-Philippe et de Napoléon III, visées ambitieuses de l'Italie et luttes contre notre influence de 1864 à 1881; obstacles opposés à ses intrigues, œuvre de Mgr Lavigerie en Algérie et en Tunisie. An. par J. P., dans *R. Af. fr.*, 1886, t. IV, p. 401-406.

5039. — *Traité d'amitié, de commerce et de navigation entre S. M. la reine du Royaume-Uni de Grande-Bretagne et d'Irlande et S. M. le bey de Tunis, 1292-1875.* — [Paris], Imp. nat., déc. 1886, in-4°, 16 p.

Traité (42 art.) daté du 16 jumad el-thani 1292 (19 juillet 1875).

5040. — *[Traités entre la Régence et la France, l'Italie et l'Angleterre].* — *R. Alg. Tun. lég. jurisp.*, 1887, 2ᵉ part., p. 174-202.

Texte des traités franco-tunisien (15 nov. 1824), italo-tunisien (8 sept. 1868), anglo-tunisien (10 oct. 1863).

5041. — Leven (Narcisse). *Instance du caïd Eliaou Schemama contre le Gouvernement tunisien. Plaidoirie de Mᵉ Leven sur l'exception d'incompétence soulevée par le Gouvernement devant le tribunal civil de Tunis, à l'audience du 28 mai 1889.* — Paris, imp. Chaix, 1889, in-8°, 27 p.

Le caïd, receveur du ministère de la Guerre, en 1862, demande le remboursement de dépenses concernant le service des fournitures de l'armée.

5042. — [Gueydan (A.) et Santillana (D.)]. *Arbitrage. Réclamations du sieur Liaou Elmilik contre le Gouvernement tunisien. Mémoire pour le Gouvernement tunisien.* — Tunis, imp. B. Borrel, 1890, gr. in-8°, 152 p.

Le général Hussein n'avait pas pouvoir d'engager l'État; aucun engagement n'a été pris envers le sieur Elmilik; demande reconventionnelle du Gouvernement tunisien.

5043. — Khair al Dīn al Tounsī (Général). *Réformes nécessaires aux États musulmans. Essai formant la première partie de* *l'ouvrage politique et statistique intitulé* Le plus sûr moyen pour connaître l'état des nations, par le général Khéreddine... traduit de l'arabe... — Tunis, imp. L. Nicolas, 1896, in-8°, 28 p.

R. T., 1896, p. 501-522. — Extr. de l'introduction de l'ouvrage publié en 1868 (v. n° **4966**); notice explicative.

5044. — P. B. *L'industrie européenne avant le Protectorat.* — *R. Fr. Étr. Col.,* 1897, p. 466-470.

Les débuts de l'industrie européenne dans la Régence et la part que les Français y ont prise depuis le voyage d'Ahmed Bey, en France, sous Louis-Philippe.

5045. - DURAND-LAPIE (Paul). *Le comte d'Escayrac de Lauture, voyageur et explorateur français (1826-1868); sa vie et ses ouvrages...* — *Bul. G. Hist. Descr.,* 1899, p. 323-372, carte.

Notice biographique d'Escayrac de Lauture; ses nombreux voyages, notamment au Maroc, en Algérie, en Tunisie, en Tripolitaine, etc.; ses études sur l'Afrique septentrionale.

5046. — BOUVERY (André). *De l'anarchie au protectorat, documents relatifs à l'histoire de la Tunisie...* — Paris, A. Challamel, 1911, in-8°, 45 p.

Série de tableaux relatifs à l'histoire de la Tunisie de 1831 à 1881 : la Tunisie sous Louis-Philippe (extr. de l'ouvrage signalé sous le n° **1022**), la Tunisie en 1870, la contrebande (poudres et armes), conférence de Drakheroum (mars 1880), invasions des tribus tunisiennes en Algérie (février et mars 1881), extension de la révolte, intervention de la France, résumé des deux expéditions; texte du traité de Kassar-Saïd et de la convention du 8 juin 1883.

5047. — CRUPPI (Me Jean). *Tribunal civil de Tunis. 1re Chambre. Affaire Ben-Aïad contre le Gouvernement tunisien. Plaidoirie... pour les héritiers Ben-Aïad, audiences des 10, 11, 12 décembre 1912. Extraits des consultations de MM^{es} Raymond Poincaré, Milliard, Millerand. Jugement du tribunal civil de Tunis, du 29 janvier 1913.* — Paris, imp. P. Dupont, 1913, in-8°, 214 p.

5048. — VIVIANI (Me René). *Cour d'appel d'Alger. 1re Chambre de la Cour. Plaidoirie... pour S. A. le Bey de Tunis et le Gouver-*

nement tunisien contre les consorts ben Aïad (audiences des 27, 28, 29, 30 octobre 1913). — Paris, imp. P. Dupont, 1913, in-8°, 214 p.

5049. — Hugon (H.). *Note sur trois contes tunisiens d'un officier français (J.-L. Lugan, 1834).* — Tunis, Imp. rapide, 1917, in-8°, 12 p.

R. T., 1917, p. 81-90. — Courte biographie du colonel Lugan qui, comme lieut[t] d'art[ie], fit partie de la mission du commandant Guy, envoyée à Tunis en janvier 1831 par le général Clauzel pour organiser les troupes beylicales; résumé des trois contes extr. de l'ouvrage du capitaine Lugan : *Tunis. Nouvelles africaines...* Paris, Biais et Riant, 1834, in-8°. An. dans *R. H. Col. Fr.,* 1918, p. 250-251.

5050. — Monchicourt (Ch.), docteur es-lettres. *La mahalla d'Ahmed Zarroug dans le Sahel (1864).* — *R. T.,* 1917, p. 3-11.

Formation d'une mahalla tunisienne, asker, zouaves, art[ie], spahis, cavaliers des tribus; son expédition de 1864 dans le Sahel contre les tribus refusant de payer la medjba. An. dans *R. H. Col. Fr.,* 1918, p. 501.

5051. — Conor (Marthe). *Pages d'histoire tunisienne. I. Alexandre Dumas à Tunis (déc. 1846).* — *R. T.,* 1917, p. 173-182.

Récit du séjour d'Alexandre Dumas père à Tunis, arrivé par la frégate royale *Le Veloce* (v. n° **1008**).

5052. — Mzali (M.-S.) *L'exercice de l'autorité suprême en Tunisie durant le voyage d'Ahmed-bey en France (5 novembre-30 décembre 1846).* — *R. T.,* 1918, p. 274-284.

Mesures d'ordre militaire prises dans la Régence pour éviter les complications intérieures pendant l'absence du bey venu en France rendre visite à Louis-Philippe. An. dans *R. H. Col. Fr.,* 1921, 1er sem., p. 164-165.

5053. — Hugon (H.). *Un singulier diplomate : le comte de Vandoni « agent et consul général du bey Mohammed es Sadok ».* — Tunis, Imp. rapide, 1918, in-8°, 16 p.

R. T., 1918, p. 349-362. — Histoire de «l'un des comparses les plus bizarres qu'ait comptés la Tunisie officielle au temps de Mohamed es Sadok» (1861-1869). Cf. Pierre Grandchamp, *Dix mémoires en italien sur le procès Vandoni (1869-1879). R. T.,* 1919, p. 347-349.

5054. — GANDOLPHE (Marcel). *Notes inédites sur le service des courriers à pied entre Tunis-Sousse-Sfax.*— R. T., 1919, p. 411-413.

Création du service en 1855, son organisation, son fonctionnement jusqu'en 1875.

5055. — GRANDCHAMP (Pierre). *Suppression du baise-main des consuls à la cour du bey de Tunis...* — Alger, J. Carbonel, 1921, in-8°, 7 p.

R. Af., 1921, p. 335-339. — Comment le consul général Schwebel obtint la suppression de ce cérémonial (1836).

5056. — HUGON (Henri). *Un document numismatique du voyage d'Ahmed bey à Paris (1846).* — R. H. Col. Fr., 1922, 2ᵉ sem., p. 107-114., 2 fig.

Bref rappel des différents voyages des Beys en France et des Présidents de la République française en Tunisie; la portée politique du voyage d'Ahmed Bey en 1846, la médaille commémorative frappée par la Monnaie à cette occasion (v. n° **5670**).

5057. — HUGON (H.). *Les instructeurs français de l'ancienne armée beylicale.* — R. T., 1923, p. 152-160.

Précise et complète à l'aide de renseignements recueillis aux Archives des Affaires étrangères et aux Archives de la Guerre la liste des officiers français instructeurs fournie par le commandant Drevet (v. n° **8585**); les efforts du consul anglais Thomas Read pour imposer, en 1838, un instructeur en chef de son choix.

5058. — BELUL. *Autour du premier voyage effectué en France par un souverain de la dynastie husseinite, Ahmed bey.* — R. T., 1923, p. 161-166.

Mesures de sécurité prises en Tunisie pendant le voyage du Bey; proclamation adressée par celui-ci à ses sujets.

5059. — GASPARIN (Lucien), député. *Un beylicat tunisien à Oran.* — Ann. Col., 19 oct. 1923.

Rappel de l'essai de protectorat tunisien à Oran tenté par Clauzel en 1830; le séjour des Tunisiens à Oran; échec de cette tentative.

DEUXIÈME PARTIE.

L'EXPÉDITION DE TUNISIE
ET
L'ÉTABLISSEMENT DU PROTECTORAT FRANÇAIS.

5060. — LEROY-BEAULIEU (Paul). *Les intérêts de la France et de l'Italie en Afrique.* — *Écon. fr.*, 1880, t. II, p. 249-251.

«Nous ne nous lasserons jamais d'inviter, de pousser nos Chambres, notre Gouvernement à une sérieuse politique colonisatrice». Rôle de la France et aspirations de l'Italie en Afrique. «Nous sommes grand ami de l'Italie et grand ami de la paix». De nombreux théâtres s'offrent à l'activité de l'Italie, mais la Tunisie est «une dépendance plus ou moins directe de l'Algérie». Le Gouvernement doit faire aboutir le transsaharien, «l'entreprise la plus utile que la France ait conçue depuis longtemps».

5061. — PERRIER (Commandant). N° 1, mission en Tunisie, 1878-1879. *Mémoire sur la place et les environs de Tunis... avec un levé topographique... à l'échelle de 1/20.000ᵉ*, par MM. les capitaines Derrien, Koszutski et Berthaut. — S. l. n. d., in-fol., 14 p., croq., lithogr.

Ministère de la Guerre, État-major général, 5ᵉ bureau (Dépôt de la Guerre). — Autre éd., s. l. n. d., in-4°, 12 p., croq., lithogr. (Ministère de la Guerre, État-major général. 3ᵉ bureau (opérations militaires et instruction générale de l'armée). — La ville, les forts, les chemins de fer, eaux potables, lignes télégraphiques, routes, les environs, considérations militaires; croquis des forts, redoutes, etc. reconnus par le lieut de vaisseau de Barmon et communiqués en 1838 à M. Falbe.

5062. — PERRIER (Commandant). N° 2, mission de Tunisie, 1879. *Entre Bizerte et Tunis, avec un levé à l'échelle de 1/100.000ᵉ.* — S. l. n. d., in-fol., 5 p., lithogr.

Ministère de la Guerre, État-major général, 5ᵉ bureau (Dépôt de la Guerre). — Description topographique de la région.

5063. — Perrier (Commandant). N° 3, mission de Tunisie, 1879. *Mémoire militaire sur la place, le port et les environs de Bizerte, avec un levé à l'échelle de 1/20.000e.* — S. l. n. d., in-fol., 9 p., lithogr.

<small>Ministère de la Guerre, État-major général, 5e bureau (Dépôt de la Guerre). — Description complétée par des considérations militaires.</small>

5064. — Perrier, chef d'escadron d'état-major, chef de la mission. N° 6, mission de Tunisie, 1879. *Rapport résumant les tableaux d'itinéraire annexés au levé de la route stratégique entre Tunis et la frontière algérienne*, fait sous la direction de M. le commandant Perrier, par MM. les capitaines Derrien, Koszutski et Berthaut en janvier 1879. — S. l. n. d., gr. in-4°, 29 p., lithogr.

<small>Ministère de la Guerre, État-major général, 5e bureau (Dépôt de la Guerre). — Description détaillée de l'itinéraire (212 kil.) en sept étapes, en suivant l'ancienne voie romaine de Constantine.</small>

5065. — Derrien, capitaine d'état-major. N° 7, mission de Tunisie, 1879. *Itinéraire de Medjez-el-Bab à Bordj-Sidi-Youssef... avec un levé à l'appui à 1/100.000e...* — S. l. n. d., gr. in-4°, 24 p., croq., lithogr.

<small>Ministère de la Guerre, État-major général, 5e bureau (Dépôt de la Guerre). — Itinéraire détaillé de Medjez-el-Bab à Testour, Aïn-Hedjah, Bordj-Messaoudi, Le Kef et Bordj-Sidi-Youssef : points remarquables, nature du sol, aspect des environs, renseignements divers.</small>

5066. — *Notice sur Soussa.* — S. l. n. d., in-4°, 6 p., lithogr.

<small>Notice rédigée à l'état-major général avant 1881 ; description, histoire, les environs, la kasbah.</small>

5067. — *De Tunis à Kérouan (par la route de l'aqueduc de Zaghouan).* — S. l. n. d., in-4°, 3 p., lithogr.

<small>Ministère de la Guerre, État-major général, 5e bureau (Dépôt de la Guerre). — Description de l'itinéraire.</small>

5068. — *Description de la ville de Kaïrouan...* — S. l. n. d., in-4°, 12 p., lithogr.

Notice rédigée à l'état-major général avant 1881; l'auteur passa trois jours à Kairouan : sa mosquée principale, ses bazars, ses réservoirs, fanatisme de ses habitants, excursion à Sabra.

5069. — *Renseignements complémentaires sur la Tunisie méridionale.* — S. l. n. d., in-4°, 8 p., lithogr.

Ministère de la Guerre, État-major général, 5ᵉ bureau (*Dépôt de la Guerre*). — Itinéraire de Sousse à Kairouan et de Sfax à Gafsa ; les principales tribus du Djerid.

5070. — MAUGNY (Cte Albert de). *La question de Tunis...* — Paris, imp. Kugelmann, 1881, in-16, 11 p.

Écrit à la veille de l'expédition : « Il faut se hâter de prendre... une décision énergique... ; pour assurer le protectorat de la France..., le Gouvernement français... n'a en ce moment qu'à vouloir ».

5071. — MARCELLI. *Aperçu historique sur la tribu des Kroumirs sous les Carthaginois, les Romains, les Vandales, les Arabes et les Turcs...* — Paris, imp. Moquet, 1881, in-8°, 16 p., fig., croq.

Renseignements historiques sommaires sur les Kroumirs, les Beni-Mezen, les Ouchtata, les Zainatis, « tribus que nous avons à punir ou à forcer à la paix ».

5072. — *Nos relations avec la Tunisie.* — *Bul. Soc. G. Com. Bordeaux,* 1881, p. 218-220.

Reproduction d'un art. de la *Seybouse,* de Bône. Les intérêts français en Tunisie, le chemin de fer Bône-Guelma ; les actes hostiles que le gouvernement du Bey laisse commettre contre nous.

5073. — AUGÉ DE LASSUS (Lucien). *Chez le Bey de Tunis.* — Versailles, L. Bernard, 1881, in-8°, 62 p., ill.

Notes et impressions sur Tunis, le bey ; quelques mots sur l'histoire de la Régence ; les environs de Tunis jusqu'à El-Djem.

5074. — BRUCE (James). *Visite au pays des Khomaïr (Kromirs).* — *R. Af.,* 1881, p. 48-64.

Extr., traduits par le lieut-colonel Playfair, de l'ouvrage *Travels in the Footsteps of Bruce* (London, 1877). Quelques détails sur les Kroumirs, tribu des plus guerrières et des plus turbulentes de l'Afrique du Nord ; mauvaise délimitation à l'est comme à l'ouest de l'Algérie, qui « n'a pas du tout de frontières naturelles ». Reproduit sous la signature de Playfair, dans *Ass. fr. av. sc.,* 1882 *(10ᵉ session, Alger,* 1881), p. 61-70.

5075. — CHERBONNEAU (Auguste). *Limites réelles de l'Algérie.* — *R. G.*, 1881, t. IX, p. 56-59.

L'imprécision des limites qui peuvent être assignées à l'Algérie; celle du sud d'après Ibn Khaldoun; les frontières naturelles qui devraient former les limites est et ouest.

5076. — BARUCH (Jules), interprète militaire. *Le pays des Kroumir. Étude d'après renseignements...* — Alger, A. Jourdan, 1881, in-8°, 25 p., carte.

Étude terminée le 25 mars 1881 et publiée sous les auspices de la Soc. G. Alger. Limites, historique, mœurs, coutumes, emplacement des tribus, fractions et sous-fractions, nature du sol, cours d'eau, montagnes, forêts, cultures, marchés, marabouts, ordres religieux, voies de communication; carte à 1/80.000°.

5077. — VARIOT (G.). *Une visite à l'hôpital arabe de Tunis.* — *R. Sc.*, 1881, t. XXVII, p. 537-538.

Notes prises par l'auteur peu avant l'expédition française; le médecin tunisien de l'hôpital arabe; installation primitive de l'hôpital; quelques détails pittoresques sur l'armée tunisienne.

5078. — VÉLAIN (Charles). *L'Algérie et le pays des Kroumirs.* — *R. Sc.*, 1881, t. XXVII, p. 545-551, croq.

L'auteur a été en 1873 attaché comme géologue à la campagne hydrographique de l'amiral Mouchez sur la côte septentrionale de l'Afrique; résultat de ses recherches non seulement sur la côte, mais encore dans les régions sahariennes, ainsi que dans les zones frontières qui bordent nos possessions vers le Maroc et vers la Tunisie.

5079. — BISSON (Léon de), officier de réserve du 4ᵉ chass. d'Af. *La Tripolitaine et la Tunisie, avec les renseignements indispensables au voyageur...* — Paris, E. Leroux, 1881, in-16, II-147 p.

Notes de voyage recueillies avant l'expédition et publiées sous forme de guide; résumé historique de la Tripolitaine, l'armée et la marine turques en Tripolitaine; Tunis, ses fortifications, ses casernes; chemins de fer, principales villes, ethnographie, généalogie des Beys; l'armée et la marine tunisiennes; renseignements généraux; brève bibliographie. An. dans *Af. expl.*, 1881-1882, p. 281.

5080. — FABRE (Joseph), avocat. *Essai sur la Régence de Tunis..* — Avignon, Séguin frères, 1881, in-16, IX-188 p.

Précis historique de la Régence depuis ses origines jusqu'en 1880; Tunis, la ville, le climat; Gouvernement de la Régence, le pacte fondamental ou Constitution du royaume de Tunis; code politique et administratif; impôts; l'armée et la marine, appellations des grades militaires (p. 113-121); le commerce, religion et coran, sectes diverses; races.

5081. — ENGELHARDT (Éd.-Philippe). *Situation de la Tunisie au point de vue international.* — *R. D. Int.*, 1881, p. 331-341.

Situation de l'Empire ottoman vis-à-vis de la Régence et attitude des puissances; définition du droit public de l'état tunisien; «rien ne justifie la prétention de la Porte d'exercer une souveraineté incontestable sur la Régence qui possède depuis longtemps une organisation politique propre».

5082. — LEROY-BEAULIEU (Paul). *L'Algérie et la Tunisie. De la nécessité de protéger efficacement les intérêts français à Tunis.* — *Écon. fr.*, 1881, t. Ier, p. 345-347.

La faiblesse du Gouvernement français à l'égard de la Tunisie; citations de l'ouvrage de P. de Tchihatchef (v. n° **2032**). «Le châtiment des perfidies tunisiennes et l'établissement de notre domination en Tunisie ne nous brouilleront sérieusement avec aucune puissance». Cf. *R. P. L.*, 1881, t. XXVII, p. 385-386.

5083. — FOULQUES (L. de). *La Régence de Tunis.* — *Bul. Soc. G. Arch. Oran,* 1881, p. 53-56.

Extr. et traduit du *Boletin de la Sociedad de geographica de Madrid.* — Bref aperçu sur la situation générale de la Régence, administration, population, armée, voies ferrées.

5084. — *La frontière orientale de l'Algérie.* — *Af. expl.*, 1880-1881, p. 223-227, carte.

Géographie des confins algéro-tunisiens, tribus qui les habitent, voies ferrées qui en permettent l'accès.

5085. — VILLOT (Commandant E.), ancien officier des Affaires arabes. *Description géographique de Tunis et de la Régence, avec notes historiques, ethnographiques et archéologiques...* — Paris, Challamel aîné, 1881, in-8°, 47 p., carte.

Compilation des ouvrages récents de E. Pellissier (v. n° **4916**), E. Carette (v. n° **7473**), Alph. Rousseau (v. n° **4786**), des Godins de Souhesmes (v. n° **5007**), Victor Guérin, etc. : géographie, population, importance maritime de Tunis, la frontière française. An. dans *Bul. R. Off.*, 1882, p. 227; par Z. V., dans *J. Sc. Mil.*, 1881, t. III, p. 319; dans *Af. expl.*, 1881-1882, p. 127.

5086. — Perrier (Lieut^t-Colonel), membre de l'Institut. 3e mission en Tunisie. *Reconnaissance circulaire entre Tunis, Bir-Loubeit, Hammamet, Nebeul et Tunis, avec un dessin à l'appui à 1/50.000^e...* — S. l. n. d., in-4°, 17 p., lithogr.

Ministère de la Guerre, État-major général, 5e bureau (Dépôt de la Guerre). — Reconnaissance effectuée (en voiture) les 28, 29 et 30 mars 1881.

5087. — Perrier, lieut^t-colonel. 3e mission en Tunisie. *De Soukahras à Tunis.* 1° *Reconnaissance à cheval entre Soukahras et Ghrardimaou*, 11 avril 1881. — S. l. n. d., in-fol., 5 p., lithogr.

Ministère de la Guerre, État-major général, 5e bureau (Dépôt de la Guerre). — Itinéraire par la vallée de la Medjerda.

5088. — Perrier, lieut^t-colonel. 3e mission en Tunisie. *De Soukahras à Tunis.* 2° *Reconnaissance en chemin de fer entre Ghrardimaou et Tunis,* 11 avril 1881... — S. l. n. d., in-fol., 11 p., lithogr.

Ministère de la Guerre, État-major général, 5e bureau (Dépôt de la Guerre). — Importance de la station, gare, halte, description sommaire de la région.

5089. — *Chez les Kroumirs,* par deux anciens zouaves. — Paris, typ. Collombon et Brûlé [1881], in-fol., 2 p., fig.

Feuille parue au moment de l'expédition : le Bey de Tunis, le pays des Kroumirs, leurs habitations, leur organisation militaire, leur chant de guerre.

5090. — *Tunis et la Tunisie,* par un ingénieur qui a voyagé et habité dans le pays pendant plus de 25 années. — Paris, P. Schmidt, 1881, in-8°, 16 p.

Notions très superficielles sur la Tunisie : Tunis, principales villes, orographie, hydrographie, routes, chemins de fer, Gouvernement, administration, finances, armée (p. 13-14), fortifications, populations, composition du corps expéditionnaire (p. 16).

5091. — Desfossés (Edmond). *Affaires d'Orient. La question tunisienne et l'Afrique septentrionale. Angleterre, France, Italie.* — Paris, Challamel aîné [1881], in-8°, 49 p.

« La question du Maroc n'est pas encore suffisamment mûre... »; il faut « veiller » sur ce pays. État actuel de la Tunisie, griefs sérieux de la France contre la Tunisie; droits de la Turquie; attitude de l'Angleterre; la Tunisie au Congrès de Berlin, prétentions de l'Italie; droits de la France; nécessité d'imposer le protectorat au Bey de Tunis, s'il ne l'accepte pas volontairement (v. n° **5120**). An. dans *R. G.,* 1881, t. VIII, p. 394-396.

5092. — Melon (Paul). *Les événements de Tunis; du rôle de l'Italie et de l'action du Gouvernement français...* — Paris, Rouvier et Logeat, 1881, in-8°, 22 p.

Raisons qui obligeaient la France à passer la frontière; inanité des prétentions italiennes; la politique flottante et indécise du Gouvernement français (v. n° **5154**).

5093. — Valbert (G.). *La France et l'Italie à Tunis.* — *R. D. M.,* 1881, t. XLV, p. 200-211.

L'œuvre de la France en Algérie, difficultés avec le Bey, intérêts italiens en Tunisie, l'incident tunisien ne peut brouiller la France et l'Italie; en pénétrant en Tunisie, la France se met simplement en défense.

5094. — Desdevizes du Dézert. *Quelques mots sur la Tunisie.* — *Bul. Soc. normande G.,* 1881, p. 239-242.

La situation des diverses parties de la Tunisie au moment de l'occupation; « un pas est fait, pas immense!».

5095. — Affaires étrangères. *Documents diplomatiques. Affaires de Tunisie, avec une carte de la Régence, 1870-1881.* — Paris, Imp. nat., 1881, in-4°, xxiv-312 p., carte.

Recueil de 233 documents; caractère général de la politique française en Tunisie; état de la frontière algérienne, incursions, brigandages, contrebande de guerre (1870-1881) [v. n° **5190**]; difficultés avec la Régence (1880-1881), causes et but de l'expédition; 18 documents sur l'expédition, dépêches des généraux Osmont, Forgemol, Logerot, Maurand et du vice-amiral Conrad; carte de la Régence. An. dans *N. R.,* 1881, t. X, p. 489-490; sous le titre *La géographie dans le* Livre jaune, dans *R. G.,* 1881, t. VIII, p. 465-466.

5096. — Ministère des Affaires étrangères. *Documents diplomatiques. Affaires de Tunisie, supplément, avril-mai 1881.* — Paris, Imp. nat., 1881, in-4°, v-74 p.

Suite du n° **5095**. — Documents (n°ˢ 234 à 286) relatifs à l'expédition (18 avril au 20 mai 1881); revendications de la Porte, protestations du Bey; vues du Gouvernement anglais sur les opérations françaises en Tunisie; instructions adressées au général Bréard, lettres de celui-ci au ministre de la Guerre; en annexe, tableau des principaux crimes et délits relevés de 1870 à 1881 à la charge des Tunisiens et extrait du recueil diplomatique anglais sur Tunis (1881).

5097. — *L'expédition de Tunisie.* — Avenir militaire, 6 avril-26 déc. 1881.

Nouvelles envoyées par le correspondant spécial du journal, lettres de correspondants éventuels; événements de la frontière, concentration des forces françaises, organisation militaire de la frontière, forces tunisiennes; copie des télégrammes adressés par les commandants des deux corps expéditionnaires et des généraux sous leurs ordres; rapports d'opérations, ordres du jour, état sanitaire des troupes; composition des différentes colonnes; effectifs à la date du 21 sept., garnisons de Tunisie au 26 nov. etc.

5098. — Freycinet (Charles de), sénateur. *Rapport fait au nom de la Commission des finances, chargée d'examiner le projet de loi... portant demande d'un crédit supplémentaire de 5.695.276 fr. au titre du budget ordinaire de l'exercice 1881...* — Paris, imp. du Sénat [1881], in-4°, 3 p.

Sénat, session 1881. Annexe au procès-verbal de la séance du 8 avril 1881, n° 210. — Crédits destinés aux opérations à la frontière de Tunisie. Cf. Projet de loi de la Chambre des députés sur le même objet, *ibid.*, n° 203.

5099. — *Les forces militaires de l'Algérie.* — Moniteur de l'Armée, 16 avril 1881.

Composition du XIX° C. A. et répartition des troupes dans les trois divisions d'Alger, d'Oran et de Constantine; effectif total; forces prélevées en France pour former le corps expéditionnaire de Tunisie.

5100. — *Le corps expéditionnaire.* — Avenir militaire, 16 avril 1881, carte.

Les différents systèmes qui pouvaient être employés pour la formation du corps expéditionnaire; l'auteur approuve celui adopté par le ministre de la Guerre, mais critique vivement le désordre qui a présidé au départ et à l'embarquement des troupes dont il rend responsable l'état-major général.

5101. — *Algérie. Expédition de la Tunisie.* — *Moniteur de l'Armée*, 21 avril-21 déc. 1881.

Reproduction des télégrammes et rapports publiés dans le *J. O.* (v. n° **5103**) relatifs aux deux expéditions de Tunisie et aux événements du Sud oranais; composition du premier corps expéditionnaire, dislocation et ordre du jour du ministre de la Guerre, traité du Bardo; texte de la circulaire adressée par le ministère des Affaires étrangères aux agents diplomatiques français au sujet des affaires de Tunisie; résultats de la 1re campagne appréciés par M. S. Moncada, publiciste espagnol; rapports du médecin principal Baudoin et du général en chef sur l'état sanitaire (v. n°˙ **5146** et **5147**); notices sur différentes villes : Bizerte, Sfax, Sousse, Kairouan, Zaghouan, Le Kef, Gafsa, etc., l'île de Djerba; le service de la prévôté en Tunisie. Renseignements sur le désastre de la mission Flatters.

5102. — DEPPING (Guillaume). *Tunisie : les tribus frontières.* — *J. O.*, 24 avril 1881, p. 2260-2263.

Renseignements extr. notamment des ouvrages signalés sous les n°˙ **4916** et **5020**. Cf. *R. G.*, 1881, t. VIII, p. 397.

5103. — *Télégrammes adressés d'Algérie et de Tunisie aux ministres de la Guerre et de la Marine.* — *J. O.*, 26 avril-30 déc. 1881.

I. Tunisie : loi portant ouverture de crédits extraordinaires pour la première expédition de Tunisie (p. 2289); télégrammes adressés au ministre de la Guerre par le général Forgemol de Bostquénard et différents généraux du corps expéditionnaire (Logerot, Delebecque, Bréard, Ritter, Vincendon, Galland, etc.); copie des rapports de la division Delebecque sur le combat du djebel Sekkek, 26 avril, liste nominative des tués et blessés (p. 2641-2643), du général Logerot sur les combats de Ben-Bachir, 30 avril (p. 2930-2931), de Ben-M'Tir, 11 et 14 mai (p. 2959-3021); texte du traité du Bardo (p. 2928); loi portant ouverture de crédits extraordinaires pour la deuxième expédition (p. 3849), télégrammes de la Marine sur l'occupation de Sfax et de Sousse; télégrammes relatifs à la deuxième expédition. II. Télégrammes adressés au ministre de la Guerre par le général commandant le XIX° C. A. au sujet des événements du Sud oranais et de l'insurrection de Bou Amama.

5104. — [L. R.]. *Huit jours en Tunisie.* — Alger, imp. P. Fontana, 1881, in-8°, 69 p.

Extr. de *l'Akhbar*, mai 1881. — Daté de Guelma, 1er mai 1881. «Simple récit, sans prétention», d'un voyage, en avril 1881, à La Goulette, Tunis, visite à M. Roustan, Carthage; détails sur l'armée tunisienne (p. 34-38), les causes du conflit franco-tunisien, les préparatifs militaires tunisiens, les intrigues au moment de l'expédition.

5105. — LEWAL (Général). *Étude sur la frontière de Tunisie...* — Montauban, imp. Forestié, 1881, in-8°, 27 p., carte.

Extr. du *Bul. Soc. Arch. de Tarn-et-Garonne*. — Lecture faite à la séance du 4 mai; reproduit dans le *Progrès militaire*, 3 et 6 juillet. Étude géographique, historique et archéologique; communications entre l'Algérie et la Tunisie; principaux faits de guerre entre Rome et Carthage, incidents de frontière algéro-tunisiens depuis 1837. An. par F. H. [Hennequin], dans *Bul. Soc. topo. France*, 1881, p. 344-345.

5106. — CŒURET (Auguste). *Conférence sur la Tunisie et les Khroumirs...* — *Bul. Soc. topo. France*, 1881, p. 398-400; 1882, p. 16-22, 56-58.

Généralités.

5107. — *Conférence sur l'expédition de Tunisie.* — *Bul. R. Off.*, 1881, p. 718-723, 743-745, 763-765, cartes.

Conférence faite à l'École de Saint-Cyr. Préliminaires, attaques des Kroumirs, armée du Bey de Tunis, description du pays, formation du corps expéditionnaire, résumé des opérations jusqu'au 9 mai 1881.

5108. — FERRY (Jules), président du Conseil. *Communication du Gouvernement relative aux affaires de Tunisie...* — Paris, imp. du Sénat [1881], in-4°, 3 p.

Sénat, session 1881. Annexe au procès-verbal de la séance du 12 mai 1881, n° 239. — Brève communication faite au Sénat relative aux garanties que le Gouvernement français compte exiger du Bey. Cf. *République française... Affaires tunisiennes...* Avignon, imp. Ch. Maillet [1881], in-8°, 16 p. : déclaration du Gouvernement, nouvelles de la frontière algérienne, extr. d'art. de presse, renseignements divers.

5109. — *Notice sur la Tunisie.* — *R. M. Étr.*, 1881, t. XIX, p. 249-271, carte.

Reproduit dans *J. O.*, 12, 13, 15, 16 et 19 mai 1881. — Aperçu historique, avènement de la dynastie actuelle, les chefs de la mission militaire française à Tunis de 1840 à 1864, le pacte fondamental et la loi organique, le Bey actuel, le firman de 1871; aperçu géographique et militaire; frontière algéro-tunisienne, littoral, fortifications, localités présentant un intérêt au point de vue militaire, les régions; forces militaires : armée régulière et armée irrégulière. Annexes : rapport du lieut‑colonel Campenon sur une expédition contre les Kroumirs faite par les troupes du Bey, en 1863. Bibliographie sommaire; la ligne de Ghardimaou à Tunis.

5110. — Rémusat (Paul de), sénateur. *Rapport fait au nom de la Commission chargée d'examiner le projet de loi... portant approbation du traité conclu, le 12 mai 1881, entre la France et la Tunisie...* — Paris, imp. du Sénat [1881], in-4°, 14 p.

Sénat, session 1881. Annexe au procès-verbal de la séance du 27 mai 1881, n° 271. — Étude des principales dispositions du traité, texte *in extenso*. Cf. Projet de loi sur le même objet, *ibid.*, n° 268.

5111. — Farre, général, ministre de la Guerre, Cloué, vice-amiral, ministre de la Marine et des Colonies, Magnin, ministre des Finances. *Projet de loi... portant ouverture aux ministres de la Guerre, de la Marine et des Finances, sur l'exercice 1881, de crédits supplémentaires, montant à la somme de 14.226.000 fr., pour les frais d'expédition de Tunisie...* — Paris, imp. du Sénat, 1881, in-4°, 4 p.

Sénat, session 1881. Annexe au procès-verbal de la séance du 14 juin 1881, n° 320.

5112. — Farre, général, ministre de la Guerre, Cloué, vice-amiral, ministre de la Marine et des Colonies. *Projet de loi... relatif à l'augmentation des croix et médailles à distribuer à l'occasion des opérations militaires en Tunisie et en Algérie.* — Paris, imp. du Sénat, 1881, in-4°, 4 p.

Sénat, session 1881. Annexe au procès-verbal de la séance du 14 juin 1881, n° 322.

5113. — [Saint-Foix (de), secrétaire d'ambassade]. *La question tunisienne.* — S. l., 1881, in-8°, 16 p.

L'occupation de la rive gauche de la Medjerda ou toute autre solution est insuffisante; «l'annexion de la Tunisie forme l'indispensable complément de notre colonie algérienne»; justification de l'intervention française.

5114. — Reinach (Joseph). *Affaires tunisiennes. Le traité du Bardo.* — *R. P. L.*, 1881, t. XXVII, p. 641-646.

Signature et texte du traité; conduite de l'expédition; comparaison entre les récits de la campagne dans les journaux anglais et français, avec celui de l'expédition de la Petite Kabylie en 1851; l'agitation artificielle à Londres et à Rome.

5115. — *Traité de paix avec la Tunisie.* — *Bul. Soc. G. Com. Bordeaux,* 1881, p. 327-328, carte.

Articles du traité de paix signé le 12 mai; quelques commentaires de la presse française (*La République française* et *Les Débats*).

5116. — Rivière (F.). *La guerre des Kroumirs... Scènes intimes au palais du Bey de Tunis; comédie en quatre actes.* — Alger, imp. P. Fontana, 1881, in-16, 44 p.

Personnages principaux : le bey, son frère, le grand vizir, les consuls d'Italie, de France, d'Angleterre, le général Bréart; peu intéressant au point de vue militaire.

5117. — Videns. *Les Français en Tunisie et le concert européen...* — Londres, P. S. King, 1881, in-12, 19 p.

Critique l'action de la France qui, avec l'autorisation du concert européen obtenue lors du Congrès de Berlin, a eu la permission de « voler » la Tunisie; l'affaire des Kroumirs n'a été qu'un prétexte. Nombreuses exagérations ou faussetés.

5118. — Robinet (Dr J.-F.-E.). *La politique positive et la question tunisienne...* — Paris, E. Dentu, juillet 1881, in-8°, 32 p.

Examen de la ligne de conduite à laquelle il convient de rapporter l'action de la France en Afrique; l'auteur propose « la restitution d'Alger et de Tunis à leurs légitimes possesseurs, après y avoir assuré l'ordre public ».

5119. — Leroy-Beaulieu (Paul). *De la nécessité de l'annexion totale de la Tunisie.* — *Écon. fr.* 1881, t. Ier, p. 437-440.

Expédients auxquels le Gouvernement semble incliner; il faut un programme net; notre œuvre algérienne est menacée dans ses fondements; avantages de l'annexion au point de vue de la politique intérieure et extérieure; « hors de l'annexion complète il n'y a pas de solution raisonnable et durable; il n'y a que des périls renaissants ». Cf. du même, *Quelques mots encore sur la nécessité de l'annexion de la Tunisie. Ibid.,* p. 469-470 : « c'est le seul moyen de pacifier l'Afrique, de sauver l'Algérie, de servir la civilisation en général ».

5120. — Fontpertuis (Ad.-F. de). *La Tunisie, ses populations, ses ressources naturelles et son état économique.* — *Écon. fr.,* 1881, t. Ier, p. 476-479.

Quelques renseignements extr. des études d'E. Desfossés (v. n°° **5020** et **5091**).

5121. — *Les inconvénients du Protectorat et la nécessité de l'annexion de la Tunisie.* — Écon. fr., 1881, t. Ier, p. 513.

Avis de correspondants, notamment de Français algériens, qui se prononcent très énergiquement pour l'annexion.

5122. — LEROY-BEAULIEU (Paul). *La politique continentale et la politique coloniale, à propos de la nécessité de l'annexion totale de la Tunisie.* — Écon. fr., 1881, t. Ier, p. 565-567.

«La grande faute historique de la France c'est d'avoir depuis deux siècles préféré la politique continentale à la politique coloniale». L'annexion de la Tunisie ne sera pas pour nous un embarras, ni une charge pour le budget; l'occupation ne nécessitera qu'un supplément de 10.000 à 12.000 hommes. «L'annexion est la seule solution raisonnable.»

5123. — LEROY-BEAULIEU (Paul). *Du danger des demi-mesures dans la question tunisienne; de la nécessité de plus en plus grande de l'annexion totale.* — Écon. fr., 1881, t. Ier, p. 597-599.

«Les esprits maintenant s'ouvrent à l'idée de l'annexion totale et définitive; il n'y a de salut que là»; les conséquences de l'annexion : « Ce ne sera pas la première fois que la France essuiera une bordée de protestations»; l'Angleterre et l'Italie protesteront de la même manière si nous voulons continuer à occuper Bizerte.

5124. — LEROY-BEAULIEU (Paul). *Le traité de garantie avec la Tunisie; ses lacunes, les dangers des irrésolutions.* — Écon. fr., 1881, t. Ier, p. 629-631.

Une légende se forme : «Nous avons eu peur»; «toute irrésolution nouvelle perdrait la France en Afrique et peut-être en Europe»; l'auteur indique les conditions à réaliser, sinon l'expédition «tournerait très prochainement à notre complète confusion».

5125. — *Les Kroumirs.* — Bul. Soc. G. Est, 1881, p. 214-216.

Traduction par J.-V. B. [Barbier], d'un article paru dans *Das Ausland,* n° 18, 2 mai 1881; rectification de quelques erreurs contenues dans cet article.

5126. — DUVEYRIER (H.). *La Tunisie.* — Bul. Soc. normande G., 1881, p. 145-171.

Étude générale sur la Tunisie publiée dans le *XIX*ᵉ *Siècle*; pays, superficie, population, position géographique, climat, régions naturelles, frontières, divisions politiques ; les races, l'histoire ; le Gouvernement, l'administration, l'armée tunisienne ; religions ; le nord et le nord-ouest du Tell tunisien.

5127. — Peruzzi (Ubaldino). *Tunis et l'Italie. La question tunisienne au point de vue italien.* — R. P. L., 1881, t. XXVIII, p. 97-104.

Lettre au directeur de la *R. P. L.*, dans laquelle l'auteur expose ce que veulent les Italiens, de quoi ils se plaignent, leurs griefs contre la France, ce qu'il leur faut de plus (v. n° **5128**).

5128. — E. Y. [Yung (Eugène)]. *Tunis et l'Italie. Réponse à M. Ubaldino Peruzzi.* — R. P. L., 1881, t. XXVIII, p. 129-133.

V. n° **5127**. Rectifications de fait qui justifient la politique française des accusations de U. Peruzzi ; l'affaire du *Moskatel,* la légitimité et l'étendue des droits italiens, l'attitude de la France envers l'Angleterre et l'Italie, etc. (v. n° **5130**).

5129. — Leroy-Beaulieu (Anatole). *La politique étrangère de la République. La Tunisie et l'opposition.* — R. P. L., 1881, t. XXVIII, p. 197-201.

L'opposition reproche à la France d'avoir osé reprendre son rang et son rôle de puissance européenne ; elle préconise la politique d'effacement ou d'abdication ; « la Tunisie devait manifestement devenir tôt ou tard, sous une forme ou sous une autre, une dépendance de l'Algérie » ; la France a trop tardé à montrer ses soldats en Tunisie ; l'Italie et l'Allemagne dans la question tunisienne.

5130. — Peruzzi (Ubaldino). *Tunis et l'Italie. Réponse aux réponses.* — [Florence], imp. Le Monnier, s. d., in-8°, 17 p.

R. P. L., 1881, t. XXVIII, p. 225-230. — V. n° **5128**. L'auteur répond point par point aux questions traitées par E. Yung : le *Moskatel,* les droits italiens, l'attitude de la France, etc.

5131. — Crozals (J. de). *Tunis.* — R. P. L., 1881, t. XXVIII, p. 275-286.

Impressions de voyage : La Goulette, l'armée beylicale, le chemin de fer de La Goulette à Tunis, le camp français.

5132. — Clapier (A.). *Le Protectorat de la France en Tunisie.* — *R. Br.*, 1881, t. III, p. 405-428.

Situation, ressources de la Tunisie, avantages à en retirer; degré d'ingérence que la France doit apporter dans l'administration intérieure, difficultés qu'une immixtion excessive ou prématurée pourrait lui susciter.

5133. — Duveyrier (Henri). *La Tunisie...* — Paris, Hachette, juin 1881, in-8°, 144 p.

Aperçu général sur la Tunisie, tracé complet des frontières, divisions politiques, races, Gouvernement, administration; l'armée, effectifs en 1860 et en 1869, points fortifiés, commandements militaires; religion; esquisse géographique et statistique du Tell tunisien, du Sahara tunisien et de l'île de Djerba; l'avenir de la Tunisie (v. n° **5153**). An. par A. Philibert Soupé, dans *R. G.*, 1881, t. IX, p. 318.

5134. — Giffard (Pierre). *Les Français à Tunis.* — Paris, V. Havard, 1881, in-18, ii-341 p.

Recueil d'impressions de voyage d'un rédacteur du *Figaro* qui, en 1881, suivit la campagne des escadres françaises sur la côte orientale de la Tunisie; Sousse, Sfax, Gabès, mœurs et coutumes des habitants de la Régence; quelques détails sur l'état sanitaire et sur l'intendance.

5135. — *Expédition de Tunisie. Guerres d'Afrique.* — *R. M. S.*, 1881, p. 193-208, 225-230, 248-256, 273-286.

Tunisie : causes du conflit; le théâtre des opérations; armée, marine, Gouvernement tunisiens; description de la Kroumirie, races et tribus; mobilisation et composition du corps expéditionnaire français; les opérations jusqu'au 30 mai 1881, texte du traité du Bardo. Algérie : incidents dans le Sud de la province d'Oran (combat de Chellala).

5136. — Toutée (G.-J.), lieut[t] d'art[ie]. *Journal d'un officier du corps expéditionnaire de Tunisie...* — Paris, Berger-Levrault, 1881, in-8°, 23 p., plans.

R. Art., 1881, t. XVIII, p. 368-388. — Notes précises et intéressantes rédigées au fur et à mesure des événements (22 avril-21 mai 1881); colonne de Souk-Ahras sur Le Kef, camp d'El-Fedj, marche sur Béja et Fernana; engagement de Ben-Bachir (30 avril), opérations autour d'El-Fedj et de Ben-M'Tir (8, 11 et 14 mai); tirs d'artillerie exécutés.

5137. — *Résumé historique des marches et opérations de l'artillerie pendant la campagne de Tunisie.* — S. l., [1881], gr. in-8°, 16 p., lithogr., carte.

Résumé historique, extr. des journaux de marche, adressé par le général Poizat, commandant l'art^{ie} en Algérie, au général de Berckheim, président du Comité de l'art^{ie}; ne concerne que la 1re expédition; composition, préparation, organisation et opérations de l'art^{ie} du corps expéditionnaire; observations générales sur son emploi; croquis des itinéraires des colonnes Delebecque et Logerot.

5138. — INCOGNITO-BEY. *Actualité tunisienne. Trois mois de campagne double en Tunisie...* — Paris, Dentu, 1881, in-16, 72 p.

L'auteur, resté à «Bizerte la brûlante» pendant trois mois, émet des «réflexions amères» sur l'avenir de la Tunisie; il estime qu'il faut liquider au plus tôt l'expédition tunisienne et obtenir seulement du Bey la cession, en faveur de la France, du territoire au nord de la Medjerda. Brochure offrant peu d'intérêt.

5139. — *Les Français en Afrique. La guerre en Tunisie*, ouvrage rédigé par des écrivains militaires, illustré de portraits, scènes, vues, cartes et plans... — Paris, A. Duquesne [1881], in-4°, 156 p., ill., cartes.

Histoire anecdotique de la 1re expédition de 1881 en Tunisie, d'après des renseignements fournis par des correspondants et de nombreux emprunts à des ouvrages imprimés. «De l'histoire dans le genre des *Contes de ma mère l'oie*» [Faucon (N.), *La Tunisie avant et depuis l'occupation...* t. Ier, p. 284].

5140. — MARCHAIS DE LA BERGE (Albert de). *En Tunisie, récit de l'expédition française, voyage en Tunisie, histoire*, par Albert de La Berge. — Paris, Firmin-Didot, 1881, in-18, XI-378 p., carte.

Ouvrage de seconde main, écrit à l'aide de sources imprimées et d'après «les nouvelles apportées de Tunisie par les journaux». I. L'expédition française de 1881 (p. 1-127) : causes de l'expédition, Le Kef et Tabarka, le traité du Bardo, chez les Kroumirs. II. Voyage en Tunisie (p. 129-281) : aspect général, le sol, les races, description géographique, agriculture, industrie, gouvernement, religion. III. Histoire de la Tunisie sous les diverses dominations (p. 283-354). Annexes. An. dans *Bul. R. Off.*, 1882, p. 86-87; par D'H., dans *J. Sc. Mil.*, 1892, t. V, p. 156-157; dans *Af. expl.*, 1881-1882, p. 83.

5141. — RAECKELBOOM (E.). *De Sousse à Kérouan.* — *Bul. Soc. G. Com. Bordeaux,* 1881, p. 689-691, 721-723.

Lettres de l'auteur, commandant la Section des télégraphistes militaires de Bordeaux, chargé de construire la ligne de Sousse à Kairouan ; notes sur la région entre ces deux villes, le chemin de fer entre Sousse et l'oued Laya.

5142. — *La guerre d'Afrique.*—*Avenir militaire,* 21 juillet 1881.

Les événements d'Algérie et de Tunisie prouvent que les principes tactiques spéciaux de la guerre d'Afrique sont tombés dans l'oubli ; rappel des instructions préconisées à ce sujet par Bugeaud.

5143. — *Caractères de la guerre en Afrique.* — *R. Sc.,* 1881, t. XXVIII, p. 398-404.

La tactique spéciale à l'armée d'Afrique est méconnue ; examen détaillé de sa nature d'après l'étude du commandant Villot (v. n° **2856**). Les bataillons qui ont combattu en Tunisie ont subi un climat meurtrier « sans préparation, sans entraînement préalable, dans la plus mauvaise saison » ; cette campagne ne les a pas disciplinés et n'a pas servi non plus à leur instruction professionnelle ; opportunité de créer une armée d'Afrique comme l'Angleterre a une armée des Indes.

5144. — *Revue militaire.* — *R. Sc.,* 1881, t. XXVIII, p. 691-698.

Cet art. semestriel de la *R. Sc.* concerne notamment l'expédition de Tunisie ; critiques de l'organisation et de la conduite de l'expédition, débarquement trop lent, promenade militaire pénible et infructueuse, mortalité effrayante, tribulations de la classe 1876 ; défauts de notre plan de mobilisation et même de notre division territoriale ; opportunité de créer une armée de l'Algérie comparable à l'armée des Indes de l'Angleterre.

5145. — LEREBOULLET (L.). *Le Service de Santé en Tunisie.* — *G. Heb. Méd. Chir.,* 1881, p. 633-636, 649-652, 717-719.

Critiques contre l'imprévoyance et l'incurie du Service de Santé militaire au début et au cours des opérations en Tunisie, d'après des lettres de médecins et d'officiers (v. n° **5147**). Réponse au compte rendu du médecin principal Baudoin, au rapport du général Forgemol et au discours prononcé par le général Farre (v. n° **5148**) : insuffisance du nombre des médecins, encombrement des hôpitaux ; critique de l'exécution de l'enquête prescrite par le Gouvernement sur ces sujets ; incompatibilité entre l'organisation régionale créée par la loi de 1872 et la nécessité de maintenir en Algérie une armée d'occupation et de faire des conquêtes lointaines.

5146. — [*État sanitaire comparatif des troupes de l'intérieur, de la Tunisie et de l'Algérie, pour la première quinzaine de septembre 1881*]. — *J. O.*, 6 oct. 1881, p. 5554-5555.

Tableau établi pour rassurer l'opinion publique, à la suite de la publication par plusieurs journaux de renseignements inquiétants sur l'état sanitaire des troupes de Tunisie et d'Algérie; pourcentage des malades et des décès; suite donnée aux demandes adressées au Ministre par le corps expéditionnaire.

5147. — *Corps expéditionnaire de Tunisie. Statistique médicale de l'armée.* — *J. O.*, 12 oct. 1881, p. 5671-5673.

Réponse au premier des art. signalés sous le n° **5145**. I. Compte rendu de l'état sanitaire par le médecin principal Baudoin, médecin en chef du corps expéditionnaire (Constantine, 23 juillet 1881) : température, terrains parcourus, eau, tués et blessés, opérations pratiquées, maladies observées, notamment la typhoïde. II. Rapport adressé par le général Forgemol au ministre de la Guerre (partie administrative) : services divers, subsistances, ambulances, transports (Constantine, 15 août 1881) [v. n° **5181**]. III. Note ministérielle relative aux reproches faits sur l'insuffisance en personnel et matériel sanitaire.

5148. — Farre (Général de division), sénateur, ministre de la Guerre. *Discours... à la Chambre des députés, séance du 7 novembre 1881, dans la discussion des interpellations sur les affaires de Tunisie.* — Paris, imp. Vve P. Larousse, 1881, in 8°, 22 p.

J. O., 1881, p. 1950-1954. — Préparation matérielle de l'expédition et prescriptions ministérielles pour l'entretien des troupes, les services sanitaires et les subsistances; situation sanitaire; réponses aux critiques faites à ce sujet (v. n° **5145**).

5149. — Langlois (A.-J.), député. *Discours... à la Chambre des députés, séance du 8 novembre 1881, dans la discussion des interpellations sur les affaires de Tunisie.* — Paris, imp. Vve P. Larousse, 1881, in-8°, 30 p.

J. O., 1881, p. 1960-1966. — Réfutation des critiques dirigées contre l'organisation des services administratifs et sanitaires pendant l'expédition de Tunisie et dans le Sud oranais. «Quelle serait demain, aujourd'hui, notre mobilisation si, par malheur, nous étions menacés d'une guerre continentale?»

5150. — Leroy-Beaulieu (Paul). *La politique africaine, les irrésolutions et le danger croissant.* — Écon. fr., 1881, t. II, p. 33-35.

« Pendant qu'on rappelle les troupes de Tunisie en France, l'insurrection grandit »; elle gagne la province de Constantine; nous sommes responsables de la sécurité en Tunisie; il faut établir des troupes françaises à titre définitif à Sousse, Sfax, Gabès, etc.; « en Tunisie, on n'a pas su faire les choses à temps ».

5151. — Nouvion (Georges de). *La Tunisie, d'après des publications récentes.* — R. P. L., 1881, t. XXVIII, p. 312-313.

Exposé d'après les ouvrages signalés sous les n°ˢ **5133** et **5140**.

5152. — Quinemant (Jules), lieut¹-colonel en retraite. *Solution de la question de l'Algérie et de la Tunisie au 1ᵉʳ août 1881, pour faire suite aux brochures de 1871 et 1876 réunies, publiées sous le titre :* La vérité sur l'Algérie... — La Rochelle, imp. P. Dubois et L. Mehaignery, 1881, in-8°, 16 p.

V. n° **3242**.

5153. — Fontpertuis (Ad.-F. de). *Le territoire tunisien, ses populations, ses villes et ses ressources.* — Écon. fr., 1881, t. II, 199-201.

Analyse de l'ouvrage de Duveyrier (v. n° **5133**).

5154. — *La politique coloniale de la France, le Tonking et la Tunisie.* — Écon. fr., 1881, t. II, p. 235-236.

Citations empruntées à la brochure de P. Melon (v. n° **5092**) : la politique coloniale doit être préférée à la politique continentale; le Protectorat équivoque de la Tunisie doit être transformé en une annexion pure et simple ou au moins en un Protectorat réel et définitif.

5155. — Leroy-Beaulieu (Paul). *Les événements d'Afrique et l'avenir de nos colonies africaines.* — Écon. fr., 1881, t. II, p. 345-347.

La politique d'irrésolution du Gouvernement, l'armée est uniquement organisée en vue d'une action sur le continent, les difficultés pour la constitution du corps expéditionnaire; il faut installer ouvertement notre domination en Tunisie.

5156. — Leroy-Beaulieu (Paul). *De la nécessité de dénoncer le traité de Kaisar-Saïd et d'annexer définitivement la Tunisie.* — *Écon. fr.*, 1881, t. II, p. 377-379.

« Ce traité n'existe plus, la force des choses l'a déchiré, aucun de ses articles n'a été exécuté ni dans la lettre ni dans l'esprit ». « Aujourd'hui, il n'y a plus qu'une politique : l'annexion ».

5157. — Leroy-Beaulieu (Paul). *De la nécessité d'une politique ferme et claire en Tunisie.* — *Écon. fr.*, 1881, t. II, p. 593-595.

Discussion à la Chambre des députés, le désarroi, discours de J. Ferry, l'ordre du jour; « il est indispensable d'appliquer le traité de Ksar-Saïd dans un sens qui nous procure les équivalents de l'annexion pure et simple ». « La France est en Tunisie pour y rester perpétuellement. »

5158. — Leroy-Beaulieu (Paul). *De la politique coloniale, de l'imprudence de créer des tribunaux mixtes et des institutions internationales en Tunisie.* — *Écon. fr.*, 1881, t. II, p. 717-719.

« Notre insouciance et notre pusillanimité enhardissent tous nos rivaux »; une frontière solide entre l'Algérie et le Maroc aurait pu être réalisée il y a vingt ou trente ans; en Tunisie, « il importe de ne plus commettre une faute »; déclarations de Gambetta à la Chambre.

5159. — Leroy-Beaulieu (Paul). *Le procès Roustan et les procès de lord Clive et de Warren Hastings; de la nécessité d'organiser sans retard la puissance française en Tunisie.* — *Écon. fr.*, 1881, t. II, p. 781-783.

Le verdict du jury de la Seine ne concerne en rien l'expédition tunisienne. « Nous avons maintenant à peu près conquis la Régence, il ne faut pas nous exposer à être obligés de la reconquérir une autre fois »; mesures à prendre.

5160. — Gambetta (Léon). *Discours et plaidoyers politiques...* publiés par M. Joseph Reinach. — Paris, G. Charpentier, 1880-1885, 11 vol. in-8°, portr.

T. X, Huitième partie, 9 nov. 1881-26 janvier 1882 (591 p.) : discours prononcés le 9 nov. 1881 (Chambre) sur les interpellations tunisiennes et les 1er (Chambre), 10 et 12 déc. 1881 (Sénat) sur le projet de loi portant ouverture de crédits extraordinaires et supplémentaires pour subvenir aux frais de l'expédition de Tunisie.

5161. — JOURNAULT (Léon). *Le Protectorat tunisien. État actuel de la question.* — R. P. L., 1881, t. XXVIII, p. 654-658.

Échos de la séance de la Chambre du 9 nov. (vote de l'ordre du jour de Gambetta), la question de l'intendance pendant l'expédition, les fautes qui ont troublé l'opinion, l'annexion n'est pas nécessaire, «le Protectorat suffit».

5162. — *Le linge sale.* — *Avenir militaire,* 11 nov. 1881.

Critique des interpellations à la Chambre des députés sur les affaires de Tunisie; il faut laisser à l'armée le soin de poursuivre sa tâche en lui donnant tous les moyens matériels nécessaires pour l'aider à la réaliser.

5163. — FARRE (Général), ministre de la Guerre, CLOUÉ (Vice-Amiral), ministre de la Marine et des Colonies, MAGNIN (J.), ministre des Finances. *Projet de loi portant ouverture de crédits supplémentaires au ministre de la Guerre et au ministre de la Marine et des Colonies, sur l'exercice 1881, pour subvenir aux frais de l'expédition de Tunisie et de l'expédition du Sud-Oranais...* — Paris, imp. A. Quantin, 1881, in-4°, 13 p.

Chambre des députés, 3° législature, session extraordinaire de 1881. Annexe au procès-verbal de la séance du 11 nov. 1881, n° 52. — Donne le total (28.927.659 fr.) des frais supplémentaires pour l'expédition de Tunisie calculés jusqu'au 31 déc. 1881 et les crédits demandés pour les opérations du Sud-oranais (v. n° **5167**).

5164. — *La justice militaire en Tunisie.* — *Avenir militaire,* 16 nov. 1881.

Critique de l'organisation de la justice militaire du corps expéditionnaire de Tunisie; nécessité de suspendre la faculté du pourvoi en révision dans une armée en campagne.

5165. — CAMPENON (Général), ministre de la Guerre, et ALLAIN-TARGÉ, ministre des Finances. *Projet de loi portant ouverture de crédits extraordinaires au ministre de la Guerre, sur l'exercice 1882, pour subvenir aux frais de l'expédition de Tunisie pendant le mois de janvier 1882...* — Paris, imp. A. Quantin, 1881, in-4°, 3 p.

Chambre des députés, 3° législature, session extraordinaire de 1881. Annexe au procès-verbal de la séance du 24 nov. 1881, n° 118. — Crédits de 3.056.000 francs pour le mois de janvier 1882 (v. n° **5167**).

5166. — Gougeard, ministre de la Marine, et Allain-Targé, ministre des Finances. *Projet de loi portant ouverture au ministre de la Marine, sur l'exercice 1882, d'un crédit extraordinaire de 390.000 francs pour les opérations sur le littoral de la Tunisie pendant le mois de janvier 1882...* — Paris, imp. A. Quantin, 1881, in-4°, 3 p.

<small>Chambre des députés, 3ᵉ législature, session extraordinaire de 1881. Annexe au procès-verbal de la séance du 26 nov. 1881, n° 132. — V. n° 5167.</small>

5167. — Goblet (René), député. *Rapport fait au nom de la Commission chargée d'examiner :* 1° *le projet de loi portant ouverture de crédits supplémentaires au ministre de la Guerre et au ministre de la Marine et des Colonies, sur l'exercice 1881, pour subvenir aux frais de l'expédition de Tunisie et du Sud-Oranais;* 2° *les projets de loi portant ouverture de crédits extraordinaires au ministre de la Guerre et au ministre de la Marine, sur l'exercice 1882, pour subvenir aux frais de l'expédition de Tunisie et des opérations sur le littoral de la Tunisie pendant le mois de janvier 1882...* — Paris, A. Quantin, 1881, in-4°, 13 p.

<small>Chambre des députés, 3ᵉ législature, session extraordinaire de 1881. Annexe au procès-verbal de la séance du 28 nov. 1881, n° 146. — V. nᵒˢ **5163, 5165** et **5166**.</small>

5168. — Varroy, sénateur. *Rapport fait au nom de la Commission des finances chargée d'examiner le projet de loi portant :* 1° *ouverture de crédits supplémentaires au ministre de la Guerre et au ministre de la Marine, sur l'exercice 1881, pour subvenir aux frais de l'expédition de Tunisie et du Sud-Oranais;* 2° *ouverture de crédits extraordinaires au ministre de la Guerre et au ministre de la Marine... pour subvenir aux frais de l'expédition de Tunisie et des opérations sur le littoral de la Tunisie, pendant le mois de janvier 1882.* — Paris, imp. du Sénat, 1881, in-4°, 13 p.

<small>Sénat, session extraordinaire 1881. Annexe au procès-verbal de la séance du 8 déc. 1881, n° 72. — Cf. Projet de loi relatif au même objet, ibid., n° 46.</small>

5169. — Broglie (C.-J.-V.-A., duc de). *Sénat... Discours prononcé... Séance du 10 décembre 1881. Discussion d'un projet* *de loi portant ouverture de crédits pour l'expédition de Tunisie.* — Paris, imp. du *Journal officiel*, 1881, in-12, 47 p.

J. O., 11 déc. 1881, p. 1451-1456. — L'orateur voudrait faire préciser par le Gouvernement l'organisation qui sera donnée à «cette extension imprévue de nos possessions coloniales».

5170. — A. M. *La Tunisie...* — Mascara, imp. E. Ruet [1882], in-8°, 16 p.

Notice descriptive sommaire et imprécise.

5171. — BRACHET (Auguste). *L'Italie qu'on voit et l'Italie qu'on ne voit pas, suivi de la lettre al misogallo signor Crispi et de la réponse à S. Exc. M. Nigra.* — Paris, Marpon et Flammarion, 1882, in-18, 192 p.

13° mille, 1883, *ibid.* — Réunion de trois brochures parues : 1° *L'Italie qu'on voit et l'Italie qu'on ne voit pas* (Paris, Hachette, 1881, in-8°, v-110 p.) : étude, faite de 1867 à 1879, de la psychologie du caractère italien, l'enseignement officiel, les revendications à Nice, en Savoie, en Corse, en Algérie, le caractère italien; 2° *Lettre al misogallo signor Crispi* (v. n° **5172**); 3° *Réponse à S. Exc. M. Nigra* (juillet 1882) : projets italiens sur la Tunisie en 1870 (p. 177-179).

5172. — BRACHET (Auguste). *Al misogallo signor Crispi, à propos de l'Italie qu'on voit et l'Italie qu'on ne voit pas.* — Paris, E. Plon, 1882, in-8°, 101 p.

L'auteur réfute, sur un ton de polémique, une lettre de Crispi, qui avait reçu la première des brochures signalées sous le n° **5171**; Crispi combat l'attitude de la France à l'égard de la Tunisie, que «la République a voulu conquérir contre le droit des gens, en compromettant l'équilibre commercial et politique de la Méditerranée». An. par d'H., dans *J. Sc. Mil.*, 1882, t. VIII, p. 480.

5173. — LACROIX (Désiré). *Levés et itinéraires exécutés en Tunisie.* — *Moniteur de l'Armée*, 1er janvier 1882.

Compte rendu des levés ou itinéraires exécutés, sous la direction du lieut^t-colonel Perrier, en 1878, 1879 et 1881; la triangulation des environs de Tunis; la nouvelle carte de la Tunisie au 1/100.000° représentant la partie la plus importante du théâtre des opérations de 1881.

5174. — MAUREL (Marc). *Conquête pacifique de l'Afrique septentrionale par les Français.* — *Ass. fr. av. sc.*, 1882, p. 1042-1049.

10ᵉ session, Alger, 1881. — L'exemple de la prospérité de l'Algérie exercera une grande influence morale sur les contrées voisines; ce que l'administration devrait faire pour établir avec l'empire du Maroc et la régence de Tunis des rapports plus amicaux et plus directs.

5175. — GAFFAREL (Paul). *Quelques mots sur les Khroumirs.* — *Bul. Soc. G. Dijon,* 1882, t. Ier, p. 4-11.

La région de la Kroumirie, ses habitants, leurs mœurs et coutumes.

5176. — BRUNON (Général). *Itinéraire de Soukaras (Thagaste) à Tunis, par Le Kef (Sicca Veneria)...* — Montpellier, imp. Boehm et fils, 1882, in-8°, 16 p., carte.

Bul. Soc. languedoc. G., 1882, p. 5-16, carte. — Itinéraire parcouru en février 1875 et localités visitées.

5177. — BASSET (René). *Un voyage en Tunisie.* — *Bul. Soc. G. Est,* 1882, p. 75-83.

Brèves notes d'un voyage effectué à Sousse, Sfax, Gabès, Menzel, peu de temps après l'occupation française; description des villes et des mœurs des habitants.

5178. — HOUDAS (O.) et BASSET (René). *Mission scientifique en Tunisie (1882)...* — Alger, imp. P. Fontana, 1882-1884, 2 part. en 1 vol. in-4°, 163 p., pl., cartes.

Bul. Cor. Af., 1882-1883, t. Ier, p. 161-200; 1884 t. II, p. 5-65, 97-136, 181-199. — I. Épigraphie tunisienne : principales inscriptions arabes recueillies. II. Bibliographie : recherche des manuscrits arabes existant dans les bibliothèques de la Régence; recensement effectué seulement à Tunis et à Kairouan, par suite des difficultés rencontrées (v. n° **5179**). Cf. Général Étienne, *Sur les manuscrits des mosquées de Kérouan et notamment de la grande mosquée. C. R. Soc. G. Paris,* 1882, p. 62-63.

5179. — B. M. [BARBIER DE MEYNARD]. *Une mission en Tunisie.* — *J. As.,* 1882, t. XIX, p. 279-280.

Mission de O. Houdas et R. Basset, chargés par le ministère de l'Instruction publique d'explorer les bibliothèques publiques et particulières de la Régence (v. n° **5178**). Cf. *ibid.,* 1883, t. Ier, p. 271-274.

5180. — LE FAURE (Amédée), député de la Creuse. *Le voyage en Tunisie de M. A. Le Faure...* préface de M. L. Jezierski... — Paris, Garnier-frères, 1882, in-4°, 69 p., fig., portr., plan.

Recueil de lettres (oct. 1881) de l'auteur venu se renseigner sur place pendant la seconde campagne de Tunisie (marche sur Kairouan); renseignements sur les opérations et les services; discours prononcé à la Chambre (7 nov. 1881) : la fièvre typhoïde en Tunisie, l'insuffisance des effectifs de l'armée en France pendant la campagne de Tunisie.

5181. — FORGEMOL DE BOSTQUÉNARD (Général Léonard-Léopold), commandant le corps expéditionnaire de Tunisie. *Rapport sur les opérations militaires en Tunisie (d'avril à juillet 1881)*... — Constantine, imp. A. Braham, 1882, in-8°, 70 p.

Rapport (15 août 1881) adressé au ministre de la Guerre sur les opérations du corps expéditionnaire en Tunisie (24 avril-1er juillet 1881) : rappel des événements antérieurs, période de concentration et d'organisation, période des opérations proprement dites, services divers, période de dislocation et de rapatriement, ordre général de satisfaction du ministre (v. n° **5147**).

5182. — *L'expédition de Tunisie.* — *Sp. Mil.*, 1882, t. XVIII, p. 145-169, 325-351; t. XIX, p. 49-67, 262-274, 391-402; 1883, t. XX, p. 52-61. 137-152, 242-248, 329-335, 414-418.

Description géographique, histoire succincte, population; composition de l'armée tunisienne en 1881, causes de la guerre, préparatifs en France, ordre de bataille du corps expéditionnaire, récit détaillé des opérations jusqu'à la prise de Kairouan.

5183. — GÉLIS (François de). *Trois mois en Tunisie, journal d'un volontaire*, par Jean Lux [F. de Gélis]. — Paris, A. Ghio, 1882, in-12, 201 p.

Notes rédigées au jour le jour sous forme de lettres (21 juillet-23 oct. 1881), donnant le récit de quelques événements auxquels l'auteur s'est trouvé mêlé; combat des 26 et 28 août contre les Zlass; détails sur la vie militaire en Afrique; quelques critiques sur la conduite des opérations et sur l'intendance. An. dans *Bul. R. Off.*, 1883, p. 26; dans *Af. expl.*, 1883, p. 32.

5184. — CHOPINET (D^r). *Une colonne dans l'Enfida de Tunisie.* — *Bul. Soc. G. Toulouse*, 1882, p. 203-218.

Communication à la Soc. Exposé de l'itinéraire de cette colonne (janvier 1882) composée d'un bat^{on} du 138°, d'un peloton du 6° hussards, d'une section d'art^{ie}, à laquelle l'auteur était adjoint comme médecin aide-major; notes sur les régions traversées et le domaine de l'Enfida.

5185. — LONLAY (N. Hardoin, dit Dick de). *En Tunisie. Souvenirs de sept mois de campagne...* 3ᵉ éd. — Paris, E. Dentu, 1882, in-18, 327 p., fig., pl.

Récit anecdotique de la campagne; quelques passages ont paru dans le *Moniteur Universel,* dont l'auteur était correspondant, attaché aux états-majors des généraux Ritter et Caillot. An. dans *Sp. Mil.*, 1882, t. XVII, p. 175-176.

5186. — DECAUVILLE, aîné. *Le chemin de fer de campagne de l'expédition de Tunisie.* — *Bul. Soc. Ét. Col. Mar.*, 1882, p. 343-345.

Reproduction d'une lettre adressée par l'auteur au *Journal des Débats,* pour protester contre les allégations de G. Charmes parues dans ce journal (15 août) qui « cherchent à transformer en insuccès le succès très réel du système de chemins de fer portatifs ».

5187. — *La question de l'eau en Tunisie.* — *R. Sc.*, 1882, t. III, p. 435-437, ill.

L'une des principales questions pour les troupes en marche; oueds, redirs, oglats, puits, emploi des guerbas en 1881 dans la marche de Tunis sur Kairouan.

5188. — *Les brigades topographiques en Tunisie.* — *Bul. Soc. topo. France,* 1882, p. 43-45.

Avis du lieutᵗ-colonel Perrier sur les travaux fournis.

5189. — MINISTÈRE DE LA GUERRE. *Service Géographique de l'armée. Itinéraires en Tunisie, 1881-1882.* — S. l. [1882], in-4°, 260 et 68 p., lithogr., carte, croq.

A été suivi d'une deuxième partie (Paris, L. Baudoin, 1882, in-4°, 76 p.)., Renseignements sur les itinéraires, distances et gîtes d'étapes, ressources en eau, bois et fourrages, nature de la route, etc. Carte à 1/400.000ᵉ des itinéraires, publiée par le Dépôt de la Guerre, avec légende très détaillée (tirage mai 1882).

5190. — FERRY (Jules). *Les affaires de Tunisie. Discours...* publiés avec préface et notes à l'appui par M. Alfred Rambaud. — Paris, J. Hetzel [1882], in-12, 212 p.

La préface est, en réalité, de Jules Ferry (v. n° **5272**). Discours prononcés à la Chambre les 5 et 9 nov. 1881, en réponse aux critiques portées contre les causes et la nécessité de l'expédition, et à la demande d'enquête de G. Clemenceau. En annexes, 9 notes sur la question tunisienne : la Tunisie et le Gouvernement en 1830 (extr. du n° **1022**); la Tunisie et le second Empire (extr. du n° **4952**); état de la frontière algérienne de 1870 à 1880 (extr. du n° **5095**); rapport (4 mars 1881) du commandant Vivensang sur la conférence de Drakheroum; les Kroumirs en 1881; la France et l'Italie en Tunisie; état des troupes envoyées de France et d'Algérie en Tunisie pour les deux expéditions.

5191. — BARTHÉLEMY SAINT-HILAIRE (Jules), sénateur, ancien ministre des Affaires étrangères. *Fragments pour l'histoire de la diplomatie française, du 23 septembre 1880 au 14 novembre 1881,...* — Paris, imp. G. Chamerot, 1882, in-8°, VIII-448 p.

Réunion «de pièces diplomatiques, dont la plupart ont été publiées déjà, dans les *Livres jaunes* et ailleurs», concernant notamment les affaires du Monténégro, de Grèce et de Tunis; circulaire (20 juin 1881) sur ces trois questions (reproduite dans *Moniteur de l'Armée,* 1ᵉʳ juillet 1881) [v. n° **5101**]; circulaire (9 mai 1881) sur le caractère et les conséquences de l'expédition (p. 204-228); rapports généraux de la France avec le Gouvernement du bey, principes qui doivent diriger notre conduite (p. 352-354); discours de l'auteur au Sénat (25 juillet 1881) en réponse au duc de Broglie, etc.

5192. — SAINT-HAON (J. de) [pseud. de JUSSERAND (Jules)]. *La Régence de Tunis et le Protectorat français.* — *R. D. M.*, 1882, t. LIII, p. 606-648.

L'auteur, envoyé en mission spéciale à Tunis, fournit une remarquable étude : premières impressions, La Goulette, Tunis, la ville, les populations, la société et l'armée tunisienne, détails sur l'expédition de 1881; les nomades, caractères et usages du peuple; réformes à réaliser : la dette, les capitulations, l'instruction publique, la justice. Cf. Monery (Louis), *Régence de Tunis. L'intermédiaire des chercheurs et curieux,* 1886, col. 273.

5193. — CHARMES (Gabriel). *La politique française en Tunisie.* — *R. P. L.*, 1882, t. XXX, p. 577-584.

«Les nouveaux arrangements pris avec le bey ne changent rien au traité du Bardo et ne préparent nullement l'annexion virtuelle de la Tunisie»; ils constituent enfin le Protectorat et lui donnent une base solide (v. n° **5225**).

5194. — *Tunis en France. Questions politiques contemporaines,* par un diplomate. — Genève, C. Perrotel, 1882, in-16, VIII-200 p.

Écrit à la suite du procès Roustan-Rochefort. Critique de l'expédition de Tunisie et des intrigues politiques qui l'ont entourée; réclame une enquête afin que la

France sache pour quelle cause elle a versé son sang, dépensé son argent, et que l'on dévoile le nom des aventuriers et des spéculateurs qui ont profité ou même entraîné la débâcle des finances tunisiennes.

5195. — LEROY-BEAULIEU (Paul). *De la nécessité d'organiser sans retard la Tunisie et des procédés d'organisation.* — *Écon. fr.*, 1882, t. Ier, p. 281-283.

Depuis la conquête rien n'a été entrepris pour organiser la Tunisie où de plus la sécurité ne règne pas encore complètement; l'indécision actuelle au sujet de ce pays ne fait que compromettre son avenir.

5196. — TCHIHATCHEF (P. de). *Lettre... sur l'annexion de la Tunisie.* — *Écon. fr.*, 1882, t. Ier, p. 639-640.

Lettre adressée à l'*Écon. fr.* (16 mai 1881). L'auteur préconisait dans son ouvrage (v. n° **2032**) l'annexion *pure et simple* qui n'aurait blessé les véritables intérêts d'aucune nation, notamment de l'Italie.

5197. — BÉRALDI, sénateur. *Rapport fait au nom de la Commission des finances, chargée d'examiner le projet de loi... portant ouverture aux ministres de la Guerre, de la Marine et des Finances, sur l'exercice 1882, de crédits supplémentaires et extraordinaires montant à 6.961.000 francs pour les frais de l'expédition de Tunisie, pendant les mois de février et mars 1882...* — Paris, imp. du Sénat [1882], in-4°, 4 p.

Sénat, session ordinaire 1882. Annexe au procès-verbal de la séance du 2 février 1882, n° 15. — Cf. Projet de loi sur le même objet, *ibid.*, n° 12; *Bul. Statist.*, 1882, t. XI, p. 106.

5198. — FREYCINET (C. de), président du Conseil, ministre des Affaires étrangères, BILLOT (Général), ministre de la Guerre, JAURÉGUIBERRY (Vice-Amiral), ministre de la Marine et des Colonies, et SAY (Léon), ministre des Finances. *Projet de loi portant ouverture..., sur l'exercice 1882, de crédits supplémentaires se montant à la somme de 8.844.000 francs, pour les frais de l'expédition de Tunisie pendant le 2e trimestre 1882...* — Paris, imp. A. Quantin, 1882, in-4°, 9 p.

Chambre des députés, 3e législature, session de 1882. Annexe au procès-verbal de la séance du 14 mars 1882, n° 602. — Reversement des contributions extraordinaires, indemnités et amendes de guerre, prises dans les caisses du gouvernement beylical.

5199. — DUBOST (Antonin), député. *Rapport fait au nom de la Commission chargée d'examiner le projet de loi portant ouverture aux ministres de la Guerre, de la Marine et des Colonies et des Finances, sur l'exercice 1882, de crédits supplémentaires montant à la somme de 8.844.000 francs, pour les frais de l'expédition de Tunisie, pendant le 2ᵉ trimestre de 1882.* — Paris, imp. A. Quantin [1882], in-4°, 8 p.

<small>Chambre des députés, 3ᵉ législature, session de 1882. Annexe au procès-verbal de la séance du 25 mars 1882, n° 662. — Les réductions d'effectifs du corps d'occupation; les contributions extraordinaires levées en Tunisie au cours de l'expédition et qui doivent être reversées dans le Trésor de la Régence; le crédit proposé pour les opérations militaires en Tunisie.</small>

5200. — JAURÉGUIBERRY (Vice-Amiral), ministre de la Marine et des Colonies. *Expédition de Tunisie. Compte provisoire des dépenses de l'exercice 1881, établi en exécution de l'article 6 de la loi du 17 décembre 1881...* — Paris, Imp. nat. [1882], in-4°, 23 p.

<small>Chambre des députés, 3ᵉ législature, session de 1882. Annexe au procès-verbal de la séance du 30 mars 1882, n° 708. — Crédits alloués au département de la Marine; états des dépenses effectuées, des bâtiments qui ont été spécialement armés pour l'expédition, des avances faites au département de la Guerre au 24 février 1882.</small>

5201. — BÉRALDI, sénateur. *Rapport fait au nom de la Commission des finances, chargée d'examiner le projet de loi... portant ouverture aux ministres de la Guerre, de la Marine et des Colonies et des Finances... de crédits supplémentaires montant à la somme de 8.844.000 francs pour les frais de l'expédition de Tunisie, pendant le 2ᵉ trimestre de 1882...* — Paris, imp. du Sénat [1882], in-4°, 8 p.

<small>Sénat, session ordinaire 1882. Annexe au procès-verbal de la séance du 30 mars 1882, n° 146. — Cf. Projet de loi sur le même objet, ibid., n° 138; Bul. Statist., 1882, t. XI, p. 298.</small>

5202. — BILLOT (Général), ministre de la Guerre. *Expédition de Tunisie. Compte provisoire des dépenses affectées au chapitre 29* *du budget de la Guerre, établi en exécution de l'article 6 de la loi du 17 décembre 1881...* — Paris, Imp. nat., avril 1882, in-4°, 12 p.

Chambre des députés, 3ᵉ législature, session de 1882. Annexe au procès-verbal de la séance du 1ᵉʳ avril 1882, n° 760. — Total et détail des dépenses occasionnées par le corps expéditionnaire en 1881, effectifs qui leur ont servi de base. Autre éd. sous le titre, *Tunisie, situation provisoire. Ibid.*

5203. — Broglie (C.-J.-V.-A., duc de). *Sénat... Discours prononcé... Séance du 1ᵉʳ avril 1882. Discussion d'un projet de loi portant ouverture de crédits pour les frais de l'expédition de Tunisie.* — Paris, imp. du *Journal officiel*, 1882, in-12, 31 p.

J. O., 2 avril, p. 379-382. — Nécessité de soumettre la question tunisienne toute entière à un nouveau débat, en particulier d'étudier les modalités d'application du traité du Bardo. Dépenses depuis le 1ᵉʳ avril 1881 pour l'expédition de Tunisie.

5204. — Desfossés (Edmond). *Affaires d'Orient. Le Protectorat français en Tunisie, avec texte et commentaire du traité de Kassar-Saïd, du 12 mai 1881...* — Paris, Challamel aîné, 1882, in-8°, 27 p.

Le Protectorat français tel qu'il s'exerce actuellement est mal défini, insuffisant; il y a nécessité, par application du traité du 12 mai, de le pratiquer d'une manière plus réelle et plus satisfaisante pour tous. Esquisse d'un gouvernement nouveau (v. n° **5205**). An. dans *R. G.*, 1882, t. X, p. 477-478; dans *Af. expl.*, 1884, p. 46-47.

5205. — Desfossés (Edmond). *De la réorganisation administrative et financière de la Tunisie, avec texte officiel du traité de Kassar-Saïd...* — Paris, Challamel aîné, 1882, in-8°, 41 p.

L'auteur justifie en la développant l'organisation esquissée sous le n° **5204** : le Bey, sa famille, son gouvernement, donations; les cinq divisions du Protectorat; le Comité consultatif, le Gouvernement particulier du Bey. L'organisation proposée « est le dernier échelon pour arriver à l'annexion ». An. dans *Af. expl.*, 1884, p. 46-47.

5206. — Freycinet (C. de), président du Conseil, ministre des Affaires étrangères, Humbert (Gustave), ministre de la Justice et des Cultes, Billot (Général), ministre de la Guerre, Ferry (Jules), ministre de l'Instruction publique et des Beaux-Arts,

Tirard (P.), ministre du Commerce, et Say (Léon), ministre des Finances. *Projet de loi portant ouverture, sur l'exercice 1882, d'un crédit extraordinaire de 3 168.667 francs... pour l'organisation de différents services en Tunisie* (renvoyé à la Commission du Budget)... — Paris, imp. A. Quantin [1882], in-4°, 19 p.

Chambre des députés, 3ᵉ législature, session ordinaire de 1882. Annexe au procès-verbal de la séance du 8 mai 1882, n° 800. — Organisation de la juridiction française en Tunisie; création de 12 c^{ies} mixtes, dont six immédiatement; création d'une école française d'enseignement primaire supérieur et professionnel à Tunis (v. n°ˢ **5208** et **8098**). Cf. Avis présenté au nom de la Commission du budget, par A. Ribot, député, n° 1141, même législature.

5207. — Legrand (Louis), député. *Rapport fait au nom de la Commission du budget chargée d'examiner le projet de loi portant fixation du budget général de l'exercice 1883 (ministère des Affaires étrangères)...* — Paris, imp. A. Quantin, 1882, in-4°, 71 p.

Chambre des députés, 3ᵉ législature, session de 1882. Annexe au procès-verbal de la séance du 20 juin 1882, n° 992. — Rapport au Président de la République et arrêté d'après lequel les divers services et établissements du Protectorat tunisien ne relèveront plus seulement du ministère des Affaires étrangères, mais des départements ministériels correspondants.

5208. — Dubost (Antonin), député. *Rapport fait au nom de la Commission chargée d'examiner le projet de loi relatif à l'organisation de différents services en Tunisie...* — Paris, imp. A. Quantin [1882], in-4°, 53 p.

Chambre des députés, 3ᵉ législature, session de 1882. Annexe au procès-verbal de la séance du 3 juillet 1882, n° 1082. — Le traité de Kassar-Saïd, la situation administrative, l'organisation financière, les capitulations, le Protectorat; projet de loi concernant l'organisation de la juridiction française en Tunisie, l'entretien de 12 c^{ies} composées d'Européens et d'indigènes et comprenant chacune des troupes des trois armes, la création d'une école française d'enseignement primaire supérieur et professionnel à Tunis. Cf. du même, *Rapport fait au nom de la Commission chargée d'examiner le projet de loi, adopté par le Sénat, portant organisation de la juridiction française en Tunisie...* Paris, imp. A. Quantin [1883], in-4°, 9 p. (*Chambre des députés, 3ᵉ législ., session de 1883*, n° 1794) [v. n° **5222**].

5209. — Béraldi, sénateur. *Rapport fait au nom de la Commission des finances, chargée d'examiner le projet de loi... relatif à l'ouverture de crédits extraordinaires pour les frais de l'expédition* *de Tunisie (1881 et 1882)...* — Paris, imp. du Sénat [1882], in-4°, 8 p.

<small>Sénat, session 1882. Annexe au procès-verbal de la séance du 8 juillet 1882, n° 358. — Indique les crédits déjà accordés antérieurement. Cf. Projet de loi sur le même objet, *ibid.*, n°ˢ 350 et 350 rectifié; *Bul. Statist.*, 1882, t. XII, p. 116.</small>

5210. — Dor (Mme Henri). *Souvenirs du Congrès d'Alger. Tunis et la Kabylie.* — Lyon, H. Georg, 1882, gr. in-8°, 89 p.

<small>Embarquement et traversée de Marseille à Bône (avril 1881) avec les troupes de l'expédition, quelques détails; souvenirs sur le voyage à Tunis; retour à Alger par Constantine, la Petite et la Grande Kabylie.</small>

5211. — Cat (É.), professeur à l'École des lettres d'Alger. *Une excursion à Tunis.* — *R. G.*, 1882, t. XI, p. 445-452.

<small>Notes de voyage : description de Tunis et de ses environs; impression causée aux habitants par la présence des troupes françaises.</small>

5212. — *Algérie.* — *Moniteur de l'Armée*, 11 sept. 1882.

<small>Soumission de la plus grande partie des tribus et fractions de tribus tunisiennes qui s'étaient réfugiées en Tripolitaine et copie de la lettre par laquelle P. Cambon, résident général à Tunis, fait connaître les conditions auxquelles l'aman leur est accordé.</small>

5213. — *De la juridiction des armées d'occupation en matière de délits commis par des étrangers contre les militaires.* — *J. D. Int. pr.*, 1882, p. 511-520.

<small>L'étendue de juridiction d'une armée d'occupation posée avec retentissement à propos d'une attaque, par un Italien, d'un militaire des troupes d'occupation de Tunisie; la loi martiale, les capitulations, compétence de la juridiction militaire.</small>

5214. — G. L. M. *Les leçons à tirer de la campagne de Tunisie.*— *J. Sc. Mil.*, 1882, t. V, p. 81-112; t. VI, p. 59-92.

<small>Pourquoi l'expédition fut, au point de vue militaire, une déception pour l'opinion publique; comment fut composé le corps expéditionnaire; critique de notre législation militaire qui n'admet pas de mobilisation partielle; faiblesse des effectifs; nécessité d'avoir des troupes coloniales, non seulement distinctes de l'armée continentale, mais encore recrutées et organisées de façon très différente.</small>

5215. — Reinach (Joseph). *Questions militaires. Armée d'Afrique et armée coloniale.* — *R. P. L.*, 1882, t. XXX, p. 146-148.

Enseignements qui ressortent des derniers événements de Tunisie et d'Égypte; à quels prix furent obtenues la répression de l'insurrection algérienne et l'occupation de la Tunisie : intérêt militaire et politique à créer une armée d'Afrique et une armée coloniale. Reproduit (p. 1-9) dans l'*Armée toujours prête*. Paris, Berger-Levrault, 1913, in-16, xviii-449 p. An. par Jacques Lux, dans *R. P. L.*, 1913, 2° sem., p. 544.

5216. — GALLIOT (Luc). *Essai sur la fièvre typhoïde observée pendant l'expédition de Tunisie (brigade du général Gaume, ambulance du Kef, mai 1881 à février 1882).* — Sceaux, imp. Charaire et fils, 1882, in-8°, 76 p.

<small>Faculté de médecine de Paris (Thèse n° 49 soutenue le 24 déc. 1882). — L'auteur a suivi l'expédition comme attaché à l'ambulance de la brigade Gaume, puis est resté à l'ambulance du Kef jusqu'en février 1882; développement et marche de la fièvre typhoïde dans le corps expéditionnaire, état sanitaire de la province de Constantine pendant la concentration des troupes, composition des colonnes; début de l'épidémie dans la brigade de Brem; morbidité et mortalité pendant la première expédition, d'après le rapport du médecin chef Baudoin (v. n° **5147**); la fièvre typhoïde pendant les premiers mois de l'occupation du Kef; recherche des causes du développement et de la propagation de la fièvre typhoïde dans le corps expéditionnaire. An. par L. Granjux, dans *Arch. Méd. Pharm. Mil.*, 1883, t. Ier, p. 347-348.</small>

5217. — DUCLERC, président du Conseil, ministre des Affaires étrangères, BILLOT (Général), ministre de la Guerre, JAURÉGUIBERRY (Vice-Amiral), ministre de la Marine et des Colonies, et TIRARD (P.), ministre des Finances. *Projet de loi portant ouverture..., sur l'exercice 1883, de crédits supplémentaires et extraordinaires montant à la somme de 31.801.800 francs, pour les frais d'occupation de la Tunisie pendant l'année 1883...* — Paris, imp. A. Quantin, 1883, in-4°, 9 p.

<small>Chambre des députés, 3° législature, session extraordinaire de 1882. Annexe au procès-verbal de la séance du 16 déc. 1882, n° 1537. — Crédits destinés aux opérations sur le littoral de la Tunisie; dépenses afférentes aux travaux de fortification et de casernement et à l'installation des services administratifs (v. n° **5218**).</small>

5218. — MARGAINE, député. *Rapport fait au nom de la Commission du budget chargée d'examiner le projet de loi portant ouverture..., sur l'exercice 1883, de crédits supplémentaires et extraordinaires montant à la somme de 25.000.000 de francs, pour les* *frais d'occupation de la Tunisie pendant l'année 1883...* — Paris, imp. A. Quantin, 1883, in-4°, 11 p.

Chambre des députés, 3ᵉ législature, session extraordinaire de 1882. Annexe au procès-verbal de la séance du 21 déc. 1882, n° 1556. — Réduction des crédits alloués par le projet n° 1537 au ministère de la Guerre (v. n° **5217**); les dépenses dépendront des circonstances.

5219. — Béraldi, sénateur. *Rapport fait au nom de la Commission des finances, chargée d'examiner le projet de loi... portant ouverture au ministre de la Guerre, au ministre de la Marine et des Colonies et au ministre des Finances, sur l'exercice 1883, de crédits supplémentaires et extraordinaires montant à la somme de 25.000.000 de francs pour les frais d'occupation de la Tunisie pendant l'année 1883...* — Paris, imp. du Sénat [1883], in-4°, 8 p.

Sénat, session extraordinaire de 1882. Annexe au procès-verbal de la séance du 28 déc. 1882, n° 242. — Cf. Projet de loi sur le même objet, *ibid.*, n° 236; *Bul. Statist.*, 1883, t. XIII, p. 3.

5220. — Jacques, sénateur. *Rapport fait au nom de la Commission chargée d'examiner le projet de loi portant organisation de la juridiction française en Tunisie...* — Paris, imp. du Sénat [1883], in-4°, 28 p.

Sénat, session 1883. Annexe au procès-verbal de la séance du 15 février 1883, n°ˢ 45 et 45 annexe. — Intérêt de la France à voir disparaître le plus tôt possible les capitulations et à substituer des tribunaux français à la juridiction consulaire; organisation future de la juridiction française. Cf. Projet de loi sur le même objet, *ibid.*, n° 18; Avis de la Commission des finances, *ibid.*, n° 68.

5221. — *Projet de loi portant organisation de la juridiction française en Tunisie.* — Paris, imp. du Sénat, 1883, in-16, 13 p.

Sénat, session 1883. Annexe au procès-verbal de la séance du 3 mars 1883, n° 24. — Projet de loi adopté par le Sénat (v. n° **5220**).

5222. — Challemel-Lacour, ministre des Affaires étrangères, Martin-Feuillée, garde des Sceaux... et Tirard (P.), ministre des Finances. *Projet de loi... portant organisation de la juridiction* *française en Tunisie*... — Paris, imp. A. Quantin [1883], in-4°, 12 p.

Chambre des députés, 3ᵉ législature, session de 1883. Annexe au procès-verbal de la séance du 10 mars 1883, n° 1768. — Organisation et fonctionnement de la juridiction française (v. n° 5208).

5223. — BARTHÉLEMY SAINT-HILAIRE, sénateur. *Rapport fait au nom de la Commission chargée d'examiner le projet de loi, adopté par le Sénat, adopté avec modifications par la Chambre des députés, portant organisation de la juridiction française en Tunisie*... — Paris, imp. du Sénat [1883], in-4°, 9 p.

Sénat, session ordinaire 1883. Annexe au procès-verbal de la séance du 17 mars 1883, n° 121. — Création d'un tribunal français et de six justices de paix dans la Régence. Cf. Projet de loi et rapports sur le même objet, *ibid.*, nᵒˢ 108, 138 et 140.

5224. — MINISTÈRE DE L'INSTRUCTION PUBLIQUE ET DES BEAUX-ARTS. Direction du secrétariat. *Mission permanente du Caire (Institut d'archéologie orientale). Mission de Tunisie.* — Paris, Imp. nat., 1883, in-4°, 54 p.

Exposé des motifs d'un projet de loi présenté aux Chambres à l'effet d'organiser suivant un plan plus vaste et de poursuivre en Tunisie une mission archéologique et scientifique commencée depuis deux ans (p. 47-54).

5225. — CHARMES (Gabriel). *La Tunisie et la Tripolitaine*... — Paris, Calmann Lévy, 1883, in-12, III-445 p.

Bibliothèque contemporaine. — 5ᵉ éd., *ibid.*, 1896. — Série de lettres parues dans le *Journal des Débats* (juillet-août 1882). L'auteur trouva l'occasion d'accompagner P. Cambon, ministre résident, dans sa tournée en Tunisie : situation militaire et politique, la question financière, le Protectorat, l'organisation administrative, les capitulations et les consulats; l'occupation militaire, nécessité d'arrêter le plan de l'occupation définitive, le moral des troupes, le concours des troupes tunisiennes; les critiques contre l'expédition; l'Algérie et la Tunisie; l'Italie et la Tunisie; les Travaux publics à exécuter, l'avenir de la Tunisie. An. par L. Bertholon, dans *R. G.*, 1883, t. XIII, p. 70-73.

5226. — [COURBEBAISSE (Capitaine)]. *Notes sur la 2ᵉ expédition de Tunisie, par un officier de l'état-major du corps expéditionnaire.* — Alger, imp. du Cercle militaire [1883], in-4°, 118 p., carte, lithogr.

L'auteur faisait partie de l'état-major du général Saussier; ses notes fournissent d'excellents renseignements sur cette campagne. I. Période comprise entre le traité du 12 mai 1881 et la mise en route des colonnes dirigées contre Kairouan. II. Marche des colonnes contre Kairouan, événements survenus pendant leur séjour autour de cette place. III. Marche générale des colonnes vers le Sud, refoulement des insurgés dans la Tripolitaine. Appendice.

5227. — *Marche d'une batterie de 90 pendant la première partie de la campagne de 1881 en Tunisie...* — Paris, Berger-Levrault, 1883, in-8°, 12 p., carte.

R. Art., 1882, p. 314-323. — Récit de la marche de Souk-Ahras à Ghardimaou d'une des deux b[ies] montées de 90 du corps expéditionnaire (colonne Logerot); détails techniques, difficultés rencontrées. Croquis d'itinéraire à 1/50.000°.

5228. — Coustan, médecin-major de 2° cl. *De Tébessa à Kairouan et au Djerid. Aperçu topographique et climatologique dans ses rapports avec l'étiologie des principales maladies observées à la colonne expéditionnaire du Sud de la Tunisie...* — *Arch. Méd. Pharm. Mil.*, 1883, t. Ier, p. 9-35.

Composition de la colonne, ambulance, maladies observées, mouvement des malades à l'ambulance, régions parcourues, leurs ressources en eau, bois, alfa, etc., principales maladies observées, origine de la fièvre typhoïde, parallèle au point de vue de la morbidité entre la colonne de printemps (de Brem) et celle d'automne (Forgemol) auxquelles l'auteur a participé.

5229. — Breuil, pharmacien-major de 2° cl. *Rapport sur les eaux rencontrées par la colonne du Sud de la Régence (5° brigade)...* — *Arch. Méd. Pharm. Mil.*, 1883, t. II, p. 361-364.

Du 9 oct. 1881 (Pont-du-Fahs) au 25 janvier 1882 (retour à Sousse).

5230. — Czernicki, médecin-major de 1re cl. *La fièvre typhoïde au corps d'occupation de Tunisie, en 1881...* — *Arch. Méd. Pharm. Mil.*, 1883, t. II, p. 397-416.

Étude tirée du Rapport d'ensemble qui doit accompagner la *Statistique médicale de l'armée pendant l'année 1881* (v. n° **11**); publiée en vue de provoquer de la part des médecins militaires qui ont fait partie de l'expédition les rectifications et additions nécessaires. Exposé étiologique, extension épidémique de la fièvre typhoïde dans les diverses localités et aux diverses époques, caractères cliniques. — Le Rapport de la *Statistique médicale de l'armée pendant l'année 1881* (Paris, Imp. nat., 1884, in-4°, 298 p.) reproduit cette étude et traite également de l'épidémie de typhoïde dans le Sud oranais, ainsi que des autres maladies survenues au corps expéditionnaire de Tunisie et au XIX° C. A., en 1881 (p. 23-4o) [v. n° **5248**].

5231. — *Compte rendu des rapports des vétérinaires principaux et des rapports annuels des vétérinaires chefs de service, établis en 1881*. — *Rec. Hyg. Méd. Vét. Mil.*, sept. 1883, p. 1-119.

Ce compte rendu annuel paraissant dans cette publication et concernant l'armée de l'intérieur et l'armée d'Afrique est surtout intéressant pour l'année 1881 à l'occasion de l'expédition de Tunisie. Nombreuses statistiques : effectif général des chevaux et mulets, mouvement des infirmeries, résumé et tableaux des maladies, des pertes (par âge, par genre de maladies, etc.), des réformes ; tableau comparatif années 1880 et 1881.

5232. — GIRARD (Benjamin), commissaire adjoint de la Marine. *Souvenirs de l'expédition de Tunisie...* — Paris, Berger-Levrault, 1883, in-8°, 56 p.

R. Mar. Col., 1882, t. LXXIII, p. 404-411 ; t. LXXV, p. 179-224. — Extr. dans *Bul. Soc. G. Com. Bordeaux*, 1882, p. 389-392, 430-433. — Aperçus géographiques et historiques sur la Tunisie ; le Gouvernement et l'organisation des divers pouvoirs ; notes sur La Goulette et sur Tunis ; la participation de la marine à la prise de Tabarka, de Sfax, de Gabès et de l'île de Djerba en 1881. An. par René Basset, dans *Bul. Cor. Af.*, 1884, t. II, p. 242 ; par J. Gebelin, dans *Bul. Soc. G. Com. Bordeaux*, 1884, p. 127 ; dans *Af. expl.*, 1883, p. 176.

5233. — DURASSIER (Henry). *Les opérations maritimes de l'expédition de Tunisie*. — *R. Mar. Col.*, 1883, t. LXXVI, p. 169-207, croq., carte.

Extr. de *L'année maritime...* V° et VI° ann., 1880-1881, p. 1-52, croq., carte. — Composition des forces navales, reconnaissance des parages de Tabarka et débarquement (15-26 avril 1881) ; débarquement à Bizerte (1ᵉʳ mai) ; bombardement, attaque et prise de Sfax (5-16 juillet), rapports du contre-amiral Conrad et du capitaine de vaisseau Marcq de Blond de Saint-Hilaire ; occupation de Gabès (24 juillet), de l'île de Djerba (28 juillet) et de Sousse (11 sept. 1881).

5234. — CLÈVE (G. de) et BARONI (Ernest), agents de la Trésorerie d'Afrique. *Histoire de la Régence de Tunis depuis les temps les plus reculés jusqu'en 1884...* — Alger, imp. J. Péchauzet, 1883, in-8°, 82 p.

Description physique, géographique, les principales villes ; l'état de la Tunisie en 1881, l'expédition, les traités.

5235. — Joubert (Joseph). *La France et l'Angleterre dans la question coloniale.* — *Bul. Soc. Ét. Col. Mar.*, 1883, p. 359-366.

Rappel des protestations soulevées par l'Angleterre au moment de la conquête de l'Algérie et de la campagne de Tunisie; exposé général de la politique coloniale de la France.

5236. — Challemel-Lacour, ministre des Affaires étrangères, et Tirard (P.), ministre des Finances. *Projet de loi portant approbation de la convention conclue avec S. A. le Bey de Tunis, le 8 juin 1883...* — Paris, imp. A. Quantin [1883], in-4°, 22 p.

Chambre des députés, 3ᵉ législature, session de 1883. Annexe au procès-verbal de la séance du 31 juillet 1883, n° 2228. — Approbation de la convention de La Marsa.

5237. — Dubost (Antonin). *Rapport fait au nom de la Commission chargée d'examiner le projet de loi portant approbation de la convention conclue avec S. A. le Bey de Tunis, le 8 juin 1883...* — Paris, imp. A. Quantin [1883], in-4°, 32 p.

Chambre des députés, 3ᵉ législature, session extraordinaire de 1883. Annexe au procès-verbal de la séance du 12 nov. 1883, n° 2367. — Situation actuelle de la Régence, transformation financière proposée par le Gouvernement français; réduction des charges militaires (solde, bureaux de renseignements, effectif du corps d'occupation).

5238. — Colbert-Laplace (Cᵗᵉ de). *Discours prononcé... Première délibération sur le projet de loi portant approbation d'une convention conclue avec le Bey de Tunis. Séance du 31 mars 1884.* — Paris, imp. du *J. O.* [1884], in-4°, 3 p.

Chambre des députés. — J. O., 1ᵉʳ avril. — Discours prononcé contre le projet de garantie par la France de la dette tunisienne.

5239. — Cambon (Paul), ministre résident de France à Tunis. *Chambre des députés... Discours prononcé... Séance du 1ᵉʳ avril 1884. Première délibération sur le projet de loi portant approbation d'une convention conclue avec le Bey de Tunis.* — Paris, imp. du *J. O.*, 1884, in-16, 29 p.

J. O., 2 avril, p. 1000-1004. — L'auteur est commissaire du Gouvernement dans la discussion sur la garantie à donner par la France à la dette tunisienne; à propos du budget tunisien, indications sur l'organisation du ministère de la

Guerre et de l'armée tunisienne; l'effectif du corps d'occupation en 1882, le coût de son entretien.

5240. — RÉMUSAT (Paul de), sénateur. *Rapport fait au nom de la Commission chargée d'examiner le projet de loi... portant approbation de la convention conclue avec S. A. le Bey de Tunis, le 8 juin 1883...* — Paris, imp. du Sénat [1884], in-8°, 14 p.

Sénat, session ordinaire de 1884. Annexe au procès-verbal de la séance du 7 avril 1884, n° 141. — Examen de la convention de La Marsa, en ce qui concerne particulièrement l'abrogation du régime des capitulations et le budget tunisien; texte de la convention; diminution des effectifs de l'armée française d'occupation de 1881 à 1883. Cf. Projet de loi sur le même objet, *ibid.*, n° 128; *Bul. Statist.*, 1884, t. XV, p. 397-398.

5241. — BROGLIE (C.-J.-V.-A., duc de). *Sénat... Discours prononcé... Séance du 8 avril 1884. Discussion du projet de loi portant approbation de la convention avec S. A. le Bey de Tunis.* — Paris, imp. du J. O., 1884, in-12, 35 p.

J. O., 9 avril, p. 938-944. — Interpellation relative au règlement de la dette tunisienne; bien que l'on puisse regretter l'occupation de la Tunisie et la légèreté avec laquelle a été conclu le traité du Bardo, il ne peut être question d'abandonner la Tunisie après trois ans d'occupation.

5242. — RAMEL (Capitaine G. de), adjudant-major au 22e d'inf[ie]. *Notes sur la Tunisie...* — *Mém. Soc. Alès,* 1884, p. 33-76.

Étude datée du camp d'Aïn-Draham, 1881-1882. Considérations générales sur la Tunisie, l'armée tunisienne (p. 49-52), aperçu topographique et renseignements divers sur la Kroumirie, résumé de l'expédition de Tunisie (p. 65-72), organisation nouvelle de la Tunisie. An. par H. Duveyrier, dans *Bul. G. Hist. Descr.,* 1886, p. 18.

5243. — REINACH (Joseph). *Le ministère Gambetta, histoire et doctrine (14 novembre 1881-26 janvier 1882)...* — Paris, G. Charpentier, 1884, in-8°, 604 p.

L'ordre du jour sur les interpellations tunisiennes lors de la séance du 9 nov. 1881 (p. 1-10). Les idées de Gambetta en politique extérieure, négociations relatives à Tunis au Congrès de Berlin, erreurs commises; interventions de Gambetta à la Chambre depuis le 9 nov. au sujet des affaires tunisiennes, réformes préparées, procès intenté par M. Roustan à l'*Intransigeant*, exploitation du verdict par les partis extrêmes et par la presse italienne, anglaise et allemande (p. 369-474).

5244. — BLANCARD (L.-Théod.). *La Tunisie. Notes sur le mouvement des troupes du quartier général…* — Montpellier, imp. Hamelin frères, 1884, in-8°, 51 p., fig.

R. Monde latin, 1884, t. III, p. 70-88, 183-199, 475-487. — Considérations générales sur le climat, les productions du sol et la population de la Tunisie. Journal de marche du 2ᵉ batᵒⁿ du 1ᵉʳ zouaves faisant partie des troupes du quartier général du général Saussier, du 12 oct. au 16 déc. 1883 (de La Goulette à Kairouan, Gafsa, les chotts, Tebessa). Cf. *Bul. Soc. languedoc. G.*, 1884, p. 431-432.

5245. — VOISINS D'AMBRE (Anna de) [pseud. Pierre CŒUR]. *Excursions d'une Française dans la Régence de Tunis…* — Paris, M. Dreyfous, 1884, in-16, VIII-271 p.

Bibliothèque d'aventures et de voyages. — Souvenirs d'une Française dont le mari était commissaire civil à La Calle en 1881; récit d'une visite à un chef de clan; impressions de voyage, descriptions de Sousse et de Kairouan peu après l'entrée des troupes françaises. Publié partiellement dans *R. P. L.*, 1881. t. XXVIII, p. 321-331, 364-371, 417-424, 487-493. An. par Ad.-F. de Fontpertuis, dans *Écon. fr.*, 1884, t. II, p. 106-108.

5246. — HUBERSON (G.). *L'expédition de Tunisie. Causes de l'expédition, histoire sommaire et description de la Tunisie, mœurs et coutumes, opérations militaires, épisodes et faits de guerre, campagne maritime…* — Paris, Libr. des villes et des campagnes [1884], in-8°, 370 p., grav., portr., carte.

Ouvrage de seconde main, nombreux extr. de sources imprimées. Causes de l'expédition, histoire sommaire de la Tunisie; géographie physique, militaire et politique; description physique, économique et pittoresque; forces militaires; opérations, rapport du général en chef (p. 213-272) [v. n° **5181**]; campagne maritime, prise de Sfax, Gabès, Sousse et Kairouan; notre rôle en Tunisie.

5247. — BOU-SAÏD (Capitaine) [pseud. de SCHAMBION (Capitaine)]. *Le marabout de Sidi-Fatallah, épisode de l'insurrection tunisienne en 1881…* — Paris, L. Baudoin, 1884, in-16, 278 p., ill., couv. ill.

Scènes de la vie musulmane. — Histoire romancée, fournissant un récit des combats des 2, 16, 20, 21, 22 oct. 1881 et du massacre de l'oued Zarga (30 sept. 1881). An. dans *Bul. R. Off.*, 1884, p. 998; dans *J. Sc. Mil.*, 1884, t. XVI, p. 475-476.

5248. — MARVAUD (A.), médecin principal de 2ᵉ cl. *La fièvre typhoïde au corps d'occupation de Tunisie... — Arch. Méd. Pharm. Mil.,* 1884, t. III, p. 273-283.

A l'aide de ses observations personnelles et des nombreux documents qu'il a recueillis pendant l'expédition, l'auteur veut démontrer, contrairement au rapport Czernicki (v. n° **5230**), qu'il est possible d'expliquer la propagation de la fièvre typhoïde uniquement par la contagion et par la contamination produite par des unités ou même des isolés qui ont été en communication avec les troupes de la 3ᵉ brigade, infectées par le 142ᵉ.

5249. — BOIS (Maurice), capitaine au 76ᵉ d'infⁱᵉ. *La France à Tunis. Expédition française en Tunisie, 1881-1882... —* Paris, L. Baudoin, 1886, in-18, IV-156 p., croq.

Description géographique de la Tunisie, le passé de la Régence de Tunis; causes de l'expédition française, plan de campagne, résumé des opérations. Notes et pièces justificatives : composition du corps d'occupation au 1ᵉʳ avril 1882, formation de marche de la colonne Logerot (campagne du Sud). An. dans *Bul. R. Off.,* 1886, p. 107; dans *J. Sc. Mil.,* t. XXIII, p. 315-316 (v. n° **5271**).

5250. — THÉO-CRITT [pseud. de CAHU (Théodore)]. *Le régiment où l'on s'amuse!* — Paris, C. Marpon et E. Flammarion [1886], in-16, 355 p., ill., couv. ill.

Contient un journal romancé (p. 311-353) d'un lieutᵗ de cavⁱᵉ pendant l'expédition de Tunisie (mai 1881-mai 1882).

5251. — CAHU (Théodore). *Au pays des Mauresques,* par Théo-Critt (Théodore Cahu). — Paris, C. Marpon et E. Flammarion [1887], in-18, 338 p.

Notes sous forme de journal (7 avril 1881-12 février 1882) sur la campagne de Tunisie avec le 7ᵉ chasseurs à cheval; légendes, histoires, anecdotes, description du pays et de la population; atrocités, combats, armée du bey; la vie militaire, l'intendance.

5252. — *Note sur la guerba, machine à puiser l'eau usitée en Tunisie. — R. Gén.,* 1887, p. 250-254, pl.

Pendant l'expédition de 1881, les cⁱᵉˢ du génie assurent le fonctionnement des guerbas; description et mécanisme.

5253. — Bardou (Valentin). *Trois mois chez les Kroumirs et occupation du Nord de la Régence...* — Saint-Girons, imp. A. Rives, 1888, in-8°, 82-v p.

> Extr. de *L'Avenir*, 1883-1884. — Récit d'un militaire du 3° bat^{on} du 57° de ligne (brigade Galland); départ de Bordeaux (11 avril 1881), Bône, marabout de Sidi-Abdallah, Aïn-Draham, El-Kadoumah, Ben-M'Tir; séjour à Béja jusqu'en juin 1883.

5254. — Picardat, chef de bat^{on} du génie. *Construction du chemin de fer Decauville de Sousse à Kairouan, en 1881-1882.* — *R. Gén.*, 1888, p. 500-537, 561-603, croq., carte.

> Rapport technique rédigé, en 1882, par l'auteur commandant la 3° c^{ie} d'ouvriers militaires de chemins de fer du 1er génie, qui exécuta la construction de la voie ferrée (60 kilom.), décidée par le ministre de la Guerre lors de la marche sur Kairouan : tracé, matériel, construction et emploi du chemin de fer.

5255. — X. *La razzia des Ouled-Ayar. Épisode de la campagne de Tunisie.* — *R. Af. fr.*, 1888, p. 271-277, 291-296.

> Épisode de la répression de la révolte des Ouled Ayar, en 1881 ; itinéraire des colonnes, difficultés rencontrées, soumission de la tribu ; aucune précision de dates ni d'unités.

5256. — Montels (Jules). *Excursions en Tunisie. Le Khanguet-el-Hadjej...* — Tunis, Imp. rapide, 1889, in-18, 101 p.

> Tiré à 40 exempl. — L'auteur a intercalé (p. 61-97) dans son récit une nouvelle de Désiré Bordier, vice-consul de France à Maktar, intitulée *La Khanguet-el-Hadjedj* (*le défilé des pèlerins*), qui commence la série *Les étapes d'un vieux turco* (v. n^{os} **5258, 9092** et **9118**) : souvenirs de route, en nov. 1881.

5257. — Hippeau (Edmond). *Histoire diplomatique de la troisième République (1870-1889)...* Préface de M. Émile Worms... — Paris, E. Dentu, 1889, in-8°, xv-691 p.

> Chap. xvi (p. 379-407), les affaires de Tunisie : motifs de l'intervention française, agissements du consul Maccio, préparation diplomatique de l'expédition, la *Hyène* à Tabarka, occupation de la Régence, traité du Bardo, prétentions de la Porte, attitude des puissances, hésitations et imprévoyance de Barthélemy Saint-Hilaire qui ont encouragé l'audace des adversaires de l'influence française en Tunisie, inanité des prétentions de l'Italie. V. également chap. xxiii et xxiv, les protestations italiennes contre l'intervention française, politique gallophobe de Crispi, nécessité d'un rapprochement entre les deux pays.

5258. — BORDIER (Capitaine D.). *La Teumrat-er-Requiana...* — Tunis, Imp. rapide, 1889, in-18, 23 p.

Les étapes d'un vieux turco. — Extr. de *Tunis-Journal*, 22 juin 1889 et suiv. — Tiré à 15 ex. — L'auteur commandait la c^{ie} franche de Tunisie en 1881 ; souvenirs de route, en 1882.

5259. — GINOS (L.). *La guerre contre les Kroumirs. Les Fuégiens au Jardin d'acclimatation...* — Paris, Ch. Delagrave, 1889, in-12, 71 p., fig.

2e éd. (réimpr.), *ibid.*, 1893. — Récit écrit pour les enfants ; extr. des lettres d'un jeune soldat qui raconte au jour le jour à sa mère les incidents de la campagne (51 p.) ; pas de dates, rares indications de localités.

5260. — FERRY (Jules). *Le Tonkin et la mère-patrie. Témoignages et documents.* 3e éd. — Paris, V. Havard, 1890, in-18, 406 p.

1re éd., *ibid.* — L'auteur défend sa politique coloniale et fait de nombreuses comparaisons entre l'expédition du Tonkin et celles d'Alger et de Tunisie ; leur même impopularité au début, les effectifs, les pertes, les dépenses. Documents recueillis par Léon Sentupéry.

5261. — X... *Au pays tunisien (journal d'une expédition).* — *Bul. Soc. G. Arch. Oran*, 1890, p. 105-128.

Journal des marches de la colonne de Tebessa (général Forgemol de Bostquénard) : de Tebessa à Kairouan (15 oct.-1er nov.), de Kairouan à Gafsa (10-20 nov.), retour à Tebessa (13 déc. 1881) ; aperçus sur les régions traversées ; aucune indication sur l'unité à laquelle l'auteur appartenait.

5262. — ESTOURNELLES DE CONSTANT (Bon P.-H.-B. Balluet d'). *La politique française en Tunisie. Le Protectorat et ses origines (1854-1891)...* — Paris, Plon [1891], in-8°, XI-489 p.

Les premiers tirages parurent sous le pseud. P. H. X. Publié partiellement sous la signature ***, dans *R. D. M.* (v. n° 5335).-- Avant l'intervention : la constitution (1854-1861), la ruine (1861-1870), la Commission financière (1870-1875), le Congrès de Berlin (1875-1880), l'affaire du 31 mars 1881. L'intervention : difficultés de l'intervention, la première campagne (avril-mai 1881), le lendemain du traité en France, en Europe, en Tunisie (mai-juin 1881) ; la seconde campagne (juillet-nov. 1881) ; la crise politique (nov.-déc. 1881). Les réformes : l'organisation du Protectorat, l'armée. Appendices : texte du traité du 12 mai 1881 et de la convention du 8 juin 1883 ; état des dépenses de la Guerre et de la Marine en Tunisie de 1881 à 1890 (v. n°s 5264 et 5265). An. par Roger Lambelin, dans *R. Q. Hist.*, 1892, t. LI, p. 317-318; dans *N. R.*, 1891, t. LXIX, p. 221; par H. D. de G. [Grammont], dans *R. Crit.*, 1891, t. XXXII, p. 107; par L. Farges, dans *R. Historiq.*, 1892, t. XLIX, p. 121-123; par G. Prévot-Leygonie, dans *R. Alg. Tun. lég. jurisp.*, 1891, 1ʳᵉ part., p. 62-64; par G. Jacqueton, dans *R. Af.*, 1893, p. 279; dans *Af. expl.*, 1891, p. 157-159; dans *Bul. Com. A. F.*, 1891, II, p. 20; dans *R. F. Étr. Col.*, 1891, t. XIII, p. 632-633.

5263. — DEBIDOUR (A.), inspecteur général de l'Instruction publique. *Histoire diplomatique de l'Europe depuis l'ouverture du Congrès de Vienne jusqu'à la clôture du Congrès de Berlin (1814-1878)*... — Paris, F. Alcan, 1891, 2 vol. in-8°, XII-460 et 600 p.

Bibliothèque d'histoire contemporaine. — L'auteur retrace, dans un enchaînement raisonné, non tout ce que la diplomatie a fait, mais ce en quoi elle a contribué, de 1814 à 1878, à restaurer, à affermir ou à compromettre la paix générale de l'Europe. T. I, *la Sainte-Alliance :* attitude de l'Angleterre pendant la conquête de l'Algérie, appui prêté par cette puissance à Abd el Kader et au sultan du Maroc; notre influence en Tunisie. T. II, *la Révolution :* expédition de Tunisie (1881), «l'Italie fut prête d'éclater de fureur»; attitude de Bismarck à l'égard des entreprises coloniales de la France (p. 542-546). Bibliographie en tête de chaque chapitre.

5264. — CHAILLEY (Joseph). *L'Algérie et la Tunisie avant la conquête*. — *Écon. fr.*, 1891, t. Iᵉʳ, p. 326-327.

Analyse de l'ouvrage de d'Estournelles de Constant (v. n° **5262**) et citations de celui de Léon Roches (v. n° **318**); les progrès de la France dans les méthodes coloniales : l'annexion, le protectorat.

5265. — COSSERON DE VILLENOISY (Général Louis-Pierre). *La France à Tunis*... — Paris, L. Baudoin, 1891, in-8°, 45 p

J. Sc. Mil., 1891, t. XLII, p. 195-218, 321-342. — Rectifie et complète certains détails, entre autres sur la politique du Gouvernement français, du livre de P. H. X. (v. nᵒˢ **5262** et **5270**); cause de l'intervention française en 1881, formation du corps expéditionnaire, signature du traité du Bardo, installation des troupes en Tunisie, affaires de Sfax, le général Saussier en Tunisie, les discussions parlementaires au sujet de la Tunisie. Pas de références, mais l'auteur semble s'être très documenté.

5266. — ***. [LEBON (André)]. *Les préliminaires du traité du Bardo. Documents inédits sur les rapports de la France et de l'Italie de 1878 à 1881*. — Paris, F. Alcan, 1893, in-8°, paginé 395-438.

Ann. Sc. Pol., 1893, p. 395-438. — Réponse à la publication du vol. de Luigi Chiala intitulé *Dal 1858 al 1892. Pagine di storia contemporanea*... (Torino, L. Roux, in-8°), dont le t. II *Tunisi (1878-1881)* vient de paraître; l'auteur établit «qu'à chacune des phases déterminantes de notre action en Tunisie, depuis le Congrès de Berlin jusqu'au traité du Bardo, le Quirinal a été dûment averti des intentions de la France par les soins de nos représentants officiels». Nombreux extraits de documents diplomatiques.

5267. — GRÉPON (Edmond), payeur particulier de la Trésorerie du Tonkin, ancien payeur adjoint de l'armée en Tunisie et au Tonkin. *Neuf ans en Algérie, Tunisie et Tonkin*... — Paris, Ch. Gaulon, 1893, in-16, xii-187 p.

Dans la 1re part. : récits anecdotiques sur l'expédition de Tunisie en 1881, colonne de Tebessa (général Forgemol) à laquelle l'auteur était payeur adjoint; marche sur Kairouan et Gafsa, retour à Tebessa (p. 27-64).

5268. — CHEVILLET (Georges). *Scènes de la vie militaire en Tunisie*... — Paris, Sanard et Derangeon, 1893, in-8°, 240 p., 22 fig.

L'auteur était sous-officier. Récit de son séjour en Tunisie (1881-1884); Sousse, Kairouan, en colonne vers El-Djem, Sfax, nombreux détails sur la vie militaire, mais peu de précisions.

5269. — MARCÈRE (de). *Le rôle politique de Jules Ferry. — N. R.*, 1893, t. LXXXI, p. 673-688.

L'auteur rappelle quelques souvenirs personnels se rattachant à Jules Ferry et à son action politique; son rôle à l'égard de la Tunisie qui «a été de tout temps, chez nous, envisagée comme une annexe nécessaire de l'Algérie».

5270. — FAUCON (Narcisse). *La Tunisie avant et depuis l'occupation française. Histoire et colonisation*. Lettre-préface de Jules Ferry. — Paris, A. Challamel, 1893, 2 vol. in-8°, t-x-478 et 508 p.

T. Ier. Géographie et histoire : le pays et ses habitants, la Tunisie dans le passé, chronologie des événements depuis 1881, causes de l'expédition, première campagne, composition des deux colonnes principales, discussions à la Chambre, seconde campagne, la pacification (1882), l'organisation (1883-1891), les c^{ies} mixtes, l'armée tunisienne, le recrutement. T. II. Colonisation : agriculture et forêts, richesses minérales, outillage économique, industrie et commerce, politique, gouvernement. Pièces justificatives : traité du 8 août 1830, lettres d'Albert Grévy (1881), traité du 12 mai 1881, la brigade d'occupation en 1892, recensement en 1891, réponse au général de Villenoisy (v. n° **5265**), bibliographie. An. par G. Jacqueton, dans *R. Af.*, 1893, p. 280.

5271. — Jamais (Général). *Récit anecdotique de la prise de Sfax, le 16 juillet 1881.* — *Sp. Mil.*, 1893, t. XIII, p. 180-195, 278-294, 360-375, 432-446; 1894, t. XIV, p. 35-53, 122-128, 191-200, cartes.

L'auteur commandait les troupes dirigées sur Sfax; il cherche à rétablir la vérité altérée dans divers ouvrages, notamment dans celui signalé sous le n° **5249**. Récit détaillé du rôle joué par les troupes de l'armée de terre dans la prise de Sfax, l'occupation de Gabès et de l'île de Djerba, colonnes dans le sud-est de la Tunisie jusqu'en juin 1882. Nombreux documents officiels importants.

5272. — Ferry (Jules). *Discours et opinions...*, publiés avec commentaires et notes par Paul Robiquet... — Paris, A. Colin, 1893-1898, 7 vol. in-8°.

Les t. IV (1896, 585 p.) et V (1897, 566 p.) renferment les discours sur la politique extérieure et coloniale prononcés par l'auteur à la Chambre et au Sénat. Affaires tunisiennes : discours des 16 avril, 5 et 9 nov. 1881, 1er, 3 et 8 avril 1884, 1er mars 1888, article de l'*Estafette*, du 22 oct. 1889. Campagne de Tunisie et traité de Kassar-Saïd : déclaration du 12 mai 1881, communication du 16 mai 1881, vote du traité, lettre de J. Ferry et Barthélemy Saint-Hilaire au *Temps*, 22 oct. 1892. Insurrection du Sud oranais : discours des 30 juin, 19 et 26 juillet 1881. Appendices : préfaces des vol. mentionnés sous les n°^{s} **5190, 5260** et **5270**. An. par H. P. [Pensa], dans *Q. Dipl. Col.*, 1897, t. II, p. 62-63; dans *R. Historiq.*, 1897, t. LXIII, p. 454.

5273. — Deschamps (Émile). *Tunis au moment de l'expédition.* — *N. R.*, 1894, t. XCI, p. 271-282.

L'auteur était à Tunis en août et sept. 1881. Récit coloré des incidents qui se passèrent à ce moment dans cette ville; occupation de Tunis par les troupes françaises.

5274. — Philebert (Général Ch.). *La sixième brigade en Tunisie.* 2e éd. — Paris, Charles-Lavauzelle, 1895, in-8°, 232 p., portr., 13 grav., carte.

1re éd., *ibid.* — Récit des opérations de la brigade en Tunisie, commandée par l'auteur, du 17 sept. 1881 au 15 juin 1882, pour réprimer l'insurrection tunisienne; ordres et instructions donnés par le général Philebert, composition de la brigade, nombreux détails. An. dans *Sp. Mil.*, 1895, t. XX, p. 400; dans *Bul. Com. A. F.*, 1895, p. 288.

5275. — BELIN (Colonel). *Souvenirs de la campagne de Tunisie. Journal de marche du colonel Belin, commandant l'artillerie de la colonne Bréart. Tunisie, 1881.* — *Quinz.*, 1895, t. VI, p. 44-65.

Notes journalières du 2 (départ de Toulon) au 16 mai 1881; marche de la colonne Bréart de Bizerte à Tunis; récit de la visite du général et des chefs de corps au bey Mohamed es Sadok (12 mai), signature du traité de Kassar-Saïd.

5276. — GIRARD (Benjamin). *Souvenirs maritimes, 1881-1883. Journal de bord d'une campagne en Tunisie, en Égypte et dans le Levant sur le cuirassé le* La Galissonnière... — Paris, Chamuel, 1895, in-8°, 664 p., 50 grav.

Journal de bord, tenu par l'auteur, relatant la participation de la marine à l'expédition de Tunisie, du 29 mars 1881 au 17 avril 1882; détails sur les ports tunisiens. Liste des consuls de France à Tunis depuis 1583, liste des 42 bâtiments qui ont stationné en Tunisie de 1881 à 1883. An. dans *N. R.*, 1895, t. XCII, p. 214.

5277. — DOLOT (Gabriel), chef de bat^{on} du génie. *Installation des bureaux des services militaires à Tunis...* — Paris, Berger-Levrault, 1896, in-8°, 14 p., 4 grav., 2 pl.

R. Gén., 1895, t. X, p. 499-510, pl. — Ressources de Tunis en immeubles au moment de l'occupation, installation des services; location, aménagement des constructions, dépenses; casernement des zouaves. Reproduit dans *R. T.*, 1897, p. 86-93.

5278. — WILHELM (J.). *Expéditions coloniales et finances publiques.* — *Ann. Sc. Pol.*, 1896, p. 511-535.

Exposé de ce qui a été fait et de ce qu'on aurait pu faire, des moyens employés et de ceux qui eussent été préférables; exemples empruntés aux principales expéditions (Tunisie, Tonkin...)

5279. — ZEVORT (E.), recteur de l'Académie de Caen. *Histoire de la troisième République...* — Paris, F. Alcan, 1896-1901, 4 vol. in-8°.

T. III, *La présidence de* utes *Grévy* (1898, 546 p.) : répercussion des affaires de l'Afrique du Nord sur la politique intérieure, la Kroumirie, caractère de l'expédition de Tunisie, rôle de la Porte et de l'Italie, l'expédition française, contre-coup dans le Sud oranais, Bou Amama, interpellation sur la Tunisie, seconde expédition, progrès de la pacification (p. 154-170, 203-205). Appendices : discours de Henri Brisson sur le Sud oranais (p. 510-512).

5280. — Sarzeau (Commandant J.) [pseud.]. *Les Français aux colonies. Sénégal et Soudan français, Dahomey, Madagascar, Tunisie...* — Paris, Bloud et Barral [1897], in-8°, 400 p., portr.

Un chapitre sur la campagne de Tunisie (p. 355-396); nombreux emprunts à des sources imprimées, en particulier aux rapports des généraux Logerot, Vincendon et Galland (v. n° **5103**).

5281. — Grabinski (Cte Joseph). *La Triple Alliance, d'après une étude de M. le sénateur Chiala...* — Paris, imp. de Soye et fils, 1897, in-8°, 73 p.

Cor., 1897, t. CLXXXIX, p. 696-723; 1898, t. CXC, p. 1037-1053; t. CXCI, p. 266-289. — L'auteur donne une idée exacte des origines de la Triple Alliance, puis analyse l'important ouvrage de L. Chiala qui contient de très nombreux documents (v. n° **5266**). Les fautes commises par Cairoli dans la question tunisienne, la chute du ministère Cairoli-Depretis à la suite de l'établissement du Protectorat français.

5282. — Rouard de Card (Edgard). *Les traités de protectorat conclus par la France en Afrique, 1870-1895...* — Paris, A. Pedone, 1897, in-8°, 240 p.

Bibliothèque internationale et diplomatique, t. XXXV. — Le chapitre Ier étudie les traités de protectorat relatifs à la Tunisie, leur conclusion, leurs effets (p. 11-37); nombreuses références. En appendice, traité du 12 mai 1881 et convention du 8 juin 1883. An. dans *R. Alg. Tun. lég. jurisp.*, 1897, 1re part., p. 48.

5283. — Céalis (Édouard), ancien officier au 51° d'inf^{ie}. *De Sousse à Gafsa. Lettres sur la campagne de Tunisie, 1881-1884*, préface de G. Larroumet... — Paris, E. Flammarion [1897], in-18, xi-280 p., ill.

Recueil de lettres de l'auteur (août 1881-mars 1884), qui fut sous-officier au 48° d'inf^{ie} pendant la campagne de 1881-1882 : Sousse. Kairouan, en colonne, Sidi-el-Hani, Gafsa, camps de Lala et de Sidi-Aïch (v. n° **5284**).

5284. — Céalis (Édouard). *Lettres sur la campagne de Tunisie (1881)...* — Paris, H. Gautier, s. d., in-8°, 32 p., ill.

— 231 —

Bibliothèque de souvenirs et récits militaires, n° 72. — Tirage à part de l'article paru dans *Souvenirs et récits militaires,* publiés sous la direction de P. Gaulot... [2° série, t. II]. Paris, H. Gautier, s. d., in-8°, p. 193-224. — Notice par Paul Gaulot; lettres de É. Céalis extr. de l'ouvrage précédent.

5285. — POUCHET (J.). *En Tunisie : El-Arbaïn, Hammamet.* — *Bul. Soc. languedoc. G.*, 1898, p. 505-507.

Inauguration (oct. 1897) d'un monument élevé par les soins du commandant Bordier aux militaires tués à El-Arbaïn et à Hammamet (v. n°ˢ **9092** et **9118**).

5286. — *L'expédition militaire en Tunisie, 1881-1882.* — Paris, Charles-Lavauzelle [1898], in-8°, 421 p., 7 cartes.

4° éd. (réimp.), *ibid.* — Résumé dans l'ordre chronologique des opérations des deux expéditions; nombreux documents officiels en annexe; ouvrage très important pour l'histoire de la conquête de la Tunisie; cartes : Kroumirie, sud et centre de la Régence, positions le 20 sept. 1881, théâtre d'opérations d'Ali ben Ammar; organisation administrative de la Régence. An. dans *R. M. U.*, 1898, t. XIV, p. 378.

5287. — BUSCH (Maurice). *Les mémoires de Bismarck, recueillis par Maurice Busch...* — Paris, E. Fasquelle, 1898-1899, 2 vol. in-8°, 340 et 348 p.

Bibliothèque de mémoires, souvenirs et correspondances. — T. II (p. 164-165), au sujet de la Tunisie (3 mai 1881) : « Vous pouvez dire... que nous serons heureux de voir ces provinces, jadis fertiles et aujourd'hui abandonnées, tomber entre les mains d'un grand peuple continental qui y apportera la civilisation... Ne parlez pas... de l'Angleterre et de l'Italie : c'est notre intérêt qu'elles se brouillent avec la France. Et puis, pendant que les Français seront occupés à Tunis, ils ne regarderont pas du côté de la frontière du Rhin !... » An. par B. L., dans *R. É H.*, 1899, p. 52-53.

5288. — LOTH (Gaston). *La Tunisie, ses relations avec la France.* — *R. Enc.*, 1900, t. X, p. 922-926, ill.

Bref exposé des relations franco-tunisiennes depuis le XVI° siècle; causes de la campagne de 1881; récit résumé des opérations.

5289. — KING (Bolton). *Histoire de l'unité italienne : histoire politique de l'Italie de 1814 à 1871,...* introduction par Yves Guyot. Traduit de l'anglais par Émile Macquart. — Paris, F. Alcan, 1901, 2 vol. in-8°, cartes.

Bibliothèque d'histoire contemporaine. — T. Ier (XXXI-444 p.), dans l'introduction : la Tunisie et la Triple Alliance (p. XIV-XV).

5290. — Billot (A.). *La Triple Alliance.* — *R. P.*, 1901, t. II, p. 500-533, 740-774.

Étude générale de la politique et des rapports franco-italiens de 1881 à 1891; conclusion, premier et second renouvellements de la Triple Alliance; l'auteur expose notamment dans quelle mesure l'entrée de la France en Tunisie a été la cause occasionnelle de l'accession de l'Italie à l'entente austro-allemande. Ces articles sont reproduits partiellement dans le n° **5535**.

5291. — Hanotaux (Gabriel A.-A.). *Histoire de la France contemporaine (1871-1900)...* — Paris, Soc. d'éd. contemporaine, 1903-1908, 4 vol. in-8°, portr., pl., cartes.

T. IV (viii-783 p.), *la République parlementaire* : la Tunisie offerte à la France au Congrès de Berlin (p. 386-391); chap. IX, l'affaire de Tunisie : rapports entre la politique extérieure et la politique intérieure de la France, hésitations du Gouvernement, la poussée des événements, préparation diplomatique, les Kroumirs, l'expédition, traité du Bardo; la seconde campagne de Tunisie; troubles dans le Sud oranais, prise de Sfax et de Gabès, pacification de la Tunisie, énergie de Jules Ferry, prise de Kairouan, les interpellations tunisiennes et le ministère Gambetta (p. 639-665 et 692-721). An. par A. Biovès, dans *R. Crit.*, 1909, t. LXVII, p. 177-179.

5292. — Baruch (Jules), officier interprète principal. *Les affaires de Tunisie et la division Delebecque en Kroumirie en 1881.* — *Bul. Soc. G. Alger*, 1903, p. 160-184.

Les Kroumirs; tableau des tribus kroumirs; la frontière algéro-tunisienne; incidents de frontière et événements qui précédèrent l'entrée des troupes françaises en Kroumirie; combat du 31 mars 1881 sur l'oued Djenan; non terminé, rien sur les opérations de la division Delebecque. An. par Teisserenc de Bord, dans *Bul. G. Hist. Descr.*, 1904, p. 12.

5293. — Hannezo (Commandant G.). *Mateur (1881-1882).* — *R. T.*, 1906, p. 109-116.

Légendes arabes et récit des opérations militaires qui amenèrent la pacification du pays de Mateur; journée du 18 mai 1881, jonction des deux colonnes Maurand et Périgord, occupation de Mateur.

5294. — Bainville (Jacques). *Bismarck et la France, d'après les mémoires du prince de Hohenlohe...* — Paris, Nouv. libr. nat., 1907, in-16, xviii-301 p.

2ᵉ éd. (réimp.), *ibid.*, 1915. — Paru en grande partie dans la *Gazette de France*.
— « L'opinion de Bismarck sur la Tunisie et sur le rôle de diversion qu'elle devait

jouer était faite depuis longtemps». Conversation à ce sujet entre le chancelier et le prince Clovis de Hohenlohe (2 mai 1874) : «Il serait bon pour nous que la France pût s'engager là-bas» (p. 63).

5295. — MATTER (Paul). *Bismarck et les colonies françaises.* — *R. P. L.*, 1907, t. VIII, p. 166-170.

Bismarck favorable à l'expansion coloniale française; préparation de la mise de la Tunisie sous l'influence française au Congrès de Berlin, bruits d'annexion du Maroc par la France en 1881.

5296. — HOHENLOHE (Prince Clovis de). *Un siècle de politique allemande. Mémoires du prince Clovis de Hohenlohe...* traduction de M. Paul Budry. — Paris, L. Conard, 1909, 3 vol. in-8°, VIII-480, 503 et 404 p., portr., cartes.

Dans le t. III (p. 71 et 87), récit d'entrevues avec Bismarck; «il insiste pour qu'on dise ouvertement aux Français que nous sommes heureux de les voir chercher leur intérêt ailleurs, par exemple à Tunis, dans l'Afrique occidentale ou en Orient, parce qu'ils cesseront de porter leurs regards sur la frontière du Rhin...» A cette époque (1880 et 1881), le prince de Hohenlohe était ambassadeur à Paris. An. par Henri Welschinger, dans *R. D. M.*, 1909, t. LII, p. 376-399, et t. LIII, p. 600-635; par Louis Batcave, dans *R. É. H.*, 1909, p. 334-335, 700-701.

5297. — ORSI (Pietro), chargé de cours d'histoire moderne à l'Université de Padoue. *Histoire de l'Italie moderne (1750-1910).* Traduction de Henri Bergmann... — Paris, A. Colin, 1911, in-8°, XII-448 p.

Quelques lignes seulement au sujet de l'occupation de la Tunisie (1881). An. par Paul Matter, dans *R. Sc. Pol.*, 1911, p. 659-660.

5298. — FEUVRIER (Dr Jean-Baptiste), médecin en chef de l'ambulance active de la 4e brigade, de l'hôpital de La Manouba, du dépôt de convalescents de La Goulette. *Huit mois de campagne en Tunisie, du 5 mai 1881 au 8 janvier 1882. Relation médico-chirurgicale...* — Paris, A. Maloine [1912], in-8°, 51 p., fig., plans.

Ambulance active de la 4e brigade, personnel et matériel; hôpital temporaire de La Manouba, observations sur les maladies, statistiques médicales en juillet, août et sept. 1881, l'épidémie de fièvre typhoïde; dépôt de convalescents de La Goulette du 8 nov. 1881 au 8 janvier 1882. An. dans *Quinz. col.*, 1912, p. 544.

5299. — Benoyts (Florentin de). *Au pays des Kroumirs et au Maroc.* — Lille, Desclée, de Brouwer, 1913, gr. in-8°, 238 p., ill.

Souvenirs anecdotiques sur l'expédition de Tunisie (1881), d'après les notes de l'auteur qui était sous-officier au 6ᵉ d'art.ⁱᵉ. Bref résumé des opérations au Maroc de 1907 à 1912.

5300. — Freycinet (Charles de), sénateur. *Souvenirs, 1878-1893.* — Paris, C. Delagrave, 1913, in-12, 516 p.

11ᵉ éd., *ibid.*, 1914. — L'expédition de Tunisie, qui «ouvrit l'ère des conquêtes coloniales», décidée par Jules Ferry; attitude de l'Italie (p. 168-170), débats à la Chambre (p. 190-193); l'expansion coloniale (p. 268-284). An. par Edmond Barthèlemy, dans *Merc. F.*, 1915, t. CXI, p. 318-320.

5301. — Daudet (Ernest). *La France et l'Allemagne après le Congrès de Berlin.* I. *La mission du comte de Saint-Vallier (déc. 1877-déc. 1881)...* — Paris, Plon, 1918, in-16, v-316 p.

Cor., 1917, t. CCLXVIII, p. 850-880; t. CCLXIX, p. 52-80, 482-510. — Étude basée sur des documents inédits. Visite d'une ambassade marocaine à Berlin; les origines de la politique coloniale allemande (1878); les propos de Bismarck à Waddington et à Saint-Vallier, lors du Congrès de Berlin, puis en 1881, au sujet de l'extension et de l'action française «en Tunisie, au Maroc, dans le bassin africain de la Méditerranée». An. dans *R. H. Col. Fr.*, 1919, 2ᵉ sem., p. 136-141; dans *Cor.*, 1918, t. CCLXXIII, p. 704; par N. C. P., dans *R. É. H.*, 1919, p. 216.

5302. — Geffroy (Gustave). *Clemenceau,* suivi d'une étude de Louis Lumet... — Paris, G. Crès, 1918, in-16, 233 p., 8 ill.

Texte français et anglais. L'auteur veut mettre en lumière quelques points de l'action et de la forme d'esprit de Clemenceau; mentionne seulement le discours du 10 nov. 1881 de Clemenceau sur la guerre de Tunisie (p. 41).

5303. — Schefer (Christian). *Treize années de politique extérieure (1879-1892).* — *Cor.*, 1919, t. CCLXXVI, p. 759-800, 1035-1058; t. CCLXXVII, p. 327-362.

J. Ferry, président du Conseil (23 sept. 1880), son action; massacre de la colonne Flatters, l'expédition de Tunisie, la Triple Alliance. Reproduit dans l'ouvrage signalé sous le n° **4448**.

5304. — Gandolphe (Marcel). *L'occupation de l'île de Gerba en 1881.* — *R. Sect. Tunis.*, 1923, p. 103-119, ill.

Description de l'île, sa population musulmane et européenne, ses fortifications et sa garnison en 1881, le débarquement des troupes, effectif du corps d'occupation de Djerba; bibliographie.

5305. — FAVERIS (Commandant), de la division d'occupation de Tunisie. *La conquête de la Tunisie.* — *A. A.*, 1924, p. 34-38, 111-116, carte, phot.

Conférence faite en 1923 aux officiers élèves du cours préparatoire des Affaires indigènes d'Alger. Causes de l'expédition, composition du corps expéditionnaire, résumé des opérations.

5306. — GANDOLPHE (M.). *Voies de communication et voyages en Tunisie au moment de l'occupation.* — *R. Sect. Tunis.*, 1925-1926, p. 33-40, ill.

État des routes en 1881 et travaux exécutés par nos troupes dès l'occupation.

TROISIÈME PARTIE.

LA FRANCE EN TUNISIE.

CHAPITRE PREMIER.

POLITIQUE ET ÉVOLUTION DU PROTECTORAT.

5307. — JOURNAULT (Léon). *La Tunisie en 1883. Notes de voyage.* — *R. P. L.*, 1883, t. V, p. 769-776 ; t. VI, p. 78-85, 146-151, 177-183.

Journal de voyage (5-26 avril 1883), de Bône à Tunis par la Medjerda ; le régime des capitulations en Tunisie, l'état d'esprit de la population ; Bizerte, la colonisation, description de Tunis, Kairouan ; les bureaux de renseignements, leur œuvre, les abus ; les c^{ies} mixtes et les services qu'elles rendent grâce à leur extrême mobilité ; Gabès, Djerba, le réseau des chemins de fer, Tripoli et les dissidents à la frontière tripolitaine.

5308. — D. et H. *Le bey de Tunis...* — *R. Or.*, 1884, t. IV, p. 83-96.

Controverse avec le journal l'*Algérie*; critique de la politique de bascule du bey s'appuyant tantôt sur la France, tantôt sur l'Angleterre ; ses réformes militaires ; l'armée tunisienne.

5309. — RÉGENCE DE TUNIS. *Loi du 25 hidjé 1301 (14 octobre 1884) sur la liberté de la presse.* — Tunis, imp. B. Borrel, 1884, in-16, 22 p.

Application en Tunisie, avec modifications, de la loi française du 29 juillet 1881.

5310. — LEROY-BEAULIEU (Paul). *La Tunisie. Ses progrès et son organisation.* — *Écon. fr.*, 1884, t. II, p. 757-759.

Les réformes accomplies par le résident P. Cambon ont en partie réparé notre erreur de ne pas avoir annexé la Tunisie ; les circonstances qui président à notre installation dans ce pays sont différentes de celles de notre conquête en Algérie ; travaux à exécuter en Tunisie, en particulier à Bizerte.

5311. — Antichan (P.-H.). *La Tunisie, son passé et son avenir*... — Paris, Ch. Delagrave, 1884, in-8°, 298 p., ill., carte.

8ᵉ éd. (réimp.), 1913, *ibid*. — Historique de la Tunisie, causes des invasions successives et de l'expédition française; les Kroumirs (v. n° **7487**); les Français en Tunisie, traité de Kassar-Said, pacification définitive; réorganisation de la Tunisie : organisation d'une force indigène permettant de réduire les charges militaires de l'occupation (p. 281-282), agrandissement du port de Bizerte, création d'une mer intérieure africaine. Récits anecdotiques. An. dans *Af. expl.*, 1884, p. 244.

5312. — *L'organisation municipale (extrait du décret du 1ᵉʳ avril 1885)*. — *Bul. Statist.*, 1885, t. XVII, p. 468-473.

Décret du 1ᵉʳ avril 1885 (16 djoumadi-et-tani 1302) réglant l'organisation des communes de la Régence.

5313. — *Décret concernant les attributions du représentant de la République française en Tunisie*. — *Bul. Statist.*, 1885, t. XVIII, p. 54-56.

Décret du 23 juin 1885, conférant le titre de Résident général au représentant du Gouvernement français, étendant et précisant ses attributions et précédé du rapport de C. de Freycinet, ministre des Affaires étrangères (v. n° **5316**).

5314. — *Lettre des délégués tunisiens au premier ministre du Bey de Tunis*. — Paris, imp. Vᵛᵉ Renou et Maulde [1885], in-8°, 7 p.

Datée du 20 djoumad 1302. Plaintes au sujet de dispositions contenues dans le *Raïd (J. O.)* de la semaine.

5315. — Leroy-Beaulieu (Paul). *Un nouveau danger de notre politique coloniale. Les intrigues à Tunis*. — *Écon. fr.*, 1885, t. II, p. 33-35.

La Tunisie est une colonie qui se développe avec calme et sans dépenses pour la métropole; l'annexer à l'Algérie serait une folie inexcusable.

5316. — Ministère des Affaires étrangères. *Documents officiels relatifs à l'organisation du Protectorat français en Tunisie*. — Paris, Imp. nat., 1886, in-4°, 19 p.

Texte du traité du 12 mai 1881; rapport (22 avril 1882) du ministre des Affaires étrangères à l'effet de rattacher aux départements ministériels correspondants les divers services fonctionnant en Tunisie; loi portant organisation de la juridiction française en Tunisie; convention entre la France et la Tunisie pour régler les rapports respectifs des deux pays (8 juin 1883); rapport (23 juin 1885) du ministre des Affaires étrangères à l'effet de définir les attributions du représentant de la République en Tunisie.

5317. — Régence de Tunis. *Décret du 1ᵉʳ djoumadi-et-tani 1303 (7 mars 1886), relatif à la propriété et à la conservation des antiquités et objets d'art.* — Tunis, imp. B. Borrel, 1886, in-8°, 19 p.

Cf. Espérandieu (Lieutᵗ), *Les monuments historiques de la Tunisie.* Alès, Imp. de l'Union républic., 1887, in-8°, 10 p. : paru partiellement dans *Revue tunisienne*, 25 mars 1887. A propos du rapport de A. Proust (Chambre des députés, 4ᵉ législature, session de 1887, n° 1501) concernant la conservation des monuments et objets d'art ayant un intérêt historique et artistique; liste des monuments tunisiens.

5318. — Foncin (Pierre). *La Tunisie. Quatre ans de protectorat.* — *R. P. L.*, 1886, t. XI, p. 1-8, 36-42.

Ce qu'est le Protectorat français sur la Tunisie; les réformes effectuées aux points de vue : finances, justice, Travaux publics (routes ouvertes par l'armée dès le début de l'occupation), enseignement public; bilan de l'œuvre accomplie par la France.

5319. — Sachot (Octave) et Orcet (G. d'). *La Tunisie et ses récents progrès.* — *R. Br.*, 1886, t. IV, p. 125-186.

I. Présentation, par O. Sachot, de la traduction d'un rapport du colonel Playfair, consul général britannique à Alger, sur une « tournée consulaire » en Tunisie au cours de laquelle celui-ci signale les changements et progrès réalisés depuis l'établissement du Protectorat. II. Reproduction, accompagnée d'observations personnelles, par G. d'Orcet, d'une étude de Pascal, ancien conseiller d'État, sur le fonctionnement des rouages du Protectorat.

5320. — Royaumont (Louis de), journaliste. *La Tunisie sous M. Cambon (1882-1886)...* — Paris, C. Marpon et E. Flammarion, 1886, gr. in-8°, 15 p. en 2 col.

Situation de la Régence en 1882, vices de la première organisation, avènement du prince Ali Bey, réformes financière et judiciaire, l'Act Torrens en Tunisie, rivalité entre les autorités françaises, succès final du Protectorat assuré par ses résultats. An. dans *N. R.*, 1887, t. XLIV, p. 824.

5321. — [Cambon (Paul)]. *La réorganisation de la Régence.* — *Bul. Statist.*, 1886, t. XX, p. 516.

Discours d'adieu (15 nov.) de l'ex-résident général, nommé ambassadeur à Madrid, retraçant l'œuvre accomplie par l'occupation française.

5322. — Foncin (Pierre). *Chronique. Tunisie.* — *R. Af. fr.*, 1886, p. 34-37, 100-105, 182-189, 267-277; 1887, p. 33-35, 72-75.

Chronique (au début bimensuelle) consacrée à la Tunisie; bref résumé des événements antérieurs à 1886; œuvre de P. Cambon; commerce et finances; les troupes d'occupation; l'administration de la Tunisie; la frontière méridionale; la pacification du Sud tunisien.

5323. — Desfossés (Edmond). *La Tunisie sous le protectorat et son annexion à l'Algérie...* — Paris, Challamel aîné, 1886, in-8°, 44 p.

Le Protectorat est une solution périlleuse qu'il faut changer; l'annexion à l'Algérie serait aux points de vue politique, diplomatique et économique la meilleure solution; importance de Bizerte, un Toulon africain. An. par Ludovic Drapeyron, dans *R. G.*, 1886, t. XVIII, p. 232-233.

5324. — Valbert (G.). *Le régime du protectorat en Tunisie.* — *R. D. M.*, 1886, t. LXXVIII, p. 193-204.

Fonctionnement du Protectorat français sous la direction de P. Cambon, résident général; la querelle de 1885 entre l'autorité civile et l'autorité militaire; décret du 23 juin plaçant sous les ordres du ministre résident les commandants des troupes de terre et de mer.

5325. — Leroy-Beaulieu (Paul). *La colonisation française en Tunisie.* — *R. D. M.*, 1886, t. LXXVIII, p. 372-406.

Coup d'œil sur le pays, ses ressources, son organisation, les ébauches de la colonisation naissante; l'avenir de la civilisation française à Tunis, mesures qui en peuvent favoriser le développement. Reproduit dans l'ouvrage n° **130.**

5326. — Thomson, député. *Rapport fait au nom de la Commission chargée d'examiner le projet de loi portant fixation du budget général de l'exercice 1887 (ministère des Affaires étrangères)...* — Paris, imp. A. Quantin [1886], in-4°, 69 p.

Chambre des députés, 4° législature, session de 1886. Annexe au procès-verbal de la séance du 15 juillet 1886, n° 1106. — Crédits demandés pour le service des protec-

— 241 —

torats et en particulier de la Tunisie, dépenses et recettes, commerce, mesures adoptées par la loi immobilière du 1er juillet 1885 et du 16 mai 1886 sur le régime de la propriété.

5327. — DELANGLE (Firmin). *Notes et croquis sur les peuples de l'Islam; le protectorat en Tunisie.* — Tunis, imp. V. Finzi, 1886, in-8°, 66 p.

Réponse aux brochures signalées sous le n° 5856 demandant le maintien du Protectorat; la connaissance de la religion musulmane est nécessaire à l'étude des caractères des peuples de l'Islam; qualités et défauts du peuple arabe; déplorable effet produit sur l'esprit des Arabes par la diminution des pouvoirs de l'armée : «le pouvoir qui se manifeste à l'occasion par des actes prompts et énergiques est le seul qui inspire aux Arabes le respect». An. dans *R. Af. fr.*, 1887, t. V, p. 176-177.

5328. — GUÉRIN (Victor). *La France catholique en Tunisie, à Malte et en Tripolitaine...* — Tours, A. Mame, 1886, in-8°, 239 p., pl.

Autres éd., 1892, *ibid.*; 1895, *ibid.* — Examen des principaux établissements chrétiens de charité ou d'éducation, entretenus ou protégés par la France à Carthage, Tunis, La Goulette, Béja, Bizerte, Sousse, Monastir, Mahdia, Sfax, Gabès, Djerba; détails historiques sur ces villes. An. dans *C. R. Soc. G. Paris*, 1886, p. 94-95; dans *Af. expl.*, 1887, p. 31-32.

5329. — LANESSAN (J.-L. de), ancien ministre de la Marine. *La Tunisie...* 2e éd. — Paris, F. Alcan, 1917, in-8°, VI-308 p., carte en coul.

Bibliothèque d'histoire contemporaine. — La 1re éd., parue en 1887 (*ibid.*, 268 p., carte), se bornait à décrire la situation de la Tunisie au moment de notre occupation : géographie, industrie, commerce, colonisation, voies de communication et ports; Bizerte ne doit pas être un port exclusivement militaire; réformes à opérer dans l'intérêt de l'industrie du pays et de la colonisation. Dans la 2e éd., exposé des faits survenus et des progrès réalisés depuis 1887. La partie relative aux voies de communication et ports parut dans *R. G. Intern.*, 1887, p. 78-80, 103-104, 128, 152, 180. An. dans *Af. expl.*, 1887, p. 187-188; dans *R. C. M.*, 1887, 1er sem., p. 421; dans *R. Sc.*, 1887, t. XXXIX, p. 536-537; par J. Gebelin, dans *Bul. Soc. G. Com. Bordeaux*, 1889, p. 253-255; par J.-V. B. [Barbier], dans *Bul. Soc. G. Est*, 1888, p. 328; par Ch. B. [Bémont], dans *R. Historiq.*, 1917, t. CXXVI, p. 145; dans *Bul. Com. A. F.*, 1918, p. 327-328; par F. Doumergue, dans *Bul. Soc. G. Arch. Oran*, 1917, p. 210-211; par Pierre Rain, dans *R. É. H.*, 1917, p. 569-570; par G. Yver, dans *R. Af.*, 1919, p. 150-151, et dans *Bibl. g.*, 1921, p. 326.

5330. — Campou (Ludovic de). *La Tunisie française*... — Paris, Ch. Bayle, 1887, in-16, II-239-IV p., carte, pl.

Étude de quelques figures françaises et de types d'indigènes, esquisses de quelques villes. L'influence du cardinal Lavigerie dans la pacification de la Tunisie; l'établissement du Protectorat par P. Cambon; le relèvement de la Tunisie; la nouvelle armée tunisienne; la mer intérieure, Kairouan, la Medjerda; le général Bréart et le traité de Kassar-Said. Extr. dans *Cor.*, 1887, t. CXLVII, p. 250-265 : *Tunis et le cardinal Lavigerie.* An. dans *R. C. M.*, 1887, 2ᵉ sem., p. 597; dans *N. R.*, 1887, t. XLVII, p. 405; dans *R. Sc.*, 1887, t. XL, p. 439-440; par J. P., dans *Bul. Soc. languedoc.*, G., 1887, p. 472; dans *Af. expl.*, 1888, p. 31-32; par J.-V. B. [Barbier], dans *Bul. Soc. G. Est*, 1887, p. 551; dans *R. Af.fr.*, 1887, t. V, p. 301.

5331. — Rivière (Amédée). *La Tunisie. Géographie, événements de 1881, organisation politique et administrative, organisation judiciaire, instruction publique, finances, armée...*, préface par M. Albert Mailhe... — Paris, Challamel aîné, 1887, in-12, x-145 p.

Un chapitre sur les événements de 1881 (p. 13-26); l'armée (p. 101-108) : l'armée tunisienne de 1881, la division d'occupation avec tableaux des chefs-lieux de division, de subdivision et des postes militairement occupés, les cᶦᵉˢ mixtes, la gendarmerie. Annexes : tableau chronologique de la famille régnante, principaux décrets rendus par les beys depuis 1845. An. dans *Af. expl.*, 1887, p. 373-374.

5332. — Arnaud, architecte. *Voyage en Tunisie.* — *Gén. civil*, 1887, t. XI, p. 348-350, 364-366.

Impressions de voyage; nécessité, pour l'avenir industriel de la Tunisie, d'une refonte fiscale et douanière, en vue de l'introduction, dans la Régence, des produits manufacturés français.

5333. — Ferry (Jules), député. *Discours... prononcé à Tunis le 4 mai 1887.* — Tunis, Imp. franco-tunisienne [1887], in-8°, 7 p.

« C'est une conquête morale » que nous avons poursuivie en Tunisie, « et la formule de la conquête morale, c'est le Protectorat »; l'œuvre accomplie, la question des frontières, la question douanière.

5334. — *Les lignes télégraphiques.* — *Bul. statist.*, 1887, t. XXII, p. 520-521.

Décret du 12-13 oct. 1887 (*J. O. tunisien*, 20 oct.). Cf. *Le service postal et télégraphique. Ibid.*, 1888, t. XXIV, p. 70 : décret du 11 juin 1888 (*J. O. tunisien*, 21 juin) portant création d'un Office tunisien des postes et télégraphes.

5335. — ***. [ESTOURNELLES DE CONSTANT (Paul d')]. *Les débuts d'un Protectorat; la France en Tunisie.* — R. D. M., 1887, t. LXXIX, p. 785-814 ; t. LXXX, p. 338-377.

Les nombreuses réformes financières, administratives, intérieures, accomplies depuis 1881; les perspectives d'avenir. L'auteur s'est servi de documents officiels, de renseignements particuliers et de ses souvenirs personnels (v. n° 5262).

5336. — GERVILLE-RÉACHE, député. *Rapport fait au nom de la Commission du budget chargée d'examiner le projet de loi portant fixation du budget général de l'exercice 1888 (ministère des Affaires étrangères)*... — Paris, imp. A. Quentin, 1887, in-4°, 164 p.

Chambre des députés, 4° législature, session extraordinaire de 1887. Annexe au procès-verbal de la séance du 12 nov. 1887, n° 2095. — Tableau général de la situation de la Tunisie : finances, justice, Travaux publics, commerce, enseignement public, etc., dépenses militaires d'occupation (p. 47-67).

5337. — *Contrôle civil en Tunisie. Décret constitutif et instructions générales.* — Tunis, 1888, in-8°, 10 p.

Porte la mention « document confidentiel ». Décret du 4 oct. 1884 portant organisation d'un corps de contrôleurs civils français en Tunisie; instructions générales datées de Tunis, 31 janvier 1888, signées J. Massicault.

5338. — MEYER (Ernest), auditeur au Conseil d'État. *Le Protectorat en Tunisie*... — Paris, F. Alcan, 1888, in-8°, 26 p.

Ann. Sc. Pol., 1888, p. 73-98. — Conditions dans lesquelles le Protectorat français s'est installé en Tunisie en tirant partie de l'organisation tunisienne existante; examen du traité de Kassar-Saïd et de la convention de La Marsa; attributions du résident général, du secrétaire général, des contrôleurs civils; réformes judiciaire et douanière. situation financière; distinction entre l'annexion et le protectorat, ce dernier étant le seul mode de gouvernement applicable avec profits à la Tunisie.

5339. — JUSSERAND (J.-J.) [pseud. Jacques TISSOT]. *La Tunisie..* — Paris, A. Colin, 1888, in-8°, paginé 93-170.

Extr. de l'ouvrage signalé sous le n° 161, publié sous la direction d'A. Rambaud. Partie historique : jusqu'à l'intervention française et depuis l'occupation de la Régence; partie géographique : généralités, habitants, gouvernement et administration, colonisation et ressources.

5340. — BERL (Alfred). *La politique allemande de M. Crispi et ses conséquences.* — Paris, imp. A. Davy [1888], in-18, 35 p.

Extr. de *Revue générale, littéraire, politique et artistique*, 1888, p. 506-515. — La question méditerranéenne est la pierre d'achoppement à l'amitié franco-italienne ; l'Afrique appartient tout entière à l'Italie d'après Mazzini, le maître de Crispi, alors que « sur ce sol le rêve de la fédération latine peut devenir une réalité » ; la Tunisie cause de l'alliance avec l'Allemagne (p. 20); dénonciation du traité de 1881 et ses désastreuses conséquences en Italie ; « la France est prête à toutes les concessions honorables pour aboutir à une réconciliation commerciale et politique ».

5341. — *Le progrès en Tunisie.* — *Af. expl.*, 1888, p. 365-369.

Reproduit dans *Bul. Soc. G. Est*, 1889, p. 98-102. — Résumé d'un compte rendu fait, à la section géographique de l'association britannique, par sir R. Lambert Playfair, consul général d'Angleterre à Tunis ; la Tunisie sous le protectorat de la France, causes du succès du protectorat.

5342. — Fallot (Ernest), rédacteur au Gouvernement tunisien. *Notice géographique, administrative et économique sur la Tunisie...* — Tunis, imp. Ch. Fath, 1888, in 8°, 139 p.

Limites, climat, religions, statistique de la population ; Gouvernement et administration ; un court chapitre sur l'armée tunisienne, historique, recrutement, contingent (p. 108-110); agriculture et commerce. La plus grande partie des chiffres cités sont tirés du *J. O. tunisien* (v. n° **4206**).

5343. — Régence de Tunis. *Réception du 1er janvier 1889 à la Résidence générale de la République française. 1889.* — Tunis, imp. B. Borrel, 1889, in-8°, 35 p.

Discours prononcés, notamment par J. Massicault, exposant la situation de la Tunisie en 1889.

5344. — Pontois (Honoré), ancien président du tribunal de Tunis... *Les odeurs de Tunis...* — Paris, A. Savine, 1889, in-16, IV-542 p.

3ᵉ éd., *ibid.* — « Ce serait déshonorer la République à tout jamais que de continuer plus longtemps la politique coloniale que l'on suit en France depuis dix ans ». Les origines de la question tunisienne, les capitulations, les administrations françaises de la Tunisie, le point de vue immobilier, les finances, les juridictions tunisiennes, les Travaux publics, Mustapha ben Ismaïl. l'armée française en Tunisie, le général Boulanger à Tunis, conflit des autorités militaire et judiciaire avec le résident général. Violentes attaques notamment contre P. Cambon, Barthélemy Saint-Hilaire, l'administration en général. An. dans *N. R.*, 1889, t. LIX, p. 647 ; par L. Radiguet, dans *R. F. Étr. Col.*, 1891, t. XIII, p. 190-191. Cf. *R. F. Étr. Col.*, 1890, t. XI, p. 240-241.

5345. — MARBEAU (Édouard). *L'Italie dans l'Afrique du Nord.*
— R. F. Étr. Col., 1889, t. IX, p. 129-140, 2 cartes.

Comment l'opinion en France doit envisager l'éventualité de l'occupation de la Tripolitaine par l'Italie; l'attitude que l'intérêt national impose à notre Gouvernement (v. n° **5620**).

5346. — DEMANCHE (Georges). *La Tunisie à l'Exposition.* — R. F. Étr. Col., 1889, t. X, p. 385-392.

Coup d'œil d'ensemble sur la Régence, montrant les progrès survenus depuis 1881.

5347. — RÉGENCE DE TUNIS. *Réception du 1er janvier 1890 à la Résidence générale de la République française.* — Tunis, imp. B. Borrel, 1890, in-8°, 73 p.

Discours prononcés notamment par J. Massicault, résident général, lors de la réception de la colonie française; exposé de la situation du Protectorat : finances, administration générale, Travaux publics, armée, l'action militaire dans le Sud de 1887 à 1890 (p. 61-64), la colonisation. Reproduit partiellement sous le titre *La situation de la Régence en 1890*, dans Bul. Statist., 1890, t. XXVII, p. 198-211. An dans R. Sc., 1890, t. XLV, p. 340-342. Cf. R. F. Étr. Col., 1889, t. X, p. 177-179 : extr. du discours de J. Massicault le 14 juillet 1889.

5348. — SAVARI (Mme Pauline). *La Tunisie à l'Exposition...* — Paris, A. Challamel, 1890, in-4°, 128 p., portr., ill.

Quelques notions historiques sur la Tunisie; la participation indigène, celles des colons et des pouvoirs publics à l'exposition de 1889.

5349. — *Les griefs de la colonie française en Tunisie contre M. Massicault.* — Tunis, imp. C. Fath, 1890, in-8°, 60 p.

Extr. de *La Tunisie*. — Brochure de polémique. «M. Massicault nous a humiliés vis-à-vis des Italiens;... il fait tout ce qu'il peut pour affirmer le caractère indépendant de la Tunisie;... il a établi en Tunisie un gouvernement absolu, sans garanties, sans contrôle...»

5350. — *La Tunisie.* — Bul. Soc. Ét. Col. Mar., 1890, p. 260-261.

Reproduction d'un article de l'*Avenir algérien* réclamant l'annexion de la Tunisie comme seul moyen de conserver ce pays à la France.

5351. — Plauchut (Edmond). *La France en Tunisie.* — *R. D. M.*, 1890, t. CI, p. 622-659, 796-833 ; t. CII, p. 305-342.

Vue d'ensemble de la Tunisie après neuf années d'occupation. Les corsaires des États barbaresques jusqu'à la prise d'Alger, l'esclavage des noirs dans la Régence en 1890, Tunis avant le Protectorat. Le traité de Kassar-Saïd et ses conséquences douanières, les attributions des résidents généraux, la justice indigène, l'agriculture, les confréries musulmanes en Afrique, les oasis, les forêts et les Travaux publics, projets de voies ferrées.

5352. — [Coeur (Pierre), pseud. de Anna de Voisins d'Ambre]. *L'assimilation des indigènes musulmans.* 1re éd. — Paris, imp. A. Guédan, 1890, in-8°, vi-86 p.

Extr. de l'*Avenir algérien*. — Nécessité de l'assimilation, ses difficultés ; étude des divers modes d'assimilation, par la propagande religieuse, par le vêtement, par le service militaire, par l'unité de juridiction, par l'instruction, etc. ; la conquête à rebours en Algérie et en Tunisie, l'assimilation contre la France ; l'auteur préconise l'envoi en France des Tunisiens, puis des Algériens, pour y accomplir leur service militaire. An. dans *R. F. Étr. Col.*, 1890, t. XII, p. 639-640.

5353. — Plédran (Paul). *Étude sur la Tunisie.* — Nantes, imp. P. Plédran, 1890, in-16, 91 p.

Aspect général, Tunis, la Kroumirie, villes principales, races, les Touareg ; historique succinct, le traité de paix, annexion et protectorat ; causes de l'expédition française ; les oasis, voies romaines, la mer intérieure.

5354. — Du Paty de Clam (Cte). [*Lettre… sur la Tunisie*]. — *Bul. Soc. G. Toulouse*, 1890, p. 159-162.

Lettre datée de Tozeur (25 janvier) ; la mauvaise foi d'une certaine presse tunisienne contre le Protectorat ; le commerce tunisien, non seulement n'est pas livré aux Italiens mais encore se trouve en très grande majorité entre les mains de la France.

5355. — Vasco (Gabriel). *La situation en Tunisie.* — *R. F. Étr. Col.*, 1890, t. XI, p. 97-99.

Commentaire d'un art. de J.-L. de Lanessan, publié dans le *XIXe Siècle* et empreint de pessimisme.

5356. — [Jobard (Gaston)]. *L'esclavage en Tunisie,* par un avocat du barreau de Tunis. — Tunis, imp. Ch. Fath, 1890, in-8°, 31 p.

Réunion d'art. parus dans *La Tunisie*, 28 février, 18 avril, 2 et 30 mai 1890, et d'actes dressés par des notaires arabes (v. n° **5357**). Cf. Marbeau (Édouard), M. *Ribot et l'esclavage en Tunisie. R. F. Étr. Col.*, 1891, t. XIII, p. 513-523.

5357. — *L'esclavage en Tunisie.* — *R. F. Étr. Col.*, 1890, t. XI, p. 439; 1891, t. XIV, p. 99-100, 160-162.

Faits cités par *La Tunisie* (28 février 1890) [v. n° **5356**].

5358. — GOGUYER (A.). *L'antiesclavagisme anglais en Tunisie.* — *R. F. Étr. Col.*, 1890, t. XII, p. 590-597.

Campagne de l'auteur contre l'esclavage, l'intervention britannique pour la prohibition de l'esclavage. Cf. *ibid.*, p. 745-746.

5359. — RÉGENCE DE TUNIS. *Réception du 1ᵉʳ janvier 1891 à la Résidence générale de la République française. 1891.* — Tunis, imp. B. Borrel, 1891, in-8°, 26 p.

Discours prononcés, notamment par J. Massicault, exposant la situation de la Tunisie en 1891.

5360. — GRAVILLON (Arthur de). *En revenant de Tunis, lettre adressée à M. Pradier-Fodéré, conseiller à la Cour de Lyon...* — Paris, A. Savine, 1891, in-16, 64 p.

Impressions après un séjour de trois semaines.

5361. — LEROY-BEAULIEU (Paul). *Questions coloniales. Terre-Neuve, Tunis, Madagascar.* — *Écon. fr.*, 1891, t. Iᵉʳ, p. 33-35.

Reproduit dans *Bul. Soc. G. Saint-Quentin*, 1888-1893, p. 295-297. — Le règlement de l'affaire de Terre-Neuve doit nous donner comme principale compensation l'affranchissement des servitudes gênantes dont la Tunisie est encore grevée au profit de l'Angleterre.

5362. — PICHON, député. *Rapport fait au nom de la Commission du budget chargée d'examiner le projet de loi portant fixation du budget général de l'exercice 1892 (ministère des Affaires étrangères)...* — Paris, imp. Motteroz, 1891, in-4°, 212 p.

Chambre des députés, 5ᵉ législature, session de *1891*. Annexe au procès-verbal de la 2ᵉ séance du *18 juillet 1891*, n° 1630. — Exposé général du budget tunisien (p. 66-83), la Conférence consultative, agriculture, commerce, colonisation, etc., immigration et recensement de la population française.

5363. — Goguyer (Antonin). *Les députés en burnous.* — *R. F. Étr. Col.*, 1891, t. XIII, p. 76-90.

La représentation des indigènes musulmans, de l'Afrique du Nord notamment,

5364. — Vasco (G.). *Tunisie, la Conférence consultative.* — *R. F. Étr. Col.*, 1891, t. XIII, p. 289-292.

Questions traitées lors de la 1re session.

5365. — *La Conférence consultative de Tunis.* — *Bul. Com. A. F.*, 1892, I, p. 5-7.

Les principales questions passées en revue (17-23 nov. 1891).

5366. — Carton (D^r), médecin-major. *L'Afrique du Nord devant les civilisations anciennes...* — Lille, imp. L. Danel, 1892, in-8°, 15 p.

XIIIe Congrès national de géographie, Lille, 1892. — En examinant ce qu'a été la Tunisie dans le passé, l'auteur essaie de savoir ce qu'elle peut devenir. An. par Stéphane Gsell, dans *R. Af.*, 1894, p. 233.

5367. — Poiré (Eugène). *La Tunisie française.* — Paris, Plon, Nourrit, 1892, in-18, 302 p.

Description de voyage en Tunisie; notes sur l'ethnographie, les mœurs et coutumes des habitants, comparaison avec les Algériens, caractère de la colonie tunisienne, l'assimilation; le Protectorat et ses avantages; la colonie italienne; le port de Tunis; Kairouan, Sousse, Gabès, Djerba; la mer intérieure. An. dans *N. R.*, 1892, t. LXXV, p. 448; par L. Farges, dans *R. Historiq.*, 1892, t. XLIX, p. 123; dans *R. Sc.*, 1892, t. XLIX, p. 790; par H. Froidevaux, dans *Ann. G.*, 1891-1892, p. 451-452; dans *Af. expl.*, 1892, p. 191-192; dans *C. R. Soc. G. Paris*, 1892, p. 116; dans *Bul. Com. A. F.*, 1892, IV, p. 23.

5368. — [Guénot (S.)]. *La Tunisie en 1892.* — *Bul. Soc. G. Toulouse*, 1892, p. 191-200.

Communication sur la situation de la Régence, les ports de Tunis et de Bizerte, les chemins de fer et les routes, l'Office postal, la population française.

5369. — Caudel (Maurice). *Les indigènes tunisiens.* — Paris, F. Alcan, 1893, in-8°, paginé 670-695 et 7-20.

Ann. Sc. Pol., 1892, p. 670-695; 1893, p. 7-20. — Étude de l'état social et de la situation de l'indigène tunisien; le grand obstacle à l'assimilation : la religion;

pour neutraliser cette influence, les moyens d'action du Gouvernement : diffusion de l'enseignement, satisfaction des besoins matériels, le service militaire obligatoire. Courte bibliographie.

5370. — DEHÉRAIN (Henri). *L'œuvre de la France en Tunisie.* — *R. Sc.*, 1893, t. LI, p. 684-692.

Conférence à Elbeuf (11 avril). Situation de la Tunisie de 1850 à 1881 : la prodigalité et l'arbitraire du Gouvernement tunisien amènent la ruine du pays, l'anarchie et le brigandage ; l'intervention française ; caractère conservateur et réformateur du Protectorat français ; résultats obtenus, réussite de la colonisation française en Tunisie. An. dans *Ann. G., Bibl.*, 1894, p. 165.

5371. — [FALLOT (Ernest)]. *Régence de Tunis.* Protectorat français. Direction des renseignements et des contrôles civils. *Statistique générale de la Tunisie. 1881-1892.* — Tunis, imp. L. Nicolas, 1893, in-8°, 461 p.

Suite de tableaux : organisation administrative, population (recensement de 1891), naturalisations, recrutement (contingents tunisiens depuis 1883), justice (travaux du conseil de guerre de Tunis), hôpitaux (hôpitaux militaires, l'expédition de 1881), postes et télégraphes, enseignement, Travaux publics, service topographique, forêts, finances, agriculture, colonisation, commerce et industrie (v. n° 4218). Cf. *La population française en Tunisie. R. Sc.*, 1894, t. II, p. 29-30.

5372. — FALLOT (Ernest), chef de bureau à la Direction des renseignements, des contrôles civils et de l'agriculture. *Dix années de Protectorat en Tunisie, principes et résultats...* — Marseille, typ. Barlatier et Barthelet, 1893, in-8° 30 p.

Extr. du *Bul. Soc. G. Marseille*, 1893. — Les effets produits par l'organisation du Protectorat, pendant la conquête militaire, pendant la période de conquête diplomatique et administrative, pendant la conquête économique ; les faibles effectifs que le système du Protectorat permet de maintenir en Tunisie.

5373. — BOURNAND (François). *Tunisie et Tunisiens...* — Paris, A. Taffin-Lefort [1893], gr. in-8°, 368 p., pl.

Ouvrage de vulgarisation ; renseignements de toute nature sur les villes, races, mœurs, usages, coutumes, religions, impôts, les administrations, l'armée.

5374. — MONTUREUX (Vte A. de). *La situation en Tunisie.* — *Écon. fr.*, 1893, t. II, p. 521-522.

Les causes de l'insécurité croissante en Tunisie; le nombre exagéré de fonctionnaires; la main-d'œuvre italienne.

5375. — Pavy (A.). *Les révolutions tunisiennes.* — *R. T.*, 1894, p. 18-31.

Conférence faite à l'Institut de Carthage (7 déc. 1893). Tableau rapide des révolutions tunisiennes depuis les Phéniciens; l'action de la France.

5376. — Brunhes (Jean), agrégé de l'Université. *Le nouvel aspect des questions tunisiennes.* — *R. G. Sc.*, 1894, p. 848-856, croq.

Les progrès de l'exploitation : routes, voies ferrées, ports; causes de prospérité, esquisse générale des conditions géographiques; l'avenir de la production : ce que l'on fait, ce que l'on doit faire. An. dans *R. T.*, 1895, p. 88-89; dans *Ann. G., Bibl.*, 1895, p. 214.

5377. — Renaud (G.). *La France à l'extérieur.* — *R. G. intern.*, 1894, p. 93-95, 141-145, fig.

Résumé du développement de la Tunisie depuis le Protectorat; le commerce, l'outillage et le mouvement des ports.

5378. — Ring (N. de). *Un coup d'œil sur la Tunisie...* — Paris, libr. de la *Nouvelle revue*, 1894, in-8°, 20 p.

N. R., 1894, t. LXXXVI, p. 254-273. — Les importants résultats obtenus en Tunisie depuis 1881, les quelques fautes commises; l'établissement du réseau ferré.

5379. — Caponi (J.). *La France et l'Italie; paroles franches.* — *N. R.*, 1894, t. LXXXVIII, p. 689-698.

« Le point de départ historique du dissentiment a été la Tunisie »; la presse a ravivé la plaie; ce qu'il faudrait pour arriver à la pacification des deux pays.

5380. — Doumer (Paul). *Rapport fait au nom de la Commission du budget chargée d'examiner le projet de loi (rectifié) portant fixation du budget général de l'exercice 1895 (ministère des Affaires étrangères, 2° section, Service des Protectorats)...* — Paris, imp. Motteroz, 1895, in-4°, 45 p.

Chambre des députés, 6° législature, session extraordinaire de 1894. Annexe au procès-verbal de la séance du 17 déc. 1894, n° 1077. — Montant total des sacrifices consentis pour la Tunisie au 31 déc. 1894, dépenses d'entretien des troupes et de la marine (p. 29-34).

5381. — Pavy (Auguste). *La Tunisie autrefois et aujourd'hui.* — Tunis, imp. L. Nicolas, 1895, in-4°, 35 p.

Réimpression de l'article, signé A. P., signalé sous le n° 4221.

5382. — Montureux (Vte A. de). *Lettre de Tunisie.* — *Écon. fr.*, 1895, t. Ier, p. 299-301.

Lettre du correspondant de l'*Écon. fr.* sur la situation de la Tunisie; le nouveau résident général R. Millet; le peuplement du pays par les petits colons français; les réformes demandées.

5383. — *Le traité italo-tunisien.* — *Bul. Com. A. F.*, 1895, p. 279, 299-300, 363.

Art. de presse au sujet de la dénonciation de la convention italo-tunisienne du 9 sept. 1868. « L'Italie n'a jamais reconnu le traité du Bardo ». Cf. *Bul. union col.*, 1895, p. 99.

5384. — Bonnard (Paul). *Dénonciation avant le 8 septembre 1895 du traité italo-tunisien de 1868... pour qu'il ne soit pas renouvelé jusqu'au 8 septembre 1924...* — Paris, imp. P. Mouillot, 1895, in-8°, 7 p.

Société des agriculteurs de France. — Discussion au sujet de cette dénonciation qui fait l'objet d'un vœu.

5385. — *Dénonciation du traité italo-tunisien de 1868, délibération et vœu.* — *Bul. Mém. Soc. Af. France,* 1895, p. 145-146.

Vœu de la Société africaine de France à ce sujet (5 août).

5386. — Leroy-Beaulieu (Paul). *La Tunisie; la dénonciation du traité de commerce italo-tunisien.* — *Écon. fr.,* 1895, t. II, p. 169-171.

« Ce traité est le principal obstacle à notre liberté d'action dans l'ancienne Régence », la dénonciation s'impose au point de vue politique et économique. Cf. du même, *Questions coloniales, la Tunisie, Madagascar. Ibid.,* 1896, t. Ier, p. 97-99 : révision du traité anglo-tunisien.

5387. — MERLOU (Pierre), député. *Rapport fait au nom de la Commission du budget chargée d'examiner le projet de loi portant fixation du budget général de l'exercice 1896 (ministère des Affaires étrangères, 2e section, Service des Protectorats)...* — Paris, imp. Motteroz, 1895, in-4°, 131 p.

Chambre des députés, 6e législature, session de 1895. Annexe au procès-verbal de la séance du 13 juillet 1895, n° 1530. — Bilan des charges annuelles que la France s'est imposée pour la Tunisie depuis 1881, dépenses d'entretien des troupes d'occupation; étude générale de notre occupation, des causes qui l'ont entraînée, de l'action militaire; l'organisation du Protectorat, le corps d'occupation, l'armée tunisienne; les services administratifs, le commerce, l'agriculture, la colonisation. Annexes : textes du traité du Bardo, de la convention de 1883 et de la loi du 19 juillet 1890, tableau des exportations et importations de la Tunisie.

5388. — GOGUYER (Antonin). *Le servage dans la Sahara tunisien.* — Tunis, Imp. rapide, 1895, in-8°, 13 p.

R. T., 1895, p. 308-318. — Origine, seigneurs et serfs, le servage et la loi française, transformation du servage, droits seigneuriaux hors de la Tunisie. An. par H. L. [Lorin], dans *Ann. G., Bibl.,* 1896, p. 196.

5389. — *Conférence consultative.* — *Bul. union col.,* 1896, p. 37.

Arrêté du 22 février modifiant la composition et les attributions de la Conférence.

5390. — BERNARD (Augustin). *De l'emploi des indigènes algériens et tunisiens pour l'exploration.* — *Ass. fr. av. sc.,* 1re part., 1896, p. 247.

25e session, Carthage, 1896. — V. n° **1529**.

5391. — *Le Congrès de Carthage.* — *Bul. Com. A. F.,* 1896, p. 155-158.

Compte rendu du Congrès, tenu à Tunis, de l'Association française pour l'avancement des sciences; communications faites par le commandant Rebillet sur le Sahara algérien et tunisien (v. n° **7700**); par E. du Fresnel sur le commerce et les chemins de fer en Tunisie; par C. Piat sur le régime foncier et le service topographique en Tunisie; par le lieut^t de vaisseau Servonnet, sur l'établissement des cartes marines en Tunisie.

5392. — *Ouverture du Congrès de Carthage.* — *Bul. Mém. Soc. Af. France,* 1896, p. 49-57.

Extr. d'une correspondance de M. Alglave (Tunis, 1ᵉʳ avril).

5393. — SERVONNET (Jean), lieut^t de vaisseau. *Matériaux pour servir à la géographie physique, politique, administrative, historique, commerciale, industrielle et agricole de la Tunisie...* — *R. T.*, 1896, p. 446-456.

Utilisation des notices d'une valeur incontestable rédigées par le Service des renseignements de la division d'occupation; tableau des divisions administratives de la Tunisie (1ᵉʳ juillet) par circonscriptions militaires et civiles et par caïdats.

5394. — *La Tunisie.* — Paris, Berger-Levrault, 1896, 4 vol. in-8°, fig., pl., carte.

Publié par l'*Ass. fr. av. sc.* Des personnalités tunisiennes restées anonymes ont participé à la rédaction de cet ouvrage. 1ʳᵉ part. : *Histoire et description.* T. Iᵉʳ (VIII-497 p.), le sol et le climat, l'homme (résumé de la géographie de la Tunisie, géologie, eaux minérales et thermales, météorologie et climatologie [par D.-É. Jacques], hygiène, anthropologie [par le Dʳ Bertholon], notice historique [par A. Pavy], archéologie, Carthage, les tribus et leur état actuel [par le lieut^t Chaveyre, du Service des renseignements], mœurs et coutumes); t. II (293 p.), organisation (le Protectorat et ses origines, les habous, justice indigène, l'armée, création, licenciement, reconstitution, la justice française, les Travaux publics, etc.). IIᵉ part. : *Agriculture, industrie, commerce.* T. Iᵉʳ (VII-461 p.), agriculture (conditions du sol et du climat, constitution de la propriété, contrats, main-d'œuvre, céréales, élevage, viticulture, l'agriculture et la colonisation depuis 1881, les forêts, industries, pêches, mines, etc.); t. II (273 p.), commerce (outillage économique, voies de commerce et ports, etc.), finances (progression et répartition des dépenses du Protectorat, le budget actuel, dépenses de l'armée tunisienne, mission militaire française, soldes et indemnités de la garde beylicale, recrutement, makhzens du Sud de la Régence). An. par Georges Périn, dans *Bul. G. Hist. Descr.*, 1897, p. 493-497; par J. Gebelin, dans *Bul. Soc. G. Com. Bordeaux,* 1896, p. 574; par J.-V. B. [Barbier], dans *Bul. Soc. G. Est,* 1896, p. 185-187; dans *Bul. Com. A. F.*, 1896, p. 78-79. Les deux vol. de la IIᵉ part. ont été réédités, refondus et complétés, à l'occasion de l'exposition de 1900 (Berger-Levrault, in-8°, 455 et 240 p.). An. par A. B., dans *Q. Dipl. Col.*, 1900, t. X, p. 779.

5395. — FLANDIN (Étienne), député. *Rapport fait au nom de la Commission du budget chargée d'examiner le projet de loi (rectifié) portant fixation du budget général des dépenses et des recettes de l'exer-*

cice 1897 (ministère des Affaires étrangères. Protectorat de la France en Tunisie)... — Paris, imp. Motteroz, 1896, in-4°, 177 p.

Chambre des députés, 6° législature, session de 1896. Annexe au procès-verbal de la séance du 11 juillet 1896, n° 2033 (annexe). — Exposé général de la situation de la Tunisie, Gouvernement et administration, finances, colonisation, Travaux publics, développement économique, etc.; organisation militaire : armée française, troupes tunisiennes, recrutement tunisien (p. 84-86) [v. n° **5408**].

5396. — [Olivier (L.)]. *Revue générale des Sciences pures et appliquées. Programme des articles sur la Tunisie (à l'usage exclusif de MM. les collaborateurs).* — Paris, imp. L. Maretheux, 1896, in-8°, 39 p.

5397. — *L'Italie et la Tunisie.* — *Bul. Com. A. F.*, 1896, p. 239-241, 303, 353; sup., p. 101-109; 1897, p. 14.

Discussions à la Chambre italienne au sujet des rapports de l'Italie avec la France et la Tunisie, notamment en ce qui concerne le traité de commerce italo-tunisien; extr. de presse; signature des conventions italo-tunisiennes (28 sept. 1896); texte des trois conventions; ratification par la Chambre italienne. Cf. *Le traité italo-tunisien et la presse tunisienne. Bul. union col.*, 1896, p. 127.

5398. — Leroy-Beaulieu (Paul). *La situation de la Tunisie et les traités tuniso-italien et tuniso-anglais.* — *Écon. fr.*, 1896, t. II, p. 145-147, 505-507.

Le nouveau traité italo-tunisien, surtout économique, règle en outre la question des capitulations, celle des associations, établissements, écoles et hôpitaux italiens; nécessité de modifier le traité anglo-tunisien actuel.

5399. — [*Traité du 28 septembre 1896 ayant pour objet la règlementation des rapports de la Régence de Tunis et de l'Italie*]. — *Bul. Soc. G. Com. Paris*, 1896, p. 818-821.

Texte des trois conventions relatives : 1° au commerce et à la navigation; 2° à la situation des Italiens en Tunisie; 3° à l'extradition.

5400. — *Tunisie : conventions franco-italiennes.* — *R. F. Étr. Col.*, 1896, p. 673-674.

Conclusion de nouvelles conventions (28 sept.).

5401. — FRANCHETTI (Léopold), député au Parlement italien. *A propos du traité franco-italien.* — R. P., 1896, t. V, p. 763-775.

Depuis 1881, la France et l'Italie traitent à l'amiable une question touchant la Méditerranée; y a-t-il incompatibilité entre les intérêts essentiels de la France et ceux de l'Italie? avance de la France sur l'Italie dans la Méditerranée; les souvenirs douloureux, Tunis, Triple Alliance; l'état de l'opinion publique en Italie. «Il reste une large place aux intérêts communs».

5402. — LEVASSEUR (É.). *Les ressources de la Tunisie...* — Bul. Soc. G. Com. Paris, 1896, p. 513-585, ill., carte.

Communication faite à la Soc. sur le voyage de l'auteur; notes sur le climat, la population, le sol, ses productions, son exploitation, les mœurs des habitants, le régime foncier. An. par G. Loth, dans R. T., 1897, p. 259-260; par Ch. Lamette, dans Bul. Soc. normande G., 1896, p. 277-292; dans Bul. Com. A. F., 1896, p. 326.

5403. — RODOCANACHI (E.). *L'assimilation française en Tunisie.* — Paris, *Nouvelle Revue,* 1896, in-8°, 15 p.

N. R., 1896, t. C, p. 363-373. — Constatations faites par l'auteur au cours d'une tournée organisée par René Millet, à l'occasion du Congrès de l'Ass. pour l'avancement des sciences. «Le temps n'est pas loin où... la Tunisie... en pleine voie de prospérité, sera définitivement conquise aux idées françaises».

5404. — MINISTÈRE DES AFFAIRES ÉTRANGÈRES. *Documents diplomatiques. Revision des traités tunisiens, 1896-janvier 1897.* — Paris, Imp. nat., 1896, in-4°, 55 p.

Déclarations, conventions passées (20 juillet 1896-2 janvier 1897) par la France au nom du Gouvernement du Bey avec les grandes puissances européennes au sujet du commerce, de l'extradition, de la situation de leurs nationaux dans la Régence (v. n° **5406**). Cf. Bul. Com. A. F., 1897, p. 44.

5405. — *La France en Tunisie.* — Paris, G. Carré et C. Naud, 1897, gr. in-8°, 272 p., cartes, ill.

Paru sous le titre l'*Étude scientifique de la Tunisie,* dans R. G. Sc., 1896, p. 936-1063, 1076-1214, cartes, ill. — Série de 23 études constituant une monographie complète de la Régence : avant-propos par Louis Olivier (p. 3-4) [v. n° **5396**]; *La nature tunisienne : introduction géographique à l'histoire de la Tunisie,* par Marcel Dubois (p. 5-16); *L'histoire en Tunisie,* par Gaston Boissier (p. 17-21); *Les aménagements agricoles et les grands travaux d'art des Romains en Tunisie,* par P. Gauckler (p. 22-39); *La population et les races en Tunisie,* par le Dr Bertholon, ex-médecin-major (p. 40-76); *Vue générale de la Tunisie,* par Gaston Deschamps (p. 77-105); *Les* *conditions sanitaires et l'hygiène en Tunisie*, par le Dr Adrien Loir (p. 106-114); *Géologie de la Tunisie*, par Émile Haug (p. 115-122); *Les mines et les carrières de la Tunisie dans l'antiquité*, par R. Cagnat (p. 122-124); *État actuel de l'exploitation des mines et des carrières en Tunisie*, par E. de Fages (p. 124-131); *Les forêts et la question du reboisement en Tunisie*, par Gaston Loth (p. 132-135); *L'acclimatation végétale en Tunisie et le jardin d'essai de Tunis*, par Maxime Cornu (p. 136-142); *Les besoins généraux de l'agriculture en Tunisie : la culture des céréales et l'élève du bétail*, par Louis Grandeau (p. 143-157); *La viticulture en Tunisie*, par Paul Bourde (p. 157-160); *La culture de l'olivier en Tunisie*, par le v^{te} de L'Espinasse-Langeac (p. 161-166); *Les conditions économiques et sociales de la colonisation agricole en Tunisie*, par Joseph Chailley-Bert (p. 167-173); *Les industries des indigènes en Tunisie*, par Victor Fleury (p. 174-183); *Les industries des Européens en Tunisie*, par X. Rocques et J.-A. Deiss (p. 184-200); *Les rapports de la Tunisie avec le marché européen*, par G. Wolfrom (p. 200-207); *Les relations commerciales de la Tunisie avec le Soudan*, par le lieut^t-colonel Rebillet (carte des caravanes transsahariennes) [p. 207-220]; *Les Travaux publics du Protectorat français en Tunisie*, par E. de Fages (p. 221-232); *Les services scientifiques et l'instruction publique en Tunisie*, par R. Versini (p. 233-238); *L'esprit du Protectorat français, l'œuvre administrative de la France en Tunisie*, par Émile Levasseur (p. 238-256); *Notes statistiques sur la Régence*, par V. Turquan (p. 257-270) [v. n° **5424**].

5406. — MINISTÈRE DES AFFAIRES ÉTRANGÈRES. *Documents diplomatiques. Revision des traités tunisiens, 1881-1897.* — Paris, Imp. nat., 1897, in-4°, 87 p.

Recueil de documents plus complet que celui signalé sous le n° **5404**. Principaux traités conclus par le Gouvernement de la Régence avec diverses puissances européennes avant le 12 mai 1881; arrangements, déclarations conventions passées (26 juin 1888-18 sept. 1897) par la France au nom du Gouvernement du Bey avec les grandes puissances européennes au sujet du commerce, de l'extradition, de la situation de leurs nationaux dans la Régence, etc.; décrets tunisiens abrogeant les anciens traités ou promulguant les nouvelles conventions (v. n° **5419**).

5407. — *Notice sur l'organisation du contrôle civil en Tunisie.* — Tunis, Imp. rapide, 1897, in-8°, 56 p.

Le Protectorat de la France en Tunisie (extr. du rapport d'Étienne Flandin, v. n° **5395**); décret créant le corps de contrôleurs civils (4 oct. 1884); arrêté sur l'admission dans le contrôle (8 janvier 1897), attributions, tenue, congés, examens d'arabe.

5408. — FLANDIN (Étienne), député. *Rapport... sur le Protectorat de la France en Tunisie.* — Tunis, imp. J. Picard, 1897, in-8°, 139 p.

Autre éd. du rapport signalé sous le n° **5395**.

5409. — CARTIER DE MARCHIENNE (O. de). *La Tunisie, son passé, son présent, son avenir…* — Paris, imp. G. Camproger, 1897, in-16, 36 p.

Généralités (histoire, commerce, colonisation, etc.).

5410. — CAIX DE SAINT-AYMOUR (Robert de). *Le règlement italo-tunisien et le régime douanier depuis l'occupation française.* — *Bul. Com. A. F.*, 1897, sup., p. 1-7.

Conséquences des trois conventions franco-italiennes du 28 sept. 1896 qui libèrent la Tunisie des servitudes qui s'opposaient au bon fonctionnement du nouveau régime et à l'établissement de rapports normaux entre ce pays et la France.

5411. — LEROY-BEAULIEU (Paul). *La situation de la Tunisie.* — *Écon. fr.*, 1897, t. Ier, p. 743-745, 778-780.

Impressions de voyage; situation lamentable des indigènes; situation économique de la Tunisie; le caractère assez fragile de la prospérité tunisienne; l'excès de fonctionnaires; l'avenir de la Tunisie.

5412. — BONHOURE (Eugène). *L'autonomie tunisienne.* — *R. P.*, 1897, t. II, p. 891-918.

La Tunisie doit sa rapide prospérité, puis son commencement de déclin, au régime particulier dont elle est dotée; elle a bénéficié tout d'abord des avantages immédiats du Protectorat, dont elle subit maintenant les inconvénients. Exposé des difficultés présentes; création de la Conférence consultative (janvier 1890), puis réorganisation (février 1896); une solution prochaine par l'autonomie tunisienne.

5413. — COLIN DE LARMOR (A.-M.). *Le Protectorat français en Tunisie. Sa politique, ses finances, son statut immobilier et son régime douanier…* — Tunis, Imp. du port, 1897, in-8°, 126 p.

Nombreuses attaques contre le résident général R. Millet; la politique systématiquement séparatiste du Gouvernement du Protectorat; les excédents budgétaires tunisiens sont fictifs, le régime des propriétés immobilières est extrêmement précaire, la question douanière.

5414. — LANDAIS (Georges). *Impressions de deux voyages en Tunisie, 1889-1893, suivies d'une étude générale sur la Régence et sur les bienfaits du Protectorat.* — Paris, G. Carré et C. Naud, 1897, in-8°, VI-171 p., 8 pl.

1er voyage : visite des côtes ; 2e voyage : exploration de l'intérieur. Exposé historique et géographique de la Tunisie, races, tribus, religion, mœurs, organisation administrative, judiciaire, municipale ; grands travaux publics exécutés depuis 1881.

5415. — Foucher (Louis). *De l'évolution du Protectorat de la France sur la Tunisie...* — Paris, L. Larose, 1897, in-8°, 288 p.

Thèse pour le doctorat. Comment la France a été amenée à établir son Protectorat, causes de l'expédition, sa légitimité au point de vue droit international ; le développement du Protectorat, solidarité de la Tunisie avec la France au point de vue extérieur, étude juridique du Protectorat.

5416. — Thomson (Gaston), député. *Rapport fait au nom de la Commission du budget chargée d'examiner le projet de loi portant fixation du budget général des dépenses et des recettes de l'exercice 1898 (ministère des Affaires étrangères)...* — Paris, imp. Motteroz, 1897, in-4°, 152 p.

Chambre des députés, 6e législature, session de 1897. Annexe au procès-verbal de la 2e séance du 20 juillet 1897, n° 2689. — Tableaux relatifs au développement du commerce tunisien et recensement du nombre des Français habitant la Régence.

5417. — *La Tunisie et l'Égypte.* — Bul. Com. A. F., 1897, p. 308-310.

Aucune confusion n'est possible entre la situation internationale de la Tunisie réglée définitivement dès 1881 et celle de l'Égypte ; extraits du *Times*.

5418. — *Le traité anglo-tunisien.* — Bul. Com. A. F., 1897, p. 332-334, 390-391.

Signé le 18 sept. ; bref historique de la question ; texte du traité.

5419. — Ministère des Affaires étrangères. *Documents diplomatiques. Afrique. Arrangements, actes et conventions concernant le nord, l'ouest et le centre de l'Afrique, 1881-1898.* — Paris, Imp. nat., 1898, in-4°, vi-244 p.

Recueil de documents : traité du 12 mai 1881 entre la France et le Bey de Tunis, convention du 8 juin 1883 et reproduction des traités, déclarations, conventions, décrets parus dans le vol. signalé sous le n° **5406**. Le reste de l'ouvrage (p. 91-244) ne concerne pas l'Afrique du Nord.

5420. — LAPIE (Paul). *Les civilisations tunisiennes (musulmans-israélites-européens)...* — Paris, F. Alcan, 1898, in-16, 304 p.

Extr. paru dans *R. P. L.*, 1897, t. VIII, p. 656-660. — Essai de psychologie sociale; le principe des civilisations tunisiennes, la famille, l'État, la religion; comment les trois civilisations ont pu se juxtaposer, compromis actuel des trois sociétés; l'avenir : la cité tunisienne se dissoudra-t-elle? An. par F. Grenard, dans *R. Q. Hist.*, 1899, t. LXV, p. 662-663; par Georges de Dubor, dans *N. R.*, 1898, t. CXI, p. 754-755; par J.-B. Chabot, dans *R. Crit.*, 1898, t. XLV, p. 199-200; par Henri Lorin, dans *Q. Dipl. Col.*, 1898, t. III, p. 207-208; par André Lichtenberger, dans *R. Historiq.*, 1898, t. LXVI, p. 364-365; Cf. René Basset, *R. H. Relig.*, 1899, t. XXXIX, p. 358.

5421. — PROTECTORAT FRANÇAIS. *Administration générale du Gouvernement tunisien. Organisation des services.* — Tunis, Imp. rapide, 1898, in-8°, 54 p.

Organisation et personnel de l'administration générale : secrétariat général, contrôle civil, tribunaux, sûreté publique et police, administration des habous, municipalités, etc.

5422. — ***. *Nos devanciers en Tunisie.* — *R. D. M.*, 1898, t. CXLVI, p. 131-151.

La contrée, les Berbères, Carthage, les Romains, la conquête musulmane; les faits importants qui subsistent pour l'avenir de la colonisation : la notion d'une autorité centrale et l'adhésion définitive de la population indigène à l'Islam (v. n° **5423**).

5423. — *La Tunisie.* — *Figaro illustré*, n° spécial, avril 1898, fasc. 97, p. 62-84, 44 ill.

Suite d'art. concernant le sol, le passé et la colonisation, déjà publiés en partie (v. n°ˢ **5422, 5887** et **5888**); description de Kairouan, par Fr. Nivet.

5424. — *La Tunisie...* — Paris, Ch. Delagrave [1898], in-4°, VIII-391 p., 182 grav., 14 cartes.

Autre éd. de l'ouvrage signalé sous le n° **5405**. Avant-propos de Louis Olivier.

5425. — DREYFUS (Paul). *Les progrès réalisés par la Tunisie sous le Protectorat français.* — *Écon. fr.*, 1898, t. Ier, p. 440-441.

Les résultats de 17 ans de Protectorat jugés par un Anglais, membre du corps consulaire; la sécurité et la prospérité.

5426. — Leroy-Beaulieu (Paul). *Lettre de Tunisie.* — *Écon. fr.,* 1898, t. Ier, p. 842-844.

Lettre (6 juin) soulignant le contraste entre la prospérité calme de la Tunisie et l'agitation qui règne en Algérie; agriculture, commerce, ports; la colonisation dans laquelle l'armée est remarquablement représentée.

5427. — Leroy-Beaulieu (Paul). *Lettre de Tunisie. Colons et indigènes.* — *Écon. fr.,* 1898, t. Ier, p. 881-883.

Lettre (7 juin) publiée dans le *Journal des Débats;* les rapports, en général plutôt bons, entre colons et Arabes, les quelques points de friction; l'erreur commise en introduisant le recrutement militaire parmi les indigènes.

5428. — Montureux (Vte de). *La Tunisie en 1898.* — *Écon. fr.,* 1898, t. II, p. 825-826.

Lettre du correspondant de Tunisie sur le commerce, l'agriculture et l'immigration française.

5429. — [Fallot (E.)]. Régence de Tunis (Protectorat français). Direction de l'agriculture et du commerce. *La Tunisie à l'exposition internationale de pêche de Bergen.* — Tunis, imp. L. Nicolas, 1898, in-8°, 62 p., phot., carte.

Notice concernant la Tunisie agricole, commerciale et industrielle. Cf. *L'exposition internationale de pêche de Bergen et le développement des relations commerciales entre la Tunisie et les pays scandinaves. Bul. Dir. agr. com. Tunis,* 1898, n° 8, p. 78-86 (v. n° **7315**). An. dans *Quinz. col.,* 1898, t. III, p. 401-402; par E. V. [Vassel], dans *R. T.,* 1898, p. 385.

5430. — Loth (Gaston), chargé de cours au lycée Carnot, à Tunis. *Histoire de la Tunisie depuis les origines jusqu'à nos jours...* — Paris, A. Colin, 1898, in-16, IV-295 p., cartes.

Ouvrage publié sous les auspices du Gouvernement tunisien et destiné principalement aux enfants des écoles françaises de Tunisie. Histoire de la Régence aux différentes périodes; un court chapitre sur l'intervention française en 1881 (p. 268-278) [v. n° **4835**]. An. par E. Vassel, dans *R. T.,* 1898, p. 380-382.

5431. — Vermare (F.), professeur. *Notre Protectorat tunisien (Première partie). Étude historique et géographique sur la Tunisie française...* — Poitiers, imp. Oudin, 1898, in-12, 23 p.

La France coloniale. — Résumé succinct de l'histoire de la Tunisie jusqu'au Protectorat; situation, géographie, productions, chemins de fer et voies de communication, division politique, administrative et religieuse, commandements militaires, composition de l'armée d'occupation.

5432. — BRASIER (Léon) et BRUNET (Louis). *Les ordres tunisiens...* — Paris, Revue des colonies et des pays de protectorat, 1898, gr. in-8°, 23 p., 8 grav.

Les anciens ordres, la médaille coloniale française, les décorations et médailles tunisiennes.

5433. — FALLOT (Ernest). *La situation économique de la Tunisie...* — Marseille, Soc. de géogr. de Marseille, 1899, in-8°, 20 p.

Extr. de l'ouvrage signalé sous le n° 4349. — Exposé rapide de la situation économique en 1898; finances. Travaux publics, colonisation, commerce et industrie; avantages que la France doit accorder à la Tunisie. An. par E. Vassel, dans *R. T.*, 1900, p. 237; par J. F., dans *Q. Dipl. Col.*, 1900, t. IX, p. 639.

5434. — RÉGENCE DE TUNIS. Protectorat français. Direction générale de l'enseignement public. *Conférences sur les administrations tunisiennes...* — Sousse, Imp. française, 1899, in-8°, 543 p.

2° éd., 1902, *ibid.*, 557 p. — Conférences faites à Tunis en 1898 par diverses personnalités : *Généralités sur le Protectorat*, par P. de Dianous (situation de la Régence et relations avec la France avant 1881; organisation du Protectorat); *Résidence générale et contrôle civil*, par V. Serres (attributions des contrôleurs civils, rapports avec les autorités militaires, gendarmerie, police); *Organisation financière de la Tunisie*, par G. Dubourdieu; *L'organisation judiciaire de la Tunisie* (justice française, justice tunisienne), par S. Berge; *La loi foncière tunisienne*, par A. Anterrieu; *Le domaine de l'État en Tunisie*, par H. Hugon; *La colonisation et l'agriculture*, par M. Marcassin; *Le secrétariat général du Gouvernement tunisien*, par M. Padoux; *Les Travaux publics*, par E. de Fages; *Routes, eaux et travaux municipaux*, par M. Boulle, etc. An. par L. Raveneau, dans *Ann. G., Bibl.*, 1900, p. 227-228.

5435. — BERTHELOT (André), député. *Rapport fait au nom de la Commission du budget chargée d'examiner le projet de loi portant fixation du budget général des dépenses et des recettes de l'exercice 1899 (ministère des Affaires étrangères, Protectorats)...* — Paris, imp. Motteroz, 1899, in 4°, 73 p.

Chambre des députés, 7° législature, session de 1899. Annexe au procès-verbal de la séance du 12 janvier 1899, n° 605. — Étude générale sur le fonctionnement du

Protectorat, l'œuvre diplomatique, la gestion financière, les Travaux publics, l'extension actuelle de la colonisation française. Cf. *Bul. Com. A. F.*, 1899, p. 55-56 : extrait sur la situation de la Tunisie.

5436. — Peiffer (Gaston). *La Tunisie.* — *Mar. fr.*, 1899, p. 92-95.

Remarques sur l'importance coloniale de la Tunisie d'après le rapport présenté par A. Berthelot (v. n° **5435**); les raisons d'être de notre occupation et l'œuvre déjà accomplie.

5437. — Destrées (Auguste). *La Tunisie, type de l'administration intérieure des protectorats français.* — *R. T.*, 1899, p. 400-410.

Importance de l'administration locale dans les pays de protectorat; le fonctionnement de la machine administrative en Tunisie; relations entre administrés et gouvernants, comparaison des résultats en Tunisie avec ceux obtenus par les nations étrangères.

5438. — *Les ministres en Tunisie.* — *Bul. Com. A. F.*, 1899, p. 152-153.

Inauguration de la statue élevée à Jules Ferry, du port de Sousse et du chemin de fer de Sfax à Gafsa; discours de René Millet et de J. Krantz.

5439. — *L'insécurité croissante en Tunisie.* — *Écon. fr.*, 1899, t. Ier, p. 39-40, 177.

Les attentats fréquents en Tunisie risquent de rendre la colonisation impossible. Cf. lettre du correspondant de Tunisie, Vte de Montureux, *La situation en Tunisie. Ibid.*, p. 143-144.

5440. — Leroy-Beaulieu (Paul). *La situation de la Tunisie.* — *Écon. fr.*, 1899, t. Ier, p. 545-547, 581-583.

La propagande «ultralaudative» faite en France en faveur de la Tunisie, dont la situation est satisfaisante sans toutefois être merveilleuse; les chemins de fer tunisiens; les conditions nécessaires à l'essor de la Tunisie; la sécurité.

5441. — *Tunisie.* — *R. F. Étr. Col.*, 1899, p. 612-613.

Vœu tendant au prolongement du chemin de fer de Gafsa jusqu'à Tozeur; résumé de l'art. du v^{te} de Montureux sur la défense des côtes (v. n° **8728**); rappel en France des 4es bat^{ons}.

5442. — La Chanonie (L. de). *En Tunisie, notes de voyage d'un touriste vendéen.* — S. l., [1899], in-8°, 4 p.

L'auteur est venu en Tunisie à l'occasion des fêtes de Tunis, de Sousse et de Sfax; insuffisance de la « puissance d'activité défensive » de Bizerte; l'œuvre réalisée en Tunisie.

5443. — Berthelot (André), député. *Rapport fait au nom de la Commission du budget chargée d'examiner le projet de loi portant fixation du budget général de l'exercice 1900 (ministère des Affaires étrangères, Protectorats)...* — Paris, imp. Motteroz, 1899, in-4°, 17 p.

Chambre des députés, 7ᵉ législature, session de 1899. Annexe au procès-verbal de la séance du 4 juillet 1899, n° 1138. — Situation et politique financière de la Tunisie, concession des phosphates et du chemin de fer de Gafsa, la question des prestations.

5444. — Loir (A.). *L'esclavage en Tunisie.* — *R. Sc.*, 1899, t. XII, p. 588-593.

Historique de l'esclavage en Tunisie, officiellement aboli en 1846 ; « une sentimentalité mal placée nous fait partir en guerre contre l'esclavage, il est pourtant des cas où cette situation est parfaitement défendable, à Tunis en particulier ».

5445. — Protectorat français. Secrétariat général du Gouvernement tunisien. *Nomenclature et répartition des tribus de Tunisie.* — Chalon-sur-Saône, imp. E. Bertrand, 1900, in-fol., 403 p.

Sous forme de tableaux, et groupées par circonscription de contrôle et poste militaire, liste des tribus (caïdats) et de leur division en cheikhats ou fractions et sous-fractions, avec les lieux de résidence ou de campement.

5446. — Exposition universelle de 1900... Ministère des Affaires étrangères. *La Section tunisienne.* — Paris, Imp. des journaux officiels, 1900, in-8°, 20 p. sur deux col., plan.

Extr. du *J. O.*, 4, 5 et 7 mai 1900. — Tableau d'ensemble de la situation de la Tunisie aux points de vue : Travaux publics, ports, routes, chemins de fer, service topographique, agriculture, commerce, colonisation, administration générale, finances, enseignement.

5447. — *La Tunisie, organisation et administration...* — Tunis, Imp. rapide [1900], in-8°, xxx-480 p.

Extr. de l'*Indicateur tunisien* pour 1900 (v. n° **4237**) : la Tunisie avant et depuis le Protectorat, par A. Pavy; renseignements divers; notice sur l'expédition de 1881 (p. 327-347); transformation du corps d'occupation; la division d'occupation et la division navale en 1900; historique de l'armée beylicale (p. 360-364); renseignements historiques et géographiques sur les contrôles civils et les commandements militaires.

5448. — OLIVIER (Louis). *Notes sur la Tunisie.* — *R. G. Sc.*, 1900, p. 827-844, 5 fig.

Les transformations récentes de la Régence : technique et colonisation agricole, instruction publique, travaux scientifiques, services sanitaires, Travaux publics, le chemin de fer de Sfax à Gafsa (v. n° **5542**).

5449. — DESTRÉES (A.). *Exposé historique, analytique, critique et comparé de l'administration intérieure de la Tunisie.* — *R. T.*, 1900, p. 62-69.

Aperçu sur la géographie administrative de la Tunisie, le Tell, les Hauts plateaux, le Sahara, et sur l'administration centrale, le Gouvernement du bey et le Protectorat.

5450. — LEROY-BEAULIEU (Paul). *Lettre de Tunisie...* — *Écon. fr.*, 1900, t. Ier, p. 907-908; t. II, p. 7-8, 48-49.

Reproduction d'une lettre parue dans les *Débats* (26 juin). Le développement régulier de la Tunisie; son avenir; la question arabe; la question italienne et la défense des intérêts des Français.

5451. — FALLOT (E.). *La Tunisie.* — *Bul. Soc. G. Lille*, 1900, t. XXXIV, p. 257-261.

Communication faite (28 juin) au Congrès des unions de la paix sociale (section coloniale); questions financières et agricoles.

5452. — *1888-1900. L'Office postal tunisien.* — Tunis, imp. L. Nicolas, 1900, in-8°, 16 p., graph.

Organisation et fonctionnement; le réseau militaire de 1881 à 1884; liste des établissements des Postes et télégraphes.

5453. — BIENVENU-MARTIN, député. *Rapport fait au nom de la Commission du budget chargée d'examiner le projet de loi portant fixation du budget général de l'exercice 1901 (ministère des Affaires étrangères, Protectorat de la Tunisie)...* — Paris, imp. Motteroz, 1900, in-4°, 37 p.

Chambre des députés, 7ᵉ législature, session de 1900. Annexe au procès-verbal de la séance du 10 juillet 1900, n° 1879. — Situation financière du Protectorat, commerce et Travaux publics, colonisation; importante étude sur l'accroissement continu de l'immigration sicilienne; la question des terres, régime foncier, moyens de transport.

5454. — VITRY (Alexis) [pseud. Jacques BONHOMME). *L'œuvre française en Tunisie...* Préface de E.-E. Théodule. — Compiègne, imp. E. Levéziel, 1900, in-8°, VIII-211 p., phot.

Résume l'œuvre accomplie depuis vingt ans. Origines de l'influence française en Tunisie, les traités, le Protectorat; la colonisation, l'assistance par la colonisation, à la russe, la «Maison du soldat», son influence prochaine au point de vue colonial; ce que l'on peut faire en Tunisie, les contrats d'exploitation agricole, le commerce, les caravanes, Rhat et Ghadamès, le régime économique, le culte musulman, la justice française, la santé et l'hygiène, le peuplement français et la petite colonisation, Jules Saurin; le transsaharien et les missions au Sahara (p. 192-208).

5455. — RUEDEL (Marcel). *A travers la Tunisie française.* — *R. H.*, 1900, t. VIII, p. 460-490; t. IX, p. 37-66, ill.

Le développement de l'œuvre française en Tunisie; renseignements recueillis au cours d'un voyage de trois mois : la Kroumirie, la vallée de la Medjerda, autour de Bizerte, Tunis et ses environs, Sousse et Sfax; la question des Italiens.

5456. — DESTRÉES (A.). *Les contrôles civils de la Tunisie.* — *R. T.*, 1900, p. 202-213.

Notion du contrôle civil, son origine, ses caractères généraux; la circonscription et les divisions du contrôle, caïdats et khalifaliks, tribus et cheïkhats; les Conseils.

5457. — DESTRÉES (A.). *L'administration des chefs indigènes de Tunisie.* — *R. T.*, 1900, p. 294-322, 454-465.

Les moyens de contrôle sur l'administration des chefs indigènes; historique, nomination et attributions des caïds, des khalifas et des cheikhs; la tâche délicate des contrôleurs civils.

5458. — R. C. M. *Millet en Tunisie.* — *Bul. Com. A. F.*, 1900, 386-388.

L'œuvre accomplie pendant les six années qu'il a passées en Tunisie; la grave question du peuplement français.

5459. — MONTUREUX (Vᵗᵉ de). *La situation en Tunisie.* — *Écon. fr.*, 1900, t. II, p. 851-852.

Le départ du résident général R. Millet; intérêt qu'il y aurait à créer une sorte de privilège en faveur d'éléments que l'on aurait intérêt à conserver dans le pays, en particulier des sous-officiers rengagés qui feraient des « petits colons énergiques et honorables ».

5460. — *L'œuvre de M. René Millet en Tunisie.* — *Quinz. col.*, 1900, t. VIII, p. 693-694.

Coup d'œil rétrospectif sur les événements survenus depuis 6 années.

5461. — Vasco (Gabriel). — *La Tunisie à l'Exposition.* — *R. F. Étr. Col.*, 1900, p. 662-667.

5462. — Bordier (Commandant Désiré). *La Tunisie en 1900...* — Montpellier, imp. Boehm, 1901, in-8°, 34 p.

Bul. Soc. languedoc. G., 1900, p. 274-290; 1901, 26-41, 3 phot. — Conférence à la Soc. (25 mai 1900). « La Tunisie est un des plus beaux joyaux dont la France ait serti sa couronne coloniale »; géographie, population, peuplement, renseignements préalables à prendre par les futurs colons; agriculture, finances, Travaux publics, enseignement.

5463. — Aunay (Cte d'). *Rapport fait au nom de la Commission des finances, chargée d'examiner le projet de loi, adopté par la Chambre des députés, portant fixation du budget général de l'exercice 1901 (ministère des Affaires étrangères, Protectorats)...* — Paris, imp. du Sénat, 1901, in-4°, 38 p.

Sénat, session de 1901. Annexe au procès-verbal de la séance du 11 janvier 1901, n° 12. — Rapport d'ensemble sur les résultats obtenus par notre Protectorat tunisien, situation financière, mouvement commercial, développement de la richesse et progrès de la colonisation française.

5464. — *L'interpellation Berthelot sur la Tunisie.* — *Quinz. col.*, 1901, t. IX, p. 102-105.

Cf. *A propos de l'interpellation Berthelot. Ibid.*, p. 141; *Épilogue de l'interpellation Berthelot. Ibid.*, p. 261-262.

5465. — Isnard, député. *Rapport fait au nom de la Commission du budget chargée d'examiner le projet de loi portant fixation du budget général de l'exercice 1902 (ministère des Affaires étrangères,*

Protectorat de la Tunisie)... — Paris, imp. Motteroz, 1901, in-4°, 21 p.

Chambre des députés, 7° *législature, session de 1901. Annexe au procès-verbal de la séance du 6 juillet 1901*, n° 2659. — Situation financière de la Tunisie, chemins de fer, agriculture, commerce, tribunal mixte et régime foncier.

5466. — LEROY-BEAULIEU (Paul). *La situation de la Tunisie et l'interpellation récente.* — Écon. fr., 1901, t. Ier, p. 238-239.

Reproduction d'un art. des *Débats* (20 février) au sujet de l'interpellation à la Chambre de A. Berthelot; l'afflux des Italiens en Tunisie n'est pas un mal, ceux-ci sont utiles à condition de chercher à les assimiler.

5467. — CAIX (Robert de). *L'interpellation sur la Tunisie.* — Bul. Com. A. F., 1901, p. 68-72.

Critique de l'interpellation de A. Berthelot (8 février) qui attaque vivement le projet de chemin de fer de Tunis à Kalaat-es-Senam, mais le débat porte surtout sur la question du peuplement français. An. dans *Q. Dipl. Col.*, 1901, t. XI, p. 386.

5468. — *La situation de la Tunisie en 1900.* — Bul. Com. A. F., 1901, sup., p. 145-146.

Extr. du rapport annuel au Président de la République (v. n° **4218**).

5469. — *L'attitude des indigènes.* — Bul. Com. A. F., 1901, p. 343-344.

Sourde fermentation qui agite la masse islamique, en Tunisie, comme ailleurs; les colons regrettent ouvertement le régime militaire; sous aucun prétexte, il ne faut affaiblir le XIX° C. A. Cf. *La sécurité. Ibid.*, p. 373-376.

5470. — FITOUSSI (Élie), avocat. *L'État tunisien, son origine, son développement et son organisation actuelle (1525-1901); étude d'histoire politique, de droit public et de droit international...* Thèse... — Tunis, imp. J. Picard, 1901, in-8°, 203-XLIX p.

Origines et développement historique de l'État tunisien : conquête par les Turcs, émancipation, gouvernement des beys à partir de 1725 et surtout depuis 1837 (organisation judiciaire, financière, politique intérieure et extérieure). Conséquences de l'établissement du Protectorat français quant à la personnalité juridique et aux droits de souveraineté de la Tunisie. Annexes. Bibliographie. An. par E. Vassel, dans *R. T.*, 1901, p. 471-472.

5471. — Orval (Guy d'). *Quelques mots sur la Tunisie.* — *Ann. Col.*, 1901, p. 41-43.

État actuel du pays, définition du Protectorat; l'émigration française, les biens habous; garanties, avantages et conditions matérielles qu'offre la Tunisie actuelle.

5472. — Destrées (Auguste). *Recrutement et rôle des agents français de la province tunisienne.* — *R. T.*, 1901, p. 45-61.

Le contrôleur civil, son histoire, ses caractères propres, ses droits et ses devoirs.

5473. — *Notice sur l'organisation du contrôle civil en Tunisie.* — Tunis, imp. L. Nicolas, 1901, in-8°, 30 p.

Décret (4 oct. 1884) portant organisation d'un corps de contrôleurs civils français en Tunisie; rapport (25 oct. 1887) du secrétaire de l'ambassade chargé du service des contrôles; arrêté (27 oct. 1887) fixant les conditions d'admission et d'avancement dans le personnel des contrôles civils.

5474. — *A propos des troubles de Gafsa; la justice répressive du Protectorat.* — *Quinz. col.*, 1901, t. IX, p. 325-326.

Cette rixe entre indigènes n'avait aucun rapport avec l'échauffourée de Margueritte.

5475. — Z... *Notes sur les tribus de la Régence.* — *R. T.*, 1902, p. 3-23, 185-194, 277-282.

Aperçu d'ensemble sur l'historique des tribus de la Régence; division de ce pays en sept régions; formation des tribus; mœurs, coutumes et habitat. An. par G. Yver, dans *Ann. G., Bibl.*, 1903, p. 226.

5476. — Chailley-Bert (Joseph). *Le besoin de méthodes en administration coloniale : les chemins de fer tunisiens.* — *Quinz. col.*, 1902, t. XI, p. 97-99.

Nécessité de la décentralisation; le Parlement commence à menacer l'autonomie de la Tunisie; il est bien mal inspiré en réclamant (15 février 1901) le contrôle des voies ferrées tunisiennes.

5477. — Payen (Édouard). *La mort du bey de Tunis.* — *Bul. Com. A. F.*, 1902, p. 256-257.

Les progrès de l'influence française et de l'essor économique de la Tunisie sous Ali Bey, depuis 1882.

— 269 —

5478. — LEYDET (Victor), sénateur. *Rapport fait au nom de la Commission des finances chargée d'examiner le projet de loi, adopté par la Chambre des députés, portant fixation du budget général de l'exercice 1902 (ministère des Affaires étrangères, Protectorats)...* — Paris, imp. du Sénat, 1902, in-4°, 10 p.

Sénat, session ordinaire de 1902. Annexe au procès-verbal de la séance du 13 mars 1902, n° 142. — Programme des trois lignes de chemin de fer projetées aboutissant à trois grands ports tunisiens.

5479. — *A propos du voyage de M. Pelletan.* — Bul. Com. A. F., 1902, p. 358-359.

L'enthousiasme du ministre de la Marine pour Bizerte; l'hostilité de C. Pelletan à la politique de J. Ferry en 1881 et 1882.

5480. — *Le programme de M. Pichon.* — Bul. Com. A. F., 1902, p. 417-418.

Principes de ce programme; plans de l'autorité militaire en vue de la défense éventuelle de Tunis; l'immigration italienne.

5481. — ÉTIENNE (Eug.), député. *L'accord franco-italien et le Maroc.* — Q. Dipl. Col., 1902, t. XIII, p. 65-71.

Cet acte diplomatique porte spécialement sur l'accord méditerranéen; nous remettons à l'Italie «la dernière clé» de la Tripolitaine qui est chez «le maître de Bizerte»; l'Italie «peut-elle nous rendre en échange quelque chose d'analogue au Maroc?»

5482. — CAIX (Robert de). *L'Italie, la France et la Méditerranée.* — Q. Dipl. Col., 1902, t. XIII, p. 129-134.

Déclarations incomplètes du *Times;* des arrangements secrets auraient lié l'Angleterre, l'Italie et l'Espagne; l'évolution vers la France à Madrid et à Rome; il faudrait, dans une telle situation, que notre attitude soit celle «de gens résolus».

5483. — REDIER (Antoine). *La France et l'Italie dans la Méditerranée.* — Cor., 1902, t. CCVI, p. 237-251.

Les négociations franco-italiennes; les Italiens n'avaient point qualité pour nous offrir le Maroc; par contre, nous étions dûment autorisés à leur donner la Tripolitaine. «En échange du néant, nous leur avons véritablement octroyé une colonie trois fois précieuse pour eux, et dont l'abandon nous sera trois fois dommageable».

5484. — RAQUENI. *La question méditerranéenne... — N. R.,* 1902, t. XIV, p. 195-200.

Les récents accords franco-italiens concernant les pays méditerranéens; «l'occupation de la Tripolitaine serait plus facile pour la France qui aurait dans la Tunisie une base d'opération»; sage politique de Delcassé.

5485. — TARDIEU (André). *L'Italie et la Triple Alliance... — N. R.,* 1902, t. XIV, p. 345-355.

L'expédition de Tunisie déclenche la Triple Alliance, «période de paix armée, plus armée que pacifique»; les relations de ces dernières années, «il n'y a plus désormais de questions méditerranéennes».

5486. — CARNIÈRES (V. de). *En Tunisie. — Ann. Col.,* 1902, p. 167-170.

Hommage rendu à l'œuvre de S. Pichon depuis qu'il est résident général et pour qui «la prospérité de la colonie dépend de la prospérité du colon... la colonie n'a pas sa raison d'être en dehors du colon».

5487. — BOURBON (Charles de). *La situation économique politique et sociale en Algérie et Tunisie. — Cor.,* 1902, t. CCVI, p. 617-646, 871-906.

Étude d'ensemble des questions algériennes et tunisiennes; les étrangers, pas plus que les indigènes, ne mèneront à bien le développement de notre colonie; «la solution nécessaire, absolue, est d'exploiter ces pays par nous-mêmes et de les peupler de Français»; urgence des travaux d'utilité publique, l'annexion pure et simple de la Tunisie s'impose.

5488. — FLANDIN (Étienne), député. *Rapport fait au nom de la Commission du budget chargée d'examiner le projet de loi portant fixation du budget général de l'exercice 1903 (ministère des Affaires étrangères, Protectorats)... —* Paris, imp. Motteroz, 1903, in-4°, 59 p.

Chambre des députés, 8ᵉ législature, session extraordinaire de *1902. Annexe au procès-verbal de la 2ᵉ séance du 6 déc. 1902,* n° 611. — Étude sur l'œuvre accomplie par le Protectorat et «sur l'urgente nécessité de la compléter en opposant, par le développement de la petite colonisation française, un contre-poids, de jour en jour plus indispensable, à l'immigration italienne» (v. n° **6041**). An. par G. Jacqueton, dans *R. P. Parl.,* 1903, t. XXXVI, p. 152-155; dans *Bul. Com. A. F.,* 1903, p. 88-89. Cf. *Le peuplement de la Tunisie. Quinz. col.,* 1903, t. XIII, p. 103-105.

5489. — LEROY-BEAULIEU (Paul). *Un rapport parlementaire sur la Tunisie.* — *Écon. fr.,* 1903, t. Ier, p. 316-317.

Reproduction d'un art. des *Débats* (10 février); le rapport d'Étienne Flandin (v. n° **5488**); les chemins de fer; l'émigration italienne et le peuplement français à lui opposer.

5490. — PENSA (Henri). *L'avenir de la Tunisie. Protectorat. Colonisation.* — Paris, J. André, 1903, in-8°, 394 p., carte.

Extr. parus dans *Q. Dipl. Col.,* 1902, t. XIV, p. 513-524, et dans *Bul. Com. A. F.,* 1902, sup., p. 182-183. — Étude de la situation présente de la Tunisie aux points de vue sol, climat, habitants, culture, commerce, voies de communication; le régime politique, administratif et judiciaire; l'état social de la Tunisie; les enseignements à retenir de l'histoire de l'Islam et de celle de la Tunisie; la colonisation par le nombre; l'émancipation des indigènes par la liberté et le bien-être. An. dans *Q. Dipl. Col.,* 1902, t. XIV, p. 574; par Charles Rabot, dans *Bul. Soc. G. Paris,* 1903, t. VII, p. 229; dans *Bul. Com. A. F.,* 1903, p. 40; par H. L. [Lorin], dans *Bul. Soc. G. Com. Bordeaux,* 1902, p. 390; par E. Fallot, dans *Quinz. col.,* 1903, t. XIII, p. 7-12; par G. Yver, dans *Ann. G., Bibl.,* 1904, p. 227.

5491. — BOUDENOOT, sénateur. *Rapport fait au nom de la Commission des finances chargée d'examiner le projet de loi, adopté par la Chambre des députés, portant fixation du budget général de l'exercice 1903 (ministère des Affaires étrangères, Protectorats)...* — Paris, imp. du Sénat, 1903, in-4°, 86 p.

Sénat, session ordinaire de 1903. Annexe au procès-verbal de la séance du 17 mars 1903, n° 101. — Frais de défenses militaire et navale, situation financière, dépenses de l'armée tunisienne, situation agricole et industrielle, marche de la colonisation.

5492. — ROUARD DE CARD (Edgard), professeur de droit civil à l'Université de Toulouse. *La France et les autres nations latines en Afrique...* — Paris, A. Pedone, 1903, in-8°, 181 p., 5 cartes.

Bibliothèque internationale et diplomatique, t. XXXIX. — Extr. sous le titre *la France et l'Espagne au regard du Maroc,* dans *Bul. Com. A. F.,* 1903, p. 23-25. — I. Difficultés entre la France et l'Italie au sujet du Protectorat de la Tunisie (p. 17-48); régime consulaire, régime douanier, régime des écoles et des associations. III. Difficultés entre la France et l'Espagne relatives à la question marocaine. Appendices : texte du protocole du 25 janvier 1884 et des conventions du 28 sept. 1896 relatives à la Tunisie. An. dans *Q. Dipl. Col.,* 1903, t. XV, p. 335; par G. R., dans *R. G.,* 1903, t. LII, p. 192; dans *Bul. Com. A. F.,* 1903, p. 39.

5493. — Raqueni. *La France et l'Italie en Tunisie.* — *N. R.,* 1903, t. XXI, p. 511-521.

La Tunisie, «pomme de discorde habilement jetée par M. de Bismarck entre les deux grandes nations latines pour les diviser dans l'intérêt de l'Allemagne»; le traité italo-tunisien de 1897, l'émigration italienne; «la France et l'Italie travaillent en Tunisie, l'une à côté de l'autre, pour l'accomplissement d'une tâche commune civilisatrice».

5494. — Villiers (Georges). *Les relations franco-italiennes.* — *N. R.,* 1903, t. XXV, p. 3-14.

L'affaire de Tunis «cristallisa la haine de l'Italie», la question de la Triple Alliance, l'évolution survenue depuis 1882, le rapprochement franco-italien.

5495. — *Le voyage présidentiel.* — *Bul. Com. A. F.,* 1903, p. 160-161.

Discours de M. Loubet à Tunis et à Bizerte : avantages du système du protectorat, importance du port de Bizerte.

5496. — Puech (Louis), député. *Rapport fait au nom de la Commission du budget chargée d'examiner le projet de loi portant fixation du budget général de l'exercice 1904 (ministère des Affaires étrangères, Protectorats)...* — Paris, imp. Motteroz, 1903, in-4°, 30 p.

Chambre des députés, 8ᵉ législature, session de 1903. Annexe au procès-verbal de la séance du 4 juillet 1903, n° 1197. — Étude sur la situation de la Tunisie critiquant le rapport au Président de la République pour cette même année, en particulier au point de vue de la colonisation et de l'action française; la Tunisie colonie d'exploitation, comparaison avec l'Algérie, la lenteur du peuplement français; la question des fortifications de Bizerte (v. n°ˢ **5497** et **5503**). Cf. *Le rapport Puech. Quinz. col.,* 1904, p. 39-41.

5497. — Jacqueton (G.). *La Tunisie, d'après le rapport Puech.* — *Bul. R. Ét. A.,* 1903, p. 376-385.

Critique du rapport sur la Tunisie (v. n° **5496**) qui n'apporte aucun éclaircissement que l'on ne possède déjà; la situation économique et budgétaire, la colonisation et l'action de la France; les remèdes proposés par L. Puech, en particulier, le rattachement de la Tunisie au ministère des Colonies.

5498. — X... *Questions tunisiennes* (1ʳᵉ série). — Tunis, Imp. moderne, 1903, in-16, 73 p.

Suite d'art. : de la colonisation par les fonctionnaires, les ouvriers et les employés; le rachat des petits enzels; la réforme du tribunal mixte; les prêts fonciers et le notariat; de l'expropriation pour cause d'utilité publique; des médecins de colonisation; du jeu.

5499. — DENIS (Gustave), sénateur. *Rapport fait au nom de la Commission des finances, chargée d'examiner le projet de loi, adopté par la Chambre des députés, portant fixation du budget général de l'exercice 1904 (ministère des Affaires étrangères, Protectorats)...* — Paris, imp. du Sénat, 1903, in-4°, 71 p.

<small>Sénat, session extraordinaire de 1903. Annexe au procès-verbal de la séance du 17 déc. 1903, n° 340.</small> — Budget tunisien, frais de défense militaire et navale, situation financière et économique (v. n° **5503**).

5500. — *La Tunisie au début du XXe siècle.* — Paris, F.-R. de Rudeval, 1904, gr. in-8°, IX-378 p., 118 fig., pl..

Ouvrage publié sous la direction de R. Blanchard et comprenant treize conférences faites en Sorbonne : introduction géographique, par Marcel Dubois (p. 1-30); géologie, par L. Pervinquière (p. 33-68) [v. n° **7198**]; la végétation naturelle, par Henri Hua (p. 70-94); les productions agricoles et forestières et les cultures d'avenir, par Aug. Chevalier (p. 95-127); zoologie, par Raphaël Blanchard (p. 129-150); zoologie appliquée, par L.-G. Seurat (p. 151-184); la Tunisie punique, par Maurice Besnier (p. 185-208) [v. n° **4648**]; la colonisation romaine en Tunisie, par Jules Toutain (p. 209-235); la Tunisie à l'époque romaine, par R. Cagnat (p. 237-254); la société indigène, par M. Caudel (p. 255-283) [v. n° **5501**]; esquisse anthropologique de la Tunisie, par E.-T. Hamy (p. 285-311); les Européens en Tunisie avant la conquête française, par Henri Froidevaux (p. 313-346); le fonctionnement du Protectorat tunisien, par E. Fallot (p. 347-368) [v. n° **5502**]; bibliographies sommaires. An. par E. Géhin, dans *Carn. H. L.,* 1905, t. XXIII, p. 122; par H. Piéron, dans *R. Sc.,* 1905, t. III, p. 17-18; dans *Bul. Com. A. F.,* 1904, sup., p. 348; dans *Quinz. col.,* 1904, p. 706; par G. Yver, dans *Ann. G., Bibl.,* 1905, p. 238.

5501. — CAUDEL (Maurice). *La société indigène de la Tunisie.* — Paris, F.-R. de Rudeval, 1904, in-8°, 29 p., 11 fig.

Tirage à part de la conférence parue dans l'ouvrage précédent.

5502. — FALLOT (Ernest). *Le fonctionnement du Protectorat tunisien...* — Paris, F.-R. de Rudeval, 1904, in-8°, 22 p., portr.

Extr. de l'ouvrage signalé sous le n° **5509**. Les relations de la France avec la Régence avant 1881 ; pourquoi le Protectorat a été institué ; son organisation, son fonctionnement ; les services purement indigènes et ceux entièrement français (armée et tribunaux) ; « l'expérience du Protectorat a pleinement réussi en Tunisie ».

5503. — BAHAR (Jacques). *Le Protectorat tunisien, ses fruits, sa politique.* — Paris, Dujarric, 1904, in-8°, 91 p.

Bibliothèque du Moniteur des Colonies. — Paru dans le *Moniteur des Colonies* (janvier-mars 1904) sous le titre *Le krach du Protectorat.* — Le contre-rapport de G. Denis (v. n° **5499**) constitue une réplique officielle au rapport pessimiste sur le Protectorat de la Régence, présenté à la Chambre par L. Puech (v. n° **5496**). L'auteur discute ce contre-rapport : le commerce, les finances, la colonisation, la question sicilienne, la politique indigène. « Le Protectorat donne les fruits les plus désastreux ».

5504. — *La question tunisienne.* — Paris, [1904], in-4°, 22 p., polycopié.

Note remise aux membres du Parlement par une délégation tunisienne ; commentaire des art. formant le programme des revendications tunisiennes.

5505. — *Congrès de Tunis, compte rendu.* — Bul. Soc. normande G., 1904, p. 96-108.

Discours de M. d'Anthouard et de S. Pichon, résident général, vœux adoptés lors de la 25° session du Congrès national des Soc. françaises de géographie (v. n° **4384**).

5506. — *Notice sur l'organisation du contrôle civil en Tunisie.* — Tunis, Imp. rapide, 1904, in-8°, 41 p.

Arrêtés et décrets fixant l'organisation du contrôle civil.

5507. — RENÉ-LECLERC (Ch.). *Les arts et industries d'ornementation en Tunisie, situation en 1904...* — Mustapha-Alger, Imp. algérienne, 1904, in-8°, 27 p.

Rapport adressé au Gouverneur général de l'Algérie ; état actuel des arts indigènes en Tunisie (céramique, tapisserie, etc.) ; efforts officiels ou privés qui ont été ou pourraient être faits pour les restaurer. An. par Arsène Ronflard, dans *J. As.*, 1905, t. VI, p. 382-383.

5508. — *Discussion et modification du régime actuel.* — Bul. Com. A. F., 1904, p. 87-89.

En dehors de la question du peuplement français, aucune critique sérieuse ne peut être adressée au Protectorat dont le régime est conforme à l'esprit qui prévaut dans notre empire colonial; inquiétude causée par le projet d'introduction du suffrage universel.

5509. — LORIN (Henri). *Études tunisiennes. L'évolution politique du Protectorat.* — *Q. Dipl. Col.*, 1904, t. XVIII, p. 81-90.

Le traité du Bardo et celui de La Marsa, la garantie de la dette tunisienne (1884), la création de la Chambre de commerce de Tunis, l'introduction de l'Act Torrens, la loi douanière de 1890, l'affranchissement international de la Tunisie (1897), la Conférence consultative, ses transformations.

5510. — COLRAT (Raymond). *La Tunisie jugée par un passant.* — Tunis, imp. P. Lambert, 1904, in-18, 31 p.

Généralités sur l'ensemble des questions tunisiennes; «l'heure de la mort du Protectorat ne paraît pas avoir sonné encore, bien que ses jours soient comptés».

5511. — FALLOT (Ernest). *L'Islam et la politique musulmane de la France dans l'Afrique du Nord.* — *R. P. Parl.*, 1904, t. XL, p. 305-342.

L'auteur développe des considérations sur l'Islam et la société islamique pour en déduire des conclusions sur la conduite à tenir à l'égard des musulmans; il oppose les bons résultats obtenus en Tunisie aux inconvénients de l'organisation administrative de l'Algérie, met en garde contre l'utopie de transformer des musulmans en Français et conclut qu'il faudra en venir, pour donner satisfaction aux consciences, à faire donner par un souverain musulman la sanction religieuse faute de laquelle les actes des autorités françaises sont considérés comme une usurpation.

5512. — VALRAN (Gaston). *Rôle social de la France en Tunisie.* — *Ann. Col.*, 1904, p. 270-272.

Esquisse des institutions colonisatrices de la France soit pour la mise en valeur du domaine colonial, soit pour atténuer les risques ou les misères de la vie des colons, soit enfin pour aider à relever la situation des indigènes (v. n° **4384**).

5513. — CHAUTEMPS (Émile), député, ancien ministre des Colonies. *La Tunisie en 1904.* — *R. P. L.*, 1904, t. II, p. 709-712.

Insuffisance des résultats obtenus en Tunisie, notamment au point de vue de la pénétration morale; critique basée sur des faits certains et des statistiques officielles.

5514. — CHAUTEMPS (Émile). *Les causes de la crise tunisienne.* — *R. P. L.*, 1904, t. II, p. 744-746.

Le régime du Protectorat faussé par l'insuffisance du contrôle central de la métropole, l'annihilation de l'autorité des contrôleurs civils et l'entente des Affaires étrangères avec un des partis tunisiens; le remède serait le passage du Protectorat sous l'autorité du ministre des Colonies.

5515. — CHAUTEMPS (Émile). *La réorganisation de la Tunisie.* — *R. P. L.*, 1904, t. II, p. 777-780.

Étude intéressant l'ensemble de l'Afrique du Nord; pourquoi le système du Protectorat doit être maintenu en Tunisie; nécessité et certitude du rattachement des services de l'Algérie et de la Tunisie au ministère des Colonies.

5516. — CHAUTEMPS (Émile). *Rapport fait au nom de la Commission du budget chargée d'examiner le projet de loi portant fixation du budget général de l'exercice 1905 (Protectorat de la Tunisie)...* — Paris, imp. Motteroz, 1904, in-4°, 91 p.

Chambre des députés, 8e législature, session de 1904. Annexe au procès-verbal de la séance du 13 juillet 1904, n° 1947. — Résume toutes les critiques que l'administration du Protectorat a soulevées; indifférence prolongée du Protectorat à l'égard de la colonisation, le péril italien, la réaction en Tunisie. Le rapporteur conclut qu'il faut placer le Protectorat de la Tunisie sous l'autorité du ministère des Colonies (v. n°s **5517. 5526** à **5530**). An. par Augustin Bernard, dans *Ann. G., Bibl.*, 1905, p. 228.

5517. — *Le Protectorat tunisien.* — *Quinz. col.*, 1904, p. 700-702.

Critique du rapport Chautemps (v. n° **5516**); les lois foncières, le peuplement français, la justice indigène.

5518. — *Le Protectorat tunisien.* — *Quinz. col.*, 1904, p. 733-743.

Discours prononcés (5 déc. 1903) à l'Union coloniale par Charles Roux, René Millet (l'autonomie tunisienne, la question indigène, l'assistance médicale), É. Chautemps (la situation économique), Paul Leroy-Beaulieu, E. Etienne (comparaison avec l'Algérie).

5519. — *La France et l'Italie en Tunisie.* — *Quinz. col.*, 1904, p. 748-749.

Conclusions d'un art. de la *Nuova Antologia,* consacré aux relations de la France et de l'Italie en Tunisie.

5520. — Colosio (Stéfano), avocat au barreau de Tunis. *La grève générale et l'organisation ouvrière à Tunis.* — Buzançais, imp. F. Deverdun [1904], in-16, 15 p.

Paru dans le *Mouvement socialiste,* 15 nov. 1904. — Commentaires sur la grève du 2 mai.

5521. — Hazard (Paul), avocat. *Après 23 ans de Protectorat. La Tunisie pittoresque et agricole, historique et avenir de la colonisation.* — *Bul. Soc. G. Cher,* 1904-1905, t. II, p. 171-232, 14 phot.

Conférence (21 nov. 1904). Monographie établie dans le but d'encourager l'œuvre de notre mainmise pacifique sur le Maroc; géographie physique, politique, administrative, économique de la Régence; les étapes de la colonisation, description pittoresque de la Tunisie. Cf. compte rendu de cette conférence par G. Richaud, *ibid.,* p. 55-60.

5522. — [Mazoyer (E.)]. Protectorat français. Gouvernement tunisien. Direction de l'Office des Postes et des Télégraphes. *Rapport-programme sur le service des Postes, des Télégraphes et des Téléphones, juillet 1904.* — Tunis, imp. G. Vendel, s. d., in-8°, 91 p., graph.

Rapport daté de Tunis, 9 déc. 1904. Historique, personnel, exploitation, télégraphe, téléphone, service technique; programme.

5523. — Moreux (Abbé Th.). *Vers l'éclipse. Impressions de Tunisie.* — *Bul. Soc. G. Cher,* 1904-1905, t. II, p. 355-375, 497-512, ill.

Notes écrites à la suite d'une mission dont l'auteur avait été chargé par le Bureau des longitudes pour étudier l'éclipse totale de soleil du 30 août 1905; impressions sur la Tunisie et sur son avenir.

5524. — *La réforme de la Conférence consultative.* — *Quinz. col.,* 1905, p. 19-20.

Déclarations de St. Pichon; arrêté relatif à cette réorganisation (*J. O. tunisien,* 3 janvier).

5525. — Gomot, sénateur. *Rapport fait au nom de la Commission des finances, chargée d'examiner le projet de loi, adopté par la Chambre des députés, portant fixation du budget général de l'exercice 1905 (ministère des Affaires étrangères, Protectorats)*... — Paris, imp. du Sénat, 1905, in-4°, 83 p.

<small>Sénat, session ordinaire de 1905. Annexe au procès-verbal de la séance du 24 mars 1905, n° 92. — Étude d'ensemble du Protectorat de la Tunisie : colonisation, développement économique, finances, Travaux publics, justice, enseignement. Cf. *La Tunisie au Sénat. Quinz. col.*, 1905, p. 212.</small>

5526. — Tarcenay (Louis) [pseud. de Pingaud (Albert)]. *La Tunisie au début de 1905.* — Tunis, Imp. moderne, 1905, in-8°, 36 p.

<small>*Cor.*, 1905, t. CCXVIII, p. 105-127. — Au sujet de la proposition de rattacher la Tunisie au ministère des Colonies (v. n° 5516). Examen de l'œuvre réalisée depuis 1881 et de ce qu'il reste à faire ; le rattachement proposé ne répondrait « ni aux espérances de ses partisans, ni aux nécessités de notre politique africaine ».</small>

5527. — Bernard (Augustin). *La Tunisie et le rapport de M. Chautemps.* — *Bul. Com. A. F.*, 1905, p. 64-68.

<small>Valeur des critiques formulées et des remèdes proposés dans le rapport Chautemps (v. n° 5516) ; « s'il est permis jusqu'à un certain point de parler de la crise du Protectorat tunisien, il serait tout à fait injuste de parler de sa faillite ».</small>

5528. — *La question du rattachement aux Colonies.* — *Bul. Com. A. F.*, 1905, p. 118-119.

<small>Discussion du rapport Chautemps (v. n° 5516), discours de Delcassé ; « le débat est loin d'être clos ». Cf. *Déclarations de M. Pichon. Quinz. col.*, 1905, p. 18-19 ; *La Tunisie à la Chambre. Ibid.*, p. 142-143.</small>

5529. — Bonhoure (Eug.). *La réforme tunisienne.* — *R. P.*, 1905, t. Ier, p. 209-224.

<small>A propos du projet de rattachement de la Tunisie au ministère des Colonies (v. n° 5516). Évolution de la Tunisie depuis 1881, les étapes successives, les défectuosités du régime en vigueur, mesures à prendre pour mettre ce régime en harmonie avec le développement actuel de la colonie tunisienne.</small>

5530. — Lapie (Paul). *L'administration française et les indigènes tunisiens.* — *Ann. Col.*, 1905, p. 68-72.

Le rapport de É. Chautemps sur le Protectorat (v. n° **5516**); ce Gouvernement, en partie double, coûte cher à la France; nécessité d'assister et d'instruire les indigènes; les modifications à effectuer dans l'administration de la justice indigène.

5531. — LEROY-BEAULIEU (Pierre). *La situation de la Tunisie et les projets de modification de son régime.* — *Écon. fr.*, 1905, t. Ier, p. 117-120.

Examen des reproches adressés en général à l'administration du Protectorat; caractères géographiques, ethniques et historiques de la Tunisie; le peuplement français, comparaison avec l'Algérie et surtout la province d'Oran; commerce et finances tunisiens; les progrès réalisés depuis 1880 indiquent qu'il n'y a pas de grandes modifications à apporter au régime actuel; moyens à adopter pour lutter contre l'envahissement étranger. Étude faite d'après le *Rapport au Président de la République* en 1903 (v. n° **4218**). Reproduit dans *Bul. Soc. Ét. Col. Mar.*, 1905, p. 33-43.

5532. — LEROY-BEAULIEU (Paul). *Lettres de Tunisie...* — *Écon. fr.*, 1905, t. Ier, p. 723-725, 793-794.

Lettres parues dans le *Journal des Débats* (Tunis, 7 mai, et Sfax, 15 mai 1905), sur la situation actuelle de la Tunisie, qui doit être considérée plutôt comme une colonie d'exploitation que comme un pays de peuplement français; danger d'assimiler rapidement l'organisation de la Tunisie à celle de la France.

5533. — PAYEN (Édouard). *La Tunisie.* — *Bul. Com. A. F.*, 1905, p. 275-277.

« L'influence des politiciens » au sujet de la nouvelle réforme (la 4° depuis 1881) de la Conférence consultative; questions traitées à la dernière session, notamment le peuplement français, la construction des voies ferrées, la création d'une Cour d'appel.

5534. — MONCELON (Léon). *Le royaume des fonctionnaires. La vérité sur le Protectorat tunisien.* — Moulins, imp. F. Charmeil, 1905, in-8°, 42 p.

Considérations générales sur le rôle des colonies; critique du Protectorat tunisien, « gouvernement autocratique par excellence » et qui est « le fonctionnarisme personnifié »; l'abus des monopoles et des concessions; le peu de développement de la colonisation; le rattachement du Protectorat au ministère des Colonies n'apporterait aucune amélioration à la situation de la Tunisie.

5535. — Billot (A.), ancien ambassadeur. *La France et l'Italie.*
Histoire des années troubles, 1881-1899... — Paris, Plon, 1905, 2 vol. in-8°, 489 et 464 p.

> Étude générale de la politique et des rapports franco-italiens de 1881 à 1899; établissement de notre protectorat en Tunisie, ses conséquences au point de vue de nos rapports avec l'Italie; la politique de Crispi au cours de ses deux ministères; dénonciation en août 1895 du traité italo-tunisien de 1868; premières ouvertures en 1896 pour le règlement des affaires tunisiennes; conventions du 28 sept. 1896, leur ratification en janvier 1897; l'auteur fut ambassadeur à Rome de 1890 à 1898 (v. n° **5290**). An. par P. Muret, dans *R. H. Mod. Cont.*, 1906-1907, p. 748-751; par R. Guyot, dans *R. Crit.*, 1906, t. LXI, p. 209-210; par A. Lichtenberger, dans *R. Historiq.*, 1906, t. XCII, p. 357; par Georges Daumet, dans *R. É. H.*, 1906, p. 79-81.

5536. — Chaumet (Charles), député. *Rapport fait au nom de la Commission du budget chargée d'examiner le projet de loi portant fixation du budget général de l'exercice 1906 (Protectorats)...* — Paris, imp. Motteroz, 1905, in-4°, 311 p.

> Chambre des députés, 8° législature, session de 1905. Annexe au procès verbal de la 2° séance du 13 juillet 1905, n° 2662. — Examen général des grandes questions tunisiennes; le péril italien; notre politique musulmane (v. n° **5547**), étude des principaux services, justice, agriculture, instruction publique, Travaux publics; statistique comparée des populations de la Régence. An. par Joseph Chailley, dans *Quinz. col.*, 1906, p. 65-68; par G. Yver, dans *Ann. G., Bibl.*, 1907, p. 221; dans *Bul. Dir. agr., com. col. Tunis*, 1907, p. 576. Cf. *Quinz. col.*, 1906 p. 1-3, 88-90.

5537. — Du Boscq de Beaumont (Gaston). *Une fille de France : la Tunisie...* — Paris, Hachette, 1905, in-8°, 192 p., 54 grav., 3 cartes.

> Autres éd., 1905 et 1911, *ibid.* (*Bibliothèque des écoles et des familles*). — L'auteur a voulu indiquer les « possibilités » agricoles et industrielles de la Tunisie. Résumé historique; la colonisation française, rôle de l'État (services publics, moyens de communication, ports de Sfax, Sousse, Tunis, Bizerte, le grand port futur de Bou-Ghrara); la colonisation française, initiative privée; agriculture, pêche, industrie.

5538. — Dervin (Abbé G.). *L'Afrique du Nord. La Tunisie...* — Épernay, imp. H. Villers, 1905, in-16, 108 p., carte.

> Résumé de notes, « puisées dans de nombreux ouvrages et documents » (non cités), qui ont servi à l'auteur pour faire plusieurs conférences sur la Tunisie; la

Tunisie physique et politique, géographie, histoire, bref résumé de la conquête, régime politique et administratif; la Tunisie économique, la colonisation.

5539. — RAMPAL (A.). *L'organisation pénitentiaire en Tunisie...* — Paris, imp. Chaix, 1905, in-8°, 24 p.

Extr. de la *Revue pénitentiaire*, nov.-déc. 1905. — Les différents établissements pénitentiaires, l'organisation du travail, les règlements, le mouvement de la population pénitentiaire depuis 1891; le pénitentier militaire de Teboursouk. An. dans *Quinz. col.*, 1906, p. 112.

5540. — GOMOT, sénateur. *Rapport fait au nom de la Commission des finances, chargée d'examiner le projet de loi, adopté par la Chambre des députés, portant fixation du budget général de l'exercice 1906 (ministère des Affaires étrangères, Protectorats)...* — Paris, imp. du Sénat, 1906, in-4°, 65 p.

Sénat, session ordinaire de 1906. Annexe au procès-verbal de la séance du 27 mars 1906, n° 135. — Exposé général de la situation du Protectorat; les revendications qui intéressent la colonie française et les différents groupes ethniques.

5541. — STIEGLITZ (Bon A. de). *L'Italie et la Triple Alliance.* — Paris, Dujarric, 1906, in-8°, VIII-266 p., portr.

Étude de l'histoire politique et économique de l'Italie depuis 1870 : la question du chemin de fer de La Goulette, le Congrès de Berlin, occupation de la Tunisie, traité de Kassar-Saïd (p. 10-11), sa répercussion en Italie, conclusion de la Triple Alliance (p. 114-120); rapprochement entre la France et l'Italie qui reconnaît le Protectorat tunisien en 1896, convention (1902) relative au Maroc et à la Tripolitaine (p. 133, 230-236).

5542. — LOTH (Gaston). *L'évolution de la Tunisie.* — *R. G. Sc.*, 1906, p. 139-148.

Évolution depuis 1900 (v. n° 5448) considérée au point de vue : colonisation agricole, composition et répartition de la population, méthodes d'éducation et services scientifiques, modifications à l'outillage nécessaire à l'exploitation du sol et du sous-sol.

5543. — MARSAN (Ét.). *Requêtes des indigènes de Tunisie.* — *R. Indig.*, 1906, p. 93-95.

Les différences de régime au point de vue des biens habous et de la colonisation en Algérie et en Tunisie; desiderata des indigènes en ce qui concerne le commerce et l'industrie.

5544. — *Les événements de Thala (avril 1906).* — *Bul. Com. A. F.*, 1906, p. 130-131.

Massacre de colons français à Bordj-Chambi par une tribu fanatisée par le marabout Amor ben Othman; conversions forcées et attaque de Thala; analogie entre ces événements et ceux de Margueritte en Algérie (1901).

5545. — *La révolte de Thala (Tunisie).* — *R. Indig.*, 1906, p. 130-132.

Brève révolte qui éclata à Thala (avril) à l'instigation du marabout marocain Amor ben Othman, venu d'Algérie; ses causes; nécessité d'une politique indigène qui sauve les Arabes de la misère.

5546. — *L'échauffourée de Thala.* — *Quinz. col.*, 1906, p. 261-264.

Les incidents; sanctions et enseignements que comporte cette échauffourée.

5547. — Chaumet, député. *En Tunisie. La situation particulière de la Régence, le péril italien, notre politique musulmane...* — *Bul. R. Ét. A.*, 1906, p. 169-175.

Extr. du rapport signalé sous le n° **5536.** La France est obligée de tenir compte de la colonie étrangère en Tunisie et de traités qui garantissent ses droits, absence de péril italien; quelle doit être la politique musulmane de la France.

5548. — Loth (Gaston), docteur ès lettres, directeur du Collège Alaoui. *La Tunisie et l'œuvre du Protectorat français...* — Tunis, Imp. rapide, 1906, in-8°, 272-25 p., portr., ill.

Protectorat français, Gouvernement tunisien. Exposition coloniale de Marseille. — Ouvrage publié sous les auspices de la Résidence générale de France et montrant les résultats acquis par la France en Tunisie. Aspect physique et régions naturelles, évolution historique, la conquête française, le gouvernement beylical et l'organisation judiciaire; finances, enseignement public, colonisation, agriculture, Travaux publics; les communications postales et la défense militaire; situation économique; description d'ensemble de Tunis et de sa banlieue, du littoral, de l'intérieur et des oasis. Autre éd., Paris, C. Delagrave, 1907, in-8°, 282 p., portr., ill. An. par A. Fevret, dans *R. M. Mus.*, 1907, t. III, p. 380-386; par le Dr G.-H. N., dans *R. Sc.*, 1908, t. IX, p. 191; par Camille Martin, dans *Quinz. col.*, 1907, p. 596-598; par G. Yver, dans *Ann. G., Bibl.*, 1908, p. 233.

5549. — Bepmale (Jean), député. *Rapport fait au nom de la Commission du budget chargée d'examiner le projet de loi portant* *fixation du budget général de l'exercice 1907 (Protectorats)*... — Paris, imp. Motteroz et Martinet, 1906, in-4°, 64 p.

<small>Chambre des députés, 9ᵉ législature, session de 1906. Annexe au procès-verbal de la 2ᵉ séance du 13 juillet 1906, n° 334. — Organisation politique de la Régence, organisation judiciaire, Travaux publics, recherches archéologiques, situation financière, colonisation, mouvement de la population.</small>

5550. — BERNARD (François). *En Tunisie (1906)*. — *Ann. Col.*, 26 juillet, 23 août, 27 sept. 1906.

<small>Les progrès économiques et sociaux de la Tunisie, développement des villes et des ports, la politique du Protectorat, la question italienne, les communications, l'industrie minière, l'agriculture.</small>

5551. — SAURIN (Jules). *Lettre de Tunisie*... — *Bul. Soc. G. Com. Bordeaux*, 1906, p. 277-280.

<small>Nécessité de la création d'une Commission permanente de la Conférence consultative.</small>

5552. — MONTEUX (Dʳ G.). *Les œuvres tunisiennes d'éducation sociale à l'Exposition coloniale de Marseille*... — Marseille, Imp. nouvelle, 1906, in-16, 15 p.

<small>Renseignements fournis surtout par l'ouvrage signalé sous le n° **7438**.</small>

5553. — *Tunisie*. — *R. F. Étr. Col.*, 1906, p. 243-244, 337, 404, 707.

<small>Nouvelles diverses : efforts faits en vue du peuplement français, l'échauffourée de Thala, le nouveau bey, la construction de la ligne ferrée de Bizerte aux Nefzas (décret du 8 février), le bilan de l'année 1905.</small>

5554. — PÉDEBIDOU, sénateur. *Rapport fait au nom de la Commission des finances, chargée d'examiner le projet de loi, adopté par la Chambre des députés, portant fixation du budget général de l'exercice 1907 (ministère des Affaires étrangères, Protectorats)*... — Paris, imp. du Sénat, 1907, in-4°, 248 p.

<small>Sénat, session extraordinaire de 1906. Annexe au procès-verbal de la séance du 29 déc. 1906, n° 484. — Au début, tableau de l'évolution de la Tunisie et de l'établissement du Protectorat; la politique musulmane de la France ; la justice tunisienne, la colonisation. Cf. extr. dans *Bul. R. Ét. A.*, 1907, p. 293-295, sous le titre *Le crédit agricole en Tunisie*.</small>

5555. — *Tunisie.* — *R. F. Étr. Col.*, 1907, p. 53, 244, 309, 374, 437-438, 739.

Nouvelles diverses : G. Alapetite, nommé résident général, la Conférence consultative et le budget, le port de La Goulette, le recensement des Européens en 1906, les études de la ligne Bizerte-Béja-Nebeur.

5556. — Lasram (M.), directeur de la Ghaba, à Tunis, et Dianous (P. de), contrôleur civil à Sousse. *Questions tunisiennes...* préface de M. René Millet... — Paris, A. Challamel, 1907, gr. in-8°, viii-74 p.

21 communications présentées au Congrès colonial de Marseille (v. n° 4406) : étude des relations générales de l'Europe avec l'Islam et des revendications musulmanes en Tunisie; moyens destinés à rapprocher les deux races française et indigène; la colonisation française et indigène; les œuvres d'assistance; participation des indigènes à l'administration et à la vie publique; rôle des confréries religieuses. An. dans *Bul. Com. A. F.*, 1908, sup., p. 124.

5557. — ***. *La réforme tunisienne.* — *R. P.*, 1907, t. IV, p. 70-86.

Les réformes successives de la Conférence consultative; l'œuvre de P. Cambon et de J. Massicault, la mentalité des indigènes, les griefs formulés.

5558. — Bourdarie (Paul). *Affaires de Tunisie. La Conférence consultative.* — *R. Indig.*, 1907, p. 73-80.

Critique du décret beylical du 2 février décidant l'introduction de 16 indigènes tunisiens à la Conférence consultative; ces indigènes devraient être désignés à l'élection et non par le Résident général.

5559. — *La nouvelle Conférence consultative.* — *Quinz. col.*, 1907, p. 111-112.

Les deux grandes innovations. Cf. *ibid.*, p. 252-253; *La représentation des indigènes dans les assemblées délibérantes d'Algérie et de Tunisie. Ibid.*, p. 323-324; *Ouverture de la nouvelle Conférence consultative tunisienne. Ibid.*, p. 970-972, 1093-1094.

5560. — *Réorganisation des oudjaks tunisiens.* — *Quinz. col.*, 1907, p. 112.

Solde mensuelle allouée aux gendarmes dont dispose chaque caïd. Cf. *Création d'une inspection des oudjaks. Ibid.*, 1908, p. 105.

5561. — *Le 17ᵉ de ligne et la sécurité en Tunisie.* — Quinz. col., 1907, p. 535-536.

L'intérieur tunisien démuni de troupes depuis l'affaire de Fachoda; les échauffourées depuis 1906; le 17ᵉ en garnison à Gafsa.

5562. — Naurois (Édouard de). *Réalités tunisiennes...* — Bul. Soc. G. Toulouse, 1907, p. 145-148.

Résumé d'une communication à la Soc. (29 avril); « partout on rencontre des désillusions... les Français ne doivent pas chercher un Eden en Tunisie ».

5563. — Colin (Maurice), député. *Rapport fait au nom de la Commission du budget chargée d'examiner le projet de loi portant fixation du budget général de l'exercice 1908 (Protectorats)...* — Paris, imp. Motteroz et Martinet, 1907, in-4°, 109 p., carte, graph.

Chambre des députés, 9ᵉ législature, session de 1907. Annexe au procès-verbal de la 2ᵉ séance du 11 juillet 1907, n° 1251. — Réformes proposées ou accomplies en 1906 ou qu'il serait utile d'effectuer relatives à la Conférence consultative et au budget tunisien, la sécurité et la suppression des garnisons de l'intérieur, l'enseignement des indigènes, la colonisation, les Travaux publics; carte des chemins de fer tunisiens (v. n° 5566). An. par G. Yver, dans *Ann. G., Bibl.*, 1908, p. 229.

5564. — Revol (Lieutᵗ). *Questions de géographie générale. L'Italie actuelle...* — Paris, Berger-Levrault, 1907, in-8°, VII-129 p.

Dans le chap. IV, résumé de la politique extérieure de l'Italie depuis l'occupation de Tunis par la France jusqu'à la conférence d'Algésiras (p. 98-101). An. dans *N. R.*, 1907, t. XLV, p. 286-287.

5565. — Chalom (Jacques). *Les Israélites de la Tunisie, leur condition civile et politique (étude de droit international et de législation coloniale). Thèse...* — Paris, A. Rousseau, 1907, in-8°, XV-199 p.

Université de Paris, Faculté de droit. — Situation des israélites de Tunisie avant le Protectorat; les institutions israélites tunisiennes, législation personnelle des israélites indigènes, juridictions françaises et juridiction musulmane à l'égard des israélites indigènes, les israélites et les droits publics tunisiens, les israélites tunisiens hors du territoire de la Régence, naturalisation française des israélites indigènes, les israélites de Tunisie et la colonisation française; bibliographie. An. dans

R. M. Mus., 1908, t. V, p. 567-568; par É. Larcher, dans R. Alg. Tun. lég. jurisp., 1908, 1ʳᵉ part., p. 263-264.

5566. — BERNARD (Augustin). *La Tunisie et les questions tunisiennes.* — *Bul. Com. A. F.*, 1907, p. 426-430.

Esquisse des questions tunisiennes à l'ordre du jour basée sur le rapport signalé sous le n° **5563**.

5567. — BERNARD (François). *L'évolution des indigènes en Tunisie.* — *Q. Dipl. Col.*, 1907, t. XXIV, p. 359-368.

Place à faire et part d'influence à réserver à l'élément indigène dans l'administration du pays occupé; les revendications des Jeunes-Tunisiens; la valeur des éléments sur lesquels nous devons exercer notre action, la capacité d'évolution du petit peuple tunisien, obstacles qui se présentent. Cf. M***, *La Conférence tunisienne. Ibid.*, t. XXIII, p. 342-349.

5568. — DUPUY (Charles), sénateur. *Rapport fait au nom de la Commission des finances, chargée d'examiner le projet de loi, adopté par la Chambre des députés, portant fixation du budget général de l'exercice 1908 (ministère des Affaires étrangères, Protectorats)...* — Paris, imp. du Sénat, 1908, in-4°, 35 p.

Sénat, session extraordinaire de *1907*. Annexe au procès-verbal de la séance du *19 déc. 1907*, n° 338. — Les obligations qu'impose le Protectorat; étude de la situation générale de la Tunisie; la colonisation.

5569. — NAUROIS (Édouard de), propriétaire en Tunisie. *Réalités tunisiennes et algériennes...* — Toulouse, imp. Lagarde et Sebille, 1908, in-8°, 51 p.

Bul. Soc. G. Toulouse. 1907, p. 45-69, 144-165. — Les «erreurs en Algérie» exposées à la séance (5 nov. 1906) de la Société d'économie politique de Paris; «il me suffira... de changer les chiffres et de mettre Tunisie pour Algérie et nous arriverons au même résultat... Le bluff de la colonisation tunisienne... reste incontestable».

5570. — *L'enseignement des indigènes dans l'Afrique du Nord.* — *R. Indig.*, 1908, p. 121-126.

Les manifestations de «l'esprit colon» hostile à l'enseignement des indigènes en Algérie et en Tunisie; les vœux des représentants indigènes aux Délégations financières sur cette question.

5571. — La «jeune Tunisie». — *R. Indig.*, 1908, p. 256-261.

Reproduction d'un art. du *Temps* sur le mouvement «jeune tunisien» : son origine, son programme, ce à quoi il peut conduire, les préventions de l'administration et des colons contre lui.

5572. — GÉNIAUX (Charles). *Prolétariat et socialisme orientaux.* — *R. P. L.*, 1908, t. IX, p. 636-639.

Caractère égalitaire et collectiviste de l'état social musulman qui assure à l'individu plus de bonheur que la civilisation occidentale ne pourra lui en donner; inégalité, misère prolétarienne, vulgarité et tares qui menacent la population traditionniste de Tunis «incapable de s'assimiler en quelques années un système social européen».

5573. — GÉNIAUX (Charles). *Les jeunes tunisiens.* — *R. P. L.*, 1908, t. X, p. 635-637.

Tendances des «jeunes tunisiens», leurs réalisations; pourquoi il faut utiliser leur collaboration.

5574. — COCHERY (Georges), député. *Rapport fait au nom de la Commission du budget chargée d'examiner : 1° le projet de loi tendant à autoriser la perception pour l'exercice 1909, des droits, produits et revenus applicables au budget spécial de l'Algérie; 2° le projet de loi portant fixation du budget général de l'exercice 1909 (ministère des Affaires étrangères, Protectorat de la Tunisie)...* — Paris, imp. Motteroz et Martinet, 1908, 2 vol. in-4°, 434-III et 515-VIII p.

Chambre des députés, 9ᵉ législature, session de 1908. Annexe au procès-verbal de la séance du 13 juillet 1908, n° 2037. — L'Algérie et la Tunisie dans leurs rapports; étude pour chacun de ces deux pays de la situation économique, financière, l'organisation administrative, l'outillage économique, l'agriculture, la colonisation, la population, la politique indigène, l'instruction publique, le service militaire des indigènes (v. nᵒˢ **5582** et **5584**). An. par A. Murati, dans *R. Indig.*, 1909, p. 319-324, 367-372; dans *Quinz. col.*, 1908, p. 1064-1066; par Augustin Bernard, dans *Ann. G., Bibl.*, 1909, p. 233.

5575. — *La sécurité en Tunisie.* — *Quinz. col.*, 1908, p. 475-476.

Exposé de M. de Carnières dans son discours lors de l'ouverture du concours agricole de Bizerte. Cf. *ibid.*, p. 215 et 510.

5576. — *La disette en Tunisie.* — *Quinz. col.*, 1908, p. 857-858, 876 et 1154.

Les services rendus par les caisses de prévoyance, projets du Gouvernement. Cf. *ibid.*, 1909, p. 21 et 359.

5577. — *La Conférence consultative de Tunis.* — *Quinz. col.*, 1908, p. 985-986.

Discours du résident général à l'ouverture de la session (2 nov.). Cf. *ibid.*, p. 1047-1048, 1066-1067 : la question des prêts fonciers, les questions indigènes ; *Les idées de M. Alapetite. Ibid.*, p. 1013-1014.

5578. — Charléty (S.), directeur général de l'enseignement à Tunis. *L'enseignement professionnel des indigènes musulmans en Tunisie.* — Tunis, imp. F. Weber [1908], in-16, 30 p.

Communication faite au Congrès de l'Afrique du Nord (v. n° 4512). Utilité d'une large diffusion de l'instruction professionnelle afin « d'appeler les indigènes à participer à la vie économique nouvelle introduite par les Européens ».

5579. — Ducroquet (P.). *La crise économique de 1897 au Sahel tunisien.* — *R. T.*, 1908, p. 377-382, 491-498 ; 1909, p. 17-26, 124-130, 220-226, 331-338, 386-393 ; 1910, p. 7-17, 104-117.

Nombreuses observations recueillies au cours d'une enquête, mesures proposées pour remédier à la situation.

5580. — Pédebidou, sénateur. *Rapport fait au nom de la Commission des finances, chargée d'examiner le projet de loi, adopté par la Chambre des députés, portant fixation du budget général de l'exercice 1909 (ministère des Affaires étrangères, Protectorats)...* — Paris, imp. du Sénat, 1908, in-4°, 178 p.

Sénat, session extraordinaire de 1908. Annexe au procès-verbal de la séance du 8 déc. 1908, n° 317. — Étude générale sur l'évolution économique de la Tunisie, l'instruction des indigènes, la santé publique ; étude particulière sur Bizerte, le port de guerre, l'arsenal de Sidi-Abdallah ; le Sud tunisien et les voies de communication, le commerce caravanier avec le Soudan. An. par H. Charpin, dans *R. Indig.*, 1909, p. 39-43.

5581. — *Tunisie.* — *R. F. Étr. Col.*, 1909, p. 52, 118, 397-398, 453-454, 685-686.

Nouvelles diverses : la ligne de Tunis à La Goulette, la ligne Béja-Mateur, construction de lignes secondaires, la valeur des immeubles de Tunis, le commerce en 1908, la Société des fermes françaises de Tunisie, la position de Kairouan, convocation de réservistes indigènes.

5582. — BERNARD (Augustin). *L'Algérie et la Tunisie, d'après le rapport de M. Georges Cochery.* — *Bul. Com. A. F.*, 1909, p. 235-240, 282-287.

Analyse de cette « encyclopédie des questions algériennes et tunisiennes » (v. n° 5574) : la population, l'organisation administrative, la situation financière, les questions indigènes, la colonisation, l'outillage économique, l'agriculture, l'industrie et les mines. Cf. réponse de Rouire, *ibid.*, p. 379-380.

5583. — COCHERY (Georges), député, rapporteur du budget. *L'Algérie et la Tunisie en 1909.* — *G. R.*, 1909, t. LV, p. 625-646.

Apologie de l'œuvre réalisée en Algérie et en Tunisie par deux systèmes de colonisation différents : colonisation libre et d'initiative privée en Tunisie, colonisation officielle en Algérie; caractères différents des populations des deux colonies; collaboration à poursuivre avec les indigènes; appel à la collaboration confiante de la métropole et des colons.

5584. — COCHERY (Georges), député. *L'œuvre colonisatrice de la France en Algérie et en Tunisie...* — *Bul. R. Ét. A.*, 1909, p. 264-269.

Conclusions du rapport signalé sous le n° 5574. Comparaison entre l'Algérie et la Tunisie, le système de centralisation à l'excès du premier, l'appel à l'initiative privée dans le second de ces deux pays.

5585. — JULIEN (C.). *Projet d'organisation d'un état civil indigène.* — Tunis, Imp. rapide, 1909, in-8°, 21 p.

R. T., 1909, p. 85-103. — L'individu et la société, économie générale du projet, fonctionnement (naissances, décès), impulsion administrative, objections, applications et résultats, le mariage musulman.

5586. — VASSEL (E.). *Les juifs à l'intérieur de la Tunisie.* — Paris, bureaux de la *Revue indigène* [1909], in-8°, 15 p.

Bibliothèque de la Revue indigène. — *R. Indig.*, 1909, p. 252-257, 324-327, 467-473. — Résultats d'une enquête exécutée par l'auteur dans différentes circonscriptions administratives et les Territoires militaires; la répartition des juifs, leur activité.

5587. — Gept (L.), sous-intendant militaire de 3ᵉ cl. *La Tunisie économique*... — *R. Int.*, 1909, p. 1114-1146; 1910, p. 1-41, croq.

Aperçu géographique, historique sommaire, population, régime politique et administratif, organisation financière, outillage économique, Travaux publics, agriculture, régime de la propriété, céréales, fourrages, vigne, forêts, élevage; industrie, commerce, chemins de fer.

5588. — Schirmer (R.). *En Tunisie.* — *Bul. R. Ét. A.*, 1909, p. 319-323.

La situation générale en Tunisie; l'essai d'appel des réservistes tunisiens en oct. 1909, qui fut pleinement couronné de succès.

5589. — *La session de la Conférence consultative.* — *Bul. Com. A. F.*, 1909, p. 423-425.

Discours de G. Alapetite, principales questions traitées à la Conférence : abaissement du taux de la medjba, extension aux israélites de la juridiction française, etc.

5590. — Bourdarie (Paul). *Le budget tunisien et la Conférence consultative.* — *R. Indig.*, 1910, p. 5-9.

Passage du rapport du Résident général à S. A. le Bey au sujet de la réforme de l'impôt de la medjba.

5591. — Chamberet (Raoul de). *Lettres de Tunisie.* — *Bul. Com. A. F.*, 1910, p. 16-18, 187-189, 227-230.

La session de la Conférence consultative, la réforme de la medjba (Cf. *ibid.*, p. 24), l'attitude des délégués français, la réforme de la justice, le vœu pour la suppression de la justice musulmane. Les Sociétés de prévoyance, le décret du 20 mai 1907. La mutualité agricole, le décret du 25 mai 1905.

5592. — Baudin (Pierre), sénateur. *Rapport fait au nom de la Commission des finances, chargée d'examiner le projet de loi, adopté par la Chambre des députés, portant fixation du budget général de l'exercice 1910 (ministère des Affaires étrangères, Protectorats)...* — Paris, imp. du Sénat, 1910, in-4°, 107 p.

Sénat, session de 1910. Annexe au procès-verbal de la séance du 25 mars 1910, n° 169. — Étude générale du budget tunisien.

5593. — *La réforme de la Conférence consultative.* — *Bul. Com. A. F.*, 1910, p. 164.

Modifications apportées par le décret beylical du 27 avril. Cf. *Quinz. col.*, 1910, p. 315-316, 353-354.

5594. — MÉTIVIER (Mlle L.). *Petite histoire de la Tunisie...* avec une introduction de M. d'Estournelles de Constant... — La Flèche, Charier-Beulay, 1910, in-16, 125 p.

Résumé historique depuis la domination phénicienne.

5595. — GAUDIANI (Dominique), ancien chef de bureau de la Résidence générale, contrôleur civil suppléant, et THIAUCOURT (Paul), docteur en droit, avocat au barreau de Tunis. *La Tunisie, législation, gouvernement, administration...* préface de M. G. Alapetite... — Paris, P. Dupont, 1910, in-4°, VI-243 p.

Extr. du *Répertoire du droit administratif...*, t. XXV, Paris, P. Dupont, 1908, in-4°, p. 276-515. — Précieux instrument de travail. Notions générales géographiques, statistiques et historiques; organisation politique du Protectorat, contrôles civils et Territoire militaire, service des Affaires indigènes; régime législatif du Protectorat; organisation administrative, judiciaire et militaire, régime financier, Travaux publics, agriculture, commerce, colonisation; les personnes et les biens; nombreuses références, documentation très complète.

5596. — LÉAL (Numa F.), docteur en droit. *L'organisation de la police en Tunisie...* — Paris, H. Chacornac, 1910, in-8°, 437 p.

Autre éd., *ibid., Université de Paris, Faculté de droit.* — Étude de droit administratif comparé et de législation coloniale; la situation de la Tunisie avant le Protectorat, son établissement; la sécurité et les services de police de 1881 à 1897, rôle des officiers de renseignements; un chapitre sur le concours de l'armée au maintien de la sécurité publique, le rôle de l'armée en territoire civil, l'organisation de la police dans les Territoires du Sud; bibliographie. An. par É. L. [Larcher], dans *R. Alg. Tun. Maroc. lég. jurisp.*, 1916, 1re part., p. 99-100; dans *Quinz. col.*, 1910, p. 451.

5597. — *Tunisie.* — *R. F. Étr. Col.*, 1910, p. 43, 110-111, 235, 297, 367, 554-555, 742-743.

Nouvelles diverses : statistique de la population étrangère, travaux, avancement et achèvement de voies ferrées, les juifs de Tunisie, délimitation de la frontière tuniso-tripolitaine, la question des écoles italiennes, session de la Conférence consultative (7 nov.).

5598. — CARNIÈRES (V. de). *Le malentendu tunisien.* — Paris, Bureaux de la *Revue politique et parlementaire* [1910], in-8°, 31 p.

<small>*R. P. Parl.,* 1910, t. LXIV, p. 542-570. — Réfutation des critiques formulées à la Chambre des députés contre la Conférence consultative au sujet de la réforme de la medjba, l'extension de la juridiction française aux israélites et la suppression de la justice musulmane (v. n° **5599**).</small>

5599. — ZAOUCHE (Abdeljelil), membre de la Conférence consultative de Tunisie. *Questions tunisiennes.* — *R. P. Parl.*, 1910, t. LXV, p. 131-154.

<small>Réponse à l'art. de V. de Carnières (v. n° **5598**) et explication des causes du mécontentement des musulmans de Tunisie.</small>

5600. — BOUGE (Auguste), député. *Rapport fait au nom de la Commission du budget chargée d'examiner le projet de loi portant fixation du budget général de l'exercice 1911 (Protectorats)...* — Paris, imp. Martinet [1910], in-4°, 76 p.

<small>Chambre des députés, 10° législature, session de 1910. Annexe au procès-verbal de la 2° séance du 12 juillet 1910, n° 362. — Étude de la politique d'association, l'essai qui en est tenté par la création de la Conférence consultative; l'enseignement indigène, les impôts, la medjba, la colonisation, les biens habous.</small>

5601. — REVOLON (Stéphane). *OEuvre des Français en Tunisie.* — Tunis, imp. G. Guinle, 1910, in-8°, 14 p.

<small>Comment nous avons trouvé le pays et comment nous l'avons fait.</small>

5602. — BOURDARIE (Paul). *En Tunisie. Exposé sommaire de quelques problèmes tunisiens.* — *R. Indig.*, 1910, p. 305-420, ill., carte, plan.

<small>Revue générale des principaux problèmes tunisiens, politiques, économiques, administratifs, etc. : la colonisation, le service militaire des israélites, le recrutement, l'enseignement, l'assistance, la sécurité en Tunisie, les problèmes de l'arbre, et de l'eau; «les problèmes tunisiens peuvent être examinés dans le plan des intérêts des indigènes sans que soient sacrifiés, pour cela, les intérêts des colons».</small>

5603. — *Une campagne annexionniste en Tunisie.* — *Quinz. col.*, 1910, p. 316-317.

Campagne menée pour faire échouer la politique indigène adoptée par la métropole; l'annexion de la Tunisie présenterait « de réels dangers ».

5604. — GALLOIS (Eugène). *La Tunisie, son passé, son présent, son avenir...* — Lille, imp. Danel, 1910, in-8°, 9 p.

Bul. Soc. G. Lille, 1910, t. LIV, p. 263-271. — Compte rendu analytique par Testis, d'une conférence faite à la Soc. (29 oct.); aspect géographique de la Tunisie, bref rappel de son histoire; agriculture, commerce, sous-sol, population.

5605. — *L'état civil indigène en Tunisie.* — *Quinz. col.*, 1910, p. 429.

L'application en est décidée par le décret beylical du 28 déc. 1908.

5606. — *La session de la Conférence consultative en Tunisie.* — *Quinz. col.*, 1910, p. 797-799.

Discours de G. Alapetite à l'ouverture de la session annuelle (7 nov.). Cf. *Après la session de la Conférence consultative. Ibid.*, p. 869-870; *La dernière session de la Conférence consultative. Ibid.*, 1911, p. 1-3.

5607. — *Tunisie.* — *R. F. Étr. Col.*, 1911, p. 50-51, 365-366, 428, 747.

Nouvelles diverses : la naturalisation française des indigènes, travaux de chemins de fer, délimination de la frontière tripolitaine, le commerce en 1910, les droits de la France sur l'hinterland de la Tripolitaine.

5608. — ABRIBAT (J.). *Notes sur la hisba (police).* — *R. T.*, 1911, p. 20-31.

Les fonctions et attributions du mohtacib, titulaire de police; le conseil des dix (notables) et le tribunal de l'orf (coutume) en Tunisie.

5609. — *Le voyage présidentiel.* — *Bul. Com. A. F.*, 1911, p. 143-144.

Extr. des discours de M. Fallières, à Bizerte et à Tunis, sur l'œuvre du Protectorat. Cf. *Le président de la République en Tunisie. Quinz. col*, 1911, p. 259-260.

5610. — *Le Président de la République en Tunisie.* — *R. Indig.*, 1911, p. 197 et 203.

Discours du Président de la République à Bizerte, réponse du Bey.

5611. — Géniaux (Charles). *Trente ans de protectorat tunisien.* — *R. H.*, 1911, t. XII, p. 341-363.

«Sans violences, avec un remarquable sens politique des questions musulmanes, nous avons su gouverner deux millions de sujets et organiser, avec une vitesse vraiment extraordinaire, un pays sans routes, sans ports, sans voies ferrées, sans finances et sans administration en 1881».

5612. — Pédebidou, sénateur. *Rapport fait au nom de la Commission des finances chargée d'examiner le projet de loi, adopté par la Chambre des députés, portant fixation du budget général de l'exercice 1911 (ministère des Affaires étrangères, Protectorats)...* — Paris, imp. du Sénat, 1911, in-4°, 198 p.

Sénat, session ordinaire de 1911. Annexe au procès-verbal de la séance du 16 mai 1911, n° 142. — Étude générale de la politique extérieure, délimitation de la frontière tripolitaine, situation dans le Sud ; politique intérieure, réformes, problèmes indigènes, situation financière, vie sociale, sécurité, etc.

5613. — *La lutte contre l'usure dans l'Afrique du Nord.* — *Quinz. col.*, 1911, p. 112-113.

Mesures prises par G. Alapetite contre cette «grande plaie de la société arabe».

5614. — *Politique musulmane.* — *Quinz. col.*, 1911, p. 444-445, 469.

Nomination d'une commission interministérielle (décret du 25 juin) chargée de déterminer «les modalités de notre politique musulmane».

5615. — Géniaux (Charles). *Le choc des races.* — Paris, Fayard [1911], in-16, 320 p.

Roman visant à être une étude impartiale ; l'auteur a pour but de défendre nos protégés tunisiens contre «leurs spoliateurs et leurs insulteurs» couverts sous les fleurs de rhétorique des chantres de l'Afrique latine. An. dans *Bul. Com. A. F.*, 1912, p. 202 ; dans *Quinz. col.*, 1912, p. 453.

5616. — Loth (Gaston). *L'évolution des civilisations tunisiennes.* — *R. P. L.*, 1911, 2° sem., p. 242-248.

Résumé de l'histoire de la Tunisie faisant ressortir l'attrait du point de vue pratique dans l'étude des civilisations successives qui ont laissé dans ce pays des traces plus profondes qu'en Algérie ou au Maroc.

5617. — CAUWEL (Maurice), publiciste. *Questions tunisiennes. Le protectorat et l'opinion...* — Paris, imp. L. Descubes, 1911, in-8°, 16 p.

Les causes du mécontentement de la colonie, ses aspirations.

5618. — GOUDCHAUX-BRUNSCHVICG. *Comment nous protégeons la Tunisie.* — Mouv. soc., 1911, t. XXX, p. 5-13.

Le régime d'arbitraire qui sévit et «la colonisation parlementaire» organisée en Tunisie.

5619. — GOUDCHAUX-BRUNSCHVICG, avocat. *L'arbitraire en Tunisie. Rapport...* — Paris, Ligue des droits de l'homme, 1911, in-12, 51 p.

Ligue française pour la défense des droits de l'homme et du citoyen. — Protestation contre les «actes arbitraires», dont sont victimes les colons et indigènes en Tunisie, en ce qui concerne la question des terres, l'organisation judiciaire, etc.

5620. — [DEMANCHE (G.)]. *L'Italie et la Tripolitaine* (Signé : G. D.). — R. F. Étr. Col., 1911, p. 569-572.

Comme il y a plus de vingt ans (v. n° 5345), la politique française n'est pas hostile à l'établissement de l'Italie en Tripolitaine.

5621. — PINON (René). *L'empire de la Méditerrannée.* — R. des Français, 1911, t. XI, p. 107-121.

Étude sur l'importance que présente, au point de vue de la politique générale, l'initiative prise par l'Italie en occupant la Tripolitaine.

5622. — ***. *L'Italie et la Tripolitaine.* — Cor., 1911, t. CCXLV, p. 3-30.

La politique méditerranéenne italienne et les négociations qui ont amené l'Italie en Tripolitaine; les accords avec la France au sujet de la Tunisie et du Maroc. An. par J. B., dans G. R., 1912, t. LXXI, p. 204.

5623. — DAUZAT (Albert). *L'Italie en Tripolitaine.* — G. R., 1911, t. LXX, p. 353-365.

Préparation de l'expédition, l'opinion en Italie, le rôle de la France; «elle n'a qu'à se féliciter de l'occupation de la Tripolitaine par les Italiens, malgré l'agitation tunisienne, superficielle et passagère»; les conséquences et les leçons de l'expédition.

5624. — BERTRAND (Louis). *L'émeute de Tunis et le réveil de l'Islam.* — *R. D. M.*, 1911, t. VI, p. 579-598.

Récit, par un témoin oculaire, d'une émeute à Tunis en 1911 dirigée surtout contre les Italiens, et provoquée par la guerre italo-turque; l'opinion et l'attitude éternelle des indigènes à notre égard. An. dans *Op.*, 1911, 2ᵉ sem., p. 757-758.

5625. — GERVILLE-RÉACHE (M.). *La Tunisie, après trente ans de Protectorat.* — *Op.*, 1911, 2ᵉ sem., p. 783-784.

A propos des troubles tunisiens et de leur répercussion à la Chambre; ce qu'était la Régence, en 1881, et ce qu'elle est devenue après trente ans d'occupation; l'œuvre de Jules Saurin; «l'histoire de la Tunisie nous dicte notre devoir au Maroc».

5626. — MONTUREUX (A. de). *La situation de la Tunisie.* — *Écon. fr.*, 1911, t. II, p. 826-828.

Causes et enseignements de l'émeute de Tunis; la guerre italo-turque, l'inertie des tribunaux, les tendances anti-françaises dans certaines couches indigènes, le parti «jeune tunisien»; la France a eu tort de relâcher peu à peu la politique de fermeté qui avait présidé aux débuts du Protectorat.

5627. — PEYRAT (Joseph). *Les troubles de Tunis.* — *R. Indig.*, 1911, p. 597-599.

L'origine des troubles doit être recherchée dans les menées d'agents étrangers faciles à connaître.

5628. — GASSE (Fernand de). *L'échauffourée des 7 et 8 novembre 1911.* — *R. Indig.*, 1911, p. 600-609.

Origine de l'émeute de Tunis dans laquelle le fanatisme musulman n'est pour rien;.protestations de loyalisme des Tunisiens; la politique indigène n'a pas démérité.

5629. — *Les troubles de Tunis.* — *Quinz. col.*, 1911, p. 776-777.

Récit des évènements; les passions surexcitées par la prise de Tripoli s'adressaient aux sujets italiens; l'insuffisance des troupes de la garnison. Cf. *Le boycot-*

— 297 —

tage en Tunisie. Ibid., 1912, p. 163-164 ; L'ordre à Tunis. Ibid., p. 199-200 ; L'émeute de Tunis. Ibid., p. 432-433.

5630. — *Les interpellations tunisiennes.* — *Quinz. col.*, 1911, p. 811-812 ; 1912, p. 78-79.

Interpellations (24 nov. 1911 au 2 février 1912) sur les scandales qui se seraient produits en Tunisie ; «ce n'est pas par l'impartialité que ces accusations brillent».

5631. — WARREN (Cte Édouard de). *Lettre de Tunisie.* — *Bul. Com. A. F.,* 1912, p. 6-11.

L'émeute du cimetière musulman du Djellaz et les assassinats à Tunis (7, 8 et 9 nov. 1911) ; l'émeute dégénère en une tentative de massacre de la population italienne ; questions à envisager (v. n° 5637).

5632. — DEMONTÈS (Victor). *La sécurité en Algérie et les derniers événements de Tripolitaine et de Tunisie.* — *Bul. Com. A. F.,* 1912, p. 39.

Aucune répercussion sensible en Algérie.

5633. — LÉMONON (Ernest). *La capture du Carthage, les droits du Gouvernement français.* — *Op.,* 1912, 1er sem., p. 74.

Le Gouvernement italien a commis une faute dont le Gouvernement français peut poursuivre la juste réparation.

5634. — LÉMONON (Ernest). *Les incidents du Carthage et du Manouba.* — *R. P. Parl.*, 1912, t. LXXI, p. 473-485.

La saisie (16 et 18 janvier) par le Gouvernement italien des deux navires de commerce français, courriers postaux réguliers de Tunisie, est inadmissible.

5635. — THOMASSON (Commandant de). *Les incidents italiens.* — *Q. Dipl. Col.*, 1912, t. XXXIII, p. 129-132.

La cause de ces incidents ; le discours de R. Poincaré (22 janvier) pose nettement la question et établit que l'art. 47 de la Déclaration de Londres n'a rien à faire avec le cas du *Manouba.* Cf. P. Evans Lewin, *Une opinion anglaise sur la Déclaration de Londres. Ibid.*, p. 139-148 ; *Les incidents franco-italiens. Ibid.*, p. 174-179, 242 : discours de R. Poincaré, au sujet du *Carthage* et du *Manouba*; le cas du *Tavignano.*

5636. — Peyrat (Joseph). *Le cas de l'élite indigène dans l'Afrique du Nord.* — R. Indig., 1912, p. 81-88.

Reproduction et commentaires d'un art. du *Temps* (17 fév.) à propos du rôle dévolu à l'élite indigène.

5637. — *A propos des incidents de Tunis.* — Bul. Com. A. F., 1912, p. 100-102.

Réponse d'Abdeljelil Zaouche à la lettre du c^{te} É. de Warren (v. n° **5631**), remarques de celui-ci.

5638. — *L'emprunt et la situation générale de la Tunisie.* — Bul. Com. A. F., 1912, sup., p. 129-131.

Les interpellations Lagrosillière, Thalamas et Charles Dumas (8 séances du 24 nov. 1911 au 2 février 1912) ; «le procès du Protectorat a été largement fait»; réponse de G. Alapetite, vote des projets de J. Chailley et Milliès-Lacroix (v. n°^{s} **6937** et **6947**). Cf. *Le malaise de la Tunisie. Ibid.*, 1912, p. 108, 142.

5639. — Alapetite, résident général de France en Tunisie. *Interpellation relative à la Tunisie. Discours prononcés... à la Chambre des députés, dans les séances des 26, 29, 30 janvier et 1er février 1912.* — Paris, imp. des Journaux officiels, 1912, in-18, 210 p.

Extr. du *J. O.*, 27, 30 et 31 janvier et 2 février 1912. — L'œuvre du Protectorat en Tunisie depuis 1881, au point de vue financier, judiciaire, scolaire, agricole, médical, etc.; l'œuvre indigène.

5640. — *Les interpellations tunisiennes.* «La Tunisie française» *et le Commissaire du Gouvernement.* — Tunis, imp. de la *Tunisie française*, 5 février 1912, in-8°, 37 p. sur 2 col.

Extr. du journal *La Tunisie française* au sujet d'une campagne de presse relative à la Tripolitaine et des accusations portées contre ce quotidien de chercher à exciter l'Italie contre la France.

5641. — Pichon (Stéphen), sénateur. *Rapport fait au nom de la Commission des finances sur la situation des Protectorats (annexe au rapport sur le budget du ministère des Affaires étrangères, exercice 1912)...* — Paris, imp. du Sénat, 1912, in-8°, 123 p.

Sénat, session ordinaire de 1912. Annexe au procès-verbal de la séance du 5 mars 1912, n° 85. — Caractères généraux de la politique française en Tunisie et exposé de l'œuvre de G. Alapetite à la Résidence générale de Tunisie; colonisation indigène et française, situation économique, financière, industrielle et commerciale, enseignement, Travaux publics, lutte contre le paludisme, Institut Pasteur, justice française et tunisienne (v. n°s **5642** et **5645**).

5642. — MONTAGNAC (Pierre). *La vie coloniale.* — *N. R.,* 1912, t. XXVI, p. 477-483.

Analyse critique du rapport de S. Pichon (v. n° **5641**) : le peuplement de la Tunisie, la situation économique, le refoulement des indigènes, les Travaux publics.

5643. — BOUGE (Auguste), député. *Rapport fait au nom de la Commission du budget chargée d'examiner le projet de loi portant fixation du budget général de l'exercice 1913 (Protectorats)...* — Paris, imp. Martinet [1912], in-4°, 96 p.

Chambre des députés, 10e législature, session de 1912. Annexe au procès-verbal de la 2e séance du 12 mars 1912, n° 1874. — Jette un cri d'alarme sur la situation de la Tunisie et le peuplement français, la colonisation, le régime foncier; la politique générale suivie par la France, les troubles de Tunis; critique de notre administration; comparaison avec le Maroc où le **général Lyautey** depuis six mois a inauguré une politique approuvée par les Européens et acceptable pour les indigènes : « le gouvernement des Marocains par les Marocains ».

5644. — MILLET (Philippe). *Le procès de la Tunisie.* — *R. P. Parl.,* 1912, t. LXXI, p. 256-271.

A propos de la campagne menée contre G. Alapetite; l'auteur justifie l'administration tunisienne des réquisitoires prononcés depuis un an contre le Protectorat : concessions frauduleuses, spoliation des indigènes, dépassements de crédits dans la construction des voies ferrées.

5645. — *La situation générale de la Tunisie, d'après M. Stéphen Pichon.* — *Bul. Com. A. F.,* 1912, p. 226-229.

Ce rapport (v. n° **5641**) constitue un exposé d'ensemble du développement de la Tunisie sous l'administration de G. Alapetite.

5646. — *La Conférence consultative de Tunis.* — *Quinz. col.,* 1912, p. 248-249.

Questions traitées lors de la session annuelle (mars).

5647. — MOREAU (G.). *Nos erreurs en Tunisie.* — *R. P. L.,* 1912, 1er sem., p. 304-310.

Question de Ghadamès et de Rhat, situation équivoque des Français vis-à-vis des indigènes et du Gouvernement beylical; système fiscal, propriété foncière et administration des habous; mesures à prendre pour assurer le maintien et le développement de la prospérité dans la Régence; fermeté nécessaire à la résidence générale.

5648. — GUILLOT (Émile). *La Tunisie, pays de colonisation, de mines et de tourisme.* — Paris, É. Larose, 1912, in-8°, VII-272 p., cartes.

Étude générale sur la Tunisie; description géographique, habitants, races, mœurs; organisation administrative et économique, le Protectorat, l'administration, l'armée; ressources naturelles du pays; la propriété tunisienne; agriculture, commerce; la colonisation, le tourisme. An. par E. Gallois, dans *Bul. Soc. G. Com. Paris,* 1912, p. 761; par E. Lemoisson, dans *Bul. Soc. G. Arch. Oran,* 1912, p. 580-582; par G. Regelsperger, dans *Quinz. col.,* 1912, p. 798; par Em. Perrot, *ibid.,* 1913, p. 57-58.

5649. — ***. *La tunisification.* — *R. H.,* 1912, t. II, p. 537-551.

Esquisse objective de ce qu'est la politique française en Tunisie; la « tunisification » est-elle un protectionnisme intransigeant? est-elle hostile aux indigènes? Compromet-elle les destinées de la France dans l'Afrique du Nord? Les résultats obtenus sont dus à « l'autonomie imposée par les circonstances ».

5650. — GÉNIAUX (Charles). *Ali Bach-Hamba.* — *Op.,* 1912, 1er sem., p. 397.

Notice concernant le directeur du *Tunisien,* « interné » à Aix.

5651. — BOURDARIE (P.). *Les troubles de Tunis.* — *R. Indig.,* 1912, p. 143-153.

La crise que traverse la Tunisie, la campagne arabophobe dans la colonie française et les excitations de la presse locale, les incidents de Tunis, l'attitude des jeunes-tunisiens; mesures prises par le Protectorat pour réprimer les troubles; reproduction de deux articles du *Temps* sur ces événements. Cf. A. Gautier, *L'affaire du Djellaz en justice. Ibid.,* p. 471-475; *Les « attendus » du jugement dans l'affaire du Djellaz, à Tunis. Ibid.,* p. 559-561.

5652. — LÉAL (Numa), avocat. *L'œuvre du Protectorat et les interpellations sur la Tunisie.* — *R. Indig.,* 1912, p. 168-179.

Les deux principes: colonisation et politique indigène, sur lesquels repose le Protectorat et qui pourtant sont méconnus par certains hommes politiques français;

les discussions à la Chambre et le discours de G. Alapetite montrant que le Protectorat n'a pas fait faillite.

5653. — BACH-HAMBA (Ali). *L'émancipation des musulmans.* — *Op.*, 1912, 1ᵉʳ sem., p. 707-708.

L'organisation actuelle pèse lourdement sur la population indigène; lourds impôts payés par les Arabes qui demandent une répartition équitable des charges sans distinction de race.

5654. — BRUZON (Paul). *L'affaire des jeunes tunisiens.* — *R. Indig.*, 1912, p. 241-252.

La campagne arabophobe dans la colonie française à la suite des troubles, la mesure d'expulsion prise contre sept «jeunes tunisiens»; lettre de A. Bach-Hamba sur les aspirations de la Tunisie; réponse du Résident général.

5655. — VALRAN (Gaston). *Après les incidents de Tunis. Impressions.* — *R. Indig.*, 1912, p. 359-364.

Impressions recueillies au cours d'un voyage d'études en Tunisie; panislamisme et ottomanisme; le loyalisme de la population indigène musulmane.

5656. — *Histoire de la guerre italo-turque, 1911-1912,* par un témoin. — Paris, Berger-Levrault, 1912, in-8°, VII-235 p.

L'occupation du Maroc après Agadir fut le dernier incident qui donna naissance à la guerre italo-turque; décision de Giolitti, malveillance des puissances, sympathies de la France; d'après la *Frankfurter Zeitung,* les indigènes sont plus opposés à une occupation italienne qu'à une occupation française; importance pour la Triplice de l'occupation de Tripoli en vue de s'opposer, le cas échéant, au transport du XIXᵉ C. A.; incidents du *Carthage* et du *Manouba*. An. par Jacques Lux, dans *R. P. L.,* 1913, 1ᵉʳ sem., p. 800; dans *Bul. Com. A. F.,* 1913, sup., p. 119.

5657. — AURIOL (Henri), député, et SAINT-YVES (G.). *La mise en valeur de la Tunisie (1881-1912).* — *R. P. Parl.*, 1912, t. LXXII, p. 99-115, 539-558.

L'œuvre entreprise depuis 1881 et résultats obtenus; peuplements indigène et européen; augmentation rapide de l'élément italien; pour le peuplement français, rôle de J. Saurin; constitution de la propriété et biens habous; situation financière, discussion des charges pesant sur les indigènes, réformes des impôts; Travaux publics : chemins de fer, ports, routes, postes et télégraphes, mines; accroissement constant du commerce résultant de la prospérité agricole et minière; les deux points noirs : augmentation du peuplement italien, état matériel et moral des indigènes;

les jeunes tunisiens et les dangers d'un mot d'ordre venu de Constantinople ; il faut maintenir les forces du corps d'occupation français.

5658. — *Prospérité de la Tunisie.* — *Quinz. col.*, 1912, p. 398.

Les résultats du commerce en 1911 ; les causes de la prospérité.

5659. — Aoust (J. d'). *Les beys...* — *Act. afr.*, août 1912, p. 1-5, ill.

Le bey actuel et ses prédécesseurs, leurs rapports avec la France.

5660. — Daugny (Jacques). *La Tunisie et l'annexion de la Tripolitaine.* — *R. des Français,* 1912, t. XII, p. 128-133.

La France doit profiter de l'annexion de la Tripolitaine par l'Italie pour demander à ce pays la mainlevée des capitulations qu'elle possède en Tunisie ; l'évolution italienne dans la Régence, le traité italo-tunisien de 1868, la convention franco-italienne de 1896. An. par Gilbert Delacroix, dans *R. H.,* 1912, t. V, p. 150-151.

5661. — Jouvin Blum (Eugène). *Les musulmans français et notre politique indigène.* — *Parl. Op.*, 15 sept. 1912, p. 13-17.

Critique du régime d'exception auquel sont soumis les sujets musulmans de la France ; les colons et l'administration africaine sont incapables de réaliser l'œuvre urgente de conciliation et de justice prévoyante ; nécessité de créer un grand conseil de l'Afrique française siégeant à Paris et présidé par le ministre de l'Afrique du Nord.

5662. — *Ouverture de la Conférence consultative.* — *Quinz. col.,* 1912, p. 775-776.

Exposé de la situation par G. Alapetite lors de l'ouverture de la session ordinaire (4 nov.). Cf. *Le Conseil supérieur de gouvernement en Tunisie. Ibid.,* p. 852.

5663. — Mohamed ben Abdallah, khalifat à Béja. *Décorations tunisiennes.* — *R. T.,* 1912, p. 241-247, pl.

La création des décorations en Tunisie vers 1830 ; les transformations du Nichan-Iftikhar depuis 1836.

5664. — Warren (Cte Édouard de). *Lettre de Tunisie.* — *Bul. Com. A. F.,* 1913, p. 16-18.

La session de la Conférence consultative (nov. 1912), les réformes du budget de 1913, nécessité d'un programme d'hydraulique agricole, l'amélioration de l'agriculture indigène, l'état d'esprit des Tunisiens.

5665. — Haug (Émile). *L'exploration scientifique de la Tunisie...* — *R. Sc.*, 1913, 1er sem., p. 353-359.

Discours d'ouverture au Congrès de l'Ass. française pour l'avancement des sciences; les principales étapes de l'exploration scientifique de la Tunisie, notamment depuis 1892 et depuis 1896 (v. n^{os} **5394, 5500, 7125, 7962**, etc...); l'œuvre du Service géographique de l'armée.

5666. — Charléty (S.), directeur général de l'enseignement de la Régence. *L'œuvre de la science en Tunisie.* — *R. Sc.*, 1913, 1er sem., p. 648-650.

Discours prononcé à l'ouverture du Congrès de l'Ass. française pour l'avancement des sciences (Tunis, 22-28 mars 1913) [v. n° **5665**].

5667. — Régence de Tunis. Protectorat français. *Pour le relèvement des indigènes tunisiens. Enseignement professionnel, assistance, prévoyance.* — Tunis, imp. J. Picard, 1913, in-8°, 78 p., graph.

Résumé des mesures prises par G. Alapetite, résident général, pour assurer le relèvement économique des indigènes en particulier par l'assistance et l'hygiène publique. Cf. *Création d'un service économique indigène en Tunisie. Quinz. col.,* 1913, p. 84.

5668. — Humbert (Charles), sénateur. *La Tunisie.* — *G. R.*, 1913, t. LXXVII, p. 247-270.

Notre politique en Tunisie a été jusqu'ici pleinement couronnée de succès quoique l'on puisse toutefois lui reprocher de manquer un peu « de cette simplicité, de cette clarté, de ces larges vues d'ensemble » que l'on trouve dans nos œuvres plus récentes; exposé de ce qui fait pourtant la supériorité de la colonisation tunisienne sur celle algérienne; les caractères de notre action en Tunisie notamment l'enseignement, la colonisation agricole et l'administration financière.

5669. — Valensi (Joseph) et Conseil (Dr E.). *La création de l'état civil indigène en Tunisie. Premier essai démographique de la ville de Tunis.* — Paris, bureaux de la *R. P. Parl.*, 1913, in-8°, 20 p.

R. P. Parl., 1913, t. LXXVII, p. 102-117. — Création de l'état civil musulman en 1909; recensement de la population en 1911, population de la ville de Tunis, mouvement démographique de 1909 à 1913, causes principales de mortalité. An. dans *Quinz. col.*, 1913, p. 499-500.

5670. — Hugon (Henri), directeur général honoraire de l'agriculture et du commerce du Gouvernement tunisien. *Les emblèmes des beys de Tunis, étude sur les signes de l'autonomie husseïnite : monnaies, sceaux, étendards, armoiries, marques de dignités et de grades, décorations, médailles commémoratives militaires...* préface de M. G. Alapetite... — Paris, E. Leroux, 1913, gr. in-8°, VI-185 p., portr., fig., 14 pl.

Paru partiellement dans la *Gazette numismatique française*, 1912, p. 193-288, 353-404, fig. — Les emblèmes tunisiens considérés comme manifestations de la personnalité politique du pays et comme matériaux de son histoire ; drapeaux militaires et nationaux ; pavillon de la famille régnante ; les marques de dignités et de graces, décorations, médailles commémoratives militaires (expédition de 1881) ; la prétendue médaille de Crimée. An. dans *R. T.*, 1913, p. 595-596 ; dans *R. M. Mus.*, 1913, t. XXV, p. 407-409 ; dans *R. H. Col. Fr.*, 1914, p. 404-405 ; par Cl. Huart, dans *J. As.*, 1915, t. VI, p. 171-173.

5671. — Duboscq (André). *De Tunis à Tripoli vers la fin de la guerre italo-turque.* — *R. P. L.*, 1913, 1ᵉʳ sem., p. 84-86.

Sur les répercussions de la guerre italo-turque et ses conséquences pour la Tunisie (v. n° **7821**).

5672. — Forthuny (Pascal). *L'Allemagne prépare une insurrection dans nos colonies d'Afrique.* — *A. Col.*, 1913, p. 143.

« L'Allemagne organise contre nous, en Tunisie et en Algérie, une insurrection arabe pour le cas où éclaterait une guerre européenne » ; conclusion tirée par l'auteur à la suite d'un voyage en Afrique du Nord.

5673. — *Statut du personnel des contrôles civils en Tunisie (31 octobre 1913).* — Tunis, Imp. rapide, 1913, in-8°, 24 p.

5674. — Servier (André). *Le péril de l'avenir. Le nationalisme musulman en Égypte, en Tunisie, en Algérie.* — Constantine, imp. M. Boet, 1913, in-8°, II-239 p.

Principales manifestations du nationalisme musulman en Égypte, en Tunisie et en Algérie ; l'islam est incompatible avec la civilisation ; notre rôle en Algérie et en Tunisie ; les résultats de nos efforts civilisateurs ; principes qui doivent inspirer notre politique indigène, réformes nécessaires.

5675. — *La 37ᵉ session de la Conférence consultative.* — *Bul. Com. A. F.*, 1913, p. 460-462.

Importance des décisions prises, notamment suppression de la medjba et son remplacement par une cote personnelle payée par tous. Cf. *La session de la Conférence consultative. Quinz. col.*, 1913, p. 771, 791-792; *La suppression de la medjba. Ibid.*, p. 771-772; *Après la suppression de la medjba. Ibid.*, p. 812-813.

5676. — *Tunisie.* — *R. F. Étr. Col.*, 1913, p. 429-430, 652-653, 718-719.

Nouvelles diverses : population de Tunis, commerce en 1912, la Conférence consultative (10 nov.).

5677. — *Les indigènes de Tunisie et leurs sentiments pour les Européens.* — *R. F. Étr. Col.*, 1913, p. 667-669.

Article du *Journal des Débats*; l'Arabe fait-il une différence entre les Français et les autres Européens?

5678. — Van Loo (Rodolphe) et Blancke (Alfred-C.). *La Tunisie moderne et les débouchés qu'elle offre à l'activité belge...* Bruxelles, imp. de *l'Expansion belge*, 1913, in-4°, 45 p., ill.

L'Expansion belge. — Notions géographiques, hydrographiques, climatologiques, historiques, politiques et économiques. An. dans *Bul. Com. A. F.*, 1913, sup., p. 436; dans *Quinz. col.*, 1914, p. 485.

5679. — Crispi (Francesco). «*Politica estera*» (*1876-1890*). «*Questioni internazionali*». Traduction française de P. Garrigou-Grandchamp, rédacteur à la Résidence générale de France à Tunis. — Tunis, Imp. rapide, 1913, gr. in-8°, 142 p., portr.

R. T., 1913, p. 3-24, 164-180, 272-298, 464-479, 520-551, 658-675. — Partie de l'œuvre de Crispi relative à son attitude dans les affaires tunisiennes. I. La politique étrangère de l'Italie de 1878 à la Triple Alliance, la question tunisienne, désillusion de l'Italie à ce sujet; opposition de Crispi aux projets d'annexion de la Tunisie par la France. II. La Tripolitaine et la France, la question de la frontière tuniso-tripolitaine, les accords franco-anglais au détriment de l'hinterland tripolitain, renonciation sans compensation de l'Italie à ses droits sur la Tunisie; rôle de Crispi au sujet du Maroc; son action dans la question des fortifications de Bizerte, «Bizerte fortifiée est l'orgueil de la France et une menace pour l'Italie» (v. n° **8775**). En tête de la traduction, courte notice sur Crispi. An. dans *Bul. Com. A. F.*, 1914, sup., p. 127.

5680. — Fitoussi (E.). *L'enseignement professionnel des indigènes musulmans en Tunisie. Rapport général préliminaire.* — Ass. fr. av. sc., 1914, p. 855-864.

42ᵉ session, Tunis, 1913.

5681. — *Le statut des contrôleurs civils.* — Bul. Com. A. F., 1914, p. 30-31.

Création du contrôle civil en 1884; nouveau statut donné au personnel par l'arrêté résidentiel du 31 oct. 1913. Cf. *Quinz. col.*, 1913, p. 732.

5682. — *Reconnaissance par la Turquie du Protectorat français en Tunisie.* — Bul. Com. A. F., 1914, p. 33-34.

Les Tunisiens, comme les Algériens et les Marocains, seront désormais considérés en Turquie comme les Français.

5683. — *Tunisie.* — R. F. Étr. Col., 1914, p. 110-112, 486.

Nouvelles diverses : reconnaissance du Protectorat par la Turquie, la colonisation, les progrès miniers. Cf. Cohn (Dr Paul), *En Tunisie*... Vienne, 1914, in-8°, 10 p. : généralités sur le développement de la Tunisie.

5684. — Anthouard (Bᵒⁿ A. d'), ministre plénipotentiaire. *Réflexions sur notre politique coloniale en Tunisie.* — Paris, publ. du Comité de l'Afrique française, 1914, in-8°, 31 p.

Bul. Com. A. F. 1914, sup., p. 3-12. — Il reste à créer la vie morale de la Tunisie et à faire éclore au milieu de sa population aux éléments si divers, une conscience nationale, « fille de la pensée française et du milieu tunisien » ; l'État et les particuliers doivent unir leurs efforts vers ce but.

5685. — Lecocq (Lieutᵗ), du 141ᵉ d'infⁱᵉ, chef de bureau des Affaires indigènes à la Résidence générale. *La Tunisie...* — Tunis, imp. J. Picard, 1914, in-8°, vi-163 p.

Cours d'instruction préparatoire au Service des Affaires indigènes. — Série de huit conférences : I. Organisation générale de la Tunisie. II. Organisation financière. III. La justice française en Tunisie. IV. La justice indigène. V. Outillage économique : chemins de fer, routes, ports. VI. Institutions de prévoyance. VII. La conquête de la Tunisie : luttes d'influence précédant l'intervention française, les deux campagnes, la frontière tuniso-tripolitaine. VIII. Le Service des Affaires indigènes en Tunisie : organisation générale des Territoires du Sud ; personnel des officiers des Affaires indigènes, ses attributions.

5686. — Aimond (Émile), sénateur. *Rapport fait au nom de la Commission des finances chargée d'examiner le projet de loi, adopté par la Chambre des députés, portant fixation du budget général des dépenses et des recettes de l'exercice 1914 (Rapport général)...* — Paris, imp. du Sénat, 1914, in-4°, 731 et 828 p.

Sénat, session de 1914. Annexe au procès-verbal de la séance du 3 avril 1914, n° 272 — Rapports partiels : Ire part. *Ministère des Affaires étrangères,* par Paul Doumer (p. 251-281) : crédits pour les œuvres françaises au Maroc et frais de la mission de délimitation des zones d'influences française et espagnole au Maroc. *Ministère de la Guerre,* par E. Milliès-Lacroix (p. 331-491) : crédits (à inscrire à un compte spécial) pour 1914, au titre du Maroc (p. 331-332); budget de l'Algérie-Tunisie (p. 418-457); subventions aux Territoires du Sud (p. 454-456); Tirailleurs sénégalais en Algérie et critique de leur stationnement dans ce pays (p. 479-480). IIe part. *Ministère des Colonies,* par A. Gervais (p. 293-421); la question du rattachement de la défense des colonies au département de la Guerre (p. 389-390). *Protectorats,* par Lucien Hubert (p. 615-827) : 1° Étudie notre politique indigène au Maroc et propose, non pas de chercher à réaliser l'unification de ce pays autour du chérif, mais au contraire de tendre à un fédéralisme avec l'appui des grands chefs indigènes et des sectes religieuses; nécessité de créer un ministère de l'Afrique et des colonies; budget du Maroc; 2° Tunisie : situation financière, réformes accomplies, politique indigène, étude générale sur l'armée tunisienne, le personnel de la mission militaire française, la garde beylicale, la loi militaire tunisienne de 1860, historique du recrutement tunisien, les réserves indigènes, la valeur des soldats tunisiens, leur part dans la répression des révoltes de Fès (4e Tirailleurs) et dans les opérations du Maroc; agriculture, colonisation, ports, chemins de fer.

5687. — Raqueni (R.). *Les relations franco-italiennes.* — *N. R.,* 1914, t. XI, p. 403-408.

Les incidents du *Carthage* et du *Manouba*; «la France et l'Italie se trouvent aujourd'hui presque dans la même situation que celle où elles se trouvaient en 1882»; nécessité d'une entente cordiale méditerranéenne.

5688. — Prezzolini (Giuseppe). *La France et les Français au xxe siècle, observés par un Italien.* — *R. T.,* 1914, p. 309-318, 465-479.

Traduction par P. Garrigou-Grandchamp des chap. IX et X de l'ouvrage *La Francia e i Francesi nel Secolo xx osservati da un Italiano* (Milano, Fratelli Treves, 1913), qui traitent des relations franco-italiennes et de la Régence : l'ancienne colonie italienne de Tunis, transformation économique accomplie par le Protectorat, les agriculteurs tunisiens, la population ouvrière. An. par C. C. [Combet], dans *R. T.,* 1913, p. 594-595.

5689. — *Programme de l'alliance franco-indigène.* — Paris, imp. «Union», 1914, in-12, 14 p.

Alliance franco-indigène (section franco-arabe). — Statuts et programme de cette association qui se propose de rapprocher les Français et les indigènes, de garantir et de défendre les droits de ces derniers et de développer leur instruction.

5690. — Arragon (H.). *La question de l'annexion de la Tunisie.* — *R. Q. Col. Mar.*, 1914, p. 33-35.

L'importance de la population italienne et la nouvelle frontière commune avec la Lybie colonie italienne obligent la France à s'annexer le nord de la Medjerda ou même la Tunisie toute entière.

5691. — Saurin (J.) et Carnières (V. de). *Faut-il annexer la Tunisie?* — *R. Q. Col. Mar.*, 1914, p. 146-149.

Lettres adressées à la Soc. des Études coloniales; la France doit s'annexer la Tunisie si elle ne veut pas que l'Italie s'y pose en rivale de son influence.

5692. — Zaouche (Abdeljelil). *La question de l'annexion de la Tunisie. Une opinion indigène.* — *R. Q. Col. Mar.*, 1914, p. 170-172.

Le point de vue des indigènes tunisiens : s'ils avaient l'assurance que l'annexion leur donne des avantages, ils n'hésiteraient pas à la réclamer; ils s'y opposent si elle doit les placer dans les mêmes conditions que leurs coreligionnaires d'Algérie.

5693. — *Organisation du régime municipal en Tunisie.* — *Quinz. col.*, 1914, p. 277.

Décrets beylicaux (*J. O. tunisien*, 25 mars et 1ᵉʳ avril) donnant une organisation nouvelle au régime municipal.

5694. — Billy (Édouard de). *Notes sur la politique indigène.* — *Bul. Com. A. F.*, 1914, sup., p. 89-112.

Étude du problème nord-africain, dans le cadre de la question d'ensemble posée par l'agitation qui se propage dans le monde musulman.

5695. — *L'œuvre française en Tunisie.* — *Ann. Col.*, 23 avril 1914.

Numéro spécial consacré à la Tunisie; en particulier, art. de M. Ruedel sur les villes, ports, population, et de A. Gounot sur la colonisation (les colons, l'émigrant, l'élevage, l'agriculture).

5696. — *Définition de la nationalité tunisienne.* — *Bul. Com. A. F.*, 1914, p. 325.

Décret beylical (19 juin) à ce sujet.

5697. — *Les intrigues allemandes contre la Tunisie.* — *Bul. Com. A. F.*, 1914, p. 353.

Correspondance publiée par la *Tribuna* (7 sept.) à ce sujet.

5698. — DAUDET (Ernest). *La Tunisie depuis la guerre.* — *R. D. M.*, 1914, t. XXIV, p. 475-489.

Les témoignages de loyalisme de la Tunisie au début de la guerre; légers incidents dus à un mécontentement sur un point particulier; l'agitation des «jeunes tunisiens» en nov. 1911; l'œuvre des sections de la Croix-Rouge; la défense de la Tunisie; l'espionnage allemand.

5699. — DEMAY (Jules). *L'organisation des communes en Tunisie.* Thèse... — Tunis, Imp. rapide, 1915, in-8°, 173 p.

Université de Dijon, Faculté de droit [1914-1915, n° 1]. — Commentaire du décret du 14 janvier 1914; formation, fonctionnement, attributions des conseils municipaux; législation financière communale, commissions d'intérêts locaux; courte bibliographie.

5700. — PINGAUD (Albert). *L'Italie depuis 1870.* Préface de E. Denis... — Paris, Delagrave, 1915, in-16, xxix-344 p.

Bibliothèque d'histoire et de politique. — Histoire de la politique extérieure de l'Italie depuis 1871 et de la crise qui aboutit à la rupture avec l'Allemagne. L'affaire de Tunisie (p. 75-93), conclusion de la Triple Alliance; le rapprochement avec la France, accords de 1901-1903; attitude de l'Italie à Algésiras, expédition de Tripolitaine, la contrebande de guerre, affaire du *Carthage* et du *Manouba*; notification de neutralité le 3 août 1914. Bibliographie. An. par A. Chuquet, dans *R. Crit.*, 1916, t. LXXXI, p. 114-116, et dans *C. R. Ac. Sc. Mor. Pol.*, 1916, t. LXXXV, p. 607-609; par Jules Gay, dans *R. Historiq.*, 1916, t. CXXII, p. 134-137.

5701. — *Nos colonies d'Afrique pendant la guerre... Tunisie.* — *Bul. Com. A. F.*, 1915, p. 23-27.

Les réservistes tunisiens ont répondu avec célérité à l'appel sous les drapeaux; protestations de dévouement adressées au Résident général par les chefs indigènes et certains personnages religieux; diminution du prestige de la souveraineté musulmane en Tunisie.

5702. — *Le contre-coup de la guerre italienne.* — Bul. Com. A. F., 1915, p. 198.

La situation politique demeure très satisfaisante; secours accordés aux indigènes.

5703. — DAUDET (Ernest). *Impressions de Tunisie (octobre-décembre 1914).* — R. H., 1915, t. II, p. 38-50.

La Tunisie et la guerre de 1914; les prisonniers de guerre; quelques indications sur la vie militaire en Tunisie à cette époque.

5704. — SAINT-CYR (Charles de). *Pourquoi l'Italie est notre alliée?* — Paris, Renaissance du Livre, 1915, in-16, XII-319 p.

Chap. XV (p. 179-238) : les étapes du rapprochement franco-italien depuis 1896, l'attitude de l'Italie dans la question marocaine, notamment lors de la conférence d'Algésiras. An. dans *N. R.*, 1916, t. XXIII, p. 77.

5705. — GÉNIAUX (Charles). *La Tunisie pendant la guerre.* — R. P., 1915, t. V, p. 532-556.

Loyalisme des indigènes tunisiens; mesures économiques, financières et philantropiques prises par la Résidence pour venir en aide aux indigènes. An. dans R. T., 1918, p. 130-131.

5706. — GÉNIAUX (Charles). *Le loyalisme des Algériens et des Tunisiens.* — Op., 1915, 2ᵉ sem., p. 217-218.

Nombreux exemples de loyalisme.

5707. — DAUDET (Ernest). *En marge de la guerre. Notes et souvenirs de Tunisie.* — Cor., 1915, t. CCLIX, p. 889-900.

Anecdotes sur la bravoure des Tirailleurs d'après des lettres envoyées par leurs chefs; la mobilisation en Tunisie, le loyalisme des indigènes, les prisonniers allemands en Tunisie.

5708. — ROUARD DE CARD (Edgard). *La Turquie et le Protectorat français en Tunisie, 1881-1913...* — Paris, A. Pedone, 1916, in-8°, VI-92 p., 2 cartes.

Les négociations entre la France et la Turquie, de 1881 à déc. 1913, au sujet de la reconnaissance par cette puissance du Protectorat français. Intervention diplomatique de la Porte dans les affaires de la Tunisie; préparatifs turcs en vue d'une démonstration sur la côte tunisienne; protestation contre le traité de Kassar-Saïd; appui donné aux insurgés tunisiens; résistance de la Porte à la fixation de la frontière tuniso-tripolitaine. Appendice : 7 documents, dont le texte du traité du 12 mai 1881, des conventions du 8 juin 1883 et du 19 mai 1910, de l'arrangement du 18 déc. 1913. An. dans *R. H. Col. Fr.*, 1917, p. 377-378 ; par G. Rectenwald, dans *R. Alg. Tun. Maroc.* |*lég. jurisp.*, 1917, 1ʳᵉ part., p. 64-65 ; dans *Bul. Com. A. F.*, 1916, p. 244.

5709. — La Conférence consultative. — *Bul. Com. A. F.*, 1916, p. 45-46.

Discours de G. Alapetite, résident général, à l'ouverture de la 39ᵉ session (30 déc. 1915), hommage aux troupes du Sud tunisien ; témoignages de loyalisme des indigènes.

5710. — La Tunisie et le projet de ministère de l'Afrique du Nord. — *Bul. Com. A. F.*, 1916, p. 47.

Vœux de la section française et de la section indigène de la Conférence consultative, s'élevant contre une proposition de loi déposée à la Chambre et tendant à la création d'un ministère de l'Afrique du Nord.

5711. — Le loyalisme tunisien. — *Bul. Com. A. F.*, 1916, p. 141-142.

Témoignages de fidélité de Mozabites et de la population de Maktar. Cf. *La déclaration de loyalisme de Béchir Sfar. Ibid.*, 1917, p. 107-108 : lettre du caïd de Sousse (2 nov. 1915).

5712. — La Régence de Tunis pendant la guerre. — *Bul. Com. A. F.*, 1916, sup., p. 123.

Traduction d'un art. paru dans *The Christian Science Monitor* (24 février).

5713. — Aschscharif Attunisi (Schaich Salih). La vérité au sujet de la guerre sainte. — Berne, Ferd. Wyss, 1916, in-8°, 14 p., portr.

Brochure de propagande, d'inspiration allemande, destinée aux musulmans ; l'auteur, né à Tunis en 1866, quitta cette ville en 1906 et se trouvait auprès d'Enver pacha.

5714. — Demontès (Victor), professeur au lycée d'Alger. La Tunisie pendant la guerre. — Alger, Imp. algérienne, 1916, in-8°, 53 p.

Bul. Soc. G. Alger, 1916, p. 26-76. — Inutilité, à l'heure actuelle, d'établir une comparaison entre la Tunisie et l'Algérie ; questions économiques tunisiennes, industrie, finances, commerce, agriculture; questions politiques : le Protectorat et la guerre; l'attitude du bey; le loyalisme de la population; les événements du Sud tunisien (affaires de Dehibat et d'Oum-Souigh, sept.-oct. 1915), mesures répressives et préventives : le chemin de fer de Graïba à Gabès; questions sociales, conséquences de la guerre sur les indigènes, les Italiens, les Israëlites et les Français; le passé et l'avenir de Bizerte. Passages censurés. An. dans *R. T.*, 1918, p. 131-132.

5715. — BARBIZET (Jean). *Nos grandes colonies et la guerre. II. Tunisie.* — *R. Sc. Pol.*, 1916, t. XXXV, p. 172-185.

Mesures diverses prises par le Gouvernement du Protectorat, loyalisme des indigènes; effectif des troupes indigènes stationnées en Tunisie au moment de la mobilisation, des réservistes appelés sous les drapeaux et des engagés volontaires; rôle militaire de la Tunisie au cours de la guerre, Bizerte, les incidents de frontière dans le Sud tunisien. An. dans *R. T.*, 1918, p. 133; dans *Bul. Com. A. F.*, 1916, sup., p. 171.

5716. — GÉNIAUX (Charles). *D'Alger à Tunis pendant la guerre.* — *R. P. L.*, 1916, p. 526-529, 572-576.

Le loyalisme des indigènes.

5717. — *La session de la Conférence consultative.* — *Bul. Com. A. F.*, 1917, p. 55-57.

Discours prononcé par G. Alapetite (26 déc. 1916), déclarations de loyalisme des indigènes.

5718. — ISMAʿIL SEFAIHI (Cheikh) et SALEH CHERIF (Cheikh). *Les doléances des peuples opprimés. La Tunisie et l'Algérie...* — Lausanne, Libr. nouvelle, 1917, in-8°, 24 p.

Brochure de propagande parue en allemand à Berlin, Privatdruck, 1916, in-8°, 32 p. Tissu de mensonges : aperçu géographique et historique sur la Tunisie et l'Algérie, Protectorat français, abus du régime, griefs relatifs aux inégalités fiscales, justice, instruction, question des terres, Travaux publics, service militaire, etc., etc. ; mécontentement général de la population. Le Comité pour l'indépendance de la Tunisie et de l'Algérie fait appel au Sultan et aux empereurs d'Allemagne et d'Autriche pour demander leur appui (v. **5721**).

5719. — BACH-HAMBA (Mohammed), directeur de la *Revue du Maghreb. Documents. Problèmes africains.* — *R. P. Int.*, 1917, t. VIII, p. 92-106.

La question de la liberté des peuples algérien et tunisien «soumis à un régime d'exception, privés de tous les droits et soumis à tous les devoirs»; nécessité de les doter d'un régime conforme à leurs vœux.

5720. — DINGUIZLI (D'). *Le pélerinage tunisien à La Mecque en 1916.* — *R. T.,* 1917, p. 159-169, 240-248.

Conférences à l'Institut de Carthage (31 janvier et 3 mars). Résumé de ce voyage auquel l'auteur participa; facilités accordées par le Gouvernement français.

5721. — *Tunisie et Maroc. Propos d'un Tunisien et d'un Marocain.* — Paris, imp. H. Diéval, s. d., in-12, 43 p.

Traduction de deux opuscules parus pendant la grande guerre, signés le premier (p. 7-34) : Un musulman tunisien, le second (p. 35-43) : Un Fekîh marocain. I. Réfutation, preuves en mains, d'un tissu de mensonges fabriqués en commun dans un but de propagande allemande, par Ismaïl Isfaïhi, ancien cadi hanéfite à Tunis, et Salah Cherif, ancien professeur à la mosquée Zeitouna, à Tunis (v. n° 5718). II. L'opinion d'un Marocain sur le Protectorat marocain, réponse à un «musulman algérien», sur la prétendue corruption de la religion et des mœurs indigènes au Maroc.

5722. — PELLEGRIN (Arthur). *Les gars d'Afrique, poèmes.* Préface de M. Jean Aicard... — Tunis, F. Weber [1917], in-8°, 48 p.

Recueil de poèmes inspirés par la coopération des races de l'Afrique du Nord à la guerre que «la métropole a dû soutenir pour délivrer son territoire». An, dans *R. T.,* 1917, p. 386-387; par Léon Charmeil, dans *Sol.,* 1918, p. 7.

5723. — PREDA (Pierre). *Pour l'amitié italo-française...* — Livourne, Imp. livournaise, 1917, in-8°, 90 p.

«Simple avis d'un italien francophile sur les relations de la France et de l'Italie»; étude ayant pour but de déblayer des décombres du passé la voie qui devra désormais être parcourue ensemble; analyse des causes de discorde et d'éloignement, notamment l'affaire de Tunis (1881), la question des fortifications de Bizerte (1891), l'affaire du *Carthage* et du *Manouba* (1912). An. par P. D., dans *G. R.,* 1917, t. XCIV, p. 378-379.

5724. — *La Conférence consultative de Tunisie.* — *Bul. Com. A. F.,* 1917, p. 359-360.

Discours de G. Alapetite à l'ouverture de la session extraordinaire (17 sept.), projets d'impôts nouveaux.

5725. — SERRES (V.). *La mission française au Hedjaz. Le pèlerinage des Tunisiens à La Mecque en 1917 et la nouvelle hôtellerie.* — R. T., 1918, p. 25-34.

Organisation de la mission, résultats obtenus; détails sur le pèlerinage de 1917.

5726. — GAILLARD (Henri). *Le sionisme et la question juive dans l'Afrique du Nord.* — Paris, publ. du Comité du Maroc, 1918, in-8°, 16 p.

Bul. Com. A. F., 1918, sup., p. 3-7. — Situation politique et religieuse des israélites dans l'Afrique du Nord, le sionisme et notre politique juive, en particulier en Tunisie et au Maroc.

5727. — BACH-HAMBA (Mohammed), ancien magistrat. *Le peuple algéro-tunisien et la France…* — Genève, Imp. nat., 1918, in-8°, 144 p.

Publié partiellement dans *R. du Maghreb*, 1916-1918. — Critique de la situation du peuple tunisien, qui «jouissait sous la suzeraineté turque de l'indépendance la plus complète et qui est privé de ses droits et de ses libertés sous le Protectorat français»; le régime imposé aux Algériens et aux Tunisiens avant et après la domination française; un chapitre sur la situation militaire défavorable qui leur est faite; la Tunisie et la guerre 1914-1918.

5728. — BACH-HAMBA (Mohammed). *Le «Protectorat» français en Tunisie…* — Genève, Imp. nat., 1918, in-8°, 19 p.

Factum voulant montrer que le Protectorat a été imposé par la force à la Tunisie; les Tunisiens n'ont jamais accepté ce régime; la Tunisie est soumise en réalité à l'administration directe de la France.

5729. — GÉNIAUX (Claire et Charles). *Le cyprès.* — Paris, P. Lafitte [1918], in-16, IV-232 p.

Roman, «résultat de fréquents séjours en Tunisie et d'une intimité assez rare avec les familles de la haute bourgeoisie musulmane», donne de nombreuses impressions sur la mentalité des Tunisiens surtout depuis la guerre.

5730. — ORDINAIRE (Maurice), sénateur. *La Tunisie d'aujourd'hui et de demain.* — Col. Mar., juillet 1918, p. 81-98, pl.

La situation de la Tunisie en 1914 et de 1914 à 1918; contribution à la défense de la métropole en combattants (60.000), en travailleurs, en approvisionnements et au point de vue financier; aperçu général sur le pays et ses productions; organisation et fonctionnement du régime du Protectorat; population française et colonisation, l'œuvre de relèvement des indigènes entreprise par G. Alapetite; ce qu'il reste à faire pour la Tunisie. Paru partiellement dans *Bul. Com. A. F.,* 1918, p. 267-269 (extr. du *Bul. Office tunisien*).

5731. — *La Tunisie dans la guerre.* — *Bul. G. Q. G.,* 3 oct. 1918, n° 62, p. 1-2, carte.

Ce qu'est la Tunisie; la Tunisie depuis 1914, la contribution de la Tunisie à la défense nationale.

5732. — BERNARD (Augustin). *Le nouveau résident général de Tunisie et le départ de M. Alapetite.* — *Bul. Com. A. F.,* 1918, p. 332-333.

Nomination d'Étienne Flandin (26 oct. 1918); résumé de « l'œuvre si féconde » de G. Alapetite depuis 1906.

5733. — *Pétition adressée au Parlement français par le peuple tunisien demandant l'octroi d'une Constitution. Le peuple tunisien au peuple français.* — Paris, imp. I. Lévy, s. d., in-8°, 7 p.

Pétition remise au bey de Tunis rappelant l'effort fourni par la Tunisie pendant la guerre (65.000 combattants, 45.000 tués ou blessés).

5734. — CHAMBON (Henry de). *La question tunisienne.* — Paris, éd. de la *Revue parlementaire,* s. d., in-8°, 31 p.

L'auteur expose les revendications de la Tunisie. La situation politique de la Tunisie en 1881, son organisation depuis 1881; comment on exproprie un peuple; ce que veut la Tunisie; danger qu'il y a à accorder aux Italiens, en Tunisie, les mêmes droits qu'aux Français; l'accord franco-italien de 1915.

5735. — *La Conférence consultative de Tunisie.* — *Bul. Com. A. F.,* 1919, p. 109-111.

Discours de Étienne Flandin à l'ouverture de la session (février) exposant le programme de son Gouvernement.

5736. — DAUPHIN (Marie). *La Conférence consultative tunisienne.* Thèse... — Paris, Jouve, 1919, in-8°, 275 p.

Faculté de droit de l'Université de Paris. — Origines et développement historique de la Conférence consultative; organisation et fonctionnement actuels, ses résultats, œuvre accomplie, critique de l'institution, réformes demandées. Bibliographie.

5737. — *La contribution de la Tunisie au ravitaillement de la France.* — *Monde écon.*, 1919, p. 673-675, 694-696.

Statistique des produits alimentaires et des matières premières exportées sur la métropole et l'armée d'Orient ou réquisitionnées et achetées par l'armée et la marine de 1914 à 1918.

5738. — *Les études et le programme de M. Flandin.* — *Bul. Com. A. F.*, 1919, p. 183-185.

Voyages du nouveau résident général, notamment dans le sud et le centre tunisien, ainsi qu'à Bizerte, au cours desquels il expose son programme.

5739. — X. *La Tunisie dans la guerre.* — *R. Indig.*, 1919, p. 200-203.

Le concours apporté par la Tunisie; ce qu'elle est; ce qu'elle est devenue depuis 1914; les combattants et travailleurs fournis à la métropole. Extr. dans *R. T.*, 1920, p. 129-132.

5740. — *La contribution de la Tunisie au ravitaillement de la France pendant la guerre.* — *Écon. fr.*, 1919, t. II, p. 618-620.

Renseignements empruntés au *Bul. Office tunisien* (sept.-oct. 1919) : ravitaillement alimentaire et en matières premières (v. n° **5737**).

5741. — *La Conférence consultative.* — *Bul. Com. A. F.*, 1920, p. 33-34.

Programme de É. Flandin exposé au cours de la dernière session (24 nov.-13 déc. **1919**), projet d'emprunt, vœux émis.

5742. — GENET (Jean). *Étude comparative du Protectorat tunisien et du Protectorat marocain...* — Paris, libr. du Recueil Sirey, 1920, in-8°, 110 p.

Thèse pour le doctorat (20 mars). Conditions d'établissement des Protectorats français sur la Tunisie et le Maroc; organisation politique, administrative et judiciaire de ces deux Protectorats, leurs régimes financiers et douaniers; bibliographie.

5743. — PELLEGRIN (Arthur). *La littérature nord-africaine; fonds, ressources, principes, enquête.* — Tunis, Bibl. nord-africaine, 1920, in-12, 222 p.

Paru partiellement dans *Sol.*, 1918-1919. — Par littérature nord-africaine, l'auteur entend « une littérature qui tire son inspiration et sa raison d'être de tout ce qui est nord-africain, une littérature qui ne demande à la métropole que la langue française pour exprimer l'Afrique du Nord»; résumé de l'histoire de l'Afrique du Nord, de sa société, des apports intellectuels français, l'avenir de la pensée française; historique du mouvement littéraire nord-africain, ses tendances, ses possibilités; réponses de nombreuses personnalités sur l'enquête faite par l'auteur sur le sujet. An. dans *R. T.*, 1920, p. 65-66; par René Maunier, dans *R. Alg. Tun. Maroc. lég. jurisp.*, 1921, 1re part., p. 92; par Pierre Martino, dans *R. Af.*, 1920, p. 157-161.

5744. — SAVARY (H.-R.). *L'évolution du Protectorat tunisien.* — *Op.*, 1920, 1er sem., p. 650-651.

«La France perd du terrain dans ce pays où elle est cependant maîtresse de tout et où elle a accompli une œuvre admirable»; danger d'une extension politique des pouvoirs de la Conférence consultative; les efforts doivent tendre vers l'exécution de l'excellent programme de réformes administratives et économiques.

5745. — CHAPPEDELAINE (de), député. *Rapport fait au nom de la Commission des finances chargée d'examiner le projet de loi portant fixation du budget général de l'exercice 1920 (Protectorats)...* — Paris, imp. Martinet, 1920, in-4°, 202 p.

Chambre des députés, 12e législature, session de 1920. Annexe au procès-verbal de a séance du 21 juin 1920, n° 1113. — Vue d'ensemble sur la Tunisie et l'organisation du Protectorat; nécessité pour la France de coloniser elle-même; ce que la Tunisie a fourni pendant la guerre; colonisation, agriculture, chemins de fer.

5746. — GÉNIAUX (Claire). *L'évolution des femmes musulmanes.* — *R. P. L.*, 1920, p. 195-200, 230-234.

Ce qu'elles espèrent, ce que les hommes souhaitent.

5747. — [TAALBI (Abd el Aziz ben el Hadj el-)]. *La Tunisie martyre. Ses revendications.* — Paris, Jouve, 1920, in-16, 212 p.

«Livre perfide où la haine le dispute au talent» (v. n^{os} **5750, 5818** et **5825**); l'auteur est «un journaliste plus encombré d'ambition que de principes». La Tunisie était mieux administrée, plus prospère, l'enseignement brillait d'un plus vif éclat et son organisation judiciaire était plus sûre avant le traité du Bardo que maintenant; la politique d'exploitation intensive du gouvernement du Protectorat a amené avec elle trois fléaux: l'usure, l'alcoolisme, le service militaire; les revendications de la Tunisie.

5748. — BERNARD (Augustin). *En Tunisie; la nomination de M. L. Saint.* — *Bul. Com. A. F.*, 1920, p. 347-348.

Départ de Étienne Flandin, les difficultés actuelles en Tunisie, décret du 24 nov. 1920 nommant L. Saint.

5749. — Fidel (Camille). *L'accord franco-italien pour les phosphates tunisiens.* — *Bul. Com. A. F.*, 1920, p. 368-370.

Les grandes lignes de cet accord bien accueilli en Italie.

5750. — Rodd Balek [pseud.]. *La Tunisie après la guerre. Problèmes politiques.* — Paris, publ. du Comité de l'Afrique française, 1920-1922, in-8°, 462 p.

Bul. Com. A. F., avril 1920-mars 1922. — 2° éd., *ibid.*, 1922, in-8°, 335 p. — Étude très documentée. La crise du peuplement français; la population italienne et l'italianité, la politique italienne en Tripolitaine et ses répercussions tunisiennes; le mouvement nationaliste indigène, publication de *La Tunisie martyre* (v. n° **5747**); les droits de la France, raisons de l'intervention de 1881, la participation des Tunisiens à la guerre, leur incapacité historique et actuelle à se gouverner eux-mêmes; la politique indigène et les réformes; le problème des étrangers, politique à suivre; la colonisation, le bilan de 40 années de Protectorat (1881-1921), l'avenir; l'extension et la réforme des corps élus; les problèmes indigène et étranger en 1921; rapports politiques futurs entre la Régence et la France. La 2° éd. contient en appendice les réformes de juillet 1922 (v. n° **5855**). An. par le colonel Gard, dans *Bul. Soc. G. Alger*, 1922, p. 464-466; par M. Larnaude, dans *R. Af.*, 1922, p. 515-518; par G. Grandidier, dans *Bul. G. Hist. Descr.*, 1922, p. x; par L. Gallois, dans *Bibl. g.*, 1922, p. 302; par Augustin Bernard, *ibid.*, 1924, p. 277.

5751. — *Le nouveau résident général de France en Tunisie.* — *Bul. Com. A. F.*, 1921, p. 53.

Réception de Lucien Saint au palais de La Marsa (6 janvier), discours prononcés.

5752. — *La Conférence consultative de Tunisie.* — *Bul. Com. A. F.*, 1921, p. 53-54.

47° session (30 nov.-21 déc. 1920) sous la présidence de M. de Castillon-Saint-Victor; questions traitées.

5753. — *Les revendications des « jeunes tunisiens ».* — *Bul. Com. A. F.*, 1921, p. 54.

Réception par Lucien Saint (21 janvier) d'une délégation présentée par Ahmed Essafi, avocat.

5754. — Mzali (M.-S.), docteur en droit. *L'évolution économique de la Tunisie...* Thèse... — Tunis, Imp. rapide, 1921, in-8°, 159 p., plan, carte,

Université de Lyon, Faculté de droit, 1920-1921. — Autre éd., *ibid.* — Exposé des réalités et possibilités économiques qui sont la conséquence des ressources naturelles; le facteur humain dans son état actuel, son évolution sociale et morale; comment les Tunisiens peuvent s'acheminer vers des formes de la vie économique plus rapprochées de celles des civilisations européennes. Bibliographie. An. par C. Combet, dans *R. T.*, 1921, p. 172-175; par Georges Rectenwald, dans *R. Alg. Tun. Maroc. lég. jurisp.*, 1921, 1re part., p. 189-192; par Augustin Bernard, dans *Bul. Soc. G. Paris,* 1922, t. XXXVII, p. 314.

5755. — Nattan-Larrier (P.), avocat. *La France et la Tunisie.* — *Cah. Dr. Hom.*, 1921, p. 63-66.

Manifestations de l'agitation qui règne dans le monde islamique et menace de s'étendre notamment à la Tunisie; caractère de cette agitation, ce qu'elle peut avoir de légitime.

5756. — Pellegrin (Arthur). *Deux années de littérature nord-africaine.* — *R. T.*, 1921, p. 34-37.

Le mouvement intellectuel nord-africain depuis la fin de la guerre; liste des principaux ouvrages et des principales revues algériennes et tunisiennes.

5757. — Tebbal. *Afrique et Syrie. La Méditerranée, tambour de résonance de la politique musulmane.* — *Bul. Com. A. F.*, 1921, sup., p. 198-206.

L'agitation dans l'Afrique du Nord; la propagande étrangère et en particulier allemande avant la guerre; les «jeunes-algériens» et les «jeunes-tunisiens»; la répercussion de notre politique en Syrie sur les nationalistes algériens ou tunisiens.

5758. — *La levée de l'état de siège.* — *Bul. Com. A. F.*, 1921, p. 128.

Décret du 29 mars à ce sujet.

5759. — Pellerin (Th.). *En Tunisie : une nouvelle politique pour un nouvel essor.* — *R. F.*, 1921, t. IV, p. 425-432.

L'auteur expose l'essentiel d'une nouvelle politique qui exige des méthodes particulières : fonds d'action, hygiène et assistance, surproduction et peuplement, agrégation des forces.

5760. — Bourdarie (Paul). *La question tunisienne.* — *R. Indig.,* 1921, p. 11-31.

Le problème tunisien et les revendications tunisiennes, la collaboration politique, économique et sociale de plus en plus nécessaire.

5761. — Peyrat (Joseph). *La pensée et le sentiment d'un Tunisien.* — *R. Indig.,* 1921, p. 102-106.

A propos d'une brochure où S. A. Sid Mustapha Dinguizli, ministre de la plume du Bey, relate son voyage au Maroc en 1920 ; suggestions relatives à une association de plus en plus large et libérale entre les Français et les indigènes de l'Afrique du Nord.

5762. — Duran-Angliviel (André), avocat au barreau de Tunis. *Ce que la Tunisie demande à la France.* Préfaces de Marius Moutet, député... et d'Ahmed Essafi, avocat... — Paris, Jouve, 1921, in-18, 120 p.

Étude ayant pour but de «fournir à la population de la Régence et au gouvernement du Protectorat une base de discussion». Le régime français a été un régime de domination et non de vrai protectorat. L'opinion tunisienne en 1921, origines du mouvement tunisien, la constitution, programme des réformes politiques nécessaires et des revendications tunisiennes ; principe de l'égalité entre Français et Tunisiens ; la participation des Tunisiens à la grande guerre et les principes wilsoniens. An. par Ch. S., dans *R. T.,* 1922, p. 139.

5763. — Chappedelaine (Louis de), député. *Le soleil et les nuages en Tunisie.* — *R. mondiale,* 1921, t. CXL, p. 144-158, 276-292.

Étude du problème jeune-tunisien et du problème italien en Tunisie ; leurs revendications ; les bienfaits que la France a apportés dans ce pays, la situation dont jouissent les Italiens ; «le moyen le plus efficace pour la France de développer sa prépondérance, c'est de coloniser elle-même». An. dans *Bul. Soc. G. Paris,* 1922, t. XXXVII, p. 310.

5764. — Guillaume (Eug.). *La Tunisie qui s'éveille.* — *Parl. Op.,* 1921, p. 1394-1398.

Vœux des Tunisiens exprimés par le Comité d'action franco-musulman ; conditions possibles d'un meilleur équilibre social ; la France doit utiliser l'aptitude civilisatrice des Tunisiens pour réaliser ses desseins dans son empire colonial musulman ; un geste de première émancipation est nécessaire.

5765. — *Le livre d'or de la Tunisie, histoire, commerce, tourisme.* — S. l., [1921], in-fol., 136 p., ill. cartes.

Édition de l'Afrique du Nord illustrée. — Histoire sommaire de la Régence de Tunis et de la conquête, administration, ports; communiqués commerciaux, industriels et financiers; nombreuses ill. : anciens costumes militaires, officiers et soldats de l'armée beylicale d'autrefois, armes.

5766. — Payen (Édouard). *La Tunisie.* — *Écon. fr.,* 1921, t. II, p. 229-231.

Étude faite d'après les ouvrages de M.-S. Mzali (v. n° **5754**) et de Rodd Balek (v. n° **5750**) sur le développement de la situation économique et les ressources de la Tunisie.

5767. — *Les Jeunes Tunisiens.* — *Bul. Com. A. F.,* 1921, p. 336-337.

Le byzantinisme des intellectuels indigènes de la Régence (v. n° **5754**); communiqué du parti communiste de Tunisie du 1ᵉʳ mai (*Avenir social,* 18 sept.).

5768. — Ferdinand-Lop (S.). *La Tunisie et ses richesses.* Préface de M. Édouard Soulier... — Paris, P. Roger [1921], in-16, 197 p., 21 phot., 3 plans, carte, couv. ill.

Les Pays modernes. — Renseignements géographiques et économiques sur la Tunisie, les ports, les phosphates, les Travaux publics; dans le chap. 1ᵉʳ (p. 51-62), aperçu historique sur la Tunisie, ses relations avec l'Algérie et la France de 1838 à 1883; carte des chemins de fer tunisiens. An. dans *N. R.,* 1922, t. LVIII, p. 282; dans *Bul. Soc. G. Paris,* 1922, t. XXXVII, p. 311; par Raphaël-Georges Lévy, dans *C. R. Ac. Sc. Mor. Pol.,* 1922, 1ᵉʳ sem., p. 360-361.

5769. — *La Conférence consultative.* — *Bul. Com. A. F.,* 1921, p. 429-430.

Discours prononcé par Lucien Saint à l'ouverture de la 48ᵉ session (1ᵉʳ déc.).

5770. — Carton (Dʳ L.). *La Tunisie en l'an 2000 (lettres d'un touriste).* — Paris, G. Van Oest, 1922, in-16, 257 p.

Paru dans la *Dépêche tunisienne,* 10 fév.-1ᵉʳ déc. 1919. — Orientation à donner aux énergies latentes au lendemain de la guerre, tableaux de la Tunisie de l'avenir; l'auteur s'efforce de voir «le plus grand possible» pour permettre de tracer un tableau d'ensemble supputant toutes les possibilités, de restreindre cet horizon en connaissance de cause et d'établir l'ordre d'échelonnement des efforts.

5771. — RÉGENCE DE TUNIS. Protectorat français. Résidence générale de la République française. *Notice générale sur la Tunisie (1881-1921).* — Toulouse, Imp. du centre, 1922, in-4°, 464 p., carte.

Ouvrage d'ensemble sur la Tunisie; géographie, histoire, organisation politique et administrative; l'armée tunisienne avant 1881, la division d'occupation, l'organisation militaire du territoire, l'administration centrale de l'armée tunisienne, la marine (p. 56-59); justice, finances, outillage économique, propriété foncière, colonisation.

5772. — ROUGER (Gustave). *La France et les indigènes de l'Afrique du Nord. Réponse à M. Louis Bertrand.* — R. F., 1922, t. Ier, p. 130-139.

Réponse aux art. signalés sous les n^{os} **4709** et **4710**. Empreinte superficielle laissée par les civilisations romaine et chrétienne sur les indigènes actuels de l'Afrique du Nord, dont l'islamisme est le fonds essentiel de leur caractère; illusion d'une fusion sociale et religieuse complète entre eux et nous; la seule attitude à leur égard justifiée par le succès de notre politique au Maroc consiste dans la collaboration avec l'indigène et le respect de ses institutions (v. n° **4715**).

5773. — TAITTINGER, député [et plusieurs de ses collègues]. *Proposition de résolution concernant l'emprunt tunisien...* — Paris, imp. Martinet, 1922, in-4°, 2 p.

Chambre des députés, 12° législature, session de 1922. Annexe au procès-verbal de la séance du 2 février 1922, n° 3820. — Invite le Gouvernement français à surseoir à l'émission de l'emprunt tunisien jusqu'à ce que, d'accord avec le bey, une charte constitutionnelle avec une assemblée délibérante élue, à compétence budgétaire étendue, aient été accordées au peuple tunisien (v. n° **5780**).

5774. — *La propagande communiste.* — Bul. Com. A. F., 1922, p. 107.

Saisie d'une brochure, arrestations, perquisitions.

5775. — *Les pouvoirs du délégué à la Résidence.* — Bul. Com. A. F., 1922, p. 107.

Décret du 10 février réglant ces pouvoirs.

5776. — *Une crise en Tunisie.* — Bul. Com. A. F., 1922, p. 193-194.

Projet d'abdication du bey, lancé par le parti constitutionnaliste (3 avril), agitation créée et exploitée, expulsions.

5777. — *Le danger communiste.* — *Bul. Com. A. F.*, 1922, p. 269-270.

Les agissements communistes ont commencé en Tunisie et se poursuivent en Algérie; «la déclaration de guerre à la tranquillité de notre Afrique du Nord est formelle».

5778. — *La nouvelle Tunisie.* — *R. Indig.*, 1922, p. 145-157.

L'ancien bey de Tunis Mohamed en Naceur qui vient de mourir; son loyalisme envers la France; son successeur Mohamed el Habib; les réformes opérées par L. Saint en Tunisie, le Grand Conseil, les Conseils de caïdats et les Conseils de région; réflexions sur leur organisation et leur composition.

5779. — Tessan (François de). *Sur la mort du bey de Tunis.* — *Op.*, 1922, 1ᵉʳ sem., p. 775-776.

Courte notice relative à Mohamed en Naceur et à son successeur Mohamed el Habib; la liste des vœux essentiels du peuple tunisien dressée (12 juin 1920) par le Comité franco-musulman de l'Afrique du Nord; les projets de Lucien Saint qui constitueront une nouvelle charte tunisienne.

5780. — Morinaud, député. *Rapport fait au nom de la Commission de l'Algérie, des colonies et des protectorats, chargée d'examiner la proposition de résolution de M. Taittinger et plusieurs de ses collègues, concernant l'emprunt tunisien…* — Paris, imp. Martinet, 1922, in-4°, 76 p.

Chambre des députés, 12ᵉ législature, session de 1922. Annexe au procès-verbal de la 2ᵉ séance du 15 juin 1922, n° 4488. — Ce que la France a accompli en Tunisie de 1881 à 1922; ce qu'elle a encore à faire (colonisation, nationalisation des Italiens, égalité fiscale, organisation municipale, représentation élective). L'œuvre accomplie par la France depuis 40 ans «est un sûr garant des progrès qu'elle s'apprête à y réaliser» (v. n° **5773**).

5781. — Debierre (Charles), sénateur. *La France dans l'Afrique du Nord.* — *Ann. Col.*, 4 juillet 1922.

Le voyage présidentiel dans l'Afrique du Nord; quelques mots sur le mouvement destourien, son origine, sa portée.

5782. — Géniaux (Charles). *La Tunisie d'aujourd'hui et de demain.* — *Cor.*, 1922, t. CCLXXXVIII, p. 385-407.

> La Tunisie d'après guerre; incidents d'avril 1922; la visite du Président de la République; les réformes qui s'imposent, les griefs des «jeunes Tunisiens», les projets libéraux du Résident général.

5783. — *La crise tunisienne et le communisme dans l'Afrique française du Nord.* — *Bul. Com. A. F.*, 1922, p. 326-333.

> Extr. de discours à la Chambre des députés (4 juillet) par É. Morinaud et É. de Warren dénonçant la campagne communiste en Afrique du Nord inspirée par Moscou et Berlin, et historique de la collusion du Destour et du communisme par R. Poincaré, président du Conseil.

5784. — Régence de Tunis. Protectorat français. Direction générale de l'Intérieur. *Dénombrement de la population indigène (musulmane et israélite) en Tunisie au 6 mars 1921.* — Tunis, imp. G. Guinle, 1922, in-8°, 105 p.

> Le dénombrement de la population indigène s'est effectué pour la première fois en 1921; «les méthodes employées pour procéder à cette opération ont scrupuleusement respecté les mœurs et usages indigènes de sorte qu'il s'est opéré sans incidents».

5785. — *Les réformes tunisiennes.* — *Bul. Com. A. F.*, 1922, sup., p. 247-261, croq.

> Texte des décrets beylicaux et de l'arrêté résidentiel (13-14 juillet) relatifs aux réformes tunisiennes : Conseils de caïdat, Conseils de région, le Grand Conseil (v. n° **5797**).

5786. — Géniaux (Charles). *Les réformes tunisiennes.* — *R. mondiale*, 1922, t. CL, p. 227-239.

> Les réformes que la France vient d'accorder à la Tunisie; le mouvement «jeune tunisien» depuis 1907; le loyalisme de la Tunisie pendant la guerre; les revendications destouriennes; la question du service militaire et la valeur de l'armée indigène actuelle.

5787. — *L'attitude politique des fonctionnaires de la Régence.* — *Bul. Com. A. F.*, 1922, p. 461.

> Circulaire n° 106 du 22 juillet : «le Gouvernement du Protectorat ne peut pas admettre qu'un fonctionnaire français ou tunisien... soit membre d'un parti qui a pour programme de ruiner de toutes ses forces l'autorité française en Tunisie».

5788. — *La situation générale de la Tunisie.* — Bul. Com. A. F., 1922, sup., p. 313-315.

<small>Discours prononcé par Lucien Saint à l'inauguration de la ligne de Nefza à Tabarka (9 nov.).</small>

5789. — PAYEN (Édouard). *En Tunisie. La mort du bey. Les réformes administratives.* — Écon. fr., 1922, t. II, p. 131-133.

<small>Les événements de 1922 en Tunisie : agitation politique, mort de Mohamed en Naceur, la réorganisation administrative.</small>

5790. — BUREAU (Georges), député. *Rapport fait au nom de la Commission des finances chargée d'examiner le projet de loi portant fixation du budget général de l'exercice 1923 (Protectorat de la Tunisie)...* — Paris, imp. Martinet, 1922, in-4°, 187 p.

<small>Chambre des députés, 12° législature, session extraordinaire de 1922. Annexe au procès-verbal de la 2° séance du 9 déc. 1922, n° 5228. — Mode d'établissement du budget tunisien, régime fiscal, réseau des chemins de fer.</small>

5791. — *La première session du Grand Conseil.* — Bul. Com. A. F., 1922, p. 553-556 ; 1923, p. 31-33.

<small>Discours d'ouverture (11 déc. 1922) de Lucien Saint ; décisions prises, discours de la séance de clôture.</small>

5792. — *La Tunisie. Situation économique. Fonctionnarisme et colonisation.* — Paris, Soc. d'études et d'informations économiques [1923], in-8°, 27 p.

<small>Mémoires et documents. — Principales données économiques relatives à la Tunisie ; développement de la colonisation italienne, situation financière, le développement constant du fonctionnarisme ; bilan des périls qui menacent l'avenir du Protectorat.</small>

5793. — VAN DER HEYDEN (L.). *Les colonies françaises. IV. La Tunisie.* — Bul. Soc. belge G., 1923, p. 4-28, carte.

<small>Étude d'ensemble sur la Tunisie, configuration, géologie, ponts, voies ferrées, routes, climat ; bref aperçu historique ; ethnographie et démographie.</small>

5794. — THÉRY (René). *Ce que le Protectorat français a rapporté à la Tunisie.* — Écon. europ., 1923, sup., p. 51-54.

Situation de la Tunisie en 1881, les progrès apportés par le Protectorat; politique financière, développement de l'assistance, de la colonisation, des ressources minières; le commerce extérieur de 1910 à 1921.

5795. — *Réception à l'hôtel de ville de Paris de Son Altesse Mohamed el Habib pacha bey, possesseur du royaume de Tunis.* — Paris, imp. Lapina, 1923, in-4°, 29 p., ill., portr., fac-simil.

Liste des personnalités présentes à cette réception (13 juillet); discours prononcés par G. Lalou, président du Conseil municipal, Juillard, préfet de la Seine, et le Bey de Tunis.

5796. — *Le bey en France.* — *Bul. Com. A. F.*, 1923, p. 384-385.

Visite de Mohamed el Habib; discours à l'Élysée et à l'Institut musulman.

5797. — RECTENWALD (Georges). *Les assemblées élues du Protectorat français en Tunisie...* — Paris, Comité de l'Afrique française, 1923, in-16, 88 p.

Bul. Com. A. F., 1923, sup., p. 186-211. — Autre éd. (contenant les réformes de 1928), Alger, P. et G. Soubiron, 1931, in-4°, 88 p. — Examen de l'organisation et du fonctionnement des corps élus de la Régence; origines et historique succinct de la Conférence consultative depuis 1890, réformes du 13 juillet 1922 : les Conseils de caïdat, les Conseils de région, le Grand Conseil, les Chambres économiques (v. n° **5785**).

5798. — *Les Conseils de région.* — *Bul. Com. A. F.*, 1923, p. 385-387.

Seconde session; discours de Lucien Saint devant le Conseil de Tunis, exposant le but de ces assemblées.

5799. — *Notice statistique. Tunisie (Tounis, Iffriqiya, Maghrib-al-Adna).* — *R. M. Mus.*, 1923, t. LIII, p. 99-105.

Situation statistique de la Tunisie, superficie, peuplement, villes principales, islamisation (origine, intensité); gouvernement (constitution, membres); administration, presse; armée; travail et production, mouvement économique; brève bibliographie.

5800. — *La Tunisie.* — *Vie technique*, 1923, VIII-120 p., 4 cartes, grav.

Numéro spécial consacré à la Tunisie. Nombreux art. sur l'agriculture, les moyens de communications, les industries, le commerce, les finances, le tourisme; en particulier : La Tunisie géographique, physique, politique et économique, par M. Gandolphe; La colonisation française en Tunisie, par M. Labadie; La Tunisie d'hier, d'aujourd'hui et de demain, par L.-J. Pelletier; Bizerte port de guerre et marchand, par A. Guénard; Le Service topographique, par P. Davin; courte bibliographie.

5801. — *Le Grand Conseil de la Tunisie.* — Bul. Com. A. F., 1923, p. 629-631.

Séance extraordinaire (23 nov.); ouverture de la session ordinaire (3 déc.), discours prononcés. Cf. ibid., 1924, p. 45-46.

5802. — Théry (René). *La situation économique et politique de la Tunisie au début de 1924.* — Écon. europ., 1924, sup., p. 50-53, carte.

L'extension nouvelle donnée à la Régence en 1923 par l'administration française; les perspectives pour 1924, les problèmes qui restent encore à résoudre.

5803. — *La session des Conseils de région.* — Bul. Com. A. F., 1924, p. 187.

Article du *Temps* commentant cette 3ᵉ session.

5804. — Canal (Albert). *La littérature et la presse tunisiennes de l'occupation à 1900.* Préface de Louis Bertrand. — Paris, Renaissance du Livre [1924], in-16, 393 p.

Historique de cette période littéraire; constitue à la fois une bibliographie et un recueil de notices bibliographiques concernant les écrivains de langue française : récits de voyages, poètes et conteurs de la *R. T.*, l'histoire, le théâtre, la presse; la littérature italo-tunisienne, franco-arabe, etc. An. par G. V., dans *Bul. Soc. G. Alger*, 1927, p. 535-536.

5805. — Bernard (A.). *Enquête sur l'habitation rurale des indigènes de la Tunisie...* — Tunis, imp. J. Barlier, 1924, in-8°, xiv-101 p., 9 pl., 15 croq., carte.

Enquête faite par ordre de Lucien Saint, résident général, et travail établi d'après les renseignements fournis par les contrôleurs civils et les officiers du Service des Affaires indigènes; modes d'habitations des indigènes (tentes, constructions) et transformations que celles-ci ont subies. An. par Henri Basset, dans *Hesp.*, 1924, p. 339-341; par L. M. [Massignon], dans *R. M. Mus.*, 1925, t. LIX, p. 325; par Alfred Bel, dans *R. T.*, 1925, p. 314-316; par E. Lemoisson, dans *Bul. Soc.*

G. *Arch. Oran*, 1925, p. 104-105; par Marcel Larnaude, dans *R. Af.*, 1925, p. 113-115, et dans *Ann. G.*, 1925, p. 560-563; dans *Bul. Soc. G. Paris*, 1925, t. XLIII, p. 377; dans *Bul. Soc. G. Lille*, 1924, p. 235-240; par L. Raveneau, dans *Bibl. g.*, 1925, p. 339-340.

5806. — FAVERIS (Commandant). *Organisation du Protectorat de la Tunisie.* — *A. A.*, 1924, p. 193-198, phot.

Les conceptions relatives au régime de la Tunisie au moment de la conquête : protectorat ou annexion; l'établissement du Protectorat; attributions du Résident général et du Général commandant la division d'occupation; organisation actuelle.

5807. — ALBIN (Pierre). *Conversation avec M. Delcassé (31 décembre 1922).* — *Cor. Or.*, 1924, p. 385-400.

Analyse des déclarations faites par l'ancien ministre des Affaires étrangères, notamment au sujet de l'occupation de la Tunisie, de l'Italie, de notre avenir dans la Méditerranée et en Afrique du Nord, Bizerte; commentaire de ces déclarations par le Dr Georges-Samné.

5808. — LABONNE (Roger). *L'Italie et la Méditerranée.* — *Cor.*, 1924, t. CCXCV, p. 193-223.

Les phases de la politique méditerranéenne de l'Italie depuis l'armistice : dans les pays turcs, dans les contrées arabes, en Adriatique; ses ambitions sur la Tunisie et sur Tanger.

5809. — HUC (Paul), docteur ès sciences politiques et économiques. *L'œuvre politique et économique du Protectorat français en Tunisie.* Thèse... — Toulouse, Imp. régionale, 1924, in-8°, 368 p.

Université de Toulouse, Faculté de droit, 1923-1924. — Autre éd., *ibid.* — Aperçu historique sur la Tunisie des origines à la campagne de 1881 et sur l'établissement du Protectorat français; la réforme financière, la réforme judiciaire; le problème politique : l'état d'esprit tunisien en 1911, origines du mouvement destourien, excitations de la presse arabe contre la France; les corps élus de la Régence jusqu'en 1922, les réformes de juillet 1922. An. par G. Rectenwald, dans *R. Alg. Tun. Maroc. lég. jurisp.*, 1924, 1re part., p. 111-112.

5810. — ROBER-RAYNAUD. *L'œuvre de la France en Tunisie.* — *Bul. Com. A. F.*, 1924, p. 435-437.

La campagne nationaliste; l'œuvre du résident général Lucien Saint; la représentation des indigènes dans les différents conseils.

5811. — *Les socialistes indigènes tunisiens et leurs revendications.* — *Bul. Com. A. F.*, 1924, p. 502.

Motion adoptée (26 août); les 14 «points» du groupe indigène socialiste de Tunis ne sont qu'une réédition «revue et augmentée» des 9 «points du Destour».

5812. — *La presse arabe en Tunisie.* — *Bul. Com. A. F.*, 1924, p. 635-636.

Liste des journaux avec leur couleur politique actuelle.

5813. — ROBER-RAYNAUD. *La situation de la Tunisie.* — *Bul. Com. A. F.*, 1925, p. 8-9.

La question du syndicalisme ouvrier en Tunisie; la presse arabe, la question italienne en Tunisie (p. 9-12, croq.) [v. n° 5815].

5814. — *Le Grand Conseil de la Tunisie.* — *Bul. Com. A. F.*, 1925, p. 47-48; 1925, sup., p. 593-595; 1926, p. 33-34.

3ᵉ et 4ᵉ sessions; discours de Lucien Saint (20 déc. 1924 et 4 déc. 1925).

5815. — *La situation de la Tunisie.* — *Bul. Com. A. F.*, 1925, p. 60-70, 108-114, 167-169, 274-280, 326-329, 432-434, 517, 576-579, ill.

Série d'art. (v. n° 5813) traitant au jour le jour les principales questions tunisiennes; la question italienne : extr. d'art. de journaux italiens sur l'état d'esprit en Italie et sur les aspirations et revendications des Italiens de Tunisie, un directoire fasciste à Tunis; la question indigène : destouriens et communistes, leur attitude dans la question du Rif, le drapeau tunisien, revendications indigènes, suspension du journal communiste *Ifrikia*, polémique entre l'*Unione* et la *Nadhia;* autour des travaux de la Commission d'études tunisiennes, la question juive, le loyalisme des musulmans français.

5816. — *Les musulmans français.* — *Bul. Com. A. F.*, 1925, p. 79-80; 1926, p. 129.

Assemblées générales annuelles de la ligue des musulmans français. Cf. *ibid.*, 1925, p. 48, et 1926, p. 241.

5817. — *Comité Algérie-Tunisie-Maroc. Les travaux de la Commission d'études tunisiennes et la presse de la Régence.* — *Bul. Com. A. F.*, 1925, sup., p. 165-184, ill.

L'opinion de la presse française, italienne et arabe de Tunis au sujet des travaux de la Commission d'études tunisiennes; extr. de journaux.

5818. — Rober-Raynaud. *Le nationalisme tunisien.* — Paris, publ. du Comité Algérie-Tunisie-Maroc, 1925, in-8°, 34 p.

Bul. Com. A. F., 1925, sup., p. 217-226. — Le mouvement nationaliste en Tunisie, sa campagne contre le Protectorat, le livre d'Abdul Aziz Taalbi (v. n° **5747**), nouvelles réformes de la Résidence générale en 1922; programme et revendications du Destour, parti internationaliste.

5819. — Altuma. *Les événements du Rif et la Tunisie.* — *Bul. Com. A. F.*, 1925, sup., p. 227-233.

Extr. de journaux destouriens et communistes consacrés aux affaires marocaines depuis l'agression rifaine de mai 1925; « la persistance de semblables appels à la révolte est loin d'être sans danger ».

5820. — *La fixation des indigènes au sol.* — *Bul. Com. A. F.*, 1925, p. 289-290.

Note du *Bul. Office Protectorat* (juin); attribution des lotissements, crédit agricole, résultats obtenus.

5821. — Altuma. *Pour les femmes musulmanes en Tunisie.* — *Bul. Com. A. F.*, 1925, sup., p. 289-291, phot.

Effort d'enseignement poursuivi par la France depuis 25 ans.

5822. — Baréty (Léon), député. *Où va notre Afrique du Nord?* — *Bul. Com. A. F.*, 1925, p. 325.

« L'Afrique du Nord traverse une phase critique de son histoire »; des forces hostiles tendent à saper notre œuvre en Tunisie et au Maroc.

5823. — Altuma. *Pour l'indigène tunisien : les œuvres françaises.* — *Bul. Com. A. F.*, 1925, sup., p. 417-428.

Tableau des principales œuvres créées par le Protectorat en faveur des indigènes et destinées à relever graduellement leur niveau matériel et moral : la question des terres, les œuvres d'assistance agricole, l'industrie indigène, l'hygiène et la santé publique.

5824. — *Bonne foi destourienne.* — *Bul. Com. A. F.*, 1925, sup., p. 448-449.

Art. paru dans le *Libéral* (1ᵉʳ août) sous la signature de Abd el Hak (le serviteur de la vérité) et renfermant des allégations mensongères sur la situation de la Tunisie, l'effort qu'elle a fourni pendant la guerre et «les entreprises belliqueuses» de la France au Maroc.

5825. — ROBER-RAYNAUD. *La Tunisie sans les Français.* — Paris, Comité Algérie-Tunisie-Maroc [1925], in-16, 145 p.

Exposé de la vérité répondant au «livre de mensonge» *La Tunisie martyre*... (v. n° **5747**) et montrant que ce titre s'applique non à la Tunisie actuelle régénérée par la France, mais à celle d'avant l'occupation. An. par C. M., dans *Bul. Com. A. F.*, 1925, p. 517-518.

5826. — ROBER-RAYNAUD. *Les questions sociales tunisiennes.* — Paris, publ. du Comité Algérie-Tunisie-Maroc, 1925, in-8°, 44 p.

Paru sous le titre *Rapport sur la situation tunisienne*, dans *Bul. Com. A. F.*, 1925, sup., p. 481-493. — Reproduction et étude critique d'un rapport de M. Jouhaux, secrétaire général de la C. G. T., paru dans la *Voix du Peuple* (juillet-août) traitant des réformes sociales à introduire en Tunisie.

5827. — *La situation de la Tunisie en 1924.* — *Bul. Com. A. F.*, 1925, sup., p. 540-541.

Extr. du *Rapport au Président de la République* (v. n° **4218**) : la vie chère, le déficit de la récolte des céréales.

5828. — BUREAU (Georges), député. *Rapport fait au nom de la Commission des finances chargée d'examiner le projet de loi portant fixation du budget général de l'exercice 1926* (*Protectorat de la Tunisie*)... — Paris, imp. Martinet, 1925, in-4°, 112 p.

Chambre des députés, 13ᵉ législature, session extraordinaire de 1925. Annexe au procès-verbal de la séance du 5 nov. 1925, n° 2035. — Budget de la Tunisie, situation générale, agriculture, élevage, colonisation, industrie, instruction publique, organisation des services d'assistance et d'hygiène (v. n° **7360**).

5829. — CAUTRU, député. *Rapport fait au nom de la Commission de législation civile et criminelle chargée d'examiner la proposition de loi de M. Morinaud, tendant à créer un contingent annuel de la Légion d'honneur pour les citoyens français et les Européens de Tunisie et du Maroc...* — Paris, imp. Martinet [1925], in-4°, 2 p.

Chambre des députés, 13° législature, session extraordinaire de 1925. Annexe au procès-verbal de la séance du 17 nov. 1925, n° 2079. — Chiffre des Européens et des Français en Tunisie et au Maroc; nécessité de récompenser plus largement les services rendus à la cause française. Cf. Projet de loi sur le même objet, *ibid.,* n° 1735.

5830. — A. *La réorganisation administrative en Tunisie.* — *Bul. Com. A. F.,* 1925, sup., p. 590-591.

Extr. du rapport de la Commission chargée d'étudier la réorganisation administrative; l'administration tunisienne donne l'impression d'un organisme trop compliqué pour les besoins qu'elle doit satisfaire; centralisation excessive à Tunis et véritable anémie des services d'exécution à l'intérieur du pays.

5831. — *Le complot contre la sûreté de l'État.* — *Bul. Com. A. F.,* 1925, p. 642-643.

Condamnation de gérants de journaux communistes tunisiens pour leur propagande anti-française; l'entente entre les communistes et les destouriens.

5832. — *Les destouriens et la Syrie.* — *Bul. Com. A. F.,* 1925, p. 633-644, fig.

Art. haineux du *Libéral* (21 nov.) intitulé : une ville martyre, Damas.

5833. — *La mégalomanie des destouriens.* — *Bul. Com. A. F.,* 1925, p. 645.

Extr. d'un art. de Béchir el Annabi, publié dans *Tunis-socialiste* (30 nov.), intitulé : la politique coloniale de la France dans le bassin méditerranéen.

5834. — ROBER-RAYNAUD. *La propagande communiste dans l'Afrique du Nord.* — Paris, éd. du Comité Algérie-Tunisie-Maroc [1925], in-8°, 44 p., ill., couv. ill.

Bul. Com. A. F., 1926, sup., p. 41-53, ill. — Le bolchevisme aux colonies, ses centres, procédés de propagande, le *vade-mecum* du communiste dans l'Afrique du Nord, la thèse sur l'indigénat, la Confédération générale du travail tunisien, menées communistes à propos de la guerre du Rif, nécessité d'enrayer le mouvement. Documents annexes : le plan anticolonial du bolchevisme, le plan révolutionnaire confié aux communistes italiens, en particulier au sujet de leur rôle dans la question tunisienne.

5835. — *La propagande communiste en Tunisie.* — *Bul. Com. A. F.,* 1926, p. 31-32, 184, 535; sup., p. 253-254, fig.

Traduction de tracts communistes, imprimés en arabe, contre notre politique en Tunisie et notre attitude au Maroc.

5836. — BAREILLES (Bertrand). *Le Destour tunisien.* — *Cor. Or.*, 1925, 1ᵉʳ sem., p. 111-116.

Historique succinct du parti nationaliste tunisien, son programme, ses ramifications, son activité fortifiée par les premiers succès d'Abd el Krim.

5837. — R. *La réforme administrative en Tunisie.* — *Bul. Com. A. F.*, 1926, p. 179.

Travaux de la Commission Tirman pour la refonte du système administratif de la Tunisie; le nombre excessif de fonctionnaires du Protectorat.

5838. — *L'affaire Mac Namara.* — *Bul. Com. A. F.*, 1926, p. 183-184, 535.

Propagande antifrançaise faite en Tunisie par un lieut de réserve de l'armée anglaise; sa condamnation, la répercussion en Angleterre.

5839. — *Un tract anti-français.* — *Bul. Com. A. F.*, 1926, p. 460.

Copie d'un tract rédigé en arabe et en français, signé le «Comité pour la libération de l'Afrique du Nord (section de Tunisie)», réclamant l'indépendance de la Tunisie.

5840. — SAINT (Lucien), résident général. *La réforme administrative en Tunisie.* — *Bul. Com. A. F.*, 1926, sup., p. 237-241.

Rapport du résident général au Grand Conseil (30 avril) sur les réformes administratives prévues par les travaux de la Commission Tirman.

5841. — N. *Un bilan de la politique sociale et économique de la Tunisie...* — *Bul. Com. A. F.*, 1926, sup., p. 294-297.

Exposé fait par le résident général L. Saint devant la Commission des Colonies (4 juin); la tranquillité actuelle de la Tunisie malgré la propagande nationaliste, la situation sociale, la situation économique, les réformes de 1922, la question italienne.

5842. — *Les questions tunisiennes devant le Comité Algérie-Tunisie-Maroc.* — *Bul. Com. A. F.*, 1926, sup., p. 298.

Vœux transmis au Gouvernement après un examen de la situation en Tunisie (19 mai).

5843. — *A propos de l'édit de juin 1778.* — Bul. Com. A. F., 1926, sup., p. 413-414.

Arrêté du Conseil d'État (4 déc. 1925) au sujet d'une expulsion prononcée contre un journaliste français par le Résident général.

5844. — Vanlande (René). *Dialogues nord-africains.* — Bul. Com. A. F., 1926, sup., p. 494-497.

Controverse sur «les aspirations des jeunes générations algériennes et tunisiennes»; les deux fractions du parti destourien, extrémistes et modérés; ces derniers demandant seulement une collaboration franche et entière avec la France, l'égalité entre fonctionnaires français et tunisiens, la direction de certains départements.

5845. — Godchot (Colonel). *Moscou et l'Afrique du Nord...* — Paris, F. Alcan, 1926, in-8°, 26 p.

Le premier des trois art. parus dans *J. écon.*, 1926, t. LXXXIV, p. 196-204, 328-401; t. LXXXV, p. 51-62, n'est pas compris dans ce tirage à part. L'organisation du gouvernement des Soviets, les thèses à répandre du parti communiste russe; la propagande de Moscou chez les peuples de l'Islam, en particulier au moment de l'agression d'Abd el Krim; le destour, l'activité et les aspirations italiennes Concerne surtout la Tunisie, la partie de l'étude relative à l'Algérie et au Maroc n'ayant pas été publiée.

5846. — Filio (Capitaine). *L'essor économique de la Tunisie.* — A. A., 1926, p. 253-263, croq., 4 i'l.

Progression de la population européenne; développement du réseau routier, des voies ferrées, des transports maritimes, de l'hydraulique, de l'agriculture, de l'élevage, des industries.

5847. — Jung (Eugène), ancien vice-résident de France au Tonkin. *Les réformes en Tunisie...* — Paris, chez l'auteur, 1926, in-8°, 93 p.

Rapport adressé par l'auteur à la Commission parlementaire chargée en 1924 d'étudier les réformes en Tunisie; étude du Protectorat tunisien, les fautes commises; le mouvement nationaliste; les droits de la France; les réformes nécessaires.

5848. — *Arrêtés et décrets relatifs à la réorganisation administrative de la Régence de Tunis.* — Tunis, Imp. rapide, 1926, in-8°, 78 p.

Extr. *J. O. tunisien,* n° 92, 17 nov. — Texte des arrêtés et décrets promulgués par le Résident général; composition du cabinet civil et militaire, organisation administrative, etc.

5849. — *La Tunisie.* — A. A., 1926, p. 361-439, ill., portr., carte.

Réunion d'art. I. *Les régions naturelles de la Tunisie,* par Marcel Larnaude (p. 363-370). II. L'histoire de la Régence : *introduction,* par le capitaine Morel (p. 371-374); *de la fondation de Carthage à 1881,* par Marcel Gandolphe (p. 375-378); *la conquête de la Tunisie,* par le lieut^t-colonel R. Bouquero de Voligny (p. 379-384); *de 1881 à nos jours,* par Marcel Gandolphe (p. 385-388). III. *L'agriculture,* par P. Robinet (p. 389-396), *les forêts,* par L. Lavauden (p. 397-402), *l'industrie extractive,* par L. Berthon (p. 403-407), *le régime foncier,* par Ch. Saumagne (p. 408-410), *la colonisation officielle,* par Gérard Labadie (p. 411-415), *les Territoires militaires du Sud tunisien,* par le capitaine Filio (p. 416-425), *le tourisme,* par B. d'Orgeval (p. 426-428). IV. Les questions sociales : *Destour et destouriens,* par Georges Rectenwald (p. 429-434) [v. n° **5747**], *la question italienne,* par le capitaine Morel (p. 435-439).

5850. — *La situation générale de la Tunisie et le Parlement.* — *Bul. Com. A. F.,* 1926, p. 578-580.

Débat à la Chambre des députés (29 et 30 nov.) sur les affaires intérieures de Tunisie; discours de A. Briand, intervention des députés Moutet et Berthon.

5851. — Warren (Cte É. de). *La politique de collaboration en Tunisie...* — Paris, Soc. d'éd. géogr., mar. col., 1927, in-4°, 20 p.

Communication à l'Académie des sciences coloniales (15 déc. 1926). Comment la politique de collaboration a été poursuivie par l'administration du Protectorat comme par les Français et les indigènes de Tunisie; les principes directeurs de cette politique en Afrique du Nord.

5852. — Baranton (Raymond), député. *Proposition de résolution tendant à inviter le Gouvernement à soumettre au Bey de Tunis un projet de réformes intérieures en exécution de l'article premier de la convention de La Marsa.* — Paris, imp. Martinet [1927], in-4°, 3 p.

Chambre des députés, 13° législature, session de 1927. Annexe au procès-verbal de la séance du 5 avril 1927, n° 4293. — Les revendications du parti libéral constitutionnel tunisien. Proposition renvoyée à la Commission des Affaires étrangères.

5853. — DESFEUILLES (P.). *Les colonies françaises. La Tunisie.*— Paris, éd. P. Roger, 1928, in-12, 96 p., carte, 6 graph.

Monographies économiques. — Aperçu historique et géographique, mines et carrières, agriculture, industrie, commerce, voies de communication, population, organisation politique et administrative, capitaux français en Tunisie. Bibliographie.

5854. — « *L'Afrique française* ». *Chronique de Tunisie (août 1922-août 1928).* — Tunis, imp. J. Barlier, 1928, in-8°, xiv-429 p., ill.

Réunion de toutes les chroniques publiées par le *Bul. Com. A. F.* de 1922 à 1928 relatives à la Régence, groupées par ordre chronologique dans quatre chapitres : 1° questions italiennes; 2° questions concernant l'Islam; 3° le destour, la presse arabe en Tunisie, le mouvement corporatif indigène, les événements du Rif; 4° la propagande communiste en Tunisie; index alphabétique des principaux noms cités.

5855. — CAVÉ [pseud.]. *Sur les traces de Rodd Balek. Les problèmes tunisiens après 1921...* — Paris, éd. du Comité de l'Afrique française, 1929, in-8°, viii-520 p., cartes, ill.

Bul. Com. A. F., 1924 à 1927. —OEuvre remarquable où l'auteur poursuit l'examen des grands problèmes tunisiens commencé par Rodd Balek (v. n° **5750**). La double souveraineté française et beylicale, la Tunisie est à la fois une colonie française et un royaume arabe ; la création d'un peuple nouveau, renouveau destourien en 1924, solution de la question maltaise; l'entrée spontanée dans la cité française, naturalisation individuelle et automatique (v. n° **6117**), contre-propagande italienne ; vers un accord méditerranéen, le fascisme en Tunisie (1922-1926); les difficultés de l'entente franco-italienne, la politique étrangère de M. Mussolini, la Tunisie et les compensations (1926-1927); la situation démographique de la Tunisie en 1927 (recensement de 1926), le problème des naturalisés et de l'immigration. Conclusion : création d'un peuple français de Tunisie par fusion prudente dans le creuset national d'éléments allogènes. An. par G. Yver, dans *Bibl. g.*, 1925, p. 340; 1926, p. 391-392; 1927, p. 429; 1930, p. 484.

CHAPITRE II.
LA COLONISATION.

I. LE PEUPLEMENT FRANÇAIS.

5856. — Pascal (E.), ancien conseiller d'État. *La colonisation en Tunisie, lettres à la Société des études coloniales...* — Tunis, typ. franco-tunisienne, 1886, 6 broch. in-8°.

Bul. Soc. Ét. Col. Mar., 1886, p. 118-130, 239-254, 316-329. — I. Le protectorat (12 mai, 12 p.); II. Les nouveaux colons et les vignes (19 mai, 12 p.); III. La culture indigène (26 mai, 15 p.); IV. La loi immobilière (31 mai, 14 p.); V. Le régime économique (6 juin, 14 p.); VI. Vue d'ensemble (10 juin 1886, 10 p.) [v. n° **5327**].

5857. — Vivarez (Mario). *Exploitation territoriale du Mogody (Tunisie du Nord). Projet...* — Montpellier, imp. J. Martel, 1886, in-4°, 23 p.

Projet d'aménagement de l'abri maritime naturel du cap Serrat (80 km. O. de Bizerte).

5858. — Tissot (J.). *La colonisation en Tunisie...* Tunis, décembre 1886. — Marseille, imp. H. Guy, s. d., in-8°, 24 p.

Étude signée A. T. L'auteur ne prévoit aucun résultat de l'initiative individuelle; au contraire, une grande Société, avec le système de la colonisation collective, réalisera «sur un vaste champ d'expérience, l'alliance du capital et du travail». An. dans R. Af. fr., 1887, t. V, p. 176.

5859. — Fournier de Flaix (E.). *La colonisation de la Tunisie.* — N. R., 1888, t. LII, p. 534-553, 875-897.

Contraste entre l'Algérie et la Tunisie; la vallée de la Medjerda, territoire et population de la Tunisie; la colonisation, œuvre exclusivement française; analyse d'un mémoire du colonel Playfair, projets de réformes à réaliser.

5860. — Playfair (Sir Lambert). *Tunis sous le Protectorat français.* — R. Af. fr., 1888, t. VI, p. 370-376.

Traduction de la conférence faite au Congrès de l'Ass. britannique pour l'avancement des sciences (Bath, 10 sept. 1888); la colonisation française; la nouvelle croisade du cardinal Lavigerie.

5861. — *La Tunisie devant les Chambres. Appel des colons français aux membres du Parlement.* — Paris, imp. Schiller, 1890, in-8°, 29 p., carte.

La Tunisie est indispensable à la puissance française en Afrique et dans la Méditerranée; elle ne sera définitivement française que par la colonisation; impossibilité de coloniser dans les conditions douanières actuelles.

5862. — Carton (D^r), médecin militaire des hôpitaux de Tunisie. *De l'utilité des études archéologiques au point de vue de la colonisation dans l'Afrique du Nord...* — Paris, Bibl. des *Annales économiques,* 1890, in-8°, 15 p.

IVe *Congrès sc. g. Paris 1889,* t. Ier, p. 462-472. — Il n'est pas de vestige de la colonisation romaine dont l'examen n'entraîne quelque enseignement : oliviers, forêts, céréales, mines, matériaux, travaux hydrauliques, voies romaines.

5863. — *Syndicat des colons français en Tunisie, statuts.* — Paris, imp. Schiller, 1890, in-16, 7 p.

Daté de Paris (12 juillet) et signé du président Georges Picot et du secrétaire A. de Montureux.

5864. — Lafitte (Dr F.), de Tunis. *La Tunisie au point de vue de sa colonisation.* — Paris, Comité des études africaines, 1890, in-4°, 12 p.

Comité des études africaines, section de Tunisie. — Conférence à la Soc. de médecine dosimétrique de Paris (6 déc.); les richesses du sol tunisien, l'élevage; l'œuvre du Protectorat.

5865. — *Banque tunisienne de prêts sur gages, Monts-de-Piété, magasins généraux de Tunisie... Statuts.* — Paris, imp. Blot, 1891, in-8°, 23 p.

5866. — Lafitte (Dr F.). *Colonisation de la Tunisie. Notice.* — Paris, au siège du Comité, 1891, in-8°, 48 p.

Comité d'études tunisiennes. — Brochure de propagande en faveur du développement de la colonisation française en Tunisie; colonisation, exploitation des richesses du sol, création en Tunisie de débouchés pour le commerce et l'industrie française,

5867. — SERVONNET (Jean), lieut^t de vaisseau. *De l'avenir de la colonisation en Tunisie...* — *Bul. Soc. Ét. Col. Mar.*, 1891, p. 91-103.

Conférence à la Soc. (8 avril). L'auteur a séjourné de 1882 à 1886 dans la Régence et collaboré à la confection de la carte marine de la Tunisie; comparaison avec l'état actuel de ce pays, les progrès réalisés; colonisation, les ports et les côtes, les ressources de la Tunisie.

5868. — GUÉRARD (Dr Henri), médecin-major de 2e cl. à l'hôpital militaire d'Aïn-Draham, et BOUTINEAU (Émile), pharmacien aide-major de 1re cl. à l'hôpital militaire d'Ain-Draham. *Tunisie. La Khroumirie et sa colonisation...* — Paris, A. Challamel, 1892, in-8°, 163 p., carte.

La Kroumirie et ses habitants; ressources qu'elle peut offrir à la colonisation avec renseignements vérifiés par les auteurs au cours d'un séjour de trois ans à Aïn-Draham, centre de la Kroumirie. An. par G. Jacqueton, dans *R. Af.*, 1893, p. 280; dans *C. R. Soc. G. Paris*, 1892, p. 437.

5869. — CASTONNET DES FOSSES (H.). *La Tunisie...* — Lille, imp. L. Danel, 1892, in-8°, 20 p.

Bul. Soc. G. Lille, 1892, t. XVIII, p. 59-77. — Conférence à Roubaix (17 janvier). Notice d'ensemble géographique, historique, agricole, économique; quelques lignes sur les villes; «la colonisation s'impose de plus en plus; c'est une nécessité».

5870. — BERTHOLON (D^r). *Étude démographique sur la Tunisie...* — Paris, imp. Chaix, 1893, in-8°, 27 p.

R. F. Étr. Col., 1892, t. XVI, p. 497-505; 1893, t. XVII, p. 53-61, 105-112. — Étude faite d'après les documents officiels du recensement de 1891; la population française en 1881 et 1886; recherche des raisons pour lesquelles l'accroissement de la population est si faible en Tunisie; provenance des colons, répartition, profession, natalité et mortalité; comparaison avec l'Algérie; les protégés français; la colonie italienne; les remèdes à appliquer et la solution à intervenir.

5871. — PAULARD (S.). *Les richesses de la Tunisie; ce que les Français peuvent faire dans la Régence de Tunis...* — Paris, imp. C. Gourdineau, 1893, in-8°, 81 p.

Bibliothèque coloniale. — Renseignements généraux destinés à montrer les ressources que la Tunisie offre aux émigrants français. An. par E. Dollin du Fresnel, dans *R. T.*, 1894, p. 133-134; dans *Bul. Com. A. F.,* 1893, X, p. 16.

5872. — SAURIN (Jules). *Manuel de l'émigrant en Tunisie...* — Paris, A. Challamel, s. d., in-16, 47 p., carte.

Autre éd., *ibid.*, 1894, gr. in-8°, 16 p. sur 2 col.; nouv. éd., 5° mille, *ibid.*, 1894, in-16, 36 p. — Géographie générale de la Tunisie, mode d'exploitation du sol, commerce, industrie; conseils aux émigrants (v. n° **5975**). An. par Combet, dans *R. T.*, 1894, p. 287; par A. Girard, dans *Bul. Soc. G. Com. Bordeaux*, 1894, p. 495; dans *Bul. Com. A. F.*, 1894, III, p. 16, et VIII, p. 128; dans *Bul. Soc. G. Toulouse*, 1895, p. 189; par M. D. [Dubois], dans *Ann. G., Bibl.*, 1894, p. 30.

5873. — BERTHOLON (D^r). *Étude statistique sur la colonie française de Tunisie, 1881-1892.* — *R. T.*, 1894, p. 362-378.

Salubrité de la Tunisie, statistique des colons français; natalité et mortalité par région; les naturalisations, l'immigration; la colonie française est malheureusement concentrée dans les villes. Cf. *Bul. Com. A. F.*, 1894, X, p. 148-149; P. B. [Bourdarie], *La population française en Tunisie*. *Bul. Mém. Soc. Af. France*, 1894, p. 154.

5874. — FALLOT (Ernest). *Note sur l'immigration française en Tunisie.* — Tunis, Imp. rapide, 1895, in-8°, 8 p.

Paru sans nom d'auteur dans *R. T.*, 1895, p. 387-392. — Difficulté de recueillir des données exactes sur ce sujet; étapes de l'immigration française; nécessité d'attirer de nombreux Français en Tunisie; chiffres extr. de la *Statistique générale de la Tunisie* (v. n° **5371**). An. par H. L. [Lorin], dans *Ann. G., Bibl.*, 1896, p. 196.

5875. — [LITRE (Commandant)]. *La Tunisie, comment nous colonisons.* — *Bul. Soc. G. Toulouse*, 1895, p. 24-26.

Résumé d'une communication de l'auteur sur l'action de la France en Tunisie, l'émigration française de 1887 à 1892; les exportations et importations; les naturalisations.

5876. — SAURIN (Jules). *Le péril de l'Afrique du Nord.* — *R. P.*, 1895, t. V, p. 732-760.

La situation actuelle et l'œuvre de la colonisation en Algérie et en Tunisie; la cause des maux de l'Afrique du Nord, notamment le mode de culture (v. n°^{s} **5975** et **6385**). An. par L. B., dans *R. T.*, 1896, p. 133-134; par H. L. [Lorin], dans *Ann. G., Bibl.*, 1896, p. 198.

5877. — *La Tunisie.* — *Bul. Soc. G. Lyon*, 1895-1896, t. XIII, p. 49-52.

Reproduit dans *Bul. Soc. languedoc. G.,* 1895, p. 204-208. — Courte notice établie par la délégation de Tunisie de l'Union coloniale et destinée aux émigrants : conseils, avantages de la Tunisie sur l'Amérique pour le cultivateur, etc.

5878. — Saurin (Jules). *L'avenir de l'Afrique du Nord.* — Paris, A. Challamel, 1896, in-8°, 55 p.

R. P., 1896, t. Ier, p. 318-350. — La situation de l'Afrique du Nord par suite du mode de culture actuellement pratiqué; nécessité de changer radicalement ce mode de culture et de respecter scrupuleusement les institutions religieuses des musulmans (v. n° **5975**). An. par L. B., dans *R. T.,* 1896, p. 488-496; par J.-V. B. [Barbier], dans *Bul. Soc. G. Est,* 1896, p. 334; dans *Bul. Com. A. F.,* 1896, p. 151.

5879. — Chailley-Bert (Joseph). *Où en est la politique coloniale de la France, l'âge de l'agriculture...* — Paris, A. Colin, 1896, in-16, 68 p.

Questions du temps présent. — Conférence (19 mars). La mise en valeur de nos colonies et l'agriculture; comment se présente le problème de la colonisation en Tunisie (p. 36-40). An. dans *Bul. Com. A. F.,* 1896, p. 296.

5880. — Chailley-Bert (Joseph). *La Tunisie et la colonisation française.* — Paris, L. Chailley, 1896, in-16, 69 p.

Cosmopolis, 1896, t. III, p. 416-432, 792-808. — Écrit au retour d'une mission d'études en Tunisie; organisation du Protectorat; colonisation, régime des terres; traités de commerce, le présent et l'avenir. An. par A. Blavinhac, dans *Bul. Com. A. F.,* 1896, p. 365-368.

5881. — Lemire (Ch.). *Aux militaires coloniaux et aux municipalités. Le peuplement de nos colonies, concessions de terres, Madagascar, Indo-Chine française, N^{elle} Calédonie, Congo, Tunisie, Djibouti...* 4e éd... accompagnée de documents officiels annexes. — Paris, Challamel, 1900, in-18, 229 p., portr.

Autre éd., Paris, V. Giard et Brière, 1896, in-18, 69 p.; autre éd., *ibid.,* 96 p. — La part des militaires coloniaux dans la colonisation; concessions de terre à réserver aux militaires coloniaux libérables; l'œuvre de la petite colonisation française en Tunisie (p. 114-116). An. dans *Bul. Soc. G. Est,* 1900, p. 699-700.

5882. — [Fallot (E.), chef du Service du commerce et de l'immigration]. *Rapport au Directeur de l'agriculture et du commerce sur les opérations du dénombrement de la population française* *en Tunisie au* 29 *novembre* 1896. — Tunis, imp. J. Picard, 1897, in-8°, 30 p., graph., 2 cartes.

Bul. Dir. agr. com. Tunis, 1897, n° 4, p. 179-201. — Méthode employée pour le recensement, accroissement, répartition, professions, etc., de la population civile française; effectif des troupes de terre et de mer (v. n° **5933**).

5883. — MARTZ (Eugène). *Une question sociale, un mot sur l'œuvre des habitations à bon marché.* — Sousse, Imp. française, 1897, in-8°, 21 p.

Cf. *Projet de statuts de la Société anonyme d'habitations à bon marché* la Ruche française. Sousse, Imp. française, 1897, in-8°, 19 p.

5884. — PUYTORAC (H. de). *La Tunisie et la colonisation française...* — Évreux, imp. Ch. Hérissey [1897], in-8°, 8 p. sur 2 col., couv. ill.

Conférence (28 mars) à la mairie du IX° (Paris). Ressources, leur exploitation, la France en Tunisie, marche à suivre pour les colons.

5885. — [DYBOWSKI, directeur de l'agriculture et du commerce]. *Notice sur la Tunisie à l'usage des émigrants.* — Tunis, imp. J. Picard, 1897, in-8°, 35 p., carte.

Régence de Tunis. Protectorat français. Direction de l'agriculture et du commerce. — 2° tirage, *ibid.*, 1897, in-8°, v-49 p., carte. — Renseignements généraux sur la Régence aux points de vue histoire, géographie, administration ; conseils aux colons débarquant en Tunisie ; agriculture, forêts, régime de la propriété, etc. (v. n°s **5886** et **5893**). An. par J.-V. B. [Barbier], dans *Bul. Soc. G. Est*, 1897, p. 168-169 ; dans *R. T.*, 1898, p. 138-140 ; dans *Quinz. col.*, 1897, t. Ier, p. 370-371, et t. II, p. 46-47 ; par V., sous le titre *Une notice pour les émigrants*, dans *R. F. Étr. Col.*, 1897, p. 522-532.

5886. — GUÉNOT (S.). *La colonisation française en Tunisie.* — *Bul. Soc. G. Toulouse*, 1897, p. 302-306.

Brève étude faite d'après la brochure signalée sous le n° **5885** ; nature du sol, concessions, industrie.

5887. — LEVASSEUR (É.), de l'Institut. *Ce qu'on peut faire en Tunisie.* — Tunis, imp. L. Nicolas, 1897, in-8°, 32 p.

Paru dans *R. Sc.*, 1897, t. VII, p. 705-712, 745-751, et reproduit dans *R. T.*, 1897, p. 145-169. — Conférence à l'Union coloniale. Le sol et le climat tunisiens, l'œuvre de l'antiquité, le Protectorat, culture indigène, les Français et les autres Européens, indications sur la culture et la colonisation (v. n°ˢ **5423** et **5889**). An. dans *Quinz. col.*, 1897, t. I⁰ʳ, p. 250-252.

5888. — SAURIN (Jules). *Le peuplement français de la Tunisie.* — Paris, A. Challamel, 1898, in-8°, 39 p.

R. P., 1897, t. VI, p. 328-364. — Importante étude sur la mise en valeur de la Tunisie; le pays est favorisé par rapport à nos autres colonies, le peuplement français est indispensable si l'on ne veut pas y organiser une colonie italienne; les avantages de la petite culture et le morcellement des grands domaines; ce que peut faire l'initiative privée et dans quelle mesure l'État doit lui venir en aide (v. n° **5975**). An. par S. Guénot, dans *Bul. Soc. G. Toulouse*, 1898, p. 126-130; dans *Bul. Com. A. F.*, 1898, sup., p. 68.

5889. — FALLOT (E.). *Ce qu'on peut faire en Tunisie.* — Tunis, imp. L. Nicolas, 1898, in-8°, 7 p.

Bul. Dir. agr. com. Tunis, 1898, n° 6, p. 65-69. — Renseignements donnés par la Direction de l'agriculture et du commerce sur les métiers divers qui peuvent être entrepris par des Français (v. n° **5887**).

5890. — DELÉCRAZ (F.-V.). *Simples considérations sur la colonisation agricole.* — *R. T.*, 1898, p. 223-229.

5891. — MARTIN-GINOUVIER (F.). *Mise en valeur de notre empire colonial par le soldat laboureur, marié, faisant souche...* — Paris, A. Challamel, 1898, in-8°, 79 p.

5892. — ZOLLA (F.). *La colonisation agricole en Tunisie...* — Paris, imp. L. Maretheux, 1899, in-8°, 71 p., carte, ill.

Paru dans l'*Illustration*, 1898. — Bref aperçu sur la Tunisie et le Protectorat, les possibilités de colonisation, comment on devient colon; les céréales, le bétail, la vigne, l'olivier; un chapitre sur la question de l'eau; les transports, les débouchés, le problème de la colonisation et le peuplement français. An. par A. B., dans *Q. Dipl. Col.*, 1901, t. XI, p. 126.

5893. — RÉGENCE DE TUNIS. Protectorat français. Direction de l'agriculture, du commerce et de la colonisation. *Notice sur la Tunisie* (6ᵉ éd.). — Tunis, imp. G. Guinle, 1909, in-8°, 110 p., cartes, pl.

3ᵉ éd., Tunis, imp. J. Picard, 1899, in-8°, v-55 p., ill., carte; 4ᵉ tirage, *ibid.*, 1903, in-8°, v-62 p., carte, pl.; 5ᵉ éd., Tunis, Imp. rapide, 1906, in-8°, 79 p.;

cartes, grav. — La 1re éd. (1897) parut sous le titre *Notice... à l'usage des émigrants* (v. n° **5885**); les éditions ultérieures ont été revues et augmentées : description géographique de la Tunisie, régions naturelles, populations; organisation générale politique et administrative; incorporation dans l'armée; organisation et outillage économique; régime de la propriété, agriculture, industrie, commerce, émigration et colonisation.

5894. — Payen (Édouard). *La colonisation agricole européenne en Tunisie.* — *Bul. Com. A. F.*, 1899, p. 86-87.

Son développement depuis 1881. An. par G. Yver, dans *Ann. G., Bibl.*, 1900, p. 229.

5895. — Wolfrom (Gustave). *Question de colonisation. Une femme colon dans les Mogods (Tunisie)...* — Dijon, imp. Delcourt, P. Stahl, 1899, in-16, 12 p., 2 pl.

Paru partiellement dans l'*Illustration*, 11 février 1899 (v. n° **5912**).

5896. — Millet (René), résident général de France à Tunis. *La colonisation en Tunisie.* — *Bul. Soc. G. Com. Paris*, 1899, p. 185-195.

Communication à la Soc. (21 février) : aspect du territoire, les points saillants de la colonisation romaine au point de vue matériel et moral, la manière dont la colonisation a progressé. Reproduit dans *Quinz. col.*, 1899, t. VI, p. 594-596, 624-627. An. dans *Bul. Soc. G. Toulouse*, 1899, p. 480-484.

5897. — Saurin (Jules). *Le peuplement de la Tunisie par les Français.* — Paris, bureaux du Comité Dupleix, 1899, in-16, 39 p., carte.

Autre éd. (spéciale pour la propagande), Tunis, imp. L. Nicolas, 1899, in-16, 38 p. — Reproduit sous le titre : *Les paysans français, le peuplement de la Tunisie*, dans *Réf. Soc.*, 16 nov. 1899, p. 745-770, ill. — Conférence à Paris, 20 mai 1899 (v. n° **5975**). Le problème du peuplement en Tunisie; «il ne suffit pas d'administrer le pays avec sagesse ou d'y maintenir de fortes garnisons, ce qu'il faut c'est le peupler de paysans français»; difficultés de chercher à assimiler les étrangers ou les musulmans; le régime de la propriété en Tunisie. Cf. *Bul. Com. A. F.*, 1900, p. 143-145 : compte rendu de cette brochure et extr. du journal italien de Tunis l'*Unione*. An par E. Vassel, dans *R. T.*, 1900, p. 240-241.

5898. — Dybowski, directeur de l'agriculture et du commerce. *Rapport adressé à M. le Résident général sur les propriétés* *possédées par des Européens au 31 décembre 1897*. — Bul. Dir. agr. com. *Tunis*, 1899, n° 10, p. 24-36, carte.

Superficie, nombre et dimension des propriétés européennes ; nationalité des propriétaires européens (v. n° **5908**).

5899. — MILLET (René), résident général de France à Tunis. *La colonisation française en Tunisie...* — Tunis, imp. L. Nicolas, 1899, in-8°, 46 p., carte.

R. T., 1900, p. 7-25. — Conférence faite à Châlons-sur-Marne et à Reims (21 et 22 oct. 1899). La place occupée par la Tunisie dans le mouvement colonial, l'esprit et le sens du Protectorat ; la colonisation, l'esprit d'association.

5900. — DUCROQUET (Paul). *Une nouvelle institution sociale, la Société de prévoyance des fonctionnaires et employés tunisiens...* — Amiens, imp. T. Jeunet, 1899, gr. in-8°, 42 p.

5901. — POULET (Georges), administrateur des Colonies. *Le livre du colon.* — Paris, A. Challamel, 1899, in-16, 432 p.

L'habitation et ses dépendances, principales cultures coloniales, cultures potagères, élevage, hygiène coloniale, renseignements médicaux. An. par G. Houbron, dans *Bul. Soc. G. Lille*, 1901, t. XXXV, p. 259.

5902. — LEROY-BEAULIEU (Paul). *Le peuplement européen en Tunisie.* — Bul. Soc. G. *Lyon*, 1899-1900, t. XVI, p. 44-48.

Les médiocres résultats des progrès de l'immigration française comparée à l'immigration italienne ; nécessité d'assurer en Tunisie la prépondérance à notre langue, à nos mœurs et à nos lois.

5903. — [DELCASSÉ]. *La situation de la colonisation tunisienne.* — Bul. Soc. G. *Lyon*, 1899-1900, t. XVI, p. 614-616.

Reproduit dans *Bul. Soc. G. Lille*, 1901, t. XXXV, p. 78-80. — Extr. du rapport au président de la République sur la situation de la Tunisie en 1899 (v. n° **4218**).

5904. — *La petite colonisation française.* — Bul. Com. A. F., 1900, p. 16-18.

Question traitée à la Conférence consultative (25 nov. 1899), systèmes préconisés, vœux émis.

5905. — *La colonisation française en Tunisie.* — *Bul. Com. A. F.*, 1900, sup., p. 49-51.

Extr. de circulaires émanant du Service de la colonisation de la Régence et distribuées au public pour faire connaître les ressources de la colonie.

5906. — WOLFROM (Gustave). *Étude sur la Tunisie.* — *Bul. Soc. G. Com. Paris,* 1900, t. XXII, p. 341-349.

Reproduction d'une notice de la Direction de l'agriculture et du commerce de Tunisie; notions générales sur la Tunisie; ceux qui peuvent venir y coloniser et ce qu'ils peuvent y entreprendre.

5907. — BASTIDE (D^r). *La Société française de bienfaisance de Tunis...* — Tunis, imp. L. Nicolas, 1900, in-8°, 63 p.

But et œuvre de cette société fondée, dès 1881, pour aider et assister les Français indigents de Tunisie.

5908. — [HUGON (H.), directeur de l'agriculture et du commerce]. RÉGENCE DE TUNIS. Direction de l'agriculture et du commerce. *Rapport adressé à M. le Résident général sur les propriétés possédées par les Européens en Tunisie au 31 décembre 1898.* — Tunis, Imp. rapide, 1900, in-8°, 14 p.

Bul. Dir. agr. com. Tunis, 1900, n° 15, p. 27-38. — Rapport analogue à celui signalé sous le n° **5898**; du même, autres rapports concernant la situation au 31 déc. 1899 (*Bul. Dir. agr. com. Tunis,* 1902, p. 16-26); au 31 déc. 1900 (*ibid.,* 1903, p. 156-166); au 31 déc. 1902 (*ibid.,* 1904, p. 189-199); au 31 déc. 1903 (*ibid.,* 1905, p. 331-342); au 31 déc. 1904 (*ibid.,* 1906, p. 26-37) [v. n° **5962**]. An. par G. Yver, dans *Ann. G., Bibl.,* 1903, p. 217, et 1904, p. 221; dans *R. F. Étr. Col.,* 1904, p. 611.

5909. — WOLFROM (Gustave), chef du Service de la colonisation de la Régence. *Les progrès de la colonisation en Tunisie.* — *Bul. Soc. G. Com. Bordeaux,* 1900, p. 42-48.

Les résultats obtenus à l'heure actuelle considérés surtout au point de vue du peuplement français; répartition des nationalités en 1897; les possibilités de réussite pour un colon français.

5910. — *Exposition universelle de 1900. La colonisation lyonnaise. Rapport présenté par le Comité départemental du Rhône.*

VIIIe section : colonisation. — Lyon, imp. A. Rey, 1900, in-4°, XVII-173 p.

Études sur la participation des Lyonnais dans la colonisation, en particulier de l'Algérie et de la Tunisie : Vingt ans de progrès colonial par U. Pila; l'expansion coloniale lyonnaise avant 1900, par V. Pelosse; l'expansion coloniale lyonnaise en 1900, et art. d'un certain nombre d'auteurs sur les exploitations agricoles lyonnaises, etc. An. dans *Bul. Com. A. F.,* 1900, p. 320.

5911. — PIOLET (J.-B.), S. J. *La France hors de France. Notre émigration, sa nécessité, ses conditions...* — Paris, F. Alcan, 1900, in-8°, 659 p.

Bibliothèque d'histoire contemporaine. — Importante étude très documentée; pourquoi nous émigrons peu, nous devons émigrer, notamment pour la défense et la conservation de notre empire colonial; nous pouvons émigrer, ceux qui doivent émigrer; les pays où nous devons émigrer, particulièrement en Tunisie (p. 572-598). Statistiques coloniales. An. dans *Bul. Soc. Ét. Col. Mar.,* 1900, p. 367-368; par B. A., dans *R. Crit.,* 1901, t. LII, p. 331-332; par P. D., dans *Q. Dipl. Col.,* 1901, t. XI, p. 62-63; par André Lichtenberger, dans *R. Historiq.,* 1901, t. LXXVII, p. 112-113; par Henri Froidevaux, dans *Bul. Soc. G. Paris,* 1901, t. III, p. 79; par Maurice Zimmermann, dans *Ann. G., Bibl.,* 1901, p. 57. Extr. paru dans *Quinz.,* 1899, t. XXIX, p. 383-409.

5912. — *Notes sur la Tunisie,* publiées sous la direction de Gustave Wolfrom. *Année 1899.* — Tunis, imp. J. Picard, 1900, in-4°, non paginé, ill.

Régence de Tunis. Protectorat français. Direction de l'agriculture et du commerce. Service de la colonisation. — Réunion de 36 articles, notamment : Hugon (H.), *De la vente des terres domaniales en Tunisie* (1); *De la vente « à enzel » des terres tunisiennes* (2); Nicod, *Comment on peut employer utilement ses capitaux en Tunisie* (3). Wolfrom (G.), *Des différentes manières de se procurer une propriété habous* (4 et 13); *Conseils aux émigrants qui se rendent en Tunisie* (11); *Les pêches maritimes de la Tunisie* (18); *Les impôts en Tunisie* (20); *Une femme colon dans les Mogods* (21) [v. n° **5895**]; *La culture de l'olivier dans le Nord et dans le Centre de la Tunisie* (22); *Ce qu'il y a à faire dans les oasis du Sud tunisien* (23); *Étude sur la Tunisie* (32 à 35). Fallot (E.), *L'industrie tunisienne* (7); *Le commerce tunisien* (8); *Les Travaux publics* (14); *Les Finances* (15); *Les progrès de la colonisation* (16). Minangoin (N.), *Culture de l'olivier* (28 à 30). Lorin (H.), *L'avenir de la région de Sfax* (24). Tridon (H.), *La colonisation française en Tunisie* (26); *La Tunisie prête à recevoir des colons* (27). An. par G. Yver, dans *Ann. G., Bibl.,* 1902, p. 222-223.

5913. — COUHÉ (Louis), juge. *Pourquoi devenir propriétaire en Tunisie...* — Lille, imp. L. Danel, 1900, in-8°, 63 p., ill.

Extr. d'art. de la *Politique coloniale*, mai 1900. — Brochure destinée à inciter les Français à s'installer en Tunisie; en tête, bref résumé de l'établissement du Protectorat; tableau de l'émigration française depuis 1880; ressources de la Régence, régime foncier.

5914. — Fallot (Ernest). *Comment la Tunisie colonise.* — Paris, imp. E. de Soye et fils, 1900, in-8°, 19 p.

Cor., 1900, t. CC, p. 1072-1086. — Autre éd., *ibid*, 1902. — Le système de colonisation appliqué en Tunisie, son caractère logique et rationnel; les principes fondamentaux du système : la vente des terres et la publicité; résultats produits. An. par P. Collesson, dans *Bul. Soc. G. Est,* 1901, p. 135-136.

5915. — Galinier (Osman). *Six ans à travers la Tunisie.* 1re partie : *Marabout de Sidi Bouzid (près Gamouda).* 2e partie : *Tunisie moderne, considérations pratiques à l'usage du futur colon…* — Carcassonne, imp. G. Servière, 1900, in-8°, 56 p.

La 1re part. (p. 3-17) parut dans la *Revue méridionale*, n° 92 à 94. 2e part. : richesses agricoles et autres, zones de cultures, titres auxquels on peut acquérir la terre, concessions, enzel, le colon français et le colon italien; parallèle entre l'Afrique romaine et la Tunisie française; voies de communication, climat, races, langues, mœurs, religions; la colonisation est en sécurité en Tunisie.

5916. — Rey (R.). *Voyage d'études en Tunisie (10-28 avril 1900)…* — Paris, Ch. Delagrave [1900], in-8°, 149 p., carte, 52 grav.

Suppl. à *R. Péd.*, 15 oct. 1900. — 6e éd. (réimp.), *ibid.,* 1913. — Notes journalières prises au cours d'un voyage d'études à travers la Tunisie; renseignements sur le pays; la question agricole et la colonisation; bibliographie sommaire.

5917. — Boisson (A.-F.), jardinier. *La petite colonisation française en Tunisie dédiée aux émigrants français et aux jeunes gens…* — Tunis, imp. B. Borrel, 1900, in-8°, 54 p.

Renseignements pratiques sur les régions tunisiennes, manuel de culture maraichère approprié au pays.

5918. — Causeret (Ch.). *Voyage en Tunisie. La colonisation.* — *Bul. Soc. G. Marseille,* 1900, p. 373-383.

Résumé d'une conférence faite à Paris par l'auteur (19 déc.); description du pays et des principales villes; l'œuvre accomplie par la France pour la colonisation : voies de communication et ports; la colonisation, les terres disponibles.

5919. — Poublon (G.). *La terre, projet de petite colonisation et de création de centres agricoles en Tunisie...* — Tunis, imp. L. Nicolas, 1901, in-8°, 16 p.

Paru dans *La Dépêche tunisienne,* 1900. — Étude des moyens à employer pour venir en aide aux petits colons; la constitution d'une société de colonisation.

5920. — *La question du peuplement français.* — *Bul. Com. A. F.,* 1901, p. 14-15, 201-202, 271-272; 1902, p. 58, 181, 226.

Mesures prises et à prendre en face de la petite colonisation sicilienne; vœux du Comité du peuplement français. Cf. *La question de la petite colonisation. Ibid.,* 1901, p. 308-310.

5921. — Sebaut (A.). *De la colonisation française en Tunisie et du rachat des Enzels.* Projet présenté à M. le Résident général en janvier 1901... — Tunis, Imp. de l'Ass. ouvrière [1901], in-8°, 16 p.

Idées résultant de l'examen des systèmes de colonisation employés jusqu'à ce jour en Afrique du Nord; moyens dont la mise en pratique paraît, à l'auteur, devoir donner, en Tunisie, les résultats les meilleurs.

5922. — *Notes sur la Tunisie,* publiées sous la direction de G. Wolfrom. *1900-1901.* — Tunis, imp. J. Picard, 1901, in-4°, non paginé, ill.

Régence de Tunis. Direction de l'agriculture et du commerce, service de la colonisation. — Suite du n° **5912.** Réunion de 15 études de N. Minangoin, G. Wolfrom, P. Chervin, etc. sur l'élevage du mouton, les entreprises agricoles, les moyens de se procurer une propriété habous (v. n° **6228**), l'utilisation des travaux hydrauliques romains, etc.

5923. — Saurin (Jules). *La colonisation française pratique en Tunisie...* — *Bul. Soc. G. Toulouse,* 1901, p. 81-85.

Résumé d'une conférence à la Soc. (20 février).

5924. — Carnières (V. de). *La petite colonisation en Tunisie.* — *Ann. Col.,* 1901, p. 74-78.

Critique de la Direction générale de l'agriculture en Tunisie qui, en paroles, souhaite le peuplement français, mais, en actes, le repousse.

5925. — Saurin (Jules). *Le peuplement français de la Tunisie.* — *Bul. Soc. G. Com. Bordeaux,* 1901, p. 146-150.

Résumé par Ch. Duffart d'une conférence à la Soc. (25 février); catégories d'immigrants qui peuvent prospérer en Tunisie, le péril italien.

5926. — Ortiou (Paul). *Le guide du colon français en Tunisie...* — Paris, imp. L. Veron, 1901, in-8°, 22 p.

Conseils pratiques intéressant la vigne, les arbres fruitiers, les céréales et les fourrages, l'élevage.

5927. — S. *Le peuplement français et les voies ferrées.* — *R. F. Étr. Col.,* 1901, p. 516-522.

L'entretien et la garde des voies ferrées tunisiennes doivent être confiés à un personnel français; vœu du Comité du peuplement français à ce sujet (v. n° **5960**).

5928. — Bertholon (D^r). *Mentalité française et colonisation tunisienne.* — *R. T.,* 1901, p. 379-406.

Ce que doit être la colonisation en Tunisie, d'après des exemples puisés dans l'histoire du Canada et de l'Algérie; peuplement et colonisation; Travaux publics et colonisation française; Tunisie du Nord et Tunisie du Sud; l'administration coloniale française autrefois et aujourd'hui (v. n° **5936**).

5929. — Tunisie. *Le peuplement français et les voies ferrées.* — *Bul. Soc. languedoc. G.,* 1901, p. 370-375.

Programme du Comité du peuplement français; parmi les mesures proposées l'une d'elles concernant l'entretien et la garde des voies ferrées tunisiennes par un personnel français peut être solutionnée immédiatement. Cf. *Les poseurs de la voie en Tunisie (considérations générales). Quinz. col.,* 1902, t. XI, p. 270-272.

5930. — Barrion (Georges), ingénieur agronome. *Contribution à l'étude des contrats d'association qui peuvent convenir à la colonisation française en Tunisie.* — *Bul. Dir. agr. com. Tunis,* 1902, p. 27-32.

5931. — *L'utilisation de l'élément militaire pour le peuplement de la Tunisie.* — *Quinz. col.,* 1902, t. XI, p. 163-164.

Vœu du syndicat des colons français : les militaires libérables désireux de rester en Tunisie ne doivent pas être astreints à partir avec leur classe.

5932. — *Les propriétés possédées par des Européens en Tunisie au 31 décembre 1899.* — *Quinz. col.*, 1902, t. XI, p. 172-175.

Extr. du rapport de H. Hugon au Résident général (v. n° **5908**).

5933. — *Dénombrement de la population française en Tunisie au 15 décembre 1901.* — *Bul. Dir. agr. com. Tunis*, 1902, p. 125-160, graph., 2 cartes.

Résultats statistiques transmis par H. Hugon au Résident général (v. n° **5963**). An. par G. Yver, dans *Ann. G., Bibl.*, 1903, p. 217.

5934. — *La population française en Tunisie au 15 décembre 1901.* — *Écon. fr.*, 1902, t. Ier, p. 883.

Chiffre de la population française et effectif des troupes de terre et de mer stationnées en Tunisie.

5935. — *Population : recensement de décembre 1901, population française totale, son accroissement.* — *Quinz. col.*, 1902, t. XI, p. 333-338.

Répartition sur le territoire tunisien, classement par âges, professions.

5936. — BERTHOLON (D^r). *La colonisation ouvrière suburbaine et les sociétés mutualistes.* — *R. T.*, 1902, p. 420-431.

Suite du n° **5928** : la colonisation assistée peut seule réussir; les grandes lignes du fonctionnement d'un groupe d'assistance mutuelle pour l'installation suburbaine d'ouvriers et de modestes employés des villes tunisiennes.

5937. — FLANDIN (Étienne). *Le peuplement français en Tunisie.* — *Rev. gén. Col.*, 1904, p. 129-137.

Les efforts à faire pour développer le peuplement français en Tunisie.

5938. — *Le peuplement français en Tunisie.* — *Bul. Soc. G. Lille*, 1903, t. XXXIX, p. 298-300.

Reproduction d'un art. du *Temps;* commission réunie par St. Pichon en vue d'étudier les principes d'une organisation de la colonisation en Tunisie; moyens à employer. Cf. *La petite colonisation. Quinz. col.*, 1903, t. XIV, p. 591.

5939. — VALENSI (Joseph). *La valeur locative des immeubles à Tunis en 1908; sa répartition par nationalités; tableaux statistiques* *et graphiques.* — Tunis, Imp. rapide, 1908, in-8°, 29 p., graph.

<small>Résultats du recensement de 1908. Même étude de l'auteur pour 1903 (Tunis, imp. G. Vendel, 1903, in-16, 8 p.); pour 1913 (Tunis, imp. F. Weber [1913], in-8°, 52 p., graph.)</small>

5940. — Montureux (A. de). *La situation en Tunisie.* — *Écon. fr.,* 1903, t. II, p. 401-402.

<small>L'œuvre des colons de la première heure menace d'être compromise par l'absence de protection de nos nationaux vis-à-vis des étrangers.</small>

5941. — Union coloniale française. *Préparation aux carrières coloniales. Conférences* faites par MM. Le Myre de Vilers, Dr Treille, L. Simon, E. Fallot, J.-B. Malon, Paris, L. Fontaine, Maurice Courant, Gerôme, André Liesse. 1901-1902. *Petit manuel d'hygiène des colons,* par le Dr Reynaud. Préface par M. J. Chailley-Bert. — Paris, A. Challamel, 1904, in-16, xii-468 p., graph.

<small>Conférences faites pendant l'hiver de 1902, notamment : Dr Treille, *Principes concrets de l'hygiène de l'Européen dans les pays chauds* (p. 39-71); Fallot (E.), *Conseils pratiques aux futurs commerçants, industriels et agriculteurs en Tunisie* (p. 101-129); Reynaud (Dr Gustave), *Petit manuel d'hygiène des colons* (p. 399-466). An. par Maurice Zimmermann, dans *Ann. G., Bibl.,* 1905, p. 68.</small>

5942. — *La propriété européenne en Tunisie.* — *Quinz. col.,* 1904, p. 433.

<small>Résumé du rapport de H. Hugon sur les propriétés possédées par les Européens au 31 déc. 1902 (v. n° **5908**).</small>

5943. — Lemire (Ch.). *La colonisation française et les militaires coloniaux libérables...* — Paris, A. Challamel, 1904, in-8°, 23 p.

<small>Étude sur le recrutement de colons par le moyen du service militaire; annexes.</small>

5944. — *Colonisation et armée.* — *Ann. Col.,* 1904, p. 14-15.

<small>Au sujet d'un décret du général André destiné à favoriser l'établissement de militaires comme colons et qui malheureusement n'est pas applicable à l'Algérie et à la Tunisie.</small>

5945. — LORIN (Henri). *Le métayage par familles françaises en Tunisie.* — Paris, A. Rousseau, 1904, gr. in-8°, paginé 117-137.

Le Musée social, mémoires et documents, mai 1904. — Le péril sicilien est d'ordre économique, nécessité de faire passer en Tunisie des familles de cultivateurs de France; Jules Saurin et la Société des fermes françaises de Tunisie.

5946. — LORIN (Henri). *Le peuplement français de la Tunisie.* — Paris, A. Rousseau, 1904, gr. in-8°, paginé 141-152.

Le Musée social, mémoires et documents, juin 1904. — Nature de la population italienne en Tunisie; la colonisation et le peuplement français, comparaison avec l'Algérie; les mesures à prendre pour accroître et fixer l'élément français.

5947. — I. H. S. *La colonisation en Tunisie. Français et Italiens.* — Bul. R. Ét. A., 1904, p. 254-258.

Mentalité et aptitudes spéciales des émigrants italiens et des émigrants français; moyens préconisés pour hâter la colonisation par l'élément français.

5948. — *Congrès de la mutualité coloniale et des pays de protectorat, Alger-Tunis, 1905. Rapports et procès-verbaux des séances.* — Bordeaux, imp. de l'*Avenir de la mutualité*, 1905, in-8°, 429 p.

Mémoires présentés au Congrès, concernant notamment : l'œuvre de propagande française des ouvroirs indigènes d'Algérie, par la comtesse d'Attanoux; la colonisation française en Algérie; le rôle social de l'officier dans la mutualité française, par le capitaine Le Bœuf (v. n° **5949**); la mutualité en Tunisie, par F. Huard, Béchir Sfar et C. Ouziel, etc... Vœux émis notamment en faveur du placement des militaires français et indigènes libérés; séance de clôture du Congrès à Tunis.

5949. — LE BOEUF (Capitaine Jules). *Le rôle social de l'officier dans la mutualité française...* — Bordeaux, Libr. de la mutualité, 1905, in-8°, 11 p.

Constitution de la mutualité militaire, mutualité militaire coloniale, mutualité indigène dans les Territoires militaires, rôle social de l'officier et notamment du capitaine (v. n° **5948**).

5950. — PROTECTORAT FRANÇAIS. Gouvernement tunisien. *Rapports sur la mutualité en Tunisie.* — Tunis, imp. B. Borrel, 1905, in-8°, v-41 p.

Trois rapports de Ferdinand Huard sur la mutualité française en Tunisie (p. 1-22), de Béchir Sfar sur les sociétés indigènes en Tunisie (p. 23-32), de C. Ouziel sur les associations juives en Tunisie (p. 33-41) [v. n° **5948**].

5951. — BERNARD (Fr.), professeur d'économie rurale. *Pourquoi et comment coloniser?* — Paris, A. Rousseau, 1905, in-8°, 230 p.

Étude générale sur la colonisation, son but; la constitution, le développement et la mise en valeur des colonies et pays de protectorats; les populations coloniales; l'administration des colonies; l'avenir colonial de la France; exemples pris en Algérie et en Tunisie. An. dans *Quinz. col.*, 1905, p. 52.

5952. — WOLFROM (G.). *La Tunisie à l'exposition de Liége en 1905.* — S. l. [1905], in-16, 24 p., pl.

Régence de Tunis. Protectorat français. Direction de l'agriculture et du commerce. — Brochure agricole et commerciale de propagande.

5953. — FALLOT (Ernest). *La colonisation tunisienne, l'éducation préparatoire des colons.* — Paris, bureaux des *Q. Dipl. Col.*, 1905, in-8°, 18 p., carte.

Q. Dipl. Col., 1905, t. XIX, p. 257-272. — Reproduit dans *Bul. agr. Alg. Tun.*, 1913, p. 56-67. — Quelques considérations sur la colonisation et la préparation des futurs colons en Tunisie (v. n°⁸ **3134** et **6556**).

5954. — JULLIEN, sous-intendant militaire. *La colonisation en Tunisie...* — *R. Int.*, 1905, p. 485-495.

Renseignements généraux; comment, en Tunisie, le colon peut acquérir des terres, puis les mettre en valeur.

5955. — GUILLEMIN (Camille). *Recrutement de l'élément français pour la mise en culture du sol de la Tunisie...* — Tunis, Imp. de l'Ass. ouvrière, s. d., in-8°, 18 p.

Mesures à prendre pour attirer en Tunisie les paysans français; la socialisation du sol en faveur de ceux-ci.

5956. — DEPONT (Octave). *Mutualité coloniale...* — Paris, G. Roustan, 1906, in-16, 210 p.

Les œuvres de mutualité et de prévoyance en Algérie et en Tunisie; le Congrès d'Alger-Tunis (1905); émigration; sociétés de propagande coloniale; colonisation;

la mutualité dans l'armée coloniale; la fusion des esprits en Afrique par la mutualité. An. dans *Quinz. col.*, 1906, p. 700.

5957. — BIZET (Cl.) [et CARTON (D^r)]. *Monographie du Centre tunisien...* — Sousse, Imp. française, 1906, in-8°, v-182 p., carte.

Exposition coloniale de Marseille (1906). — Les trois régions du Centre tunisien, la colonisation et l'œuvre française, industrie, mines, commerce, pêche, ressources minérales; la richesse de la Byzacène (v. n° **5958**). An. dans *Bul. Com. A. F.*, 1906, sup., p. 404; dans *Quinz. col.*, 1906, p. 383.

5958. — CARTON (D^r), médecin chef au 4° Tirailleurs. *La richesse de la Byzacène.* — Sousse, Imp. française, 1906, in-8°, paginé 159-177.

Extrait de l'ouvrage précédent.

5959. — VIOLARD (Émile). *La Tunisie du Nord. Les contrôles civils de Souk-el-Arba, Béja, Tunis, Bizerte et Grombalia. Rapport à M. le Résident général S. Pichon...* — Tunis, imp. J. Orliac, 1906, gr. in-8°, 402 p., cartes.

Rapport détaillé sur les contrôles civils de Souk-el-Arba (v. n° **9190**). Béja (v. n° **9010**), Tunis, Bizerte et Grombalia, que l'auteur avait été chargé d'étudier; avant sa mission, l'auteur s'est documenté dans les rapports laissés par les officiers qui administrèrent le pays au début de l'occupation; inventaire de la colonisation française dans ces régions, les desiderata des colons. An. par G. Yver, dans *Ann. G., Bibl.*, 1907, p. 232, et dans *Bul. Dir. agr., com. col. Tunis*, 1907, p. 581.

5960. — SAURIN (Jules). *Le peuplement français de la Tunisie.* — *Bul. Soc. G. Com. Bordeaux*, 1906, p. 325-330.

Reproduit sous le titre *Le peuplement français et le petit personnel*, dans *R. F. Étr. Col.*, 1906, p. 683-688 (v. n° **5927**). — Raisons pour lesquelles les Français sont venus en petit nombre en Tunisie; moyens pratiques pour créer un mouvement d'émigration notamment par l'entretien des voies ferrées et des routes réservé à des Français. Cf. *Le peuplement français en Tunisie et la francisation du petit personnel de l'État. Quinz. col.*, 1906, p. 640-641.

5961. — MÉVIL (Georges). *La colonisation française en Tunisie.* — *R. H.*, 1906, t. IV, p. 293-308.

Causes principales qui ont empêché le développement de la colonisation française en Tunisie; ce qu'il faut faire.

5962. — *Propriétés rurales possédées par des Européens en Tunisie au 31 décembre 1905.* — *Bul. Dir. agr. com. Tunis,* 1907, p. 23-32.

Suite des rapports mentionnés sous les n°s 5898 et 5908. Autres rapports concernant la situation au 31 déc. 1906 (Tunis, imp. Niérat et Fortin, 1909, in-8°) [*Bul. Dir. agr., com. col. Tunis,* 1909, p. 176-185]; au 31 déc. 1908 (*ibid.,* 1910, p. 154-161); au 31 déc. 1909 (Tunis, imp. G. Guinle, 1910, in-8°, 11 p.) [*Bul. Dir. agr., com. col. Tunis,* 1910, p. 288-295]; au 31 déc. 1910 (*ibid.,* 1911, p. 596-603); au 31 déc. 1911 (*ibid.,* 1912, p. 242-249). An. dans *Quinz. col.,* 1910, p. 645.

5963. — [BARTHOLOMÉ (J.), directeur de l'agriculture, du commerce et de la colonisation]. *Dénombrement de la population européenne civile en Tunisie au 16 décembre 1906.* — Tunis, imp. J. Orliac, 1907, in-8°, 65 p.

Régence de Tunis. Protectorat français. Direction de l'agriculture, du commerce et de la colonisation. — *Bul. Dir. agr., com. col. Tunis,* 1907, p. 167-229. Cf. *ibid.,* p. 21-22 (v. n° **5984**).

5964. — *La population française en Tunisie.* — *Écon. fr.,* 1907, t. Ier, p. 653.

Résultats du dernier recensement (1906) de la population française, publiés par l'*Officiel tunisien;* tableau comparatif avec les chiffres de 1891, 1896, 1901; répartition de la population française. Cf. *La population européenne en Tunisie. Ibid.,* p. 932; *Le recensement de la population. Quinz. col.,* 1907, p. 366, 432-433.

5965. — SOUDAN (R.), publiciste. *La Tunisie.* — *Ann. Col.,* 25 avril, 2 mai, 25 juin, 4 et 25 juillet, 1er et 29 août, 10 et 17 oct., 14 et 24 nov., 26 déc. 1907; 9 et 16 janvier, 12 et 19 mars 1908.

Les facilités que tout émigrant a de pouvoir s'installer et réussir en Tunisie; indications générales sur le pays, situation militaire des colons; la colonisation, l'agriculture, les ressources, l'industrie; conseils aux émigrants.

5966. — GÉNIAUX (Charles). *La vérité sur la colonisation française en Tunisie.* — *R.,* 1907, t. LXVIII, p. 453-471.

L'auteur fut chargé par le ministre des Affaires étrangères d'étudier les nouveaux centres de colonisation. « En France, on ignore la vérité sur nos colonies, grâce aux rapports hyperboliques de députés ou de sénateurs qui les rédigent sur des notes complaisamment fournies. Il y a cependant des exceptions... »

5967. — Zaouche (Abdeljelil). *Essai de sociétés coopératives en Tunisie.* — *R. M. Mus.*, 1907, t. Ier, p. 487-500, 3 phot.

Transformation des conditions économiques de la population tunisienne depuis l'occupation française; ce qu'il faudrait pour arriver à des résultats utiles : des capitaux, la compétence et un régime douanier; ce qui a été fait.

5968. — Warren (Cte Édouard de). *L'association et la mutualité en Tunisie*, rapport présenté au Congrès de l'Afrique du Nord... — Paris, bureaux de la *R. Indig.* [1908], in-8°, 18 p.

Bibliothèque de la Revue indigène. — *R. Indig.*, 1908, p. 530-533; 1909, p. 75-79, 120-126, 176-179. — Historique de la naissance et du développement des idées d'association et de mutualité en Tunisie, depuis notre occupation jusqu'au Congrès mutualiste d'Alger (1905), puis jusqu'au Congrès actuel. Cf. *Les œuvres de mutualité agricole en Tunisie. Quinz. col.*, 1907, p. 585-587.

5969. — Géniaux (Charles). *Comment on devient colon.* — Paris, Charpentier et Fasquelle, 1908, in-12, xii-323 p., fig.

Notes prises au cours d'un voyage d'étude dans les centres de colonisation française de Tunisie; notions à acquérir avant de poursuivre des études sur l'agriculture coloniale, qualités morales, intellectuelles et physiques nécessaires pour être un bon colon; appel à la colonisation de l'Afrique du Nord.

5970. — *IIe Congrès de la mutualité coloniale et des pays de Protectorat, tenu à Oran du 15 au 17 avril 1909. Compte rendu général.* — Amiens, imp. Yvert et Tellier, 1909, in-8°, 352 p.

Compte rendu de ce Congrès, vœux et rapports présentés, en particulier : la mutualité agricole en Tunisie, par É. de Warren; la mutualité dans l'armée et le département d'Alger, par Brillet.

5971. — Segond (J.). *La conquête des Nefzas, souvenirs d'un colon tunisien, chasseur impénitent.* — Tunis, imp. J. Picard, 1909, in-8°, viii-339 p.

L'auteur passa dix ans dans les Nefzas; anecdotes et détails sur de nombreux sujets.

5972. — BOURDARIE (Paul). *Afrique du Nord. La France et ses colons.* — *R. Indig.*, 1910, p. 129-138.

Étude des théories émises par J. Chailley dans un récent discours où il a affirmé que la domination française en Tunisie repose à la fois sur le colon et sur l'indigène. Cf. du même, *Une opinion sur les questions indigènes de Tunisie. Ibid.*, p. 185-189.

5973. — LOTH (Gaston). *La grande colonisation française en Tunisie. L'Enfida et Sidi-Tabet...* — Tunis, J. Danguin, 1910, in-8°, 193 p., ill., portr.

Résultats obtenus par des Français dans ces domaines; étude du sol, du climat, du régime des eaux, la vie à l'Enfida en 1881, la colonisation européenne, l'exploitation directe. An. dans *R. T.*, 1910, p. 347-348; par Augustin Bernard, dans *Ann. G., Bibl.*, 1911, p. 230.

5974. — MASSÉ (Auguste-Eugène). *Notes d'un touriste sur les avantages et les progrès de la colonisation française en Tunisie...* lettre-préface de M. le comte de Rocquancourt... — Paris, imp. A. Baroux, 1910, in-8°, 18 p.

Notes sommaires sur Tunis, Bizerte, Kairouan, Sousse, Sfax, etc.

5975. — SAURIN (Jules). *Le peuplement français en Tunisie...* — Paris, A. Challamel, 1910, in-8°, VIII-461 p.

Réunion d'art. ou d'études publiés dans différentes revues ou de communications faites à des Congrès; la politique de peuplement français adoptée en Algérie n'a malheureusement pas été suivie en Tunisie; les Européens en Tunisie, leur répartition (v. n° **6023**); le mode de culture dans l'Afrique du Nord (v. n° **5876**); la colonisation française en Tunisie; l'avenir de l'Afrique du Nord (v. n°ˢ **5872** et **5878**); le peuplement français de la Tunisie (v. n° **5888**); le peuplement de la Tunisie par les Français (v. n° **5897**); l'invasion sicilienne et le peuplement français de la Tunisie (v. n° **6032**); la situation en 1909 (v. n° **5978**). An. dans *Cor.*, 1910, t. CCXXXIX, p. 1039; par F.-G. de M., dans *Op.*, 1910, 1ᵉʳ sem., p. 754; dans *R. T.*, 1910, p. 348; par Georges Blondel, dans *Bul. Soc. G. Com. Paris*, 1910, p. 499-400; dans *Q. Dipl. Col.*, 1910, t. XXX, p. 711; par le Dʳ Bertholon, dans *R. G. Sc.*, 1910, p. 990-991; dans *Bul. Soc. G. Est*, 1910, p. 179; par Henri Lorin, dans *Bul. Soc. G. Com. Bordeaux*, 1910, p. 130-134; dans *A travers le monde*, 1910, p. 268; par C. M., dans *Quinz. col.*, 1910, p. 580-583; par G. Yver, dans *Ann. G., Bibl.*, 1911, p. 232-233.

5976. — DEMANCHE (Georges). *Tunisie, le peuplement français.* — *R. Fr. Étr. Col.*, 1910, p. 636-648.

Critique de la politique suivie en Tunisie en ce qui concerne l'œuvre de colonisation; étude des problèmes à résoudre, la colonisation italienne, assimilation et colonisation françaises (v. n° **5975**).

5977. — ARNOULD (Louis), professeur. *Enverrons-nous nos fils en Tunisie* (après une enquête faite sur place)... — Paris, C. Oudin, 1911, in-8°, 56 p.

Paru sous le titre *La colonisation française en Tunisie*, dans *Cor.*, 1911, t. CCXLIII, p. 223-249, 446-462. — Observations faites par l'auteur à la suite d'un voyage en Tunisie et à l'aide des documents officiels; comparaison avec ce qui a été fait au Canada; la colonisation française sous les aspects agricoles et politiques; avantages et inconvénients, le «péril italien»; appendices et notes complémentaires. An. par G. Yver, dans *Ann. G., Bibl.*, 1912, p. 234.

5978. — SAURIN (Jules). *L'œuvre française en Tunisie*... — Paris, A. Challamel, 1911, in-16, 112 p.

Autre éd., 1917, *ibid*. — Contient seulement les deux chapitres : Invasion sicilienne et le peuplement français de la Tunisie, ainsi que : Le peuplement français en 1909, de l'ouvrage signalé sous le n° **5975**. An. dans *R. M. G.*, 1913, t. XIV, p. 283-284; dans *R. H.*, 1913, t. XI, p. 157-159; par E. G. [Gallois], dans *Bul. Soc. G. Com. Paris*, 1911, p. 456; dans *R. Fr. Étr. Col.*, 1911, p. 448; dans *Bul. Soc. G. Est*, 1911, p. 194-195; dans *Bul. Com. A. F.*, 1911, sup., p. 136; da s *Quinz. col.*, 1911, p. 578; dans *Mém. Soc. ing. civils*, 1911, p. 718.

5979. — MICHEL (E.). *La valeur vénale actuelle des terres en Tunisie* (*1910*). — Tunis, J. Picard; Paris, Berger-Levrault, 1911, gr. in-8°, 26 p., carte.

Préface de Georges Cochery. Résumé de notes donnant les premiers éléments de la valeur vénale des propriétés rurales.

5980. — SOCIÉTÉ DES FERMES FRANÇAISES DE TUNISIE... *Exercice 1911. Rapport du Conseil d'administration*. — Tunis, Siège social, s. d., in-16, 23 p., graph.

Les exploitations rurales, les affaires immobilières (v. n° **6005**). Cf. *Société des Fermes françaises de Tunisie, Jules Saurin et Cie*... Tunis, s. d., in-8°, 4 p., 2 phot.

5981. — *La défense des colons tunisiens dans le bled*. — *Quinz. col.*, 1911, p. 848.

Initiative de É. de Warren en vue de grouper et d'armer les colons.

5982. — BOURDARIE (Paul). *La colonisation en Tunisie.* — *R. Indig.,* 1912, p. 222-232.

Ce qu'ont été jusqu'ici la colonisation tunisienne et le colon tunisien; le problème de la petite colonisation; l'essai tenté par le Résident général; le plan de colonisation nécessaire.

5983. — *IIIe Congrès de la mutualité coloniale et des pays de Protectorat, tenu à Constantine du 20 au 23 avril 1911. Compte rendu général,* publié sous la direction de L. Gamard. — Paris, Fédération de la mutualité coloniale et des pays de Protectorat, 1912, in-8°, 39-239-34-129-27-225-21 et 186 p.

Rapports présentés à ce Congrès, en particulier : la mutualité indigène, par R. de La Vaissière de Lavergne; la mutualité militaire, par le lieut^t Bellan.

5984. — RÉGENCE DE TUNIS. Protectorat français. Direction générale de l'agriculture, du commerce et de la colonisation. *Dénombrement de la population européenne civile en Tunisie au 15 décembre 1911.* — Tunis, imp. G. Guinle, 1912, in-8°, 148 p.

Répartition de la population européenne par nationalité, centres, lieux de naissance, temps de séjour en Tunisie, sexe, âge, état-civil, profession; comparaison avec les dénombrements antérieurs (v. n^{os} **5963** et **6007**).

5985. — *Le recensement de la population européenne.* — *Bul. Com. A. F.,* 1912, p. 323.

Résultats du dénombrement du 15 déc. 1911, comparaison avec ceux de 1906. Cf. *Les constatations des recensements africains. Quinz. col.,* 1912, p. 531-532.

5986. — ZIMMERMANN (Maurice). *Le recensement de 1911 en Algérie... en Tunisie.* — *Ann. G.,* 1912, p. 184-185, 377.

Résultats numériques du mouvement de la population, d'après les chiffres transmis par les Offices de l'Algérie et de la Tunisie.

5987. — *Le peuplement français dans l'Afrique du Nord.* — *Quinz. col.,* 1912, p. 317.

Reproduit dans *Bul. Soc. G. Lille,* 1912, t. LVIII, p. 63. Résumé d'une conférence faite à Tunis par J. Saurin; nécessité d'activer le peuplement français en Tunisie.

5988. — CLERGET (Paul), professeur. *La Tunisie économique...* — Bruxelles, Office de la *R. écon. intern.* [1912], in-8°, 27 p., carte.

R. écon. intern., 1912, t. II, p. 327-351, carte. — Sol et climat de la Tunisie, population européenne et française, régime de la propriété, biens habous, agriculture, élevage, industrie, réseau de chemins de fer et ports.

5989. — *La population européenne de Tunisie.* — *Bul. Soc. G. Est,* 1913, p. 79-80.

Répartition suivant les professions.

5990. — ***. *L'armée et le peuplement français de l'Afrique du Nord.* — *Bul. Com. A. F.,* 1913, p. 177-178.

Proposition de Jules Saurin exemptant de la troisième année de service les jeunes gens français qui s'engageront à rester quinze ans en Tunisie; l'application de la loi militaire doit être réglée de manière à aider le peuplement français et la francisation de la Tunisie, l'armée ayant toujours été « une des grandes pépinières de colons ». Cf. *ibid.,* 1914, p. 34 (v. n° **8064**).

5991. — WARREN (Cte Édouard de). *La mutualité agricole française et indigène en Tunisie.* — Paris, imp. Levé, 1913, in-8°, 19 p.

Conférence à la *Réunion d'études algériennes* (27 juin). Tableau des différentes œuvres de mutualité rurale, françaises et indigènes; le rapprochement des races dans leurs intérêts et sur le sol qu'elles cultivent doit être le but principal de la politique africaine. An. dans *Bul. Com. A. F.,* 1913, p. 416.

5992. — *La raison des succès de la mutualité en Tunisie.* — *Quinz. col.,* 1913, p. 264-265.

Résultats constatés dans l'assemblée annuelle des mutualistes tunisiens; discours de É. de Warren. Cf. *L'effort d'organisation des colons tunisiens. Ibid.,* p. 125-126.

5993. — DEMANCHE (Georges). *Tunisie, le peuplement français.* — *R. F. Étr. Col.,* 1913, p. 321-329.

L'action de l'initiative privée; les résultats obtenus par Jules Saurin, les moyens qu'il préconise.

5994. — *La colonisation en Tunisie.* — *Quinz. col.,* 1913, p. 848-849.

Débat à la Conférence consultative au sujet de la livraison, en 1914, de 21.000 hectares à la colonisation.

5995. — Granet (Vital). La « *Colonisation française* », *société civile de mutualité coloniale, son expansion en Algérie et principalement en Tunisie au point de vue de la colonisation agricole.* — *Ass. fr. av. sc.*, 1914, p. 742-748.

42ᵉ session, Tunis, 1913.

5996. — Régence de Tunis. Direction de l'agriculture et du commerce. Service de la colonisation. *Comment on peut acquérir une propriété en Tunisie.* — S. l. n. d., 2 ff. gr. in-4°, 2 croq.

Renseignements sur les conditions de vente de terrains domaniaux affectés à la colonisation et sur les propriétés domaniales à vendre.

5997. — Gounot (A.). *La colonisation en Tunisie.* — Tunis, imp. F. Weber, 1914, in-8°, 27 p., phot.

Extr. de la *Tunisie illustrée*, exposition de Gand, 1913. — Le développement de la colonisation depuis 1881.

5998. — Régence de Tunis. Protectorat français. Direction générale de l'agriculture, du commerce et de la colonisation. *Décret du 24 janvier 1914 et arrêté du 14 avril 1914 relatifs à la vente des terres de colonisation.* — Tunis, imp. G. Guinle, 1914, in-8°, 14 p.

Paru au *J. O. tunisien*, 28 janvier 1914, et dans *Bul. Dir. agr., com. col. Tunis*, 1914, p. 51-57, 252-258 (v. n° **6002**).

5999. — Lagrange (H.), chef du Service des domaines et de la colonisation. *Le crédit appliqué à la colonisation. Conférence...* — *Bul. Dir. agr., com. col. Tunis*, 1914, p. 137-151.

6000. — Protectorat français. Gouvernement tunisien. Direction générale de l'agriculture, du commerce et de la colonisation. *Notice sur la Tunisie à l'usage des émigrants.* — Tunis, Imp. rapide, 1914, in-4°, 79 p., ill., cartes.

Situation de la Tunisie, climat, division naturelle, population, ressources, police, sécurité, instruction publique, facilités données aux émigrants; notices sur l'organisation politique, administrative et judiciaire.

6001. — Anthouard (Bon A. d'). *Le crédit agricole en Tunisie...* — Le Caire, imp. de l'Institut français d'archéologie orientale, 1914, in-8°, 13 p.

Extr. de l'*Égypte contemporaine*, t. V, p. 1-13. — L'organisation du crédit rural sous ses formes diverses en Tunisie.

6002. — Orgeval (R. d'). *La colonisation française en Tunisie...* — *Bul. Sect. Tunis.*, 1915-1916, p. 151-153.

Commentaire du nouveau décret du 28 janvier 1914 sur la colonisation.

6003. — Robin (Louis), directeur de la Ligue coloniale française. *La Tunisie et ses ressources économiques...* — Bordeaux, Institut colonial, 1919, in-8°, 28 p., ill.

Foire de Bordeaux. — Conférence faite à la quinzaine coloniale de Bordeaux, 23 sept. 1918. Tableau d'ensemble de l'histoire, de la situation et des ressources de la Régence; le peuplement français et européen.

6004. — [Lagrange (H.)]. Régence de Tunis. Protectorat français. Direction générale de l'agriculture, du commerce et de la colonisation. Direction des domaines et de la colonisation. *Étude sur la colonisation officielle en Tunisie (enquête de 1914).* — Tunis, imp. G. Guinle, 1919, in-4°, 131 p.

Aperçu sur la géographie de la Tunisie, histoire de la Tunisie économique; méthode de colonisation employée par Rome, évolution de l'idée de colonisation en Tunisie avant 1893, de 1893 à 1900, de 1900 à 1914; bilan de la colonisation officielle et résultats acquis dans le nord de la Tunisie, l'avenir de la colonisation officielle. An. par Georges Rectenwald, dans *R. Alg. Tun. Maroc. lég. jurisp.*, 1921, 1re part., p. 187-189.

6005. — [Saurin (Jules)]. *Vingt ans de colonisation tunisienne.* — Paris, A. Challamel, 1920, in-8°, xxiv-345 p., fig., carte.

Recueil des vingt premiers rapports annuels de la Soc. des Fermes françaises, fondée en 1898, dont l'un des buts est de contribuer au peuplement français de l'Afrique du Nord. Dans la préface, résumé de l'œuvre accomplie au point de vue financier, agricole et national (v. n° **6011**). An. dans *Bul. Com. A. F.*, 1921, p. 68.

6006. — Aubier (Général). *Les Français peuplent l'Amérique et les étrangers l'Afrique du Nord.* — *R. Q. Col. Mar.*, 1921, p. 9-11.

Le mirage des statistiques officielles sur le peuplement français en Algérie et en Tunisie qui ne soulignent pas les nombreuses naturalisations; le «comité Bugeaud» en faveur de la colonisation française dans l'Afrique du Nord.

6007. — Régence de Tunis. Secrétariat général du Gouvernement tunisien. *Dénombrement de la population civile européenne et indigène en Tunisie au 6 mars 1921.* — Tunis, Imp. centrale, 1921, in-8°, 134 p.

Le dénombrement de 1911 (v. n° **5984**) ne portait que sur la population européenne; il est dorénavant étendu aux populations musulmane et israélite (v. n° **6017**). An. par Augustin Bernard, dans *Bul. Soc. G. Paris,* 1922, t. XXXVII, p. 314.

6008. — R. O. [Orgeval (d')]. *Les résultats de la colonisation officielle en Tunisie (1920-1921).* — *R. Sect. Tunis.*, 1921, p. 141-147.

Mesures prises par l'administration, en particulier pour la fixation au sol des nomades et l'accession du cultivateur indigène à la petite propriété.

6009. — *Les habitations familiales à bon marché en Tunisie.* — *Bul. Dir. agr., com. col.* Tunis, 1921, p. 219-238, phot.

But, réalisations en 1920 et 1921.

6010. — Gounot (A.). *Le peuplement agricole en Tunisie.* — *Bul. Com. A. F.*, 1925, sup., p. 494-495.

Article du *Colon français;* les opérations de lotissement, «la terre tunisienne demande moins des bras que des têtes et des capitaux».

6011. — [Saurin (Jules)]. *Vingt-cinq ans de colonisation nord-africaine.* — Paris, Soc. d'éd. géogr. mar. et col., 1925, in-8°, xxxiv-386 p., graph., carte.

Cette éd. contient toute la matière de l'ouvrage n° **6005**, des tableaux, cartes et graphiques nouveaux ou mis à jour et en outre les rapports sur les exercices de 1919 à 1923 inclus. An. par J. T., dans *R. H. Col. Fr.*, 1925, p. 631; dans *Bul. Com. A. F.*, 1925, sup., p. 595; par Augustin Bernard dans *Bibl. g.*, 1927, p. 443; dans *Bul. union col.*, 1925, p. 111.

6012. — SERVIER (André). *Le problème tunisien et la question du peuplement français.* — Paris, Comité Bugeaud, 1925, in-16, 36 p.

L'œuvre accomplie par la France en Algérie et en Tunisie; population tunisienne, efforts de l'administration en Tunisie, colonisation officielle; la colonisation bourgeoise est française, la petite colonisation est italienne; convoitises italiennes; mouvement destourien; un programme d'action nécessaire : peupler la Tunisie de Français, œuvre d'assimilation, réformes administratives. An. par Jean Gaignebet, dans *Lyon Col.*, 1925, p. 207-210.

6013. — MOTTES (Victor), contrôleur civil. *La colonisation française et la propriété indigène dans le contrôle civil de Medjez-el-Bab; l'œuvre de la colonisation française, ses conséquences au point de vue indigène.* — Tunis, Imp. centrale, 1925, in-8°, 43 p.

Bul. Dir. agr., com. col. Tunis, 1924, p. 511-546. — La colonisation privée depuis l'occupation, la colonisation avec le concours de l'État depuis le lotissement du Goubellat vers 1898; résultats obtenus, conséquences pour les indigènes, la situation actuelle de ces derniers. An. dans *Bul. Com. A. F.*, 1925, sup., p. 495-496.

6014. — PASSERON (René-Eugène). *Les grandes sociétés et la colonisation dans l'Afrique du Nord.* Thèse... — Alger, Imp. la typo-litho, 1925, in-8°, 346 p., 5 cartes.

Université d'Alger, Faculté de droit, 1925, n° 3. — Autre éd., *ibid.* — Étude d'ensemble sur la grande colonisation et plus spécialement la colonisation par les Soc. capitalistes, qui fut la caractéristique de l'époque du Second Empire; différence entre la colonisation algérienne et la grande colonisation tunisienne (les grandes Soc.) ou marocaine (le capitalisme agricole); bibliographie. An. par A. B., dans *Bul. Com. A. F.*, 1926, sup., p. 364, et 1927, p. 384; par Lefèvre-Paul, dans *Bul. Soc. G. Alger*, 1926, p. 112-116; par Augustin Bernard, dans *Bibl. g.*, 1926, p. 399.

6015. — WEYLAND (Joseph), contrôleur civil. *Essai sur la colonisation française dans le Cap-Bon.* — Tunis, Imp. rapide, 1926, in-8°, 24 p., carte.

Chapitre reproduit (p. 47-66) dans l'ouvrage n° **9034**.

6016. — RÉGENCE DE TUNIS. Protectorat français. Direction générale de l'Intérieur. *Dénombrement de la population civile euro-*

péenne et indigène en Tunisie au 20 avril 1926. — Tunis, Imp. rapide, 1926, in-8°, VIII-153 p., 14 tabl.

An. par G. Yver, dans *Bibl. g.*, 1927, p. 440. Cf. *Familles françaises d'origine indigène nord-africaines habitant la Tunisie.* Tunis, Imp. rapide, 1926, in-8°, 56-4-6 p.

6017. — Régence de Tunis. Protectorat français. Direction générale de l'Intérieur. *Dénombrement de la population civile indigène (musulmane et israélite) en Tunisie au 20 avril 1926.* — Tunis, Imp. rapide, 1926, in-8°, 126 p.

6018. — *Le recensement des Européens.* — *Bul. Com. A. F.*, 1926, p. 499-500.

Recensement de 1926 ; augmentation du nombre des Français, ralentissement de l'immigration italienne ; les heureux effets de la politique de colonisation et de nationalisation suivie par la Résidence.

6019. — Labadie (Gérard), directeur des Domaines et de la colonisation, à Tunis. *La colonisation officielle.* — *A. A.*, 1926, p. 411-415, ill.

Formules de Bugeaud ; la mise en valeur du sol et le peuplement français, les crédits aux colons, la politique réalisatrice de Lucien Saint (v. n° **5849**).

6020. — Barthelet (L.). *Peuplement et natalité en Algérie et dans l'Afrique du Nord.* — *Bul. Soc. G. Alger*, 1927, p. 478-508.

La situation générale, la population nord-africaine en 1921 et en 1926, les Italiens en Tunisie ; la francisation du peuple nord-africain, sacrifices faits par la France, évolution des indigènes ; l'avenir du peuplement français ; nécessité d'une politique de natalité nord-africaine.

II. L'IMMIGRATION ÉTRANGÈRE ET LA NATURALISATION EN TUNISIE.

6021. — *L'émigration italienne en Afrique.* — *Af. expl.*, 1883, p. 87-89.

D'après l'ouvrage *Statistica della emigrazione italiana all'estero nel 1881*, par L. Bodio, directeur de la statistique officielle en Italie.

6022. — Rochaïd Dahdah (Cte). *Les colonies étrangères en Algérie-Tunisie.* — R. Af. fr., 1886, t. IV, p. 340-342.

Les mesures à prendre pour développer en Europe l'émigration vers nos possessions africaines (v. n° **7208**).

6023. — Saurin (Jules). *Les Européens en Tunisie.* — R. Af. fr., 1888, t. VI, p. 210-216, 254-257, 308-312.

Étude des diverses colonies européennes de la Régence; les rapports entre Français et Italiens; l'assimilation difficile de ces derniers (v. n° **5975**). Extr. sous le titre *Les écoles italiennes en Tunisie*, dans *Bul. Soc. G. Saint-Quentin,* 1888-1893, p. 40-41.

6024. — Audinet (Eugène), professeur agrégé à la Faculté de droit d'Aix. *La nationalité française en Algérie et en Tunisie, d'après la législation récente (loi du 26 juin et décret du 13 août 1889, décret du 29 juillet 1887)...* — Alger, A. Jourdan, 1890, in-8°, 23 p.

R. Alg. Tun. lég. jurisp., 1889, 1re part., p. 149-163, 165-171. — Algérie : nationalité des individus nés en France de parents étrangers, acquisition de la nationalité française. Tunisie : Français d'origine, naturalisation en vertu du décret du 29 juillet 1887 et de la loi du 26 juin 1889.

6025. — L.-G. P. *La Tunisie jugée par un Italien.* — Bul. Soc. languedoc. G., 1891, p. 306-307.

Traduction d'une lettre datée de Tunis, 25 nov. 1890.

6026. — Mordacq (Charles). *Influence italienne à Tunis et dans la Tripolitaine.* — Paris, imp. A. Davy, 1891, in-8°, 11 p.

Extr. des *Bul. et Mém. de la Soc. africaine de France*, n° 1. — Conférence. Attitude loyale de la France dans la question tunisienne; les différentes influences qui se contrebalancent en Tunisie et en Tripolitaine, la population italienne de Tunis, la politique italienne.

6027. — Mille (Pierre). *A Tunis, les associations de malfaiteurs siciliens.* — R. P. L., 1895, t. III, p. 468-471.

6028. — Fallot (E.). *Malte et ses rapports économiques avec la Tunisie...* — Tunis, Imp. rapide, 1896, in-8°, 45 p.

R. T., 1896, p. 17-38. — Rapport adressé (25 juin 1895) à P. Bourde, directeur des renseignements, des contrôles civils et de l'agriculture, à la suite d'une mission à Malte. L'émigration maltaise : la colonie maltaise en Tunisie et en Algérie, démographie maltaise, situation économique de Malte, nécessité de l'émigration maltaise; le commerce de Malte : importations, exportations, approvisionnement des navires, concurrence d'Alger et de Bizerte. An. dans *Bul. Com. A. F.*, 1896, sup., p. 80.

6029. — YVER (G.). *L'émigration italienne.* — *Ann. G.*, 1897, t. VI, p. 123-132, graph.

Importance de ce mouvement depuis 1881, renseignements fournis par les statistiques. Cf. Chaboseau (A.), *L'émigration italienne. R. Sc.*, 1904, t. Ier, p. 552-558 : l'immigration en Tunisie.

6030. — VASCO (Gabriel). *Malte et ses rapports avec la Tunisie.* — *R. F. Étr. Col.*, 1897, p. 158-163.

6031. — MONTUREUX (Vte de). *Lettres de Tunisie.* — *Écon. fr.*, 1900, t. Ier, p. 416-417.

Lettres du correspondant de Tunisie de l'*Écon. fr.*; la question de l'établissement croissant d'ouvriers italiens en Tunisie; les mesures nécessaires pour sauvegarder et attirer les colons français.

6032. — SAURIN (Jules). *L'invasion sicilienne et le peuplement français de la Tunisie... Conférence faite... en mars et avril 1900 à Marseille, Lyon, Lille, Roubaix, Nancy, Le Havre, Amiens et Saint-Quentin.* — Paris, A. Challamel [1900], in-8°, 24 p.

Les efforts italiens, le danger en cas de guerre; l'œuvre urgente à accomplir : le peuplement de la Tunisie par les Français et par l'initiative privée; les devoirs de l'État (v. n°^{s} **5975, 6034** et **6035**). Cf. du même, dans *Bul. Soc. G. Est*, 1900, p. 230-237, 347-406, conférence (23 mars); dans *Bul. Soc. G. Lille*, 1900, t. XXIV, p. 141-162, conférence (15 mars); dans *Bul. Soc. G. Com. Havre*, 1900-1901, p. 27-38, 65-88, conférence (31 mars). An. par Dumesnil, dans *Bul. G. Hist. Descr.*, 1901, p. 285-286; dans *A travers le monde*, 1901, p. 94; par G. Yver, dans *Ann. G., Bibl.*, 1901, p. 237.

6033. — *La Tunisie.* — *Bul. Soc. G. Toulouse*, 1900, p. 417-422.

Au sujet de l'envahissement de la Tunisie par les Italiens; les domaines qu'ils occupent sur les principales routes qui convergent vers Tunis; les théories de J. Saurin pour accroître l'établissement des Français.

6034. — MÉNAGER (E.). *L'invasion sicilienne en Tunisie.* — *Bul. Soc. G. Com. Havre,* 1900-1901, p. 340-349.

Reproduction et commentaire d'un art. (24 mars 1901) paru dans *l'Italia all Estero* relatif à la brochure de J. Saurin (v. n° **6032**), approuvant les données de celui-ci en ce qui concerne la nécessité d'un «bienheureux contact» franco-italien en Tunisie; la question des pêcheurs bretons.

6035. — DEMANCHE (Georges). *L'invasion sicilienne en Tunisie.* — *R. F. Étr. Col.,* 1901, p. 129-135.

Les critiques d'A. Berthelot, député, contre le régime du Protectorat; la question de la colonisation, causes de l'immigration italienne, l'étude de J. Saurin (v. n° **6032**), l'initiative privée pour le peuplement français.

6036. — *La part des Italiens dans la colonisation tunisienne.* — *Quinz. col.,* 1901, t. X, p. 745-746; 1902, t. XI, p. 5-7, 41-43.

Les Siciliens en Sicile, raisons qui les poussent vers la Tunisie, comment ils vivent en Tunisie et, pour certains d'entre eux, y trouvent une prospérité relative; conséquences sociales de l'établissement des Siciliens en Tunisie.

6037. — GERMAIN (V.). *Nos émigrants siciliens chez eux,* d'après Leopoldo Franchetti et Sidney Sonnino... — *R. T.,* 1901, p. 428-444; 1902, p. 61-75.

Analyse détaillée des deux vol. *La Sicilia nel 1876* (Firenze, tip. G. Barbéra, 1877); étude ethnographique et sociologique.

6038. — *L'immigration italienne.* — *Bul. Com. A. F.,* 1902, p. 389.

Importance de l'immigration italienne en Tunisie, mesures à envisager.

6039. — BONHOURE (Eugène). *Le peuplement français et l'émigration italienne en Tunisie.* — Paris, imp. H. Roberge [1903], in-8°, 29 p.

État de la question, nature de l'émigration française; l'émigration italienne, son péril et ses remèdes; le résultat peut être obtenu par la naturalisation. An. dans *Quinz. col.,* 1903, t. XIV, p. 492.

6040. — CATTAN (Dr A.). *Notes sur la colonisation. Français et Italiens...* — Tunis, imp. L. Nicolas, 1903, in-16, 22 p.

Situation respective des Français et des Italiens en Tunisie; le péril italien, ce qu'il faut en penser.

6041. — JADOT (Louis). *L'émigration italienne en Tunisie.* — *Q. Dipl. Col.*, 1903, t. XV, p. 615-622.

Étude basée sur le rapport d'É. Flandin (v. n° **5488**) et sur celui de M. Carletti, consul d'Italie à Tunis; la colonisation italienne, principalement ouvrière, de 1885 à 1895, tend à devenir agricole; la question présente-t-elle un danger au point de vue politique, commercial et économique?

6042. — *A propos de l'immigration italienne.* — *Bul. Com. A. F.*, 1903, p. 190.

La visite médicale et la vaccination pour les immigrants (*J. O. tunisien,* 9 mai) ne constituent qu'une «simple mesure de prudence hygiénique». Cf. *Mesures à l'égard des immigrants. Quinz. col.,* 1903, t. XIII, p. 308, et 1904, p. 548; *Mesures sanitaires et immigration. R. F. Étr. Col.,* 1903, p. 372.

6043. — PIANTI (Humbert de). *L'émigration italienne.* — *Cor.*, 1903, t. CCXIII, p. 236-251.

Étude d'ensemble de l'émigration permanente italienne : aux États-Unis, en Argentine, en Tunisie, etc.

6044. — COMBES DE LESTRADE (Vte G.). *La Sicile dans ses rapports avec la Tunisie.* — *Réf. Soc.,* 1904, t. XLVII, p. 671-686.

La Tunisie s'offrait naturellement aux activités en quête d'emploi des Siciliens; enseignement que les travailleurs rapportent d'Afrique.

6045. — RAMBAUD (Jacques). *L'émigration italienne.* — *R. P.*, 1905, t. III, p. 601-622, 871-894.

Intensité, causes et recrutement de l'émigration italienne qui apparaît dans un état d'infériorité vis-à-vis de presque toutes les autres en Europe; pays où les Italiens émigrent, en Tunisie. An. par L. Raveneau, dans *Ann. G., Bibl.,* 1906, p. 69.

6046. — LOTH (Gaston), professeur au lycée de Tunis. *Le peuplement italien en Tunisie et en Algérie.* Thèse... — Paris, A. Colin, 1905, in-8°, VIII-503 p., 26 fig., 10 pl.

Thèse pour le doctorat, Faculté des lettres de Paris, 1904-1905. —Autre éd., *ibid.* — Étude très complète ; causes principales et caractère de l'émigration italienne en Tunisie et en Algérie, son importance; la main-d'œuvre; origine et développement de la colonisation agricole, l'avenir de la petite colonisation, l'industrie et les pêches maritimes, l'activité commerciale en particulier en Tunisie; les éléments sociaux, groupements, associations, services hospitaliers, le développement de l'italianité; la condition des Italiens en Tunisie; causes naturelles de fusion entre les populations italiennes et françaises; l'assimilation des Italiens par l'école et par le service militaire; les lois de naturalisation. An. dans *Bul. Dir. agr. com. Tunis*, 1905, p. 145; dans *R. P. Parl.*, 1905, t. XLIV, p. 635; dans *Quinz. col.*, 1905, p. 114; par Augustin Bernard, dans *Ann. G.*, 1905, p. 167-170; par G. Yver, dans *Ann. G., Bibl.*, 1906, p. 798; par le Dr L. Bertholon, dans *R. T.*, 1905, p. 255-262 : quelques critiques concernant les chiffres de la population et les débuts de l'immigration italienne dans la Régence. Cf. n° **6047**; *les Italiens en Tunisie*. *Quinz. col.*, 1905, p. 334-336, 367-370, 430-432.

6047. — JACQUETON (Gilbert). *Les Italiens en Tunisie.* — *Q. Dipl. Col.*, 1905, t. XIX, p. 403-418.

Analyse critique de l'ouvrage précédent : la question du nombre des Italiens; que font en Tunisie les immigrés italiens? mesures de défense contre l'italianisme.

6048. — LAPIE (Paul). *Les Italiens en Tunisie.* — *Ann. Col.*, 1905, p. 432-438.

L'invasion sicilienne en Tunisie est-elle un danger?; chiffre d'Italiens dans ce pays, la cause de cette émigration qui loin d'être un danger pour nous peut être un bienfait; conclusion d'après le livre de G. Loth (v. n° **6046**) : le meilleur remède est d'attirer davantage de Français dans la Régence.

6049. — ENRIQUEZ (Guillaume). *La main-d'œuvre rurale et le péril italien en Tunisie...* — Paris, imp. Robert, 1905, in-8°, 27 p.

Parut avec légères variantes dans la thèse signalée sous le n° **6490** (p. 52-106) La main-d'œuvre indigène, française, sicilienne; le péril italien, aspect politique et économique de la question, nationalisation des Siciliens.

6050. — SMAJA (Mardochée). *L'extension de la juridiction et de la nationalité françaises en Tunisie...* — Tunis, Express-Imp., 1905, in-8°, 53 p.

Pétitions adressées au Parlement par les israélites tunisiens; leurs revendications pour pouvoir sortir de leur situation inéquitable, compte tenu de l'impopularité des naturalisations en masse d'Algérie, de Pondichéry ou de la Martinique. An. par E. L. [Larcher], dans *R. Alg. Tun. lég. jurisp.*, 1907, 1re part., p. 192.

6051. — Gonnard (René). *L'émigration italienne et les colonies sans drapeau.* — *Q. Dipl. Col.*, 1906, t. XXI, p. 36-45, 96-110.

La puissance de l'émigration italienne, les causes de ce qu'elle présente d'excessif, les conséquences les plus manifestes qu'elle peut produire ; ce que devient ce flot d'émigrants en Tunisie, dans la province de Constantine et surtout en Argentine.

6052. — Gonnard (René). *L'émigration européenne au xixe siècle : Angleterre, Allemagne, Italie, Autriche-Hongrie, Russie.* — Paris, A. Colin, 1906, in-16, 297 p.

La colonisation italienne en Afrique du Nord (Tunisie et Tripolitaine), son avenir (p. 250-265). An. dans *Bul. Com. A. F.*, 1906, sup., p. 404 ; par Maurice Zimmermann, dans *Ann. G., Bibl.*, 1907, p. 67.

6053. — Vassel (Eusèbe). *Les israélites tunisiens et la naturalisation.* — *R. Indig.*, 1907, p. 280-284.

La situation inique et impolitique faite aux israélites tunisiens auxquels la naturalisation est refusée systématiquement ; les améliorations à apporter à ce régime sans toutefois tomber dans l'exagération du décret Crémieux en Algérie.

6054. — Samama (Nissim), avocat. *De la naturalisation française des israélites tunisiens et accessoirement de l'extension de la juridiction des tribunaux français...* — Paris, imp. Alcan-Lévy, 1908, in-8°, 44 p.

Communication présentée au Congrès de l'Afrique du Nord (v. n° 4412). Le décret du 28 février 1899 qui régit la naturalisation française en Tunisie et dont les conditions sont presque impossibles à remplir aux israélites sujets tunisiens ; critique des tribunaux indigènes actuels.

6055. — Valot (Pierre-Paul). *Le peuplement européen dans l'Afrique mineure.* — *Bul. Soc. G. Com. Bordeaux*, 1908, p. 1-5, 21-31.

Importance de l'immigration espagnole ou italienne par rapport à l'immigration française ; initiatives possibles pour transformer et franciser ces éléments étrangers et constituer une masse homogène essentiellement française.

6056. — Denis (Pierre). *Italiens de Tunisie.* — Paris, Éd. de la *Revue du mois*, 1908, in-8°, 24 p.

R. du mois, 1908, t. V, p. 686-709. — La question du peuplement italien en Tunisie dont les progrès semblent actuellement interrompus; les conditions de vie des Italiens; étude particulière de deux centres siciliens : Bir-Halima et Bordj-el-Amri; l'arrêt du mouvement qui amenait les Siciliens vers la Régence.

6057. — JADOT (Louis). *Les Italiens en Tunisie et en Tripolitaine.* — *Q. Dipl. Col.*, 1908, t. XXVI, p. 99-106.

Orientation nouvelle qui semble se dessiner; considérations émises par Giacomo de Martino, dans *Cirene e Cartagine*... Bologna, N. Zanichelli, 1908, in-8° (2° édiz., *ibid.*, 1912); l'évolution aurait pour effet d'arrêter l'émigration italienne en Tunisie et de canaliser vers la Tripolitaine une partie de ce courant.

6058. — RAMBAUD (Jacques). *L'émigration italienne, aspects et résultats actuels.* — *R. G.*, 1909, p. 525-549, phot.

Caractères de cette émigration, revue des colonies italiennes à l'étranger, conséquences; nombreuses références. An. par L. Raveneau, dans *Ann. G., Bibl.*, 1910, p. 67.

6059. — FIDEL (Camille). *L'émigration italienne.* — Paris, Challamel, 1910, in-8°, 28 p.

Bul. Soc. Ét. Col. Mar., 1909, p. 231-240, 258-274. — Étude des causes et du développement de l'émigration italienne, son rôle social et économique, l'organisation dont elle est l'objet tant en Italie que dans les pays où elle se dirige, en particulier en Algérie et en Tunisie.

6060. — DAVIN (Commandant A.). *Les Italiens en Tunisie.* — *R. D. M.*, 1910, t. LIX, p. 689-708.

Nature de l'émigration italienne en Tunisie; statistique en 1904, 1907 et 1909; emploi de la main-d'œuvre italienne et concessions exploitées par des Italiens; la mentalité de ces immigrants et la politique de l'Italie à leur égard; efforts que la France doit accomplir pour obtenir la fusion de ces éléments avec ceux français.

6061. — *La question des écoles italiennes en Tunisie.* — *Quinz. col.*, 1910, p. 542-543.

Vœu de la Ligue de l'enseignement, en vue de ne pas laisser créer en Tunisie une sorte d'irrédentisme.

6062. — *La naturalisation des sujets tunisiens.* — *Quinz. col.*, 1910, p. 722.

La loi du 13 avril améliore le sort des juifs tunisiens; l'autorisation de contracter des engagements de trois ans dans l'armée française.

6063. — Vadala (R.). *Les Maltais hors de Malte (étude sur l'émigration maltaise)...* — Paris, A. Rousseau, 1911, in-8°, 109 p.

Le développement rationnel de l'émigration maltaise, les caractéristiques principales de son épanouissement; les Maltais en Tunisie (p. 73-80), en Algérie (p. 81-99), les Maltais dans l'armée française; bibliographie. Cf. *R. M. Mus.*, 1911, t. XIV, p. 36-61. An. dans *Quinz. col.*, 1912, p. 546; dans *Bul. Com. A. F.*, 1912, sup., p. 296.

6064. — Fidel (Camille). *Les intérêts italiens en Tunisie.* — Paris, publ. du Comité de l'Afrique française, 1911, in-8°, 35 p.

Bul. Com. A. F., 1911, sup., p. 124-134. — Résultats d'une enquête faite par l'auteur à Tunis en juin-juillet 1910; importance numérique de la colonie italienne, caractères de l'immigration; colonie agricole, population ouvrière, intérêts commerciaux et maritimes, capitaux, écoles, presse italienne.

6065. — Pégard (Pierre). *Les Italiens en Tunisie.* — *Cor. Or.,* 1er sem., 1912, p. 193-197.

La Tunisie, soumise au Protectorat français, colonie française en théorie, est en fait une colonie italienne; avantages et inconvénients de cette supériorité numérique des colons italiens.

6066. — Demanche (Georges). *Tunisie, le peuplement italien.* — *R. F. Étr. Col.*, 1912, p. 141-149.

A propos du discours de M. Dubarle, député, qui fait ressortir les graves inconvénients pour la France de l'invasion pacifique de la Régence par les Siciliens; ce péril a été signalé par Jules Saurin depuis plus de 10 ans.

6067. — Raqueni (R.). *Italiens et Français en Tunisie.* — *N. R.,* 1912, t. XXVI, p. 303-306.

Répercussion considérable dans le monde musulman et tension des rapports entre les colonies françaises et italiennes par suite de la guerre italo-turque; statistique des Français et des Italiens en Tunisie, exode de ceux-ci vers la Tripolitaine: l'union «fraternelle entre la France et l'Italie dans l'Afrique du Nord devenue latine... s'impose plus que jamais».

6068. — Lorin (Henri). *Les Italiens en Tunisie et en Tripolitaine.* — *Q. Dipl. Col.*, 1912, t. XXXIII, p. 736-748.

La Tunisie n'est qu'une carrière d'appoint pour l'émigration italienne; l'œuvre des Italiens dans la Régence, les caractéristiques présentes de leur activité, les conséquences de la prise de la Tripolitaine. An. par J. B., dans *G. R.*, 1912, t. LXXV, p. 872-873.

6069. — LÉAL (Numa), avocat à la Cour d'appel de Paris. *Le péril italien en Tunisie*... — [Paris], bibl. des *Annales sociales, coloniales et étrangères* [1913], in-8°, 16 p.

Réponse à l'art. d'Orazio Pedrazzi intitulé *Le catene e le spine della colonia*, paru dans la *Gazzetta del Popolo* (3 juin); «la Tunisie court un danger très grave; ... dans un avenir proche, en cas de guerre, elle sera gardée par des soldats italiens !»

6070. — DAUZAT (Albert). *L'expansion italienne; l'émigration, la conquête de Tripoli, la régénération intérieure, politique orientale, France et Italie.* — Paris, E. Fasquelle, 1914, in-16, 295 p.

Étude de l'expansion italienne sous ses principaux aspects; nombreux passages relatifs à la Tunisie, en ce qui concerne l'émigration et l'expédition de Tripoli. An. dans *Q. Dipl. Col.*, 1914, t. XXXVIII, p. 64.

6071. — RUEDEL (Marcel). *I. Les Italiens en Tunisie. II. Nos protégés tunisiens.* — *Ann. Col.*, 7 et 9 avril 1914.

Avantages accordés jusqu'ici aux sujets italiens et tripolitains résidant en Tunisie; les «jeunes tunisiens»; la main-d'œuvre indigène; la politique à suivre par la France et l'œuvre de demain.

6072. — *Les Italiens de Tunisie et la Tripolitaine.* — *Bul. Com. A. F.*, 1914, p. 221-222.

Lettre datée de Tripoli (19 avril) donnant l'avis d'ouvriers sur l'état des choses en Libye, bien différent de celui que proclament les Italiens de Tunisie.

6073. — PAYEN (Édouard). *La Tunisie et les Tripolitains.* — *Q. Dipl. Col.*, 1914, t. XXXVII, p. 540-545.

Les questions que soulève la prise de possession de la Tripolitaine par l'Italie; la frontière, les migrations d'individus; les Tripolitains résidant en Tunisie, l'attitude de l'Italie à leur égard, la politique que la France doit adopter envers eux.

6074. — *La question des Tripolitains.* — *Bul. Com. A. F.*, 1914, p. 33, 220-221.

Question difficile à résoudre par suite de l'annexion de la Tripolitaine; extraits de la *Dépêche tunisienne* à ce sujet; art. de la *Vossische Zeitung* (13 mai) prévoyant une avance des forces italiennes «de la Libye, vers Tunis et Alger» en cas de conflit. Cf. *Les Tripolitains en Tunisie. Quinz. col.*, 1914, p. 313-314.

6075. — [Caix (Robert de)]. *L'accord franco-italien* (Signé : R. C.). — *Bul. Com. A. F.*, 1914, p. 249-252.

Accord du 29 mai réglant la condition des Tripolitains en Tunisie et des Tunisiens en Tripolitaine ; exposé de la thèse italienne.

6076. — *L'accord franco-italien et l'impression produite en Tunisie.* — *Bul. Com. A. F.*, 1914, p. 269-270.

C'est avec « une satisfaction non équivoque » que Français et Italiens de Tunisie ont accueilli l'accord du 29 mai. Cf. *Quinz. col.*, 1914, p. 388-389.

6077. — Milhac (Louis). *Tunisie et Tripolitaine.* — *R. Indig.*, 1914, p. 348-353.

Texte de la convention du 29 mai entre la France et l'Italie relative aux sujets italiens en Tunisie et aux Tunisiens en Libye ; reproduction d'un article du *Temps* dégageant les conséquences locales de cette convention.

6078. — Demanche (Georges). *Tunisie. Les Tripolitains et les conventions italiennes.* — *R. F. Étr. Col.*, 1914, p. 339-343.

Les négociations engagées avec l'Italie relatives aux questions judiciaires et administratives concernant les Tripolitains en Tunisie ; le désir des colons français de voir la Tunisie annexée à la France ; signature de l'accord franco-italien du 29 mai.

6079. — *Le problème de l'italianité en Tunisie.* — *Bul. Com. A. F.*, 1919, p. 186-188, 282-283.

Analyse de l'étude de O. Pedrazzi, *I rapporti italo-francesi in Tunisia*, parue dans l'*Africa italiana*, sept.-oct. 1917 : coordination des efforts italiens dans la Régence ; revendications italiennes, dans quelle mesure elles vont recevoir satisfaction ; lettre de Tounsi à ce sujet.

6080. — [Jacqueton (G.)]. *Les Italiens dans l'Afrique du Nord* (Signé J. G.). — *Bul. Com. A. F.*, 1919, p. 311-315.

Désir secret de l'Italie de créer chez ses sujets un mouvement d'émigration pro nord-africain en vue d'obtenir ultérieurement des avantages d'ordre politique, économique ou social ; les réclamations italiennes concernant la Tunisie, l'Algérie et le Maroc.

6081. — Lacretelle (Jacques de). *Les Russes en Tunisie.* — *Op.*, 1921, 1er sem., p. 369-370.

6082. — *Les Italiens en Tunisie.* — *Bul. Com. A. F.*, 1921, p. 154-155, 253.

Déclarations de M. Lucien Saint à M. Corrado Masi, directeur de l'*Unione* (28 avril); participation de la colonie italienne à la fête du 14 juillet.

6083. — *La question des étrangers.* — *Bul. Com. A. F.*, 1921, p. 430-431.

Décret du 8 nov. s'appliquant à tous les étrangers (sauf aux Italiens), notamment aux Maltais. Cf. *L'entrée des Maltais de Tunisie dans la famille française. Ibid.*, 1922, p. 3-4 (v. n° **6088**).

6084. — BALLOUL (Ahmed). *De nouveaux citoyens français.* — *R. Indig.*, 1921, p. 216-217.

A propos du décret présidentiel accordant la nationalité française à 5.000 Maltais tunisiens.

6085. — FIDEL (Camille). *Les Italiens de Tunisie.* — *Bul. Com. A. F.*, 1922, p. 356-359.

Débats à la Chambre italienne sur le statut des Italiens de Tunisie; Congrès de la « Ligue italienne pour la protection des intérêts nationaux » (6 juin); les véritables sentiments de la colonie italienne de la Régence.

6086. — XXX. *Les décrets du 8 novembre 1921 sur la nationalité d'origine en Tunisie et au Maroc (zone française) devant la Cour permanente de justice internationale.* — *R. D. Int. privé*, 1922-1923, p. 1-287.

Origine des décrets du 8 nov. 1921, les deux thèses, plaidoiries devant la Cour de sir Douglas Hogg, de M. A. de Lapradelle, de sir Ernest Pollock, conclusions de M. D. Mérillon, procureur général; examen d'ensemble (v. n° **6091**).

6087. — *Le gouverneur de la Tripolitaine et les Italiens de Tunis.* — *Bul. Com. A. F.*, 1922, p. 388-389.

Discours prononcés (22 juillet) par le Dr Brignone, au nom de la colonie italienne, et par le c^{te} Volpi, gouverneur de la Tripolitaine, lors de son séjour à Tunis.

6088. — *Une protestation britannique.* — *Bul. Com. A. F.*, 1922, p. 389.

Question posée par lord Mayo à la Chambre des Communes (2 août) au sujet de l'application du décret du 8 nov. 1921 (v. n°ˢ **6083** et **6089**).

6089. — *L'opposition britannique aux décrets de naturalisation.* — *Bul. Com. A. F.*, 1922, p. 445-446.

Protestations portées à la Société des Nations contre les décrets tunisiens et marocains (v. n° **6088**).

6090. — Picard (Maurice). *Le différend franco-anglais relatif aux décrets du 8 novembre 1921 sur la nationalité d'origine en Tunisie et au Maroc devant la Cour permanente de justice internationale...* — *J. D. int.*, 1923, p. 256-266.

Texte des décrets du 8 nov. 1921; éléments du différend, thèse française et thèse anglaise, résumé des débats. Cf. *ibid.*, p. 186-188, avis de la Cour; p. 430-438, texte complet de l'avis.

6091. — *Les décrets de nationalité devant la Cour permanente de justice internationale. L'avis consultatif de la Cour.* — *Bul. Com. A. F.*, 1923, sup., p. 86-96.

L'avis consultatif de la Cour de La Haye sur le différend franco-anglais au sujet des décrets de nationalité promulgués en Tunisie et au Maroc le 8 nov. 1921; origine de l'affaire, la francisation des Maltais de Tunisie; extr. d'art. de la *R. D. Int. privé* (v. n° **6086**) et du *Journal des Débats* (23 janvier); les points de vue tunisien et marocain; les conclusions françaises; conclusion de l'avis de la Cour (v. n° **6092**).

6092. — *La chicane anglaise dans l'Afrique du Nord.* — *Bul. Com. A. F.*, 1923, p. 101-102.

« La Grande-Bretagne a soulevé contre nous tout l'appareil de la justice la plus solennelle » pour de « très modestes intérêts d'ailleurs respectés par nos décrets » (v. n° **6091**).

6093. — Vadala (R.), consul de France. *Les Maltais dans l'Afrique française.* — *Bul. Com. A. F.*, 1923, p. 183-184.

Historique de la traditionnelle amitié franco-maltaise; les Maltais constituent « un élément stable et sérieux de notre influence en Afrique ». An. par G. Yver, dans *Bibl. g.*, 1924, p. 279.

6094. — *Manifestations fascistes.* — *Bul. Com. A. F.*, 1923, p. 197.

Les conférences de M. Provenzal sur la Tunisie faites en Italie et reproduites dans l'*Unione*; la conférence de M. Bastianini à Tunis (6 mars).

6095. — Vadala (R.). *Malte et l'Afrique française.* — *Bul. Com. A. F.*, 1923, p. 242-244.

Les attaches profondes unissant Malte à la Tunisie; importance de l'escale de Malte. An. par G. Yver, dans *Bibl. g.*, 1924, p. 279-280.

6096. — *L'accord franco-britannique sur les décrets de naturalisation.* — *Bul. Com. A. F.*, 1923, p. 271-272.

Accord réalisé, en ce qui concerne la Tunisie, à la suite d'un examen par voie diplomatique; art. du *Journal des Débats* (6 juin) à ce sujet.

6097. — *L'accord franco-britannique sur les décrets de naturalisation.* — *Bul. Com. A. F.*, 1923, sup., p. 330-331.

Exposé des motifs et projet de loi sur l'acquisition de la nationalité française dans la Régence de Tunis (v. n°ˢ **6099** et **6106**).

6098. — Morinaud (Émile), député. *Les conditions juridiques des étrangers en Tunisie et au Maroc.* — *Ann. Col.*, 24 avril 1923.

L'arrêt rendu par la Cour de La Haye constitue une déception pour la France; celle-ci ne peut donc compter que sur elle-même, et doit, par la construction du transsaharien, réaliser rapidement le bloc franco-africain qui lui permettra de se passer des autres. *Cf., ibid.,* 18 juin 1923.

6099. — Poincaré (Raymond), président du Conseil, ministre des Affaires étrangères, Colrat (Maurice), garde des Sceaux et de la Justice, Maginot (André), ministre de la Guerre et des Pensions. *Projet de loi sur l'acquisition de la nationalité française dans la Régence de Tunis...* — Paris, imp. Martinet [1923], in-4°, 10 p.

Chambre des députés, 12° législature, session de 1923. Annexe au procès-verbal de la séance du 31 mai 1923, n° 6090. — Les obligations militaires de ces naturalisés (art. XIII) du projet de loi (v. n° **6106**).

6100. — Morinaud, député. *Rapport fait au nom de la Commission de l'Algérie, des Colonies et des Protectorats, chargée d'examiner le projet de loi sur l'acquisition de la nationalité française dans* la *Régence de Tunis*. — Paris, imp. Martinet [1923], in-4°, 18 p.

Chambre des députés, 12e législature, session de 1923. Annexe au procès-verbal de la 1re séance du 10 juillet 1923, n° 6419. — Examen des articles du projet de loi (v. n° **6106**).

6101. — *Les fascistes et la Tunisie.* — Bul. Com. A. F., 1923, p. 402-404, ill.

La campagne des fascistes en Italie et en Tunisie pour enlever ce pays à la France; extr. du *Corriere di Tripoli* sur le développement économique de la Tunisie grâce aux Italiens.

6102. — *Abd-el-Aziz Taalbi et les Italiens.* — Bul. Com. A. F., 1923, p. 416, 628.

Départ pour l'Italie de l'agitateur musulman gallophobe Taalbi; son passage à Rome, sympathie qu'il a recueillie en Italie.

6103. — *La visite du navire-école italien* Francesco Ferruccio *à Tunis.* — Bul. Com. A. F., 1923, p. 475-476.

Visite du 8 au 12 août.

6104. — *Les Italiens en Tunisie.* — Bul. Com. A. F., 1923, p. 598-599.

Fausse accusation de l'*Unione* (10 oct.); incident du 4 nov.

6105. — Redslob (Robert). *Le litige franco-britannique sur les décrets de nationalité en Tunisie et au Maroc; observations sur le 4e avis consultatif de la Cour permanente de justice internationale.* — R. D. Int., Sc. dipl. pol. soc., 1924, p. 5-15.

Résumé de la question; discussions juridiques sur la manière dont la Cour permanente a compris son mandat et sur la nationalité des habitants d'un État protégé; la thèse française triomphe dans le compromis du 24 mai 1923 qui termine le litige.

6106. — *L'acquisition de la nationalité française.* — Bul. Com. A. F., 1924, p. 42-45.

Texte définitif du projet de loi (v. n° **6097**) présenté par le Gouvernement; extr. des rapports de MM. Morinaud (v. n° **6100**), Mazurier (n° 802) et Gasser (n° 806) précisant la portée de la loi et de l'accord franco-britannique.

6107. — *Le comte Volpi dans l'Afrique française du Nord.* — *Bul. Com. A. F.*, 1924, p. 273-274, 375-377, 412.

Buts du voyage au Maroc du c^te Volpi, menées fascistes en Tunisie; interview du c^te Volpi à son retour en Italie (*Idea nazionale*, 18 mai).

6108. — *M. Thomas Tittoni et la Tunisie.* — *Bul. Com. A. F.*, 1924, p. 344-348.

Extr. d'un art. de T. Tittoni (*Nuova Antologia*, 1er avril) sur la Tunisie, la Tripolitaine et l'Italie; la question du transsaharien, le régime des Italiens en Tunisie, la loi de naturalisation du 20 déc. 1923.

6109. — *Les écoles italiennes de Tunisie foyer d'irrédentisme.* — *Bul. Com. A. F.*, 1924, p. 375.

Nécessité de résoudre à bref délai «la question italienne».

6110. — *La Tunisie et le Brésil provinces italiennes.* — *Bul. Com. A. F.*, 1924, p. 409-410.

Extr. d'un art. de l'*Esplorazione commerciale* (31 mai) où la Tunisie est montrée comme historiquement acquise à l'Italie.

6111. — *L'Italie et la Tunisie...* — *Bul. Com. A. F.*, 1924, p. 538-540.

Extr. d'un art. de l'*Esplorazione commerciale* (juillet-août) où il est dit que l'Italie tolère à peine, mais en somme tolère la France en Tunisie.

6112. — *La situation des Italiens.* — *Bul. Com. A. F.*, 1924, p. 603-604, 647-648.

Résumé (*Le Temps*) des débats à la Chambre italienne (12 nov.) au cours de la discussion du budget des Affaires étrangères; débats au Sénat italien (11 déc.).

6113. — *La question tunisienne devant la Chambre.* — *Bul. Com. A. F.*, 1925, p. 54-56.

Intervention de É. Morinaud (20 janvier), au cours de la discussion générale du budget des Affaires étrangères : la naturalisation, la situation des Italiens.

6114. — *La Tunisie et les Italiens.* — *Bul. Com. A. F.*, 1925, p. 229-230.

Traduction d'un art. signé P. M., reçu de Tunis par le *Secolo* et reproduit dans l'*Unione* du 27 avril, au sujet de la situation des Italiens en Tunisie et des devoirs de l'Italie envers ses sujets tunisiens.

6115. — *Les naturalisations aux colonies.* — *Bul. Com. A. F.,* 1925, p. 318-319.

Extr. du rapport annuel du directeur des Affaires civiles au Garde des Sceaux (J. O., 7 mai 1924) sur les naturalisations en 1924 (Algérie, Tunisie, Maroc).

6116. — *Une interview du comte Volpi.* — *Bul. Com. A. F.,* 1925, p. 334-335.

Art. de F. Bonura, rédacteur en chef de l'*Unione* (17 juin); polémique entre la *Nadha* (26 juin) et l'*Unione* (7 juillet).

6117. — *La naturalisation des Tunisiens et le décret du 8 novembre 1921.* — *Bul. Com. A. F.,* 1925, p. 377-378.

Communiqué de la Résidence générale (29 avril) au sujet de la situation des enfants nés d'un père tunisien et d'une mère européenne (v. n° **5855**).

6118. — *Les travailleurs yougoslaves en Tunisie.* — *Bul. Com. A. F.,* 1925, sup., p. 393-394, 503.

Art. de Corrado Masi, dans l'*Idea Coloniale* (23 mai, 26 sept.).

6119. — *Croisière d'italianité.* — *Bul. Com. A. F.,* 1925, p. 438.

Visite d'une escadre italienne à Tunis en août 1925, manifestation de «fraternité talienne» à l'égard des Italiens de Tunisie.

6120. — *Les naturalisations en Afrique du Nord.* — *Bul. Com. A. F.,* 1925, sup., p. 593.

Question posée par É. Morinaud à la Chambre (10 déc.), lors de la discussion du budget des Affaires étrangères.

6121. — Fidel (Camille). *Empire italien et colonies.* — *R. Indig.,* 1926, p. 81-86.

Politique africaine et politique extérieure de l'Italie; buts territoriaux ou **autres?**; **pour** une coopération impériale italo-française.

6122. — MILLE (Pierre). *Les Italiens en Tunisie.* — *Dépêche coloniale*, 3 mars 1926.

Le « péril italien », en Tunisie, s'il n'a pas disparu est maintenant bien atténué; statistique des Italiens et Français en 1881, 1891, 1901 et 1921; les modifications à introduire à la convention de 1896 sur le statut des Italiens nés en Tunisie.

6123. — WINKLER (Pierre). *Essai sur la nationalité dans les Protectorats de Tunisie et du Maroc.* Thèse... — Paris, Jouve, 1926, in-8°, 264 p.

Université de Strasbourg, Faculté de droit et des sciences politiques. — Autre éd., *ibid.* — Étude théorique de la nationalité en Tunisie et au Maroc; effet de principe de la souveraineté française sur la nationalité des protégés, protecteurs et étrangers. Mise en œuvre des principes étudiés dans la première partie; influence de la souveraineté française en Tunisie et au Maroc sur la nationalité des citoyens et sujets français; possibilité pour les indigènes tunisiens ou marocains de devenir français; mesures prises pour naturaliser les étrangers. Bibliographie.

6124. — *Un incident fasciste à Tunis.* — *Bul. Com. A. F.*, 1926, p. 32-33.

Incident entre M. Édouard Costa et M. Duran-Angliviel; expulsion de É. Costa. Cf. *ibid.*, p. 78-80, 185-186.

6125. — *Missionnaires d'italianité en Tunisie.* — *Bul. Com. A.F.*, 1926, p. 80-81.

Au sujet des conférences « patriotiques et fascistes » faites à Tunis en janvier 1926 par le professeur italien Gaspard Ambrosini et visite du député Francesco Meriano. Cf. *ibid.*, p. 128, 129 et 184-185.

6126. — *Les sociétés italiennes de combattants.* — *Bul. Com. A. F.*, 1926, p. 81.

Fusion des sociétés italiennes d'anciens combattants en Tunisie réalisée grâce à la propagande active des dirigeants fascistes.

6127. — *Les ambitions africaines de l'Italie et la politique fasciste.* — *Bul. Com. A. F.*, 1926, p. 88-92, 138-141.

Interview du sous-secrétaire d'État aux colonies italien Roberto Cantalupo (*Popolo d'Italia*, 2 février) sur la politique générale italienne en matière coloniale et interview de M. Mussolini (*L'Éclair*, 26 janvier, et *Le Petit Parisien*, 27 février) traitant particulièrement de la Tunisie.

6128. — *Le voyage de M. Mussolini en Tripolitaine et les ambitions italiennes.* — *Bul. Com. A. F.*, 1926, p. 211-215.

Commentaires de la presse italienne au sujet de ce voyage; en particulier, extr. d'un art. d'une publication quasi officielle, *Il Foglio dell'Emigrazione*, relatif à la question tunisienne et favorable à une entente plus étroite entre la France et l'Italie.

6129. — *L'Italie et l'Afrique...* — *Bul. Com. A. F.*, 1926, sup., p. 242-251, ill.

Extr. d'art. de la presse italienne, française et arabe commentant les discours prononcés par M. Mussolini en Tripolitaine et le voyage de M. Italo Balbo en Tunisie; discours de M. Lucien Saint à l'inauguration de la maison du Dante, à Tunis (21 avril).

6130. — *Les naturalisations en 1925.* — *Bul. Com. A. F.*, 1926, sup., p. 309.

Chiffres fournis par le rapport annuel du directeur des Affaires civiles et du Sceau (*J. O.*, 9 mai); naturalisations en Algérie, en Tunisie et au Maroc.

6131. — *La nationalité des Italiens en Tunisie.* — *Bul. Com. A. F.*, 1926, p. 501-502, ill.

Extr. du livre de Felice Bassi, *Politique italienne d'outre-mer*, relatif à la nationalité des Italiens en Tunisie et proposant un condominium italo-français dans ce pays.

6132. — ROBER-RAYNAUD. *Les menées italiennes en Tunisie.* — *Bul. Com. A. F.*, 1926, sup., 285-288.

La propagande des agents officieux et officiels de l'Italie auprès des chefs indigènes; extr. de journaux italiens, leur campagne en faveur des «frères opprimés de Tunisie».

6133. — *La question italienne en Tunisie.* — *Bul. Com. A. F.*, 1926, sup., p. 350-353, 408-409.

Reproduction d'un art., signé Joseph Daodiace (*Rivista delle Colonie e d'Oriente*), sur la situation des Italiens en Tunisie, qui, d'après l'auteur, «a été mise en valeur par les Italiens»; extr. d'art. italiens montrant la nature des menées mises en œuvre en Italie contre la France; les prétendus droits de l'Italie à Tanger et en Tunisie (*Cittadino*, 12 juin).

6134. — LE CONTE (René). *Les étrangers en Tunisie.* — *Fr.-Islam,* 1926, p. 54, 93-94.

Vue d'ensemble, les Maltais et les petites nationalités.

6135. — ROBER-RAYNAUD. *L'Italie et nous en Tunisie.* — Paris, éd. du Comité Algérie-Tunisie-Maroc, 1926, in-8°, 32 p., ill. *Bul. Com. A. F.,* 1926, sup., p. 481-488. — De quoi et comment est faite l'opinion publique italienne sur la Tunisie; l'exaltation fasciste; les menées italiennes en Tunisie; la condition réelle des Italiens dans la Régence; la question de la nationalisation.

6136. — BOURDARIE (Paul). *La paix franco-italienne.* — *R. Indig.,* 1927, p. 177-191.

La déclaration du duce sur le bloc latin et la coopération franco-italienne, les bases qu'il entend donner à la politique italienne; les « dix commandements du fascisme impérialiste moderne » de M. Coppola, impliquant la participation de l'Italie au régime de Tanger et des garanties pour la nationalité des Italiens qui sont en France ou dans les colonies françaises; les réclamations italiennes sur l'hinterland tripolitain et les communications directes entre la Tripolitaine et le Tchad; examen de ces deux questions.

6137. — GUYOT (Georges), docteur ès sciences politiques et économiques, chargé de mission. *L'Italie devant le problème colonial...* — Paris, Soc. d'éd. géogr., mar. col., 1927, in-16, VIII-238 p.

Étude de la colonisation italienne. Considérations générales, rapports de la colonisation avec le problème démographique métropolitain et la politique mondiale, problème de la main-d'œuvre. La France n'a pas à s'inquiéter de la propagande intense faite en Italie en faveur des questions économiques coloniales; toute entreprise violente de l'Italie contre le statut de la Méditerranée occidentale est impossible et inutile. Bibliographie. An. par Marcel Larnaude, dans *R. Af.,* 1927, p. 316.

6138. — ROUSTAN (Mario), sénateur. *Afrique française. Afrique latine.* — *Ann. Col.,* 8 févr. 1927.

Réponse a ceux qui prétendent que l'Afrique septentrionale ne peut rester complètement française et qu'elle a besoin d'éléments latins tels que les Italiens; la place de ceux-ci peut très bien être à côté de la grande famille française. Cf. *L'Italie et nous. Ibid.,* 24 mars 1927.

6139. — Sayous (André-E.). *Les Italiens de Tunisie.* — Bruxelles, imp. Gœmaere, 1927, in-8°, 40 p.

Extr. de *R. écon. intern.*, juillet 1927. — Enquête faite en Tunisie en 1927. Solidarité des intérêts français et indigènes dans la production; phases de l'immigration italienne en Tunisie, le recensement de 1926, les ouvriers italiens et la bourgeoisie italienne de Tunisie, la colonisation agricole par des Italiens; «l'enrichissement de quelques centaines d'Italiens n'arrête nullement la francisation rapide et profonde de la Tunisie».

III. LA LÉGISLATION; PROPRIÉTÉ FONCIÈRE, HABOUS;
L'ORGANISATION JUDICIAIRE.

6140. — Du Caurroy (A.-J.). *Législation musulmane sunnite, rite hanèfi.* — *J. As.*, 1848, t. XII, p. 5-44; 1849, t. XIII, p. 120-163; 1850, t. XVI, p. 476-519; 1851, t. XVII, p. 211-255, 568-591; t. XVIII, p. 290-321; 1852, t. XIX, p. 519-550; 1853, t. Ier, p. 39-91; t. II, p. 471-528.

Code civil du rite hanafi : droits des hommes sur les choses, droits et devoirs des hommes entre eux; la propriété, l'emploi des eaux, la chasse, le djihad, la paix et l'aman; publication interrompue. Cf. *ibid.*, 1853, t. II, p. 543-544.

6141. — Ibn ʿĀṣim (Abou Bakr Moḥammad ibn Mohammad ibn ʿĀṣim al-Andalosī al Gharnâṭī). *Traité de droit musulman. La Tohfat d'Ebn Acem, texte arabe avec traduction française, commentaire juridique et notes philologiques* par O. Houdas... et F. Martel... — Alger, Gavault Saint-Lager, 1882, in-8°, ix-918 p.

Parut en 8 fasc. (1882 à 1893). Mémento juridique composé au xve siècle; présentation du texte, de la traduction et des commentaires en faisant un manuel pratique pour les interprètes et les juges appelés à appliquer couramment la loi musulmane. An. par Barbier de Meynard, dans *Ac. Inscr. B.-Lettres, C. R.*, 1883, t. X, p. 161-162.

6142. — Lenepveu de La Font. *De la juridiction des tribunaux français en Tunisie et de leur compétence à l'égard des étrangers.* — *J. D. Int. pr.*, 1883, p. 437-448.

Juridictions existant en Tunisie avant l'établissement du Protectorat; défauts de la justice consulaire; les étrangers et l'introduction de la juridiction française, en quoi elle diffère de celle de la métropole, assesseurs étrangers et indigènes, avocats étrangers; texte de la loi (27 mars 1883) portant organisation de la juridiction française en Tunisie, décret beylical (5 mai 1883) rendant les nationaux des puissances amies justiciables des tribunaux français.

6143. — [AGOSTINI (E.)]. *Confection du cadastre de la Régence de Tunis. Projet.* — Paris, imp. A. Lahure, 1883, in-4°, 11 p.

Ce projet prévoit la confection du cadastre aux frais des particuliers propriétaires.

6144. — *Projet de loi sur la constitution de la propriété foncière et des droits réels.* — R. Alg. Tun. lég. jurisp., 1885, 1re part., p. 37-48.

Avant-propos signé A. D., montrant les avantages de ce projet; lettre (6 déc. 1884) de Mohamed el Aziz bou Atour, premier ministre, adressant au Résident le projet de loi (31 art.) [v. n° **6146**].

6145. — PONTOIS, président du tribunal de première instance de Tunis. *Rapport fait au nom de la sous-commission chargée d'examiner le projet de loi proposé par le Gouvernement tunisien, relativement à la constitution de la propriété foncière et des droits réels immobiliers en Tunisie...* — S. l. n. d., in-4°, non paginé.

Ce rapport (v. n° **6146**) précède le projet de loi sur la constitution de la propriété civile en Tunisie (380 art.).

6146. — *Projet de loi sur la constitution de la propriété foncière en Tunisie.* — Tunis, imp. B. Borrel, 1885, in-4°, xxxiv-64 p.

Rapport fait, par M. Pontois, au nom de la sous-commission chargée d'examiner le projet de loi proposé par le Gouvernement tunisien (v. n^{os} **6144** et **6145**) relativement à la constitution de la propriété foncière et des droits réels immobiliers en Tunisie (Cf. R. Alg. Tun. lég. jurisp., 1885, 1re part., p. 121-145); texte du projet de loi adopté par la Commission de législation immobilière (17-21 mars 1885).

6147. — *Projet de loi sur le domaine public en Tunisie.* — Tunis, imp. B. Borrel, 1885, in-4°, 4 p.

Rapport par M. Pontois au nom de la sous-commission immobilière; projet de loi (7 art.).

6148. — RÉGENCE DE TUNIS. *Loi sur la propriété foncière, décrétée le 19 ramadan 1302 (1er juillet 1885), promulguée le 30 rama-*

dan 1302 (12 juillet 1885). — Tunis, imp. B. Borrel, 1885, in-8°, 110-II p.

Des immeubles, de leur immatriculation, du titre de propriété; de la propriété immobilière, de l'enzel, de l'usufruit des immeubles, des servitudes foncières, de l'antichrèse, des hypothèques, de l'expropriation forcée, de la prescription, de l'inscription des droits réels immobiliers. Cf. Costantino (A.), *La nuova legge immobiliare in Tunisia, decretata il 1° luglio 1885 (19 ramadan 1302), promulgata il 12 luglio 1885 (30 ramadan 1302), note esplicative pei proprietari*. Tunisi, tip. V. Finzi, 1886, in-8°, 23 p.

6149. — Régence de Tunis. *Décret du 13 moharrem 1303 (21 octobre 1885) règlementant l'exécution du décret du 8 kâda 1302 sur la constitution en enzel des immeubles habous.* — Tunis, imp. B. Borrel, 1885, in-8°, 14 p.

6150. — *Le nouveau régime de la propriété foncière en Tunisie.* — *Bul. Statist.*, 1885, t. XVIII, p. 57-73, 202-211, 327-345.

Texte de la loi (381 art.) du 1ᵉʳ juillet 1885, paru au *J. O. tunisien* du 12 juillet (v. n° **6160**). Cf. *L'immatriculation des immeubles. Ibid.*, 1891, t. XXX, p. 42, et 1893, t. XXXIV, p. 234.

6151. — *Choix splendide de préceptes cueillis dans la loi. Petit manuel de droit immobilier suivant les deux rites musulmans orthodoxes de la Régence de Tunis*, traduit sur la 1ʳᵉ édition du texte arabe imprimé à Tunis en l'an de l'hégire 1301 et annoté par A. Goguyer. — Paris, Maisonneuve et Leclerc; Tunis, V. Brun, 1885, in-18, 108 p.

Antérieurement, une autre traduction anonyme parut dans le *J. O. tunisien*, puis en brochure.

6152. — Dain (Alfred). *Le système Torrens; de son application en Tunisie et en Algérie. Rapport à M. Tirman...* — Alger, A. Jourdan, 1885, in-8°, 136 p.

R. Alg. Tun. lég. jurisp., 1885, 1ʳᵉ part., p. 285-356; 1886, 1ʳᵉ part., p. 1-38. — L'organisation actuelle de la propriété dans la Régence, différences essentielles qui existent entre l'Algérie et la Tunisie; la loi foncière tunisienne; dans quelle mesure l'Act Torrens et les innovations admises en Tunisie peuvent être introduites en Algérie. Texte de l'Act Torrens et de la loi sur la propriété foncière en Tunisie

(5 juillet 1885) [v. n° **6148**]. Une autre éd. (*ibid.*, 72 p.) ne contient que le rapport adressé par l'auteur au ministre de l'Instruction publique, à la suite de sa mission en Tunisie. An. par R. Gonse, dans *Bul. Soc. lég. comp.*, 1886, t. XV, p. 560-569.

6153. — [HERBAUX (J.), procureur de la République]. RÉGENCE DE TUNIS. Parquet de Tunis, tribunal mixte. *Loi du 1ᵉʳ juillet 1885 (19 ramadan 1302). Instruction pratique concernant les obligations des juges de paix en matière d'immatriculation.* — Tunis, imp. B. Borrel, 1886, in-8°, 46 p.

Instruction datée de Tunis, 20 sept. 1886.

6154. — GIDE (Charles). *Étude sur l'Act Torrens...* — Paris, F. Pichon, 1886, in-8°, 47 p.

Historique, dispositif, précédents et applications de l'Act Torrens ; discussion des modifications qui lui sont apportées pour l'adapter aux institutions locales de la Tunisie et au code civil ; retentissement en Algérie. Cette étude parut dans *Bul. Soc. lég. comp.*, 1886, t. XV, p. 288-330, où elle est suivie d'observations de Jules Challamel (*ibid.*, p. 330-333). An. par A. Chastel, dans *Ann. Sc. Pol.*, 1886, p.631.

6155. — *Formalités à remplir par les personnes qui requièrent l'immatriculation des immeubles. Loi du 1ᵉʳ juillet 1885 (19 ramadan 1302).* — Tunis, imp. B. Borrel, 1886, in-8°, 10 p.

6156. — RÉGENCE DE TUNIS. *La propriété foncière en Tunisie. Recueil officiel des lois, décrets et règlements, précédé d'un rapport de M. Paul Cambon, résident général...* — Tunis, imp. B. Borrel, 1886, in-8°, LI-395 p.

Rapport du Résident général sur la loi immobilière tunisienne du 1ᵉʳ juillet 1885 et sur les règlements d'administration rendus pour son exécution : nécessité d'une loi immobilière, l'Act Torrens, la loi tunisienne, son application. Texte de la loi du 1ᵉʳ juillet 1885 (modifiée par la loi du 16 mai 1886) et des décrets d'administration rendus pour l'exécution de la loi immobilière ; constitution en enzel des immeubles habous. Tables (v. n° **6182**).

6157. — *Décret concernant la mise à exécution de la loi sur la propriété foncière.* — Tunis, imp. du *J. O. tunisien*, 1886, in-4°, 10 p.

6158. — *Cahier des charges, clauses et conditions de la constitution en enzel des immeubles habbous.* — Tunis, imp. B. Borrel, 1886, in-4°, 5-4 p.

Textes français et arabe.

6159. — Rouire (L.), avocat. *Les codes français-algériens comparés, comprenant également la législation française en Tunisie; code civil et code de procédure civile...* — Paris, Marchal et Billard, 1886, in-8°, xii-329 p.

En suivant l'ordre tracé par les codes français, l'auteur insère, sous les textes des articles de ces codes, les textes de la loi algérienne qui les modifient ou les complètent; tables.

6160. — *Le régime de la propriété foncière.* — *Bul. Statist.,* 1886, t. XIX, p. 632-643.

Décret du 16 mai 1886, modifiant ou complétant la loi tunisienne du 1ᵉʳ juillet 1885 (v. n° **6150**), dont l'application n'a pas encore commencé. Cf. *ibid.,* 1886, t. XX, p. 53-59.

6161. — Rochaïd (Alph.). *Algérie-Tunisie. Deux provinces et deux capitales.* — *R. F. Étr. Col.,* 1887, t. V, p. 441-446.

La situation judiciaire de la Tunisie qui ne possède qu'un tribunal de première instance, la juridiction supérieure étant à Alger; le projet de création d'une Cour d'appel à Tunis; la thèse du rattachement de la province de Constantine à la Tunisie (v. n° **7208**).

6162. — Régence de Tunis. *Décret réglementant l'adjudication des enzels des habbous (13 chaoual 1305-22 juin 1888).* — Tunis, imp. B. Borrel, 1888, in-16, 17 p.

6163. — *Violation d'un consulat... Incident du consulat de France à Florence.* — *J. D. Int. pr.,* 1888, t. XV, p. 53-71.

Incident juridique soulevé à Florence à la suite de la mort d'un ancien agent du bey et sujet tunisien; la succession d'un Tunisien en Italie, le droit d'intervention du consul français; les relations de la France et de l'Italie au regard du Protectorat français en Tunisie.

6164. — Bompard (Maurice), secrétaire d'ambassade, ancien secrétaire général du Gouvernement tunisien. *Législation de* *la Tunisie, recueil des lois, décrets et règlements en vigueur dans la Régence de Tunis, au 1ᵉʳ janvier 1888*... — Paris, E. Leroux, 1888, gr. in-8°, xxiii-543 p. sur 2 col.

Dans la préface, origines, développement et caractère de l'œuvre législative. Les lois sont classées d'abord par ordre alphabétique en considérant leur objet (armée française, armée tunisienne, armes, bureaux de renseignements, cercles militaires, recrutement tunisien, servitudes militaires, etc.), puis, sous chacune de ces rubriques, par ordre chronologique. Tables chronologique et analytique. An. par P. Foncin, dans *Bul. Ass. Af. Nord*, 1889, p. 82-84. Cf. Caudel (Maurice). *Supplément à la Législation de la Tunisie de Maurice Bompard, ministre plénipotentiaire... Recueil des lois, décrets et règlements promulgués dans la Régence de Tunis du 1ᵉʳ janvier 1888 au 1ᵉʳ janvier 1896*... Paris, E. Leroux, 1896, gr. in-8°, viii-444 p. sur 2 col.

6165. — Sébaut (A.). *Dictionnaire de la législation tunisienne*... nouv. éd... — Tunis, chez tous les libraires, 1896, gr. in-8°, iii-676 p.

Éd. mise au courant de la législation et de la jurisprudence jusqu'au 15 sept. 1895 ; v. notamment armée, domaine militaire français, postes militaires, recrutement, servitudes militaires, etc. La 1ʳᵉ éd. parut sous le titre *Dictionnaire de la législation tunisienne renfermant, en outre des lois, décrets et arrêtés publiés par le J. O. tunisien, la traduction de plusieurs lois et décrets antérieurs et la législation algérienne applicable en Tunisie, avec notes, notices historiques et tables alphabétique et chronologique, suivi d'un appendice contenant la liste des deys et beys de Tunis*... Paris, Marchal et Billard, 1888, gr. in-8°. Trois suppl. parurent pour les années 1888 à 1891. An. dans *R. Alg. Tun. lég. jurisp.*, 1888, 1ʳᵉ part., p. 124.

6166. — Régence de Tunis. *Décrets, règlements et arrêtés concernant le Service topographique.* — Tunis, imp. B. Borrel, 1889, in-16, 190 p.

Cf. *ibid., Supplément.* Tunis, imp. B. Borrel, 1892, in-16, 38 p.

6167. — Exposition universelle de 1889. Section tunisienne. *Notice sur l'application de la loi foncière du 1ᵉʳ juillet 1885 et sur le fonctionnement du Service topographique en Tunisie*... — Tunis, imp. Borrel, 1889, in-8°, 63 p.

Le régime foncier en Tunisie et la procédure d'immatriculation, la loi foncière du 1ᵉʳ juillet 1885 ; fonctionnement du Service topographique civil.

6168. — FOUCAULT (Cte de). *La transmission de la propriété foncière.* — *Réf. Soc.*, 1889, t. VIII, p. 711-722.

Les lois nouvelles sur la mobilisation de la propriété en Tunisie, l'application de l'Act Torrens. Cf. *ibid.,* p. 181-182.

6169. — MONTELS (Jules). *Les biens de mainmorte (habbous) en Tunisie...* — Tunis, imp. V. Finzi, 1889, in-8°, 67 p.

L'origine des habous, la pensée religieuse, la pensée démocratique; les biens habous et les beys, établissements ayant jouissance de biens habous, institutions alimentées par les habous; administration des habous, nature des terres habous, les terres m'harsas, le nouveau régime des biens habous, statistique des terres adjugées à l'enzel; critique, réformes, habous publics et privés. An. par Pierre d'Orgeval, dans *Bul. Soc. G. Com. Paris,* 1888-1889, t. XI, p. 475-476.

6170. — TILLOY (René), docteur en droit. *Répertoire alphabétique de jurisprudence, de doctrine et de législation algériennes et tunisiennes.* — Alger, imp. Gojosso, s. d., in-8°, 3524 et 384 p.

La couverture imprimée porte en plus *Supplément au journal de jurisprudence de a Cour d'appel d'Alger.* Parut en livraisons. Ouvrage, commencé en 1889, donnant sous chaque mot juridique la loi, la doctrine et la jurisprudence qui s'y rapportent. V. notamment : Affaires arabes ou indigènes (p. 247-284), armes et munitions de guerre (p. 420-430), armée (p. 434-466), chemins de fer, colonisation (p. 784-831), commandants de place (p. 838-847), conseils de guerre (p. 1154-1164), eaux (p. 1488-1509), enzel (p. 1593-1612), indigènes (p. 2037-2098), interprètes (p. 2141-2159), justice (p. 2187-2212), législation (p. 2227-2230), marine (p. 2291), mobilisation (p. 2318), police (p. 2533-2535), recrutement (p. 3086), régime légal (p. 3095-3103), régime militaire (p. 3103), service des renseignements (p. 3110), service militaire (p. 3196), service topographique (p. 3196-3201), servitudes militaires (p. 3202-3208); spahis (p. 3209), Tunisie, généralités et historique (p. 3419-3420); les trois fasc. d'appendices vont jusqu'à la lettre N.

6171. — SEBAUT (A.). *De la condition légale des Français et des immunités diplomatiques en Tunisie...* — Tunis, Imp. rapide, 1889, in-8°, 84 p.

La condition légale des Français en Tunisie, les immunités diplomatiques, la capitulation de 1740 entre la France et la Porte, les traités conclus entre la France et Tunis en 1742, 1824 et 1830.

6172. — PORÉE (Henri), avocat. *Du régime légal fait en Tunisie aux Français et aux étrangers en matière de contentieux administratif.* — *J. D. Int. pr.*, 1889, p. 223-226.

Remarques sur le décret du 27 nov. 1888; anomalie résultant de l'absence de tribunaux administratifs; définition trop restrictive donnée par ce décret des matières soumises à la compétence des tribunaux civils.

6173. — *Tunisie. Création d'une Cour d'appel.* — *R. F. Étr. Col.*, 1889, t. X, p. 496-497.

Motifs en faveur de cette création.

6174. — MAXWELL (W. E.). *Exposé théorique et pratique du système Torrens; rapport présenté, d'après les instructions de S. Exc. le gouverneur des Straits settlements, au Comité de législation de la colonie ... traduit de l'anglais par M. R. de France de Tersant...* — Alger, A. Jourdan, 1889, in-8°, 94 p.

R. Alg. Tun. lég. jurisp., 1889, 1re part., p. 1-27, 33-81, 85-96, 109-117. — Texte du rapport, daté de Singapour, 5 avril 1883, publié par le traducteur en vue de détruire les préjugés répandus sur les méthodes du système Torrens et précédé d'une brève étude sur les divers régimes fonciers faisant ressortir les avantages du système introduit en Tunisie le 1er juillet 1885 ; arguments de ses défenseurs et de ses détracteurs ; nombreuses références. An. par Jules Challamel, dans *Bul. Soc. lég. comp.*, 1891, p. 561-563.

6175. — PELLERIN (Th.). *Les biens de mainmorte (habous) en Tunisie...* — Tunis, Imp. franco-tunisienne, s. d., in-12, 31 p.

Bibliothèque de Tunis-journal, I. — La réforme de la législation habous, le côté administratif, le côté politique.

6176. — TERRAS (J.-M.). *Conférence consultative de Tunisie. Rapports : 1° sur l'établissement d'une Cour d'appel; 2° sur la compétence des tribunaux français de Tunisie en matière immobilière et note sur la création en Tunisie d'une banque de réescompte et d'émission...* — Tunis, Imp. rapide, 1891, in-8°, 21 p.

Les rapports et la note ont été présentés à la Conférence consultative aux séances des 26, 27 et 28 janvier.

6177. — HACKENBERGER (Ch.). *L'Act Torrens en Tunisie.* — *Réf. Soc.*, 1er mars 1891, p. 398-401.

Le peu d'empressement qu'ont montré jusqu'ici les indigènes à profiter de la loi du 1er juillet 1885 basée sur les principes de l'Act Torrens, ce qui prouve que ceux-ci sont incompatibles avec notre législation actuelle.

6178. — BESSON (Emmanuel). *Les livres fonciers et la réforme hypothécaire; étude historique et critique sur la publicité des transmissions immobilières en France et à l'étranger depuis les origines jusqu'à nos jours...* — Paris, J. Delamotte, 1891, in-8°, VIII-522 p.

Recherche, à la lumière de l'histoire et du droit comparé, du meilleur régime de publicité en matière de transmissions de la propriété foncière et de constitutions de droits réels immobiliers; l'Act Torrens, son application en Tunisie (p. 379-391), projets de lois algériens (p. 391-396).

6179. — TERRAS (J.-M.). Commission instituée par arrêté résidentiel du 18 novembre 1890 pour la réduction des frais de justice et d'immatriculation. *Note sur le projet de modification de la procédure civile...* — Tunis, Imp. rapide, 1891, in-8°. 13 p.

Régence de Tunis. Protectorat français.

6180. — *Le régime de la propriété foncière.* — *Bul. Statist.*, 1892, t. XXXI, p. 496-515, 634-635.

Loi du 15 et décrets du 16 mars 1892 (*J. O. tunisien*, 17 mars) modifiant le régime institué par les lois ou décrets des 1er juillet 1885, 16 mai 1886 et 6 nov. 1888. Cf. *ibid.*, 1897, t. XLI, p. 317-318 (décret du 28 février 1897); 1899, t. XLV, p. 166-167 (décret du 6 déc. 1898).

6181. — SAWAS PACHA, ancien ministre des Affaires étrangères de l'Empire ottoman. *Le droit musulman et son application par les autorités chrétiennes...* — Paris, siège de la Soc., 1892, gr. in-8°, 15 p.

Bul. Soc. Ét. Col. Mar., 1892, p. 33-45. — Conférence à la Soc. (28 janvier). Examen « de l'homme musulman et du système par lequel on peut le gouverner sans difficulté »; les institutions musulmanes, le droit islamique, la société arabe; l'attitude que doivent adopter les Gouvernements chrétiens à l'égard de ces principes. Cf. du même, *Étude sur la théorie du droit musulman...* Paris, Marchal et Billard, 1892-1898, 2 vol. in-18, xlv-170 et xxv-584 p. : histoire et philosophie du droit musulman, la méthode législative de l'Islam.

6182. — Régence de Tunis. *Loi foncière et règlements annexes. Recueil officiel, précédé des rapports de M. Paul Cambon,... sur l'institution du régime de 1885, et de M. Massicault,... sur la réforme de 1892.* — Paris, A. Challamel, 1893, in-8°, xxxiv-231 p.

Rapport de P. Cambon sur la loi immobilière tunisienne du 1er juillet 1885 et sur les règlements d'administration rendus pour son exécution; rapport de J. Massicault sur les modifications apportées par la loi et les décrets des 15 et 16 mars 1892; texte de la loi et des règlements annexes. Tables (v. n° **6156**).

6183. — *Tunisie. Notice sur la loi foncière.* — Paris, Imp. nat., juin 1893, in-4°, 124 p.

Courte notice (p. 1-3) suivie de documents publiés *in extenso* (p. 5-81) : loi sur la propriété foncière du 1er juillet 1885, modifiée par les lois des 16 mai 1886, 6 nov. 1888 et 15 mars 1892 ; décret sur la compétence des juridictions françaises en matière immobilière, du 17 juillet 1888, etc.; annexes.

6184. — Bonnard (Paul), vice-président du Syndicat des colons français de Tunisie. *Note sur les habous de Tunisie et le rachat de la rente d'enzel...* — Paris, F. Pichon, 1893, in-8°, 7 p.

Bul. Soc. lég. comp., 1893, p. 465-468. — Améliorations à apporter au régime des biens habous; transformation de l'enzel des biens habous en enzel rachetable.

6185. — Sumien (Paul). *Un souvenir du droit romain en Tunisie. Du contrat d'enzel, tel qu'il est réglé par les usages et les coutumes de la Régence.* — *R. Alg. Tun. lég. jurisp.*, 1893, 1re part., p. 201-214.

Ce qu'est le contrat d'enzel : un louage et une vente; les règles de ce contrat, son origine, ses effets; comment il est compris par nos tribunaux.

6186. — Dianous (Paul de), contrôleur civil. *Notes de législation tunisienne...* 2e éd. — Paris, Lecène, Oudin, 1898, in-18, xii-429 p.

1re éd., 1894, *ibid*, vi-328 p. — Organisation politique, les beys et le Protectorat, administration générale; administration locale et contrôle civil, le Territoire militaire, évolution de l'administration militaire en Tunisie, attributions des officiers de renseignements, le service militaire (p. 121-131); armée française, composition du corps d'occupation, armée tunisienne; décorations tunisiennes (p. 398).

6187. — Mercier (Ernest). *La propriété en Maghreb, selon la doctrine de Malek...* — *J. As.*, 1894, t. IV, p. 73-93.

<small>Principes légaux qui ont dû s'appliquer, dès l'origine, aux terres, dans l'Afrique septentrionale.</small>

6188. — [Piat (Charles), ingénieur chef du Service topographique]. *Rapport sur le fonctionnement du Service topographique du 21 avril 1886 au 30 juin 1893.* — Paris, A. Challamel, 1894, in-8°, 136 p., 2 cartes, pl.

<small>Régence de Tunis. — Principes de la loi foncière de 1885, organisation du Service topographique, son fonctionnement avant 1892 et depuis la réforme de 1892, délimitation du domaine public, reconnaissance des biens habous et des immeubles domaniaux, terres sialines de Sfax, cadastre fiscal de l'île de Djerba, opérations diverses. Instruments. En annexes : 25 tableaux.</small>

6189. — Mercier (Ernest). *La condition de la femme musulmane dans l'Afrique septentrionale...* — Alger, A. Jourdan, 1895, in-12, 155 p.

<small>*R. Alg. Tun. lég. jurisp.*, 1895, 1re part., p. 45-76, 117-155. — La femme arabe avant l'islamisme, changements apportés par Mahomet à la condition de la femme, condition de la femme selon la loi musulmane, considérations sur cette législation, son application en Algérie; la femme indigène dans l'histoire de l'Afrique, traits de mœurs locales. An. par E. F. [Fagnan], dans *R. Af.*, 1896, p. 85-86.</small>

6190. — Berge (Stéphane), vice-président du tribunal de Tunis. *De la juridiction française en Tunisie. Étude de législation et de jurisprudence...* — Paris, F. Pichon, 1895, in-8°, 108 p.

<small>*Bul. Soc. lég. comp.*, 1895, p. 462-549. — De l'organisation de la justice française en Tunisie : formation, organes, limites de la juridiction française; lois applicables par la justice française, conflit des lois. An. par H. G., dans *R. T.*, 1896, p. 134-137; par P. Sumien, dans *R. Alg. Tun. lég. jurisp.*, 1895, 1re part., p. 223-224.</small>

6191. — Ettouati (Cheikh Mohammed Elbachir). *Recueil de notions de droit musulman (rite malékite et rite hanafite) et d'actes notariés : judiciaires et extrajudiciaires,* par le cheikh Monseigneur

Mohammed Elbachir Ettouati, traduit et annoté par Jules Abribat... — Tunis, imp. Borrel, 1896, in-8°, iv-282 p.

Recueil de notions de droit musulman accompagné de remarques et de comparaisons avec le droit français. An. par L. Machuel, dans *R. T.*, 1897, p. 264-266; par E. F. [Fagnan], dans *R. Af.*, 1897, p. 292; dans *R. Alg. Tun. lég. jurisp.*, 1897, 1re part., p. 32.

6192. — Van den Berg (L. W. C.). *Principes du droit musulman selon les rites d'Abou Ḥanîfah et de Châfi'i...* traduit du hollandais... par R. de France de Tersant et Damiens... — Alger, A. Jourdan, 1896, in-8°, vii-278 p., tableau.

R. Alg. Tun. lég. jurisp., 1re part., 1891, 1893 à 1896. — Manuel de droit musulman, donnant notamment des notions exactes et précises sur les branches des connaissances humaines qui intéressent les juristes arabes : la théologie et la science du droit; index constituant un dictionnaire des termes du droit. An. dans *R. Alg. Tun. lég. jurisp.*, 1896, 1re part., p. 52-54; par E. F. [Fagnan], dans *R. Af.*, 1896, p. 87-88.

6193. — Mercier (Ernest). *Le hobous ou ouakof, ses règles et sa jurisprudence...* — Alger, A. Jourdan, 1896, in-8°, 55 p.

R. Alg. Tun. lég. jurisp., 1895, 1re part., p. 173-222. — Le principe de cette institution, son développement dans la pratique, conditions et causes de ses transformations, ce qu'elle est maintenant. An. par E. F. [Fagnan], dans *R. Af.*, 1897, p. 290-291.

6194. — Sellami (M.-S.). *La femme musulmane.* — *R. T.*, 1896, p. 430-445.

Ses droits et ses devoirs d'après la loi musulmane : la naissance et la première enfance, l'éducation selon les mœurs et selon la loi.

6195. — Clavel (Eugène). *Droit musulman. Le wakf ou habous, d'après la doctrine et la jurisprudence (rites hanafite et malékite)...* — Le Caire, imp. Diemer, 1896, 2 vol. in-8°, xi-346 et 424 p.

Principes qui régissent le wakf, définition de la nature de cette institution; ouvrage très documenté; appendices spéciaux à l'Algérie et à la Tunisie (v. n° **6200**).

6196. — Régence de Tunis. Protectorat français. Direction générale des Travaux publics. *Service topographique. Règlement.* — Tunis, imp. J. Picard, 1896, in-8°, 143 p.

6197. — Saurin (Jules). *La constitution de la propriété et les contrats de culture indigènes en Tunisie.* — Paris, Berger-Levrault, 1897, in-8°, 45 p.

<blockquote>
I. La propriété à l'époque romaine, les musulmans et la propriété, la propriété indivise, les trois régions de la Tunisie au point de vue de la répartition du sol. II. Contrats de fermage, associations pour la culture, contrats ayant pour objet le bétail, contrat de complant ou de mrharça.
</blockquote>

6198. — Moḥammad Ibn ʿOthmān al Sanousī, juge à Tunis. *Épanouissement de la fleur, ou étude sur la femme dans l'Islam,* par le cheikh Mohammed Essnoussi... traduite de l'arabe par Mohammed Mohieddin Essnoussi... et Abd el Kader Kebaïli... — Tunis, Imp. rapide, 1897, in-8°, 38 p.

<blockquote>
Avis sur la question des droits de la femme dans la religion musulmane.
</blockquote>

6199. — Acquaviva (J.-B.). *Immatriculation et cadastre. Rapport... à la Chambre d'agriculture.* — Tunis, imp. J. Picard, 1897, in-8°, 24 p.

<blockquote>
Chambre d'agriculture. — Causes du mauvais fonctionnement de la loi du 1ᵉʳ juillet 1885 sur la propriété foncière ; remède.
</blockquote>

6200. — Mercier (E.). *Deuxième étude sur le hobous ou ouakof,* à propos du nouvel ouvrage de M. Clavel. — *R. Alg. Tun. lég. jurisp.,* 1897, 1ʳᵉ part., p. 113-128.

<blockquote>
V. n° **6195** Définition du habous, sa législation réelle et normale ; historique de l'institution, faiblesse légale du habous ; l'annulation du habous ; règles d'appréciation des questions se rapportant au habous, classement des motifs d'annulation.
</blockquote>

6201. — Piollet (P.). *Du régime de la propriété foncière en Tunisie.* Thèse.... — Paris, A. Rousseau, 1897, in-8°, 184 p.

<blockquote>
Université de Bordeaux, Faculté de droit. — La loi tunisienne, la loi du 1ᵉʳ juillet 1885 et les modifications apportées par les lois et décrets postérieurs.
</blockquote>

6202. — SORBIER DE POUGNADORESSE (G. de). *La justice française en Tunisie...* Thèse... — Montpellier, imp. G. Firmin et Montane, 1897, in-8°, xxix-434 p.

Université de Montpellier, Faculté de droit. — Autre éd., Paris, Larose, 1897, in-8°, ibid. — Organisation judiciaire, compétence de la juridiction française en Tunisie, lois applicables par la justice française. Bibliographie. An. par Durieu de Leyritz, dans *R. Alg. Tun. lég. jurisp.*, 1898, 1ʳᵉ part., p. 84-88.

6203. — *Législation de la Tunisie. Bulletin officiel des lois, décrets et règlements*, 1ᵉʳ semestre 1897. — Tunis, imp. Nicolas, 1897, gr. in-8°, 63 p. sur 2 col.

Lois, décrets et règlements parus pendant le semestre et groupés par sujets; tables chronologique et analytique. Publication semestrielle qui fut poursuivie.

6204. ❦ VALENSI (Joseph). *Législation communale de la Tunisie; recueil des décrets et arrêtés municipaux...* préface de M. Roy, consul... — Tunis, imp. B. Borrel, 1897, gr. in-8°, 1160 p.

Recueil des textes relatifs à chaque localité et dispositions communes à toutes les villes; véritable contribution à l'histoire des communes de la Tunisie, indispensable aux administrateurs et aux magistrats, et montrant «l'œuvre que le Gouvernement du Protectorat a entreprise et qu'il continue à poursuivre pour doter les grands centres de population de la Tunisie de l'organisation municipale qui leur manquait». An. dans *R. T.*, 1897, p. 476-477.

6205. — *Le régime des biens habous.* — *Bul. Statist.*, 1898, t. XLIII, p. 554-566.

Décrets du 31 janvier 1898 (*J. O. tunisien*, 19 février).

6206. — H. B. *La réforme de la législation des biens habous en Tunisie.* — *Q. Dipl. Col.*, 1898, t. IV, p. 78-82.

Dispositions heureuses édictées par les décrets du 31 janvier.

6207. — CARNIÈRES (V. de). *Rapport sur l'échange, la location à long terme et l'adjudication des biens habous...* — Tunis, imp. J. Picard, 1898, in-8°, 27 p.

Chambre d'agriculture. — Les décrets du 31 janvier relatifs à l'échange, à la location et à l'enzel des biens habous (*J. O. tunisien*, 19 février) doivent être remaniés.

6208. — MERCIER (Ernest). *La propriété indigène en Mag'reb, selon l'ouvrage dit :* La règle des Princes et des Khalifes, fixant l'étendue de leurs pouvoirs légaux, *de Mohammed el Moustafa ben Abd Allah, descendant de l'Ouali Sidi Abd er Rahmane ben Ali...* — Rec. Soc. Arch. Const., 1898, p. 312-340.

Genèse du livre de Mohammad al Mostafa, divisions de l'ouvrage ; aperçus sur certains chapitres.

6209. — PROUST (Th.). *De la colonisation par les biens habous...* — Tunis, imp. L. Nicolas, 1898, in-8°, 21 p.

Possibilité de développer la colonisation par le lotissement des terres appartenant aux habous au moyen de ventes à enzel.

6210. — *Mémoire pour servir à l'extension de la justice française en Tunisie,* par les avocats du barreau de Tunis. — Tunis, imp. L. Nicolas, 1898, in-8°, 16 p.

«La Tunisie devenait française ; elle redevient indigène» par la réorganisation de la justice indigène, l'installation d'un tribunal rabbinique, le décret supprimant les protections ; mémoire adressé au Président du Conseil des ministres (v. n° **6211**).

6211. — [BONNIER-ORTOLAN (E.)]. *Observations sur le mémoire pour servir à l'extension de la justice française en Tunisie, signé* «les avocats du barreau de Tunis», par un avocat français inscrit au barreau de Tunis. — Tunis, imp. H. Bonhour, 1899, in-8°, 17 p.

Examen de la brochure précédente.

6212. — *Des différentes manières de se procurer une propriété habous (bien de mainmorte) en Tunisie.* — Bul. Dir. agr. com. Tunis, 1899, n° 12, p. 35-37.

Reproduit dans *Quinz. col.,* 1899, t. V, p. 137-138. — Prise à enzel, échange, location à long terme (v. n° **6228**).

6213. — ESTIVANT (Léon). *Étude sur la mobilisation de la propriété foncière dans l'Act Torrens.* Thèse... — Paris, A. Rousseau, 1899, in-8°, 198 p., croq.

Université de Paris, Faculté de droit. — Analyse de l'Act Torrens dans ses éléments essentiels ; comment d'autres législations se sont inspiré du principe tout en l'atténuant dans l'application : en Tunisie, depuis 1885, puis en Algérie. An. par H. Hauser, dans *Q. Dipl. Col.*, 1899, t. VIII, p. 191 ; dans *Bul. Com. A. F.*, 1899, sup., p. 156.

6214. — Wolfrom (Gustave), chef du Service de la colonisation en Tunisie. *Les acquisitions de biens fonciers en Tunisie.* — *Bul. Soc. G. Com. Bordeaux*, 1899, p. 145-153.

Principes dont s'inspire le Gouvernement de Tunis pour favoriser le peuplement français de la Régence.

6215. — Leclerc (Adrien). *De l'application de l'Act Torrens dans la Régence de Tunis et des modifications à apporter à la loi foncière...* — Tunis, imp. L. Nicolas, 1899, in-8°, 32 p.

Comment l'application de l'Act Torrens s'est développée rapidement en Tunisie, ses heureux effets.

6216. — Mercier (Ernest). *Le code du hobous ou ouakf, selon la législation musulmane, suivi de textes de bons auteurs et de pièces originales...* — Constantine, imp. D. Braham, 1899, in-8°, 175 p.

Étude destinée aux jurisconsultes, résultat des recherches faites par l'auteur en correspondance avec Clavel (v. n° **6195**), tableau complet de la législation spéciale au habous selon la doctrine des écoles malékite et hanafite ; annexes : traduction de textes de jurisprudence sur le habous. An. par M. M. [Morand], dans *R. Alg. Tun. lég. jurisp.*, 1900, 1re part., p. 79-80 ; par A. de C. M. [Motylinski], dans *Rec. Soc. Arch. Const.*, 1899, p. 452-454, par J.-D. Luciani, dans *R. Af.*, 1899, p. 388.

6217. — Sureau (V.). *Du prêt à rahnia hanéfite en Tunisie.* — *R. Alg. Tun. lég. jurisp.*, 1899, 1re part., p. 9-12.

Droit musulman. Ravages causés par l'usure ; « extension aussi élastique qu'arbitraire » donnée au rahn par les sectaires hanafites ; nécessité d'un décret du Bey paralysant l'effet des actes abusifs qui en résultent.

6218. — Charpentier (Léon), professeur à l'École de droit d'Alger. *Précis de législation algérienne et tunisienne, destiné aux candidats aux certificats d'études de législation algérienne...* — Alger, A. Jourdan, 1899, in-8°, viii-471 p.

Résumé succinct du cours professé par l'auteur, depuis 1882, à l'École de droit d'Alger : organisation politique, régime légal, organisation administrative et judiciaire de l'Algérie et de la Tunisie; matières se rattachant au droit civil, matières administratives. An. dans *R. Alg. Tun. lég. jurisp.*, 1899, 1re part., p. 35-36; par E. F. [Fagnan], dans *R. Af.*, 1898, p. 388.

6219. — *Travaux de la Commission de codification des lois tunisiennes.* Fasc. I. *Code civil et commercial tunisien. Avant-projet discuté et adopté au rapport de M. D. Santillana.* — Tunis, imp. J. Picard, 1899, in-4°, xviii-860 p.

Résultat des travaux de la Commission constituée le 6 sept. 1896 et chargée de codifier la législation civile, commerciale et pénale de la Tunisie sur le type des codes français; les notes et le texte de ce projet sont de D. Santillana, rapporteur.

6220. — TERRAS (Jean). *Essai sur les biens habous en Algérie et en Tunisie. Étude de législation coloniale...* — Lyon, imp. du *Salut Public*, 1899, in-8°, 277 p.

Théorie générale du habous; le habous en Algérie : état général au moment de la conquête, modifications apportées antérieurement à la loi du 26 juillet 1873, étude de cette loi; le habous en Tunisie : aperçu général, l'administration des biens habous en Tunisie, le contrat d'enzel, autres contrats, difficultés soulevées par l'application des lois françaises en Tunisie, réformes à accomplir. Bibliographie. An. par M. Pouyanne, dans *Q. Dipl. Col.*, 1900, t. IX, p. 94-99.

6221. — DU PUY (Hubert). *La Tunisie devant la Cour d'Aix...* — Paris, Bureaux de la *R. P. Parl.* [1899], in-8°, 8 p.

R. P. Parl., 1899, t. XIX, p. 564-569. — Motifs apparents et motifs cachés allégués par les Tunisiens pour se soustraire à la juridiction de la Cour d'appel d'Alger et être rattachés à celle d'Aix.

6222. — VIOLLETTE (René). *L'Act Torrens, son application en Australie et en Tunisie.* — Paris, imp. Jouve et Boyer, 1900, in-8°, 241 p.

Faculté de droit de Paris, Thèse pour le doctorat. — Définition de l'Act Torrens, ses précédents, son application; le régime foncier tunisien antérieur à la loi du 1er juillet 1885, le droit de propriété, le régime foncier tunisien d'après la loi de 1885 et les différentes lois qui ont pu y apporter des modifications. Bibliographie.

6223. — *Comment on peut acquérir une propriété en Tunisie.* — *Bul. Soc. G. Toulouse*, 1900, p. 300-301.

Extr. du *Moniteur des Colonies* sur les conditions de vente de terrains domaniaux affectés à la colonisation.

6224. — DELHORBE. *L'immatriculation à Madagascar et en Tunisie, ses rapports avec l'Act Torrens et le système de Wakefield.* — Bul. Soc. Ét. Col. Mar., 1900, p. 343-347.

Congrès colonial international de 1900. — Étude des distinctions admises, en particulier en Tunisie, au mode d'aliénation des terres domaniales.

6225. — LESCURE (Paul). *Du double régime foncier de la Tunisie : droit musulman [tunisien] et loi foncière.* Thèse... — Tunis, imp. B. Borrel, 1900, in-8°, XVIII-380 p.

Faculté de droit d'Aix. — Constitution de la propriété privée dans les pays de droit musulman et notamment en Tunisie; la propriété melk, le habous, l'enzel, tribunaux chargés de l'application des lois immobilières, défectuosités du droit musulman tunisien. Sources et historique de la loi foncière (décret du 1er juillet 1885), théorie de l'immatriculation; de la propriété, du habous, de l'enzel, des tribunaux compétents; organes, critique et résultats de la loi foncière. Bibliographie.

6226. — SIMONNET (A.). *Aperçu de législation tunisienne à l'usage pratique des notaires de France...* — Tunis, imp. L. Nicolas, 1900, in-8°, 147 p.

Nombreux renseignements officiels sur la législation en Tunisie, les deux juridictions française et indigène, l'état civil, le régime foncier, l'enzel, la colonisation, les habous, les mines et carrières, l'organisation politique et administrative, le recrutement, etc.; table analytique.

6227. — RÉGENCE DE TUNIS. Protectorat français. Direction générale des Travaux publics. *Service topographique. Règlements.* — Tunis, imp. J. Picard, 1900, in-8°, 197 p., planches.

Décret du 18 déc. 1899 organisant le Service topographique civil et règlements concernant le personnel, les instruments, les procédés de travail, etc.; table alphabétique et analytique.

6228. — WOLFROM (Gustave). *Manières d'acquérir une propriété habous en Tunisie...* — Tunis, imp. J. Picard, 1901, in-16, 14 p.

Régence de Tunis. Direction de l'agriculture et du commerce. — Définition des biens habous, modalités pour les acquérir (v. n° **5922**). Paru partiellement dans *Bul. Dir. agr. com. Tunis* (v. n° **6212**).

6229. — ABRIBAT (J.), ancien officier interprète de l'armée d'Afrique. *Essai sur les contrats de quasi-aliénation et de location perpétuelle auxquels l'institution du hobous a donné naissance.* — Tunis, imp. J. Picard, 1901, in-8°, 64 p.

R. Alg. Tun. lég. jurisp., 1901, 1re part., p. 121-151; 1902, 1re part., p. 21-36, 81-90. — L'institution, spéciale au droit musulman, de l'ouakf ou habous, par laquelle le propriétaire d'un bien, agissant dans une intention pieuse, le rend i naliénable; vente, échange des biens habous; l'enzel, le kirdar, le koudic, etc. An. par M. M., dans *R. Af.*, 1902, p. 361-362.

6230. — ZEYS (Paul), juge suppléant au tribunal de Tunis,... et POMONTI (P.), contrôleur civil... *Code annoté de la Tunisie. Recueil de tous les documents composant la législation écrite de ce pays au 1er janvier 1901*... préface de Maurice Bompard, ministre plénipotentiaire... — Nancy, imp. Berger-Levrault, 1901, 2 vol. in-8°, XXIV-1292 p.

V. notamment décrets, décisions, circulaires concernant l'armée française, l'armée tunisienne, les chemins de fer, la colonisation, le domaine militaire, les makhzens, etc. Cette publication a été suivie de suppl. périodiques jusqu'en 1912 inclus : suppl. de 1901 (1902, XVI-89 p.); 1902 (1903, XI et paginé 90-220); 1903 (1904, XII et paginé 221-336); 1904 (1905, XII et paginé 337-500); 1905 (1906, IV et paginé 501 à 704, comprend la table quinquennale); 1906-1907-1908 (1909, XXV et paginé 705-1156); 1909 (1910, XVI et paginé 1157-1388); 1910 (1911, XIV et paginé 1389-1536); 1911-1912 (1913, XX et paginé 1537-1872) [v. n° **6302**]. An. dans *R. Alg. Tun. lég. jurisp.*, 1re part., 1901, p. 152; par É. L. [Larcher], *ibid.*, 1906, p. 132, 1909, p. 196, 1910, p. 180, 1911, p. 204, 1914, p. 190; dans *Bul. Dir. agr. com. Tunis*, 1901, p. 311.

6231. — CASTET (G.). *Législation phylloxérique.* — *R. T.*, 1901, p. 318-322.

Nécessité d'abroger l'art. 1er de la loi du 29 janvier 1892, interdisant l'importation de tout végétal vivant ou de toute portion vivante de végétal.

6232. — SCEMAMA (Jacques), avocat au barreau de Tunis. *Les hypothèques en Tunisie.* Thèse... — Tunis, Imp. moderne, 1902, in-8°, 364 p.

Faculté de droit de l'Université d'Aix-Marseille. — Étude du double système hypothécaire correspondant aux deux statuts immobiliers coexistant dans la Régence : celui des immeubles non immatriculés régi par le droit musulman tunisien et celui des immeubles immatriculés soumis à la loi du 1ᵉʳ juillet 1885 ; bibliographie sommaire.

6233. — BEAUMONT (Rollinde de). *De l'établissement du notariat en Tunisie.* Thèse... — Cambrai, imp. F. Deligne, 1902, in-8°, 156 p.

Université de Paris, Faculté de droit. — Comment la question se trouve actuellement à l'étude en Tunisie ; comment les actes sont rédigés en Tunisie, utilité du notariat pour l'amélioration du crédit hypothécaire ; étude comparée des législations sur le notariat ; étude de l'avant-projet de règlement et des modifications à y apporter.

6234. — WEILL (René). *Du prêt à intérêt proprement dit et sur gage en Tunisie.* Thèse... — Paris, A. Rousseau, 1902, in-8°, 104 p.

Université de Paris, Faculté de droit. — Considérations générales ; du prêt à intérêt pur et simple en Tunisie ; du prêt sur gages ; du prêt sur marchandises et récoltes ; du prêt avec gage immobilier.

6235. — BARRAULT (Anatole). *De l'organisation de la propriété foncière en Tunisie.* Thèse... — Paris, imp. Jouve, 1903, in-8°, 143 p.

Faculté de droit de l'Université de Paris. — Étude de cette organisation dans la loi musulmane, le habou, l'enzel, le kirdar, etc. ; comment le Gouvernement de la Régence a remédié à cet état de choses en promulguant la loi du 1ᵉʳ juillet 1885 et les lois postérieures ; les résultats de la réforme opérée.

6236. — PELLETIER (L.-J.), vice-président de la Chambre d'agriculture. *Rapport déposé au nom de la 3ᵉ sous-commission (sous-commission des habous)...* — Tunis, imp. L. Nicolas, 1903, in-4°, 75 p.

Commission de colonisation. — Étude des questions ayant trait aux terres habous ; projets de décrets concernant le rachat des enzels, l'aliénation des habous publics.

6237. — POUYANNE (Maurice). *Rapport sur l'application du système Torrens en Tunisie et en Algérie.* — Alger, imp. V. Heintz, 1903, in-8°, VIII-327 p., plans.

Rapport d'une mission exécutée en Tunisie, en 1902, avec le concours de M. Legras, greffier notaire, dans le but de connaître les résultats de l'application de l'Act Torrens, introduit en Tunisie depuis 1885 ; avantages et inconvénients ; pièces justificatives ; bibliographie.

6238. — Morand (Marcel), professeur à l'École de droit d'Alger. *La famille musulmane.* — *R. Alg. Tun. Maroc. lég. jurisp.*, 1903, 1re part., p. 149-164, 197-264.

Étude préliminaire à celle du droit musulman des personnes : la famille chez les Arabes à l'époque préislamique, influence des réformes réalisées par le Prophète, la famille chez les peuples musulmans actuels, raisons pour lesquelles elle n'a pas évolué ; dans quelle mesure l'établissement de la France en Algérie a influé sur la situation de la famille musulmane dans ce pays, les possibilités de rapprochement entre musulmans et Européens.

6239. — Amar (Émile). *Le régime de la vengeance privée ; du talion et des compositions chez les Arabes avant et depuis l'Islam...* — *R. T.*, 1904, p. 361-370 ; 1905, p. 150-159.

Étude de mœurs et de législation. La législation pénale des Arabes, avant Mahomet, peut se résumer ainsi : vengeance privée illimitée, avec faculté de composer ; modifications que Mahomet y a apportées.

6240. — Puech (René). *Étude sur la constitution de la propriété foncière en Tunisie.* Thèse... — Paris, Marchal et Billard, 1905, in-8°, 202 p., carte.

Faculté de droit de l'Université de Paris. — La propriété foncière en Tunisie avant 1881 ; résultats de l'établissement du Protectorat, la loi du 1er juillet 1885, théorie de l'immatriculation, de l'inscription, de la mobilisation de la propriété foncière. Nombreuses références. An. par Émile Larcher, dans *R. Alg. Tun. lég. jurisp.*, 1907, 1re part., p. 215-216 ; dans *Quinz. col.*, 1906, p. 112.

6241. — *Pétition des justiciables tunisiens en faveur d'une Cour d'appel à Tunis.* — *Quinz. col.*, 1905, p. 378-379.

6242. — *Les biens de mainmorte en Tunisie.* — *Quinz. col.*, 1906, p. 39-41.

Discussion de la question posée à la réunion de la Société d'économie politique (5 déc. 1905).

6243. — *Les revendications des israélites tunisiens.* — *Quinz. col.*, 1906, p. 105-107.

En quoi consistent ces revendications ; sont-elles légitimes ? dans quelle mesure il est possible d'y satisfaire.

6244. — ZAOUCHE (Abdeljelil). *En Tunisie. La propriété indigène et la colonisation.* — Tunis, Imp. rapide, 1906, in-8°, 34 p.

Les propriétés aliénables ou melk et celles inaliénables ou habous (publics ou privés) ; ce que la colonisation française a acquis jusqu'ici dans chacune de ces catégories et ce qui reste aux indigènes.

6245. — PROTECTORAT FRANÇAIS. Gouvernement tunisien. *Code tunisien des obligations et contrats.* — Tunis, G. Vendel, 1906, in-8°, x-191 p. sur 2 col.

6246. — *Code tunisien des obligations et des contrats, avec les décrets du bey du 15 décembre 1906 et du 30 juin 1907,* accompagné d'observations critiques de Émile Larcher... — Alger, A. Jourdan, 1907, gr. in-8°, xi-200 p.

Observations sur ce code par É. Larcher (p. i-xi) et reproduction *in extenso* du code (1632 art.). Cf. *R. Alg. Tun. lég. jurisp.*, 1907, 1re part., p. 193-199.

6247. — LECLERC (Adrien). *De la condition de la femme musulmane dans nos possessions du nord de l'Afrique...* — Besançon, imp. Dodivers, 1907, in-8°, 18 p.

Extr. des *Mém. de la Soc. d'émulation du Doubs*, 1906, t. Ier. — Idée sommaire de la condition de la femme de la classe moyenne.

6248. — ENRIQUEZ (Guillaume), docteur en droit. *Le régime de la propriété foncière et les colons en Tunisie.* — Paris, imp. Robert, 1907, in-16, 17 p.

Notice succincte. La propriété : indigène, immatriculée ; diverses catégories d'agriculteurs : indigènes, colons ; comment sont représentées les différentes classes de propriétaires.

6249. — CARTON (Dr). *Organisation de la propriété foncière dans l'Afrique romaine et la Tunisie. Rapport...* — Coulommiers, imp. Buisine et Dessaint [1908], gr. in-8°, 28 p.

Extr. du compte rendu du Congrès de l'Afrique du Nord (v. n° **4412**).

6250. — *Les biens habous en Tunisie.* — *Quinz. col.,* 1908, p. 681-682.

Mesures qui ont causé une profonde émotion : remplacement de Bechir Sfar, conseil créé près de son successeur.

6251. — FEKAR (Ben Ali). *L'usure en droit musulman et ses conséquences pratiques.* Thèse... — Lyon, A. Rey, 1908, in-8°, x-231 p.

Université de Lyon, Faculté de droit. — L'usure dans le Coran et dans les hadîths; application de la théorie de l'usure aux contrats; la doctrine musulmane moderne de l'intérêt du capital, forme pratique de l'usure en Algérie, causes morales du développement de l'usure, causes législatives et administratives; la lutte contre l'usure; bibliographie. An. dans *R. M. Mus.*, 1908, t. V, p. 361-363, portr.; par M. M. [Morand], dans *R. Alg. Tun. lég. jurisp.*, 1909, 1re part., p. 194-195.

6252. — GOUYON (J.). *Le système des livres fonciers en Tunisie et le projet de la Commission du cadastre.* Thèse... — Paris, imp. H. Jouve, 1909, in-8°, 183 p.

Faculté de droit de l'Université de Paris [1909-1910, n° 43]. — La question de la propriété foncière, généralités sur le système des livres fonciers, le système Torrens et le système germanique; la propriété foncière en Tunisie en 1885, organes de l'immatriculation, immatriculation initiale, immatriculations subséquentes, système hypothécaire; l'œuvre de la Commission du cadastre.

6253. — PROTECTORAT FRANÇAIS. Gouvernement tunisien. Direction générale des Travaux publics. *Loi foncière et règlements annexes.* — Tunis, imp. J. Picard, 1909, in-8°, XXXIX-136 p.

« Vade-mecum du propriétaire foncier en Tunisie et des agents du Service topographique »; rapports des résidents généraux Cambon et Massicault en 1885 et 1892; texte des lois, décrets, circulaires et arrêtés sur la propriété foncière.

6254. — BONNAIRE (G.). *La femme musulmane dans l'Afrique septentrionale française.* — *Afric.*, mars 1909, p. 3-6.

Condition légale de la musulmane, sa situation réelle, moyens de l'améliorer.

6255. — PRAT (Théo). *Le procès du titre foncier tunisien.* Thèse... — Paris, F. Pichon et Durand-Auzias, 1909, in-8°, 207 p.

Faculté de droit de l'Université de Paris. — Le titre foncier arabe et le titre foncier tunisien; exposé des éléments constitutifs du système foncier musulman éclairant les divergences de doctrine du parti indigène et du parti européen; gestation et vie juridique du titre foncier; modifications à apporter à la loi de 1885, en conservant ses principes généraux selon la doctrine du tribunal mixte qui « accorde harmonieusement le droit et la justice sans rien sacrifier des intérêts français». An. par É. L. [Larcher], dans *R. Alg. Tun. lég. jurisp.*, 1911, 1re part., p. 186-187.

6256. — ARIN (Félix). *Recherches historiques sur les opérations usuraires et aléatoires en droit musulman.* Thèse... — Paris, A. Pedone, 1909, in-8°, 154 p.

Faculté de droit de l'Université de Paris. — Aperçu général sur la notion musulmane de l'usure, étude spéciale des opérations prohibées, causes de l'interdiction de l'usure et du développement des prohibitions qui s'y rattachent, possibilité d'une évolution de l'Islam qui lui permettra, par une interprétation plus large du Coran, de s'affranchir de dispositions inutiles nées des spéculations de juristes d'école. An. par Cl. Huart, dans *J. As.*, 1909, t. XIV, p. 175-176.

6257. — BOUKHĀRI (Abou ʿAbd Allah Moḥammad ibn Ismaîl al-). *Le livre des testaments du « Çahîh » d'El-Bokhâri.* Traduction, avec éclaircissements et commentaire, par Frédéric Peltier... — Alger, A. Jourdan, 1909, in-8°, 89 p.

Traduction raisonnée du titre des testaments (v n° **7623**); chaque chapitre est accompagné d'un examen ou commentaire qui en dégage l'idée essentielle et expose le lien logique qui le rattache au précédent et au suivant.

6258. — *Pour la justice. Discours prononcés au meeting du 3 octobre 1909... Commentaires de la presse.* Extrait du compte rendu officiel du Congrès de l'Afrique du Nord tenu à Paris en 1908. — Tunis, imp. A. Soussan, 1909, in-8°, 88 p.

Discours de Me Tibi, R. Colrat, E. Fitoussi, Cauwel, etc., demandant le rattachement des israélites tunisiens aux tribunaux français.

6259. — *L'agitation juive en Tunisie.* — *Quinz. col.*, 1909, p. 904-906.

Lettre de Mardochée Smaja (Tunis, 11 nov.) au sujet de l'extension de la juridiction française aux israélites tunisiens; la question devant la Conférence consultative (26-27 nov.). Cf. *Manifestation des juifs tunisiens. Ibid.*, p. 759-760.

6260. — GUELLATY (Hassan), avocat. *La justice tunisienne...* ZAOUCHE (A.). *Les israélites et la justice...* BACH-HAMBA (A.), avocat, directeur du *Tunisien. Les israélites tunisiens...* — Tunis, Imp. rapide, 1909, in-8°, IX-97 p.

Bibliothèque du Tunisien. — La campagne des israélites tunisiens pour être soumis à la juridiction française et les réclamations des musulmans relatifs aux réformes des services judiciaires du Protectorat; réunion d'art. publiés dans le *Tunisien*, par Guellaty sous le pseud. de Nassah. An. dans *Bul. Com. A. F.*, 1910, sup., p. 32.

6261. — BERGE (S.). *Répertoire alphabétique de la jurisprudence tunisienne comprenant les matières contenues dans le* Journal des tribunaux de la Tunisie *de 1889 à 1908 inclus...* — Tunis, imp. B. Borrel, 1909-1910, in-8°, VII-1219 p.

Parut en 4 fasc.; bibliographie importante (p. 1057-1068), table des matières et table chronologique (v. n° **6302**). An. dans *Quinz. col.*, 1909, p. 419.

6262. — GIRAUDET (Adolphe). *Le domaine de l'État tunisien, étude sur la législation tunisienne en matière de domanialité.* Thèse... — Tunis, imp. F. Weber, 1910, in-8°, 212 p.

Faculté de droit de l'Université de Bordeaux [1909-1910]. — Exposé des conceptions du droit musulman en matière de domanialité dans l'État tunisien, la législation domaniale depuis l'établissement du Protectorat; bibliographie. An. par E. L. [Larcher], dans *R. Alg. Tun. Maroc. lég. jurisp.*, 1916, 1ʳᵉ part., p. 178-179.

6263. — BOUKHARI (Abou ʿAbd Allah Moḥammad ibn Ismaîl al-). *Le livre des ventes du Çah'îh' d'El-Bokhâri, suivi du livre de la vente à terme (selem) et du livre du retrait (chouf'a).* Traduction, avec éclaircissements et commentaire, par Frédéric Peltier. — Alger, imp. Fontana, 1910, in-8°, VIII-243 p.

Constitue le droit des obligations, mettant en lumière les solutions alors admises et consacrées par Boukhāri, dégageant sa pensée souvent obscure. An. par Cl. Huart, dans *J. As.*, 1914, t. III, p. 685-686.

6264. — MARNEUR (François). *Essai sur la théorie de la preuve en droit musulman.* Thèse... — Paris, L. Larose et L. Tenin, 1910, in-8°, 408 p.

Université de Paris, Faculté de droit. — Étude de la théorie générale de la preuve faite sur l'ensemble du sujet en droit musulman classique; modifications apportées à ses règles par les législations musulmanes modernes et la législation algérienne; évolutions nécessitées par le progrès des peuples auxquels s'applique la loi musulmane; bibliographie, nombreuses références. An. par M. M. [Morand], dans *R. Alg. Tun. lég. jurisp.*, 1911, 1ʳᵉ part., p. 147-148; par Émile Amar, dans *J. As.*, 1911, t. XVIII, p. 163-165.

6265. — MARNEUR (André). *La Chefâ (droit de rachat dans la loi musulmane).* Thèse... — Paris, L. Larose et L. Tenin, 1910. in-8°, 171 p.

<small>Université de Paris, Faculté de droit. — La chefâ dans le droit classique, dans le droit moderne ou local, notamment en Tunisie et en Algérie ; étude de droit comparé sur un sujet intéressant tant au point de vue de la formation des sociétés qu'au point de vue juridique et à celui des conflits que l'exercice de la chefâ entraîne entre colons et indigènes.</small>

6266. — *L'agitation juive en Tunisie.* — *R. F. Étr. Col.*, 1910, p. 57-60.

<small>Campagne d'une partie de l'élément juif en vue de ne plus être soumis à la juridiction des tribunaux indigènes.</small>

6267. — COLOSIO (S.). *L'impôt progressif dans l'ancien droit musulman...* — Tunis, Imp. rapide, 1910, in-12, 16 p.

<small>*Bibliothèque du* Tunisien. — Principes appliqués dans l'ancien droit musulman.</small>

6268. — BARRION (Georges). *L'exode indigène et la propriété foncière en Tunisie.* — Tunis, Imp. rapide, 1910, in-8°, 7 p.

<small>*R. T.*, 1910, p. 359-363. — Causes de l'émigration indigène, les types principaux de la propriété du sol : propriété collective et propriété individuelle (v. n° **6270**).</small>

6269. — DUMARS et PAILHÈS (G.). *De la répression des contraventions de simple police en Tunisie... Étude de législation.* — Tunis, imp. B. Borrel, 1910, in-8°, 20 p.

<small>Extr. du *Journal des tribunaux de la Tunisie,* 15-30 nov. 1909. — Adaptation possible à la Tunisie d'une méthode de répression actuellement en vigueur dans des États où elle donne les meilleurs résultats.</small>

6270. — KHAIRALLAH, interprète-traducteur. *La propriété foncière en Tunisie.* — *R. T.*, 1911, p. 261-265.

<small>Réponse à l'art. signalé sous le n° **6268**, précisant certains points d'histoire et de droit.</small>

6271. — RINDERHAGEN (Amédée). *Le collectivisme agraire chez les indigènes de l'Afrique du Nord.* Thèse... — Alger, imp. S. Léon, 1911, in-8°, 99 p.

Université d'Alger. — Organisation sociale et régime foncier : aperçu de la législation foncière musulmane, considérations historiques, organisation sociale des Arabes, les Arabes dans le Moghreb, le kharadj, les terres collectives de culture. Effets des lois françaises sur l'évolution de la propriété indigène en Algérie et en Tunisie.

6272. — Chavigny (Desmé de), inspecteur des domaines. *La terre collective de tribu en Algérie et en Tunisie. Contribution à l'étude d'une législation applicable à la Régence...* — Tunis, imp. G. Guinle, 1911, in-8°, xxi-174 p.

Bul. Dir. agr., com. col. Tunis, 1911, p. 124-175, 269-408. — La terre de tribu en Algérie, ce qu'elle était au moment de la conquête, la législation algérienne sur les terres arch, principes et conséquences de cette législation ; existence et origines possibles de la terre de tribu en Tunisie, caractères juridiques, comparaison avec l'Algérie, le décret du 14 janvier 1901 ; ce qui reste à faire pour préparer la constitution de la propriété privée. An. par G. Yver, dans *Ann. G., Bibl.,* 1912, p. 235.

6273. — Mālik ibn Anas. *Le livre des ventes du Mouwaṭṭâ de Mâlik ben Anas.* Traduction avec éclaircissements, par Frédéric Peltier... — Alger, A. Jourdan, 1911, in-8°, xii-128 p.

Contient une grande quantité de renseignements que ne fournissent pas les traditionalistes ; dans les notes établies par le traducteur, concordance entre les hadîts cités par Mâlik et ceux qui figurent dans Moslim.

6274. — *Code tunisien de procédure civile.* — Tunis, imp. G. Guinle, 1911, in-8°, 48 p.

Publication *in extenso* de ce code (222 art.) [v. n° **6275**].

6275. — Larcher (Émile). *Observations critiques sur le code tunisien de procédure civile.* — *R. Alg. Tun. lég. jurispr.,* 1911, 1ʳᵉ part., p. 41-44.

Ce code (v. n° **6274**) a été publié au *J. O. tunisien* (n° 105 *bis*) du 31 déc. 1910 (reproduit dans *R. Alg. Tun. lég. jurisp.,* 1911, 3ᵉ part., p. 34-58), avec le décret beylical (24 déc. 1910) qui en opère promulgation. Cf. Albert Tissier, *Le code tunisien de procédure civile. R. Alg. Tun. lég. jurisp.,* 1911, 1ʳᵉ part., p. 129-132 ; Émile Larcher, *Un aveu, à propos du nouveau code tunisien de procédure civile.* Ibid., p. 165-167.

6276. — *Code tunisien de procédure civile, avec le décret du bey du 24 décembre 1910, accompagné d'observations critiques* de Émile Larcher... — Alger, A. Jourdan, 1911, in-8°, 45 p.

Observations critiques de É. Larcher (v. n° **6275**) suivies du code (v. n° **6274**).

6277. — Morel (André). *Précis de droit civil musulman; commentaire du code tunisien des obligations et des contrats avec annotations critiques*... T. Ier... — Tunis, Imp. rapide, sept. 1911, in-8°, vii-230-230 p.

Texte français et arabe d'un manuel mémento établi sur la demande du Gouvernement du Protectorat, à l'usage des étudiants des facultés musulmanes destinés à appliquer, dans les fonctions de magistrats indigènes, un code en harmonie avec la doctrine de l'Islam et les besoins de la civilisation moderne; tables méthodique et alphabétique des matières et table de concordance des numéros des art. du code tunisien et du présent commentaire. An. dans *R. Alg. Tun. lég. jurisp.*, 1912, 1re part., p. 140.

6278. — [Fages (de), directeur général des Travaux publics]. Protectorat français. Gouvernement tunisien. Direction générale des Travaux publics. *Règlement des géomètres du Service topographique*. — Tunis, imp. J. Picard, 1911, in-8°, 28 p.

Arrêté daté de Tunis, 20 mars 1911.

6279. — Rectenwald (Georges). *Justice française et justice musulmane, dangers de leur confusion*. — Alger, A. Jourdan, s. d., in-8°, 11 p.

R. Alg. Tun. lég. jurisp., 1911, 1re part. — En législation algérienne, différences caractéristiques entre les deux justices qui ne sauraient être confondues parce qu'un même magistrat est appelé à les distribuer.

6280. — F. A. *La codification tunisienne. Le nouveau code de procédure civile*. — *R. M. Mus.*, 1911, t. XIV, p. 170-178.

Caractères essentiels du code de procédure civile promulgué par décret beylical du 24 déc. 1910 (v. n° **6274**). « Ce code s'applique parfaitement aux conditions actuelles de l'état social de la Régence et marquera une étape dans la voie du progrès où le Protectorat français s'applique à guider la Tunisie. »

6281. — Bessis (Albert). *Essai sur la loi foncière tunisienne*... — Paris, A. Rousseau, 1912, in-8°, 114 p.

Le régime foncier tunisien avant la loi du 1ᵉʳ juillet 1885; système organisé par cette loi, avantages qu'elle procure, défauts que présente la procédure d'immatriculation, propositions formulées par l'auteur. An. par Y. A., dans *R. T.,* 1913, p. 256-257.

6282. — RECTENWALD (Georges). *Contribution à l'étude des législations algérienne et tunisienne. Le contrat de khammessat dans l'Afrique du Nord.* Préface de Émile Larcher... — Paris. A. Pédone, 1912, in-8°, 136 p.

Considérations générales sur l'Algérie agricole; description du khammessat dans le nord de l'Afrique; le khammessat au point de vue économique et social; de la nature juridique du khammessat; le khammessat en Tunisie avant et depuis 1907; essai d'une réglementation du khammessat. Annexes. An. par M. M. [Morand], dans *R. Alg. Tun. lég. jurisp.,* 1912, 1ʳᵉ part., p. 165-167; par Ch. Lyon-Caen, dans *C. R. Ac. Sc. Mor. Pol.,* 1913, t. LXXIX, p. 593-594; dans *Quinz. col.,* 1912, p. 545-546; par Augustin Bernard, dans *Ann. G., Bibl.,* 1913, p. 228.

6283. — MÉRIGNHAC (A.), professeur de droit international public. *Traité de législation et d'économie coloniales...* 2ᵉ éd. — Paris, Soc. du recueil Sirey, 1925, in-8°, 887 p.

1ʳᵉ éd., 1912. — I. Exposé historique du développement de la colonisation en général et spécialement de la colonisation française aux différentes époques; le relèvement progressif, la reconstitution et la réorganisation du domaine colonial français depuis 1815; les conditions actuelles des colonies françaises au point de vue géographique, ethnographique et économique (Afrique du Nord); principes généraux dominant soit la colonisation dans son ensemble, soit la colonisation française en particulier. II. Étude détaillée du régime colonial français (politique, administratif, judiciaire, des terres, des mines, de la main-d'œuvre, financier, commercial, militaire et pénal); appréciation critique et projets de réforme; défense terrestre et maritime, le recrutement militaire dans l'Afrique du Nord. An. dans *Bul. Com. A. F.,* 1913, sup., p. 144; dans *R. F. Étr. Col.,* 1913, p. 615-616.

6284. — DUMAS (Paul), président du Tribunal civil de Tunis. *Les populations indigènes et la terre collective de tribu en Tunisie. Rapport...* — Tunis, imp. B. Borrel, 1912, in-8°, 431 p., 25 phot., carte.

Régence de Tunis. Protectorat français. — Rapport fait à la Commission instituée par décret beylical du 14 janvier 1901 (23 ramadan 1308), en vue d'étudier et de définir les «conditions d'établissement, de jouissance, de conservation et de transmission de la propriété dans les terres collectives de tribu». I. Enquête dans les tribus : caïdats de l'Arad, de Gafsa, des Hammama, des Frechich, des Souassi, des Zlass, le Territoire militaire, le Djerid. II. Réflexions et solutions. Appendice : projet de décret fixant le régime des immeubles dans divers caïdats du Centre et du Sud de la Régence. Annexes.

6285. — LAGRANGE (Horace) et FONTANA (Henry), docteurs en droit. *Codes et lois de la Tunisie annotés des décisions de la jurisprudence...* — Paris, Marchal et Godde, 1912-1920, 2 vol. in-4°. XIV-56-192-34-738-38-52 et 572 p. sur 2 col.

Le t. Ier, publié sous le patronage de M. Dubourdieu, constitue un recueil pratique de la législation tunisienne applicable au 1er mai 1912. Les suppl. périodiques annuels mettant à jour ce volume jusqu'à fin mai 1920 constituent le tome II, publié par René Soulmagnon. Des mêmes, *Supplément : 1920-1922... 1922-1925.* Tunis [L. Namura], J.-C. Bonici, 1923-1925, 2 vol. in-4°, 190 et 186 p. An. dans *R. Alg. Tun. lég. jurisp.*, 1912, 1re part., p. 163-164.

6286. — LA JONKAIRE (Charles de). *Le rôle de la protection française vis-à-vis de la justice religieuse en Tunisie...* — Rouen. imp. L. Wolf [1913], in-8°, 22 p.

Comment le code Napoléon et la loi de Mahomet ont pu vivre côte à côte, en bonne harmonie; exposé de la juridiction indigène; comment amener progressivement les indigènes à l'unité de juridiction nécessaire.

6287. — FINOCCHI (Louis). *Essai sur la législation tunisienne de l'enregistrement et son application aux principaux contrats de droit musulman...* Thèse... — Tunis, A. Fortin, 1913, in-8°, 241 p.

Université d'Aix-Marseille, Faculté de droit d'Aix [1912-1913, n° 14]. — Historique de l'impôt de l'enregistrement en Tunisie, législation antérieure au décret du 19 avril 1912, l'application de l'impôt de l'enregistrement aux principaux contrats de droit musulman, l'impôt de l'enregistrement aux points de vue budgétaire et économique; courte bibliographie.

6288. — COMMUNAUX (L.). *Du régime de l'expropriation pour cause d'utilité publique en Tunisie...* — Tunis, Imp. rapide, 1913, in-8°, 135 p.

Université d'Aix-Marseille, thèse pour le doctorat. — La notion du droit de propriété et du droit d'expropriation dans les pays de l'Islam; l'expropriation avant et après le décret du 30 août 1858; régime des sujets tunisiens et régime des Européens; le régime actuel; bibliographie.

6289. — Norès (Ed.) et Pommereau (H.). *Étude sur la preuve par écrit d'après le droit coranique*... — Alger, typ. Jourdan, 1913, in-8°, 40 p.

<small>Rev. Alg. Tun. Maroc. lég. jurisp., 1913, 1re part., p. 145-183.</small> — Note sur l'exégèse coranique : les commentateurs, indications sur les principaux auteurs et jurisconsultes cités dans cette étude; commentaire des versets 282 et 283 de la sourate II.

6290. — Rectenwald (Georges). *Réflexions sur l'institution des cadis dans le Maghreb*. — R. Alg. Tun. Maroc. lég. jurispr., 1913, 1re part., p. 185-195.

Principes de l'institution des cadis; comment ils continuent, pour les musulmans de Tunisie et du Maroc, à être des magistrats selon l'Islam, alors qu'en Algérie, statuant au nom du peuple français, ils sont tombés dans le discrédit.

6291. — Tridon (Henri), directeur de la *Tunisie française*. *Le régime des habous, ce qu'il est, ce qu'il devrait être*. — Tunis, imp. L. Rombi, 1913, in-8°, 52 p.

Questions tunisiennes. — Étude de l'échec du peuplement français par l'arrêt de la colonisation, comment le prévenir, « l'inaliénabilité des habous privés frappe de stérilité un tiers du territoire tunisien »; les remèdes à cet état de choses.

6292. — *Réforme des habous en Tunisie*. — Quinz. col., 1913, p. 340.

Nouveau décret qui permettra à une grande partie de la population tunisienne de pouvoir passer de l'état précaire de locataire à l'état stable d'enzéliste.

6293. — Lenoble (Henri), avocat. *Le contrat d'enzel; modalité du régime foncier tunisien*... — Paris, Librairie judiciaire, 1913, in-8°, 15 p.

Brève étude sur la législation tunisienne en général; définition et caractère du contrat d'enzel.

6294. — *Code pénal tunisien*. — Tunis, imp. B. Borrel, 1913, in-8°, 93 p.

Texte *in extenso* du code pénal et décret du 9 juillet 1913 le mettant en vigueur (v. n° **6295**). An. dans *Quinz. col.*, 1913, p. 691-692.

6295. — LARCHER (Émile). *Le code pénal tunisien.* — *R. Alg. Tun. Maroc. lég. jurisp.*, 1913, 1re part., p. 241-249.

Le code parut au *J. O. tunisien* (1er oct. 1913), avec le décret du Bey (9 juillet) portant promulgation (v. n° **6294**); son incontestable supériorité sur les deux codes qui l'ont précédé.

6296. — *Avant-projet du code tunisien de procédure pénale*, présenté au rapport de MM. Berge, Guyot et Roy. — Tunis, imp. B. Borrel, 1914, in-8°, 99 p.

Texte du projet de procédure pénale.

6297. — UZAN (Michel). *Les terres habous.* — *Ass. fr. av. sc.*, 1914, p. 690-691.

42e session, Tunis, 1913. — Desiderata à leur sujet.

6298. — UZAN (Michel). *Les terres collectives de tribus.* — *Ass. fr. av. sc.*, 1914, p. 691-692.

42e session, Tunis, 1913. — Desiderata à leur sujet.

6299. — SAINT-PAUL (Charles). *La lutte contre l'usure en Tunisie.* Thèse... — Bizerte, imp. de l'*Écho de Bizerte*, 1914, in-8°, 207 p.

Faculté de droit d'Aix-en-Provence. — Principaux contrats du droit musulman, comment les docteurs musulmans ont tourné les difficultés résultant des prohibitions religieuses, les ravages causés par l'usure, les remèdes apportés par le Protectorat, les résultats obtenus ; bibliographie.

6300. — IBN ABOU ZAID AL-KAIRAWANI (Abou Mohammad ʿAbd Allah). *Risâla ou traité abrégé de droit malékite et morale musulmane.* Traduction avec commentaire et index analytique, par E. Fagnan. — Paris, P. Geuthner, 1914, in-8°, VIII-294 p.

Ouvrage du ive siècle H., exposant dans un langage simple les articles de foi, les pratiques religieuses, les éléments de droit, les règles de convenance et de politesse. Ce manuel, apprécié dans les médersas pour l'enseignement donné aux débutants, est la base des raisonnements subtils et de la terminologie spéciale des lettrés qui lui font de fréquentes allusions (v. n° **7627**). An. par H. Pommereau, dans *R. Alg. Tun. Maroc. lég. jurisp.*, 1915, 1re part., p. 177-179.

6301. — Rectenwald (Georges). *Des terres sialines du contrôle civil de Sfax (Tunisie)...* — Alger, A. Jourdan, 1914, in-8°, 47 p., croq.

<small>R. Alg. Tun. Maroc. lég. jurisp., 1914, 1re part., p. 137-182. — Origine des terres sialines, caractère juridique de la concession de ces terres aux Sialas; appropriation des terres sialines par les particuliers et leur occupation par les tribus, droit de propriété de l'État tunisien sur ces terres; limites des terres sialines. Annexes, nombreuses références.</small>

6302. — *Les lois commerciales de l'univers. Recueil comprenant l'ensemble des textes relatifs au droit commercial, avec des références au droit civil, aux lois d'organisation judiciaire et à la procédure.* T. XXVI. *France, Tunisie, Maroc, Monaco.* — Paris, lib. gén. de droit et de jurisprudence, 1914, in-4°.

<small>Les lois commerciales de la Tunisie, par S. Berge (253 p.) : l'auteur a exploité notamment le code annoté de Zeys (v. n° **6230**) et son propre répertoire de la jurisprudence tunisienne (v. n° **6261**); notions historiques sur l'organisation judiciaire du pays avant 1881, son régime politique, l'organisation administrative et judiciaire actuelle. Règles de droit du commerce marocain, par le Dr Charles Steinführer... traduites par M. Robinet de Cléry (17 p.) : exposé faisant connaître aux juristes et aux négociants les traits principaux de règles de droit qu'il est impossible d'envisager dans leur ensemble; reproduction de renseignements (Le Temps, 16 sept. 1913) au sujet de la réorganisation judiciaire du Maroc, par J. Ladreit de Lacharrière.</small>

6303. — Labbe (E.-H.). *L'enzel dans la loi foncière tunisienne.* — R. Alg. Tun. Maroc. lég. jurisp., 1916, 1re part., p. 85-97.

<small>Principes régissant le contrat d'enzel dans le droit nouveau; quelle peut être la théorie de l'enzel dans la loi foncière; critique du système ébauché dans cette loi qui «favorise les spéculateurs les moins intéressants».</small>

6304. — Rectenwald (G.). *Note sur la compétence des conseils de guerre à l'égard des agents des compagnies de chemin de fer, en France, en Algérie, aux colonies et dans les pays de Protectorat.* — R. Alg. Tun. Maroc. lég. jurisp., 1916, 1re part., p. 165-170.

<small>Étude juridique et solution recommandée.</small>

6305. — Richon (Jean). *Le contentieux administratif en Tunisie.* Thèse... — Paris, Jouve, 1916, in-8°, 193 p.

Faculté de droit de l'Université de Paris. — Comment l'établissement du Protectorat et l'existence des capitulations ont imposé la création d'une juridiction nouvelle en Tunisie; organisation des justices tunisienne et française; le contentieux de l'État français (contrats d'entreprise et de fournitures pour l'armée et la marine); doutes sur l'existence d'un pouvoir judiciaire et sur l'opportunité de la création de tribunaux administratifs; décret beylical du 27 nov. 1888 sur le contentieux administratif; bibliographie. An. par É. L. [Larcher], dans *R. Alg. Tun. Maroc: lég. jurisp.*, 1917, 1re part., p. 92.

6306. — GRAND (Roger), avocat. *Contribution à l'histoire du régime des terres. Le contrat de complant depuis les origines jusqu'à nos jours.* — Paris, libr. Recueil Sirey, 1917, in-8°, 147 p.

Nature juridique du complant, services qu'il peut rendre dans les pays neufs; procédés tolérés ou sanctionnés par la législation coloniale, l'enzel en Tunisie. An. par P. Boissonnade, dans *R. Historiq.*, 1918, t. CXXIX, p. 130-134.

6307. — BACH-HAMBA (Mohammed), ancien magistrat. *La justice tunisienne. Organisation et fonctionnement actuels, projet de réorganisation...* — Genève, Imp. nat., 1917, in-8°, 72 p.

Étude sur la justice tunisienne, juridiction de droit commun pour tous les litiges existant entre sujets tunisiens exclusivement et dont la réorganisation s'impose absolument.

6308. — *Le barreau de Tunis.* — Tunis, Imp. rapide, 1919, in-8°, 40 p.

Mémoire présenté par les avocats tunisiens du barreau de Tunis en vue de ne pas leur enlever le droit de plaider devant les tribunaux français; le décret de mai 1914 doit être réformé.

6309. — SEBAUT (Bernard). *La bigamie; l'article 340 du Code pénal et son application en Tunisie.* — *R. T.*, 1919, p. 493-506; 1920, p. 46-52.

Conséquence de la présence en Tunisie de deux législations inspirées de principes différents.

6310. — MORAND (Marcel). *Cours de droit musulman, notes prises au cours et revues...* — Alger, J. Carbonel, 1920, in-8°, 111 p.

Année 1914. Cours d'instruction préparatoire au Service des Affaires indigènes. — Autre éd., *ibid.*, 1924. — Étude du «droit commun» de l'Islam, notamment des institutions fondamentales, mariage, filiation, régime successoral, régime des terres; leurs caractères essentiels, les déformations qu'elles ont subies dans l'Afrique du Nord.

6311. — TIBI (Salomon), avocat. *Le statut personnel des israélites et spécialement des israélites tunisiens...* — Tunis, imp. Guénard et Franchi [Imp. rapide], 1921-1923, 4 vol. in-8°, 182, 133, 120 et 218-XI p.

Sources du statut personnel des israélites tunisiens; catégories d'israélites; organisation judiciaire, actes de l'état-civil, majorité, minorité, adoption, tutelle, émancipation, interdiction, conseil judiciaire, filiation; mariage, polygamie, ketouba; lévirat, halitza, séparation (corps et biens); donations entre vifs, testaments, successions, serment, prêt à intérêt, hazaka, législations diverses. An. par G. Rectenwald, dans *R. Alg. Tun. Maroc. lég. jurisp.*, 1924, 1re part. p. 35-37.

6312. — RECTENWALD (Georges). *Terres mortes et colonisation en Tunisie...* — Alger, J. Carbonel, 1921, in-8°, 58 p.

R. Alg. Tun. Maroc. lég. jurisp., 1921, 1re part., p. 17-26, 130-152, 161-185. — Première partie légèrement remaniée d'un rapport à la sous-commission chargée de l'examen des réformes que comporte la législation foncière : des terres mortes, des revendications à titre melk, à titre habous ou portant sur les terres dites de jouissance collective; conclusions.

6313. — *La réforme de l'organisation judiciaire.* — *Bul. Com. A. F.*, 1921, p. 154.

Décret du 24 avril créant un ministère de la justice tunisienne.

6314. — *La suppression de la justice retenue.* — *Bul. Com. A. F.*, 1921, p. 199-200.

Proclamation du bey (24 avril) annonçant sa renonciation à la justice retenue.

6315. — SOULMAGNON (René). *Principes du contentieux administratif tunisien.* Thèse... — Tunis, imp. Namura et Bonici, 1922, in-8°, 203 p.

Faculté de droit de l'Université de Paris. — Principes tirés de l'histoire; organisation générale; différentes ouvertures du contentieux administratif, notamment en ce qui concerne le domaine public militaire; contentieux des Travaux publics, marchés de fournitures, etc.; appréciation du système tunisien, proposition de réforme. An. par G. Rectenwald, dans *R. Alg. Tun. Maroc. lég. jurisp.*, 1922-23, 1re part., p. 78-81.

6316. — Régence de Tunis. Protectorat français. *Code tunisien de procédure pénale.* — Tunis, Imp. rapide, 1922, in-8°, 40 p.

Texte intégral du code tunisien de procédure pénale, utile en particulier pour les officiers des Affaires indigènes du Sud, les officiers, sous-officiers, brigadiers et chefs de poste de gendarmerie, les sous-officiers français du makhzen appelés à remplir les fonctions d'officier de police judiciaire (v. n° **6317**).

6317. — Dupla (Jean). *Précis de procédure pénale en droit tunisien. Commentaire du code promulgué par décret du 30 décembre 1921...* — Tunis, Imp. rapide, 1922, in-8°, 382 p.

L'auteur fut rapporteur de l'avant-projet du *Code tunisien de procédure pénale* (v. n° **6316**), entré en vigueur le 1ᵉʳ mars 1922; les idées essentielles de la doctrine et de la jurisprudence en procédure pénale; différences entre le code tunisien et le code d'instruction criminelle français; tables. An. par M. M. [Morand], dans *R. Alg. Tun. Maroc. lég. jurisp.*, 1922-23, 1ʳᵉ part., p. 45-46.

6318. — Bismut (Victor). *Essai sur la dualité législative et judiciaire en Tunisie.* Thèse... — Dijon, imp. Bernigaud et Privat, 1922, in-8°, 261 p.

Université de Dijon, Faculté de droit. — Étude objective de l'évolution législative et judiciaire en Tunisie depuis 1881. La justice tunisienne : juridictions religieuses et séculières, organes complémentaires de la juridiction; la justice française; le tribunal mixte; nécessité d'unification de la législation tunisienne. Bibliographie.

6319. — Rectenwald (Georges). *Notes sur le tribunal mixte immobilier de Tunisie.* — *R. Alg. Tun. Maroc. lég. jurisp.*, 1922-1923, 1ʳᵉ part., p. 221-246.

Exposé du rôle délicat et complexe du tribunal mixte «cheville ouvrière» de la loi foncière en Tunisie et organe créant chaque jour la matière justiciable pour les tribunaux français du Protectorat; étude établie en vue de l'introduction d'une nouvelle procédure d'immatriculation en Algérie.

6320. — Abou-Bekr Abdesselam ben Choaïb, professeur de droit à la Medersa de Tlemcen. *Répertoire de jurisprudence musulmane algérienne et tunisienne (statut personnel et successions)...* — Alger, J. Carbonel, 1923, in-8°, 117 p.

R. Alg. Tun. Maroc. lég. jurisp., 1ʳᵉ part., 1921, 1922-1923. — Table des arrêts de la Cour de cassation, de la Cour d'appel d'Alger et des jugements des tribunaux algériens et tunisiens ayant trait au statut personnel et aux successions des musulmans; analyse sommaire de chacune de ces décisions avec références correspondantes; bibliographie. An. par Kehl, dans *Bul. Soc. G. Arch. Oran*, 1924, p. 185-186.

6321. — Khalîl. *L'apostasie, le blasphème et la rébellion en droit musulman malékite.* — *R. T.*, 1923, p. 115-130.

Traduction annotée par L. Bercher d'un texte de Sidi Khalîl qui présente une valeur juridique incontestable et un intérêt d'actualité au sujet de la question de la naturalisation.

6322. — Rectenwald (Georges), docteur en droit. *Le code tunisien de procédure pénale... précédé d'un essai historique et critique sur la justice répressive tunisienne...* — Alger, J. Carbonel, 1924, in-8°, 75 p.

Paru en partie dans *R. Alg. Tun. Maroc. lég. jurisp.*, 1922-23, 1re part., p. 265-278, 355-376. — La justice répressive avant et depuis l'installation du Protectorat, la création des services judiciaires (1896), création du ministère de la Justice (1921), promulgation du code de procédure pénale, examen et réfutation des critiques.

6323. — Milliot (Louis). *Un projet tunisien de réforme du régime de l'immatriculation.* — *R. Alg. Tun. Maroc. lég. jurisp.*, 1925, 1re part., p. 19-34.

Obstacles à l'application du système foncier introduit en Tunisie par le décret beylical du 1er juillet 1885; études relatives à la constitution d'un cadastre de la propriété et d'une immatriculation préparatoire; analogies avec la loi marocaine.

6324. — Lampué (Pierre). *Le contentieux administratif des pays de protectorat.* — *Rec. jurisp. col. mar.*, 1925, 2e part., p. 19-36.

En Tunisie et au Maroc, le contentieux administratif a été remis aux tribunaux de l'ordre judiciaire; étude de ce régime dans la Régence de Tunis et dans l'Empire chérifien.

6325. — Bercher (Léon), chef de service à la Direction générale de l'Intérieur, à Tunis. *Les délits et les peines de droit commun prévus par le Coran; leur réglementation dans les rites malékite, chaféite et hanéfite.* Thèse... — Tunis, Imp. rapide, 1926, in-8°, iv-154 p.

Université de Paris, Faculté de droit. — Thèse faisant notamment ressortir l'influence modificatrice de la tradition (Sonnah) sur les limites entre les infractions prévues par le Coran et le reste du droit pénal musulman régi par la règle diamétra-

6326. — A. *La législation tunisienne sur la presse et les délits politiques.* — *Bul. Com. A. F.*, 1926, sup., p. 100-103.

Décrets (29 janvier) modifiant la législation tunisienne à ce sujet et destinés à permettre de réprimer plus efficacement la propagande communiste et destourienne.

IV. L'AGRICULTURE, LA VITICULTURE, LES FORÊTS, L'ÉLEVAGE.

6327. — Alix (E.), vétérinaire militaire. *Notice sur les principaux animaux domestiques du littoral et du sud de la Tunisie...* — Paris, L. Baudoin, 1883, in-16, 63 p.

Publication de la Réunion des officiers. — Paru dans *Rec. Hyg. Méd. Vét. Mil.*, sept. 1883, p. 341-384, et reproduit par ordre du ministre de la Guerre dans *Bul. R. Off.*, 1883, p. 136-142, 163-166, 177-183, 296. — L'auteur met en relief les caractères généraux des principaux animaux domestiques : cheval, âne, mulet, bœuf, mouton, chien, chat, chameau.

6328. — Valby (H.), chimiste-pharmacien. *Le vin : 1° par le sucre, 2° par les raisins secs. La vigne en Tunisie et en Algérie...* 3ᵉ éd... — Paris, Savy, 1883, in-8°, 80 p., fig.

L'auteur se propose de pousser à la culture de la vigne en Tunisie et en Algérie pour remplacer l'importation étrangère par l'importation africaine.

6329. — Perrinet (H.-Martin). *La vigne et sa culture en Tunisie...* — Tunis, imp. B. Borrel, 1883, in-8°, 32 p.

6330. — Cosson (E.). *Rapport à M. le ministre de l'Instruction publique et des Beaux-Arts sur la mission botanique chargée, en 1883, de l'exploration du nord de la Tunisie...* — Paris, Imp. nat., 1884, in-8°, 31 p.

6331. — Cosson (E.). *Forêts, bois et broussailles des principales localités du nord de la Tunisie explorées, en 1883, par la mission botanique...* — Paris, Imp. nat., 1884, in-8°, 42 p.

Notes sur les arbres forestiers, sur les végétaux ligneux, sur la composition et l'état actuel des boisements.

6332. — Cosson (E.). *Considérations générales sur la distribution des plantes en Tunisie et sur leurs principales affinités de géographie botanique...* — Paris, imp. Gauthier-Villars, [1884]. in-4°, 5 p.

<small>C. R. Ac. Sc., 1884, t. XCVIII, p. 467-471.</small>

6333. — Cosson (E.). *Note sur la flore de la Kroumirie centrale explorée en 1883 par la mission botanique...* — Paris, Imp. réunies, 1885, in-8°, 33 p.

<small>Exploration scientifique de la Tunisie. — Extr. du Bul. de la Soc. botanique de France. t. XXXII. — Notes journalières (28 juin-8 juillet); liste des plantes observées dans la Kroumirie centrale.</small>

6334. — Blumereau (J.-Th.). *La viticulture en Tunisie, projet d'exploitation en Tunisie de 200 hectares de vignes à planter dans un domaine de 400 hectares...* — Paris, H. Oudin, 1885, in-8°, 46 p.

6335. — Alix (E.). *Le dromadaire tunisien...* — *Sc. et Nat.*, 1885, t. II, p. 277-279.

<small>Le chameau tunisien : caractères généraux, espèces, physiologie, mœurs, utilité, nécessité d'en améliorer l'élevage.</small>

6336. — Leroy (Ernest). *L'Algérie et la Tunisie agricoles, étude pratique concernant le sol, le climat, les cultures diverses, la viticulture, l'horticulture, etc., de ces deux colonies, avec des notions précises pour les émigrants...* — Tours, imp. P. Bousrez [1886], in-18, 235 p.

6337. — [Lefebvre (Henri), directeur des Forêts]. Gouvernement tunisien. Administration des forêts. Cercle d'Aïn-Draham. *Adjudication des coupes de bois de l'exercice 1303. Bois domaniaux.* — Tunis, imp. B. Borrel, 1886, in-4°, 7 p.

tunisien à contracter un emprunt de 75.000.000 *de francs pour accélérer la création de l'outillage économique de la Régence...* — Paris, imp. Motteroz et Martinet, 1907, in-4°, 13 p.

Chambre des députés, 9° législature, session extraordinaire de 1906. Annexe au procès-verbal de la séance du 28 déc. 1906, n° 608. — Examen du programme à satisfaire (chemins de fer, ports, travaux d'hydraulique, enseignement) qui exige 125 millions; le budget tunisien.

6814. — BERNARD (Augustin). *L'outillage de la Tunisie.* — *Bul. Com. A. F.*, 1907, p. 7-13, carte.

Raisons générales qui ont rendu nécessaire la conclusion de l'emprunt de 75 millions (loi du 10 janvier 1907); travaux auxquels il sera consacré, caractère d'intérêt et d'urgence de ces travaux. Étude basée sur le rapport de M. de Fages (v. n° **6811**).

6815. — *Programme des grands travaux publics et emprunt de 75 millions pour l'outillage de la Tunisie.* — *Bul. Soc. G. Lille,* 1907, t. XLVII, p. 138-139.

Programme exigeant 125 millions pour le perfectionnement du réseau ferré actuel, les routes, la colonisation, etc.

6816. — RÉGENCE DE TUNIS. Protectorat français. Direction générale des Travaux publics. *Code de la route. Décret du 15 septembre 1914 portant règlement sur la protection de la voie publique ainsi que sur la police du roulage et de la circulation.*— Tunis, imp. J. Picard, 1914, in-8°, 51 p.

6817. — MILLERAND (Alexandre), président du Conseil, ministre des Affaires étrangères, et FRANÇOIS-MARSAL (F.), ministre des Finances. *Projet de loi tendant à autoriser le Protectorat tunisien à contracter un emprunt de* 274.500.000 *francs pour couvrir l'insuffisance des ressources non encore employées de son précédent emprunt de 1912 et pour compléter son outillage économique...* — Paris, imp. Martinet, 1920, in-4°, 22 p.

Chambre des députés, 12° législature, session de 1920. Annexe au procès-verbal de la séance du 22 juin 1920, n° 1129. — Projet renvoyé à la Commission des Finances, sous réserve de l'avis de la Commission de l'Algérie (v. n° **6818**).

6818. — Boussenot (Georges), député. *Rapport fait au nom de Commission de l'Algérie, des Colonies et des Protectorats, chargée d'examiner le projet de loi tendant à autoriser le Protectorat tunisien à contracter un emprunt de 274.500.000 francs pour couvrir l'insuffisance des ressources non encore employées de son précédent emprunt de 1912 et pour compléter son outillage économique...* — Paris, imp. Martinet, 1920, in-4°, 83 p.

Chambre des députés, 12° législature, session de 1920. Annexe au procès-verbal de la séance du 20 juillet 1920, n° 1314. — Étude des précédents emprunts de 1902, 1907 et 1912; détail des crédits demandés pour les chemins de fer (nomenclature du réseau ferré tunisien), l'extension du réseau routier, les autres Travaux publics, les œuvres d'assistance, d'hygiène et d'enseignement (v. n° **6817**). Cf. Avis présenté au nom de la Commission des Finances par M. de Chappedelaine, député, n° 1396, même session.

6819. — *Le nouvel emprunt tunisien.* — *Bul. Com. A. F.,* 1920, p. 185-186.

Répartition de l'emprunt de 274 millions (Travaux publics, agriculture, commerce, colonisation, etc.)

I. VOIES FERRÉES, ROUTES.

6820. — Chemin de fer de Bône à Guelma. *Rapport du Conseil d'administration. Assemblée générale ordinaire du 1er juillet 1876.* — Paris, imp. A. Chaix, 1876, in-4°, 24 p.

Premier rapport imprimé de la c^{ie}; la 1re assemblée (constitutive) avait eu lieu le 25 mars 1875. Cf. *Assemblée générale extraordinaire du 10 oct. 1876... Ibid.,* 6 p.; *Rapport du Conseil d'administration. Assemblée générale ordinaire du 23 mai 1877. Ibid.,* 1877, in-4°, 11 p.

6821. — Chemins de fer de Bône à Guelma et prolongements. *Assemblée générale extraordinaire du 23 mai 1877. Rapport du Conseil d'administration, résolutions.* — Paris, imp. A. Chaix, 1877, in-4°, 31 p., carte.

Convention du 11 janvier 1877 pour la construction des lignes de Duvivier à Souk-Ahras, de Guelma au Kroubs; traité du 23 février 1877 par lequel la société des chemins de fer de la Medjerda cède sa concession de la ligne de Tunis à Dachla-Djandouba. Cf. *Assemblée générale du 9 juin 1877. Procès-verbal. Ibid.,* 7 p.; *Assemblée générale du 31 juillet 1877. Procès-verbal. Ibid.,* 8 p.

6822. — *La Tunisie et les chemins de fer algériens...* — Paris, Rouvier et Logeat [1877], in-8°, 31 p., carte.

Vote du Parlement transformant la ligne de Bône à Guelma, avec prolongement jusqu'à Tunis, en chemin de fer d'intérêt général; rôle de la France dans la Régence; ce que fut la Régence, ce qu'elle est actuellement, l'œuvre de Khair al Din. Les chemins de fer algériens, lignes à l'étude ou projetées, la soudure des chemins algériens au réseau tunisien.

6823. — Chemins de fer de Bône-Guelma et prolongements. *Assemblée générale ordinaire du 27 juin 1878. Rapport du Conseil d'administration, résolutions.* — Paris, imp. A. Chaix, 1878, in-4°, 19 p.

Convention du 27 janvier avec le Gouvernement tunisien autorisant l'extension de la ligne de Dachla jusqu'à la ligne algérienne; avancement des travaux, ouverture de la section entre Tunis et Tebourba (24 juin).

6824. — Chemins de fer de Bône-Guelma et prolongements. *Assemblée générale extraordinaire du 17 février 1879. Rapport du Conseil d'administration, procès-verbal de l'assemblée.* — Paris, imp. A. Chaix, 1879, in-4°, 14 p.

Notes sur la ligne de Souk-Ahras à Sidi-el-Hémessi. Cf. *Assemblée générale... du 15 mai 1879... Ibid.,* 31 p.; avancement des travaux, exploitation, statistiques.

6825. — Cie des Chemins de fer de Bône-Guelma et prolongements... *Assemblée générale annuelle des actionnaires du 10 août 1880... 12e réunion. Rapport du Conseil d'administration, résolutions de l'assemblée générale.* — Paris, imp. A. Chaix, 1880, in-4°, 37 p.

Avancement des travaux : ouverture des sections de l'Oued-Zarga à Béja (1er sept. 1879), de Béja à Souk-el-Arba (30 sept. 1879), de Souk-el-Arba à Ghardimaou (30 mars 1880); exploitation, statistiques. Cf. *Assemblée générale annuelle... du 16 juillet 1881 (13e réunion). Rapport... Ibid.,* 1881, in-4°, 49 p. : exploitation, détails statistiques.

6826. — Cie des Chemins de fer de Bône-Guelma et prolongements. *Assemblée générale annuelle... du 7 juin 1882 (14e réunion)...* — Paris, imp. Chaix, 1882, in-4°, 60 p., carte.

Avancement des travaux : mise en exploitation de Duvivier à Souk-Ahras (30 juin 1881), construction de Tunis à Hamman-Lif; lignes à l'étude : Souk-Ahras à Tebessa. Djedeïda à Bizerte, Tunis à Sousse; statistiques.

6827. — Desfossés (Edmond). *De Tunis à Hammam-Lif.* — *R. G.*, 1882, t. XI, p. 129-133.

Les 17 premiers kilomètres de la ligne du Sahel; l'incident soulevé par l'Italie à propos de cette ligne à l'origine de l'établissement du Protectorat.

6828. — Cie des Chemins de fer de Bône-Guelma et prolongements. *Assemblée générale extraordinaire du 17 octobre 1882 (15e réunion)...* — Paris, imp. Chaix, 1882, in-4°, 14 p.

Convention (9 janvier 1882) relative à la ligne de Souk-Ahras à Sidi-el-Hémessi.

6829. — Cie des Chemins de fer de Bône-Guelma et prolongements. *Assemblée générale annuelle... du 19 juillet 1883 (16e réunion)...* — Paris, imp. Chaix, 1883, in-4°, 77 p.

Cf. *Assemblée générale ordinaire et extraordinaire... du 25 juin 1884 (17e session)... Ibid.*, 93 p. : état d'avancement des travaux de la ligne de Souk-Ahras à Ghardimaou; lignes à l'étude, exploitation, statistiques.

6830. — Desfossés (Ed.). *Jonction de l'Algérie et de la Tunisie.* — *R. G.*, 1884, t. XV, p. 311-312.

Achèvement et inauguration du tronçon Souk-Ahras à Sidi-el-Hémessi reliant Bône à Tunis par voie ferrée.

6831. — Cie des Chemins de fer de Bône-Guelma et prolongements. *Assemblée générale ordinaire... du 11 août 1885 (18e réunion)...* — Paris, imp. Chaix, 1885, in-4°, 88 p.

Mise en exploitation (29 sept. 1884) du raccordement Souk-Ahras à Ghardimaou; exploitation; concessions nouvelles : Béja-ville à Béja-gare, Souk-Ahras à Tebessa, transformation de la ligne de Bône à Guelma; statistiques. Cf. *Assemblée générale ordinaire... du 27 juillet 1886 (19e réunion)... Ibid.*, 1886, in-4°, 82 p.

6832. — Barbaud (Roger). *Voies et moyens de communication en France, en Algérie et en Tunisie...* — Paris, Charles-Lavauzelle, 1886, 2 vol. in-16, 128 et 128 p.

Petite bibliothèque de l'Armée française. — 2ᵉ éd., 1887, *ibid.* — Renseignements sommaires sur les routes, voies navigables, chemins de fer; communications maritimes entre la métropole et l'Algérie-Tunisie, lignes télégraphiques.

6833. — Cⁱᵉ DES CHEMINS DE FER DE BÔNE-GUELMA ET PROLONGEMENTS. *Assemblée générale ordinaire... du 16 juillet 1887 (20ᵉ réunion)...* — Paris, imp. Chaix, 1887, in-4°, 84 p.

Construction des lignes de Souk-Ahras à Tebessa et de Béja-gare à Béja-ville; inauguration de la ligne Alger-Tunis, extension du réseau en Tunisie; exploitation, trafic, statistiques.

6834. — ROCHAÏD (Alph.). *Les chemins de fer de l'Algérie-Tunisie.* — *R. F. Étr. Col.,* 1887, t. V, p. 300-306.

Brève étude des lignes en exploitation, en projet ou en construction; l'achèvement de la voie ferrée Oran-Tunis (v. n° **7208**). Cf. *Les chemins de fer en Algérie-Tunisie. R. Sc.,* 1887, t. XXXIX, p. 509-510.

6835. — COURTOIS (Henry). *Les chemins de fer algériens et tunisiens.* — *Bul. Soc. G. Com. Bordeaux,* 1887, p. 276-277.

Reproduit dans *Bul. Soc. languedoc. G.,* 1887, p. 219-220. — Bref tableau des 7 cⁱᵉˢ différentes auxquelles appartient le réseau algéro-tunisien.

6836. — Cⁱᵉ DES CHEMINS DE FER DE BÔNE-GUELMA ET PROLONGEMENTS. *Assemblée générale ordinaire... du 26 juin 1888 (21ᵉ réunion)...* — Paris, imp. Chaix, 1888, in-4°, 81 p.

Achèvement des lignes de Souk-Ahras à Tebessa et de Béja-gare à Béja-ville; extension du réseau en Tunisie et en Algérie; résultats du trafic, statistiques.

6837. — [MICHAUD (Paul)]. RÉGENCE DE TUNIS. *Avant-projet d'un réseau de chemins de fer. Rapport du directeur général des Travaux publics.* — Tunis, Imp. rapide, 1889, in-fol., 188 p., carte.

Rapport adressé au Résident général, exposant les résultats des études entreprises en vue de la création d'un réseau de chemins de fer en Tunisie : situation actuelle des chemins de fer en Tunisie, nécessité de nouvelles lignes, plan d'ensemble du réseau, le système de voie, le trafic probable, le régime des nouvelles lignes ; résultats généraux à attendre (v. n° **6840**).

6838. — Cie des Chemins de fer de Bône-Guelma et prolongements. *Assemblée générale ordinaire… du 6 juillet 1889 (22e réunion)…* — Paris, imp. Chaix, 1889, in-4°, 81 p.

Exploitation, résultats du trafic, extensions du réseau en Tunisie et en Algérie, la ligne Decauville entre Sousse et Kairouan (1er janvier); statistiques. Cf. *Assemblée générale ordinaire… du 28 juin 1890 (23e réunion)… Ibid.*, 1890, in-4°, 82 p.; *Assemblée générale annuelle… du 20 juin 1891 (24e réunion)… Ibid.*, 1891, in-4°, 90 p.; *Assemblée générale annuelle… du 18 juin 1892 (25e réunion)…Ibid.*, 1892, in-4°, 84 p.; *Mém. Soc. ing. civils*, 1889, t. Ier, p. 41-42 : discours de M. Eiffel.

6839. — [Terras (J.-M.)]. *Les projets de chemins de fer. Observations d'un colon.* — Tunis, Imp. rapide, 1889, in-18, 15 p.

Le tracé des nouvelles voies ferrées doit s'inspirer de l'intérêt de la colonisation, ce qui ne semble pas avoir été fait pour la ligne de Tunis à Sousse, dont l'auteur demande un autre tracé.

6840. — Vassel (Eusèbe), ancien capitaine d'armement du canal de Suez. *Les chemins de fer de la Tunisie et le rapport des Travaux publics…* — Tunis, Imp. rapide, 1889, in-18, 138 p.

Extr. de *Tunis-Journal*, 5 oct. et suivants. — Tiré à 45 ex. — Analyse critique du rapport (v. n° **6837**) concernant les 12 lignes ou embranchements dont la construction est envisagée dans un premier réseau : discussion concernant les divers tracés et l'écartement de la voie.

6841. — Blanc (Édouard). *Communication…* — *R. F. Étr. Col.*, 1890, t. XI, p. 429-433.

Difficultés que rencontrerait le transsaharien tel que le conçoit G. Rolland, avantages que présenterait une ligne passant par Ghadamès pour atteindre le lac Tchad (v. n° **6843**).

6842. — Rolland (G.). *Le transsaharien.* — *C. R. Soc. G. Paris*, 1890, p. 128-140.

Les trois tracés en présence; le «vrai tracé français» est celui partant de la province d'Oran et passant par Ouargla; le quatrième tracé proposé par É. Blanc «nous est interdit» (v. n° **6844**).

6843. — Rolland (G.) et Blanc (É.). *Le transsaharien et son tracé.* — *R. F. Étr. Col.*, 1890, t. XI, p. 536-547.

Discussion par G. Rolland du projet de tracé oriental soulevé par É. Blanc (v. n° **6841**); réponse de celui-ci qui maintient les avantages de ce tracé sur le tracé central.

6844. — Blanc (Édouard). *Le Transsaharien. Réponse à M. G. Rolland...* — *C. R. Soc. G. Paris,* 1890, p. 168-176.

Avantages du tracé partant du fond du golfe de Gabès sur celui passant par Ouargla (v. n° **6842**).

6845. — Debize (Lieut‑Colonel). *Le traité anglo-français et le futur domaine colonial de la France dans l'Afrique occidentale...* — *Bul. Soc. G. Lyon,* 1890-1891, t. IX, p. 379-390.

A propos de notre pénétration vers le Soudan central, l'auteur fait allusion au projet de transsaharien partant d'Algérie ou de Tunisie; les différents tracés.

6846. — Carnières (V. de). *Les chemins de fer tunisiens.* — *Écon. fr.,* 1892, t. II, p. 363-365, 395-398.

Lettres (3 et 15 sept.) adressées à l'*Écon. fr.,* attribuant le peu d'empressement des Français à coloniser la Tunisie à l'insuffisance des voies de communication et surtout des chemins de fer dans ce pays; étude du réseau tunisien.

6847. — Bellet (Daniel). *Les chemins de fer en Tunisie.* — *C. R. Soc. G. Paris,* 1892, p. 63-64.

Rapport présenté à ce sujet par la Conférence consultative (déc. 1891) et dont les conclusions ont été adoptées.

6848. — Rouire (Dr.). *Étude sur le réseau routier moderne et le réseau routier ancien du littoral du golfe de Hammamet.* — *Bul. Soc. G. Arch. Oran,* 1893, p. 327-344, carte.

Étude des conditions dans lesquelles on a pu unir, à l'époque romaine et actuellement, par des voies de communication le littoral de la Tunisie du nord à celui de la Tunisie centrale et méridionale. An. dans *C. R. Soc. G. Paris,* 1894, p. 261-262; par Héron de Villefosse, dans *Ac. Inscr. B.-Lettres, C. R.,* 1894, t. XXII, p. 161. Cf. du même, *Découverte d'une chaussée romaine sur le littoral de la Tunisie centrale... Bul. G. Hist. Descr.,* 1887, p. 157-160.

6849. — Cie des Chemins de fer de Bône-Guelma et prolongements. *Assemblée générale annuelle... du 17 juin 1893 (26e réunion)...* — Paris, imp. Chaix, 1893, in-4°, 82 p.

Exploitation, résultats du trafic; convention avec le Gouvernement français pour la modification du régime général de la c^{ie}; conventions (12 oct. 1892) avec le Gouvernement tunisien pour la construction et l'exploitation des lignes de Djedeïda à Bizerte et de Tunis au cap Bon et au Sahel; statistiques. Cf. *Assemblée générale ordinaire... du 16 juin 1894 (27ᵉ réunion)... Ibid.*, 1894, in-4°, 84 p.; *R. F. Étr. Col.*, 1893, t. XVIII, p. 377.

6850. — *A Bizerte.* — *Bul. Com. A. F.*, 1894, XII, p. 214.

Mise en exploitation de la ligne Djedeïda-Bizerte (1ᵉʳ nov.). Cf. *ibid.*, X, p. 149, et XI, p. 173.

6851. — Vasco (Gabriel). *Le réseau ferré tunisien.* — *R. F. Étr. Col.*, 1894, p. 496-498.

Vote par les Chambres de la partie relative aux chemins de fer tunisiens de la convention du 3 juillet, passée avec la c^{ie} Bône-Guelma; nouvelles lignes créées par cette convention; projet de ligne Sfax-Gafsa pour l'exploitation des phosphates. An. dans *Ann. G., Bibl.*, 1895, p. 215.

6852. — Cie DES CHEMINS DE FER DE BÔNE-GUELMA ET PROLONGEMENTS. *Assemblée générale... du 10 novembre 1894 (28ᵉ réunion)...* — Paris, imp. Chaix, 1894, in-4°, 44 p.

Texte *in extenso* des conventions du 12 oct. 1892 concernant les lignes de Djedeïda à Bizerte et de Tunis au cap Bon et au Sahel avec embranchements et prolongements (v. n° **6849**), loi du 12 août 1894 à ce sujet.

6853. — Moncelon (L.). *Notes sur Bizerte; la ligne ferrée Bizerte-Tunis.* — *Bul. Soc. G. Com. Bordeaux*, 1895, p. 65-80.

Description de la ligne Bizerte-Djedeïda-Tunis, à propos de sa mise en service.

6854. — Cie DES CHEMINS DE FER DE BÔNE-GUELMA ET PROLONGEMENTS. *Assemblée générale annuelle... du 21 juin 1895 (29ᵉ réunion)...* — Paris, imp. Chaix, 1895, in-4°, 87 p.

Exploitation, résultats du trafic; lignes nouvelles : ouverture de la ligne de Djedeïda à Bizerte (nov. 1894), état des travaux des lignes de Hamman-Lif à Nabeul, de Sousse à Kairouan et à Enfidaville; statistiques.

6855. — *Décret ouvrant un crédit pour la construction de deux lignes de chemins de fer.* — *Bul. Statist.*, 1895, t. XXXVII, p. 180-181.

Décret du 24 janvier (*J. O. tunisien*, 1ᵉʳ février 1895) ouvrant un crédit pour la construction des lignes de Hamman-Lif à Nabeul et de Fondouk-Djedid à Menzel-bou-Zelfa.

6856. — GOGUYER (Antonin). *Supériorité du chemin de fer de Gafsa à Gabès sur celui de Gafsa à Sfax.* — Tunis, imp. Picard [1895], in-8°, 40 p., carte.

Série d'art. joints à une pétition adressée au Résident général, en vue de faire aboutir à Gabès le chemin de fer de Gafsa : la clientèle du golfe de Gabès, trafic avec Ghadamès; le meilleur chemin pour les phosphates de Gafsa; importance de Gabès avant l'occupation française; note sur le port de Gabès; carte des débouchés du Touat et routes transsahariennes. An. par H. L. [Lorin], dans *Ann. G., Bibl.*, 1896, p. 196.

6857. — BERTAINCHAND (E.). *Contribution à l'étude des eaux de la ligne du chemin de fer de Sfax à l'oued Seldja.* — *Bul. Dir. agr. com.* Tunis, 1896, n° 1, p. 36-43, 4 cartes, pl.

Prélèvement de 23 échantillons d'eau en vue de l'alimentation des chaudières de la cⁱᵉ des phosphates du Seldja.

6858. — Cⁱᵉ DES CHEMINS DE FER DE BÔNE-GUELMA ET PROLONGEMENTS. *Assemblée générale annuelle... du 6 juin 1896 (30ᵉ réunion)...* — Paris, imp. Chaix, 1896, in-4°, 92 p.

Exploitation, résultats du trafic; lignes nouvelles, mise en exploitation (1895) de la ligne d'Hamman-Lif à Nabeul, avec embranchement sur Menzel-bou-Zelfa, travaux des autres lignes; statistiques.

6859. — Cⁱᵉ DES CHEMINS DE FER DE BÔNE-GUELMA ET PROLONGEMENTS. *Assemblée générale annuelle... du 26 juin 1897 (31ᵉ réunion)...* — Paris, imp. Chaix, 1897, in-4°, 92 p.

Exploitation, résultats du trafic, le réseau tunisien à voie étroite; mise en service de la ligne Tunis-Sousse (nov. 1896), travaux des autres lignes; statistiques.

6860. — GRANAT. *Les voies de communication de la Tunisie.* — *Ass. fr. av. sc.*, 2ᵉ part., 1897, p. 840-846, 3 fig.

25ᵉ *session, Carthage*, 1896. — Les trois points de concentration des routes naturelles, les routes romaines et les routes actuelles, les chemins de fer. Cf. *ibid.*, 1ʳᵉ part., 1896, p. 282.

6861. — *Tunisie.* — *R. F. Étr. Col.*, 1897, p. 306.

Travaux de la ligne de Tunis à Zaghouan, inauguration du port de Sfax (24 avril).

6862. — Cie des Phosphates et du Chemin de fer de Gafsa... *Assemblée générale ordinaire du 27 juin 1898. Exercice 1897. Rapport du Conseil d'administration, bilan, rapport des commissaires, résolutions.* — Paris, imp. Chaix, 1898, in-4°, 18 p.

Marche de la c^{ie} depuis le 3 avril 1897, date de l'assemblée générale constitutive, jusqu'au 31 déc. 1897 : mode d'entreprise des travaux, chemin de fer, mines; exploitation du domaine (v. n^{os} **7091** et **7094**).

6863. — Cie des Chemins de fer de Bône-Guelma et prolongements. *Assemblée générale annuelle des actionnaires du 2 juillet 1898 (32e réunion)...* — Paris, imp. Chaix, 1898, in-4°, 104 p.

Exploitation, résultats du trafic, le réseau à voie étroite; mise en service de la ligne de Tunis à Zaghouan (août 1897) avec embranchement sur Pont-du-Fahs (déc.), de la ligne de Sousse à Kairouan (15 avril 1898), transformation de la gare de Tunis; autres lignes en construction; statistiques.

6864. — Cie des Chemins de fer de Bône-Guelma et prolongements. *Assemblée générale... du 6 octobre 1898 (33e réunion)...* — Paris, imp. Chaix, 1898, in-4°, 27 p.

Texte *in extenso* des conventions passées avec le Gouvernement tunisien (22 mars) et la société de navigation générale italienne (29 juillet) au sujet de la reprise par la c^{ie} des lignes de Tunis à La Goulette, avec embranchements, et de Tunis au Bardo.

6865. — *Cession du Rubattino à la France.* — *Quinz. col.*, 1898, t. IV, p. 649-650.

Les trois concessions des lignes de banlieue exploitées par la c^{ie} italienne; prise de possession par la c^{ie} Bône-Guelma (25 oct.).

6866. — R. N. *Le chemin de fer de Sfax à Gafsa.* — *Bul. Com. A. F.*, 1898, p. 303-304.

Méthode employée par la c^{ie} des phosphates pour la construction rapide de cette voie ferrée.

6867. — Duportal (H.), ingénieur en chef des Ponts et chaussées. *Extension rationnelle du réseau des chemins de fer tunisiens...*

Note sur les tracés proposés pour le troisième réseau... — Paris, Soc. française des ingénieurs col., 1898, in-8°, 15 p., carte.

Bul. Soc. fr. ing. col., 1898, n° 13, p. 1-13, carte. — Lignes antérieures au Protectorat, lignes construites sous le Protectorat; longueur du réseau actuel, ports et routes de la Régence, tracés des diverses lignes proposées pour le troisième réseau en vue de l'exploitation des forêts et mines de la Kroumirie et des phosphates de la région de Thala. An. par E. V. [Vassel], dans *R. T.*, 1899, p. 113-114.

6868. — *Tunisie : chemin de fer de La Goulette racheté.* — R. F. Étr. Col., 1898, p. 497.

Rachat par la c^{ie} Bône-Guelma à la c^{ie} Rubattino.

6869. — *Tunisie : inauguration du chemin de fer de Sfax à Gafsa.* — R. F. Étr. Col., 1898, p. 611 ; 1899, p. 307.

Commencé en juin 1897, inauguré le 18 sept. 1898; le tracé.

6870. — Cie des Phosphates et du Chemin de fer de Gafsa... *Assemblée générale ordinaire du 26 juin 1899. Exercice 1898...* — Paris, imp. Chaix, 1899, in-8°, 19 p.

Travaux de la ligne; 1re expédition de phosphate le 19 avril 1899, réception provisoire de la ligne le 23 avril; alimentations d'eau; la mine et le domaine.

6871. — *Le chemin de fer de Sfax à Gafsa (Tunisie).* — Gén. civil, 1899, t. XXXIV, p. 402-403, 4 fig.

Particularités auxquelles a donné lieu l'établissement de cette ligne. Cf. *ibid.*, p. 110.

6872. — Vassel (Eusèbe). *Le chemin de fer de Bizerte au Kef et à la vallée du Sarrath...* — R. G., 1899, t. XLIV, p. 122-133.

Mémoire lu au Congrès national des Soc. françaises de géographie à Marseille (24 sept. 1898) [v. n° **4349**]. «Dans l'intérêt de la défense nationale, il est nécessaire que Bizerte soit reliée à l'Algérie par une voie ferrée plus occidentale que celle qui passe par Mateur»; cette voie ferrée servirait également pour la sortie des phosphates du nord-ouest de la Tunisie et fournirait à Bizerte d'amples dépôts de charbon. An. par G. Yver, dans *Ann. G., Bibl.*, 1900, p. 230.

6873. — Bénard (Charles). *Le chemin de fer transsaharien au Congrès de géographie d'Alger.* — Bul. Soc. G. Com. Bordeaux, 1899, p. 403-413, carte.

Les différents exposés faits à ce Congrès par É. Broussais, P. Bonnard, Cornetz, l'amiral Servan, etc.; discussions relatives aux divers tracés (v. n° **4355**).

6874. — Cie des Chemins de fer de Bône-Guelma et prolongements. *Assemblée générale annuelle*... *du 1er juillet 1899 (34e réunion)*... — Paris, imp. Chaix, 1899, in-4°, 106 p.

Exploitation, résultats du trafic, mise en service des lignes du port de Tunis (15 août 1898), de Sousse à Moknine (15 avril 1899); modification et embranchements de la ligne de Tunis à Zaghouan; statistiques. Cf. *Assemblée générale annuelle... du 30 juin 1900 (35° réunion)*... *Ibid.*, 1900, in-4°, 109 p.; *Assemblée générale annuelle... du 29 juin 1901 (36° réunion)*... *Ibid.*, 1901, in-4°, 113 p.

6875. — Bursaux (M.), ancien officier du génie. *Notes relatives à la construction d'un chemin de fer en pays désertique*... — — Montpellier, 1900, in-8°, 20 p., carte.

Bul. Soc. languedoc. G., 1900, p. 190-207, carte. — Efforts accomplis et difficultés surmontées pour la construction du chemin de fer de Sfax à Gafsa et au Metlaoui, montrant, à propos du transsaharien, ce que l'on peut faire en pays désertique; préface signée A. D. [Duponchel] : possibilité de situer à Gabès l'origine du transsaharien. An. par E. Vassel, dans *R. T.*, 1901, p. 469-470.

6876. — Macler (Charles), Péloni, Assereto. *Rapport présenté à la Chambre de commerce de Tunis, dans sa séance du lundi 8 janvier 1900,... sur les conditions financières d'exécution de la ligne du chemin de fer de Sfax à Gafsa*. — Tunis, imp. L. Nicolas, 1900, in-8°, 21 p.

6877. — Chambre de Commerce de Tunis. Extrait du procès-verbal de la séance du 20 février 1900 (présidence de M. Homberger, président). *Chemin de fer du Kef*. — Tunis, imp. L. Nicolas, 1900, in-8°, 19 p.

L'exécution de cette ligne doit être immédiate.

6878. — Barré (P.). *Les chemins de fer africains*. — *R. G.*, 1900, t. XLVII, p. 54-58, 134-139, 217-223.

Tracé des différentes lignes, projets qui ont le plus de chances d'être réalisés rapidement; le retard de la France sur l'Angleterre et le développement rapide des voies ferrées de puissances coloniales secondaires. An. dans *R. Sc.*, 1900, t. XIV, p. 667-669; par Maurice Zimmermann, dans *Ann. G., Bibl.*, 1902, p. 53. Cf. *Les chemins de fer africains. R. gén. ch. de fer*, 1899, 1er sem., p. 445-454, pl.

6879. — DESGARENNES (Jean) [pseud. de G. JACQUETON]. *Les chemins de fer en Tunisie.* — *Q. Dipl. Col.*, 1900, t. IX, p. 593-605, 670-684; t. X, p. 25-43, cartes.

Exposé des diverses conventions qui régissent le réseau; analyse des résultats de l'exploitation et de ses perspectives; examen critique des conventions et de la situation actuelle; arrangements transactionnels à prendre pour l'avenir; extensions et constructions éventuelles; voies et moyens propres à fournir les ressources financières indispensables.

6880. — Cie DES PHOSPHATES ET DU CHEMIN DE FER DE GAFSA... *Assemblées générales ordinaire et extraordinaire du 30 juin 1900. Exercice 1899...* — Paris, imp. Chaix, 1900, in-4°, 28 p.

Exploitation régulière de la ligne le 20 nov. 1899; difficultés de l'exploitation (personnel, eaux); matériel; production de la mine; le domaine.

6881. — *Tunisie.* — *R. F. Étr. Col.*, 1900, p. 553.

Chemins de fer projetés, notamment celui de Tunis au Kef; propriétés possédées par les Européens en Tunisie au 31 déc. 1898.

6882. — *Les méfaits de l'interpellation sur la Tunisie.* — *Bul. Com. A. F.*, 1901, p. 109-114.

Vive émotion soulevée en Tunisie, notamment en ce qui concerne la question des chemins de fer; «la main-mise du Parlement» dans les affaires tunisiennes. Cf. *Les chemins de fer tunisiens. Ibid.*, p. 407-409, croq. : «le second réseau tunisien», les protestations de Bizerte et de Sousse.

6883. — PASQUIER (H.). *Les chemins de fer tunisiens devant le Parlement* — *Q. Dipl. Col.*, 1901, t. XII, p. 449-459, 2 cartes.

L'interpellation Berthelot (8, 15 février) à la Chambre; le programme suivi jusqu'à présent est mauvais; la faute de multiplier les ports qui en entraîna d'autres dans les tracés des chemins de fer, la question de Bizerte. An. par E. Vassel, dans *R. T.*, 1901, p. 470-471.

6884. — ESPITALLIER (G.). *Les chemins de fer de la Tunisie.* — *Gén. civil*, 1901, t. XL, p. 281-283, carte.

Nécessité d'un plan d'ensemble; considérations d'ordre commercial et importantes questions militaires intervenant dans la conception de ce plan; le point d'appui de Bizerte.

6885. — *La question des chemins de fer.* — *Bul. Com. A. F.*, 1901, p. 149-150, 201-202.

Ordre du jour de la Conférence consultative au sujet des voies ferrées réclamées; la question du peuplement français est soulevée à ce propos. Cf. *ibid.*, 1902, p. 147-148, 181 : vote par la Chambre d'un projet de loi accordant un emprunt de 40 millions; «ce projet donne satisfaction aux différentes régions tunisiennes»; *Bul. Statist.*, 1902, t. II, p. 521-523 : texte de la loi et du décret du 30 avril 1902 autorisant l'emprunt.

6886. — Cie des Phosphates et du Chemin de fer de Gafsa... *Assemblée générale ordinaire du 20 mai 1901. Exercice 1900...* — Paris, imp. Chaix, 1901, in-4°, 30 p.

Exploitation de la mine de Metlaoui, trafic et travaux de la ligne, embarquement à Sfax, domaine du Chahal. Cf. *Assemblée générale ordinaire du 23 juin 1902. Exercice 1901... Ibid.*, 1902, in-4°, 31 p.; *Assemblée générale ordinaire du 22 juin 1903. Exercice 1902... Ibid.*, 1903, in-4°, 27 p.; *Assemblée générale ordinaire du 27 juin 1904. Exercice 1903... Ibid.*, 1904, in-4°, 25 p.

6887. — *La ligne de Tunis au Kef et la construction des chemins de fer coloniaux.* — *Quinz. col.*, 1901, t. IX, p. 136-138.

Les résultats de l'interpellation Berthelot, ajournement de la construction de cette ligne. Cf. *ibid.*, p. 165-166, 238.

6888. — *L'emprunt de 30 millions pour les chemins de fer.* — *Quinz. col.*, 1901, t. X, p. 685-688.

Exposé des motifs du projet de loi. Cf. *Le deuxième réseau des chemins de fer tunisiens. Ibid.*, 1902, t. XI, p. 228-229.

6889. — *La question des chemins de fer tunisiens devant le syndicat des colons français de Tunisie.* — *Quinz. col.*, 1902, t. XI, p. 69-70.

Exposé devant le syndicat (29 janvier) de l'enquête faite en Tunisie par L. Boudenoot (v. **6890**).

6890. — Boudenoot (Louis), sénateur. *La Tunisie et ses chemins de fer...* — Paris, bureaux de la *R. P. Parl.* [1902], in-8°, 23 p.

R. P. Parl., 1902, t. XXXI, p. 68-89. — Autre éd., A. Colin, 1902, in-8°, 23 p., carte. — A propos de la demande d'emprunt du gouvernement tunisien, l'auteur expose les conclusions à tirer des notes et documents qu'il rapporte d'un voyage d'étude; nécessité de quatre ports aux points de vue économique et stratégique, tableau du réseau ferré existant, lignes à construire, ordre d'urgence; il faut aboutir.

6891. — *Les chemins de fer tunisiens et la situation de la Tunisie.* — *Écon. fr.*, 1902, t. Ier, p. 209-211.

Exposé des motifs et texte du projet de loi autorisant la création de 425 kilomètres nouveaux de chemins de fer, l'insuffisance de ceux-ci empêchant le développement de certaines régions; l'intérêt stratégique du tronçon Béja-Mateur.

6892. — Cie DES CHEMINS DE FER DE BÔNE-GUELMA ET PROLONGEMENTS. *Assemblée générale annuelle... du 21 juin 1902 (37e réunion)...* — Paris, imp. Hemmerlé, 1902, in-4°, 121 p.

Exploitation, résultats du trafic; le programme de lignes nouvelles; texte *in extenso* de la convention (7 oct. 1901) pour la construction et l'exploitation de la ligne de Pont-du-Fahs à Kalaat-es-Senam, avec embranchement sur Le Kef; autres lignes prévues : de Kairouan à Sbiba, de Bizerte aux Nefzas, de Sfax au réseau de Sousse; l'emprunt de 40 millions (décret du 30 avril); statistiques. Cf. *Assemblée générale annuelle... du 27 juin 1903 (38e réunion)... Ibid.*, 1903, in-4°, 101 p.

6893. — *Tunisie.* — *R. F. Étr. Col.*, 1902, p. 245.

Rendement des voies ferrées existant en 1900; introduction de l'arganier en Algérie et en Tunisie.

6894. — VATIN (Fernand). *Les chemins de fer en Tunisie.* Thèse... — Paris, imp. Lahure, 1902, in-8°, 364 p., 7 cartes.

Faculté de droit de l'Université de Paris. — Autre éd., Paris, A. Challamel, s. d., *ibid.* — Aperçu géographique; considérations générales sur les chemins de fer coloniaux; étude complète du réseau tunisien en exploitation ou projeté, les résultats; les ports de la Tunisie; tableaux statistiques, annexes; importante bibliographie des documents officiels, ouvrages français et étrangers, journaux et périodiques, cartographie.

6895. — VASSEL (Eusèbe). *Le chemin de fer et les phosphates de Gafsa.* — *R. T.*, 1902, p. 225-243, plan, ill.

La découverte des phosphates, détails sur la voie ferrée Sfax-Metlaoui et sur la mine, l'embarquement du phosphate. An. par G. Yver, dans *Ann. G., Bibl.*, 1903, p. 226-227.

6896. — *La question du transsaharien.* — *Bul. Com. A. F.*, 1903, p. 190.

Le général Marmier, gouverneur de Bizerte, préconise le transsaharien Bou-Ghrara, Ghadamès, Rhat, Bilma, Tchad, qui pourra résoudre la question de la main-d'œuvre tunisienne.

6897. — Bordier (Commandant). *La voie transafricaine de Tunisie à Loango par le Tchad...* — Montpellier, imp. Delord-Boehm et Martial, 1904, in-8°, 15 p.

Bul. Soc. languedoc. G., 1904, p. 131-142. — Conférence faite au Congrès national de géographie à Tunis (v. n° **4384**). Généralités sur la voie de pénétration partant de la Tunisie, d'après l'étude du lieut.-colonel Rebillet (v. n° **7693**).

6898. — G. *Les chemins de fer africains.* — *Ann. G.*, 1904, p. 427-454.

État actuel du réseau ferré, l'avenir; Algérie et Tunisie (p. 428-430).

6899. — Cie des Chemins de fer de Bône-Guelma et prolongements. *Assemblée générale annuelle... du 25 juin 1904 (39e réunion)...* — Paris, imp. Hemmerlé, 1904, in-4°, 99 p.

Exploitation, résultats du trafic; ouverture (25 sept. 1903) du prolongement de la ligne du Mornag, travaux de la ligne de Pont-du-Fahs à Kalaat-es-Senam, agrandissement des ateliers de Tunis, autres projets; réforme du régime des chemins de fer en Algérie (1er janvier 1905); statistiques. Cf. *Assemblée générale annuelle... du 24 juin 1905 (40e réunion)... Ibid.*, 1905, in-4°, 121 p.

6900. — Cie des Phosphates et du Chemin de fer de Gafsa... *Assemblée générale extraordinaire du 14 novembre 1904...* — Paris, imp. Chaix, 1904, in-4°, 23 p.

Texte *in extenso* de la convention passée avec l'État tunisien modifiant la convention de concession du 15 août 1896 et de l'avenant spécialement relatif à la concession d'une ligne entre Metlaoui et Tozeur (1er août 1904).

6901. — Régence de Tunis. Protectorat français. Direction générale des Travaux publics. *Compagnie des chemins de fer de Bône-Guelma et prolongements. Actes organiques et documents annexes.* 1er fascicule (1876-1er janvier 1905). — Paris, imp. Hemmerlé, 1905, in-4°, 223 p.

Ces documents intéressent les lignes de la Medjerda et son prolongement, de Tunis au Sahel et de Djedeïda à Bizerte, de Béja, de Tunis-Goulette-Marsa-Bardo, de Pont-du-Fahs à Kalaat-es-Senam et embranchements.

6902. — *Construction de voies ferrées.* — *Quinz. col.*, 1905, p. 348-350.

Exposé fait à la Conférence consultative (21 déc. 1904) par la Direction générale des Travaux publics : état d'avancement du programme général des chemins de fer.

6903. — Cie DES PHOSPHATES ET DU CHEMIN DE FER DE GAFSA... *Assemblées générales ordinaire et extraordinaire du 19 juin 1905. Exercice 1904...* — Paris, imp. R. Monod, Poirré, 1905, in-4°, 39 p.

Exploitation de la mine de Metlaoui, le gisement du djebel Redeyef; trafic et travaux de la ligne, service d'automobiles entre Sfax et Sousse (1er août 1904); concession des gisements d'Aïn-Moularès (21 déc.); modification au cahier des charges concernant le service des postes et télégraphes sur la ligne de Gafsa.

6904. — DUCROQUET (P.). *Les chemins de fer tunisiens.* — *Ann. Col.*, 1905, p. 471-473.

Inauguration de la voie ferrée Tunis-Le Kef; historique des chemins de fer tunisiens; les lignes construites depuis 1871, leur développement total.

6905. — *La ligne de Kairouan à Sbiba.* — *Quinz. col.*, 1905, p. 465-466.

Convention passée avec la c^{ie} Bône-Guelma au sujet de la construction de cette ligne.

6906. — *Protestation de la Chambre de commerce de Bizerte.* — *Quinz. col.*, 1905, p. 530.

Au sujet d'une modification des lignes ferrées qui doivent desservir le port.

6907. — FAGES (de), directeur des Travaux publics de la Régence. *Les chemins de fer tunisiens.* — Tunis, Imp. moderne [1905], in-12, 23 p.

Discours prononcé au Kef (4 oct.), à l'occasion de l'inauguration de la ligne Tunis à Kalaat-es-Senam. Bref tableau de l'histoire et de la création du réseau tunisien.

6908. — [Fages (de)]. *Historique du réseau tunisien; inauguration de la ligne de Kalaat-es-Senam.* — *Quinz. col.*, 1905, p. 636-639.

Discours du directeur des Travaux publics de Tunisie lors de cette inauguration. Cf. *Les chemins de fer tunisiens. Écon. fr.*, 1905, t. II, p. 669-670.

6909. — *Le progrès des chemins de fer tunisiens.* — *A travers le monde*, 1905, p. 213-214, croq.

Le programme général prévu en 1902, son exécution.

6910. — Payen (Édouard). *Le réseau ferré tunisien.* — *Bul. Com. A. F.*, 1906, p. 87-89.

Historique d'ensemble de la construction du réseau ferré tunisien depuis 1881; retard apporté par le Parlement français au développement de ce réseau.

6911. — Cie des Phosphates et du Chemin de fer de Gafsa... *Assemblées générales ordinaire et extraordinaire du 25 juin 1906. Exercice 1905...* — Paris, imp. R. Monod, Poirré, 1906, in-4°, 34 p.

Mines de Metlaoui et de Redeyef; trafic et travaux de la voie ferrée, automobiles entre Sfax et Sousse, embarquement à Sfax; texte *in extenso* de la convention (20 mars 1906) avec le Gouvernement tunisien : raccordement entre la ligne de Sfax, Gafsa, Metlaoui et celle de Sousse, Henchir-Souatir.

6912. — Cie des Chemins de fer de Bône-Guelma et prolongements. *Assemblée générale annuelle... du 7 juillet 1906 (41e réunion)...* — Paris, imp. Hemmerlé, 1906, in-4°, 140 p.

Exploitation, trafic; rétrocession de la ligne de Tunis, La Goulette, La Marsa (convention du 19 août 1905); achèvement des lignes de Pont-du-Fahs à Kalaat-es-Senam et de l'Oued-Sarrath à Kalaa-Djerda (1er avril 1906); convention pour la construction de la ligne de Mateur aux Nefzas (15 février 1906) et de celle de Djerissa (8 juin); statistiques.

6913. — *Le chemin de fer des Nefzas et Bizerte.* — *Quinz. col.*, 1906, p. 209-211.

Une demi-satisfaction pour Bizerte; les compétitions d'intérêts locaux soulevés par ce projet. Cf. *L'emprunt pour la ligne des Nefzas. Ibid.*, p. 120-121.

6914. — JACOB (Léon). *Les chemins de fer africains.* — *Q. Dipl. Col.*, 1906, t. XXII, p. 6-25, 91-109, 151-161, 216-230, cartes.

L'état d'avancement de la construction des chemins de fer dans chaque colonie; Algérie et Tunisie (p. 91-98): insuffisance du réseau algérien, le système des chemins de fer tunisiens présente moins de défauts.

6915. — [MONTELL (A.)]. *Tunisie. Travaux publics et emprunt* (Signé : A. M.). — *R. F. Étr. Col.*, 1907, p. 101-108.

L'emprunt de 1902, la loi du 10 janvier 1907 autorisant l'emprunt de 75 millions; travaux prévus (voies ferrées, ports, etc.); résultats obtenus depuis 1881.

6916. — NICOLAS (H.). *Les transports à traction mécanique en Tunisie.* — *R. T.*, 1907, p. 129-131.

Le train Renard constitue, en Tunisie, la solution définitive, au triple point de vue économique, militaire et social, de l'importante question des transports sur route.

6917. — *Les chemins de fer.* — *Bul. Com. A. F.*, 1907, p. 225.

Décret du 25 mai concernant la ligne de Sfax au réseau de Sousse dont la construction était prévue par l'emprunt de 1902. Cf. *Ligne de chemin de fer de Sousse à Sfax. Quinz. col.*, 1907, p. 326, 468-469.

6918. — *Ligne des Nefzas.* — *Quinz. col.*, 1907, p. 566-567, 653; 1908, p. 215.

État d'avancement des travaux.

6919. — Cie DES PHOSPHATES ET DU CHEMIN DE FER DE GAFSA... *Assemblée générale ordinaire du 17 juin 1907. Exercice 1906...* — Paris, imp. Chaix, 1907, in-4°, 26 p.

Exploitation des mines, trafic et travaux de la ligne, automobiles, embarquement, domaine. Cf. *Assemblée générale ordinaire du 4 juin 1908. Exercice 1907... Ibid.*, 1908, in-4°, 27 p.

6920. — Cie DES CHEMINS DE FER DE BÔNE-GUELMA ET PROLONGEMENTS. *Assemblée générale annuelle... du 29 juin 1907 (42e réunion)...* — Paris, imp. Hemmerlé, 1907, in-4°, 116 p.

Transformation de la ligne de Souk-Ahras à Tebessa; travaux des lignes de Mateur aux Nefzas, de Moknine à Mahdia, de Kairouan à Henchir-Souatir; nouveau programme de voies ferrées en Tunisie, emprunt de 75 millions (loi du 10 janvier 1907); statistiques.

6921. — Cie des Chemins de fer de Bône-Guelma et prolongements. *Assemblée générale ordinaire*... *du 27 juin 1908 (43e réunion)*... — Paris, imp. Hemmerlé, 1908, in-4°, 141 p.

Exploitation, trafic; transformation de la ligne de Souk-Ahras à Tebessa, rétrocession de la ligne de Tunis, La Goulette, La Marsa (1er janvier 1908); mise en service de tronçons sur la ligne Kairouan à Henchir-Souatir, de la ligne de Moknine à Mahdia (15 sept. 1907), de l'embranchement de Djerissa (févr. 1908); travaux de la ligne des Nefzas; texte *in extenso* des conventions passées pour les lignes de Mateur à Nebeur (5 déc. 1907), de Sousse à Sfax (20 déc.) et des avenants (10, 15 et 25 déc.). Cf. *Assemblée générale ordinaire*... *du 29 mai 1909*... *Ibid.*, 1909, in-4°, 80 p., carte.

6922. — *Le réseau tunisien en 1908*. — *Écon. fr.*, 1908, t. II, p. 318.

Très bref tableau du réseau à voie normale et à voie étroite en exploitation au 1er janvier.

6923. — *Tunisie, chemins de fer*. — *R. F. Étr. Col.*, 1908, p. 613.

Le réseau au 1er janvier, les travaux en cours.

6924. — *Le doublement des voies en Tunisie*. — *Quinz. col.*, 1908, p. 1014.

Le doublement de la ligne Tunis à Kalaat-es-Senam; projet de M. de Fages.

6925. — Mazières (Marc de). *Le commerce extérieur de la Tunisie, les voies de communication et les ports*. — *Bul. Sect. Tunis.*, nov. 1908, p. 157-160.

L'essor commercial de la Tunisie, le réseau de chemins de fer et les routes, travaux et projets, le mouvement des ports.

6926. — Cie des phosphates et du chemin de fer de Gafsa... *Assemblée générale ordinaire du 12 juin 1909. Exercice 1908*... — Paris, imp. Chaix, 1909, in-4°, 35 p., carte.

Exploitation, trafic; ouverture au public (1er février 1909) de la section de Metlaoui à Redeyef; texte *in extenso* de la convention (1er mai 1908) avec le

Gouvernement tunisien concédant l'exploitation par la Compagnie du chemin de fer projeté de Sfax à Bou-Thadi.

6927. — Cie des Phosphates et du Chemin de fer de Gafsa... *Assemblée générale extraordinaire du 31 janvier 1910...* — Paris, imp. Chaix, 1910, in-4°, 13 p., carte.

Texte *in extenso* de la convention (15 oct. 1909) avec le Gouvernement tunisien modifiant celle du 15 août 1906, au sujet des redevances minières.

6928. — *Chemins de fer en Algérie-Tunisie.* — Ann. G., 1910, p. 281.

Les huit nouvelles lignes dont certaines doivent être de simples amorces d'une voie longitudinale destinée à doubler, plus loin vers l'intérieur, la grande transversale Tunisie-Maroc; la ligne de Biskra-Touggourt; les lignes du Centre et du Sud de la Tunisie.

6929. — Cie des Phosphates et du Chemin de fer de Gafsa... *Assemblée générale ordinaire du 19 mai 1910. Exercice 1909...* — Paris, imp. Chaix, 1910, in-4°, 24 p., carte.

Exploitation des mines, trafic et travaux des voies ferrées, études de la ligne de Metlaoui à Tozeur; automobiles, embarquement à Sfax et à Sousse, domaine agricole. Cf. *Assemblée générale ordinaire du 29 mai 1911. Exercice 1910... Ibid.*, 1911, in-4°, 24 p., carte : ouverture au service de l'embranchement de Tabeditt à Henchir-Souatir (1er juillet 1910), travaux de la ligne de Metlaoui à Tozeur; *Assemblée générale ordinaire et extraordinaire du 20 mai 1912. Exercice 1911... Ibid.*, 1912, in-4°, 28 p., carte.

6930. — Cie des Chemins de fer de Bône-Guelma et prolongements... *Assemblée générale ordinaire... du 25 juin 1910...* — Paris, imp. Hemmerlé, 1910, in-4°, 78 p., carte.

Mise en service de la ligne d'Henchir-Souatir (1er février), travaux de la ligne de Nebeur; exploitation; remaniement des conventions algériennes; annexes. Cf. *Allocution de M. Marcel Trélat. Ibid.*, 8 p. : le vote du rachat du réseau algérien par les délégations financières.

6931. — *Le projet d'emprunt.* — Bul. Com. A. F., 1910, p. 387.

Emprunt destiné à l'achèvement des voies ferrées en cours d'exécution et à la création de lignes nouvelles, notamment de Metlaoui à Tozeur et de Sfax-Gafsa à Gabès. Cf. *ibid.*, p. 340-341.

6932. — *Une inauguration dans le Centre tunisien.* — *Quinz. col.*, 1910, p. 244.

Inauguration (17-20 mars) de la ligne de Sousse à Aïn-Moularès, créée pour servir de déversoir aux phosphates.

6933. — Gallois (Eugène). *Routes et voies ferrées en Tunisie.* — *Bul. Soc. G. Com. Paris*, 1910, p. 715-727, carte.

Description du réseau routier et ferroviaire; de tous les pays dont la direction a été confiée à la France, la Tunisie est de beaucoup le mieux doté comme routes et voies ferrées.

6934. — Lacour-Gayet (Jacques). *Chemins de fer de Tunisie...* — Paris, typ. P. Renouard, 1911, in-8°, 23 p., carte.

R. D. M., 1911, t. III, p. 359-379. — Le rapide développement du réseau ferré est la preuve de l'évolution économique de la Tunisie; étude historique des lignes concédées; ressources, méthodes d'exploitation, formes complexes d'association entre l'État et les concessionnaires; personnel et clientèle du chemin de fer.

6935. — Cie des Chemins de fer de Bône-Guelma et prolongements... *Assemblée générale... du 25 février 1911...* — Paris, imp. Hemmerlé, 1911, in-4°, 92 p., carte.

Texte *in extenso* de l'avenant passé (20 déc. 1910) avec le Gouvernement tunisien : modifications aux conventions en vigueur, concession de lignes nouvelles (des Nefzas à Tabarka, de Menzel-bou-Zelfa à Kelibia, de Zaghouan à Bou-Ficha), dispositions générales et diverses. Cahier des charges (20 déc. 1910) établi en harmonie avec le nouveau régime d'exploitation.

6936. — ***. *Rapports parlementaires. Chemins de fer tunisiens.* — *R. P.*, 1911, t. IV, p. 109-120.

Historique de leur développement: le premier réseau en 1894, le programme de 1902, le troisième programme approuvé en 1907; l'emprunt de 90 millions.

6937. — Chailley (J.), député. *Rapport fait au nom de la Commission des Affaires extérieures, des Protectorats et des Colonies chargée d'examiner le projet de loi autorisant le Gouvernement tunisien à contracter un emprunt de 90.500.000 francs pour accélérer l'achèvement du réseau de ses chemins de fer...* — Paris, imp. Martinet, 1911, in-4°, 27 p.

Chambre des députés, 10° législature, session de 1911. Annexe au procès-verbal de la 2° séance du 6 avril 1911, n° 924. — Le réseau tunisien, son développement, son avenir, sa constitution (v. n° **6941**). Cf. Projet de loi Cruppi-Klotz, *ibid.*, n° 850; Avis de la Commission du budget présenté par A. Bouge, *ibid.*, n° 1073 (v. n°˙ **5638** et **6947**). An. dans *Quinz. col.*, 1911, p. 490-491.

6938. — Cie DES CHEMINS DE FER DE BÔNE-GUELMA ET PROLONGEMENTS... *Assemblée générale... du 2 juin 1911...* — Paris, imp. Hemmerlé, 1911, in-4°, 74 p., carte.

Exploitation, trafic; travaux des lignes de Nebeur et des Nefzas; inauguration de la ligne de Sousse à Sfax (20 avril); affaires algériennes; statistiques. Cf. *Assemblée générale... du 15 juin 1912... Ibid.*, 1912, in-4°, 76 p., carte; *Allocution de M. Marcel Trélat. Ibid.*, 3 p.; *Assemblée générale... du 28 juin 1913... Ibid.*, 1913, in-4°, 60 p., carte; *Allocution de M. Marcel Trélat. Ibid.*, 4 p.

6939. — *Le nouvel emprunt.* — *Bul. Com. A. F.*, 1911, p. 176-177.

Emprunt de 90 millions et demi pour accélérer l'achèvement du réseau ferré; emprunts précédents de 1902 et de 1907 (v. n° **6948**). Cf. *Une interview de M. Alapetite. Quinz. col.*, 1911, p. 261.

6940. — *La convention avec le Bône-Guelma.* — *Bul. Com. A. F.*, 1911, p. 177-178.

Ratification de l'avenant passé le 20 déc. 1910 avec le Gouvernement tunisien; inauguration de la ligne de Sousse à Sfax.

6941. — H. C. *Tunisie : chemins de fer et emprunt.* — *R. F. Étr. Col.*, 1911, p. 265-275.

Utilisation de l'emprunt de 90 millions en vue de compléter l'exécution des travaux de chemins de fer déjà entrepris, d'étendre l'outillage actuel et de créer de nouvelles voies ferrées, d'après le rapport de J. Chailley (v. n° **6937**).

6942. — [FAGES (de), directeur général des Travaux publics]. Protectorat français. Gouvernement tunisien. Direction générale des Travaux publics. *Les chemins de fer tunisiens. Rapport du directeur général des Travaux publics.* — Tunis, imp. J. Picard, 1911, in-8°, 171 p., pl., cartes, graph.

Tirage provisoire, nov. 1911. Rapport établi à l'occasion de l'emprunt destiné à l'achèvement du réseau; coup d'œil d'ensemble, genèse du réseau, les moyens financiers mis en œuvre pour sa réalisation, les parachèvements nécessaires. Les lignes en exploitation en mai 1911; historique et description du réseau Tunis, Goulette, Marsa (1871-1905), du réseau de la Medjerda (1876), du réseau de 1892, de la c^{ie} des phosphates et du chemin de fer de Gafsa (1896), des lignes des emprunts de 1902 et de 1907; nécessité et programme du nouvel emprunt; refonte générale des conventions de la c^{ie} Bône-Guelma en 1910; régime actuel des chemins de fer tunisiens, recettes, trafic, construction, matériel roulant, tarifs, la question ouvrière, contrôle de l'exploitation; la construction des chemins de fer par l'État. An. par Augustin Bernard, dans *Ann. G., Bibl.*, 1912, p. 236.

6943. — AULNEAU (Joseph). *Les chemins de fer tunisiens et le projet d'emprunt.* — *Q. Dipl. Col.*, 1911, t. XXXI, p. 666-679, carte.

Les quatre phases de la création du réseau, dont la dernière est ouverte par la loi du 11 avril 1910; énumération des lignes du réseau; modifications apportées aux programmes élaborés en 1907, augmentation des dépenses; émission de l'emprunt en trois tranches, qui ne rencontre aucune objection sérieuse.

6944. — *Sur la ligne Béja-Mateur.* — *Quinz. col.*, 1911, p. 833, 873.

Ajournement de la mise en service par suite des troubles récents; expulsion des ouvriers tripolitains. Cf. *Sur la ligne Mateur-Nebeur. Ibid.*, p. 723; *Ouverture de la ligne Béja-Mateur. Ibid.*, 1912, p. 416.

6945. — Cie DES CHEMINS DE FER DE BÔNE-GUELMA ET PROLONGEMENTS... *Réseau tunisien. Actes organiques et documents annexes.* 1912. — Mâcon, imp. Protat [1912], in-8°, 260 p.

Statuts; conventions de concession et d'exploitation; réseau de la Medjerda, réseau de Bizerte, réseau à voie étroite, réseau Tunis-Goulette-Marsa, ensemble des réseaux; documents annexes.

6946. — MEURIOT (Paul). *Chemins de fer tunisiens.* — *Ann. Col.*, 2 mars 1912, carte.

Le réseau tunisien, son développement, son trafic; ce qui reste encore à construire.

6947. — MILLIÈS-LACROIX, sénateur. *Rapport fait au nom de la Commission des finances chargée d'examiner le projet de loi, adopté par la Chambre des députés, autorisant le Gouvernement tunisien* *à contracter un emprunt de 90.500.000 francs pour accélérer l'achèvement du réseau de ses chemins de fer.* — Paris, imp. du Sénat, 1912, in-4°, 56 p., carte.

Sénat, session ordinaire de 1912. Annexe au procès-verbal de la séance du 5 mars 1912, n° 81. — État des lignes en construction et des lignes nouvelles à entreprendre. Cf. Projet de loi Poincaré-Klotz, *ibid.*, n° 54 (v. n°˚ **5638** et **6937**); *L'emprunt tunisien. Quinz. col.*, 1912, p. 200-201.

6948. — *L'emprunt tunisien.* — *Bul. Com. A. F.*, 1912, p. 26-27, 142.

Le projet est déposé depuis le 23 mars 1911 (v. n° **6939**), raisons qui militent en faveur d'un vote urgent; loi du 21 mars 1912 autorisant cet emprunt. Cf. *Quinz. col.*, 1912, p. 604.

6949. — Masson (Kernoël). *Histoire des chemins de fer...* — Bar-le-Duc, imp. E. Jolibois, 1912, 3 vol. in-8°.

T. III., Asie-Afrique (133 p.) : Algérie, Tunisie, Maroc (p. 80-87). An. dans *Q. Dipl. Col.*, 1913, t. XXXV, p. 576; par M. B. [Boutry], dans *R. É. H.*, 1913, p. 341; par E. Gallois, dans *Bul. Soc. G. Com. Paris*, 1913, p. 65.

6950. — Marlio (Louis), ingénieur des Ponts et chaussées, maître des requêtes au Conseil d'État, Mazerat et Vergniaud, auditeurs au Conseil d'État, Godfernaux, ingénieur des arts et manufactures. *Voies ferrées (France, Algérie, Tunisie et colonies françaises)...* — Paris, P. Dupont, 1912, 2 vol. in-8°, 608 et 533 p.

Importante étude. I. Voies ferrées de la France : dispositions relatives à la Guerre et à la Marine (t. II, p. 26-38). II. Voies ferrées de l'Algérie et de la Tunisie : historique, législation spéciale et régime financier (t. II, p. 369-404). III. Voies ferrées des colonies françaises.

6951. — Nicolas (Félix). *Mémoire sur les voies de communications créées en Tunisie sous le Protectorat français de 1883 à 1910...* — *Bul. Sect. Tunis.*, oct. 1912, p. 129-153.

Aperçu sur les grands travaux des ports (Tunis, Bizerte et Sousse) et sur les chemins de fer; étude plus détaillée en ce qui concerne les routes, pistes et ponts et en particulier les travaux exécutés par le génie de 1881 à 1887.

6952. — *Les chemins de fer de la Tunisie.* — *Gén. civil*, 1912, t. LV, p. 414-415, carte.

Courte notice sur les c^{ies} concessionnaires du réseau ferré tunisien.

6953. — Cie des Phosphates et du Chemin de fer de Gafsa... *Assemblées générales ordinaire et extraordinaire du 26 mai 1913. Exercice 1912...* — Paris, imp. Chaix, 1913, in-4°, 40 p., carte.

Exploitation des mines, trafic et travaux des voies ferrées, mise en service (1er mars 1913) de la ligne Metlaoui à Tozeur; texte *in extenso* des conventions avec le Gouvernement tunisien pour l'exploitation de la ligne projetée de Sfax à Bou-Thadi (10 déc. 1912, modifiant la convention du 1er mai 1908) et celle de la ligne de Graïba à Gabès (15 déc. 1912); embarquement à Sfax et à Sousse. Cf. *Assemblée générale ordinaire du 18 mai 1914. Exercice 1913... Ibid.*, 1914, in-4°, 29 p., carte.

6954. — Du Fresnel (E. Dollin), consul. *Lettre...* — *Bul. Soc. G. Com. Paris*, 1913, p. 353-354.

La nouvelle ligne ferrée Metlaoui-Tozeur; les résultats économiques probables.

6955. — Legouëz (R.). *Le chemin de fer transafricain.* — *Ass. fr. av. sc.*, 1914, p. 733-738.

42e session, Tunis, 1913. — Les grandes lignes du tracé, le résultat des missions d'études (v. n° **1967**).

6956. — Cie des Chemins de fer de Bône-Guelma et prolongements... *Assemblée générale... du 13 juin 1914...* — Paris, imp. Hemmerlé, 1914, in-4°, 52 p., carte.

Mise en exploitation de la ligne de Mateur à Nebeur (1er juin), travaux de la ligne des Nefzas, renforcement des lignes de la Medjerda, de Tunis à Sousse; exploitation, affaires algériennes, statistiques. Cf. *Allocution de M. Marcel Trélat. Ibid.*, 4 p.

6957. — Cie des Phosphates et du Chemin de fer de Gafsa... *Assemblée générale ordinaire du 14 juin 1915. Exercice 1914...* — Paris, imp. Chaix, 1915, in-4°, 24 p., carte.

La mobilisation (août 1914), production des mines, trafic des chemins de fer, suspension des embarquements à Sousse, le domaine agricole.

6958. — Cie des Chemins de fer de Bône-Guelma et prolongements... *Assemblée générale... du 19 juin 1915...* — Paris, imp. Hemmerlé, 1915, in-4°, 50 p.

Programme de renforcement et d'amélioration du réseau existant, exploitation; rachat du réseau algérien (1er avril); personnel, mobilisation, conséquences générales de l'état de guerre, statistiques. Cf. *Allocution de M. Marcel Trélat. Ibid.*, 3 p.

6959. — *Le chemin de fer de Tunis à Gabès.* — *Bul. Com. A. F.*, 1916, p. 175-179, carte.

Inauguration du tronçon de Graïba à Gabès par le résident général G. Alapetite, qui fit ensuite une tournée sur le front tuniso-tripolitain; importance stratégique de cette ligne; ce que le Sud tunisien doit à l'armée. An. par Ch. R. [Rabot], dans *Bul. Soc. G. Paris*, 1916-1917, p. 288.

6960. — Cie des Chemins de fer de Bône-Guelma et prolongements... *Assemblée générale... du 27 mai 1916...* — Paris, imp. Hemmerlé, 1916, in-4°, 52 p.

Travaux de construction et d'amélioration, personnel mobilisé aux armées, conséquences générales de l'état de guerre, statistiques. Cf. *Allocution de M. Marcel Trélat. Ibid.*, 4 p.; *Assemblée générale... du 24 mai 1917... Ibid.*, 1917, in-4°, 50 p.; *Allocution de M. Marcel Trélat. Ibid.*, 4 p.

6961. — Cie des Phosphates et du Chemin de fer de Gafsa... *Assemblée générale ordinaire du 5 juin 1916. Exercice 1915...* — Paris, imp. Chaix, 1916, in-4°, 22 p., carte.

Production des mines, trafic des chemins de fer, travaux de la ligne de Graïba à Gabès, reprise des embarquements à Sousse, le domaine du Chahal.

6962. — Cie des Phosphates et du Chemin de fer de Gafsa... *Assemblée générale ordinaire du 30 avril 1917. Exercice 1916...* — Paris, imp. Chaix, 1917, in-4°, 24 p., carte.

Production des mines, trafic des chemins de fer, exploitation de la ligne de Gabès (20 juillet 1916), embarquement, le domaine. Cf. *Assemblée générale ordinaire du 10 juin 1918. Exercice 1917... Ibid.*, 1918, in-4°, 22 p., carte; *Assemblée générale ordinaire du 12 mai 1919. Exercice 1918... Ibid.*, 1919, in-4°, 22 p., carte : le personnel mobilisé.

6963. — Cie des Chemins de fer de Bône-Guelma et prolongements... *Assemblée générale... du 29 juin 1918...* — Paris, imp. Hemmerlé, 1918, in-4°, 46 p.

Mise en exploitation de la ligne Menzel-bou-Zelfa à Henchir-Lebna (lignites du Cap-Bon), autres travaux; exploitation; personnel mobilisé aux armées, conséquences de l'état de guerre, statistiques. Cf. *Allocution de M. Marcel Trélat. Ibid.,* 2 p.

6964. — Cie des Chemins de fer de Bône-Guelma et prolongements... *Assemblée générale... du 31 mai 1919...* — Paris, imp. Hemmerlé, 1919, in-4°, 56 p.

Constructions, travaux d'amélioration, exploitation; conséquences générales de l'état de guerre; texte *in extenso* de la convention du 15 juin 1918 relative à l'exploitation du réseau tunisien pendant la période des hostilités, statistiques.

6965. — Cie des Phosphates et du Chemin de fer de Gafsa... *Assemblées générales ordinaire et extraordinaire du 10 mai 1920. Exercice 1919...* — Paris, imp. Chaix, 1920, in-4°, 28 p., carte.

Production des mines, trafic des chemins de fer, embarquements, le domaine agricole. Cf. *Assemblée générale ordinaire du 23 mai 1921. Exercice 1920... Ibid.,* 1921, in-4°, 24 p., carte; *Assemblée générale ordinaire du 29 mai 1922. Exercice 1921... Ibid.,* 1922, in-4°, 22 p., carte; *Assemblée générale ordinaire du 28 mai 1923. Exercice 1922... Ibid.,* 1923, in-4°, 22 p., carte : exploitation du gisement de Moularès (1er janvier 1923); *Assemblée générale ordinaire du 26 mai 1924. Exercice 1923... Ibid.,* 1923, in-4°, 22 p., carte; *Assemblée générale ordinaire du 25 mai 1925. Exercice 1924... Ibid.,* 1925, in-4°, 22 p., carte : extension des ateliers de Sfax; *Assemblée générale du 31 mai 1926. Exercice 1925... Ibid.,* 1926, in-4°, 22 p., carte.

6966. — Cie des Chemins de fer de Bône-Guelma et prolongements... *Assemblée générale... du 21 juin 1920...* — Paris, imp. Hemmerlé, 1920, in-4°, 58 p., carte.

Remise en état des voies et installations existantes; texte *in extenso* des conventions des 6 et 7 mai 1920 avec le Gouvernement tunisien réglant à titre temporaire les conditions de l'exploitation ainsi que les conditions financières d'exécution des travaux complémentaires ou des lignes nouvelles. Cf. *Assemblée générale... du 28 mai 1921... Ibid.,* 1921, in-4°, 46 p.; *Allocution de M. Marcel Trélat. Ibid.,* 4 p.; *Assemblée générale... du 24 juin 1922... Ibid.,* 1922, in-4°, 46 p.

6967. — Lewin (Evans). *Railways in Africa (chemins de fer d'Afrique)... — R. T.,* 1921, p. 227-251.

Traduction par A. Schwich des art. parus (janvier à mars 1917) dans les *War Numbers* de la revue *United Empire.* Progrès récents réalisés dans les voies ferrées africaines, marche probable de leur extension, routes principales des chemins de fer de l'avenir; le réseau ferré français nord africain, le transsaharien et ses terminus Oran, Alger, Philippeville, Bizerte ou Tunis, le transsaharien route mondiale avec terminus Bizerte; les chemins de fer marocains.

6968. — Bonnard (Paul). *Le rail Bizerte-Tchad-Congo.* — *R. Sect. Tunis.*, 1922, p. 89-92.

Réflexions sur la conférence du général Aubier à la Réunion des études algériennes (16 déc.), relative aux grandes voies ferrées à établir en Afrique.

6969. — Cie des Chemins de fer de Bône-Guelma et prolongements... *Assemblée générale... du 23 février 1923...* — Paris, imp. Hemmerlé, Petit, 1923, in-4°, 42 p.

Texte *in extenso* de la convention passée avec l'État tunisien (22 juin 1922) : la c^{ie} n'intervient plus dans l'exploitation des chemins de fer tunisiens que comme c^{ie} fermière.

6970. — Cie des Chemins de fer de Bône-Guelma et prolongements... *Assemblée générale ordinaire... du 8 juin 1923...* — Paris, imp. Hemmerlé, Petit, 1923, in-4°, 49 p.

Mise en exploitation de la ligne des Nefzas (15 nov. 1922), travaux d'amélioration; exploitation, statistiques. Cf. *Assemblée générale extraordinaire... du 8 juin 1923... Ibid.*, 31 p. : modifications des statuts de la c^{ie}.

6971. — Pellegrin (Arthur). *Les chemins de fer tunisiens.* Préface de Bidegaray. — Tunis, imp. L. Rombi [1923], in-8°, 31 p.

Étude de l'exploitation des chemins de fer de Tunisie. La c^{ie} Bône-Guelma, la période de guerre, la nouvelle convention (1er janvier 1922); la c^{ie} du Sfax-Gafsa; le régime des c^{ies} privées. L'auteur propose la gestion industrialisée de l'État, sous le contrôle et la décision de tous les intéressés au fonctionnement des chemins de fer.

6972. — Mulette (Raymond). *Les chemins de fer tunisiens.* — *Écon. europ.*, 1923, sup., p. 55-56.

Situation des chemins de fer en 1881, lignes existantes à cette époque, extension du réseau sous le Protectorat français, développement actuel.

6973. — Regelsperger (Gustave). *Les chemins de fer en Afrique française.* — *R. Sc. Pol.*, 1924, p. 374-395.

Coup d'œil sur l'état actuel des chemins de fer existants et sur les projets nouveaux envisagés; l'Algérie, la Tunisie, le Maroc, les projets divers du transsaharien et de transafricain.

6974. — Gérard-Hirne, chef d'escadron d'art^{ie}. *Les voies ferrées en Algérie et en Tunisie.* — A. A., 1924, p. 149-152, carte, ill.

Le réseau actuel de chemins de fer de l'Algérie et de la Tunisie «remarquable manifestation de la vitalité de la France»; caractéristiques générales du réseau algéro-tunisien; les étapes de la réalisation du programme de construction, en particulier en Tunisie; les voies en projet.

6975. — Cie fermière des chemins de fer tunisiens (*anciennement Bône-Guelma*)... *Assemblée générale ordinaire... du 16 mai 1924...* — Paris, imp. Hemmerlé, Petit, 1924, in-4°, 47 p.

Travaux d'amélioration, statistiques. Cf. *Allocution de M. Marcel Trélat. Ibid.*, 2 p.; *Assemblée générale ordinaire... du 15 mai 1925... Ibid.*, 1925, in-4°, 51 p. : avenant du 30 oct. 1924 à la convention du 22 juin 1922; *Assemblée générale ordinaire... du 27 mai 1926... Ibid.*, 1926, in-4°, 45 p.

II. PORTS.

6976. — *Le mouvement de la navigation dans les ports tunisiens (1884-1889).* — Bul. Statist., 1890, t. XXVII, p. 455-457.

État récapitulatif dressé par la Direction générale des Travaux publics.

6977. — Servonnet (L.), lieut^t de vaisseau. *La Tunisie...* — S. l. n. d., in-8°, paginé 327-340, carte.

Bul. Soc. G. Marseille, 1891, n° 4. — Communication faite le 11 juin 1891. L'auteur a séjourné de 1882 à 1886 dans la Régence; étude rapide sur les ports de Tabarka, Bizerte, Tunis, Sousse, Sfax et leur commerce.

6978. — Régence de Tunis. Direction générale des Travaux publics. *Concession des ports de Tunis, Sousse et Sfax. Décret du 12 avril 1894, convention et cahier des charges, statuts de la Compagnie concessionnaire.* — Tunis, imp. B. Borrel, 1894, in-8°, 167 p., 3 plans.

— 43 —

6979. — BELLET (Daniel). *Les ports de Tunisie.* — *R. Sc.*, 1894, 1ᵉʳ sem., p. 781-785.

La situation actuelle, Tunis, La Goulette, Bizerte, Sousse, Sfax; ce qui est déjà fait, ce qui reste à faire.

6980. — FAGES (de), ingénieur des Ponts et chaussées. *Les grands ports de commerce de la Régence de Tunis.* — *Ass. fr. av. sc.*, 2ᵉ part., 1897, p. 134-145.

25ᵉ *session, Carthage*, 1896. — Exposé du régime de la concession adopté, au point de vue de la construction et de l'exploitation, pour les ports de Tunis, Sousse, Sfax et Bizerte; l'avenir de ces créations. Cf. *ibid.*, 1ʳᵉ part., 1896, p. 139-140.

6981. — BERTHOLON (Dʳ) et GOGUYER. *Les deux grands ports tunisiens de Bizerte et Bougherara-Gigthis.* — *Ass. fr. av. sc.*, 2ᵉ part., 1897, p. 721-730.

25ᵉ *session, Carthage*, 1896. — Bizerte ne parait devoir rester qu'un simple port militaire et, peut-être, également un port de ravitaillement; Bou-Ghrara réunit les conditions d'un port militaire incomparable, d'un port d'exportation de premier ordre, d'un port du commerce saharien et transsaharien. Cf. *ibid.*, 1ʳᵉ part., 1896, p. 253-254. Extr. dans *R. T.*, 1909, p. 527-528.

6982. — LAURENCIN (P.). *Les ports tunisiens.* — *R. Enc.*, 1900, p. 847-853, ill.

Bref aperçu d'ensemble sur la Tunisie, les ports de Bizerte, La Goulette-Tunis, Sousse, Sfax.

6983. — RÉGENCE DE TUNIS. Direction générale des Travaux publics. *Concession des ports de Tunis, Sousse et Sfax. Convention et cahier des charges (décret du 12 avril 1894). Statuts de la Compagnie concessionnaire approuvés par le décret du 1ᵉʳ juillet 1894 et modifiés par les décrets... du 27 juillet 1895,... 1ᵉʳ juin 1896,... 1ᵉʳ février 1903.* — Paris, imp. Chaix, 1904, in-8°, 111 p., 2 pl. h. t.

6984. — GALLOIS (Eugène). *Ports tunisiens.* — *Bul. Soc. G. Com. Paris*, 1911, p. 559-567.

Les ports ont profité du développement général de la Tunisie.

6985. — GALLOIS (Eugène). *Les ports de l'Afrique française du Nord (Algérie-Tunisie)...* — Bul. Soc. G. Lille, 1912, t. LVII, p. 264-283.

Compte rendu par Auditor, d'une conférence faite à la Soc. (7 déc. 1911); description du littoral, produits et ressources du pays.

6986. — LACOUR-GAYET (Jacques). *L'outillage d'un Protectorat : les ports tunisiens.* — R. P. Parl., 1913, t. LXXVI, p. 73-93.

Comment les ports de commerce tunisiens (Tunis, Sfax, Sousse et Bizerte) ont été conçus et appropriés à leur objet; leur prix de revient, leur rendement; comment ils s'agencent avec les autres rouages pour la mise en valeur la plus économique des ressources locales.

6987. — PAWLOWSKI (A.). *Les ports français durant la guerre. Les ports de la Tunisie.* — Gén. civil, 1918, t. LXXII, p. 369-375, 389-393, 14 fig.

Description, trafic de Bizerte, Tunis, Sousse et Sfax. An. par J. Martignon, dans *Bibl. g.*, 1921, p. 328.

6988. — RENAUD (J.). *Les ports profonds sur nos côtes de la Méditerranée et sur celles de nos colonies et pays de protectorat...* — C. R. Ac. Sc., 1918, t. CLXVII, p. 639-641.

Note présentée par Ch. Lallemand; concerne Oran, Alger, Bizerte et Bou-Ghrara. An. dans *R. G. Sc.*, 1918, p. 654.

Bizerte. **6989.** — X... *La Tunisie et le port de Bizerte.* — Écon. fr., 1884, t. II, p. 77-80.

Résumé d'un travail plus complet que l'auteur se propose de faire paraître ultérieurement; historique et description de Bizerte, l'importance que ce port pourrait avoir, surtout comme port de guerre, en raison de sa situation.

6990. — CAMBOURG (B^{on} de). *Bizerte et la Tunisie.* — Bul. Soc. Ét. Col. Mar., 1891, p. 85-91.

Conférence faite à la Soc. (8 avril). L'état actuel du port de Bizerte, les travaux qu'il faudrait entreprendre; aperçus sur l'organisation et la situation générale de la Régence (**voir n° 6996**).

6991. — MONCELON (Léon). *Le nouveau port de Bizerte.* — Bul. Soc. G. Com. Bordeaux, 1892, p. 213-217.

Reproduit dans *Bul. agr. Alg. Tun.,* 1909, p. 441-455. — Extr. d'un rapport présenté au Congrès de l'Afrique du Nord (v. n° 4412) : la viticulture, le coton, l'élevage.

6546. — Kérambriec (Cte de). *L'industrie alfatière en Tunisie.* — *Bul. Sect. tunis.,* nov. 1909, p. 145-151.

Conférence. Résumé de notes prises sur place et dans les statistiques officielles; régions de culture et règlementation relative à cette plante qui actuellement est exploitée d'une façon plus intense par l'Angleterre que par la France. An. par Em. P., dans *Quinz. col.,* 1909, p. 950.

6547. — *1910. Almanach des agriculteurs mutualistes du Nord de l'Afrique...* — Tunis, imp. L. Niérat et A. Fortin, 1909, in-16, 295 p.

Publié en collaboration par l'Ass. agricole de la Tunisie et les Soc. et syndicats agricoles de l'Algérie. Préface d'É. de Warren; suite d'art. sur le coton, la vinification, les semences, les fourrages, le mouton, les engrais, etc...

6548. — Simonot (J.), ingénieur agricole. *Le dattier en Tunisie, culture, variétés,* d'après *Date varieties and date culture in Tunis,* par T. H. Kearney, traduit et remanié... — Tunis, imp. G. Guinle, 1910, in-8°, 79 p., 2 fig., 10 pl.

Régence de Tunis. Protectorat français. Direction de l'agriculture, du commerce et de la colonisation. — *Bul. Dir. agr., com. col. Tunis,* 1909, p. 270-306, 460-501, 2 fig., 10 pl. — La région : géographie, climat, irrigation et drainage, les sols du Djerid; culture du dattier, description des variétés.

6549. — Menouillard (H.), officier interprète de 1re cl. *Mœurs indigènes. L'année agricole chez les indigènes de l'Extrême-Sud tunisien.* — *R. T.,* 1910, p. 3-6 ; 1911, p. 428-433.

6550. — *La vigne en Tunisie, monographie vinicole des principaux domaines...* — Tunis, imp. F. Weber, 1910, in-8°, 72 p., carte en coul.

Publié par le syndicat obligatoire général des viticulteurs de Tunisie, la Direction de l'agriculture et la Chambre d'agriculture de Tunis. Situation générale du vignoble, monographie des vignobles ayant au moins 20 **hectares** de vigne : carte du vignoble.

6551. — XXX. *La culture en terre sèche ou dry farming.* — Tunis, Imp. rapide, 1910, in-8°, 49 p.

<small>Association agricole de la Tunisie. — Exposé, destiné aux agriculteurs de l'Afrique du Nord, de ce procédé de culture employé en Amérique.</small>

6552. — Guillochon (L.). *Les cultures horticoles indigènes à Porto-Farina.* — Bul. Dir. agr., com. col. Tunis, 1910, p. 43-54.

6553. — Faivre (W.). *Notice sur les moyens d'organiser la lutte contre les criquets...* — Tunis, imp. G. Guinle, 1910, in-8°, 12 p.

<small>Régence de Tunis. Direction de l'agriculture, du commerce et de la colonisation. — Bul. Dir. agr., com. col. Tunis, 1910, p. 134-193. — Remarques générales faites sur les habitudes des sauterelles et criquets, moyens de destruction et mesures d'ordre sanitaire, utilisation rationnelle de la main-d'œuvre militaire.</small>

6554. — Gallois (Eugène). *L'olivier et le palmier en Tunisie.* — Bul. Soc. G. Com. Paris, 1910, p. 465-481, carte.

<small>Utilité et valeur indiscutable de la culture de ces deux arbres à fruits au point de vue de la prospérité locale. An. par J. Deniker, dans Bul. G. Hist. Descr., 1911, p. 9-10.</small>

6555. — Zaouche (Sellam). *La culture maraîchère, la culture fruitière et la floriculture chez les indigènes de Tunisie.* — Tunis, imp. L. Niérat et A. Fortin, 1910, in-8°, 11 p.

<small>Procédés employés dans la région du Cap-Bon et la banlieue de Tunis. An. par G. Yver, dans Ann. G., Bibl., 1911, p. 236.</small>

6556. — *La colonisation tunisienne, l'éducation préparatoire des colons, l'école coloniale d'agriculture de Tunis, les stages agricoles.* — Tunis, Imp. rapide, 1910, in-8°, 24 p.

<small>Suite d'art. : Fallot (Ernest), *La colonisation tunisienne, l'éducation préparatoire des colons* (v. n° 5953); Valran (Gaston), *L'école coloniale d'agriculture de Tunis;* Courson (Paul de), *Une visite à l'école coloniale d'agriculture de Tunis.*</small>

6557. — *Congrès oléicole de Sousse, 14, 15 et 16 avril 1910.* — Bul. Dir. agr., com. col. Tunis, 1910, p. 194-266, 296-398, 483-540, fig., pl.

Communications au Congrès : Guillochon (L.), *L'olivier en vue de sa propagation* (p. 196-208); Avigdor, *Notes sur les plantations nouvelles d'oliviers à la ferme-école de Djedeïda* (p. 209-213); Zacharewicz, *Résultats d'expériences sur les engrais appliqués à la culture de l'olivier* (p. 214-223); Trabut (L.), *L'olivier dans la région de Figuig* (p. 224-227); Moreau (Capitaine), *La culture de l'olivier aux Matmata* (p. 228-239, 3 pl.) [v. n° **6558**]; Péricaud (Capitaine), *La culture de l'olivier dans la région de Médenine* (p. 240-242); Bouchard (Lieut[t]), *La culture de l'olivier dans la région de Zarzis* (p. 243-248); Sagnes (Lieut[t]), *La culture de l'olivier sur le territoire de Ben Gardane* (p. 249-257); Harlé (Capitaine), *Culture de l'olivier dans l'annexe de Tataouine* (p. 258-260); Sajous (Lieut[t]), *Culture de l'olivier dans l'annexe de Tataouine (poste de Dehibat)* [p. 261-262]; Jeangérard (Capitaine), *Culture de l'olivier dans le Nefzaoua* (p. 263-266); autres communications concernant les maladies et insectes de l'olivier, l'huilerie et les huiles.

6558. — MOREAU (Capitaine). *La culture de l'olivier aux Matmata...* — Tunis, imp. G. Guinle, 1910, in-8°, 14 p., 3 pl.

Régence de Tunis. Protectorat français. Direction de l'agriculture, du commerce et de la colonisation. — Bul. Dir. agr., com. col. Tunis, 1910, p. 228-239, 3 pl. — Bref aperçu sur le territoire des Matmata, l'importance des plantations d'oliviers dans cette tribu (v. n° **6557**).

6559. — DUNAL (Lieut[l]-Colonel), directeur d'art[ie], à Bizerte. *Arrachage mécanique des souches et du tuf.* — Bul. Dir. agr., com. col. Tunis, 1910, p. 436-439, fig., pl.

6560. — CHATEL (A.). *Étude sur les contrats de Mgharsa et de Mouçakate dans les coutumes tunisiennes.* — Bul. Dir. agr., com. col. Tunis, 1910, p. 541-555.

Étude présentée à l'Ass. des agriculteurs français de Sfax (31 mai).

6561. — BIROT (E.). *Faut-il boiser en Tunisie? Rapport...* — Lyon, imp. L. Bascou, 1911, in-8°, 19 p.

Syndicat de la colonisation lyonnaise en Tunisie, séance du 23 nov. 1910. — Application de règles générales à la Tunisie, pays chaud et sec, où la question de l'eau est prédominante.

6562. — *Les plantations d'oliviers en Tunisie.* — Quinz. col., 1911, p. 323-324.

Les mesures prises par le Gouvernement tunisien, qui n'a eu en vue que la résurrection du pays.

6563. — BERNARD (Augustin). *Le « dry-farming » et ses applications dans l'Afrique du Nord.* — *Ann. G.,* 1911, p. 411-430.

En quoi consiste le dry-farming, les terrains auxquels il peut s'appliquer, son histoire et les enseignements à en tirer.

6564. — DEMONTÈS (Victor). *Le dry-farming; son application en Algérie et en Tunisie.* — *Bul. Com. A. F.,* 1911, p. 35, 287.

Envoi de M. Malcor au 5ᵉ Congrès annuel des dry-farmers; intérêt pour l'Afrique du Nord des données qu'il rapporte; conférence de M. Marès à la Soc. de géographie d'Alger.

6565. — BRABANT (G.), filateur, et NASLIN (E.). *Considérations générales sur la culture du coton en Tunisie.* — *Bul. Dir. agr., com. col. Tunis,* 1911, p. 66-73.

6566. — NICOLAS (Louis). *Hygiène et colonisation par la retenue des eaux, les abris à bestiaux, les travaux rustiques et l'éducation des fellahs...* — Tunis, Imp. rapide, 1911, in-8°, 67 p.

Exposition d'hygiène de Tunis, en 1911. — Recueil d'art. parus notamment dans la *Tunisie française,* le *Courrier de Tunisie,* le *Tunisien,* etc. (v. nᵒˢ **6495** et **6496**).

6567. — MALCOR. *Le Dry Farming et l'expérimentation.* — *Bul. agr. Alg. Tun.,* 1911, p. 281-292.

Conférence à Tunis (8 février) sur la culture des céréales dans les régions du Far-West américain analogues aux régions tunisiennes.

6568. — GOUNOT (A.). *Le coton en Tunisie.* — *Bul. agr. Alg. Tun.,* 1911, p. 597-601.

Extr. du *Colon français.*

6569. — MINANGOIN (N.), inspecteur de l'agriculture. *Lutte contre les maladies et les insectes de l'olivier dans la circonscription du Sud tunisien en 1907, 1908, 1909 et 1910.* — *Bul. Dir. agr., com. col. Tunis,* 1911, p. 604-620.

6570. — GAGEY (R.). *Le matériel agricole en Tunisie (essai de statistique).* — *Bul. Dir. agr., com. col. Tunis,* 1911, p. 621-644.

Les besoins de la Tunisie en matériel agricole ; inventaire du matériel agricole, capital-machines et capital-bétail ; emploi des machines agricoles, la force motrice dans l'agriculture tunisienne.

6571. — [VERRY (F.), inspecteur adjoint de l'agriculture]. *Notice sur la culture du coton en Tunisie.* — Tunis, Imp. rapide, 1912, in-8°, 13 p.

Régence de Tunis. Direction générale de l'agriculture, du commerce et de la colonisation. — Conditions nécessaires pour la culture du coton.

6572. — GEORGES (J.). *La Tunisie apicole...* — Tunis, imp. G. Guinle, 1912, in-8°, 224 p., pl., cartes.

Préface du commandant Defrance ; l'apiculture indigène, l'apiculture mobiliste, état actuel de l'apiculture, développement possible de l'apiculture en Tunisie.

6573. — [ROBINET, professeur à l'École coloniale d'agriculture de Tunis]. *L'ensilage et les réserves fourragères en Tunisie...* — Tunis, imp. G. Guinle, 1912, in-8°, 25 p., fig.

Régence de Tunis. Protectorat français. Direction générale de l'agriculture, du commerce et de la colonisation, mémoires et documents, 1912. — Reproduction partielle de l'étude signalé sous le n° **6451** ; conférence faite à la Soc. des agriculteurs de Tunisie. Cf. du même, *Les réserves fourragères et l'ensilage dans le nord de l'Afrique... Vie agric.,* 1914, p. 436-437, ill.

6574. — MARCILLE (R.). *Observations sur la vinification et la composition des vins de Tunisie.* — *Bul. Dir. agr., com. col.* Tunis, 1912, p. 128-149 ; 1913, p. 93-108.

6575. — DIFFLOTH (Paul). *L'élevage du cheval en Tunisie...* — *Vie agric.,* 1912, 1ᵉʳ sem., p. 193-197, 2 phot.

Les divers types, le domaine-haras de Sidi-Tabet, le Service de la remonte, achats, Service de l'élevage, décrets. An. par R. et B., dans *Quinz. col.,* 1912, p. 720.

6576. — VASSEUR (H.). *L'élevage de l'autruche dans le Sud-Tunisien...* — *Vie agric.,* 1912, 1ᵉʳ sem., p. 198-200, 3 phot.

Historique, installation, reproduction, acclimatation, mœurs, habitudes et élevage de l'autruche. An. par R. et B., dans *Quinz. col.,* 1912, p. 621.

6577. — SEURAT (L.-G.). *Le cheptel algérien et ses principales maladies.* — *R. G. Sc.*, 1912, p. 312-319.

Les animaux du cheptel algérien : bovins, ovins, chèvres, chameaux, équidés; principales maladies : contagieuses, parasitaires.

6578. — COUSTON (F.). *Le Dry Farming en Algérie-Tunisie.* — *Bul. agr. Alg. Tun.*, 1912, p. 137-150, 176-179, 245-260, 276-290.

Commentaire critique sur l'ouvrage de J. A. Widtsoe, traduit par A.-M. Bernard; enseignement pratique que les colons nord-africains peuvent retirer de ce livre.

6579. — DECKER-DAVID (P.), sénateur. *L'agriculture indigène en Tunisie...* — Tunis, imp. Saliba et fils [1912], in-8°, IX-777 p., ill.

Rapport général de la Commission d'amélioration de l'agriculture indigène constituée par décret du 13 mai 1911. Aperçu général sur le pays, le sol, le climat, les habitants, les régimes foncier, fiscal, douanier, celui du travail; l'hydraulique agricole, le régime forestier, les plantes cultivées, les industries agricoles, méthodes de culture; voyage de la Commission dans la Régence et les Territoires militaires; opinion de certaines personnalités; conclusions sur les réformes à apporter dans le régime de la propriété rurale et la nécessité de fixer au sol les nomades. An. par Henri Auriol, dans *R. Pol. Parl.*, 1913, t. LXXVII, p. 127-141; par Georges Rectenwald, dans *R. Alg. Tun. Maroc. lég. jurisp.*, 1913, 1re part., p. 258-262; dans *Bul. Com. A. F.*, 1913, p. 50; dans *Quinz. col.*, 1913, p. 23; par Em. Perrot, *ibid.*, p. 210; par Augustin Bernard, dans *Ann. G., Bibl.*, 1913, p. 222-223; par G. Barrion, dans *Bul. agr. Alg. Tun.*, 1913, p. 183-184.

6580. — BARRION (G.), ingénieur agronome, et ZUKOWSKI (J.-Constantin). *La question cotonnière en Tunisie...* — Tunis, Imp. rapide, 1912, in-8°, 19 p.

R. T., 1912, p. 417-433. — Conférences faites à l'Institut de Carthage (8 mars) : *L'introduction de la culture du coton en Tunisie*, par G. Barrion (p. 1-6) : le passé de cette culture, causes qui l'ont fait péricliter, efforts auxquels elle doit sa renaissance; *La question cotonnière en Tunisie*, par J.-C. Zukowski (p. 7-19) : conditions actuellement reconnues nécessaires pour la culture du cotonnier, exigences de l'industrie. Cf. Barrion (G.), *Coton en Tunisie. Bul. agr. Alg. Tun.*, 1911, p. 506-509 : résumé d'une enquête sur les essais en 1911.

6581. — ORDINAIRE (Maurice). *L'école coloniale d'agriculture de Tunis...* — *Act. afr.*, juillet 1912, p. 1-2, ill.

Procédés d'agriculture (dry farming) enseignés à l'école d'agriculture de Tunis, «principal instrument de la colonisation française en Tunisie». Cf. Chervin (P.), *L'école coloniale d'agriculture de Tunis. Vie agr.*, 1913, 1er sem., p. 177-180, 4 phot.

6582. — LEJEAUX (Jean). *Le dry farming et l'agriculture nord-africaine.* — *R. G. Sc.*, 1912, p. 302-312, 4 fig.

Le dry farming réservoir d'eau, engrais, vampire; le dry farming en Afrique du Nord.

6583. — ANJOT. *Les richesses agricoles et arboricoles de la Régence de Tunis.* — *Bul. Soc. G. Com. Bordeaux*, 1913, p. 287-297.

Les résultats obtenus depuis l'occupation française : céréales, vigne, culture maraîchère, olivier, palmier.

6584. — BOILLEY (Lucien). *La Tunisie agricole.* Thèse... — Besançon, imp. Millot frères, 1913, in-8°, 192 p.

Université de Paris, Faculté de droit. — Autre éd., *ibid.* — Situation géographique de la Tunisie : la Tunisie dans l'antiquité, la leçon du passé; l'invasion arabe, l'occupation française, les débuts de la colonisation, ses progrès de 1881 à 1912; la Tunisie d'aujourd'hui, cultures indigènes, élevage, contrats de travail, les grandes exploitations, les cultures européennes, ce qu'il reste à faire; bibliographie.

6585. — BOU-QALAM (Moh'ammed). *Du cheval arabe,* «*El-Boraq*». — *Act. afr.*, 1913, p. 75-76.

Ce qu'est son cheval pour l'Arabe; extrait de contes et de légendes, en particulier de celle d'El-Boraq ou «le Fulgurant».

6586. — BÉNI (Gaston). *Rapport sur un essai de culture de coton à Béja, en 1911 et 1912.* — *Bul. agr. Alg. Tun.*, 1913, p. 117-120.

6587. — ROEDERER. *Élevage des bovidés en Tunisie et plus particulièrement sur le croisement du zébu avec la race du pays.* — *Bul. agr. Alg. Tun.*, 1913, p. 176-182.

Communication (26 mars) au Congrès de la Soc. française pour l'avancement des sciences. Cf. du même, *Croisement du bétail tunisien et du zébu. Ibid.,* p. 347-350.

6588. — Boeuf (F.). *L'agriculture en Tunisie, amélioration de la production agricole et expérimentation...* — Vie agr., 1913, 1er sem., p. 181-184.

6589. — Lecq (H.). *Le vin dans l'Afrique du Nord...* — Vie agr., 1913, 1er sem., p. 185-188, 3 graph.

6590. — Decker-David (P.). *La culture des céréales en Tunisie...* — Vie agric., 1913, 1er sem., p. 189-190.

Blé, orge, avoine; progrès à réaliser.

6591. — Guillochon (L.). *La question cotonnière en Tunisie...* — Vie agric., 1913, 1er sem., p. 191-194, 2 phot.

6592. — Guillochon (L.). *La culture fruitière en Tunisie...* — Vie agr., 1913, 1er sem., p. 367-370, 2 phot.

6593. — Decker-David (P.). *L'aviculture en Tunisie...* — Vie agr., 1913, 1er sem., p. 633-636.

6594. — Gagey (R.), professeur à l'École d'agriculture. *Assainissement et drainage des terres...* — Tunis, imp. G. Guinle, 1913, in-8°, 47 p., 43 fig.

Bul. Dir. agr., com. col. Tunis, 1913, p. 46-92, 43 fig. — Procédés utilisés notamment en Tunisie ; exemples : plaine de Tabarka, région du petit Krib, la merdja de Souk-el-Khemis, la garaâ el-Mabtouha ; législation des assainissements.

6595. — Malcor. *Les cultures fruitières en Californie et leur avenir dans l'Afrique du Nord.* — Bul. Dir. agr., com. col. Tunis, 1913, p. 141-183, fig., graph.

Conférence à l'Ass. agricole.

6596. — Gallois (Eugène). *Chêne-liège et liège en Algérie et Tunisie.* — Bul. Soc. G. Com. Paris, 1913, p. 598-605.

6597. — Cuénod (Dr A.). *Discours d'ouverture de la session de botanique. Notes sur la flore tunisienne.* — Ass. fr. av. sc., 1914, p. 282-293, 5 fig.

42ᵉ session, Tunis, 1913.

6598. — Aureggio, vétérinaire principal en retraite. *Chevaux du nord de l'Afrique, autrefois et aujourd'hui. Animaux domestiques nord-africains.* — Ass. fr. av. sc., 1914, p. 337-346.

42ᵉ session, Tunis, 1913.

6599. — Coanet (E.). *La mutualité agricole en Tunisie.* — Ass. fr. av. sc., 1914, p. 673-681.

42ᵉ session, Tunis, 1913. — État actuel de la mutualité agricole, l'organisation des Soc. indigènes de prévoyance.

6600. — Pellinq (J.). *Notice succincte sur les huiles d'olives en Algérie et en Tunisie.* — Alger, imp. Basset, 1914, in-8°, 10 p.

6601. — Bertainchand (E.). *Conditions générales de la production des vins en Tunisie.* — Bul. Dir. agr., com. col. Tunis, 1914, p. 3-19, graph.

6602. — Verry (F.), inspecteur de l'agriculture. *La motoculture, sa situation actuelle.* — Bul. Dir. agr., com. col. Tunis, 1914, p. 21-36.

Conférence à l'Ass. agricole (3 déc. 1913). Progrès récents, les différents types d'appareils.

6603. — Chenevard (W.). *Maladies des volailles.* — Bul. Dir. agr., com. col. Tunis, 1914, p. 58-86, 117-136.

6604. — Guillochon (L.). *État de la culture fruitière en Tunisie et en Algérie.* — Bul. Dir. agr., com. col. Tunis, 1914, p. 87-103, 219-241.

6605. — Guillochon (L.), Verry (F.), Tourniéroux (J.-A.), Robinet (P.). *L'oléiculture en Tunisie.* — *Bul. Dir. agr., com. col. Tunis,* 1914, p. 268-296.

An. par G. Yver, dans *Ann. G., Bibl.,* 1915, p. 378-379.

6606. — Campbell (C.). *La culture de l'olivier en Tunisie.* — *Bul. Dir. agr., com. col. Tunis,* 1914, p. 375-388.

6607. — Gauvry (E.). *Vinification en pays chauds sans réfrigération.* — *Bul. Dir. agr., com. col. Tunis,* 1914, p. 389-409.

6608. — Rivière (Ch.) et Lecq (H.). *Traité pratique d'agriculture pour le nord de l'Afrique, Algérie, Tunisie, Maroc, Tripolitaine.* Nouv. éd... — Paris, Soc. d'éd. géogr., mar. et col., 1928-1929, 2 vol. in-8°, fig.

1re éd., Paris, A. Challamel, 1914, in-8°, III-1090 p., fig. — An. par L. Raveneau, dans *Ann. G., Bibl.,* 1915, p. 390.

6609. — Lamba (J.). *L'avenir de la culture du coton dans l'Afrique du Nord (Tunisie, Algérie, Maroc)...* — *Bul. agr. Alg. Tun. Maroc,* 1914, p. 97-111, 6 phot.

Paru dans *Bul. de l'Association cotonnière coloniale.*

6610. — Régence de Tunis. Protectorat français. Direction générale de l'agriculture, du commerce et de la colonisation. *La culture mécanique en Tunisie...* — Tunis, imp. G. Guinle, 1914, in-8°, 59 p., pl.

Bul. Dir. agr., com. col. Tunis, 1914, p. 445-503, pl. — Compte rendu du concours international d'appareils de labourage à moteurs, organisé par la Direction générale de l'agriculture de Tunis, à Chaouat (15-23 avril 1914).

6611. — Chaidron (R.). *La Tunisie au point de vue agricole.* — *Bul. Soc. belge Ét. Col.,* 1914, p. 755-774.

Étude sur le régime foncier tunisien, l'«act Torrens», la loi foncière, le Service topographique, le contrat d'enzel, les biens habous.

6612. — Conor (Marthe). *Les invasions de sauterelles en Afrique mineure (figurations et textes anciens)...* — *Arch. Inst. Pasteur Tunis,* 1914-1916, p. 149-156, fig.

6613. — Dubois (P.). *La culture du coton en Algérie, en Tunisie et au Maroc...* — *Vie agric.*, 1915, p. 297-304, 2 phot.

6614. — Guillochon (L.). *Les plantes officinales susceptibles d'être récoltées ou d'être cultivées en Tunisie...* — *Vie agric.*, 1915, p. 304-305.

6615. — Boeuf (F.), chef du Service botanique. *Enquête sur la culture des céréales dans la région nord de la Tunisie, au moment de la moisson 1914.* — *Bul. Dir. agr., com. col. Tunis,* 1915, p. 135-154, 4 pl.

6616. — Robinet (P.), inspecteur de l'agriculture. *Enquête sur les céréales dans le Sud tunisien.* — *Bul. Dir. agr., com. col. Tunis,* 1915, p. 155-170.

6617. — Pillet (C.-P.), officier interprète. *La marque des chameaux dans l'Extrême-Sud tunisien, la «Sima».* — *R. T.,* 1915, p. 48-54, fig.

Coutumes des nomades du Sud, marques de tribus, marques particulières, signes employés.

6618. — Régence de Tunis. Protectorat français. Direction générale de l'agriculture, du commerce et de la colonisation. *Notice sur le criquet pèlerin. Procédés de destruction.* — Tunis, imp. G. Guinle, 1916, in-8°, 25 p., 16 fig.

Reproduit sous le titre *Les sauterelles,* dans *R. T.,* 1916, p. 155-190, 16 fig. : généralités, destruction des criquets ailés ou sauterelles, ponte et destruction des œufs, destruction des criquets aptères, importance de l'adaptation des procédés de destruction. Cf. Régence de Tunis... *Défense contre les sauterelles. Instruction à l'usage des chefs de secteur.* Tunis, imp. G. Guinle, 1916, in-8°, 13 p.; *Circulaire aux contrôleurs civils et chefs d'annexes et aux chefs de bureaux et chefs d'annexes des Affaires indigènes.* Ibid., 17 p.

6619. — CHENEVARD (W.). *Les pommes de terre en Tunisie.* — *Bul. Dir. agr., com. col.* Tunis, 1916, p. 56-85, fig.

Culture très peu développée avant la guerre, donne de bons résultats lorsqu'elle est entreprise avec méthode.

6620. — RÉGENCE DE TUNIS. Protectorat français. Direction générale de l'agriculture, du commerce et de la colonisation. *Instruction sur la culture de la pomme de terre en Tunisie.* — Tunis, imp. G. Guinle, 1917, in-8°, 16 p., fig.

6621. — RÉGENCE DE TUNIS. Protectorat français. Direction générale de l'agriculture, du commerce et de la colonisation. Service botanique. *Ravitaillement en légumes frais. Instruction pour la conduite des potagers.* — Tunis, imp. G. Guinle, 1917, in-8°, 28 p.

6622. — RÉGENCE DE TUNIS. Protectorat français. Direction générale de l'agriculture, du commerce et de la colonisation. *Notice commerciale. Les céréales de la Tunisie.* — Tunis, Imp. rapide, 1917, in-8°, 8 p.

Autres éd., imp. G. Guinle, 1921, 1922, 1925, 1926, 1927, 1928, 1931 et 1933, in-8°, 10 p.

6623. — RÉGENCE DE TUNIS. Protectorat français. Direction générale de l'agriculture, du commerce et de la colonisation. *Notice commerciale. Les laines tunisiennes.* — Tunis, Imp. rapide, 1917, in-8°, 8 p.

Autres éd., imp. G. Guinle, 1921, 1922, 1925, 1926, 1927, 1928, 1931 et 1933, in-8°, 10 à 12 p.

6624. — RÉGENCE DE TUNIS. Protectorat français. Direction générale de l'agriculture, du commerce et de la colonisation. *Notice commerciale. Les huiles tunisiennes.* — Tunis, Imp. rapide, 1917, in-8°, 11 p.

Autres éd., imp. G. Guinle, 1921, 1922, 1925, 1926, 1927, 1928, in-8°, 14 p.; autres éd., sous le titre *Les huiles d'olive de Tunisie. Ibid.*, 1931 et 1933.

6625. — Régence de Tunis. Protectorat français. Direction générale de l'agriculture, du commerce et de la colonisation. *Notice commerciale. Les vins tunisiens.* — Tunis, Imp. rapide, 1917, in-8°, 7 p.

Autres éd., imp. G. Guinle, 1921, 1922, 1925, 1926, 1927, 1928, 1931 et 1933. in-8°, 10 à 15 p.

6626. — Régence de Tunis. Protectorat français. Direction générale de l'agriculture, du commerce et de la colonisation. *Notice commerciale. Cuirs et peaux tunisiens.* — Tunis, Imp. rapide, 1917, in-8°, 7 p.

Autres éd., imp. G. Guinle, 1921, 1924, 1925, 1926, 1927, 1928, 1931 et 1933, in-8°, 9 à 10 p.

6627. — Régence de Tunis. Protectorat français. Direction générale de l'agriculture, du commerce et de la colonisation. *Notice commerciale. L'alfa tunisien.* — Tunis, Imp. rapide, 1917, in-8°, 6 p.

Autres éd., imp. G. Guinle, 1921, 1922, 1925, 1926, 1927, 1928, 1931 et 1933, in-8°, 7 à 8 p.

6628. — Régence de Tunis. Protectorat français. Direction générale de l'agriculture, du commerce et de la colonisation. *Culture des légumineuses alimentaires en Tunisie, en vue de la production des grains secs.* — Tunis, imp. G. Guinle, 1918, in-8°, 27 p.

Bul. Dir. agr., com. col. Tunis, 1917, p. 158-184. — La production, avant la guerre, était loin de suffire aux besoins de la consommation.

6629. — Comte (Charles). *De l'utilisation des graisses et des huiles non épurées pour l'éclairage dans les ménages et dans les tranchées...* — Arch. Inst. Pasteur Tunis, 1918, p. 178-179.

Essais divers faits en Tunisie avec de l'huile d'olive, des lampes romaines, des corps poreux inorganiques, etc.

6630. — Marès (R.). *La production des céréales en Tunisie...* — Vie agric., 1919, 1ᵉʳ sem., p. 152-155.

Mesures prises au début de la guerre pour favoriser les cultures; les progrès de la culture des colons.

6631. — Marès (A.). *La mise en valeur du Sud tunisien, le domaine de Maknassy*... — *Vie agric.*, 1919, 1er sem., p. 376-378, 2 phot.

6632. — Cayla (V.), ingénieur agronome. *La culture du coton en Afrique du Nord française*... — Paris, E. Larose, 1919, in-8°, 7 p., carte.

Extr. *Agronomie coloniale*, mars-avril 1919. — Condition de production du coton, état actuel de cette culture, son avenir.

6633. — Bel-Khiria (Taïeb). *De la culture de l'olivier dans le Sahel*. — *R. T.*, 1919, p. 384-389.

L'auteur revient sur les arguments développés par P. Bourde (v. n° **6359**) en faveur de la culture de l'olivier et des arbres fruitiers dans le centre de la Régence.

6634. — *L'avenir de l'Afrique du Nord*. — *R. Sect. Tunis.*, 1919-1920, p. 141-150.

Le développement de l'agriculture européenne et indigène en Algérie, en Tunisie et au Maroc; les céréales et le vin; l'oléiculture en Tunisie, les possibilités de culture du coton au Maroc.

6635. — Lavauden (Louis). *La chasse et la faune cynégétique en Tunisie*. 2e éd... — Tunis, imp. Guénard et Franchi, 1924. in-4°, 50 p., carte.

Direction générale de l'agriculture, du commerce et de la colonisation. Direction des Forêts. — 1re éd., 1920. — La faune des mammifères et des oiseaux de la Régence au point de vue cynégétique; répartition géographique, quelques localités typiques; bibliographie.

6636. — Dybowski (J.). *L'olivier et l'huile d'olive en Tunisie*. — *C. R. Ac. agric. France*, 1920, p. 577-578.

Notice présentant un article de E. Milliau (*ibid.*, p. 578-581) sur un procédé d'analyse des huiles d'olive fraudées.

6637. — NODREST (Paule de). *Le cheval, compagnon de l'Arabe.* — *R. T.*, 1920, p. 253-260.

Extr. littéraires concernant l'affection de l'Arabe pour son cheval.

6638. — GILLIN (P.). *Les conditions économiques de la motoculture en Tunisie.* — *Bul. Dir. agr., com. col. Tunis*, 1920, p. 326-339.

6639. — BOEUF (F.). *Composition des blés de Tunisie...* — *Ann. Serv. bot. Tunis.*, 1921-1922, p. 69-71.

Analyse d'échantillons des récoltes 1917 et 1921.

6640. — GUILLOCHON (L.). *La question fruitière en Tunisie...* — *Ann. Serv. bot. Tunis.*, 1921-1922, p. 129-175.

6641. — DÉBIERRE (F.), inspecteur des Eaux et forêts. *Le chêne-liège en Tunisie.* — *Bul. Dir. agr., com. col. Tunis*, 1921, p. 287-337.

Les forêts de chênes-lièges, les incendies, emplois des lièges, renseignements pratiques; annexes.

6642. — CAUVET (Commandant G.). *Le dromadaire d'Afrique.* — Alger, Imp. algérienne, 1921, in-8°, 24 p.

Bul. Soc. G. Alger, 1921, p. 175-196. — Réfutation de la théorie d'après laquelle l'introduction du dromadaire en Afrique serait de date tout à fait récente; explications basées sur la paléontologie, la linguistique, les monuments, les textes anciens, etc. An. dans *Bul. Soc. G. Paris*, 1921, t. XXXVI, p. 382; par A. Charton, dans *Bul. Soc. G. Maroc*, 1922-1923, t. III, p. 80-81; dans *Bul. Com. A. F.*, 1921, p. 425; par Augustin Bernard, dans *Bibl. g.*, 1922, p. 294.

6643. — BOEUF (F.), chef du Service botanique de la Régence. *Intensification de la production du blé en Tunisie...* — Toulouse, Imp. du centre [1922], in-8°, 22 p.

Service botanique de la Direction générale de l'agriculture de la Régence de Tunis. — Rapport présenté au Congrès de la production coloniale; les différents moyens d'accroître la production du blé.

6644. — LAVERDET (H.). *Les rats en Tunisie, leur destruction.* — *Bul. Dir. agr., com. col. Tunis*, 1922, p. 47-61.

Principales espèces tunisiennes, procédés de destruction.

6645. — Laverdet (H.). *La mutualité agricole en Tunisie.* — *Bul. Dir. agr., com. col. Tunis,* 1922, p. 73-97.

Les diverses périodes de son développement : associations, caisses de crédit, coopératives, assurances mutuelles.

6646. — Brisset (G.). *La vigne et l'emprise de la France sur l'Afrique du Nord.* — *R. vit.,* 1922 et 1923, 13 art.

Le prélude de la colonisation, les débuts de la vigne, l'invasion phylloxérique, l'essor du vignoble algérien, la vigne en Tunisie et au Maroc, l'avenir de la vigne en Afrique du Nord, rôle économique, social et politique ; l'Afrique du Nord sera française surtout par la vigne. An. par Augustin Bernard, dans *Bibl. g.,* 1924, p. 269.

6647. — *Décret du 5 avril 1922 (7 chaâbane 1340), relatif à l'extension de la culture du tabac en Tunisie.* — *Bul. Dir. agr., com. col. Tunis,* 1922, p. 113-121.

J. O. tunisien, 3 mai.

6648. — Tourniéroux (J.-A.). *L'oléiculture en Tunisie...* — Tunis, imp. G. Guinle, 1922, in-8°, 232-VIII p., 74 fig.

Régence de Tunis. Protectorat français. Direction générale de l'agriculture, du commerce et de la colonisation. — *Bul. Dir. agr., com. col. Tunis,* 1922, p. 129-368, 74 fig. — Autre éd., *ibid.,* 1929, in-8°, 371-IX p., 97 fig., carte. — L'oléiculture à l'époque romaine et à l'époque actuelle, les huiles d'olives, la culture de l'olivier, accidents, ennemis et maladies de l'olivier, législation et coopération oléicoles tunisiennes. An. par Aug. Chevalier, dans *Bul. Soc. G. Paris,* 1923, t. XL, p. 413-414 ; par G. Yver, dans *Bibl. g.,* 1923, p. 293.

6649. — Boeuf (F.), chef du Service botanique de Tunisie. *Les blés de Tunisie, variétés, aptitudes agricoles et industrielles, améliorations...* — Paris, imp. Dubois et Bauer, 1923, in-8°, 20 p.

Service botanique de la Direction générale de l'agriculture, du commerce et de la colonisation de la Régence de Tunis. — *Bul. Dir. agr., com. col. Tunis,* 1923, p. 15-41. — Rapport présenté à la semaine nationale du blé (v. n° **6650**).

6650. — Boeuf (F.). *Participation de la Tunisie à la semaine du blé* (Paris, 23 au 28 janvier 1923)... — Tunis, imp. G. Guinle, 1923, in-8°, 76 p.

Contient, outre le rapport sur les blés de Tunisie (v. n° **6649**), un rapport d'ensemble sur les travaux de la semaine du blé (application au nord de l'Afrique et plus spécialement à la Tunisie, des observations faites à ce Congrès).

6651. — GILLIN (P.). *Lutte contre les sauterelles; conférence internationale de Rome,* 28-31 *octobre* 1920. — *Bul. Dir. agr., com. col. Tunis,* 1923, p. 229-247,

Les travaux essentiels de la conférence sur la lutte contre les sauterelles.

6652. — GINIEIS (J.), directeur de l'établissement. *L'établissement d'élevage de Sidi-Tabet.* — *Bul. Dir. agr., com. col. Tunis,* 1923, p. 347-452.

Programme de l'établissement, méthodes d'amélioration du bétail; espèces chevaline, asine, industrie mulassière, espèces bovine, ovine, caprine, porcine.

6653. — VIALAS (M.). *La viticulture tunisienne.* — *Progrès agric. vit.,* 1923, t. LXXX, p. 547-550, 619-622; 1924, t. LXXXI, p. 21-23, 90-94.

An. par L. Faucher, dans *Bibl. g.,* 1924, p. 280.

6654. — SÉGUY (E.). *Les moustiques de l'Afrique mineure, de l'Égypte et de la Syrie...* Préface de E.-L. Bouvier... — Paris, P. Lechevalier, 1924, in-8°, 257 p., 106 fig., 29 pl., 10 cartes.

Encyclopédie entomologique, I. — Importante étude comparative des moustiques des régions méditerranéennes, de l'Europe centrale et septentrionale; caractères et répartition des culicidés en cinq sous-familles; bibliographie. An. par A. Berthelot, dans *R. Sc.,* 1924, p. 573-574.

6655. — DEGOMMIER (Jean). *La traction agricole en Tunisie. Le meilleur mulet.* Thèse agricole... — Beauvais, imp. Dumontier, 1924, in-8°, 107 p., pl., 4 phot.

Thèse soutenue en juillet 1924 à l'Institut agricole de Beauvais. Aperçu physique de la Tunisie, historique sommaire, conditions actuelles; seul, le mulet répond aux conditions culturales de la Tunisie; la théorie du «dry farming» en Tunisie; bibliographie.

6656. — TRABUT (D^r). *Le coton en Tunisie* (Signé : Dr T.). — *Bul. agr. Alg. Tun. Maroc,* 1924, p. 246-247.

Renseignements sur un essai à Mateur.

6657. — Léger (C.) et Tourniéroux (J.-A.) *L'élevage du porc en Tunisie.* — *Bul. Dir. agr., com. col. Tunis,* 1924, p. 267-311, 7 fig.

Importance de la population porcine, conditions économiques de l'élevage, races exploitées, alimentation, méthodes d'exploitation et de production, maladies.

6658. — Berthault (Pierre). *L'évolution du vignoble algéro-tunisien.* — *R. vit.,* 1924, t. LXI, p. 33-37.

Il importe dès à présent de se préoccuper des débouchés nécessaires aux produits de ce vignoble que la période de prospérité actuelle tend peut-être à étendre outre mesure. An. par Aug. Chevalier, dans *Bibl. g.,* 1925, p. 340, et dans *R. bot. agr. col.,* 1924, p. 619-620.

6659. — Burollet (P.-A.), pharmacien-major de 2e cl., et Cousi (D.), vétérinaire aide-major de 1re cl. *Sur quelques fourrages tunisiens...* — *R. Vét. Mil.,* 1924, p. 320-325.

Analyse botanique sur quatre lots de fourrages tunisiens présentés à la Commission de réception de la place de Sousse; conclusions.

6660. — Guillon (J.-M.), inspecteur général de l'agriculture. *Rapport à M. le Ministre de l'agriculture... sur sa mission en Tunisie (avril-mai 1924).* — Tunis, imp. G. Guinle, 1924, in-8°, 38 p., ill., carte.

Bul. Dir. agr., com. col. Tunis, 1925, p. 49-71, ill. — « Cette étude est un hommage rendu à l'œuvre de paix accomplie en Tunisie par la France dans le domaine de l'intensification de la production agricole » (Lucien Saint).

6661. — Verry (F.). *La production et le commerce des primeurs en Tunisie.* — *Bul. Dir. agr., com. col. Tunis,* 1925, p. 229-256.

6662. — Régence de Tunis. Protectorat français... Direction du commerce et du travail. *Notice commerciale sur les dattes tunisiennes.* — Tunis, imp. G. Guinle, 1925, in-8°, 13 p., pl., couv. ill.

Autres éd., *ibid.,* 1926, 1927, 1928, 1931 et 1933.

6663. — Payen (Édouard). *La Tunisie. Son agriculture et ses mines.* — *Écon. fr.*, 1925, t. II, p. 803-805.

Les deux grands facteurs de l'essor économique de la Régence, témoignages des bienfaits de l'influence française. Cf. Régence de Tunis... Direction des services et de l'enseignement agricoles. *Établissements d'enseignement, de recherches et d'expérimentation agricoles.* Tunis, imp. G. Guinle, s. d., in-8°, 8 p. : l'enseignement agricole en Tunisie (1925), le Service botanique, l'expérimentation agricole.

6664. — Ducellier (L.), officier d'administration de 1re cl. du Service de l'intendance (C. A.), professeur à l'institut agricole d'Algérie. *Les céréales et la jachère dans l'Afrique du Nord.* — *A. A.*, 1925, p. 31-36, 2 phot., graph.

Statistiques, procédés de culture employés en Algérie, en Tunisie et au Maroc; directives à suivre dans la préparation du sol en fonction de l'insuffisance et de l'irrégularité des pluies. An. par Augustin Bernard, dans *Bibl. g.*, 1926, p. 393.

6665. — Clerget (Marcel). *La géographie de l'olivier en Méditerranée...* — *Bul. Soc. royale G. Égypte*, 1926, p. 1-16.

Conditions générales de culture; évolution historique; les principaux centres en Algérie, Tunisie et Maroc. An. dans *Bul. Com. A. F.*, 1926, p. 355-356.

6666. — Erhart (Henri). *Contribution à l'étude des sols de la Tunisie...* — *Ann. Serv. bot. Tunis.*, 1925, p. 241-275, fig.

Bul. Dir. agr., com. col. Tunis, 1926, p. 111-145, fig. — Étude faite en 1925-1926 sur les caractères pédologiques des sols qui se forment sous des climats comme celui de la Tunisie et sur la valeur agricole des différents terrains.

6667. — Boeuf (F.). *Amélioration de la culture du blé en Tunisie...* — *R. bot. agr. col.*, 1926, p. 657-666, 757-765.

Cf. du même, *Contribution à l'étude du blé dur* (Triticum durum, Desf.), *particulièrement des variétés cultivées en Tunisie. Ann. Serv. bot. Tunis.*, 1925, p. 291-337, et *Bul. Dir. agr., com. col. Tunis*, 1926, p. 203-249.

6668. — Guillochon (L.). *Introduction et acclimatation des végétaux en Tunisie.* — *Ann. Serv. bot. Tunis.*, 1925, p. 347-369.

Bul. Dir. agr., com. col. Tunis, 1926, p. 259-281. — Importance économique, mécanisme et pratique de l'acclimatement, conditions de succès; espèces acclimatées en Tunisie, introductions à tenter.

6669. — Gillin (P.). *Les raisins de table en Tunisie*. — *Bul. agr. Alg. Tun. Maroc*, 1926, p. 36-39.

<small>La Tunisie peut expédier des raisins de primeur, des raisins tardifs et des raisins secs.</small>

6670. — Régence de Tunis. Protectorat français... Direction du commerce et du travail. *Notice commerciale. Les éponges tunisiennes*. — Paris, imp. G. Guinle, 1926, in-8°, 9 p.

<small>Autres éd., *ibid.*, 1927, 1928, 1931 et 1933.</small>

6671. — Vanlande (René). *Une opinion indigène sur le « Khamessat »*. — *Bul. Com. A. F.*, 1926, p. 180.

<small>Cette opinion simpliste et subtile montre que, dans l'ordre social, indigènes et Européens ne se comprennent pas quand ils prononcent le mot de justice.</small>

6672. — Rober-Raynaud. *Une politique anticoloniale, la question des vins tunisiens*. — Paris, Comité Algérie-Tunisie-Maroc, 1926, in-8°, 15 p.

<small>*Bul. Com. A. F.*, 1926, sup., p. 145-149. — «Le vignoble tunisien ne saurait être une menace même lointaine pour la production française»; son importance en matière de colonisation. Cf. *A propos des vins tunisiens*. *Ibid.*, p. 253; *Les vins tunisiens*. *Ibid.*, p. 297-298.</small>

6673. — Berthault (Pierre). *La légende de l'infériorité de la culture du blé en Afrique du Nord*. — *C. R. Ac. agric. France*, 1926, p. 849-860.

<small>Reproduit dans *Bul. agr. Alg. Tun. Maroc*, 1926, p. 194-199. — Il faut cesser d'opposer le blé à la vigne dans l'agriculture nord-africaine; l'infériorité de la culture du blé en Afrique du Nord par rapport à ce qu'a pu être autrefois cette culture est une légende «néfaste et malfaisante». An. par Augustin Bernard, dans *Bibl. g.*, 1927, p. 428.</small>

6674. — Burollet (P.-A.), pharmacien-major de l'armée. *Le Sahel de Sousse, monographie phytogéographique*... — Tunis, Imp. rapide, 1927, in-8°, 271 p., fig., 8 pl., carte.

<small>Thèse de la Faculté des sciences de Paris. — Paru dans *Ann. Serv. bot. Tunis.*, 1926-1927, t. IV, fasc. 2. — Étude approfondie de la végétation du Sahel : le milieu, la flore, la végétation; importante bibliographie.</small>

V. L'HYDRAULIQUE, LA CLIMATOLOGIE, LES PLUIES.

6675. — LIVET (Léon de), m^{is} de Barville. *La Tunisie, ses eaux et ses forêts...* — Paris, imp. Tolmer, 1880, in-8°, II-42 p.

Généralités sur la Tunisie : climat, nature du sol, mines, montagnes, hydrographie, nature des sources, lacs, faune, forêts.

6676. — [VERNAZ (L.), secrétaire général de la Direction des Travaux publics]. *Rapport sur l'alimentation hydraulique de Tunis et de sa banlieue.* — Tunis, imp. B. Borrel, 1884, in-8°, 24 p.

Caractéristiques du contrat qui régit depuis 12 ans le service des eaux à Tunis, à La Goulette et dans leur banlieue, nécessité de le modifier; nouvelle convention proposée (v. n° **6677**).

6677. — *Alimentation hydraulique de Tunis et de sa banlieue. Convention et cahier des charges.* — Tunis, imp. B. Borrel, 1884, in-16, 70 p.

Concession pour une durée de 50 ans, faite le 25 oct. 1884. Cahier des charges : définition des charges de la concession, conditions relatives à l'exécution des travaux, exploitation, clauses financières, clauses diverses (v. n°⁵ **6676** et **6678**).

6678. — [GRAND, directeur général des Travaux publics]. *Alimentation hydraulique de Tunis et de sa banlieue. Règlement des abonnements.* — Tunis, imp. B. Borrel, 1884, in-8°, 16 p.

Arrêté du 10 déc. 1884 (v. n° **6677**).

6679. — *Alimentation hydraulique de Tunis et de sa banlieue. Règlement des abonnements.* — Tunis, imp. B. Borrel, 1885, in-8°, 28 p.

Convention entre le Directeur général des Travaux publics de la Régence et la c^{ie} du gaz et régie cointéressée des eaux de Tunis du 6 nov. 1885; règlement des abonnements à l'eau du 18 nov. 1885 (signé : Grand) pour la période comprise entre le 13 oct. 1885 et le 12 oct. 1889.

6680. — MUNICIPALITÉ DE TUNIS. Service des eaux. *Rapport au Conseil municipal sur une proposition de M. le Directeur général des Travaux publics.* — Tunis, imp. B. Borrel, 1885, in-8°, 22 p.

<small>Modifications à apporter à l'application du nouveau tarif des eaux.</small>

6681. — DOÛMET-ADANSON, membre de la Mission scientifique tunisienne. *Sur le régime des eaux qui alimentent les oasis du Sud de la Tunisie.* — *Ass. fr. av. sc.*, 1re part., 1885, p. 72-75.

<small>13e session, Blois, 1884. — L'eau permanente condition des oasis et des cultures, son importance dans la région saharienne; observations sur l'oasis type de Tozeur dans le Sud tunisien, faites en 1874 et en 1884 (v. n° **2005**).</small>

6682. — DRU (L.). *Sur la recherche des sources au voisinage de Gabès...* — *C. R. Ac. Sc.*, 1885, t. C, p. 1020.

<small>Extr. d'une lettre communiquée par F. de Lesseps; ces sources sont de véritables puits jaillissants naturels.</small>

6683. — *Décret du 6 sfar 1307 (1er octobre 1889) portant approbation de la convention du 17 septembre 1889, relative à l'alimentation hydraulique de Tunis et de sa banlieue, applicable à partir du 13 janvier 1890. Convention du 19 septembre 1889, relative à l'alimentation hydraulique de Tunis et de sa banlieue. Arrêté du directeur général des Travaux publics du 25 septembre 1889, portant règlement des abonnements à l'eau dans la ville de Tunis et de sa banlieue, à dater du 13 janvier 1890.* — Tunis, imp. B. Borrel, 1889, in-8°, 32 p.

6684. — [CAZENEUVE, inspecteur adjoint des Forêts, et LAL-LEMANT (D^r)]. RÉGENCE DE TUNIS. Service météorologique. *Notice sur le climat de la Tunisie,* rédigée au nom de la Commission météorologique... — Tunis, imp. B. Borrel, 1889, in-4°, 32 p.

<small>Organisation du Service météorologique; les premières stations créées dès 1885 par le Service de santé sur tous les points où se trouvaient des hôpitaux militaires; topographie de la Tunisie, météorologie (température, pluie, vents); 8 tableaux.</small>

6685. — CARTON (D^r). *Essai sur les travaux hydrauliques des Romains dans le Sud de la Régence de Tunis...* — Paris, E. Leroux, 1889, in-8°, 32 p., 5 fig.

Bul. Arch., 1888, p. 438-465, 5 fig. — Description générale du pays, ruines des environs de Métameur, travaux hydrauliques et d'irrigation; la ruine de ces travaux a amené la disparition de cités jadis florissantes.

6686. — BLANC (Édouard). *Le dessèchement du Sahara et l'avenir des oasis...* — Paris, Secrétariat de l'Ass. [1890], in-8°, 21 p.

Ass. fr. av. sc., 2ᵉ part., 1890, p. 866-889 (*18ᵉ session, Paris,* 1889). — Communication faite au Congrès de l'Ass. française pour l'avanement des sciences (14 août 1889). Transformation essentielle subie par le pays, causes qui ont amené le régime actuel; origine et mode de progression du dessèchement; l'ancienne fertilité sous les Romains; la question des forages artésiens pour l'avenir des oasis. Cf. *ibid.,* 1ʳᵉ part., 1889, p. 386.

6687. — DUBUC (E.), ingénieur civil. *Notice hydrologique sur le territoire militaire de Tebessa...* — Paris, Sevin et Sarrat [1891], in-8°, 20 p., carte, 5 croq.

Vue d'ensemble géologique, étude de quelques points d'eau de ce territoire, les chances de réussite d'un forage artésien dans les régions de Mdila et de Djerch.

6688. — LA BLANCHÈRE (René de). [*Aménagement de l'eau courante dans l'Afrique romaine*]. — *Ac. Inscr. B.-Lettres, C. R.,* 1892, t. XIX, p. 428-429.

Séance du 18 déc. 1891. Analyse d'une étude ayant pour objet de rechercher comment avait été réalisée la mise en valeur de régions portant les traces d'un peuplement et d'une agriculture impossibles dans les conditions actuelles. An. dans *Bul. Soc. G. Est,* 1892, p. 131.

6689. — RÉGENCE DE TUNIS. Direction de l'Enseignement public. Service météorologique. *Résumé des observations pour l'année 1893.* — Tunis, imp. Picard, s. d., gr. in-4°, 6 p.

Tableaux extr. des vol. signalés sous le n° **4223** donnant les moyennes mensuelles des températures, les variations diurnes, le relevé pluviométrique mensuel et les moyennes psychrométriques mensuelles par station.

6690. — RICHARD (D^r), médecin principal de 2ᵉ cl., et JANNIN, ingénieur des Ponts et chaussées. *Transformation des abreuvoirs* *publics de l'aqueduc de Zaghouan...* — *R. Hyg.*, 1894, p. 575-582, fig.

Description de ces 28 abreuvoirs utilisés par les Arabes et par les animaux et dont les eaux se mêlaient à celles de l'aqueduc; installations nouvelles réalisées. Cf. *L'eau potable en pays arabe. R. Sc.*, 1894, t. II, p. 219-220.

6691. — Médina (Gabriel). *Flore et faune de l'Afrique à la période quaternaire.* — *R. T.*, 1894, p. 35-50.

Cf. du même, *Formation géologique des terrains quaternaires du nord de l'Afrique, régime des eaux, formation du Sahara. Ibid.*, p. 151-156.

6692. — Carton (D^r), médecin-major. *Oasis disparues.* — Tunis, Imp. rapide, 1895, in-8°, 13 p.

R. T., 1895, p. 201-211. — Lettre au Dr Bertholon complétant l'étude de celui-ci sur la région de l'Arad (v. n° **7691**); les vestiges des occupations antérieures; les travaux d'irrigation qui donneraient à cette région sa prospérité primitive. An. par P. Bl. [Blanchet], dans *Ann. G., Bibl.*, 1896, p. 195.

6693. — Carton (D^r). *Climatologie et agriculture de l'Afrique ancienne...* — *Bul. Ac. Hippone*, 1895, n° 27, p. 1-45, croq.

L'Afrique a été plus boisée jadis que de nos jours, les pluies y ont été plus abondantes; atténuation du ruissellement par les forêts et ouvrages d'art, ses conséquences; sources et rivières plus abondantes, leur débit régularisé par les travaux de captation, barrages; conclusions. An. par Héron de Villefosse, dans *Bul. G. Hist. Desc.*, 1897, p. 352-353; par L. B., dans *R. T.*, 1895, p. 587-590; par É. Michon, dans *Bul. Soc. nat. antiq. France*, 1925, p. 245-246; par J. Toutain, dans *R. Arch.*, 1896, t. XXVIII, p. 264.

6694. — Girard (A.). *Conférence de M. Gebelin, sur « les climats du continent africain et leurs rapports avec les produits et la colonisation ».* — *Bul. Soc. G. Com. Bordeaux*, 1895, p. 237-239.

Compte rendu de la conférence faite le 2 mai. Comparaison entre «l'Afrique noire et l'Afrique blanche»; «l'assimilation de cette dernière avec l'Europe sera bientôt complète».

6695. — La Blanchère (René-Marie Moullin du Coudray de). *L'aménagement de l'eau et l'installation rurale dans l'Afrique ancienne...* — Paris, Imp. nat., 1895, in-8°, 109 p., fig.

Arch. missions scient. litt., 1897, t. VII, p. 1-109, fig. — Rapport au ministre de l'Instruction publique et des Beaux-Arts, sur les recherches poursuivies par son ordre pour déterminer le mode et les conditions de la colonisation et de l'exploitation de l'Afrique septentrionale jusqu'à l'arrivée des Arabes; l'aménagement des eaux courantes : régime des eaux actuellement et dans l'antiquité, exemples dans l'Enfida et dans d'autres régions. An. par R. Cagnat, dans *R. Crit.*, 1895, t. XL, p. 443-445; par L. B., dans *R. T.*, 1895, p. 594-596; par Héron de Villefosse, dans *Bul. Soc. nat. antiq. France*, 1896, p. 108-109; par Busson, dans *Ann. G., Bibl.*, 1896, p. 193.

6696. — *Les puits artésiens de la Régence.* — *R. T.*, 1895, p. 13-20.

Travail communiqué par la Direction des Travaux publics de la Régence à l'Institut de Carthage; situation antérieure à l'occupation française; organisation actuelle du service des forages artésiens; principaux puits artésiens, moyens d'action puissants sur les populations indigènes et agents civilisateurs.

6697. — Carton (D^r), médecin-major. *Historiens et physiciens. A propos de l'étude de la climatologie de l'Afrique ancienne...* — Bône, imp. E. Thomas, 1896, in-8°, 16 p.

Bul. Ac. Hippone, 1895, n° 28, p. 77-89. — Il y a eu, dans la climatologie, un changement qui, même peu important, a pu avoir, dans les conditions où il s'est produit, des conséquences considérables. An. par le Dr Bertholon, dans *R. T.*, 1897, p. 127.

6698. — Marcassin (Lucien). *Influence du climat sur les terres de culture de la Tunisie.* — *Bul. Dir. agr. com. Tunis*, 1896, n° 1, p. 16-23.

6699. — Jacques (D.-É.). *Météorologie et climatologie de la Tunisie...* — Paris, Berger-Levrault, 1896, in-8°, 80 p., 21 pl.

Notice extr. de l'ouvrage signalé sous le n° **5394**; observations relatives à la température, à l'hygrométrie et à la pluie dans chacune des quatre grandes zones.

6700. — [Boulle, ingénieur du Service hydraulique]. Régence de Tunis. Protectorat français. Direction générale des Travaux publics. *Rapport sur l'aménagement des eaux dans la Régence de Tunis.* — Tunis, imp. L. Nicolas, 1896, in-8°, 65 p., carte.

Régime des eaux en Tunisie à l'époque actuelle; principes de l'aménagement des eaux à l'époque de l'occupation romaine; inventaire des ressources et des installations hydrauliques de la Régence; alimentation en eau potable des centres de population; établissement de points d'eau le long des routes, alimentations rurale utilisation agricole des eaux (v. n° **6711**).

6701. — CARTON (D^r), médecin-major. *Note sur la diminution des pluies en Afrique...* — Tunis, Imp. rapide, 1896, in-8°, 12 p.

R. T., 1896, p. 87-94. — Le climat de l'Afrique a été jadis, comme il l'est maintenant, d'une grande sécheresse, les pluies y ont été cependant plus fréquentes que de nos jours. An. par Cagnat, dans *Ac. Inscr. B.-Lettres, C. R.*, 1896, t. XXIV, p. 121; par Héron de Villefosse, dans *Bul. Soc. nat. antiq. France*, 1896, p. 114-115.

6702. — PÉRADON (Dr Cyprien), médecin-major de 2e cl. *Étude climatologique d'Aïn-Draham de 1884 à 1895, d'après les observations prises à l'hôpital militaire...* — *R. T.*, 1896, p. 293-300, graph., fig.

Température, pression atmosphérique, vents régnants, humidité et électricité atmosphérique, climat.

6703. — CARTON (D^r), médecin-major. *Variations du régime des eaux dans l'Afrique du Nord...* — *Ann. Soc. géol. Nord*, 1896, p. 29-48.

Conditions climatologiques dans lesquelles ont vécu les anciens habitants de l'Afrique du Nord; causes qui ont pu modifier la climatologie de l'Afrique ancienne. An. par R. Cagnat, dans *Ac. Inscr. B.-Lettres, C. R.*, 1896, t. XXIV, p. 211.

6704. — RAULIN (Victor). *Observations pluviométriques sur la côte septentrionale de l'Afrique...* — *Ass. fr. av. sc.*, 2e part., 1897, p. 239-242.

25e *session, Carthage,* 1896. — Observations faites depuis 15 ans sur un grand nombre de points en Tunisie (intérieur et littoral). Cf. *ibid.*, 1re part., 1896, p. 158. Les observations faites de 1871 à 1880 au Maroc et en Algérie ont paru dans *Mém. Soc. philomathique de Verdun,* 1894.

6705. — FÉRET, propriétaire à Souk-el-Kmis. *Sur l'aménagement des eaux en Tunisie.* — *Ass. fr. av. sc.*, 2e part., 1897, p. 640-641.

25e *session, Carthage,* 1896. — Le Gouvernement doit procéder immédiatement à l'aménagement des eaux; fonds nécessaires. Cf.*ibid.*, 1re part., 1896, p. 240-241.

6706. — Saladin (T.). *Les survivances des traditions antiques depuis l'occupation arabe, en Tunisie.* — *Ass. fr. av. sc.*, 2ᵉ part., 1897, p. 799-802.

25ᵉ session, Carthage, 1896. — Examen comparé des travaux publics (citernes, barrages) des Romains et des Arabes, en Tunisie.

6707. — Carton (Dʳ), médecin-major. *Étude sur les travaux hydrauliques des Romains en Tunisie.* — Tunis, Imp. rapide, 1897, in-8°, 135 p., 43 fig.

R. T., 1896, p. 281-293, 373-386, 530-564; 1897, p. 27-85, 43 fig. — Cette brochure groupe toute les études de l'auteur, parues depuis 1887, relatives aux travaux hydrauliques de l'Afrique ancienne. Le Sud tunisien, région entre Testour et l'enchir Mest, régions au nord et au nord-ouest de Teboursouk, vallée de la Medjerda, le djebel Rehia; ouvrages destinés à lutter contre le ruissellement, captage des sources, adduction de l'eau, puits, collectionnement et distribution des eaux. An. par Héron de Villefosse, dans *Bul. Soc. nat. antiq. France,* 1897, p. 406; par A.-T. Vercoutre, dans *R. arch.,* 1898, t. XXXII, p. 157-158.

6708. — Ginestous (G.), chargé du Service météorologique de la Régence. *Les pluies en Tunisie...* — Tunis, imp. J. Picard, 1897, in-8°, 51 p., 18 cartes, 8 tableaux.

Régence de Tunis. Direction de l'Enseignement public. Service météorologique. — Ensemble des données recueillies depuis dix ans par les Services de l'Enseignement public, de Santé militaire et des Affaires indigènes, Contrôles civils et quelques observateurs isolés; relief du sol tunisien, régime des vents; stations pluviométriques et régime des pluies. Une 2ᵉ éd. de cet ouvrage parut en 1901 (*ibid.,* 90 p., fig., cartes, tableaux) et comprend les observations recueillies pendant une période de 15 années. An. dans *Bul. Dir. agr. com. Tunis,* 1902, p. 102-105. Cf. Antoine Vacher, *Les pluies en Tunisie, d'après un ouvrage récent. Ann. G.,* 1902, p. 269-271.

6709. — Régence de Tunis. Protectorat français. Direction des Antiquités et Beaux-Arts. *Enquête sur les installations hydrauliques romaines en Tunisie,* ouverte par ordre de M. René Millet... sous la direction de Paul Gauckler,... — Tunis, imp. L. Nicolas, 1897-1912, 2 vol. gr. in-8°, 347 p., 108 fig., et 236 p., 108 fig.

Parut en 9 fasc. Série d'études locales exécutées surtout par les officiers de la division d'occupation et notamment par ceux des brigades topographiques et des Affaires indigènes : la région d'El-Djem, par le capⁿᵉ Maumené; la région de Djemmal, par le capⁿᵉ Toussaint; la côte tunisienne de Moknine à Mahdia, par le cap^{ne} Flick; restauration du barrage et de l'aqueduc de Fériana, par le cap^{ne} Bonin; travaux d'eau de Zaghouan et des environs, par le lieut^t Monnier; travaux d'eau à l'est du djebel Zriba, par le cap^{ne} Montalier; hydraulique d'une cité romaine au djebel Oust, par le lieut^t Godin; installations hydrauliques du Sud tunisien, par le cap^{ne} Donau, etc. An. par J. Toutain, dans *R. Crit.*, 1899, t. XLVII, p. 488-491; par L. B., dans *R. T.*, 1898, p. 251; par E. Vassel, *ibid.*, 1899, p. 363; par V. W. [Waille], dans *R. Af.*, 1899, p. 385; par G. Yver, dans *Ann. G., Bibl.*, 1900, p. 227; 1902, p. 223; 1903, p. 217-218; 1904, p. 222; 1905, p. 229-230; 1913, p. 12.

6710. — *Relevé de quelques analyses d'eau faites par le laboratoire de chimie de la Direction de l'agriculture.* — *Bul. Dir. agr. com.* Tunis, 1899, n° 13, p. 68-73.

6711. — RÉGENCE DE TUNIS. Direction générale des Travaux publics. *Rapport du directeur général des Travaux publics sur les études et recherches d'eau pour l'alimentation des villes et villages de la Régence effectuées de 1896 à 1900.* — Tunis, imp. L. Nicolas, 1900, in-8°, 46 p.

Étudie ce qui a été fait à la suite du rapport de 1896 (v. n° **6700**) en ce qui concerne la question de l'alimentation des centres habités; recherches entreprises pour chaque ville et village; note sur l'alimentation en eau de la ville de Tunis (v. n° **6720**). Cf. *Quinz. col.*, 1901, t. IX, p. 170-171.

6712. — WOLFROM (Gustave). *De l'utilisation des travaux hydrauliques romains en Tunisie...* — Tunis, Imp. générale, 1901, in-8°, 12 p.

Régence de Tunis. Protectorat français. Direction de l'agriculture et du commerce. — L'importance de la production agricole de l'Afrique du Nord et en particulier de la Tunisie à l'époque romaine a été exagérée; elle était toutefois de beaucoup supérieure à celle d'aujourd'hui et il est possible d'y prétendre; nécessité de rechercher, pour les restaurer, les travaux hydrauliques romains. Cf. *Bul. Soc. G. Bordeau* 1901, p. 278-283.

6713. — BRUNHES (Jean). *Étude de géographie humaine. L'irrigation, ses conditions géographiques, ses modes et son organisation dans la Péninsule ibérique et dans l'Afrique du Nord...* Thèse... — Paris, C. Naud, 1902, in-8°, XVIII-518 p., 63 fig., 7 cartes.

Thèse pour le doctorat, Faculté des lettres de Paris, 1901-1902. — Autre éd., *ibid.*, XVII-579 p., fig., cartes. — Complexité et diversité du problème géographique concernant l'irrigation. L'auteur a visité, en 1899-1900, les centres les plus importants et caractéristiques du pays de l'Atlas de Tlemcen et Sidi-bel-Abbès à Sfax, ainsi que Touggourt, le Souf et le Mzab. Caractères généraux du relief et du climat; massifs littoraux, plaines et hautes plaines du Tell, Sahel tunisien, steppes et déserts (p. 144-307). Notes et pièces justificatives; importante bibliographie. An. par Henri Dehérain, dans *R. G. Sc.*, 1903, p. 47; par G. Houbron, dans *Bul. Soc. G. Lille*, 1904, t. XLI, p. 139-140; dans *Bul. Dir. agr. com. Tunis*, 1903, p. 142; dans *Bul. Com. A. F.*, 1902, sup., p. 154-156; par Augustin Bernard, dans *Quinz. col.*, 1902, t. XII, p. 740-742; par Antoine Vacher, dans *R. Historiq.*, 1908, t. XCVI, p. 144-145. Cf. P. Vidal de La Blache, *L'irrigation, d'après M. Jean Brunhes. Ann. G.*, 1902, p. 457-460; Paul Girardin, *L'irrigation dans la péninsule ibérique et dans l'Afrique du Nord. Bul. Soc. G. Paris*, 1902, t. VI, p. 101-114, 5 ill.

6714. — GINESTOUS (G.), professeur au collège Sadiki. *Étude sur le climat de la Tunisie... Les régions naturelles de la Tunisie, leur climat...* — Tunis, Imp. moderne, 1903, in-8°, 179 p., cartes, graph.

Protectorat français. Gouvernement tunisien. Direction de l'agriculture et du commerce. — *Bul. Dir. agr. com. Tunis*, 1902, p. 64-88, 210-232, 334-353, 413-429; 1903, p. 103-139, 347-394, cartes, graph. — Étude résumant l'ensemble des données climatologiques recueillies sur les principales régions de la Tunisie par le Service météorologique depuis sa fondation (1885) jusqu'en 1900; aperçu d'ensemble pour chaque saison sur le climat tunisien; examen des diverses variations qui se produisent au cours de l'année et détermination du caractère général du climat de la Régence; essai de division de la Tunisie en régions naturelles. An. par G. Yver, dans *Ann. G., Bibl.*, 1904, p. 222.

6715. — IMBEAUX (D^r Ed.), HOC (Commandant), DEVOS, ingénieur en chef des Ponts et chaussées, VAN LINT, BÉTANT, PETER et KLEIN, ingénieurs. *Annuaire statistique et descriptif des distributions d'eau de France, Algérie, Tunisie et colonies françaises, Belgique, Suisse et grand-duché de Luxembourg...*, 2e éd., situation au 1er janvier 1909. — Paris, H. Dunod, 1909, in-8°, XL-1414 p., 8 cartes et pl.

1re éd., Paris, Vve Ch. Dunod, 1903, in-8°, L-1738-54 p., 4 pl. — En ce qui concerne l'Algérie et la Tunisie, voir p. XXXIV-XXXV, 871-964, par le commandant Hoc, renseignements pour chaque ville et considérations générales. An. par Emm. de Margerie, dans *Ann. G., Bibl.*, 1904, p. 42-43; par L. Raveneau, *ibid.*, 1910, p. 51-52.

6716. — L. N. *Réservoirs d'eau naturels.* — *R. T.*, 1903, p. 298-299.

6717. — Lahache (Dr J.-E.). *Hydrographie : hydraulique latine.* — Marseille, Secrétariat de la Société, 1904, in-8°, 11 p.

Bul. Soc. G. Ét. Col. Marseille, 1904, p. 135-143, croq. — Le degré maximum de la technique romaine. An. par H. Schirmer, dans *Ann. G., Bibl.*, 1905, p. 50.

6718. — Rivière (Ch.). *Climatologie agricole du Nord de l'Afrique. Refroidissements nocturnes de l'air et du sol en Algérie notamment, en Tunisie et au Maroc...* — Paris, Bureaux de la Revue des cultures coloniales, 1904, gr. in-8°, 94 p., fig.

Les méthodes d'observations météorologiques en usage ne servent ni la climatologie ni l'agriculture ; le Nord de l'Afrique est un pays à hiver marqué où les refroidissements très accentués *sous zéro* sont communs ; froids historiques (exemples : 1835, 1836, 1842, 1843, 1846, 1852), froids noirs, froids sahariens, la neige, la grêle ; de la résistance des races indigènes.

6719. — Carton (D^r). *Tunis sans eau ; leçons perdues, ou comment on savait éviter la soif dans l'antique Carthage...* — Tunis, Imp. rapide, 1905, in-8°, 12 p.

R. T., 1905, p. 265-274. — Avec des besoins autrement considérables que ceux des Romains, ayant sous les yeux un magnifique exemple de la diversité et de la multiplicité des moyens qu'ils employaient pour garder l'eau, nous avons dédaigneusement laissé de côté, ou ignoré, le plus puissant de ces moyens, la réfection ou la construction des citernes privées.

6720. — [Fages (de), directeur général des Travaux publics]. Protectorat français. Gouvernement tunisien. Direction générale des Travaux publics. *Rapport sur les études et recherches d'eau pour l'alimentation des villes et villages de la Régence effectuées de 1900 à 1905.* — Tunis, imp. J. Picard, 1905, in-8°, 49 p.

Exposé d'ensemble de la situation actuelle ; le plan de ce travail est identique à celui du rapport de 1900 (v. n° **6711**) : région nord, Tunis, Bizerte, etc. ; région du centre, Sousse, Mahdia, etc. ; région sud, Sfax, Gabès, etc.

6721. — *La question de l'eau à Tunis.* — *Quinz. col.*, 1905, p. 416.

La pénurie d'eau ; explications de MM. Boulle et Porché, vœu de la Chambre de commerce.

6722. — Malet (F.), ingénieur-agronome. *Rapport fait au nom de la Commission technique des champs d'épandage de Tunis...* Des eaux d'égout de Tunis. — Bul. Dir. agr. com. Tunis, 1905, p. 428-450.

6723. — Ginestous (G.). *Études sur le climat de la Tunisie...* — Tunis, imp. Guinle, 1906, in-8°, 444 p., fig., cartes, tableaux.

<small>Autre éd., *ibid.*, 1906, in-8°, 364-paginé 127-173 et VIII p., fig., cartes, tableaux. *Thèse de la Faculté des sciences de Paris*, n° 30. — Étude très détaillée sur le climat de la Tunisie, «chaud tempéré sur les régions littorales et chaud continental à l'intérieur»; aperçu géographique; organisation du Service météorologique de la Régence; les régions naturelles de la Tunisie (v. n° **6725**), essai de division de ce pays basée sur le climat, la situation géographique, le relief, la nature du sol, la végétation spontanée et les productions agricoles. An. par Augustin Bernard, dans *Ann. G., Bibl.*, 1907, p. 224, et dans *Bul. Dir. agr., com. col. Tunis*, 1907, p. 577.</small>

6724. — Ginestous (G.). *Barrages hydrauliques.* — R. T., 1906, p. 195-199.

<small>Reproduit dans *Bul. agr. Alg. Tun.*, 1906, p. 211-215. — Exemple de barrages établis par un colon sur sa propriété du Khanguet en vue de retenir les eaux de pluie, résultats obtenus.</small>

6725. — Ginestous (G.). *Les régions naturelles de la Tunisie...* — Tunis, imp. G. Guinle, 1906, in-8°, 72 p., fig., cartes, tableaux.

<small>Protectorat français. Gouvernement tunisien. Direction de l'agriculture et du commerce. — Extr. de l'ouvrage signalé sous le n° **6723**.</small>

6726. — Régence de Tunis. Protectorat français. Direction générale des Travaux publics. Compagnie du gaz et régie cointéressée des eaux de Tunis. *Actes organiques et documents annexes concernant l'alimentation hydraulique de Tunis et de sa banlieue, 1884-1905.* — Tunis, Imp. rapide, 1906, gr. in-8°, 121 p.

<small>Suite de 24 documents datés de 1884 à 1900.</small>

6727. — Ginestous (G.). *Retenues d'eau en plaine et en montagne...* — Tunis, imp. J. Orliac, 1907, in-8°, 8 p., pl.

Bul. Dir. agr., com. col. Tunis, 1907, p. 241-246, pl. — Ce que le colon peut faire lui-même, à peu de frais, sur son domaine, pour retenir les eaux; l'efficacité incontestable des retenues d'eau sous faible volume.

6728. — Ginestous (G.). *La montagne boisée.* — *R. T.*, 1907, p. 33-36.

Action des massifs montagneux de la Tunisie sur les vents humides qui la parcourent; la montagne boisée assurera dans les meilleures conditions son rôle de condensateur des pluies.

6729. — Germain de Montauzan (C.). *Rapport sur une mission scientifique en Italie et en Tunisie...* — Paris, Imp. nat., 1907, in-8°, paginé 71-123, 26 fig.

Arch. missions scient. litt., 1908, t. XV, p. 71-123, 26 fig. — Résultats d'une mission d'étude, en Italie et en Tunisie, des aqueducs antiques considérés spécialement dans leurs analogies et leurs différences avec les aqueducs romains de Lyon.

6730. — Penet (P.), contrôleur civil. *Les syndicats d'inondation de la plaine de Kairouan, Zeroud et Merguellil (contribution à l'étude de l'hydraulique agricole en Tunisie).* — *Bul. Dir. agr., com. col. Tunis*, 1908, p. 443-478, fig., 4 croq., 3 pl.

Les oueds Zeroud et Merguellil, structure de la plaine de Kairouan, instabilité du relief de la plaine, les crues, utilisation de l'inondation, l'irrigation des cultures, ouvrages syndicaux, les associations anciennes, les syndicats réguliers.

6731. — Bignens (L.). *La Medjerdah, étude relative à l'exploitation de ses forces motrices et à l'utilisation de ses eaux à l'usage des services publics...* — Tunis, imp. G. Guinle, 1908, in-8°, 40 p.

6732. — *L'eau à Sfax.* — *Quinz. col.*, 1908, p. 1014-1015.

Projet de l'adduction des eaux de Sbeïtla à Sfax. Cf. *L'exportation des phosphates par le port de Sfax. Ibid.*, p. 666; *Les travaux du port de Sfax. Ibid.*, p. 614, 743; *Le port de Sfax en 1908. Ibid.*, 1909, p. 343.

6733. — Minier. *L'eau de la Medjerda à Tunis.* — *Bul. Sect. Tunis.*, nov. 1908, p. 96-102.

Projet pour l'alimentation de Tunis et sa banlieue en eau non potable.

6734. — MAZIÈRES (Marc de). *Le régime des eaux dans les oasis tunisiennes.* — *Bul. Sect. Tunis.*, nov. 1908, p. 103-108.

Servitudes légales et servitudes «établies par le fait de l'homme» qui régissent les eaux, le droit de chirb.

6735. — BIGNENS (L.). *Utilisation de l'eau de la Medjerda au moyen d'un barrage.* — *R. T.*, 1909, p. 116-123.

Conférence à l'Institut de Carthage (22 janvier). Barrage à créer entre Oued-Zarga et Testour, conséquence physique de la création du bassin, débit de la Medjerda, force motrice, canalisations sur les rives du fleuve. Cf. *R. T.*, 1912, p. 101-107, croq. An. par Hégly, *ibid.*, p. 110-111.

6736. — *Les différents systèmes d'irrigation...* — Bruxelles, Institut col. internat., 1909, in-8°, 471 p., carte.

Bibliothèque coloniale internationale, 7° série, t. IV, *Algérie, Tunisie*. — Recueil de documents officiels (législation générale, règlements des syndicats et documents divers), accompagnés de notes, relatifs aux irrigations en Algérie (p. 51-388) et en Tunisie (p. 389-468), précédé d'une introduction par Augustin Bernard : conditions naturelles des entreprises d'irrigation, classification des ouvrages d'hydraulique agricole, répartition et emploi de l'eau suivant les cultures, conditions économiques et financières des entreprises d'irrigation. An. dans *Bul. Com. A. F.*, 1909, p. 304 ; par Maurice Zimmermann, dans *Ann. G., Bibl.*, 1911, p. 63-64 ; dans *Bul. Dir. agr., com. col. Tunis*, 1909, p. 133.

6737. — NOËL (Eugène). *Note sur l'hydrogéologie tunisienne.* — Paris, Soc. géologique de France, 1909, in-8°, paginé 459-487, 3 fig.

Bul. Soc. géol. France, 1909, p. 459-487, 3 fig. — Étude des caractères des cinq «régions hydrologiques» de la Tunisie, séparées par des zones de passage. Cf. du même, *Sur l'hydrogéologie tunisienne... C. R. Ac. Sc.*, 1909, t. CXLIX, p. 1415-1417. An. par P. Guérin, dans *R. Sc.*, 1910, 1er sem., p. 62.

6738. — SAJOUS, lieut^t des Affaires indigènes, Kebili. *Retenues d'eau en plaine et en montagne dans la région du Nefzaoua.* — *Bul. Dir. agr., com. col. Tunis*, 1909, p. 198-206, 4 fig.

Eaux artésiennes, de puits, pluviales, semi-souterraines, souterraines ; procédés de captation. An. par G. Yver, dans *Ann. G., Bibl.*, 1910, p. 238.

6739. — [HÉGLY, ingénieur des Ponts et chaussées]. PROTECTORAT FRANÇAIS. Gouvernement tunisien. Direction générale des

Travaux publics. *Rapport sur le fonctionnement du Service hydraulique (1906-1910)*. — Tunis, imp. J. Picard, 1910, in-8°, v-104 p., carte.

<small>Préface de E. de Fages. État actuel des principales questions concernant l'hydraulique tunisienne en suivant les grandes lignes des rapports de 1896, 1900 et 1905 (v. n°ˢ **6700, 6711** et **6720**) : législation de l'hydraulique, eaux potables, eaux agricoles, irrigations, puits artésiens, utilisation industrielle des eaux, évacuation des eaux usées, desséchements. Annexes.</small>

6740. — PENET (P.), contrôleur suppléant, chef de l'annexe de Tozeur. *Les irrigations dans la plaine de Gamouda...* —Tunis, Imp. centrale, 1910, in-8°, 11 p., carte, croq.

<small>Régence de Tunis. Direction de l'agriculture, du commerce et de la colonisation... — Bul. Dir. agr., com. col. Tunis, 1910, p. 29-37, 2 ill. — Étude de la plaine de Gamouda formée par les apports de l'oued Fekka ; les trois zones des terres irriguées qui se différencient, non par le caractère de l'irrigation, mais par le mode de captage et de dérivation des eaux.</small>

6741. — NOËL (E.). *Les infiltrations sur le massif du Zaghouan (Tunisie)...* — C. R. Ac. Sc., 1910, t. CL, p. 1711-1713.

6742. — MENOUILLARD. *Mœurs et coutumes indigènes. Pratiques pour solliciter la pluie.* — R. T., 1910, p. 302-305.

6743. — ORDIONI et BÉZU, capitaines au 4ᵉ Tirailleurs algériens. *La monographie du Djebel Zaghouan. L'eau à Tunis.* — R. Gén., 1910, t. XL, p. 181-208, 329-362, cartes, fig.

<small>Description et étude de la région du djebel Zaghouan où l'on doit rechercher l'eau nécessaire pour Tunis ainsi que le firent les Romains ; fertilité de la Tunisie, étude des sources, travaux à exécuter ; considérations militaires sur cette région qui se trouve sur le passage obligé d'un envahisseur venant du Sud et cherchant à gagner la vallée de la Medjerda.</small>

6744. — NOËL (Eugène), ingénieur. *Une mission en Tunisie...* — Nancy, imp. P. Pierron, 1910, in-8°, 38 p., ill., cartes.

<small>Extr. R. *industrielle de l'Est.* — Aperçu géographique sur la Tunisie, l'action du Protectorat, les études hydrauliques entreprises jusqu'ici, la « prospection des eaux », projets d'améliorations dans l'alimentation en eau de Tunis, Sfax, etc.</small>

6745. — ORDIONI, chef de bat^{on} d'inf^{ie}. *L'hydraulique des environs de Bizerte.* — *R. Gén.*, 1911, t. XLI, p. 5-38, 16 ill. et cartes.

Constitution géologique des environs de Bizerte, renseignements météorologiques, les bassins d'alimentation ; alimentation en eau de Bizerte aux différentes époques de son histoire ; ressources utilisées en 1907 ; alimentation du port de commerce et de la marine de l'État ; travaux à exécuter.

6746. — ORDIONI, chef de bat^{on} d'inf^{ie}. *Le régime des eaux du Centre et du Sud tunisiens.* — *R. Gén.*, 1911, t. XLI, p. 419-446 ; t. XLII, p. 33-50, 137-158, 14 fig. et cartes.

Exposé des ressources connues et problématiques en eau du Centre et du Sud tunisiens ; étude géographique, géologique, hydrologique, côtes, etc. ; coup d'œil sur l'état actuel de la Tunisie ; puits artésiens, barrages, citernes, le lac Triton et le projet Roudaire ; améliorations proposées et leurs conséquences ; la région désertique et le grand Erg ; programme général pour l'amélioration des eaux.

6747. — BARRION (Georges). *L'hydraulique agricole en Tunisie.* — *R. T.*, 1911, p. 471-479.

Étude basée notamment sur les rapports signalés sous les n^{os} **6700** et **6739**, ainsi que sur les enquêtes personnelles de l'auteur ; la législation actuelle est à réformer dans son esprit et dans ses textes ; but principal à atteindre.

6748. — GAUTIER (E.-F.). *Profils en long de cours d'eau en Algérie-Tunisie.* — *Ann. G.*, 1911, p. 351-366, 431-447, 13 fig.

Oueds du Tell et oueds des Hauts Plateaux ; discussion de chaque profil pris en lui-même, leur étude comparative, indications utiles à en tirer.

6749. — GSELL (Stéphane). *Le climat de l'Afrique du Nord dans l'antiquité...* — Alger, A. Jourdan, 1911, in-8°, 70 p.

R. Af., 1911, p. 343-410. — Caractères principaux du climat actuel et du climat dans l'antiquité ; renseignements sur la période pour laquelle existent des documents historiques (ve siècle avant J.-C. au viie siècle après J.-C.) ; nombreuses références. An. par Augustin Bernard, dans *Ann. G., Bibl.*, 1912, p. 14.

6750. — MONCHICOURT (Ch.), contrôleur civil à Kairouan. *Règlements d'irrigation dans le Haut Tell (Régions du Kef, Téboursouk, Mactar et Thala)...* — Tunis, imp. G. Guinle, 1911, in-8°, 23 p.

Régence de Tunis. Protectorat français. Direction générale de l'agriculture, du commerce et de la colonisation. — *Bul. Dir. agr., com. col. Tunis,* 1911, p. 497-517. — Modes d'irrigation dans le Tell, par les sources, les rivières permanentes et les eaux de crue; la réglementation relative à la répartition de l'eau dans chacun de ces cas. An. par G. Yver, dans *Ann. G., Bibl.,* 1912, p. 235-236.

6751. — Porché, ingénieur des Ponts et chaussées. *Les eaux de Tunis. Rapport...* — Tunis, imp. J. Picard, 1912, in-8°, 222 p., croq., carte.

Protectorat français. Gouvernement tunisien. Direction générale des Travaux publics. — Rapport rédigé en 1909 et légèrement remanié; étude des conditions actuelles de l'exploitation et de leur amélioration au point de vue administratif et technique; recherches et utilisation de ressources nouvelles.

6752. — Minier. *L'utilisation du lac Sedjoumi comme réservoir des eaux de la Medjerdah.* — *R. T.,* 1912, p. 107-110, carte.

Économie du projet : creuser un canal de la Medjerda au lac Sedjoumi, remplir ce lac en hiver, utiliser toute l'année l'eau de ce réservoir pour Tunis et sa banlieue. An. par Hégly, dans *R. T.,* 1912, p. 111.

6753. — Coignet (J.), ingénieur civil. *Notice sur la création d'un barrage-réservoir à Hammam-Zriba, près de Zaghouan...* — Tunis, Imp. rapide, 1912, in-8°, 55 p., phot., crcq.

Paru sous le titre *Alimentation de Tunis en eau potable, projet de barrage-réservoir sur l'oued El-Hammam-Zriba, près de Zaghouan (Tunisie),* dans *R. T.,* 1912, p. 112-164, phot., croq. — Études reposant sur une année entière d'observations; avantages que présenterait le réservoir de Zriba (v. n° **6758**). Cf. Louis Berthon, *Aperçu hydrogéologique sur le djebel Zaghouan et sur le bassin de l'oued El-Hammam. R. T.,* 1916, p. 311-324, pl.

6754. — Carton (Dr L.). *L'hydraulique dans l'antiquité en Barbarie.* — Tunis, Imp. rapide, 1912, in-8°, 10 p.

R. T., 1912, p. 221-230. — L'étude, depuis 1863, des anciens travaux hydrauliques dans l'Afrique mineure, leur nature, la construction de citernes, les travaux de dérivation et d'irrigation à l'aide des eaux de ruissellement, le reboisement.

6755. — Ginestous. *Sur le problème de l'hydraulique en Tunisie.* — Tunis, Imp. rapide, 1912, in-8°, 12 p.

R. T., 1912, p. 319-328. — Examen de la question du barrage d'un oued; données que l'ingénieur doit posséder avant son travail de recherches de constructions; exemples de l'oued El-Hattob et l'oued Zeroud. An. par G. Yver, dans *Ann G., Bibl.,* 1913, p. 224.

6756. — *Effet des pluies en Tunisie.* — *Quinz. col.*, 1912, p. 741, 871.

Polémiques au sujet des accidents consécutifs à des pluies très abondantes.

6757. — PENET (P.). *L'hydraulique agricole dans la Tunisie méridionale...* — Tunis, Imp. rapide, 1913, in-8°, 212 p., ill., croq.

Étude hydrologique du Bas-Sahara tunisien, aperçu géologique, les Chotts, les sources, origine des eaux, recherche d'eaux nouvelles; irrigation des oasis, partage d'eau, considérations juridiques sur le droit d'eau, prix de l'eau, irrigation et drainage, besoins généraux des oasis; irrigations par eaux de ruissellement; bibliographie. An. par Ginestous, dans *R. T.*, 1913, p. 556-563; par G. Rectenwald, dans *R. Alg. Tun. Maroc. lég. jurisp.*, 1913, 1re part., p. 262-264; par R. Ch. [Chudeau], dans *Bul. Soc. G. Paris*, 1920, t. XXXIV, p. 529; dans *Bul. Com. A. F.*, 1913, sup., p. 240; par G. Yver, dans *Ann. G., Bibl.*, 1915, p. 388.

6758. — RÉGENCE DE TUNIS. Protectorat français. Direction générale de l'agriculture, du commerce et de la colonisation. *La question de l'hydraulique agricole en Tunisie* (Compte rendu du Congrès de l'hydraulique agricole du 27 mars 1913). — Tunis, imp. G. Guinle, 1913, paginé 225-380, ill., cartes.

Bul. Dir. agr., com. col. Tunis, 1913 (n° spécial), p. 225-380, ill., cartes. — Série de 9 communications présentées au 42° Congrès de l'Association française pour l'avancement des sciences sur l'initiative de l'Association agricole; préface de G. Alapetite. Carton (Dr L.), *L'archéologie et l'hydraulique en Tunisie* (p. 227-248); Coignet (J.), *Le barrage-réservoir de Hammam-Zriba, près Zaghouan (Tunisie)* [p. 249-265] (v. n° **6753**); Barrion (G.), *Le régime légal des eaux en Tunisie* (p. 267-275); Delaporte (L.), *Comment améliorer notre régime des eaux?* (p. 277-283); Malcor (M.), *Sur une méthode permettant l'alimentation plus abondante des puits et des sources* (p. 285-302); Ginestous (G.), *La pluviométrie tunisienne et l'hydraulique agricole* (p. 303-345); Gagey (R.), *L'hydraulique agricole en Tunisie* (p. 347-355); Marès (R.), *Prospérité des cultures irriguées en Algérie* (p. 357-369); Penet (P.), *Quelques particularités de l'irrigation d'oasis* (p. 371-380). An. par C. Combet, dans *R. T.*, 1914, p. 63-65; par G. Yver, dans *Ann. G., Bibl.*, 1915, p. 378-379.

6759. — BRUNO (Henri). *Contribution à l'étude du régime des eaux en droit musulman.* Thèse... — Paris, A. Rousseau, 1913, in-8°, XVI-200 p.

Université de Paris, Faculté de droit. — Les coutumes préislamiques des Arabes, les premières règles du prophète, le développement de la théorie du régime des eaux en droit musulman; législations algérienne et tunisienne (p. 100-103). Appendices: règlements d'eau d'Oujda, du Sud marocain, de Figuig, dans les oasis du Djerid, etc. Importante bibliographie. An. par Cl. Huart, dans *R. Crit.*, 1916, t. LXXXI, p. 238-239, dans *J. As.*, 1914, t. III, p. 676-678, et dans *R. H. Relig.*, 1914, t. LXX, p. 89-90; par M. M. [Morand], dans *R. Alg. Tun. Maroc. lég. jurisp.*, 1913, 1re part., p. 250-251.

6760. — *L'eau à Tunis.* — *Quinz. col.*, 1913, p. 849.

Question traitée à la Conférence consultative; projet de construction d'un barrage au Zaghouan.

6761. — *La réglementation de l'hydraulique en Tunisie.* — *Quinz. col.*, 1913, p. 537.

Nécessité d'une revision de la législation hydraulique établie en 1896; nomination d'une commission.

6762. — Hégly. *Note d'hydraulique sur le jaugeage par déversoir et sur l'application, en Tunisie, de ce procédé aux eaux d'alimentation des villes.* — *Ass. fr. av. sc.*, 1914, p. 108-112.

42e session, Tunis, 1913.

6763. — Ginestous. *Période 1900-1910. Moyenne de la répartion des pluies d'octobre à mai.* — *Ass. fr. av. sc.*, 1914, p. 229-235.

42e session, Tunis, 1913.

6764. — Dolot (Général G.). *Adduction des eaux de la Medjerdah dans le lac Sedjoumi.* — *Ass. fr. av. sc.*, 1914, p. 728-733.

42e session, Tunis, 1913. — Reproduit dans *Bul. Soc. G. Com. Paris*, 1913, p. 483-491. — La question est soulevée depuis 1893; l'exécution du projet Minier de 1906 ne présenterait aucune difficulté. An. par G. Yver, dans *Ann. G., Bibl.*, 1915, p. 379.

6765. — Chatelain (Louis). *Note sur le système hydraulique de Bir-el-Adine...* — Paris, Imp. nat., 1914, in-8°, 4 p.

Bul. Arch., 1913, p. 351-352. — Résumé d'une étude de Roger Gresse, conducteur des Ponts et chaussées, sur le système hydraulique romain de Bir-el-Adine (ouest de Kairouan).

6766. — PENET (P.), contrôleur civil, chef du bureau des contrôles civils à la Résidence générale. *Avant-projet de code des eaux, présenté à la Commission de l'hydraulique instituée par arrêté du 8 juillet 1913...* — Tunis, Imp. rapide, 1914, gr. in-8°, 154 p.

Protectorat français. Gouvernement tunisien. — État actuel de la législation tunisienne en matière d'hydraulique; les ressources et les besoins; que sera la nouvelle législation? Texte provisoire; chaque article est suivi de passages de rapports officiels ou de considérants de jurisprudence. Bibliographie. An. par G. Rectenwald, dans *R. Alg. Tun. Maroc. lég. jurisp.*, 1915, 1re part., p. 179-180.

6767. — VAUMAS (W. de). *Opportunité d'un service autonome de l'hydraulique agricole et des améliorations foncières en Tunisie.* — *Bul. Dir. agr., com. col. Tunis*, 1914, p. 189-218.

Conférence à l'Association agricole (4 mars).

6768. — MONCHICOURT (Ch.), contrôleur civil de Kairouan. *Mœurs indigènes. Les rogations pour la pluie (Thlob en Nô).* — *R. T.*, 1915, p. 65-81.

Cérémonies de caractères religieux, actes rogatoires profanes.

6769. — GAGEY (R.). *L'hydraulique agricole en Tunisie...* — *Vie agric.*, 1915, p. 427-433, 6 phot.

Régime pluvial, cultures sèches, irrigations, assainissements, législation des eaux.

6770. — FLEURY DU SERT. *Projet de restauration du barrage d'El-Bathan.* — *Bul. Dir. agr., com. col. Tunis*, 1915, p. 1-21.

Importance de la question pour la région de Tebourba; débit de la Medjerda et quantité d'eau nécessaire, élévation des eaux.

6771. — BERTHON (Louis). *Note sur le forage de Bir-Pistor.* — *R. T.*, 1916, p. 3-16, croq., pl.

Origine et économie de l'entreprise, acquisition d'un atelier, transport du matériel, choix d'un point d'implantation, exécution du puits, personnel, tubage, captage, niveau hydrostatique des eaux artésiennes, programme des forages à entreprendre.

6772. — Roiffé (D.). *Usine hydraulique de Tébourba.* — *R. T.*, 1916, p. 295-298, pl.

Installation en 1906, aménagements nouveaux, l'opération de filtrage.

6773. — Coignet (J.). *L'hydraulique en Tunisie et les grands barrages réservoirs. Résumé des études et projets de J. Coignet...* — Tunis, imp. G. Guinle, 1917, in-8°, 146 p., 2 cartes, pl.

Régence de Tunis. Protectorat français. — Extr. de divers ouvrages concernant le rôle des chutes d'eau et des barrages réservoirs ; l'utilisation des eaux de ruissellement en Tunisie par la création de grands barrages réservoirs, liste des principaux emplacements, objections soulevées, avantages ; monographies de quelques futurs barrages réservoirs tunisiens (Hammam-Zriba, oued Zeroud), bassin de la Medjerda (pont-barrage du Bathan), barrages divers ; raisons pour lesquelles la question de l'hydraulique n'a fait aucun progrès en Tunisie. An. par P. La., dans *R. Sc.*, 1918, p. 473-474 ; par G. Yver, dans *Bibl. g.*, 1921, p. 318-319.

6774. — Penet (P.). *La législation hydraulique de la Tunisie ; l'état actuel et les principes directeurs d'une réforme.* — *R. T.*, 1918, p. 363-377.

Bilan de la législation hydraulique actuelle de la Tunisie ; «elle est un peu fruste» ; idées directrices qui doivent présider à l'élaboration de la législation nouvelle.

6775. — *L'hydraulique en Tunisie, le barrage du Bathan.* — Tunis, Imp. rapide, 1918, in-8°, 26 p. sur deux col.

Articles signés T. F., parus dans la *Tunisie française* (mars-avril 1918). Données intéressantes sur ce barrage et son utilisation ; étude en partie de polémique. An. dans *R. T.*, 1918, p. 428-429.

6776. — Berthon (L.). *Captage d'eaux souterraines par galerie horizontale dans les grès numidiens du djebel Zriba.* — *R. T.*, 1919, p. 471-482, 6 fig.

L'henchir Zriba, hydrogéologie du djebel Zriba, examen particulier de quelques sources, projet de captage d'eau, exécution du projet, résultats obtenus.

6777. — Berthon (L.). *Les forages artésiens en Tunisie.* — *R. T.*, 1919, p. 120-124, 193-215, 320-346, 11 croq., carte.

Aperçu général, forages particuliers, description des principaux forages et bassins artésiens ; régions de Tunis, de Souk-el-Khemis, vallée de l'oued El-Kébir, région de Sousse et de Kairouan, recherches d'eaux artésiennes dans la région d'Enfidaville et de Sousse.

6778. — RIVIÈRE (Ch.). *Invariabilité du climat du nord de l'Afrique depuis les temps historiques... agrologie et climatologie comparées... — R. H. nat. appliquée,* 1920, 1re part., p. 71-79, 136-140, 165-176, 197-202, 234-238, 263-267, 302-304.

Le climat est resté sensiblement ce qu'il était à l'époque romaine; la disparition des éléphants, la légende du grenier de Rome; étude des pluies, des forêts, de l'eau et de l'agriculture (v. n° **6781**). An. par R. Chudeau, dans *Bul. Soc. G. Paris,* 1921, t. XXXV, p. 84-85; par Augustin Bernard, dans *Bibl. g.,* 1922, p. 302.

6779. — LANDESQUE (P.). *Hydrologie et utilisation agricole des eaux en Tunisie. — Bul. Dir. agr., com. col. Tunis,* 1920, p. 201-255, 4 fig., 3 pl.

Les eaux météoriques, les cours d'eau et les sources; amélioration des cours d'eau et des sources, utilisation agricole des eaux de surface, barrages, répartition des travaux à effectuer, travaux exécutés; rôle des forêts dans l'amélioration du régime des eaux en Tunisie; bibliographie.

6780. — RÉGENCE DE TUNIS. Protectorat français. Direction générale des Travaux publics. *Code des eaux. Décret du 24 mai 1920... décret du 25 mai 1920...* — Tunis, imp. Yvorra et Barlier, 1920, in-8°, 34 p.

Décret du 24 mai 1920, portant création à la Direction générale des Travaux publics d'un service spécial des eaux, constitution d'un fonds de l'hydraulique agricole et industrielle et institution d'un Comité des eaux; décret du 25 mai 1920, portant règlement sur la conservation et l'utilisation des eaux du domaine public.

6781. — TROUESSART (Dr E.), professeur au Muséum. *Le climat du nord de l'Afrique d'après les géologues. — R. H. nat. appliquée,* 1921, p. 1-5.

Réponse au mémoire signalé sous le n° **6778** sur la question de l'évolution du climat en Afrique depuis la guerre de Jugurtha, d'après la comparaison des récits de guerre de ce dernier et ceux établis au moment de la conquête de l'Algérie, ainsi que les études des géologues.

6782. — CHÉROT, ingénieur adjoint des Travaux publics, et CRUZET, interprète principal. *Étude sur l'hydraulique en Tunisie* *et ses applications agricoles et industrielles. Rapport...* — Tunis, Imp. rapide, 1921, in-16, 44 p.

<small>R. Sect. Tunis., 1921, p. 71-116; reproduit dans *Bul. Dir. agr., com. col. Tunis*, 1921, p. 498-530, et dans *Bul. agr. Alg. Tun. Maroc*, 1922, p. 159-175. — Intéressante contribution à l'étude et à la solution des problèmes d'hydraulique en Tunisie : travaux exécutés par le Protectorat, rôle de l'État au point de vue du développement de l'hydraulique, programme; principes de législation des eaux basés sur le droit musulman et sur les us et coutumes des indigènes en Tunisie.</small>

6783. — Jacquinot (M.), inspecteur général des Ponts et chaussées, en retraite, et Garbe (M.), directeur général adjoint des Travaux publics, à Tunis. *Concours pour un barrage sur l'oued Kébir (Tunisie), en vue de l'alimentation de Tunis en eau.* — *Gén. civil*, 1922, t. LXXX, p. 537-543, 15 fig.

<small>Sources actuellement utilisées pour l'alimentation de Tunis; programme du concours, résultats. An. par J. Martignon, dans *Bibl. g.*, 1923, p. 286-287.</small>

6784. — Ginestous (G.). *Conférences de météorologie... Résumé de climatologie tunisienne.* — *Bul. Dir. agr., com. col. Tunis*, 1922, p. 549-663, 40 pl.

<small>Cinq leçons faites aux élèves de l'École coloniale d'agriculture de Tunis. Principales données de climatologie tunisienne intéressant plus particulièrement la colonie agricole; les appareils de météorologie, pression barométrique, régime des vents, chaleur, température, climat, pluies, phénomènes accidentels, esquisse sommaire des régions naturelles de la Tunisie.</small>

6785. — Trouillet (A.). *Barrage de colmatage et utilisation des eaux de ruissellement.* — *Bul. Dir. agr., com. col. Tunis*, 1922, p. 31-46, 6 fig.

6786. — Neveu (Dr Raymond). *L'aménagement en eau potable des villes de l'Afrique romaine...* — Paris, Soc. d'Histoire de la médecine [1924], paginé 299-308.

<small>*Bul. Soc. fr. H. Méd.*, 1924, t. XVIII, p. 299-308. — Le système hydrologique dont les Romains sillonnèrent toute l'Afrique du Nord, leur système de captation, de protection et de canalisation des eaux. An. dans *Bul. Soc. G. Paris*, 1925, t. XLIV, p. 97.</small>

6787. — Coignet (J.). *L'hydraulique agricole à l'époque romaine.* — *R. T.*, 1924, p. 231-242.

Discussion des nombreuses affirmations formulées à ce sujet; l'auteur conclut que les travaux hydrauliques n'ont pas été la cause, mais la conséquence de la prospérité du nord de l'Afrique.

6788. — *Forage des puits artésiens.* — *Bul. agr. Alg. Tun. Maroc*, 1925, p. 14-15.

Résumé d'une conférence de M. Malcor (3 déc. 1924) à l'Ass. agricole de Tunisie sur l'utilité des forages à grande profondeur.

6789. — [Ménard]. *Rapport sur les encouragements aux travaux d'hydraulique agricole d'intérêt privé en Tunisie.* — *Bul. Dir. agr., com. col. Tunis*, 1925, p. 321-338 ; 1926, p. 11-31, fig.

Travaux concernant la retenue et l'utilisation des eaux de ruissellement, qui ont été primés aux concours de 1923 et de 1924. Cf. *ibid.*, 1926, p. 311-321, fig. : concours de 1925.

6790. — Ginestous (G.). *Le régime des pluies en Tunisie pendant la période 1901-1925...* — Tunis, imp. J. Barlier, 1927, in-8°, 224 p., 63 fig., cartes, tabl.

Régence de Tunis. Protectorat français. Direction générale des Travaux publics, Service météorologique. — Aperçu sommaire sur le régime des pluies, répartitions annuelles et saisonnales, étude des périodes quinquennales, examen par région des variations annuelles, comment et quand pleut-il en Tunisie?

6791. — Ginestous (G.). *La richesse en vapeur d'eau de l'atmosphère dans le Sud tunisien ; son action sur la vie végétale...* — Tunis, imp. G. Guinle, 1928, in-8°, 8 p.

Régence de Tunis. Protectorat français. Direction générale de l'agriculture, du commerce et de la colonisation. — *Bul. Dir. agr., com. col. Tunis*, 1928, p. 352-356. — Possibilité de la mise en valeur d'une grande étendue de territoire tunisien, notamment la zone littorale de Sfax à Ben-Gardane.

L'AFRIQUE FRANÇAISE DU NORD

MINISTÈRE DE LA GUERRE
ÉTAT-MAJOR DE L'ARMÉE — SERVICE HISTORIQUE

L'AFRIQUE FRANÇAISE DU NORD

BIBLIOGRAPHIE MILITAIRE

DES OUVRAGES FRANÇAIS OU TRADUITS EN FRANÇAIS

ET DES ARTICLES DES PRINCIPALES REVUES FRANÇAISES

RELATIFS À L'ALGÉRIE À LA TUNISIE ET AU MAROC

(jusqu'en 1927)

PARIS

IMPRIMERIE NATIONALE

MCMXXXV

TABLE DES MATIÈRES.

(4ᵉ FASCICULE.)

LA TUNISIE. (SUITE.)

TROISIÈME PARTIE. (SUITE.)

LA FRANCE EN TUNISIE.

CHAPITRE III.
LES TRAVAUX PUBLICS.

I. Voies ferrées, routes	14
II. Ports	42
III. Mines et carrières; géologie	54
IV. Navigation, transports et pêches maritimes	79

CHAPITRE IV.
FINANCES, COMMERCE ET INDUSTRIE 89

CHAPITRE V.
L'ENSEIGNEMENT, LES LANGUES INDIGÈNES 105

CHAPITRE VI.
ANTHROPOLOGIE. L'ISLAM.

I. Anthropologie, ethnographie	124
II. L'Islam, l'art musulman	144

QUATRIÈME PARTIE.

LE SUD TUNISIEN.

CHAPITRE PREMIER.

LE SUD TUNISIEN ET LA TRIPOLITAINE.................. 155

CHAPITRE II.

LE PROJET DE MER INTÉRIEURE SAHARIENNE............ 197

CINQUIÈME PARTIE.

L'ARMÉE.

CHAPITRE PREMIER.

ORGANISATION ET RECRUTEMENT DES TROUPES D'AFRIQUE.

a. Généralités 219
b. Zouaves.. 237
c. Tirailleurs... 238
d. Corps disciplinaires.. 239
e. Compagnies mixtes; infanterie montée et troupes sahariennes.......... 240
f. Cavalerie et train.. 242
g. Artillerie 245
h. Génie.. 246
i. Aéronautique 247

CHAPITRE II.

LES SERVICES.

a. Service Géographique.. 252
b. Service de l'Intendance... 253
c. Service de Santé... 254

CHAPITRE III.
HISTORIQUES ET FAITS D'ARMES DES CORPS DE TROUPE.

A. *Infanterie* :
    a. Régiments d'infanterie de ligne........................... 332
    b. Bataillons de chasseurs à pied............................ 344
    c. Bataillons d'infanterie légère d'Afrique.................. 346

B. *Cavalerie* :
    a. Régiments de chasseurs à cheval.......................... 347
    b. Régiments de hussards................................... 347

C. *Train des équipages militaires* 348
D. *Artillerie*.. 349
E. *Génie* 352
F. *Gendarmerie* 352

CHAPITRE IV.
DÉFENSE DE LA TUNISIE; POINTS D'APPUI............... 354

CHAPITRE V.
L'ARMÉE COLONIALE....................................... 370

SIXIÈME PARTIE.
HISTOIRE LOCALE. — BIOGRAPHIES.

CHAPITRE PREMIER.
GÉOGRAPHIE, VOYAGES. — HISTOIRE LOCALE.

a. Géographie, voyages.. 387
b. Histoire locale... 413

CHAPITRE II.
BIOGRAPHIES.

a. Ouvrages renfermant des biographies de personnages différents....... 458
b. Biographies individuelles...................................... 461

TROISIÈME PARTIE. (*SUITE.*)
LA FRANCE EN TUNISIE.

CHAPITRE III.
LES TRAVAUX PUBLICS.

6792. — [GRAND, directeur général des Travaux publics]. RÉGENCE DE TUNIS. *Cahier des clauses et conditions générales imposées aux entrepreneurs des travaux des Ponts et chaussées.* — Tunis, imp. B. Borrel, 1883, in-8°, 24 p.

6793. — RÉGENCE DE TUNIS. Direction générale des Travaux publics. *Devis général réglant les conditions d'exécution des Travaux publics.* — Tunis, imp. B. Borrel, 1884, in-4°, 46 p.

6794. — [MICHAUD (Paul), directeur général des Travaux publics]. RÉGENCE DE TUNIS. Direction générale des Travaux publics. *Compte rendu de la marche des Services de 1883 à 1889.* — Tunis, Imp. rapide, 1889, in-fol., 99 p.

Rapport d'ensemble paru à l'occasion de l'Exposition universelle résumant l'œuvre de la Direction générale des Travaux publics de la Régence depuis sa création (1883) : Ponts et chaussées, police des ports et de la navigation, mines, Services topographique, forestier, météorologique.

6795. — RÉGENCE DE TUNIS. Direction générale des Travaux publics. *Compte rendu de la marche des Services de 1889 à 1890.* — Tunis, imp. B. Borrel, 1890, in-4°, 19 p.

Services des Ponts et chaussées, de la police des ports et de la navigation, des mines, topographique, forestier, météorologique.

6796. — [PAVILLIER, directeur général des Travaux publics]. RÉGENCE DE TUNIS. *Cahier des clauses et conditions générales impo-*

sées aux entrepreneurs des travaux municipaux. Arrêté du 15 avril 1894. — Tunis, imp. B. Borrel, 1894, in-8°, 32 p.

6797. — Régence de Tunis. Direction générale des Travaux publics. *Devis général réglant les conditions d'exécution des Travaux publics (arrêté du 15 mai 1894).* — Tunis, imp. J. Picard [1894], in-4°, 105 p.

<small>Terrasse, chaussées, maçonneries, carrelage, etc.</small>

6798. — Régence de Tunis. Protectorat français. Direction générale des Travaux publics. *Compte rendu de la marche des Services depuis leur création jusqu'au 1er janvier 1895.* — Tunis, imp. L. Nicolas, 1895, in-8°, 276 p.

<small>Les Travaux publics de la Régence avant le Protectorat, organisation actuelle, documents en vigueur; le Service des Ponts et chaussées : les ports avant l'occupation française, leur situation actuelle; les phares, le balisage, les routes et pistes; les chemins de fer : historique, construction, exploitation; bâtiments civils; aménagements d'eau : alimentation des villes, irrigations agricoles; service des Mines, établissements thermaux, forages artésiens, service topographique; service de la police des ports, de la navigation et des pêches; service des forêts. Tableaux statistiques.</small>

6799. — Régence de Tunis. Direction générale des Travaux publics. Ponts et chaussées... *Projet d'exécution ; devis et cahier des charges.* — Tunis, imp. J. Picard [1895], in-4°, 12 p.

6800. — Régence de Tunis. Protectorat français. Direction générale des Travaux publics. *Compte rendu de la marche des Services depuis leur création jusqu'au 1er janvier 1896.* — Tunis, imp. J. Picard, 1896, in-8°, 237 p.

<small>Premier vol. d'une publication devant paraître tous les trois ans. Les Travaux publics de la Régence avant le Protectorat, organisation actuelle, résultats matériels et œuvre des différents services : Ponts et chaussées, mines, service topographique, police de la navigation et des pêches maritimes.</small>

6801. — Régence de Tunis. Protectorat français. Direction générale des Travaux publics. *Tableaux des routes de la Régence au 1er avril 1897.* — Tunis, imp. J. Picard, 1897, in-8°, 15 p.

— 11 —

6802. — [PAVILLIER, directeur général des Travaux publics]. RÉGENCE DE TUNIS. *Cahier des clauses et conditions générales imposées aux entrepreneurs des travaux des Ponts et chaussées (arrêté du 15 mars 1894).* — Tunis, imp. J. Picard, 1899, in-8°, 31 p.

6803. — TRIDON. *L'outillage économique de la Tunisie.* — Quinz. col., 1899, t. V, p. 169-171, 198-201, 234-237, 264-270.

Conférence faite à la Sorbonne (24 mars). Généralités, les routes, les chemins de fer, ancien et nouveau réseau, les ports (Tunis, Sousse, Sfax, Bizerte).

6804. — WOLFROM (Gustave). *Les Travaux publics en Tunisie.* — Bul. Soc. G. Com. Bordeaux, 1899, p. 320-323.

Le travail accompli en Tunisie par la Direction des Travaux publics depuis 1883; l'aménagement des ports de Bizerte, Tunis, Sfax, Sousse; les voies de communication; les chemins de fer. An. par G. Yver, dans *Ann. G., Bibl.,* 1900, p. 230-231.

6805. — RÉGENCE DE TUNIS. Protectorat français. Direction générale des Travaux publics. *Les Travaux publics du Protectorat français en Tunisie.* — Tunis, imp. J. Picard, 1900, 2 vol. gr. in-8°, ill., cartes, plans.

T. Ier (364 p.) : ensemble et détails les plus intéressants de l'organisation actuelle des Services qui dépendent de la Direction générale des Travaux publics de la Régence, législation de ces Services, résultats matériels obtenus depuis leur création; Service des Ponts et chaussées, éclairage et balisage des côtes, ports maritimes, chemins de fer, tramways. T. III (298 p.) : mines (v. n° **7100**), Service topographique, navigation et pêches maritimes (v. n° **7229**). An. par E. Vassel, dans *R. T.,* 1901, p. 105-107; par G. Yver, dans *Ann. G., Bibl.,* 1901, p. 235-236.

6806. — CHARLET (A.). *Les grands travaux en Tunisie.* — Ann. Col., 1902, p. 36-39.

Les grands travaux de routes et de chemins de fer réalisés en Tunisie depuis 1881 ; la construction et l'aménagement des ports de Bizerte, Tunis, Sousse, Sfax.

6807. — *Entreprises de travaux publics et maritimes... Travaux exécutés par MM. H. Hersent et ses fils...* — Paris, imp. Chaix, 1905, gr. in-8°, 96 p., carte en coul., ill.

Parmi les travaux exécutés depuis 1889 ou en cours d'exécution : port de Philippeville (p. 44-46), arsenal de Sidi-Abdallah (p. 47-49), port de Bizerte (p. 60-68), exploitation de ce port (p. 84).

6808. — Bérard (Victor). *L'outillage de la Tunisie.* — *R. P.*, 1906, t. VI, p. 417-448.

Le bilan d'un quart de siècle; les progrès de toute nature réalisés depuis 1881 : commerce, outillage économique, phosphates, etc.

6809. — [Fages (de)]. *Un programme de Travaux publics.* — *Quinz. col.*, 1906, p. 352-353.

Note du Directeur général des Travaux publics (1 er mai), soumise à la Conférence consultative, au sujet de l'emploi des 60 millions qui ont été prévus dans la séance du 3 juin 1905.

6810. — Chailley (Joseph). *Les Travaux publics en Tunisie.* — *Quinz. col.*, 1906, p. 657-660, 689-691.

Les besoins présents (chemins de fer, routes, ports), l'emprunt de 75 millions, l'aspect financier.

6811. — Fages (de). *Établissement d'un programme de grands travaux en Tunisie. Rapport du directeur général des Travaux publics à M. Stephen Pichon, résident général (1er octobre 1906).* — Tunis, imp. J. Picard, 1906, in-8°, 87 p., carte.

Protectorat français. Gouvernement tunisien. Direction générale des Travaux publics. — Situation économique et financière de la Tunisie en 1881 et en 1906; étude des besoins actuels de la Tunisie en matière de Travaux publics, exécution financière du programme proposé (v. n° **6814**). An. par Maurice Zimmermann, dans *Ann. G.*, 1907, p. 88-90.

6812. — *L'emprunt de 75 millions.* — *Bul. Com. A. F.*, 1906, p. 364-366; 1907, p. 25-26.

Texte *in extenso* de l'exposé des motifs et du projet de loi. Cf. *Le programme des grands travaux, un projet d'emprunt. Quinz. col.*, 1906, p. 607; *Emprunt nouveau. Ibid.*, p. 712; *L'emprunt de 75 millions. Ibid.*, 1907, p. 63-64.

6813. — Deloncle (François), député. *Rapport fait au nom de la Commission des Affaires extérieures, des Protectorats et des Colonies, chargée d'examiner le projet de loi autorisant le Gouvernement* *tunisien à contracter un emprunt de 75.000.000 de francs pour accélérer la création de l'outillage économique de la Régence...* — Paris, imp. Motteroz et Martinet, 1907, in-4°, 13 p.

Chambre des députés, 9° législature, session extraordinaire de 1906. Annexe au procès-verbal de la séance du 28 déc. 1906, n° 608. — Examen du programme à satisfaire (chemins de fer, ports, travaux d'hydraulique, enseignement) qui exige 125 millions; le budget tunisien.

6814. — BERNARD (Augustin). *L'outillage de la Tunisie.* — Bul. Com. A. F., 1907, p. 7-13, carte.

Raisons générales qui ont rendu nécessaire la conclusion de l'emprunt de 75 millions (loi du 10 janvier 1907); travaux auxquels il sera consacré, caractère d'intérêt et d'urgence de ces travaux. Étude basée sur le rapport de M. de Fages (v. n° **6811**).

6815. — *Programme des grands travaux publics et emprunt de 75 millions pour l'outillage de la Tunisie.* — Bul. Soc. G. Lille, 1907, t. XLVII, p. 138-139.

Programme exigeant 125 millions pour le perfectionnement du réseau ferré actuel, les routes, la colonisation, etc.

6816. — RÉGENCE DE TUNIS. Protectorat français. Direction générale des Travaux publics. *Code de la route. Décret du 15 septembre 1914 portant règlement sur la protection de la voie publique ainsi que sur la police du roulage et de la circulation.* — Tunis, imp. J. Picard, 1914, in-8°, 51 p.

6817. — MILLERAND (Alexandre), président du Conseil, ministre des Affaires étrangères, et FRANÇOIS-MARSAL (F.), ministre des Finances. *Projet de loi tendant à autoriser le Protectorat tunisien à contracter un emprunt de 274.500.000 francs pour couvrir l'insuffisance des ressources non encore employées de son précédent emprunt de 1912 et pour compléter son outillage économique...* — Paris, imp. Martinet, 1920, in-4°, 22 p.

Chambre des députés, 12° législature, session de 1920. Annexe au procès-verbal de la séance du 22 juin 1920, n° 1129. — Projet renvoyé à la Commission des Finances, sous réserve de l'avis de la Commission de l'Algérie (v. n° **6818**).

6818. — Boussenot (Georges), député. *Rapport fait au nom de Commission de l'Algérie, des Colonies et des Protectorats, chargée d'examiner le projet de loi tendant à autoriser le Protectorat tunisien à contracter un emprunt de 274.500.000 francs pour couvrir l'insuffisance des ressources non encore employées de son précédent emprunt de 1912 et pour compléter son outillage économique...* — Paris, imp. Martinet, 1920, in-4°, 83 p.

Chambre des députés, 12° législature, session de 1920. Annexe au procès-verbal de la séance du 20 juillet 1920, n° 1314. — Étude des précédents emprunts de 1902, 1907 et 1912; détail des crédits demandés pour les chemins de fer (nomenclature du réseau ferré tunisien), l'extension du réseau routier, les autres Travaux publics, les œuvres d'assistance, d'hygiène et d'enseignement (v. n° **6817**). Cf. Avis présenté au nom de la Commission des Finances par M. de Chappedelaine, député, n° 1396, même session.

6819. — *Le nouvel emprunt tunisien.* — Bul. Com. A. F., 1920, p. 185-186.

Répartition de l'emprunt de 274 millions (Travaux publics, agriculture, commerce, colonisation, etc.)

I. VOIES FERRÉES, ROUTES.

6820. — Chemin de fer de Bône à Guelma. *Rapport du Conseil d'administration. Assemblée générale ordinaire du 1ᵉʳ juillet 1876.* — Paris, imp. A. Chaix, 1876, in-4°, 24 p.

Premier rapport imprimé de la c^{ie}; la 1re assemblée (constitutive) avait eu lieu le 25 mars 1875. Cf. *Assemblée générale extraordinaire du 10 oct. 1876... Ibid.*, 6 p.; *Rapport du Conseil d'administration. Assemblée générale ordinaire du 23 mai 1877. Ibid.*, 1877, in-4°, 11 p.

6821. — Chemins de fer de Bône à Guelma et prolongements. *Assemblée générale extraordinaire du 23 mai 1877. Rapport du Conseil d'administration, résolutions.* — Paris, imp. A. Chaix, 1877, in-4°, 31 p., carte.

Convention du 11 janvier 1877 pour la construction des lignes de Duvivier à Souk-Ahras, de Guelma au Kroubs; traité du 23 février 1877 par lequel la société des chemins de fer de la Medjerda cède sa concession de la ligne de Tunis à Dachla-Djandouba. Cf. *Assemblée générale du 9 juin 1877. Procès-verbal. Ibid.*, 7 p.; *Assemblée générale extraordinaire du 31 juillet 1877. Procès-verbal. Ibid.*, 8 p.

6822. — *La Tunisie et les chemins de fer algériens...* — Paris, Rouvier et Logeat [1877], in-8°, 31 p., carte.

Vote du Parlement transformant la ligne de Bône à Guelma, avec prolongement jusqu'à Tunis, en chemin de fer d'intérêt général; rôle de la France dans la Régence; ce que fut la Régence, ce qu'elle est actuellement, l'œuvre de Khair al Dīn. Les chemins de fer algériens, lignes à l'étude ou projetées, la soudure des chemins algériens au réseau tunisien.

6823. — CHEMINS DE FER DE BÔNE-GUELMA ET PROLONGEMENTS. *Assemblée générale ordinaire du 27 juin 1878. Rapport du Conseil d'administration, résolutions.* — Paris, imp. A. Chaix, 1878, in-4°, 19 p.

Convention du 27 janvier avec le Gouvernement tunisien autorisant l'extension de la ligne de Dachla jusqu'à la ligne algérienne; avancement des travaux, ouverture de la section entre Tunis et Tebourba (24 juin).

6824. — CHEMINS DE FER DE BÔNE-GUELMA ET PROLONGEMENTS. *Assemblée générale extraordinaire du 17 février 1879. Rapport du Conseil d'administration, procès-verbal de l'assemblée.* — Paris, imp. A. Chaix, 1879, in-4°, 14 p.

Notes sur la ligne de Souk-Ahras à Sidi-el-Hémessi. Cf. *Assemblée générale... du 15 mai 1879... Ibid.*, 31 p.; avancement des travaux, exploitation, statistiques.

6825. — Cie DES CHEMINS DE FER DE BÔNE-GUELMA ET PROLONGEMENTS... *Assemblée générale annuelle des actionnaires du 10 août 1880... 12e réunion. Rapport du Conseil d'administration, résolutions de l'assemblée générale.* — Paris, imp. A. Chaix, 1880, in-4°, 37 p.

Avancement des travaux : ouverture des sections de l'Oued-Zarga à Béja (1er sept. 1879), de Béja à Souk-el-Arba (30 sept. 1879), de Souk-el-Arba à Ghardimaou (30 mars 1880); exploitation, statistiques. Cf. *Assemblée générale annuelle... du 16 juillet 1881 (13e réunion). Rapport... Ibid.*, 1881, in-4°, 49 p. : exploitation, détails statistiques.

6826. — Cie DES CHEMINS DE FER DE BÔNE-GUELMA ET PROLONGEMENTS. *Assemblée générale annuelle... du 7 juin 1882 (14e réunion)...* — Paris, imp. Chaix, 1882, in-4°, 60 p., carte.

Avancement des travaux : mise en exploitation de Duvivier à Souk-Ahras (30 juin 1881), construction de Tunis à Hamman-Lif; lignes à l'étude : Souk-Ahras à Tebessa. Djedeïda à Bizerte, Tunis à Sousse; statistiques.

6827. — Desfossés (Edmond). *De Tunis à Hammam-Lif.* — *R. G.*, 1882, t. XI, p. 129-133.

Les 17 premiers kilomètres de la ligne du Sahel; l'incident soulevé par l'Italie à propos de cette ligne à l'origine de l'établissement du Protectorat.

6828. — Cie des Chemins de fer de Bône-Guelma et prolongements. *Assemblée générale extraordinaire du 17 octobre 1882 (15ᵉ réunion)...* — Paris, imp. Chaix, 1882, in-4°, 14 p.

Convention (9 janvier 1882) relative à la ligne de Souk-Ahras à Sidi-el-Hémessi.

6829. — Cie des Chemins de fer de Bône-Guelma et prolongements. *Assemblée générale annuelle... du 19 juillet 1883 (16ᵉ réunion)...* — Paris, imp. Chaix, 1883, in-4°, 77 p.

Cf. *Assemblée générale ordinaire et extraordinaire... du 25 juin 1884 (17ᵉ session).. Ibid.*, 93 p. : état d'avancement des travaux de la ligne de Souk-Ahras à Ghardimaou; lignes à l'étude, exploitation, statistiques.

6830. — Desfossés (Ed.). *Jonction de l'Algérie et de la Tunisie.* — *R. G.*, 1884, t. XV, p. 311-312.

Achèvement et inauguration du tronçon Souk-Ahras à Sidi-el-Hémessi reliant Bône à Tunis par voie ferrée.

6831. — Cie des Chemins de fer de Bône-Guelma et prolongements. *Assemblée générale ordinaire... du 11 août 1885 (18ᵉ réunion)...* — Paris, imp. Chaix, 1885, in-4°, 88 p.

Mise en exploitation (29 sept. 1884) du raccordement Souk-Ahras à Ghardimaou; exploitation; concessions nouvelles : Béja-ville à Béja-gare, Souk-Ahras à Tebessa, transformation de la ligne de Bône à Guelma; statistiques. Cf. *Assemblée générale ordinaire... du 27 juillet 1886 (19ᵉ réunion)... Ibid.*, 1886, in-4°, 82 p.

6832. — Barbaud (Roger). *Voies et moyens de communication en France, en Algérie et en Tunisie...* — Paris, Charles-Lavauzelle, 1886, 2 vol. in-16, 128 et 128 p.

Petite bibliothèque de l'Armée française. — 2° éd., 1887, ibid. — Renseignements sommaires sur les routes, voies navigables, chemins de fer; communications maritimes entre la métropole et l'Algérie-Tunisie, lignes télégraphiques.

6833. — Cie des Chemins de fer de Bône-Guelma et prolongements. *Assemblée générale ordinaire... du 16 juillet 1887 (20e réunion)...* — Paris, imp. Chaix, 1887, in-4°, 84 p.

Construction des lignes de Souk-Ahras à Tebessa et de Béja-gare à Béja-ville; inauguration de la ligne Alger-Tunis, extension du réseau en Tunisie; exploitation, trafic, statistiques.

6834. — Rochaïd (Alph.). *Les chemins de fer de l'Algérie-Tunisie.* — *R. F. Étr. Col.*, 1887, t. V, p. 300-306.

Brève étude des lignes en exploitation, en projet ou en construction; l'achèvement de la voie ferrée Oran-Tunis (v. n° **7208**). Cf. *Les chemins de fer en Algérie-Tunisie. R. Sc.,* 1887, t. XXXIX, p. 509-510.

6835. — Courtois (Henry). *Les chemins de fer algériens et tunisiens.* — *Bul. Soc. G. Com. Bordeaux,* 1887, p. 276-277.

Reproduit dans *Bul. Soc. languedoc. G.*, 1887, p. 219-220. — Bref tableau des 7 c^{ies} différentes auxquelles appartient le réseau algéro-tunisien.

6836. — Cie des Chemins de fer de Bône-Guelma et prolongements. *Assemblée générale ordinaire... du 26 juin 1888 (21e réunion)...* — Paris, imp. Chaix, 1888, in-4°, 81 p.

Achèvement des lignes de Souk-Ahras à Tebessa et de Béja-gare à Béja-ville; extension du réseau en Tunisie et en Algérie; résultats du trafic, statistiques.

6837. — [Michaud (Paul)]. Régence de Tunis. *Avant-projet d'un réseau de chemins de fer. Rapport du directeur général des Travaux publics.* — Tunis, Imp. rapide, 1889, in-fol., 188 p., carte.

Rapport adressé au Résident général, exposant les résultats des études entreprises en vue de la création d'un réseau de chemins de fer en Tunisie : situation actuelle des chemins de fer en Tunisie, nécessité de nouvelles lignes, plan d'ensemble du réseau, le système de voie, le trafic probable, le régime des nouvelles lignes; résultats généraux à attendre (v. n° **6840**).

6838. — Cie des Chemins de fer de Bône-Guelma et prolongements. *Assemblée générale ordinaire*... *du 6 juillet 1889 (22ᵉ réunion)*... — Paris, imp. Chaix, 1889, in-4°, 81 p.

Exploitation, résultats du trafic, extensions du réseau en Tunisie et en Algérie, la ligne Decauville entre Sousse et Kairouan (1ᵉʳ janvier); statistiques. Cf. *Assemblée générale ordinaire... du 28 juin 1890 (23ᵉ réunion)... Ibid.*, 1890, in-4°, 82 p.; *Assemblée générale annuelle... du 20 juin 1891 (24ᵉ réunion)... Ibid.*, 1891, in-4°, 90 p.; *Assemblée générale annuelle... du 18 juin 1892 (25ᵉ réunion)..Ibid.*, 1892, in-4°, 84 p.; *Mém. Soc. ing. civils*, 1889, t. Iᵉʳ, p. 41-42 : discours de M. Eiffel.

6839. — [Terras (J.-M.)]. *Les projets de chemins de fer. Observations d'un colon.* — Tunis, Imp. rapide, 1889, in-18, 15 p.

Le tracé des nouvelles voies ferrées doit s'inspirer de l'intérêt de la colonisation, ce qui ne semble pas avoir été fait pour la ligne de Tunis à Sousse, dont l'auteur demande un autre tracé.

6840. — Vassel (Eusèbe), ancien capitaine d'armement du canal de Suez. *Les chemins de fer de la Tunisie et le rapport des Travaux publics...* — Tunis, Imp. rapide, 1889, in-18, 138 p.

Extr. de *Tunis-Journal*, 5 oct. et suivants. — Tiré à 45 ex. — Analyse critique du rapport (v. n° **6837**) concernant les 12 lignes ou embranchements dont la construction est envisagée dans un premier réseau : discussion concernant les divers tracés et l'écartement de la voie.

6841. — Blanc (Édouard). *Communication...* — *R. F. Étr. Col.*, 1890, t. XI, p. 429-433.

Difficultés que rencontrerait le transsaharien tel que le conçoit G. Rolland, avantages que présenterait une ligne passant par Ghadamès pour atteindre le lac Tchad (v. n° **6843**).

6842. — Rolland (G.). *Le transsaharien.* — *C. R. Soc. G. Paris*, 1890, p. 128-140.

Les trois tracés en présence; le «vrai tracé français» est celui partant de la province d'Oran et passant par Ouargla; le quatrième tracé proposé par É. Blanc «nous est interdit» (v. n° **6844**).

6843. — Rolland (G.) et Blanc (É.). *Le transsaharien et son tracé.* — *R. F. Étr. Col.*, 1890, t. XI, p. 536-547.

Discussion par G. Rolland du projet de tracé oriental soulevé par É. Blanc (v. n° **6841**); réponse de celui-ci qui maintient les avantages de ce tracé sur le tracé central.

6844. — BLANC (Édouard). *Le Transsaharien. Réponse à M. G. Rolland...* — *C. R. Soc. G. Paris,* 1890, p. 168-176.

Avantages du tracé partant du fond du golfe de Gabès sur celui passant par Ouargla (v. n° **6842**).

6845. — DEBIZE (Lieut^t-Colonel). *Le traité anglo-français et le futur domaine colonial de la France dans l'Afrique occidentale...* — *Bul. Soc. G. Lyon,* 1890-1891, t. IX, p. 379-390.

A propos de notre pénétration vers le Soudan central, l'auteur fait allusion au projet de transsaharien partant d'Algérie ou de Tunisie; les différents tracés.

6846. — CARNIÈRES (V. de). *Les chemins de fer tunisiens.* — *Écon. fr.,* 1892, t. II, p. 363-365, 395-398.

Lettres (3 et 15 sept.) adressées à l'*Écon. fr.*, attribuant le peu d'empressement des Français à coloniser la Tunisie à l'insuffisance des voies de communication et surtout des chemins de fer dans ce pays; étude du réseau tunisien.

6847. — BELLET (Daniel). *Les chemins de fer en Tunisie.* — *C. R. Soc. G. Paris,* 1892, p. 63-64.

Rapport présenté à ce sujet par la Conférence consultative (déc. 1891) et dont les conclusions ont été adoptées.

6848. — ROUIRE (Dr.). *Étude sur le réseau routier moderne et le réseau routier ancien du littoral du golfe de Hammamet.* — *Bul. Soc. G. Arch. Oran,* 1893, p. 327-344, carte.

Étude des conditions dans lesquelles on a pu unir, à l'époque romaine et actuellement, par des voies de communication le littoral de la Tunisie du nord à celui de la Tunisie centrale et méridionale. An. dans *C. R. Soc. G. Paris,* 1894, p. 261-262; par Héron de Villefosse, dans *Ac. Inscr. B.-Lettres, C. R.,* 1894, t. XXII, p. 161. Cf. du même, *Découverte d'une chaussée romaine sur le littoral de la Tunisie centrale...* Bul. G. Hist. Descr., 1887, p. 157-160.

6849. — Cie DES CHEMINS DE FER DE BÔNE-GUELMA ET PROLONGEMENTS. *Assemblée générale annuelle... du 17 juin 1893 (26e réunion)...* — Paris, imp. Chaix, 1893, in-4°, 82 p.

Exploitation, résultats du trafic; convention avec le Gouvernement français pour la modification du régime général de la c^{ie}; conventions (12 oct. 1892) avec le Gouvernement tunisien pour la construction et l'exploitation des lignes de Djedeïda à Bizerte et de Tunis au cap Bon et au Sahel; statistiques. Cf. *Assemblée générale ordinaire... du 16 juin 1894 (27ᵉ réunion)... Ibid.,* 1894, in-4°, 84 p.; *R. F. Étr. Col.,* 1893, t. XVIII, p. 377.

6850. — *A Bizerte.* — *Bul. Com. A. F.,* 1894, XII, p. 214.

Mise en exploitation de la ligne Djedeïda-Bizerte (1ᵉʳ nov.). Cf. *ibid.,* X, p. 149, et XI, p. 173.

6851. — Vasco (Gabriel). *Le réseau ferré tunisien.* — *R. F. Étr. Col.,* 1894, p. 496-498.

Vote par les Chambres de la partie relative aux chemins de fer tunisiens de la convention du 3 juillet, passée avec la c^{ie} Bône-Guelma; nouvelles lignes créées par cette convention; projet de ligne Sfax-Gafsa pour l'exploitation des phosphates. An. dans *Ann. G., Bibl.,* 1895, p. 215.

6852. — Cie des Chemins de fer de Bône-Guelma et prolongements. *Assemblée générale... du 10 novembre 1894 (28ᵉ réunion)...* — Paris, imp. Chaix, 1894, in-4°, 44 p.

Texte *in extenso* des conventions du 12 oct. 1892 concernant les lignes de Djedeïda à Bizerte et de Tunis au cap Bon et au Sahel avec embranchements et prolongements (v. n° **6849**), loi du 12 août 1894 à ce sujet.

6853. — Moncelon (L.). *Notes sur Bizerte; la ligne ferrée Bizerte-Tunis.* — *Bul. Soc. G. Com. Bordeaux,* 1895, p. 65-80.

Description de la ligne Bizerte-Djedeïda-Tunis, à propos de sa mise en service.

6854. — Cie des Chemins de fer de Bône-Guelma et prolongements. *Assemblée générale annuelle... du 21 juin 1895 (29ᵉ réunion)...* — Paris, imp. Chaix, 1895, in-4°, 87 p.

Exploitation, résultats du trafic; lignes nouvelles : ouverture de la ligne de Djedeïda à Bizerte (nov. 1894), état des travaux des lignes de Hamman-Lif à Nabeul, de Sousse à Kairouan et à Enfidaville; statistiques.

6855. — *Décret ouvrant un crédit pour la construction de deux lignes de chemins de fer.* — *Bul. Statist.,* 1895, t. XXXVII, p. 180-181.

Décret du 24 janvier (*J. O. tunisien*, 1*er* février 1895) ouvrant un crédit pour la construction des lignes de Hamman-Lif à Nabeul et de Fondouk-Djedid à Menzel-bou-Zelfa.

6856. — Goguyer (Antonin). *Supériorité du chemin de fer de Gafsa à Gabès sur celui de Gafsa à Sfax.* — Tunis, imp. Picard [1895], in-8°, 40 p., carte.

Série d'art. joints à une pétition adressée au Résident général, en vue de faire aboutir à Gabès le chemin de fer de Gafsa : la clientèle du golfe de Gabès, trafic avec Ghadamès; le meilleur chemin pour les phosphates de Gafsa; importance de Gabès avant l'occupation française; note sur le port de Gabès; carte des débouchés du Touat et routes transsahariennes. An. par H. L. [Lorin], dans *Ann. G., Bibl.*, 1896, p. 196.

6857. — Bertainchand (E.). *Contribution à l'étude des eaux de la ligne du chemin de fer de Sfax à l'oued Seldja.* — *Bul. Dir. agr. com. Tunis*, 1896, n° 1, p. 36-43, 4 cartes, pl.

Prélèvement de 23 échantillons d'eau en vue de l'alimentation des chaudières de la c^{ie} des phosphates du Seldja.

6858. — Cie des Chemins de fer de Bône-Guelma et prolongements. *Assemblée générale annuelle... du 6 juin 1896 (30e réunion)...* — Paris, imp. Chaix, 1896, in-4°, 92 p.

Exploitation, résultats du trafic; lignes nouvelles, mise en exploitation (1895) de la ligne d'Hamman-Lif à Nabeul, avec embranchement sur Menzel-bou-Zelfa, travaux des autres lignes; statistiques.

6859. — Cie des Chemins de fer de Bône-Guelma et prolongements. *Assemblée générale annuelle... du 26 juin 1897 (31e réunion)...* — Paris, imp. Chaix, 1897, in-4°, 92 p.

Exploitation, résultats du trafic, le réseau tunisien à voie étroite; mise en service de la ligne Tunis-Sousse (nov. 1896), travaux des autres lignes; statistiques.

6860. — Granat. *Les voies de communication de la Tunisie.* — *Ass. fr. av. sc.*, 2e part., 1897, p. 840-846, 3 fig.

25e session, Carthage, 1896. — Les trois points de concentration des routes naturelles, les routes romaines et les routes actuelles, les chemins de fer. Cf. *ibid.*, 1re part., 1896, p. 282.

6861. — *Tunisie.* — *R. F. Étr. Col.*, 1897, p. 306.

Travaux de la ligne de Tunis à Zaghouan, inauguration du port de Sfax (24 avril).

6862. — Cie des Phosphates et du Chemin de fer de Gafsa... *Assemblée générale ordinaire du 27 juin 1898. Exercice 1897. Rapport du Conseil d'administration, bilan, rapport des commissaires, résolutions.* — Paris, imp. Chaix, 1898, in-4°, 18 p.

Marche de la c^{ie} depuis le 3 avril 1897, date de l'assemblée générale constitutive, jusqu'au 31 déc. 1897 : mode d'entreprise des travaux, chemin de fer, mines; exploitation du domaine (v. n^{os} **7091** et **7094**).

6863. — Cie des Chemins de fer de Bône-Guelma et prolongements. *Assemblée générale annuelle des actionnaires du 2 juillet 1898 (32e réunion)...* — Paris, imp. Chaix, 1898, in-4°, 104 p.

Exploitation, résultats du trafic, le réseau à voie étroite; mise en service de la ligne de Tunis à Zaghouan (août 1897) avec embranchement sur Pont-du-Fahs (déc.), de la ligne de Sousse à Kairouan (15 avril 1898), transformation de la gare de Tunis; autres lignes en construction; statistiques.

6864. — Cie des Chemins de fer de Bône-Guelma et prolongements. *Assemblée générale... du 6 octobre 1898 (33e réunion)...* — Paris, imp. Chaix, 1898, in-4°, 27 p.

Texte *in extenso* des conventions passées avec le Gouvernement tunisien (22 mars) et la société de navigation générale italienne (29 juillet) au sujet de la reprise par la c^{ie} des lignes de Tunis à La Goulette, avec embranchements, et de Tunis au Bardo.

6865. — *Cession du Rubattino à la France.* — *Quinz. col.*, 1898, t. IV, p. 649-650.

Les trois concessions des lignes de banlieue exploitées par la c^{ie} italienne; prise de possession par la c^{ie} Bône-Guelma (25 oct.).

6866. — R. N. *Le chemin de fer de Sfax à Gafsa.* — *Bul. Com. A. F.*, 1898, p. 303-304.

Méthode employée par la c^{ie} des phosphates pour la construction rapide de cette voie ferrée.

6867. — Duportal (H.), ingénieur en chef des Ponts et chaussées. *Extension rationnelle du réseau des chemins de fer tunisiens...*

Note sur les tracés proposés pour le troisième réseau... — Paris, Soc. française des ingénieurs col., 1898, in-8°, 15 p., carte. *Bul. Soc. fr. ing. col.*, 1898, n° 13, p. 1-13, carte. — Lignes antérieures au Protectorat, lignes construites sous le Protectorat; longueur du réseau actuel, ports et routes de la Régence, tracés des diverses lignes proposées pour le troisième réseau en vue de l'exploitation des forêts et mines de la Kroumirie et des phosphates de la région de Thala. An. par E. V. [Vassel], dans *R. T.*, 1899, p. 113-114.

6868. — *Tunisie : chemin de fer de La Goulette racheté.* — *R. F. Étr. Col.*, 1898, p. 497.

Rachat par la c^{ie} Bône-Guelma à la c^{ie} Rubattino.

6869. — *Tunisie : inauguration du chemin de fer de Sfax à Gafsa.* — *R. F. Étr. Col.*, 1898, p. 611 ; 1899, p. 307.

Commencé en juin 1897, inauguré le 18 sept. 1898; le tracé.

6870. — Cie DES PHOSPHATES ET DU CHEMIN DE FER DE GAFSA... *Assemblée générale ordinaire du 26 juin 1899. Exercice 1898...* — Paris, imp. Chaix, 1899, in-8°, 19 p.

Travaux de la ligne; 1re expédition de phosphate le 19 avril 1899, réception provisoire de la ligne le 23 avril; alimentations d'eau; la mine et le domaine.

6871. — *Le chemin de fer de Sfax à Gafsa (Tunisie).* — *Gén. civil*, 1899, t. XXXIV, p. 402-403, 4 fig.

Particularités auxquelles a donné lieu l'établissement de cette ligne. Cf. *ibid.*, p. 110.

6872. — VASSEL (Eusèbe). *Le chemin de fer de Bizerte au Kef et à la vallée du Sarrath...* — *R. G.*, 1899, t. XLIV, p. 122-133.

Mémoire lu au Congrès national des Soc. françaises de géographie à Marseille (24 sept. 1898) [v. n° **4349**]. «Dans l'intérêt de la défense nationale, il est nécessaire que Bizerte soit relié à l'Algérie par une voie ferrée plus occidentale que celle qui passe par Mateur »; cette voie ferrée servirait également pour la sortie des phosphates du nord-ouest de la Tunisie et fournirait à Bizerte d'amples dépôts de charbon. An. par G. Yver, dans *Ann. G., Bibl.*, 1900, p. 230.

6873. — BÉNARD (Charles). *Le chemin de fer transsaharien au Congrès de géographie d'Alger.* — *Bul. Soc. G. Com. Bordeaux*, 1899, p. 403-413, carte.

Les différents exposés faits à ce Congrès par É. Broussais, P. Bonnard, Cornetz, l'amiral Servan, etc.; discussions relatives aux divers tracés (v. n° **4355**).

6874. — Cie des Chemins de fer de Bône-Guelma et prolongements. *Assemblée générale annuelle... du 1er juillet 1899 (34e réunion)...* — Paris, imp. Chaix, 1899, in-4°, 106 p.

Exploitation, résultats du trafic, mise en service des lignes du port de Tunis (15 août 1898), de Sousse à Moknine (15 avril 1899); modification et embranchements de la ligne de Tunis à Zaghouan; statistiques. Cf. *Assemblée générale annuelle... du 30 juin 1900 (35e réunion)... Ibid.*, 1900, in-4°, 109 p.; *Assemblée générale annuelle... du 29 juin 1901 (36e réunion)... Ibid.*, 1901, in-4°, 113 p.

6875. — Bursaux (M.), ancien officier du génie. *Notes relatives à la construction d'un chemin de fer en pays désertique...* — — Montpellier, 1900, in-8°, 20 p., carte.

Bul. Soc. languedoc. G., 1900, p. 190-207, carte. — Efforts accomplis et difficultés surmontées pour la construction du chemin de fer de Sfax à Gafsa et au Metlaoui, montrant, à propos du transsaharien, ce que l'on peut faire en pays désertique; préface signée A. D. [Duponchel] : possibilité de situer à Gabès l'origine du transsaharien. An. par E. Vassel, dans *R. T.*, 1901, p. 469-470.

6876. — Macler (Charles), Péloni, Assereto. *Rapport présenté à la Chambre de commerce de Tunis, dans sa séance du lundi 8 janvier 1900,... sur les conditions financières d'exécution de la ligne du chemin de fer de Sfax à Gafsa.* — Tunis, imp. L. Nicolas, 1900, in-8°, 21 p.

6877. — Chambre de Commerce de Tunis. Extrait du procès-verbal de la séance du 20 février 1900 (présidence de M. Homberger, président). *Chemin de fer du Kef.* — Tunis, imp. L. Nicolas, 1900, in-8°, 19 p.

L'exécution de cette ligne doit être immédiate.

6878. — Barré (P.). *Les chemins de fer africains.* — *R. G.*, 1900, t. XLVII, p. 54-58, 134-139, 217-223.

Tracé des différentes lignes, projets qui ont le plus de chances d'être réalisés rapidement; le retard de la France sur l'Angleterre et le développement rapide des voies ferrées de puissances coloniales secondaires. An. dans *R. Sc.*, 1900, t. XIV, p. 667-669; par Maurice Zimmermann, dans *Ann. G., Bibl.*, 1902, p. 53. Cf. *Les chemins de fer africains. R. gén. ch. de fer*, 1899, 1er sem., p. 445-454, pl.

6879. — Desgarennes (Jean) [pseud. de G. Jacqueton]. *Les chemins de fer en Tunisie.* — *Q. Dipl. Col.*, 1900, t. IX, p. 593-605, 670-684; t. X, p. 25-43, cartes.

Exposé des diverses conventions qui régissent le réseau; analyse des résultats de l'exploitation et de ses perspectives; examen critique des conventions et de la situation actuelle; arrangements transactionnels à prendre pour l'avenir; extensions et constructions éventuelles; voies et moyens propres à fournir les ressources financières indispensables.

6880. — Cie des Phosphates et du Chemin de fer de Gafsa... *Assemblées générales ordinaire et extraordinaire du 30 juin 1900. Exercice 1899...* — Paris, imp. Chaix, 1900, in-4°, 28 p.

Exploitation régulière de la ligne le 20 nov. 1899; difficultés de l'exploitation (personnel, eaux); matériel; production de la mine; le domaine.

6881. — *Tunisie.* — *R. F. Étr. Col.*, 1900, p. 553.

Chemins de fer projetés, notamment celui de Tunis au Kef; propriétés possédées par les Européens en Tunisie au 31 déc. 1898.

6882. — *Les méfaits de l'interpellation sur la Tunisie.* — *Bul. Com. A. F.*, 1901, p. 109-114.

Vive émotion soulevée en Tunisie, notamment en ce qui concerne la question des chemins de fer; « la main-mise du Parlement » dans les affaires tunisiennes. Cf. *Les chemins de fer tunisiens. Ibid.*, p. 407-409, croq. : « le second réseau tunisien », les protestations de Bizerte et de Sousse.

6883. — Pasquier (H.). *Les chemins de fer tunisiens devant le Parlement* — *Q. Dipl. Col.*, 1901, t. XII, p. 449-459, 2 cartes.

L'interpellation Berthelot (8, 15 février) à la Chambre; le programme suivi jusqu'à présent est mauvais; la faute de multiplier les ports qui en entraîna d'autres dans les tracés des chemins de fer, la question de Bizerte. An. par E. Vassel, dans *R. T.*, 1901, p. 470-471.

6884. — Espitallier (G.). *Les chemins de fer de la Tunisie.* — *Gén. civil*, 1901, t. XL, p. 281-283, carte.

Nécessité d'un plan d'ensemble; considérations d'ordre commercial et importantes questions militaires intervenant dans la conception de ce plan; le point d'appui de Bizerte.

6885. — *La question des chemins de fer.* — *Bul. Com. A. F.*, 1901, p. 149-150, 201-202.

Ordre du jour de la Conférence consultative au sujet des voies ferrées réclamées; la question du peuplement français est soulevée à ce propos. Cf. *ibid.*, 1902, p. 147-148, 181 : vote par la Chambre d'un projet de loi accordant un emprunt de 40 millions; «ce projet donne satisfaction aux différentes régions tunisiennes»; *Bul. Statist.*, 1902, t. II, p. 521-523 : texte de la loi et du décret du 30 avril 1902 autorisant l'emprunt.

6886. — Cie DES PHOSPHATES ET DU CHEMIN DE FER DE GAFSA... *Assemblée générale ordinaire du 20 mai 1901. Exercice 1900...* — Paris, imp. Chaix, 1901, in-4°, 30 p.

Exploitation de la mine de Metlaoui, trafic et travaux de la ligne, embarquement à Sfax, domaine du Chahal. Cf. *Assemblée générale ordinaire du 23 juin 1902. Exercice 1901... Ibid.*, 1902, in-4°, 31 p.; *Assemblée générale ordinaire du 22 juin 1903. Exercice 1902... Ibid.*, 1903, in-4°, 27 p.; *Assemblée générale ordinaire du 27 juin 1904. Exercice 1903... Ibid.*, 1904, in-4°, 25 p.

6887. — *La ligne de Tunis au Kef et la construction des chemins de fer coloniaux.* — *Quinz. col.*, 1901, t. IX, p. 136-138.

Les résultats de l'interpellation Berthelot, ajournement de la construction de cette ligne. Cf. *ibid.*, p. 165-166, 238.

6888. — *L'emprunt de 30 millions pour les chemins de fer.* — *Quinz. col.*, 1901, t. X, p. 685-688.

Exposé des motifs du projet de loi. Cf. *Le deuxième réseau des chemins de fer tunisiens. Ibid.*, 1902, t. XI, p. 228-229.

6889. — *La question des chemins de fer tunisiens devant le syndicat des colons français de Tunisie.* — *Quinz. col.*, 1902, t. XI, p. 69-70.

Exposé devant le syndicat (29 janvier) de l'enquête faite en Tunisie par L. Boudenoot (v. **6890**).

6890. — BOUDENOOT (Louis), sénateur. *La Tunisie et ses chemins de fer...* — Paris, bureaux de la *R. P. Parl.* [1902], in-8°, 23 p.

R. P. Parl., 1902, t. XXXI, p. 68-89. — Autre éd., A. Colin, 1902, in-8°, 23 p., carte. — A propos de la demande d'emprunt du gouvernement tunisien, l'auteur expose les conclusions à tirer des notes et documents qu'il rapporte d'un voyage d'étude; nécessité de quatre ports aux points de vue économique et stratégique, tableau du réseau ferré existant, lignes à construire, ordre d'urgence; il faut aboutir.

6891. — *Les chemins de fer tunisiens et la situation de la Tunisie.* — *Écon. fr.*, 1902, t. Ier, p. 209-211.

Exposé des motifs et texte du projet de loi autorisant la création de 425 kilomètres nouveaux de chemins de fer, l'insuffisance de ceux-ci empêchant le développement de certaines régions; l'intérêt stratégique du tronçon Béja-Mateur.

6892. — Cie DES CHEMINS DE FER DE BÔNE-GUELMA ET PROLONGEMENTS. *Assemblée générale annuelle... du 21 juin 1902 (37e réunion)...* — Paris, imp. Hemmerlé, 1902, in-4°, 121 p.

Exploitation, résultats du trafic; le programme de lignes nouvelles; texte *in extenso* de la convention (7 oct. 1901) pour la construction et l'exploitation de la ligne de Pont-du-Fahs à Kalaat-es-Senam, avec embranchement sur Le Kef; autres lignes prévues : de Kairouan à Sbiba, de Bizerte aux Nefzas, de Sfax au réseau de Sousse; l'emprunt de 40 millions (décret du 30 avril); statistiques. Cf. *Assemblée générale annuelle... du 27 juin 1903 (38e réunion)... Ibid.*, 1903, in-4°, 101 p.

6893. — *Tunisie.* — *R. F. Étr. Col.*, 1902, p. 245.

Rendement des voies ferrées existant en 1900; introduction de l'arganier en Algérie et en Tunisie.

6894. — VATIN (Fernand). *Les chemins de fer en Tunisie.* Thèse... — Paris, imp. Lahure, 1902, in-8°, 364 p., 7 cartes.

Faculté de droit de l'Université de Paris. — Autre éd., Paris, A. Challamel, s. d., *ibid.* — Aperçu géographique; considérations générales sur les chemins de fer coloniaux; étude complète du réseau tunisien en exploitation ou projeté, les résultats; les ports de la Tunisie; tableaux statistiques, annexes; importante bibliographie des documents officiels, ouvrages français et étrangers, journaux et périodiques, cartographie.

6895. — VASSEL (Eusèbe). *Le chemin de fer et les phosphates de Gafsa.* — *R. T.*, 1902, p. 225-243, plan, ill.

La découverte des phosphates, détails sur la voie ferrée Sfax-Metlaoui et sur la mine, l'embarquement du phosphate. An. par G. Yver, dans *Ann. G., Bibl.*, 1903, p. 226-227.

6896. — *La question du transsaharien.* — *Bul. Com. A. F.,* 1903, p. 190.

Le général Marmier, gouverneur de Bizerte, préconise le transsaharien Bou-Ghrara, Ghadamès, Rhat, Bilma, Tchad, qui pourra résoudre la question de la main-d'œuvre tunisienne.

6897. — BORDIER (Commandant). *La voie transafricaine de Tunisie à Loango par le Tchad...* — Montpellier, imp. Delord-Boehm et Martial, 1904, in-8°, 15 p.

Bul. Soc. languedoc. G., 1904, p. 131-142. — Conférence faite au Congrès national de géographie à Tunis (v. n° **4384**). Généralités sur la voie de pénétration partant de la Tunisie, d'après l'étude du lieut.-colonel Rebillet (v. n° **7693**).

6898. — G. *Les chemins de fer africains.* — *Ann. G.,* 1904, p. 427-454.

État actuel du réseau ferré, l'avenir; Algérie et Tunisie (p. 428-430).

6899. — Cie DES CHEMINS DE FER DE BÔNE-GUELMA ET PROLONGEMENTS. *Assemblée générale annuelle... du 25 juin 1904 (39e réunion)...* — Paris, imp. Hemmerlé, 1904, in-4°, 99 p.

Exploitation, résultats du trafic; ouverture (25 sept. 1903) du prolongement de la ligne du Mornag, travaux de la ligne de Pont-du-Fahs à Kalaat-es-Senam, agrandissement des ateliers de Tunis, autres projets; réforme du régime des chemins de fer en Algérie (1er janvier 1905); statistiques. Cf. *Assemblée générale annuelle... du 24 juin 1905 (40e réunion)... Ibid.,* 1905, in-4°, 121 p.

6900. — Cie DES PHOSPHATES ET DU CHEMIN DE FER DE GAFSA... *Assemblée générale extraordinaire du 14 novembre 1904...* — Paris, imp. Chaix, 1904, in-4°, 23 p.

Texte *in extenso* de la convention passée avec l'État tunisien modifiant la convention de concession du 15 août 1896 et de l'avenant spécialement relatif à la concession d'une ligne entre Metlaoui et Tozeur (1er août 1904).

6901. — RÉGENCE DE TUNIS. Protectorat français. Direction générale des Travaux publics. *Compagnie des chemins de fer de Bône-Guelma et prolongements. Actes organiques et documents annexes.* 1er fascicule (1876-1er janvier 1905). — Paris, imp. Hemmerlé, 1905, in-4°, 223 p.

Ces documents intéressent les lignes de la Medjerda et son prolongement, de Tunis au Sahel et de Djedeïda à Bizerte, de Béja, de Tunis-Goulette-Marsa-Bardo, de Pont-du-Fahs à Kalaat-es-Senam et embranchements.

6902. — *Construction de voies ferrées.* — *Quinz. col.*, 1905, p. 348-350.

Exposé fait à la Conférence consultative (21 déc. 1904) par la Direction générale des Travaux publics : état d'avancement du programme général des chemins de fer.

6903. — Cie DES PHOSPHATES ET DU CHEMIN DE FER DE GAFSA... *Assemblées générales ordinaire et extraordinaire du 19 juin 1905. Exercice 1904...* — Paris, imp. R. Monod, Poirré, 1905, in-4°, 39 p.

Exploitation de la mine de Metlaoui, le gisement du djebel Redeyef; trafic et travaux de la ligne, service d'automobiles entre Sfax et Sousse (1er août 1904); concession des gisements d'Aïn-Moularès (21 déc.); modification au cahier des charges concernant le service des postes et télégraphes sur la ligne de Gafsa.

6904. — DUCROQUET (P.). *Les chemins de fer tunisiens.* — *Ann. Col.*, 1905, p. 471-473.

Inauguration de la voie ferrée Tunis-Le Kef; historique des chemins de fer tunisiens; les lignes construites depuis 1871, leur développement total.

6905. — *La ligne de Kairouan à Sbiba.* — *Quinz. col.*, 1905, p. 465-466.

Convention passée avec la c^{ie} Bône-Guelma au sujet de la construction de cette ligne.

6906. — *Protestation de la Chambre de commerce de Bizerte.* — *Quinz. col.*, 1905, p. 530.

Au sujet d'une modification des lignes ferrées qui doivent desservir le port.

6907. — FAGES (de), directeur des Travaux publics de la Régence. *Les chemins de fer tunisiens.* — Tunis, Imp. moderne [1905], in-12, 23 p.

Discours prononcé au Kef (4 oct.), à l'occasion de l'inauguration de la ligne Tunis à Kalaat-es-Senam. Bref tableau de l'histoire et de la création du réseau tunisien.

6908. — [Fages (de)]. *Historique du réseau tunisien; inauguration de la ligne de Kalaat-es-Senam.* — *Quinz. col.*, 1905, p. 636-639.

Discours du directeur des Travaux publics de Tunisie lors de cette inauguration. Cf. *Les chemins de fer tunisiens. Écon. fr.*, 1905, t. II, p. 669-670.

6909. — *Le progrès des chemins de fer tunisiens.* — *A travers le monde*, 1905, p. 213-214, croq.

Le programme général prévu en 1902, son exécution.

6910. — Payen (Édouard). *Le réseau ferré tunisien.* — *Bul. Com. A. F.*, 1906, p. 87-89.

Historique d'ensemble de la construction du réseau ferré tunisien depuis 1881; retard apporté par le Parlement français au développement de ce réseau.

6911. — Cie des Phosphates et du Chemin de fer de Gafsa... *Assemblées générales ordinaire et extraordinaire du 25 juin 1906. Exercice 1905...* — Paris, imp. R. Monod, Poirré, 1906, in-4°, 34 p.

Mines de Metlaoui et de Redeyef; trafic et travaux de la voie ferrée, automobiles entre Sfax et Sousse, embarquement à Sfax; texte *in extenso* de la convention (20 mars 1906) avec le Gouvernement tunisien : raccordement entre la ligne de Sfax, Gafsa, Metlaoui et celle de Sousse, Henchir-Souatir.

6912. — Cie des Chemins de fer de Bône-Guelma et prolongements. *Assemblée générale annuelle... du 7 juillet 1906 (41e réunion)...* — Paris, imp. Hemmerlé, 1906, in-4°, 140 p.

Exploitation, trafic; rétrocession de la ligne de Tunis, La Goulette, La Marsa (convention du 19 août 1905); achèvement des lignes de Pont-du-Fahs à Kalaat-es-Senam et de l'Oued-Sarrath à Kalaa-Djerda (1er avril 1906); convention pour la construction de la ligne de Mateur aux Nefzas (15 févr_er 1906) et de celle de Djerissa (8 juin); statistiques.

6913. — *Le chemin de fer des Nefzas et Bizerte.* — *Quinz. col.*, 1906, p. 209-211.

Une demi-satisfaction pour Bizerte; les compétitions d'intérêts locaux soulevés par ce projet. Cf. *L'emprunt pour la ligne des Nefzas. Ibid.*, p. 120-121.

6914. — Jacob (Léon). *Les chemins de fer africains.* — *Q. Dipl. Col.*, 1906, t. XXII, p. 6-25, 91-109, 151-161, 216-230, cartes.

L'état d'avancement de la construction des chemins de fer dans chaque colonie; Algérie et Tunisie (p. 91-98): insuffisance du réseau algérien, le système des chemins de fer tunisiens présente moins de défauts.

6915. — [Montell (A.)]. *Tunisie. Travaux publics et emprunt* (Signé : A. M.). — *R. F. Étr. Col.*, 1907, p. 101-108.

L'emprunt de 1902, la loi du 10 janvier 1907 autorisant l'emprunt de 75 millions; travaux prévus (voies ferrées, ports, etc.); résultats obtenus depuis 1881.

6916. — Nicolas (H.). *Les transports à traction mécanique en Tunisie.* — *R. T.*, 1907, p. 129-131.

Le train Renard constitue, en Tunisie, la solution définitive, au triple point de vue économique, militaire et social, de l'importante question des transports sur route.

6917. — *Les chemins de fer.* — *Bul. Com. A. F.*, 1907, p. 225.

Décret du 25 mai concernant la ligne de Sfax au réseau de Sousse dont la construction était prévue par l'emprunt de 1902. Cf. *Ligne de chemin de fer de Sousse à Sfax. Quinz. col.*, 1907, p. 326, 468-469.

6918. — *Ligne des Nefzas.* — *Quinz. col.*, 1907, p. 566-567, 653; 1908, p. 215.

État d'avancement des travaux.

6919. — Cie des Phosphates et du Chemin de fer de Gafsa... *Assemblée générale ordinaire du 17 juin 1907. Exercice 1906...* — Paris, imp. Chaix, 1907, in-4°, 26 p.

Exploitation des mines, trafic et travaux de la ligne, automobiles, embarquement, domaine. Cf. *Assemblée générale ordinaire du 4 juin 1908. Exercice 1907... Ibid.*, 1908, in-4°, 27 p.

6920. — Cie des Chemins de fer de Bône-Guelma et prolongements. *Assemblée générale annuelle... du 29 juin 1907 (42e réunion)...* — Paris, imp. Hemmerlé, 1907, in-4°, 116 p.

Transformation de la ligne de Souk-Ahras à Tebessa; travaux des lignes de Mateur aux Nefzas, de Moknine à Mahdia, de Kairouan à Henchir-Souatir; nouveau programme de voies ferrées en Tunisie, emprunt de 75 millions (loi du 10 janvier 1907); statistiques.

6921. — Cie DES CHEMINS DE FER DE BÔNE-GUELMA ET PROLONGEMENTS. *Assemblée générale ordinaire... du 27 juin 1908 (43e réunion)...* — Paris, imp. Hemmerlé, 1908, in-4°, 141 p.

Exploitation, trafic; transformation de la ligne de Souk-Ahras à Tebessa, rétrocession de la ligne de Tunis, La Goulette, La Marsa (1er janvier 1908); mise en service de tronçons sur la ligne Kairouan à Henchir-Souatir, de la ligne de Moknine à Mahdia (15 sept. 1907), de l'embranchement de Djerissa (févr. 1908); travaux de la ligne des Nefzas; texte *in extenso* des conventions passées pour les lignes de Mateur à Nebeur (5 déc. 1907), de Sousse à Sfax (20 déc.) et des avenants (10, 15 et 25 déc.). Cf. *Assemblée générale ordinaire... du 29 mai 1909... Ibid.*, 1909, in-4°, 80 p., carte.

6922. — *Le réseau tunisien en 1908.* — *Écon. fr.*, 1908, t. II, p. 318.

Très bref tableau du réseau à voie normale et à voie étroite en exploitation au 1er janvier.

6923. — *Tunisie, chemins de fer.* — *R. F. Étr. Col.*, 1908, p. 613.

Le réseau au 1er janvier, les travaux en cours.

6924. — *Le doublement des voies en Tunisie.* — *Quinz. col.*, 1908, p. 1014.

Le doublement de la ligne Tunis à Kalaat-es-Senam; projet de M. de Fages.

6925. — MAZIÈRES (Marc de). *Le commerce extérieur de la Tunisie, les voies de communication et les ports.* — *Bul. Sect. Tunis.*, nov. 1908, p. 157-160.

L'essor commercial de la Tunisie, le réseau de chemins de fer et les routes, travaux et projets, le mouvement des ports.

6926. — Cie DES PHOSPHATES ET DU CHEMIN DE FER DE GAFSA... *Assemblée générale ordinaire du 12 juin 1909. Exercice 1908...* — Paris, imp. Chaix, 1909, in-4°, 35 p., carte.

Exploitation, trafic; ouverture au public (1er février 1909) de la section de Metlaoui à Redeyef; texte *in extenso* de la convention (1er mai 1908) avec le

Gouvernement tunisien concédant l'exploitation par la Compagnie du chemin de fer projeté de Sfax à Bou-Thadi.

6927. — Cie des Phosphates et du Chemin de fer de Gafsa... *Assemblée générale extraordinaire du 31 janvier 1910...* — Paris, imp. Chaix, 1910, in-4°, 13 p., carte.

Texte *in extenso* de la convention (15 oct. 1909) avec le Gouvernement tunisien modifiant celle du 15 août 1906, au sujet des redevances minières.

6928. — *Chemins de fer en Algérie-Tunisie.* — Ann. G., 1910, p. 281.

Les huit nouvelles lignes dont certaines doivent être de simples amorces d'une voie longitudinale destinée à doubler, plus loin vers l'intérieur, la grande transversale Tunisie-Maroc; la ligne de Biskra-Touggourt; les lignes du Centre et du Sud de la Tunisie.

6929. — Cie des Phosphates et du Chemin de fer de Gafsa... *Assemblée générale ordinaire du 19 mai 1910. Exercice 1909...* — Paris, imp. Chaix, 1910, in-4°, 24 p., carte.

Exploitation des mines, trafic et travaux des voies ferrées, études de la ligne de Metlaoui à Tozeur; automobiles, embarquement à Sfax et à Sousse, domaine agricole. Cf. *Assemblée générale ordinaire du 29 mai 1911. Exercice 1910... Ibid.,* 1911, in-4°, 24 p., carte : ouverture au service de l'embranchement de Tabeditt à Henchir-Souatir (1er juillet 1910), travaux de la ligne de Metlaoui à Tozeur; *Assemblée générale ordinaire et extraordinaire du 20 mai 1912. Exercice 1911... Ibid.,* 1912, in-4°, 28 p., carte.

6930. — Cie des Chemins de fer de Bône-Guelma et prolongements... *Assemblée générale ordinaire... du 25 juin 1910...* — Paris, imp. Hemmerlé, 1910, in-4°, 78 p., carte.

Mise en service de la ligne d'Henchir-Souatir (1er février), travaux de la ligne de Nebeur; exploitation; remaniement des conventions algériennes; annexes. Cf. *Allocution de M. Marcel Trélat. Ibid.,* 8 p. : le vote du rachat du réseau algérien par les délégations financières.

6931. — *Le projet d'emprunt.* — Bul. Com. A. F., 1910, p. 387.

Emprunt destiné à l'achèvement des voies ferrées en cours d'exécution et à la création de lignes nouvelles, notamment de Metlaoui à Tozeur et de Sfax-Gafsa à Gabès. Cf. *ibid.,* p. 340-341.

6932. — *Une inauguration dans le Centre tunisien.* — *Quinz. col.,* 1910, p. 244.

Inauguration (17-20 mars) de la ligne de Sousse à Aïn-Moularès, créée pour servir de déversoir aux phosphates.

6933. — Gallois (Eugène). *Routes et voies ferrées en Tunisie.* — *Bul. Soc. G. Com.* Paris, 1910, p. 715-727, carte.

Description du réseau routier et ferroviaire; de tous les pays dont la direction a été confiée à la France, la Tunisie est de beaucoup le mieux doté comme routes et voies ferrées.

6934. — Lacour-Gayet (Jacques). *Chemins de fer de Tunisie...* — Paris, typ. P. Renouard, 1911, in-8°, 22 p., carte.

R. D. M., 1911, t. III, p. 359-379. — Le rapide développement du réseau ferré est la preuve de l'évolution économique de la Tunisie; étude historique des lignes concédées; ressources, méthodes d'exploitation, formes complexes d'association entre l'État et les concessionnaires; personnel et clientèle du chemin de fer.

6935. — Cie des Chemins de fer de Bône-Guelma et prolongements... *Assemblée générale... du 25 février 1911...* — Paris, imp. Hemmerlé, 1911, in-4°, 92 p., carte.

Texte *in extenso* de l'avenant passé (20 déc. 1910) avec le Gouvernement tunisien : modifications aux conventions en vigueur, concession de lignes nouvelles (des Nefzas à Tabarka, de Menzel-bou-Zelfa à Kelibia, de Zaghouan à Bou-Ficha), dispositions générales et diverses. Cahier des charges (20 déc. 1910) établi en harmonie avec le nouveau régime d'exploitation.

6936. — ***. *Rapports parlementaires. Chemins de fer tunisiens.* — *R. P.*, 1911, t. IV, p. 109-120.

Historique de leur développement: le premier réseau en 1894, le programme de 1902, le troisième programme approuvé en 1907; l'emprunt de 90 millions.

6937. — Chailley (J.), député. *Rapport fait au nom de la Commission des Affaires extérieures, des Protectorats et des Colonies chargée d'examiner le projet de loi autorisant le Gouvernement tunisien à contracter un emprunt de 90.500.000 francs pour accélérer l'achèvement du réseau de ses chemins de fer...* — Paris, imp. Martinet, 1911, in-4°, 27 p.

Chambre des députés, 10° législature, session de 1911. Annexe au procès-verbal de la 2° séance du 6 avril 1911, n° 924. — Le réseau tunisien, son développement, son avenir, sa constitution (v. n° **6941**). Cf. Projet de loi Cruppi-Klotz, *ibid.*, n° 850; Avis de la Commission du budget présenté par A. Bouge, *ibid.*, n° 1073 (v. n°˚ **5638** et **6947**). An. dans *Quinz. col.*, 1911, p. 490-491.

6938. — Cie DES CHEMINS DE FER DE BÔNE-GUELMA ET PROLONGEMENTS... *Assemblée générale... du 2 juin 1911...* — Paris, imp. Hemmerlé, 1911, in-4°, 74 p., carte.

Exploitation, trafic; travaux des lignes de Nebeur et des Nefzas; inauguration de la ligne de Sousse à Sfax (20 avril); affaires algériennes; statistiques. Cf. *Assemblée générale... du 15 juin 1912... Ibid.*, 1912, in-4°, 76 p., carte; *Allocution de M. Marcel Trélat. Ibid.*, 3 p.; *Assemblée générale... du 28 juin 1913... Ibid.*, 1913, in-4°, 60 p., carte; *Allocution de M. Marcel Trélat. Ibid.*, 4 p.

6939. — *Le nouvel emprunt.* — *Bul. Com. A. F.*, 1911, p. 176-177.

Emprunt de 90 millions et demi pour accélérer l'achèvement du réseau ferré; emprunts précédents de 1902 et de 1907 (v. n° **6948**). Cf. *Une interview de M. Alapetite. Quinz. col.*, 1911, p. 261.

6940. — *La convention avec le Bône-Guelma.* — *Bul. Com. A. F.*, 1911, p. 177-178.

Ratification de l'avenant passé le 20 déc. 1910 avec le Gouvernement tunisien; inauguration de la ligne de Sousse à Sfax.

6941. — H. C. *Tunisie : chemins de fer et emprunt.* — *R. F. Étr. Col.*, 1911, p. 265-275.

Utilisation de l'emprunt de 90 millions en vue de compléter l'exécution des travaux de chemins de fer déjà entrepris, d'étendre l'outillage actuel et de créer de nouvelles voies ferrées, d'après le rapport de J. Chailley (v. n° **6937**).

6942. — [FAGES (de), directeur général des Travaux publics]. Protectorat français. Gouvernement tunisien. Direction générale des Travaux publics. *Les chemins de fer tunisiens. Rapport du directeur général des Travaux publics.* — Tunis, imp. J. Picard, 1911, in-8°, 171 p., pl., cartes, graph.

Tirage provisoire, nov. 1911. Rapport établi à l'occasion de l'emprunt destiné à l'achèvement du réseau; coup d'œil d'ensemble, genèse du réseau, les moyens financiers mis en œuvre pour sa réalisation, les parachèvements nécessaires. Les lignes en exploitation en mai 1911; historique et description du réseau Tunis, Goulette, Marsa (1871-1905), du réseau de la Medjerda (1876), du réseau de 1892, de la c^{ie} des phosphates et du chemin de fer de Gafsa (1896), des lignes des emprunts de 1902 et de 1907; nécessité et programme du nouvel emprunt; refonte générale des conventions de la c^{ie} Bône-Guelma en 1910; régime actuel des chemins de fer tunisiens, recettes, trafic, construction, matériel roulant, tarifs, la question ouvrière, contrôle de l'exploitation; la construction des chemins de fer par l'État. An. par Augustin Bernard, dans *Ann. G., Bibl.*, 1912, p. 236.

6943. — AULNEAU (Joseph). *Les chemins de fer tunisiens et le projet d'emprunt.* — *Q. Dipl. Col.*, 1911, t. XXXI, p. 666-679, carte.

Les quatre phases de la création du réseau, dont la dernière est ouverte par la loi du 11 avril 1910; énumération des lignes du réseau; modifications apportées aux programmes élaborés en 1907, augmentation des dépenses; émission de l'emprunt en trois tranches, qui ne rencontre aucune objection sérieuse.

6944. — *Sur la ligne Béja-Mateur.* — *Quinz. col.*, 1911, p. 833, 873.

Ajournement de la mise en service par suite des troubles récents; expulsion des ouvriers tripolitains. Cf. *Sur la ligne Mateur-Nebeur. Ibid.*, p. 723; *Ouverture de la ligne Béja-Mateur. Ibid.*, 1912, p. 416.

6945. — Cie DES CHEMINS DE FER DE BÔNE-GUELMA ET PROLONGEMENTS... *Réseau tunisien. Actes organiques et documents annexes. 1912.* — Mâcon, imp. Protat [1912], in-8°, 260 p.

Statuts; conventions de concession et d'exploitation; réseau de la Medjerda, réseau de Bizerte, réseau à voie étroite, réseau Tunis-Goulette-Marsa, ensemble des réseaux; documents annexes.

6946. — MEURIOT (Paul). *Chemins de fer tunisiens.* — *Ann. Col.*, 2 mars 1912, carte.

Le réseau tunisien, son développement, son trafic; ce qui reste encore à construire.

6947. — MILLIÈS-LACROIX, sénateur. *Rapport fait au nom de la Commission des finances chargée d'examiner le projet de loi, adopté par la Chambre des députés, autorisant le Gouvernement tunisien* *à contracter un emprunt de 90.500.000 francs pour accélérer l'achèvement du réseau de ses chemins de fer.* — Paris, imp. du Sénat, 1912, in-4°, 56 p., carte.

<small>Sénat, session ordinaire de 1912. Annexe au procès-verbal de la séance du 5 mars 1912, n° 81. — État des lignes en construction et des lignes nouvelles à entreprendre. Cf. Projet de loi Poincaré-Klotz, *ibid.*, n° 54 (v. n°' **5638** et **6937**); *L'emprunt tunisien. Quinz. col.*, 1912, p. 200-201.</small>

6948. — *L'emprunt tunisien.* — *Bul. Com. A. F.*, 1912, p. 26-27, 142.

<small>Le projet est déposé depuis le 23 mars 1911 (v. n° **6939**), raisons qui militent en faveur d'un vote urgent; loi du 21 mars 1912 autorisant cet emprunt. Cf. *Quinz. col.*, 1912, p. 604.</small>

6949. — MASSON (Kernoël). *Histoire des chemins de fer...* — Bar-le-Duc, imp. E. Jolibois, 1912, 3 vol. in-8°.

<small>T. III., Asie-Afrique (133 p.) : Algérie, Tunisie, Maroc (p. 80-87). An. dans *Q. Dipl. Col.*, 1913, t. XXXV, p. 576; par M. B. [Boutry], dans *R. É. H.*, 1913, p. 341; par E. Gallois, dans *Bul. Soc. G. Com. Paris*, 1913, p. 65.</small>

6950. — MARLIO (Louis), ingénieur des Ponts et chaussées, maître des requêtes au Conseil d'État, MAZERAT et VERGNIAUD, auditeurs au Conseil d'État, GODFERNAUX, ingénieur des arts et manufactures. *Voies ferrées (France, Algérie, Tunisie et colonies françaises)...* — Paris, P. Dupont, 1912, 2 vol. in-8°, 608 et 533 p.

<small>Importante étude. I. Voies ferrées de la France : dispositions relatives à la Guerre et à la Marine (t. II, p. 26-38). II. Voies ferrées de l'Algérie et de la Tunisie : historique, législation spéciale et régime financier (t. II, p. 369-404). III. Voies ferrées des colonies françaises.</small>

6951. — NICOLAS (Félix). *Mémoire sur les voies de communications créées en Tunisie sous le Protectorat français de 1883 à 1910...* — *Bul. Sect. Tunis.*, oct. 1912, p. 129-153.

<small>Aperçu sur les grands travaux des ports (Tunis, Bizerte et Sousse) et sur les chemins de fer; étude plus détaillée en ce qui concerne les routes, pistes et ponts et en particulier les travaux exécutés par le génie de 1881 à 1887.</small>

6952. — *Les chemins de fer de la Tunisie.* — *Gén. civil*, 1912, t. LV, p. 414-415, carte.

Courte notice sur les c^{ies} concessionnaires du réseau ferré tunisien.

6953. — Cie DES PHOSPHATES ET DU CHEMIN DE FER DE GAFSA... *Assemblées générales ordinaire et extraordinaire du 26 mai 1913. Exercice 1912...* — Paris, imp. Chaix, 1913, in-4°, 40 p., carte.

Exploitation des mines, trafic et travaux des voies ferrées, mise en service (1er mars 1913) de la ligne Metlaoui à Tozeur; texte *in extenso* des conventions avec le Gouvernement tunisien pour l'exploitation de la ligne projetée de Sfax à Bou-Thadi (10 déc. 1912, modifiant la convention du 1er mai 1908) et celle de la ligne de Graïba à Gabès (15 déc. 1912); embarquement à Sfax et à Sousse. Cf. *Assemblée générale ordinaire du 18 mai 1914. Exercice 1913... Ibid.,* 1914, in-4°, 29 p., carte.

6954. — DU FRESNEL (E. Dollin), consul. *Lettre...* — *Bul. Soc. G. Com. Paris*, 1913, p. 353-354.

La nouvelle ligne ferrée Metlaoui-Tozeur; les résultats économiques probables.

6955. — LEGOUËZ (R.). *Le chemin de fer transafricain.* — *Ass. fr. av. sc.*, 1914, p. 733-738.

42e session, Tunis, 1913. — Les grandes lignes du tracé, le résultat des missions d'études (v. n° **1967**).

6956. — Cie DES CHEMINS DE FER DE BÔNE-GUELMA ET PROLONGEMENTS... *Assemblée générale... du 13 juin 1914...* — Paris, imp. Hemmerlé, 1914, in-4°, 52 p., carte.

Mise en exploitation de la ligne de Mateur à Nebeur (1er juin), travaux de la ligne des Nefzas, renforcement des lignes de la Medjerda, de Tunis à Sousse; exploitation, affaires algériennes, statistiques. Cf. *Allocution de M. Marcel Trélat. Ibid.,* 4 p.

6957. — Cie DES PHOSPHATES ET DU CHEMIN DE FER DE GAFSA... *Assemblée générale ordinaire du 14 juin 1915. Exercice 1914...* — Paris, imp. Chaix, 1915, in-4°, 24 p., carte.

La mobilisation (août 1914), production des mines, trafic des chemins de fer, suspension des embarquements à Sousse, le domaine agricole.

6958. — Cie des Chemins de fer de Bône-Guelma et prolongements... *Assemblée générale... du 19 juin 1915...* — Paris, imp. Hemmerlé, 1915, in-4°, 50 p.

Programme de renforcement et d'amélioration du réseau existant, exploitation; rachat du réseau algérien (1er avril); personnel, mobilisation, conséquences générales de l'état de guerre, statistiques. Cf. *Allocution de M. Marcel Trélat. Ibid.*, 3 p.

6959. — *Le chemin de fer de Tunis à Gabès.* — *Bul. Com. A. F.*, 1916, p. 175-179, carte.

Inauguration du tronçon de Graïba à Gabès par le résident général G. Alapetite, qui fit ensuite une tournée sur le front tuniso-tripolitain; importance stratégique de cette ligne; ce que le Sud tunisien doit à l'armée. An. par Ch. R. [Rabot], dans *Bul. Soc. G. Paris*, 1916-1917, p. 288.

6960. — Cie des Chemins de fer de Bône-Guelma et prolongements... *Assemblée générale... du 27 mai 1916...* — Paris, imp. Hemmerlé, 1916, in-4°, 52 p.

Travaux de construction et d'amélioration, personnel mobilisé aux armées, conséquences générales de l'état de guerre, statistiques. Cf. *Allocution de M. Marcel Trélat. Ibid.*, 4 p.; *Assemblée générale... du 24 mai 1917... Ibid.*, 1917, in-4°, 50 p.; *Allocution de M. Marcel Trélat. Ibid.*, 4 p.

6961. — Cie des Phosphates et du Chemin de fer de Gafsa... *Assemblée générale ordinaire du 5 juin 1916. Exercice 1915...* — Paris, imp. Chaix, 1916, in-4°, 22 p., carte.

Production des mines, trafic des chemins de fer, travaux de la ligne de Graïba à Gabès, reprise des embarquements à Sousse, le domaine du Chahal.

6962. — Cie des Phosphates et du Chemin de fer de Gafsa... *Assemblée générale ordinaire du 30 avril 1917. Exercice 1916...* — Paris, imp. Chaix, 1917, in-4°, 24 p., carte.

Production des mines, trafic des chemins de fer, exploitation de la ligne de Gabès (20 juillet 1916), embarquement, le domaine. Cf. *Assemblée générale ordinaire du 10 juin 1918. Exercice 1917... Ibid.*, 1918, in-4°, 22 p., carte; *Assemblée générale ordinaire du 12 mai 1919. Exercice 1918... Ibid.*, 1919, in-4°, 22 p., carte : le personnel mobilisé.

6963. — Cie des Chemins de fer de Bône-Guelma et prolongements... *Assemblée générale... du 29 juin 1918...* — Paris, imp. Hemmerlé, 1918, in-4°, 46 p.

Mise en exploitation de la ligne Menzel-bou-Zelfa à Henchir-Lebna (lignites du Cap-Bon), autres travaux; exploitation; personnel mobilisé aux armées, conséquences de l'état de guerre, statistiques. Cf. *Allocution de M. Marcel Trélat. Ibid.*, 2 p.

6964. — Cie des Chemins de fer de Bône-Guelma et prolongements... *Assemblée générale... du 31 mai 1919...* — Paris, imp. Hemmerlé, 1919, in-4°, 56 p.

Constructions, travaux d'amélioration, exploitation; conséquences générales de l'état de guerre; texte *in extenso* de la convention du 15 juin 1918 relative à l'exploitation du réseau tunisien pendant la période des hostilités, statistiques.

6965. — Cie des Phosphates et du Chemin de fer de Gafsa... *Assemblées générales ordinaire et extraordinaire du 10 mai 1920. Exercice 1919...* — Paris, imp. Chaix, 1920, in-4°, 28 p., carte.

Production des mines, trafic des chemins de fer, embarquements, le domaine agricole. Cf. *Assemblée générale ordinaire du 23 mai 1921. Exercice 1920... Ibid.*, 1921, in-4°, 24 p., carte; *Assemblée générale ordinaire du 29 mai 1922. Exercice 1921... Ibid.*, 1922, in-4°, 22 p., carte; *Assemblée générale ordinaire du 28 mai 1923. Exercice 1922... Ibid.*, 1923, in-4°, 22 p., carte : exploitation du gisement de Moularès (1er janvier 1923); *Assemblée générale ordinaire du 26 mai 1924. Exercice 1923... Ibid.*, 1923, in-4°, 22 p., carte; *Assemblée générale ordinaire du 25 mai 1925. Exercice 1924... Ibid.*, 1925, in-4°, 22 p., carte : extension des ateliers de Sfax; *Assemblée générale du 31 mai 1926. Exercice 1925... Ibid.*, 1926, in-4°, 22 p., carte.

6966. — Cie des Chemins de fer de Bône-Guelma et prolongements... *Assemblée générale... du 21 juin 1920...* — Paris, imp. Hemmerlé, 1920, in-4°, 58 p., carte.

Remise en état des voies et installations existantes; texte *in extenso* des conventions des 6 et 7 mai 1920 avec le Gouvernement tunisien réglant à titre temporaire les conditions de l'exploitation ainsi que les conditions financières d'exécution des travaux complémentaires ou des lignes nouvelles. Cf. *Assemblée générale... du 28 mai 1921... Ibid.*, 1921, in-4°, 46 p.; *Allocution de M. Marcel Trélat. Ibid.*, 4 p.; *Assemblée générale... du 24 juin 1922... Ibid.*, 1922, in-4°, 46 p.

6967. — Lewin (Evans). *Railways in Africa (chemins de fer d'Afrique)...* — *R. T.*, 1921, p. 227-251.

Traduction par A. Schwich des art. parus (janvier à mars 1917) dans les *War Numbers* de la revue *United Empire*. Progrès récents réalisés dans les voies ferrées africaines, marche probable de leur extension, routes principales des chemins de fer de l'avenir; le réseau ferré français nord africain, le transsaharien et ses terminus Oran, Alger, Philippeville, Bizerte ou Tunis, le transsaharien route mondiale avec terminus Bizerte; les chemins de fer marocains.

6968. — BONNARD (Paul). *Le rail Bizerte-Tchad-Congo.* — *R. Sect. Tunis.*, 1922, p. 89-92.

Réflexions sur la conférence du général Aubier à la Réunion des études algériennes (16 déc.), relative aux grandes voies ferrées à établir en Afrique.

6969. — Cie DES CHEMINS DE FER DE BÔNE-GUELMA ET PROLONGEMENTS... *Assemblée générale... du 23 février 1923...* — Paris, imp. Hemmerlé, Petit, 1923, in-4°, 42 p.

Texte *in extenso* de la convention passée avec l'État tunisien (22 juin 1922) : la c^{ie} n'intervient plus dans l'exploitation des chemins de fer tunisiens que comme c^{ie} fermière.

6970. — Cie DES CHEMINS DE FER DE BÔNE-GUELMA ET PROLONGEMENTS... *Assemblée générale ordinaire... du 8 juin 1923...* — Paris, imp. Hemmerlé, Petit, 1923, in-4°, 49 p.

Mise en exploitation de la ligne des Nefzas (15 nov. 1922), travaux d'amélioration; exploitation, statistiques. Cf. *Assemblée générale extraordinaire... du 8 juin 1923... Ibid.*, 31 p. : modifications des statuts de la c^{ie}.

6971. — PELLEGRIN (Arthur). *Les chemins de fer tunisiens.* Préface de Bidegaray. — Tunis, imp. L. Rombi [1923], in-8°, 31 p.

Étude de l'exploitation des chemins de fer de Tunisie. La c^{ie} Bône-Guelma, la période de guerre, la nouvelle convention (1er janvier 1922); la c^{ie} du Sfax-Gafsa; le régime des c^{ies} privées. L'auteur propose la gestion industrialisée de l'État, sous le contrôle et la décision de tous les intéressés au fonctionnement des chemins de fer.

6972. — MULETTE (Raymond). *Les chemins de fer tunisiens.* — *Écon. europ.*, 1923, sup., p. 55-56.

Situation des chemins de fer en 1881, lignes existantes à cette époque, extension du réseau sous le Protectorat français, développement actuel.

6973. — REGELSPERGER (Gustave). *Les chemins de fer en Afrique française.* — *R. Sc. Pol.*, 1924, p. 374-395.

Coup d'œil sur l'état actuel des chemins de fer existants et sur les projets nouveaux envisagés; l'Algérie, la Tunisie, le Maroc, les projets divers du transsaharien et de transafricain.

6974. — Gérard-Hirne, chef d'escadron d'art[ie]. *Les voies ferrées en Algérie et en Tunisie*. — A. A., 1924, p. 149-152, carte, ill.

Le réseau actuel de chemins de fer de l'Algérie et de la Tunisie « remarquable manifestation de la vitalité de la France »; caractéristiques générales du réseau algéro-tunisien; les étapes de la réalisation du programme de construction, en particulier en Tunisie; les voies en projet.

6975. — Cie fermière des chemins de fer tunisiens (*anciennement Bône-Guelma*)... *Assemblée générale ordinaire... du 16 mai 1924*... — Paris, imp. Hemmerlé, Petit, 1924, in-4°, 47 p.

Travaux d'amélioration, statistiques. Cf. *Allocution de M. Marcel Trélat. Ibid.*, 2 p.; *Assemblée générale ordinaire... du 15 mai 1925... Ibid.*, 1925, in-4°, 51 p. : avenant du 30 oct. 1924 à la convention du 22 juin 1922; *Assemblée générale ordinaire... du 27 mai 1926... Ibid.*, 1926, in-4°, 45 p.

II. PORTS.

6976. — *Le mouvement de la navigation dans les ports tunisiens (1884-1889)*. — Bul. Statist., 1890, t. XXVII, p. 455-457.

État récapitulatif dressé par la Direction générale des Travaux publics.

6977. — Servonnet (L.), lieut[t] de vaisseau. *La Tunisie...* — S. l. n. d., in-8°, paginé 327-340, carte.

Bul. Soc. G. Marseille, 1891, n° 4. — Communication faite le 11 juin 1891. L'auteur a séjourné de 1882 à 1886 dans la Régence; étude rapide sur les ports de Tabarka, Bizerte, Tunis, Sousse, Sfax et leur commerce.

6978. — Régence de Tunis. Direction générale des Travaux publics. *Concession des ports de Tunis, Sousse et Sfax. Décret du 12 avril 1894, convention et cahier des charges, statuts de la Compagnie concessionnaire*. — Tunis, imp. B. Borrel, 1894, in-8°, 167 p., 3 plans.

6979. — BELLET (Daniel). *Les ports de Tunisie.* — *R. Sc.,* 1894, 1er sem., p. 781-785.

La situation actuelle, Tunis, La Goulette, Bizerte, Sousse, Sfax; ce qui est déjà fait, ce qui reste à faire.

6980. — FAGES (de), ingénieur des Ponts et chaussées. *Les grands ports de commerce de la Régence de Tunis.* — *Ass. fr. av. sc.,* 2e part., 1897, p. 134-145.

25e *session, Carthage,* 1896. — Exposé du régime de la concession adopté, au point de vue de la construction et de l'exploitation, pour les ports de Tunis, Sousse, Sfax et Bizerte; l'avenir de ces créations. Cf. *ibid.,* 1re part., 1896, p. 139-140.

6981. — BERTHOLON (Dr) et GOGUYER. *Les deux grands ports tunisiens de Bizerte et Bougherara-Gigthis.* — *Ass. fr. av. sc.,* 2e part., 1897, p. 721-730.

25e *session, Carthage,* 1896. — Bizerte ne parait devoir rester qu'un simple port militaire et, peut-être, également un port de ravitaillement; Bou-Ghrara réunit les conditions d'un port militaire incomparable, d'un port d'exportation de premier ordre, d'un port du commerce saharien et transsaharien. Cf. *ibid.,* 1re part., 1896, p. 253-254. Extr. dans *R. T.,* 1909, p. 527-528.

6982. — LAURENCIN (P.). *Les ports tunisiens.* — *R. Enc.,* 1900, p. 847-853, ill.

Bref aperçu d'ensemble sur la Tunisie, les ports de Bizerte, La Goulette-Tunis, Sousse, Sfax.

6983. — RÉGENCE DE TUNIS. Direction générale des Travaux publics. *Concession des ports de Tunis, Sousse et Sfax. Convention et cahier des charges (décret du 12 avril 1894). Statuts de la Compagnie concessionnaire approuvés par le décret du 1er juillet 1894 et modifiés par les décrets... du 27 juillet 1895,... 1er juin 1896,... 1er février 1903.* — Paris, imp. Chaix, 1904, in-8°, 111 p., 2 pl. h. t.

6984. — GALLOIS (Eugène). *Ports tunisiens.* — *Bul. Soc. G. Com. Paris,* 1911, p. 559-567.

Les ports ont profité du développement général de la Tunisie.

6985. — GALLOIS (Eugène). *Les ports de l'Afrique française du Nord (Algérie-Tunisie)...* — *Bul. Soc. G. Lille,* 1912, t. LVII, p. 264-283.

Compte rendu par Auditor, d'une conférence faite à la Soc. (7 déc. 1911); description du littoral, produits et ressources du pays.

6986. — LACOUR-GAYET (Jacques). *L'outillage d'un Protectorat : les ports tunisiens.* — *R. P. Parl.,* 1913, t. LXXVI, p. 73-93.

Comment les ports de commerce tunisiens (Tunis, Sfax, Sousse et Bizerte) ont été conçus et appropriés à leur objet; leur prix de revient, leur rendement; comment ils s'agencent avec les autres rouages pour la mise en valeur la plus économique des ressources locales.

6987. — PAWLOWSKI (A.). *Les ports français durant la guerre. Les ports de la Tunisie.* — *Gén. civil,* 1918, t. LXXII, p. 369-375, 389-393, 14 fig.

Description, trafic de Bizerte, Tunis, Sousse et Sfax. An. par J. Martignon, dans *Bibl. g.,* 1921, p. 328.

6988. — RENAUD (J.). *Les ports profonds sur nos côtes de la Méditerranée et sur celles de nos colonies et pays de protectorat...* — *C. R. Ac. Sc.,* 1918, t. CLXVII, p. 639-641.

Note présentée par Ch. Lallemand; concerne Oran, Alger, Bizerte et Bou-Ghrara. An. dans *R. G. Sc.,* 1918, p. 654.

Bizerte.

6989. — X... *La Tunisie et le port de Bizerte.* — *Écon. fr.,* 1884, t. II, p. 77-80.

Résumé d'un travail plus complet que l'auteur se propose de faire paraître ultérieurement; historique et description de Bizerte, l'importance que ce port pourrait avoir, surtout comme port de guerre, en raison de sa situation.

6990. — CAMBOURG (B°ⁿ de). *Bizerte et la Tunisie.* — *Bul. Soc. Ét. Col. Mar.,* 1891, p. 85-91.

Conférence faite à la Soc. (8 avril). L'état actuel du port de Bizerte, les travaux qu'il faudrait entreprendre; aperçus sur l'organisation et la situation générale de la Régence (voir n° **6996**).

6991. — MONCELON (Léon). *Le nouveau port de Bizerte.* — *Bul. Soc. G. Com. Bordeaux,* 1892, p. 213-217.

Les travaux effectués à Bizerte; la valeur stratégique de ce port et son importance commerciale.

6992. — BOYER (A.). *Le port de Bizerte.* — *Bul. Soc. G. Arch. Oran*, 1893, p. 325-326, carte.

État d'avancement des travaux qui doivent être achevés en 1894.

6993. — *Le nouveau port de Bizerte (Tunisie). Bulletin de la Compagnie du port de Bizerte.* 1re année, n° 1, 14 juillet 1893. — Bizerte, Imp. nouvelle [1893], in-4°, 12 p., ill. en coul., cartes, couv. ill.

Suite d'art. extr. d'ouvrages ou de périodiques.

6994. — *Inauguration du port de Bizerte.* — *Bul. Mém. Soc. Af. France*, 1895, p. 129-132.

Visite du ministre de l'Agriculture (22 mai). Cf. *L'avenir du port de Bizerte. Ibid.*, janvier-juin 1898, p. 14-21 (v. n° **7004**).

6995. — MONTELL (A.). *Ouverture du port de Bizerte.* — *R. F. Étr. Col.*, 1895, p. 430-433, plan.

Départ des paquebots-poste, visite de l'escadre active de la Méditerranée; travaux effectués depuis 1890.

6996. — MULLER (Léon), capitaine au long cours. *Le nouveau port de Bizerte.* — *Bul. Soc. Ét. Col. Mar.*, 1895, p. 197-201, cartes.

Description du port ouvert officiellement le 1er juillet 1895; extr. de la conférence du b^{on} de Cambourg (v. n° **6990**); les services que ce port peut rendre à la marine marchande.

6997. — MULLER (Léon), capitaine au long cours. *Le port de Bizerte et la marine anglaise.* — *Bul. Soc. Ét. Col. Mar.*, 1896, p. 64-65.

Les études faites par la marine anglaise relatives à la position de Bizerte comme dépôt de charbon; nécessité de créer les voies de pénétration indispensables pour mettre le port en communication avec l'intérieur du pays.

6998. — SAINT-LAURENT (A. de). *Note sur Bizerte, son port et ses pêcheries.* — *Bul. Soc. G. Com. Bordeaux*, 1896, p. 331-336.

Renseignements empruntés à l'ouvrage signalé sous le n° **5394**, complétés par des notes prises sur place. Cf. Moncelon (Léon), *Bizerte. Ibid.,* p. 430-432 : son avenir commercial rapide et considérable, son importance stratégique.

6999. — *Tunisie : Bizerte inutilisée.* — *R. F. Étr. Col.,* 1896, p. 306; 1897, p. 118.

Isolement de Bizerte, nécessité de relier le port à la vallée de la Medjerda.

7000. — MONCELON (Léon). *Bizerte, le transbordeur Arnodin.* — *Bul. Soc. G. Com. Bordeaux,* 1898, p. 64-68.

La situation unique du port; le transbordeur construit par la maison Arnodin.

7001. — LEROY-BEAULIEU (Paul). *Lettre de Tunisie...* — *Écon. fr.,* 1898, t. II, p. 9-11.

Lettre (8 juin) publiée dans le *Journal des Débats;* le port de Bizerte, sa valeur comme port de guerre et de commerce. Reproduit sous le titre *Bizerte, la situation financière de la Tunisie,* dans *Bul. Soc. Ét. Col. Mar.,* 1898, p. 236-240.

7002. — BOYER (Jacques). *Le nouveau port de Bizerte.* — *Nat.,* 1898, 2ᵉ sem., p. 115-117, ill., cartes.

Bref exposé de la restauration du port de Bizerte, résultats obtenus, doutes sur l'avenir de la ville.

7003. — CARTON (Dr). *Les phosphates tunisiens, leur port de sortie et la défense nationale, par Eusèbe Vassel...* Compte rendu... — Lille, imp. L. Danel, 1898, in-8°, 6 p.

Bul. Soc. G. Lille, 1898, t. XXIX, p. 221-226. — Analyse détaillée de l'ouvrage mentionné sous le n° **7095.**

7004. — *Le nouveau port de Bizerte (Tunisie).* — Paris, A. Challamel, 1899, in-8°, 40 p., cartes, grav.

Six mémoires : Bizerte, son passé et son avenir (v. n° **9018**); l'avenir du port de Bizerte (v. n° **6994**); le chemin de fer de Bizerte à Aïn-Draham, Le Kef et Thala; le mouvement du port; les pêcheries; la nouvelle ville. An. par E. V. [Vassel],dans *R. T.,* 1899, p. 366.

7005. — *Bizerte et Ferryville, la création d'une ville en Tunisie.* — *A travers le monde,* 1899, p. 217-220, 4 ill., croq.

Reproduit dans *Bul. Soc. languedoc. G.*, 1899, p. 291-296. — Travaux entrepris depuis 1889, détails sur l'arsenal et sur le nouveau centre de population qui lui est adjacent.

7006. — *Tunisie : travaux de Bizerte.* — *R. F. Étr. Col.*, 1900, p. 182-183.

Crédits, projets pour 1900.

7007. — *Bizerte et Ferryville.* — *Bul. Soc. G. Toulouse*, 1901, p. 74-75.

Leur origine, leur développement.

7008. — LEROY-BEAULIEU (Paul). *Lettre de Tunisie.* — *Écon. fr.*, 1901, t. Ier, p. 613-614, 689-691.

Lettres (24 avril) parues dans les *Débats* (1er et 4 mai); Bizerte et les travaux en cours dans ce port; description de la Kroumirie et de Tabarka; l'antagonisme naissant entre Bizerte et Tunis, en particulier en ce qui concerne les chemins de fer.

7009. — *Le développement de Bizerte.* — *Quinz. col.*, 1901, t. IX, p. 166-167.

Reproduit dans *Bul. Soc. G. Lille*, 1901, t. XXXV, p. 459. — Transformation depuis 1890.

7010. — DEYME (Lucien). *La genèse de Ferryville (arsenal de Bizerte) et le régime immobilier en Tunisie.* Rapport présenté... à la Société d'économie politique et d'économie sociale de Lyon... 6 décembre 1901. — Lyon, imp. A. Bonnaviat, 1902, in-8°, 78 p., cartes, phot.

7011. — PIQUET (E.). *Bizerte et les phosphates.* — *R. F. Étr. Col.*, 1902, p. 74-82.

Les principaux avantages du projet de faire de Bizerte le port de sortie des phosphates de la Régence sont la jonction de Bizerte à Tebessa et la création d'un dépôt de charbon.

7012. — ESPITALLIER (Lieut^t-Colonel G.). *Travaux du port de Bizerte et de l'arsenal de Sidi-Abdallah...* — Paris, publ. du journal *Le génie civil*, 1902, in-8°, 40 p., 31 fig., pl.

Gén. civil, 1902, t. XLII, p. 33-37, 55-58, 65-71, ill., cartes. — Historique, aperçu général sur la marche des travaux, aspect définitif de Bizerte et de ses annexes; exécution des travaux de la première, puis de la seconde période; travaux de Sidi-Abdallah et de la défense mobile, exécution des formes de radoub (v. n° **9024**).

7013. — FULCRAND (Colonel). *Quatrième lettre de Tunisie.* — *Bul. Soc. languedoc. G.*, 1902, p. 334-339.

L'importance de Bizerte et de la Tunisie au point de vue maritime, le projet de travaux approuvé par la loi du 2 mars 1901 (v. n° **8029**).

7014. — DELÉCRAZ (F.-V.). *Bizerte, port franc.* — Tunis, Imp. rapide, 1902, in-8°, 19 p.

R. T., 1902, p. 357-371. — Avantages qui résulteraient pour la Tunisie de la création d'un port franc à Bizerte; cette solution serait également profitable à toute l'Afrique du Nord. An. dans *R. G.*, 1902, t. LI, p. 505.

7015. — DUBOC (E.), lieut^t de vaisseau en retraite. *Bizerte, port de commerce.* — Paris, imp. F. Levé, 1903, in-8°, 27 p., cartes.

Q. Dipl. Col., 1903, t. XVI, p. 513-536, cartes. — Bizerte, grand marché de charbon; la voie d'exploitation naturelle de l'Ouenza à la mer doit aboutir dans ce port; l'acheminement des minerais de l'Ouenza sur Bizerte ne peut être qu'avantageux pour la défense du pays.

7016. — RÉMY (V.), sous-intendant militaire de 2° cl. *Étude sur les ports francs. Un port franc à Bizerte.* — Tunis, Imp. rapide, 1904, in-8°, 62 p.

R. T., 1903, p. 337-351, 437-449; 1904, p. 37-48, 81-101. — 2° éd. (réimp.), Bizerte, Imp. française, 1915, in-8°, 60 p., cartes. — Nécessité et modalités des ports francs, leur rôle économique; avantages que retirerait la Tunisie de la création d'un port franc; le port franc de Bizerte, sa position stratégique et économique; les minerais de l'Ouenza; Bizerte peut sans dommage être à la fois port franc et port de guerre.

7017. — MÉDINA (Gabriel). *Étude critique sur l'établissement d'une zone franche à Bizerte.* — *R. T.*, 1904, p. 289-298.

Critique l'idée d'une zone franche à Bizerte qui doit rester avant tout ce qu'il est : un port de guerre.

7018. — RÉGENCE DE TUNIS. Direction générale des Travaux publics. *Recueil des actes organiques relatifs à la concession du port de Bizerte.* — Paris, imp. Chaix, 1904, gr. in-8°, 87 p., carte.

7019. — COSTE (E.). *Les travaux de Bizerte.* — R. gén. Col., 1904, p. 17-20.

Les efforts accomplis pour la fortification de Bizerte, ainsi que les travaux civils entrepris pour développer ce port.

7020. — *Le port de Bizerte.* — Bul. Soc. G. Lille, 1904, t. XLI, p. 220-222.

Reproduction d'un article des *Annales diplomatiques et consulaires;* résumé de l'histoire récente de Bizerte, détails techniques.

7021. — *Le port et les travaux de Bizerte.* — Quinz. col., 1906, p. 307-313.

Allocution de M. Charles-Roux et discours de René Millet à l'Union coloniale (22 mai); le développement et l'organisation de Bizerte.

7022. — RÉGENCE DE TUNIS. Direction générale des Travaux publics. *Recueil des actes organiques relatifs à la concession du port de Bizerte.* — Bizerte, imp. Fages, 1907, in-4°, 41 p.

Texte des décrets et conventions promulgués en 1906 (v. n° **7018**).

7023. — *Les déceptions et les espérances de Bizerte.* — Quinz. col., 1907, p. 495-496.

7024. — FAVROT. *Établissement d'une zone franche à Bizerte.* — Bul. Sect. Tunis., nov. 1908, p. 63-67.

« Le port franc peut être le levier de la fortune commerciale de la Tunisie et l'instrument de sa prospérité future »; les avantages qu'il offrirait au point de vue militaire.

7025. — *Le port de Bizerte.* — Bul. Soc. G. Lille, 1908, t. L, p. 115-118, croq.

Reproduction d'un art. de la *Ligue maritime;* les objectifs visés par les créateurs de Bizerte, les réalisations obtenues. Cf. *Le rachat du port de Bizerte. Quinz.col.,* 1908, p. 1110-1111; *Bizerte et l'enquête sur la marine. Ibid.,* 1909, p. 287.

7026. — Voisin Bey. *Rapport présenté au Comité des constructions et Beaux-Arts... au sujet du mémoire de M. Jean Hersent,... sur les travaux du port de Bizerte et de l'arsenal de Sidi-Abdallah.* — Paris, imp. Chaix, 1912, in-4°, 32 p., fig.

<small>Bul. soc. enc. ind. nat., 1903, t. CIV, p. 321-350. — Présentation et texte *in extenso* du rapport de J. Hersent sur la création du port de commerce de Bizerte et des établissements militaires annexés, nature des travaux effectués.</small>

7027. — Moncelon (Léon). *Le port de Bizerte... — Bul. Soc. G. Est,* 1912, p. 275-282.

<small>« Ce qui a été fait, ce qu'on regrette de ne pas avoir fait, et ce qui reste à faire ».</small>

7028. — Anjot, officier d'administration de 1re cl. du Service de Santé. *Le port de Bizerte en 1912. — Bul. Soc. G. Com. Bordeaux,* 1913, p. 101-106, croq.

<small>Situation, mouvement commercial, travaux d'agrandissement depuis 1908.</small>

7029. — Dolot (Général). *Bizerte tête de ligne de la Tunisie. — Ass. fr. av. sc.,* 1914, p. 713-717.

<small>42° session, Tunis, 1913. — Reproduit dans Bul. Soc. G. Com. Paris, 1913, p. 388-393. — Bizerte est la tête de ligne naturelle des communications avec Marseille.</small>

7030. — Rémy (V.), sous-intendant militaire en retraite. *Bizerte port franc. — Ass. fr. av. sc.,* 1914, p. 717-722, carte.

<small>42° session, Tunis, 1913. — La Tunisie se prête à l'établissement d'un port franc; il doit être créé à Bizerte.</small>

7031. — Gallut (Arnaud). *Le port de Bizerte. — Ass. fr. av. sc.,* 1914, p. 722-728.

<small>42° session, Tunis, 1913. — Histoire du développement; desiderata.</small>

7032. — Schuch (François). *Rapport sur les minerais de l'Ouenza, du Bou-Kadra et les intérêts de la défense nationale... —* Bizerte, imp. Vve Saint-Paul, 1917, in-8°, 15 p.

<small>Chambre de commerce de Bizerte. — Rôle qu'auraient pu remplir les mines de l'Ouenza pendant la guerre; rivalité de Bône et de Bizerte pour l'acheminement du</small>

minerai; avantages en faveur de ce dernier port. Un second rapport portant le même titre (*ibid.*, 1918, 38 p., carte) donne l'avis de personnalités sur cette question; la surproduction des mines de l'Algérie.

7033. — ARRAGON (Henri). *En Tunisie. Le programme de M. Étienne Flandin et le port de Bizerte.* — *R. Q. Col. Mar.*, 1919, p. 93-96.

Ce programme est l'intérêt de la France; campagne entreprise pour le démolir.

7034. — BONNARD (Paul). *Bizerte, débouché des phosphates du djebel Onk; avant-projet de vœu...* — [Paris, P. Bonnard], 1921, in-4°, 1 p., dactylogr.

Notes et questions, n° 8.

7035. — BONNARD (Paul). *Bizerte, débouché de l'Ouenza et port à zone franche.* — [Paris, P. Bonnard, 1921], in-4°, 7 p., dactylogr.

Notes et questions, n° 9.

7036. — BONNARD (Paul). *Bizerte et le droit de quai.* — [Paris, P. Bonnard], 1922, in-4°, 2 p., dactylogr.

Notes et questions, n° 10.

7037. — HAUDOS (Ernest). *Le destin de Bizerte.* — *Ann. Col.*, 6 juin 1922.

Bizerte, port de ravitaillement, doit être aussi un centre d'exportation des richesses minières de la région et il convient de l'outiller dans ce but.

7038. — REYCOUDIER, président de la Chambre de commerce française de Bizerte. *Un port franc à Bizerte...* — Bizerte, F.-R. Roy, 1923, in-8°, 14 p.

Rapport présenté à la Chambre de commerce de Bizerte (22 février). Étude des avantages de la création d'un port franc à Bizerte; avis de certaines personnalités sur la question, en particulier de l'amiral Exelmans, préfet maritime (v. n° **7040**).

7039. — BONNARD (Paul). *Sur la création d'une zone franche à Bizerte; vœu proposé...* — [Paris, P. Bonnard], 1925, in-4°, 2 p., dactylogr.

Notes et questions, n° 21. — Vœu proposé au Congrès des Soc. françaises à l'étranger.

7040. — *Le port franc projeté de Bizerte.* — *Bul. Com. A. F.*, 1925, sup., p. 541.

Analyse du rapport signalé sous le n° **7038**. Intérêt qu'aurait la création d'une zone franche à Bizerte, d'une part, pour notre marine militaire et, d'autre part, pour le commerce actuellement en décadence de ce port.

Bou-Ghara. **7041.** — Vassel (Eusèbe). *Bou-Grara, port de commerce.* — Tunis, Imp. rapide, 1896, in-8°, 8 p.

Peut fournir à notre flotte un second Bizerte et devenir tête de ligne pour les routes sahariennes et transsahariennes; travaux à exécuter. Cf. *L'ile de Djerba et la mer de Bou-Grara. Bul. union col.*, 1896, p. 97.

7042. — Vassel (Eusèbe). *Les ports de Bou-Grara.* — *Ass. fr. av. sc.*, 2ᵉ part., 1897, p. 154-163, croq.

25ᵉ session, Carthage, 1896. — Utilité pour le Sud tunisien d'un port destiné à fournir une escale préférable à celles de Gabès et de Houmt-Souk; description du lac de Bou-Ghrara, facilité d'y aménager un port, économie du projet. Cf. *ibid.*, 1ʳᵉ part., 1896, p. 142. An. par le Dʳ Bertholon, dans *R. T.*, 1897, p. 263-264.

Gabès. **7043.** — [Goguyer (Antonin)]. *Gabès, port du Touat, de l'arrière-terre algérienne et du Soudan,* par X... — Tunis, Imp. rapide, 1895, in-8°, 12 p., carte.

R. T., 1895, p. 114-123, carte. — La pénétration et les rivalités européennes, arguments en faveur de l'exploitation de la situation de Gabès par le développement des routes et pistes y aboutissant, notamment par la restauration de l'ancienne route de la Petite Syrte à la vallée du Draa.

7044. — *Les plaintes du Sud-Tunisien.* — *Quinz. col.*, 1909, p. 605.

Gabès réclame la construction d'un port.

Sfax **7045.** — *Le port de Sfax.* — *Bul. Com. A. F.*, 1897, p. 152.

Inauguration du nouveau port (24 avril).

— 53 —

7046. — GODEFROY (Joseph). *Le port de Sfax.* — *R. G. Sc.*, 1897, p. 325-326.

Inauguration du nouveau port (24 avril), travaux effectués.

7047. — BEZAULT, ingénieur. *Port de Sfax.* — *Ann. Ponts et chaussées* (M.), 1897, 4° trim., p. 160-178.

Situation des ports de la Régence avant 1881; exposé du régime de la concession unique qui s'applique à la fois aux trois ports de Tunis, Sousse et Sfax; plan des travaux prévus pour ce dernier port.

7048. — ANDÉRODIAS (Fernand). *Port de Sfax.* — *Ass. fr. av. sc.*, 1914, p. 771-781.

42° session, Tunis, 1913. — Historique, description du port, renseignements géographiques, hydrologiques, commerciaux; relations du port de Sfax.

7049. — *Tunisie : port de Sousse.* — *R. F. Étr. Col.*, 1899, p. 491.   Sousse.

Travaux effectués; état actuel du port.

7050. — ANDÉRODIAS (F.). *Port de Sousse.* — *Ass. fr. av. sc.*, 1914, p. 781-786.

42° session, Tunis, 1913. — Travaux de 1885 à 1900, description du port, renseignements géographiques, hydrologiques, commerciaux.

7051. — SYNDICAT INTERNATIONAL DES INTÉRÊTS COMMERCIAUX DE LA   Tunis.
TUNISIE. *Rapport sur la question du port de Tunis* (adopté dans la séance du 29 janvier 1885). — Tunis, Imp. franco-tunisienne, 1885, in-16, 18 p.

La supériorité de Bône est complète pour le moment; nécessité d'un port à Tunis; état actuel des transports par La Goulette, possibilité d'un port à Tunis, dont les travaux doivent être commencés dans le plus bref délai.

7052. — *L'inauguration du port de Tunis.* — *Bul. Com. A. F.*, 1893, VI, p. 11-12.

Travaux exécutés depuis 1888.

7053. — Résal (Eugène), ingénieur des Ponts et chaussées. *Le port de Tunis...* — *Ann. Ponts et chaussées (M.)*, 1894, t. VIII, p. 393-448, 3 pl.

Hydrographie et régime des vents du golfe de Tunis, constitution et régime du lac de Tunis, description générale du port; description et exécution des ouvrages en pierre, en bois, dragages, terrassements et plantations, superstructure; statistiques. An. par J. B. [Brunhes], dans *Ann. G., Bibl.*, 1895, p. 215.

7054. — *Le port de Tunis.* — *Quinz. col.*, 1906, p. 351.

Vœu de la Chambre de commerce transmis à la Résidence générale.

7055. — Saurin (J.). *L'avenir de Tunis et le port projeté à La Goulette...* — Tunis, Imp. moderne, 1906, in-8°, 8 p. sur 2 col.

Extr. *Cor. tunisienne*. — Réunion de trois art. : le port de Tunis et les minerais de fer, l'avenir de Tunis et les minerais, l'agrandissement du port de Tunis.

Zarzis.

7056. — *Le port de Zarzis.* — *Quinz. col.*, 1908, p. 83.

Proposition de la Commission présidée par M. Bocheray, ingénieur, pour l'établissement d'un appontement.

III. MINES ET CARRIÈRES: GÉOLOGIE.

7057. — Marès (P.). *Sur la géologie des environs du Kef (Tunisie)...* — *C. R. Ac. Sc.*, 1884, t. XCIX, p. 207-209, fig.

Note présentée par Edm. Hébert.

7058. — Thomas (Philippe). *Sur la découverte de gisements de phosphate de chaux dans le sud de la Tunisie...* — *C. R. Ac. Sc.*, 1885, t. CI, p. 1184-1187, coupe.

Note présentée par E. Cosson; étendue du gisement reconnu, teneur des phosphorites (v. n° **7063**). An. par E. Vassel, dans *R. T.*, 1899, p. 59-60.

7059. — Thomas (Philippe). *Gisements de phosphate de chaux dans le sud de la Tunisie...* — *Bul. Soc. climat. algér.*, 1885, p. 272-274.

7060. — ROLLAND (G.). *Sur la montagne et la grande faille du Zaghouan (Tunisie)...* — Paris, imp. Gauthier-Villars [1885], in-4°, 4 p., coupe.

C. R. Ac. Sc., 1885, t. CI, p. 1187-1190, coupe. — Première campagne de l'auteur chargé de la partie géologique dans la mission de l'exploration scientifique de la Tunisie.

7061. — ROLLAND (G.). *Sur la géologie de la Tunisie centrale, du Kef à Kairouan...* — Paris, imp. Gauthier-Villars, [1886], in-4°, 4 p.

C. R. Ac. Sc., 1886, t. CII, p. 1344-1347. — Résultats de la première campagne (1885) de l'auteur. An. dans C. R. Soc. G. Paris, 1888, p. 127; par É. Rivière, dans R. Sc., 1886, t. XXXVII, p. 764. Cf. du même, *Sur la géologie de la région du lac Kelbia et du littoral de la Tunisie centrale...* Paris, imp. Gauthier-Villars [1887], in-4°, 4 p. (C. R. Ac. Sc., 1887, t. CIV, p. 597-600) [v. n° **7067**]. An. dans C. R. Soc. G. Paris, 1887, p. 155-156; par É. Rivière, dans R. Sc., 1887, t. XXXIX, p. 315. Cf. C. R. Soc. G. Paris, 1887, p. 251-252, 324-325, 354-355, 411-413.

7062. — THOMAS (Ph.), vétérinaire en 1ᵉʳ au 10ᵉ hussards. *Sur les gisements de phosphate de chaux de la Tunisie.* — Ass. fr. av. sc., 2ᵉ part., 1887, p. 413-417.

15ᵉ session, Nancy, 1886. — Exposé sommaire des résultats des recherches de l'auteur au cours d'une nouvelle mission effectuée en 1886; la haute valeur des phosphates naturels comme engrais appliqué aux céréales. Cf. *Ibid.*, 1ʳᵉ pari., p. 130. An. par E. Vassel, dans R. T., 1899, p. 61; dans R. Sc., 1886, t. XXXVIII, p. 434.

7063. — THOMAS (Philippe). *Sur la découverte de nouveaux gisements de phosphate de chaux en Tunisie...* — C. R. Ac. Sc., 1887, t. CIV, p. 1321-1324.

Note présentée par Albert Gaudry; extension des gisements découverts en 1885 jusqu'auprès de Gafsa (v. n° **7058**), nouveaux gisements découverts entre Kairouan et la frontière algérienne; analyse des échantillons. An. par E. Vassel, dans R. T., 1899, p. 62; par E. Rivière, dans R. Sc., 1887, t. XXXIX, p. 635; par A. Gaudry, dans *Bul. Soc. géol. France*, 1886-1887, t. XV, p. 599, et dans C. R. Soc. géol. France, 1887, p. LXI.

7064. — QUANTIN (H.). *Contribution à l'étude du sol de la Tunisie.* — C. R. Ac. Sc., 1887, t. CIV, p. 1528-1529.

Note présentée par A. Gaudry; importance de la découverte de Ph. Thomas; analyse de différents sols de la Tunisie (v. n° **7068**).

7065. — ERRINGTON DE LA CROIX (J.). *La géologie du Cherichira (Tunisie centrale)...* — *C. R. Ac. Sc.*, 1887, t. CV, p. 321-323.

Note présentée par A. Gaudry. Le djebel Cherichira, à 30 kil. ouest de Kairouan, type classique du terrain tertiaire du nord de l'Afrique. An. par É. Rivière, dans *R. Sc.*, 1887, t. XL, p. 221.

7066. — ROLLAND (G.). *Géologie de la Tunisie centrale, du Kef à Kairouan.* — *Ass. fr. av. sc.*, 2ᵉ part., 1888, p. 470-477, fig.

16ᵉ *session, Toulouse*, 1887. — Campagne de 1885, principaux résultats obtenus, constitution géologique des régions parcourues. Cf. du même, sous le même titre, *ibid.*, 1ʳᵉ part., 1887, p. 137-138 (*15ᵉ session, Nancy*, 1886). An. par C. Pallu de Lessert, dans *R. Af. fr.*, 1888, t. VI, p. 78.

7067. — ROLLAND (G.). *Géologie de la région du lac Kelbia et du littoral de la Tunisie centrale...* — Paris, E. Colin, 1888, in-8°, paginé 187-210, 8 fig.

Bul. Soc. géol. France, 1887-1888, t. XVI, p. 187-210, 8 fig. — Étude de la Tunisie centrale, du Kef à Kairouan, faite en 1885. Cf. *ibid.*, 1886-1887, t. X, p. 719 (v. n° **7061**). An. dans *C. R. Soc. G. Paris*, 1888, p. 378-380.

7068. — THOMAS (Philippe). *Sur les gisements de phosphate de chaux de l'Algérie...* — *C. R. Ac. Sc.*, 1888, t. CVI, p. 379-382.

Note présentée par A. Gaudry; l'extension probable en Algérie des immenses gisements de phosphate de chaux de la Tunisie, possibilité de rendre leur fécondité aux sols épuisés par la perte de leur acide phosphorique (v. n° **7064**). An. par E. Vassel, dans *R. T.*, 1899, p. 63.

7069. — LE MESLE (Georges). *Mission géologique... journal de voyage...* — Paris, Imp. nat., 1888-1889-1899, 3 broch. in-8°, 43, 48 et 35 p., croq.

Exploration scientifique de la Tunisie. — Journal de voyage de l'auteur contenant les principales remarques faites au cours de ses trois missions géologiques; 1° avril-juin 1887 (Cap-Bon, Bizerte, Mateur, Béja, Le Kef); 2° avril-juin 1888 (région de Zaghouan, Kairouan, Maktar, Teboursouk, Souk-el-Arba); 3° nov. 1890-février 1891 (Sud tunisien, Tatahouine, Bir-Metirza, Médenine).

7070. — ROLLAND (G.). *Carte géologique du littoral nord de la Tunisie...* — *Bul. Soc. géol. France,* 1888-1889, t. XVII, p. 192-197, carte.

Présentation d'une carte à l'échelle de 1/1.000.000°, dressée par l'auteur à la suite de son exploration, en 1885, et de celle de Le Mesle, en 1887.

7071. — ROLLAND (Georges). *Grande faille du Zaghouan et ligne principale de dislocation de la Tunisie orientale...* — *Bul. Soc. géol. France,* 1889-1890, t. XVIII, p. 29-49, 9 fig.

Cf. *ibid.,* 1887-1888, t. XVI, p. 847. An. dans *C. R. Soc. G. Paris,* 1890, p.249-250.

7072. — LE MESLE. *Note sur la géologie de la Tunisie...* — *Bul. Soc. géol. France,* 1889-1890, t. XVIII, p. 209-219 p., 6 fig.

Renseignements recueillis au cours de la deuxième mission géologique de l'auteur (v. n° **7069**).

7073. — PARRAN (A.). *Observations sur les dunes littorales de l'époque actuelle et de l'époque pliocène en Algérie et en Tunisie...* — *Bul. Soc. géol. France,* 1889-1890, t. XVIII, p. 245-251.

7074. — AUBERT. *Sur quelques points de la géologie de la Tunisie...* — *Bul. Soc. géol. France,* 1889-1890, t. XVIII, p. 334-337, 2 fig.

Renseignements sur la formation du Kœdel (derniers contreforts du bou-Kournine, à l'est de Tunis).

7075. — [MASSICAULT (J.)]. *Gisements de phosphate de chaux de la Tunisie.* — *Ann. Mines,* 1890, t. XVII, p. 687-688.

Extr. d'un rapport au ministre des Affaires étrangères; les recherches, depuis 1885, dans la région de Gafsa.

7076. — LE MESLE. [*Sur le jurassique de la Tunisie*]. — *Bul. Soc. géol. France,* 1890-1891, t. XIX, p. CXL-CXLI.

7077. — Rolland (Georges). *Aperçu sur l'histoire géologique du Sahara, depuis les temps primaires jusqu'à l'époque actuelle...* — Bul. Soc. géol. France, 1890-1891, t. XIX, p. 237-246, carte.

Cf. *ibid.*, p. xxxiv (v. n° **7082**).

7078. — Thomas (Philippe). *Gisements de phosphate de chaux des Hauts-Plateaux de la Tunisie...* — Bul. Soc. géol. France, 1890-1891, t. XIX, p. 370-407, 6 fig., pl.

L'importance et la richesse des divers gisements découverts par l'auteur en 1885-1886. Cf. *Ibid.*, p. liv-lv. An. par E. Vassel, dans *R. T.*, 1899, p. 80; dans *R. Sc.*, 1891, t. XLVIII, p. 605.

7079. — Aubert. *Note sur la géologie de l'Extrême Sud de la Tunisie...* — Bul. Soc. géol. France, 1890-1891, t. XIX, p. 408-413.

Les divers terrains que l'on rencontre. Cf. *ibid.*, p. lv-lvi.

7080. — Thomas (Philippe). *Recherches sur quelques roches ophitiques du Sud de la Tunisie...* — S. l., 1891, in-8°, paginé 430 à 472, 5 fig.

Bul. Soc. géol. France, 1890-1891, t. XIX, p. 430-472, 5 fig. — Cf. *ibid.*, p. lxx.

7081. — Aubert. *Note sur l'éocène tunisien...* — Bul. Soc. géol. France, 1890-1891, t. XIX, p. 483-498.

Cf. *ibid.*, p. lxxvi-lxxvii.

7082. — Calderon (Dr Salvador). *Observations à la note de M. G. Rolland sur l'histoire géologique du Sahara.* — Bul. Soc. géol. France, 1892, p. xxxiii-xxxv.

V. n° **7077**.

7083. — Thomas (Philippe). *Étage miocène et valeur stratigraphique de l'Ostrea crassissima au sud de l'Algérie et de la Tunisie...* — Bul. Soc. géol. France, 1892, p. 3-20.

Cf. *ibid.*, 1890-1891, t. XIX, p. cxi.

7084. — POMEL (A.). *Aperçus rétrospectifs sur la géologie de la Tunisie...* — Bul. Soc. géol. France, 1892, p. 101-110, fig.

Réponses à des objections et compléments ou rectifications relatives à des travaux antérieurs de l'auteur.

7085. — AUBERT (F.), ingénieur des mines. *Explication de la carte géologique provisoire de la Tunisie...* — Paris, H. Barrère [1893], in-8°, 91 p.

Explication de la carte géologique, résultat des tournées effectuées par l'auteur en Tunisie de 1884 à 1889.

7086. — CHARMETANT (C.). *Les gisements de phosphates de chaux de Tunisie.* — Bul. Soc. G. Lyon, 1893-1894, t. XII, p. 175-176.

La découverte des gisements de phosphates de chaux par le vétérinaire militaire Ph. Thomas, en avril 1885; ses rapports de 1885 et 1891; la teneur de ces phosphates.

7087. — MAYER-EYMAR (Karl). *Défense du Saharien comme nom du dernier âge géologique...* — C. R. Ac. Sc., 1894, t. CXIX, p. 814-816.

L'ouverture du détroit de Gibraltar à la fin de la seconde époque; la mer, au début de l'âge saharien, surmonte le seuil de Gabès pour remplir tout à coup la dépression des grands chotts (v. n° **7991**). An. par E. Rivière, dans *R. Sc.*, 1894, t. II, p. 694; par J. B. [Brunhes], dans *Ann. G., Bibl.,* 1895, p. 28.

7088. — LEVAT (David), ingénieur civil des mines. *Étude sur l'industrie des phosphates et superphosphates (Tunisie, Floride, scories basiques)...* — Ann. Mines, 1895, t. VII, p. 5-128, 135-260, 5 pl.

Travail d'ensemble sur les phosphates; monographie des phosphates naturels de l'Algérie et de la Tunisie (p. 18-73); annexes. An. par D. B. [Bellet], dans *Ann. G., Bibl.,* 1896, p. 64.

7089. — LACHOUQUE (Capitaine). *Note sur la partie de la côte tunisienne comprise entre Chebba et Mahédia...* — Paris, Imp. nat. [1895], in-8°, 8 p., 4 fig.

Bul. Arch., 1895, p. 369-376, 4 fig. — Exploitation des carrières.

7090. — P. *Les phosphates de Tunisie et d'Algérie.* — *R. Sc.,* 1895, t. IV, p. 652-656, fig.

Les découvertes de Ph. Thomas, depuis 1885; «on aurait bien dû tenir un peu plus tôt compte, dans le monde officiel de nos colonies, des indications si précises données par ce géologue, *il y a dix ans!*» An. par H. L. [Lorin], dans *Ann. G., Bibl.,* 1896, p. 194.

7091. — *Concession des phosphates et du chemin de fer de Gafsa. Convention.* — Tunis, Imp. rapide, 1896, in-8°, 21 p.

Convention (Tunis, 15 août) entre M. Pavillier, Directeur général des Travaux publics, et le concessionnaire; décret du 20 août approuvant cette convention (v. n° **7094**). Cf. *Bul. union col.,* 1896, p. 107-108.

7092. — *Étude des gisements de phosphate de Gafsa et du chemin de fer de Sfax à Gafsa.* — Paris, imp. Chaix, 1896, in-4°, 19 p., carte.

Résumé des diverses études concernant les gisements, le chemin de fer, la situation commerciale, les principales conditions de la convention.

7093. — Ficheur (E.) et Haug (E.). *Sur les dômes liasiques du Zaghouan et du Bou-Kournin (Tunisie)...* — *C. R. Ac. Sc.,* 1896, t. CXXII, p. 1354-1356.

Note présentée par F. Fouqué. An. par E. Rivière, dans *R. Sc.,* 1896, t. V, 789-790.

7094. — Compagnie des Phosphates et du Chemin de fer de Gafsa (Tunisie)... *Décret approuvant la convention de concession des phosphates et du chemin de fer de Gafsa. Convention. Cahier des charges de la mine. Cahier des charges du chemin de fer. Avenant à la convention. Statuts. Décret approuvant la substitution de la Société au concessionnaire.* — Paris, imp. Chaix, 1897, in-4°, 1-19-12-35-1-1-3-1-24 et 1 p.

7095. — Vassel (Eusèbe), ancien capitaine d'armement et de navigation au canal de Suez. *Les phosphates tunisiens, leur port de sortie et la défense nationale...* — Paris, A. Challamel, 1897, in-18, 211 p., 2 cartes.

Historique du chemin de fer du Kef depuis 1889; histoire des phosphates africains; les régions minières; nécessité de relier Bizerte à l'Algérie par une autre voie que celle de Djedeïda et de doubler l'arsenal d'un dépôt de charbon considérable et constamment renouvelé; dans ce but, choisir Bizerte comme port de sortie des phosphates du nord-ouest de la Tunisie. Annexes (v. n° **7003**). An. par L. B., dans *R. T.*, 1898, p. 142-144.

7096. — PROTECTORAT FRANÇAIS. Gouvernement tunisien. Direction générale des Travaux publics. *Décrets et règlements sur la recherche et l'exploitation des phosphates de chaux dans les terrains domaniaux ou habous.* — Tunis, imp. J. Picard, 1907, in-8°, 21 p.

Autre éd., *ibid.*, 1898, in-8°, 12 p. — Renferme la législation complète sur les phosphates jusqu'à cette date.

7097. — CARNOT (Adolphe), inspecteur général des mines. *Les phosphates de chaux, leur composition et leur origine.* — *Bul. Soc. G. Arch. Oran,* 1898, p. 49-72.

La découverte des gisements en Algérie (1873) et en Tunisie (1885) par Ph. Thomas; leur importance et leur richesse.

7098. — PROST (A.), ingénieur des mines. *Note sur les minerais de fer des territoires des Meknas et des Nefzas (Tunisie).* — *Ann. Mines,* 1899, t. XV, p. 533-554, 2 pl.

Situation géographique et géologique de ces gisements, leur richesse, situation administrative et économique des gîtes de Tabarka. An. par G. Yver, dans *Ann. G., Bibl.,* 1900, p. 229-230. Cf. L. Berthon et M. Solignac. *Sur l'origine et la tectonique des gisements de minerai de fer des Nefzas et des Meknas.* Madrid, 1926, *Congreso geologico international.* XIVe session.

7099. — CHAPPUIS DE MAUBOU (Mis). *La France milliardaire. Plus de cent milliards de phosphates et de pyrites. Charité, crédit et salut national. Réformes indispensables...* — Paris, Libr. salésienne [1899], in-18, 408 p.

Autre éd., *ibid.,* 1900, in-18, 451 p.

7100. — RÉGENCE DE TUNIS. Protectorat français. Direction générale des Travaux publics. *Notice sur le Service des mines.* — Tunis, imp. J. Picard, 1900, in-4°, 89 p., phot., cartes.

Extr. de l'ouvrage signalé sous le n° **6805**. Législation minière de la Tunisie, état actuel de l'industrie minérale en Tunisie (calamine, fer, carrières, phosphates, forages artésiens, sources minérales, renseignements géologiques).

7101. — Pervinquière (L.). *Sur l'éocène de Tunisie et d'Algérie...* — Paris, imp. Gauthier-Villars [1900], in-4°, 3 p.

C. R. Ac. Sc., 1900, t. CXXXI, p. 563-565. — Cf. Commandant Flick, *Sur la présence du Priabonien (Éocène supérieur) en Tunisie... Ibid.*, 1900, t. CXXX, p. 148-150.

7102. — Pelatan (Louis). *Les richesses minérales des colonies françaises...* préface de M. Eugène Étienne... — Liége, 55, rue des Champs [1901], in-8°, xv-318 p., 7 pl.

R. Univ. mines, 1900-1901. — Afrique du Nord (p. 70-131) : gîtes métallifères et minéraux. An. par A. B., dans *Q. Dipl. Col.*, 1901, t. XII, p. 190-191; par L. Raveneau, dans *Ann. G., Bibl.*, 1902, p. 62.

7103. — Chappuis de Maubou (Mis). *La France milliardaire. Cent milliards de phosphates et de pyrites mal ou non concédés en Afrique, capables de féconder nos terres et nos familles par la charité et le crédit à intérêt. Réformes et alliances indispensables pour assurer la paix et la prospérité universelles...* — Paris, Libr. salésienne, 1902, 2 vol. in-16, 425 et 462 p.

Nombreux passages concernant les phosphates tunisiens.

7104. — Launay (Louis de). *Les richesses minérales de l'Afrique : l'or, les métaux, le diamant, les phosphates, le sel, les combustibles, les sources thermales, etc...* — Paris, C. Béranger, 1903, in-8°, 395 p., 71 fig. et cartes.

En ce qui concerne notamment l'Afrique du Nord (Maroc, Algérie, Tunisie), voir : géologie, le cuivre, métaux divers, minerais de fer, phosphates, matières salines, sources thermales, gisements métallifères, etc. An. dans *Quinz. col.*, 1903 t. XIII, p. 168; par Emm. de Margerie, dans *Ann. G., Bibl.*, 1904, p. 215-216.

7105. — Pervinquière (L.). *Étude géologique de la Tunisie centrale...* — Paris, F.-R. de Rudeval, 1903, in-4°, ii-359 p., fig., cartes, phot.

Thèse de la Faculté des sciences de Paris, n° 1119. — Autre éd. : *Carte géologique de la Tunisie. Étude géologique de la Tunisie centrale...* Paris, F.-R. de Rudeval, 1903, in-4°, vii-359 p., 42 fig. et carte, 36 phot. (*Régence de Tunis, Protectorat français. Direction générale des Travaux publics*). — Résultat de trois missions (1897-1900); bibliographie géologique de la Tunisie, aperçu géographique, stratigraphie, tectonique. An. par Augustin Bernard, dans *Ann. G.*, 1903, p. 457-461; par A. Péron, dans *R. G. Sc.*, 1903, p. 1225-1226.

7106. — LAURENT (Louis). *Les produits coloniaux d'origine minérale... Géologie des colonies françaises, produits minéraux...* — Paris, J.-B. Baillière, 1903, in-18, vii-352 p., 56 fig., 12 pl.

Bibliothèque coloniale. — V. notamment pour l'Algérie et la Tunisie : I. les produits du sous-sol (p. 1-11); II. phosphates, antimoine, **argile, combustibles** minéraux, hydrocarbures, sel, fer, zinc, manganèse, plomb, etc. An. dans *R. F. Étr. Col.*, 1903, p. 688.

7107. — MEUNIER (Stanislas). *Les richesses minérales de l'Algérie et de la Tunisie.* — *R. Sc.*, 1903, t. XIX, p. 449-457.

Résumé de conférences faites au Muséum d'histoire naturelle; les sources minérales, les gîtes métallifères et les roches industrielles.

7108. — PERVINQUIÈRE (L.). *Géologie de la Tunisie...* — Paris, F.-R. de Rudeval, 1904, gr. in-8°, 36 p., fig., pl.

Extr. de l'ouvrage signalé sous le n° **5500**; historique, nature des terrains, roches éruptives, sources thermales, mines, orographie et orogénie.

7109. — FLICK (Commandant) et PERVINQUIÈRE (L.). *Sur les plages soulevées de Monastir et de Sfax (Tunisie)...* — *Bul. Soc. géol. France*, 1904, p. 195-206.

Ces plages ont été soulevées par des mouvements récents du sol; il ne s'agit pas de mouvements eustatiques.

7110. — THOMAS (Philippe). *Sur un nouvel horizon phosphatifère du Sud de la Tunisie...* — *Bul. Soc. géol. France*, 1904, p. 494-497.

Découvert à la suite des récentes recherches de M. Bursaux, ingénieur directeur des carrières et du chemin de fer de Gafsa.

7111. — LAMOTHE (Général de). *Les dépôts pléistocènes à Strombus Bubonius Lmk. de la presqu'île de Monastir (Tunisie)...*

— Paris, Soc. géol. France, 1905, paginé 537 à 559, 2 fig., carte.

Bul. Soc. géol. France, 1905, p. 537-559, 2 fig., carte. — Aperçu topographique, structure géologique de la presqu'île.

7112. — Douvillé (Robert) et Jourdy (Henri). *Le jurassique du Sud tunisien...* — *Bul. Soc. géol. France*, 1905, p. 567-568.

Examen de fossiles recueillis dans l'Extrême-Sud par le lieutenant H. Jourdy.

7113. — Pervinquière (L.). *Le jurassique du Sud tunisien...* — *Bul. Soc. géol. France*, 1905, p. 568-569.

Examen de fossiles recueillis, près de Tatahouine, par le capitaine Perret, du Service géographique.

7114. — Pervinquière (L.), chef des travaux de géologie à la Sorbonne. *Les phosphates tunisiens...* — *R. Sc.*, 1905, t. IV, p. 353-361, 3 fig.

Découverte des gisements, mise en exploitation, rapidité de son développement, exportation de 1899 à 1904.

7115. — Lorin (Henri). *En Tunisie : les mines et le nouveau réseau ferré.* — *Ann. Sc. Pol.*, 1905, p. 465-479.

Historique des recherches minières en Tunisie, progrès que l'on peut en attendre. An. par G. Yver, dans *Ann. G., Bibl.*, 1906, p. 236.

7116. — Poublon (G.). *Richesses minières de la Tunisie.* — *Bul. Soc. G. Alger*, 1905, p. 441-456.

Bref aperçu sur les richesses minières tunisiennes; législation, concessions accordées et étude de quelques-unes de celles-ci.

7117. — *Tunisie, colonisation par l'industrie minière.* — *R. F. Étr. Col.*, 1905, p. 371-372.

L'essor des carrières et des mines.

7118. — Pervinquière (L.). *Sur le jurassique du Sud tunisien...* — *Bul. Soc. géol. France*, 1906, p. 192-194.

7119. — HAUG (Émile). *Sur les relations tectoniques et stratigraphiques de la Sicile et de la Tunisie...* — Bul. Soc. géol. France, 1906, p. 355-356.

Paru dans *C. R. Ac. Sc.*, 1906, t. CXLII, p. 1105-1107.

7120. — TERMIER (Pierre). *Sur les phénomènes de recouvrement du djebel Ouenza (Constantine) et sur l'existence de nappes charriées en Tunisie...* — C. R. Ac. Sc., 1906, t. CXLIII, p. 137-139.

Note présentée par A. de Lapparent; «la Tunisie est un pays de nappes» et cette conclusion, qui s'étend à la Sicile, ne saurait manquer de s'étendre aussi à la plus grande partie de l'Algérie (v. n° **7127**).

7121. — MYRICA (Pierre de). *Le nouveau chemin de fer des Nefzas et l'exploitation minière du nord tunisien.* — A travers le monde, 1906, p. 233-236, carte, 2 phot.

Le développement des mines métallifères (plomb et zinc), notamment depuis 1903; la mine d'El-Grefa.

7122. — ROBERTY (K.). *L'industrie extractive en Tunisie. Mines et carrières.* — Tunis, imp. J. Orliac, 1907, in-8°, III-160 p., carte.

Publié sous les auspices de la Direction générale des Travaux publics de la Régence. Brève notice sur la carte géologique; législation minière de la Régence; tableau chronologique des concessions de mines existant en Tunisie en 1907, historique et description de ces concessions; en annexe, texte de décrets et instructions relatifs aux mines et carrières. An. par G. H. N. [Niewenglowski], dans *R. Sc.*, 1908, t. IX, p. 371-372, et dans *Bul. Dir. agr., com. col.* Tunis, 1907, p. 572-573; par E. S., dans *R. Sc.*, 1908, t. IX, p. 562; par Augustin Bernard, dans *Ann. G., Bibl.*, 1908, p. 236.

7123. — CHALON (Paul-F.). *Les richesses minérales de l'Algérie et de la Tunisie...* — Paris, H. Dunod et E. Pinat, 1907, in-8°, 99 p., carte.

Principales exploitations et concessions de mines de l'Algérie-Tunisie, concernant notamment le fer, le cuivre, le plomb, le zinc et les phosphates; résultats déjà obtenus, ceux que l'on est en droit d'espérer; législation des mines. An. par Augustin Bernard, dans *Ann. G., Bibl.*, 1908, p. 229; par G. Regelsperger, danns *Bul. Soc. G. Com. Paris*, 1907, p. 294.

7124. — Pervinquière (L.). *Carte géologique de la Tunisie. Études de paléontologie tunisienne...* — Paris, F.-R. de Rudeval, 1907, in-4°, iv-438 p., 27 planches.

<small>Régence de Tunis. Protectorat français. Direction générale des Travaux publics. — Étude des céphalopodes des terrains secondaires, description et classification des ammonites; importante bibliographie géologique. An. par W. Kilian, dans *R. Sc.*, 1908, t. IX, p. 443-446.</small>

7125. — Thomas (Philippe). *Essai d'une description géologique de la Tunisie, d'après les travaux des membres de la mission de l'exploration scientifique de 1884 à 1891, et ceux parus depuis...* — Paris, Imp. nat., 3 vol. in-8°.

<small>Exploration scientifique de la Tunisie, publiée sous les auspices du ministère de l'Instruction publique. Géologie. — 1re part. : aperçu sur la géographie physique (1907, xxxvi-217 p., 16 fig., 2 cartes), bibliographie; pour chaque région (nord, centre, sud, extrême-sud) : orographie, hydrographie, constitution du sol, divisions et productions naturelles (v. n° **8970**). 2e part. : stratigraphie des terrains paléozoïques et mésozoïques (1908, paginé 223-728, 94 fig.). 3e part. (publiée par L. Pervinquière, puis par Émile Haug) : stratigraphie des terrains cénozoïques (1913, paginé 733-942, 63 fig.). An. par A. R., dans *R. Sc.*, 1908, t. IX, p. 222; par L. Pervinquière, dans *R. G. Sc.*, 1908, p. 548, et 1910, p. 619; dans *C. R. Soc. géol. France*, 1914, p. 58-59; par G. Yver, dans *Ann. G., Bibl.*, 1908, p. 238, 1910, p. 238-239, 1915, p. 392-393.</small>

7126. — Blayac (J.). *Le trias dans la région de Clairefontaine, au sud de Souk-Ahras. Observations sur le trias de l'Algérie et de la Tunisie...* — *Bul. Soc. géol. France*, 1907, p. 272-283, 4 fig.

<small>An. par Augustin Bernard, dans *Ann. G., Bibl.*, 1908, p. 227.</small>

7127. — Termier (Pierre). *Notes de tectonique tunisienne et constantinoise...* — *Bul. Soc. géol. France*, 1908, p. 102-124, 9 fig.

<small>L'auteur discute les opinions de J. Blayac, Pervinquière, etc.; il maintient sa manière de voir de 1906 (v. n° **7120**), tout en modifiant ses conclusions. An. par Augustin Bernard, dans *Ann. G., Bibl.*, 1909, p. 236-237.</small>

7128. — Jourdy (Lieut^t Henri). *Observations dans l'Extrême-Sud tunisien...* — *Bul. Soc. géol. France*, 1908, p. 144-151, 8 fig.

<small>Observations effectuées au cours de trois campagnes successives de la brigade topographique (1904-1906) près de la frontière tripolitaine.</small>

7129. — Douvillé (Henri). *Le jurassique de l'Extrême-Sud tunisien...* — *Bul. Soc. géol. France*, 1908, p. 152-154.

<small>D'après les fossiles recueillis par le lieut¹ H. Jourdy.</small>

7130. — Bertainchand (E.). *Les phosphates tunisiens...* — Tunis, imp. J. Orliac, 1908, in-8°, 31 p.

<small>Régence de Tunis. Protectorat français. Direction de l'agriculture, du commerce et de la colonisation. — *Bul. Dir. agr., com. col. Tunis*, 1908, p. 55-81, reproduit dans *Bul. agr. Alg. Tun.*, 1908, p. 225-232, 254-265. — Conditions dans lesquelles se sont constitués les phosphates tunisiens; emploi des engrais phosphatés, exportation, action des superphosphates et des phosphates précipités.</small>

7131. — Joly (A.). *Extension du trias dans le Sud de la Tunisie...* — *C. R. Ac. Sc.*, 1908, t. CXLV, p. 143-146.

<small>Remarquable développement du trias dans la région comprise entre Médenine et la frontière tripolitaine. An. par P. G. [Guérin], dans *R. Sc.*, 1908, t. VIII, p. 94.</small>

7132. — *La Compagnie de Gafsa et l'industrie des phosphates.* — Paris, imp. Chaix, 1909, in-8°, 21 p.

7133. — Berolsheimer. *Index général des mines de Tunisie.* — Tunis, imp. J. Danguin, 1909, petit in-4°, 157 p., carte, graph.

<small>Essai de statistique minière; décrets et règlements; phosphates; concessions des mines, recherches des sources et des mines; vocabulaire des mots arabes relatifs aux mines; bibliographie, carte minière.</small>

7134. — Roussel (J.). *Sur la composition de l'éocène inférieur dans le Sud et le Centre de la Tunisie et de l'Algérie...* — *C. R. Ac. Sc.*, 1909, t. CLXVIII, p. 875-876.

<small>An. par P. Guérin, dans *R. Sc.*, 1909, 1ᵉʳ sem., p. 477, et dans *Bul. Dir. agr., com. col. Tunis*, 1909, p. 257-258.</small>

7135. — Pellerin (Th.). *Les gisements auro-platinifères du Segalas (Tunisie centrale). Rapport sur les travaux de recherches exécutés pour parvenir à la connaissance et à l'exploitation des gîtes.* — Paris, imp. J. Dumoulin, 1909, gr. in-8°, 74 p., carte.

7136. — Association commerciale et industrielle de la Régence. *La crise phosphatière du centre tunisien, moyens d'y remédier.* Mémoire à M. Alapetite… — Tunis, imp. G. Guinle, 1909, in-8°, 35 p.

Dans la séance du 23 nov. 1909, M. Peloni, président, donne lecture d'une lettre et du mémoire sur la situation des phosphates du sud et du centre tunisiens; discussion de ce mémoire.

7137. — Joly (A.). *Formations quaternaires marines ou lagunaires dans le Sud de la Tunisie.* — Ass. fr. av. sc., 1910, p. 426-429.

38ᵉ session, Lille, 1909. — Cf. du même, *A propos du facies du crétacé dans le Sud tunisien (Djebel Labiod-Matmata). Ibid.*, p. 429-432.

7138. — Thomas (Philippe). *Historique de la découverte des phosphates sédimentaires dans le nord de l'Afrique.* — R. T., 1910, p. 181-184.

Note de l'auteur conservée dans les archives de la cⁱᵉ de Gafsa.

7139. — Roux (H.) et Douvillé (Henri). *La géologie des environs de Redeyef (Tunisie)…* — Bul. Soc. géol. France, 1910, p. 646-660, 4 fig.

7140. — Ginestous (G.). *Esquisse géologique de la Tunisie, suivie de quelques aperçus de géographie physique et d'hydrographie tunisiennes…* — Tunis, imp. J. Picard, 1911, in-8°, 164 p., 21 pl., carte en coul.

Résumé de géologie générale décrivant les formations géologiques que l'on rencontre en Tunisie et résumant un grand nombre de faits et d'observations épars dans de multiples ouvrages ou études; index géologique alphabétique. An. par Paul Lemoine, dans *Quinz. col.*, 1911, p. 826-827; par Augustin Bernard, dans *Ann. G., Bibl.*, 1912, p. 237.

7141. — Berthon, ingénieur, chef du Service des mines. *Note sur quelques manifestations et suintements de substances hydrocarburées en Tunisie.* — R. T., 1911, p. 205-212, fig.

Résumé des principaux renseignements recueillis.

7142. — Roux (Henri). *Les plis des environs du Redeyef (Sud-Tunisien) [contribution à l'étude de l'Atlas saharien]...* — *Bul.Soc. géol. France*, 1911, p. 249-284, 5 fig.

Étude du pays des Oulad Sidi Abid; les transversales de l'Atlas saharien. Cf. *C. R. Soc. géol. France*, 1911, p. 175-177 : observations de Louis Gentil.

7143. — Pervinquière (Léon). *Sur la géologie de l'Extrême-Sud de la Tunisie et de la Tripolitaine, spécialement des environs de Ghadamès...* — Paris, imp. Gauthier-Villars [1911], in-4°, 3 p.

C. R. Ac. Sc., 1911, t. CLIII, p. 1183-1186. — Note présentée par H. Douvillé. Études faites lors de la mission de délimitation entre la Tunisie et la Tripolitaine, dont l'auteur fit partie. An. par P. Guérin, dans *R. Sc.*, 1911, 2° sem., p. 797; par P. L. [Lemoine], dans *Quinz. col.*, 1912, p. 264-265; dans *R. F. Étr. Col.*, 1912, p. 428-430. Cf. *C. R. Soc. savantes*, 1912, p. 12-13.

7144. — Golmann (A.-I.). *La question phosphatière en Tunisie...* — Tunis, imp. J. Danguin, 1911, in-16, 36 p.

Paru partiellement dans *Le Libéral de Tunis;* brochure de polémique voulant combattre « les procédés criminels » de certaines affaires minières.

7145. — Zeys (Paul), président du tribunal civil de Senlis, ancien magistrat à Tunis. *Mines, carrières et phosphates en Tunisie. Législation et industrie...* Préface par M. Stéphen Pichon... — Paris, Berger-Levrault, 1912, in-8°, viii-130 p., carte.

Conférence (15 sept. 1911) au Congrès de la propriété minière, à Lille. Généralités sur la Tunisie, législation applicable, le Service des mines; la carte géologique de la Régence, mines, carrières, dispositions communes, projet de réforme de la réglementation; comparaison de la Tunisie et de l'Algérie; résultats obtenus en Tunisie grâce à un protectorat qui ne coûte rien à la France. An. par É. L. [Larcher], dans *R. Alg. Tun. lég. jurisp.*, 1912, 1re part., p. 151; dans *R. F. Étr. Col.*, 1912, p. 673.

7146. — Pervinquière (Léon). *Sur la géologie de l'Extrême-Sud tunisien et de la Tripolitaine...* — Paris, Soc. géol. France, 1912, in-8°, paginé 143 à 193, 18 fig., 2 pl.

Bul. Soc. géol. France, 1912, p. 143-193, 18 fig., 2 pl. — Observations faites à l'occasion de la délimitation de la frontière, complétant celles des voyages de 1900 et 1905 et permettant à l'auteur de prolonger ses études jusqu'à Ghadamès. Cf. *C. R. Soc. géol. France*, 1912, p. 45-46.

7147. — Pervinquière (L.). *Rapport sur une mission scientifique dans l'Extrême-Sud tunisien (frontière tuniso-tripolitaine).*— Tunis, imp. G. Guinle, 1912, in-8°, 62 p., 29 pl.

Régence de Tunis. Direction générale de l'agriculture, du commerce et de la colonisation, mémoires et documents, 1912. — L'auteur, adjoint à la mission de délimitation de la frontière tuniso-tripolitaine, en 1911, donne les résultats de ses études sur la géologie et les ressources minérales de l'Extrême-Sud tunisien; quelques mots sur les limites naturelles de la Tunisie (v. n° **7810**). An. par G. Ginestous, dans *R. T.*, 1912, p. 623-630; dans *Bul. Com. A. F.*, 1912, sup., p. 416; par P. L., sous le titre *La question de l'eau dans le Sud Tunisien*, dans *Quinz. col.*, 1913, p. 210-211; par H. Busson et G. Yver, dans *Ann. G., Bibl.*, 1913, p. 236-237.

7148. — Berthon (L.). *Note sur l'utilité d'un forage à grande profondeur en Tunisie.* — *R. T.*, 1912, p. 231-240, croq.

Projets de Pervinquière et de Tissot concernant des forages profonds; nécessité d'exécuter un grand forage sur le seuil de Gabès, pour la recherche du carbonifère moyen et supérieur.

7149. — Montchamp (Auguste), administrateur stagiaire des colonies. *L'industrie des phosphates dans le Sud tunisien.* Thèse... — Le Puy, imp. Peyriller, Rouchon et Gamon, 1913, in-8°, 111 p., carte, graph.

Université de Paris. Faculté de droit, 1912-1913, n° 113. — Autre éd., *ibid.* — Importance de la découverte des phosphates de l'oued Seldja par le vétérinaire militaire Philippe Thomas; constitution de la c^{ie} des phosphates et du chemin de fer de Gafsa; le régime légal des phosphates tunisiens; le transport des phosphates; le réseau ferré Sud tunisien (c^{ie} Sfax-Gafsa); les phosphates du Sud et le développement économique du Sud tunisien. An. par Carl Siger, dans *Merc. F.*, 1914, t. CVII, p. 186; par É. L. [Larcher], dans *R. Alg. Tun. Maroc. lég. jurisp.*, 1916, 1re part., p. 181-182.

7150. — Arin (Félix). *Le régime légal des mines dans l'Afrique du Nord, Tunisie, Algérie, Maroc...* — Paris, A. Challamel, 1913, in-8°, 198 p.

Aperçu des richesses minérales de l'Afrique du Nord et de leur exploitation jusqu'à l'époque actuelle; étude historique sur la législation minière dans cette région sous les dominations romaine, arabe et française; nombreux textes et documents. An. dans *Quinz. col.*, 1913, p. 280; dans *Bul. Com. A. F.*, 1913, p. 250; par M. G. D.[Gaudefroy-Denombynes], dans *R. Crit.*, 1914, t. LXXVII, p. 256; par G. Regelsperger, dans *R. G. Sc.*, 1914, p. 406. Cf. Communication faite à l'Institut de Carthage par l'auteur sur son ouvrage. *R. T.*, 1913, p. 326-330.

7151. — REUTER (Robert). *Les ressources minérales de la Tunisie.* Thèse... — Nancy, imp. Berger-Levrault, 1913, in-8°, xxii-334 p., 2 cartes.

Université de Nancy, Faculté de droit, [1913-1914, n° 5]. — Autre éd., signée Reuter de Villeroy (Robert), *ibid.*, 1913, in-8°, xix-344 p., 2 cartes. — Les mines tunisiennes dans l'antiquité; ressources minérales de la Tunisie, mines (zinc, plomb, cuivre, fer, etc...), carrières (phosphates et autres matières), détails sur les concessions et gisements; la législation des mines en Tunisie, règlementation actuellement en vigueur et projet de réforme; bibliographie.

7152. — BERTHON (L.), ingénieur. *L'industrie extractive dans la Régence de Tunis...* — *Bul. Soc. ind. min.*, 1913, t. IV, p. 309-327.

Historique de l'exploitation des minerais en Tunisie, leur situation géographique, leur valeur et leur teneur; les phosphates tunisiens, l'essor de leur exploitation. An. par P. L., dans *R. Sc.*, 1913, 2° sem., p. 725-726, et dans *Quinz. col.*, p. 825-826.

7153. — RÉGENCE DE TUNIS. Protectorat français. Direction générale des Travaux publics. *Décret du 29 décembre 1913 sur les mines (applicable à partir du 1ᵉʳ janvier 1914).* — Tunis, imp. J. Picard, 1914, in-8°, 45 p.

7154. — JOLEAUD (L.). *Compte rendu de l'excursion faite au djebel Ressas par la Section de géologie.* — *Ass. fr. av. sc.*, 1914, p. 253-256, 2 fig., 2 pl.

42ᵉ session, Tunis, 1913.

7155. — JOLEAUD (L.). *Sur la tectonique de la Numidie nord-orientale et de la Tunisie septentrionale.* — *C. R. Soc. géol. France*, 1914, p. 144-146.

7156. — KEPPEN (A. de), ingénieur des mines. *L'industrie minérale de la Tunisie et son rôle dans l'évolution économique de la Régence.* — Paris, Comité central des houillères de France, 1914, in-8°, 382 p., carte.

Étude générale sur l'industrie extractive de la Tunisie et son influence sur le développement économique et commercial de la Régence; statistique générale, orographie et géologie de la Tunisie; minerais, phosphates, main-d'œuvre; chemins de fer et ports dans leurs rapports avec l'industrie minérale; bibliographie. An. par Louis Raveneau, dans *Bibl. g.*, 1921, p. 326.

7157. — JOLEAUD (L.). *Note préliminaire sur les terrains secondaires et tertiaires de la Numidie nord-orientale et de la Tunisie nord-occidentale.* — *Ass. fr. av. sc.*, 2° part., 1915, p. 377-384, carte.

43° session, Le Havre, 1914. — Étude de stratigraphie de la contrée comprise entre les vallées de la basse Seybouse et de la Medjerda. Cf. *ibid.*, 1 re part., p. 114-115.

7158. — *Les lignites de Tunisie.* — *Bul. Com. A. F.*, 1916, sup., p. 123.

Mise en exploitation des lignites du Cap-Bon. An. par Ch. R. [Rabot], dans *Bul. Soc. G. Paris*, 1916-1917, p. 288.

7159. — BERTHON (L.). *Note sur les lignites tertiaires en Tunisie.* — *R. T.*, 1916, p. 125-142, 225-234, 344-347, croq., pl.

Renseignements et observations sur les affleurements de lignite signalés en Tunisie et sur les résultats des travaux de recherches entrepris récemment sur certains affleurements : presqu'île du Cap-Bon, région du Kef-Chambi, région de Monastir, traces de lignites et de bois fossiles en divers points. An. par G. Yver, dans *Bibl. g.*, 1921, p. 316.

7160. — BERTHON (L.). *Visite des installations de la Compagnie des tramways de Tunis, à l'usine de La Goulette...* — *R. T.*, 1917, p. 351-358.

Note sur l'usine de La Goulette; notice sur les lignites, les exploitations du Cap-Bon.

7161. — GENTIL (L.) et JOLEAUD (L.). *Notes de géologie tunisienne.* — Paris, imp. Gauthier-Villars, s. d., in-4°, 3, 3, 4 et 3 p.

Réunion de quatre communications faites à l'Académie des sciences en 1917 et 1918 sur l'existence de nappes de charriage dans la région de Bizerte (1917, t. CLXV, p. 365-367) [v. n° **7179**], la découverte d'une lentille de houille en Tunisie (*Ibid.*, p. 506-508) [v. n° **7170**], l'existence de nappes de charriage dans la région de Tunis (1918, t. CLXVI, p. 42-45), les grandes zones tectoniques de la Tunisie (*Ibid.*, p. 119-121, carte) [v. n° **7192**]. An. par P. Guérin, dans *R. Sc.*, 1917, p. 573-574, 666, et 1918, p. 60, 91-92; par Augustin Bernard, dans *Bibl. g.*, 1921, p. 322.

7162. — GENTIL (L.) et JOLEAUD (Léonce). *Sur la structure géologique de la Tunisie septentrionale.* — *C. R. Soc. géol. France*, 1918, p. 59-61.

7163. — JOLEAUD (L.). *Sur la géologie du Sahel et de l'Extrême-Sud tunisiens...* — *Bul. Soc. géol. France*, 1918, p. 178-201, fig.

Voyage effectué, en automne 1917, entre Sousse, Sfax, Gabès, Tatahoùine et la frontière tripolitaine; «le Sahel et l'Extrême-Sud tunisiens se rattachent à l'aire d'ancienne consolidation du centre africain et diffèrent du pays de l'Atlas, bien que leur situation géographique semble les y rattacher». Cf. *C. R. Soc. géol. France*, 1918, p. 123-125. An. dans *Bul. Soc. G. Paris*, 1920, t. XXXIV, p. 406; par Augustin Bernard, dans *Bibl. g.*, 1921, p. 325.

7164. — DEMONTÈS (Victor). *Les lignites de la presqu'île du Cap-Bon...* — Alger, Imp. algérienne, 1918, in-8°, 50 p., carte, croq.

Bul. Soc. G. Alger, 1918, p. 151-198, carte, croq. — Excursion aux lignites d'Oum-Douil; législaton actuelle et décret du 29 déc. 1913 sur les mines en Tunisie, conséquences de cette législation et de cette exploitation nouvelles. En annexe : note sur les lignites de l'Algérie. An. par Ch. R. D. [Roger Dessort], dans *R. T.*, 1919, p. 226.

7165. — GENTIL (Louis) et JOLEAUD (L.). *Les nappes de charriage de l'Afrique du Nord.* — *R. G. Sc.*, 1918, p. 533-540, carte.

Examen des observations faites à ce sujet; de la Syrte à l'Atlantique, existe dans la zone accidentée qui borde la Méditerranée une structure très compliquée, caractérisée par un régime de nappes de charriage qui ont progressé du nord vers le sud.

7166. — BOURGUIGNON (Lieutenant R.). *L'extraction du brome et de la potasse en Tunisie.* — *Bul. Soc. enc. ind. nat.*, 1919, 1er sem., p. 140-147.

Résultats obtenus à la sebkha el-Melah par la mission des Services chimiques de guerre depuis 1915. An. par Ch. R. D. [Roger Dessort], dans *R. T.*, 1920, p. 195-196; par J. Levainville, dans *Bibl. g.*, 1921, p. 317.

7167. — A. R. *Le brome et la potasse du Tunisie.* — *R. Sc.*, 1919, p. 275-276.

Les usines d'El-Hanèche et de Aïn-es-Serah; production et développement.

7168. — *Le manganèse en Tunisie.* — *Monde écon.*, 1919, p. 294.

Progression de la production pendant la guerre.

7169. — Régence de Tunis. Protectorat français. Direction générale des Travaux publics. *Notice commerciale. Les mines tunisiennes.* — Tunis, imp. G. Guinle, 1919, in-8°, 7 p.

Autres éd., *ibid.*, 1921, 1922, 1924, 1925, 1926, 1927, 1928, 1931 et 1933, in-8°, 8 à 10 p. — Brève étude sur la production des mines : phosphates, minerais de plomb, de zinc et de fer.

7170. — Flamand (G.-B.-M.). *Sur la découverte d'une lentille de houille à Port-Gueydon...* — *C. R. Ac. Sc.*, 1919, t. CLXIX, p. 700-701.

Note transmise par Ch. Depéret; rapprocher ce fait de ceux signalés par L. Gentil et Joleaud dans la région de Medjez-el-Bab (v. n° **7161**). An. par Paul B., dans *Nat.*, 1919, 2° sem., p. 335.

7171. — Gaudouin, mécanicien inspecteur. *Les gisements de pétrole dans l'Afrique du Nord.* — *R. Mar.*, 1er sem. 1920, p. 362-372, croq.

Principaux gisements pétrolifères relevés en Tunisie, en Algérie et au Maroc; législation, permis accordés, terrains pétrolifères, travaux de prospection, résultats (1881-1918).

7172. — Termier (Pierre). *Observations de tectonique algéro-tunisienne.* — *C. R. Soc. géol. France*, 1920, p. 46-48.

7173. — Savornin (J.). *Étude sur les nappes de charriage de l'Afrique du Nord.* — *Bul. Soc. Hist. nat. Af. Nord*, 1920, p. 38-49.

Examen de la théorie d'après laquelle les nappes de charriage sont exactement du même âge, en Tunisie, en Algérie et au Maroc. An. par A. Charton, dans *Bul. Soc. G. Maroc*, 1922-1923, t. III, p. 327.

7174. — Paulin (Honoré). *Le régime minier des colonies françaises et pays de protectorat...* — Paris, É. Larose, 1920, in-12, 108 p.

Principes généraux de la législation minière coloniale, aperçu historique; Algérie (p. 54-57), Tunisie (p. 57-62), Maroc (p. 63-69). An. dans *Bul. Com. A. F.*, 1920, p. 260.

7175. — *La recherche de la potasse dans l'Afrique du Nord.* — *Bul. agr. Alg. Tun. Maroc,* 1920, p. 261-262.

Le point principal est le lac de Zarzis.

7176. — CARTON (Dr L.). *Les phosphates du djebel Onk.* — *Bul. Soc. G. Alger,* 1920, p. 113-122, carte.

Situation, conditions géologique et géographiques des phosphates du djebel Onk; voies de transport (v. n° **7181**). An. par Augustin Bernard dans *Bul. Soc. G. Paris,* 1921, t. XXXVI, p. 403, et dans *Bibl. g.,* 1922, p. 294; par le général Bourgeois, dans *Bul. G. Hist. Descr.,* 1922, p. XVII.

7177. — PAYEN (Édouard). *La production minérale de la France et de ses colonies pendant la guerre.* — *Écon. fr.,* 1920, t. II, p. 198-199.

Les efforts faits par l'Algérie, la Tunisie et le Maroc durant les années de guerre pour intensifier leur production minérale.

7178. — BERTHON (L.). *Aperçu sur l'industrie minérale en Tunisie de 1913 à 1920.* — *R. Sect. Tunis.,* 1921, p. 63-69.

Essor de cette industrie pendant la guerre, sa contribution au ravitaillement de la métropole.

7179. — JOLEAUD (L.). *Sur un forage profond qui démontre l'existence d'une nappe de charriage dans la Tunisie septentrionale...* — *C. R. Ac. Sc.,* 1921, t. CLXXII, p. 1192-1193.

Les sondages viennent confirmer l'existence en Algérie et en Tunisie de nappes de charriage triasique (v. n° **7161**). An. par P. Guérin, dans *R. Sc.,* 1921, p. 284.

7180. — DEPÉRET (Ch.) et SOLIGNAC (Marcel). *Sur le Sahélien de la Tunisie septentrionale...* — *C. R. Ac. Sc.,* 1921, t. CLXXII, p. 1557-1561.

Recherches géologiques effectuées de 1917 à 1920 permettant de modifier la classification donnée du sahélien et du pliocène du nord de la Tunisie. An. par G. Guérin, dans *R. Sc.,* 1921, p. 376.

7181. — Carton (Dr L.). *Les phosphates du djebel Onk.* — *R. Sect. Tunis.*, 1922, p. 61-78.

<small>Insiste sur la nécessité de la sortie par la Tunisie de ces phosphates, situés en Algérie, à 200 km. du golfe de Gabès; cette solution favorisera tous les intérêts, même ceux de l'Algérie (v. n° **7176**).</small>

7182. — Fourmarier (P.). *Observations géologiques au djebel Slata et au djebel Hameima (Tunisie centrale)...* — Liége, imp. H. Vaillant-Carmanne, 1922, in-8°, 32 p., pl., 6 fig.

<small>Extr. des *Ann. Soc. géol. Belgique*, t. XLV, *mémoires*. — Aspect général, constitution géologique, stratigraphie, tectonique.</small>

7183. — Allemand-Martin (A.). *Les lignites du Cap-Bon (Tunisie)...* — *C. R. Ac. Sc.*, 1922, t. CLXXIV, p. 49-50.

<small>Note transmise par Ch. Depéret. L'auteur établit la succession des divers niveaux. An. par P. Guérin, dans *R. Sc.*, 1922, p. 63; par E. Chaput, dans *Bibl. g.*, 1923, p. 282.</small>

7184. — Berthon (Louis), ingénieur des mines. *L'industrie minérale en Tunisie...* — Tunis, imp. Ch. Weber [1922], in-4°, 272 p., ill., pl., carte.

<small>*Direction générale des Travaux publics de Tunisie. Service des mines*. — Synthèse générale de l'industrie minière en Tunisie; aperçus sur la géographie, la stratigraphie, la législation minière de ce pays; gîtes métallifères, gisements de lignite, de pétrole, de phosphates etc.; main-d'œuvre, salaires, législation du travail. An. par J. Levainville, dans *Bul. Soc. G. Paris*, 1923, p. 346-347.</small>

7185. — Joleaud (L.). *La géologie et l'exploitation des gîtes minéraux de la Tunisie.* — *R. Sc.*, 1923, p. 303-307, 6 fig., carte.

<small>Le sous-sol tunisien se révèle riche en matières premières de natures diverses: minerais métalliques, phosphates.</small>

7186. — Solignac (M.). *Sur la tectonique du pays des Mogods, du plateau des Hédil et du Béjaoua septentrional (Tunisie septentrionale)...* — *C. R. Ac. Sc.*, 1923, t. CLXXVI, p. 758-761.

<small>Cf. du même, *Sur la tectonique de la plaine de Mateur et de ses abords (Tunisie)... Ibid.*, p. 909-912. Notes transmises par Ch. Depéret. An. par P. Guérin, dans *R. Sc.*, 1923, p. 216 et 220; par E. Chaput, dans *Bibl. g.*, 1924, p. 279.</small>

7187. — SOLIGNAC (Marcel). *Note préliminaire sur les formations tertiaires et quaternaires de la région de Bizerte (Tunisie septentrionale)...* — Paris, Secrétariat de l'ass. [1923], in-8°, 22 p., 8 fig.

Rapport présenté au Congrès de Bordeaux, 1923, mémoire hors volume. Traite surtout de la stratigraphie des terrains.

7188. — ALLEMAND-MARTIN (A.). *Le pliocène de la péninsule du cap Bon (Tunisie)...* — *C. R. Ac. Sc.*, 1923, t. CLXXVI, p. 1173-1175.

Note transmise par Ch. Depéret. An. par P. Guérin, dans *R. Sc.*, 1923, p. 313.

7189. — ALLEMAND-MARTIN. *Le quaternaire de la péninsule du cap Bon (Tunisie)...* — *C. R. Ac. Sc.*, 1923, t. CLXXVII, p. 1446-1449.

Note transmise par Ch. Depéret. An. par P. Guérin, dans *R. Sc.*, 1924, p. 62; par E. Chaput, dans *Bibl. g.*, 1924, p. 268.

7190. — BOUCHERY (Edmond). *Les richesses minières tunisiennes et leur exploitation.* — *Écon. europ.*, 1924, sup., p. 53-56.

Les richesses minières du sous-sol tunisien, la production minérale de 1913 à 1923; production et exportation de phosphates de 1915 à 1923.

7191. — SÉBILLOT (Paul-Yves). *Les pétroles africains et coloniaux. Recherches faites et résultats acquis.* — Paris, É. Larose, 1924, in-8°, 58 p., 4 cartes.

La question des pétroles coloniaux, les besoins de la France, nos ressources coloniales en pétrole en particulier dans l'Afrique du Nord. An. dans *Bul. union col.*, 1925, p. 11.

7192. — GENTIL (Louis). *La structure de la dorsale tunisienne et les grandes zones tectoniques de la Tunisie...* — *Bul. Soc. géol. France*, 1924, p. 213-232, 3 cartes, 6 fig.

A la suite d'un voyage au début de 1924, l'auteur rectifie ou modifie plusieurs de ses travaux antérieurs (v. n° **7161**). Cf. du même, *Sur la structure de la dorsale tunisienne*... *C. R. Ac. Sc.*, 1924, t. CLXXVIII, p. 2017-2022. An. par P. Guérin, dans *R. Sc.*, 1924, p. 405; par A. Charton, dans *Bul. Soc. G. Maroc*, 1924-1925, t. IV, 1ʳᵉ part., p. 231; par Augustin Bernard, dans *Bibl. g.*, 1925, p. 342-343.

7193. — ALLEMAND-MARTIN. *Structure et stratigraphie générales de la péninsule du Cap-Bon...* — *C. R. Ac. Sc.*, 1924, t. CLXXVIII, p. 787-790, carte.

Note transmise par Ch. Depéret. An. par P. Guérin, dans *R. Sc.*, 1924, p. 189; par E. Chaput, dans *Bibl. g.*, 1925, p. 338.

7194. — LEVAINVILLE (J.). *Ressources minérales de l'Afrique du Nord.* — *Ann. G.*, 1924, p. 151-166, 2 cartes.

Les richesses naturelles de l'Afrique du Nord, connues dès le début de la civilisation méditerranéenne, et dont la France a poursuivi l'étude et la prospection depuis le début de la conquête de l'Algérie; les combustibles minéraux, les minerais chers, les minéraux pondéreux (fer et phosphates), la question de leur transport; « la mine a modifié les genres de vie de l'Afrique du Nord »; brève bibliographie. An. par A. Charton, dans *Bul. Soc. G. Maroc*, 1924-1925, t. IV, 1re part., p. 241; par Augustin Bernard, dans *Bibl. g.*, 1925, p. 346.

7195. — JOLEAUD (L.). *La nouvelle carte géologique détaillée de la Tunisie.* — *R. G. Sc.*, 1925, p. 131-132.

Les deux premières feuilles à 1/200.000° (Bizerte et Gafsa) sorties des presses du Service géographique de l'Armée.

7196. — GOEPFERT (René). *Les phosphates algériens et l'agriculture française; l'exploitation du gisement du Djebel-Onk.* Thèse... — Bordeaux, imp. Y. Cadoret, 1925, in-8°, 134 p.

Université de Paris, Faculté de droit. — Envisage notamment les inconvénients et les avantages de l'évacuation par la ligne de Tebessa ou par la voie tunisienne. An. dans *Bul. Com. A. F.*, 1925, sup., p. 451-452, croq. Cf. *Le chemin de fer du Djebel Onk. Bul. Com. A. F.*, 1926, p. 125-126, croq.

7197. — SOLIGNAC (Marcel), ingénieur géologue. *Les recherches de pétrole en Tunisie.* — Paris, la *Revue pétrolifère*, 1925, in-4°, 59 p., cartes, ill., 8 pl.

R. pétrolifère, 1924. — Généralités sur le mode de distribution des gisements; étude des régions pétrolifères, les recherches et travaux qui ont été faits, l'avenir de la Tunisie à ce point de vue. An. par E. Flahault, dans *Bul. Soc. G. Arch. Oran*, 1925, p. 310-311; dans *Bul. Soc. G. Paris*, 1925, t. XLIV, p. 385.

7198. — ALLEMAND-MARTIN (A.). *Contribution à l'étude de la structure géologique et de la stratigraphie de la péninsule du Cap Bon (Tunisie).* — *Ass. fr. av. sc.*, 1926, p. 287-289.

49ᵉ *session, Grenoble,* 1925. — Genèse des recherches géologiques qui y ont été effectuées.

7199. — JOLEAUD (L.), maître de conférences à la Faculté des sciences de Paris. *Le pétrole dans l'Afrique du Nord.* — Paris, la *Rev. pétrolifère,* 1926, in-8°, 192 p., 6 pl., 33 fig.

Rev. pétrolifère, 24 janv.-31 oct. 1925, 192 p., 6 pl., 53 fig. — L'auteur a effectué une série de missions en vue de recherches de pétrole en Tunisie et au Maroc et a suivi les forages effectués en Berbérie. Les grandes lignes de la structure du nord de l'Afrique, les espoirs qui peuvent être fondés sur les recherches de pétrole en Algérie, en Tunisie et au Maroc, les gisements de houille et de lignite. Bibliographie. An. par J. Ladreit de Lacharrière, dans *Bul. Com. A. F.,* 1926, sup., p. 356-359, ill.; par le lieutᵗ-colonel Cadi, dans *Bul. Soc. G. Arch. Oran,* 1926, p. 273-274; par J. Savornin, dans *R. G. Sc.,* 1926, p. 647-648.

7200. — PAYEN (Édouard). *La production minière de la Tunisie, il y a trente ans et aujourd'hui.* — *Écon. fr.,* 1926, t. Iᵉʳ, p. 675-677.

L'importance prise depuis trente ans par la production minière; la production en 1925 et 1926 d'après l'*Écho des Mines et de la Métallurgie* (20 avril 1926).

7201. — SOLIGNAC (Marcel). *Étude géologique de la Tunisie septentrionale...* — Tunis, imp. J. Barlier, 1927, gr. in-4°, XIII-756 p., 231 fig., 4 pl., cartes.

Régence de Tunis. Protectorat français. Direction générale des Travaux publics. Service des mines. Carte géologique de la Tunisie. — La région décrite est le prolongement vers le Nord de celle étudiée par Pervinquière (v. n° **7105**); synthèse remarquable groupant toutes les connaissances actuelles sur la Tunisie septentrionale : stratigraphie, tectonique, géologie appliquée (géographie physique, hydrologie, mines); bibliographie par chapitre.

IV. NAVIGATION, TRANSPORTS ET PÊCHES MARITIMES.

7202. — BAYOT (J.-S.). *Mer Méditerranée. Côte de Tunis, îles maltaises, Sicile, Sardaigne et canaux de Sardaigne et de Sicile, reproduction d'une partie du* Mediterranean Pilot... — Paris, Imp. nat., 1876, in-8°, XII-241 p.

Dépôt des cartes et plans de la Marine, n° 563. — Traduction d'une portion de la première partie du *Mediterranean Pilot,* publié par ordre de l'Amirauté anglaise, en 1873; description des côtes de la Régence de Tunis et des îles voisines (p. 1-40).

7203. — Mouchez (Commandant E.). *Exploration des golfes des Deux-Syrtes, entre Sfax et Benghazi...* — *C. R. Ac. Sc.,* 1877, t. LXXXIV, p. 49-55.

<small>Reconnaissance hydrographique effectuée de février à juillet 1876; les collines de Gabès (v. n° **7902**), l'hostilité des populations tripolitaines. Cf. du même, *Exploration de la Grande Syrte...* Ibid., p. 97-101. An. dans *R. Sc.,* 1877, t. XIX, d. 714 et 736.</small>

7204. — Mouchez (E.). *Positions géographiques des principaux points de la côte de Tunisie et Tripoli...* — *C. R. Ac. Sc.,* 1877, t. LXXXV, p. 981-984.

<small>Positions déterminées pendant la campagne hydrographique de 1876. An. dans *R. Sc.,* 1877, t. XX, p. 573. Cf. du même, *Cartes des côtes de Tunisie et de Tripoli...* *C. R. Ac. Sc.,* 1879, t. LXXXVIII, p. 950-952; H. Duveyrier, *Note sur la valeur des longitudes dans le Sahara du département de Constantine et le Sahara tunisien... C. R. Soc. G. Paris,* 1886, p. 135-137.</small>

7205. — Hennique (P.-A.), lieut^t de vaisseau. *Caboteurs et pêcheurs de la côte de Tunisie en 1882...* — Paris, Berger-Levrault, 1884, in-8°, 65 p.

<small>*R. Mar. Col.,* 1884, t. LXXXII, p. 5-67, 14 pl., 2 cartes. — 1re éd. de l'ouvrage signalé sous le n° **7211**.</small>

7206. — *Sur la côte des Syrtes; voyage de La Goulette à Tripoli de Barbarie.* — *R. Fr. Étr. Col.,* 1885, t. Ier, p. 167-180, ill.

<small>Description de la côte et des localités.</small>

7207. — Héraud. *Sur les marées de la côte de Tunisie...* — *C. R. Ac. Sc.,* 1887, t. CV, p. 309-311.

<small>Note présentée par Bouquet de La Grye; circonstances de la marée à Sfax et à Gabès. An. par É. Rivière, dans *R. Sc.,* 1887, t. XL, p. 218.</small>

7208. — Rochaïd (Alph.). *Marine marchande et colonies...* — Rennes, Paris, imp. Oberthur, 1887, in-16, 157 p., carte.

<small>Réunion d'art. (v. n°^{s} **6022**, **6161** et **6834**); le contingent indigène. An. dans *R. Af.fr.,* 1887, t. V, p. 338. Cf. *ibid.,* p. 363-367, lettre de l'auteur au sujet de cette analyse.</small>

— 81 —

7209. — Bourdelles, ingénieur en chef. *Éclairage des côtes de la Tunisie.* — Paris, Imp. nat., 1887, in-fol., 27 p., carte.

<small>Ministère des Travaux publics, Ponts et chaussées. Commission des phares. — Extr. du registre des délibérations de la Commission des phares (29 oct. 1887) : rapport de la Commission locale instituée par décret du bey du 23 sept. 1884; discussion de ce rapport déposé le 3 nov. 1885.</small>

7210. — *Le commerce et la navigation entre l'Algérie, la Tunisie et la France.* — Af. expl., 1888, p. 80-83, carte.

<small>Développement de la navigation et du commerce depuis 1870, les ports naturels.</small>

7211. — Hennique (P.-A.), capitaine de frégate. *Une page d'archéologie navale. Les caboteurs et pêcheurs de la côte de Tunisie, pêche des éponges...* — Paris, Gauthier-Villars, 1888, in-8°, 83 p., 61 pl., 2 cartes.

<small>Nombreux détails sur les différents types de bateaux tunisiens, italiens, maltais et grecs (v. n° **7205**).</small>

7212. — Demanche (Georges). *La navigation en Tunisie et le pavillon français.* — R. Fr. Étr. Col., 1888, t. VIII, p. 411-413.

<small>Les pavillons français et tunisien se substituent peu à peu au pavillon italien; la barrière douanière entre la Tunisie et la France.</small>

7213. — Manen (L.) et Héraud (G.), ingénieurs hydrographes. *Instructions nautiques sur les côtes de Tunisie...* — Paris, Imp. nat., 1890, in-8°, xix-124 p.

<small>Service hydrographique de la Marine, n° 717. — Autres éd., sept. 1890, ibid.; mars 1892, ibid. — Instructions rédigées à l'aide des renseignements recueillis au cours de la mission hydrographique exécutée par les auteurs de 1882 à 1886 à bord du croiseur *Le Linois;* liste des cartes et plans des côtes de Tunisie levés de 1882 à 1886; vents, climats, marées, courants; renseignements généraux sur la navigation et les mouillages; description des côtes.</small>

7214. — Manen (L.) et Héraud (G.). *Reconnaissance hydrographique des côtes de Tunisie, 1882-1886 ; exposé des opérations, marées, régime de la côte,* par MM. L. Manen et G. Héraud... *Triangulation, positions géographiques,* par M. F. Hanusse.... — Paris, Imp. nat., 1890, in-4°, iv-277 p., 5 pl. et cartes.

Service hydrographique de la Marine, n° 723. — Cf. *C. R. Soc. G. Paris,* 1884, p. 501.

7215. — BOUCHON-BRANDELY et BERTHOULE (A.). *Les pêches maritimes en Algérie et en Tunisie,* rapport au ministre de la Marine... — Paris, L. Baudoin, 1891, in-8°, 118 p., fig.

R. Mar. Col., 1890, t. CVII, p. 161-219, 454-512, fig. — Algérie (p. 4-59), Tunisie (p. 61-118). Nécessité d'adopter une réglementation de la pêche et d'attirer les pêcheurs français. Extr. paru dans *Bul. Soc. Ét. Col. Mar.,* 1891, p. 103-111. An. dans *R. Sc.,* 1890, t. XLVI, p. 552-563.

7216. — PONZEVERA (C.). *Études pratiques sur les pêches maritimes en Tunisie...* — La Goulette, imp. H. Brigol, 1891, in-8°, 33 p.

Importance de la pêche en Tunisie, avantages qu'on pourrait en tirer.

7217. — LELONG (Jacques). *Le réveil de la colonisation française.* — *R. G.,* 1892, t. XXXI, p. 116-120.

L'installation de pêcheurs bretons sur les côtes de Tunisie, manifestation du réveil du vieil esprit français d'entreprise.

7218. — *La pêche en Tunisie. Tunis.* — *Bul. Soc. G. Toulouse,* 1893, p. 258-272.

Richesse des côtes tunisiennes au point de vue pêche; les pêcheurs bretons en Tunisie; les ports de Tunis et de Bizerte; quelques mots sur la frontière tuniso-tripolitaine; brève bibliographie.

7219. — *Services maritimes postaux de la Méditerranée (lignes de Tunisie). Nouveau port de Bizerte, 1894.* — Paris, Imp. de l'exposition... de la Bourse de commerce [1894] in-4°, 8 p., 3 cartes.

Au sujet d'une escale à Bizerte sur la ligne Marseille à Tunis.

7220. — PELLETIER (H.), ingénieur des télégraphes. *Câble Marseille-Tunis...* — Paris, V^{ne} Ch. Dunod et P. Vicq, 1894, in-16, 23 p.

Extr. des *Annales télégraphiques,* janvier-février 1894. — Fabrication, pose de Marseille à Bizerte et Tunis, essais, mise en service (19 février 1893).

7221. — FONTIN (Paul). *Les services maritimes postaux, Algérie, Tunisie.* — Paris, A. Colin, 1895, in-8°, 12 p.

Extr. de la *Marine française*, 25 fév. 1895. — Écrit à propos du renouvellement des contrats postaux pour l'Algérie et la Tunisie. Intérêts en présence, historique de la question, adjudication ou marché de gré à gré, transports postaux et transports commerciaux, croiseurs auxiliaires, mobilisation ; procédure à employer.

7222. — *Services maritimes postaux entre la France, l'Algérie et la Tunisie. Étude de l'exploitation rationnelle du 4ᵉ lot,* présentée par la Compagnie du port de Bizerte, avril 1895. — S. l. [1895], in-4°, 11 p., lithogr.

Concerne la ligne Marseille, Bizerte, Tunis.

7223. — *Transports de la Guerre.* — Bul. union col., 1896, p. 32.

La cⁱᵉ de navigation mixte est adjudicataire pour les transports de la Guerre entre Tunis-Marseille et Tunis-Gabès.

7224. — DISLÈRE (Paul). *La navigation entre la France et la Tunisie.* — Paris, Secrétariat de l'ass., s. d., in-8°, 21 p.

Ass. fr. av. sc., 25ᵉ *session (Carthage),* 1896, 1ʳᵉ part., p. 97-119. — Communication faite à la séance d'ouverture (1ᵉʳ avril 1896) ; les paquebots de la cⁱᵉ transatlantique.

7225. — GRANAT (Oswald). *L'industrie de la pêche en Tunisie.* — Bul. Soc. G. Com. Bordeaux, 1896, p. 425-430.

Le lac de Bizerte, le golfe de Tunis et celui de Gabès, trois centres importants de la pêche en Tunisie ; les principaux genres de pêche pratiqués sur les côtes tunisiennes.

7226. — FAGES (de), directeur général des Travaux publics de la Régence, et PONZEVERA (C.), capitaine au long cours, chef de la navigation et des pêches. *Les pêches maritimes de la Tunisie...* 2ᵉ éd. (mise à jour par M. Bourge, inspecteur de la navigation et des pêches). — Tunis, imp. J. Picard, 1908, in-8°, 327 p., ill., cartes, pl.

1ʳᵉ éd., *ibid.,* 1899, in-8°, 167 p., fig. — Étude d'ensemble sur la pêche fluviale et la pêche maritime ; nomenclature des espèces de poissons les plus répandues ;

description des côtes de la Régence au point de vue de la pêche; législation; statistique, brève bibliographie. An. par G.-H. Niewenglowski, dans *R. Sc.*, 1908, t. X, p. 726-727; par E. V. [Vassel], dans *R. T.*, 1899, p. 365; par Paul Privat-Deschanel, dans *Ann. G., Bibl.*, 1909, p. 234-235.

7227. — WOLFRAM. *Les pêches maritimes et la chasse de la Tunisie...* — Bordeaux, imp. G. Gounouilhou, 1899, in-8°, 11 p.

<small>Revue philomathique de Bordeaux et du sud-ouest, 1er sept. 1899.</small>

7228. — SERVIGNY (J.). *La pêche en Tunisie.* — *R. F. Étr. Col.*, 1899, p. 522-528.

7229. — RÉGENCE DE TUNIS. Protectorat français. Direction générale des Travaux publics. *Notice sur le Service de la navigation et des pêches maritimes.* — Tunis, imp. J. Picard, 1900, gr. in-8°, 134 p., ill., carte, pl.

<small>Extr. de l'ouvrage signalé sous le n° **6805**. Historique de la navigation sur les côtes tunisiennes, police de la navigation; description des côtes de la Régence au point de vue de la pêche, amodiations et concessions, législation, service de la police, avenir probable de la pêche en Tunisie, statistique.</small>

7230. — WOLFROM (Gustave). *Les pêches maritimes de la Tunisie.* — *Bul. Soc. G. Com. Bordeaux*, 1902, p. 381-386.

<small>Poissons fréquentant les eaux de la Régence, législation, régime fiscal et douanier, description des côtes, amodiations et concessions.</small>

7231. — E. C. *La pêche en Tunisie.* — *R. G. Sc.*, 1902, p. 370-371.

<small>Résumé d'une conférence de L.-G. Seurat sur la zoologie appliquée de la Tunisie et particulièrement sur les pêches maritimes.</small>

7232. — JACOB DE CORDEMOY (Dr Hubert). *Les produits coloniaux d'origine animale. Produits alimentaires... produits industriels...* — Paris, J.-B. Baillière, 1903, in-18, VIII-396 p., 94 fig.

<small>*Bibliothèque coloniale.* — V. notamment pour l'Algérie et la Tunisie : I. pêche et produits de pêche; II. l'industrie séricicole, les laines, les peaux brutes, les plumes, les pêcheries, le corail, l'éponge, etc. An. par Maurice Zimmermann, dans *Ann. G., Bibl.*, 1904, p. 51.</small>

7233. — BERNARD (A.). *De l'établissement de pêcheurs bretons en Algérie-Tunisie...* — Quimper, publ. de l'*Union agricole et maritime*, 1903, in-18, 37 p.

Union agricole et maritime, 5, 7, 9 et 12 août 1903. — Étude du but et des moyens de réaliser cette entreprise «des plus délicates et qui n'est nullement assurée du succès», mais qui mérite cependant la peine d'être tentée. Cf. *Les pêcheurs bretons à Tabarca. R. F. Étr. Col.*, 1892, t. XV, p. 451-452. An. par L. Raveneau, dans *Ann. G., Bibl.*, 1904, p. 218.

7234. — BERNARD (Augustin). *Les conditions de l'établissement des pêcheurs français en Algérie-Tunisie.* — *Bul. Com. A. F.*, 1903, sup., p. 233-238.

Texte remanié de la brochure précédente.

7235. — PARKER (Marc). *Les pêcheurs bretons en Tunisie, un essai de colonisation maritime...* — Paris, éd. col. et mar., 1904, in-18, III-121 p., fig., pl., carte.

Les pêcheries tunisiennes, la première campagne bretonne en Tunisie, son insuccès ; le nouveau problème, la critique, les avantages d'une campagne volante.

7236. — ALLEMAND-MARTIN (A.). *La navigation indigène, un cours de navigation à Sfax.* — *R. T.*, 1904, p. 232-235.

Résultats obtenus (mars 1903) par un cours dû à l'initiative privée ; nécessité de créer un cours de navigation sur les côtes tunisiennes.

7237. — PROTECTORAT FRANÇAIS. Gouvernement tunisien. Direction générale des Travaux publics. *Décret sur la police administrative de la navigation.* — Tunis, imp. J. Picard, 1904, in-8°, 27 p.

Décret du 20 déc. 1904 abrogeant celui du 31 déc. 1899.

7238. — COTTE (Jules). *La pêche des éponges en Tunisie.* — *Ass. fr. av. sc.*, 1906, p. 587-593.

34ᵉ session, Cherbourg, 1905. — L'un des produits marins les plus intéressants de Tunisie.

7239. — ALLEMAND (A.), dit ALLEMAND-MARTIN (A.). *Étude de physiologie appliquée à la spongiculture sur les côtes de Tunisie.*

Thèse... — Tunis, imp. J. Picard, 1906, in-8°, vi-195 p., 18 pl., carte.

<small>Université de Lyon, Faculté des sciences. — An. par Paul Privat-Deschanel, dans *Ann. G., Bibl.*, 1909, p. 53.</small>

7240. — Bourge (J.). *Les pêches maritimes en Tunisie.* — *Bul. Dir. agr., com. col.* Tunis, 1908, p. 308-321, fig..

<small>Description des côtes de la Régence au point de vue pêche (régions nord et sud).</small>

7241. — Vivien (A.), ingénieur. *La télégraphie sans fil dans le bassin occidental de la Méditerranée...* — *Act. afr.*, févr. 1912, p. 11-12, carte.

<small>Les postes côtiers du bassin ouest méditerranéen, l'organisation du réseau de télégraphie sans fil.</small>

7242. — Bernard (Capitaine Maurice), du 4ᵉ chass. d'Af. *Le golfe d'Utique et les bouches de la Medjerdah...* — *Bul. G. Hist. Descr.*, 1912, p. 212-242, 7 cartes, fig.

<small>Transformations du tracé du littoral dues au régime de la Medjerda, restitution du littoral antique, les diverses phases de sa transformation.</small>

7243. — Allemand-Martin (A.). *Contribution à l'étude de la culture des éponges. Les essais de spongiculture de Sfax.* — *Ass. fr. av. sc.*, 1914, p. 375-377.

<small>42ᵉ session, Tunis, 1913.</small>

7244. — *Historique des services maritimes subventionnés entre la France, l'Algérie, la Tunisie, la Tripolitaine et le Maroc.* — *R. Mar. marchande*, 1915-1916, t. Iᵉʳ, p. 139-160.

<small>Étude des services depuis 1842, rédigée à l'occasion du renouvellement de la concession.</small>

7245. — *La pêche maritime en Tunisie.* — *R. Mar. marchande*, 1915-1916, t. Iᵉʳ, p. 270-275.

<small>La côte tunisienne constitue pour les pêcheurs un merveilleux champ d'action.</small>

7246. — *Les services maritimes postaux de l'Afrique du Nord.* — *Bul. Com. A. F.*, 1917, p. 62-63.

Bref historique depuis la conquête d'Alger; l'organisation récente de 1898, la convention du 24 déc. 1908, proposition d'un régime nouveau.

7247. — ALLEMAND-MARTIN (A.). *Considérations générales sur l'industrie des éponges et la spongiculture dans la Régence.* — *R. T.*, 1918, p. 49-56.

Possibilité d'accroître le rendement de l'une des plus belles industries tunisiennes.

7248. — BOURGE (J.). *Les pêches maritimes de la Tunisie, envisagées au point de vue des possibilités économiques qu'elles offrent à l'activité française...* — *R. Mar. marchande*, 1918, p. 66-84.

Produit des pêches maritimes, nationalité des pêcheurs, genres de pêches exercés.

7249. — ROUCH (J.), lieut[t] de vaisseau. *La mousson en Tunisie.* — *Ann. G.*, 1919, p. 225-229, fig.

Étude basée notamment sur les données de l'ouvrage signalé sous le n° **6723**.

7250. — PRUVOT (G.). *Rapport sur la campagne de pêche de l'Orvet dans les eaux tunisiennes...* (*août-septembre 1921*). — Paris, Éd. Blondel La Rougery, nov. 1921, in-8°, 12 p., carte.

Office scientifique et technique des pêches maritimes, notes et mémoires, n° 8. — An. par Louis Germain, dans *Bibl. g.*, 1922, p. 69.

7251. — RÉGENCE DE TUNIS. Direction générale des Travaux publics. *Étude des fonds de pêche des côtes tunisiennes.* — Tunis, imp. Guénard et Franchi, 1923, in-8°, 42 p., 5 cartes, fig.

An. par Augustin Bernard, dans *Bibl. g.*, 1925, p. 349. Cf. J. Thoulet, *Les cartes bathylithologiques de l'Algérie et de la Tunisie...* Orléans, imp. A. Gout [1914], in-8°, 7 p. : vœu présenté pour la confection de ces cartes (*VIe Congrès national des pêches maritimes*, 1914, 1re section).

7252. — SEURAT (L.-G.). *Sur la faune de pénétration des rivières du Sud-Tunisien...* — *C. R. Ac. Sc.*, 1923, t. CLXXVI, p. 414-417.

Note présentée par E.-L. Bouvier. Rivières artésiennes d'Adjim (Djerba), de Zarzis, oued Gabès. An. par P. Guérin, dans *R. Sc.*, 1923, p. 126.

7253. — Le Danois (Éd.). *Recherches sur les fonds chalutables des côtes de Tunisie [d'Algérie] (croisière du chalutier* Tanche *en 1924)*, par Éd. Le Danois... avec le concours de G. Belloc, R. Rallier du Baty et G. Ranson. — Paris, E. Blondel La Rougery, 1925, in-4°, 56 [-55] p., fig., cartes en coul.

<small>Office scientifique et technique des pêches maritimes, mémoires [série spéciale], n° 3. — Études entreprises par la Régence depuis 1919; la croisière de 1924, étude détaillée des secteurs tunisiens et algériens; appendices. An. par Louis Germain, dans Bibl. g., 1926, p. 101-102.</small>

7254. — Bernard (Augustin). *La station océanographique de Salammbô*. — *Ann. G.*, 1926, p. 468-469.

<small>Le début de ses travaux (nov. 1924), ses projets. An. par L. Raveneau, dans Bibl. g., 1927, p. 428.</small>

7255. — Gruvel (A.). *L'industrie des pêches sur les côtes tunisiennes...* — Dijon, imp. Darantière, juin 1926, in-8°, 135 p., 19 pl., 21 fig.

<small>Régence de Tunis. Protectorat français. Direction générale des Travaux publics. Station océanographique de Salammbô, Bulletin n° 4. — Cours de l'auteur au Muséum. Généralités, faune générale des mers tunisiennes; les pêcheurs, leur organisation professionnelle; faune des eaux douces, les ports tunisiens considérés au point de vue spécial de la pêche, pêches spéciales à la Tunisie, règlementation générale des pêches, recherches scientifiques appliquées à l'industrie des pêches; bibliographie. An. par Augustin Bernard, dans Bibl. g., 1927, p. 434.</small>

CHAPITRE IV.

FINANCES, COMMERCE, INDUSTRIE.

7256. — *Banque d'État de Tunisie... Statuts.* — Paris, Soc. gén. d'imp. et de librairie, 1881, in-8°, 46 p.

7257. — Administration des revenus concédés. *Cahier des charges de la concession des lacs salés de Soukra, Sidi el Heni, Mokenin et El Mellaha.* — Tunis, imp. B. Borrel, 1882, in-4°, 16 p.

7258. — Administration des revenus concédés. *Cahier des charges du monopole de la vente du sel pour la consommation intérieure pour trois ans à partir du 2 mai 1883.* — Tunis, imp. B. Borrel, 1882, in-4°, 19 p.

7259. — [Agostini (E.)]. *Crédit foncier franco-tunisien. Projet.* — Paris, imp. A. Lahure, 1883, in-4°, 11 p.

7260. — *Tunisie. Le budget des recettes et des dépenses du gouvernement tunisien pour l'exercice 1300 (13 octobre 1883-12 octobre 1884).* — Bul. Statist., 1884, t. XV, p. 51-57.

7261. — *La réorganisation des finances tunisiennes.*— Bul. Statist., 1884, t. XVI, p. 414-419.

Texte des décrets beylicaux parus au *J. O. tunisien* des 2, 4 et 9 oct. 1884.

7262. — *Le budget tunisien.* — Bul. Statist., 1884, t. XVI, p. 577-583.

Tableau abrégé du budget pour l'exercice 1302 (13 oct. 1884-12 oct. 1885), préparé par le ministre résident de la République française et promulgué par décret beylical du 7 oct. 1884 (*J. O.*, 13 oct.).

7263. — *Le budget de la ville de Tunis.* — Bul. Statist., 1885, t. XVII, p. 123-124.

Premier budget municipal de Tunis, applicable à l'exercice 1302 (13 oct. 1884-12 oct. 1885) [*J. O. tunisien*, 1ᵉʳ janvier 1885].

7264. — *Cahier des charges du fermage du monopole des tabacs en Tunisie pour cinq ans à partir du 1er janvier 1886.* — Tunis, imp. B. Borrel, 1885, gr. in-8°, 21 p.

7265. — *Les budgets municipaux.* — *Bul. Statist.*, 1885, t. XVII, p. 217.

Résumé des premiers budgets applicables pour l'exercice 1302 aux six villes les plus importantes de la Régence.

7266. — Caron (Jules), ingénieur en chef inspecteur. *Le monopole des tabacs en Tunisie au 1er janvier 1883.* — Nancy, imp. Berger-Levrault [1885], in-8°, paginé 71-102.

Mémorial des manufactures de l'État, t. Ier, 1re livr., déc. 1884. — Organisation financière de la Régence, historique et mode actuel de l'exploitation du monopole des tabacs.

7267. — *Les résultats de l'exercice 1883-1884 et les nouveaux dégrèvements.* — *Bul. Statist.*, 1885, t. XVIII, p. 200-202.

Règlement du budget de l'exercice 1300 (13 oct. 1883-12 oct. 1884). «premier budget méthodique de la Régence qui ait été dressé» (*J. O. tunisien*, 23 juillet 1885) [v. n° **7260**].

7268. — [Rousseau (J.), directeur des contributions diverses.] *Cahier des charges du fermage du monopole de la vente du sel pour la consommation intérieure en Tunisie pour trois ans, à partir du 2 mai 1886.* — Tunis, imp. V. Finzi, 1886, in-8°, 23 p.

Daté de Tunis, 24 février 1886.

7269. — [Cambon (Paul)]. Régence de Tunis. *Rapport de M. Paul Cambon, résident général... Douanes.* — Tunis, imp. B. Borrel, 1886, in-4°, 36 p., 13 graph.

Importations, exportations, tarifs, législation des douanes, mouvement commercial depuis 1876.

7270. — Comice agricole de la Tunisie. *Rapport sur le projet de loi douanier franco-tunisien. La situation commerciale de la Tunisie, sa production et ses échanges avec la France.* — Tunis, Imp. rapide, 1888, gr. in-8°, 16 p.

7271. — *Le budget des Protectorats à la Chambre.* — R. Fr. Étr. Col., 1888, t. VII, p. 385-391.

Discours relatifs à l'état défectueux de la Tunisie; les progrès accomplis dans la Régence, les excédents budgétaires, les charges du Protectorat.

7272. — FLEURY (Victor). *La monnaie et la question monétaire en Tunisie...* — Tunis, E. d'Amico, 1889, in-16, 27 p., graph.

Études économiques sur la Tunisie, I.

7273. — MERCIER (Ernest). *Le conflit algérien-tunisien.* — Bul. Ass. Af. Nord, 1889, p. 41-50.

Les causes de ce conflit qui a éclaté à l'occasion du projet de loi douanier franco-tunisien présenté au Parlement.

7274. — BERTAGNA (J.), maire de Bône, *Le nouveau tarif tunisien.* — Bône, Imp. centrale, 1889, in-8°, 14 p.

Lettre datée de Bône (28 janvier) adressée aux sénateur et députés du département de Constantine, exposant les dangers que présentent pour la métropole et l'Algérie les propositions du ministre résident.

7275. — ORGEVAL (Pierre d'). *Le régime douanier de la Tunisie.* — Paris, F. Alcan [1889], in-8°, paginé 612-639.

Ann. Sc. Pol., 1889, p. 612-639. — A propos du projet de loi déposé, puis retiré à la Chambre; la situation exacte du commerce extérieur et du régime douanier de la Tunisie.

7276. — MONTELS (Jules). *Le commerce de la Régence de Tunis en 1305 (1888). Rapports commerciaux entre la France, l'Algérie, l'Italie et les autres pays. La production tunisienne (exportations). Le marché tunisien (importations)...* — Tunis, Imp. rapide, 1889, in-4°, 24 p. sur 2 col.

7277. — CHAMBRE DE COMMERCE FRANÇAISE DE TUNIS. *Rapport sur le projet de convention douanière franco-tunisienne.* — Tunis, imp. B. Borrel, 1889, in-4°, 16 p.

La Tunisie demande «de ne plus être soumise à un régime d'exception».

7278. — [ROUQUEROL (Ed.)]. *Réflexions d'un Français sur la crise tunisienne.* — Tunis, Imp. rapide, 1890, in-16, 30 p.

La Chambre de commerce de Tunis n'a envisagé qu'un côté de la situation; causes de la crise et moyens en vue de la résoudre.

7279. — RÉGENCE DE TUNIS. *Étude financière sur le Crédit foncier de Tunisie (en formation).* (Signé : le Crédit foncier de Tunisie). — Paris, imp. Schiller [1890], in-fol., 4 p.

7280. — *La réforme de l'exercice financier.* — *Bul. Statist.*, 1891, t. XXX, p. 286.

Décret du 16 décembre 1890 faisant concorder l'année budgétaire de la Tunisie avec celle de la France.

7281. — PETIT (Maurice). *Rapport sur la question de la Banque...* — Sousse, Imp. française, 1891, in-8°, 15 p.

Syndicat franco-tunisien du Sahel. — Au sujet de la création d'une Banque, dans la Régence.

7282. — [DUCROQUET, sous-directeur des Finances]. RÉGENCE DE TUNIS. Direction générale des Finances. *Instruction du directeur des Finances aux comptables préposés aux opérations de la réforme monétaire.* — Tunis, imp. B. Borrel, 1891, in-4°, 31 p.

Instruction datée de Tunis, 9 août 1891.

7283. — [DUCROQUET, sous-directeur des Finances]. RÉGENCE DE TUNIS. Direction générale des Finances. *Circulaire du directeur des Finances aux comptables préposés aux opérations de la réforme monétaire.* — Tunis, imp. B. Borrel, 1891, in-4°, 9 p.

Circulaire datée de Tunis, 27 août 1891.

7284. — *Le budget de la Régence.* — *Bul. Statist.*, 1892, t. XXXI, p. 74-79.

Le budget de l'exercice 1892 inaugure une double réforme : substitution de l'année française à l'année musulmane et substitution du franc à la piastre.

7285. — *Bibliothèque financière. Étude sur les finances tunisiennes.* — Paris, 51, rue de Grenelle [1892], in-fol., plano.

7286. — *La situation des Soudanais et des Marocains en Tunisie.* — *Écon. fr.*, 1892, t. Ier, p. 173.

Lettre, signée Z., datée de Tunis, 27 janvier 1892, demandant la suppression de la medjba pour les Soudanais et les Marocains.

7287. — [DUCROQUET, directeur des Finances]. RÉGENCE DE TUNIS. Protectorat français. Direction générale des Finances (bureau de la comptabilité générale). *Statistiques des recettes et des dépenses des sept exercices réglés (1302 à 1308) depuis la réorganisation financière de la Régence (du 13 octobre 1884 au 31 décembre 1891).* — Tunis, imp. B. Borrel, février 1893, in-4°, 13 p., tableaux.

7288. — *Tunisie.* — *R. F. Étr. Col.*, 1893, t. XVII, p. 517-518.

Budget de l'exercice 1893; inauguration du port de Tunis (28 mai).

7289. — NIVOLON (Edmond). *Le commerce de la Régence de Tunis de 1885 à 1892, contribution à l'histoire économique de la Tunisie...* — Sfax, Imp. française, 1894, in-16, 155 p.

7290. — *La situation économique et financière de la Régence.* — *Bul. Statist.*, 1894, t. XXXVI, p. 513-527.

Renseignements extr. du dernier rapport adressé au Président de la République (J. O. tunisien, 30 sept. 1894), sur le commerce extérieur, les budgets, etc. (v. n° **4218**); résultats comparés depuis 1885.

7291. — *Le commerce extérieur de la Régence.* — *Bul. Statist.*, 1895, t. XXXVIII, p. 68-69.

Tableau des importations et exportations de 1875 à 1894.

7292. — CARNIÈRES (V. de). *Réforme des mahsoulats. Rapport... à la Conférence consultative et à la Chambre d'agriculture.* — Tunis, Imp. rapide, 1895, in-8°, 53 p.

Chambre d'agriculture de Tunis. — Rapports lus les 4 et 6 mai 1894; les nombreux décrets régissant les mahsoulats doivent être abrogés et remplacés par un texte unique.

7293. — FLEURY (V.). *La propriété industrielle en Tunisie.* — Nancy, imp. Berger-Levrault [1895], in-8°, 6 p.

Extr. de la *Revue du commerce et de l'industrie,* février 1895. — Intérêt pour les industriels français à déposer leurs marques en Tunisie; la législation tunisienne au point de vue de l'industrie indigène locale.

7294. — CHARMETANT (C.). *La Tunisie...* — *Bul. Soc. G. Lyon,* 1895-1896, t. XIII, p. 73-100.

Conférence à la Soc. (7 fév. 1895). La situation actuelle de la Tunisie, son avenir au point de vue économique.

7295. — FLEURY (V.). *Poids et mesures tunisiens, essai de métrologie.* — *R. T.,* 1895, p. 235-245.

Mise en application du système métrique (décret du 12 janvier); l'ancien système tunisien rationnel et précis à l'origine est devenu confus et arbitraire.

7296. — FLEURY (V.). *L'industrie tunisienne des chéchias.* — Paris, Berger-Levrault, 1895, in-8°, 8 p.

Extr. de la *Revue du commerce et de l'industrie,* avril 1895. — V. n° **7328.** An. par H. L. [Lorin], dans *Ann. G., Bibl.,* 1896, p. 196.

7297. — PILLET (Jules). *Les industries d'art de la Tunisie...* — Paris, imp. Gauthier-Villars, s. d., in-8°, 42 p., 6 fig.

Ann. du Conservatoire des Arts et Métiers, 2ᵉ série, t. VIII. — Résultats d'une mission (mai 1895); procédés d'exécution observés, proposition en vue d'encourager ces industries.

7298. — FLEURY (V.). *Les tapis de Kairouan et l'industrie de la teinture en Tunisie.* — Paris, Berger-Levrault [1895], in-8°, 8 p.

Extr. de la *Revue du commerce et de l'industrie.* — V. n° **7328.**

7299. — FLEURY (V.). *Les industries indigènes de la Tunisie. Industries diverses.* — Paris, Berger-Levrault, s. d., in-8°, 9 p.

Extr. de la *Revue du commerce et de l'industrie.* — Tannerie, cuir, essences, savonnerie, huilerie (v. n° **7328**).

7300. — FLEURY (V.). *La natterie, la vannerie de feuille de palmier et la sparterie en Tunisie.* — [Paris], Berger-Levrault, 1895, in-8°, 3 p.

Extr. de la *Revue du commerce et de l'industrie*, août 1895. — V. n° **7328**.

7301. — GOGUYER (Antonin). *La mejba (impôt de capitation), d'après le chroniqueur Abouddiaf.* — *R. T.*, 1895, p. 471-484.

Circonstances dans lesquelles cet impôt a été édicté (1856), les faibles résultats de cette réforme, la conversion de la dette (1863), la grande révolte, l'impopularité de cet impôt (v. n° **7304**).

7302. — [VASCO (Gabriel)]. *Tunisie* (Signé G. V.). — *R. F. Étr. Col.*, 1895, p. 523-528.

Les traités de commerce italo et anglo-tunisiens; le commerce et la navigation de la Tunisie en 1893; population, justice, enseignement, terres.

7303. — HARTMAYER (E.), ancien contrôleur civil à Djerba. *De la réforme des mahsoulats...* — *R. T.*, 1896, p. 95-104.

Réformes à opérer dans quelques-uns des impôts existant actuellement en Tunisie : droits de mahsoulats, contribution des patentes, impôt territorial, prestations en nature et impôt medjba.

7304. — MOHAMMED BEN OTHMANE SNOUSSI. *Lettre sur la Mejba...* — Tunis, Imp. rapide, 1896, in-8°, 9 p.

R. T., 1896, p. 112-118. — Traduit de l'arabe par El Aziz Baccouch. L'auteur est d'accord avec Abouddiaf (Ben Diaf) sur plusieurs points (v. n° **7301**), mais en diffère sur l'intention qui a poussé Mohamed Bey à instituer cet impôt; la question de cet impôt provisoire aux points de vue juridique et historique.

7305. — MARTZ (E.). *La question douanière tunisienne.* — Tunis, Imp. rapide, 1896, in-4°, 40 p.

Étude sur le futur régime douanier à appliquer à l'expiration des traités de commerce.

7306. — POUBLON (G.). *Étude sur la dénonciation des traités et la révision des tarifs douaniers en Tunisie...* — Tunis, imp. J. Picard, 1896, in-8°, 40 p.

Supp. au *Bull. mensuel de la Soc. pour la défense et le développement du commerce et de l'industrie en Tunisie*, 1ᵉʳ juin 1896. — Les traités au point de vue politique et au point de vue commercial, les tarifs douaniers et leur répercussion.

7307. — TERRAS (J.-M.). *Note sur la question douanière en Tunisie...* — Tunis, imp. J. Picard, 1896, in-8°, 11 p.

Principes sur lesquels doit être établi le régime douanier qui convient à la Tunisie.

7308. — VASCO (Gabriel). *Le commerce de la Tunisie en 1894.* — *R. F. Étr. Col.*, 1896, p. 402-407.

7309. — WOLFROM (Gustave). *La Tunisie commerciale...* — Tunis, imp. J. Picard, 1896, in-16, 45 p.

Étude du commerce de la Tunisie avec l'Europe, principalement avec la France, l'Algérie, Malte, Tripoli et le Sahara.

7310. — FOURNIER DE FLAIX (E.). *Les ressources budgétaires de la Tunisie en 1896.* — *Ass. fr. av. sc.*, 2ᵉ part., 1897, p. 709-714.

25ᵉ *session, Carthage*, 1896. — Transformations et améliorations réalisées, depuis 1887, dans chaque catégorie des ressources budgétaires. Cf. *ibid.*, 1ʳᵉ part., 1896, p. 253.

7311. — MARTZ (Eugène). *L'industrie européenne en Tunisie.* — *R. T.*, 1897, p. 19-26.

Son introduction en Tunisie par Ahmed Bey : établissements de l'État, créations spéciales, Travaux publics, chemins de fer, industries privées.

7312. — FALLOT (Ernest). *L'avenir commercial de la Tunisie...* — Tunis, mp. J. Picard, 1897, in-8°, 18 p.

Bul. Dir. agr. com. Tunis, 1897, n° 3, p. 102-117. — Étude basée sur le mouvement des importations et des exportations notamment depuis le Protectorat (produits agricoles, produits de pêches, minerais). An. dans *R. T.*, 1898, p. 140-141.

7313. — *La convention de commerce et de navigation entre la Tunisie et l'Italie.* — *Bul. Statist.*, 1897, t. XLI, p. 313-315.

Signée à Paris le 28 sept. 1896 et ratifiée le 25 janvier 1897 (*J. O. tunisien*, 2 février 1897).

7314. — *Convention douanière avec la Belgique (décrets du 30 août 1897).* — Bul. Statist., 1897, t. XLII, p. 321.

Extr. du *J. O. tunisien*, 31 août 1897.

7315. — *Les relations commerciales de la Tunisie avec les pays du nord de l'Europe* (Signé : la Dépêche tunisienne). — Tunis, imp. L. Nicolas, 1897, in-8°, 21 p.

7316. — *Commerce de la Tunisie avec la France et les peuples voisins.* — Paris, J. André, 1897, in-16, 39 p.

Importance du commerce français en Tunisie, son développement, marchandises échangées entre la France et la Tunisie; les marchés voisins, Malte et Tripoli.

7317. — *Tunisie : convention avec l'Angleterre.* — R. F. Étr. Col., 1897, p. 611-612, 674-675.

Convention du 18 sept. 1897 qui met fin au traité du 19 juillet 1875.

7318. — *La convention anglo-tunisienne (décret du 18 octobre 1897).* — Bul. Statist., 1897, t. XLII, p. 522-523.

Extr. du *J. O. tunisien*, 19 oct. 1897.

7319. — MESPLÉ (Armand). *Le traité anglo-tunisien (1897).* — Bul. Soc. G. Alger, 1898, p. 1-3.

Ce traité « inaugure la troisième période de l'histoire commerciale et douanière de la Régence »; ses conséquences.

7320. — DU FRESNEL (E. Dollin). *Le commerce franco-tunisien...* — Paris, Siège de la Soc., 1898, in-8°, 30 p.

Société de géographie commerciale. — Bul. Soc. G. Com. Paris, 1898, p. 54-81. — Le développement des relations commerciales depuis le Protectorat; marchandises et produits français importés en Tunisie, leur nature et leur provenance; marchandises et produits tunisiens exportés en France.

7321. — M. *Le commerce de la Tunisie en 1896.* — R. F. Étr. Col., 1898, p. 234-236.

7322. — GAUTHRONET (Émile). *L'Afrique du Nord, Algérie et Tunisie, commerce, agriculture, industrie...* 2ᵉ éd. — Alger-Mustapha, imp. Giralt, 1899, in-8°, 39 p., fig.

1ʳᵉ éd., *ibid.*, 1898, in-8°, 36 p. — Brochure de vulgarisation; aperçu du développement commercial, agricole et industriel.

7323. — [BARRÉ (Paul)]. *Le commerce de la Tunisie en 1897* (Signé : P. B.). — *R. F. Étr. Col.*, 1899, p. 409-411.

7324. — *Les finances en Tunisie.* — *R. F. Étr. Col.*, 1899, p. 412-415.

L'autonomie financière de la Tunisie, bases solides sur lesquelles les finances ont été organisées.

7325. — RÉGENCE DE TUNIS. Protectorat français. Direction générale des Finances *Exposé du régime fiscal de l'huile (droits intérieurs).* — Sfax, imp. de *la Dépêche*, 1899, in-8°, 85 p.

7326. — BARRÉ (Paul). *Le commerce de la Régence en 1898.* — *R. F. Étr. Col.*, 1900, p. 214-216.

7327. — COLLAS (Louis). *Le régime douanier de la Tunisie...* — Paris, A. Pedone, 1900, in-8°, 200 p.

Faculté de droit de Paris. Thèse pour le doctorat. — Étude générale sur la Tunisie, sa situation, ses relations politiques, commerciales, douanières avec les États de l'Europe; rapports des beys de Tunis avec la France, les traités de commerce conclus avec les nations d'Europe et d'Amérique; le régime douanier de 1881 à 1890, la loi douanière du 19 juillet 1890, le nouveau régime douanier tunisien de 1898. Brève bibliographie.

7328. — FLEURY (V.), chef du bureau du Commerce à la Direction de l'agriculture et du commerce à Tunis. *Les industries indigènes de la Tunisie...* — Paris, Berger-Levrault, 1900, in-8°, 99 p.

Les principales industries exercées par les indigènes, surtout celles dont les produits sont appréciés dans tout le monde musulman (v. nᵒˢ **7296**, **7298** à **7300**). An. par G. Yver, dans *Ann. G., Bibl.*, 1901, p. 236.

7329. — BOULARD (Maurice). *Les finances de la Tunisie pendant les trente dernières années...* — Paris, imp. L. Boyer, 1901, in-8°, 212 p.

<small>Faculté de droit de Paris. Thèse pour le doctorat. — La dette tunisienne, les finances avant 1870, la dette actuelle; le budget, les revenus, les dépenses : dépenses de souveraineté, liste civile, armée beylicale, Travaux publics, dépenses d'administration, le fonctionnarisme, etc. Bibliographie.</small>

7330. — TOUNSI. *Le budget tunisien.* — Q. Dipl. Col., 1901, t. XI, p. 17-30.

<small>Examen des divers éléments de recettes et de dépenses; desiderata.</small>

7331. — SAINT-PIERRE (Clément). *Le régime douanier franco-tunisien...* — Lyon, imp. A. Storck, 1901, in-8°, 102 p.

<small>Systèmes commerciaux appliqués aux colonies; le régime douanier de la Tunisie avant 1890, les divers systèmes proposés, loi du 19 juillet 1890, dénonciation des traités tunisiens, réformes du 2 mai 1898; bibliographie.</small>

7332. — ROUSSELLE, avocat général. *Le contrôle financier dans les pays de protectorat français...* — Paris, Imp. nat., 1902, in-8°, 60 p.

<small>Discours de rentrée (16 oct.) à la Cour des comptes; en quoi le Protectorat de la Tunisie, sur lequel la Cour des comptes n'a pas à exercer son contrôle, diffère des autres protectorats (p. 9-15).</small>

7333. — [BRUNEL]. *Trésorerie d'Algérie, de Tunisie et des Colonies...* 3ᵉ éd. — Paris, Charles-Lavauzelle [1902], in-18, 72 p.

<small>Carrières coloniales. — Organisation, recrutement, hiérarchie, solde, discipline, service militaire, congés, retraites, etc. du personnel du Service de la Trésorerie d'Algérie et des agents détachés par celle-ci en Tunisie.</small>

7334. — LORIN (Henri). *Études tunisiennes. Les finances du Protectorat.* — Q. Dipl. Col., 1904, t. XVIII, p. 149-159.

<small>L'emprunt de 1884, les différences entre le budget tunisien et le budget français, la caisse de réserve, l'accroissement du budget, les ressources, les réformes déjà accomplies et celles désirables.</small>

7335. — [ANTHOUARD (A. d')]. RÉGENCE DE TUNIS. Protectorat français. Direction générale des Finances. *Décret du 12 mai*

1901 (99 rabia-el-aoual 1324) sur la comptabilité de l'État et des établissements publics annexes. — Tunis, Imp. rapide, 1906, in-8°, 44 p.

7336. — Bonneaud (Léopold). *Une lacune fiscale.* — *R. T.*, 1906, p. 210-212.

<small>Concerne l'assiette de la medjba; conditions nécessaires pour être dispensé de cet impôt.</small>

7337. — Grezel et Monge. *Les monopoles tunisiens en 1907 : tabacs, sels, poudres, allumettes, cartes...* — Paris, Berger-Levrault, 1907, in-8°, 54 p.

<small>Historique des monopoles, organisation générale, idées maîtresses, résultats généraux; étude de certains points de détail (v. n° **7353**).</small>

7338. — Isaac (Maurice). *Études sur le régime douanier de la Tunisie...* — Paris, imp. Kapp [1907], in-8°, 166 p.

<small>Faculté de droit de l'Université de Paris. Thèse pour le doctorat. — Exposé du régime douanier de la Tunisie tel qu'il résulte de la loi du 19 juillet 1890 et du décret tunisien du 2 mai 1898 ; résumé des discussions relatives aux modifications à apporter à ce système provisoire; caractère que doit présenter la réforme attendue pour apporter le maximum d'avantages aux intérêts métropolitains et tunisiens; bases de discussion de la question située dans la politique générale. An. par É. L. [Larcher], dans *R. Alg. Tun. lég. jurisp.*, 1909, 1re part., p. 138-139.</small>

7339. — Viala (L.-Fernand), ingénieur des mines. *L'Algérie et la Tunisie, considérations économiques.* — *Bul. Soc. languedoc. G.*, 1907, p. 194-234.

<small>Notes de mission en Algérie et en Tunisie; richesse du sol et du sous-sol de ces deux pays; minerais de plomb et de zinc, gisements de phosphates; avenir industriel et agricole. An. par Emm. de Margerie, dans *Bul. G. Hist. Desc.*, 1908, p. 286.</small>

7340. — Atger (A.). *Les corporations tunisiennes. Thèse...* — Paris, A. Rousseau, 1909, in-8°, 126 p.

<small>*Université de Paris, Faculté de droit.* — Principes généraux de l'organisation corporative des industries indigènes; étude détaillée des corporations des chouachis, des tisserands et des menuisiers; il faut appliquer au point de vue économique les principes dont on se réclame au point de vue politique, laisser substituer en la réformant la vieille corporation arabe qui fit la prospérité économique de l'Islam</small>

et peut assurer encore aujourd'hui des ouvriers d'élite à l'industrie et des produits de premier choix aux consommateurs.

7341. — *La question de la medjba.* — *Quinz. col.,* 1909, p. 841-842, 931-933.

Question de sa réforme soumise à la Conférence consultative (15 nov.). Cf. *L'affaire de la medjba. Ibid.,* 1910, p. 4-5.

7342. — *La réforme fiscale en Tunisie.* — *Quinz. col.,* 1910, p. 276-277.

Relèvements et unifications de taxes en compensation de la réduction de la medjba.

7343. — REVOLON (Stéphane). *Les commerçants et les industriels français en Tunisie.* — Tunis, imp. G. Guinle, 1911, in-8°, 20 p.

Énergies dépensées pour s'établir en Tunisie; ce qu'il reste à faire, remèdes à apporter aux pratiques défectueuses inhérentes au pays.

7344. — MAUROIS, contrôleur civil suppléant. *Les tapis de Kairouan.* — *Bul. Dir. agr., com. col. Tunis,* 1912, p. 26-39, fig.

7345. — CHENEL (Maurice). *La medjba, impôt de capitation tunisien*... Thèse... — Tunis, Imp. rapide, 1912, in-8°, 104 p.

[*Université d'Aix, Faculté de droit,* 1912-1913, n° 1]. — La medjba, son histoire, ses taux successifs, ses accessoires; assiette de la medjba, établissement des rôles; recouvrement, étude critique et avantages de la medjba; faut-il supprimer la medjba?; bibliographie. An. par É. L. [Larcher], dans *R. Alg. Tun. Maroc. lég. jurisp.,* 1916, 1re part., p. 180-181.

7346. — SALA (R.). *Le budget tunisien.* Thèse... — Paris, M. Giard et É. Brière, 1912, in-8°, 164 p.

Université de Paris, Faculté de droit. — Caractéristiques du budget; préparation, exécution, contrôle; rôle de la Conférence consultative et du Parlement; heureux résultats obtenus par cette organisation, ses inconvénients; **comment l'adapter à la situation nouvelle et à l'évolution du pays; annexes.**

7347. — Dubourdieu. *Régime douanier de la Tunisie.* — *Ass. fr. av. sc.*, 1914, p. 816-823.

42ᵉ *session, Tunis,* 1913.

7348. — *Les sociétés indigènes de prévoyance en Tunisie.* — *Bul. agr. Alg. Tun. Maroc*, 1914, p. 132-133.

Extr. du rapport annuel du Directeur général des finances sur la situation des Soc. indigènes de prévoyance pendant l'année 1912 (v. n° **7350**).

7349. — Boursaud (Maurice). *Le meilleur emploi des capitaux français en Tunisie.* Lettre-préface de M. le cᵗᵉ A. M. de Rocquancourt... — Paris, 1916, in-8°, 29 p.

Placements sûrs et rénumérateurs dans l'industrie vinicole, les plantations d'oliviers, les mines, les phosphates, les grandes pêcheries des lacs et du littoral; banques, prêts hypothécaires, initiatives diverses.

7350. — *Les sociétés indigènes de prévoyance en 1915.* — *Bul. inst. écon. soc.*, 1917, n° 2, p. 25-30.

Cf. Direction générale des finances, *Compte rendu des opérations des sociétés indigènes de prévoyance en 1915.* Tunis, 1916, in-8° (v. n° **7348**).

7351. — Riberolle (L.). *Notes sur la Tunisie.* — *Bul. Soc. fr. ing. col.*, 1917, p. 192-204, 9 phot.

Généralités sur l'agriculture, l'industrie et le commerce.

7352. — *Du peuple tunisien au peuple français. Note relative à l'emprunt proposé.* — Paris, imp. I. Lévy [1920], in-8°, 12 p.

Daté de Tunis, 16 avril 1920. Les emprunts antérieurs, l'enlisement des finances tunisiennes; «il faut que le peuple tunisien dise son mot puisqu'il s'agit de ses propres intérêts».

7353. — *Les monopoles tunisiens, 1921.* — Tunis, imp. Yvorra et Barlier, 1922, in-16, 30 p., tableau.

Historique, organisation des monopoles, attributions du service commercial et du service industriel (v. n° **7337**).

7354. — *Réalisation de l'emprunt tunisien.* — *Bul. Com. A. F.,* 1922, p. 194.

Décret paru au *J. O.* du 28 février à ce sujet.

7355. — VALLIÈRE (Lucien), ingénieur. *L'avenir industriel d la Tunisie.* — *R. Sect. Tunis.*, 1922, p. 123-139.

Réfute l'opinion d'après laquelle il serait impossible de traiter les minerais d fer en Tunisie parce que le sous-sol tunisien serait dépourvu de houille.

7356. — BARTHÈS (Gaston-Georges). *Les impôts arabes en Tunisie (impôts directs).* Thèse... — Alger, J. Bringau, 1923, in-8°, 228 p.

Université d'Alger, Faculté de droit. — Aperçu sur l'histoire financière de la Tunisie; organisation, perception des impôts, les tendances fiscales actuelles du Protectorat. Courte bibliographie. An. par G. Rectenwald, dans *R. Alg. Tun. Maroc. lég. jurisp.*, 1924, 1re part., p. 37-39.

7357. — BOUCHERY (Edmond). *La question de l'union douanière en Tunisie.* — *Écon. europ.*, 1923, sup., p. 56-57.

Les relations commerciales entre la France et la Tunisie; nécessité d'une union douanière plus étroite entre la France, l'Algérie et la Tunisie qui ne pourrait que contribuer à resserrer les liens qui unissent le Protectorat à la métropole.

7358. — RÉGENCE DE TUNIS. Protectorat français... Direction du Commerce et du Travail. *Notice commerciale, le sel marin de Tunisie.* — Tunis, imp. G. Guinle, 1924, in-8°, 8 p.

Autres éd., *ibid.*, 1925, 1926, 1927, 1928, 1931 et 1933.

7359. — BERNARD (Paul). *Les anciens impôts de l'Afrique du Nord.* Préface de M. Auguste Terrier... — Saint-Raphaël, éd. des Tablettes, Paris, 7, rue de Clignancourt, 1925, in-8°, 167 p.

Étude, plus historique que technique, inventoriant les impôts que nous avons trouvés en Afrique du Nord; leurs caractères communs; comment ont été transformés ceux qui subsistaient encore en 1914. An. dans *R. H. Col. Fr.*, 1926, p. 107-108; par le professeur Bouvier, dans *Lyon Col.*, 1925, p. 135-136; par Ch. Castanet, dans *Bul. Soc. G. Alger*, 1926, p. 488-489; dans *Bul. Com. A. F.*, 1925, sup., p. 396.

7360. — ALTUMA. *Le budget général de la Tunisie.* — *Bul. Com. A. F.*, 1925, sup., p. 587-590.

Analyse du rapport de G. Bureau (v. n° **5828**), l'enseignement public l'enseignement professionnel.

7361. — BONNARD (Paul). *Vœu pour l'union douanière franco-tunisienne.* — [Paris, P. Bonnard], 1925, in-4°, 2 p., dactylogr.

Notes et questions, n° 21. — Vœu proposé au Congrès des Soc. françaises à l'étranger; raisons de défense nationale.

7362. — *Le commerce extérieur de la Tunisie en 1925.* — *Bul. Com. A. F.*, 1926, sup., p. 497-498.

Importations, exportations.

7363. — SAYOUS (André-E.). *La Tunisie, son commerce d'importation; ce que la France vend en Tunisie, ce qu'elle pourrait y vendre.* — Bruxelles, imp. Goemaere, 1926, in-8°, 88 p.

R. écon. int., 1926, t. III, p. 419-465; t. IV, p. 66-105. — Étude générale du commerce d'importation en Tunisie, ses transformations depuis une cinquantaine d'années, son organisation, les transports et le crédit en Tunisie, le régime douanier; rôle des différents pays européens au point de vue importation; « la France a pris sur ce point une position très forte qu'elle cherche à consolider »; l'avenir des marchandises françaises. An. par Augustin Bernard, dans *Bibl. g.,* 1927, p. 443.

7364. — *Les finances de la Tunisie de 1907 à 1923.* — *Bul. Statist.,* 1926, t. XCIX, p. 896-915.

Situation résumée notamment des budgets, recettes, dépenses.

7365. — SÉNAT (Frédéric), professeur. *Considérations sur la situation économique de la Tunisie...* — Tunis, imp. de Tunis, 1926, in-8°, 71 p.

Les questions fiscales et les questions économiques; ce que révèle l'importation; l'origine des fortunes; le bilan; consolidation économique et progrès.

CHAPITRE V.

L'ENSEIGNEMENT, LES LANGUES INDIGÈNES.

7366. — Sacy (B⁰ⁿ Silvestre de). *Grammaire arabe à l'usage des élèves de l'École spéciale des langues orientales vivantes, avec figures...* — Paris, Imp. impér., 1810, 2 vol. in-8°, xxvi-434 p., 8 pl., et x-473 p.

2ᵉ éd., Paris, Imp. royale, 1831, 2 vol. in-8°, xxx-608 p., 8 pl., et xii-697 p.; 3ᵉ éd. (réimp. de la 2ᵉ), publiée par l'Institut de Carthage et revue par L. Machuel. Tunis, Imp. rapide, 1904-1905, 2 vol. in-8°, xviii-597 p. et xvi-695-84 p. Cf. V. Serres, *Notice sur la réimpression*... *R. T.*, 1904, p. 3-5.

7367. — Marcel (J.-J.). *Vocabulaire français-arabe du dialecte vulgaire d'Alger, de Tunis et de Marok, à l'usage des militaires français...* — Paris, A.-J. Dénain, 1830, in-16 obl., 141 p.

2ᵉ éd., 1830, *ibid*. — Contient les mots principaux et d'un besoin journalier, dont la prononciation est-représentée en caractères français; dialogues et locutions les plus nécessaires.

7368. — Marcel (J.-J.). *Vocabulaire français-arabe des dialectes vulgaires africains d'Alger, de Tunis, de Marok et d'Égypte...* — Paris, C. Hingray, 1837, in-8°, xvi-576 p.

1ʳᵉ éd. de l'ouvrage signalé sous le n° **7378**. Cf. *J. As.*, 1839, t. VIII, p.332-335.

7369. — Erpenius (Thomas van Erpe, *dit*). *Rudiments de la langue arabe de Thomas Erpenius, traduits en français, accompagnés de notes et suivis d'un supplément indiquant les différences entre le langage littéral et le langage vulgaire*, par A.-E. Hébert, capitaine du génie. — Paris, Imp. royale, 1844, in-8°, iv-132 p.

7370. — Mac Guckin de Slane (B⁰ⁿ). *Note sur la langue maltaise...* — *J. As.*, 1846, t. VII, p. 471-483.

Cet idiome sémitique est un dialecte arabe; esquisse de la grammaire maltaise.

7371. — Cotelle (H.), drogman du Consulat général de France à Tunis. *Le langage arabe ordinaire, ou dialogues arabes élémentaires destinés aux Français qui habitent l'Afrique...* — Alger, Dubos frères [1850], in-8° oblong, 121 p.

<small>Bibliothèque algérienne, 2ᵉ série. — 3ᵉ éd., *ibid.*, [1858], in-8° oblong, 120 p.; 5ᵉ éd., *ibid.*, s. d.; 7ᵉ éd., *ibid.*, 1872. — Principes élémentaires de la langue vulgaire.</small>

7372. — Cadoz (François). *Nouveau dictionnaire français-arabe à l'usage des militaires, des colons, des négociants et de toutes les personnes établies en Algérie...* — Alger, Guende, 1850, in-8°, 32 p., lithogr.

<small>Le vocabulaire (avec prononciation usuelle) est précédé d'une petite grammaire arabe.</small>

7373. — Dugat (Gustave) et Fâris ibn Yousouf al-Chidyâq (Aḥmad). *Grammaire française à l'usage des Arabes de l'Algérie, de Tunis, du Maroc, de l'Égypte et de la Syrie*, par Gustave Dugat... et le cheikh Fârès Echchidiâk. — Paris, Imp. impériale, 1854, in-8°, 128 p.

7374. — Clerc (Alfred), interprète de l'armée. *Méthode de lecture arabe à l'usage des élèves du collège impérial arabe-français...* — Alger, Bastide, 1858, in-8°, 80 p.

7375. — Pharaon (Florian), ancien interprète de l'armée d'Afrique, et Bertherand (Dʳ E.-L.), ancien médecin des Affaires arabes. *Vocabulaire français-arabe à l'usage des médecins, vétérinaires, sages-femmes, pharmaciens, herboristes, etc...* — Paris, A. Morel et Challamel aîné, 1860, in-12, vii-204 p.

7376. — Judas (A.-C.). *Sur l'écriture et la langue berbères dans l'antiquité et de nos jours...* — Paris, imp. Pillet fils aîné, 1863, in-8°, 48 p.

<small>Contribution à l'étude des problèmes ethnologiques de l'Afrique du Nord; paru partiellement sous le titre *De l'écriture libyco-berbère*, dans *R. arch.*, 1862, t. VI, p. 157–178.</small>

7377. — *Notions préliminaires de langue arabe, exercices de lecture suivis d'un texte arabe extrait des fables de Bidpaï.* — Alger, J.-A. Tissier, 1868, in-8°, 13 p., lithogr.

7378. — Marcel (J.-J.). *Dictionnaire français-arabe des dialectes vulgaires d'Alger, d'Égypte, de Tunis et de Maroc...* 2ᵉ éd. — Paris, Maisonneuve, 1869, in-8°, xvi-572 p.

5ᵉ éd., *ibid.*, 1885, in-8°, xvi-584 p. — Autres éd. de l'ouvrage signalé sous le n° **7368**.

7379. — Halévy (J.). *Lettre à M. d'Abbadie sur l'origine asiatique des langues du Nord de l'Afrique.* — Paris, imp. Jouaust [1869], in-8°, paginé 29-43.

Actes de la Société philologique, t. Iᵉʳ, n° 2.

7380. — Beaussier (Marcelin), interprète principal de l'armée d'Algérie. *Dictionnaire pratique arabe-français, contenant tous les mots employés dans l'arabe parlé en Algérie et en Tunisie, ainsi que dans le style épistolaire, les pièces usuelles et les actes judiciaires...* — Alger, imp. Bouyer, 1871, gr. in-4°, 12-764-xvi p., lithogr.

Autre éd., Alger, A. Jourdan, 1887, gr. in-4°, 12-764-viii p., lithogr.; nouv. éd., (revue, corrigée et augmentée par Mohamed Ben Cheneb..., avec une préface de J. Mirante). Alger, J. Carbonel, 1931, gr. in-4°, 9-1093 p., lithogr.

7381. — Guérin (Édouard), interprète militaire. *La clef du langage arabe, ou le premier livre de l'arabisant...* — Alger, imp. Bouyer, 1872, in-8°, vii-60 p.

Livre conçu pour la jeunesse des écoles.

7382. — Machuel (L.). *Méthode pour l'étude de l'arabe parlé...* 5ᵉ éd. — Alger, A. Jourdan, 1900, in-18, xvi-462 p.

2ᵉ éd., *ibid.*, 1875, in-8°, xvi-364 p.; 3ᵉ éd., *ibid.*, 1880, in-8°, xiv-394 p. — Leçons graduées contenant les principes de la grammaire, versions et thèmes, dialogues, proverbes, locutions familières, liste de mots employés dans les conversations, mots tunisiens qui diffèrent des mots algériens.

7383. — Machuel (L.). *Une première année d'arabe, à l'usage des classes élémentaires des lycées, des collèges, des écoles primaires...* — Alger, A. Jourdan, 1876, in-16, VIII-126 p.

Nouvelle bibliothèque algérienne. — 2ᵉ éd., *ibid.*, 1885, in-16, VIII-136 p. — Livre tout à fait élémentaire, divisé en 50 leçons. An. par B. M. [Barbier de Meynard], dans *J. As.*, 1876, t. VIII, p. 375-377.

7384. — Machuel (L.). *Manuel de l'arabisant, ou recueil de pièces arabes...* — Alger, A. Jourdan, 1877-1881, 2 vol. in-8°, XVI-121-142 et XXXVI-168-152 p. sur 2 col.

1ʳᵉ part. : formulaire, lettres administratives, judiciaires et politiques, vocabulaire. 2ᵉ part. : actes divers pourvus de toutes les voyelles et accompagnés d'un vocabulaire et de notes. An. par B. M. [Barbier de Meynard], dans *J. As.*, 1877, t. IX, p. 259-261.

7385. — Machuel (L.). *Grammaire élémentaire d'arabe régulier, contenant des tableaux pour la conjugaison de tous les verbes irréguliers et des modèles d'analyses...* — Alger, A. Jourdan, 1878, in-8°, VIII-199 p.

2ᵉ éd., *ibid.*, 1889, in-8°, 239 p.

7386. — Grasset (Daniel), proviseur du lycée d'Alger. *L'instruction publique en Tunisie.* Rapport à M. le Gouverneur général de l'Algérie. — *R. Af.*, 1878, p. 183-201.

Le collège Sadiki fondé en 1875; enseignement, programme, méthode, personnel, installation matérielle, résultats obtenus; proposition d'attirer à Alger des élèves de Sadiki.

7387. — Tauxier (Capitaine H.). *Note sur les variations de sens des mots Berber, Roum, Afarek, Beranès, Botr, Mazigh et Frank.* — *R. Af.*, 1879, p. 471-478.

Sens précis des mots les plus importants dont les variations chez les auteurs musulmans et les historiens européens ont rendu inintelligibles les ouvrages traitant de l'invasion arabe en Afrique.

7388. — Dozy (R.), professeur à l'université de Leyde. *Supplément aux dictionnaires arabes...* — Leyde, E. J. Brill, 1881, 2 vol. in-4°, XXXII-864 et 856 p.

2° éd., Paris, 1927, ibid. (reproduction photolithographique). — Savant ouvrage qui, sous l'aspect d'un dictionnaire arabe-français de la langue moderne, a plus particulièrement en vue la langue du moyen âge; importante préface relative à l'établissement des dictionnaires et lexiques; analyse des nombreuses sources utilisées, liste des auteurs cités (v. n° **7469**).

7389. — PARMENTIER (Général). *Vocabulaire arabe-français des principaux termes de géographie et des mots qui entrent le plus fréquemment dans la composition des noms de lieux...* — Paris, Secrétariat de l'Ass., 1882, gr. in-8°, 50 p.

Ass. fr. av. sc., 1882, p. 1157-1204 *(10° session, Alger, 1881).* — Mémoire de cinq à six cents mots présenté à la section de géographie de l'Ass. française pour l'avancement des sciences au Congrès d'Alger (14 avril 1881).

7390. — FONCIN (P.). *L'enseignement en Tunisie.* — *R. int. enseign.*, 1882, t. II, p. 401-418.

L'enseignement musulman et le collège Sadiki, l'enseignement français, l'enseignement italien; notice sur les écoles et collèges; les efforts faits sur ce sujet par l'Italie en Tunisie. An. dans *Bul. Soc. languedoc. G.*, 1882, p. 379-380.

7391. — CROZALS (J. de). *Le collège Saint-Louis de Carthage, le cardinal Lavigerie.* — *R. P. L.*, 1882, t. XXIX, p. 403-406.

Comparaison avec le collège Sadiki, son enseignement.

7392. — CROZALS (J. de). *Le collège Sadiki à Tunis.* — *R. G.*, 1882, t. X, p. 375-382.

Fondé en 1875, personnel, enseignement.

7393. — *Réorganisation du collège Sadiki. Décret de S. A. le bey. Programme des études arabes et européennes.* — Tunis, imp. B. Borrel, 1883, in-8°, xv-44 p.

7394. — *Collège Alaoui ou école normale de Tunis.* — Tunis, imp. B. Borrel, 1884, in-8°, 8 p.

7395. — FONCIN (P.). *L'alliance française et l'enseignement de la langue nationale en Tunisie et en Algérie.* — Paris, siège de l'Alliance française [1884], in-16, 20 p.

Conférence à la Soc. historique (1ᵉʳ mars 1884). Résultats obtenus en Tunisie au point de vue de l'enseignement du français; le rôle différent de l'Alliance française en Tunisie et en Algérie; erreurs commises dans l'organisation de l'enseignement; l'enseignement primaire aux musulmans base de tous les autres. Cf. du même, *Les écoles francaises en Tunisie. R. P. L.,* 1884, t. XXXIII, p. 347-348 : progrès accomplis depuis deux ans.

7396. — Machuel (L.), directeur de l'enseignement public en Tunisie. *L'enseignement public en Tunisie. Rapport adressé à M. le ministre résident de la République française à Tunis...* — Tunis, imp. B. Borrel, 1885, in-4°, 44 p.

Situation actuelle de l'enseignement arabe ou français en Tunisie; mesures à prendre pour développer l'influence française, programme proposé par l'auteur. An. dans *Gaz. G.*, 1885, 1ᵉʳ sem., p. 427.

7397. — Fontin (Paul). *L'instruction publique en Tunisie.* — *R. Sc.*, 1885, t. XXXVI, p. 781-787.

Résultats obtenus, depuis 1881, dans l'ordre intellectuel, d'après le rapport de L. Machuel à P. Cambon (v. n° **7396**); l'enseignement arabe dans les écoles musulmanes, l'enseignement français supérieur, secondaire et primaire.

7398. — Melon (Paul). *L'Alliance française et l'enseignement français en Tunisie et en Tripolitaine...* — Paris, Dentu, 1885, in-8°, 45 p.

Les débuts de l'Alliance française, son programme; les écoles congréganistes en 1881, le rôle du cardinal Lavigerie, les écoles relevant de l'Alliance israélite et le collège Sadiki; le rôle de l'Alliance française. An. dans *Af. expl.*, 1885, p. 165-167.

7399. — Leroy (A.-L.). *Tunis et Carthage.* — *R. G. intern.*, 1886, p. 152.

C'est par les écoles franco-arabes que s'achèvera la conquête morale du pays.

7400. — Mouliéras (Auguste). *Manuel algérien, grammaire, chrestomathie et lexique...* — Paris, Maisonneuve et Ch. Leclerc, 1888, in-16, viii-288 p.

Destiné aux jeunes arabisants, traite de la langue arabe sous le double rapport des études écrites et de la conversation.

7401. — Machuel (L.). *L'enseignement public dans la Régence de Tunis...* — Paris, Imp. nat., 1889, in-8°, 75 p.

Exposition universelle de 1889. Monographies pédagogiques. — Autre éd., *ibid.* (*Mémoires et documents scolaires publiés par le Musée pédagogique*, 2° série, fasc. 58). — L'enseignement français en Tunisie avant et depuis le Protectorat : personnel, établissements, programmes, examens, progrès réalisés.

7402. — KLARIN M'TA EL CHOTT (Cheikh Si Habil). *Vocabulaire de la langue parlée dans les pays barbaresques.* — Paris, Charles-Lavauzelle, 1890, in-16, VI-527 p.

<small>Supplément développé de l'ouvrage signalé sous le n° **7505**. An. dans *R. F. Étr. Col.*, 1891, t. XIII, p. 448.</small>

7403. — ALLAOUA BEN YAHIA. *Recueil de thèmes et versions, arabe parlé, idiome des trois départements algériens...* — Mostaganem, imp. E. Prim et J. Martinez, 1890, in-8°, 8-111 p.

<small>Recueil de sujets réunissant des expressions communes aux principaux idiomes de la langue arabe d'Algérie. An. par O. Houdas, dans *J. As.*, 1891, t. XVII, p. 159-161.</small>

7404. — PINTO (Léon), interprète militaire. *Petit traité d'analyse grammaticale arabe, précédé d'une introduction ; choix d'exemples tirés du Coran et des Mille et une nuits analysés en arabe et en français suivant le système des grammairiens arabes à l'usage des élèves des classes et cours d'arabe...* — Paris, Challamel ; Alger, Cheniaux-Franville [1890], in-8°, 24 p.

7405. — DELPHIN (G.). *Recueil de textes pour l'étude de l'arabe parlé...* — Paris, E. Leroux ; Alger, A. Jourdan, 1891, in-16, VI-367 p.

<small>Recueil destiné notamment aux interprètes militaires pour acquérir la pratique de la conversation courante et se familiariser avec ses particularités dialectales et ses idiotismes; étude sur la prononciation des lettres; texte arabe de contes et de fables accompagnés de commentaires et de traductions partielles (v. n° **7430**).</small>

7406. — *L'enseignement public en Tunisie, rapport présenté par la R.·. L.·. Nouvelle Carthage Or.·. de Tunis (Tunisie).* — Paris, Imp. nouvelle, 1892, in-8°. 32 p.

<small>Étude faite à la suite du rejet d'un vœu présenté par la R.·. L.·. Nouvelle Carthage tendant à obtenir la création d'une école laïque.</small>

7407. — Basset (René). *Notice sur les dialectes berbères des Harakta et du Djerid tunisien...* — Woking, Oriental University Institute, 1892, in-8°, 18 p.

<small>Publications du 9° Congrès international des orientalistes, Londres, 1891. — Étude de ces deux dialectes qui «forment les anneaux de la chaîne qui relie les dialectes algériens et marocains à ceux de l'est». An. par A. Mouliéras, dans *Bul. Soc. G. Arch. Oran,* 1892, p. 562 ; par J.-V. Barbier, dans *Bul. Soc. G. Est,* 1892, p. 534-535.</small>

7408. — [Buisson (F.)]. *En Tunisie* (Signé : F. B.). — *R. Péd.,* 1893, t. XXIII, p. 1-25.

<small>L'instruction publique en Tunisie; ce qui a été fait depuis le Protectorat, ce qui reste à faire.</small>

7409. — *Première lettre à M. le résident général de la République française en Tunisie. L'enseignement secondaire, le lycée.* — Tunis, imp. C. Fath, 1893, in-8°, 11 p.

<small>Questions tunisiennes. — Brochure de polémique signée : Veritas. Attaques contre L. Machuel.</small>

7410. — Lapie (Paul). *L'enseignement de la logique à l'Université musulmane de Tunis.* — *R. T.,* 1895, p. 124-133.

<small>Impression d'un Européen si, pénétrant dans la mosquée, il pouvait assister à une leçon de logique. Cf. *ibid.,* p. 277-278, 395-405.</small>

7411. — Parmentier (Général). *Les emphatiques arabes...* — [Paris], Imp. nat., sept. 1896, in-8°, 6 p.

<small>*Mém. Soc. ling. Paris,* 1895, t. IX, p. 331-336. — Contribution à l'étude de la prononciation et à la transcription des lettres arabes en caractères latins.</small>

7412. — Motylinski (A. de C.). *Note sur un manuscrit arabo-berbère découvert à Djerba...* — *Bul. Arch.,* 1897, p. 246-249.

<small>Seul monument écrit de la langue berbère découvert jusqu'ici dans la région est de l'Afrique du Nord (v. n° **7431**).</small>

7413. — Laune (Étienne). *Manuel français-arabe, ou recueil d'actes administratifs, judiciaires et sous-seing privé, traduits en* arabe... (*texte et traduction en regard*)... — Alger, A. Jourdan, 1897, in-16, xv-430 p., lithogr.

An. par E. F. [Fagnan], dans *R. Af.*, 1897, p. 291-292; par O. Houdas, dans *J. As.*, 1897, t. X, p. 372-373.

7414. — MACHUEL (Louis). *L'enseignement musulman en Tunisie...* — Tunis, Imp. rapide, 1897, in-8°, 16 p.

R. T., 1897, p. 385-398. Reproduit dans *Bul. Soc. languedoc. G.*, 1897, p. 511-518; 1898, p. 90-97. — Note lue au Congrès des orientalistes, à Paris (sept. 1897). Enseignement donné dans les écoles coraniques (écoles élémentaires) et dans les mosquées.

7415. — BARUCH (Jules), interprète militaire. *Cours d'arabe parlé avec dialogues et lettres à l'usage des étudiants, officiers et fonctionnaires des administrations algériennes...* — Constantine, D. Braham, 1898, in-16, 220 p.

Résumé d'un cours d'arabe élémentaire et pratique professé par l'auteur aux officiers du 3ᵉ Tirailleurs; liste de vocables géographiques et topographiques; dialogues simples et faciles à l'usage des gradés de l'armée et des fonctionnaires; spécimens du style usuel employé dans la correspondance officielle et privée. An. par A. de C. M. [Molylinski], dans *Rec. Soc. Arch. Const.*, 1898, p. 408-410.

7416. — MOTYLINSKI (A. de CALASSANTI). *Le Djebel Nefousa, transcription, traduction française et notes, avec une étude grammaticale*, par A. de Calassanti-Motylinski... — Paris, E. Leroux, 1898, in-8°, v-157 p.

Publications de l'École des lettres d'Alger, bulletin de Correspondance africaine, t. XXII.
— Notes grammaticales sur le dialecte berbère du djebel Nefousa; transcription et traduction d'une relation sur cette région, composée par Brahim ben Slimane Chemmakhi, index des noms propres contenus dans la traduction; lexique français-berbère du dialecte du djebel Nefousa. An. par René Basset, dans *R. Crit.*, 1899, t. XLVIII, p. 259; dans *Rec. Soc. Arch. Const.*, 1898, p. 403; par G. M. [Mercier], *ibid.*, 1899, p. 449-451; par J.-D. L. [Luciani], dans *R. Af.*, 1899, p. 293; par P. C. [Collesson], dans *Bul. Soc. G. Est*, 1898, p. 538-539.

7417. — MOTYLINSKI (A. de C.). *Dialogue et textes en berbère de Djerba*, transcrits et traduits par M. A. de C. Motylinski... — Paris, Imp. nat., 1898, in-8°, 27 p.

J. As., 1897, t. X, p. 377-401. — Les trois textes ont été recueillis pendant le séjour de l'auteur au Mzab.

7418. — Blondel (F.). *Memento arabe-français à l'usage des Français habitant ou parcourant l'Algérie et la Tunisie, même ne sachant pas lire l'arabe...* — Tunis, imp. J. Picard, 1899, in-8°, xvi-258 p. sur 2 col.

Liste phonétique de 12.000 mots les plus usités et écrits en lettres françaises. An. par E. Vassel, dans *R. T.*, 1900, p. 126-127.

7419. — Machuel (L.). *L'enseignement public en Tunisie...* — Tunis, imp. L. Nicolas, 1900, in-8°, 187 p., graph., carte.

Exposition universelle de 1900. Monographies pédagogiques. — Les résultats obtenus depuis le Protectorat, la situation en 1900.

7420. — Zaouche (Abdeljelil). *En Tunisie, l'enseignement des indigènes.* — Tunis, imp. H. Brigol, 1900, in-12, 23 p.

Ce qui a été fait jusqu'aujourd'hui au point de vue enseignement dans la Régence; les résultats obtenus.

7421. — *Vocabulaire berbère ancien (dialecte du djebel Nefoussa),* publié et traduit de l'arabe par A. Bossoutrot, interprète principal. — *R. T.*, 1900, p. 489-507.

Ce memento donnant l'explication en arabe de mots berbères a été communiqué en 1895 par le khalifa de Djerba au colonel Rebillet.

7422. — Machuel (L.). *L'arabe sans maître, ou guide de la conversation arabe en Tunisie et en Algérie, à l'usage des colons et des voyageurs...* — Paris, A. Colin, 1900, in-16, 144 p.

Nombreuses éd. (réimp.), avec le titre *L'arabe sans maître, ou guide de la conversation arabe en Tunisie, en Algérie et au Maroc, à l'usage des colons, des militaires et des voyageurs...* 8° éd., 1916, ibid.; 14° éd., 1929, ibid.; 15° éd., 1932, ibid. — Ouvrage se servant uniquement des caractères français; grammaire, conversations simples, vocabulaire. An. par E. Vassel, dans *R. T.*, 1900, p. 125-126.

7423. — Loth (Gaston). *L'organisation de l'enseignement italien en Tunisie.* — *R. G. Sc.*, 1901, p. 1108-1112.

La manière dont fonctionnent, parallèlement à la Direction de l'Enseignement public de la Régence, les écoles entretenues «à grands frais par le royaume d'Italie».

7424. — Ned Noll. *L'étude des langues indigènes dans les troupes coloniales.* — *Q. Dipl. Col.*, 1901, t. XII, p. 418-419.

Nécessité pour les officiers d'apprendre les dialectes coloniaux; utilisation de l'École des langues orientales vivantes.

7425. — CADI (Si Chérif ben El Arbi), capitaine d'art[ie]. *Leçons de langue arabe parlée, à l'usage des officiers de l'armée d'Afrique*... — Tunis, J. Picard, 1901, in-16, v-92 p.

Cours professé par l'auteur, à Bougie.

7426. — *Eddalil, ou guide de l'arabisant dans l'étude des dialectes parlés en Algérie et en Tunisie*... — Alger, A. Jourdan, 1901, gr. in-8°, 79-96 p.

Parut en fasc. mensuels; recueil de textes en langue vulgaire, avec traduction ou analyse, publiés par un comité d'arabisants sous la direction de L. Machuel. An. par E. Vassel, dans *R. T.*, 1901, p. 111-112; dans *R. Alg. Tun. lég. jurisp.*, 1901, 1re part., p. 39-40; par V. Waille, dans *R. Af.*, 1901, p. 95.

7427. — MACHUEL (L.). *L'enseignement de l'arabe aux élèves français dans les établissements scolaires de l'Algérie et de la Tunisie.* — *R. T.*, 1903, p. 3-10.

Principes de cet enseignement qui doit, avant tout, être pratique.

7428. — BASSET (René). *Contes populaires d'Afrique*... — Paris, E. Guilmoto [1903], in-8°, xxii-455 p.

Les littératures populaires de toutes les nations, t. XLVII. — Traduction de 170 contes constituant un tableau populaire tel qu'il s'est manifesté en Afrique depuis les temps les plus anciens jusqu'à nos jours; quelques contes berbères ou arabes d'Algérie, de Tunisie, du Maroc. An. par A. Mesplé, dans *Bul. Soc. G. Alger*, 1903, p. 658-660; par Alfred Bel, dans *Bul. Soc. G. Arch. Oran*, 1903, p. 377-381; par E. Cosquin, dans *R. Q. Hist.*, 1904, t. XXXI, p. 351-352; par M. G. D. [Gaudefroy-Demombynes], dans *R. Crit.*, 1904, t. LVII, p. 441-442; par René Basset, dans *R. Af.*, 1908, p. 244.

7429. — MOTYLINSKI (A. de CALASSANTI). *Le dialecte berbère de R'edamès*, par A. de C. Motylinski... — Paris, E. Leroux, 1904, in-8°, xxxii-334 p.

Publications de l'École des lettres d'Alger, bulletin de Correspondance africaine, t. XXVIII. — Notice historique sur Ghadamès, les explorateurs qui l'ont visitée (p. VIII-XXXII); notes grammaticales, textes, vocabulaire français-berbère; appendices, notamment notes historiques sur Ghadamès. An. par M. Morand, dans *R. Af.*, 1905, p. 109; par R. Basset, *ibid.*, 1908, p. 259-260; par O. Houdas, dans *J. As.*,

1904, t. IV, p. 530-533. Cf. Note de M. de Motylinski sur sa récente mission dans le Souf, pour y étudier le dialecte berbère de R'adamès. *J. As.*, 1903, t. II, p. 157-162.

7430. — DELPHIN (G.). *Recueil de textes pour l'étude de l'arabe parlé. Traduction par le général G. Faure-Biguet.* — Alger, imp. P. Fontana, 1904, in-16, 130 p.

Complément au n° **7405**. Traduction des passages non commentés dans l'éd. de 1891; index des mots employés dans les deux vol.

7431. — MOTYLINSKI (A. de CALASSANTI.). *Le manuscrit arabo-berbère de Zouagha, découvert par M. Rebillet. Notice sommaire et extraits.* — *Actes 14ᵉ congrès Alger 1905*, 2ᵉ part., 4ᵉ sect., p. 69-78.

Indications sur les matières contenues dans ce manuscrit bilingue connu sous le nom de *Moudaououana d'Ibn R'anem*, provenant de Zouagha, dernier centre en Tripolitaine des mekkarites, et communiqué au commandant Rebillet par le khalifa de Djerba (v. n° **7412**).

7432. — BASSET (R.). *Le nom du chameau chez les Berbères...* — *Actes 14ᵉ congrès Alger 1905*, 2ᵉ part., 7ᵉ sect., p. 69-82.

Les divers dialectes berbères se servent du même mot, soumis bien entendu à des modifications particulières; conclusions différentes de celles de G.-B.-M. Flamand (v. n° **6489**).

7433. — GALLAND (L.), capitaine d'infⁱᵉ coloniale. *Grammaire d'arabe régulier...* Préface du Dr. E. Montet... — Paris, E. Guilmoto [1905], in-8°, XVII-318 p.

But de l'auteur : permettre à un officier d'apprendre rapidement, seul, et d'une manière attrayante, l'arabe écrit compréhensible partout où se trouve un musulman, quelle que soit sa couleur.

7434. — BERTHOLON (Dʳ). *Origines européennes de la langue berbère.* — *Ass. fr. av. sc.*, 1906, p. 617-624.

34ᵉ session, Cherbourg, 1905. — Résumé de l'exposé paru dans *R. T.*, de 1903 1905 (v. n° **7539**).

7435. — LASRAM (Mohamed). *Une association en Tunisie. La Khaldounia.* — Tunis, Imp. rapide, 1906, in-8°, 27 p.

Origine de cette soc. musulmane d'enseignement due à l'initiative du lieut*-colonel Rebillet; son but : recherche des moyens propres à développer et compléter l'instruction chez les musulmans; organisation et mode d'action de la Société, sa bibliothèque. Cf. Amar (Émile), *La Khaldoûnyya (une université musulmane en Tunisie). R. M. Mus.*, 1907, t. 1ᵉʳ, p. 352-363, ill.

7436. — DELVAL (Commandant). *Philologie. Les origines du langage et la langue arabe...* — Tunis, imp. A. Fouquet, 1906, in-8°, 54 p., planches.

Origines et modifications de la langue arabe; composition de quelques mots; formation du langage, son évolution; l'écriture arabe; notions grammaticales. An. dans *Bul. Com. A. F.*, 1906, sup., p. 424.

7437. — AMAR (Émile). *Essai sur l'origine de l'écriture chez les Arabes.* — *R. T.*, 1906, p. 531-544 ; 1907, p. 147-154.

7438. — MACHUEL (L.). *L'enseignement public en Tunisie (1883–1906)...* — Tunis, Imp. rapide, 1906, in-8°, xvi-231-xlix p., graph., portr., carte.

Exposé d'ensemble de l'œuvre du Protectorat au point de vue de l'enseignement, ce qu'il était avant 1881, les résultats acquis; les différents collèges, les bibliothèques, la Khaldounia, l'enseignement musulman.

7439. — CHARPIN (Henri). *Une pétition tunisienne. Écoles arabes françaises.* — *R. Indig.*, 1907, p. 241-245.

Pétition déposée à la Chambre par A. Rozet, député, au nom de plusieurs centaines d'indigènes, demandant davantage d'écoles et de culture intellectuelle françaises.

7440. — MACHUEL (L.), directeur de l'enseignement public en Tunisie. *Le guide de l'interprète, recueil de lettres arabes administratives, judiciaires et personnelles, de circulaires et de rapports, accompagnés d'un vocabulaire des mots contenus dans les textes...* — Tunis, Imp. rapide, 1908, in-8°, 4-170-184 p.

Destiné notamment aux jeunes arabisants qui veulent devenir interprète militaire ou judiciaire.

7441. — NEHLIL, officier interprète de 2ᵉ cl. du Service des Affaires indigènes d'Algérie. *Étude sur le dialecte de Ghat...* — Paris, E. Leroux, 1909, in-8°, xii-216 p.

Publications de l'*École des lettres d'Alger*, bulletin de *Correspondance africaine*, t. XXXVIII. — Introduction historique, étude grammaticale, textes, vocabulaire français-berbère. An. par Alfred Bel, dans *Bul. Soc. G. Arch. Oran*, 1910, p. 324-326; par M. G. D. [Gaudefroy-Demombynes], dans *R. Crit.*, 1910, t. LXII, p. 223-224; par A. Cour, dans *Bul. Soc. G. Alger*, 1910, p. 235-236; par Salomon Reinach, dans *Ac. Inscr. B.-Lettres, C. R.*, 1910, p. 57.

7442. — CLERMONT (J.), professeur d'arabe. *Arabe régulier; notes de syntaxe et de morphologie*... — Tunis, J. Danguin, 1909, in-16, 97 p.

Destiné aux candidats au brevet d'arabe et au baccalauréat.

7443. — CLERMONT (J.). *Petit manuel franco-arabe (dialecte tunisien)*... — Tunis, imp. Niérat et Fortin, 1909, in-16, 35 p.

Spécialement destiné aux touristes.

7444. — NOËL (Ch.). *L'Arabe est-il une langue vivante?* — *R. T.*, 1909, p. 181-190.

L'auteur répond négativement. Cf. *ibid.*, p. 190-193, 269-311 : opinions de Ali Bach-Hamba, C. Combet, Is. Cattan, H. Camussi, Leca, Lafforgue, H. Bigot.

7445. — CLERMONT (J.). *L'arabe parlé tunisien*... — Tunis, J. Danguin, 1909, in-16, 286 p.

Vol. destiné aux personnes qui désirent se perfectionner dans l'étude de l'idiome de la Régence; grammaire, exercices, renseignements sur les mœurs et coutumes, formules et proverbes.

7446. — LÉAL (N.). *L'instruction en Tunisie.* — *R. Indig.*, 1910, p. 443-445.

«Nous ferons plus pour le bonheur des indigènes en leur ouvrant les portes des écoles primaires et professionnelles plutôt qu'en leur facilitant l'accès de nos Facultés déjà si encombrées par nos compatriotes».

7447. — NICOLAS (Louis) et LÉVY (Isaac). *Essai d'une figuration rationnelle des lettres et signes de la langue arabe reproduits en caractères latins*... — *R. T.*, 1910, p. 306-321, 409-419, 510-521; 1911, p. 54-63, 327-337.

7448. — CHAMPAVER (F.-G.). *Guide pratique du candidat au certificat d'arabe parlé.* — Tunis, Danguin, 1910, in-8°, 71 p.

Programme de l'examen, renseignements, 25 épreuves complètes, memento des éléments de grammaire. Cf. du même, *Apprenons l'arabe ! nouveau cours élémentaire d'arabe vulgaire...* Ibid., s. d., in-4°, 144 p. : parut en 13 cahiers.

7449. — CRUSSARD (Dr E.), médecin-major de 1re cl., et CHERGUI (Si Hadj Ahmed). *Méthode pour l'étude de l'arabe parlé en Tunisie...* — Tunis, Imp. rapide, 1911, in-8°, x-180 p.

Manuel destiné aux débutants dans l'étude de la langue arabe; grammaire, formules usuelles arabes, contes en dialecte tunisien.

7450. — *L'étude du dialecte tunisien.* — *Quinz. col.*, 1911, p. 445.

Commission nommée par la Direction de l'enseignement en vue de procéder à l'inventaire de ce dialecte.

7451. — PROVOTELLE (D^r), de Gafsa. *Étude sur la Tamazir't ou Zénatia de Qalaât es-Sened (Tunisie)...* — Paris, E. Leroux, 1911, in-8°, IV-155 p.

Publications de la Faculté des lettres d'Alger, bulletin de Correspondance africaine, t. XLVI. — Étude sur le dialecte berbère parlé dans la région montagneuse au sud-est de Gafsa; histoire, phonétique, morphologie, textes, glossaire, brève bibliographie. An. par M. G. D. [Gaudefroy-Demombynes], dans *R. Crit.*, 1913, t. LXXVI, p. 361-362; par A. Bel, dans *Bul. Soc. G. Arch. Oran*, 1912, p. 144-146.

7452. — SUREAU (René). *Note sur la langue arabe.* — *R. T.*, 1913, p. 517-519.

L'arabe régulier est une langue morte, mais qui a donné naissance à des langues bien vivantes qui sont le marocain, l'algérien et le tunisien; nécessité d'encourager la production d'ouvrages écrits en arabe vulgaire afin de voir peu à peu le tunisien se substituer à l'arabe.

7453. — JOURDAN (J.). *Cours pratique et complet d'arabe vulgaire, grammaire et vocabulaire. Dialecte tunisien.* 1re année... 2e éd. — Tunis, Imp. tunisienne, 1913, in-8°, VIII-255 p.

4e éd. (réimp.), Tunis, L. Namura, 1929, *ibid.*

7454. — Jourdan (J.). *Cours normal et pratique d'arabe vulgaire; vocabulaire, historiettes, proverbes, chants; dialecte tunisien*, 2ᵉ année... 2ᵉ éd. — Tunis, Imp. tunisienne, 1922, in-8°, 255-4 p.

1ʳᵉ éd., *ibid.*, 1913. — Complète l'ouvrage précédent; spécialement destiné aux auditeurs du cours public d'arabe parlé (2ᵉ année) et aux personnes préparant l'examen du certificat d'arabe parlé (v. n° **7463**).

7455. — Mélik-S. David-Bey. *La langue arabe en trente leçons, suivie d'un manuel de conversation courante appliquée aux règles.* — Paris, A. Michel [1913], in-16, 79 p.

An. dans *Quinz. col.*, 1913, p. 281.

7456. — Mélik-S. David-Bey. *Manuel de conversation française et arabe avec la prononciation.* — Paris, A. Michel [1913], in-16, 72 p.

An. dans *Quinz. col.*, 1913, p. 281.

7457. — Marty. *La langue française en Tunisie.* — *Ass. fr. av. sc.*, 1914, p. 866-867.

42ᵉ session, Tunis. 1913.

7458. — Direction générale de l'enseignement. *L'enseignement tunisien pendant la 1ʳᵉ année de la guerre (août 1914-juillet 1915).* — Tunis, imp. B. Borrel, 1916, in-8°, 52 p.

Bulletin officiel de l'Enseignement en Tunisie, n° 18 (nov.-déc. 1915). — La mobilisation et l'enseignement tunisien, l'œuvre du Secours de guerre dans l'enseignement; des notes manuscrites complètent ce travail pour la période du 1ᵉʳ juillet 1915 au 1ᵉʳ mars 1916.

7459. — Serres (Victor). *Des rapports entre le mot français « amiral » et le mot arabe « émir ».* — *R. T.*, 1917, p. 215-219.

Examen des textes du français médiéval où l'on trouve ce mot.

7460. — Machuel (Louis). *Essai d'un dictionnaire français arabe (langue écrite)...* — *R. T.*, 1917, p. 249-262.

Conférence faite à l'Institut de Carthage (25 mars). Idées directrices qui ont présidé à la conception et à l'exécution du travail entrepris par l'auteur depuis plus de 40 ans (v. n° **7461**); liste des publications similaires faites en France, en Afrique du Nord ou à l'étranger.

7461. — MACHUEL (Louis). *Dictionnaire français-arabe (langue écrite), renfermant un grand nombre de locutions et d'exemples extraits du Koran et des principaux écrivains arabes anciens et modernes, ainsi que des proverbes, des dictons, des termes judiciaires et administratifs, des néologismes, etc...* — Paris, A. Colin [1917], gr. in-8°, XXXVI-12 p.

Seul fasc. paru, contenant la préface et de A à accord.

7462. — MERCIER (Gustave). *Notes sur la toponymie antique de l'Afrique mineure...* — *Bul. Arch.*, 1918, p. 109-117.

Paru partiellement dans *Rec. Soc. Arch. Const.*, 1916, p. 1-8. — Toponymie de certains noms anciens de localités ou de rivières qui furent latinisés, puis arabisés, et que l'on retrouve toujours identiques en remontant le cours des temps.

7463. — BERNAUDEAU (A.), instituteur à Tunis. *L'arabe parlé, idiome tunisien. Nouveau procédé de figuration en caractères latins...* — Tunis, J. Danguin [1918], in-16, 115 p.

Grammaire d'arabe parlé tunisien dont la prononciation est figurée en caractères latins, suivie d'anecdotes et de contes tirés de l'ouvrage signalé sous le n° **7454**.

7464. — BERNAUDEAU (A.), instituteur. *L'arabe parlé tunisien figuré en caractères latins...* — *R. T.*, 1918, p. 317-320.

Communication à l'Institut de Carthage (11 mai). Nécessité d'une figuration de l'arabe parlé au moyen de caractères latins, essais tentés, méthode préconisée par l'auteur qui soulèvera «d'âpres critiques».

7465. — GUY (Camille). *La langue française dans l'Afrique du Nord.* — *Bul. Com. A. F.*, 1922, p. 371-374.

Analyse des rapports présentés au Congrès de l'Alliance française (Marseille, 1922) par Augustin Bernard sur l'Algérie, Rosset sur la Tunisie, G. Hardy sur le Maroc : résultats obtenus depuis la création des écoles indigènes, progrès à poursuivre; au Maroc, «écoles de l'avant» tenues par des militaires. An. par L. Raveneau, dans *Bibl. g.*, 1924, p. 273.

7466. — Benattar (S. C.). *Le bled en lumière, folklore tunisien.* — Paris, J. Tallandier, 1923, in-16, 256 p.

7467. — Huard. *L'instruction publique en Tunisie. Rapport... au Grand Conseil.* — *R. Indig.*, 1923, p. 92-96.

L'œuvre de la Direction générale de l'Instruction publique et des Beaux-Arts en Tunisie, fonctionnement des écoles et bibliothèques, le collège Sadiki, école supérieure réservée aux indigènes.

7468. — Direction générale de l'Instruction publique et des Beaux-arts. *L'œuvre scolaire de la France en Tunisie (1883-1922).* — Tunis, Ch. Weber, s. d., in-8°, 123 p.

Exposé de l'organisation et du fonctionnement de l'enseignement donné aux Européens et aux indigènes; les premières écoles françaises créées à Tunis dès 1845.

7469. — Fagnan (E.). *Additions aux dictionnaires arabes...* — Alger, J. Carbonel, 1923, in-4° à 2 col., ix-193 p.

Notes recueillies par l'auteur au cours de ses études de textes se rapportant notamment au droit malékite; elles complètent le *supplément* de Dozy (n° **7388**). An. par A. B. B. dans *R. Alg. Tun. Maroc. lég. jurisp.*, 1922-23, 1ʳᵉ part., p. 127; par H. Pommereau, dans *Rec. Soc. Arch. Const.*, 1924-25, p. 339-344.

7470. — Mercier (Gustave). *La langue lybienne et la toponymie antique de l'Afrique du Nord...* — Paris, Imp. nat., 1924, in-8°, paginé 189-320.

J. As., 1924, t. CCV, p. 189-320. — Étude historique documentée ayant pour objet de vérifier la thèse de l'emploi, dans l'antiquité, de la même langue africaine parlée de nos jours, avec des différences dialectales propres à chaque région; liste alphabétique des racines libyennes, identifiées par la toponymie, avec les noms anciens et les noms modernes qui en sont dérivés; liste alphabétique des noms anciens dont l'origine libyenne est étudiée; nombreuses références. An. par Augustin Bernard, dans *Bibl. g.*, 1926, p. 34; par Paul Pelliot, dans *Bul. G. Hist. Descr.*, 1926, p. xxvi-xxvii.

7471. — Marçais (W.) et Guîga (Abderrahmân). *Textes arabes de Takroûna, transcription, traduction annotée, glossaire... I. Textes, transcription et traduction annotée.* — Paris, E. Leroux, 1925, in-16, xlviii-426 p.

Bibliothèque de l'École des langues orientales vivantes, t. VIII. — Réunion de 12 textes composés pour servir de specimen du parler villageois de Takroûna (région de l'Enfida entre Tunis et Sousse); système de transcription, nombreuses notes et références. An. par L. M. [Massignon], dans *R. M. Mus.,* 1925, t. LXII, p. 172-173; par L. Brunot, dans *Hesp.,* 1926, p. 482-485; par Alfred Bel, dans *R. Af.,* 1926, p. 212-216.

7472. — Rober-Raynaud. *Le bey de Tunis à l'Institut musulman.* — *Bul. Com. A. F.,* 1926, sup., p. 389-393.

Discours prononcés à l'inauguration de la salle des Conférences (12 août); notice sur Mohamed el Habib Pacha Bey.

CHAPITRE VI.

ANTHROPOLOGIE. — L'ISLAM.

I. ANTHROPOLOGIE, ETHNOGRAPHIE.

7473. — CARETTE (E.), chef de bataillon du génie. *Recherches sur l'origine et les migrations des principales tribus de l'Afrique septentrionale et particulièrement de l'Algérie...* — Paris, Imp. impériale, 1853, gr. in-8°, 489 p.

Exploration scientifique de l'Algérie... Sciences historiques et géographiques, t. III. — Classification des peuples africains dans l'antiquité, origine des Berbères, les peuples africains lors de l'invasion arabe et lors de l'établissement des Turcs; origine et destinée des principales tribus africaines; avènement et destinée de l'élément arabe en Afrique (v. n° **49**).

7474. — REINAUD. *Mémoire sur les populations de l'Afrique septentrionale, leur langage, leurs croyances et leur état social aux différentes époques de l'histoire.* — Ac. Inscr. B.-Lettres, C. R., 1858, t. Ier, p. 160-164.

Séance du 24 juillet 1857. Bref résumé sur l'histoire des populations du Moghreb jusqu'au xive siècle.

7475. — REINAUD. *Sur le système primitif de la numération chez la race berbère.* — Ac. Inscr. B.-Lettres, C. R., 1862, t. IV, p. 108-110.

Séance du 27 juillet 1860. Analyse d'un mémoire concluant à l'emploi du système de numération quinaire chez les populations libyques, d'après les travaux du capitaine Hanotaux et ceux de Letourneux.

7476. — RICQUE (Dr Camille), médecin aide-major. *Recherches ethnologiques sur les populations musulmanes du Nord de l'Afrique...* — Paris, B. Duprat, 1864, in-8°, 15 p.

R. Or. Alg. Col., 1863, t. XVI, p. 363-375. — État actuel de la population indigène du nord de l'Afrique, Kabyles et Arabes.

7477. — OLIVIER (G.). *Recherches sur l'origine des Berbères...* — Bône, imp. Dagand, 1867, in-8°, 121 p.

Extr. *Bul. Académie d'Hippone*, n°ˢ 3 et 4. — Mœurs et usages communs aux Berbères et aux anciennes nations établies dans le bassin oriental de la Méditerranée; à quelles familles de peuples appartenaient les premiers habitants de la Berbérie.

7478. — SCHWAB (Moïse), de la Bibl. impériale. *Mémoire sur l'ethnographie de la Tunisie...* — Paris, Amiot, 1868, in-12, 72 p.

Mémoires couronnés par la Soc. d'ethnographie, t. Ier. — Introduction historique, esquisse ethnographique, caractères, mœurs, linguistique, statistique.

7479. — FAIDHERBE (Général). *Quelques mots sur l'ethnographie du Nord de l'Afrique et sur les tombeaux mégalithiques de cette contrée...* — *Bul. Soc. climat. algér.*, 1869, p. 4-19.

L'origine des Lybiens ou Berbères.

7480. — FAURE (Dr L.). *Sur l'origine des peuples du Nord de l'Afrique, particulièrement des Berbères...* — *Bul. Soc. climat. algér.*, 1871, p. 90-115; 1872, p. 99-125.

7481. — DILHAN (A.). *Ethnographie de la Tunisie...* — Paris, Maisonneuve [1873], in-8°, paginé 167-212.

Mém. Soc. d'ethnographie, 1873, t. XII, p. 167-212. — Mémoire écrit en 1866, légèrement complété en 1872. Conditions telluriques et conditions organiques, les divers éléments ethniques au cours des différentes périodes, anthropologie (nègres, juifs, maures, berbères, arabes), linguistique.

7482. — PERIER (J.-A.-N.). *Des races dites berbères et de leur ethnogénie...* — *Mém. Soc. anthr. Paris*, 1873, t. Ier, p. 1-54.

Les races dites berbères dans le passé et dans le présent; leur état de pureté ou de mélange par le fait des immigrations; recherche, par la comparaison des caractères des races, si les Kabyles et les Touareg ne constituent pas deux types ethniquement différents.

7483. — DELSOL. *Les Arabes chez eux.* — *Bul. Soc. G. Com. Bordeaux*, 1879, p. 362-367.

Quelques notes de voyages dans la région du Kef, traits de mœurs des habitants.

7484. — HARTMANN (Dr Robert), professeur à l'Université de Berlin. *Les peuples de l'Afrique...* — Paris, G. Baillière, 1880, in-8°, 158 p., 93 fig., pl.

Bibliothèque scientifique internationale, n° 34. — Description succincte des peuplades d'Afrique et de leur genre de vie; guerre (p. 220-228); procédés de combat, caractère des troupes africaines.

7485. — CHERBONNEAU (Auguste). *Détails ethnographiques sur les Kroumir et les Ouchetetta.* — *R. G.,* 1881, t. VIII, p. 380-381.

7486. — CHERBONNEAU (Auguste). *Les Kroumir de Fath-Allah et les troglodytes de Zenthan.* — *R. G.,* 1881, t. IX, p. 53-55.

Les tribus primitives du nord de la Tunisie, leur habitat, en particulier dans la région de Zenthan (sud-ouest de Tripoli), d'après les observations recueillies par le docteur Colin.

7487. — ANTICHAN (P.-H.). *Le pays des Khroumirs. Leurs institutions, leurs coutumes et leurs chants populaires...* — Paris, C. Delagrave, 1883, in-8°, 188 p., ill., carte.

2° éd. (réimp.), *ibid.,* 1885; 4° éd., *ibid.,* 1892; 11° éd., *ibid.,* 1912. — Les Kroumirs, leur origine, leur indépendance, leur pays, prise du marabout de Sidi-Abdallah-ben-Djemel (8 mai 1881), le commerce et l'industrie (cette partie est reproduite dans le n° **5311**); les institutions, l'armée, les lois et coutumes des Kroumirs (rédigé surtout d'après des ouvrages imprimés).

7488. — BERLIOUX (E.-F.). *Les Atlantes. Histoire de l'Atlantis et de l'Atlas primitif, ou introduction à l'histoire de l'Europe...* — Paris, E. Leroux, 1883, in-8°, 170 p.

Annuaire de la Faculté des lettres de Lyon, fasc. Ier. — Autre éd., *ibid.* — Savante étude basée sur le contrôle des textes avec la carte des pays dont ils parlent; les Atlantes identifiés aux Lybiens, hommes des dolmens, premiers habitants de l'Europe et de l'Afrique du Nord; leurs luttes séculaires contre les envahisseurs Berbères; étude arrêtée à l'arrivée des Phéniciens (v. n° **7517**).

7489. — SABATIER (Camille). *Essai sur l'ethnologie de l'Afrique du Nord...* — *R. d'anthr.,* 1884, p. 404-459.

Coup d'œil sur la géographie physique de l'Afrique du Nord; critique et étude des documents historiques de Scylax à Ptolémée, tableau résumé des invasions diverses dans l'Afrique du Nord.

7490. — LE BON (Dʳ Gustave). *La civilisation des Arabes...* — Paris, Firmin-Didot, 1884, in-4°, xv-705 p., 366 fig., pl. en noir et en coul., 4 cartes.

Importante étude; le milieu et la race, les origines de la civilisation arabe, l'empire des Arabes, l'Afrique septentrionale avant les Arabes, leur établissement en Afrique, monuments qu'ils y ont laissés; les mœurs et les institutions, la décadence de la civilisation arabe. Bibliographie. An. par V. Waille, dans *Bul. Cor. Af.*, 1884, t. II, p. 83-84; par Georges Demanche, dans *R. F. Étr. Col.*, t. VII, p. 284-285. Cf. *C. R. Soc. G. Paris*, 1884, p. 55-56.

7491. — GOLDZIHER (Ignaz). *Le culte des ancêtres et le culte des morts chez les Arabes...* — Paris, E. Leroux, 1885, in-8°, 28 p.

Traduction de l'article rédigé en allemand. Conceptions des Arabes diamétralement contraires à celles du Coran, au sujet des ancêtres et des morts; l'Islam à l'égard des pratiques funéraires du paganisme arabe.

7492. — COLLIGNON (Dʳ R.). *Ethnologie de la Tunisie...* — *Bul. Soc. Anthr. Paris*, 1886, p. 620-622.

Malgré l'influence des croisements, les divers peuples ou les races qui se sont surajoutés sont encore parfaitement reconnaissables; sédentaires ou berbères, nomades ou arabes.

7493. — COLLIGNON (Dʳ R.), médecin-major au 25ᵉ de ligne. *Essai d'ethnologie de la Tunisie.* — *Ass. fr. av. sc.*, 2ᵉ part., 1887, p. 630-637, 4 cartes.

15ᵉ session, Nancy, 1886. — Séance du 14 août 1886. Résumé des recherches faites, en Tunisie, pendant trois années, en vue de diminuer la confusion qui existe au sujet des populations arabes et berbères (v. n° **7495**).

7494. — COLLIGNON (Dʳ R.), médecin-major. *Les âges de la pierre en Tunisie...* — Lyon, imp. Pitrat aîné, 1887, in-8°, 38 p., 2 pl., carte, plan, fig.

Extr. de *Matériaux pour l'histoire primitive de l'homme*, mai 1887. — Résultats d'une mission effectuée (1883-1886) pour la Soc. d'anthropologie de Paris; étude poursuivie notamment à Gafsa.

7495. — COLLIGNON (Dʳ René). *Étude sur l'ethnographie générale de la Tunisie...* — Paris, E. Leroux, 1887, in-8°, paginé 181-353, 4 cartes, 11 fig., 2 graph.

Bul. G. Hist. Descr., 1886, p. 181-353, 4 cartes, 11 fig., 2 graph. — L'auteur a été attaché pendant trois ans (1883-1886) aux hôpitaux du corps d'occupation. Aperçu géographique rapide du pays, coup d'œil historique; données ethnologiques transmises par les anciens, principales interprétations admises au sujet de ces données; caractères anthropologiques des Tunisiens, races tunisiennes (v. n^{os} **7493** et **7511**). An. par E. D., dans *R. d'anthr.*, 1888, p. 73-77; par Gustave Regelsperger, dans *R. Af. fr.*, 1888, t. VI, p. 258-264.

7496. — BERTHOLON (D^r) et LACASSAGNE (D^r). *Quelques renseignements sur les habitants de la Kroumirie...* — *Bul. Soc. Anthr. Lyon*, 1887, p. 71-75.

Limites du pays; présence de blonds, brun et type berbère conventionnel, taille, musculature, costume, religiosité.

7497. — AFFOUX (Jules) [pseud.]. *Histoires tunisiennes*, précédées d'une lettre-préface par R. Barlet... — Paris, L. Vanier, 1887, in-16, x-251 p.

Récits anecdotiques sur les mœurs et coutumes tunisiennes, d'après les impressions de l'auteur.

7498. — PIESSE (Louis). *La femme arabe.* — *R. Af. fr.*, 1887, t. V, p. 147-163, 179-192, 2 pl.

Avant le mariage, le mariage, après le mariage.

7499. — DU PATY DE CLAM (A.). *Étude sur les Kaoub ou Gouazine (habitants du djebel Ousslet)...* — *C. R. Soc. G. Paris*, 1888, p. 440-443.

Recherches sur l'origine historique de l'appellation Ousslet.

7500. — MAYER (Capitaine Edmond). *Quelques notes sur les Touareg du Nord.* — *Bul. Soc. G. Toulouse*, 1888, p. 382-407.

Conférence. Les régions occupées par les Touareg au sud de l'Algérie et de la Tunisie; les quatre grandes confédérations, mœurs et coutumes des Touareg, leur valeur guerrière.

7501. — COLLIGNON (Dr R.). *Répartition de la couleur des yeux et des cheveux chez les Tunisiens sédentaires.* — *R. d'anthr.*, 1888, p. 1-8, carte.

D'après les observations faites sur plus de 2.000 Tunisiens, par le capitaine Rebillet et le lieut' Hannezô, du 4° Tirailleurs.

7502. — Cazès (David). *Essai sur l'histoire des Israélites de Tunisie depuis les temps les plus reculés jusqu'à l'établissement du protectorat de la France en Tunisie...* — Paris, A. Durlacher, 1888, in-18, 211 p.

Documents se rapportant au passé du judaïsme tunisien; l'importance actuelle du groupe juif de la population tunisienne; mesures générales et particulières à prendre dans l'intérêt du pays et de la France.

7503. — Bertholon (D^r). *Esquisse de l'anthropologie criminelle des Tunisiens musulmans...* — *Arch. anthr. crim.*, 1889, p. 389-439.

Notice sur l'anthropologie tunisienne, sociologie criminelle de la Tunisie; caractères communs dus à la civilisation musulmane, criminalité consécutive, organisation judiciaire et système pénitentiaire. An. par le Dr Collignon, dans *Anthr.*, 1890, p. 75-79.

7504. — Jodin. *Antée, les Garamantes et les Atlantes.* — *R. G.*, 1889, t. XXV, p. 129-132.

Étude sur l'ethnographie de l'Afrique du nord; comment se complètent la géographie historique et la philologie.

7505. — Klarin m'ta el Chott (Cheikh Si Habil) [pseud. de Clarin de La Rive (Abel)]. *Ourida...* — Paris, Charles-Lavauzelle, 1890, in-16, 316 p.

Roman d'aventures dont l'action se déroule en Tunisie; nombreux détails sur les mœurs, la vie, les coutumes, etc. (v. n° **7402**).

7506. — Mortillet (G. de). *Sur les nègres de l'Algérie et de la Tunisie...* — *Bul. Soc. Anthr. Paris*, 1890, p. 353-359.

Les quatre grands groupes des populations de l'Algérie et de la Tunisie, l'utilité du nègre dans les régions chaudes. An. dans *R. T.*, 1897, p. 123.

7507. — Bazin (D^r), aide-major au 4° spahis. *Étude sur le tatouage dans la Régence de Tunis...* — *Anthr.*, 1890, p. 566-579, 16 fig.

Le tatouage, coutume des plus répandues dans tout le continent africain, est un ornement bien plus qu'une marque d'origine et un signal de reconnaissance; les différents tatouages tunisiens.

7508. — Jacquinot d'Oisy (Paul). *Aïcha, étude arabe.* — Paris, Challamel, 1890, in-8°, 32 p.

Nouvelle dont l'action se passe à Tunis.

7509. — Pallary (Paul). *La main dans les traditions juives et musulmanes du nord de l'Afrique.* — Ass. fr. av. sc., 2° part., 1892, p. 650-657, 3 fig.

21° session, Marseille, 1891. — Séance du 23 sept. 1891. Série de pratiques religieuses, usuelles ou superstitieuses.

7510. — Vercoutre (Dr A.). *Origine et signification des tatouages observés sur les indigènes tunisiens.* — Épinal, imp. Huguenin, 1892, in-8°, 5 p., fig.

Ces dessins se montrent dans tous les territoires qui constituaient l'ancienne Africa. An. dans R. T., 1894, p. 509. Cf. Ac. Inscr. B.-Lettres, C. R., 1893, p. 70-71.

7511. — Bertholon (Dr L.), ex-médecin-major au 4° zouaves. *Exploration anthropologique de la Khoumirie...* — Paris, E. Leroux, 1892, in-8°, 85 p., 31 fig., 4 cartes.

Bul. G. Hist. Descr., 1891, p. 415-499, 31 fig., 4 cartes. — Importante étude de la Tunisie du Nord, divisée pour la commodité de la description en Kroumirie et Mogodie; complète les études signalées sous les n°^{s} **7495** et **9143**; les tribus, renseignements sur leurs origines; anthropologie et ethnologie.

7512. — Bertholon (D^r). *Les formes de la famille chez les premiers habitants de l'Afrique du Nord, d'après les écrivains de l'antiquité et les coutumes modernes...* — Arch. anthr. crim., 1893, p. 581-614.

7513. — Berger (Philippe). *Rapport sur les tatouages tunisiens...* — Paris, E. Leroux, 1894, gr. in-8°, 11 p., 21 fig.

Rev. d'assyriologie et d'archéologie orientale, 1894, t. III, p. 33-41. — Rapport lu à l'Académie des inscriptions et belles-lettres (10 mars et 21 avril 1893). Étude des tatouages recueillis en Tunisie par les Drs Bazin, Bertholon et Vercoutre.

7514. — *Chants des Bédouins de Tripoli et de la Tunisie*, traduits d'après le recueil du Dr H. Stumme, par Adrien Wagnon... — Paris, E. Leroux, 1894, in-8°, VI-37 p.

Traduction française des *Tripolitanisch-tunisische Beduinenlieder* (Leipzig, J. C. Hinrichs). An. par Clermont-Ganneau, dans *R. Crit.*, 1894, t. XXXVIII, p. 464-467.

7515. — Bou-Saïd (Commandant) [pseud. de Ch.-J.-B. Schambion, commandant]. *Les trois divorces de Yamina*. Préface de J. Claretie... — Paris, G. Melet, 1896, in-16, 306 p.

Roman tunisien.

7516. — Boisville. *Ali Moktar ben Salem, aventures d'un Tunisien*... — Paris, Lecène, Oudin [1896], gr. in-8°, 236 p., ill.

Nouvelle bibliothèque illustrée de vulgarisation. — Roman esquissant les mœurs et coutumes de la Tunisie; épisodes militaires.

7517. — Champaver (F.). *Le mythe de l'Atlantide.* — *R. T.*, 1896, p. 427-429.

Principales conclusions, relatives à l'Atlantide, qui se dégagent de l'ouvrage signalé sous le n° **7488**.

7518. — Bertholon (D[r]). *Résumé de l'anthropologie de la Tunisie*... — Paris, Berger-Levrault, 1896, in-8°, 44 p.

Races des diverses périodes paléolithique, mégalithique, égyptienne, égéenne et historique.

7519. — Bertholon (D[r]). *Exploration anthropologique de l'île de Gerba (Tunisie)*... Paris, Masson, 1897, in-8°, 61 p., 15 fig.

Anthr., 1897, p. 318-326, 399-425, 559-583, fig. — Observations faites par l'auteur, en 1889, comme médecin militaire avec la Commission de tirage au sort; esquisse géographique de l'île, notice historique, origines de la population, anthropologie et ethnologie de l'île. An. par E. Vassel, dans *R. T.*, 1898, p. 253-254; dans *Bul. G. Hist. Descr.*, 1895, p. 249-251.

7520. — Laupts [pseud. de Saint-Paul (Dr G.)]. *L'assimilation et l'utilisation des indigènes en Tunisie*... — Paris, Bureaux de la *Revue scientifique*, 1897, in-8°, 16 p.

9.

R. Sc., 1897, t. VIII, p. 335-339. — Reproduit dans l'ouvrage signalé sous le n° **177**, p. 191-202. Distinction à faire entre assimilation et utilisation; le bloc musulman d'Algérie et de Tunisie n'est pas unique; nécessité d'étudier l'indigène; les résultats de l'expérience tentée par la France en Tunisie (v. n° **3035**).

7521. — Urvoy de Closmadeuc (J.). *Conférence sur l'origine des Berbères.* — *R. T.*, 1897, p. 465-472.

Origine des Berbères actuels qui occupent la Tunisie; le langage berbère; le mélange avec la race arabe.

7522. — Bertholon (Dr). *Origines des Berbères de souche européenne.* — Paris, Secrétariat de l'Ass. [1898], in-8°, paginé 533-541.

Ass. fr. av. sc., 2ᵉ part., 1899, p. 533-541 (27ᵉ *session, Nantes*, 1898). — Essai de groupement des documents relatifs à la colonisation européenne de l'Afrique du Nord pendant les diverses périodes s'étendant de 3.300 à 1.000 avant notre ère.

7523. — Bertholon (Dr). *Les premiers colons de souche européenne dans l'Afrique du Nord; essai historique sur les origines de certaines populations berbères d'après les documents égyptiens et les écrivains de l'antiquité.* — Tunis, imp. L. Nicolas, 1898, in-8°, 156 p., carte.

R. T., 1897, p. 416-424; 1898, p. 47-70, 147-167, 355-371, 423-443, carte. — La couverture porte 1ᵉʳ fasc., *documents historiques et géographiques*. Paris, E.Leroux, 1899. — Interprétation de documents historiques ou mythiques qui ont trait à la colonisation de l'Afrique mineure par des Egéens; époque où ces événements se sont réalisés, fondation de Tunis (v. n° **7539**).

7524. — Laupts (Dr) [pseud. de Saint-Paul (Dr G.)]. *Lettre à M. Zaborowski sur l'état et l'avenir des populations de l'Algérie et de la Tunisie...* — Paris, 1898, in-8°, 23 p.

Bul. Soc. Anthr. Paris, 1898, p. 388-408. — Reproduit dans l'ouvrage signalé sous le n° **177**, p. 202-228. Principe de la politique à suivre en Algérie et en Tunisie : gouverner «avec, par et contre le Coran». Étude faisant ressortir notamment les causes de malentendus entre Arabes et Roumis, comment les Italiens se comportent en Tunisie, les avantages du système du Protectorat, la nécessité de donner de l'élasticité aux liens qui rattachent les colonies à la métropole (v. n° **3035**).

— 133 —

7525. — CARTON (D^r), médecin-major du 19e chasseurs à cheval. *Le Bédouin, scènes de la vie du nomade...* — Lille, imp. L. Danel, 1898, in-8°, 18 p., 3 pl.

Bul. Soc. G. Lille, 1898, t. XXX, p. 211-228, 3 pl. — Conférence faite à la Soc. (17 avril). Mœurs, nourriture, costume, existence, animaux domestiques du Bédouin ; les marchés. Cf. du même, *Le Bédouin (Union géographique du nord de la France,* 1900, p. 65-86) : conférence faite à la Soc. de géographie de Douai (30 mars) sur le même sujet. An. par E.-T. Hamy, dans *Bul. G. Hist. Descr.,* 1901, p. 6-7.

7526. — ROBERT (Achille). *L'arabe tel qu'il est, études algériennes et tunisiennes...* — Alger, imp. J. Angelini, 1900, in-8°, 207 p.

Réunion d'études déjà publiées sur les indigènes : métiers et types algériens ou tunisiens, superstitions, croyances, fanatisme, légendes, médecine populaire, mœurs, habitudes, coutumes; épisode de l'insurrection algérienne de 1871. An. par Gustave Mercier, dans *Rec. Soc. Arch. Const.,* 1899, p. 451-452.

7527. — BLOCHET (E.). *Études sur l'ésotérisme musulman...* — *J. As.,* 1902, t. XIX, p. 489-531 ; t. XX, p. 49-111.

L'auteur cherchant le secret de l'énergie des hommes «moins dans leur religion officielle que dans les œuvres étranges de l'ésotérisme», expose les points principaux de la doctrine du soufisme persan comme base d'une étude considérable entreprise sur la doctrine ésotérique des musulmans du Moghreb et de l'Égypte.

7528. — SAINT-PAUL (Dr G.), médecin-major de 2e cl. *Réflexions sur les mœurs et les caractères des indigènes tunisiens...* — Paris, 15, rue de l'École de médecine, 1902, in-8°, 15 p.

Bul. Soc. anthr. Paris, 1902, t. III, p. 296-308. — Reproduit dans l'ouvrage signalé sous le n° **177**, p. 229-257. Communication faite à la Soc. (3 avril). Qualités et défauts de l'indigène, ses coutumes et ses mœurs. An. par le Dr F. D. [Delisle], dans *Anthr.,* 1903, p. 570-571.

7529. — HUGUET (Dr J.). *Les Soffs.* — Paris, F. Alcan, 1903, in-8°, paginé 94-99.

R. anthr. Paris, 1903, p. 94-99. — Définition du mot soff; origine et développement des soffs; ce qu'ils sont particulièrement en Tunisie.

7530. — BENATTAR (C.), avocat. *Hospitalité et fanatisme, document sur la mentalité indigène.* — *R. T.,* 1903, p. 192-194.

7531. — Dumas (Paul). *Zezia, roman.* — Paris, Ollendorff [1903], in-18, 314 p.

Hommage aux colons qui peinent «pour restituer au sol de la Proconsulaire sa face illustre», contribution à l'étude du problème des races aux colonies; scènes et paysages tunisiens. An. dans *N. R.*, 1903, t. XXIV, p. 286.

7532. — Bertholon (D^r). *Origines néolithique et mycénienne des tatouages des indigènes du Nord de l'Afrique.* — Lyon, A. Storck; Paris, Masson [1904], in-8°, 31 p., 59 fig.

Arch. anthr. crim., 1904, p. 756-786, 59 fig. — «Archaïsme prolongé» de la pratique des tatouages dans le nord de l'Afrique. An. par le Dr Atgier, dans *Bul. Soc. Anthr. Paris*, 1904, p. 649.

7533. — Hamy (Dr E.-T.). *Cités et nécropoles berbères de l'Enfida, Tunisie moyenne, étude ethnographique et archéologique...* — Paris, Impr. nat., 1904, in-8°, 40 p., 30 fig.

Bul. G. Hist. Descr., 1904, p. 33-68, 30 fig. — Description de l'ensemble des ruines de la région de l'Enfida, étude de l'architecture des Berbères actuels de la Tunisie; ces constructions sont l'œuvre d'un même peuple qui habitait le territoire entier et n'est plus représenté que par les habitants de Takrouna, Djeradou et Zriba, apparentés aux montagnards Zenatia du Sud. Cf. *C. R. Soc. G. Paris*, 1887, p. 360-361. An. par R. V. [Verneau], dans *Anthr.*, 1904, p. 419-421.

7534. — Vassel (Eusèbe). *La littérature populaire des Israélites tunisiens, avec un essai ethnographique et archéologique sur leurs superstitions...* — Paris, E. Leroux, 1904-1907, in-8°, 276-8 p., croq.

Bibliothèque de l'Institut de Carthage. — Parut dans *R. T.*, 1904 à 1907. — L'auteur veut montrer que cette littérature mérite quelque attention; en faciliter l'accès aux arabisants; faire voir que l'israélite tunisien ne manque ni d'intelligence ni d'initiative. Résumé de l'étude dans *Afric.*, mai 1905, p. 182-184 (v. n° **4384**).

7535. — Guégan (Dr F.). *Alcoolisme arabe.* — *R. T.*, 1906, p. 104-108.

Comment l'Arabe devient alcoolique; remèdes possibles.

7536. — Abribat (J.). *Quelques notes sur les règles du savoir-vivre dans la bonne société musulmane.* — Tunis, Imp. rapide, 1906, in-8°, 39 p.

R. T., 1906, p. 200-209, 308-334. — Nécessité de connaître l'âme du peuple arabe; formules de politesse, tenue, conversation; index de formules.

7537. — BURET (Maurice). *Les tares physiques de la race arabe.* — *Q. Dipl. Col.*, 1906, t. XXI, p. 734-742.

Les trois grandes maladies des tribus arabes sédentaires ou nomades de l'Afrique du Nord : la tuberculose, la syphilis, les maladies oculaires; le rôle important du médecin-missionnaire.

7538. — DAGUIN (Arthur) et DUBREUIL (Alphonse). *Le mariage dans les pays musulmans, particulièrement en Algérie, en Tunisie et dans le Soudan...* — Paris, L. Dorbon [1906], in-8°, xii-67 p.

Le mariage indigène dans les colonies et les protectorats de la France. I. — La jurisprudence des grandes sectes, écoles ou rites quant au mariage; divergences qui les caractérisent.

7539. — BERTHOLON (L.). *Les premiers colons de souche européenne dans l'Afrique du Nord.* Seconde partie. *Origine et formation de la langue berbère.* — Paris, E. Leroux, 1907, in-8°, 235 p.

R. T., 1903, p. 108-115, 197-208, 313-324, 488-496; 1904, p. 49-61, 124-138, 236-245, 424-438, 508-516; 1905, p. 41-53, 105-120, 221-235, 337-345, 441-452, 554-571; 1906, p. 51-57, 162-169. — Ignorance actuelle des origines de la langue berbère; étude faite en partant de la période contemporaine pour remonter peu à peu dans l'antiquité par l'analyse de documents plus anciens et relier les langues libyennes primitives et le berbère moderne; glossaire étymologique et glossaires divers (v. n°s **7434** et **7523**). An. par René Basset, dans *R. Af.*, 1908 p. 245-246.

7540. — VASSEL (Eusèbe). *Le juif tunisien.* — Paris, bureaux de la *R. Indig.*, 1907, in-8°, 4 p.

R. Indig., 1907, p. 245-249. — Ce que fut le juif tunisien, ce qu'il est aujourd'hui, ce qu'il pourra devenir avec le temps; il représente une force qui a besoin d'être éduquée et dirigée pour le bien de la Tunisie française.

7541. — VASSEL (Eusèbe). *Superstitions tunisiennes.* — *R. Indig.*, 1907, p. 323-331.

Quelques croyances tunisiennes en particulier des israélites; mauvais œil, talismans, magie (v. n° **7534**).

7542. — CHANTRE (E.). *Premier aperçu des résultats d'une mission anthropologique en Tripolitaine et en Tunisie.* — *Ass. fr. av. sc.,* 1re part., 1907, p. 294-296.

36ᵉ session, Reims, 1907. — Cf. du même, *Les peuples de la Berbérie orientale* ... *Ass. fr. av. sc.,* 1909, p. 689 *(37ᵉ session, Clermont-Ferrand,* 1908).

7543. — CHANTRE (E.). *Contribution à l'étude des Éthiopiens ou Berbères rouges, peuple des oasis, de la Tripolitaine, de la Tunisie et de l'Algérie.* — *Ass. fr. av. sc.,* 1re part., 1907, p. 313-314.

36ᵉ session, Reims, 1907. — Race spéciale, propre aux oasis. Cf. du même, *Les Soudanais orientaux émigrés en Tripolitaine et en Tunisie. Ibid.,* p. 314.

7544. — BERTHOLON (D^r). *Coup d'œil d'ensemble sur la répartition du type blond dans le nord de l'Afrique.* — *Ass. fr. av. sc.,* 2e part., 1908, p. 1036-1047.

36ᵉ session, Reims, 1907. — Quelques groupes de survivants, à peu près purs, des antiques colonisateurs de l'Afrique du Nord. Cf. du même, *La race nordique européenne dans l'Afrique septentrionale. Ibid.,* 1910, p. 905-910 *(38ᵉ session, Lille,* 1909).

7545. — MONCHICOURT (Ch.). *Mœurs indigènes: répugnance ou respect relatifs à certaines paroles ou à certains animaux.* — *R. T.,* 1908, p. 5-21, 81.

Nombreux exemples communs à toute la Régence ou particuliers à des tribus.

7546. — *Satire judéo-tunisienne contre les juifs de Djerba, texte, traduction et notes.* — Tunis, Imp. rapide, 1908, in-8°, 16 p.

R. T., 1908, p. 121-131. — Traduction annotée par Eusèbe Vassel d'une satire recueillie par un rabbin de la bouche d'une juive de Djerba.

7547. — AMAR (Jules). *Rapport sur une mission scientifique dans le bassin occidental de la Méditerranée...* — *Arch. missions scient. litt.,* 1908, t. XVI, p. 163-171, graph.

Étude des actions de la lumière sur les êtres vivants; étude de la vision, acuité visuelle, vision des couleurs, force musculaire, pigmentation par le soleil; hypothèse de l'astigmatisme inverse caractéristique de la race sémite et, notamment, indice signalétique des Marocains.

7548. — POIVRE (P.). *Mœurs indigènes : répugnances ou respect relatifs à certaines paroles ou à certains animaux.* — R. T., 1908, p. 269-274.

Suite du n° **7545**. Mots réprouvés ou spéciaux, coutumes locales, numération.

7549. — HARRY (Myriam). *Madame Petit-Jardin (Lalla Janina).* — Paris, A. Fayard, 1909, in-8°, ill.

R. P., 1909, t. III, p. 225-264, 470-512, 764-812; t. IV, p. 149-186. — Autre éd., ibid., 1930, in-8°, 127 p., ill. (*Le livre de demain,* n° 91). Roman. An. par Paul Souday, dans *Op.,* 1909, 2° sem., p. 726-727; par ***, dans *Sol.,* 1918, p. 48-51.

7550. — MONCHICOURT (Ch.), contrôleur civil de Kairouan. *Mœurs indigènes. Coutumes et croyances relatives aux sauterelles.* — R. T., 1909, p. 3-16.

7551. — GÉNIAUX (Charles). *Les musulmanes.* — Paris, Éd. du Monde illustré, 1909, in-16, x-281 p.

Étude de mœurs tunisiennes visant à contribuer à la fusion des civilisations européennes et musulmanes par l'émancipation des femmes musulmanes. An. dans *Bul. Com. A. F.,* 1909, p. 191.

7552. — CARTON (Dr). *Ornementation et stigmates tégumentaires chez les indigènes de l'Afrique du Nord...* — *Bul. Mém. Soc. anthr.* Bruxelles, 1909 (2° mém.), p. 1-128, 11 pl.

Résumé de ce mémoire par l'auteur, dans *R. T.,* 1913, p. 676-695, 11 pl.

7553. — MORGAN (J. de), CAPITAN (Dr) et BOUDY (Paul). *Étude sur les stations préhistoriques du Sud tunisien...* — Paris, F. Alcan, 1910, in-8°, 93 p., 116 fig. et cartes.

R. anthr. Paris, 1910, p. 105-136, 206-221, 267-286, 335-347; 1911, p. 217-228, 116 fig. et cartes. — Géologie du Sud et de l'Extrême-Sud tunisien; les magnifiques gisements de la Tunisie méridionale, comparaison de leurs industries à celles qu'on rencontre dans les autres pays.

7554. — VASSEL (Eusèbe). *Quelques traits de mœurs des indigènes tunisiens.* — S. l. [1910], in-8°, 17 p.

R. Indig., 1910, p. 428-437, 501-509. — Suite à n° **7541** : superstitions et détails de mœurs.

7555. — WEISGERBER (Dr H.). *Les blancs d'Afrique...* — Paris, O. Doin et fils, 1910, in-16, VI-408 p., ill., cartes.

Encyclopédie scientifique. Bibliothèque d'anthropologie. — Résumé des connaissances actuelles sur la partie de la population africaine qui, par ses traditions et ses caractères morphologiques, se rattache aux peuples à peau blanche et à cheveux non crépus : les Berbères, Tunisie et Algérie, les Kabyles, les Arabes, le Sahara et ses habitants, le Maroc, les Mzabites, les Juifs, An. par L. Ft, dans *R. Sc.,* 1910, 2e sem., p. 30; dans *Bul. Com. A. F.,* 1910, sup., p. 79-80; dans *R. Fr. Étr. Col.,* 1910, p. 319; par F. Maurette, dans *Ann. G. Bibl.,* 1911, p. 225; par Ernest Chantre, dans *R., anthr.,* 1911, p. 40-42.

7556. — MONCHICOURT (Ch.), contrôleur civil de Kairouan. *Mœurs indigènes. La fête de l'Achoura.* — *R. T.,* 1910, p. 278-301.

Nature et signification de cette fête, événements qu'elle commémore, réjouissances qu'elle comporte; sa célébration suivant les différentes régions. An. par A. Bel, dans *Bul. Soc. G. Arch. Oran,* 1910, p. 588-589.

7557. — GOBERT (Dr E.). *Note sur les tatouages indigènes de la région de Gafsa.* — *R. T.,* 1911, p. 32-41, 4 fig., 3 pl.

7558. — BERTHOLON (D^r). *Étude comparée des crânes de Carthaginois d'il y a 2.400 ans et de Tunisois contemporains.* — *R. T.,* 1911, p. 161-168.

Communication faite à l'Institut de Carthage (23 déc. 1910).

7559. — BERTHOLON (D^r). *Le peuplement du nord-est de l'Afrique avant les Phéniciens.* — *R. T.,* 1911, p. 391-414, carte.

7560. — MENOUILLARD (H.), du Service des Affaires indigènes. *Contribution à l'étude de l'origine de la population des montagnes de Matmata.* — *R. T.,* 1912, p. 21-34.

Origine des Matmata dispersés à l'heure actuelle dans les environs de Fès et dans ceux de Gabès; le territoire des Matmata occupé autrefois par les Berbères; fractions actuelles de cette tribu. An. par G. Yver, dans *Ann. G., Bibl.,* 1913, p. 226-227.

7561. — HARRY (Myriam). *La divine chanson.* — Paris, A. Fayard, 1912, in-8°.

Autre éd., *ibid.*, 1925, in-8°, 126 p., ill. (*Le livre de demain,* n° 31). — Roman; l'action se passe dans le Sud tunisien.

7562. — Bou-Qalam (Moh'ammed). *Les Touareg.* — *Act. afr.*, déc. 1912, p. 12-15.

Origine des Touareg, leurs mœurs, l'autorité morale de la femme; «les Touareg sont les gardiens des routes des caravanes sahariennes»; le traité signé, en 1863, à Ghadamès, par le lieut^t-colonel Mircher avec les Azdjer.

7563. — Bertholon (D^r) et Chantre (E.). *Recherches anthropologiques dans la Berbérie orientale : Tripolitaine, Tunisie, Algérie...* — Lyon, A. Rey, 1913, in-fol., xiv-662 p., grav., ill., cartes, front. en coul., album de 57 pl.

Extr. dans *Bul. G. Hist. Descr.*, 1913, p. 371-386. — Anthropométrie, craniométrie, ethnographie, caractères anthropologiques des populations de la Berbérie dans leurs rapports avec l'histoire; les différentes civilisations; caractéristiques de l'habitation, du vêtement, des rites anciens. Album de 174 portraits ethniques d'Algérie et de Tunisie (v. n°^s **7567** et **7569**). An. par J. Gauthier, dans *Bul. Soc. G. Alger,* 1913, p. 773-780; par F. Doumergue, dans *Bul. Soc. G. Arch. Oran,* 1913, p. 566-570; par Paul Pallary, dans *R. Af.;* 1914, p. 132-140; dans *Bul. Com. A. F.,* 1913, p. 291; par Henri Cordier, dans *Ac. Inscr. B.-Lettres, C. R.,* 1913, p. 348; par Augustin Bernard, dans *Ann. G., Bibl.,* 1915, p. 375-376.

7564. — Gobert (D^r), de Korbous. *Esquisse du tempérament arabe...* — *Tunisie méd.,* 1913, p. 1-5.

Particularités anatomiques, physiologiques, psychiques et pathologiques des Arabes de Barbarie qui paraissent assez générales.

7565. — Bou-Qalam (Moh'ammed). *Croyances et superstitions arabes au sujet des animaux.* — *Act. afr.,* 1913, p. 107-113.

Quelques traits des superstitions des Arabes pour qui maints animaux deviennent des augures.

7566. — Lemanski (D^r). *Mœurs arabes (scènes vécues).* — Paris, A. Michel [1913], in-16, 318 p.

Esquisse sur la femme arabe; réunion d'observations recueillies par l'auteur dans l'exercice de sa profession ou dans des conversations avec ses confrères.

7567. — Bertholon (D^r). *Les populations de la Berbérie orientale.* — *R. T.,* 1913, p. 564-570.

Conférence à l'Institut de Carthage (28 avril). Résumé de l'ouvrage signalé sous le n° **7563** : caractéres ethniques et caractéristiques anthropométriques de ces populations.

7568. — GAFFAREL (Paul). *L'Atlantide...* — Paris, Fontemoing, 1913, in-8°, paginé 119-211.

Annales de la Faculté des lettres d'Aix, 1913, t. VII, p. 119-211. — Exposé des éléments du problème de l'Atlantide qui ne peut encore être traité qu'à l'état d'hypothèse; notamment, que sait-on de l'histoire des Atlantes ? les Berbères en sont-ils des descendants ?

7569. — BERTHOLON (D^r) et CHANTRE (E.). *Recherches anthropologiques dans la Berbérie orientale, Tripolitaine, Tunisie, Algérie.* — *Ass. fr. av. sc.*, 1914, p. 479-490.

42° session, Tunis, 1913. — Résumé des recherches anthropométriques et craniométriques sur les peuples anciens et actuels de la Berbérie orientale (v. n° **7563**).

7570. — ABDUL-WAHAB (H.-H.). *Coup d'œil général sur les apports ethniques étrangers en Tunisie.*—Tunis, Imp. rapide, 1917, in-8°, 23 p.

R. T., 1917, p. 304-316, 371-379. — Étude lue au Congrès orientaliste de Copenhague (1908). Les Berbères ont accepté chacune des dominations, phénicienne, latine, arabe, sans jamais se laisser entamer complètement par les envahisseurs. An. par René Basset, dans *R. Af.*, 1918, p. 266.

7571. — CHANSAC (Madeleine de). *Mektoub.* — Paris, Émile-Paul, 1917, in-12, 195 p.

Description et scènes de la vie tunisienne; notes de voyages relatives à Tunis, Gabès, Sfax, Kairouan, etc.

7572. — KEUN (Odette). *Les oasis dans la montagne.* — Paris, Calmann-Lévy, 1919, in-16, 329 p.

4° éd., *ibid.* — Extr. parus dans *R. P.*, 1919, t. Ier p. 490-524, et sous le titre *Chez les femmes tunisiennes,* dans *G. R.*, 1919, t. C, p. 416-432. — Contribution à l'étude de l'Afrique française du Nord; aperçus historiques, paysages, scènes, mœurs, analyses psychologiques, recueillis notamment à Tunis; l'Islam ne pourra vivre que si la femme, dont l'action est régressive, arrive à évoluer; références. An. par Carl Siger, dans *Merc. F.*, 1920, t. CXXXIX, p. 208-209; par Charles Merki, *ibid.*, 1922, t. CLIV, p. 782; dans *R. T.*, 1920, p. 123-124; dans *Bul. Com. A. F.*, 1920, sup., p. 68.

7573. — GARNIER (Paul-Louis). *Lydia, de Tunis, roman.* — Paris, Librairie des Lettres, 1919, in-16, 275 p.

An. par Ch. Roger Dessort, dans *R. T.*, 1920, p. 119-120.

7574. — SAMÈS (Victor de) [pseud. du lieut^t-colonel DINCHER]. *A-Vau-l'ombre.* — Paris, E. Leroux, 1919, gr. in-8°, 101 p., fig., couv. ill.

Collection Victrix. — Recueil de nouvelles; l'action de certaines se passe en Tunisie. An. par Ch. Roger Dessort, dans *R. T.*, 1920, p. 125-127.

7575. — LENS (A.-R. de). *Le harem entr'ouvert.* — Paris, Calmann-Lévy, 1919, in-16, 326 p.

15° éd., *ibid.*, 1927. — *R. P.*, 1917, t. IV, p. 295-332, 525-564; 1919, t. II, p. 714-743; t. III, p. 129-162, 377-402. — Mœurs tunisiennes et mœurs marocaines. L'auteur, qui était reçu dans l'intimité des harems, donne des aperçus caractéristiques sur la vie privée des indigènes et ses réactions possibles sur leur manière d'être.

7576. — SCHALLER (Émile). *Les Tunisiennes, poèmes africains.* — Paris, E. de Boccard, 1920, in-8°, 223 p.

Recueil de poèmes, suivi d'un vocabulaire.

7577. — LABONNE (André de). *Le collier de clous de girofle.* — *R. mondiale*, 1920, t. XXXVIII, p. 52-65.

Nouvelle; l'action se passe dans le Sud tunisien.

7578. — NICOLLE (Dr Charles). *Les feuilles de la sagittaire.* — Paris, Calmann-Lévy, 1920, in-16, 289 p.

2° éd., *ibid.* — Recueil de nouvelles; l'action de certaines se passe en Tunisie.

7579. — MARIE (A.) et MAC AULIFFE (Léon). *Étude anthropométrique de 136 Tunisiens indigènes...* — *C. R. Ac. Sc.*, 1920, t. CLXX, p. 204-206.

Note présentée par Edmond Perrier; résultat succinct des mensurations. An. par P. Guérin, dans *R. Sc.*, 1920, p. 95; par E. Chaput, dans *Bibl. g.*, 1922, p. 299.

7580. — Basset (Henri). *Les influences puniques chez les Berbères.* — *R. Af.*, 1921, p. 340-374.

<blockquote>
Analyse développée du t. IV de l'ouvrage signalé sous le n° **4697**; l'influence punique sur les Berbères, faible dans le domaine matériel, eut d'incalculables conséquences dans le domaine moral en préparant le triomphe du Dieu de l'Islam et en frayant la route à la langue arabe. An. par A. Charton, dans *Bul. Soc. G. Maroc*, 1922-1923, t. III, p. 329.
</blockquote>

7581. — Delafosse (Maurice), ancien gouverneur des colonies, professeur à l'École coloniale. *Les noirs de l'Afrique...* — Paris, Payot, 1922, in-16, 160 p., carte.

<blockquote>
Collection Payot, n° 15. — Aperçu d'ensemble sur l'histoire, les civilisations et les caractères intellectuels et sociaux des populations de race noire du continent africain. Les populations de race blanche : Puniques, Berbères, Arabes et Maures, qui ont joué un rôle dans le développement de l'Afrique du Nord, y sont étudiées dans la mesure nécessaire pour mettre en lumière leur influence sur le perfectionnement des sociétés noires. Bibliographie par chapitre. An. par Carl Siger, dans *Merc. F.*, 1922, t. CLIII, p. 198-203; dans *R. T.*, 1921, p. 268.
</blockquote>

7582. — Bouquero de Voligny (R.), lieut[t]-colonel en retraite. *A Tunis, derrière les murs...* — Tunis, Guénard et Franchi, 1922, in-8°, 90 p.

<blockquote>
Exposé des us et coutumes de la population musulmane en Tunisie : la famille, la propriété foncière, politesse arabe, cérémonies de la vie musulmane, confréries religieuses, superstitions et sorcellerie, contes et légendes arabes; population juive, mœurs, coutumes, légendes.
</blockquote>

7583. — Négris (Ph.). *L'Atlantide.* — *R. Sc.*, 1922, 2e sem., p. 614-617.

<blockquote>
Exposé des raisons qui militent en faveur de l'exactitude des faits énoncés par la tradition. An. par A. Charton, dans *Bul. Soc. G. Maroc*, 1924-1925, t. IV, 1re part., p. 70; par Louis Germain, dans *Bibl. g.*, 1923, p. 43.
</blockquote>

7584. — Cauvet (Commandant). *Les marabouts, petits monuments funéraires et votifs du nord de l'Afrique.* — *R. Af.*, 1923, p. 274-329, 448-522, croq.

<blockquote>
Description et examen des formes extérieures de ces petites constructions, recherche des causes pour lesquelles elles diffèrent entre elles, leur localisation et ses raisons.
</blockquote>

7585. — Vaillat (Léandre). *Le collier de jasmin. Tunisie.* — Paris, E. Flammarion, 1924, in-8°, 305 p.

Extr. (Djerba, le Djerid) parus dans l'*Illustration*, 1923-1924. — Série d'impressions de voyage à travers la Tunisie; la vie des indigènes. An. par Marcel Thiébault, dans *R. P.*, 1925, t. Ier, p. 240; dans *Bul. Soc. G. Paris*, 1925, t. XLIII, p. 377.

7586. — Duhamel (Georges). *Le prince Jaffar.* — Paris, Mercure de France, 1924, in-16, 261 p.

Autre éd., Paris, imp. Ducros et Colas, 1926, in-4°, 253 p., ill. — Étude de mœurs tunisiennes, portraits, scènes, coutumes. An. dans *A. A.*, 1926, p. 288; par C. Sénéchal, dans *Eur.*, 1925, t. VIII, p. 245-247; par J. Ladreit de Lacharrière, dans *Bul. Com. A. F.*, 1925, sup., p. 92-94.

7587. — Gobert (Dr E.). *Notes sur les tatouages des indigènes tunisiens...* — *Anthr.*, 1924, p. 57-90, 13 fig.

7588. — Butavand (F.), ingénieur en chef des Ponts et chaussées. *La véritable histoire de l'Atlantide.* — Paris, E. Chiron, 1925, in-8°, 63 p., carte en coul.

Étude situant l'Atlantide à l'est de la Tunisie; le cataclysme du *Timée* et du*Critias* de Platon daterait d'environ 1400 ans av. J.-C.; phénomènes actuels de la région saharienne et recoupements historiques justifiant cette version.

7589. — Morgan (Jacques de). *La préhistoire orientale,* ouvrage posthume publié par Louis Germain... — Paris, P. Geuthner, 1925-1927, 3 vol. in-4°, fig., cartes, pl. en coul.

I. Généralités (1925, vi-xxxv-333 p., 56 fig., carte). II. L'Égypte et l'Afrique du Nord (1926, vi-438 p., 455 fig., 5 pl.); les industries de la pierre, en Tunisie. III. L'Asie antérieure (1927). An. par Louis Germain, dans *Bibl. g.*, 1927, p. 112.

7590. — Dévigne (Roger). *Les hypothèses contradictoires sur l'emplacement de l'Atlantide.* — *Études Atl.*, 1927, p. 33-55, carte.

Revue des principaux systèmes dérivés du texte de Platon: l'Atlantide hyperboréenne, en Orient, africaine (dans l'Atlas primitif, en Espagne, en Tunisie), en Amérique et dans l'Atlantique.

II. L'ISLAM, L'ART MUSULMAN.

7591. — Bourgade (Abbé). *Soirées de Carthage, ou dialogues entre un prêtre catholique, un muphti et un cadi...* — Paris, F. Didot, 1847, in-8°, 192 p.

2° éd., Paris, J. Lecoffre, 1852, in-8°, 193 p. — Parallèle entre les morales musulmane et chrétienne.

7592. — Bourgade (Abbé F.). *La clef du Coran, faisant suite aux* Soirées de Carthage... — Paris, J. Lecoffre, 1852, in-8°, 184 p.

7593. — Ibn Naqqāch. *Fetoua relatif à la condition des Zimmis et particulièrement des chrétiens, en pays musulmans, depuis l'établissement de l'islamisme jusqu'au milieu du VIIIe siècle de l'hégire,* traduit de l'arabe en français, par M. Belin. — Paris, Imp. nat., 1852, in-8°, 143 p.

J. As., 1851, t. XVIII, p. 419-516; t. XIX, p. 97-140. — Principaux traits de l'histoire musulmane vis-à-vis des Zimmis et particulièrement des chrétiens; texte *in extenso* des capitulations souscrites par les chrétiens; différentes opinions des oulémas sur les causes qui pourraient motiver l'abrogation de ces pactes (texte et traduction).

7594. — Bourgade (Abbé F.). *Passage du Coran à l'Évangile, faisant suite aux* Soirées de Carthage *et à* La clef du Coran... — Paris, F. Didot, 1855, in-8°, 235 p.

7595. — Trémaux (Pierre), architecte. *Parallèles des édifices anciens et modernes du continent africain, dessinés et relevés de 1847 à 1854 dans l'Algérie, les régences de Tunis et de Tripoli, l'Égypte, la Nubie... atlas avec notices...* — Paris, L. Hachette, s. d., in-fol., 82 pl., carte.

Exemples de chaque style : rue, maisons, cour de Tunis, habitations d'Alger, aqueduc, citernes de Carthage, pont de la Djedeïda, El-Djem, citernes de Guelma, etc.

7596. — Pasqua (D^r). *La confrérie musulmane des Snoussi, dans le nord de l'Afrique.* — *R. G.,* 1880, t. VI, p. 284-286.

Lettre (Benghazi, 25 fév. 1880) adressée à L. Drapeyron donnant quelques détails sur cette confrérie.

7597. — RENAN (Ernest). *L'islamisme et la science...* — Paris, Calmann Lévy, 1883, in-8°, 24 p.

Conférence à la Sorbonne (29 mars). «L'équivoque contenue dans ces mots : science arabe, philosophie arabe, art arabe, science musulmane, civilisation musulmane». En tuant la science, l'islam «s'est tué lui-même et s'est condamné dans le monde à une complète infériorité».

7598. — DARMESTETER (James). *Le Mahdi, depuis les origines de l'Islam jusqu'à nos jours...* — Paris, E. Leroux, 1885, in-12, 120 p.

Bibliothèque orientale elzévirienne, t. XLIII. — Conférence à la Sorbonne (28 février) devant l'Ass. scientifique de France. Théorie du mahdi, formation de cette théorie; le mahdi dans les différentes régions du monde musulman, notamment chez les Berbères de Constantine et de Tunisie, les Fatimides et la fondation de Mahdia; chez les Berbères du Maroc, les Almohades et la conquête de l'Espagne.

7599. — MEYER (Ernest), auditeur au Conseil d'État. *Les associations musulmanes...* — Paris, F. Alcan, 1886, in-8°, 16 p.

Ann. Sc. Pol., 1886, p. 294-306. — La croyance religieuse, point de départ de la tendance générale des mahométans à l'association; nature de ces associations, influence des ordres religieux, les mahdis, les liens qui existent entre les différentes associations musulmanes.

7600. — DERENBOURG (Hartwig) *La science des religions et l'islamisme...* — Paris, E. Leroux, 1886, in-18, 95 p.

Bibliothèque orientale elzévirienne, t. 47. — Deux conférences à l'École des hautes études (sciences religieuses); après 14 siècles, l'islamisme continue avec succès la marche en avant de sa propagande; l'intérêt de la France à former des générations de travailleurs connaissant à fond la langue arabe et la religion musulmane.

7601. — FOURNEL (Marc). *La Tunisie. Le christianisme et l'islam dans l'Afrique septentrionale.* — Paris, Challamel aîné, 1886, in-16, 180 p.

Recueil de notes de voyage, d'impressions personnelles et de renseignements : situation agricole, industrielle et commerciale de la Tunisie, la colonisation, les causes de la situation actuelle; les diverses confréries religieuses, leur organisation, la politique musulmane, les Pères Blancs. L'auteur croit que, dans un temps peut-être prochain, une guerre éclatera dans le nord de l'Afrique. An. par Henri Beaune, dans *Cor.*, 1886, t. CXLIV, p. 168-171.

7602. — JACQUINOT D'OISY (Paul). *Autour du rhamadan tunisien, mélanges de voyage et de musique...* — Paris, imp. C. Marpon et E. Flammarion, 1887, in-12, VIII-230 p.

Suite de lettres datées de Tunis (avril-juillet 1887).

7603. — CHAILLEY (Joseph). *Les puissances musulmanes et les congrégations religieuses.* — *Écon. fr.*, 1888, 1er vol., p. 391-393, 453-456.

La religion base de toutes les institutions musulmanes; séparation de la justice, de l'instruction et de la religion au contact de la civilisation chrétienne; reconstitution simultanée de la foi vacillante par les congrégations; leur organisation, leur puissance, leur attitude; dangers et remèdes. An. par G. Prévot-Leygonie, dans *R. Alg. Tun. lég. jurisp.*, 1888, 1re part., p. 136.

7604. — ABD AL HADI IBN RIDOUAN (Cheikh). *Étude sur le soufisme*, par le cheikh Abd-el-Hadi ben Ridouane. Traduction de M. Arnaud, interprète militaire. — Alger, A. Jourdan, 1888, in-8°, 47 p.

R. Af., 1887, p. 350-399; 1888, p. 338-383. — Texte arabe et traduction. An. par H. Duveyrier, dans *Bul. G. Hist. Descr.*, 1888, p. 277.

7605. — BALTEAU (J.). *Les confréries musulmanes dans le nord de l'Afrique. Les Senousiya.* — *Bul. Soc. G. Saint-Quentin,* 1888-1893, p. 333-345.

Les insurrections sont toujours à craindre en Afrique du Nord, les caravanes même bien armées peuvent être anéanties; les diverses sectes, notamment celle des Senoussia, politique à adopter à leur égard.

7606. — NEY (Napoléon). *Un danger européen. Les sociétés secrètes musulmanes.* — Paris, G. Carré, 1890, in-16, 38 p.

An. par Maurice Dunan, dans *Bul. Soc. G. Com. Paris,* 1889-1890, t. XII, p. 781-783.

7607. — X. *La confrérie musulmane de Sidi Mohammed ben Ali-es-Senousi. Voyage à Djerboub.* — *Bul. Soc. G. Arch. Oran,* 1891, p. 319-331.

Détails sur la confrérie et récit d'un voyageur oranais qui visita Djerboub, en 1876. An. par Hamy, dans *Bul. G. Hist. Descr.*, 1892, p. 355-357.

7608. — MISMER (Charles). *Souvenirs du monde musulman.* — Paris, Hachette, 1892, in-18, 329 p.

2ᵉ éd., *ibid.* — Chap. IX (p. 305-328), relatif à l'Afrique du Nord, écrit après une prise de contact avec des «Arabes instruits», à l'occasion du Congrès de la ligue de l'enseignement à Alger; dangers de l'état de choses résultant de l'exploitation de 4 millions d'aborigènes par une «tourbe cosmopolite» en infime minorité; il fallait «implanter» l'Italie en Tunisie et l'Espagne au Maroc. An. dans *Af. expl.*, 1892, p. 288.

7609. — PÉRÈS (G.). *De l'origine des sectes fanatiques musulmanes et de l'importation en Occident de quelques-unes de leurs doctrines.* — *Bul. Mém. Soc. Af. France*, 1894, p. 179-192.

Cf. P. Bourdarie, *Courte réponse à la thèse de M. G. Pérès touchant les sectes islamiques et l'anarchisme. Ibid.*, p. 192-195.

7610. — SINOUSĪ (Abou ʿAbd Allâh Moḥammad ibn Yousef ibn al-Ḥosain al-). *Petit traité de théologie musulmane*, par Abou Abdallah Mohammed ben Mohammed ben Youssef Senoussi (Senoussia). Texte arabe, publié par ordre de M. Jules Cambon... avec une traduction française et des notes par J.-D. Luciani. — Alger, imp. P. Fontana, 1896, in-8°, 44-10 p.

Manuel de philosophie scolastique formant encore aujourd'hui la base de l'enseignement théologique dans le Moghreb. An. par G. Delphin, sous le titre *La philosophie du cheikh Senoussi, d'après son* Aqida es-so'ra... dans *J. As.*, 1897, t. X, p. 356-371; par J.-D. Luciani, dans *R. Af.*, 1898, p. 376-388.

7611. — CONTENSON (Ludovic de). *Les peuples musulmans.* — *Cor.*, 1897, t. CLXXXVII, p. 442-476.

Examen sommaire de la situation respective de chacun des peuples de l'Islam, notamment en Turquie et en Afrique.

7612. — XXX. *Péril possible.* — *R. P.*, 1897, t. IV, p. 887-894.

Effervescence qui s'est infiltrée peu à peu parmi les populations du nord de l'Afrique à la suite des victoires turques; symptômes qu'il ne faut pas négliger. An. par H. Du Bouchet, dans *Q. Dipl. Col.*, 1897, t. II, p. 270-274.

7613. — DEPONT (O.) et TALAYRACH D'ECKARDT (I.). *Panislamisme et propagande islamique.* — *R. P.*, 1899, t. VI, p. 229-260.

Réveils de l'ardeur musulmane en Afrique du Nord; définition politique et religieuse du panislamisme, prosélytisme en faveur de l'idée panislamique; le monde islamique.

7614. — MERCIER (Ernest). *Les Ribat' et les marabouts dans l'Afrique du Nord...* — *Rec. Soc. Arch. Const.*, 1900, p. 147-176.

Origine, développement, état actuel de l'institution maraboutique; les Ribat', sorte de couvents fortifiés; la période héroïque des marabouts, grandeur et décadence; les chérifs et les mahdi.

7615. — G. D. *Senoussi et guerre sainte.* — *R. Br.*, 1900, t. III, p. 31-42.

Analyse du livre de A. S.White, *From Sphinx to oracle...* (London, Hurst, 1899, in-8°) montrant les points saillants de l'histoire de la renaissance militante de l'islamisme; le fondateur du senoussisme, méthodes de propagande; les Senoussis dans les corps indigènes, «c'est à la France à savoir les retenir sous ses drapeaux».

7616. — FORGET (D.-A.), missionnaire. *L'islam et le christianisme dans l'Afrique centrale.* Thèse... — Cahors, imp. A. Coueslant, 1900, in-8°, 104 p.

Université de Paris. — Autre éd., Paris, Fischbacher, 1900, in-8°, 104 p. et 4 ff., carte (préface d'Auguste Lecerf). — L'introduction, consacrée à l'islamisme en général et à sa forme actuelle en Afrique, fait ressortir que la puissance de l'islam subit dans l'Afrique du Nord le contre-coup de l'affaiblissement qui la frappe hors de ce continent.

7617. — DESCHAMPS (Léon). *La France et l'Angleterre devant l'Islam.* — *R. G.*, 1901, t. XLIX, p. 501-514, carte.

Étude appuyée sur des observations géographiques et politiques, ayant pour objet de dégager quelques données du problème social musulman rattaché à une conception théorique du rôle colonisateur de la France.

7618. — ***. *Les Senoussia.* — *Bul. Com. A. F.*, 1902, sup., p. 53-60, 72.

Réunion des principales données recueillies par les auteurs qui ont traité du senoussisme; les doctrines des Senoussia, leur attitude vis-à-vis des puissances chrétiennes; bibliographie.

7619. — KAMĀL (Moḥammad ibn Mostafa ibn al-Khodjah). *La tolérance religieuse dans l'islamisme*, par Kamal Mohammed ben Mostefa ben el Khodja,... traduction française par M. A. Bagard, officier interprète de 1ʳᵉ cl.... — Alger, imp. P. Fontana, 1902, in-8°, 58 p.

Gouvernement général de l'Algérie. — Étude groupant notamment les versets du Coran qui contredisent la prétendue intolérance religieuse de l'islamisme.

7620. — NAWAWĪ (Moḥyī al-Dīn Abou Zakariyā Yaḥyā ibn Charaf al-). *Le Taqrîb de En-Nawawi*, traduit et annoté par W. Marçais... — Paris, Imp. nat., 1902, in-8°, xxxiv-256 p.

J. As., 1900 t. XVI, p. 315-346, 478-531; 1901, t. XVII, p. 101-149, 193-232, 524-540; t. XVIII, p. 61-146. — Savante étude du traducteur sur un important ouvrage qui expose la science des ḥadîts et donne, à titre d'exemples, une liste de personnages dont les études sur les traditions ont contribué, pour une part notable, à la constitution des règles juridiques et religieuses dont l'ensemble forme le droit musulman; nombreuses références.

7621. — R. T. *Le Senoussisme.* — *Bul. Soc. G. Lille*, 1902, t. XXXVIII, p. 193-195.

Les progrès du senoussisme en Afrique; précautions à prendre à son égard

7622. — MOḤAMMAD IBN ʿOTHMĀN AL HACHAÏCHĪ. *Voyage au pays des Senoussia, à travers la Tripolitaine et les pays touareg*, par le cheikh Mohammed ben Otsmane el-Hachaïchi. Traduit par V. Serres... et Lasram... — Paris, A. Challamel, 1903, in-16, 316 p., fac-simil.

2ᵉ éd. (réimp.), *ibid.*, 1912. — L'auteur coopéra à l'expédition de Morès qu'il devait retrouver à Rhat pour le conduire chez le chef des Senoussia; récit de son voyage de Tunis à Benghazi, Koufra, Rhat, Mourzouk, Mesrata, Tripoli et retour; nombreux détails sur la confrérie des Senoussia, les Touareg, le Sahara tripolitain et ses habitants. Extr. dans *Exp. fr. col.*, 1900, 3ᵉ part., p. 1-24, ill., et dans *R. P.*, 1901, t. IV et V (v. n° **1785**) An. par Pierre Girard, sous le titre *Senoussia et Touareg*, dans *Bul. Soc. G. Est*, p. 464-468; par E. Fallot, dans *Quinz. col.*, 1903, t. XIV, p. 649.

7623. — BOUKHĀRI (Abou ʿAbd Allah Moḥammad ibn Ismaïl al-) *Les traditions islamiques, traduites de l'arabe* avec notes et index par O. Houdas, professeur à l'École des langues orienrales vivantes, et W. Marçais, directeur de la Médersa d'Alger. — Paris, Imp. nat., 1903-1914, 4 vol. gr. in-8°, 682, xxv-649, 700 et ii-676 p.

Publications de l'École des langues orientales vivantes, IVᵉ série, t. III-VI. — Recueil de ḥadîts fournissant des indications précieuses pour toutes les questions qui n'ont pas été tranchées dans un sens précis par le Coran; c'est en quelque sorte la morale en action de l'islam. V. notamment t. II : de la guerre sainte (p. 280-379); t. III : des expéditions militaires (p. 68-248), de l'interprétation du Coran (p. 249-519), etc. Les deux derniers de ces quatre vol. sont traduits par O. Houdas seul. An. par E. Montet, dans R. H. Relig., 1903, t. XLVIII, p. 416-423; par A. Bel, dans Bul. Soc. G. Arch. Oran, 1903, p. 367; dans Bul. Com. A. F., 1903, sup., p. 148.

7624. — BENATTAR (César), SEBAÏ (el Hadi) et ETTÉALBI (Abdelaziz). L'esprit libéral du Coran... — Paris, E. Leroux, 1905, in-8°, 100 p.

Par l'interprétation du Coran et des ḥadîths, les auteurs cherchent à établir le rapprochement qui s'impose entre musulmans et non musulmans.

7625. — SALADIN (H.). L'art musulman... — Paris, Imp. nat., 1906, in-8°, 19 p.

Bul. Arch., 1905, p. 445-459. — Examen rapide des monuments élevés dans les pays musulmans (Asie, Europe, Afrique du Nord).

7626. — LASRAM (Mohammed). L'Islam en Tunisie, son état actuel, le rôle des confréries. — Quinz. col., 1906, p. 561-564, 595-596.

Communication au Congrès colonial de Marseille (v. n° **4406**). L'évolution de l'islam en Tunisie depuis l'établissement du Protectorat; la puissance formidable des confréries, organisations politico-religieuses, nécessité d'exercer sur elles une surveillance étroite.

7627. — Le jeûne chez les musulmans malékites. — R. Af., 1906, p. 393-402.

Traduction annotée par Mohammed Soualah d'un extr. de la Risâla (v. n° **6300**) relatif aux pratiques du Ramadhan.

7628. — SALADIN (H.) et MIGEON (Gaston). Manuel d'art musulman... — Paris, A. Picard, 1907, 2 vol. in-8°, fig.

T. Iᵉʳ (xxiii-596 p., 420 fig.), l'architecture, par H. Saladin : l'école du Moghreb Tunisie, Algérie, Maroc, Espagne, Sicile), p. 185-309, généralités sur l'architecture religieuse, militaire et civile, étude chronologique des monuments musulmans du Moghreb, chronologie, bibliographie (p. xv-xxiii). T. II (LXXXIII-477 p., 376 fig.), *les arts plastiques et industriels*, par G. Migeon : peintures, sculptures, bois, tissus, tapis, etc.; bibliographie par chapitre.

7629. — Sinousī (Abou ʿAbd Allâh Moḥammad ibn Yousef ibn al-Ḥosain al-). *Les prolégomènes théologiques de Senoussi.* Texte arabe et traduction française par J.-D. Luciani. — Alger, imp. P. Fontana, 1908, in-8°, xii-247 p.

Ne constituent pas un commentaire de la Çor'ra, mais reproduisent avec plus ou moins de développement les théories déjà exposées dans les autres livres de l'auteur; indiquent le degré des connaissances que l'on possédait au xv° siècle dans le nord de l'Afrique et l'esprit de l'enseignement qui s'y donnait. An. par Cl. Huart, dans *J. As.*, 1909, t. XIII, p. 520-523.

7630. — Millet (René). *L'Islam et la civilisation moderne.* — *Op.*, 10 oct. 1908, p. 5-6.

Extr. d'une conférence : l'islam est-il compatible avec la civilisation moderne ? faite (6 oct.) à l'ouverture du Congrès de l'Afrique du Nord; l'auteur ne pense pas que la renaissance de l'islam par la culture européenne soit un danger pour nous.

7631. — Magali-Boisnard. *La pensée française vis-à-vis de l'Islam nord-africain.* — *R. Indig.*, 1909, p. 302-311.

Conférence faite à Alger (24 juin). Le rôle qui incombe à la France pour revivifier l'islam nord-africain.

7632. — Magali-Boisnard. *Le chemin du Mahdi.* — *Bul. Sect. Tunis.*, nov. 1909, p. 57-78.

Description romancée de la vie et de la conquête « de cet élu prédit par les saints de l'Islam »; l'auteur imagine ses étapes à travers nos territoires nord-africains de Souk-el-Akça (Maroc) à Tunis.

7633. — Marchand (H.). *Les Turcs et l'Islam.* — *R. F. Étr. Col.*, 1910. p. 462-486.

Évolution de la politique ottomane qui saura prendre du panislamisme ce qui peut le mieux la servir; en Tripolitaine, le senoussisme; en Tunisie, la politique de la Jeune-Turquie; au Maroc.

7634. — Bonet-Maury (G.). *De l'évolution morale dans l'islamisme.* — *C. R. Ac. Sc. Mor. Pol.*, 1911, t. LXXVI, p. 175-189.

Les principaux centres d'instruction de l'islam; résultats du contact de la civilisation française en Algérie et en Tunisie; influence de la morale chrétienne et des règles de la philantrophie dans l'évolution des principes de la morale musulmane, particulièrement aux points de vue des relations internationales, de la famille et de l'esclavage.

7635. — Colosio (S.), avocat. *Les lois de la guerre dans l'ancien droit musulman...* — Tunis, Imp. rapide, 1911, in-16, 28 p.

Bibliothèque du Tunisien. — La déclaration de guerre et la civilisation européenne, les droits de l'individu et la guerre dans l'ancien droit musulman, la déclaration de guerre en droit musulman.

7636. — Bou-Qalam (Moh'ammed). *Les Senoussïa...* — *Act. afr.*, sept. 1912, p. 12-15.

La confrérie des Senoussia, sa fondation, son chef actuel, son action en Tripolitaine.

7637. — Cruzet (Victor), interprète principal. *Le pèlerinage chez les Arabes.* — *Bul. Sect. Tunis.*, oct. 1912, p. 154-167, ill.

Exposé, accompagné de légendes, du pèlerinage de La Mecque, en quoi il consiste, les obligations dogmatiques auxquelles doit satisfaire le pèlerin (hadj), les pratiques exigées.

7638. — Landrieux (Mgr Maurice). *L'Islam, les trompe-l'œil de l'Islam, la France, puissance musulmane.* — Paris, P. Lethielleux [1913], in-8°, viii-107 p.

Observations personnelles de l'auteur qui a séjourné en particulier en Algérie et en Tunisie; critique nombreuses opinions émises couramment sur l'Islam et en déduit la politique que la France doit suivre à l'égard des musulmans.

7639. — Bou-Qalam (Moh'ammed). *Le mahdi ou maître de l'heure.* — *Act. afr.*, 1913, p. 139-140.

Ce que représente le mahdi pour les musulmans; quelques types de madhi tels que Bou Maza, en Algérie, à l'époque d'Abd el Kader, et Sidi Moh'ammed ben Ali Es-Senoussi El Medjahiri, fondateur de la secte des Senoussia.

7640. — Géniaux (Charles). *L'âme musulmane.* — *R. P.*, 1913, t. IV, p. 743-766.

Scènes et dialogues qui montrent l'âme musulmane, «cette âme incomprise des chrétiens trop portés à nier ou à maudire une philosophie contradictoire à la leur».

7641. — Monzie (Anatole de). *Rome sans Canossa, ou la diplomatie de la présence.* — Paris, A. Michel [1918], in-16, 253 p.

La seconde part. du vol., allons à Rome et appelons à nous l'islam (p. 161-250), expose la politique qui doit être suivie, notamment au Moghreb, à l'égard de l'islam, par la France qui joue sa chance suprême en Afrique; références.

7642. — Insabato (Dr Enrico). *L'Islam et la politique des Alliés: l'Islam mystique et schismatique, le problème du khalifat.* Adapté de l'italien par Magali-Boisnard. — Paris, Berger-Levrault, 1920, in-8°, xxvi-237 p.

Les grands problèmes coloniaux. — Extr. sous le titre *La connaissance de l'Islam,* dans *R. Indig.,* p. 129-133. Ouvrage terminé en 1917, retardé par la censure. Importante étude sur l'islam : confréries et mysticisme musulmans, doctrines du soufisme, histoire du senoussisme; les schismes; assises de l'orthodoxie, mission du khalifat régulier, la guerre sainte et le contrat avec les infidèles, le Dar el Islam, nouvelle conception du territoire musulman, conquête de l'Ifrykiya, panislamisme turc et révolte arabe. La condition formelle d'un parfait accord des chrétiens avec l'islam est de donner des buts d'action islamiques aux musulmans. A l'appui de cette thèse, lettre de Mahmoud Salem, directeur de la revue égyptienne *Arâfat.* An. par Louis Massignon, dans *R. Sc. Pol.,* 1920, t. XLIII, p. 455-460; par R. M. M., dans *R. M. Mus.,* 1920, t. XXXVIII, p. 261-263; dans *R. Af. Nord* (signé : Candide), 1922, p. 406-421; par Pierre Clerget, dans *R. G. Sc.,* 1920, p. 388; par M. Besson, dans *Bul. Com. A. F.,* 1921, p. 168.

7643. — Herriot (Édouard). *La France et l'Islam.* — *R. Indig.,* 1921, p. 87-92.

Extr. de l'*Information.* — Caractères de l'Islam, ce qu'il est devenu, la tâche de la France à son égard.

7644. — Dinguizli, de Tunis. *Les prières musulmanes et leurs rapports avec l'hygiène...* — *Bul. Ac. Méd.,* 1923, t. LXXXIX, p. 181-186.

7645. — Noël (Commandant A.-H.). *Choses d'Islam. La question du khalifat.* — *Bul. Soc. G. Arch. Oran,* 1924, p. 131-182.

A propos de la déchéance du sultan comme khalife; répercussion chez les musulmans de ce bouleversement d'ordre religieux et conséquences qu'il peut entraîner;

la politique islamique des puissances européennes avant et pendant la guerre, les Senoussistes; quelques lignes sur les événements du Sud-Tunisien en 1915-1917; le projet présenté dans la presse française d'installer en Tunisie le khalife turc exilé Abd ul Medjid.

7646. — Poisson (Mme Armand). « *L'esprit de l'Islam* ». — *R. Indig.*, 1925, p. 53-63.

Préface rédigée pour la traduction du livre du Siye dAmeer Ali, *L'esprit de L'Islam;* bases de la morale musulmane, comparaison avec le christianisme.

7647. — Cadi (Lieut-Colonel Hadj Chérif), ancien élève de l'École polytechnique. *Terre d'Islam.* — Paris, Charles-Lavauzelle [1925], in-8°, 165 p., pl., cartes.

Préface du colonel P. Azan. Ardent appel à l'achèvement de l'œuvre de relèvement des musulmans commencée par la France; animé de la véritable foi islamique, d'un même amour pour sa terre natale et pour le génie de la France, l'auteur présente les données du problème, réalisable dans le cadre bien compris de la loi islamique; comment les musulmans de l'Afrique du Nord peuvent devenir des Français, sur un sol à la fois terre d'Islam et terre de France.

7648. — Migeon (Gaston). *Les arts musulmans...* — Paris, Bruxelles, G. Van Oest, 1926, in-8°, 48 p., 64 pl.

Bibliothèque d'histoire de l'art. — L'architecture de l'Islam dans l'Espagne et le Moghreb, les arts décoratifs et industriels; bibliographie sommaire.

7649. — Marçais (Georges). *Manuel d'art musulman. L'architecture. Tunisie, Algérie, Maroc, Espagne, Sicile...* — Paris, A. Picard, 1926-1927, 2 vol. in-8°, xi-967 p., 506 fig.

T. Ier : du ixe au xiie siècle; t. II : du xiiie au xixe siècle. A partir du viie siècle, la Berbérie n'est plus qu'une étape sur la grande route de l'Inde aux Pyrénées; l'architecture militaire et les travaux d'utilité publique dans les royaumes arabes du ixe siècle (fondations aghlabites), le domaine des Fatimides, les empires hispano-berbères du xie au xiiie siècle, les dynasties héritières des Almohades aux xiiie et xive siècles, au Maroc sous les dynasties chérifiennes, dans l'Algérie turque et dans la Tunisie des derniers Hafcides et des Turcs; bibliographie.

QUATRIÈME PARTIE.
LE SUD TUNISIEN.

CHAPITRE PREMIER.
LE SUD TUNISIEN ET LA TRIPOLITAINE.

7650. — Subtil (E.). *Considérations politiques et commerciales sur Gadamès, suivies d'un itinéraire de Tripoli à Gadamès.* — R. Or., 1844, t. V, p. 97-123.

Le haut Gharian est le passage obligé de Ghadamès, son occupation par les Turcs; description de Ghadamès, les caravanes; la France doit avoir un agent dans cette ville; itinéraire en 20 journées des caravanes de Tripoli à Ghadamès.

7651. — Subtil (E.). *Marche des caravanes de l'Afrique centrale; moyens à employer pour les faire arriver en Algérie.* — R. Or., 1845, t. VI, p. 3-22.

Exposé basé sur cinq années d'études près des chefs touariks et des chefs caravanistes, notamment en Tripolitaine; l'auteur demande l'envoi de deux agents consulaires l'un à Ghadamès, l'autre à Touggourt pour soustraire les caravanes aux spoliations des Turcs et orienter vers l'Algérie un courant qui pourrait se détourner vers l'Égypte; intérêt pour la colonisation de l'Algérie d'une immigration noire comme celle du Fezzan et de Tripoli.

7652. — Subtil (E.). *Tripoli et Tunis. Considérations sur la possibilité d'une invasion des Turcs dans la régence de Tunis par les frontières de Tripoli.* — R. Or., 1845, t. VII, p. 281-286.

Rappel des expéditions antérieures dirigées par les Turcs; l'occupation du Gharian par ceux-ci faciliterait de leur part une entreprise contre la Tunisie; la France aurait intérêt dans cette éventualité à continuer sa bienveillance et sa protection au bey.

7653. — MALTE-BRUN (V.-A.). *Description de Ghadamès (R'dâmes)*, d'après les notes de MM. de Bonnemain et Cherbonneau. — *Bul. Soc. G. Paris*, 1857, p. 396-400.

Description de la ville puisée dans les notes que le capitaine de Bonnemain, qui a séjourné à Ghadamès en déc. 1856, a communiquées à A. Cherbonneau.

7654. — DUVEYRIER (Henry). *Excursion dans le sud de la Tunisie.* — *R. Alg. Col.*, 1860, t. II, p. 413-416.

Lettre datée de Tozeur (10 mars); renseignements sur Nefta et Tozeur (v. n° **7655**).

7655. — DUVEYRIER (Henry). *Excursion dans le Djerid ou pays des dattes (sud de la Tunisie).* — *R. Alg. Col.*, 1860, t. II, p. 542-559.

Voyage du Souf au Djerid et jusqu'à Gafsa (5 mars-5 avril); description du pays parcouru, notes statistiques et politiques.

7656. — DUVEYRIER (Henri). *Lettre... au rédacteur; son voyage dans le sud de la Tunisie et à la frontière orientale de l'Algérie...* — *N. Ann. voyages*, 1860, t. II., p. 356-359.

Lettre datée de Zerîbet-el-Ouâd (30 mai); résumé de ses travaux. Cf. du même, *Extrait d'une lettre... à M. Rinan. Ibid.*, 1860, t. III, p. 117-119 : lettre datée de Touggourt, 2 juillet.

7657. — [DUVEYRIER (Henri)]. *Nouvelles de M. Henry Duveyrier, son arrivée à Ghadâmès, son voyage à Tripoli, le djebel Nefoûsa.* — *N. Ann. voyages*, 1860, t. IV, p. 364-368.

Extr. d'une lettre datée de Djado (djebel Nefoûsa), 25 oct.

7658. — FÉRAUD (L.-Charles). *Délivrance d'esclaves nègres dans le sud de la province de Constantine.* — *R. Af.*, 1872, p. 167-179.

Lettre, datée d'El-Oued (10 mars), adressée au ministre de l'Instruction publique. L'exploitation des ressources humaines du Soudan, l'exportation des esclaves par les Touareg sur le Maroc par Arouan, sur l'Algérie, la Tunisie et Tripoli par Rhat et Ghadamès; conséquences économiques de la prohibition du commerce des esclaves, nécessité de le remplacer par une immigration de noirs attirés par le lucre.

7659. — Duveyrier (Henri). *Exploration du chott Melghîgh...* — *Bul. Soc. G. Paris,* 1875, t. IX, p. 94-100, 203-207, 303-317.

<small>Extr. de lettres adressées (15 déc. 1874-31 janvier 1875) au Secrétaire de la Soc., donnant des nouvelles de la mission Roudaire.</small>

7660. — Bordier (Désiré), capitaine du 81° de ligne. *Création d'un service régulier de caravanes entre Djerba et le centre de l'Afrique...* — Alger, A. Bouyer, 1881, in-8°, 25 p.

<small>Société des sciences physiques, naturelles et climatologiques d'Alger. 19° réunion des délégués des Soc. savantes à la Sorbonne. — Le transsaharien ne donnera accès que dans la partie occidentale du Soudan; exposé sommaire du projet pratique de pénétration au centre de l'Afrique à l'aide d'un service régulier de caravanes, par Ghadamès, Rhat, puis vers Kanou ou Kaoukaou.</small>

7661. — *Circulaire du Comité de Sfax.* — *Bul. Soc. languedoc. G.,* 1881, p. 268-271.

<small>Reproduction d'une circulaire (28 janvier) annonçant la formation d'un comité qui a pour but d'ouvrir au commerce français une voie directe vers le centre de l'Afrique, au moyen de caravanes; point de départ Djerba, première étape Ghadamès.</small>

7662. — Cherbonneau (A.). *Gadamès et le commerce soudanien.* — *R. G.,* 1881, t. VIII, p. 412-419.

<small>Ghadamès, point de rencontre et nœud principal de la route suivie par les caravanes qui viennent du nord-est; la ville, ses habitants, son commerce; «l'avenir du Sahara, c'est une utopie».</small>

7663. — Corbière (Ph.). *Histoire de la ville de Ghat...* — *Bul. Soc. languedoc. G.,* 1883, p. 238-261.

<small>Résumé d'une étude publiée par G. A. Krause, dans la *Zeitschrift der Gesellschaft für Erdkunde zu Berlin;* histoire et commerce.</small>

7664. — Delamare (Commandant), du 43° d'inf^{ie}. *Excursions dans le Sud de la Tunisie...* — *Bul. Soc. G. Lille,* 1884, p. 200-209, carte en coul.

<small>Résumé d'une conférence à Roubaix (9 février); renseignements géographiques, ethnographiques; le projet de mer intérieure.</small>

7665. — Drapeyron (Ludovic). *Tripoli et la Tripolitaine*, d'après la *Nouvelle géographie universelle* d'Élisée Reclus... — *R. G.*, 1885, t. XVII, p. 392-397, 3 cartes.

Analyse soulignant le rôle important que Tripoli et la Tripolitaine sont appelés à jouer d'un moment à l'autre tant comme future possession italienne possible que comme « voie de pénétration du Soudan ».

7666. — Rebillet (François), capitaine au 4° Tirailleurs. *Le Sud de la Tunisie.* — Gabès, 9 mars 1886, gr. in-8°, 247 p., carte, autographié.

Autographié à 100 ex. — La Barbarie occidentale et le Sahara; étude de la région de Gabès aux points de vue géographique, ethnographique, commercial et diplomatique; les voies commerciales; la frontière tripolitaine; ce que nous avons fait et ce que nous devons faire dans le Sud tunisien; l'auteur propose d'organiser le pays des Ouerghemma entre l'oued ez Zeuss et la frontière, en confin militaire; résumé de l'étude en fin du vol. An. par H. Duveyrier, dans *Bul. G. Hist. Descr.*, 1887, p. 185-191.

7667. — Delamare (Lieut[t]-Colonel C.). *Les tribus indépendantes du Sahara tunisien.* — *Bul. Soc. G. Lille*, 1886, t. VI, p. 268-285, carte.

Résumé d'une conférence à la Soc. (17 mars). Organisation religieuse des tribus tunisiennes, les principaux ordres; la secte des Senousîya, l'étendue de son domaine géographique; relations possibles des Européens avec le Soudan septentrional; extr. du journal de voyage de l'auteur.

7668. — Ministère de la Guerre. État-major général. Service géographique. *Notice descriptive et itinéraires de la Tunisie. Région sud. 1884-1885.* — Paris, Imp. nat., 1886, in-8°, 165 p.

Division générale de la région sud et classification des itinéraires, vers la Tripolitaine, vers le Dahar ou Sahara et le Souf, vers le Djerid et les postes algériens; pour chaque itinéraire, gîtes d'étapes et points principaux, nature de la route, distances, ressources en eau, bois et fourrages; index alphabétique.

7669. — Mayet (Valéry). *Voyage dans le Sud de la Tunisie...* 2° éd. — Paris, Challamel aîné, 1887, in-16, 354 p., carte.

1re éd., Montpellier, imp. Boehm et fils, 1886, in-8°, 206 p., carte. — *Bul. Soc. languedoc. G.*, 1885, p. 19-58, 178-214, 491-534; 1886, p. 34-74, 288-271, carte. — L'auteur a fait partie de la mission scientifique (histoire naturelle), dirigée par le Dr Cosson qui, en 1884, explora le Sahara tunisien et les grandes îles de la côte. Notes de voyage, description des oasis et de la région des chotts; vie et mœurs des indigènes; détails sur les c^{ies} mixtes et sur la vie militaire dans le Sud tunisien; le général Allegro; le projet de mer intérieure de E. Roudaire. An. par le Dr Rouire, dans *C. R. Soc. G. Paris*, 1887, p. 83-86; dans *Af. expl.*, 1887, p. 373-374.

7670. — REVEILLAUD (Eug.). *Une excursion au Sahara algérien et tunisien*... — Paris, Fischbacher, 1887, in-16, IV-232 p.

Réunion de 12 lettres écrites en mars 1887, au cours d'une excursion notamment au Djerid, et publiées dans le *Signal*. An. dans *Af. expl.*, 1888, p. 347.

7671. — TEISSERENC DE BORT (Léon). *Positions géographiques déterminées en 1885 et 1887 au cours d'une mission scientifique dans le Sahara algérien et le Sahara tunisien*... — *C. R. Soc. G. Paris*, 1887, p. 531-541, tableaux.

Compte rendu de mission; de Bir Guettariat (chott Djerid) à Messad (70 kil. O. de Laghouat).

7672. — FOURNEL (Marc). *La Tripolitaine, les routes du Soudan*. — Paris, Challamel aîné, 1887, in-8°, 272 p.

Description du pays, les populations, les dissidents tunisiens; les routes du Soudan, les caravanes, les Touareg; l'Islam en Afrique (v. n° **7673**). An. dans *Af. expl.*, 1888, p. 30-31.

7673. — FOURNEL (Marc). *La Tripolitaine, les routes du Soudan*... — *Bul. Soc. G. Lyon*, 1887-1888, t. VII, p. 305-329.

Conférence à la Soc. (2 février 1888), résumé de l'ouvrage signalé sous le n° **7672**.

7674. — MAUPRIX (Ch. de). *La Tripolitaine. Les Italiens à Tripoli.* — *Cor.*, 1888, t. CLII, p. 810-828; t. CLIII, p. 143-167, 268-283, 493-511.

L'auteur a passé six mois à parcourir le sud de la Tunisie et la Tripolitaine pour se rendre compte de la situation de cette ancienne régence arabe et l'étudier en elle-même et dans ses relations géographiques et politiques avec notre colonie tunisienne; la frontière entre Tunisie et Tripolitaine, les populations, l'armée turque en Tripolitaine et le système défensif de la région. « Une tentative italienne en Tripolitaine pourrait leur être favorable; ... il serait très politique de notre part d'encourager nos voisins dans cette idée... »

7675. — Gerest (Maurice), ingénieur civil des mines. *De Gabès au Souf (notes de voyage)*... — Lille, imp. Lefebvre-Ducrocq, 1888, in-8°, 34 p., carte.

Extr. du *Bul. de l'Ass. amicale des élèves de l'École supérieure des mines*, nov. 1888. — Le projet Roudaire, aspect général de la contrée, aperçus géologique, météorologique, hydrologique, agriculture, élevage, statistique, moyens de transport. An. dans *Bul. Soc. géol. France*, 1888-1889, t. XVII, p. 266.

7676. — Carton (Dr Louis), aide-major de l'hôpital du Belvédère, à Tunis. *Le Sud de la Régence de Tunis (région des ksour)*... — Lille, imp. L. Danel, 1889, in-8°, 35 p.

Bul. Soc. G. Lille, 1889, t. XI, p. 93-127. — Conférence à la Soc. (8 nov. 1888). Description de la région des ksour : les procédés d'attaque employés par un djich; les progrès de la colonisation.

7677. — Blanc (Édouard). *Les oasis du Sud de la Tunisie*... — *C. R. Soc. G. Paris*, 1889, p. 117-124.

Communication à la Soc. (1er mars). La fixation des dunes de sable, les principaux groupes d'oasis, les limites méridionales de l'occupation romaine; importance et avenir de la région des oasis. Cf. *R. F. Étr. Col.*, 1889, t. X, p. 625-626.

7678. — Blanc (Éd.). *Les routes de l'Afrique septentrionale au Soudan*... — *C. R. Soc. G. Paris*, 1889, p. 223-228.

Résumé d'une communication à la Soc. (10 mai). La meilleure tête de ligne à choisir dans le sud de la Tunisie : Bou-Ghrara (v. n° **1550**). Cf. *ibid.*, p. 291-292.

7679. — Desfontaines (Jules). *Quarante jours dans le désert*... — Nantes, imp. L. Mellinet, 1889, in-8°, 47 p.

Conférence sur le Sahara tunisien faite à la Soc. de géographie de Nantes (21 nov.). Récit d'un voyage (mai-juin 1886); l'auteur accompagnait un officier se rendant au Djerid.

7680. — Prouvé (V.). *De Gabès à Douïreth, notes de voyage*... — Nancy, imp. G. Crépin-Leblond, oct. 1890, gr. in-8°, 15 p., ill.

Publication de la *Lorraine-artiste*. — Notes d'un voyage dans le Sud avec des officiers des Affaires indigènes. An. par J.-V. B. [Barbier], dans *Bul. Soc. G. Est*, 1891, p. 197-198.

7681. — MAUMENÉ. *La Tripolitaine et le commerce du Soudan...* — *Bul. Soc. G. Com. Paris,* 1890-1891, t. XIII, p. 190-202, fig.

Conférence à la Soc. (20 mars 1891). La France n'aurait aucun avantage réel à la possession de la Tripolitaine; au contraire, elle a tout intérêt à conserver les Turcs pour voisins; description du pays, les caravanes du Soudan.

7682. — TEISSERENC DE BORT (L.). *Carte hypsométrique du Sahara algérien et tunisien.* — *Ass. fr. av. sc.,* 1891, 2ᵉ part., p. 916-919.

19ᵉ session, Limoges, 1890. — Carte résultant des nivellements barométriques depuis Renou. Cf. *ibid.,* 1890, 1ʳᵉ part., p. 297.

7683. — HAMY (E.-T.). *Le pays des troglodytes...* — Paris, Firmin-Didot, 1891, in-4°, 17 p., 2 phot.

Institut de France. — Reproduit dans *Anthr.,* 1891, p. 529-536, et publié en tirage à part (Paris, G. Masson, 1891, in-8°, paginé 529-536). — Notice sur la région des Matmata lue dans la séance publique annuelle des cinq Académies du 24 oct. 1891. Cf. *Bul. Soc. G. Paris,* 1887, p. 300, 527-530.

7684. — BAURON (Abbé P.), missionnaire. *Le Centre et le Sud de la Tunisie...* — Lyon, E. Vitte, 1892, in-8°, 36 p.

Bul. Soc. G. Lyon, 1891-1892, t. X, p. 548-581. — Récit d'un voyage dans la région de Gafsa à Tozeur et au chott, puis, «sous la tutelle militaire», dans le territoire des ksour, chez les troglodytes des Matmata et les Berbères de Douirat et de Chenini (v. n° **7687**). Cf. *C. R. Soc. G. Paris,* 1892, p. 52-54, 132, 187-190, 269-270.

7685. — DU PATY DE CLAM (Cᵗᵉ). *Excursion chez les Matmata (octobre 1892).* — *Bul. Soc. G. Toulouse,* 1892, p. 356-373, croq., carte.

Itinéraire suivi, notes archéologiques, notions sur les Matmata. An. par Maunoir, dans *Bul. G. Hist. Descr.,* 1893, p. 279-280.

7686. — *Expédition du commandant Monteil.* — *Af. expl.,* 1893, p. 23-31.

Grands traits et détails les plus intéressants sur cette exploration effectuée en exécution des perspectives ouvertes par la convention franco-britannique du

5 août 1890 réservant à la France une large sphère d'influence au sud de l'Algérie et de la Tunisie jusqu'au lac Tchad. Cf. *ibid.*, 1892, p. 354-355.

7687. — BAURON (Abbé P.). *De Carthage au Sahara...* — Tours, A. Mame, 1893, in-4°, 301 p., fig.

Autre éd., *ibid.*, 1899, 288 p., fig. — Paru dans *Missions cath.*, 1892, 29 art., ill. — Relation de voyage plus détaillée que celle signalée sous le n° **7684**; nombreux détails sur la vie militaire dans le Sud tunisien. An. dans *Missions cath.*, 1892, p. 388.

7688. — *Sur le traité passé à Ghadamès entre la France et les Touareg Adzger.* — *C. R. Soc. G. Paris*, 1893, p. 302-305.

Analyse d'un art. du colonel de Polignac, paru dans le *Temps* (16 juin), rappelant l'origine et le caractère de ce traité (26 nov. 1862) et reproduit dans *Bul. Com. A. F.*, 1893, VII, p. 9-11.

7689. — CHANNEBOT (A.). *Le problème africain.* — *N. R.*, 1893, t. LXXXII, p. 611-619.

La réalisation par la France d'une voie ferrée de Tripoli au Tchad, «grand tronc de tous les futurs chemins de fer du centre africain», solutionnerait les problèmes africain et méditerranéen. Dans ce but, l'auteur envisage un plan basé sur une entente avec la Turquie; il repousse l'annexion de la Tripolitaine, dont la Cyrénaïque serait colonisée par l'Italie.

7690. — *Les Touaregs.* — *Bul. Com. A. F.*, 1893, X, p. 7-8.

Lettre (Tunis, 5 sept.) au *Journal des Débats*: la situation politique générale de l'Extrême-Sud est excellente.

7691. — BERTHOLON (D^r). *Étude géographique et économique sur la province de l'Arad...* — Tunis, Imp. rapide, 1894, in-8°, 38 p.

R. T., 1894, p. 169-206. — L'auteur a parcouru la région de 1882 à 1885 à la suite des troupes ou assurant le service médical de l'hôpital de Ras-el-Oued, puis, en 1889, avec la commission de recrutement indigène; étude surtout économique du Sud tunisien; région de l'oued Melah et l'oasis de Gabès; Ras-el-Oued et l'oasis d'El-Hamma; Toujane, Douirat, Chenini; les Ouderna; la frontière tuniso-tripolitaine; la mer intérieure de Djerba; un projet de transsaharien tunisien; bibliographie (v. n° **6692**).

7692. — *L'incident de Ghadamès.* — *Bul. Com. A. F.*, 1894, V. p. 37-38.

Lettre de E. Masqueray et art. du *Temps,* au sujet du commerce entre le Souf et Ghadamès, les prétendues prérogatives commerciales de l'Angleterre; nécessité d'une intervention.

7693. — REBILLET (Commandant), premier attaché militaire à la Résidence française à Tunis. *Les relations commerciales de la Tunisie avec le Sahara et le Soudan...* — Nancy, Berger-Levrault, 1895, in-8°, 112 p.

2° éd., *ibid.,* 1896, 82 p. — Rapport «confidentiel» (août 1895) du commandant Rebillet à M. René Millet, résident général; étude du commerce général transsaharien, les voies commerciales transsahariennes, population saharienne; le commerce transsaharien par le sud de la Tunisie; l'hinterland tunisien; la frontière tuniso-tripolitaine dans le Dahar et dans l'Erg; mission du commandant Mircher à Ghadamès en 1862; nécessité de pousser notre pénétration saharienne jusqu'au contact des Touareg Azdjer (v. n° **6897**). An. par J.-V. B. [Barbier], dans *Bul.Soc. G. Est,* 1896, p. 492; par H. L. [Lorin], dans *Ann. G., Bibl.,* 1896, p. 197-198.

7694. — BRUUN (Lieut[t] Daniel). *Les troglodytes en Tunisie.* — *R. T.,* 1895, p. 380-386, fig.

Détails sur les demeures de Matmata, Douirat, Tatahouine. Extr. d'un ouvrage (Copenhague, 1895, in-8°, 268 p.) analysé par le Dr Bertholon, *R. T.,* 1895, p. 592-593.

7695. — BERNARD D'ATTANOUX (J.). *Tripoli et les voies commerciales du Soudan.* — *Ann. G.,* 1895-1896, p. 193-201, phot.

Les conséquences de la pénétration européenne en Afrique et l'installation d'un puissant parti arabe dans le Soudan central, au point de vue des communications de l'Afrique du Nord et du Soudan, notamment par Rhat et Ghadamès; possession et commerce; situation en 1896.

7696. — LARMINAT (Capitaine E. de), détaché au Service géographique de l'armée. *Étude sur les formes du terrain dans le Sud de la Tunisie (frontière de la Tripolitaine)* — *Ann. G.,* 1895-1896, p. 386-406, 23 fig.

Coup d'œil d'ensemble, structure géologique, Dahar et Jeffara, description de la région. Étude essentielle pour la connaissance du pays.

7697. — GOGUYER (Antonin). *L'occupation de l'arrière-terre du Maghreb par le Gouvernement franco-tunisien.* — Paris, A. Challamel, 1896, in-8°, 29 p., carte, profils.

Étude destinée à montrer la possibilité et surtout la nécessité d'une occupation du Sahara central, de Gabès à In-Salah, plus énergique que celle tentée par Morès; ce que pourrait être la colonne chargée d'une démonstration militaire dans ces régions; itinéraire, transports, personnel, dépenses de première occupation; carte de la clientèle saharienne du golfe de Gabès. An. par le Dr Bertholon, dans *R. T.*, 1897, p. 125-126.

7698. — SEVIN-DESPLACES (L.). *La mort du marquis de Morès et la question saharienne.* — *N. R.*, 1896, t. CI, p. 351-356.

Résumé de la question saharienne; la tentative de 1862 pour renouer les relations entre l'Algérie et le Soudan; les entraves apportées depuis cette date; la France doit exiger «l'oasis même de Ghadamès, qui n'est, en réalité, pas plus un protectorat ottoman qu'In-Salah n'est un protectorat marocain».

7699. — *L'hinterland tunisien.* — *Bul. Mém. Soc. Af. France*, 1896, p. 121-124.

7700. — *Le trafic au travers du Sahara.* — *Bul. Soc. Ét. Col. Mar.*, 1896, p. 110.

Extr. d'un art. de M. Alglave dans le *Temps*, résumant les renseignements fournis par le commandant Rebillet sur les premiers résultats du trafic à étendre dans le Sud tunisien (v. n° **5391**).

7701. — VUILLOT (Paul). *Note sur un voyage de Nefta à Ghadamès (mars-avril 1893), exécuté par MM. Cazemajou, capitaine du génie, et Dumas, lieutenant au 4° spahis...* — Paris, Soc. de géographie, 1896, in-8°, 11 p., 2 phot., carte.

Bul. Soc. G. Paris, 1896, p. 145-153, 2 phot., carte. — Relation du voyage, éléments et description de l'itinéraire (v. n° **1575**). An. par A. Grandidier, dans *Bul. G. Hist. Descr.*, 1897, p. 18; dans *Bul. Com. A. F.*, 1896, sup., p. 79.

7702. — CORNETZ (V.), ingénieur civil. *Le Sahara tunisien. Étude géographique...* — Paris, imp. Erhard [1896], in-8°, paginé 518-554.

Bul. Soc. G. Paris, 1896, p. 518-554, carte, croq. — Résumé sommaire des études de l'auteur au cours de ses voyages de 1891 à 1894 dans la région au sud du chott Djerid; les points d'eau; les tribus, les principaux trajets de caravane. An. par Alfred Grandidier, dans *Bul. G. Hist. Descr.*, 1898, p. 230; dans *Bul. Soc. G. Alger*, 1897, p. 381-383; dans *Bul. Com. A. F.*, 1898, p. 250-251. Cf. compte rendu de la conférence faite par l'auteur sur le même sujet, par H. B., dans *Bul. Soc. G. Alger*, 1898, p. 4-5.

7703. — Du PATY DE CLAM (A.), commis aux Affaires indigènes de la Côte d'Ivoire. *Étude sur le Bled-Tarfaoui...* — *Bul. G. Hist. Descr.*, 1897, p. 408-424, fig., 2 cartes.

La région entre Gafsa et le Djerid; points aquifères, ruines, le petit nombre de points fortifiés en comparaison des exploitations agricoles; importance du poste militaire de Gafsa, les routes militaires. An. par Georges Périn, dans *Bul. G. Hist. Descr.*, 1897, p. 497-498.

7704. — CORNETZ (V.), ingénieur civil. *La faune et la chasse au Sahara tunisien.* — *Bul. Soc. G. Alger,* 1898, p. 153-168, carte.

Notes de géographie cynégétique destinées aux amateurs de tourisme et de chasse de l'Algérie et de la Tunisie.

7705. — MESPLÉ (Armand). *Le Sahara tunisien et Ghadamès.* — *N. R.,* 1898, t. CXI, p. 729.

Résumé d'une conférence de V. Cornetz à la Soc. de géographie d'Alger; ses explorations dans le Sahara tunisien, la route directe vers Ghadamès en partant de Gabès.

7706. — *Le commerce des caravanes tripolitaines...* — *Bul. Com. A. F.,* 1898, sup., p. 208-211.

Nécessité de créer, à l'exemple des Tripolitains, «des routes caravanières, qui, du Sud de la Tunisie ou de l'Algérie, s'enfonceraient vers les contrées visitées par nos explorateurs, vers le lac Tchad et les grands marchés du Sahara et du Soudan occidental».

7707. — BRUUN (D.), premier lieut^t de la marine danoise. *Les troglodytes de la Tunisie méridionale (souvenir d'un séjour chez le khalifa de Matmata)...* traduit du danois par Léon Mathey. — *Le Tour du monde,* 1898, p. 481-492, ill.

Souvenirs d'un voyage exécuté en 1893; de Gabès aux montagnes des Matmata; mœurs et coutumes des troglodytes de cette région. An. dans *R. F. Étr. Col.,* 1899, p. 112-115, 2 fig.

7708. — BASSET (René). *Les sanctuaires du djebel Nefousa...* — Paris, Imp. nat., 1899, in-8°, 83 p.

J. As., 1899, t. XIII, p. 423-470; 1900, t. XIV, p. 88-120. — Courtes notices sur 97 sanctuaires, la plupart d'origine chrétienne, de la montagne berbère qui s'étend au Sud de la Tunisie et en Tripolitaine; l'auteur a utilisé notamment les sources d'origine abadhites. An. par I. Goldziher, dans *R. H. Relig.*, 1900, t. XLI, p. 398-401; par O. H. [Houdas], dans *R. Crit.*, 1900, t. XLIX, p. 221-222; par A. de C. M. [Motylinski], dans *Rec. Soc. Arch. Const.*, 1899, p. 454-455; par H. Schirmer, dans *Ann. G., Bibl,.*, 1900, p. 231.

7709. — Fallot (E.). *Étude sur le développement économique de l'Extrême-Sud tunisien*... — Tunis, imp. L. Nicolas, 1899, in-8°, 58 p., carte, croq.

Bul. Dir. agr. com. Tunis, 1899, n° 11, p. 75-90; n° 12, p. 53-88, carte, croq. — Étude des groupes d'oasis de Gabès et de Zarzis, de l'île de Djerba, de la plaine des Ouerghemma, du djebel Demmer; leurs ressources naturelles, recherche des moyens par lesquels on pourrait en tirer parti; le transit saharien. Annexe : itinéraire de Tunisie au Soudan. Cf. D. L., *Un quai naturel en Tunisie. Nat.*, 1900, 1er sem., p. 174, ill. An. par E. Vassel, dans *R. T.*, 1899, p. 490-493, croq.; par S. Guénot, dans *Bul. Soc. G. Toulouse*, 1900, p. 116-119; par G. Yver, dans *Ann. G., Bibl.*, 1899, p. 228-229.

7710. — Blanchet (P.). *Le voyage à Ghat du cheikh Mohammed El Taïeb.* — *Ann. G.*, 1900, p. 262-264.

Le cheikh Mohamed el Taïeb eut pour mission d'aller chercher les assassins de Morès dans leurs campements voisins de Rhat; extr. de son journal de route donnant des précisions sur les régions parcourues.

7711. — Idoux (M.). *Un été dans le Sud tunisien. Au pays des troglodytes et des lotophages.* — Dijon, imp. Darantière [1900], in-8°, 57 p.

Extr. des *Mém. de la Soc. bourguignonne de géographie et d'histoire*, 1900. — Voyage effectué en juillet-août 1899, de Gabès à Foum-Tatahouine, Zarzis, Djerba, etc.; nombreux détails sur les populations. An. par Y. A., dans *R. T.*, 1901, p. 119; par G. Yver, dans *Ann. G., Bibl.*, 1901, p. 237.

7712. — *Tunisie. L'Extrême-Sud.* - *Bul. Com. A. F.*, 1900, p. 395.

Liste des postes français de l'Extrême-Sud tunisien faisant partie du commandement militaire de Gabès (cercles de Kebili, de Médenine et postes frontières).

7713. — Girard (B.), officier supérieur du commissariat de la Marine, en retraite. *La Tripolitaine ou régence de Tripoli.* — *Bul. Soc. G. Com. Bordeaux*, 1900, p. 189-194, 209-222.

Description du pays, notions sur son histoire, sa population, ses différentes régions; les districts de Tripoli, de Barka, de Ghadamès et de Rhat, le Fezzan.

7714. — ESTEBAN (L.) [pseud. de LARMINAT (Étienne de), lieut^t]. *Croquis tunisiens. Souvenirs d'un officier des Affaires arabes.* — Paris, Charles-Lavauzelle [1901], in-8°, 264 p., ill.

L'auteur séjourna plusieurs années dans le Sud tunisien comme officier du Service des renseignements et fut chargé de missions topographiques, en particulier pour la délimitation de la frontière tuniso-tripolitaine; anecdotes sur la vie militaire. An. dans *Sp. Mil.*, 1901, t. XLIV, p. 234-235; dans *R. M. U.*, 1901, t. XIX, p. 476.

7715. — DEX (Léo) [pseud. de DEBURAUX (Édouard)]. *Au pays des Touaregs.* — Paris, C. Delagrave [1901], gr. in-8°, 303 p., pl., fig.

Roman d'aventures pour la jeunesse, se passe au Sahara tunisien; n'offre aucun intérêt au point de vue militaire.

7716. — IDOUX (M.), agrégé de l'Université. *Au Sahara tunisien...* — Dijon, imp. Darantière [1901], in-8°, 49 p., 4 phot.

Mém. de la Soc. bourguignonne de géographie et d'histoire, 1901, p. 371-417, 4 phot. — Récit d'une excursion de Gafsa aux oasis du Djerid et au grand chott; Tozeur, Nefta, la mer intérieure. An. par C. Yver, dans *Ann. G., Bibl.*, 1902, p.225.

7717. — FULCRAND (Colonel). *Note sur la colonisation du Sud tunisien.* — *Bul. Soc. G. Com. Bordeaux*, 1901, p. 159-160.

La conquête du désert tunisien par le chemin de fer de Sfax à Gafsa.

7718. — PÉRIÉ (A.). *Et Ghadamès?* — *R. N. Af. ill.*, 1902, p. 5-8.

Intérêt qu'il y aurait pour la France à se faire représenter, dans les régions sahariennes de l'est, par un agent consulaire qui serait chargé, à Ghadamès, de surveiller les allées et venues des Touareg Azdjer; l'occasion manquée d'occuper ce point.

7719. — BÉRARD (Victor). *Questions extérieures (1901-1902).* — Paris, A. Colin, 1902, in-18, VII-323 p.

Réunion de chroniques publiées dans *R. P.*, sous la rubrique *Questions extérieures.* Un chapitre (*R. P.*, 1902, t. Ier, p. 867-886, carte) consacré à la Tripolitaine expose la vanité de la formule de G. Rohlfs : Tripoli, porte maritime du Sahara; la valeur exacte des routes transsahariennes; l'occupation de la Tripolitaine par les Italiens ne peut être que profitable à la France et à la Tunisie. An. par J. Machat, dans *R. G. Sc.*, 1903, p. 832-833.

7720. — Raqueni. *La Tripolitaine...* — *N. R.*, 1902, t. XVII, p. 21-29.

Les diverses opinions concernant l'occupation de la Tripolitaine; « elle est bien loin d'être la terre promise rêvée par les coloniaux italiens »; la France « ne soulèvera aucune objection, car le voisinage de l'Italie dans l'Afrique du Nord ne pourra que profiter à la cause de la civilisation ».

7721. — Deambrogio, dit Kaddour, officier interprète. *Notes succinctes sur les tribus tripolitaines situées entre la frontière tunisienne et le méridien de Tripoli.* — *R. T.*, 1902, p. 113-134, 266-276.

Renseignements succincts sur la Tripolitaine; les tribus qui campent sur la frontière tuniso-tripolitaine et avec lesquelles nous sommes continuellement en rapport; tribus nomades, centres côtiers, groupes berbères de l'intérieur.

7722. — Deambrogio, dit Kaddour. *Kanoun Orfia des Berbères du Sud tunisien.* — *R. T.*, 1902, p. 346-356.

État d'anarchie des tribus de la frontière tuniso-tripolitaine jusqu'en 1889; détails sur les incursions, la répartition des parts de prise; élaboration du kanoun orfia pour trancher les questions relatives aux saisies des troupeaux, principaux articles de ce règlement.

7723. — Fallot (E.). *Le commerce du Sahara.* — *Q. Dipl. Col.*, 1903, t. XV, p. 209-225, carte.

Enquête faite au cours de deux missions dans l'Extrême-Sud tunisien; les oasis, le mouvement de la vie dans le Sahara septentrional ou méridional, le commerce de transit, les routes; les possibilités du commerce; lorsqu'un poste sera créé dans l'Aïr, l'antique route de Djerba au Tchad sera rouverte au commerce.

7724. — Deambrogio, dit Kaddour. *Législation et coutumes des Berbères du Sud tunisien.* — *R. T.*, 1903, p. 97-103.

Traduction d'un acte de kanoun charthia relatif à la défense de la tribu, prises d'armes et sanctions envers ceux qui s'y dérobent; renseignements complémentaires.

7725. — ***. *Une reconnaissance dans le Sud-tunisien en 1882.* — *R. T.*, 1903, p. 104-107.

Récit de la reconnaissance faite le 18 sept. 1882 par le lieut[t] Br..., du bureau de renseignements de Gafsa, avec le soutien d'un esc[on] du 1er hussards, à la poursuite d'un djich.

7726. — Méhier de Mathuisieulx (Henri). *A travers la Tripolitaine...* Préface de M. L. Bertrand. — Paris, Hachette, 1903, in-16, vii-302 p., fig., carte.

2e éd., 1912, *ibid.* — *Le Tour du Monde,* 1903, p. 553-624, fig., carte. — Renseignements recueillis en 1901; ressources limitées de la Tripolitaine, concurrence acharnée entamée par le gouvernement italien contre les écoles catholiques subventionnées par la France; les caravanes transsahariennes; les Turcs sont les meilleurs voisins à désirer le long de la frontière tunisienne. An. dans *Q. Dipl. Col.,* 1903, t. XV, p. 812; dans *Bul. Com. A. F.,* 1903, sup., p. 203; par J. C.-B. [Chailley-Bert], dans *Quinz. col.,* 1903, t. XIII, p. 297; par H. Schirmer, dans *Ann. G., Bibl.,* 1904, p. 233-234; dans *R. F. Étr. Col.,* 1903, p. 383.

7727. — Du Boscq de Beaumont (G.). *Tripoli de Barbarie et les intérêts français.* — *R. G. Sc.,* 1903, p. 603-608, 3 ill.

Importance de Tripoli, population, commerce, langue française et instruction, question politique, gouvernement.

7728. — Pinon (René). *La Tripolitaine.* — *R. D. M.,* 1903, t. XIII, p. 557-579.

Ce qu'est la Tripolitaine, ce qu'elle vaut par elle-même, par sa position dans la Méditerranée et au seuil du continent noir; comment se présente «la question tripolitaine», dans quelle mesure elle nous intéresse; éventuellement, notre droit strict sur Ghadamès et Rhat.

7729. — ***. *Les Beni-Zid et l'oasis d'El-Hamma.* — *R. T.,* 1903, p. 424-436.

Histoire ancienne de cette tribu, puis de la période arabe jusqu'à l'occupation française; l'arrivée de nos colonnes dans le Sud a mis fin à l'humeur batailleuse des Beni-Zid et les a accoutumés au régime d'une administration régulière.

7730. — Méhier de Mathuisieulx (H.). *Rapport sur une mission scientifique en Tripolitaine...* — Paris, Imp. nat., 1904, in-8°, 80 p., fig., 21 pl., carte.

Arch. missions scient. litt., 1904, t. XII, p. 1-80, fig., 21 pl., carte. — Renseignements archéologiques, géographiques, économiques recueillis en 1903; les pistes et les itinéraires des caravanes reliant Tripoli à la Tunisie et à l'A.E.F. par Ghadamès, Rhat, Zinder et Kano. Cf. *Bul. Com. A. F.,* 1904, sup., p. 20-33, carte;

Bul. Soc. G. Paris, 1903, t. VIII, p. 266-274, carte, et 1904, t. X, p. 363-370, carte; *A travers le monde,* 1903, p. 277-278, carte; *R. F. Étr. Col.,* 1903, p. 736, reproduit dans *Bul. Soc. G. Est,* 1904, p. 74. An. dans *R. G.,* 1903, t. LIII, p. 467-469; par H. Schirmer, dans *Ann. G., Bibl.,* 1905, p. 242-243.

7731. — BARDON (H.). *Une excursion dans le Sud-Tunisien.* — *Bul. Soc. G. Ét. Col. Marseille,* 1904, p. 224-233.

Communication à la Soc. (19 mai). Itinéraire de Kairouan à Sousse, Sfax, Gafsa, Tozeur et Nefta; régions traversées, mœurs et coutumes des habitants.

7732. — NICOLAS (Henri). *Étude sur la Tripolitaine.* — *R. T.,* 1904, p. 306-320.

Description établissant « la véritable valeur du pays que nous abandonnons pour un sourire » : géographie, organisation politique, population, situation économique, action européenne par les missionnaires et explorateurs, obstacles que rencontreront les conquérants.

7733. — GALLOIS (Eugène). *Aux oasis algériennes et tunisiennes (hiver 1904-1905)…* — *Bul. Soc. G. Est,* 1905, p. 117-134.

Rapide étude de ces oasis, suivie d'une lettre de l'auteur (Alger, 5 janvier) sur sa visite à Beni-Ounif. Extr. dans *Mouv. géogr.,* 1905, col. 369-373.

7734. — GALLOIS (E.). *Le Sahara et les oasis algériennes et tunisiennes.* — *Bul. Soc. G. Cher,* 1904-1905, t. II, p. 289-294, ill.

Lettre (février 1905) écrite à la suite d'une excursion dans les oasis des provinces d'Alger et de Constantine ainsi qu'en Tunisie (Djerid, les Matmata, Djerba).

7735. — GALLOIS (Eugène), explorateur. *Oasis algériennes et tunisiennes.* — *Bul. Soc. G. Marseille,* 1905, p. 46-60.

Les oasis de l'Afrique du Nord de la province d'Oran à la Tunisie et les postes militaires; en Algérie : Figuig, Beni-Ounif, Laghouat, Ghardaïa, El-Goléa, Tougourt; en Tunisie : Gafsa, Tozeur, Nefta, Gabès, île de Djerba.

7736. — GALLOIS (Eugène). *Les oasis algériennes et tunisiennes.* — *Ann. Col.,* 1905, p. 386-390.

Leur mise en valeur et leur colonisation possible; les conditions nécessaires; ce qui a été déjà fait.

7737. — GALLOIS (Eugène). *Les oasis d'Algérie et de Tunisie...* — *Bul. Soc. G. Lille*, 1905, t. XLIV, p. 354-365, 5 phot.

Compte rendu analytique d'une conférence faite à la Soc. (26 oct.) sur son dernier voyage (v. n° **7738**).

7738. — GALLOIS (Eugène). *Aux oasis d'Algérie et de Tunisie...* — [Paris], imp. M.-R. Leroy, s. d., in-16, 121 p., fig.

Impressions de voyage, notamment dans le Sud oranais, le Sud algérien, le Sud constantinois et le Sud tunisien (Sousse, Sfax, Djerid, Gabès, Djerba) [v. n° **7737**]. An. dans *Q. Dipl. Col.*, 1906, t. XXI, p. 844; dans *R. G.*, 1905, p. 223; dans *Bul. Soc. G. Lille*, 1906, t. XLV, p. 187-188; dans *Bul. Soc. G. Est*, 1905, p. 284-285; par P. C., *ibid.*, 1906, p. 116.

7739. — MÉHIER DE MATHUISIEULX (H.). *Rapport sur une mission scientifique en Tripolitaine...* — Paris, Imp. nat., 1905, in-8°, 30 p., fig., carte.

Arch. missions scient. litt., 1906, t. XIII, p. 73-102, fig., carte. — Cette exploration de 1904 fournit des renseignements complétant ceux recueillis en 1901 et 1903; l'auteur reçut l'ordre de ne pas se rendre à Ghadamès à cause des troubles qui s'y produisaient. An. par H. Busson, dans *Ann. G., Bibl.*, 1906, p. 244.

7740. — LEBLOND (Marius-Ary) [pseud.]. *L'avenir de la Tripolitaine.* — *R. P. L.*, 1905, t. IV, p. 437-440.

Nécessité d'une intervention européenne en Tripolitaine, les intérêts de la France à Tripoli; Rhat et Ghadamès, oasis de l'hinterland tunisien et étapes nécessaires de la route de Tunis au Tchad, permettant à la France d'assurer la police aussi utile aux Italiens qu'aux Français; l'entente franco-italienne indispensable.

7741. — VIOLARD (Émile). *L'Extrême-Sud tunisien...* — Tunis, Imp. rapide, 1905, gr. in-8°, 89 p., ill., pl.

Protectorat français. Gouvernement tunisien. — Les territoires d'occupation, la colonisation romaine, les tribus avant la conquête française, l'œuvre des officiers des Affaires indigènes; le cercle de Médenine et le cercle de Kebili, délimitation, description, nombreux renseignements; «hommage à la vaillance et au labeur dont les officiers des Affaires indigènes ont, en toutes circonstances, fait preuve» (v. n° **7743**).

7742. — MACQUART (Émile). *Chez les troglodytes de l'Extrême-Sud tunisien.* — *Bul. Soc. G. Alger*, 1905, p. 550-568, carte.

Conférence faite à Alger. Description de la région au sud de Gabès jusqu'à la frontière tripolitaine; renseignements sur l'ethnographie et la situation économique; Médenine, Foum-Tatahouine, Dehibat et leur garnison.

7743. — Violard (Émile). *Les Territoires de l'administration militaire de l'Extrême-Sud tunisien. Le Cercle de Médenine. Le Cercle de Kebelli. Rôle colonisateur des officiers des Affaires indigènes.* — A travers le Monde, 1906, p. 97-100, 105-108, carte, 4 phot.

Art. extr. en grande partie de la brochure mentionnée sous le n° **7741**.

7744. — *L'affaire de Djanet et l'agitation musulmane.* — Bul. Com. A. F., 1906, p. 221-223.

Articles du *Temps* et du *Journal des Débats* relatifs à Djanet qui est maintenant « le lieu de la chicane qu'on nous cherche »; il semble difficile que le gouvernement turc maintienne son point de vue.

7745. — Terrier (Auguste). *L'affaire de Djanet et l'occupation de Bilma.* — Bul. Com. A. F., 1906, p. 242-244.

Retrait des troupes turques de Djanet, qui « est français..: Nous serions mieux fondés à discuter aux Turcs la souveraineté de Rhat et de Ghadamès qu'il peuvent l'être à revendiquer Djanet »; cette question est à régler avec soin.

7746. — *Djanet et Bilma.* — Bul. Soc. G. Lille, 1906, t. XLVI, p. 144-145.

Renseignements sur ces oasis; annonce d'une expédition turque en vue de les occuper; expédition allemande chargée d'établir une voie de communication entre le Cameroun, la Tripolitaine et Trieste.

7747. — Macquart (Émile). *Les troglodytes de l'Extrême-Sud tunisien...* — Bul. Soc. Anthr. Paris, 1906, t. VII, p. 174-186, pl.

7748. — *Les relations commerciales de la Tunisie avec le Sahara et le Soudan.* — Quinz. col., 1906, p. 597-598.

Choix de Gabès comme point d'aboutissement. Cf. *Commerce avec les caravanes du Sud. Ibid.*, p. 606-607 : lettre (2 oct.) de M. d'Anthouard, délégué à la Résidence générale, adressée à la Chambre de commerce de Tunis; *Les caravanes Soudan-Tunisie. Bul. Soc. G. Lille*, 1906, t. XLVI, p. 283.

7749. — Méhier de Mathuisieulx (H.). *La Tripolitaine ancienne et moderne...* — Paris, E. Leroux, 1906, in-8°, 37 p.

Publications de l'Association historique de l'Afrique du Nord, 1906, t. V, p. 45-81. — Les diverses régions dont se compose le vilayet de Tripolitaine, les vestiges, les caravanes faisant le commerce du Tchad et le port de Gabès.

7750. — Rouard de Card (Edgard), professeur de droit à l'Université de Toulouse. *La politique de la France à l'égard de la Tripolitaine pendant le dernier siècle...* — Paris, A. Pedone, 1906, in-8°, 47 p.

Historique des relations de la France avec les beys de Tripoli et avec la Turquie à propos de la Tripolitaine ; traité de paix conclu sous le Consulat (18 juin 1801) ; solidarité du bey de Tripoli et du dey d'Alger en 1830 ; la division navale du contre-amiral de Rosamel à Tripoli en juillet 1830 et le traité du 11 août 1830 ; incidents survenus pendant la campagne de Tunisie en 1881 ; difficultés soulevées par la Porte à propos de l'hinterland tripolitain (1899) ; répercussions qu'aurait l'installation éventuelle de l'Italie en Tripolitaine ; références. An. par A. Lichtenberger, dans *R. Historiq.*, 1906, t. XCII, p. 358 ; dans *Quinz. col.*, 1906, p. 8.

7751. — Du Fresnel (E. Dollin). *Tunisie.* — *Bul. Soc. G. Com.* Paris, 1906, p. 614-615.

Le choix officiel de Gabès comme point d'aboutissement des caravanes venant du Soudan.

7752. — Pujat, lieut^t-colonel en retraite. *Étude sur le commerce caravanier trans-saharien.* — Gabès, 1907, in-4°, 85 p., polycopié.

Rapport établi à la suite d'une mission de l'auteur concernant le rétablissement de la voie commerciale caravanière reliant la côte tunisienne au centre africain ; historique et objet du commerce caravanier, principales marchandises qui s'exportent au Soudan ; «moyens à employer pour obtenir le rétablissement, à Gabès, d'un commerce qui, très florissant autrefois, s'est éteint au profit de Tripoli». Cf. du même, *Note sur le commerce caravanier dans le Sud de la Régence. Bul. Dir. agr., com. col.* Tunis, 1907, p. 549-554.

7753. — Levainville (J.). *Notes de voyage (printemps 1907) ; les troglodytes du Matmata...* — Rouen, imp. L. Gy, 1907, in-4°, 26 p., 7 fig.

Bul. Soc. normande G., 1907, p. 119-142, 7 fig. — Conditions physiques, climat, formes du terrain; géographie humaine, habitations, agglomérations; vie économique, olivier, cultures, bétail, migrations.

7754. — Le Bœuf (Capitaine Jules), adjoint au chef du Service central et du personnel militaire des Affaires indigènes à la Résidence générale de France à Tunis. *Historique de la conquête pacifique des Territoires militaires de Tunisie.* — Tunis, Imp. rapide, 1907, in-8°, 43 p., carte, 9 phot.

R. T., 1907, p. 112-128, 244-267, carte, 9 phot. — Aperçu géographique et organisation politique des Territoires militaires de Tunisie; la période insurrectionnelle (mai-juillet 1881) : bombardement de Gabès, soumission de Djerba et de Zarzis; guet-apens d'Aïn-Sellem, expédition du général Logerot, soumission de l'Arad (août-déc. 1881); colonnes des généraux Jamais et Philebert, leurs opérations combinées dans le pays des Ouerghemma (mars-juin 1882); recrudescence de l'insurrection, campagne d'hiver (1882-1883) : colonnes du général Guyon-Vernier et du lieut^t-colonel de La Roque; la pacification (1888-1901); carte du territoire militaire de Gabès. An. dans *Bul. Com. A. F.*, 1908, sup. p. 63-64.

7755. — *Sur les confins de la Tripolitaine.* — *Bul. Com. A. F.*, 1908, p. 238-240.

Aussi bien vers la Tunisie que vers l'Algérie, l'audace des Turcs croît en raison directe de notre inertie; «allons-nous plus longtemps fermer les yeux et rester inactifs?».

7756. — Bussy (Capitaine), chef de l'annexe d'El-Oued. *La région entre Béréçof et la Tripolitaine...* — *Bul. Com. A. F.*, 1908, sup., p. 157-163, carte.

Reconnaissance effectuée par l'auteur (20 janvier-13 mars 1907), de concert avec le capitaine Donau (territoire de Médenine), le lieut^t Tardy (annexe de Tatahouine), le commandant Ropert (territoire de Touggourt); aspect physique du pays, impressions personnelles. An. par H. Busson, dans *Ann. G., Bibl.*, 1909, p. 244.

7757. — Gendre (Capitaine F.). *De Gabès à Nefta (le Nefzaoua et le Djerid).* — *R. T.*, 1908, p. 383-411, 499-520, cartes.

Description de l'oasis de Gabès; la région du Nefzaoua, Sabria et le Dahar, le chott Djerid, l'oasis de Tozeur; en appendice, la mission des chotts et la mer intérieure; bibliographie. An. par G. Yver, dans *Ann. G., Bibl.*, 1909, p. 235.

7758. — JOLY (A.). *Notes géographiques sur le Sud tunisien.* — Alger, imp. S. Léon, 1909, in-8°, 86 p., carte.

Bul. Soc. G. Alger, 1908, p. 281-301; 1909, p. 223-250, 471-508, carte. — Le relief, les formations géologiques, les eaux, le climat, la faune et la flore, culture, élevage; les populations, costume, vie, langue, caractère; état politique du pays, sa mise en valeur; bibliographie. An. par le colonel Bourgeois, dans *Bul. G. Hist. Descr.*, 1910, p. 353; par G. Yver, dans *Ann. G., Bibl.*, 1910, p. 233.

7759. — RIQUET (B.). *L'incident de la frontière tuniso-tripolitaine et l'Algérie.* — *Bul. R. Ét. A.*, 1909, p. 35-37.

Léger incident à la frontière tuniso-tripolitaine entre un détachement français et des soldats turcs qui entraîna la France à insister pour une délimitation de la frontière de la Tripolitaine; la question est surtout importante pour la région où ce pays confine à l'Algérie.

7760. — PERVINQUIÈRE (L.). *Le Sud tunisien.* — Paris, C. Delagrave [1909], in-8°, paginé 395-470, 33 fig.

R. G., 1909, p. 395-470, 33 fig. — Géologie et géographie physique, la Jeffara et le Dahar, climat, régime des eaux, réseau hydrographique; végétation, population, la tribu des Matmata et la confédération des Ouerghemma. Bibliographie. An. par G. Ginestous, dans *R. T.*, 1910, p. 446-448; dans *Bul. Soc. géol. France*, 1910, p. 626; par Augustin Bernard, dans *Ann. G., Bibl.*, 1910, p. 237.

7761. — *La délimitation entre l'Algérie et la Tripolitaine.* — *Bul. Com. A. F.*, 1909, p. 370-371.

Nécessité de régler la question de la frontière tripolitaine, la région de Djanet ne peut pas rester neutre.

7762. — LE BOEUF (Capitaine Jules). *Les confins de la Tunisie et de la Tripolitaine. Historique du tracé de la frontière.* — Paris, Berger-Levrault, 1909, in-8°, 66 p., carte.

Monographie géographique et ethnographique des Territoires militaires de Tunisie. Origine de la confédération des Ouerghemma, fondation de la Régence de Tripoli (1560) et de la Régence de Tunis (1574); Médenine, capitale des Territoires du Sud; la frontière tuniso-tripolitaine en 1696, 1815 et 1881; l'occupation militaire de cette frontière; organisation politique et administrative des Territoires du Sud-Tunisien soumis à la surveillance de l'autorité militaire; le Service des Affaires indigènes en Tunisie. Carte du Territoire militaire de Gabès avec itinéraire des colonnes expéditionnaires. An. par J. de P., dans *Op.*, 1910, 1er sem., p. 156.

7763. — Peltier (F.) et Arin (F.). *Les modes d'habitation chez les « Djabaliya » du Sud tunisien.* — *R. M. Mus.*, 1909, t. VIII, p. 1-28, 8 fig.

Les montagnards qui habitent les massifs formant le rebord du plateau saharien oriental, vers le littoral de la Syrte; le troglodytisme.

7764. — Cufino (Luigi). *L'oasis de Djanet.* — *R. F. Étr. Col.*, 1909, p. 592-602, 2 cartes.

Traduction par J. J. [Joûbert] d'une étude documentée publiée par *Il Mattino* (de Naples) : l'œuvre civilisatrice de la France au Sahara, les droits de la France sur Djanet. Reproduit en partie dans *Bul. Soc. Ét. Col. Mar.*, 1909, p. 225-231.

7765. — Ordinaire (Maurice). *Le golfe de Gabès.* — *Q. Dipl. Col.*, 1909, t. XXVIII, p. 103-105.

« Cette Tunisie du Sud... n'a pas été vivifiée comme le reste de la Régence par le Protectorat français », difficultés, avenir.

7766. — Le Boeuf (Capitaine J.). *Note sur la situation économique du Sud de la Régence de Tunis et sur l'avenir de cette région. Gabès, Djerba, Tozeur, les oasis.* — *Bul. Sect. Tunis.*, nov. 1909, p. 92-144, carte.

Considérations générales sur la géographie, la climatologie, les vents et pluies, la salubrité, le système hydrographique (sources et puits artésiens), les zones culturales et produits susceptibles d'être cultivés; statistiques relatives à la culture des céréales, dattiers et oliviers, au nombre des animaux domestiques, au trafic des ports de Gabès, Ben-Gardane et Zarzis, situation commerciale et mouvement caravanier, population du Sud de la Régence en 1906; avenir de ces régions, colonisation franco-tunisienne et indigène; carte donnant les itinéraires des colonnes expéditionnaires en 1881-1882.

7767. — [Montell (A.)]. *Tunisie : la frontière tripolitaine* (Signé : A. M.). — *R. F. Étr. Col.*, 1910, p. 89-92.

L'incident de Dehibat en janvier 1910 entre soldats turcs et soldats français; la question de la reconnaissance par la Turquie de notre protectorat; le Sahara tripolitain refuge de tous les éléments de trouble qui inquiètent nos tribus.

7768. — *L'incident de la frontière tuniso-tripolitaine.* — *Bul. Com. A. F.*, 1910, p. 24-25.

Incursion de réguliers turcs dans la région de Dehibat, négociations en vue d'un règlement de la délimitation de la frontière.

7769. — Marchand (H.). *La Tripolitaine et l'incident franco-turc.* — *R. F. Étr. Col.*, 1910, p. 139-159.

Le récent incident de Dehibat montre que le Gouvernement ottoman continue à ne pas vouloir reconnaître le Protectorat tunisien; valeur de la Tripolitaine, populations, confréries musulmanes, visées italiennes sur la Tripolitaine.

7770. — *Dans l'Extrême-Sud tunisien.* — *Quinz. col.*, 1910, p. 277.

Raid du général Pistor à Djeneïen, en dix étapes, en partant du Nefzaoua.

7771. — Marchand (H.). *Les prétentions turques en Afrique.* — *Q. Dipl. Col.*, 1910, t. XXX, p. 598-608, carte.

La politique turque, encore indirecte en ce qui concerne la question d'Égypte, s'affirme sans ambages du côté tripolitain; les incidents de la frontière tuniso-tripolitaine et du Sahara oriental; le traitement des sujets tunisiens résidant en Turquie.

7772. — Etiévant (Lieut^t J.), du 23e d'inf^{ie} coloniale. *Le commerce tripolitain dans le centre africain.* — *Bul. Com. A. F.*, 1910, p. 277-282, carte, ill.

Le mouvement caravanier jusque vers 1895, l'avenir de la route Rhat, Agadès, Zinder, Kano; déviation du trafic vers le Touat et la Tunisie.

7773. — *La France et la Turquie en Afrique.* — *Bul. Com. A. F.*, 1910, p. 290-291.

Incidents dans les régions de Bılma et de Djanet; la question de la reconnaissance, par la Turquie, de notre autorité sur les Tunisiens. Cf. *La Turquie et nos droits en Afrique. Quinz. col.*, 1910, p. 642-644; *Occupation de Djanet par les Turcs. Ibid.*, p. 644.

7774. — Pistor (Général). *Les communications télégraphiques dans le Sud-Tunisien.* — *R. Q. Col. Mar.*, 1910, p. 257-258.

Lettre adressée à la Soc. d'Études coloniales et maritimes au sujet des relations télégraphiques entre les postes du Sud-Tunisien et la côte.

7775. — Delval (Commandant). *La frontière tuniso-tripolitaine.* — *R. T.*, 1910, p. 189-197.

Délimitation de la frontière tuniso-tripolitaine par les officiers du Service des renseignements; incidents divers en 1896; la question de la reconnaissance officielle par la Turquie de notre protectorat en Tunisie.

7776. — *La délimitation de la frontière tuniso-tripolitaine.* — *Ann. Col.*, 20 mai 1910.

La convention franco-turque du 19 mai qui sauvegarde les intérêts tunisiens dans l'Extrême-Sud.

7777. — LE BOEUF (Capitaine), du Service des Affaires indigènes. *Historique de la frontière entre la Tunisie et la Tripolitaine...* — S. l., 1910, in-4°, 78 p., dactylogr.

Résidence générale de la République française, commission de délimitation de la frontière tuniso-tripolitaine. — Travail établi sous la direction de M. des Portes de La Fosse, conseiller d'ambassade, premier commissaire de la délimitation. La frontière traditionnelle de la Régence et les tribus gardiennes des confins tuniso-tripolitains; grandes lignes de la frontière en 1881 et étapes progressives de sa délimitation; état de la question au point de vue diplomatique jusqu'en 1893, de 1893 à 1907 et jusqu'en 1910; violations de frontière par les Tripolitains ou les réguliers turcs; affirmations répétées des droits de la France sur la région frontière; accord avec le gouvernement ottoman en 1910 pour la constitution d'une Commission de délimitation, entraînant implicitement la reconnaissance du Protectorat tunisien par la Porte.

7778. — RÉGENCE DE TUNIS. Commission de délimitation de la frontière tuniso-tripolitaine. *Convention du 19 mai 1910...* S. l. n. d., in-4°, 197 p., carte, lithogr.

Composition des deux Commissions ottomane et tunisienne réunies à Tripoli (11 avril-19 mai 1910), pour arrêter les grandes lignes de la frontière tuniso-tripolitaine; procès-verbaux des séances, texte de la convention fixant cette frontière; carte à 1/800.000° du tracé de la frontière entre la mer et l'oasis de Ghadamès.

7779. — *La délimitation franco-turque.* — *Bul. Com. A. F.*, 1910, p. 135-136, 164-165, 268.

Détails sur l'agression de Dehibat; la convention du 19 mai respecte, pour la plus grande partie, nos droits et nos revendications; il reste la question de la délimitation algéro-tripolitaine. Cf. *Quinz. col.*, 1910, p. 42-43, 390, 448-449.

7780. — *Un accord franco-turc à propos de la frontière tuniso-tripolitaine.* — *Bul. Soc. G. Est*, 1910, p. 246-247.

Accord contresigné le 19 mai 1910. Cf. *La délimitation de la frontière tripolitaine* Ibid., 1911, p. 271-272.

7781. — *La frontière tuniso-tripolitaine, accord du 19 mai.* — Bul. Com. A. F., 1910, sup., p. 409-410.

Texte de l'accord, précédé d'un exposé par Paul Deschanel.

7782. — Augias (L.), ancien officier interprète. *Deux années au Nefzaoua.* — R. T., 1911, p. 42-53, 4 phot.

Conférence faite à Tunis (7 avril 1909); description du Nefzaoua, l'oasis de Kebili; le chott Djerid, les tribus.

7783. — *Mission de délimitation entre la Tunisie et la Tripolitaine.* — Ann. G., 1911, t. XXIII, p. 234-235.

Lettre du capitaine Boué (Ghadamès, 21 janvier) au colonel Bourgeois. Cf. B., *Position géographique de Ghadamès.* Ibid., p. 282-283.

7784. — [Cornetz]. *Le tracé de l'oued el Djenneien (Sahara tunisien). Une erreur géographique tenace.* — Bul. Soc. G. Alger, 1911, p. 154-160.

A propos de la Commission franco-turque de délimitation de la frontière tuniso-tripolitaine, relève deux erreurs fréquentes des atlas français relatives l'une à l'oued el Djeneïen, l'autre à la limite précise des grandes dunes de l'Areg oriental; le Sahara tunisien tel qu'on le supposait avant 1891 et tel qu'il est réellement; bibliographie.

7785. — Pervinquière (Léon). *A Ghadamès.* — Bul. Soc. G. Paris, 1911, t. XXIII, p. 417-438, 10 ill.

Communication à la Soc. (8 juin). L'auteur, chargé d'une mission géologique dans l'hinterland tunisien, accompagna la commission de délimitation de la frontière tuniso-tripolitaine; description de l'itinéraire de Dehibat à Ghadamès; rappel du massacre de l'expédition de Morès; Ghadamès et son oasis, ses habitants, son commerce. An. par R. Basset, dans R. H. Relig., 1912, t. LXVI, p. 216. Cf. Maurice Zimmermann, *La frontière de la Tunisie et de la Tripolitaine, et l'oasis de Ghadamès en 1911.* Ann. G., 1912, t. XXI, p. 93-96.

7786. — Cortier (Maurice). *Les Turcs en Afrique centrale. La frontière franco-tripolitaine.* — Bul. Com. A. F., 1911, p. 320-328, carte.

Question des communications à conserver entre la Méditerranée et le Tchad; traités de délimitation et droits acquis; conséquences de l'occupation par les Turcs de Djanet, Bardaï et Aïn-Galaka; conflits à redouter; nécessité urgente de réaliser un accord à la conférence de Tripoli.

7787. — Pervinquière (Léon). *La délimitation de frontière entre la Tunisie et la Tripolitaine.* — *R. H.*, 1911, t. VIII, p. 398-421, croq.

Historique de la question de la frontière, les conflits, signature de la convention (19 mai 1910); les Commissions, les résultats. Cet art. a été utilisé pour l'ouvrage signalé sous le n° **7803**. Cf. *La frontière tripolitaine. R. F. Étr. Col.*, 1912, p. 428-430.

7788. — *L'Italie en Tripolitaine.* — *Bul. Com. A. F.*, 1911, p. 304.

Déclaration du m¹ˢ de San-Giuliano (9 juin) : la délimitation tuniso-tripolitaine a été faite en conformité des accords anglo-français (21 mars 1899) et italo-français (1902).

7789. — Pinon (René). *Rhadamès et Rhât.* — *Op.*, 1911, 2° sem., p. 577-579, croq.

Conséquences de l'installation des Italiens en Tripolitaine, précautions à prendre; la frontière franco-tripolitaine dans le Sahara, l'avenir de Ghadamès et de Rhat.

7790. — Caix (Robert de), Fidel (Camille), Terrier (Auguste). *La guerre italo-turque et la Tripolitaine.* — *Bul. Com. A. F.*, 1911, p. 361-376.

La France et la Tripolitaine italienne, par R. C. [de Caix]; la Tripolitaine à la veille de l'occupation italienne, par Camille Fidel : intérêts économiques italiens et la colonisation italienne, le commerce extérieur de la Tripolitaine, influence intellectuelle et morale de l'Italie, autres intérêts étrangers, la Tripolitaine et l'opinion italienne, l'avenir de la Tripolitaine; documents et faits, par A. Terrier.

7791. — *L'Extrême-Sud tunisien et l'avenir de Tozeur.* — *Act. afr.*, janvier 1912, p. 5.

La voie ferrée en construction de Gafsa à Nefta, son importance pour la mise en valeur des oasis du Djerid.

7792. — *L'oasis de Djanet.* — *Bul. Soc. G. Est,* 1912, p. 69.

Son occupation par nos troupes de police saharienne (27 nov. 1911).

7793. — Loir (D^r). *La Tripolitaine.* — *Bul. Soc. G. Com. Nantes,* 1912, p. 91-101.

Conférence (9 février). Bref aperçu sur l'histoire et la description de cette région; les oasis de Rhat et de Ghadamès.

7794. — Méhier de Mathuisieulx (H.). *La Tripolitaine d'hier et de demain...* — Paris, Hachette, 1912, in-16, viii-222 p., 52 grav., 2 cartes.

Conclusions tirées de plusieurs explorations en Tripolitaine (v. n^{os} **7726, 7730** et **7739**); avenir du pays, débarquement italien et ses conséquences; Tripoli débouché commercial du Soudan; effort nécessaire pour aménager le port de Gabès, en vue de conserver le trafic des caravanes par un itinéraire entièrement en territoire français. An. par J. Aubry, dans *Bul. Soc. G. Alger,* 1912, p. 114-118; dans *Bul. Com. A. F.,* 1912, p. 202-203; par C. M., dans *Quinz. col.,* 1912, p. 259-261; par H. Busson, dans *Ann. G., Bibl.,* 1913, p. 235.

7795. — Bernet (Edmond). *En Tripolitaine. Voyage à Ghadamès, suivi des mémoires du maréchal Ibrahim-Pacha, ancien gouverneur, sur son œuvre en Tripolitaine avant la guerre.* Préface de L. Duparc... — Paris, Fontemoing, 1912, in-8°, ix-265 p., phot., carte.

Journal de route d'une mission scientifique accomplie peu avant la guerre italo-turque. La frontière tunisienne, sévérité de sa garde; séjour à Ghadamès, les caravanes. An. par le général Bourgeois, dans *Bul. G. Hist. Descr.,* 1912, p. 512-513; dans *Bul. Com. A. F.,* 1913, p. 51-52; par H. Busson, dans *Ann. G., Bibl.,* 1913, p. 232-233.

7796. — *La guerre italo-turque et ses conséquences.* — *Bul. Com. A. F.,* 1912, p. 27-35, 102-103, 2 croq.

Résumé des opérations (oct.-déc. 1911); les frontières de la Tripolitaine, notamment la frontière française : neutralité tunisienne, incidents du *Carthage* et du *Manouba,* occupation de Djanet (27 nov.), la question de Ghadamès et de Rhat.

7797. — *Sahara : occupation de Djanet.* — *R. F. Étr. Col.,* 1912, p. 48-49, 244.

Réoccupation (27 nov. 1911) par le capitaine Chârlet de l'oasis occupée en 1905 par le capitaine Touchard. Cf. *Quinz. col.*, 1912, p. 4-5.

7798. — VANDELBOURG (R.-H. de). *Notes sur la guerre de Tripolitaine.* — *R. D. M.*, 1912, t. X, p. 378-395.

L'auteur, entré en Tripolitaine par Ben-Gardane (avril 1912), a parcouru la province depuis la frontière tunisienne jusqu'à Tripoli; le commerce tripolitain se fait par l'Égypte et par la Tunisie; intérêt qu'auraient les Italiens à couper les pistes; interdiction, prise par décret du Résident général, du passage en Tripolitaine des chameaux tunisiens.

7799. — *La Tripolitaine et les intérêts français.* — *Bul. Soc. G. Est*, 1912, p. 190-192.

La part de la France et de la Tunisie dans le commerce avec la Tripolitaine.

7800. — ARDAILLON (E.), lieut^t de la c^{ie} saharienne du Tidikelt. *L'oasis de Djanet...* — *Bul. Com. A. F.*, 1912, sup., p. 321-337, carte, croq.

Considérations générales sur les origines, les tribus, la vie politique, administrative et économique de Djanet; son régime sous les Turcs, son occupation en 1911 par les Français (v. n°^{s} **1506** et **1579**); étude détaillée de l'oasis. Extr. sous le titre *Djanet et les Français*, dans *Bul. Soc. G. Est*, 1913, p. 82-83. An. par H. Busson, dans *Ann. G., Bibl.*, 1913, p. 232.

7801. — VIOLARD (Émile). *L'Extrême-Sud tunisien : les troglodytes...* — *Act. afr.*, juin 1912, p. 1-2, ill.

Étude sur la région du djebel Matmata, ses habitants, ses villages, ses habitations des Djebalia troglodytes.

7802. — PIAZZA (Giuseppe). «*La nostra terra promessa*» (*Lettres de Tripolitaine*), *mars-mai 1911*.— *R. T.*, 1912, p. 263-277.

Traduction annotée par P. G.-G. [Garrigou-Grandchamp] des chapitres d'un ouvrage (B. Lux, Roma) de «pur reportage», rédigé hâtivement, relatifs à la délimitation de la frontière tuniso-tripolitaine et à l'émigration tripolitaine en Tunisie. An. dans *Q. Dipl. Col.*, 1912, t. XXIV, p. 383.

7803. — PERVINQUIÈRE (Léon). *La Tripolitaine interdite. Ghadamès.* — Paris, Hachette, 1912, in-16, 254 p., 55 grav., 9 cartes.

Collection des voyages illustrés. — Paru sous le titre Sur les confins de la Tripolitaine, de la Méditerranée à Ghadamès... dans Le Tour du monde, 1912, p. 217-288, grav., cartes. — La délimitation de la frontière tuniso-tripolitaine (v. n° **7787**) et la valeur économique du Sud tunisien; Ghadamès, son histoire et ses habitants; le pays entre Dehibat et Ghadamès, la tranquillité de ces régions. An. par Charles Merki, dans Merc. F., 1914, t. CVIII, p. 833; dans R. F. Étr. Col., 1912, p. 558; par E. S., dans R. Sc., 1912, 2ᵉ sem., p. 254; dans Bul. Com. A. F., 1913, p. 96; dans Quinz. col., 1912, p. 545; par H. Busson, dans Ann. G., Bibl., 1913, p. 236; par L. de Leymarie, dans Bul. Soc. G. Com. Paris, 1913, p. 215-216.

7804. — TERRIER (Auguste). *Après le départ des Turcs.* — Bul. Com. A. F., 1912, p. 429-430.

Les menées panislamiques et la propagande antifrançaise en Afrique du Nord de l'Union maghrébine; période d'anarchie qui va s'étendre à Ghadamès et surtout à Rhat entre le départ des Turcs et l'arrivée des Italiens.

7805. — DUBOSCQ (André). *Notre nouveau voisinage au nord de l'Afrique.* — R. P. L., 1912, 2ᵉ sem., p. 302-304.

Considérations sur les conséquences économiques et politiques de l'établissement des Italiens en Tripolitaine; comment éviter les difficultés qui pourront en résulter notamment à propos de Ghadamès et de Rhat (v. n° **7821**).

7806. — LE CHATELIER (A.). *Les adversaires de l'Italie en Tripolitaine (Un document).* — R. P. L., 1912, 2ᵉ sem., p. 417-418.

Spécimen des intrigues panislamiques, d'attaches pangermaniques, qui s'en prennent à toutes les puissances européennes de l'Afrique du Nord; Rifâat bey et les agissements de la « Société de bienfaisance musulmane » de Tanger.

7807. — *La valeur économique d' l'Extrême-Sud tunisien.* — Quinz. col., 1912, p. 703-704.

La conclusion des observations faites par Pervinquière « est plutôt pessimiste ».

7808. — AUGAGNEUR (Victor), député. *La frontière franco-italienne en Tripolitaine.* — Ann. Col., 26 oct. 1912.

Les précautions dont la France devra s'entourer lors de la délimitation de la frontière; intérêt qui s'attache à la maîtrise du Sahara; les droits des Italiens ne peuvent être qu'identiques à ceux que détenaient les Turcs dans ces régions.

7809. — AURIOL (Henri), député. *Sahara tunisien.* — Ann. Col., 11 janvier 1913.

La valeur économique du Sahara tunisien; sa situation privilégiée aux portes de la Tripolitaine doit y faire naître dans l'avenir des marchés importants.

7810. — CLERGET (Pierre). *La valeur économique de l'Extrême-Sud tunisien.* — *R. G. Sc.*, 1913, p. 88-89.

Résumé du rapport de L. Pervinquière (v. n° **7147**). Les deux régions naturelles de l'Extrême-Sud tunisien : la plaine de la Jeffara, la haute falaise du Dahar; l'insuffisance d'eau et l'absence de limons les rendent peu propres à la culture.

7811. — RÉMOND (Georges). *Aux camps turco-arabes. Notes de route et de guerre en Tripolitaine et en Cyrénaique...* — Paris, Hachette, 1913, in-8°, XII-212 p., ill., carte.

Recueil de lettres adressées à Maurice Normand, rédacteur en chef de l'*Illustration*; notes au jour le jour sur la guerre italo-turque; un chapitre sur les confins tripolitains de la Tunisie; considérations sur la politique musulmane de la France; les Senoussistes. An. par H. de Curzon, dans *R. Crit.*, 1913, t. LXXV, p. 39; par E. Gallois, dans *Bul. Soc. G. Com. Paris*, 1913, p. 214-215; par G. Regelsperger, *ibid.*, 1914, p. 312; dans *Bul. Com. A. F.*, 1913, sup., p. 238; dans *R. F. Étr. Col.*, 1913, p. 63-64; par C. M., sous le titre *La Tripolitaine en armes*, dans *Quinz. col.*, 1913, p. 203-206.

7812. — *La police franco-italienne au Sahara.* — *Bul. Com. A. F.*, 1913, p. 92.

Reproduction d'un article du *Temps* (1ᵉʳ février) au sujet de la délimitation de la frontière entre Ghadamès et Rhat.

7813. — *Caravanes sahariennes à Gabès.* — *Bul. Soc. G. Est*, 1913, p. 80-81.

Conséquence de la guerre italo-turque fermant aux caravanes la route de la Tripolitaine. Cf. *Quinz. col.*, 1912, p. 637.

7814. — *Sur la frontière algéro-tripolitaine; la harka de Rhat.* — *Bul. Com. A. F.*, 1913, p. 200.

Le pays livré aux agitateurs senoussistes, mesures de protection prises à la frontière, leçon sanglante infligée à la harka (10 avril) entre Djanet et Rhat.

7815. — *La frontière tuniso-tripolitaine.* — *Bul. Com. A. F.*, 1913, p. 367.

Prétendue révision de cette frontière (*Dépêche tunisienne*, 3 oct.); le statut des Tripolitains en Tunisie. Cf. *ibid.*, p. 407.

7816. — *Dans le Sud tunisien.* — *Quinz. col.,* 1913, p. 304.

Voyage du résident général à l'enchir Gamouda et à l'oasis de Tozeur.

7817. — *Les Tripolitains en Tunisie.* — *Quinz.-col.,* 1913, p. 420-421.

Émigration d'un grand nombre de Tripolitains en Tunisie; le c^{te} Sforza vient les engager à rentrer dans leur pays.

7818. — *La question des Tripolitains en Tunisie.* — *Quinz. col.,* 1913, p. 599.

Le régime légal auquel seront soumis les Tripolitains immigrés. Cf. *ibid.,* p. 847-848 : l'Italie demande que les Tripolitains en Tunisie ressortissent aux tribunaux français.

7819. — ***. *La délimitation de la Libye.* — *Bul. Com. A. F.,* 1914, p. 15-17, 191; 1914, sup., p. 156-157.

Lettre datée d'Alger (4 déc. 1913); les textes diplomatiques depuis l'accord franco-anglais de 1898; une solution logique, la question de Ghadamès et de Rhat; le point de vue des coloniaux italiens d'après le professeur Guido Cora.

7820. — ***. *Les frontières de la Libye.* — *Bul. Com. A. F.,* 1914, p. 193-194.

Les points de vue français et italien en cette question; prochaines négociations de délimitation. Cf. *ibid.,* p. 143.

7821. — Duboscq (André). *Syrie, Tripolitaine, Albanie...* — Paris, F. Alcan, 1914, in-16, II-220 p., 2 cartes.

Bibliothèque d'histoire contemporaine. — Réunion de notes de missions et d'impressions de voyage parues sous forme d'art. . Tripoli après la conquête italienne (1er déc. 1912), conséquences de ce nouveau voisinage pour la Tunisie (1er sept.. 1912) [v. n° **7805**]; de Tunis à Tripoli vers la fin de la guerre italo-turque (1er déc. 1912) [v. **5671**]. An. par B. A., dans *R. Crit.,* 1915, t. LXXIV, p. 46-47.

7822. — *La situation économique de l'oasis et de la région de Rhadamès.* — *Bul. Com. A. F.,* 1914, p. 277-278.

Extr. du *Bulletin des informations du ministère des Colonies d'Italie* (6° fasc.). Cette situation n'a «rien de bien souriant»; toutefois, elle pourrait s'améliorer.

7823. — *La voie caravanière de Gabès à Djanet et au Soudan.* — *Bul. Com. A. F.*, 1914, p. 324.

Exécution du forage de Bir Général Pistor (30 kil. N. Ghadamès) en vue de jalonner de points d'eau la voie caravanière.

7824. — *La situation militaire et la nouvelle organisation du Fezzan.* — *Bul. Com. A. F.*, 1914, p. 350-352.

Note du ministère des Colonies d'Italie (28 nov.) annonçant le retrait des troupes établies à Rhat.

7825. — *La frontière franco-italienne en Libye.* — *Bul. Com. A. F.*, 1914, p. 352-353.

Le Parlement français vote les crédits nécessaires à la mission française (capitaine Niéger) dont les opérations de délimitation sont arrêtées par la guerre. Cf. *Quinz. col.*, 1914, p. 494-495.

7826. — *Voyage du cheikh Sidi Mohamed Taïeb ben Brahim, naïb de l'ordre El-Kadria, d'Ouargla à Ghadamès et à Ghate.* — *Rec. Soc. Arch. Const.*, 1914, p. 255-264.

Manuscrit traduit par le secrétaire interprète Abd el Aziz Osman et présenté par G. Barry, administrateur principal; itinéraire d'Ouargla à la frontière tunisienne par Ghadamès et Rhat, vestiges de la présence des Romains.

7827. — *Libye.* — *Bul. Com. A. F.*, 1915, p. 38-40, 83-84, 126-127, 152-153, 202-203, 238-240.

Suite d'art. : la guerre sainte proclamée en Libye, l'évacuation du Fezzan, les garnisons de Rhat et de Ghadamès se réfugient en Algérie et en Tunisie (déc. 1914-janvier 1915), colonnes envoyées par les Italiens, réoccupation de Rhat et de Ghadamès, interpellations à la Chambre italienne (8 et 9 mars), le combat de Syrte (29 avril), les agissements turcs, l'Italie en guerre avec la Turquie (21 août).

7828. — *Dans le Sud tunisien.* — *Bul. Com. A. F.*, 1915, p. 118.

Création d'une annexe du Service des affaires indigènes à Dehibat; inspection dans le Sud de G. Alapetite, résident général.

7829. — *La guerre en Afrique. Tunisie.* — *Bul. Com. A. F.*, 1915, p. 307-309.

Agissements germano-turcs dans l'Afrique du Nord et incidents provoqués par des djichs sur la frontière tuniso-tripolitaine en sept. et oct. 1915 (attaques des postes de Dehibat, de Bir-Remta et d'Oum-Souigh).

7830. — *Sur le front tripolitain.* — *Bul. Com. A. F.*, 1916, p. 18-21, 136, 155-156; 1917, p. 194-195, carte.

La rébellion en Tripolitaine pendant la guerre, sa répercussion dans le Sud-Tunisien; les troupes italiennes recueillies en Tunisie; brillante conduite des troupes qui ont mis fin à l'agitation sur le front tripolitain, affaires de Dehibat (126ᵉ R. I. T.), Bir-Remta, Oum-Souigh (juin-oct. 1915); rôle du lieutᵗ-colonel Le Bœuf, commandant des troupes du Sud-Tunisien; rentrée des dissidents en Tunisie, inauguration de la ligne Graïba-Gabès; l'aviation dans le Sud-Tunisien sous les ordres du capitaine de La Fargue.

7831. — *L'œuvre italienne en Libye.* — *Bul. Com. A. F.*, 1916, p. 345-348.

Traduction d'art. du *Corriere della Sera* (24 et 29 juillet) : en regardant vers demain, le front unique dans l'Afrique du Nord.

7832. — FIDEL (Camille). *Le point de vue italien dans les problèmes coloniaux d'après guerre. Exposé et discussion...* — S. l. [1917], in-4°, 97 p., dactylog., carte.

Rapport présenté au nom des groupements coloniaux et géographiques de France, destiné à montrer comment les problèmes coloniaux sont envisagés en Italie. Les compensations en Afrique et la question de l'hinterland de la Libye liée à celle du transsaharien italien; les prétentions italiennes sur les régions de Djanet et de Bilma et l'accès au lac Tchad; le point de vue français dans cette question. État d'esprit assez inquiétant que révèlent les ambitions italiennes.

7833. — FIDEL (Camille). *Problèmes coloniaux italiens. Le Congrès colonial de Naples, 26, 27 et 28 avril 1917, documents annexés...* — Paris, Soc. des études col. et mar., 1918, gr. in-8°, 27 p.

Bibliothèque de la Soc. des études col. et mar. — Paru partiellement dans *Bul. Com. A. F.*, 1917, p. 238-251, 305-306, et dans *R. Q. Col. Mar.* — Organisé par la Societa Africana d'Italia; questions discutées et résolutions adoptées : la propagande coloniale, la mise en valeur des colonies, les cultures coloniales; les relations commerciales et maritimes de l'Italie avec les colonies italiennes et étrangères; l'Italie et l'Afrique du Nord ; le programme des revendications territoriales concernant notamment l'arrière pays de la Libye, la politique islamique; appréciations italiennes sur les commentaires français; l'art. 13 du traité secret (28 nov. 1918) publié dans les *Isvestia.* Cf. Corrado Masi, *Alle frontiere della Libia.* Empoli, 1915, xxxii-191 p., 6 gr. An. dans *R. T.,* 1918, p. 72-73.

7834. — FIDEL (Camille). *Le problème colonial italien et l'alliance italo-française...* — Paris, publ. du Comité de l'Afrique française, 1919, in-8°, 32 p., croq.

Bul. Com. A. F., 1918, p. 270-276; 1919, p. 30-45; et *R. Q. Col. Mar.,* 1918, p. 143-154; 1919, p. 8-37, croq. — Documentation, d'après la presse italienne, sur l'évolution du débat colonial franco-italien; les ambitions italiennes au sud de la Tripolitaine et jusqu'au Tchad; interprétation extensive de l'art. 13 de l'accord du 26 avril 1915; la «division parfaite» de l'Afrique, d'après les Italiens; les frontières de la Libye.

7835. — *Les possessions italiennes d'Afrique.* — *Bul. Com. A. F.,* 1919, p. 222-229.

Desiderata de l'Italie en Afrique, la situation en Libye, le mouvement commercial des colonies italiennes.

7836. — THIERRY (René). *L'Afrique de demain.* — *Bul. Com. A. F.,* 1920, p. 9-12, 87-92, 124, 3 croq.

Envisage notamment la question des compensations à accorder à l'Italie au point de vue colonial; articles du *Times* (6-8 janvier) sur les aspirations italiennes; l'accord franco-italien du 12 sept. 1919 au sujet de la frontière entre la Tripolitaine et les possessions françaises d'Afrique et de certaines questions tunisiennes (v. n° **7839**), l'opinion du Sénat.

7837. — BONAMY (André). *Les relations commerciales entre la Tunisie et l'Afrique occidentale française.* — *Bul. Com. A. F.,* 1920, sup., p. 49-56, carte, 2 phot.

Rapport de l'auteur, administrateur des colonies, qui avait déjà accompli une mission à travers le Sahara en 1917 (v. n° **1681**) et fut chargé en 1919, par le ministère des Colonies, d'étudier la possibilité de nouer des relations commerciales entre la Tunisie et l'A. O. F.; historique de la question, possibilités commerciales, nécessité d'encourager le mouvement caravanier transsaharien. An. dans *Bul. Soc. G. Paris,* 1920, t. XXXIII, p. 449; par Elicio Colin, dans *Bibl. g.,* 1922, p. 293.

7838. — TALBUN (François). *En Tunisie. Gabès et les confins tripolitains.* — *R. Af.* (ex-*Maroc-R.*), 1920, p. 313-316, grav.

Pénétration et progrès de notre influence dans l'Extrême-Sud tunisien depuis 1881; description des confins tripolitains, vie des indigènes; sécurité actuelle.

7839. — FIDEL (Camille). *L'accord anglo-italien et la position de l'Italie en Afrique.* — Bul. Com. A. F., 1920, sup., p. 132-135, 2 cartes.

Commentaires à propos de l'accord franco-italien du 12 sept. 1919 (v. n° **7836**).

7840. — FIDEL (Camille). *Une mission en Tripolitaine (septembre 1920).* — Paris, publ. du Comité de l'Afrique française, 1921, in-16, 135 p., 7 phot., 4 cartes.

Bul. Com. A. F., 1921, sup., p. 17-38, 47-58, 94-103, 7 phot., 4 cartes. — Étude faite, à la suite d'une mission, sur la situation économique de la Tripolitaine, l'orientation de la politique italienne dans ce pays et ses répercussions dans les autres pays de l'Afrique du Nord. Cf. *ibid.,* 1920, p. 273-274. An. dans *Bul. Soc. G. Paris,* 1921, t. XXXVI, p. 412; par Ch. de La Roncière, dans *Bul. G. Hist. Descr.,* 1922, p. CI-CIII; dans *R. T.,* 1921, p. 267-268; par H. Busson, dans *Bibl. g.,* 1922, p. 306.

7841. — SOULIER (Édouard), député. *Rapport fait au nom de la Commission des Affaires étrangères chargée d'examiner le projet de loi portant approbation de l'accord signé à Paris le 12 septembre 1919... pour la fixation de la frontière entre la Tripolitaine et les possessions françaises d'Afrique...* — Paris, imp. Martinet, 1921, in-4°, 54 p.

Chambre des députés, 12ᵉ législature, session extraordinaire de 1921. Annexe au procès-verbal de la séance du 22 déc. 1921, n° 3589. — Circonstances au milieu desquelles l'accord fut signé, les stipulations territoriales, économiques, politiques; l'état de nos possessions dans l'Afrique du Nord, les concessions faites à l'Italie en Tunisie. Cf. Projet de loi Millerand, Lefebvre, Steeg, Sarraut, sur le même objet, *ibid.,* n° 335 (v. n°ˢ **7846, 7849** et **7851**).

7842. — X... *Chronique de Libye (chez le voisin).* 1ʳᵉ année, 1921... — Tunis, Imp. rapide, 1922, in-8°, XXVI-86 p.

Volume annuel (6 années publiées) tiré à petit nombre d'exemplaires et non mis dans le commerce, réunissant des art. parus dans la *Tunisie française* de 1921 à juin 1923, puis dans le *Bul. Com. A. F.* de juin 1923 à 1926. Les Italiens en Tripolitaine, conséquences de cette occupation; réponses aux articles de presse pouvant servir, en Tunisie, de point d'appui aux menées antifrançaises des destouriens notamment. Extr. du 2ᵉ vol. dans *Bul. Com. A. F.,* 1923, p. 43-44. An. par G. Rectenwald, dans *R. Alg. Tun. Maroc. lég. jurisp.,* 1922-23, 1ᵉʳ part., p. 254-

255; par G. Yver, dans *R. Af.*, 1923, p. 554-556; par Augustin Bernard, dans *Bul. Soc. G. Paris*, 1923, t. XXXIX, p. 136; par J. L. L. [Lacharrière], dans *Bul. Com. A. F.*, 1922, sup., p. 199-200, et 1923, p. 267-268.

7843. — Fidel (Camille). *L'Italie et le problème libyen...* — Paris, publ. de la Soc. des Études col. et mar., 1922, gr. in-8°, 19 p.

R. Q. Col. Mar., 1922, p. 74-90. — *Bibl. de la Soc. des Études coloniales et maritimes.* — Parut partiellement dans *Col. Mar.*, mai 1922, et dans *La Dépêche coloniale*, puis remanié. Tendances opposées de la politique italienne en Libye depuis 1911, le nationalisme tripolitain et le senoussisme; la répression italienne et le concours des Berbères; France et Italie devant l'Islam.

7844. — Fidel (Camille). *Sud-Tunisien et Tripolitaine. Impressions de voyage. I. Dans l'extrême-sud tunisien : Ben Gardane. II. Les communications tuniso-tripolitaines. III. La situation militaire en Tripolitaine.* — *R. Q. Col. Mar.*, 1922, p. 132-137.

Extr. de *La Dépêche coloniale.* — Notes de voyage (oct. 1922); l'Extrême-Sud tunisien, le poste de Ben-Gardane, sa garnison; les communications tuniso-tripolitaines de Ben-Gardane à Zaoura. An. par H. Dehérain, dans *Bul. G. Hist. Descr.*, 1923, p. vii-ix.

7845. — Langeron (Dr Maurice). *Les oasis de montagne du Sud tunisien : Tamerza, Midès, Chebika.* — *Bul. Soc. G. Paris*, 1922, t. XXXVIII, p. 509-526, 10 ill.

Description géographique de la région que l'auteur a visitée au cours de sa 2° mission (v. n° **8521**).

7846. — Vergniol (Camille). *L'accord franco-italien dans l'Afrique du Nord.* — *R. F.*, 1922, t. II, p. 861-868, croq.

Étude faite d'après le rapport d'Édouard Soulier (v. n° **7841**) sur les avantages accordés par la France à l'Italie dans la délimitation de la frontière entre Ghadamès, Rhat et Tummo et en Tunisie dans le domaine fiscal, juridique, économique et moral.

7847. — Rouard de Card (E.). *La France et l'Italie et l'article 13 du Pacte de Londres...* — Paris, A. Pedone, J. Gamber, 1922, in-8°, 36 p., 2 cartes.

L'accord du 26 avril 1915, les concessions faites par la France à l'Italie, la frontière de la Libye avant et après l'accord du 12 sept. 1919; nombreuses références. An. dans *Bul. Com. A. F., 1922,* sup., p. 184.

7848. — CARBOU. *Sur les confins de la Tripolitaine...* — *Bul. Soc. G. Toulouse,* 1923, p. 24.

Résumé, par G. M., d'une conférence faite à la Soc. (24 avril); l'auteur était en Tunisie pendant la guerre; l'insurrection dans le Sud-Tunisien, sa répression, les pertes.

7849. — *La frontière franco-italienne.* — *Bul. Com. A. F.,* 1923, p. 96-97.

Vote par la Chambre des députés (31 janvier) de la loi approuvant l'accord signé le 12 sept. 1919 (v. n° **7841**).

7850. — REGELSPERGER (Gustave). *Expéditions scientifiques au Sahara et dans l'Afrique occidentale française.* — *R. G. Sc.,* 1923, p. 36-37.

Objet de la mission Olufsen de Tunis au Hoggar, par Tozeur; le lieut.-colonel Hovard dans les Territoires du Sud; la traversée du Sahara en automobile (Citroën).

7851. — CHÊNEBENOIT, sénateur. *Rapport fait au nom de la Commission des Affaires étrangères et de politique générale des colonies et protectorats, chargée d'examiner le projet de loi... portant approbation de l'accord signé à Paris le 12 septembre 1919... pour la fixation de la frontière entre la Tripolitaine et les possessions françaises d'Afrique...* — Paris, imp. du Sénat [1923], in-8°, 14 p., carte.

Sénat, session ordinaire 1923. Annexe au procès-verbal de la séance du 18 juin 1923, n° 458. — Les accords antérieurs italo-français sur cette question; les dispositions d'ordre territorial, politique et économique de l'accord du 12 sept. 1919 concernant spécialement la Tunisie (v. n°⁸ **7841** et **7856**).

7852. — HAUDOS (Ernest), député. *Le Sud tunisien.* — *Ann. Col.,* 29 juin 1923.

La récente randonnée du Résident général Lucien Saint dans le Sud tunisien; rappel de quelques événements de notre pénétration dans ces régions.

7853. — *La pénétration du Sahara par la Tunisie.* — *Bul. Com. A. F.*, 1923, p. 260-261.

Voyage en auto-chenilles du Résident général L. Saint aux confins de la Régence (Gabès à Foum-Tatahouine, Bir-Pistor et jusqu'à la jonction de l'Extrême-Sud tunisien avec l'Extrême-Sud algérien); étude de la question de la liaison aérienne entre la Tunisie et l'Afrique centrale.

7854. — Haudos (Ernest), député. *La frontière tripolitaine.* — *Ann. Col.*, 9 août 1923.

Les accords franco-turcs, puis franco-italiens depuis 1910 au sujet de la fixation de la frontière; le dernier accord de 1919 avec l'Italie qui traite également de certains points relatifs à la situation des Italiens en Tunisie.

7855. — Chat (Laurent). *Le voyage du Résident général à la frontière tuniso-tripolitaine.* — *R. Sect. Tunis.*, 1923, p. 201-207.

Bref rappel des événements de cette région depuis 1912; voyage du Résident, dévouement des officiers et hommes des goums; possibilité de liaison transsaharienne par l'avion et l'auto.

7856. — *La frontière tuniso-tripolitaine.* — *Bul. Com. A. F.*, 1924, p. 41-42, carte.

Origine de la question; extr. du rapport établi par M. Chênebenoit (v. n° **7851**); la délimitation reste à faire.

7857. — Edeyen. *Le raid du Résident général de Tunisie sur Djanet.* — *A. A.*, 1924, p. 76-81, carte, phot.

Intérêt qu'aura le raid entrepris, en mars 1924, par L. Saint qui l'année précédente a parcouru en auto-chenilles le Sahara tunisien; importance que peut prendre Gabès comme tête de ligne des relations vers le Tchad.

7858. — La Fargue (Commandant de), chef de l'aviation tunisienne. *Pourquoi la Tunisie veut-elle rouvrir la route du Centre-Afrique?* — *A. A.*, 1924, p. 145-149, 3 phot.

Reproduit dans *R. Sect. Tunis.*, 1924, p. 29-37. — Politique de pénétration saharienne du Maroc, de l'Algérie, de la Tunisie, de la Tripolitaine et de l'Égypte; programme établi pour le Résident général par le commandant de La Fargue en faveur de la liaison Tunisie-Tchad, voie transafricaine la plus directe; profits politiques, commerciaux et touristiques.

7859. — Combrouze (Gabriel), député. *Les frontières communes en Afrique.* — *Ann. Col.*, 12 fév. 1924.

La frontière tuniso-tripolitaine, les accords avec l'Italie et les concessions qui lui ont été faites, la frontière du Rio de Oro encore imprécise.

7860. — *La réoccupation de Ghadamès par les Italiens (16 février 1924).* — *Bul. Com. A. F.*, 1924, p. 193-195.

Extr. d'un art. de la *Tribuna* (19 février) qui, à propos de la réoccupation de Ghadamès, rappelle les différents règlements et conventions entre la France et l'Italie, au sujet de la partie de la frontière entre Rhat et Ghadamès; les événements de 1914-1915 dans cette région.

7861. — *La route tunisienne du Tchad.* — *Bul. Com. A. F.*, 1924, p. 260-261.

Compte rendu d'une conférence faite à Tunis (26 mars) par le commandant de La Fargue, sur les raisons qui poussent la Tunisie à rouvrir la route aérienne et automobile du Tchad (v. n° **7858**).

7862. — *A la frontière tuniso-tripolitaine, un peu d'histoire.* — *Bul. Com. A. F.*, 1924, p. 493-494, 555-556.

Repli en territoire tunisien (juin et juillet 1915) des garnisons italiennes de Sinaoun, Nalout et Ghadamès; la répercussion de ces événements dans le Sud de la Régence.

7863. — Clément (Lieut^t). *Le Sahara tunisien.* — *A. A.*, Noël 1924, p. 49-52, carte, phot.

Numéro spécial sur le Sahara français. Géographie sommaire; limites, frontières algéro-tunisienne et tuniso-tripolitaine; occupation du Sahara tunisien.

7864. — Gherardi (Pompeo). *La reconquête de la Tripolitaine vue du camp des rebelles.* — Paris, publ. du Comité Algérie-Tunisie-Maroc, 1925, in-8°, 102 p., carte.

Extr. du *Corriere di Tripoli*; traduction par Pierre Grandchamp. Journal d'un prisonnier des rebelles renfermant des détails intéressants touchant la façon de faire des nationalistes musulmans de l'Afrique du Nord en guerre contre une puissance européenne, et la participation prudente de la Senoussia aux opérations militaires.

7865. — Haudos (Ernest), député. *De Tunis au Tchad.* — *Ann. Col.*, 20 janvier 1925.

La mission confiée au colonel Courtot : composition, but, itinéraire, matériel, portée économique; la Tunisie débouché normal de la région du Tchad.

7866. — Durand (Dr P.). *Notes sur le Sahara. De Tunis au Dahomey par le Tchad...* — Arch. Inst. Pasteur Tunis, 1925, p. 469-504, 7 fig., carte.

L'auteur fit partie de la mission Tunis-Tchad à titre de médecin du personnel; observations médicales sur les populations rencontrées et renseignements géographiques, climatériques, botaniques et zoologiques sur les régions traversées.

7867. — *Les liaisons transafricaines* (Signé : Un Saharien). — Bul. Com. A. F., 1925, p. 70-71.

Le bilan de janvier-février : expédition Citroën Centre Afrique, missions Delingette, Courtot, Tranin-Duverne; randonnées Lemaître et Arrachard, de Goys, etc. Cf. *ibid.*, p. 133, 185.

7868. — Fonville (Robert). *La pénétration de l'Afrique par l'automobile...* — Sc. mod., 1925, p. 87-94, 7 fig.

Au sujet de cinq expéditions actuellement en cours : capitaine Delingette, résident général Saint, Haardt et Audouin-Dubreuil, Gaston Gradis, Roland-Pilain.

7869. — Géniaux (Charles). *De Tunis à Kotonou par le Tchad. Journal de la mission Courtot.* — R. D. M., 1925, t. XXVIII, p. 857-880, carte.

Mission accomplie en autochenilles (janvier-mars 1925) par le colonel Courtot, chef du Cabinet militaire de la Résidence de France à Tunis, ayant pour but principal « l'étude de la reprise caravanière entre le Sud tunisien et le Soudan ».

7870. — Lehuraux (Lieut^t). *La mission Tunis-Tchad.* — A. A., 1925, p. 393-398, carte, 4 phot.

Mission du colonel Courtot, ayant pour but de chercher à rétablir un courant commercial de Gabès vers le Soudan; cette mission fut facilitée par la reconnaissance exécutée en 1924 par le capitaine Duprez sur le parcours Bir-Pistor à Djanet.

7871. — Messal (Commandant Raymond). *La liaison de la Tunisie avec l'Afrique noire.* — Bul. Com. A. F., 1926, sup., p. 62-64.

Les diverses tentatives de pénétration, depuis celle des Pères Blancs, en 1883; les projets et les réalisations de Lucien Saint, la reconnaissance du lieut^t-colonel Courtot, les résultats à obtenir. An. par G. Yver, dans *Bibl. g.*, 1927, p. 438.

7872. — ARNAVILLE (Émile d'). *La mission Courtot, Tunisie-Tchad.* — *Fr.-Islam*, 1926, p. 70-74, phot., carte.

Résumé de la mission.

7873. — COURTOT (Lieut-Colonel). *Du golfe des Syrtes au golfe du Benin, par le lac Tchad.* — *Bul. Soc. G. Toulouse*, 1926, p. 225-227, 232-234, 237-239, 248-250, 256-257; 1927, p. 282-284, 287-289.

Conférence donnée le 12 octobre 1925; récit de la mission dirigée par l'auteur (janvier-avril 1925).

7874. — COURTOT (Lieut-Colonel). *Du golfe des Syrtes au golfe du Benin, par le lac Tchad.* — *R. T.*, 1926, p. 322-347.

Parut également dans *R. Sect. Tunis.*, 1925-1926, p. 1-57. — Conférence faite à Tunis (13 nov. 1925) sur la liaison automobile Tunisie-Tchad; personnel de la mission, matériel; la traversée du Sud tunisien, les Touareg, de Djanet à Djado, de Bilma à N'Guigmi, résultats; nombreux détails (v. n° **7876**). An. par L. Raveneau, dans *Bul. G. Hist. Descr.*, 1926, p. CII. Cf. Canal, *Remise de la médaille commémorative offerte au lieut-colonel Courtot, chef de la mission Tunis-Tchad. R. T.*, p. 348-351.

7875. — [COURTOT (Lieut-Colonel)]. *Du golfe des Syrtes au golfe du Bénin, par le lac Tchad.* — *Bul. Soc. G. Paris*, 1926, t. XLV, p. 188-216.

Conférence à la Soc. (11 déc. 1925). Mission, personnel, matériel, voitures, outils; la traversée du Sud tunisien, les Touareg, de Djanet à Djado, de Bilma et N'Guigmi, résultats de la mission.

7876. — MONTCHAMP, administrateur des colonies. *Du golfe des Syrtes au golfe du Bénin, par le lac Tchad. Journal de marche de la mission Tunis-Tchad, dirigée par le lieutenant-colonel Courtot...* — Tunis, A. Guénard, 1926, in-8°, 159 p., ill., carte.

Buts de la mission, personnel, matériel, armement, préparation de l'expédition sur le terrain, vivres; traversée du Sud tunisien, de Djanet à Djado, de Bilma à N'Guigmi (8 janvier-23 février); séjour sur les bords du Tchad (24 février-13 mars); de N'Guigmi à Kotonou (14 mars-9 avril). Résultats de la mission (v. n° **7874**). An. par J. F. [Francez], dans *Bul. Soc. G. Alger*, 1926, p. 250-252

7877. — LAVAUDEN (L.) et SOLIGNAC (M.). *Quelques résultats géologiques de la mission transsaharienne du colonel Courtot* (*1925*)... — *C. R. Ac. Sc.*, 1926, t. CLXXXII, p. 400-402.

Note présentée par Pierre Termier. An. par P. Guérin, dans *R. Sc.*, 1926, p. 126-127; par G. Weulersse, dans *Bibl. g.*, 1927, p. 447. Cf. L. Lavauden, *Sur la présence d'un cyprès dans les montagnes du Tassili des Azdjers*... *C. R. Ac. Sc.*, 1926, t. CLXXXII, p. 541-543.

7878. — *Dans le Sud tunisien.* — *Bul. Com. A. F.*, 1926, p. 369.

Retour en Tunisie d'un groupement de la tribu des Djeramna, qui avait quitté l'Algérie en 1881 et s'était réfugiée en Tripolitaine à la suite du meurtre du lieut[t] Weinbrenner.

7879. — JALABERT (Louis). *Toujours plus avant dans le mystère africain, les derniers raids automobiles.* — *Études*, 1926, t. CLXXXVI, p. 549-568.

La seconde mission Gradis, la mission Courtot de Tunis à Kotonou, la mission Tranin-Duverne de l'Atlantique à l'océan Indien, la seconde mission Citroën Centre-Afrique, la traversée de l'Algérie au Cap par le capitaine et Mme Delingette; leçons à en tirer.

7880. — FILIO (Capitaine). *Les territoires militaires du Sud tunisien.* — *A. A.*, 1926, p. 416-425, ill.

Installation de garnisons dans le Sud, en 1889, après la répression de l'insurrection; description de la région, tribus qui l'habitent, composition des garnisons; la frontière tripolitaine, postes de l'Extrême-Sud; police saharienne, entente à ce sujet avec l'Algérie, les caravanes vers le Tchad; le rôle des Affaires indigènes dans le Sud tunisien (v. n° **5849**).

7881. — ROUSTAN (Mario), sénateur. *L'Italie et les revendications coloniales.* — *Ann. Col.*, 4 oct. 1927.

Les prétentions italiennes sur la frontière méridionale de la Libye; leur opinion sur le transsaharien, instrument de barbarie et de guerre ou instrument de paix et de civilisation, suivant qu'il partira d'un port français ou d'un port italien.

CHAPITRE II.

LE PROJET DE MER INTÉRIEURE SAHARIENNE.

7882. — VIRLET D'AOUST. *Notes sur la géographie ancienne, et sur une dépression probable de l'Afrique septentrionale, celle du lac Melghigh...* — *Bul. Soc. géol. France,* 1844-1845, t. II, p. 349-356.

7883. — TISSOT (Charles). *De Tritonide lacu,* theses Divionensi litterarum Facultati proponebat C. Tissot.—Divione, J.-E. Rabutot, 1863, in-8°, 39 p.

Description et histoire du lac Triton.

7884. — MARTINS (Charles). *Tableau physique du Sahara oriental de la province de Constantine, souvenirs d'un voyage exécuté pendant l'hiver de 1863 dans l'Oued-Rir et dans l'Oued-Souf...* — Paris, imp. J. Claye, 1864, in-8°, 59 p.

R. D. M., 1864, t. LII, p. 295-322, 611-637. — La région méditerranéenne, le Sahara oriental et la végétation du désert, les oasis, répartition des populations, la vie au désert.

7885. — POMEL (A.). *Le Sahara. Observations de géologie et de géographie physique et biologique, avec des aperçus sur l'Atlas et le Soudan, et discussion de l'hypothèse de la mer saharienne à l'époque préhistorique...* — Alger, V. Aillaud, 1872, in-8°, 139 p.

Publ. de la Soc. de climatologie d'Alger. — Parut sous le titre *Le Sahara (géologie, géographie et biologie)...* dans *Bul. Soc. climat. algér.,* 1871, p. 133-265. — Le Sahara ne doit pas sa constitution désertique à l'émersion d'une immense mer qui expliquerait ses sables et sa stérilité; il la doit à un état climatérique singulier (v. n° **7894**).

7886. — ROUDAIRE. *Méridienne de Biskra, en Algérie...* — *C. R. Ac. Sc.,* 1874, t. LXXVIII, p. 1825-1828.

Les opérations ont permis de résoudre le problème de l'altitude du chott Melrhir, dont le bord occidental est à 27 m. au-dessous du niveau de la mer (v. n° **7904**). An. dans *R. Sc.*, 1874, t. XIV, p. 23.

7887. — Lesseps (de). *Observations au sujet de l'établissement d'une mer intérieure en Algérie...* — *C. R. Ac. Sc.*, 1874, t. LXXIX, p. 87-88.

État de la question, l'évaporation provenant de la future mer intérieure. Cf. *Bul. Soc. G. Paris*, 1874, t. VIII, p. 103-104; *R. Sc.*, 1874, t. XIV, p. 357-358.

7888. — Houyvet (C.). *Note relative au projet d'une mer intérieure en Algérie.* — *C. R. Ac. Sc.*, 1874, t. LXXIX, p. 101-102.

Il ne suffirait pas de rétablir la mer intérieure, il faudrait la maintenir (v. n° **7890**).

7889. — Virlet d'Aoust. *Indications données, en 1845, sur l'existence d'une mer ancienne, dans la partie méridionale de l'Atlas, et sur la possibilité du rétablissement de cette mer...* — *C. R. Ac. Sc.*, 1874, t. LXXIX, p. 218-219.

Indications données par le commandant de Boblaye, en 1845, dans des *Notes sur la géographie ancienne* (v. n° **7882**). Cf. Virlet d'Aoust, *Observations sur l'ancienne mer intérieure du Sahara tuniso-algérien...* *C. R. Ac. Sc.*, 1874, t. LXXIX, p. 794-795.

7890. — Roudaire (É.). *Réponse à la note précédente de M. Houyvet, sur le projet de rétablissement d'une mer intérieure en Algérie...* — *C. R. Ac. Sc.*, 1874, t. LXXIX, p. 289-290.

C. Houyvet (v. n° **7888**) croit que la mer intérieure créée finirait par se transformer en une immense saline. An. dans *R. Sc.*, 1874, t. XIV, p. 141.

7891. — Fuchs (Edm.). *Note sur l'isthme de Gabès et l'extrémité orientale de la dépression saharienne...* — *C. R. Ac. Sc.*, 1874, t. LXXIX, p. 352-355.

La création d'une mer intérieure en Algérie; topographie et géologie de la région intéressée; l'importance des travaux et des capitaux à investir pour des résultats à échéance trop lointaine pour escompter une rémunération des dépenses (v. n° **7893**).

7892. — COSSON (E.). *Note sur le projet d'établissement d'une mer intérieure en Algérie...* — Paris, imp. Gauthier-Villars [1874], in-4°, 7 p.

<small>C. R. Ac. Sc., 1874, t. LXXIX, p. 435-442. — L'auteur partage les conclusions d'Edm. Fuchs (v. n° **7891**); « les dangers de la nouvelle mer, si elle devait jamais sortir du domaine de la discussion » (v. n° **7893**). An. dans *Bul. Soc. G. Paris,* 1875, t. IX, p. 224.</small>

7893. — ROUDAIRE (É.). *Note sur la mer intérieure d'Algérie...* — *C. R. Ac. Sc.*, 1874, t. LXXIX, p. 501-504.

<small>Réponses aux objections présentées par Fuchs (v. n° **7891**) et E. Cosson (v. n° **7892**). An. dans *R. Sc.*, 1874, t. XIV, p. 239-240.</small>

7894. — POMEL (A.). *Sur la prétendue mer saharienne...* — *C. R. Ac. Sc.*, 1874, t. LXXIX, p. 792-794.

<small>Note présentée par Ch. Sainte-Claire Deville. L'auteur a déjà démontré (v. n° **7885**) qu'il n'y avait point eu de mer saharienne; valeur des documents sur lesquels a pu être appuyée une opinion contraire à ces conclusions. Cf. du même, *Il n'y a point eu de mer intérieure au Sahara... Ibid.*, 1875, t. LXXX, p. 1342-1343, et *Bul. Soc. géol. France*, 1874-1875, t. III, p. 495-498. An. dans *R. Sc.*, 1874, t. XIV, p. 382-383.</small>

7895. — [JOURDY (Émile)]. *La mer saharienne* (Signé : E. J.). — *Philo. pos.*, 1875, t. XV, p. 79-97, 426-440; 1876, t. XVI, p. 62-79.

<small>Exposé des différentes théories relatives à la mer saharienne, réunion d'extr. d'art. et d'ouvrages de Roudaire, Duveyrier, Barth, Soleillet, etc.; non terminé.</small>

7896. — DOÛMET-ADANSON. *Note sur l'origine des chotts du Sud de la Tunisie.* — Montpellier, imp. Boehm [1875], in-8°, 6 p.

<small>R. Sc. nat., 1875, t. IV, p. 230-236. — Note lue à la réunion des délégués des Soc. savantes (avril 1875), à la suite d'un voyage en Tunisie; le chott el-Hani ou lac de Kairouan; explication de la formation de ces chotts.</small>

7897. — ROUDAIRE. *Sur les travaux de la mission chargée d'étudier le projet de mer en Algérie...* — *C. R. Ac. Sc.*, 1875, t. LXXX, p. 1593-1596.

<small>Note présentée par F. de Lesseps; opérations effectuées du 5 déc. 1874 au 12 avril 1875, en vue de déterminer le périmètre du bassin inondable; une commission italienne fait une étude semblable sur les chotts tunisiens.</small>

7898. — LAVIGNE (Georges). *Le percement de l'isthme de Gabès…* 2° tirage. — Coulommiers, imp. A. Brodard, 1876, in-8°, 16 p.

Revue moderne, 25 nov. 1869. — « Il n'y a que par la Méditerranée qu'on pourra vaincre le désert »; conséquences scientifiques, économiques, maritimes, agricoles et coloniales en rouvrant l'isthme de Gabès.

7899. — GIRARD DE RIALLE. *La mer intérieure du Sahara.* — *R. Sc.,* 1876, t. XVIII, p. 409-417.

Les projets et les travaux du capitaine Roudaire, la mission scientifique de Duveyrier; la mer intérieure serait possible à réaliser tout en rencontrant des difficultés considérables.

7900. — LE CHATELIER (H.). *La mer saharienne; de l'existence aux temps historiques d'une mer intérieure en Algérie…* — *R. Sc.,* 1877, t. XIX, p. 656-660.

Lettre datée de Besançon (20 nov. 1876). Observations recueillies par l'auteur pendant l'exploration dirigée par le capitaine Roudaire (hiver 1874-1875); la mer intérieure était une mer fermée; ce lac même n'est pas le lac Triton.

7901. — *Expédition des chotts. Création d'une mer intérieure en Afrique.* — *Explorateur,* 1875, t. II, p. 66-67.

Résumé du compte rendu fait le 7 juillet, à la Soc. de géographie de Paris, par le capitaine Roudaire sur l'expédition de nivellement de 1874-1875 (v. n° **2020**).

7902. — ROUDAIRE (É.). *Sur la communication qui a dû exister, aux époques historiques, entre les chotts de la Tunisie et la Méditerranée…* — *C. R. Ac. Sc.,* 1877, t. LXXXIV, p. 176-177.

Réponse au commandant Mouchez (v. n° **7203**). Le littoral a subi, à une date postérieure à l'occupation romaine, un exhaussement depuis Gabès jusqu'au nord de Sousse; ce soulèvement a atteint son maximum d'intensité sur la crête des hauteurs qui bordent le golfe de Gabès. An. dans *R. Sc.,* 1877, t. XIX, p. 762.

7903. — LE CHATELIER (H.). *Sur les sels des chotts algériens…* — *C. R. Ac. Sc.,* 1877, t. LXXXIV, p. 396-398.

Note présentée par A. Daubrée; leur comparaison, au point de vue chimique, avec ceux des lacs à natron d'Égypte. An. dans *R. Sc.,* 1877, t. XIX, p. 881.

7904. — Villarceau (Yvon). *Rapport sur les travaux géodésiques et topographiques exécutés en Algérie, par M. Roudaire...* — *C. R. Ac. Sc.*, 1877, t. LXXXIV, p. 1002-1013.

Triangulation de la méridienne de Biskra (1872-1873), qui fait constater à Roudaire la dépression de la région des chotts; nouvelle étude en vue de relier les chotts de l'Algérie au golfe de Gabès, au moyen d'un nivellement sur le territoire de la Tunisie ; ces opérations constituent un travail d'une grande valeur. La possibilité de créer une mer intérieure sera examinée par le rapporteur spécial (v. n° **7905**). An. dans *R. Sc.*, 1877, t. XIX, p. 1145.

7905. — Favé (Général). *Rapport sur un projet de mer intérieure à exécuter dans le Sud de la Tunisie et de la province de Constantine, projet présenté par M. Roudaire...* — *C. R. Ac. Sc.*, 1877, t. LXXXIV, p. 1118-1124.

Conclusions : «L'eau ramenée, par quelque moyen que ce soit, dans les chotts qu'elle a autrefois remplis,... exercerait, sans nul doute, une très favorable influence sur de vastes contrées actuellement presque désertes...»; observations de MM. Dumas et Daubrée (v. n° **7906**) et (p. 1179-1182) de A. d'Abbadie, Yvon Villarceau et F. de Lesseps, An. dans *R. Sc.*, 1877, t. XIX, p. 1171, 1193-1194.

7906. — Naudin. *A propos de la mer intérieure du Sahara algérien. Lettre à M. Daubrée...* — *C. R. Ac. Sc.*, 1877, t. LXXXIV, p. 1356-1359.

Les réserves formulées par M. Daubrée (v. n° **7905**) sont très fondées (v. n°˚ **7907** et **7908**). An. dans *R. Sc.*, 1877, t. XIX, p. 1241.

7907. — Favé (Général I.). *Sur la mer intérieure du Sahara algérien...* — *C. R. Ac. Sc.*, 1877, t. LXXXIV, p. 1427.

Réponse à une objection faite (v. n° **7906**) contre le projet Roudaire. An. dans *R. Sc.*, 1877, t. XX, p. 20.

7908. — Roudaire (Capitaine É.). *Réponse aux objections élevées par M. Naudin contre le projet de mer intérieure d'Algérie...* — *C. R. Ac. Sc.*, 1877, t. LXXXIV, p. 1512-1514.

«Le passé est garant de l'avenir. Personne ne conteste que les chotts étaient anciennement remplis d'eau»; avantages résultant de la création de la mer intérieure (v. n°˚ **7906, 7909** et **7910**). An. dans *R. Sc.*, 1877, t. XX, p. 22.

7909. — Cosson (E.). *Réponse à la dernière communication de M. Roudaire, sur son projet de création d'une mer saharienne...* — *C. R. Ac. Sc.*, 1877, t. LXXXV, p. 20-24.

Aucun des avantages attribués à la création de la nouvelle mer (v. n° **7908**) ne paraît pouvoir être sérieusement établi et les centaines de millions à consacrer à l'entreprise seront dépensés en pure perte; il vaudrait mieux multiplier les puits et aménager les eaux (v. n° **7911**). An. dans *R. Sc.*, 1877, t. XX, p. 44.

7910. — Naudin (C.). *Réponse à la dernière note de M. Roudaire au sujet de la mer intérieure du Sahara...* — *C. R. Ac. Sc.*, 1877, t. LXXXV, p. 50-54.

Le dissentiment (v. n° **7908**) «roule tout entier sur ce point : les conditions étant ce qu'elles sont, le remplissage des chotts par l'eau de la Méditerranée amènerait-il le résultat désiré ? (v. n° **7912**). An. dans *R. Sc.*, 1877, t. XX, p. 70.

7911. — Abbadie (A. d'). *Réponse aux observations de M. Cosson sur le projet de mer saharienne...* — *C. R. Ac. Sc.*, 1877, t. LXXXV, p. 192-194.

Réflexions au sujet des observations de E. Cosson (v. n° **7909**), suivies (p. 194-197) de remarques de F. de Lesseps énonçant des faits qu'il a personnellement expérimentés (v. n° **7913**). An. dans *R. Sc.*, 1877, t. XX, p. 118-119.

7912. — Roudaire (Capitaine É.). *Réponse aux observations de M. Naudin, au sujet de la mer intérieure du Sahara...* — *C. R. Ac. Sc.*, 1877, t. LXXXV, p. 201-203.

Complexité des conditions qui déterminent la chute de la pluie (v. n° **7910**); «la mer intérieure exercera sur le climat de l'Algérie et de la Tunisie une influence relativement beaucoup plus considérable que la Méditerranée». An. dans *R. Sc.*, 1877, t. XX, p. 119.

7913. — Cosson (E.). *Troisième note sur le projet de création d'une mer saharienne...* — Paris, imp. Gauthier-Villars [1877], in-4°, 5 p.

C. R. Ac. Sc., 1877, t. LXXXV, p. 269-272. — Réponse aux communications de A. d'Abbadie et de F. de Lesseps (v. n°ˢ **7911** et **7914**). An. dans *R. Sc.*, 1877, t. XX, p. 140.

7914. — Roudaire (Capitaine É.). *Réponse à quelques-unes des objections formulées par M. Cosson, contre le projet de création d'une* *mer saharienne...* — *C. R. Ac. Sc.*, 1877, t. LXXXV, p. 338-340.

Au sujet d'indications fournies sur d'anciens lits de rivières (v. n° **7913**). An. dans *R. Sc.*, 1877, t. XX, p. 167.

7915. — ANGOT (A.). *Le régime des vents et l'évaporation dans la région des chotts algériens...* — *C. R. Ac. Sc.*, 1877, t. LXXXV, p. 396-399.

Données relatives au projet d'une mer intérieure; les vents du sud soufflent exceptionnellement dans la région des chotts; l'évaporation enlèverait à la mer intérieure, par vingt-quatre heures, une couche double de celle prévue (v. n° **7916**). An. dans *R. Sc.*, 1877, t. XX, p. 238.

7916. — ROUDAIRE (Capitaine É.). *Réponse à une communication récente de M. Angot sur l'évaporation dans la région des chotts algériens...* — *C. R. Ac. Sc.*, 1877, t. LXXXV, p. 482-485.

Au sujet de la direction des vents et de l'évaporation (v. n°ˢ **7915** et **7917**). An. dans *R. Sc.*, 1877, t. XX, p. 263.

7917. — ANGOT (A.). *Sur le régime des vents dans la région des chotts algériens.*. — *C. R. Ac. Sc.*, 1877, t. LXXXV, p. 512-514.

Observations faites à Touggourt (v. n°ˢ **7916** et **7918**). An. dans *R. Sc.*, 1877, t. XX, p. 264.

7918. — ROUDAIRE (Capitaine É.). *Réponse à la dernière note de M. Angot sur le régime des vents dans la région des chotts algériens...* — *C. R. Ac. Sc.*, 1877, t. LXXXV, p. 603-605.

V. n° **7917**. An. dans *R. Sc.*, 1877, t. XX, p. 359.

7919. — GROS (Jules). *La mer saharienne et le capitaine Roudaire.* — *Exploration*, 1877, t. Ier, 1re part., p. 29-34, portr.

Résumé de la question et des travaux de Roudaire.

7920. — CHAMPANHET DE SARJAS (Colonel). *Compte rendu du rapport de M. le capitaine Roudaire sur la mission des Chotts et les études relatives au projet de mer intérieure...* — *Bul. Soc. G. Lyon*, 1877-1879, t. II, p. 131-146.

Résumé de ce rapport; les opérations antérieures exécutées en Tunisie; examen des objections contre ce projet; conclusions défavorables (v. n° **2022**).

7921. — Pomel (A.). *Géologie de la petite Syrte et de la région des chotts tunisiens...* — Bul. Soc. géol. France, 1877-1878, t. VI, p. 217-224.

L'ancienne pénétration de la mer dans les chotts est une simple hypothèse démentie par les faits; observations de M. Tournouër.

7922. — Fuchs (Edmond). *L'isthme de Ghabès et l'extrémité orientale de la dépression saharienne...* — Paris, C. Delagrave, 1877, in-8°, 31 p.

Bul. Soc. G. Paris, 1877, t. XIV, p. 248-276. — Exposé historique, topographie et constitution géologique de l'isthme de Gabès; la création d'une mer intérieure ne présente aucune impossibilité absolue, conséquences de sa réalisation.

7923. — Pomel (A.), sénateur de l'Algérie. *La mer intérieure d'Algérie et le seuil de Gabès.* — R. Sc., 1877, t. XX, p. 433-440, croq.

Critique des observations du capitaine Roudaire sur la région des chotts, qui, d'après l'auteur, ne correspondrait pas à l'emplacement de l'ancien lac Triton. An. par H. Capitaine, dans *Exploration,* 1877, t. IV, p. 257-262.

7924. — Pomel (A.), sénateur. *Géologie de la province de Gabès et du littoral oriental de la Tunisie.* — Ass. fr. av. sc., 1878, p. 501-508.

6ᵉ session, Le Havre, 1877. — Résultats d'une exploration faite au printemps de 1877. Cf. du même, *Le seuil de Gabès aux temps préhistoriques. Ibid.,* p. 760-762.

7925. — Lesseps (Ferdinand de). *Études de sondages, entreprises par M. Roudaire, en vue de l'établissement de la mer intérieure africaine...* — C. R. Ac. Sc., 1878, t. LXXXVII, p. 909-911, 1059-1061.

Débuts des sondages, marées du golfe de Gabès, analyse d'échantillon de terrain recueilli sur les bords de l'oued Melah (v. n° **7932**). Cf. *Bul. Soc. languedoc. G.,* 1878, p. 394-396.

7926. — POMEL, sénateur. *Le projet de mer intérieure et le seuil de Gabès.* — R. G. intern., 1878-1879, p. 74-77, 119-121, 140-151, carte.

L'opinion de l'auteur sur la mer intérieure formulée dès 1870; les travaux de Roudaire à ce sujet; l'ancien lac Triton; étude géologique de la région.

7927. — MARTINS (Ch.) et DESOR (Ed.). *Observations sur le projet de la création d'une mer intérieure dans le Sahara oriental...* — C. R. Ac. Sc., 1879, t. LXXXVIII, p. 265-269.

Objections soulevées par les explorations des auteurs et la lecture des rapports d'É. Roudaire; aucune parité n'est à établir entre le percement de l'isthme de Suez et le rétablissement de la mer intérieure (v. n° **7930**). Cf. *Bul. Soc. languedoc. G.*, 1879, p. 5-12.

7928. — NORMAND (Charles). *Les explorations en Afrique pendant le premier trimestre 1879.* — *Bul. Soc. normande G.*, 1879, p. 15-32.

Conférence à la Soc.; indique notamment (p. 29-30) la mission du commandant Roudaire dans la région des chotts.

7929. — COSSON (Dr E.). *Le règne végétal en Algérie.* — *Bul. Ass. Sc. France*, 1879, t. XXIV, p. 193-201, 209-221, 225-236.

Conférence (3 avril). Le règne végétal des différentes régions de l'Algérie et du Sahara algérien; la question de la mer intérieure, ses répercussions en Algérie et en Tunisie.

7930. — FAVÉ (Général I.). *Sur le projet de mer intérieure en Algérie...* — C. R. Ac. Sc., 1879, t. LXXXVIII, p. 321.

La création de la mer intérieure ne compromettra pas les palmiers-dattiers de l'oued Souf (v. n° **7927**).

7931. — BALLAND. *Les eaux du Chéliff; quelques observations au sujet de la mer intérieure d'Algérie...* — C. R. Ac. Sc., 1879, t. LXXXVIII, p. 408-411.

Un ensablement plus ou moins partiel ne se produira-t-il pas malgré l'existence d'un contre-courant entre la Méditerranée et la mer projetée?

7932. — ROUDAIRE. *Sur la nature du sol de l'isthme de Gabès et des chotts...* — *C. R. Ac. Sc.*, 1879, t. LXXXVIII, p. 1348-1350.

Rapport sommaire au ministre de l'Instruction publique sur sa mission (27 nov. 1878-18 mai 1879). Cf. *Ibid.*, p. 264-265, 988, 1344-1345 (v. n° **7925**).

7933. — BAUDOT, capitaine d'état-major. *État actuel de la question de la mer intérieure de l'Algérie...* — *Bul. Soc. G. Lyon*, 1879-1880, t. III, p. 320-342, carte.

Étude des résultats auxquels le commandant Roudaire est arrivé à la suite de sa mission en Tunisie; critique de la réalisation de ce projet.

7934. — PÉLAGAUD (E.), docteur ès lettres. *La mer saharienne.* — Lyon, H. Géorg, 1881, in-8°, 79 p.

Ann. Soc. agric. Lyon, 1880, p. 1173-1251. — Mémoire présenté à la Soc. (30 janvier 1880). Étude de l'histoire géologique du Sahara depuis la fin de l'époque tertiaire jusqu'à nos jours et de l'ensemble de preuves de l'ancienne existence de la mer saharienne (v. n° **7943**).

7935. — ROUDAIRE (Commandant). *A propos du projet de mer intérieure du Sahara algérien...* — *Bul. Soc. G. Paris*, 1881, t. II, p. 85-87.

Lettre (21 avril) adressée au Secrétaire général au sujet des affirmations du docteur Lenz et du général de Wimpffen (v. n° **7936**).

7936. — DEPPING (Guillaume). *Société de géographie de Paris. Séance du 22 avril 1881...* — *J. O.*, 1er mai 1881, p. 2405-2407.

Compte rendu de la séance; lettre du commandant Roudaire au sujet de la mer intérieure (v. n° **7935**); communication de H. Duveyrier sur les causes probables du désastre de la mission Flatters.

7937. — *Les chotts de la Tunisie et la question de l'établissement d'une mer intérieure dans l'Afrique française.* — *Bul. Ass. Sc. France*, 1881, t. IV, p. 177-185, 193-208.

Examen des différentes études faites sur la mer intérieure et le lac Tri on, en particulier du mémoire du commandant Roudaire (v. n° **2024**); principaux caractères de la région saharienne du golfe de Gabès au sud de la province de Constantine.

7938. — Lesseps (F. de). *Sur le rapport de M. le commandant Roudaire, relatif à sa dernière expédition dans les chotts tunisiens...* — C. R. Ac. Sc., 1881, t. XCII, p. 1309-1310.

Aucune difficulté dans l'exécution du chenal destiné à la création de la mer intérieure qui donnerait de nombreux avantages (v. n° **7940**).

7939. — Hébert (Edm.). *Observations sur les résultats géologiques fournis par les missions de M. le commandant Roudaire dans les chotts tunisiens...* — C. R. Ac. Sc., 1881, t. XCII, p. 1310-1312.

La structure et l'âge des assises qui constituent le bassin des chotts.

7940. — Cosson (E.). *Réponse aux observations présentées par M. de Lesseps, à la dernière séance, à l'occasion de la présentation d'un nouveau rapport de M. le commandant Roudaire sur sa dernière exploration dans les chotts tunisiens...* — Paris, Gauthier-Villars [1881], in-4°, 3 p.

C. R. Ac. Sc., 1881, t. XCII, p. 1387-1389. — Disproportion entre les avantages de la mer intérieure et l'énormité des dépenses de son exécution (v. n°s **7938** et **7941**).

7941. — Lesseps (F. de). *Sur le projet de mer intérieure de M. Roudaire; réponse aux observations de M. Cosson...* — C. R. Ac. Sc., 1881, t. XCII, p. 1442-1443.

V. n°s **7940** et **7942**.

7942. — Cosson (E.). *Réponse à une communication de M. de Lesseps, sur le projet de M. Roudaire...* — C. R. Ac. Sc., 1881, t. XCIII, p. 22-23.

V. n° **7941**; la discussion «paraît épuisée».

7943. — Thomas (Ph.). *La mer saharienne (Étude bibliographique et critique).* — Alger, imp. Fontana, 1882, in-8°, 28 p.

Bul. Soc. climat. algér., 1882, p. 1-28. — Étude et critique du mémoire de E. Pélagaud (v. n° **7934**). An. par E. Vassel, dans R. T., 1898, p. 411-412.

7944. — Renou (E.). *Sur la création projetée d'une mer intérieure en Algérie... — Annuaire Soc. mét. France*, 1882, p. 269-276.

Aperçus sur la région du chott el Djerid et sur les conséquences qu'aurait, pour l'Algérie et la Tunisie, la création d'une mer intérieure.

7945. — Poitou-Duplessy (D^r), médecin principal de la Marine. *La mer des chotts ou mer intérieure d'Algérie... —* Lorient, L. Chamaillard, 1882, in-8°, 16 p.

Bul. Soc. bretonne G., 1882, p. 31-46. — Conférence faite à la Soc. (11 mai). Historique, possibilité et moyens d'exécution du projet Roudaire, objections, résultats «de cette œuvre féconde qui va bientôt s'accomplir».

7946. — Dru (L.). *De l'influence de l'introduction de la mer intérieure sur le régime des nappes artésiennes de la région des chotts... — C. R. Ac. Sc.*, 1882, t. XCIV, p. 1414-1417.

Note présentée par Edm. Hébert. Réponses aux art. signalés sous les n°^{s} **2008** et **2009**; le projet Roudaire «assurera un long avenir aux nombreuses sources qui alimentent les oasis de ces contrées... il sera pour ces territoires une cause de richesse et de fécondité».

7947. — Lesseps (F. de). *Sur le projet de mer intérieure africaine... — C. R. Ac. Sc.*, 1883, t. XCVI, p. 1112-1116.

Reproduit sous le titre *La mer intérieure de Gabès*, dans *R. Sc.*, 1883, t. XXXI, p. 495-496. — Après une visite de la région des chotts, «je reviens plus convaincu que jamais qu'il y a urgence à créer cette mer...»; rapport sommaire de la Commission supérieure chargée, en juin 1882, d'examiner le projet de mer intérieure et son exécution pratique (v. n° **2033**).

7948. — Cosson (E.). *Note sur le projet de création, en Algérie et en Tunisie, d'une mer dite intérieure... — C. R. Ac. Sc.*, 1883, t. XCVI, p. 1191-1196.

Arguments qui paraissent démontrer que «les conséquences avantageuses attribuées à la réalisation du projet ne sont pas réelles ou au moins plus qu'hypothétiques». Cf. De Lesseps, *Sur le projet de mer intérieure africaine... Ibid.*, p. 1274-1276 : réponse aux objections de E. Cosson. An. dans *R. Sc.*, 1883, t. XXXI, p. 572; t. XXXII, p. 219; 1884, t. XXXIV, p. 61 et 126.

7949. — Lesseps (Ferdinand de). *La mer intérieure d'Afrique. — Bul. Soc. Ét. Col. Mar.*, 1883, p. 85-95.

Résumé de la conférence faite à la Sorbonne (16 avril) et lecture du rapport adressé à l'Académie des sciences (v. n° **7947**); conclusions favorables au projet de mer intérieure.

7950. — DIEULAFAIT. *Évaporation comparée des eaux douces et des eaux de mer à divers degrés de concentration. Conséquences relatives à la mer intérieure de l'Algérie...* — *C. R. Ac. Sc.*, 1883, t. XCVI, p. 1655-1659.

Cf. du même, *Évaporation de l'eau de mer dans le sud de la France et, en particulier, dans le delta du Rhône...* Ibid., p. 1787-1790; *Évaporation des eaux marines et des eaux douces, dans le delta du Rhône et à Constantine...* Ibid., t. XCVII, p. 500-502. An. dans *R. Sc.*, 1883, t. XXXII, p. 219.

7951. — MERCIER (E.). *L'ancienne mer intérieure d'Afrique, d'après M. le Dr Rouire.* — *Bul. Soc. G. Const.*, 1883, p. 69-74.

Critique de l'art. signalé sous le n° **2027**, réfutation des théories du Dr Rouire sur l'emplacement du golfe Triton et l'importance ancienne de Kairouan. Cf. *Réponse du Dr Rouire à M. E. Mercier. Ibid.*, p. 114-125.

7952. — PARISOT (Commandant Victor). *Étude sur la question de la mer intérieure en Algérie.* — *Bul. Soc. G. Est*, 1883, p. 407-429.

Résumé d'une conférence à la Soc. (mai 1883). La région des chotts, l'antiquité, les chotts, aperçu des déblais nécessaires, prix et durée du travail, impossibilité du contre-courant, résultats de la mer intérieure, la farfaria, culture des palmiers, exhaussement du sol, point de vue commercial.

7953. — WOLTERS (H.). *Le lac Triton et la mer intérieure.* — *Bul. Soc. G. Const.*, 1883, p. 82-110.

Opinion de l'auteur sur le projet du commandant Roudaire; recherche et explication des textes anciens et légendes relatifs au lac Triton.

7954. — ROUDAIRE (Commandant). *Conférence... sur son projet de mer intérieure.* — *Bul. Soc. topo. France*, 1883, p. 132-150.

Conférence à la Sorbonne (28 oct.). L'économie générale du projet, avantages, moyens d'exécution, objections.

7955. — HAUET (A.). *La mer intérieure...* — Paris, imp. E. Capiomont et V. Renault, 1883, in-8°, 10 p., carte.

Mém. Soc. ing. civils, 1883, t. II, p. 110-119. — Extr. dans *Bul. Soc. G. Est,* 1883, p. 690-693. — Historique de la question; la Commission officielle a été d'avis qu'il n'y avait pas lieu d'encourager l'entreprise; la Commission volontaire, sous l'impulsion de F. de Lesseps, fait appel de cette décision; discussion du rapport de cette Commission, dont les conclusions ne sont pas admises par l'auteur. Cf. *Mém. Soc. ing. civils,* 1883, t. II, p. 32.

7956. — ROUDAIRE (Commandant). *La mer intérieure africaine...* — *Mém. Soc. ing. civils,* 1883, t. II, p. 484-515.

Exposé détaillé du projet; exécution des nivellements, avantages, influence; importance, moyens et dépenses d'exécution de la mer intérieure. Cf. *ibid.,* p. 482 (v. n^{os} **7955** et **7960**).

7957. — ROUIRE (D^r). *Le littoral tunisien. Le Sahel, le pays de Sfax. Configuration du sol, hydrographie, aspect du pays.* — *R. G.,* 1883, t. XIII, p. 161-180; 1884, t. XIV, p. 16-36, carte.

Description du littoral tunisien; le Sahel, voies et communications de la région; la mer intérieure d'Afrique et l'ancien lac Triton.

7958. — HUGONNET (F.). *La mer Roudaire.* — *Bul. Soc. G. Arch. Oran,* 1883, p. 108-110.

Aperçu sur les études du commandant Roudaire au sujet de la mer intérieure; les avantages qu'il serait possible d'en retirer.

7959. — HÉLÈNE (Maxime) [pseud. de VUILLAUME (Maxime)]. *Les Travaux publics au XIXe siècle. Les nouvelles routes du globe...* avec une lettre de M. Ferdinand de Lesseps... — Paris, G. Masson [1883], in-8°, VIII-319 p., 88 grav., 4 pl.

Bibliothèque de la Nature. — Suite de monographies sur les canaux isthmiques et routes souterraines; le canal maritime de Gabès (mer intérieure d'Algérie) [p 136-156].

7960. — HAUET (A.). *La mer intérieure. Réponse à M. le commandant Roudaire...* — Paris, imp. E. Capiomont et V. Renault, 1884, in-8°, 16 p.

Mém. Soc. ing. civils, 1883, t. II, p. 595-624. — L'auteur cherche à démontrer l'inutilité et l'inopportunité de la mer intérieure tout en rendant « pleine justice aux travaux de Roudaire » (v. n° **7956**).

7961. — MOREAU (Auguste), ingénieur des Arts et manufactures. *La mer intérieure africaine, son utilité.* — *Sc. et Nat.*, 1884, t. Ier, p. 217-220, carte.

Projet et travaux géodésiques du commandant Roudaire ; conséquences physiques, politiques, économiques de l'entreprise; critiques.

7962. — POMEL (A.). *Une mission scientifique en Tunisie en 1877...* — *Bul. Éc. Sc. Alger*, 1884, p. 5-105, fig.

Étude géologique de la côte de la petite Syrte, particulièrement de la province de Gabès (El-Arad) et de la région des chotts, sur lesquelles l'attention était attirée par les projets Roudaire. Cette étude devait être suivie d'une 2e part. relative à la géographie. Cf. *Ass. fr. av. sc.*, 1re part., 1886, p. 127 *(14e session, Grenoble, 1885)*.

7963. — ROLLAND (G.). *Objections à la théorie d'une mer saharienne à l'époque quaternaire...* — Paris, Gauthier-Villars [1884], in-4°, 4 p.

C. R. Ac. Sc., 1884, t. XCVIII, p. 1453-1456. — Note présentée par M. Daubrée. Dès le début de la période tertiaire, le Sahara formait un continent, sauf une région restreinte au nord-est. Cf. du même, *Sur les terrains de transport et les terrains lacustres du bassin du chott Melrir (Sahara oriental)*. Paris, Gauthier-Villars [1884], in-4°, 4 p. (*C. R. Ac. Sc.*, 1884, t. XCVIII, p. 1342-1345) [v. n° **2005**].

7964. — ROLLAND (G.). *La mer saharienne.* — *Bul. Ass. Sc. France*, 1884, t. X, p. 178-205.

Objections présentées à la théorie d'une mer quaternaire au Sahara; étude particulière de la dépression de Gabès et du chott Melrhir; aperçu d'ensemble de l'histoire géologique du nord du continent africain depuis le début des temps tertiaires.

7965. — ROLLAND (G.). *La mer saharienne.* — *R. Sc.*, 1884, t. XXXIV, p. 705-718.

Exposé d'après les nombreux travaux sur cette question et d'après les observations personnelles de l'auteur qui ne partage pas l'avis de Roudaire sur l'existence d'une mer quaternaire dans le Sahara algérien; le golfe méditerranéen de Gabès au chott Melrhir. Nombreuses références. An. dans *Af. expl.*, 1885, p. 102-103.

7966. — ROUIRE (D^r). *Situation géographique comparée du lac Triton et des Syrtes...* — Paris, Imp. nat., 1884, in-8°, 12 p.

Ac. Inscr. B.-Lettres, C. R., 1885, t. XII, p. 394-401. — Partout les indications des auteurs anciens concernant le lac Triton correspondent à la situation géographique du lac Kelbia actuel.

7967. — Rouire (D^r). *La découverte de la mer intérieure africaine...* — Paris, Gauthier-Villars [1884], in-4°, 4 p.

C. R. Ac. Sc., 1884, t. XCVIII, p. 1472-1475. — Reproduit dans *Bul. Soc. G. Toulouse*, 1884, p. 261-265. — Le lac Kelbia est l'ancien lac Triton; en se basant notamment sur les textes de Scylax et d'Hérodote (v. n° **7968**), la baie de Triton n'était pas située dans le bassin des chotts, comme le croit Roudaire (v. n° **2028**). Remarques de F. de Lesseps à ce sujet. Cf. *R. G.*, 1884, t. XIV, p. 219-221 (v. n° **7969**). An. par J. Gebelin, dans *Bul. Soc. G. Toulouse*, 1884, p. 701-702.

7968. — Cosson (E.). *Sur le projet de création, en Algérie et en Tunisie, d'une mer dite intérieure...* — *C. R. Ac. Sc.*, 1884, t. XCVIII, p. 1566-1567 ; t. XCIX, p. 119-120.

Partage l'opinion du Dr Rouire (v. n° **7967**) et cite une lettre de A. Letourneux (Gafsa, 15 juin 1884) sur les dangers qui résulteraient de l'exécution du projet Roudaire. Cf. Lesseps (de), *Sur le projet de mer intérieure africaine. Ibid.*, 1884, t. XCIX, p. 9-10 et 121 : réponse aux observations formulées par E. Cosson.

7969. — Du Paty de Clam (Lieutenant A.), du 138e d'inf^{ie}. *Étude sur le système de mer intérieure de M. Rouire...* — *C. R. Soc. G. Paris*, 1884, p. 375-382, carte.

Réfutation de la théorie émise sous le n° **7967**. «Le système de M. Rouire doit être mis au même rang que celui de Mannert... le véritable lac Triton est celui qu'admettent Charles Tissot, Roudaire, Victor Guérin et Duveyrier». Cf. réplique du Dr Rouire, *ibid.*, p. 403-404, 567-569, 604, 625-628. Autres arguments de A. Du Paty de Clam, *ibid.*, p. 510-514, carte; *ibid.*, 1885, p. 64-69.

7970. — *Observations nouvelles relatives à la partie de la Tunisie où aurait existé jadis le bras de mer intérieure appelé le lac Triton.* — *Bul. Ass. Sc. France*, 1884, t. IX, p. 233-241.

Les hypothèses du Dr Rouire relatives à l'emplacement de l'ancien lac Triton et les théories de A. du Paty de Clam et de G. Rolland sur l'existence d'une mer saharienne.

7971. — Rouire. *L'ancienne mer intérieure africaine.* — *R. Sc.*, 1884, t. XXXIII, p. 490-492.

Témoignages concordants des auteurs anciens sur l'emplacement de la baie de Triton, à laquelle succéda le lac Triton (v. n° **2028**.) Cf. *ibid.*, p. 795.

7972. — ROUIRE (D^r), médecin militaire. *Nouvelles études relatives à la question de la mer intérieure d'Afrique.* — *Ass. fr. av. sc.*, 1re part., 1885, p. 259.

13e session, Blois, 1884. — Réponse aux objections du colonel Roudaire (v. n° **2026**).

7973. — ROUIRE (D^r). *Observations sur les limites de l'ancienne mer tritonienne et sur les notations astronomiques et les données géographiques du livre IV de Ptolémée...* — *C. R. Soc. G. Paris*, 1885, p. 98-103.

«La mer intérieure africaine n'a jamais été une petite Adriatique». Cf. *ibid.*, p. 16.

7974. — *Le port Roudaire en Tunisie.* — *Gaz. G.*, 1885, 1er sem., p. 311-312.

Extr. de la *Gironde* (11 avril); retour du commandant Landas, forages exécutés à l'embouchure de l'oued Melah pour la création du port. Cf. *ibid..*, p. 91-92, 467-468.

7975. — LESSEPS (F. de). *Le port Roudaire; un puits artésien en Tunisie.* — *C. R. Soc. G. Paris*, 1885, p. 477-478.

Les travaux entrepris par le commandant Landas depuis la mort de Roudaire (v. n° **7981**).

7976. — LESSEPS (Ferdinand de). *Utilité de la topographie. Suez, Panama et Gabès.* — *R. G.*, 1886, t. XVIII, p. 53-58.

Paru dans *Bul. Soc. topo. France*, 1885, p. 139-147. — Discours à la Sorbonne (8 nov. 1885); quelques mots sur la région de Gabès et la mer intérieure.

7977. — ROUIRE (D^r). *Sur la géographie du littoral de la Tunisie centrale...* — Paris, imp. Gauthier-Villars [1886], in-4°, 3 p.

C. R. Ac. Sc., 1886, t. CII, p. 1150-1153. — Résultats d'une mission exécutée au début de 1885, en vue d'étudier la portion du littoral entre Hammamet et Sousse. An. dans *Bul. Soc. G. Lille*, 1886, t. VI, p. 249-250; par É. Rivière, dans *R. Sc.*, 1886, t. XXXVII, p. 634. Cf. *C. R. Soc. G. Paris*, 1885, p. 469-470; 1886, p. 340-341, 401; 1887, p. 6-7, 411-413.

7978. — ROUIRE (D^r). *Le littoral de la Tunisie centrale et les géographes arabes...* — *Bul. Cor. Af.*, 1886, p. 62-68.

Les renseignements fournis par Edrisi, Aboulféda et Léon l'Africain confirment ceux des auteurs grecs et latins sur les anciens fleuve et lac Triton.

7979. — Rouire (D^r). *Exposition du système hydrographique et orographique de la province d'Afrique d'après Ptolémée, et concordance des données ptoléméennes avec les indications fournies par la topographie de la Tunisie actuelle.* — Lyon, Imp. générale, 1886, in-8°, 19 p.

Bul. Soc. G. Lyon, 1886-1887, t. VI, p. 223-239, carte. — Extr. de l'ouvrage signalé sous le n° **2029**. Étude des données ptoléméennes et réfutation des critiques qui ont été portées contre elles; leur concordance avec les indications que fournit la topographie de la Tunisie. An. dans *C. R. Soc. G. Paris*, 1886, p. 477-479.

7980. — Landas (Commandant). *Port et oasi du bassin des chotts tunisiens; projet de M. le commandant Landas.* — Paris, Soc. anon. de publicat. périodiques, 1886, in-4°, 72 p., 2 cartes.

Rapport adressé à Ferdinand de Lesseps (15 déc. 1885) par l'auteur chargé à la mort du colonel Roudaire de la direction des travaux de la mer intérieure africaine : création du port de l'oued Melah, plan de cultures; pièces annnexes.

7981. — Lesseps (F. de). *Sur les travaux entrepris en Tunisie par M. le commandant Landas, à la suite de la mort du commandant Roudaire...* — *C. R. Ac. Sc.,* 1886, t. CIII, p. 311-314.

Rappel du projet Roudaire; «aujourd'hui, la mer intérieure africaine n'est plus le point de départ»; résultats du creusement d'un puits artésien à l'embouchure de l'oued Melah. Cf. du même, *Sur divers phénomènes offerts par les puits artésiens récemment forés en Algérie... Ibid.,* 1887, t. CIV, p. 105-107. An. par É. Rivière, dans *R. Sc.,* 1886, t. XXXVIII, p. 185-186, et 1887, t. XXXIX, p. 90.

7982. — Fréchin de Boisse. *La mer intérieure d'Afrique...* — *Bul. Soc. G. Toulouse,* 1886, p. 668-679.

Les travaux du colonel Roudaire, puis du commandant Landas, dans la région des chotts.

7983. — *Géographie comparée de la Cyrénaïque; explication des quatre passages de Callimaque, de Strabon, de Lucain et de Pline, et d'une indication de la Table de Peutinger, concernant l'emplace-*

ment du «lac Triton». *Distribution géographique du mot Triton dans le monde connu des Anciens.* — Bul. Soc. G. Est, 1886, p. 298-311.

Le bassin hydrographique nommé le Triton correspond au bassin de la Tunisie centrale et était situé au nord de la Byzacène.

7984. — Du Paty de Clam (Cte A.). *Le Triton dans l'antiquité et à l'époque actuelle. Réponse à la brochure de M. Rouire intitutulée...* [v. n° **2029**]... — Paris, Challamel, 1887, in-8°, 186 p., cartes.

Résumé des opinions sur l'emplacement du Triton : Pomel, Fuchs, Antinori, Roudaire, Rouire; réfutation du système de mer intérieure proposé par le Dr Rouire, les contradictions de celui-ci. Appendices. Cf. du même, *Note sur la nouvelle brochure de M. le Dr Rouire... C. R. Soc. G. Paris,* 1887, p. 24-27, 353-354. An. par J.-V. Barbier, dans *Bul. Soc. G. Est,* 1887, p. 556-557; par C. Pallu de Lessert, dans *R. Af. fr.,* 1887, t. V, p. 368-370.

7985. — Du Paty de Clam. *Aperçu des données géographiques anciennes sur la Tunisie. Explication de certains passages tirés de Scylax, Méla et Pline, concernant l'empla ement du lac Triton. Établissement des principes devant servir de base à la lecture des tables ptoléméennes.* — Ass. fr. av. sc., 2e part., 1888, p. 919-932.

16e session, Toulouse, 1887. — Séance du 23 sept. 1887.

7986. — Pelletreau, ingénieur en chef des Ponts et chaussées, à Constantine. *L'évaporation des eaux douces et des eaux salées.* — Ass. fr. av. sc., 2e part., 1888, p. 175-192.

17e session, Oran, 1888. — Réflexions personnelles de l'auteur, les expériences de Dieulafait (v. n° **7950**), de Roudaire et de Rolland. Cf. *Ibid.,* 1re part., p. 158.

7987. — Rouire (D^r). *Les nouvelles découvertes géographiques faites en Tunisie, l'emplacement de l'ancien lac Triton...* — IVe Congrès Sc. g. Pari 1889, t. Ier, p. 409-418.

7988. — Rouire (D^r). *Historique de la découverte du bassin hydrographique de la Tunisie centrale et de son identification à* *l'ancien bassin du Triton*... — *C. R. Soc. G. Paris*, 1889, p. 7-8, 14-20.

L'auteur complète ou rectifie le rapport de la Soc. de géographie sur les résultats de ses explorations en Tunisie (v. n° **2029**).

7989. — Du Paty de Clam (Cte). *Étude sur le paragraphe 188 du livre IV d'Hérodote, basée sur la géographie et l'ethnographie actuelles du golfe de Gabès.* — *IVe Congrès sc. g. Paris 1889*, t. Ier, p. 419-426.

7990. — Pomel (A.). *Sur certaines des dernières phases géologiques et climatériques du sol barbaresque*... — *C. R. Ac. Sc.*, 1894, t. CXIX, p. 314-318.

La mer n'a pris aucune part dans la formation des sédiments qui remplissent les dépressions du Sahara; succession, depuis la Tripolitaine jusqu'à l'Atlantique, de phases de sursaturation hygrométrique, d'extrême sécheresse, d'émersion, de sécheresse relative. An. par E. Rivière, dans *R. Sc.*, 1894, t. II, p. 247; par J. B. [Brunhes], dans *Ann. G.,Bibl.*, 1895, p. 211-212.

7991. — Pomel (A.). *Réponse à M. Mayer-Eymar à propos de sa défense du Saharien comme nom du dernier étage géologique*... — *C. R. Ac. Sc.*, 1894, t. CXIX, p. 938-939.

L'auteur trouve insuffisantes les raisons invoquées au sujet du détroit de Gibraltar et de la mer saharienne (v. n° **7087**). An. par E. Rivière, dans *R. Sc.*, 1894, t. II, p. 757-758.

7992. — Rouire (D^r). *Géographie comparée de la Tunisie*... — *R. G.*, 1896, t. XXXVIII, p. 343-351, croq.

L'identité du nouveau bassin hydrographique tunisien et de l'ancien bassin du Triton d'après le texte de Scylax; traduction du manuscrit original de la Bibl. nat., historique des débats que ce texte a soulevés. An. dans *Bul. Com. A. F.*, 1896, p. 400.

7993. — Rouire (D^r). *La Tunisie moderne et la Tunisie ancienne*... — *Bul. Soc. G. Alger*, 1897, p. 55-76.

Conférence. Histoire de la découverte du fleuve Menfès et du fleuve Triton, conséquences de cette découverte au point de vue du projet de mer intérieure. Cf. Mesplé (A.), *Une conférence du Dr Rouire. N. R.*, 1897, t. CV, p. 641.

7994. — BERTHOLON (L.). *L'emplacement du Triton mythique et la Tunisie au temps d'Hérodote.* — R. T., 1899, p. 40-57, carte.

La situation exacte de l'antique Nysa, la moderne Tunis d'après l'auteur, dont l'histoire se confond avec celle du Triton sur les bords duquel elle était située. An. par G. Yver, dans *Ann. G., Bibl.,* 1900, p. 8.

7995. — DU PATY DE CLAM (Cte). *Réponse à la brochure offerte par M. Rouire à la Société de géographie de Toulouse.*— *Bul. Soc. G. Toulouse,* 1899, p. 219-223.

Critique de cette brochure en ce qui concerne l'emplacement de l'ancien lac Triton.

7996. — *La mer intérieure* (Signé : le Comité). — *Bul. Sect. Tunis.,* nov. 1909, p. 79-91.

Historique de la question de la mer intérieure, les études faites par le commandant Roudaire et les raisons pour lesquelles ce projet fut rejeté; vœux du Comité en faveur de sa reprise.

7997. — ***. *Canal du Djerid.* — *Bul. Soc. G. Com. Paris,* 1911, p. 662-666, 824.

Examen de la question concernant la création d'une communication entre les chotts et la Méditerranée, moyens financiers, difficultés à résoudre (v. n° **7998**).

7998. — BARRION (G.). *Le canal du Djerid.* — *Bul. Soc. G. Com. Paris,* 1912, p. 193-204.

Réponse à l'art. signalé sous le n° **7997**. L'auteur rappelle dans quelles conditions et pour quelles raisons est tombé le projet du commandant Roudaire; les renseignements actuels sur la création possible d'un canal du Djerid et son prolongement sont insuffisants. An. par G. Yver, dans *Ann. G., Bibl.,* 1913, p. 221.

7999. — NÉGRIS (Phocion). *Les chotts tunisiens et la régression quaternaire.* — *C. R. Soc. géol. France,* 1919, p. 22-24.

8000. — MASCART (Jean). *Les chotts algériens et le climat africain.* — *R. G. Sc.,* 1926, p. 35-36.

Opinions diverses sur le projet Roudaire de mer intérieure; les résultats des observations déjà faites sont trop imprécis ou trop douteux pour conclure utilement en ce qui concerne les oscillations climatiques. An. par A. Charton, dans *Bul. Soc. G. Maroc,* 1926, p. 155.

CINQUIÈME PARTIE.

L'ARMÉE.

CHAPITRE PREMIER.

ORGANISATION ET RECRUTEMENT DES TROUPES D'AFRIQUE.

A. GÉNÉRALITÉS.

8001. — Billot (Général), ministre de la Guerre, et Say (Léon), ministre des Finances. *Projet de loi portant organisation d'une armée d'Afrique* (renvoyé à la Commission de l'Armée)... — Paris, imp. A. Quantin, 1882, in-4°, 15 p.

Chambre des députés, 3° législature, session de 1882. Annexe au procès-verbal de la séance du 26 juillet 1882, n° 1238. — L'organisation du XIX° corps d'après la loi de 1875; modifications apportées depuis; projet de création d'une armée d'Afrique, substituée au XIX° corps, qui suffirait à la défense de nos possessions d'Afrique et formerait le noyau de corps expéditionnaires (v. n° **8795**).

8002. — Farre (Général), sénateur. *Observations sur les réformes militaires à l'étude*... — Paris, L. Baudoin, nov. 1882, in-8°, 60 p.

Examen de l'effectif de l'armée avec le système du service de 4 ou de 3 ans; insuffisance du service de 3 ans pour la formation des cadres; la constitution d'une force disponible pour les expéditions analogues à celles de Tunisie, l'augmentation de l'armée d'Afrique, l'organisation des cadres de ces nouvelles troupes.

8003. — Farcy (Eugène), député. *Proposition de loi relative à l'habillement et aux objets de campement des troupes de l'Algérie* (renvoyée à la Commission de l'Armée)... — Paris, imp. A. Quantin, 1882, in-4°, 23 p.

Chambre des députés, 3⁰ législature, session extraordinaire de 1882. Annexe au procès-verbal de la séance du 11 déc. 1882, n° 1500. — Critique des pertes plus fortes par la maladie que par le feu au cours de l'expédition de Tunisie; causes de la mortalité : jeunesse et faiblesse physique de nos soldats, mauvaises dispositions prises pour les garantir contre les maladies des pays chauds; nécessité de recruter l'armée d'Afrique avec des volontaires anciens soldats; mesures à prendre pour l'hygiène, l'habillement et la coiffure.

8004. — Pilleyre (Charles). *Vice fondamental de l'organisation actuelle de l'armée. Nouvelle organisation. Causes réelles de la désorganisation des régiments lors de la guerre de Tunisie...* — Lyon, Imp. moderne, 1883, in-8°, 32 p.

Rapidité de la mobilisation allemande en 1870, la division de l'effectif des rég^{ts} en deux portions est le vice fondamental de l'organisation actuelle de l'armée; projet d'une nouvelle organisation; la désorganisation des rég^{ts} lors de la guerre de Tunisie est moins imputable au ministre de la Guerre qu'à l'organisation défectueuse de l'armée; critiques sur la formation du corps expéditionnaire.

8005. — Thibaudin (Général), ministre de la Guerre, et Tirard (P.), ministre des Finances. *Projet de loi sur l'organisation des troupes spéciales d'Afrique et la création d'un corps de réserve expéditionnaire* (renvoyé à la Commission de l'Armée)... — Paris, Imp. de la Chambre des députés, 1883, in-4°, 15 p.

Chambre des députés, 3⁰ législature, session de 1883. Annexe au procès-verbal de la séance du 19 juin 1883, n° 2017. — Projet de loi destiné à accroître l'effectif des troupes affectées en permanence à la garde de nos possessions d'Algérie-Tunisie et à préparer la création d'un corps de réserve expéditionnaire. Cf. Décret du Président de la République portant retrait du projet de loi, *ibid.,* n° 2315 (v. n° **8006**).

8006. — Campenon (Général), ministre de la Guerre, et Tirard, ministre des Finances. *Projet de loi sur l'organisation des troupes spéciales d'Afrique* (renvoyé à la Commission de l'Armée)... — Paris, imp. A. Quantin, 1883, in-4°, 15 p.

Chambre des députés, 3⁰ législature, session extraordinaire de 1883. Annexe au procès-verbal de la séance du 27 déc. 1883, n° 2522. — Modifications apportées au précédent projet de loi (v. n° **8005**) en ce qui concerne la formation du corps de réserve expéditionnaire qui pourrait être fourni par l'armée d'Afrique elle-même. Cf. Décret portant retrait de ce projet de loi, *ibid.,* n° 3140 (v. n^{os} **8009** et **8798**).

8007. — *Loi du 15 redjeb 1276 sur le recrutement de l'armée tunisienne.* — Tunis, Imp. du gouvernement tunisien, 1883, in-8°, 32 p.

Texte de loi : contingent annuel, tirage au sort, exemptions, dispenses, remplacement, mise en route, etc. (v. n° **8021**).

8008. — A. G. *Armée expéditionnaire, armée d'Afrique, armée coloniale.* — *Sp. Mil.*, 1884, t. XXIV, p. 13-29.

Mêmes difficultés à propos du Tonkin que pour l'expédition de Tunisie; notre organisation militaire ne répond pas à toutes les exigences qui peuvent se produire; création des armées expéditionnaire, d'Afrique et coloniale.

8009. — La Porte (de), député. *Avis de la Commission du budget chargée d'examiner le projet de loi concernant l'armée de mer et les troupes spéciales d'Afrique...* — Paris, imp. A. Quantin, 1884, in-4°, 8 p.

Chambre des députés, 3ᵉ législature, session de 1884. Annexe au procès-verbal de la séance du 23 février 1884, n° 2654. — Nécessité de combler les vides causés dans l'armée d'Afrique par l'envoi des renforts au Tonkin; unités nouvelles à créer (v. n°ˢ **8006, 8790, 8791, 8795, 8798** et **8800** à **8802**).

8010. — Richard (Jules). *En campagne...* tableaux et dessins de [Meissonier, Éd. Detaille], A. de Neuville... — Paris, Boussod, Valadon [1885], 2 séries en 1 vol. in-fol., 81 et 102 p.

Quelques uniformes de l'armée d'Afrique et épisodes relatifs à l'Algérie et à la Tunisie (combat dans une rue de Sfax).

8011. — Detaille (Édouard) et Richard (Jules). *Types et uniformes. L'armée française* par Édouard Detaille. Texte par Jules Richard... — Paris, Boussod et Valadon, 1885-1889, 2 vol. in-fol., 132 et 122 p., ill., pl. en noir et en coul.

Parut en 16 livraisons; les 346 dessins originaux ont été composés et exécutés de 1883 à 1888. T. Iᵉʳ : généraux, état-major, écoles; infⁱᵉ (notamment depuis l'expédition d'Alger jusqu'à celle de Tunisie), chasseurs à pied, cavⁱᵉ. T. II : l'armée d'Afrique, zouaves, Tirailleurs, interprètes, Légion étrangère, infⁱᵉ légère, chass. d'Af., spahis; artⁱᵉ, génie, gendarmerie, l'administration militaire, les troupes de la marine.

8012. — *Tunisie. Rapatriement de troupes françaises.* — *R. Fr. Étr. Col.*, 1886, t. III, p. 574-576.

Inquiétude des colons et des commerçants causée par cette réduction sans cesse croissante des troupes d'occupation.

8013. — *Avant la bataille.* Préface de Paul Déroulède. — Paris, A. Lévy, 1886, in-18, xxviii-508 p.

3ᵉ éd., *ibid.* — Exposé de l'état actuel des forces nationales françaises; voir notamment effectifs, composition et subdivisions du 19ᵉ C. A. et du corps d'occupation de Tunisie, bat^{ons}, esc^{ons} et b^{ies} détachés.

8014. — *Règlement sur les travaux mixtes, le domaine et les servitudes militaires. Décret du 3 hidjé 1303 (2 septembre 1886).* — Tunis, imp. B. Borrel, 1886, in-8°, 18 p.

I. Domaine militaire (art. 1-7); II. Travaux mixtes (art. 8-19); III. Servitudes militaires (art. 20-25).

8015. — Pichard, vétérinaire en 2ᵉ, du 7ᵉ hussards. *Rapport... à M. le vétérinaire principal Germain.* — *Rec. Hyg. Méd. Vét. Mil.*, sept. 1887, p. 361-393.

Observations recueillies par l'auteur au cours de sa mission à bord du *Shamrock*, en accompagnant, de Sfax au Tonkin, un convoi de 150 mulets (sept.-oct. 1884) : conditions physiques et sanitaires des mulets avant l'embarquement, leurs antécédents, le mode d'embarquement, le transport, maladies.

8016. — E. A. *Projet d'organisation militaire de l'Afrique du Nord.* — *Bul. Ass. Af. Nord*, 1889, p. 137-140, 154-160, 185-194, 216-228.

Organisation ayant pour but de donner un appoint de combattants pour la future grande guerre, assurer la sécurité de l'Afrique du Nord, accélérer l'assimilation, la francisation des indigènes, favoriser l'immigration française.

8017. — *Algérie et Tunisie : la nouvelle loi militaire.* — *R. F. Étr. Col.*, 1890, t. XI, p. 179.

Dispositions de la loi du 15 juillet 1889, sur le recrutement, applicables aux hommes résidant en Tunisie.

8018. — *Commission chargée de la révision de la loi du recrutement en Tunisie du 23 décembre 1890 au 7 janvier 1891. Projet de loi.* — Tunis, imp. B. Borrel, 1891, in-8°, 24 p.

Composition de la Commission; projet de loi adopté par la Commission le 6 janvier 1891 (74 art.).

8019. — Bertholon (Dr L.). *La loi tunisienne sur le recrutement et son extension possible à l'Algérie.* — R. F. Étr. Col., 1891, t. XIV, p. 25-30.

Principales dispositions de la loi de recrutement de 1860, modifiée en 1886; son application, les six circonscriptions du territoire tunisien, ses inconvénients; les améliorations nécessaires et les avantages qu'il y aurait à l'étendre à l'Algérie; e mode de recrutement actuel de nos rég^{ts} africains, son coût exagéré; la question de la naturalisation.

8020. — *Étude sur la revision de la loi sur les cadres.* — R. M. U., 1892, t. Ier, p. 208-219, 326-347.

Examen des desiderata à réaliser lors de la révision de la loi sur les cadres; composition à donner au corps colonial et au corps algérien, leur mobilisation.

8021. — *Loi du 15 redjeb 1276 (7 février 1860) sur le recrutement de l'armée tunisienne.* Traduction par F. Patorni, interprète principal de l'armée. — Oran, imp. P. Perrier, 1894, in-8°, 57 p.

Bul. Soc. G. Arch. Oran, 1893, p. 83-107; 1894, p. 67-99. — Texte arabe et traduction française de la loi; effectif du contingent annuel, tirage au sort, dispenses et remplacement, engagés volontaires. An. par C. Sonneck, dans *J. As.*, 1895, t. VI, p. 571.

8022. — Lienhart (D^r) et Humbert (René). *Les uniformes de l'armée française depuis 1690 jusqu'à nos jours. Texte et dessins...* — Leipzig, M. Ruhl, 1897-1906, 5 vol. in-4°, pl. en coul.

Histoire de l'uniforme français depuis 1690 jusqu'à 1894, aussi bien pour les différents corps de l'armée que pour chaque ordonnance. T. II (187 p., 80 pl.) : cav^{ie}. T. III (242 p., 62 pl.) : inf^{ie} et troupes d'Afrique (zouaves, Tirailleurs algériens, chass. d'Af., spahis, c^{ies} mixtes, Légion étrangère, inf^{ie} légère d'Afrique, spahis sénégalais, troupes territoriales du 19e C. A. T. IV (481 p., 87 pl.) : art^{ie}, génie, train, remontes, services administratifs, service de Santé, troupes de la marine et corps coloniaux, troupes indigènes (Tirailleurs sénégalais, spahis sahariens, méharistes et sahariens). T. V (635 p., 84 pl.) : divers, pénitenciers, exclus, Régence de Tunis.

8023. — D. (Commandant). *L'armée tunisienne.* — *R. C. M.*, 1897, 1ᵉʳ sem., p. 435-437.

L'armée régulière créée par Ahmed Bey, son licenciement presque total en 1856; la garde beylicale organisée en 1883; la loi de recrutement de 1860, son application depuis le Protectorat; nécessité de tirer un meilleur parti des soldats tunisiens.

8024. — Leroy-Beaulieu (Paul). *L'unification de notre empire africain et la nécessité stratégique du transsaharien.* — *Bul. Soc. Ét. Col. Mar.*, 1898, p. 301-305.

Extr. des *Débats* et de l'*Écon. fr.*, 1898, t. II, p. 477-478, 647-648. — L'Algérie et la Tunisie avec leurs 60.000 hommes de troupe doivent servir maintenant de base à la pénétration nord-sud de l'Afrique; la nécessité et l'utilité du transsaharien.

8025. — *Transports maritimes (France, Algérie, Tunisie).* — Paris, Charles-Lavauzelle [1898], in-8°, 98 p.

Bulletin officiel du ministère de la Guerre, n° 102. — Convention du 16 déc. 1896 au sujet du transport du personnel et du matériel de la Guerre entre la France, l'Algérie, la Tunisie, la Tripolitaine et le Maroc; cahier des charges annexé à la convention; loi du 11 janvier 1898, portant approbation de la convention conclue; instruction du 24 avril 1898 pour l'application du cahier des charges (v. n° **8033**).

8026. — Rozet (Albin), député. *Proposition de loi tendant à créer un corps de marins indigènes ou Baharia, en Algérie et en Tunisie* (renvoyée à la Commission de la Marine)... — Paris, imp. Motteroz [1900], in-4°, 10 p.

Chambre des députés, 7ᵉ législature, session de 1900. Annexe au procès-verbal de la séance du 29 mars 1900, n° 1560. — Rappel de la création du corps des zouaves en Algérie, puis de l'école des mousses indigènes en 1855; avantages qu'il y aurait à utiliser les indigènes comme marins auxiliaires (v. n° **175**). Cf. Rapport supplémentaire de M. Brindeau, député, n° 3012, et Avis présenté au nom de la Commission du budget, par E. Lockroy, député, n° 3107, même législature.

8027. — Delorme (E.). *Nos garnisons de France, d'Algérie et de Tunisie. Guide de l'officier d'infanterie*, d'après les renseignements recueillis par E. Delorme... — Paris, l'auteur [1901], in-8°, viii-966 p.

Description des villes, renseignements divers (moyens de communication, alimentation, logement, etc.), composition des garnisons; le 19° C. A. et la division de Tunisie (p. 825-921).

8028. — Murat (Dr Louis). *Les transports de troupes en Algérie et en Tunisie, améliorations à réaliser.* — La médecine moderne, 1901, p. 315-318.

Suggestions proposées pour améliorer les transports de troupes par mer, assurer la surveillance et le bien-être de celles-ci à bord, le devoir du docteur.

8029. — Fulcrand (Colonel), ancien commandant de Laghouat et du Sud algérien. *Lettres de Tunisie.* — Bul. Soc. Ét. Col. Mar., 1901, p. 147-148, 200-207, 250-255, carte.

Reproduit en partie dans *Bul. Soc. languedoc. G.*, 1901, p. 517-524. — Lettres (mai-août 1901) donnant un exposé de la situation géographique de la Tunisie et des chemins de fer tunisiens au point de vue stratégique; la liaison avec l'Algérie; Bizerte au moment de Fachoda; la colonisation et le peuplement français (v. n° n° **7013**). An. par E. V. [Vassel], dans *R. T.*, 1901, p. 471.

8030. — Ned-Noll. *La loi de deux ans et les troupes coloniales et algériennes.* — Bul. Com. A. F., 1903, sup., p. 119-120.

Algériens et Tunisiens feront deux ans de service si la Chambre ratifie les dispositions votées par le Sénat (v. n° **8034**).

8031. — Ned-Noll. *Les Baharia.* — Bul. Com. A. F., 1903, sup., p. 146-147.

Au sujet du projet de loi d'A. Rozet (v. n° **8026**).

8032. — *Recrutement militaire d'indigènes.* — Quinz. col., 1903, t. XIV, p. 727.

Affectation de recrues à d'autres corps que les Tirailleurs et les spahis.

8033. — *Mouvements et transports. Transports maritimes. Dispositions spéciales aux transports entre la France, l'Algérie, la Tunisie, la Tripolitaine et le Maroc. Volume arrêté à la date du 15 septembre 1904.* — Paris, Charles-Lavauzelle [1904], in-8°, 117 p.

Éd. mise à jour du vol. du *B. O.* n° 102 signalé sous le n° **8025**. Autre éd. Paris, R. Chapelot, 1904, in-8°, 117 p.

8034. — *Le service militaire des Algériens-Tunisiens.* — *Bul. Com. A. F.,* 1904, p. 252.

Le Sénat avait admis un an de service pour le contingent tunisien (v. n° **8030**); la Chambre a assimilé l'Algérie à la Tunisie. Cf. *Le service militaire aux colonies. Quinz. col.,* 1905, p. 87-88.

8035. — Prudhomme (Général). *Le service militaire aux colonies.* — *J. Sc. Mil.,* 1904, t. XXII, p. 5-16.

Dispositions de la loi de recrutement pour le contingent algéro-tunisien; le 19° corps actuel doit être scindé en deux corps, 19° et 21°, comprenant l'un les divisions d'Oran et d'Alger, l'autre les divisions de Constantine et de Tunisie. « Il est temps de consacrer l'assimilation de la Tunisie à notre colonie algérienne. »

8036. — *Le service militaire des colons algériens et tunisiens.* — *Quinz. col.,* 1904, p. 357-359.

Deux années en France pour les jeunes gens nés dans la colonie, une année dans la colonie pour ceux nés en France, telle est la formule qui donnerait satisfaction aux intérêts légitimes.

8037. — Aubry, Begey, Colin et Trouin, députés. *Proposition de loi relative au recrutement de l'armée en Algérie et en Tunisie...* (renvoyée à la Commission de l'Armée)... — Paris, imp. Motteroz, 1905, in-4°, 7 p.

Chambre des députés, 8° législature, session de 1905. Annexe au procès-verbal de la 2° séance du 23 mars 1905, n° 2338. — Propose de modifier l'art. 89 de la loi du 21 mars 1905; l'Algérie et la Tunisie doivent bénéficier d'un régime militaire spécial et les colons de ces pays ne peuvent être astreints au service de deux ans (v. n° **8040**).

8038. — Messimy, député. *Rapport fait au nom de la Commission du budget chargée d'examiner le projet de loi portant fixation du budget général de l'exercice 1907 (ministère de la Guerre,* 1re *section : troupes métropolitaines)*... — Paris, imp. Motteroz, 1906, 2 vol. in-4°, 230, 263 et 135 p.

Chambre des députés, 9° législature, session de 1906. Annexe au procès-verbal de la séance du 13 juillet 1906, n° 337. — Le chap. V (t. Ier, p. 179-203) traite de l'armée d'Afrique : effectifs du XIX° corps, critique de son organisation, étude de ses différents corps et services, moyens qui permettraient de constituer une armée plus forte tout en économisant sur son budget et sur le contingent de soldats français; la défense et l'arsenal de Bizerte (t. Ier, p. 220-224; t. II, p. 230-231) [v. n° **8039**].

8039. — MESSIMY (A.), député. *Considérations générales sur l'organisation de l'armée. L'évolution nécessaire. Extrait du rapport sur le budget de la Guerre pour l'exercice 1907.* — Paris, Charles-Lavauzelle [1906], in-8°, 408 p.

Reproduit notamment le t. Ier du rapport n° 337 (v. n° **8038**) relatif à l'évolution nécessaire de l'armée et en particulier de l'armée d'Afrique (chap. VI, p. 312-342, correspondant au chap. V du rapport).

8040. — COLIN, MESSIMY, BEGEY, CUTTOLI, ÉTIENNE, TROUIN, députés. *Proposition de loi relative au recrutement de l'armée en Algérie et en Tunisie et modifiant l'article 89 de la loi du 21 mars 1905...* — Paris, imp. Motteroz et Martinet [1906], in-4°, 6 p.

Chambre des députés, 9° législature, session extraordinaire de 1906. Annexe au procès-verbal de la séance du 12 nov. 1906, n° 421. — Proposition, renvoyée à la Commission de l'Armée, tendant à modifier, en faveur des Français et naturalisés français résidant en Algérie et en Tunisie, la loi de 1905 sur le service de deux ans (v. n° **8037**).

8041. — MESSIMY, député. *Rapport fait au nom de la Commission du budget chargée d'examiner le projet de loi portant fixation du budget général de l'exercice 1908 (ministère de la Guerre, 1re section : troupes métropolitaines)...* — Paris, imp. Motteroz et Martinet, 1907, in-4°, 591 p.

Chambre des députés, 9° législature, session de 1907. Annexe au procès-verbal de la 2° séance du 11 juillet 1907, n° 1233. — Le chapitre III (p. 76-97) traite de l'armée d'Afrique : composition, effectifs en Algérie et en Tunisie, budget, contingents français et indigènes, mesures proposées pour la réduction des effectifs français, l'augmentation des effectifs indigènes, l'organisation des réserves algériennes; la défense de l'Afrique du Nord (v. n° **8050**).

8042. — PICQUART (Général), ministre de la Guerre. *Projet de loi relatif à la constitution des cadres et effectifs de l'armée active et de l'armée territoriale...* — Paris, imp. Motteroz et Martinet, 1907, in-4°, 97 p.

Chambre des députés, 9° législature, session extraordinaire de 1907. Annexe au procès-verbal de la 1re séance du 30 nov. 1907, n° 1349. — Les accroissements et modifications de l'armée depuis 1883; composition proposée par le projet de loi en ce qui concerne les unités de l'armée d'Afrique ou stationnées en Afrique, organisation des Affaires indigènes en Algérie-Tunisie; tableaux d'effectifs. Cf. Même projet présenté au Sénat, session de 1908, n°ˢ 375 et 375 rectifié (v. n°ˢ **8055** et **8120** à **8122**).

8043. — *L'augmentation des troupes d'Afrique.* — *Quinz col.*, 1907, p. 904-905.

Les conséquences des événements du Maroc et du service de deux ans; envoi d'une commission d'études en Tunisie et en Algérie.

8044. — *Décrets et règlements du 18 octobre 1906 et du 10 juin 1907 concernant le domaine militaire, les travaux mixtes et les servitudes militaires.* — Tunis, imp. J. Picard [1907], in-4°, 15 p.

Décret beylical du 18 oct. 1906; règlement concernant la reconnaissance des dépendances du domaine public militaire; règlement concernant les instructions mixtes; décret du 10 juin 1907.

8045. — Chautemps (Émile), sénateur. *L'utilisation des forces militaires de l'Algérie.* — *R. P. L.*, 1907, t. VIII, p. 777-779.

Les qualités du Tirailleur, spahi ou goumier; le régime de la conscription en Tunisie donne satisfaction, il suffit de le développer; l'application du service obligatoire en Algérie préconisé par M. Messimy serait prématurée.

8046. — Waddington (Richard), sénateur. *Rapport fait au nom de la Commission des finances, chargée d'examiner le projet de loi, adopté par la Chambre des députés, portant fixation du budget général de l'exercice 1908 (ministère de la Guerre)...* — Paris, imp. du Sénat, 1908, in-4°, 287 p.

Sénat, année 1907, session extraordinaire. Annexe au procès-verbal de la séance du 19 déc. 1907, n° 333. — La question de la fusion de l'armée coloniale avec l'armée métropolitaine (p. 62-70), projet de concentration en Algérie ou dans le midi de la France des troupes spéciales; emprunt aux cadres de l'armée d'Afrique pour encadrer les troupes coloniales; affectation au service colonial des régᵗˢ de Tirailleurs nord-africains; Territoires du Sud et événements du Maroc (p. 74-75); augmentation des troupes indigènes (p. 76-80); subvention aux Territoires du Sud de l'Algérie (p. 123-125); défenses de Bizerte (p. 267-268).

8047. — Gervais, député. *Rapport fait au nom de la Commission du budget chargée d'examiner le projet de loi portant fixation du* budget général de l'exercice 1909 (ministère de la Guerre, 1re section : troupes métropolitaines)... — Paris, imp. Motteroz et Martinet, 1908, in-4°, 528 p., graph.

Chambre des députés, 9° législature, session de 1908. Annexe au procès-verbal de la séance du 13 juillet 1908, n° 2018. — Effectifs des troupes métropolitaines en Afrique du Nord ou présents au Maroc à la date du 5 oct. (p. 66 et 68); les contingents indigènes de l'Afrique du Nord, nécessité de les augmenter, la question du recrutement par voie d'appel (p. 74-84).

8048. — Monis (Ernest), sénateur. *Rapport fait au nom de la Commission des finances, chargée d'examiner le projet de loi, adopté par la Chambre des députés, portant fixation du budget général de l'exercice 1909 (ministère de la Guerre)... — Paris, imp. du Sénat, 1908, in-4°, 183 p.*

Sénat, année 1908, session extraordinaire. Annexe au procès-verbal de la séance du 6 déc. 1908, n° 324. — Le projet Messimy « peut être considéré comme prématuré » (p. 41-43); budget de l'Algérie-Tunisie (p. 156-177), subvention aux Territoires du Sud (p. 166); étude sur les défenses militaires de Bizerte (p. 172-175).

8049. — Messimy, député. *Les effectifs de l'armée et le service militaire des indigènes algériens.* — R. P. L., 1908, t. X, p. 774-776, 801-805.

Justification d'un projet de l'auteur tendant à remédier à la chute des effectifs du contingent français par une meilleure utilisation des ressources de l'Algérie; bref résumé de l'histoire du Moghreb, base de la réfutation d'arguments invoqués contre l'établissement, en Algérie, d'appels d'indigènes qui ont fait leurs preuves en Tunisie.

8050. — Bourdarie (Paul). *L'empire franco-barbaresque.* — R. Indig., 1908, p. 329-423.

Numéro consacré spécialement à une enquête faite par P. Bourdarie auprès de personnalités françaises et indigènes, civiles, militaires ou indépendantes, sur la question du service militaire des musulmans. I. Exposé général et historique de la question : organisation actuelle des armées algérienne et tunisienne, analyse du projet Messimy (v. n° **8041**), du projet de loi Chautemps, déposé en 1900, la discussion Étienne-Messimy à la Réunion des Études algériennes, analyse et commentaires du rapport de la Commission d'enquête désignée à la suite du rapport Messimy. II. L'enquête de la *Revue indigène*, l'opinion des militaires, objections formulées, compensations nécessaires; bibliographie.

8051. — Pichon (S.), ministre des Affaires étrangères, Picquart (Général), ministre de la Guerre, et Picard (Alfred), ministre de la Marine. *Projet de loi tendant à autoriser les sujets tunisiens à contracter des engagements dans les corps français de l'armée métropolitaine et coloniale et dans l'armée de mer* (renvoyé à la Commission de l'Armée)... — Paris, imp. Motteroz et Martinet, 1909, in-4°, 3 p.

Chambre des députés, 9° législature, session de 1909. Annexe au procès-verbal de la séance du 19 mai 1909, n° 2492. — Projet permettant d'incorporer les sujets tunisiens qui ne sont pas soumis à l'obligation militaire en Tunisie et en particulier les israélites (v. n°s **8053** et **8055**).

8052. — R. D. *Quelques idées sur la réorganisation de l'armée.* — *J. Sc. Mil.*, 1910, t. III, p. 19-37, 306-336.

Nécessité de remanier la loi des cadres de 1875, par suite de l'application de la loi de deux ans et de la diminution du contingent annuel. L'auteur propose une nouvelle organisation des corps de troupe et de l'armée d'Afrique qui comprendrait le 18° C. A. (Tunisie), le 19° C. A. et le 2° corps colonial (Algérie).

8053. — Berger (Philippe), sénateur. *Rapport fait au nom de la Commission de l'Armée, chargée d'examiner le projet de loi, adopté par la Chambre des députés, tendant à autoriser les sujets tunisiens à contracter des engagements volontaires dans les corps français de l'armée métropolitaine et coloniale et dans l'armée de mer*... — Paris, imp. du Sénat, 1910, in-4°, 4 p.

Sénat, session de 1910. Annexe au procès-verbal de la séance du 6 avril 1910, n° 246. — Cf. Projet de loi Brun, Pichon, Boué de Lapeyrère, *ibid.,* n° 223 (v. n°s **8051** et **8055**).

8054. — *Appel des réservistes tunisiens.* — *Quinz. col.,* 1909, p. 564, 798.

La période de 8 jours a parfaitement réussi.

8055. — Messimy, député. *Rapport fait au nom de la Commission de l'Armée chargée d'examiner le projet de loi tendant à autoriser les sujets tunisiens à contracter des engagements volontaires dans les corps français de l'armée métropolitaine et dans l'armée de mer*... — Paris, imp. Martinet, 1910, in-4°, 8 p.

Chambre des députés, 9ᵉ législature, session de 1910. Annexe au procès-verbal de la 2ᵉ séance du 8 février 1910, n° 3066. — Rapport sur le projet de loi Pichon, Picquart et Picard (v. n° **8051**).

8056. — *Les Tunisiens dans l'armée française.* — *Quinz. col.,* 1910, p. 205-206.

Examen des vœux formulés par les israélites tunisiens; rapport de M. Messimy concernant l'octroi de la naturalisation aux sujets tunisiens ayant fait trois ans de service militaire en France (v. n° **8055**).

8057. — *Appel de réservistes indigènes.* — *Quinz. col.,* 1910, p. 669.

La convocation de 1910 concerne les réservistes des classes 1902 et 1903, non convoqués en 1909.

8058. — LÉAL (Numa). *Deux problèmes nord-africains.* — *R. Indig.,* 1911, p. 77-82.

Au sujet du service militaire des indigènes musulmans (opinions d'officiers ayant appartenu à des régiments de Tirailleurs) et des ravages de l'alcoolisme parmi les indigènes tunisiens.

8059. — CLÉMENTEL, député. *Rapport fait au nom de la Commission du budget chargée d'examiner le projet de loi portant fixation du budget général de l'exercice 1912 (ministère de la Guerre, 1ʳᵉ section : troupes métropolitaines)...* — Paris, imp. Martinet, 1911, in-4°, 405 p., graph.

Chambre des députés, 10ᵉ législature, session de 1911. Annexe au procès-verbal de la 2ᵉ séance du 12 juillet 1911, n° 1241. — La réduction des effectifs et la nécessité d'augmenter le nombre des indigènes algériens et tunisiens incorporés (p. 137-138); budget de l'Algérie-Tunisie (p. 347-370); défense de Bizerte (p. 376).

8060. — TREIGNIER, député. *Rapport fait au nom de la Commission de l'Armée chargée d'examiner le projet de loi relatif à la constitution des cadres et des effectifs de l'infanterie...* — Paris, imp. Martinet, 1912, in-4°, 154 p.

Chambre des députés, 10ᵉ législature, session de 1912. Annexe au procès-verbal de la 2ᵉ séance du 29 mars 1912, n° 1849. — Modification partielle de l'organisation du recrutement indigène en Algérie (p. 58); réorganisation « dans un cadre plus approprié à leur importance » des régᵗˢ de Tirailleurs algériens et tunisiens portés de 4 à 12 (p. 62); encadrement des rég^{ts} actifs et de réserve de zouaves et des bat^{ons} d'infanterie légère (p. 78-79); tableaux indiquant la composition d'un rég^t de zouaves, de Tirailleurs, d'un rég^t étranger, d'un bat^{on} d'inf^{ie} légère (p. 129-141) [v. n^{os} **8062, 8063, 8087** et **8088**].

8061. — *Mouvements et transports. Transports par voies ferrées du matériel de la Guerre en Algérie et en Tunisie.* Volume arrêté à la date du 10 juillet 1912. — Paris, Charles-Lavauzelle, 1912, in-8°, 83 p.

<small>Bulletin officiel du ministère de la Guerre, édition méthodique, n° 100^{10}. — Convention (9 fév. 1911) entre le ministre de la Guerre et les administrations des chemins de fer algériens pour le transport du matériel de la Guerre en Algérie; appendice (5 déc.); instruction (24 avril 1912) sur le transport, par voies ferrées, du matériel de la Guerre en Algérie et Tunisie.</small>

8062. — CLÉMENTEL, député. *Avis présenté au nom de la Commission du budget sur le projet de loi relatif à la constitution des cadres et des effectifs de l'infanterie....* — Paris, imp. de la Chambre des députés, 1912, in-4°, 16 p.

<small>Chambre des députés, 10e législature, session de 1912. Annexe au procès-verbal de la 2e séance du 14 juin 1912, n° 2000. — Conséquences financières du projet du gouvernement et des modifications apportées par la Commission de l'Armée (v. n^{os} **8060, 8063, 8087** et **8088**).</small>

8063. — MILLERAND (A.), ministre de la Guerre. *Projet de loi, adopté par la Chambre des députés, relatif à la constitution des cadres et des effectifs de l'infanterie* (renvoyé à la Commission de l'Armée)... — Paris, imp. du Sénat, 1912, in-4°, 31 p.

<small>Sénat, session extraordinaire de 1912. Annexe au procès-verbal de la séance du 12 déc. 1912, n° 379. — Composition des rég^{ts} de zouaves, de Tirailleurs, des rég^{ts} étrangers et des bat^{ons} d'inf^{ie} légère d'Afrique. Cf. Rapport fait au nom de la Commission de l'Armée, présenté par M. Gervais, sénateur, ibid., n° 391; Avis présenté au nom de la Commission des finances, par M. Milliès-Lacroix, ibid., n° 400 (v. n^{os} **8060, 8062, 8087** et **8088**).</small>

8064. — SAURIN (Jules). *La nouvelle loi militaire et le peuplement français de l'Afrique du Nord.* — S. l. [1913], in-8°, 4 p.

<small>Reproduit dans Bul. Soc. G. Toulouse, 1914, p. 105-110; parut sous le titre *L'Afrique française du Nord et la nouvelle loi militaire*, dans Bul. Soc. G. Com. Bordeaux, 1913, p. 348-353, sous le titre *Peuplement militaire de l'Afrique du Nord*, dans</small>

R. F. Étr. Col., 1913, p. 391-396. — Daté de Tunis, 13 juin 1913. Après deux années de service, libérer les militaires français de l'Afrique du Nord qui s'engageraient à rester 15 ans en Tunisie ou au Maroc; un soulèvement des indigènes est à prévoir; le nombre des réservistes et territoriaux doit être augmenté, le peuplement français de l'Afrique doit être assuré (v. n° **5990**).

8065. — Roussin (Capitaine). *L'armée arabe.* — *R. M. G.*, 1913, t. XIII, p. 836-848.

Introduire «en Algérie le système tunisien qui a donné de si remarquables résultats»; poursuivre le transport dans l'Afrique du Nord des brigades noires; l'incorporation du contingent algérien dans les corps de la métropole (v. n° **8066**). An. dans *Op.*, 1913, 1er sem., p. 826-827.

8066. — Defrasse (Commandant). *Quelques réflexions sur l'armée arabe.* — *R. M. G.*, 1913, t. XIV, p. 615-629.

Réflexions concernant l'art. cité sous le n° **8065** et portant sur l'augmentation du nombre des Tirailleurs algériens, leur utilisation dans une guerre continentale, la suppression de l'envoi en Algérie d'hommes du contingent de la métropole.

8067. — Ministère de la Guerre. *Convention du 1er janvier 1914 relative aux transports maritimes entre la Tunisie, Algérie et Maroc et vice versa.* — Paris, imp. M. Villain et M. Bar, 1914, in-8°, 10 p.

Convention entre l'État et la c^{ie} générale transatlantique pour les transports militaires sur les lignes Tunis-Casablanca et Alger-Mogador.

8068. — Bénazet (Paul), député. *Rapport fait au nom de la Commission du budget chargée d'examiner le projet de loi portant fixation du budget général de l'exercice 1914 (ministère de la Guerre, 1re section : troupes métropolitaines)...* — Paris, imp. Martinet, 1914, in-4°, 418 p.

Chambre des députés, 10e législature, session de 1914. Annexe au procès-verbal de la séance du 10 février 1914, n° 3509. — Application de la loi de trois ans, mesures précédemment étudiées pour parer à la crise des effectifs (p. 10); budget de l'Algérie-Tunisie (p. 333-391), création de 4 nouveaux bat^{ons} de zouaves et de deux rég^{ts} de spahis.

8069. — Raiberti, député. *Proposition de loi sur l'organisation et les cadres de l'armée, portant modification de la loi du 24 juillet 1873 relative à l'organisation générale de l'armée, de la loi du*

13 mars 1875 relative à la constitution des cadres et effectifs de l'armée active et de l'armée territoriale, ainsi que des lois successives qui les ont modifiées... (renvoyée à la Commission de l'Armée)... — Paris, imp. Martinet, 1914, in-4°, 170 p.

Chambre des députés, 11ᵉ législature, session de 1914. Annexe au procès-verbal de la séance du 7 juillet 1914, n° 244. — Critique du palliatif à la crise des effectifs que l'on a cru trouver dans «l'appoint que fournirait à la défense nationale le développement des troupes indigènes, noires ou arabes»; les troupes noires peuvent à la rigueur former une réserve expéditionnaire, mais sans diminuer pour la métropole la charge de la défense du pays; avantages et inconvénients qu'il y aurait à intensifier le recrutement arabe (p. 34-38); inconvénients de l'organisation actuelle de l'armée qui se sont manifestés pour l'expédition du Maroc (p. 87); projet d'affecter à l'Algérie-Tunisie un corps d'armée spécial faisant partie des troupes coloniales.

8070. — GALLIENI (Général), ministre de la Guerre, et RIBOT (A.), ministre des Finances. *Projet de loi créant l'emploi d'adjudant indigène pour les militaires indigènes des unités de Tirailleurs et de spahis de l'Afrique du Nord...* (renvoyé à la Commission de l'Armée)... — Paris, imp. Martinet, 1915, in-4°, 7 p.

Chambre des députés, 11ᵉ législature, session de 1915. Annexe au procès-verbal de la séance du 24 déc. 1915, n° 1618. — Lacune de l'organisation actuelle par laquelle les militaires indigènes sont susceptibles d'être nommés officiers, mais ne peuvent occuper les emplois de fourrier, sergent-major ou adjudant. Cf. Rapport présenté au nom de la Commission de l'Armée, par Maurice Bernard, *ibid.,* n° 2109; Avis de la Commission des pensions, par B. Diagne, *ibid.,* n° 2119, de la Commission du budget, par P. Ceccaldi, *ibid.,* n° 2157; Rapport supplémentaire de M. Bernard, *ibid.,* n° 2355; Projet de loi présenté au Sénat, session de 1916, n° 299; Rapport présenté par M. Bérenger, *ibid.,* n° 328; Avis de la Commission des Finances, par A. Gervais, *ibid.,* n° 330.

8071. — ***. *L'armée berbère...* — S. l. n. d., in-12, 60 p.

Étude établie fin 1915, soumise au ministre de la Guerre et tirée à 100 exemplaires. 1ʳᵉ note : problème de l'utilisation des ressources de l'Afrique du Nord en hommes, rappel des expériences de divers systèmes de formation des armées tentées en Algérie-Tunisie; l'auteur conclut par un projet d'organisation milicienne sur la base du système des guichs. 2ᵉ note : indication sommaire des procédés d'exécution, utilisation du système proposé pour le recrutement des travailleurs indigènes.

8072. — MINISTÈRE DE LA GUERRE. Direction des troupes coloniales. Service de l'organisation des travailleurs coloniaux en

France. *Instructions relatives à l'emploi des mains-d'œuvre algérienne, tunisienne, marocaine, indochinoise et chinoise.* — Paris, Imp. nat., 1917, in-18, 42 p.

Cinq notices (signées : général P. Famin) datées du 20 février au 3 nov. 1916 : logement, habillement, alimentation, travail, discipline, distractions, pratiques religieuses.

8073. — *Le recrutement indigène attribué au ministère des Colonies.* — *Bul. Com. A. F.*, 1917, p. 122.

Texte du rapport et du décret attribuant au ministre des Colonies le recrutement des troupes indigènes et de la main-d'œuvre dans toutes les possessions françaises y compris l'Afrique du Nord (23 mars 1917) [v. n° **8074**].

8074. — *Le recrutement indigène.* — *Bul. Com. A. F.*, 1917, p. 389-390.

Décret du 30 nov. 1917 annulant celui du 23 mars (v. n° **8073**).

8075. — Deschamps (Louis). *Rapport fait au nom de la Commission de l'Armée chargée d'examiner le projet de loi ouvrant aux militaires indigènes musulmans de l'Afrique du Nord l'accession à tous les grades...* — Paris, imp. Martinet, 1918, in-4°, 4 p.

Chambre des députés, *11ᵉ législature, session de 1918. Annexe au procès-verbal de la 2ᵉ séance du 6 mars 1918*, n° 4407. — Modifications apportées à l'ordonnance du 7 déc. 1841 fixant que les militaires indigènes ne pourraient pas occuper les emplois de fourrier, de sergent-major ou de capitaine; la guerre de 1914-1918 a montré la nécessité de modifier ces dispositions. Cf. Projet de loi déposé par G. Clemenceau, ministre de la Guerre, *ibid.*, n° 4320 (v. n° **8076**). An. dans *Bul. Com. A. F.*, 1918, p. 227.

8076. — Doumer (Paul), sénateur. *Rapport fait au nom de la Commission de l'Armée, chargée d'examiner le projet de loi, adopté par la Chambre des députés, ouvrant aux militaires indigènes musulmans de l'Afrique du Nord l'accession à tous les grades...* — Paris, imp. du Sénat, 1920, in-4°, 5 p.

Sénat, *session ordinaire de 1920. Annexe au procès-verbal de la séance du 27 février 1920*, n° 50. — Les règles limitant jusqu'ici l'accession aux différents grades, en ce qui concerne les indigènes musulmans qui, en fait, ne dépassaient pas celui de lieut*. Cf. Projet de loi déposé au Sénat par G. Clemenceau, ministre de la Guerre, session de 1919, n° 663, et décret du Président de la République portant retrait de ce projet, Sénat, session ordinaire de 1920, n° 187 (v. n° **8075**).

8077. — MILLERAND (Alexandre), président du Conseil, ministre des Affaires étrangères, et STEEG (T.), ministre de l'Intérieur. *Projet de loi ouvrant aux indigènes musulmans de l'Algérie, non citoyens français, et aux musulmans ressortissants français de la Tunisie et du Maroc, l'accession à tous les grades d'officier et assimilé de l'armée de terre, au titre français...* — Paris, imp. Martinet, 1920, in-4°, 6 p.

Chambre des députés, 12ᵉ législature, session de 1920. Annexe au procès-verbal de la séance du 26 mai 1920, n° 933. — Les indigènes musulmans de l'Afrique du Nord ne sont autorisés à servir jusqu'ici que dans certaines unités et ne peuvent accéder qu'au grade d'officier « au titre indigène »; projet tendant à leur permettre d'accéder aux différents grades d'officier, à titre français, sans abandonner leur statut personnel musulman (v. n° **8078**).

8078. — LE BRECQ, député. *Rapport fait au nom de la Commission de l'Armée chargée d'examiner le projet de loi ouvrant aux indigènes musulmans de l'Algérie, non citoyens français, et aux musulmans ressortissants français de la Tunisie et du Maroc, l'accession à tous les grades d'officier et assimilé de l'armée de terre, au titre français...* — Paris, imp. Martinet, 1921, in-4°, 4 p.

Chambre des députés, 12ᵉ législature, session extraordinaire de 1921. Annexe au procès-verbal de la 2ᵉ séance du 28 déc. 1921, n° 3665. — Propose d'ouvrir les portes de nos écoles militaires et l'accession au grade d'officier, à titre français, aux indigènes musulmans de l'Algérie, non citoyens français, et aux musulmans ressortissants français de la Tunisie et du Maroc, sans leur imposer l'obligation de se faire naturaliser français (v. n°ˢ **8077** et **8079**). Extr. dans *Bul. Com. A. F.*, 1922, p. 103.

8079. — PEYRAT (J.). *L'accession aux hauts grades militaires.* — *R. Indig.*, 1922, p. 58-60.

Extr. et commentaire du projet de loi rapporté par M. Le Brecq (v. n° **8078**).

8080. — *La préparation des officiers des Affaires indigènes d'Algérie et de Tunisie.* — *Bul. Com. A. F.*, 1924, p. 104-105.

Le cours préparatoire des Affaires indigènes créé en 1913, réorganisé en 1919; l'instruction ministérielle du 19 août 1922.

8081. — *Le commandement des troupes en Tunisie.* — *Bul. Com. A. F.*, 1926, p. 127.

Modification apportée par décret (5 mars) au titre de « division d'occupation de Tunisie », dont le chef devient le général commandant supérieur des troupes de Tunisie. Cf. *Les réformes tunisiennes et le destour. Ibid.*, p. 184.

B. ZOUAVES.

8082. — DRIANT (Commandant), du 4ᵉ zouaves. *Fête du 4ᵉ zouaves.* 24 juin 1898. Les deux drapeaux, à propos en vers représenté pour la première fois sur le théâtre des zouaves, le 24 juin 1898, à la caserne Saussier... à Tunis... — Tunis, imp. L. Nicolas [1898], in-8°, 16 p., pl., couv. ill.

8083. — FREYCINET (de), ministre de la Guerre. *Projet de loi modifiant l'organisation des régiments de zouaves* (renvoyé à la Commission de l'Armée)... — Paris, imp. Motteroz, 1899, in-4°, 3 p.

Chambre des députés, 7ᵉ législature, session de 1899. Annexe au procès-verbal de la séance du 16 janvier 1899, n° 607. — Projet de création d'un 5ᵉ batᵒⁿ dans chacun des 4 régᵗˢ de zouaves. Cf. Rapport fait au nom de la Commission de l'Armée, par le lieutᵗ-colonel Guérin, député, *ibid.*, n° 627 (v. n° **8084**).

8084. — PAULIAT, sénateur. *Rapport fait au nom de la Commission de l'Armée, chargée d'examiner le projet de loi, adopté par la Chambre des députés, modifiant l'organisation des régiments de zouaves...* — Paris, imp. du Sénat, 1899, in-4°, 4 p.

Sénat, session de 1899. Annexe au procès-verbal de la séance du 27 janvier 1899, n° 18. — Création d'un 5ᵉ batᵒⁿ, stationné en France, dans chacun des 4 régᵗˢ de zouaves. Cf. Projet de loi, présenté au Sénat, par C. de Freycinet, ministre de la Guerre, *ibid.*, n° 14 (v. n° **8083**).

C. TIRAILLEURS.

8085. — Chautemps, député. *Proposition de loi tendant à la création d'une réserve de Tirailleurs algériens et tunisiens* (renvoyée à la Commission de l'Armée)... — Paris, imp. Motteroz [1900], in-4°, 10 p.

Chambre des députés, 7ᵉ législature, session de 1900. Annexe au procès-verbal de la séance du 22 mai 1900, n° 1649. — Cette réserve assurera la sécurité de la colonie en cas de guerre et « garantira contre le désarroi qu'apporterait dans la mobilisation de l'armée continentale la répétition des faits de 1881 et de 1898 » (v. n° **8086**).

8086. — Chautemps (Émile). *Rapport fait au nom de la Commission de l'Armée chargée d'examiner la proposition de loi de M. Chautemps, tendant à la création d'une réserve de Tirailleurs algériens et tunisiens...* — Paris, imp. Motteroz [1900], in-4°, 7 p.

Chambre des députés, 7ᵉ législature, session de 1900. Annexe au procès-verbal de la séance du 4 juillet 1900, n° 1804. — Question posée en 1892 par le lieut^t Salagnac (v. n° **2147**); variante apportée à la proposition de loi (v. n° **8085**).

8087. — Brun (Général), ministre de la Guerre. *Projet de loi relatif à la constitution des cadres et des effectifs de l'infanterie* (renvoyé à la Commission de l'Armée)... — Paris, imp. Martinet, 1910, in-4°, 30 p.

Chambre des députés, 10ᵉ législature, session extraordinaire de 1910. Annexe au procès-verbal de la 2ᵉ séance du 22 déc. 1910, n° 628. — Ce projet prévoit le dédoublement des 4 rég^ts de Tirailleurs; tableaux d'effectifs (v. n°ˢ **8060**, **8062**, **8063** et **8088**).

8088. — Messimy, ministre de la Guerre. *Projet de loi relatif à la constitution des cadres et des effectifs de l'infanterie* (renvoyé à la Commission de l'Armée)... — Paris, imp. Martinet, 1911, in-4°, 32 p.

Chambre des députés, 10ᵉ législature, session extraordinaire de 1911. Annexe au procès-verbal de la séance du 19 déc. 1911, n° 1497. — Ce projet remplace celui du général Brun (v. n° **8087**) et répartit en 12 rég^ts au lieu de 4 les 30 bat^ons de Tirailleurs existants (v. n°ˢ **8060**, **8062** et **8063**).

D. CORPS DISCIPLINAIRES.

8089. — FERRON (Général), ministre de la Guerre. *Projet de loi portant création de deux bataillons d'infanterie légère d'Afrique...* — Paris, imp. A. Quantin, 1887, in-4°, 3 p.

<small>Chambre des députés, 4° législature, session extraordinaire de 1887. Annexe au procès-verbal de la séance du 2 déc. 1887, n° 2159. — Propose la création en Algérie-Tunisie de deux bat^{ons} d'inf^{ie} légère. Cf. Rapport du b^{on} Reille, ibid., n° 3485 (v. n° **8090**).</small>

8090. — MARGAINE, sénateur. *Rapport fait au nom de la Commission chargée d'examiner le projet de loi adopté par la Chambre des députés, portant création de deux bataillons d'infanterie légère d'Afrique...* — Paris, imp. du Sénat, 1889, in-4°, 8 p.

<small>Sénat, session 1889. Annexe au procès-verbal de la séance du 11 février 1889, n° 35. — Rôle de ces bat^{ons}, l'effectif proposé. Cf. Projet de loi, présenté au Sénat par C. de Freycinet, ministre de la Guerre, ibid., n° 13 (v. n° **8089**).</small>

8091. — *Bataillons d'Afrique.* — R. Fr. Étr. Col., 1889, t. IX, p. 369.

<small>Le décret du 1er mars 1889 porte leur nombre de 3 à 5 (4° à Ras-el-Oued, 5° à Aïn-Sefra).</small>

8092. — DARIEN (Georges). *Biribi, discipline militaire.* — Paris, A. Savine, 1890, in-18, XII-295 p.

<small>Trois années de la vie d'un raté, sans autre tare qu'une « forte-tête », échoué dans une c^{ie} de discipline.</small>

8093. — BOIGEY (Maurice), médecin-major de 2° cl. *Ateliers de Travaux publics et détenus militaires.* Préface du professeur Lacassagne. — Paris, A. Maloine, 1910, in-16, XVI-250 p., fig.

<small>Bibliothèque de criminologie. — Monographie des ateliers de Travaux publics, la vie des détenus, leurs antécédents, les causes de leur chute, remèdes. An. dans Q. Dipl. Col., 1910, t. XXIX, p. 327-328.</small>

8094. — LEFÈVRE (R.), médecin aide-major de 1re cl. à la c^{ie} de discipline de Bir-Bou-Rekba. *La littérature aux compagnies de discipline...* — Cad., 1911, p. 145-146.

Les disciplinaires, « qui sont avant tout et surtout des antisociaux », ont la littérature de leur mentalité.

8095. — Jude, médecin-major de 2ᵉ cl. *Des témoignages en justice des militaires appartenant aux bataillons d'Afrique, ateliers de Travaux publics et pénitentiers...* — *Cad.*, 1911, p. 216-219.

Causes susceptibles de fausser les témoignages des militaires de ces corps, notamment lors de délits ou de crimes commis par eux sur leurs chefs ou sur leurs camarades.

8096. — Granjux (Dʳ). *A propos du cafard (notes sur les troubles mentaux dans l'armée d'Afrique)...* — *Cad.*, 1911, p. 229-231.

Causes locales qui donnent un caractère propre et une physionomie spéciale aux troubles mentaux observés dans les troupes d'Afrique; le mot de « cafard » doit disparaître du langage médical. Cf. *A propos des Joyeux. Ibid.*, p. 245-246 : lettre du capitaine Jouart résumant la psychologie des « joyeux ».

8097. — Armandy (André). *Âmes de Joyeux (les Réprouvés)...* — Paris, Baudinière, 1926, in-16, 232 p.

R. F., 1926, t. II, p. 201-247, 448-486. — Roman dont l'action se passe dans un batᵒⁿ d'Af., dans un poste isolé du Sud tunisien.

E. COMPAGNIES MIXTES; INFANTERIE MONTÉE ET TROUPES SAHARIENNES.

8098. — Billot (Général), ministre de la Guerre, et Tirard, ministre des Finances. *Projet de loi... relatif à l'entretien des compagnies mixtes en Tunisie...* — Paris, imp. A. Quantin [1882], in-4°, 5 p.

Chambre des députés, *3ᵉ législature, session extraordinaire de 1882. Annexe au procès-verbal de la séance du 23 déc. 1882*, n° 1592. — Création de 12 cⁱᵉˢ mixtes, dont 6 immédiatement (v. n° 5208).

8099. — Deffis (Général), sénateur. *Rapport fait au nom de la Commission chargée d'examiner le projet de loi... portant organisation des différents services en Tunisie...* — Paris, imp. du Sénat [1882], in-8°, 7 p.

Sénat, session extraordinaire de 1882. Annexe au procès-verbal de la séance du 23 déc. 1882, n° 214. — Organisation et entretien des c^{ies} mixtes en Tunisie. Cf. Projet de loi sur le même objet, *ibid.*, n° 565 (session ordinaire).

8100. — Ténot (Eugène), député. *Rapport fait au nom de la Commission chargée d'examiner le projet de loi... relatif à l'entretien des compagnies mixtes en Tunisie...* — Paris, imp. A. Quantin [1882], in-4°, 5 p.

Chambre des députés, 3° législature, session extraordinaire de 1882. Annexe au procès-verbal de la séance du 26 déc. 1882, n° 1597. — Organisation des c^{ies} mixtes créées par la loi du 17 juillet 1882; leur composition, leur effectif.

8101. — *Des compagnies franches en Afrique.* — *Bul. R. Off.*, 1883, p. 213-217, 233-239, 254-258, croq.

But des c^{ies} franches, organisation d'une c^{ie}, recrutement, moyens de transport, habillement, armement, équipement, tactique, instruction et administration.

8102. — *Notes diverses au sujet des compagnies mixtes.* — *Bul. R. Off.*, 1883, p. 355-359, 379-383, 402-405.

Discipline, service journalier en station et en marche, rapports des officiers entre eux, sous-officiers, alimentation en route, rapport journalier, devoirs généraux du capitaine-commandant, formation de la c^{ie}, devoirs généraux du lieut^t d'inf^ie, du lieut^t commandant le peloton de cav^ie, du lieut^t commandant la section d'art^ie, instruction et entraînement des hommes, registres, rapports avec les Arabes amis, guides, espions, manière d'interroger, relations avec les Arabes insurgés et avec les Arabes convoyeurs, loi du 31 déc. 1882 relative à l'entretien de c^{ies} mixtes en Tunisie, etc.

8103. — A. Q., capitaine d'inf^{ie} breveté. *Aperçu historique sur les raids.* — *J. Sc. Mil.*, 1883, t. IX, p. 120-153.

Le raid, dont les principes sont innés chez tous les peuples, et particulièrement chez les barbares ou les demi-civilisés, est aussi ancien que le monde lui-même; exemples historiques : en Algérie, 1843-1844; en Tunisie, à chaque moment, un djich excursionne.

8104. — *L'infanterie montée. Son emploi dans la division sud de la Régence.* — *R. C. M.*, 1888, p. 733-737.

Historique de l'inf^{ie} montée; emploi en 1881; l'inf^{ie} montée et les dragons; comment opère le djich, procédés tactiques à lui opposer; propose d'organiser un bat^{on} qui pourrait remplacer la cav^{ie} et servir de soutien à l'art^{ie} à cheval.

8105. — *Sur le front saharien et tripolitain.* — *Bul. Com. A. F.*, 1916, p. 81-82.

Décrets en date du 10 mars 1916, créant deux nouvelles c^{ies} sahariennes, celle de Touggourt et celle de Tunisie; la première devant également intervenir dans le Sud-Tunisien pour assurer la garde de la partie saharienne de la frontière tuniso-tripolitaine.

8106. — Jandau (Marcel). *L'automobile coloniale et récits de raids automobiles sahariens...* Préface de L. Audouin-Dubreuil. — Bordeaux, Imp. coopérative, 1920, in-8°, 143 p., 62 grav., 2 cartes.

Avantages militaires de la locomotion automobile dans le bled; les premières expériences du lieut^t de La Fargue en 1913; caractères techniques de la voiture coloniale, les conditions auxquelles elle doit répondre; la marche à travers le bled, conseils pratiques; les principaux raids sahariens, rôle de la section de tracteurs mitrailleurs de l'aviation tunisienne. An. par R. Chudeau, dans *Bul. Soc. G. Paris*, 1921, t. XXXV, p. 549.

8107. — *La police saharienne.* — *Bul. Com. A. F.*, 1920, p. 184-185.

Décrets du 4 nov. 1919 et du 12 avril 1920 supprimant la c^{ie} saharienne de Ouggourt, la c^{ie} saharienne provisoire de Tunisie et la c^{ie} saharienne d'Ouargla.

F. CAVALERIE ET TRAIN.

8108. — *Algérie, chameaux coureurs.*— *R. Fr. Étr. Col.*, 1886, t. III, p. 439-440.

Extr. d'un art. signé A. de Carrouges, intitulé *Un 4ᵉ spahis,* paru dans le *Moniteur de l'Armée* : nécessité de former un premier noyau de ce rég^t avec les pelotons de la cav^{ie} indigène des c^{ies} franches de la Tunisie.

8109. — Margaine, député. *Rapport fait au nom de la Commission chargée d'examiner le projet de loi portant création d'un 4ᵉ régiment de spahis...* — Paris, imp. A. Quantin, 1886, in-4°, 3 p.

Chambre des députés, 4ᵉ législature, session de 1886. Annexe au procès-verbal de la séance du 10 juin 1886, n° 809. — Formation des trois premiers esc^{ons} de ce rég^t avec les douze pelotons de cav^{ie} des c^{ies} mixtes. Cf. Projet de loi du général Boulanger, ministre de la Guerre, sur le même objet, *ibid.*, n° 604 (v. n° **8110**).

8110. — GRÉVY (Général), sénateur. *Rapport fait au nom de la Commission chargée d'examiner le projet de loi, adopté par la Chambre des députés, portant création d'un 4ᵉ régiment de spahis...* — Paris, imp. du Sénat, 1886, in-4°, 3 p.

Sénat, session 1886. Annexe au procès-verbal de la séance du 12 juillet 1886, n° 404. — Cf. Projet de loi, présenté au Sénat par le général Boulanger, ministre de la Guerre, *ibid.*, n° 309 (v. **8109**).

8111. — *Instruction du 19 décembre 1900 sur le Service des remontes et des haras en Algérie et en Tunisie.* — Paris, Charles-Lavauzelle, s. d., in-8°, 226 p.

Bulletin officiel du ministère de la Guerre, n° 69 bis. — I. Service des remontes : inspections, personnel du service dans les établissements hippiques de l'Algérie et de la Tunisie; achats, mise en route et conduite des chevaux de remonte des lieux d'achat dans les établissements, livraison aux corps, service intérieur dans les établissements hippiques, administration. II. Service des haras : organisation, fonctionnement, achat des étalons, service de la monte, jumenteries. Annexes : emplacement des établissements de remonte, tenue spéciale des cavaliers de remonte, etc.

8112. — AFFOUX (Jules) [pseud.]. *Sous les palmiers. Le petit tringlot...* — Paris, imp. H. Charles-Lavauzelle, 1890, in-8°, 45 p.

Titre du premier poème d'un recueil de vers inspirés à l'auteur par son séjour en Tunisie.

8113. — BLAISE, vétérinaire en 1ᵉʳ au dépôt de remonte de Blida. *Desselle-t-on immédiatement à l'arrivée au gîte d'étapes ou un certain temps après?...* — *Rec. Hyg. Méd. Vét. Mil.*, sept. 1892, p. 823-832.

Résultats de l'expérience de l'auteur qui a accompagné des convois et participé à de nombreuses colonnes expéditionnaires, notamment en Tunisie (6ᵉ brigade); avantages à desseller dès l'arrivée, si la chose est possible.

8114. — *Courses de fond et marches de résistance.* — *R. C.*, 1889, t. XXIX, p. 215-223.

Cite un raid dans le Sud tunisien (160 kil. en 24 heures) effectué par un détachement du 4ᵉ spahis de Gabès à Graïba et retour.

8115. — X***. *Matériel colonial. Voiture des équipages coloniaux.* — *R. troupes col.*, 1905, t. Ier, p. 442-451, 531-546; t. II, p. 46-58, ill.

Description des divers types de voitures actuellement en usage dans les colonies françaises et étrangères : l'araba tunisienne, comparaison de la voiture dite Lefebvre et de l'araba; la voiture coloniale expérimentée en Algérie.

8116. — Boujadi (Lieut^t X..., de l'armée territoriale). *Ma première étape. Journal de route d'un soldat. Sud-Tunisien* (*1885*). — Paris, imp. Hemmerlé [1911], in-8°, 279 p., carte, 30 ill., 20 phot., couv. ill.

Notes recueillies au jour le jour (3 avril-9 juillet 1885); trajet accompli de Gabès à Métameur par l'auteur pour rejoindre un détachement du 16° esc^{on} du train; de Métameur à Ksar-ben-Khrdache et retour à Gabès; détails sur la vie du soldat dans le bled tunisien.

8117. — Villers (Marc). *Amor, Mansour et Djaballah (trois spahis)*. — *R. H.*, 1913, t. VII, p. 171-201, 343-369.

Histoire romancée, mais fortement documentée de la vie des spahis : en détachement dans le Sud-Tunisien, en garnison à Sfax, enfin en campagne au Maroc en 1911.

8118. — Henry-Paté et Borderie, députés. *Proposition de loi ayant pour objet la réorganisation de l'arme du train des équipages militaires* (renvoyée à la Commission de l'Armée)... — Paris, imp. Martinet, 1911, in-4°, 9 p.

Chambre des députés, 10° législature, session extraordinaire de 1911. Annexe au procès-verbal de la séance du 27 nov. 1911, n° 1383. — Propose que les c^{ies} du train d'Algérie et de Tunisie, actuellement rattachées au point de vue administratif à des esc^{ons} de France, soient groupées en trois esc^{ons} correspondant à chacune des provinces de l'Algérie et en un esc^{on} pour la Tunisie.

8119. — Lefèvre (Abel), député, etc. *Proposition de loi ayant pour objet la réorganisation de l'arme du train des équipages militaires et la constitution de ses cadres et effectifs* (renvoyée à la Commission de l'Armée)... — Paris, imp. de la Chambre des députés, 1913, in-4°, 17 p.

Chambre des députés, 10° législature, session de 1913. Annexe au procès-verbal de la séance du 31 janvier 1913, n° 2496. — Formations actuelles du train en Algérie-

Tunisie et au Maroc; proposition de constituer en 4 esc^{ons} les groupes de l'Algérie-Tunisie et de sanctionner la formation faite par le général Lyautey de 3 esc^{ons} du train au Maroc.

G. ARTILLERIE.

8120. — REINACH (Joseph), député. *Rapport fait au nom de la Commission de l'Armée chargée d'examiner le projet de loi relatif à la constitution des cadres et des effectifs de l'armée active et de l'armée territoriale (article 5 concernant l'artillerie)...* — Paris, imp. Motteroz et Martinet, 1908, in-4°, 270 p.

Chambre des députés, 9° législature, session extraordinaire de 1908. Annexe au procès-verbal de la 1re séance du 27 nov. 1908, n° 2136. — Projet d'augmentation de l'art^{ie}; les groupes stationnés en Algérie-Tunisie (v. n° **8042**).

8121. — DOUMER (Paul), député. *Avis présenté au nom de la Commission du budget sur le projet de loi relatif à la constitution des cadres et des effectifs de l'armée active et de l'armée territoriale (article 5 concernant l'artillerie)...* — Paris, imp. Motteroz et Martinet, 1909, in-4°, 10 p.

Chambre des députés, 9° législature, session extraordinaire de 1908. Annexe au procès-verbal de la séance du 14 déc. 1908, n° 2174. — Avis de la Commission du budget sur les projets de loi concernant l'art^{ie} (v. n^{os} **8042, 8120** et **8122**) et en particulier celle d'Afrique.

8122. — WADDINGTON (Richard), sénateur. *Rapport fait au nom de la Commission de l'Armée, chargée d'examiner le projet de loi, adopté par la Chambre des députés, relatif à la constitution des cadres et des effectifs de l'armée active et de l'armée territoriale, en ce qui concerne l'artillerie...* — Paris, imp. du Sénat, 1909, in-4°, 92 p.

Sénat, session ordinaire de 1909. Annexe au procès-verbal de la séance du 17 juin 1909, n° 148. — Propose d'accroître le remplacement des Français par des indigènes en Afrique du Nord parmi les moyens destinés à procurer l'encadrement des nouvelles b^{ies} à créer (p. 26-27); brève critique du nombre d'Européens et de Français employés pour assurer la garde de l'Afrique du Nord (p. 29), projet de réunion en 5 groupes autonomes des b^{ies} stationnées en Afrique (p. 41-42); tableaux donnant la composition d'une b^{ie} de côte, d'un groupe à pied et d'un groupe d'art^{ie} de campagne d'Afrique (p. 68-75) [v. n^{os} **8042, 8120** et **8121**).

H. GÉNIE.

8123. — Papuchon (A.), colonel du génie. *Organisation et fonctionnement du service de la télégraphie militaire...* — Paris, Berger-Levrault, 1899, in-8°, 80 p.

R. Gén., 1899, t. XLII, p. 289-318, 377-424. — Origines, débuts de la télégraphie militaire; les modifications qui l'ont amenée à son état actuel; organisation des réseaux optiques d'Algérie et de Tunisie à la suite de l'expédition de 1881 et des événements du Sud-Oranais; ateliers télégraphiques des colonnes mobiles (p. 388-389); dépôt secondaire de l'Algérie et de la Tunisie (p. 415).

8124. — Campa, capitaine du génie. *Une cheminée d'usine en ciment armé.* — *R. Gén.*, 1905, t. XXIX, p. 465-478, 7 fig.

Construite à Bizerte sur l'ordre du génie : description, armatures, détails d'accrochage et de liaison, mise en œuvre.

8125. — Lebrun (A.), député. *Rapport fait au nom de la Commission de l'Armée chargée d'examiner le projet de loi relatif à la constitution des cadres et des effectifs du génie...* — Paris, imp. Martinet, 1911, in-4°, 99 p.

Chambre des députés, 10° législature, session de 1911. Annexe au procès-verbal de la séance du 16 juin 1911, n° 1049. — Organisation actuelle du génie, en particulier en Algérie-Tunisie; composition du 26° bat^{on} dont les c^{ies} sont détachées en Algérie et en Tunisie; projet de constitution de deux bat^{ons} autonomes, l'un en Algérie, l'autre en Tunisie (p. 23-25); en annexe, tableaux de l'effectif de paix des troupes du génie et des directions en Algérie-Tunisie-Maroc (v. n° **8126**).

8126. — Bénazet (Paul), député. *Rapport supplémentaire fait au nom de la Commission de l'Armée chargée d'examiner le projet de loi relatif à la constitution des cadres et des effectifs du génie...* — Paris, imp. Martinet, 1912, in-4°, 61 p.

Chambre des députés, 10° législature, session de 1912. Annexe au procès-verbal de la séance du 10 juin 1912, n° 1965. — Modifications apportées au projet de A. Lebrun (v. n° **8125**) en raison de la situation nouvelle créée en Afrique du Nord par l'occupation du Maroc; projet de constitution de 2 bat^{ons} en Algérie-Tunisie.

8127. — MAUGENEST, chef de bat^{on}. *Note au sujet des fondations établies en terrain argileux dans l'Afrique du Nord.* — R. Gén., 1926, t. LVIII, p. 62-63.

Procédés à employer pour éviter les dislocations des bâtiments résultant de la sensibilité des terrains argileux de l'Afrique du Nord aux alternatives de sécheresse et d'humidité.

I. AÉRONAUTIQUE.

8128. — REVERTÉGAT (Lieut^t de vaisseau J.). *Notice météorologique sur la baie de Tunis...* — [Paris], Imp. nat., janvier 1883, in-8°, 27 p.

Ann. hydr., 1882, p. 311-337, graph. — Résultat de cinq années d'observations (1874-1880) faites à terre et à bord sur les diverses considérations du temps et ses accidents météorologiques; les vents, la pression barométrique, la température, l'humidité, les marées et courants; résumé sur les pronostics du temps.

8129. — DEX (Léo) [pseud. de DEBURAUX (Capitaine Édouard)] et DIBOS (Maurice), ingénieur. *Voyages aériens au long cours. Les aérostats et l'exploration du continent africain...* — Paris, L. Baudoin, 1892, in-8°, 222 p., 24 fig., carte.

R. Mar. Col., 1892, t. CXIII, p. 234-296, 498-523; t. CXIV, p. 155-168, 228-249, 502-541; t. CXV, p. 232-259, 24 fig., carte. — Possibilité pour l'aérostat de franchir des distances même supérieures à 10.000 kil.; méthode de navigation préconisée, conditions nécessaires, régime et vitesse des alizés; cinq points de départ, dont l'un entre Gabès et El Biban, l'autre au golfe de la Grande Syrte. An. par Félix Baya, dans *R. Sc.*, 1893, t. LI, p. 300-305, 398-405.

8130. — JACQUES, sous-directeur de l'Office des postes et télégraphes. *Description de l'appareil enregistreur de la direction et de la vitesse du vent et de la pluie...* — R. T., 1894, p. 340-347.

8131. — DEX (Léo). *Peut-on, à l'heure actuelle, tenter de traverser le Sahara en ballon?* — R. Sc., 1900, t. XIV, p. 720-721.

Résumé des principes déjà exposés (v. n° **8129**) : «cet aérostat, partant de Gabès par vent du nord puis entraîné ensuite par l'alizé, irait donc en 5 fois 24 heures, de Gabès à la boucle du Niger, en traversant le Sahara dans toute sa largeur».

8132. — DEBURAUX (É.). *Sur un projet de traversée du Sahara par ballon non monté...* — *C. R. Ac. Sc.*, 1901, t. CXXXIII, p. 1265-1266.

Note présentée par Marey; principe de l'aérostat, expériences faites; le Sahara depuis Gabès jusqu'au Niger sera traversé en cinq jours. Reproduit dans *R. Sc.*, 1902, t. XVII, p. 223. Cf. du même (Léo Dex), *A propos de la traversée du Sahara par ballon non monté; délesteurs automatiques pour ballons. Ibid.*, p. 434-436.

8133. — DEBURAUX (É.), capitaine du génie. *Voyages aériens au long cours. Dernier essai préliminaire aux voyages aériens d'exploration.* — *R. Gén.*, 1902, t. XXIII, p. 37-62, 175-198, 265-288, 363-388, fig., cartes.

Étude de l'utilisation de la méthode de navigation aérienne au moyen d'un aérostat non monté; discussion des régions d'utilisation; Gabès, le meilleur point de départ pour la traversée du Sahara; description du voyage, causes nuisibles au bon accomplissement du parcours; détermination de l'aérostat non monté minimum capable de traverser le Sahara central (v. n° **2283**). Cf. du même (Leo Dex), *L'expédition aérostatique du Sahara. A travers le monde*, 1903, p. 89-92, 3 phot., carte : l'essai tenté en janvier 1903.

8134. — L. N. *Navigation aérienne à itinéraires fixes.* — *R. T.*, 1903, p. 387-393, 2 fig.

Description d'un «trolley pour ballon», pour lequel l'auteur a pris un brevet d'invention; les ballons à itinéraires fixes assureront la police du Sahara et pourront conquérir pacifiquement le Maroc.

8135. — BOURGEOIS (André). *Nos musulmans et l'aviation militaire.* — *R. Indig.*, 1912, p. 185-189.

Liste des Comités qui se sont formés en Algérie et en Tunisie afin d'organiser, entre seuls musulmans français, une souscription pour l'aviation militaire; extr. de la proclamation publiée à ce sujet par le *Rachidi*. Cf. suite de cet art. par G. Lavialle, *ibid.*, p. 261-271.

8136. — DEMONTÈS (Victor). *Le raid aérien Biskra-Tunis.* — *Bul. Com. A. F.*, 1913, p. 132.

Voyage d'une escadrille (4 biplans) partie de Biskra le 26 février.

8137. — *De Fréjus à Bizerte en aéroplane.* — *Bul. Com. A. F.*, 1913, p. 368.

Roland Garros traverse la Méditerranée (22 sept.).

8138. — [LA FARGUE (Commandant de), commandant l'aviation militaire de Tunisie]. *Rapport de la Commission tunisienne des transports aériens instituée par décret de M. É. Flandin, résident général, séance du vendredi 28 mars 1919.* — Tunis, imp. Yvorra, Barlier et Clavé [1919], in-4°, 11 p.

Résidence générale de France à Tunis. — Rapport présenté par le rapporteur de la Commission sur les conditions d'emploi d'une aviation coloniale-type, en particulier de l'aviation en Tunisie; ce que comprend l'aviation actuelle tunisienne, les trois formes sous lesquelles on peut concevoir son emploi : aviation de guerre, aviation photo-cartographique, aviation commerciale.

8139. — [LA FARGUE (Chef d'escadron de)]. *Aviation militaire tunisienne. Routes aériennes.* — S. l., [1919], in-4°, polycopié, 63 p., cartes, phot.

Les trois aspects sous lesquels on peut envisager le rôle de l'aviation en Tunisie : militaire, photo-cartographique, service postal et de grande liaison; projet d'organisation de cinq grandes routes aériennes remplissant les trois buts ci-dessus : Tunis-Gabès, Gabès-Tripoli, Gabès-Dehibat par Tatahouine, Gabès-Ghadamès, Gabès-Dehibat par Zarzis et Ben-Gardane (v. n° **8141**).

8140. — DARGON (J.). *L'aviation de demain. Son avenir industriel et commercial.* Préface de M. Étienne Lamy. — Paris, Berger-Levrault, 1919, in-8°, xx-184 p., 46 grav., cartes.

Les progrès de l'aviation, la poste et le tourisme aérien; l'aviation en Afrique du Nord, le matériel et le mode d'organisation nécessaires, nature des régions à survoler; étude de l'organisation d'une ligne aérienne reliant l'Algérie à nos colonies de l'Afrique occidentale; l'aéronautique maritime.

8141. — ORGEVAL (René d'). *L'avenir de l'aviation commerciale en Tunisie.* — *Bul. Sect. Tunis.*, 1919-1920, p. 151-158, phot.

Le programme des travaux tracés par la Commission des transports aériens; la double mission photo-cartographique et commerciale de l'aviation commerciale; opinion du chef d'escadron commandant l'aviation militaire tunisienne sur l'importance aérienne de la Tunisie (v. n° **8139**).

8142. — SCHWICH (V.), ingénieur des Mines. *Relations postales aériennes entre l'Europe, l'Afrique et l'Amérique du Sud.* — *Bul. Sect. Tunis.*, 1919-1920, p. 169-173.

Espoir de voir relier un jour la France avec ses colonies de l'A. O. F. et de l'A. E. F., par Bizerte ou Tunis, Philippeville, Alger ou Oran.

8143. — Celhan (C.-J.). *Hydraviation.* — *Bul. Com. A. F.*, 1920, p. 180-181.

Monaco-Bizerte-Sousse et retour est couvert en 21 h. de vol par l'enseigne pilote Bellot.

8144. — La Fargue (Commandant de). *L'aviation militaire en Tunisie. Historique, rôle (1916-1920)...* — *R. Aéro. Mil.*, 1921, p. 49-58, phot., carte.

L'aviation militaire tunisienne, créée pendant la guerre pour coopérer à la défense de la frontière sud-tunisienne, fut, en 1919, ramenée dans le nord de la Tunisie; son organisation générale et son rôle pendant la guerre et depuis la paix; l'aéronautique civile en Tunisie.

8145. — Ginestous (G.), chef du Service météorologique. *Seconde contribution à l'étude climatologique du golfe de Tunis en vue de l'aéronautique et de l'aviation.* — Tunis [1921], in-8°, 45 p., polycopié.

Direction générale de l'Instruction publique et des Beaux-Arts. — Étude aérologique faite d'après 200 sondages aériens exécutés du 18 mai au 23 juillet 1919 à la station de Sidi-Ahmed, près Bizerte; conclusion relative aux réelles difficultés de départ pour les itinéraires Tunisie-France (v. n° **8148**).

8146. — Haudos (Ernest). *Tunis, port d'aviation.* — *Ann. Col.*, 16 nov., 12 déc. 1922.

Les conditions sont tout à fait favorables à l'aviation en Tunisie qui est située en outre au carrefour des routes commerciales méditerranéennes; le futur port aérien de Tunis.

8147. — Lafargue (Commandant de). *Les liaisons aériennes entre la Tunisie et la métropole.* — *R. Sect. Tunis.*, 1923, p. 91-102.

Étude générale des liaisons aériennes entre la métropole, le Maroc, l'Algérie et, en particulier, la Tunisie.

8148. — Ginestous (G.). *Études préliminaires. Deux cents sondages aériens exécutés à la station de Sidi-Ahmed, près Bizerte, du 18 mai au 23 juillet 1919.* — *R. T.*, 1924, p. 266-278, pl.

Direction générale des Travaux publics. — Ce que fut pendant cette période le régime du vent au-dessus de la station maritime de Sidi-Ahmed; utilité de ces données pour connaître la probabilité des voyages aériens possibles (v. n° **8145**).

8149. — GINESTOUS (G.). *Étude climatologique du golfe de Tunis en vue de l'aéronautique et de l'aviation, suivi d'un complément...* — Tunis, imp. A. Guénard, 1925, in-8°, x-218 p., 69 fig.

Direction générale des Travaux publics. Service météorologique. — 1° Étude sur le golfe de Tunis, rédigée en mai 1920 sur la demande du colonel Sacconey et de É. Flandin, résident général : températures, pluies, vents inférieurs; 2° Série de compléments à cette étude : températures, nébulosité, pluies, orages, vents inférieurs, sondage de Karouba. An. par E. Dubuc, dans *Bul. Soc. G. Paris*, 1926, t. XLV, p. 454; par R. Clarté, dans *R. G. Sc.*, 1926, p. 617-618; par G. Yver, dans *Bibl. g.*, 1926, p. 393.

CHAPITRE II.

LES SERVICES.

A. SERVICE GÉOGRAPHIQUE.

8150. — Maunoir (Charles). *Les récents travaux de la topographie française...* — *Bul. Soc. topo. France*, 1882, p. 122-139.

Détails sur les derniers levés au Sahara, en Tunisie et dans le Sud-Oranais.

8151. — Larminat (Capitaine É. de). *Topographie pratique de reconnaissance et d'exploration, suivie de notions élémentaires pratiques de géodésie et d'astronomie de campagne...* — Paris, Charles-Lavauzelle, 1904, in-8°, 343-11 p., 138 fig.

2° éd., *ibid.*, [1907], in-8°, 391 p., fig., et fasc. ann., 1907, in-fol., 32 p., fig.; 3° éd., *ibid.*, [1912], in-8°, 404 p., fig., et fasc. ann., 1912, in-fol., 31 p., fig.; 4° éd., *ibid.*, 1925, in-8°, 404 p., 149 fig., et fasc. ann., 1925, in-fol., 31 p., fig. — Ouvrage destiné spécialement aux officiers détachés dans des pays d'occupation récente. An. dans *Bul. Com. A. F.*, 1904, sup., p. 164, et 1913, p. 52; par Paul Girardin, dans *Ann. G., Bibl.*, 1905, p. 31, et 1908, p. 30.

8152. — Gendre (F.). *La carte de Tunisie.* — *R. T.*, 1908, p. 314-332, 2 croq.

La carte à 1/200.000°, dite Carte de reconnaissance, dressée de 1881 à 1887 et éditée par le Service géographique de l'Armée; les travaux d'établissement de la carte à grande échelle (1/50.000) de 1889 à 1908; système de projection, géodésie et triangulation, brigades topographiques, instruments et travaux, levés, publication, revision. An. par G. Yver, dans *Ann. G., Bibl.*, 1909, p. 235.

8153. — Mourgnot (Paul). *Travaux géodésiques exécutés en Tunisie.* — *R. T.*, 1910, p. 269-277, carte.

Communication à l'Institut de Carthage; la mesure de la base de Tunis, en 1908, exécutée par la section de géodésie du Service géographique de l'Armée. Cf. du même, *Les nivellements de précision en Tunisie. Ibid.*, p. 497-509.

8154. — RAMBERT (G.). *La cartographie à l'Exposition coloniale de Marseille.* — Ann. G., 1922, p. 433-448.

Caractère de l'Exposition, manifestation de toutes les branches de l'activité coloniale française; revue rapide des principales cartes exposées : forestières, économiques, ethnographiques, géologiques, météorologiques, itinéraires et levés topographiques, plans d'aménagement ou d'extension de ports, etc., concernant l'Algérie, la Tunisie et le Maroc (p. 434-438).

B. SERVICE DE L'INTENDANCE.

8155. — MINISTÈRE DE LA GUERRE. *Instruction du 16 mars 1905 sur les achats à caisse ouverte par les Commissions de réception du Service du ravitaillement, en Tunisie.* — Paris, R. Chapelot, 1905, in-8°, 21 p.

Direction de l'*Intendance militaire*, n° 54. — Reproduite dans les annexes des instructions signalées sous les n°ˢ **8156** et **8157**.

8156. — MINISTÈRE DE LA GUERRE. *Instruction du 18 mai 1905 sur l'utilisation méthodique des ressources de la Tunisie en temps de guerre par le Service du ravitaillement.* — Paris, R. Chapelot, 1905, in-8°, 115 p.

Direction de l'*Intendance militaire*, n° 64. — Dispositions organiques, préparation et exécution du ravitaillement, comptabilité, modèles, annexes (v. n° **8155**), décret beylical du 22 oct. 1900 relatif aux réquisitions.

8157. — MINISTÈRE DE LA GUERRE. *Instruction du 11 juin 1905 à l'usage des Commissions de réception du Service du ravitaillement, en Tunisie.* — Paris, R. Chapelot, 1905, in-8°, 114 p.

Direction de l'*Intendance militaire*, n° 71. — Dispositions générales, les modes de réunion des approvisionnements, fonctionnement de la Commission de réception, comptabilité, modèles, annexes (v. n° **8155**), décrets beylicaux du 22 oct. 1900 relatifs aux réquisitions.

8158. — MINISTÈRE DE LA GUERRE. *Instruction sur la préparation et l'exécution du ravitaillement au moyen des ressources du territoire national.* — Paris, Imp. nat., 1924, in-18, 136 p.

Cf. *Modifications à apporter à l'Instruction du 9 décembre 1924 sur la préparation et l'exécution du ravitaillement... en vue de son application en Tunisie.* [Paris, Imp. nat., 1928], in-18, 14 p.

8159. — Ministère de la Guerre. *Instruction à l'usage des Commissions de réception du Service du ravitaillement.* — Paris, Imp. nat., 1925, in-18, 112 p.

Cf. *Modifications à apporter à l'Instruction du 28 janvier 1925 à l'usage des Commissions de réception du Service du ravitaillement en vue de son application en Tunisie.* [Paris, Imp. nat., 1928], in-18, 11 p.

8160. — Audibert (J.), contrôleur général de l'administration de l'armée. *Le ravitaillement national (réunion des ressources du territoire); ses origines, ses règles générales...* — Paris, Charles-Lavauzelle, 1925, in-8°, xxi-179 p., 2 portr.

Organisation du service du ravitaillement en Algérie et en Tunisie (p. 161-163); l'étude de la préparation du mode d'exploitation des ressources, l'utilisation éventuelle de celles-ci. An. dans *A. A.*, 1925, p. 347.

C. SERVICE DE SANTÉ.

8161. — Leprieur, pharmacien-major de 2ᵉ cl., chef à l'hôpital militaire de Bône. *Essai analytique des eaux thermales d'Hammam-Lif et d'Hammam-Gourbès de la régence de Tunis...* — Paris, imp. H. et C. Noblet, 1858, in-8°, 43 p.

Rec. Mém. Méd. Chir. Pharm. Mil., 1857, t. XX, p. 412-452. — Résultats de l'analyse de ces deux eaux thermales, dont le médecin inspecteur Guyon avait rapporté des échantillons lors de sa mission à Tunis.

8162. — Lumbroso (Dʳ A.), médecin en chef de S. A. le bey de Tunis. *Lettres médico-statistiques sur la Régence de Tunis.* — Marseille, typ. Roux, 1860, in-8°, 128 p., pl.

Série de cinq lettres concernant des sujets divers : description, climat, population de Tunis; des vêtements; des scorpions; de la congrégation des Aïssaoua; des maladies syphilitiques, etc.

8163. — Guyon (Dr J.-L.-G.). *Étude sur les eaux thermales de la Tunisie, accompagnée de recherches historiques sur les localité qui les fournissent...* — Paris, P. Dupont, 1864, in-8°, 69 p.

Composition, propriétés physiques et médicales des eaux. Cf. Dr Bertholon, *Analyse de quelques mémoires sur les sources thermales de la Tunisie. R. T.,* 1895, p. 433-436.

8164. — Laveran (A.), médecin-major. *Traité des maladies et épidémies des armées.* — Paris, G. Masson, 1875, in-8°, xxviii-736 p.

L'auteur a résumé tous les faits qui peuvent intéresser les médecins exerçant dans les armées; son livre complète les traités de pathologie interne; de la mortalité dans l'armée, maladies saisonnières, des climats, telluriques, typhoïdes, virulentes, d'alimentation, grandes épidémies; pour chaque maladie envisagée : historique, étiologie, description générale, prophylaxie, traitement. Nombreuses références et citations concernant les travaux des médecins de l'armée.

8165. — Leclerc (Dr Lucien). *Histoire de la médecine arabe... : exposé complet des traductions du grec; les sciences en Orient, leur transmission à l'Occident par les traductions latines...* — Paris, E. Leroux, 1876, 2 vol. in-8°, 588 et 527 p.

Histoire collective de la médecine arabe, ses origines, son caractère, ses institutions, son développement et sa décadence. Extr. sous le titre *Histoire des institutions médicales chez les Arabes...* dans *Bul. Soc. climat. algér.,* 1872, p. 61-90.

8166. — Laveran (A.), médecin-major de 1re cl. *Nature parasitaire des accidents de l'impaludisme; description d'un nouveau parasite trouvé dans le sang des malades atteints de fièvre palustre...* — Paris, J.-B. Baillière et fils, 1881, in-8°, 107 p., 2 pl.

Aperçu des lésions de l'impaludisme, éléments parasitaires découverts par l'auteur, nature et rôle pathologique de ces parasites. Cf. du même, *De la nature parasitaire de l'impaludisme. R. Sc.,* 1882, t. III, p. 527-531, fig. : résultat des recherches et études de l'auteur depuis 1878.

8167. — *Statistique médicale. Rapport sur l'état sanitaire de l'armée en France, en Algérie et en Tunisie pendant le mois d'août* 1883. — *Arch. Méd. Pharm. Mil.,* 1883, t. II, p. 391-396.

Ce rapport, mensuel, fournit le mouvement général des malades, la nature des maladies, le tableau des décès, spécialement pour l'Algérie et la Tunisie, depuis le mois d'août 1883 jusqu'en août 1885 incl. Au sujet de l'état sanitaire annuel, v. *Statistique médicale de l'armée...* (n° **11**).

8168. — BERTHOLON (Dr L.). *Note sur la remarquable salubrité de la Tunisie moyenne.* — R. G., 1884, t. XV, p. 312-315.

Étude basée notamment sur les art. signalés sous les n°^{s} **11, 5228, 8871** et **9163**.

8169. — DAREMBERG (G.). *La salubrité publique à Tunis.* — R. Sc., 1884, t. XXXIV, p. 5-10.

Diverses causes de l'insalubrité; conditions de salubrité des deux hôpitaux généraux, des marchés, des cimetières; modifications urgentes à réaliser, notamment aux égouts. Cf. S. Cassanello, *Les médecins européens à Tunis. Ibid.*, p. 415.

8170. — LAVERAN (A.), médecin-major de 1re cl. *Traité des fièvres palustres, avec la description des microbes du paludisme...* — Paris, O. Doin, 1884, in-8°, xiv-548 p., 23 fig.

«Ce livre est le fruit de cinq années de recherches poursuivies sans relâche en Algérie». Étiologie des fièvres palustres, anatomie pathologique du paludisme, les microbes, manifestations cliniques du paludisme, complications et maladies intercurrentes, diagnostic, pronostic, pathogénie, traitement et prophylaxie. An. par E. Richard, dans *Arch. Méd. Pharm. Mil.*, 1884, t. III, p. 388-391.

8171. — IEHL, pharmacien-major de 2e cl. *Extrait d'un rapport sur le service pharmaceutique de l'ambulance de Béja...* — *Arch. Méd. Pharm. Mil.*, 1884, t. III, p. 9-13.

Renseignements géographiques et géologiques sur Béja, les eaux, observations météorologiques.

8172. — LAVERAN (A.), médecin-major de 1re cl., professeur agrégé du Val-de-Grâce. *De la contagion de la fièvre typhoïde...* — *Arch. Méd. Pharm. Mil.*, 1884, t. III, p. 145-162.

La fièvre typhoïde est contagieuse, nombreux exemples de contagion en Algérie et en Tunisie; faits observés en Algérie, mesures à prendre pour la prophylaxie de la fièvre typhoïde.

8173. — MALJEAN, médecin-major de 2e cl. *Relation d'une épidémie de diphtérie au 115e de ligne, à Tunis...* — *Arch. Méd. Pharm. Mil.*, 1884, t. III, p. 193-200.

Petite épidémie qui régna sur le bat^on du 115°, en garnison à Tunis, du 17 mai au 15 août 1882 : étiologie, marche de l'épidémie, prophylaxie.

8174. — Depéret (Ch.), médecin-major de 2ᵉ cl., et Boinet (Ed.), aide-major de 1ʳᵉ cl. *Du bouton de Gafsa au camp de Sathonay...* — *Arch. Méd. Pharm. Mil.,* 1884, t. III, p. 296-302, 321-329.

Affection rapportée en France par le bat^on du 38ᵉ de ligne, qui prit part à l'expédition de Tunisie (1881-1883); marche de l'épidémie, caractères cliniques, nature, recherches historiques et expérimentales; unités atteintes en 1882-1883 (v. n° **8177**).

8175. — Marix, médecin aide-major de 1ʳᵉ cl. *Étude médicale sur le Djerid et le Sud Tunisien...* — *Arch. Méd. Pharm. Mil.,* 1884, t. IV, p. 1-14.

Notes et observations de l'auteur qui fut chargé à Tozeur, en 1883, du service médical de la 5ᵉ cⁱᵉ mixte : description de la région, météorologie, hydrologie, ethnologie, nosologie, hygiène du Sud.

8176. — Duponchel (Paul), médecin aide-major de 1ʳᵉ cl. *L'endémie lacustre à Mateur (Tunisie)...* — *Arch. Méd. Pharm. Mil.,* 1884, t. IV, p. 49-54.

Topographie médicale de la région, influence de la malaria sur la garnison, faits observés, fièvre rémittente ou gastrique, état sanitaire des indigènes.

8177. — Boinet (Ed.) et Depéret (Ch.), médecins-majors de 2ᵉ cl. *Nouveaux faits relatifs à l'histoire du bouton de Gafsa...* — *Arch. Méd. Pharm. Mil.,* 1884, t. IV, p. 425-430.

Distribution géographique et conditions de développement de cette éruption cutanée (v. n° **8174**).

8178. — *Le choléra et son traitement,* par un missionnaire de Syrie. Édition nouvelle, avec un avant-propos aux Tunisiens... — Tunis, E. Demoflys, 1885, in-8°, 27 p.

Opuscule «tout entier fondé sur l'expérience, sur les faits, sans se préoccuper des théories» et destiné à «rassurer le peuple» et le «persuader que on ne meurt du choléra que quand on le veut».

8179. — BARILLÉ (A.), pharmacien-major de 1re cl. *Des eaux minéro-thermales d'Hammam el Lif...* — Paris, V. Rozier, 1885, in-8°, 13 p.

Paru partiellement dans *Arch. Méd. Pharm. Mil.*, 1885, t. VI, p. 273-278. — Les sources, leur thermalité et leur analyse.

8180. — BLANC (Dr H.), médecin-major de 2e cl. aux hôpitaux du corps d'occupation de Tunisie. *Contribution à l'étude de la gangrène palustre...* — *Arch. Méd. Pharm. Mil.*, 1885, t. VI, p. 337-360.

Réflexions concernant une observation faite sur un indigène de la 5e *bis* c^{ie} mixte, à El-Ayacha.

8181. — BONNET (Dr Edmond). *Les médecins indigènes du Sud de la Tunisie...* — Bordeaux, imp. G. Gounouilhou [1885], in-16, 15 p.

Extr. du *Journal d'histoire naturelle de Bordeaux et du Sud-Ouest,* 1885. — L'auteur a fait partie de la mission scientifique de Tunisie. Notes prises pendant son séjour à Sfax; lamentable état de la médecine indigène, substances médicamenteuses empruntées par les indigènes au règne végétal.

8182. — DÉCIUS (Dr Georges). *Relation de l'épidémie de typhus exanthématique ayant sévi en Tunisie pendant les années 1867 et 1868...* — *Alger Méd.,* 1886, p. 286-298.

OEuvre posthume. Historique, débuts, marche de l'épidémie, traitement, particularités symptomatiques, complications, statistique.

8183. — LAVERAN (A.), médecin principal. *Des hématozoaires du paludisme...* — Sceaux, imp. Charaire [1887], in-8°, 22 p., 8 fig.

Ann. Inst. Pasteur, 1887, p. 266-288, 8 fig. — Exposé de l'état de la question, recherches de l'auteur, travaux postérieurs aux siens; bibliographie.

8184. — PONCET (F.), professeur au Val-de-Grâce. *Note sur le clou de Gafsa (Tunisie)...* — *Ann. Inst. Pasteur,* 1887, t. Ier, p. 518-524, pl.

Identité du clou de Biskra et du clou de Gafsa; étude faite à l'aide de documents recueillis par l'auteur pendant son séjour en Tunisie.

8185. — BLANC (Dr Henri), médecin-major de 2e cl. *Recherches sur la fièvre typhoïde en Tunisie et sur les modifications que lui imprime la chaleur...* — Arch. Méd. Pharm. Mil., 1887, t. IX, p. 18-51, 109-131.

Étude clinique d'une épidémie de fièvre typhoïde survenue dans la garnison de Tunis, en 1885, pendant laquelle l'auteur était chargé du service des fiévreux à l'hôpital du Kram : poussée estivale, poussée automnale, action de la chaleur sur la fréquence, la gravité, la marche, l'évolution, la symptomatologie, les complications de la fièvre typhoïde.

8186. — ALIX (E.), vétérinaire militaire. *Inspection des viandes de boucherie. La ladrerie des bêtes bovines et le ténia inerme de l'homme (observations recueillies en Tunisie)...* — Paris, J.-B. Baillière, 1887, in-8°, 57 p.

Rec. Hyg. Méd. Vét. Mil., sept. 1887, p. 149-199. — Définition, historique, fréquence, étiologie de la maladie; thèse nouvelle de M. Mégnin; symptômes, marche, durée, terminaison, anatomie pathologique; la grande fréquence du ténia inerme en France; diagnostic, pronostic, traitement, prophylaxie; mesures sanitaires à prendre. Cf. *ibid.*, p. 133-135.

8187. — BASTIDE (M.-L.). *Les eaux thermo-minérales d'Hammam Lif et d'Hammam Kourbès et de leurs applications aux maladies chroniques.* Thèse... — Bordeaux, imp. P. Cassignol, 1888, in-4°, 73 p.

Faculté de médecine et de pharmacie de Bordeaux, 1888-1889 [1887-1888], n° 82. — Description géographique, climatologie, hydrologie, analyse des eaux, action physiologique, indications thérapeutiques.

8188. — LAVERAN (Dr A.), médecin principal. *Des hématozoaires du paludisme...* — Paris, G. Masson, 1889, in-8°, 40 p., pl., 7 fig.

Extr. *Archives de médecine expérimentale*, n° 6, nov. 1889. — La question de la nature du paludisme en 1879; description des hématozoaires du paludisme; analyse des recherches postérieures à celles de l'auteur.

8189. — FÉLIX (Dr K.). *Maladies des pays chauds. Carthage et ses environs...* 1er fasc. — Lille, imp. L. Danel, 1889, in-8°, 19 p

Notes et observations de l'auteur auquel le cardinal Lavigerie confia, en juin 1888, le service médical de l'établissement français de St-Louis de Carthage; climatologie, historique, pathologie.

8190. — CARTON (D^r), médecin aide-major. *Rapports entre l'humidité du sol et l'impaludisme à Souk-el-Arba...* — Paris, Bibl. des *Annales économiques*, 1890, in-8°, 7 p.

IVe Congrès sc. g. Paris 1889, t. Ier, p. 249-253. — L'auteur a passé un an à Souk-el-Arba, poste réputé le plus insalubre de la Tunisie au point de vue du paludisme; observations concernant notamment l'élément militaire, mesures prises par l'autorité militaire, création d'un observatoire météorologique.

8191. — KELSCH (D^r), médecin principal de 1re cl. *De la fièvre typhoïde dans les milieux militaires...* — *R. Hyg.*, 1890, p. 657-675, 781-827, graph.

Dans les garnisons, dans les camps, dans les armées en campagne; contagion; en Algérie depuis la conquête et en Tunisie : garnisons, campements, guerres et expéditions; à bord des navires.

8192. — DELAHOUSSE (D^r), médecin principal. *Quelques points d'étiologie de la fièvre typhoïde.* — *Ass. fr. av. sc.*, 1891, 2e part., p. 1138-1155.

19e session, Limoges, 1890. — Rôle considérable que les causes latérales paraissent jouer dans le développement de la fièvre typhoïde; le rôle de la contagion; la fièvre typhoïde lors de l'expédition de 1881 à laquelle l'auteur participa. Cf. *ibid.*, 1890, 1re part., p. 333-334.

8193. — MARTIN (Dr Lucien). *L'hygiène en Tunisie...* — Paris, 30, rue du Dragon, 1891, in-8°, 12 p.

Publications de la Société française d'hygiène. — Hygiène et règles sanitaires qui concourent le mieux à l'acclimatement des Européens en Tunisie.

8194. — LAVERAN (A.), médecin principal. *Du paludisme et de son hématozoaire...* — Paris, G. Masson, 1891, in-8°, XII-300 p., fig., 6 pl. en noir et en coul.

Résumé des recherches, avant 1880, sur la nature parasitaire du paludisme; description de l'hématozoaire; recherches postérieures à celles de l'auteur, nature du parasite du sang palustre; l'hématozoaire décrit par l'auteur est bien l'agent du paludisme; pathogénie des accidents du paludisme, moyens de défense de l'organisme, traitement et prophylaxie.

8195. — Coustan (Adolphe), médecin-major de 1re cl. au 122e, et Dubrulle (A.), médecin-major de 2e cl. au 145e. *Étiologie de la fièvre typhoïde...* — Montpellier, imp. C. Boehm, 1891, in-8°, 99 p.

Montpellier Méd., 1891, t. XVII, 6 art. — Les trois opinions principales actuelles, aperçu bactériologique, causes extrinsèques et intrinsèques; nombreux exemples pris dans l'armée, notamment en Algérie et en Tunisie (v. n° **8197**).

8196. — Lafitte (D^r). *La Tunisie au point de vue du traitement des rhumatisants et des tuberculeux...* — Paris, Comité d'Études tunisiennes, 1891, in-4°, 8 p.

Comité d'Études tunisiennes. — Deuxième mémoire présenté à la Soc. de médecine dosimétrique de Paris (2 fév. 1891). Le climat de la Tunisie, ses avantages en particulier dans la région de Gafsa et des oasis du Djerid.

8197. — Coustan (D^r Ad.) et Dubrulle (Dr A.), médecins-majors de l'armée. *Géographie médicale de la fièvre typhoïde...* — *Ann. Hyg. pub.*, 1891, t. XXVI, p. 209-225.

Chapitre extr. d'un mémoire sur la fièvre typhoïde dans les armées, considérée à travers les âges et les pays du globe (v. n° **8195**); les trois phases de la colonisation et leurs trois aspects pathologiques; la fièvre typhoïde en Europe et en France (par corps d'armée); rapports avec l'immigration et l'émigration coloniales.

8198. — Villeneuve (D^r), professeur à l'École de médecine de Marseille. *La bilharziose en Tunisie.* — *Ass. fr. av. sc.*, 2e part., 1892, p. 556.

21e session, Marseille, 1891. — Premier cas constaté en Tunisie; conséquence au point de vue de l'hygiène des soldats et des colons. Cf. *ibid.*, 1re part., 1891, p. 244.

8199. — Lafitte (J.-M.-F.). *Contribution à l'étude médicale de la Tunisie...* Thèse... — Bordeaux, imp. V. Cadoret, 1892, in-4°, 126 p.

Faculté de médecine et de pharmacie de Bordeaux, 1891-1892, n° 50. — Climatologie, hydrographie, ethnographie, flore, faune, maladies prédominantes.

8200. — Laveran (Dr A.), médecin principal de 1re cl. *Du paludisme...* — Paris, Gauthier-Villars et fils [1892], in-16, 184 pl., 12 fig.

Encyclopédie scientifique des aide-mémoire,... section du biologiste, n° 18 A. — Géographie médicale du paludisme, l'hématozoaire du paludisme, formes cliniques, anatomie pathologique, pathogénie, diagnostic, pronostic, traitement, prophylaxie; importante bibliographie (p. 151-179).

8201. — Arnaud, médecin aide-major de 1re cl. *Note sur les résultats fournis par l'examen microbiologique du sang dans le paludisme, à l'hôpital militaire de Tunis...* — *Arch. Méd. Pharm. Mil.*, 1892, t. XX, p. 225-239.

Étude basée sur une série de 289 examens de sang chez des palustres avérés entrés, en 1891, à l'hôpital militaire de Tunis : fréquence du parasite malarique dans le sang, polymorphisme des hématozoaires, influence des saisons sur la fréquence, les formes de l'hématozoaire, influences analogues des foyers de paludisme.

8202. — Gancœl (E.-L.), médecin-major de 2e cl. *Étude sur la fièvre typho-palustre...* — *Arch. Méd. Pharm. Mil.*, 1892, t. XX, p. 282-306, 520-540, graph.

Observations faites à Gabès, en 1890, au cours d'une double épidémie de fièvre typhoïde et de paludisme : clinique, marche de la température dans la fièvre typho-palustre, diagnostic, pronostic, traitement.

8203. — Richard (D^r), médecin principal de 2e cl., et Jannin, ingénieur des Ponts et chaussées. *De l'assainissement de Tunis...* — *R. Hyg.*, 1892, p. 854-905, plan.

Statistique des maladies de 1886 à 1891 ; topographie de la ville, fonctionnement des divers services, réformes sanitaires effectuées ou à effectuer concernant la voirie, le nettoyage et les évacuations des matières usées liquides, l'épuration des eaux d'égout, les inhumations, les abattoirs, l'eau.

8204. — Coustan (D^r), médecin-major de 1re cl., en retraite, Dubrulle (D^r), médecin-major de 1re cl. *Histoire militaire de la fièvre typhoïde dans les guerres passées, ce qu'elle sera dans la guerre de demain...* — Montpellier, typ. C. Boehm [1893], in-8°, 12 p.

Extr. du *Nouveau Montpellier médical*, 1893, t. II. — Historique succinct.

8205. — Cahier (H.), médecin-major de 2e cl. *Le bilharzia hoematobia en Tunisie...* — *Arch. Méd. Pharm. Mil.*, 1893, t. XXI, p. 101-116.

Conférence clinique faite au Val-de-Grâce. Observations faites sur des sujets venus de Tunisie, symptomatologie et diagnostic de l'affection, traitement.

8206. — Dufaud (G.), médecin-major de 2ᵉ cl. *L'évolution de l'endémie typhoïde à la caserne d'artillerie à Tunis en 1892...* — *Arch. Méd. Pharm. Mil.*, 1893, t. XXII, p. 377-387.

Améliorations réalisées et à poursuivre qui doivent permettre, en procédant par élimination successive des différentes causes de l'épidémie, de découvrir le foyer de prédilection des germes et de les y atteindre avec efficacité.

8207. — Nicolas (Dʳ Ad.), médecin de 1ʳᵉ cl. de la Marine, en retraite. *Manuel d'hygiène coloniale...* — Paris, F. Alcan, 1894, in-8°, viii-88 p.

Publications de la Société française d'hygiène et de l'Union coloniale française. — L'habitation et le campement, conditions de résistance du colon. An. par le Dʳ P. Langlois, dans *R. G. Sc.* 1895, p. 189-190.

8208. — Loir (Dʳ A.). *Statistique des Tunisiens traités à l'Institut Pasteur...* — *R. T.*, 1894, p. 83-86.

Chiffres concernant la période de 1886 à 1893.

8209. — Henry (Émile), vétérinaire en 1ᵉʳ au 4ᵉ chas. d'Af. *De la diphtérie chez les volailles en Tunisie...* — *R. T.*, 1894, p. 215-219.

8210. — Loir (Dʳ A.). *La rage en Tunisie...* — *R. T.*, 1894, p. 254-257.

Création d'un Institut antirabique, à Tunis.

8211. — Laveran (A.). *L'étiologie du paludisme.* — Paris, bureaux de la *Revue scientifique*, 1894, in-8°, 24 p.

R. Sc., 1894, t. II, p. 449-455. — Communication au Congrès d'hygiène de Budapest; état des connaissances actuelles sur le paludisme, notamment les travaux publiés à ce sujet depuis 1891.

8212. — Iversenc (Dʳ), médecin aide-major de 1ʳᵉ cl. *Note sur la topographie médicale de Tabarka (Tunisie) et l'état sanitaire de la population au point de vue du paludisme.* — *R. T.*, 1894, p. 348-356.

Description de Tabarka; sa garnison, situation sanitaire de la c^{ie} du 4° zouaves qui l'occupe; le paludisme, les travaux d'assainissement.

8213. — COURTET (Dr F.), médecin aide-major de 1re cl., et LOIR (D^r). *Recherches sur la dysenterie en Tunisie...* — *R. T.*, 1894, p. 419-426.

Résumé d'un travail présenté à l'Académie de médecine; les recherches ont porté sur 70 malades soignés à l'hôpital militaire du Belvédère (juin 1893-avril 1894) [v. n° **8234**]. An. par C. Nicolle, dans *Arch. Inst. Pasteur Tunis*, 1906, p. 35.

8214. — COURTET et DELABORDE, médecins aides-majors de 1re cl. *L'épidémie cholérique du Djérid (Sud-Tunisien) en 1893...* — *Arch. Méd. Pharm. Mil.*, 1895, t. XXV, p. 15-34.

Marche de l'épidémie, sa rapide diffusion, sa faible intensité, symptomatologie, rechutes, complications, pronostic, traitement, organisation du service médical, mesures prises, rôle illusoire du cordon sanitaire isolant Nefta.

8215. — COUSTAN (Dr A.). *La fièvre typhoïde tropicale dans ses rapports avec la colonisation moderne...* — *Bul. Soc. languedoc. G.*, 1895, p. 415-444.

8216. — ARNAUD (O.), médecin-major de 2e cl. *Recherches sur l'étiologie de la dysenterie...* — Paris, Charles-Lavauzelle [1896], in-8°, 48 p.

Considérations générales, résumé des recherches bactériologiques faites jusqu'à ce jour sur l'étiologie de la dysenterie, observations de l'auteur dans le midi de la France et en Tunisie, examens microscopiques, cultures, expériences, le coli-bacille; l'air, le sol et l'eau peuvent renfermer et transmettre l'agent dysentérique. An.par L. Collin, dans *Arch. Méd. Pharm. Mil.*, 1897, t. XXIX, p. 153-155.

8217. — CALMETTE (Dr A.). *Le venin des serpents. Physiologie de l'envenimation, traitement des morsures venimeuses par le sérum des animaux vaccinés...* — Paris, Soc. d'éd. scientifiques, 1896, in-8°, 72 p.

Synthèse des travaux antérieurs de l'auteur. Répartition géographique des serpents venimeux, résultats des recherches sur le venin et du traitement des morsures venimeuses. An. par le Dr Loir, dans *R. T.*, 1897, p. 115-120.

8218. — KAMĀL (Moḥammad ibn Mostafa ibn al-Khodjah). *La médecine et les quarantaines dans leurs rapports avec la loi musul-*

mane (Tanouir el Adhen). Traduction. — Alger, imp. P. Fontana, 1896, in-8°, 36 p.

8219. — SFAR (Béchir). *Assistance publique musulmane en Tunisie*... — Tunis, Imp. rapide, 1896, in-8°, 37 p.

Origine de l'Assistance publique dans l'Islam, principaux hospices tunisiens : la Tekia de Tunis, autres œuvres de bienfaisance, le marstane, l'hôpital Sadiki, hôpitaux de Sousse et de Sfax. An. par G. Loth, dans *R. T.*, 1896, p. 624-626. Cf. Lemanski (Dr. W.), *L'Assistance publique française en Tunisie*... Tunis, imp. J. Picard, 1897, in-8°, 19 p. : ce qui a été fait, ce qu'il faut faire.

8220. — LAVERAN (Dr A.), médecin principal de 1re cl. *Comment prend-on le paludisme?*... — Paris, Masson, 1897, in-8°, 27 p.

R. Hyg., 1896, p. 1049-1073. — Infection par l'air, par l'eau, par les moustiques; inoculation expérimentale du paludisme.

8221. — OLIVIER (Ernest). *Les serpents de la Tunisie.* — *Ass. fr. av. sc.*, 2e part., 1897, p. 471-476.

25e session, Carthage, 1896. — Tableau des genres, description des espèces Cf. *ibid.*, 1re part., 1896, p. 196.

8222. — LOIR (D^r). *Le centre vaccinogène de Tunis.* — *Ass. fr. av. sc.*, 2e part., 1897, p. 742-749.

25e session, Carthage, 1896. — Extr. dans *R. Sc.*, 1897, t. VII, p. 540-541. — Ravages de la variole en Tunisie, notamment au cours des épidémies de 1888 et 1894, la pratique de la variolisation, création d'une centre vaccinogène à Tunis, en 1894, résultats obtenus. Cf. *ibid.*, 1re part., 1896, p. 267-268. An. par E. Vallin, dans *R. Hyg.*, 1897, p. 731-732.

8223. — DINGUIZLI (Béchir). *La variole en Tunisie.* Thèse... Bordeaux, imp. Y. Cadoret, 1897, in-8°, 67 p.

Faculté de médecine et de pharmacie de Bordeaux, 1896-1897, n° 83. — Opinion des musulmans tunisiens sur la variole, fréquence de cette maladie; la variole d'après les auteurs arabes, son traitement chez les Arabes; variolisation et vaccination chez les musulmans tunisiens; introduction, vers 1854, de la vaccination dans les mœurs tunisiennes, création d'un centre vaccinogène à Tunis, la vaccination depuis le Protectorat; fétoua sur la vaccination chez les musulmans (v. n° **8225**); l'évolution du cowpox sur les animaux indigènes. An. dans *Bul. Dir. agr. com. Tunis*, 1897, n° 4, p. 264.

8224. — Loir (D^r). *Rapport sur le fonctionnement de l'Institut Pasteur de Tunis.* — *Bul. Dir. agr. com. Tunis,* 1897, n° 4, p. 203-218, graph.

Origines, les divers services, résultats.

8225. — Loir (Dr A.), directeur de l'Institut Pasteur de Tunis. *La vaccination obligatoire en Tunisie.* — *R. T.,* 1897, p. 405-415.

Reproduit sous le titre *La vaccination obligatoire dans les pays musulmans,* dans *R. Sc.,* 1897, t. VIII, p. 367-370. — Ravages effrayants dans la Régence, mortalité à Tunis de 1886 à 1895 et dans l'armée de 1882 à 1894; le Coran ne défend pas la vaccination (v. n° **8223**); nécessité de la vaccination obligatoire en Tunisie.

8226. — Gayet (D^r), médecin principal de la Marine. *Guide sanitaire à l'usage des officiers et chefs de détachements de l'armée coloniale...* — Paris, O. Doin, 1897, in-18, 212 p.

Conférences faites aux officiers du 2e d'inf^{ie} de marine en 1895-1896; hygiène militaire aux colonies; premiers soins à donner dans les principales affections coloniales médicales, chirurgicales et blessures de guerre. An. par le Dr J. Alvernhe, dans *R. G. Sc.,* 1897, p. 354.

8227. — Rouquerol (Jean). *Contribution à l'étude des eaux dans la Régence de Tunis et le Sahara tunisien principalement au point de vue de l'hygiène.* — Paris, imp. A. Reiff, 1897, in-8°, 60 p., carte.

Thèse de la Faculté de médecine de Paris, n° 406. — Hydrologie générale de la Régence; étude particulière, description générale et climatologie de chacune des régions nord, sud, désertique et du Sahara tunisien; conclusion sur le climat «très sain» de la Tunisie, la nature des eaux et le nombre de points d'eau. An. par L. B., dans *R. T.,* 1897, p. 475-476.

8228. — Burot (Ferdinand), médecin principal de la Marine, et Legrand (M.-A.), médecin de 1re cl. de la Marine. *Thérapeutique du paludisme...* — Paris, J.-B. Baillière, 1897, in-16, xi-186 p.

Aspects différents sous lesquels la maladie paludéenne s'offre à l'observation médicale; pour chaque forme : âge, intensité de la manifestation morbide, état du sujet, du milieu, etc., traitement le plus rationnel et le moins perturbateur; prophylaxie thérapeutique.

8229. — GÉRAUD, médecin-major de 1re cl., et REMLINGER, médecin aide-major de 1re cl. *Le séro-diagnostic de la fièvre typhoïde à l'hôpital militaire du Belvédère à Tunis...* — *Arch. Méd. Pharm. Mil.*, 1897, t. XXX, p. 313-323.

Application du procédé de Widal pour le diagnostic précoce de la fièvre typhoïde.

8230. — BERNOU (J.-E.-P.). *De l'action nuisible des eaux sélénito-magnésiennes du nord-africain et de leur purification.* Thèse... — Chateaubriant, E. Coulbault et E. Milon, 1897, in-8°, 49 p., pl.

Faculté de médecine et de pharmacie de Bordeaux, 1897-1898, n° 43. — Les eaux sélénito-magnésiennes, leur action sur l'organisme, procédé pour les rendre potables, appareil de purification et de filtration.

8231. — ARNAUD (A.), médecin-major de 2e cl. *Quelques observations sur la lèpre en Tunisie; un cas de cette affection traité par les injections de tuberculine...* — *Arch. Méd. Pharm. Mil.*, 1898, t. XXXII, p. 46-53.

Origine inconnue de ces manifestations de lèpre, observations, traitement.

8232. — LAVERAN (A.). *Traité du paludisme...* — Paris, Masson, 1898, in-8°, VIII-492 p., 27 fig., pl. en coul.

2e éd., *ibid.*, 1907, in-8°, 622 p., 58 fig., pl. — Étiologie, étude des formes cliniques, lésions anatomiques du paludisme, diagnostic, pronostic, traitement, prophylaxie. An. par le Dr Vincent, dans *R. G. Sc.*, 1898, p. 195; dans *R. Méd. Hyg. tropic.*, 1908, p. 44-45.

8233. — LOIR (Dr A.), directeur de l'Institut Pasteur de Tunis. *La diphtérie à Tunis et le service municipal du diagnostic de la diphtérie...* — *Bul. Hôp. civil Tunis*, 1898-1899, p. 108-112.

Le peu de gravité de la diphtérie à Tunis.

8234. — LOIR (Dr A.). *Recherches sur la dysenterie en Tunisie...* — *Bul. Hôp. civil Tunis*, 1898-1899, p. 400-403.

Suite de l'étude signalée sous le n° **8213**.

8235. — Loir (Dr A.). *Statistique de la population de Tunis.* — R. T., 1898, p. 348-354, graph.

Proportion d'Européens et de Français à Tunis; situation sanitaire de 1886 à 1896; chiffre approximatif de la population. An. par C. Nicolle, dans *Arch. Inst. Pasteur Tunis,* 1906, p. 37.

8236. — Lemanski (D^r). *Hypnotisme et Aïssaouas.* — Tunis, imp. L. Nicolas, 1898, in-8°, 8 p.

R. T., 1898, p. 327-334. — Les actes extraordinaires des Aïssaouas ne sont que les états particuliers de névroses aujourd'hui parfaitement étudiées.

8237. — Noël (D^r). *La mortalité des troupes en France, en Algérie et aux colonies...* — *Bul. Méd.,* 1898, p. 797-802.

Étude d'après l'ouvrage signalé sous le n° **8228** et la statistique médicale de l'armée pour 1895; taux de la mortalité (officiers et soldats), causes de la mortalité, leurs différentes modalités. Reproduit dans *R. Sc.,* 1898, t. X, p. 269-276.

8238. — Lemanski (Dr W.), de Tunis. *Le bouton d'Orient (bouton tunisien)...* — Tunis, imp. J. Picard, 1898, in-8°, 16 p.

Caractères qui diffèrent de ceux indiqués par la majorité des auteurs.

8239. — Funaro (D^r). *Le diabète en Tunisie.* — R. T., 1898, p. 505-508.

Maladie fréquente qui tend à augmenter; affections observées dans les hôpitaux militaires de Tunisie; éléments étiologiques, marche de l'affection, traitement.

8240. — Brault (Dr J.). *Les maladies des pays chauds, leur étude, leur enseignement...* — Paris, G. Carré et C. Naud, 1898, in-8°, 22 p.

Extr. des *Arch. Parasit.,* 1898. — Extr. de la leçon d'ouverture du cours sur les maladies des pays chauds (nov. 1897); ce que l'on sait, ce qu'il reste à faire.

8241. — Saint-Paul (G.), médecin aide-major du 4e Tirailleurs. *Quelques réflexions sur la vaccination et sur la prophylaxie en Tunisie, à propos d'une épidémie de variole au pays de Gafsa (1897)...* — Paris, J.-B. Baillière, 1899, in-8°, 16 p.

Ann. Hyg. pub., 1899, t. XLI, p. 40-51. — L'hostilité au médecin, les aides du médecin, la prophylaxie en temps d'épidémie et en temps normal.

8242. — Saint-Paul (Dr G.), médecin aide-major au 4e Tirailleurs. *La jeffa; étude sur un mode de transport des malades et des blessés dans les régions désertiques...* — Paris, J.-B. Baillière, 1899, in-8°, 20 p., 14 fig.

Ann. Hyg. pub., 1899, t. XLI, p. 385-402, 14 fig. — Composition de la jeffa employée dans le Sud tunisien, types et modes de chargement, inconvénients et avantages.

8243. — Brault (Dr J.). *Hygiène de l'émigrant dans les colonies africaines...* — Paris, J.-B. Baillière et fils, 1899, in-8°, 12 p.

Ann. Hyg. pub., 1899, t. XLI, p. 536-547. — Exposé succinct des précautions hygiéniques; habitation, campement, aliments, vêtements, toilette, soins de propreté, etc.

8244. — Sanglé-Ferrière, médecin-major de 1re cl., et Remlinger, médecin aide-major de 1re cl. *Épidémie de fièvre typhoïde à la 8e compagnie de remonte à Tunis...* — Arch. Méd. Pharm. Mil., 1899, t. XXXIV, p. 169-176.

Causes et marche de l'épidémie.

8245. — Besson (A.), médecin-major de 2e cl. *Épidémie de fièvre typhoïde d'origine hydrique...* — Arch. Méd. Pharm. Mil., 1899, t. XXXIV, p. 364-369, croq.

Eau consommée par des militaires dans une auberge à proximité d'une caserne.

8246. — Descosse (P.), médecin-major de 1re cl. *Épidémie de fièvre typhoïde dans la garnison de Sfax (étude comparative de la maladie chez les Européens et chez les indigènes)...* — Arch. Méd. Pharm. Mil., 1899, t. XXXIV, p. 436-454.

Description, étiologie, traitement de l'épidémie de 1899, différente de celles observées à Sfax jusqu'à ce jour : soldats indigènes, soldats français, civils traités à l'hôpital militaire.

8247. — Loir (Dr A.). *Un essai de pasteurisation des vins tunisiens, fait par ordre de M. le ministre de la Guerre.* — Bul. Dir. agr. com. Tunis, 1899, n° 12, p. 42-43.

Reproduit dans Bul. agr. Alg. Tun., 1899, p. 375-376. — Le vin tunisien pasteurisé se conserve parfaitement dans le sud de la Régence.

8248. — Treille (Dr Georges). *Principes d'hygiène coloniale...* — Paris, G. Carré et C. Naud, 1899, in-8°, iv-272 p.

Bibliothèque de la Revue générale des sciences. — Règles générales les plus propres à faciliter aux Européens leur établissement dans les pays chauds. An. par A. B., dans *Q. Dipl. Col.*, 1900, t. X, p. 779; dans *Bul. Com. A. F.*, 1899, p. 319-320; par Maurice Zimmermann, dans *Ann. G., Bibl.*, 1900, p. 64.

8249. — Loir (Dr A.). *Les pratiques médicales chez les Arabes tunisiens.* — *R. G. Sc.*, 1899, p. 673-675.

8250. — Loir (Dr A.). *La circoncision chez les indigènes musulmans de Tunis.* — *R. T.*, 1899, p. 279-284.

8251. — Brouardel (P.). *Sur un mémoire de M. le docteur Loir, directeur de l'Institut Pasteur à Tunis, concernant l'époque à laquelle doivent se faire les vaccinations dans les pays chauds...* — *Bul. Ac. Méd.*, 1899, t. XLII, p. 378-380.

Reproduit dans *Bul. Dir. agr. com. Tunis*, 1900, n° 14, p. 90-91. Les vaccinations doivent être faites pendant les mois relativement frais.

8252. — *Institut Pasteur de Tunis...* — Paris, typ. Chamerot et Renouard, 1900, in-16, 12 p.

Créé le 15 sept. 1893, doté de la personnalité civile le 16 février 1900; ses laboratoires et services.

8253. — Brault (Dr J.), ex-médecin-major de l'armée, professeur à l'École de plein exercice de médecine et de pharmacie d'Alger. *Hygiène et prophylaxie des maladies dans les pays chauds: l'Afrique française...* — Paris, J.-B. Baillière et fils, 1900, in-8°, 157 p., fig.

I. Climatologie, météorologie, conditions telluriques et pathologie générale du continent africain. II. Acclimatement, précautions hygiéniques à recommander. III. Géographie médicale concernant les diverses possessions françaises : Algérie et Tunisie (p. 108-129).

8254. — Kermorgant (A.), inspecteur général du Service de Santé aux colonies. *Précautions les plus indispensables à prendre aux pays chauds.* — *Année col.*, 2e année (1900), p. 53-75.

Conseils à ceux qui partent aux colonies.

8255. — Loir (D^r). *La rage et sa prophylaxie...* — *Bul. Dir. agr. com. Tunis,* 1900, n° 14, p. 74-78.

Leçon faite à l'école d'agriculture de Tunis.

8256. — Loir (A.). *Histoire des épidémies de peste à Tunis.* — *R. Sc.,* 1900, t. XIII, p. 395-399.

Les grandes épidémies jusqu'en 1820; le rat, propagateur de la peste chez l'homme.

8257. — Perrier (Dr F.), de Béja. *Étude sur l'hygiène de la Tunisie et de l'Afrique du Nord...* — Tunis, imp. L. Nicolas, 1900, in-16, 47 p.

L'auteur indique les conditions favorables à l'installation des émigrants en Algérie et surtout en Tunisie; climatologie, action de la chaleur sur l'organisme, maladies de l'Afrique du Nord, habitation, alimentation. An. dans *Bul. Dir. agr. com. Tunis,* 1900, n° 15, p. 94-96.

8258. — Loir (Dr A.). *Les eaux minérales et thermales de la Tunisie...* — Paris, A. Colin, 1900, in-8°, 28 p.

R. G. Sc., 1900, p. 630-637. — Étude et classement des sources d'après leur situation géographique, leur exploitation possible.

8259. — Laveran (A.). *Projet d'instruction pour la prophylaxie du paludisme...* — *Bul. Ac. Méd.,* 1900, t. XLIII, p. 580-587.

Projet élaboré par une Commission composée de MM. Vallin, Kelsch, Railliet et Blanchard; assainissement des localités palustres, prophylaxie individuelle (v. n° **8269**).

8260. — Lemanski (D^r). *Les diverses méthodes de traitement du paludisme.* — *Bul. Hôp. civil Tunis,* 1900, p. 311-324.

Cf. du même, *Traitement du paludisme par les injections intramusculaires de quinine* ... *Ibid.,* 1902, p. 29-35.

8261. — Tostivint (D^r) et Remlinger (D^r), médecins-majors. *Note sur la rareté de la tuberculose chez les Israélites tunisiens...* — *R. Hyg.,* 1900, p. 984-986.

En Tunisie, la tuberculose, qui est assez rare, est cependant plus fréquente chez la race arabe; statistique de la mortalité tuberculeuse chez les Arabes, les Européens et les Israélites; habitudes hygiéniques qui motivent chez ceux-ci cette mortalité si faible par tuberculose.

8262. — VINCENT (H.), médecin-major de 2ᵉ cl. *Fréquence de la fièvre typhoïde dans les guerres modernes...* — Arch. Méd. Pharm. Mil., 1900, t. XXXV, p. 124-132.

La fièvre typhoïde en Algérie depuis 1832, en Tunisie et dans le Sud-Oranais, en 1881; effectifs des troupes, cas de fièvre, décès.

8263. — BRAULT (J.), ex-médecin-major de l'armée. *Traité pratique des maladies des pays chauds et tropicaux...* — Paris, J.-B. Baillière, 1900, gr. in-8°, 534 p., 93 fig.

Maladies et maladies cutanées dues ou très probablement dues à des parasites végétaux, maladies dues à des parasites animaux ou à des agents physiques et chimiques, maladies causées par les animaux nuisibles, intoxications alimentaires, maladies de nature indéterminée. Pour chaque maladie : historique et géographie médicale, étiologie, symptômes, pronostic, diagnostic, prophylaxie, traitement. An. dans *Bul. Soc. Ét. Col. Mar.*, 1900, p. 64.

8264. — COLOMBY (Dʳ Paul). *La malaria en Tunisie, ses manifestations et les moyens de les combattre.* — Clermont-Ferrand, imp. Malleval, nov. 1900, in-8°, 34 p., fig.

Concerne surtout le Sud tunisien.

8265. — VINCENT (H.), médecin-major de 2ᵉ cl. *Étiologie et prophylaxie de la fièvre typhoïde dans les armées en campagne...* — Arch. Méd. Pharm. Mil., 1900, t. XXXVI, p. 256-267.

Rapport présenté au 13ᵉ congrès international de médecine. Étude d'ensemble sur les guerres récentes où sévit la fièvre typhoïde; en Tunisie, sur 20.000 hommes, 4.200 cas de fièvre typhoïde avec 1.039 décès.

8266. — DOLOT (G.), colonel, chef du génie. *L'hôpital militaire de Bizerte...* — Paris, Berger-Levrault, 1900, in-8°, 31 p., carte, 3 pl.

R. Gén., 1900, t. XX, p. 265-288, carte, 3 pl. — Les hôpitaux en Tunisie en 1880 et ultérieurement; description de l'hôpital militaire dont la construction fut décidée en 1899 par le ministre de la Guerre, emplacement, plan d'ensemble, détails d'exécution. An. par E. Vassel, dans *R. T.*, 1901, p. 230-231.

8267. — Matignon (Raymond-Joseph). *L'art médical à Tunis.* Thèse... — Bordeaux, imp. P. Cassignol, 1901, in-8°, 93 p.

Faculté de médecine et de pharmacie de Bordeaux, 1900-1901, n° 55. — La médecine arabe et les principales pratiques médicales, barbiers, tatouage médical, circoncision; hygiène privée et publique, hygiène des mœurs; l'Assistance publique tunisienne; Institut Pasteur, variole, rage; l'Assistance publique française, alcoolisme et kifisme.

8268. — Rouquié (A.). *Étude coloniale sur Tunis. Hygiène et maladies locales.* Thèse... — Toulouse, imp. G. Berthoumieu, 1901, in-8°, 125 p.

Université de Toulouse, Faculté mixte de médecine et de pharmacie, 1900-1901, n° 434. — Situation et climatologie : air, sol, eau, hygiène, population, mortalité; maladies locales : variole, diphtérie, rougeole, fièvre typhoïde et typhus, tuberculose, paludisme, etc.

8269. — *Le paludisme.* — *Bul. Com. A. F.*, 1901, sup., p. 85-88.

A propos de la création, à Paris, d'un Institut de médecine coloniale, publication d'une instruction du professeur A. Laveran pour la prophylaxie du paludisme (v. n° **8259**).

8270. — Loir (Dr A.). *Époque de l'année à laquelle on doit faire les vaccinations en Tunisie...* — *Bul. Hôp. civil Tunis,* 1901, p. 21-23, 43-47.

Cf. du même, *A quelle époque de l'année doit-on pratiquer la vaccination en Tunisie?* Ibid., 1898-1899, p. 75-78.

8271. — Brault (Dr J.), professeur de pathologie exotique à l'École de médecine d'Alger. *La fièvre typhoïde dans les pays chauds et les pays tropicaux...* — Paris, Masson, 1901, in-8°, 13 p.

R. Hyg., 1901, p. 598-608. — La typhoïde est plus fréquente et plus grave en Tunisie et en Algérie qu'en France même; les natifs des pays chauds sont moins susceptibles que nous-mêmes; causes; l'expédition de Tunisie; particularités cliniques, complications, pronostic, diagnose, traitement.

8272. — Lemanski (D^r). *Tunis et ses environs considérés comme lieu d'hivernage pour les tuberculeux.* — Tunis, imp. J. Picard, 1901, in-8°, 14 p.

Bul. Hôp. civil Tunis, 1901, p. 5-18. — La fréquence de la tuberculose à Tunis n'est pas un obstacle à l'hivernage; la cure climatérique de la tuberculose, la cure à l'hôpital, danger du séjour en été; les environs de Tunis (v. n° 8277).

8273. — Brault (Dr J.). *Hygiène et prophylaxie dans les pays chauds, climatologie des pays chauds et tropicaux, son influence en pathologie...* — Paris, J.-B. Baillière et fils, s. d., in-8°, 15 p.

Ann. Hyg. pub., 1901, t. XLV, p. 436-449.

8274. — Buret (Maurice). *De l'armée considérée comme un centre morbide.* — *Cor.*, 1901, t. CCIV, p. 826-839.

Étude de l'état sanitaire dans l'état de paix et dans l'état de guerre, au double point de vue du nombre des maladies ou blessures et du nombre des décès; armée de la métropole et corps d'occupation d'Algérie et de Tunisie; les pertes en campagne, le corps expéditionnaire de Tunisie (1881).

8275. — Tostivint (J.), médecin-major de 2° cl. *Recherches sur l'activité des pulpes vaccinales glycérinées dans les pays chauds, particulièrement en Tunisie...* — *Arch. Méd. Pharm. Mil.*, 1901, t. XXXVII, p. 33-50, 152-163, graph.

Recherche des causes de l'insuccès des vaccinations et revaccinations pratiquées pendant l'été 1899 dans diverses unités de Tunisie; action de la chaleur sur la pulpe glycérinée, statistiques comparatives des vaccinations en France, en Algérie et en Tunisie, difficultés et résultats de la vaccination aux colonies, vieillissement du vaccin, conclusions.

8276. — Tostivint et Remlinger, médecins-majors de 2° cl. *Sur la prédisposition de la race arabe à la pneumonie...* — *Arch. Méd. Pharm. Mil.*, 1901, t. XXXVIII, p. 107-125, graph.

Exposé des chiffres fournis par la statistique de l'armée et par celle de la division d'occupation de Tunisie; les particularités cliniques de la pneumonie chez cette race prédisposée; causes de cette prédisposition. Cf. *Bul. Ac. Méd.*, 1900, t. XLIV, p. 258-259.

8277. — Tostivint et Remlinger, médecins-majors de 2° cl. *Sur la situation favorisée de l'Algérie et privilégiée de la Tunisie vis-à-vis de la tuberculose. Fréquence plus grande de la maladie chez les Arabes que chez les Européens...* — *Arch. Méd. Pharm. Mil.*, 1901, t. XXXVIII, p. 272-306, graph.

Rareté de la tuberculose en Algérie et en Tunisie, établie à l'aide des chiffres empruntés à la statistique médicale de l'armée; comparaison de la morbidité et de la mortalité tuberculeuses en Algérie et en Tunisie chez les troupes européennes et chez les troupes indigènes. Cf. *C. R. Soc. biologie*, 1900, p. 833-834 (v. n° **8272**). — An. dans *R. Sc.*, 1901, t. XVI, p. 593-595; par G. Fischer, dans *Presse méd.*, 1902, p. 213-214.

8278. — Confortola (D^r), de Porto-Farina. *Quelques observations sur la malaria dans la région de l'Audja...* — *Bul. Hôp. civil Tunis*, 1901, p. 122-129, 140-149, 169-173, 199-210.

8279. — Laveran (A.). *Paludisme et moustiques...* — S. l. n. d., in-8°, 18 p.

Conditions dans lesquelles se produit le paludisme.

8280. — Brault (Dr J.), professeur à l'École de médecine d'Alger. *Marche de la température dans les formes intermittentes de la malaria dans les pays chauds...* — Paris, Asselin et Houzeau, s. d., in-8°, paginé 324-342, 9 graph.

Arch. génér. Méd., 1902, t. VIII, p. 324-342, 9 graph.

8281. — Lemanski (D^r). *Hygiène du colon, ou vade-mecum de l'Européen aux colonies.* — Paris, G. Steinheil, 1902, in-8°, vii-692 p., fig.

Préface de L. Machuel. Principales questions relatives à l'alimentation, à l'habitation, à l'hygiène du corps, à la prophylaxie générale; la physionomie et les symptômes de chaque maladie, notamment paludisme, tuberculose et maladies épidémiques.

8282. — Brunswic-Le Bihan. *La chirurgie aux colonies. L'hôpital de Nabeul (Tunisie)...* — *Presse méd.*, 1902, p. 170-171, 5 fig.

Description, fonctionnement, statistique.

8283. — Loir (Dr Adrien). *L'Institut Pasteur de Tunis, fonctionnement et statistiques.* — *Ass. fr. av. sc.*, 1903, 2e part., p. 1274-1282.

31e session, Montauban, 1902. — Le développement des services depuis la création du laboratoire de vinification (17 sept. 1893).

8284. — BRAQUEHAYE (D^r). *La médecine pendant la civilisation islamique et particulièrement en Tunisie*... — *Bul. Soc. Sc. Méd. Tunis*, 1903, p. 3-28.

Discours d'ouverture. Origines du mouvement scientifique de la civilisation arabe, les écoles médicales, l'enseignement, le droit d'exercer, les hôpitaux; le rôle joué par la Tunisie pendant cette période brillante.

8285. — LAFFORGUE (D^r), médecin-major de 2e cl. *Note sur le typhus récurrent en Tunisie*... — *Bul. Soc. Sc. Méd. Tunis*, 1903, p. 159-164.

La fièvre récurrente n'a jamais figuré dans la pathologie officielle de la Régence; 17 cas authentiques recueillis en un mois et demi et de provenances diverses, notamment à Zaghouan chez des Tirailleurs. Cf. du même, *De l'existence de la spirillose humaine (typhus récurrent) en Tunisie. C. R. Soc. biologie*, 1903, p. 1132-1133.

8286. — GAUCHERY (Dr P.). *Mission Vulfranc Gerdy. 1902. Les richesses thermo-minérales de la Tunisie*... — Châteaudun, imp. H. Prudhomme, 1903, in-8°, 64 p.

La profusion des eaux, leur composition générale, l'action physiologique, l'exploitation possible de certaines richesses méconnues : Korbous, Hammam-Lif, El-Hamma de Gabès, etc.

8287. — FUNARO (Dr G.). *Étude sur la fièvre méditerranéenne*... — *Bul. Soc. Sc. Méd. Tunis*, 1903, p. 169-185.

Symptômes par lesquels elle se manifeste ordinairement; la nature de cette affection est loin d'être établie. Cf. Discussion de cette étude par les Drs Cassuto, Molco, Morpurgo. *Ibid.*, p. 186-196.

8288. — MORPURGO (D^r). *Note sur le typhus exanthématique à Tunis*... — *Bul. Soc. Sc. Méd. Tunis*, 1903, p. 213-217.

Le typhus exanthématique existe d'une façon endémique à Tunis.

8289. — PERRIER (Dr Fernand). *L'Assistance publique en Tunisie*... — Tunis, Imp. de l'ass. ouvrière, 1903, in-8°, 15 p.

Historique, organisation, assistance médicale à domicile; inspectrices de l'Assistance, utilisation des Dames tunisiennes, rôle des Sociétés de bienfaisance, assistance par le travail.

8290. — Franco (F. Roberto). *Contribution à l'étude du typhus exanthématique; note sur quelques cas observés à Tunis...* — Paris, imp. H. Jouve, 1903, in-8°, 83 p., graph.

Thèse présentée pour le doctorat de l'Université de Paris, mention médecine... — Les matériaux de cette thèse ont été recueillis par l'auteur à l'hôpital Sadiki et les recherches expérimentales pratiquées à l'Institut Pasteur de Tunis.

8291. — Huguier (C.), vétérinaire militaire, à Sousse. *Étude zootechnique et économique de l'élevage du mouton en Tunisie...* — Tunis, Imp. moderne, 1903, in-8°, 50 p., graph.

Bul. Dir. agr. com. Tunis, 1903, p. 441-488, graph. — Historique de la question de l'élevage du mouton tunisien; géographie agricole de la Régence; zootechnie du mouton en Tunisie, constitution du troupeau, établissement du moutonnier, élevage.

8292. — Laveran (Dr A.). *Prophylaxie du paludisme...* — Paris, Masson [1903], in-16, 209 p., fig.

Encyclopédie scientifique des aide-mémoire..., section du biologiste, n° 331 B. — Rôle des moustiques dans la propagation du paludisme, prophylaxie. An. par Mesnil, dans *R. G. Sc.,* 1904, p. 878.

8293. — Wiehn (G.-E.-N.-P.). *Le service médical dans le bled et les internes français des hôpitaux de Tunisie.* Thèse... — Bordeaux, imp. Y. Cadoret, 1904, in-8°, 79 p., 28 fig.

Faculté de médecine et de pharmacie de Bordeaux, 1903-1904, n° 127. — Les premiers internes de l'hôpital civil français de Tunis en 1898; observations personnelles de l'auteur qui fut chargé, en 1903, du service des chantiers du Bargou (personnel de la Soc. de construction des Batignolles travaillant à la construction des voies ferrées).

8294. — Nicolle (Dr Charles), directeur de l'Institut Pasteur de Tunis. *Un essai de campagne antipaludique en Tunisie (Oued-Zargua, Pont-de-Trajan, 1903)...* — Tunis, Imp. moderne, 1904, in-8°, 21 p.

Protectorat français. Gouvernement tunisien. Direction de l'agriculture et du commerce — *Bul. Dir. agr. com. Tunis,* 1904, p. 297-315. — Documents officiels relatifs à cette campagne; projet d'organisation, résultats obtenus, moyens de lutte contre la propagation du paludisme (v. n° **8323**).

8295. — MELNOTTE (D^r), médecin aide-major. *Un peu de médecine arabe dans le Sud tunisien.* — Tunis, Imp. moderne, 1904, in-16, 43 p., fig.

Récits de faits isolés constatés et de renseignements recueillis par l'auteur dans le cercle de Foum-Tatahouine; essai de silhouette du médecin arabe; quelques instruments indigènes.

8296. — BRUNSWIC-LE BIHAN (D^r). *Hôpital Sadiki. L'assistance médicale des indigènes de Tunisie et les auxiliaires médicaux...* — Tunis, Imp. rapide, 1904, in-8°, 13 p.

Protectorat français. Gouvernement tunisien. — Communication au Congrès de géographie de 1904 (v. n° **4384**). Caractères de l'assistance médicale des indigènes en Tunisie, en particulier dans le bled tunisien; le rôle des auxiliaires médicaux.

8297. — COMTE (Ch.). *Les auxiliaires médicaux et les district-nurses...* — Paris, H. Jouve, 1904, in-8°, 76 p.

Faculté de médecine de Paris. Thèse... — Examen des conditions que doivent remplir et du rôle que peuvent exercer les auxiliaires médicaux; en Tunisie (p. 37-49); bibliographie.

8298. — *L'assistance médicale indigène en Tunisie.* — *Quinz. col.*, 1904, p. 383-385.

L'hôpital Sadiki, modèle d'installation économique; création, dans les centres un peu importants, d'hôpitaux simplement aménagés et peu coûteux; la question des auxiliaires médicaux indigènes.

8299. — DERCLE (C.), médecin-major de 2e cl. *De la pratique de notre médecine chez les Arabes; vocabulaire arabe-français d'expressions médicales...* préface de M. P. Dubujadoux, médecin principal de 2e cl. — Alger, A. Jourdan, 1904, in-8°, VII-208 p.

Nécessité pour un médecin français de parler arabe, observations, premières notions de grammaire arabe; formules relatives à la santé, technologie médicale; aperçu de la façon des Arabes de comprendre les maladies et de les traiter, termes relatifs aux diverses maladies. Cf. *Pratique de notre médecine chez les Arabes*, conférence faite par l'auteur à Alger (28 fév. 1908), reproduite dans *Bul. Soc. G. Alger*, 1908, p. 22-32. An. par Marcellin Boule, dans *Bul. G. Hist. Descr.*, 1908, p. 300; dans *Quinz. col.*, 1904, p. 579.

8300. — LAVERAN (A.) et MESNIL (F.). *Trypanosomes et trypanosomiases...* 2ᵉ éd... — Paris, Masson, 1912, in-8°, VIII-1000 p., 198 fig., pl. en coul.

1ʳᵉ éd., *ibid.*, 1904, in-8°, XI-417 p., 61 fig., pl. en coul. — Étude synthétique des trypanosomes et esquisse de pathologie générale des trypanosomiases. Historique, répartition des trypanosomiases sur le globe, technique pour l'étude des trypanosomes; les trypanosomes et les trypanoplasmes chez l'hôte invertébré; historique des genres; debab algérien (p. 484-504), dourine (p. 555-591), etc. An. par le docteur A. Calmette, dans *R. G. Sc.*, 1904, p. 1050-1051; par Em. Roubaud, dans *Ann. G., Bibl.*, 1913, p. 73; dans *R. Méd. Hyg. tropic.*, 1908, p. 35-36.

8301. — NICOLLE (Charles). *Sur l'existence, en Tunisie, de la fièvre méditerranéenne...* — *C. R. Soc. biologie*, 1904, p. 295-297.

Reproduit dans *Bul. Soc. Sc. Méd. Tunis*, 1905, p. 20-23. — La question de l'existence de la fièvre méditerranéenne en Tunisie paraît être résolue par l'affirmative.

8302. — GOMMA (François). *L'assistance médicale en Tunisie; essai sur l'histoire de la médecine et de l'hygiène publiques dans la Régence.* Thèse... — Bordeaux, imp. Y. Cadoret, 1904, in-8°, 217 p.

Université de Toulouse, Faculté mixte de médecine et de pharmacie, 1904-1905, n° 585. — Importance de l'organisation de l'assistance médicale et rôle des médecins aux colonies; l'assistance publique des Français, des indigènes musulmans ou israélites et des diverses colonies européennes en Tunisie; exercice de la médecine en Tunisie; médecins communaux, médecins de colonisation, auxiliaires médicaux; infirmeries indigènes, hôpitaux et asiles, Institut Pasteur; hygiène publique, maladies contagieuses et épidémiques, ressources hydrologiques thermominérales de la Tunisie; bibliographie. An. dans *Quinz. col.*, 1905, p. 761.

8303. — PIGASSOU (J.). *Contribution à l'étude des affections gastro-intestinales climatiques en Tunisie.* Thèse... — Toulouse, imp. A. Trinchant, 1905, in-8°, 62 p., graph.

Université de Toulouse, Faculté de médecine et de pharmacie, 1904-1905, n° 637. — Des climats en général; rôle de la suralimentation dans la production des troubles digestifs des pays chauds, influence d'un régime trop azoté sur le volume du foie, influence des climats et des saisons sur les dépenses de l'organisme; données comparatives sur le climat tunisien et le climat français; les affections climatiques et les interprétations qui en ont été faites; étiologie, symptomatologie, marche, durée, terminaison, pronostic, diagnostic, traitement.

8304. — BASTIDE (D^r). *Projet de réorganisation de l'Assistance publique en Tunisie...* — Tunis, imp. J. Picard, 1905, in-4°, 58 p.

Rapport présenté à la Commission instituée par l'arrêté du 14 mars 1904. Classification des assistés, les divers modes d'assistance, moyens d'action; bases d'une nouvelle organisation.

8305. — POIRSON-KAMINSKY (Drs A. et H.). *La tuberculose chez les Arabes...* — Tunis, imp. B. Borrel, 1905, in-8°, 17 p.

Communication au Congrès international de la tuberculose (Paris, 1905). Opinions populaires, étiologie, prophylaxie, conditions du traitement.

8306. — PEYRONIE (B.-J.-M.). *Le traitement de la syphilis chez les indigènes en Tunisie.* Thèse... — Bordeaux, Imp. commerciale et industrielle, 1905, in-8°, 55 p.

Faculté de médecine et de pharmacie de Bordeaux, 1904-1905, n° 82. — Formes graves de la syphilis en Tunisie; sauf les bains, les divers traitements employés (révulsion, plantes, régime) donnent peu de résultats; l'iodure reste le seul traitement réellement efficace.

8307. — NICOLLE (C.) et CATOUILLARD (G.). *Sur le venin d'un scorpion commun de Tunisie* (heterometrus maurus)... — S. l. [1905], in-8°, 3 p.

C. R. Soc. biologie, 1905, t. LVIII, p. 100-102. — Action sur les animaux de laboratoire du venin de ce scorpion, dont la piqûre n'offre aucun danger réel pour l'homme.

8308. — DOMELA (D^r). *De l'existence du typhus récurrent dans la population française de la Tunisie...* — *Bul. Soc. Sc. Méd. Tunis,* 1905, p. 50-54.

Observation permettant d'admettre la possibilité de l'existence du typhus récurrent.

8309. — NICOLLE (Charles) et TRIOLO (M.). *La fièvre méditerranéenne en Tunisie...* — *Presse méd.,* 1905, p. 113-115, graph.

An. par L. Tanon, dans *R. Méd. Hyg. tropic.,* 1905, p. 99-100.

8310. — BRUNSWIC-LE BIHAN. *L'hôpital Sadiki et l'assistance médicale indigène en Tunisie...* — *Presse méd.*, 1905, p. 377-379, 4 phot.

8311. — MALINAS, médecin principal de 1re cl., directeur du Service de Santé de la division d'occupation, et TOSTIVINT, médecin-major de 2e cl. *Mutualité coopérative et projet général d'assistance médicale indigène en Tunisie...* — Tunis, Imp. rapide, 1905, gr. in-8°, 95 p., croq.

R. T., 1905, p. 283-304, 386-422, 480-515. — Organisation actuelle de l'assistance médicale en Tunisie, moyens de mise en œuvre de l'assistance médicale, socialisation de la médecine et de la pharmacie par la mutualité coopérative, projet général d'assistance médicale et pharmaceutique en Tunisie. An. par G. [Granjux], dans *Cad.*, 1906, p. 53-54.

8312. — TROUILLET (Dr A.). *Géographie médicale du centre tunisien. Variole et vaccin.* — *R. T.*, 1905, p. 320-321.

Mesures prises par l'auteur (1901-1902) à Kairouan et dans la région qui permirent d'éviter une épidémie.

8313. — CRESPIN (Dr J.), professeur suppléant à l'École de médecine d'Alger. *Précis du paludisme...* — Paris, A. Maloine, 1905, in-18, 323 p., 20 fig.

Livre de pratique courante présentant un tableau des doctrines concernant le paludisme; étiologie, étude clinique, anatomie pathologique, maladies parapaludéennes, diagnostic, gravité et pronostic, traitement, prophylaxie. An. dans *Quinz. col.*, 1904, p. 744.

8314. — LAFFORGUE, médecin-major de 2e cl. *Les fièvres typhoïdes atypiques et l'hygiène prophylactique en Tunisie...* — *Arch. génér. Méd.*, 1905, t. II, p. 2625-2635.

Observations faites par l'auteur à l'hôpital du Belvédère, de 1900 à 1904. Fréquence, allure insidieuse, échelle de gravité des dothiénentéries anormales; règles prophylactiques.

8315. — POIRSON (Dr H.), médecin municipal à Medjez-el-Bab. *Notice sur le caïdat de Medjez-el-Bab.* — Tunis, imp. B. Borrel, 1905, in-8°, 24 p.

Les eaux du caïdat (rivières, sources, points d'eau); leur rapport avec le paludisme, dangers du voisinage des oueds, aménagement imparfait des puits, installations défectueuses. An. dans *Arch. Inst. Pasteur Tunis,* 1906, p. 135. Cf. *Tunisie méd.,* 1913, p. 113.

8316. — NICOLLE (Dr C.), directeur de l'Institut Pasteur de Tunis. *L'Institut Pasteur de Tunis.* — *Bul. Dir. agr. com. Tunis,* 1905, p. 578-589; 1906, p. 86-112, plans, pl.

Reproduit dans *Arch. Inst. Pasteur Tunis,* 1906, p. 5-34, plans, fig. — Historique de l'Institut depuis sa fondation en mai 1893, installation matérielle, fonctionnement, ses différents services, travaux scientifiques et publications.

8317. — CARDALIAGUET (Félix-Joseph-Marie). *Nos connaissances actuelles sur la fièvre méditerranéenne en Tunisie (Travail de l'hôpital Sadiki et de l'Institut Pasteur de Tunis).* Thèse... — Bordeaux, Imp. commerciale et industrielle, 1906, in-8°, 81 p., graph.

Faculté de médecine et de pharmacie de Bordeaux, 1905-1906, n° 102. — De la fièvre méditerranéenne en général et en Tunisie : historique, clinique, diagnostic, pronostic, traitement, géographie, étiologie, 18 observations. Index bibliographique (1863 à 1906).

8318. — *Historique et travaux scientifiques du laboratoire de bactériologie militaire de Tunis (années 1895-1905).* — *Arch. Inst. Pasteur Tunis,* 1906, p. 85-91.

Ses divers directeurs, ses travaux intéressant la microbiologie.

8319. — HUSSON (Dr A.-D.). *Des moyens à employer pour se garantir du paludisme.* — Tunis, Imp. moderne, 1906, in-18, 11 p.

Excellente brochure de vulgarisation. An. dans *Arch. Inst. Pasteur Tunis,* 1906, p. 135.

8320. — *Inauguration de la Tekia.* — *Quinz. col.,* 1906, p. 218-219.

Discours de S. Pichon, résident général, à l'inauguration du nouvel hospice des vieillards indigènes.

8321. — NICOLLE (C.) et CATHOIRE. *Étude d'une épidémie de fièvre typhoïde africaine; existence en Tunisie des infections para-*

typhiques. — *Arch. Inst. Pasteur Tunis*, 1906, p. 97-132, graph.

Étude approfondie de la grave épidémie qui sévit en automne 1905 sur les troupes de la garnison de Tunis.

8322. — Scialom (D^r). *Les maladies fébriles en Tunisie et leurs causes...* — *Bul. Soc. Sc. Méd. Tunis*, 1906, p. 81-102.

Formes cliniques, diagnostic, traitement.

8323. — Sergent (Dr Edmond) et Sergent (Dr Étienne). *Campagnes antipaludiques en Tunisie...* — *Arch. Inst. Pasteur Tunis*, 1906, p. 137-141.

Reproduit dans *Bul. Dir. agr. com. Tunis*, 1906, p. 373-377. — Mesures prises et résultats obtenus par les auteurs qui reprirent en 1904, dans les deux gares d'Oued-Zarga et de Pont-de-Trajan, le premier essai de campagne antipaludique organisé, selon les nouvelles méthodes, en 1903, par le docteur C. Nicolle (v. n° **8294**).

8324. — Nicolle (C.) et Cathoire. *Sur une épidémie de dysenterie bacillaire africaine; étude du bacille dysentérique tunisien et d'un bacille dysentériforme.* — *Arch. Inst. Pasteur Tunis*, 1906, p. 142-154.

Épidémie de dysenterie qui sévit dans la garnison de Tunis, en 1905, succédant à l'épidémie d'infections typhoïdes et paratyphoïdes (v. n° **8321**).

8325. — Perrier (D^r), de Béja. *Comment on se défend contre la contagion. Étude sur la désinfection publique dans l'Afrique du Nord.* — Tunis, Imp. rapide, 1906, in-8°, 45 p.

La loi du 15 février 1902, comment on lutte contre la contagion; fièvre typhoïde, typhus exanthématique, variole, scarlatine, rougeole, dysenterie, etc., les désinfectants. An. dans *Arch. Inst. Pasteur Tunis*, 1906, p. 184.

8326. — Robert, médecin-inspecteur général, directeur du Service de Santé du 19e C. A. *Du transport des malades et des blessés en Algérie et en Tunisie...* — *Arch. Méd. Pharm. Mil.*, 1906, t. XLVII. p. 457-471, 9 fig.

Insuffisance des moyens réglementaires de transport; étude du transport à dos de chameau entreprise dans l'Extrême-Sud; utilisation avantageuse de voitures légères dans les régions du Tell et des Hauts-Plateaux, dispositions spéciales et avantages de l'araba, l'appareil Tostivint (v. n° **2422**) n'a pas été adopté, autres essais.

8327. — Dubois (Prof^r Raphaël). *Le laboratoire maritime de biologie de Sfax (Tunisie)...* — Lyon, A. Rey, 1906, in-8°, 6 p., pl.

Construit en vue de la solution pratique des questions relatives aux éponges.

8328. — Gross (Dr G.). *L'hôpital Sadiki.* — *Bul. Soc. G. Com.* Paris, 1906, p. 459-466.

Fonctionnement de cet hôpital, destiné à recevoir les malades musulmans, et de l'école d'«auxiliaires médicaux» qui lui est annexée.

8329. — Cathoire, médecin-major de 2° cl. *Relation de deux observations de fièvre méditerranéenne chez des soldats, l'un français, l'autre indigène, de la division d'occupation de Tunisie...* — *Cad.*, 1906, p. 35-37, graph.

Premières observations recueillies dans l'armée.

8330. — Guégan (Dr F.). *La défense sanitaire contre l'immigration en Tunisie.* — *Cad.*, 1906, p. 59.

Mesures adoptées depuis trois ans et réglementées par un décret beylical.

8331. — Husson (A.) et Nicolle (C.). *Études épidémiologiques et prophylactiques sur le paludisme en Tunisie.* — *Arch. Inst. Pasteur Tunis*, 1907, p. 3-14, 2 croq.

Enquêtes sur le paludisme faites, en 1906, dans trois centres de colonisation (Mateur, Béja, le Goubellat), à Chabbia (oasis de Tozeur) et à Tunis.

8332. — Bastide, directeur de la Santé et de l'Hygiène publiques, et Nicolle (C.), directeur de l'Institut Pasteur de Tunis. *La lèpre en Tunisie...* — *Arch. Inst. Pasteur Tunis*, 1907, p. 55-122, carte, ill.

Enquête basée sur les renseignements fournis par 119 médecins militaires ou civils de la Régence. Résumé historique de la lèpre en Tunisie, sa répartition d'après les résultats de l'enquête, 33 observations. *Cf. ibid.*, p. 158 et 231. An. par A. B., dans *R. Sc.*, 1907, t. VIII, p. 56-57.

8333. — Conseil (E.), médecin municipal de Tunis. *Le typhus exanthématique en Tunisie*... — *Arch. Inst. Pasteur Tunis*, 1907, p. 145-154, graph.

Court historique, l'endémicité du typhus en Tunisie, la régularité de son apparition, ses diverses formes, symptômes caractéristiques. Cf. *ibid.*, 1906, p. 95.

8334. — Institut Pasteur de Tunis. *Le paludisme*... — Tunis, imp. J. Picard, 1907, in-8°, 19 p., fig., pl.

Direction de l'agriculture, du commerce et de la colonisation. — Durée de l'incubation, symptômes, le parasite, mécanisme de transmission de l'hématozoaire par les moustiques, caractères spéciaux à l'anophèle, protection contre les moustiques, quinine, traitement du paludisme.

8335. — Husson (A.). *Quinisation préventive dans le paludisme, rôle de l'État*... — *Arch. Inst. Pasteur Tunis*, 1907, p. 155-157.

Reproduit dans *Bul. Dir. agr., com. col. Tunis*, 1907, p. 253-255. — Programme à tracer lors d'une campagne antipaludique; en outre, rendre possible l'emploi généralisé de la quinine préventive; dans ce but, vente de la quinine par l'État, dans ses bureaux de tabac, à prix réduit et sous une forme commode. Cf. *Arch. Inst. Pasteur Tunis*, 1909, p. 127-128 : arrêté du 15 juin 1909 autorisant cette vente (*J. O. tunisien*, 23 juin 1909, p. 642)

8336. — Jude (Dr René), aide-major de 1re cl. des hôpitaux de Tunisie, médecin à Tabarka. *A propos d'erreurs observées en Tunisie; quelques conseils d'hygiène*... Préface de M. le médecin principal de 1re cl. Malinas... — Vannes, B. Le Beau, 1907, in-16, 75 p.

Brochure destinée à combattre les erreurs observées par l'auteur au cours de ses visites médicales : prophylaxie du paludisme, habitations, eau, hygiène infantile, revaccinations, etc.

8337. — Weinberg. *Enquête sur l'appendicite en Tunisie, avec quelques documents sur la fréquence des tumeurs malignes dans la Régence*... — *Arch. Inst. Pasteur Tunis*, 1907, p. 161-208, 10 fig.

Enquête basée sur les renseignements fournis par les médecins civils et par 35 médecins militaires de la division d'occupation; l'appendicite dans la garde beylicale depuis 1889.

8338. — Moutet (D^r). *Sur la piqûre des scorpions tunisiens.* — *Bul. Muséum,* 1907, t. XIII, p. 27-28.

Extr. d'une lettre au professeur Bouvier; conséquences des piqûres de scorpions chez les enfants et les adultes.

8339. — Galli-Valerio (Dr Bruno). *Notes médicales sur la Tunisie...* — Lausanne, Imp. réunies, 1907, in-8°, paginé 201-227, 2 fig.

Bul. Soc. Vaudoise des sciences naturelles, 1907, t. XLIII, p. 201-227, fig. — Communication faite le 19 juin. Les institutions médicales de Tunis : l'Institut Pasteur, l'hôpital Sadiki, la clinique ophtalmologique du Dr Cuénod; les maladies oculaires, la syphilis, la malaria, l'échinococcose, etc.; la question des eaux potables.

8340. — Conseil (E.). *Le typhus exanthématique en Tunisie, épidémie de 1906...* — Paris, imp. Bonvalot-Jouve, 1907, in-8°, 138 p., graph.

Faculté de médecine de Paris, 1907. Thèse pour le doctorat en médecine, n° 178. — Historique, épidémie de 1906, 37 observations recueillies par l'auteur; résumé et discussions des symptômes observés, leur rapprochement de ceux rencontrés dans la littérature médicale. Bibliographie.

8341. — Benoit, médecin de colonisation à Gafsa. *Traitement du clou de Gafsa...* — *Arch. Inst. Pasteur Tunis,* 1907, p. 219-221.

Procédé définitivement adopté par l'auteur. Cf. *ibid.,* p. 231.

8342. — Vannier (L.-L.), pharmacien aide-major de 1re cl., à l'hôpital m^{re} de Djelfa. *Étude sur les médicaments toxiques de la pharmacopée arabe...* — *Arch. Méd. Pharm. Mil.,* 1907, t. XLIX, p. 300-311.

Noms, caractères et modes d'emploi des produits toxiques distribués couramment par les marabouts, toubib, tolba et autres gens pratiquant l'art de guérir.

8343. — Funaro (Dr Guglielmo). *Quelques notes sur l'acclimatation des Européens en Tunisie...* — *Bul. Soc. Sc. Méd. Tunis,* 1907, p. 84-113.

Le climat de la Régence convient parfaitement au peuplement européen, moyennant certaines règles hygiéniques. An. par C. N. [Nicolle], dans *Arch. Inst. Pasteur Tunis,* 1908, p. 50.

8344. — BRAULT (Dr J.). *Distribution géographique des bilharzioses...* — *Arch. gén. Méd.*, 1907, p. 691-697, 2 phot.

Traite surtout des bilharzioses humaines. An. dans *Arch. Inst. Pasteur Tunis,* 1908, p. 47.

8345. — CHÉRIF (Ahmed). *Histoire de la médecine arabe en Tunisie.* Thèse... — Bordeaux, imp. A. Destout aîné, 1908, in-8°, 102 p.

Université de Bordeaux, Faculté de médecine et de pharmacie, 1907-1908, n° 33. — Ouvrages et manuscrits consultés; les origines de la médecine arabe au temps des premiers kalifes, des Omniades et des Abbassides; la médecine arabe en Tunisie depuis la conquête arabe jusqu'au xiv° siècle; œuvres des médecins tunisiens.

8346. — SCIALOM (D^r). *Les fièvres pendant l'été 1907...* — *Bul. Soc. Sc. Méd. Tunis,* 1908, p. 34-42.

L'épidémie de 1907, surtout paludéenne; le triomphe du laboratoire, les remèdes héroïques contre les fièvres en général et la fièvre méditerranéenne en particulier, première guérison de la fièvre méditerranéenne par le collargol.

8347. — LABADENS (D^r), médecin principal de la Marine. *Note sur l'hôpital maritime de Sidi-Abdallah...* — *Arch. Méd. Nav.,* 1908, t. LXXXIX, p. 140-144.

Ouvert, en 1905, pour assurer les soins au personnel de la marine en Tunisie; description des bâtiments achevés, personnel, travaux à terminer.

8348. — HUSSON (A.-D.), chef du Service antipaludique de l'Institut Pasteur. *Rapport sur la campagne antipaludique en Tunisie pendant l'année 1907...* — *Arch. Inst. Pasteur Tunis,* 1908, p. 85-89.

Publication partielle de ce rapport : les moustiques de Tunisie, caractères de l'endémie paludique en 1907, mesures prophylactiques, régions étudiées.

8349. — J. B. *Analyses quotidiennes de l'eau d'alimentation de Tunis pendant l'année 1907.* — *Bul. Dir. agr., com. col. Tunis,* 1908, p. 116-121, graph.

8350. — *Service médical de colonisation en Tunisie.* — *R. Méd. Hyg. tropic.,* 1908, p. 66-67.

Décret et arrêté (27 janvier) relatif à la création de médecins stagiaires de colonisation.

8351. — NICOLLE (Charles). *La peste en Tunisie pendant l'année 1907...* — *Bul. Soc. Path. exot.*, 1908, p. 165-167.

13 cas observés au cours d'une apparition fugitive de cette maladie qui, depuis 1837, n'avait pas été constatée dans la Régence. An. par G. [Granjux], dans *Cad.*, 1908, p. 93-94.

8352. — NICOLLE (Dr C.), CATOUILLARD (Dr G.), GOBERT (Dr E.). *Enquête sur la fréquence et la répartition de la bilharziose humaine en Tunisie.* — *Arch. Inst. Pasteur Tunis*, 1908, p. 126-132, fig.

Suite d'art. : Nicolle (Dr C.), *Introduction, historique* (p. 126-128); Catouillard (Dr G.), Gobert (Dr E.), *Résultats de l'enquête* (p. 128-132). An. dans *Quinz. col.*, 1909, p. 380.

8353. — NICOLLE (Charles). *Nouvelles acquisitions sur le kala-azar : cultures; inoculation au chien; étiologie...* — Paris, Gauthier-Villars [1908], in-4°, 3 p.

C. R. Ac. Sc., 1908, t. CXLVI, p. 498-499. — Note présentée par A. Laveran. Cf. Nicolle (Charles) et Comte (Charles), *Origine canine du kala-azar.* Paris, Gauthier-Villars [1908], in-4°, 2 p. (*C. R. Ac. Sc.*, 1908, t. CXLVI, p. 789-791), note présentée par A. Laveran. An. dans *R. Méd. Hyg. tropic.*, 1908, p. 112.

8354. — DELATTRE (Le P. A.-L.). *La peste à Carthage en 253.* — Tunis, imp. J. Orliac, 1908, in-8°, 8 p., pl.

Arch. Inst. Pasteur Tunis, 1908, p. 133-138, pl. — Documents relatifs à cette épidémie qui sévit à Carthage et en Afrique. An. dans *Quinz. col.*, 1909, p. 583.

8355. — NICOLLE (C.). *La lutte antipaludique en Tunisie...* : Paris, Masson [1908], in-8°, paginé 385 à 390.

Bul. Soc. Path. exot., 1908, p. 385-390. — Résumé de ce qui a été fait, depuis 1903, en Tunisie, contre le paludisme.

8356. — SCIALOM (D^r). *Contribution à l'étude de la fièvre dite méditerranéenne en Tunisie...* — *R. Méd. Hyg. tropic.*, 1908, p. 253-257.

Cas traités à Tunis et banlieue.

8357. — NICOLLE (Dr C.), GOBERT (Dr E.), CATOUILLARD (Dr G.). *Enquête sur la fréquence et la répartition de l'ankylostomose et des autres affections helminthiques du tube digestif de l'homme en Tunisie.* — Arch. Inst. Pasteur Tunis, 1908, p. 168-185, fig.

Suite d'art. : Catouillard (Dr G.), *Généralités sur l'ankylostomose et son parasite; histoire de l'ankylostomose en Tunisie* (p. 168-173); Gobert (Dr E.), Catouillard (Dr G.), *Enquête sur l'ankylostomose et les affections helminthiques dans le sud de la Tunisie et plus particulièrement dans le Djerid* (p. 173-178); Nicolle (Dr C.), *Remarques hématologiques* (p. 178-180); pièces justificatives, enquête au Djerid (p. 180-185). An. dans *Quinz. col.*, 1909, p. 340.

8358. — LAFFORGUE (D^r), médecin-major. *Étude clinique sur le typhus récurrent à propos de 22 observations recueillies en Tunisie...* — R. Méd., 1908, p. 916-929, 5 graph.

L'auteur observa ces cas de 1903 à 1905.

8359. — TRABUT (D^r). *Sur un projet de création, à l'École de médecine d'Alger, d'une section spéciale de l'enseignement de la médecine, en vue de préparer des praticiens pour les pays musulmans d'Afrique.* — Bul. Méd. Algérie, 1908, p. 727-732.

Difficulté de trouver des candidats aptes à comprendre l'enseignement, limites et niveau du programme des études. Projet critiqué dans *Cad.*, 1909, p. 43-45; par le Dr H. Gros, *ibid.*, p. 49-50. Cf. *Ibid.*, p. 161.

8360. — GOBERT (E.) et CATOUILLARD (G.). *Enquête sur l'ankylostomose et les affections helminthiques dans le sud de la Tunisie et plus particulièrement dans le Djerid...* — Bul. Soc. Path. exot., 1908, p. 600-602.

La géophagie semble être un des facteurs étiologiques les plus importants (v. n° **8357**).

8361. — BOUQUET (Dr Henry). *Les aliénés en Tunisie.* Thèse.. — Lyon, Imp. réunies, 1909, in-8°, 141 p.

Faculté de médecine et de pharmacie de Lyon, 1908-1909, n° 129. — Essai nosographique indiquant la fréquence, les formes, les causes de l'aliénation mentale suivant les différentes races; la situation actuelle des aliénés en Tunisie au double point de vue assistance et législation; projet de réformes et plan d'organisation d'assistance rationnelle des aliénés. Bibliographie.

8362. — BADER (René). *Contribution à l'étude du bouton d'Orient en Tunisie (clou de Gafsa)*. Thèse... — Montpellier, Imp. coopér. ouvrière, 1909, in-8°, 75 p., croq.

<small>Faculté de médecine de Montpellier, 1908-1909, n° 72. — L'auteur a séjourné plusieurs mois à Fériana. Aperçu historique, fréquence et répartition géographique en Tunisie, étiologie, marche, clinique, diagnostic, pronostic et complications, traitements indigènes et européens, anatomie pathologique, étude bactériologique et expérimentale du clou de Gafsa; abondante bibliographie.</small>

8363. — BERTAINCHAND (E.). *Les eaux minérales de Korbous.* — *Bul. Dir. agr., com. col. Tunis*, 1909, p. 40-47.

<small>Analyse des principales sources. An. par Em. P., dans *Quinz. col.*, 1909, p. 688.</small>

8364. — PROTECTORAT FRANÇAIS. Gouvernement tunisien. Secrétariat général. *Décret du 16 février 1909 (25 moharrem 1327) réglementant la police sanitaire maritime.* — Tunis, imp. G. Guinle, 1909, in-8°, 35 p.

8365. — LAVERAN (A.). *Leishmanioses...* — Paris, Masson, 1909, in-16, 12 p., fig.

<small>*Presse méd.*, 1909, p. 257-258. — Le kala-azar (premier cas tunisien signalé en 1904); le bouton d'Orient ou d'Alep, de Biskra, etc.</small>

8366. — JAUBERT (D[r]), médecin-major de 1re cl. *Étude clinique et anotomo-pathologique sur le typhus exanthématique (épidémie de Tunisie, 1909).* — *Bul. Soc. Méd. mil. fr.*, 1909, p. 276-295, 297-311.

<small>Épidémie qui éclata (fin mars 1909) dans les environs de Gafsa notamment; relation clinique des malades traités par l'auteur à l'hôpital militaire de Sousse et à l'ambulance sous tentes. An. par L. Tanon, dans *Quinz. col.*, 1909, p. 823.</small>

8367. — CONSEIL (E.), chef du bureau d'hygiène municipal de Tunis. *Recherches sur la peste en Tunisie pendant l'année 1908...* — *Arch. Inst. Pasteur Tunis*, 1909, p. 59-93, fig.

<small>Rongeurs rencontrés en Tunisie, les ectoparasites du rat en Tunisie; la répartition de ceux-ci sur les rongeurs; évolution de l'épizootie, mesures prophylactiques. Bibliographie.</small>

8368. — Husson (A.-D.). *Rapport sur la campagne antipaludique de 1908...* — *Arch. Inst. Pasteur Tunis,* 1909, p. 110-122.

Extr. du rapport de fin d'année mentionnant les résultats obtenus et les travaux d'assainissement effectués à Ghardimaou, Merdja-Khereddine, Souk-el-Arba, Tabarka, Béja, Mateur, etc. An. par L. Tanon, dans *Quinz. col.*, 1909, p. 621.

8369. — Nicolle (C.) et Conseil (E.). *Recherches sur la fièvre méditerranéenne poursuivies à l'Institut Pasteur de Tunis. Premier mémoire...* — S. l. [1909], in-8°, paginé 157 à 172, carte, 5 pl.

Arch. Inst. Pasteur Tunis, 1909, p. 157-172, carte, 5 pl. — Étude des chèvres laitières de Tunisie, l'importance de leur infection.

8370. — [Conseil (Dr E.)]. Protectorat français. Gouvernement tunisien. Secrétariat général. *Instruction contre le typhus exanthématique.* — Tunis, Imp. rapide, 1909, in-8°, 12 p.

8371. — Maille (D^r), médecin de 1re cl. de la Marine. *Deux cas de fièvre méditerranéenne à l'hôpital de Sidi-Abdallah...* — *Arch. Méd. Nav.*, 1909, t. XCII, p. 47-52.

Observations faites en 1909.

8372. — Nicolle (Charles), Comte (C.) et Conseil (E.). *Transmission expérimentale du typhus exanthématique par le pou du corps...* — Paris, Gauthier-Villars [1909], in-4°, 3 p., 2 graph.

C. R. Ac. Sc., 1909, t. CXLIX, p. 486-489, 2 graph. — Note transmise par É. Roux. Expériences pratiquées à la suite d'observations faites lors des récentes épidémies de typhus exanthématique dans la Régence. An. par Georges Vitoux, dans *Presse méd.*, 1909, p. 656.

8373. — [Gobert (Dr E.)]. *Le paludisme, notions élémentaires de prophylaxie.* — Tunis, imp. J. Picard, s. d., in-8°, 16 p.

Protectorat français. Gouvernement tunisien. Direction générale de l'agriculture, du commerce et de la colonisation. — Publication du Service antipaludique de l'Institut Pasteur de Tunis. Brochure de propagande. Nature du paludisme, protection, médication, procédés pour détruire les moustiques qui transportent les germes. Reproduit dans *Arch. Inst. Pasteur Tunis,* 1913, p. 150-156.

8374. — Moutet, médecin-major de 1re cl., et Grenier, médecin aide-major de 1re cl. au 4e Tirailleurs algériens. *Organisation et fonctionnement du dépôt de convalescents du lazaret de Carthage...* — Arch. Méd. Pharm. Mil., 1909, t. LIII, p. 362-370.

Créé en 1902, pour les troupes régulières de la division d'occupation, réorganisé en 1907; résultats.

8375. — [Marchoux (D^r), de l'Institut Pasteur]. *Sachons lutter contre le paludisme.* — Quinz. col., 1909, p. 481-482.

Les causes du paludisme, moyens de le combattre.

8376. — Malinas (Dr Albert), médecin principal de 1re cl., en retraite. *Notice sur le groupe hydro-minéral de Korbous (Tunisie)...* 3e éd. — Tunis, Imp. rapide, 1909, in-8°, 25 p.

L'utilisation dans l'antiquité des thermes de Korbous, la climatologie de la région, hydrologie, analyse des eaux thermales, indications thérapeutiques.

8377. — Sulzer (Dr E.). *La prophylaxie du trachome...* — Ann. d'Oc., 1909, t. CXLII, p. 157-182.

Histoire du trachome dans les armées notamment depuis l'expédition d'Égypte; répartition géographique et fréquence relative actuelles du trachome, «l'Afrique du Nord est le pays classique du trachome»; contagion, infections superposées, simultanées et secondaires; prophylaxie. An. par le Dr E. Regnault, dans *Cad.*, 1909, p. 320.

8378. — Conor (Dr A.), médecin-major de 2e cl. *La bilharziose en Tunisie...* — Bul. Soc. Path. exot., 1909, p. 486-488.

Résumé des observations faites depuis 1891.

8379. — Conor (Dr A.). *Un foyer de bilharziose en Tunisie: Gafsa et son oasis...* — Bul. Soc. Path. exot., 1909, p. 612-614.

Résultats d'une enquête faite sur place. Cf. du même, *La bilharziose intestinale en Tunisie... Ibid.*, 1911, p. 627-629. An. par E. C., dans *Tunisie méd.*, 1911, p. 448-449; par le Dr Boulakia, dans *Bul. Soc. Sc. Méd. Tunis*, 1912, p. 28-30.

8380. — IODKA (Henri-Joachim). *Contribution à l'étude des phénomènes nerveux du typhus exanthématique (épidémie de 1909 à l'hôpital civil français de Tunis).* Thèse... — Lyon, Imp. réunies, 1910, in-8°, 47 p.

Faculté de médecine et de pharmacie de Lyon, 1909-1910, n° 61. — 33 observations faites en 1909; l'auteur, interne à l'hôpital civil français, insiste particulièrement sur les phénomènes nerveux, dégage leur caractéristique et montre leur importance; bibliographie.

8381. — CONSEIL (Dr E.). *Le typhus exanthématique en Tunisie pendant l'année 1909...* — S. l. n. d., paginé 19 à 42, graph., pl., cartes.

Arch. Inst. Pasteur Tunis, 1910, p. 19-42, graph., pl., cartes. — Historique, marche de l'épidémie, statistiques, mortalité, symptomatologie, contagion, prophylaxie. Bibliographie. Paru également dans *R. Hyg.*, 1910, p. 1029-1059, graph., pl., cartes. An. par L. T., dans *Quinz. col.*, 1910, p. 446.

8382. — [CONSEIL (Dr E.)]. *Rapport du Chef du Bureau d'hygiène de Tunis pour l'année 1909.* — Tunis, imp. F. Weber, 1910, in-8°, 72 p., plans, graph.

Statistiques démographiques et médicales pour 1909, première expérience de l'application du règlement sanitaire (9 juillet 1908). Du même, rapports analogues pour les années 1910 (*ibid.*, 1911, in-8°, 78 p., plans, graph.) et 1911 (*ibid.*, s. d., in-8°, 123 p., plans, graph.). Cf. [Dr E. Gobert], *Bureau d'hygiène de la ville de Tunis, intérim 1915-1916...* Tunis, imp. Yvorra, Barlier et Clavé, 1919, in-8°, 35 p.

8383. — *Les eaux de Korbous à l'Institut de Carthage.* — R. T., 1910, p. 389-408, fig.

Série de communications (23 avril) : la découverte du griffon fournissant l'eau thermo-minérale aux fontaines dites Aïn-Kebira et Aïn-Chefa, à Korbous, par le Dr Malinas (v. n° **9141**); recherche de la radio-activité dans les eaux du groupe thermo-minéral de Korbous, par le même; hypothèse sur l'origine des eaux de Korbous, par C.-A. Combet; autre hypothèse sur l'origine marine des eaux, par le Dr Bertholon. Cf. Bertrand (G.), médecin-major au 3e hussards, *Hammam-el-Lif, Korbous, stations thermo-minérales tunisiennes. Presse méd.*, 1910, p.753-755.

8384. — PELON (Dr H.). *Une station chlorurée sodique hivernale, Korbous (golfe de Tunis)...* — Montpellier Méd., 1910, t. XXXI, p. 481-488, 516-524.

Caractères physiques et chimiques, modes d'emploi, action physiologique, indications.

8385. — *Mesures contre le choléra.* — *Quinz. col.*, 1910, p. 630-631.

Réunion du Conseil central d'hygiène (22 août), mesures préventives prises par le Gouvernement. Cf. *Le choléra en Tunisie. Ibid.*, 1911, p. 664-665.

8386. — Nicolle (Charles) et Manceaux (L.). *Reproduction expérimentale du bouton d'Orient chez le chien. Origine canine possible de cette infection...* — Paris, Gauthier-Villars [1910], in-4°, 3 p.

C. R. Ac. Sc., 1910, t. CL, p. 889-891. — Note présentée par É. Roux.

8387. — Conor (Dr A.). *Sources thermales et bilharziose en Tunisie...* — *Bul. Soc. Path. exot.*, 1910, p. 446-449.

Des sources d'eau chaude se trouvent aux points contaminés; contagion de la maladie dans les piscines indigènes, résultat d'expériences faites à Gafsa. An. par Ringenbach, dans *R. Hyg.*, 1911, p. 681; par Alb. B., dans *R. Sc.*, 1910, 2° sem., p. 757; par L. T., dans *Quinz. col.*, 1911, p. 57; par L. T., dans *R. Méd. Hyg. tropic.*, 1911, p. 205.

8388. — Sicre (A.), médecin aide-major de 1re cl. *Étude sur une épidémie mixte de fièvre typhoïde et de fièvre paratyphoïde à bacille du type B...* — *Arch. Méd. Pharm. Mil.*, 1910, t. LV, p. 200-223, graph.

Historique de l'épidémie (nov. 1908) survenue au 4° chasseurs d'Afrique, étude clinique, observations, recherches bactériologiques, étude expérimentale. An. par C. N. [Nicolle], dans *Arch. Inst. Pasteur Tunis*, 1910, p. 79-80.

8389. — Millet-Horsin, médecin aide-major de 1re cl. au 3° Bat. d'Af. *Note sur les serpents venimeux de Tunisie...* — *Arch. Inst. Pasteur Tunis*, 1910, p. 115-116, 4 fig.

Au sujet d'une variété non encore décrite de la vipère à cornes.

8390. — Nicolle (Dr C.), directeur de l'Institut Pasteur de Tunis. *Recherches expérimentales sur le typhus exanthématique...* Mémoire présenté à l'Académie de médecine [de Mexico] (avec un résumé en langue espagnole)... — Tunis, Imp. rapide, 1910, in-8°, 119 p., 85 graph.

Ensemble des travaux de l'auteur sur le typhus exanthématique.

8391. — NICOLLE (Charles). *Recherches expérimentales sur le typhus exanthématique, entreprises à l'Institut Pasteur de Tunis pendant l'année 1909*... — S. l. [1910], in-8°, 33 p., graph., pl.

Ann. Inst. Pasteur, 1910, p. 243-275, graph., pl. — Expériences réalisées au cours de l'épidémie de typhus de 1909.

8392. — NICOLLE (Charles) et MANCEAUX (L.). *Recherches sur le bouton d'Orient, cultures, reproduction expérimentale, immunisation*... — Sceaux, imp. Charaire [1910], in-8°, 48 p., 3 fig.

Ann. Inst. Pasteur, 1910, p. 673-720, 3 fig. — Recherches pratiquées à l'Institut Pasteur de Tunis, avec un matériel recueilli dans le Sud de la Régence; identité complète entre le clou de Gafsa et les autres variétés de bouton d'Orient (clou de Biskra, d'Alep, etc.). An. dans *Cad.*, 1911, p. 39. Cf. Nicolle (Charles), *Culture du parasite du bouton d'Orient*... Paris, Gauthier-Villars [1908], in-4°, 2 p. (*C. R. Ac. Sc.*, 1908, t. CXLVI, p. 842-843), note présentée par A. Laveran.

8393. — WARREN (Édouard de). *Le dispensaire de la Croix-Rouge à Tunis*. — *Bul. Com. A. F.*, 1910, sup., p. 230-231.

Fondé par la Section tunisienne de la Croix-Rouge; son activité en 1910.

8394. — NICOLLE (Charles) et CONSEIL (E.). *Données expérimentales nouvelles sur le typhus exanthématique*... — Paris, Gauthier-Villars, 1910, in-4°, 3 p., graph.

C. R. Ac. Sc., 1910, t. CLI, p. 454-456, graph. — Note présentée par É. Roux.

8395. — NICOLLE (Charles) et CONSEIL (E.). *Action du 606 sur le paludisme*... — Paris, Masson [1910], in-8°, paginé 708-716, graph.

Bul. Soc. Path. exot., 1910, p. 708-716, graph. — Observations montrant le mode d'action de l'arsénobenzol.

8396. — GOBERT (E.). *Note sur la prophylaxie du typhus en milieu indigène...* — *Bul. Soc. Path. exot.*, 1910, p. 764-765, graph.

Application de la méthode préconisée par E. Conseil dans une épidémie qui régnait depuis deux ans aux mines de phosphates de Redeyef.

8397. — ROQUES (Émile). *Contribution au traitement du paludisme; action des composés arsenicaux récents dans la thérapeutique du paludisme.* Thèse... — Toulouse, imp. J. Fournier, 1911, in-8°, 192 p., graph.

Université de Toulouse, Faculté mixte de médecine et de pharmacie, 1910-1911, n° 943. — Expériences faites par l'auteur, interne de l'hôpital civil français de Tunis, avec l'atoxyl, l'hectine et l'arsenobenzol d'Erhlich. An. par A. P., dans *Tunisie méd.*, 1911, p. 167-168.

8398. — NICOLLE (Charles), CONOR (A.), CONSEIL (E.). *Recherches expérimentales sur le typhus exanthématique, entreprises à l'Institut Pasteur de Tunis pendant l'année 1910 (deuxième mémoire)...* — Paris, Masson [1911], in-8°, 103 p., 75 graph.

Ann. Inst. Pasteur, 1911, p. 1-55, 97-144, 75 graph. — Considérations préliminaires, par Ch. Nicolle; propriétés du virus exanthématique, par Ch. Nicolle, A. Conor et E. Conseil.

8399. — CONOR (Dr A.), médecin-major de 2e cl., et JAUBERT (Dr E.), médecin-major. *Fièvre de Malte.* — *Bul. Soc. Méd. mil. fr.*, 1911, p. 31-36.

Cas observés dans les troupes de la division d'occupation; les grands caractères de cette infection. Cf. *Ibid.*, p. 72-80, 103-113.

8400. — SCIALOM (D^r). *Le typhus exanthématique en Tunisie...* — *R. Méd. Hyg. tropic.*, 1911, p. 29-33.

Définition, étiologie, distribution géographique, saisons, symptomatologie, début, marche, durée, complications, etc. An. dans *Tunisie méd.*, 1911, p. 171.

8401. — POROT et VULLIEN. *Le typhus exanthématique, étude clinique sur 46 cas...* — *Tunisie méd.*, 1911, p. 51-60, 98-107.

Étude basée sur l'observation des malades soignés, en 1909 et 1910, à l'hôpital civil français de Tunis : considérations générales, statistique, étiologie, évolution générale et cycle thermique, éruption du typhus, manifestations nerveuses et autres manifestations, traitement.

8402. — G. [GRANJUX]. *La campagne anticholérique en Tunisie.* — *Cad.*, 1911, p. 36-37, 2 phot.

Mesures prises, notamment à La Goulette, à l'annonce de l'apparition du choléra dans les Pouilles (août 1910).

8403. — CONSEIL (Dr E.). *Le typhus exanthématique en Tunisie pendant l'année 1910...* — S. l. n. d., paginé 134 à 151, graph., pl., cartes.

Arch. Inst. Pasteur Tunis, 1911, p. 134-151, graph., pl., cartes. — Marche du typhus en 1910, notamment à Tunis, statistiques, contagion, mortalité, prophylaxie. Paru également dans *R. Hyg.*, 1911, p. 909-937, graph., pl., cartes. An. dans *Tunisie méd.*, 1911, p. 285.

8404. — POROT (Dr A.). *La situation des aliénés français en Tunisie.* — *Tunisie méd.*, 1911, p. 70-76.

Assises indispensables sur lesquelles il serait bon d'édifier l'assistance des aliénés français en Tunisie. An. par le Dr Haury, dans *Cad.*, 1911, p. 76.

8405. — NICOLLE (D^r Ch.) et LÉVY (Dr Émile). *Un cas de kala-azar terminé par la guérison...* — *Bul. Soc. Sc. Méd. Tunis*, 1911, p. 90-94.

An. par L. T., dans *R. Méd. Hyg. tropic.*, 1911, p. 216-217.

8406. — NICOLLE (Ch.) et MANCEAUX (L.). *Application de l'arsénobenzol au traitement du bouton d'Orient...* — Paris, Masson [1911], in-8°, paginé 185-186.

Bul. Soc. Path. exot., 1911, p. 185-186. — 2 observations montrant que le bouton d'Orient peut bénéficier de la découverte d'Ehrlich. An. dans *Cad.*, 1911, p. 122.

8407. — NICOLLE (Professeur Ch.). *Quelques données nouvelles sur le kala-azar.* — Palermo, tip. A. Giannitrapani, 1911, in-8°, 7 p.

Estratto dagli *Atti del VII° Congresso pediatrico italiano*. Palermo, aprile 1911.

8408. — Conseil (E.). *A propos de quelques cas de peste observés à Tunis en 1910*... — *Bul. Soc. Path. exot.*, 1911, p. 213-217, graph.

Observations faites, épidémiologie. An. par J. T., dans *Tunisie méd.*, 1911, p. 206.

8409. — Conseil (E.). *Le cancer en Tunisie*... — *Bul. Soc. Path. exot.*, 1911, p. 399-402.

Données recueillies au Bureau d'hygiène de Tunis depuis 1908; repartition du cancer chez les Européens, israélites, musulmans. An. par J. T., dans *Tunisie méd.*, 1911, p. 284; dans *Cad.*, 1911, p. 192.

8410. — Blaizot (L.) et Gobert (E.). *Deux épidémies de fièvre récurrente en Tunisie, leur origine tripolitaine*... — *Bul. Soc. Path. exot.*, 1911, p. 613-616, graph.

Cas signalés en Algérie et en Tunisie depuis 1866; épidémies de Redeyef et du Kef observées par l'auteur, dangers de l'immigration tripolitaine. Reproduit dans *Bul. Soc. Sc. Méd. Tunis*, 1911, p. 247-250. An. par E. C., dans *Tunisie méd.*, 1911, p. 448.

8411. — Conor (Marthe). *Une épidémie de peste en Afrique mineure (1784-1788)*... — *Arch. Inst. Pasteur Tunis*, 1911, p. 220-241.

Relation écrite notamment d'après les ouvrages signalés sous les n°**s 4762** et **4818**, et le *Journal des pestes*, manuscrit du R. P. Vicherat (v. n° **8506**). Peste de Tunis (1784), de Tripoli (1785), d'Alger (1785-1788); appendice.

8412. — *Conseils donnés aux militaires indigènes libérés du service militaire sur les moyens à employer pour les préserver de la maladie connue sous le nom de choléra*, par le général de division Pistor, commandant la division d'occupation de Tunisie, ministre de la Guerre du Gouvernement tunisien, après avis du colonel directeur du Service de Santé. — *Arch. Inst. Pasteur Tunis*, 1911, p. 295-298.

Traduction du texte en langue arabe rédigé par le docteur Crussard, médecin chef de l'hôpital militaire de Gabès.

8413. — CUÉNOD (D' A.). *La conjonctivite aiguë en Tunisie...* — *Tunisie méd.*, 1911, p. 137-144, graph.

Maladie extrêmement fréquente en Tunisie; période épidémique, l'agent microbien; symptômes, traitement. An. par G. [Granjux (D')], dans *Cad.*, 1911, p. 152.

8414. — CONOR, médecin-major. *Observations de bilharziose dans l'armée en Tunisie.* — *Bul. Soc. Méd. mil. fr.*, 1911, p. 93-97.

Cause de la maladie, prophylaxie. An. par C. N. [Nicolle], dans *Arch. Inst. Pasteur Tunis*, 1911, p. 179; par L. D., dans *R. Méd. Hyg. tropic.*, 1911, p. 204; dans *Bul. Soc. Sc. Méd. Tunis*, 1911, p. 79.

8415. — CONOR (D' A.), médecin-major à l'hôpital du Belvédère. *Sur les bilharzioses...* — *R. Hyg.*, 1911, p. 544-565, carte, fig.

Bilharziose africaine : distribution géographique, parasite, description clinique; bilharziose japonaise, bilharzioses animales; diagnostic des bilharzioses, étiologie, prophylaxie, An. par L. T., dans *Quinz. col.*, 1912, p. 61-62.

8416. — LEMANSKI (D'). *La fièvre méditerranéenne (fièvre de Malte).* — Paris, G. Steinheil, 1911, in-16, 186 p.

Étude d'ensemble basée sur les travaux les plus récents et sur l'expérience de l'auteur acquise par un séjour de 18 ans en Afrique du Nord. Nature de la maladie, historique, géographie médicale et distribution, symptômes et marche, diagnostic, pronostic, étiologie, prophylaxie, traitement; importante bibliographie. An. par le D' Hayat, dans *Bul. Soc. Sc. Méd. Tunis*, 1911, p. 80-81; par le D' F.-J. Guégan, dans *Cad.*, 1911, p. 110; par le D' D. Scialom, sous le titre *L'infection de Bruce en Tunisie*, dans *R. Méd. Hyg. tropic.*, 1911, p. 131-134.

8417. — KERMORGANT (D' A.), médecin-inspecteur général. *Hygiène coloniale...* — Paris, Masson [1911], in-16, 188 p., fig.

Encyclopédie scientifique des aide-mémoire Léauté, section du biologiste, n° 416 A. — Guide d'hygiène aux pays chauds destiné aux colons, fonctionnaires et voyageurs. An. dans *Q. Dipl. Col.*, 1911, t. XXXII, p. 383-384; par Paul Labbé, dans *Bul. Soc. G. Com. Paris*, 1912, p. 224; dans *R. Fr. Étr. Col.*, 1911, p. 630; dans *Bul. Com. A. F.*, 1911, p. 403-404.

8418. — Nicolle (Charles), Cuénot (A.) et Blaizot (L.). *Quelques expériences sur le trachôme (conjonctivite granuleuse)...* — Paris, Gauthier-Villars [1911], in-4°, 3 p.

<small>*C. R. Ac. Sc.,* 1911, t. CLII, p. 1504-1506. — Note présentée par É. Roux.</small>

8419. — Parrot (Dr L.-M.). *Petit manuel du paludisme à l'usage des écoles primaires de l'Afrique du Nord...* Lettre préface de A. Astier... — Paris, Vigot frères, 1911, in-8°, 32 p., fig.

<small>Autre éd., *ibid., livre du maître,* 1914, in-8°, 40 p., fig. — Établi sous la forme de demandes et de réponses, fournit des notions simples, mais utiles, pour la lutte contre la fièvre paludéenne. An. par L. T., dans *Quinz. col.,* 1911, p. 869; dans *Q. Dipl. Col.,* 1914, t. XXXVII, p. 763; dans *Bul. Com. A. F.,* 1914, p. 280; dans *R. F. Étr. Col.,* 1914, p. 256. Cf. du même, *L'enseignement antipaludique à l'école...* Arch. Inst. Pasteur Algérie, 1926, p. 157-160.</small>

8420. — Conor (Dr A.), médecin-major à l'hôpital du Belvédère. *La bilharziose en Tunisie...* — *Tunisie méd.,* 1911, p. 217-225, fig.

<small>70 observations (dont 6 concernant des militaires) faites jusqu'à ce jour; le parasite de la bilharziose, symptomatologie, pronostic, diagnostic, étiologie, prophylaxie.</small>

8421. — Lévêque, médecin-major. *La bilharziose en Tunisie...* — *Bul. Soc. Méd. mil. fr.,* 1911, p. 226-230.

<small>Faits recueillis à Gabès au cours d'un séjour de quatre ans; la question au point de vue prophylactique.</small>

8422. — Nicolle (Charles). *L'œuvre de l'Institut Pasteur de Tunis...* — Tunis, typ. F. Weber [1911], in-8°, 10 p.

<small>*Tunisie méd.;* 1911, p. 253-263. — Sa création en 1894, ses principaux services techniques, ses études et ses travaux. An. dans *Bul. Office tunisien,* 1911, p. 213-214; par Em. P., dans *Quinz. col.,* 1911, p. 827-828.</small>

8423. — Protectorat français. Gouvernement tunisien. Secrétariat général. *Instructions contre le choléra.* — Tunis, imp. J. Picard, 1911, in-8°, 31 p.

Décret du 29 juillet 1911; instructions contre le choléra; symptômes de la maladie, ses formes, traitement, causes, contagion; prophylaxie individuelle et collective; protection contre le choléra.

8424. — KERMORGANT (D^r), ancien inspecteur général du Service de Santé des Colonies. *L'assistance médicale dans les colonies françaises et pays de protectorat.* — *R. Sc.*, 1911, 2e sem., p. 545-548.

Comment elle est assurée, notamment en Algérie et en Tunisie.

8425. — LÉVY (Dr E.) et CORTESI (Dr A.). *Le kala-azar en Tunisie...* — *Bul. Soc. Sc. Méd. Tunis,* 1911, p. 173-187, pl., graph.

Définition, historique, étiologie, anatomie pathologique, marche et symptomatologie, durée, terminaison, pronostic, diagnostic, immunisation, traitement.

8426. — PROVOTELLE (D^r), médecin de colonisation à Gafsa. *Note sur l'épidémie de typhus exanthématique dans la région de Gafsa (1910)...* — *Tunisie méd.*, 1911, p. 279-283, plan.

Modalité de l'apparition du typhus, résultat des désinfections systématiques, mortalité.

8427. — LEFÈVRE (D^r), médecin aide-major, du poste de Ben-Gardane. *La mentalité du malade indigène dans l'Extrême-Sud tunisien...* — *Tunisie méd.*, 1911, p. 338-341.

Le malade israélite et le malade musulman, leurs sentiments à l'égard du médecin français, résultats à poursuivre.

8428. — NICOLLE (Dr Charles), directeur de l'Institut Pasteur de Tunis. *Sur les leishmanioses...* — Paris, Masson, 1911, in-8°, 20 p., fig.

R. Hyg., 1911, p. 340-357, fig. — Étude clinique et anatomique des leishmanioses (kala azar, bouton d'Orient); étude expérimentale des leishmania, expériences relatives à l'immunité, la leishmaniose naturelle du chien. An. par L. T., dans *Quinz. col.*, 1911, p. 426-427.

8429. — LÉAL (Numa). *L'Assistance publique en Tunisie.* — *R. Indig.*, 1911, p. 212-216.

Étude approfondie de ce service assuré au début par les médecins militaires du corps d'occupation, puis par des médecins communaux; les infirmeries régionales.

8430. — Moussa (Mohamed). *Les auxiliaires médicaux et les maîtres-infirmiers militaires indigènes en Tunisie.* — *R. Indig.*, 1911, p. 307-312, 377-381.

Comment fonctionne le Service de la santé publique dans les territoires civils et les régions d'administration militaire du sud de la Tunisie; son organisation; le rôle du médecin-major et des auxiliaires médicaux; création des maîtres-infirmiers indigènes, leur utilité.

8431. — *Les victimes de l'émeute des 7 et 8 novembre au point de vue chirurgical.* — *Bul. Soc. Sc. Méd. Tunis*, 1911, p. 241-247.

Relation sur les malades transportés à l'hôpital civil, par le Dr Braquehaye; Relation sur les victimes transportées à l'hôpital italien, par les Drs Cortesi et F. Gnecco.

8432. — Conor (Dr A.) et Bénazet (Dr A.). *Un nouveau foyer de bilharziose en Tunisie : la région de Kebili...* — *Bul. Soc. Path. exot.*, 1911, p. 684-686.

Cas observés de juin à oct. 1911. An. dans *Bul. Soc. Sc. Méd. Tunis*, 1912, p. 30; par E. C., dans *Tunisie méd.*, 1912, p. 20. Cf. Conor et Arroux, *La bilharziose en Tunisie; le foyer du Djerid... Bul. Soc. Path. exot.*, 1913, p. 259-261.

8433. — Nicolle (Charles), Conor (A.) et Conseil (E.). *Sur la nature et le siège de l'agent pathogène du virus exanthématique...* — Paris, Gauthier-Villars [1911], in-4°, 3 p.

C. R. Ac. Sc., 1911, t. CLIII, p. 578-580. — Note transmise par É. Roux. An. par L. T., dans *Quinz. col.*, 1911, p. 869.

8434. — Nicolle (Ch.), Cuénod (A.) et Blaizot (L.). *Étude expérimentale du trachome (conjonctivite granuleuse)... (premier mémoire).* — Paris, O. Doin, 1911, in-8°, 10 p.

Ann. d'Oc., 1911, t. CXLV, p. 405-414. — Résultats d'une première série de recherches expérimentales.

8435. — Girard (Robert). *Le cancer en Tunisie. Thèse...* — Paris, A. Maloine, 1912, in-8°, 48 p.

Faculté de médecine et de pharmacie de Lyon, 1911-1912, n° 88. — Fréquence générale du cancer en Tunisie, répartition du cancer selon les races, par localisation, suivant l'âge et le sexe; considérations sur les causes prédominantes du cancer; bibliographie. An. par E. C., dans *Tunisie méd.*, 1912, p. 122.

8436. — ASTRUC (E.-F.). *Les pratiques révulsives chez les Musulmans de l'Afrique du Nord.* Thèse... — Toulouse, J. Marqueste, 1912, in-8°, 68 p., croq.

Université de Toulouse, Faculté mixte de médecine et de pharmacie, 1911-1912, n° 13. — La médecine populaire arabe réside presque entièrement dans le procédé scientifique de la révulsion; le médecin arabe, les divers procédés de révulsion; les maladies justiciables de ce traitement. An. par R. L., dans *Tunisie méd.*, 1913, p. 18.

8437. — CONOR (Dr A.), médecin-major à l'hôpital du Belvédère. *Étude bactériologique de l'épidémie tunisienne de choléra (juillet-décembre 1911)...* — S. l., [1912], in-8°, 16 p., graph.

Arch. Inst. Pasteur Tunis, 1912, p. 1-16, graph. — Pendant l'épidémie, l'auteur a été chargé de tous les prélèvements effectués en Tunisie dans les populations civile et militaire.

8438. — BROC (Dr René). *Essai sur le langage médical populaire tunisien...* — *Tunisie méd.*, 1912, p. 9-17, 49-56, 80-85.

Intérêt théorique et pratique de l'étude de ce langage; anatomie, physiologie et pathogénie, étiologie, nomenclature des maladies, symptomatologie.

8439. — PROVOTELLE (D^r). *La lutte contre le choléra (à propos de l'épidémie tunisienne de 1911)...* — *Bul. Soc. Sc. Méd. Tunis,* 1912, p. 1-8.

Principes de la lutte, le cordon sanitaire, détermination d'une zone contaminée, défense autour de la zone et dans la zone contaminée. An. dans *Arch. Inst. Pasteur Tunis*, 1912, p. 102.

8440. — LEFÈVRE (D^r), médecin aide-major, du poste de Ben-Gardane. *Les Aïssaouas, note sur un cas de psychose religieuse collective...* — *Tunisie méd.*, 1912, p. 69-79.

Historique et considérations générales, description d'une séance d'Aïssaouas, analyse et discussion des faits. An. par L. T., dans *Quinz. col.*, 1912, p. 686.

8441. — Plisson (A.). *Exposition d'hygiène de Tunis, 1911. Rapport général...* — Paris, Comité français des expositions à l'étranger, 1912, gr. in-8°, 112 p., pl.

I. Résumé historique de l'œuvre accomplie par la France en Tunisie (p 15-27), II. Exposition.

8442. — Labit (H.), médecin principal de 1re cl. *Études étiologiques sur les maladies du soldat...* — Arch. Méd. Pharm. Mil., 1912, t. LIX, p. 81-141, 161-221, graph.

Études basées sur la *Statistique médicale* (v. n° **11**), années 1901 à 1908 et traitant séparément de l'intérieur et de l'Algérie-Tunisie; l'auteur envisage la répercussion sur l'état sanitaire de l'armée de la loi de recrutement de 1905, montre l'échange de germes morbides entre la population civile et la collectivité militaire au détriment de celle-ci, demande des modifications aux dates de permission et étudie d'une manière détaillée un certain nombre de maladies en vue d'étayer sa thèse.

8443. — Guégan (F.-J.), chef du Service de Santé de la Régence. *La station sanitaire de La Goulette, son fonctionnement pendant la dernière campagne anticholérique (7 juin-31 décembre 1911)...* — Arch. Inst. Pasteur Tunis, 1912, p. 53-60, croq., phot.

Description de la station achevée en juin 1911, son fonctionnement.

8444. — Scialom (Dr D.). *Le choléra de 1911 en Tunisie; l'épidémie de choléra de l'été 1911 en Tunisie...* — R. Méd. Hyg. tropic., 1912, p. 119-123.

Caractéristiques dans les différentes collectivités de la Tunisie; observations.

8445. — Lefèvre (R.), médecin aide-major de 1re cl., du poste de Ben-Gardane. *Les affections oculaires dans le Sud-Tunisien...* — Arch. Méd. Pharm. Mil., 1912, t. LX, p. 79-86.

Remarques faites sur quelques-unes des affections oculaires dans le Sud, leur fréquence, leur évolution, leur physionomie et leur traitement dans le milieu indigène. Reproduit dans *Tunisie méd.*, 1912, p. 299-303.

8446. — Nicolle (Charles). *Statistique des trente premières observations tunisiennes de kala azar...* — S. l. [1912], in-8°, paginé 65 à 67, pl.

Arch. Inst. Pasteur Tunis, 1912, p. 65-67, pl. — Distribution géographique, nationalité des malades, âge et sexe.

8447. — NICOLLE (Charles), BLAIZOT (L.) et CONSEIL (E.). *Étiologie de la fièvre récurrente. Son mode de transmission par le pou...* — Paris, Gauthier-Villars [1912], in-4°, 3 p. *C. R. Ac. Sc.,* 1912, t. CLIV, p. 1636-1638. — Note présentée par É. Roux. Cf. des mêmes, *Conditions de transmission de la fièvre récurrente par le pou...* Paris, Gauthier-Villars [1912], in-4°, 3 p. (*C. R. Ac. Sc.,* 1912, t. CLV, p. 481-484), note présentée par Laveran (v. n° **8477**). An. par P. Guérin, dans *R. Sc.,* 1912, 1er sem., p. 797, et 2e sem., p. 313-314.

8448. — CONOR (Dr A.). *Analyse bactériologique des eaux prélevées à grande distance d'un laboratoire. Procédé utilisé pour les eaux des postes militaires du Sud tunisien...* —. *Arch. Inst. Pasteur Tunis,* 1912, p. 68-74.

Méthode employée, technique, instruction.

8449. — PROVOTELLE (P.), médecin de l'infirmerie-hôpital de Nabeul. *Note sur l'épidémie de choléra à l'intérieur de la Régence de Tunis...* — *Tunisie méd.,* 1912, p. 101-120.

L'auteur collabora au Service sanitaire pendant l'épidémie (août-déc. 1911); marche de l'épidémie, modes d'apparition, modalité de la contagion, symptomatologie, formes cliniques, quelques symptômes, désinfection et mesures prophylactiques, traitement. An. dans *Arch. Inst. Pasteur Tunis,* 1912, p. 104-105.

8450. — LANTIÉRI, médecin-major de 2e cl. à l'hôpital de Bizerte. *Note sur l'emploi du sérum anticholérique dans le traitement du choléra.* — *Bul. Soc. Méd. mil. fr.,* 1912, p. 214-220.

Résultats obtenus lors de l'épidémie de 1911. An. dans *Arch. Inst. Pasteur Tunis,* 1912, p. 196-197.

8451. — LANTIÉRI, médecin-major. *Notes épidémiologiques et cliniques sur une épidémie de choléra dans les populations civile et militaire de Bizerte.* — *Bul. Soc. Méd. mil. fr.,* 1912, p. 293-307.

42 cas (32 militaires et 10 civils) observés au lazaret de l'hôpital militaire de Bizerte (sept.-nov. 1911); étude épidémiologique et clinique, mesures de prophylaxie. An. dans *Arch. Inst. Pasteur Tunis,* 1912, p. 197-198; par A. C., dans *Tunisie méd.,* 1912, p. 233.

8452. — CRUSSARD, médecin-major de 1re cl., et BERTRAND (G.), médecin-major de 2e cl. *Note sur une épidémie de choléra à Gabès (Tunisie) en 1911.*— *Bul. Soc. Méd. mil. fr.*, 1912, p. 307-314.

Origine, 12 cas observés au camp militaire (11 au Bat. d'Afr., 1 au 4e Tirailleurs), diagnostic en milieu indigène, traitement employé. An. par E. C., dans *Tunisie méd.*, 1912, p. 306; dans *Arch. Inst. Pasteur Tunis*, 1912, p. 102-103.

8453. — CONOR, médecin-major. *Notes bactériologiques sur l'épidémie tunisienne de choléra en 1911.* — *Bul. Soc. Méd. mil. fr.*, 1912, p. 402-408.

Les épidémies depuis 1831, origine de l'épidémie de 1911 parmi les troupes de la division d'occupation; observations bactériologiques faites par l'auteur : examen des selles, recherche du vibrion dans les eaux, action de la lumière sur les vibrions, action des hypochlorites.

8454. — HENRY (Dr A.), d'Aïn-el-Asker. *L'histoire du typhus exanthématique au pénitentier du Djebel-Djougar (1906-1912)...* — *Tunisie méd.*, 1912, p. 257-264, graph.

L'auteur était médecin du pénitencier depuis 1906; historique, symptomatologie, complications, prophylaxie, transformation de la situation sanitaire. An. dans *Arch. Inst. Pasteur Tunis*, 1912, p. 234.

8455. — CUÉNOD (Dr A.). *Le trachome en Tunisie...* — *Tunisie méd.*, 1912, p. 277-298.

Généralités, définitition, statistique, symptomatologie, diagnostic, étiologie, anatomie pathologique, traitement, prophylaxie. An. dans *Arch. Inst. Pasteur Tunis*, 1912, p. 235-236.

8456. — CONSEIL (E.). *L'épidémie de choléra de Tunis et de sa banlieue pendant l'année 1911...* — S. l. n. d., paginé 145 à 192, plans, graph.

Arch. Inst. Pasteur Tunis, 1912, p. 145-192, plans, graph. — Étude à laquelle collaborèrent d'autres médecins de Tunis; marche de la maladie depuis le 25 juillet, ses modes de propagation, les causes de sa diffusion, l'influence des mesures prophylactiques employées.

8457. — NICOLLE (Charles) et BLAIZOT (L.). *Études sur la fièvre récurrente. Nouveaux points de l'étude expérimentale de la* *fièvre récurrente du Nord de l'Afrique*... — S. l. [1912], in-8°, paginé 201 à 212, graph.

<small>Arch. Inst. Pasteur Tunis, 1912, p. 201-212, graph. — Faits d'ordre expérimental.</small>

8458. — *Comment servent les non-combattants*. — Cad., 1912, p. 249-250.

<small>Liste des médailles des épidémies attribuées en Tunisie aux médecins et infirmiers à la suite de l'épidémie de choléra, en 1911.</small>

8459. — Dufaure de Citres (D^r). *La cécité dans l'Afrique du Nord*... — Bul. Soc. Sc. Méd. Tunis, 1912, p. 33-42.

<small>Maladies les plus répandues en Tunisie, moyens d'empêcher la propagation, traitements.</small>

8460. — Langeron (Dr Maurice). *Mission parasitologique en Tunisie (septembre-octobre 1911)*... — Arch. Parasit., 1912, t. XV, p. 442-473, 4 fig.

<small>Recherches effectuées notamment sur le paludisme, les parasites des chiens, les arthropodes piqueurs, et, dans les oasis du Sud tunisien, sur la bilharziose, le bouton de Gafsa, etc... An. par G. Bt., dans R. Sc., 1912, 2e sem., p. 627.</small>

8461. — Nicolle (Charles), Conseil (E.) et Conor (A.). *Recherches expérimentales sur le typhus exanthématique, entreprises à l'Institut Pasteur de Tunis pendant l'année 1911 (troisième mémoire)*. — Paris, Masson [1912], in-8°, 50 p., 37 graph.

<small>Ann. Inst. Pasteur, 1912, p. 250-280, 332-350, 37 graph.— Le typhus expérimental du cobaye, par Ch. Nicolle, E. Conseil et A. Conor; données expérimentales nouvelles sur la nature et le siège de l'agent pathogène du typhus exanthématique, par les mêmes; expériences concernant l'immunité, animaux réfractaires, essais de traitement, par Ch. Nicolle et E. Conseil; conclusions, par Ch. Nicolle.</small>

8462. — Conseil (Dr E.). *Résultats de la prophylaxie du typhus exanthématique à Tunis de 1909 à 1912*... — Paris, Masson, 1912, in-8°, paginé 744-747.

<small>Bul. Soc. Path. exot., 1912, p. 744-747. — Résultats des mesures de désinfection adoptées concernant le malade et son habitation; statistiques de 1909 à 1912,</small>

baisse de la mortalité et diminution de la contagion. An. par L. Couvy, dans *R. Hyg.*, 1913, p. 586-587; par L. B., dans *Tunisie méd.*, 1912, p. 401-402; dans *R. Méd. Hyg. tropic.*, 1912, p. 278-279.

8463. — Conseil (E.) et Conor (A.). *Recherches sur l'endémie typhoïdique à Tunis...* — *Tunisie méd.*, 1912, p. 345-350, graph.

La fièvre typhoïde existe, en permanence, à Tunis, sous forme d'endémie légère; population civile et population militaire; causes de l'endémie tunisienne.

8464. — Nicolle (Ch.), Blaizot (L.) et Conseil (E.). *L'épidémie tunisienne de 1912 et la démonstration expérimentale de la transmission de la fièvre récurrente par les poux...* — *Arch. Inst. Pasteur Tunis*, 1913, p. 1-30, graph.

Cf. Ch. Nicolle et L. Blaizot, *Courte durée de l'immunité dans la fièvre récurrente expérimentale...* Paris, Masson [1913], in-8°, paginé 107-110 (*Arch. Inst. Pasteur Tunis*, 1913, p. 31-36, reproduit dans *Bul. Soc. Path. exot.*, 1913, p. 107-110); E. Conseil, *La fièvre récurrente nord-africaine (étude sur 160 cas)...* *Arch. Inst. Pasteur Tunis*, 1913, p. 37-66, graph.; E. Conseil, *Chimiothérapie de la fièvre récurrente...* *Ibid.*, p. 67. An. par A. P., dans *Tunisie méd.*, 1913, p. 277-287; par G.-H. N., dans *R. Sc.*, 1914, 1er sem., p. 182.

8465. — Chantemesse (Dr A.). *La vaccination préventive contre la fièvre typhoïde dans les équipages de la flotte...* — *C. R. Ac. Sc.*, 1913, t. CLVI, p. 244-246.

Reproduit dans *R. Sc.*, 1913, 1er sem., p. 135-136. — Note présentée par E. Roux. Depuis 1922, vaccination parmi les troupes des confins algéro-marocains, ainsi que parmi les équipages de la flotte et les ouvriers des ports, notamment à Alger, Oran, Bizerte, résultats. An. par P. Guérin, dans *R. Sc.*, 1913, 1er sem., p. 156.

8466. — Conor (Dr A.) et Conseil (Dr E.). *La méningite cérébro-spinale en Tunisie...* — *Tunisie méd.*, 1913, p. 33-37.

Cas signalés dans l'armée depuis 1897 jusqu'à l'épidémie de 1911-1912, morbidité; cas signalés dans la population civile. An. dans *Arch. Inst. Pasteur Tunis*, 1913, p. 145-146.

8467. — Geslin (Louis). *Korbous. Histoire d'une station thermale d'Afrique.* — Tunis, Imp. rapide, 1913, in-8°, 69 p., 4 fig.

Université de Paris. Thèse..., 1913 [n° 28]. — Korbous dans l'antiquité et dans la littérature arabe; Korbous traditionnel, Korbous actuel; bibliographie. Cf. L. Geslin et R. Neveu, *Une station thermale d'Afrique : Korbous*... *R. Méd. Hyg. tropic.,* 1914, p. 18-23.

8468. — BORICAUD (D^r). *Assistance médicale indigène en Tunisie. Infirmerie, dispensaire de Kairouan*... — *R. Méd. Hyg. tropic.,* 1913, p. 24-31, pl.

Services rendus depuis son inauguration en 1909.

8469. — GOÉRÉ (Dr J.), médecin de 1re cl. de la Marine. *Le choléra à Ferryville (Tunisie) en 1911 ; étude clinique et bactériologique*... — *Arch. Méd. Pharm. Nav.,* 1913, t. C, p. 52-60, 124-137, 207-215, croq.

Mesures de précaution (13 sept. 1911), relation chronologique de l'épidémie, 8 observations, thérapeutique, les porteurs de germes, considérations étiologiques.

8470. — LAFFORGUE, médecin-major de 1re cl. *Notes rétrospectives sur le typhus récurrent en Tunisie*... — *Tunisie méd.,* 1913, p. 65-69.

Les premiers cas de fièvre récurrente observés, en 1903, sur des Tirailleurs indigènes de la garnison de Zaghouan; desiderata d'ordre épidémiologique.

8471. — GOBERT (Dr E.), chef du Service antipaludique. *Quelques aspects du problème antipaludique en Tunisie (1912)*... — *Arch. Inst. Pasteur Tunis,* 1913, p. 121-128.

Les travaux d'assainissement effectués ou à effectuer à La Mabtouha, Mateur, Cap-Bon, Béja, Tabarka, centres de paludisme.

8472. — GUÉGAN (Dr A.), directeur de la Santé maritime. *L'évolution de l'Assistance médicale en Tunisie*... — *Tunisie méd.,* 1913, p. 150-153.

Le développement du corps médical, les nouveaux hôpitaux, les Sociétés de Bienfaisance, les Sociétés de la Croix-Rouge, les infirmeries-hôpitaux, l'Institut Pasteur, le Bureau d'Hygiène, la Direction de la Santé et de l'Hygiène publiques.

8473. — CONOR (Dr A.). *La dysenterie amibienne en Tunisie*... — *Bul. Soc. Path. exot.,* 1913, p. 316-317.

Observations concernant des militaires de la division d'occupation.

8474. — Conor (A.) et Marchetti (C.). *Un nouveau cas de blastomycose observé en Tunisie.* — Bul. Soc. Path. exot., 1913, p. 556-559.

Observation concernant un Tirailleur indigène du 4ᵉ régᵗ.

8475. — Géniaux (Charles). *Un grand hôpital musulman, «Sadiki».* — G. R., 1913, t. LXXIX, p. 334-344.

Scènes de la consultation d'indigènes à l'hôpital Sadiki. An. dans *Op.*, 1913, 1ᵉʳ sem., p. 697.

8476. — Nicolle (Charles), Cuénod (A.) et Blaizot (L.). *Étude expérimentale du trachôme, mémoire complet...* — Arch. Inst. Pasteur Tunis, 1913, p. 157-182.

Cette étude groupe tous les travaux faits depuis sept ans sur cette maladie grave; bibliographie. An. par G.-H. N. [Niewenglowski], dans *R. Sc.*, 1914, 1ᵉʳ sem., p. 467.

8477. — Nicolle (Charles), Blaizot (L.), Conseil (E.). *Étiologie de la fièvre récurrente, son mode de transmission par les poux...* — Paris, Masson [1913], 22 p., 2 graph.

Ann. Inst. Pasteur, 1913, p. 204-225, 2 graph. — Étude faite à l'occasion de l'épidémie qui sévit à Tunis et dans sa banlieue de février à août 1912 (v. n° **8447**).

8478. — Conor, médecin-major de 2ᵉ [1ʳᵉ] cl. *La méningite cérébro-spinale en Tunisie...* — Arch. Méd. Pharm. Mil., 1913, t. LXII, p. 650-652.

Les cas signalés dans l'armée de 1897 à 1912.

8479. — Lère, médecin-major. *Au sujet d'un cas de fièvre boutonneuse.* — Bul. Soc. Méd. mil. fr., 1913, p. 623-627.

Premier cas, signalé et décrit, dans le milieu militaire (16ᵉ escᵒⁿ du train).

8480. — Arène (Sextius), élève de l'École du Service de Santé militaire. *De la criminalité des Arabes au point de vue de la pratique médico-judiciaire en Tunisie.* Thèse... — Valence, imp. Ducros et Lombard, 1913, in-8°, 177 p., graph.

Faculté de médecine et de pharmacie de Lyon, 1913-1914, n° 4. — Coup d'œil anthropologique sur les habitants de la Tunisie; législation avant et après l'occupation française, statistiques criminelles; l'organisation de la médecine en Tunisie; questions générales pouvant se présenter dans toute procédure; attentats à la personne, instinct sexuel. Biliographie. An. dans *Tunisie méd.*, 1913, p. 407.

8481. — Cuénod (C.). *Sur les affections oculaires les plus fréquentes en Tunisie et sur le fonctionnement de la clinique ophtalmique de la rue Zarkoun.* — *Ass. fr. av. sc.*, 1914, p. 520-524.

42° session, Tunis, 1913. — La conjonctivite aigüe et le trachome. Cf. du même, Note sur la clinique populaire pour les maladies des yeux du Dr Cuénod... Tunis, imp. Finzi, 1907, in-8°, 18 p. : fonctionnement de la clinique en 1906.

8482. — Poirson (D^r). *Sur les natalité, pathologie, mortalité des indigènes du caïdat de Medjez-el-Bab.* — *Ass. fr. av. sc.*, 1914, p. 532-539, 957-960.

42° session, Tunis, 1913. — 1912 fut la première année du fonctionnement de l'état-civil dans cette région; la mortalité suivant les âges, maladies traitées.

8483. — Albin (Thomaso). *L'art dentaire en Tunisie.* — *Ass. fr. av. sc.*, 1914, p. 645-646.

42° session, Tunis, 1913. — État déplorable au point de vue scientifique.

8484. — Conseil (E.). *Le progrès de l'hygiène en Tunisie.* — *Ass. fr. av. sc.*, 1914, p. 953-957.

42° session, Tunis, 1913.

8485. — Chatton (Édouard). *Le bouton d'Orient (clou de Gafsa) dans le Djerid; ses relations avec le facies rupestre du sol...* — *Bul. Soc. Path. exot.*, 1914, p. 30-35, carte.

Recherches poursuivies en Tunisie depuis l'occupation française; Gafsa, ou plutôt Metlaoui, centre du foyer du bouton d'Orient en Tunisie; enquête de 1913, à laquelle participa l'auteur avec le Dr Arroux, sur la distribution régionale de la maladie. An. par E. C., dans *Tunisie méd.*, 1914, p. 57.

8486. — Neveu (Dr Raymond). *L'état sanitaire de l'Afrique du Nord dans l'antiquité et de nos jours...* préface de M. le professeur Blanchard... — Paris, J.-B. Baillière, 1914, in-8°, XII-179 p.

OEuvre historique montrant les différentes phases sanitaires de l'Afrique du Nord. Climatologie, l'occupation romaine, l'époque arabo-turque, la conquête, l'expédition de Zaatcha (1849), l'expédition de Tunisie, les premiers pas de la colonisation, l'œuvre accomplie.

8487. — Lemoine (G.-H.), médecin-inspecteur. *Rapport... sur la campagne antipaludique entreprise en Algérie-Tunisie depuis l'année 1905.* — Arch. Méd. Pharm. Mil., 1914, p. 380-390.

Rapport concernant la période de 1905 à 1910, établi en collaboration avec le médecin-major de 2ᵉ cl. Dupuich, fournissant l'avis du Comité consultatif de Santé au triple point de vue médical, épidémiologique et administratif : emploi de la quinine à titre préventif, protection mécanique des locaux, assainissement du sol, remarques épidémiologiques, recherches des anophèles.

8488. — Hayat (Dʳ J.-E.). *Régression de la fièvre méditerranéenne en Tunisie.* — R. Tun. Sc. Méd., 1914, p. 72-75.

Causes de la régression de cette maladie.

8489. — Nicolle (Charles), Blanc (G.) et Conseil (E.). *Quelques points de l'étude expérimentale du typhus exanthématique...* — C. R. Ac. Sc., 1914, t. CLIX, p. 661-664.

Mesures prophylactiques rationnelles prises en Tunisie; reprises des études, au printemps 1914, par suite de la présence de malades contaminés au Maroc et en Algérie. Cf. A. Laveran, *Au sujet de la prophylaxie du typhus dans les armées en campagne... Ibid.*, p. 640-641. An. par P. Guérin, dans *R. Sc.*, 1915, p. 61-62.

8490. — Coudray (Jean). *Considérations sur l'hôpital Sadiki et la pathologie chirurgicale indigène en Tunisie.* Thèse... — Tunis, imp. F. Weber, 1914, in-8°, 102 p., pl.

Université de Montpellier, Faculté de médecine, n° 45. — L'ancien hôpital Sadiki, sa réorganisation, l'hôpital actuel, les malades, la Rabta lazaret-annexe, l'avenir de l'hôpital; courte bibliographie.

8491. — Berthon (L.). *Note sur les terrains et les sources thermales du Djebel-Oust.* — R. T., 1914, p. 255-263, croq.

Aperçu géologique, le djebel Oust, découverte des eaux thermales, composition et débit des eaux.

8492. — Hérelle (F. d'), de l'Institut Pasteur de Paris. *Campagne contre les Schistocerca Peregrina en Tunisie par la méthode biologique (avril-juillet 1915)...* — Arch. Inst. Pasteur Tunis, 1914-1916, p. 135-148.

Méthode suivie pour les infestations, perfectionnement apporté pendant la campagne de Tunisie, résultats observés, projet d'organisation d'une campagne de criquets en Tunisie. An. dans *R. T.*, 1916, p. 324.

8493. — Nicolle (Charles) et Conseil (E.). *Nécessité de mesures à prendre pour préserver nos armées en campagne du typhus exanthématique et du typhus récurrent...* — *Bul. Ac. Méd.*, 1915, t. LXXIII, p. 37-39.

Les poux agents de transmission; les résultats obtenus à Tunis; nécessité de s'opposer à l'apport du virus et à la pullulation des poux; traitement rationnel. An. dans *R. G. Sc.*, 1915, p. 41.

8494. — Nicolle (Charles) et Blaizot (Ludovic). *Nouvelles recherches sur le typhus exanthématique (conservation et siège du virus, typhus du lapin, etc.)...* — *C. R. Ac. Sc.*, 1915, t. CLXI, p. 646-649.

Note présentée par A. Laveran; données acquises par ces expériences. An. dans *R. G. Sc.*, 1915, p. 722.

8495. — Nicolle (Charles) et Gobert (E.). *Nouvelle enquête sur les chèvres laitières de Tunis...* — *Arch. Inst. Pasteur Tunis*, 1916, p. 157-175, carte.

Reproduit partiellement sous le titre Seconde enquête sur les chèvres laitières de Tunis au sujet de la fièvre méditerranéenne..., dans *Bul. Soc. Path. exot.*, 1916, p. 86-95. Résultats de l'application du décret du 22 sept. 1909, interdisant l'introduction dans la Régence des chèvres laitières en provenance de Malte. An. par Alb. B., dans *R. Sc.*, 1916, p. 469-470.

8496. — Nicolle (Charles). *Identité des virus exanthématiques africain et balkanique...* — *Bul. Soc. Path. exot.*, 1916, p. 402-410, 9 fig.

Reproduit dans *Arch. Inst. Pasteur Tunis*, 1916, p. 217-224, fig.— L'observation de cas de typhus chez des soldats serbes et les expériences effectuées permettent de l'affirmer. An. par Alb. B., dans *R. Sc.*, 1917, p. 51.

8497. — Nicolle (Charles) et Blaizot (Ludovic). *Sur la préparation d'un sérum antiexanthématique expérimental et ses premières applications au traitement du typhus de l'homme...* — *C. R. Ac. Sc.*, 1916, t. CLXII, p. 525-528.

Note présentée par E. Roux. Application réalisée par le Dr Poirson et le médecin-major Potel, de l'hôpital maritime de Sidi-Abdallah, sur 19 malades, dont 11 Français et 3 Serbes. An. par P. Guérin, dans *R. Sc.*, 1916, p. 254.

8498. — NICOLLE (Charles). *Essai de vaccination préventive dans le typhus exanthématique...* — *C. R. Ac. Sc.*, 1916, t. CLXIII, p. 38-41, 4 graph.

Note présentée par A. Laveran. Essai d'une méthode d'immunisation préventive à l'occasion de l'admission d'un contingent de soldats serbes à l'hôpital temporaire de Sidi-Fatallah, près Tunis. An. par P. Guérin, dans *R. Sc.*, 1916, p. 446.

8499. — POTEL (Dr René), médecin de 1re cl. de la Marine. *Observations cliniques et étiologiques sur les cas de typhus soignés à l'hôpital permanent de la Marine de Sidi-Abdallah; action du sérum antiexanthématique...* — *Arch. Inst. Pasteur Tunis*, 1916, p. 245-285, graph.

Marche de l'épidémie apportée par les soldats serbes, évacués en Tunisie après la retraite d'Albanie; résultats cliniques de la sérothérapie antiexanthématique; 31 observations des malades traités; comment peut-être établi le diagnostic précoce du typhus; remarques sur les mesures de prophylaxie et le rôle des ectoparasites.

8500. — CAILLON (Dr Louis). *Le typhus exanthématique...* — *R. T.*, 1917, p. 70-79.

Résumé de la conférence faite par le professeur Ch. Nicolle, à l'Institut de Carthage (6 déc. 1916) : histoire du typhus, ses symptômes, conditions favorisant les épidémies; exposé des recherches faites à l'Institut Pasteur de Tunis.

8501. — LAVERAN (A.). *Leishmanioses : kala-azar, bouton d'Orient, leishmaniose américaine.* — Paris, Masson, 1917, in-8°, III-521 p., 6 pl., 40 fig.

Travail d'ensemble résumant l'état des connaissances actuelles sur la question des leishmanioses; historique, répartition à la surface du globe, formes cliniques, agents pathogènes, diagnostic, pronostic, traitement, prophylaxie. An. par l'auteur, dans *C. R. Ac. Sc.*, 1917, t. CLXV, p. 387.

8502. — DIACONO (Dr Hector), pharmacien à Sousse. *Contribution à l'étude des méthodes de diagnostic urologique de la fièvre typhoïde; la typho-uro-réaction, nouvelle méthode biologique de* *diagnostic urologique de la fièvre typhoïde.* Thèse... — Montpellier, imp. l'Abeille, 1917, in-8°, 94 p., 2 pl.

Université de Montpellier, École supérieure de pharmacie, n° 102. — An. dans R. T., 1917, p. 382.

8503. — SAINT-PAUL (Dr Georges), médecin-major. *Le rôle mondial du médecin militaire...* Préface de M. Lucien Hubert... — Paris, F. Alcan, 1918, in-16, VIII-296 p.

Synthèse des différents aspects du rôle du médecin militaire, faisant notamment ressortir sa part dans l'action coloniale, particulièrement en Afrique du Nord; comment il «capte» les forces indigènes à notre profit.

8504. — LEGROUX (Charles-Victor). *Contribution à l'étude médicale de quelques caractéristiques climatériques du Sud tunisien.* Thèse... — Alger, Imp. algérienne, 1918, in-8°, 63 p.

Université d'Alger, Faculté mixte de médecine et de pharmacie d'Alger, 1918, n° 2. — Recherche de l'influence morbide (embarras gastrique fébrile, ictère, diarrhée simple, dysenterie, paludisme) que peuvent posséder certains facteurs météorologiques importants du climat Sud tunisien; étude concernant la garnison de Foum-Tatahouine et les régions situées plus au Sud de 1900 à 1914 inclus. An. dans Arch. Inst. Pasteur Tunis, 1918, p. 298.

8505. — HESNARD (Dr A.), médecin de 1re cl. de la Marine. *Un asile d'invalides nerveux de l'armée serbe à Bizerte...* — J. Méd. Bordeaux, 1918, p. 346, 358-362, 6 fig.

Fonctionnement de l'asile de Ben-Negro, en juin 1918; installation, personnel, soins, résultats obtenus, statistique.

8506. — GANDOLPHE. *Notes inédites sur Tunis en 1786 et sur ses épidémies de peste en 1785, extraites du journal du Père Vicherat.* — R. T., 1918, p. 210-221.

Notes extraites du *Journal des pestes d'Alger* du père Vicherat sur la ville de Tunis, les Français qui l'habitent, l'épidémie de peste de 1785, le nombre des victimes, la population française durant cette épidémie, précautions édictées à cette époque contre cette maladie (v. n° **8411**). An. dans R. H. Col. Fr., 1920, 2e sem., p. 321-323, et 1921, 1er sem., p. 136-138.

8507. — CHATTON (Édouard). *Le laboratoire militaire de bactériologie du Sud-Tunisien (à Gabès). Organisation, rendement du*

1er août 1916 au 1er juillet 1918... — *Arch. Inst. Pasteur Tunis*, 1917-1918, t. X, p. 199-242.

Sa création, en août 1916, par ordre du général Alix, à la suite de la campagne d'automne de 1915 ; analyses effectuées, travaux du laboratoire, mémoires et notes publiés.

8508. — Clavier (Marcel-Jean-Eugène), médecin de 2ᵉ cl. de la Marine. *Les évacuations des malades et blessés serbes par le navire-hôpital* Bien-Hoa; *campagne d'Orient (juin 1915-octobre 1917).* Thèse... — Bordeaux, imp. F. Pech, 1919, in-8°, 75 p.

Université de Bordeaux, Faculté de médecine et de pharmacie, 1918-1919, n° 32. — Historique de l'armée serbe, rôle des navires-hôpitaux, description du *Bien-Hoa;* les deux évacuations de Corfou sur Bizerte et l'évacuation de Bizerte sur Mers-el-Kébir; les évacuations de Salonique sur Sidi-Abdallah et Alger. An. dans *Arch. Méd. Pharm. Nav.*, 1919, t. CVIII, p. 308-310.

8509. — Bars (François-Jacques-Guillaume), médecin de 2ᵉ cl. auxiliaire de la Marine. *Épidémie de choléra asiatique observée en Tunisie dans l'armée serbe après la retraite d'Albanie (janvier-mars 1916).* Thèse... — Bordeaux, imp. V. Cambette, 1919, in-8°, 45 p.

Université de Bordeaux, Faculté de médecine et de pharmacie, 1918-1919, n° 78. — L'état sanitaire de l'armée serbe après sa retraite, généralités sur l'épidémie de choléra, 9 observations, particularités de l'épidémie, thérapeutique, mesures prophylactiques appliquées; index bibliographique. An. dans *Arch. Inst. Pasteur Tunis*, 1920, p. 128.

8510. — Gérard (Félix), pharmacien-major de 2ᵉ cl. de réserve. *Les notions actuelles sur le typhus exanthématique; étude de deux épidémies : (1916) épidémie serbe de Bizerte; (1917) épidémie roumaine de Moldavie. Démonstration du rôle exclusif du pou dans la transmission de la maladie...* — Marseille, typ. J. Vin, 1919, in-8°, 127-XL p., ill., graph.

Faculté de médecine de l'Université de Paris, 1919, n° 116. — Observations faites par l'auteur qui assista à ces épidémies; leur origine, leur invasion, leur marche respective; notions actuelles sur l'étiologie, l'épidémiologie et la prophylaxie du typhus exanthématique; symptômes, formes cliniques, complications, associations morbides, terminaison de la maladie; récidives, morbidité et mortalité; diagnostic, anatomie pathologique, recherches expérimentales, études microbiologiques sur l'agent pathogène du typhus, son traitement. Importante bibliographie. Paru partiellement dans *Arch. Inst. Pasteur Tunis,* 1920, p. 172-177, 3 ill. An. dans *Arch. Méd. Pharm. Nav.,* 1919, t. CVIII, p. 310-313; dans *R. Tun. Sc. Méd.,* 1919, p. 30-31.

8511. — CHEVALIER (D^r), inspecteur général du Service de Santé de la Marine. *L'action de nos navires-hôpitaux pendant la guerre...* — *Bul. Ac. Méd.,* 1919, t. LXXXII, p. 399-402.

Transformation et perfectionnement de ces navires au cours de la guerre; l'effort de la Marine dans la Méditerranée, l'activité de Bizerte, l'évacuation des malades et blessés serbes. An. par L. Ft., dans *R. Sc.,* 1920, p. 277-278.

8512. — BARTHÉLEMY, médecin général, directeur du Service de Santé de l'arrondissement maritime algéro-tunisien, et BRUNET (Médecin principal F.), médecin chef de l'hôpital maritime de Sion, à Bizerte. *La défense sanitaire de la Tunisie en 1916 contre le choléra asiatique et le typhus exanthématique...* — Paris, Imp. nat., 1919, in-8°, 49 p.

Arch. Méd. Pharm. Nav., 1919, t. CVII, p. 274-303, 366-385.— Extension des moyens de désinfection et d'hospitalisation à Sidi-Abdallah et à Bizerte depuis le début de la guerre de 1914; les évacuations de la presqu'île de Gallipoli (1915); le débarquement de 21.000 soldats serbes (janvier-juin 1916); la lutte contre le choléra, le typhus exanthématique et autres maladies infectieuses jointes à la misère physiologique. An. par J. Rieux, dans *R. Hyg.,* 1919, p. 873-875; dans *Arch. Inst. Pasteur Tunis,* 1920, p. 126-128.

8513. — BARTHÉLEMY, médecin général de la Marine. *La pandémie grippale de 1918-1919 à Bizerte...* — *R. Hyg.,* 1920, p. 41-51, graph.

Indications générales sur l'évolution de l'épidémie, les entrants aux hôpitaux et les décès jusqu'au 20 avril 1919; pathologie, étiologie, prophylaxie.

8514. — SCIALOM (Dr D.). *La grippe chez les israélites tunisiens (1918-1919-1920)...* — *R. Méd. Hyg. tropic.,* 1920, p. 41-46.

Définition, formes, de quelques cas, traitement, pronostic, psychologie judéo-arabe.

8515. — LADJIMI (Mohamed). *L'empirisme médical chez les musulmans tunisiens.* Thèse... — Lyon, imp. J. Vernay, 1920, in-8°, 83 p.

<small>Faculté de médecine et de pharmacie de Lyon, 1919-1920, n° 101. — Pratiques empiriques, barbiers-chirurgiens, l'obstétrique empirique; variolisation et vaccination; dangers de l'empirisme médical en Tunisie; rapport du professeur Duval, moyens pour lutter contre les dangers de l'empirisme médical.</small>

8516. — BLUTEL (Dr R.). *A propos de la prophylaxie du trachome...* — *R. Tun. Sc. Méd.*, 1920, p. 97-102.

<small>Données pratiques qui peuvent contribuer à éclaircir un problème complexe.</small>

8517. — NICOLLE (Charles) et CONSEIL (E.). *Vaccination préventive de l'homme contre la fièvre méditerranéenne...* — *R. Tun. Sc. Méd.*, 1920, p. 145-146.

<small>Expériences prouvant qu'il est aisé de vacciner préventivement l'homme. Cf. *C. R. Ac. Sc.*, 1920, 2e sem., t. CLXXI, p. 775-777, graph. An. par P. Guérin, dans *R. Sc.*, 1920, p. 670-671.</small>

8518. — NICOLLE (Ch.) et CUÉNOD (A.). *Étude expérimentale du trachome...* — *Arch. Inst. Pasteur Af. N.*, 1921, p. 149-178.

<small>Résumé des données acquises avant 1913 et des recherches poursuivies depuis 1919 à l'Institut Pasteur de Tunis; expériences pratiquées avec les virus I et II, résultats obtenus. Cf. des mêmes, *Nouvelles acquisitions dans l'étude expérimentale du trachome...* *C. R. Ac. Sc.*, 1921, t. CLXXI, p. 1011-1013. An. par Guérin, dans *R. Sc.*, 1921, p. 253-254.</small>

8519. — VILLAIN (Dr Georges), de Tozeur. *Quelques aspects de la vie du médecin de colonisation dans le Sud-Tunisien...* — *Paris Méd.*, 1921, t. XLII, p. 170-173, 5 phot.

<small>Existence un peu particulière; «le rôle est séduisant pour qui possède, outre l'indispensable endurance physique, un sérieux potentiel moral».</small>

8520. — SCIALOM (Dr D.). *La tuberculose chez les israélites tunisiens...* — *R. Tun. Sc. Méd.*, 1921, p. 221-227.

<small>Les peuples et les maladies, la tuberculose chez Israël, formes cliniques, tuberculose chirurgicale, médicale; associations morbides, les faux tuberculeux; préjugés, empirisme, hygiène juive, traitement.</small>

8521. — LANGERON (Dr M.). *Deuxième mission parasitologique en Tunisie, Tamerza (septembre-octobre 1919)...* — Arch. Inst. Pasteur Af. N., 1921, p. 347-382, 10 fig.

Les oasis de montagne : Tamerza, Midès, Chebika; enquête parasitologique, faune vulnérante, les gîtes à anophélines, les larves de culicides (v. n° **7845**).

8522. — SCIALOM (Dr D.). *La tuberculose indigène...* — R. Tun. Sc. Méd., 1921, p. 441-449.

Lois biologiques de la tuberculose sociale et urbaine, la tuberculose urbaine et le peuple juif, la tuberculose chez les musulmans et les israélites tunisiens, prophylaxie.

8523. — GOBERT (E.). *La peste dans le Sud tunisien en 1920-1921...* — Arch. Inst. Pasteur Af. N., 1921, p. 440-446.

Épidémie, en trois épisodes, qui se distingue par deux traits particuliers : marche de l'est à l'ouest, localisation rurale à l'exclusion des agglomérations proprement dites; mesures prises autour de chacun des trois foyers successifs, Ben-Gardane, Zarzis et Médenine.

8524. — BARTHÉLEMY (P.), médecin général. *Épidémie de peste à bord du navire de guerre russe* Cronstadt *en rade de Bizerte au mois de juillet 1921...* — Arch. Inst. Pasteur Af. N., 1921, p. 447-467.

Les 34 navires de l'escadre russe de la mer Noire étaient contaminés par le typhus exanthématique et la fièvre récurrente (v. n° **8526**); l'épidémie de peste, ses causes, les mesures prophylactiques prises, dératisation du *Cronstadt* (par le soufre avec l'appareil Blanc et par la chloropicrine); les cas de peste traités à l'hôpital; recherches de laboratoire.

8525. — VULLIEN (Dr A.), directeur du Service sanitaire maritime de Tunisie. *Guide de l'agent sanitaire maritime en Tunisie.* — Tunis, imp. Yvorra et Barlier, 1921, in-8°, XI-194 p.

Protectorat français. Gouvernement tunisien. Secrétariat général. Direction de la Santé maritime. — Rôle des agents maritimes; service actif et technique : reconnaissance et arraisonnement, visite médicale, principaux symptômes, modes de transmission et prophylaxie des maladies contagieuses, désinfection, dératisation, vaccination des émigrants, passeports sanitaires, opérations en quarantaine, pèlerinage de La Mecque; service administratif; annexes, imprimés. An. par L. Nègre, dans *R. Hyg.*, 1922, p. 180.

8526. — BARTHÉLEMY (P.), médecin général de la Marine. *L'escadre russe de la mer Noire à Bizerte...* — R. Hyg., 1921, p. 373-388, plan.

Mesures prises (fin nov. 1920) pour hospitaliser malades et blessés, éviter la propagation de maladies contagieuses et assurer la désinfection des navires (34 de guerre et un navire-hôpital), équipages, réfugiés et bagages; principales maladies observées; sortie des Russes de l'hôpital (v. n° **8524**).

8527. — PETIT (Paul-J.). *Recherches sur le trachome en Tunisie.* — Ann. d'Oc., 1921, p. 567-579; 1922, p. 365-387, ill.

Deux mémoires de l'auteur résumant ses observations au cours de deux voyages. La première enquête concerne spécialement le Sud tunisien. L'extrême gravité du trachome pour notre recrutement indigène; mode de propagation et diffusion du trachome, prophylaxie (v. n° **8541**). An. par X., dans *R. Hyg.*, 1925, p. 244.

8528. — PANISSET (L.), professeur à l'école vétérinaire d'Alfort. *La lymphangite épizootique (farcin d'Afrique)...* — Paris, E. Larose, 1922, in-8°, 8 p., carte.

L'Agronomie coloniale, janvier 1922. — Publication du Comité de médecine vétérinaire exotique. Étude de cette maladie qui atteint surtout les chevaux, sévit en Afrique du Nord et est même transmissible exceptionnellement à l'homme.

8529. — BURNET (Dr E.), sous-directeur de l'Institut Pasteur de Tunis. *Sur un nouveau procédé de diagnostic de la fièvre méditerranéenne...* — Bul. Soc. Sc. Méd. Tunis, 1922, p. 41-43.

Procédé qui peut être utilisé par tout médecin.

8530. — *Le paludisme en Tunisie...* — *Bul. Soc. Sc. Méd. Tunis,* 1922, p. 85-140.

Suite de communications : Drs Benmussa et Minguet, *Rapport général* (p. 85-99); Dr Comte, *Notes sur le paludisme en Tunisie* (p. 100-103); Dr Legrand, *Notes sur le paludisme à Djerissa, en 1921* (p. 103-106); Dr Hayat, *Contribution à l'étude des accès pernicieux du paludisme* (p. 106-109); Dr Scialom, *Notes pratiques sur le paludisme* (p. 110-113); Drs Ortona et Spezzafumo, *Notes sur le traitement du paludisme* (p. 114-117); Dr Naamé, *Pneumo-paludisme* (p. 118-119); Dr Jamin, *L'emploi du 914 dans le traitement du paludisme* (p. 119-120); Dr E. Lançon, *Remarques sur le traitement quinique et sur l'élimination de la quinine* (p. 121-125); Dr Lemanski, *La thérapeuthique moderne du paludisme aigu ou chronique* (p. 125-131); Dr A. Cortesi, *Réflexions sur le traitement du paludisme* (p. 132-140). An. par L. Rivet, dans *Presse méd.,* 1922, p. 736.

8531. — Hariz (Dr Joseph). *La part de la médecine arabe dans l'évolution de la médecine française.* Thèse... — Paris, imp. «Graphique», 1922, in-8°, 163 p.

Université de Paris, Faculté de médecine, 1922. — « La médecine arabe a été le trait d'union entre la médecine grecque... et la médecine moderne, issue de la Renaissance » ; étude par ordre chronologique des différentes écoles et médecins célèbres ; bibliographie.

8532. — Pranzo (Dr Giuseppe). *De l'empirisme et des superstitions en médecine chez les Arabes de la Tunisie...* — *Paris Méd.*, 1922, t. XLVI, p. 217-219.

8533. — Comby (Dr J.). *La médecine française en Tunisie.* — *Presse méd.*, 1922, sup., p. 977-992, 8 phot.

Résumé de l'œuvre accomplie par les médecins et leurs auxiliaires, laïques ou religieux ; nécessité d'un « gouvernement sage et ferme, ayant l'esprit de suite ».

8534. — Scialom (Dr D.). *Revue tunisienne de pathologie exotique...* — *Rev. Méd. Hyg. tropic.*, 1922, p. 97-108.

Généralités, pathologie tunisienne, coloniale ; maladies infectieuses, maladies des glandes à sécrétion interne ; travaux tunisiens. An. par Raymond Neveu, dans *Presse méd.*, 1922, p. 674.

8535. — Jobard (D^r), médecin de 1re cl. de la Marine. *Quelques observations au sujet du paludisme dans le personnel de la Marine au cours de l'année 1921...* — *Bul. Soc. Sc. Méd. Tunis*, 1922, p. 242-248.

Observations personnelles de l'auteur, concernant surtout le paludisme primaire.

8536. — Brun (D^r), chirurgien en chef, et Lauriol, interne. *L'échinococcose dans le milieu indigène en Tunisie, statistique de l'hôpital Sadiki...* — *Bul. Soc. Sc. Méd. Tunis*, 1922, p. 427-449.

Relevé des kystes opérés depuis 1902 ; fréquence de l'échinococcose en Tunisie.

8537. — Anderson (Dr Charles-W.). *Enquête et recherches sur la bilharziose en Tunisie.* 1er mémoire... — *Arch. Inst. Pasteur Tunis*, 1923, p. 3-21, phot., graph., fig., 2 cartes.

Historique de la question en Tunisie; bilharziose à forme vésicale et à forme intestinale; relevé des foyers bilharziens; élevage des Bullins en vue des expériences de contrôle, essais d'infestations. Cf. du même, *Note sur les gîtes* à Bullinus *et à* Planorbis *de la Tunisie, leurs rapports avec les foyers de bilharziose, carte provisoire de leur répartition...* Bul. Soc. Path. exot., 1922, p. 954-956, carte. An. par Ch. Joyeux, dans *R. Hyg.*, 1924, p. 579.

8538. — Gobert (E.) et Anderson (Ch.). *Un nouveau foyer de bilharziose en Tunisie...* — Bul. Soc. Path. exot., 1923, p. 18-21.

Constaté à Kairouan; dépistage des cas et traitement.

8539. — Provotelle (D^r), médecin de la colonisation, à Mateur. *Sur le traitement du paludisme...* — Bul. Soc. Sc. Méd. Tunis, 1923, p. 35-39.

Méthode personnelle de l'auteur qui exerce depuis quinze ans en Tunisie.

8540. — Gobert (E.), directeur de l'Hygiène en Tunisie, et Conseil (E.), chef du bureau d'Hygiène à Tunis. *Sur quelques cas de peste constatés à Tunis, en 1922...* — Bul. Soc. Sc. Méd. Tunis, 1923, p. 53-67, graph.

Origine, marche de l'épidémie, clinique et traitement, étiologie, prophylaxie, mesures prises.

8541. — Petit (Paul-J.). *Recherches sur le trachome en Tunisie...* — Arch. Inst. Pasteur Tunis, 1923, p. 82-89, 2 fig.

Résumé des recherches effectuées par l'auteur pendant ses deux séjours en Tunisie en 1921; notice plus succincte que celle signalée sous le n° **8527**.

8542. — Dinguizli (D^r), médecin du Gouvernement tunisien. *Des réformes hygiéniques à introduire chez les populations musulmanes de Tunisie...* — Bul. Ac. Méd., 1923, t. LXXXIX, p. 233-236.

Cf. du même, *Réformes hygiéniques à introduire dans les mœurs musulmanes de Tunisie...* Tunis, imp. de la Presse, 1919, in-8°, 11-20 p. : rapport adressé à la Commission d'hygiène instituée par le Résident général; du même, *La pratique de l'obstétrique chez les populations indigènes de Tunisie...* Bul. Ac. Méd., 1923, t. XC, p. 120-122.

8543. — Scialom (Dr D.). *Hygiène rituelle d'ethnique des musulmans et israélites de Tunisie...* — R. Méd. Hyg. tropic., 1923, p. 93-99.

Religions et races, civilisation et peuples; hygiène générale, coloniale, musulmane, juive.

8544. — Dinguizli. *La vaccination obligatoire chez les indigènes musulmans de la Régence de Tunis (consultation médico-juridique aux docteurs de la Grande Mosquée de Tunis); questionnaire et réponse...* — Bul. Ac. Méd., 1923, t. XC, p. 300-305.

Fetoua (consultation juridique sur la vaccination) [v. n° **8223**]. An. par A. Bocage, dans *Presse méd.*, 1923, p. 943.

8545. — Panisset (L.). *La fièvre méditerranéenne...* — Bul. agr. Alg. Tun. Maroc, 1923, p. 167-169.

8546. — Lauriol (Ernest). *L'échinococcose en Tunisie. Les kystes hydatiques suppurés.* — Paris, Jouve, 1923, in-8°, 75 p.

Thèse de la Faculté de médecine de Paris, 1923, n° 96. — Étude d'une affection fréquente chez la population arabe en Tunisie et propagée par le chien et le mouton, sa transmission à l'homme, son traitement, les mesures à prendre pour la faire disparaître; bibliographie. An. dans *Arch. Inst. Pasteur Tunis*, 1923, p. 270.

8547. — Géniaux (Claire). *Une grande œuvre coloniale : l'Institut Pasteur de Tunis.* — G. R., 1923, t. CXI, p. 408-421.

Historique; fondation de l'Institut, en 1903, par le docteur A. Loir, sa transformation par le docteur C. Nicolle; les maladies étudiées, les collaborateurs.

8548. — Masselot (D^r). *Notes cliniques sur la fièvre typhoïde en Tunisie (observée en milieu hospitalier)...* — Bul. Soc. Sc. Méd. Tunis, 1923, p. 361-373, graph.

Conclusions relatives à l'allure clinique de l'infection en Tunisie.

8549. — Hubert, vétérinaire principal de 2e cl. *Sur un nouveau mode de traitement des teignes pouvant permettre de limiter l'extension de l'épidémie...* — R. Vét. Mil., 1924, p. 314-317.

Moyen de traitement utilisé par l'auteur dans deux épidémies survenues au 9e dragons, à Épernay, en 1912, et au 4e spahis, à Sfax, en 1924.

8550. — Dévé (F.). *Enquête étiologique sur l'échinococcose en Tunisie...* — R. Vét. Mil., 1924, p. 133-165.

Arch. Inst. Pasteur Tunis, 1923, p. 353-386. — Résultats d'une enquête. L'échinococcose chez le bétail tunisien; les carnassiers tunisiens hôtes du ténia échinocoque, conditions de leur infestation; conditions de la contamination hydatique du bétail tunisien; l'échinococcose humaine en Tunisie, ses conditions étiologiques, prophylaxie. Nombreuses références.

8551. — Anderson (Ch.) et Gobert (E.). *Note relative à la prophylaxie de la bilharziose en Tunisie...* — Bul. Soc. Path. exot., 1924, p. 35-37.

Mesures les plus facilement applicables en Tunisie : le système des curages régulièrement pratiqués. An. par Ch. Joyeux, dans R. Hyg., 1924, p. 844-845.

8552. — *Notice sur l'Institut Pasteur de Tunis.* — Tunis, imp. J. Barlier, mars 1924, in-8°, 23 p., phot.

Historique de l'Institut qui est rattaché à la Direction générale de l'Intérieur depuis 1921; son œuvre scientifique, ses services, ses publications, son enseignement, ses missions, son personnel; son rôle pendant la guerre 1914-1918. Cette notice plus détaillée parut dans Arch. Inst. Pasteur Tunis, 1926, p. 1-70, plans, ill.

8553. — Langeron (Maurice). *Troisième mission parasitologique en Tunisie. Recherches sur les cercaires des piscines de Gafsa et enquête sur la bilharziose tunisienne (septembre-octobre 1920)* ... — Arch. Inst. Pasteur Tunis, 1924, p. 19-67, 28 fig.

An. par R. N., dans R. Méd. Hyg. tropic., 1924, p. 181.

8554. — *La fièvre typhoïde en Tunisie...* — Bul. Soc. Sc. Méd. Tunis, 1924, p. 49-83, graph.

Suite de communications : Drs Benmussa, Minguet et Maurice Uzan, *Rapport général* (p. 49-63), synthèse des caractères généraux de la fièvre typhoïde en territoire tunisien (an. par Sibille, dans Arch. Méd. Pharm. Mil., 1924, t. LXXXI, p. 355-357); Dr Conseil, *Statistique générale de la ville de Tunis depuis 1909* (p. 56 bis); Dr J. Goéré, médecin principal de la Marine, *Contribution à l'étude des affections typhiques en Tunisie* (p. 63-65); Dr E. Hayat, *Sur une forme anormale et fréquente de fièvre typhoïde observée en Tunisie* (p. 66-68); Dr Lemanski, *A propos de la fréquence des hémorragies intestinales dans les Eberthoses tunisiennes* (p. 69-70); Dr Raméry, médecin-major de 2e cl., *La fièvre typhoïde et les effets de la vaccination préventive dans la garnison de Tunis* (p. 71-75), morbidité et mortalité typhoïdique depuis 1884, etc. Cf. Ibid., p. 111-113.

8555. — GOBERT (D' E.), directeur de l'Hygiène. *Ce que l'on fait en Tunisie contre le trachome...* — *R. trachome,* 1924, p. 115-123, fig.

Les recherches de l'Institut Pasteur de Tunis depuis 1907, les rapports du docteur P.-J. Petit, les mesures thérapeutiques et les mesures de propagande prophylactique déjà prises et à prendre.

8556. — DINGUIZLI (D'). *Améliorations hygiéniques à introduire dans les lieux de réunion en commun des musulmans de l'Afrique du Nord. Utilité de créer en Tunisie une police sanitaire spéciale pour les indigènes musulmans...* — *Bul. Ac. Méd.,* 1924, t. XCII, p. 1086-1092.

Cf. *Ibid.*, p. 1277; du même, *Améliorations hygiéniques à introduire dans la pratique cultuelle de la circoncision chez les musulmans de Tunisie. Ibid.,* t. XCI, p. 310-316.

8557. — SFEZ (Gaston), UZAN (Maurice) et TIBI (Léon), docteurs. *Note sur l'épidémie actuelle de fièvre typhoïde...* — *Bul. Soc. Sc. Méd. Tunis,* 1924, p. 108-110.

8558. — SCIALOM (D' D.). *A propos de l'épidémie de fièvre typhoïde de 1923...* — *Bul. Soc. Sc. Méd. Tunis,* 1924, p. 143-147.

8559. — JEANNOT, médecin de colonisation, à Tozeur. *Notes sur le trachome au Djérid...* — *R. trachome,* 1924, p. 144-152.

Mesures mises à exécution depuis l'arrivée de l'auteur, en 1922 : consultations gratuites, traitement opératoire, traitement des complications, inspection des écoles.

8560. — JAURÉGUIBERRY. *Les blancs en pays chauds. Déchéance physique et morale.* — Paris, A. Maloine et fils, 1924, in-8°, 60 p.

L'Européen ne s'acclimate en pays chaud qu'au prix d'une déchéance; l'auteur expose l'évolution physique et psychique de ceux qui y font «une plate carrière de rond de cuir» et tend à généraliser ses conclusions; convaincu de la supériorité de la race française, il craint que les multiples rapports entre colonies et métropole conduisent à l'abâtardir, notamment par des mélanges de sang. An. par Carl Siger, dans *Merc. F.,* 1924, t. CLXXV, p. 504-509; par J.-L. L. [Lacharrière], dans *Bul. Com. A. F.,* 1925, p. 608; dans *Bul. union col.,* 1924, p. 143.

8561. — [Cuénod et Gobert, docteurs]. *Notions sur le trachome et l'hygiène de la vue à l'usage des instituteurs de la Régence.* — Tunis, imp. J. Barlier, 1924, in-8°, 24 p., ill.

Causes principales de la diminution et de la perte de la vue : blessures, inflammations extérieures de l'œil (conjonctivites, trachome, symptômes, complications, causes, étiologie, traitement, prophylaxie), retentissement sur l'œil des maladies générales. An. par P. J. P., dans *R. trachome*, 1924, p. 156-157.

8562. — Monnery (Maurice). *La pratique de l'hygiène sociale et l'action médicale en Tunisie (essai d'hygiène sociale).* Thèse... — Lyon, imp. Bosc frères et Riou, 1924, in-8°, 222 p.

Faculté de médecine et de pharmacie de Lyon, 1923-1924, n° 94. — Considérations générales sur la Tunisie et sa démographie; la vie du médecin de colonisation dans ses rapports avec l'indigène; la pratique de l'hygiène sociale en Tunisie, ce qu'elle est, ce qu'elle doit être; la syphilis, la tuberculose, le trachome, le paludisme, les décrets des 5 et 15 mai 1922, la Direction de l'hygiène; bibliographie.

8563. — Ronchot (Gilbert). *L'ulcère de l'estomac et du duodénum chez les Arabes de Tunisie. Statistique de l'hôpital Sadiki (avril 1919-juin 1924).* Thèse... — Lyon, Imp.-Express, 1924, in-8°, 71 p.

Faculté de médecine et de pharmacie de Lyon, 1924-1925, n° 7. — Fréquence des lésions ulcéreuses gastro-duodénales chez l'Arabe; étiologie, anatomie pathologique, symptomatologie, observations, traitement, technique.

8564. — Dinguizli (D^r), de Tunis. *Vulgarisation de l'hygiène en pays musulmans d'influence française par l'enseignement de cette branche de la médecine dans les écoles coraniques...* — *R. Hyg.*, 1924, p. 1330-1334.

La notion d'hygiène est entièrement ignorée dans les écoles coraniques; forme spéciale que doit revêtir cet enseignement.

8565. — Burnet (Dr E.), sous-directeur de l'Institut Pasteur de Tunis. *Les récentes acquisitions sur la fièvre méditerranéenne...* — *Bul. Soc. Sc. Méd. Tunis*, 1925, p. 1-8.

Communication faite aux Journées médicales marocaines (Casablanca-Rabat, 26-29 déc. 1924). Extension de la fièvre méditerranéenne, réactions d'hypersensibilité, le microbe, vaccination et traitement.

8566. — *Études de pathologie tunisienne. Le cannabisme en Tunisie...* — *Arch. Inst. Pasteur Tunis*, 1925, p. 404-440, ill., graph.

Réunion de trois travaux : I. **Matière médicale du chanvre** (*origine, composition, législation*), par J. Bouquet, docteur en pharmacie. II. **Mœurs des fumeurs de chanvre**, par le Dr E. Gobert. III. *Notes préliminaires sur la psychopathologie des fumeurs de chanvre en Tunisie*, par le Dr G. Perrussel. «Le chanvre indien agit sur la genèse de la criminalité et de l'aliénation mentale.»

8567. — [Comte (D^r Ch.), médecin-inspecteur]. Régence de Tunis. Protectorat français. Direction générale de l'intérieur (hygiène et santé publiques). *Campagne antipaludique, 1925...* — Tunis, imp. G. Guinle, 1925, in-8°, 41 p.

Extr. du rapport du D^r Ch. Comte : répartition du paludisme en 1925, quantités de quinine distribuées, projets d'assainissement à l'étude, état d'avancement de ces études, utilisation des avances en régie.

8568. — Lafforgue, professeur d'hygiène à la Faculté de médecine de Toulouse. *Contribution à l'épidémiologie du typhus récurrent...* — *R. Hyg.*, 1925, p. 963-979.

Étude basée notamment sur les observations de l'auteur en Tunisie (1903-1904) : polymorphisme de la courbe thermométrique, coexistence présumée des deux typhus et difficultés de diagnostic dans certains groupements épidémiques limités, aspects cliniques normaux de la spirillose humaine, éventuelle gravité de la maladie, influence variable des importations, conditions favorisantes de l'endémo-épidémicité, prophylaxie.

8569. — Raméry (D^r), médecin-major de 2e cl. *La diphtérie est-elle une maladie en voie de régression chez l'indigène tunisien?...* — *Bul. Soc. Sc. Méd. Tunis*, 1926, p. 125-128.

Ensemble de faits concordants qui semblent indiquer que l'indigène adulte paraît réfractaire à la diphtérie; interprétation de ces faits.

8570. — Schousboé (Dr F.). *Symptomatologie du trachome...* — *R. trachome*, 1926, p. 57-67.

Observations portant sur plus de 10.000 sujets de toutes races examinés par l'auteur depuis 1920, au cours de conseils de revision : formes cliniques, complications, évolution.

8571. — *Journées médicales tunisiennes, Pâques 1926...* — Tunis, imp. Finzi, 1926, in-8°, 96-II p., ill., portr.

Bul. Soc. Sc. Méd. Tunis, n° spécial, mai 1926. — Compte rendu de ces quatre journées (2-5 avril); discours prononcés par le D^r Ch. Nicolle, le médecin principal Lejonne, directeur du Service de Santé des troupes de Tunisie, le Dr Viguier, médecin-chef de 1re cl. de la Marine, Lucien Saint, résident général, etc.; nombreux portraits de médecins tunisiens.

8572. — *Journées médicales tunisiennes, Pâques 1926...* — *Bul. Soc. Sc. Méd. Tunis,* 1926, p. 167-342, ill., portr.

Comptes rendus *in extenso* des communications faites sur les questions à l'ordre du jour : chirurgie gastro-duodénale, fièvre méditerranéenne, prophylaxie de la rougeole, trachome, notamment : *Origine et conception du trachome,* par Ch. Nicolle et Ugo Lumbroso (p. 291-294); *Du trachome dans la marine militaire,* par le médecin en chef de 1re cl. Viguier (p. 272-278); *Quelques cas de piroplasmose constatés dans la garnison de Bizerte,* par le vétérinaire-major Lefrançois (p. 340-341), etc. (v. n° **8573**).

8573. — Gérard (Dr F.), médecin chef de service à l'hôpital civil français de Tunis. *Notice sur l'hygiène et l'assistance médicale en Tunisie...* — Tunis, imp. G. Finzi, 1926, in-8°, 63 p., couv. ill.

Journées médicales tunisiennes, Pâques 1926. — Effort accompli en Tunisie sur le terrain de l'hygiène et de l'assistance médicale.

8574. — Noëll (R.-E.-E.). *La rage. La rage en Tunisie.* — Paris, Vigot frères, 1926, in-8°, 87 p.

École nationale vétérinaire d'Alfort. Thèse... 1926 [n° 50]. — Étiologie, symptômes, diagnostic, coutumes arabes contre la rage, l'Institut Pasteur de Tunis, police sanitaire de la rage, immunisation, traitement de la rage déclarée; bibliographie. An. par Raymond Neveu, dans *R. Méd. Hyg. tropic.,* 1926, p. 86.

8575. — Chérouvrier (A.-M.-J.). *Essai sur quelques modes de thérapeutique d'un usage courant chez les indigènes de Tunisie.* — Paris, Jouve, 1926, in-8°, 101 p.

Faculté de médecine de Paris. Thèse... 1926 [n° 51]. — Éléments recueillis par l'auteur à l'hôpital Sadiki concernant la thérapeutique de la syphilis, de la blennorragie, la pratique de la révulsion, les tatouages, les stations minérales et thermales tunisiennes; courte bibliographie.

8576. — Marchoux (Dr E.). *Le paludisme.* — *R. F.*, 1926, t. VI, p. 439-464, 2 fig.

Histoire, cause et évolution de la maladie, la lutte contre le paludisme, la Société des Nations et le paludisme. Cf. du même, *Le paludisme, d'où il vient, comment s'en défendre.* Ac. Sc. Col., 1925, t. III, p. 29-38, fig.

8577. — Nicolle (Charles) et Lumbroso (Ugo). *La conjonctivite granuleuse du lapin et l'origine du trachome...* — *C. R. Ac. Sc.*, 1926, t. CLXXXII, p. 1116-1118.

An. par P. Guérin, dans *R. Sc.*, 1926, p. 346.

8578. — Nicolle (Charles) et Anderson (Charles). *Fièvre récurrente transmise à la fois par ornithodores et par poux...* — *C. R. Ac. Sc.*, 1926, t. CLXXXII, p. 1450-1451.

An. par P. Guérin, dans *R. Sc.*, 1926, p. 410.

8579. — Pagnon, vétérinaire principal de 2e cl., et Faure, vétérinaire-major de 2e cl. *Étude sur une trypanosomiase au 4e spahis...* — *R. Vét. Mil.*, 1926, p. 309-317.

Le 4e esc^{on} avait été contaminé au Maroc, en 1926; aperçu sommaire de l'épizootie, étiologie, marche de la maladie, diagnostic, mesures prophylactiques, étude bactériologique.

8580. — Duplenne (Blanche). *Étude sur la tuberculose chez les indigènes musulmans en Tunisie.* — Paris, Jouve, 1927, in-8°, 80 p., 3 pl.

Faculté de médecine de Paris. Thèse... 1927 [n° 386]. — Tuberculose pulmonaire, osseuse, ganglionnaire; établissements créés, la Rabta, préventorium de Kram; œuvres à fonder.

CHAPITRE III.

HISTORIQUES ET FAITS D'ARMES DES CORPS DE TROUPE.

8581. — Vérillon (Commandant M.). *Les trophées de la France...* — Paris, J. Leroy, 1907, in-4°, xiv-154 p., pl., ill.

L'ouvrage le plus complet sur la question des trophées. Drapeaux décorés pour conquête de trophées (2°, 3° zouaves, 2°, 3° Tirailleurs algériens, 1ᵉʳ étranger, 1ᵉʳ chasseurs d'Afrique, etc.); historique des drapeaux conquis (87 algériens, 36 marocains) pendant la conquête de l'Algérie (1830-1881) et la campagne de Tunisie (3 tunisiens); répartition de ces trophées à la chapelle des Invalides et au musée de l'Armée; nomenclature; tableau des régiments ayant conquis des trophées.

8582. — Niox (Général). *Drapeaux et trophées; résumé de l'histoire militaire contemporaine de la France, catalogue du Musée de l'armée.* — Paris, C. Delagrave [1910], in-16, 192 p., fig.

Résumé des guerres d'Algérie (p. 49-56), de l'occupation de la Tunisie (p. 56-57), des premières opérations au Maroc (p. 58-64); description des drapeaux, fanions, étendards algériens (114), tunisiens (4), marocains (26).

8583. — Le Pointe (Henri). *Gloires et légendes, histoire militaire de la France racontée par ses drapeaux de 1792 à nos jours.* Préface de Édouard Detaille... — Paris, Jouve, 1911, in-16, viii-533 p.

Histoire résumée des guerres soutenues par la France depuis 1792, en relatant les combats inscrits sur les drapeaux : Algérie, 1831-1890 (p. 304-364); Tunisie, 1881-1883 (p. 449-454). An. dans *R. F. Étr. Col.*, 1911, p. 192.

8584. — *A la mémoire des soldats tunisiens.* — *Bul. Com. A. F.*, 1921, p. 23.

Discours de M. Puaux, secrétaire général du Gouvernement tunisien, lors de la pose de la première pierre du monument édifié devant la kasbah de Tunis.

8585. — Drevet (Commandant R.). *L'Armée tunisienne.* — Tunis, imp. Ch. Weber, 1922, in-8°, 443 p. cartes.

L'auteur était directeur de la mission militaire de Tunisie depuis 1919. Importante étude sur l'histoire, l'évolution et l'état actuel de l'armée tunisienne. I. Avant 1883 : armée régulière et armée irrégulière depuis 1837. II. Réorganisation de 1883 : principes de la réorganisation, formation de la garde beylicale, organisation du ministère de la Guerre. III. De 1883 à 1914 : loi de recrutement, historique des troupes tunisiennes, notamment du 4ᵉ Tirailleurs au Maroc. IV. Pendant la guerre 1914-1918 : mobilisation, historique des 4ᵉ et 8ᵉ rég^{ts} de marche de Tirailleurs, du 4ᵉ mixte de zouaves et de Tirailleurs, du 4ᵉ spahis, des formations d'Orient et du Maroc, opérations dans le Sud-Tunisien; la garde beylicale pendant la guerre. V. Depuis le 11 nov. 1918. 17 annexes dont : listes des beys, des consuls de France et Résidents généraux; des généraux ayant commandé en Tunisie et ayant exercé les fonctions de ministre de la Guerre du gouvernement tunisien, des officiers français détachés en mission de 1835 à 1865, des officiers français de la mission militaire de Tunisie depuis 1883, des chefs de corps du 4ᵉ Tirailleurs et du 4ᵉ spahis; contribution en hommes fournie par la Tunisie au cours de la grande guerre; carte de l'extension du territoire de recrutement. An. par J. Aubry, dans *Bul. Soc. G. Alger*, 1922, p. 617-620; par M. Gandolphe, dans *R. T.*, 1922, p. 274-285, qui rectifie notamment les noms et dates d'emploi des officiers français en Tunisie de 1833 à 1865; lettre du Cᵗ Drevet à ce sujet, *R. T.*, 1923, p. 94-96 (v. n° **5057**).

8586. — Grémillet (Paul). *Les régiments disparus. Leurs origines, leurs traditions, leurs légendes, leurs gloires.* — Arch. G. G. [1923], t. XIV, p. 1459-1492.

Esquisse générale sur les anciens rég^{ts} d'inf^{ie} dissous depuis l'armistice, leur filiation et leurs transformations successives; brève monographie des 2ᵉ (Algérie : 1842-1848 et 1882-1883, Tunisie : 2ᵉ bat^{on}, 1881-1882), 6ᵉ (Algérie : 1830, Tunisie : 1881-1886) et 10ᵉ d'inf^{ie} (Algérie : 1851-1853).

8587. — Dolot (Général G.). *Les tombes militaires et le Souvenir français en Tunisie (1881-1923).* — Tunis, imp. G. Guinle [1924], in-8°, 62 p., phot., carte.

Répertoire illustré indiquant où, quand, comment et par qui ont été recueillis les restes des militaires français morts en Tunisie depuis 1881 et de quelle façon sont honorées les victimes de la grande guerre dans les cimetières de la Régence. An. par C. V., dans *R. Sect. Tunis.*, 1924, p. 155-156.

A. INFANTERIE.

a. Infanterie de ligne.

7ᵉ d'infanterie.

En Algérie (3ᵉ batᵒⁿ), 1880-1881 (colonne de La Soujeole en Kabylie), 1882-1886.
En Tunisie (3ᵉ batᵒⁿ), 1881-1882 (colonne de Tebessa, escorte de convois).

8588. — *Résumé de l'historique du 7ᵉ régiment d'infanterie de ligne.* — Cahors, imp. Plantade, 1887, in-8°, 39 p.

8589. — [BOURDEAU (Commandant)]. *Historique du 7ᵉ régiment d'infanterie, 1569-1890.* — Cahors, J. Girma, 1890, in-18, xv-484 p., grav., carte.

8590. — SÈZE (Commandant G. de). *Précis de l'historique du 7ᵉ régiment d'infanterie... 1569-1900.* — Cahors, J. Girma, 1900, in-32, 95 p., pl.

Résumé de l'ouvrage précédent.

9ᵉ d'infanterie.

En Algérie de 1847 à 1852 (colonnes expéditionnaires dans la province d'Oran, 1847, colonne Saint-Arnaud en Petite Kabylie, expédition dans le Dahra, 1851); de 1859 à 1863 (opérations à la frontière du Maroc, 1859, Petite Kabylie, 1860); en 1881 (3ᵉ batᵒⁿ), province de Constantine.
En Tunisie (3ᵉ batᵒⁿ), 1881-1882 (colonne sur Gafsa).

8591. — BOHAIN (Capitaine) et PUIG (Chef de bataillon). *Histoire du 9ᵉ régiment d'infanterie de ligne (1615-1889)...* — S. l. n. d., in-8°, 454 p., autographié.

8592. — M. P. (Capitaine). *Abrégé de l'histoire du 9ᵉ régiment d'infanterie de ligne... d'après l'histoire du régiment, par le capitaine Bohain, et l'historique particulier du corps depuis 1817.* — Agen, imp. Vᵛᵉ Lamy, s. d., in-8°, 16 p.

8593. — GAITE (Lieutᵗ B.-J.-J.). *Principaux faits glorieux de l'histoire du 9ᵉ régiment d'infanterie de ligne depuis sa fondation,* d'après l'histoire du 9ᵉ régiment d'infanterie, par M. le commandant Puig. — Agen, imp. Vᵛᵉ Lamy, 1894, in-16, 24 p.

8594. — TRILLES (Em.). *Historique succinct du 9ᵉ régiment d'infanterie.* — Revue de l'Agenais, 1904, p. 401-439, ill.

En Tunisie : 1ᵉʳ batᵒⁿ en 1881, 4ᵉ batᵒⁿ de 1881 à 1883 (brigade Galland, expéditions sur Souk-el-Arba, l'oued Mellègue, Fernana). — 18ᵉ d'infanterie.

8595. — LABOUCHE (Lieutᵗ). *Historique du 18ᵉ régiment d'infanterie de ligne...* — Paris, imp. Garet, 1891, in-8°, 399 p., tabl., pl.

En Tunisie (1ᵉʳ batᵒⁿ), 1881-1886 (7ᵉ brigade de renfort, reconnaissance sur Msaken, occupation de Kairouan). — 19ᵉ d'infanterie.

8596. — *Précis de l'historique du 19ᵉ régiment d'infanterie depuis sa création en 1597 jusqu'à nos jours.* — Brest, typ. Gadreau, 1888, in-16, 44 p.

8597. — MASSÉ (Pierre). *Le 19ᵉ régiment d'infanterie à travers l'histoire (1597-1923).* — Paris, Les Étincelles, s. d., in-8°, 97 p.

8598. — LAFAURIE (Paul de). *Le 20ᵉ de ligne en Tunisie (1881-1884).* — Montauban, imp. Forestié, 1884, in-16, viii-68 p. — 20ᵉ d'infanterie.

Extr. de l'historique de ce corps relatif à sa participation à l'expédition et à son séjour en Tunisie.

En Tunisie (1ᵉʳ batᵒⁿ), 1881-1885 (reconnaissance vers Ben-Saïdan, colonnes sur Kairouan et Gabès, colonne Sabattier à la frontière tripolitaine, 1881, colonne Quinemant, 1882). — 25ᵉ d'infanterie.

8599. — *Historique du 25ᵉ régiment de ligne.* 2ᵉ éd. — Paris, Charles-Lavauzelle, 1888, in-16, 125 p.

Petite bibliothèque de l'Armée française. — Autre éd., *ibid.*, 1887.

40ᵉ d'infanterie.

En Tunisie (1ᵉ et 4ᵉ batᵒⁿˢ), 1881 (1ʳᵉ expédition, combats du Kef-Cheraga de l'oued Djenan, de Ben-M'Tir, reconnaissance contre les Mekna).

8600. — Coste (Sous-Lieutᵗ Émile). *Historique du 40ᵉ régiment d'infanterie de ligne.* — Paris, G. Chamerot, 1887, gr. in-8°, xi-256 p., pl., musique.

8601. — Coste (Lieutᵗ É.). *Préface de l'historique du 40ᵉ [et du 74ᵉ] régiment d'infanterie...* — Vichy, imp. Wallon [1887-1890], in-8°, 11 p.

46ᵉ d'infanterie.

En Tunisie (2ᵉ batᵒⁿ), 1881-1883 (Kairouan).

8602. — Chaperon (Capitaine Henri). *Historique du 46ᵉ régiment d'infanterie...* — Paris, Charles-Lavauzelle, 1894, in-8°, 200 p.

8603. — Du Fresnel (Commandant). *Petit historique anecdotique du 46ᵉ régiment d'infanterie...* — Paris, Charles-Lavauzelle [1900], in-32, 135 p., musique.

Petite bibliothèque de l'Armée française. — Autre éd., ibid. [1897], in-32, 135 p.

55ᵉ d'infanterie.

En Algérie, 1832-1834 (expédition contre les Beni Yacoub, combats autour de Bône, 1832); 1863-1866 (colonnes dans le Sud-Oranais).
En Tunisie (1ᵉʳ batᵒⁿ), 1881-1882 (Kairouan, colonnes dans le Sud).

8604. — Martin (Lieutᵗ Emmanuel). *Le 55ᵉ régiment d'infanterie (1644-1888)...* — Avignon, F. Seguin, 1888, in-16, 144 p.

2ᵉ éd., ibid., 1905, in-8°, 158 p.

57ᵉ d'infanterie.

En Tunisie (3ᵉ et 4ᵉ batᵒⁿˢ), 1881 (col de Fedj-Kahla, reconnaissances en pays kroumir); 3ᵉ batᵒⁿ, au corps d'occupation de Tunisie, 1881-1883.

8605. — Thierry de Ville-d'Avray (Lieutᵗ-Colonel). *Historique du 57ᵉ régiment d'infanterie, appelé « Le Terrible » par Napoléon Iᵉʳ...* — Paris, Charles-Lavauzelle [1899] in-32, 75 p.

Petite bibliothèque de l'Armée française.

8606. — ITIER (Capitaine) et FAVATIER (Lieut^t). *Résumé de l'historique du 57e régiment d'infanterie...* — Libourne, Maleville, 1890, in-8°, 77 p.

8607. — BERTHEMET (Capitaine Charles-Henry). *Historique du 57e régiment d'infanterie...* complété par G. Bouchon... — Bordeaux, G. Bouchon, 1901, gr. in-8°, XVIII-304 p., portr., ill.

En Algérie, 1833-1836 (prise de Bougie, 1833, expédition de Constantine, 1836); 1880-1882 (3e bat^{on}).   59e d'infanterie.
Expédition de Tunisie (3e bat^{on}), 1881 (combat d'El-Aïoun).

8608. — *Historique du 59e régiment de ligne.* — S. A., 1843, p. 6-7.

8609. — BOUTIÉ (Capitaine). *Extrait de l'historique du 59e d'infanterie...* — Pamiers, imp. J. Galy, 1887, in-12, 86 p.

8610. — BOUTIÉ (Capitaine). *Historique du 59e d'infanterie...* — Pamiers, imp. J. Galy, 1888, in-8°, 109 p.

8611. — MAURY, lieut^t du 59e d'inf^{ie}. *Aux soldats. Histoire d'un régiment... 59e régiment d'infanterie...* Préface de J. Claretie. — Foix, imp. Gadrat aîné, 1899, in-8°, 113 p., ill.

Anecdotes sur les principaux combats du rég^t en Algérie et en Tunisie.

8612. — BARTHAS (Lieut^t). *Petit historique du 59e régiment d'infanterie...* — Paris, Charles-Lavauzelle [1902], in-32, 115 p., croq.

Petite bibliothèque de l'Armée française.

En Algérie, 1854-1859 (expéditions de Kabylie, 1856 et 1857).   65e d'infanterie.
En Tunisie (1er bat^{on}), 1881-1883 (Kairouan, colonnes dans l'Est et dans le Sud).

8613. — *Historique du 65ᵉ régiment d'infanterie de ligne.* Extrait du registre des marches et opérations du régiment. — Paris, Ch. Tanera, 1875, in-8°, 90 p.

<small>Publication de la Réunion des Officiers. — 2ᵉ éd., ibid., 1878, 118 p.</small>

8614. — *Historique du 65ᵉ régiment d'infanterie de ligne* Extrait du registre des marches et opérations du régiment. — Paris, Charles-Lavauzelle, 1886, in-32, 127 p.

<small>Petite bibliothèque de l'Armée française.</small>

8615. — [Bissey, Lafond, Durand (Capitaines)]. *Historique du 65ᵉ régiment d'infanterie de ligne, 1672-1888.* — Nantes, Imp. du régiment, 1888, in-8°, 170 p., pl., couv. ill.

8616. — *Historique du 65ᵉ régiment d'infanterie. Stralsund (1807), Ratisbonne (1809), Anvers (1832), Magenta (1859), la Grande Guerre (1914-1918).* — Paris, Charles-Lavauzelle, 1920, in-32, 160 p., croq.

<small>Quelques mots sur l'historique du corps en Algérie, rien pour la Tunisie.</small>

73ᵉ d'infanterie.

<small>En Tunisie (1ᵉʳ batᵒⁿ), 1881-1883 (seconde expédition, colonne Debord, Testour, colonne d'Aubigny, reconnaissances sur Aïn-Guerça, Sidi-Djaber, Menzel).</small>

8617. — *Historique du 73ᵉ régiment de ligne.* — S. l., Presse du régiment, 1883, in-16, 11 p.

8618. — *Historique du 73ᵉ régiment d'infanterie de ligne.* — Béthune, H. Delpierre, 1895, in-32, 89 p.

8619. — *En Tunisie, 1881-1882. Notes de route et de campagne d'un troupier du 73ᵉ de ligne*, publiées par le Dʳ A. Yardin... — Dunkerque, imp. P. Michel [1913], in-8°, 58 p.

<small>Extr. des *Mémoires de la Soc. dunkerquoise*, t. LVIII. — Notes du soldat Édouard Benoist (sept. 1881-oct. 1882), complétées notamment par des extr. de lettres du capitaine H. Dor, commandant la 1ʳᵉ cⁱᵉ du 2ᵉ batᵒⁿ du 73ᵉ de ligne.</small>

En Algérie, 1871-1875 (insurrection de 1871, combat d'Icheriden, colonne Saussier, 1871).
En Tunisie (1ᵉʳ batᵒⁿ), 1881-1883 (combat de Nebeur, 1881).

80ᵉ d'infanterie
(ex-5ᵉ léger).

8620. — BRISSET (Commandant). *Historique du 80ᵉ régiment d'infanterie...* — Paris, J. Dumaine, 1876, in-8°, 96 p.

En Algérie, 1847-1852 (expéditions en Kabylie, 1851), 1864-1867 (province de Constantine, expéditions à la frontière tunisienne et contre les Ouled-Sidi-Cheikh).
En Tunisie (3ᵉ et 4ᵉ batᵒⁿˢ), 1881 (Le Kef, Béja, colonne Logerot); [3ᵉ batᵒⁿ], 1881-1886 (colonne de La Roque).

83ᵉ d'infanterie
(ex-8ᵉ léger).

8621. — PITOT (Lieutᵗ). *Historique du 83ᵉ régiment d'infanterie, 1684-1891...* — Toulouse, Éd. Privat, 1891, in-8°, IV-327 p., cartes, pl., musique.

8622. — MONTAIGNE (Commandant). *Mon livre...* — Toulouse, imp. Éd. Privat, 1905, in-16, 230 p.

Livre du soldat contenant un bref résumé de l'historique.

En Algérie de 1845 à 1851 (opérations dans la province d'Oran, colonnes dans le Sud, 1849) et de 1864 à 1866 (opérations contre les Ouled-Sidi-Cheikh, colonne Liébert, opérations contre les Meknessa et les Flitta).
En Tunisie (3ᵉ batᵒⁿ), de 1881 à 1883 (colonne de Zaghouan).

87ᵉ d'infanterie
(ex-12ᵉ léger).

8623. — BRAHAUT (Colonel). *Histoire des régiments. 12ᵉ régiment d'infanterie légère.* — *Moniteur de l'Armée,* 28 février 1845.

8624. — VARENNES (E.). *Monographie des régiments de l'armée française. 87ᵉ régiment d'infanterie.* — *Illustration militaire,* 1868, p. 403-404, 411-413.

8625. — MALAGUTI (Capitaine). *Historique du 87ᵉ régiment d'infanterie de ligne, 1690-1892.* — Saint-Quentin, imp. J. Moureau, 1892, gr. in-8°, XIII-647 p.

88e d'infanterie
(ex-13e léger).

En Algérie, 1840-1848 (Rio-Salado, 1840, Tagdempt, Mascara, 1841, opérations dans le Dahra et l'Ouarensenis, 1843, Isly, 1844, opérations contre Bou Maza, 1845, Grande Kabylie, 1847).
En Tunisie (3° et 4° bat°ⁿˢ), 1881-1883 (Tabarka, opérations contre les Mekna).

8626. — *Historique sommaire du 88e régiment d'infanterie.* — S. l., 1878, in-8°, 27 p., autographié au corps.

8627. — *Résumé de l'historique du 88e régiment d'infanterie.* — Auch, imp. Th. Bouquet, 1899, in-16, 107 p.

93e d'infanterie
(ex-18e léger).

En Algérie, 1855-1859 (expédition de la Grande Kabylie, opérations contre les Beni-Raten, combat d'Icheriden, 1857).
En Tunisie (2° bat°ⁿ), 1881-1882 (Sfax).

8628. — *Historique du 93e régiment d'infanterie.* — La Roche-sur-Yon, 1881, in-8°, 56 p., autographié au corps.

8629. — Duroisel (Capitaine G.). *Résumé de l'historique du 93e régiment d'infanterie, ancien Enghien et 18e léger...* — La Roche-sur-Yon, Vᵛᵉ E. Ivonnet, 1891, in-16, 160 p., pl., portr.

8630. — Duroisel (Capitaine G.). *Historique du 93e régiment d'infanterie, ancien Enghien et 18e léger...* — La Roche-sur-Yon, Vᵛᵉ Ivonnet, 1893, gr. in-8°, xii-368 p., cartes, pl., portr.

8631. — Herriot (Capitaine F.-N.). *93e régiment d'infanterie. Ode au drapeau.* — La Roche-sur-Yon, imp. Vᵛᵉ E. Ivonnet, s. d., in-8°, 8 p.

96e d'infanterie
(ex-21e léger).

En Tunisie (1ᵉʳ et 2° bat°ⁿˢ), 1881 (combats du djebel Sekkek, du djebel Daraoui); 2° bat°ⁿ au corps d'occupation jusqu'en février 1883.

8632. — Bouvier (Capitaine J.-B.). *Historique du 96e régiment d'infanterie.* — Lyon, imp. A. Storck, 1892, gr. in-8°, v-426 p.

En Algérie et en Tunisie (2ᵉ batᵒⁿ), 1881-1883.   98ᵉ d'infanterie (ex-23ᵉ léger).

8633. — ALBERT et MARTIN (Lieutᵗˢ). *Historique du 98ᵉ régiment d'infanterie.* — S. l., 1890, in-4°, 683 p., lithogr.

8634. — *Résumé de l'historique du 98ᵉ régiment d'infanterie.* — Paris, Charles-Lavauzelle, 1893, in-32, 118 p.

Petite bibliothèque de l'Armée française.

En Algérie, 1850-1855 (colonnes en Kabylie, 1851, expédition du Djurdjura et du Sud, 1854); [3ᵉ batᵒⁿ], 1881-1888. 100ᵉ d'infanterie (ex-25ᵉ léger).
En Tunisie (3ᵉ batᵒⁿ), 1881 (colonne de Tebessa, Kairouan).

8635. — GROSSELIN (Capitaine) et ANDRÉ (Lieutᵗ d'). *Historique du 100ᵉ régiment d'infanterie de ligne, 1758-1894.* — Limoux, imp. J.-M. Talamas, 1896, in-8°, 205 p.

En Tunisie (4ᵉ batᵒⁿ, renforcé par des détachements du 103ᵉ régᵗ), 1881-1886 (2ᵉ expédition, colonnes dans le Sud, 1881-1882, colonne de La Roque, 1882-1883). 101ᵉ d'infanterie.

8636. — *Historique du 101ᵉ régiment d'infanterie.* 2ᵉ éd. — Laval, imp. Lelièvre, 1896, in-8°, 32 p., ill.

Autre éd., *ibid.*, imp. Moreau, 1892, in-8°, 32 p.

En Algérie (7ᵉ régᵗ provisoire), 1871-1875 (insurrection de 1871). 107ᵉ d'infanterie.
En Tunisie (1ᵉʳ batᵒⁿ), 1881-1883 (expédition de 1881).

8637. — R. B. *Historique du 107ᵉ régiment d'infanterie (1772-1884).* — Angoulême, imp. F. Lugeol, 1885, in-12, 42 p.

Autre éd., *ibid.*, 1884, in-12, 35 p.

En Tunisie (2ᵉ batᵒⁿ), 1881-1883 (brigade Philebert, colonnes contre les Oulad-Ayar et sur Gafsa, reconnaissances dans le Sud). 110ᵉ d'infanterie.

8638. — *Historique du 110ᵉ régiment d'infanterie de ligne.* — S. l., Presse régimentaire [1896], in-8°, 164 p., ill., croq.

111ᵉ d'infanterie.

En Algérie (11ᵉ régᵗ provisoire), 1871-1872 (colonne de l'oued Sahel, expédition contre les Beni-Menacer, 1871).
En Tunisie (1ᵉʳ batᵒⁿ), 1881-1882 (brigade Philebert, reconnaissance contre les Oulad-Ayar, colonne dans le Sud).

8639. — Adam (Capitaine A.). *Historique du 111ᵉ régiment d'infanterie.* — Bastia, Vᵛᵉ Ollagnier, 1890, in-8°, 261 p.

114ᵉ d'infanterie.

En Tunisie (2ᵉ batᵒⁿ), 1881-1883 (brigade de La Manouba, occupation de Tunis et de Vabarka).

8640. — Bertaux (Capitaine M.-J.). *Historique du 114ᵉ régiment d'infanterie...* — Niort, imp. Th. Mercier, 1892, in-8°, 163 p.

8641. — *Petit historique du 114ᵉ régiment d'infanterie...* — Saint-Maixent, 1923, in-16, 8 p.

115ᵉ d'infanterie.

En Tunisie (2ᵉ batᵒⁿ), 1881-1886 (occupation de postes et escortes de convois).

8642. — Donin de Rosière (Commandant). *Historique du 115ᵉ régiment d'infanterie...* — Mamers, Presse régimentaire, 1894, in-8°, ii-151 p., pl., portr., croq., musique.

8643. — Berthon (Lieutᵗ). *Historique du 115ᵉ régiment d'infanterie...* 2ᵉ éd. — Paris, Presse régimentaire, 1899, in-8°, x-206 p., pl., portr., cartes, musique.

1ʳᵉ éd., Mamers, *ibid.*, 1898.

116ᵉ d'infanterie.

En Tunisie (2ᵉ batᵒⁿ), 1881-1883 (reconnaissances dans l'Enfida, 1881, colonne sur Gafsa, 1882).

8644. — Pierres (Lieutenant H. de). *Historique du 116ᵉ régiment d'infanterie...* — Vannes, Lafolye, 1891, in-8°, iv-211 p., 5 cartes.

8645. — Rémond (Capitaine). *Le drapeau du 116ᵉ...* — S. l. n. d., in-12, 22 p., tableau.

8646. — YVERT (Louis). *Historique du 116ᵉ régiment d'infanterie.* — Vannes, B. Le Beau, 1895, in-16, iv-73 p.

En Algérie (2ᵉ bat^on), 1882-1884 (province de Constantine).
En Tunisie (2ᵉ bat^on), 1881-1882.

117ᵉ d'infanterie.

8647. — *Extrait de l'historique du 117ᵉ.* — Le Mans, Drouin, 1911, in-16, 23 p., carte.

En Tunisie (1ᵉʳ bat^on), 1881-1883.

118ᵉ d'infanterie.

8648. — *118ᵉ régiment d'infanterie. Extrait de l'historique (1794-1890).* — S. l. [1891], in-16, 16 p.

8649. — *Historique du 118ᵉ d'infanterie.* — Paris, Charles-Lavauzelle, 1893, in-8°, 98 p., pl.

Mentionne seulement l'arrivée et le départ de Tunisie du 1ᵉʳ bat^on.

En Tunisie (2ᵉ bat^on), 1881 (division Japy).

119ᵉ d'infanterie.

8650. — [BOUDOT (Capitaine P.)]. *Historique du 119ᵉ régiment d'infanterie.* — Paris, imp. Chapelot [1910], in-32, 4 p.

En Tunisie (1ᵉʳ bat^on), 1881-1883 (combat d'El-Arbaïn, colonnes sur Zaghouan, Kairouan et Sfax).

125ᵉ d'infanterie.

8651. — ROULIN (Lieut^t-Colonel). *125ᵉ régiment d'infanterie. Historique des corps d'infanterie ayant porté le n° 125...* — Orléans, imp. G. Jacob, 1890, in-8°, 360 p., grav., pl.

8652. — GARRAUD (Dominique). *Au colonel Babin, commandant le 125ᵉ régiment d'infanterie. Historique du régiment :* (1812) *campagne de Russie, La Bérésina;* (1870-1871) *campagne de France;* (1882) *campagne de Tunisie;* (1895) *campagne de*

Madagascar... — Poitiers, imp. A. Boulifard [1900], in-8°, 20 p.

Écrit en vers. Poème sur le combat d'El-Arbaïn.

127ᵉ d'infanterie.

En Tunisie (1ᵉʳ batᵒⁿ), 1881-1883 (colonne contre Ali ben Amar, Testour).

8653. — *Historique du 127ᵉ régiment d'infanterie.* — Valenciennes, P. et G. Giard, 1897, in-8°, 120 p., pl.

128ᵉ d'infanterie.

En Tunisie (1ᵉʳ batᵒⁿ), 1881-1883 (colonne d'Aubigny, 1882).

8654. — [ROPPER (Lieutᵗ)]. *Historique du 128ᵉ régiment d'infanterie.* 2ᵉ éd. — Paris, Charles-Lavauzelle [1898], in-32, 132 p.

Petite bibliothèque de l'*Armée française*. — 1ʳᵉ éd., *ibid.*, 1890.

130ᵉ d'infanterie.

En Tunisie (2ᵉ batᵒⁿ), 1881-1882 (division Japy).
En Algérie (2ᵉ batᵒⁿ), 1882-1884.

8655. — *Les régiments d'Eure-et-Loir : 2ᵉ dragons, 20ᵉ chasseurs, 130ᵉ, 124ᵉ, 103ᵉ d'infanterie, 4ᵉ escadron du train.* — Chartres, imp. Garnier, 1887, in-12, 56 p.

Extr. du *Journal de Chartres*.

135ᵉ d'infanterie.

En Tunisie (1ᵉʳ batᵒⁿ), 1881-1883 (brigade Sabattier, combat d'El-Arbaïn, Kairouan, colonne Logerot sur Gabès et Sfax, poste d'El-Djem).

8656. — DESCOINGS (Lieutᵗ Henri). *135ᵉ de ligne. Historique du régiment...* — Angers, Germain et G. Grassin, 1891, in-8°, 223 p.

136ᵉ d'infanterie.

En Tunisie (2ᵉ batᵒⁿ), 1881-1882 (prise de Sfax et colonnes autour de Sfax).

8657. — MONTAGNON (Lieutᵗ L.). *Historique du 136ᵉ d'infanterie...* — Saint-Lô, imp. J. Delamare, 1892, in-8°, 312 p.

En Tunisie (3° bat^on), 1881-1883 (prise de Sfax, combat de Menzel, colonne mobile Jamais, engagement de Zeraoua). — 137ᵉ d'infanterie.

8658. — JAGUIN (Lieut^t). *Historique du 137ᵉ régiment d'infanterie...* — Fontenay-le-Comte, L.-P. Gouraud, 1890, in-8°, 172 p., cartes.

En Tunisie (1er bat^on), 1881-1883 (7° brigade de renfort, reconnaissances sur Msaken, Kalaa Srira, occupation de Kairouan). — 138ᵉ d'infanterie.

8659. — RICHARD (Capitaine). *Historique du 138ᵉ régiment d'infanterie.* — S. l., août 1892, in-8°, 32 p., lithogr.

8660. — PITOLLET (Lieut^t). *Extrait de l'historique du 138ᵉ de ligne...* — Paris, Charles-Lavauzelle, 1895, in-32, 59 p.
Petite bibliothèque de l'Armée française.

En Tunisie (1er et 3° bat^ons), avril-juin 1881 (1re brigade de renfort, combat de Fedj-Kahla). — 141ᵉ d'infanterie.

En Tunisie (1er bat^on), 1881 (2° bat^on), 1881 à 1883 (1re et 2° expéditions). — 142ᵉ d'infanterie.

8661. — BOUSQUIER (Lieut^t L.). *Historique du 142ᵉ régiment d'infanterie...* — Paris, Charles-Lavauzelle, 1897, in-32, 122 p.
Petite bibliothèque de l'Armée française. — Autre éd., ibid., Lodève, imp. Jullian [1891], in-8°, 98 p.

En Tunisie (2° bat^on), 1881-1882 (opérations contre les Mekna, 1881). — 143ᵉ d'infanterie.

8662. — *Historique du 143ᵉ régiment d'infanterie de ligne (ancien régiment de Penthièvre), d'après les archives du ministère de la Guerre, celles du corps et de nombreux ouvrages militaires.* — Albi, Presse régimentaire, 1891, in-8°, 106 p., pl., portr., carte.
Autre éd., ibid., in-12, 106 p.

116ᵉ territorial.
En Tunisie, 1914-1919 (Sud-Tunisien, 1915-1917, tournées de police, escorte de convois, occupation des postes de Ben-Gardane, Zarzis, Matmata).

8663. — PLAN (Lieut‑Colonel E.), commandant le 173ᵉ R. I. *Historique du 116ᵉ régiment d'infanterie territoriale.* — Bastia, J.-B. Ollagnier [1920], in-8°, 5 p.

125ᵉ territorial.
En Algérie (1ᵉʳ et 3ᵉ batᵒⁿˢ), 1914.
En Tunisie (1ᵉʳ et 3ᵉ batᵒⁿˢ), 1915-1919 (**Sud-Tunisien,** occupation de postes, tournées de police, escorte de convois).
Au **Maroc** (2ᵉ batᵒⁿ), 1914-1919 (régions de Taza et de Marrakech).

126ᵉ territorial.
En Tunisie, 1914-1919 (**Sud-Tunisien.** 1915-1916, affaires de Dehibat, Bir-Remta et Oum-Souigh).

8664. — *Historique du 126ᵉ régiment territorial d'infanterie 1914-1919.* — Perpignan, imp. de *l'Indépendant,* 1922, in-8°, 40 p., pl., carte.

Cf. *Discours prononcé par un prêtre‑soldat, à Médenine, le 26 septembre 1916, dans un service funèbre pour les soldats tombés dans le Sud‑Tunisien au cours de l'année 1915.* S. l. n. d., in-8°, 4 p.

b. Bataillons de chasseurs à pied.

23ᵉ bataillon.
En Algérie, 1871-1875 (insurrection de la Grande Kabylie, colonne de l'oued Sahel, Dra-el-Mizan. Icheriden, insurrection des Beni-Menacer, 1871) et de 1885 à 1886.
En Tunisie, 1881-1882 (Kairouan).
Au Maroc, août-nov. 1925 (opérations sur le front nord marocain).

8665. — *Résumé de l'historique du 23ᵉ bataillon.* — S. l., 1879, in-8°, 25 p., lithogr.

8666. — *Historique du 23ᵉ bataillon de chasseurs à pied.* — Antibes, imp. F. Fugairon [1921] in-8°, 112 p., croq.

Au début, bref résumé de l'historique du batᵒⁿ de 1870 à 1914.

En Algérie, 1871-1872 (pacification de la Grande Kabylie, colonne expéditionnaire des Isser, combats de Taourga, des Beni-Khalifa, de Fort-National et d'Icheriden, 1871).

27ᵉ bataillon.

En Tunisie, 1881-1887 (expédition de 1881-1882, opérations dans la vallée de la Medjerda, Kairouan, 1881, colonnes expéditionnaires dans le Sud et à la frontière tripolitaine, 1882).

8667. — *Résumé de l'historique du 27ᵉ bataillon.* — Cette, 1879, in-16, 19 p.

8668. — *27ᵉ bataillon de chasseurs à pied. Historique du corps.* — Montpellier, imp. Hamelin frères, 1883, in-8°, 48 p.

8669. — *Historique du 27ᵉ bataillon de chasseurs.* — Paris, Charles-Lavauzelle, 1890, in-32, 128 p.

Petite bibliothèque de l'Armée française. — 2ᵉ éd., 1901, ibid. — Réimp. de l'historique paru en 1883.

8670. — *Historique du 27ᵉ bataillon alpin de chasseurs à pied pendant la guerre 1914-1918.* — Nancy, imp. Berger-Levrault, s. d., in-8°, 64 p.

Au début, rappel du séjour du batᵒⁿ en Algérie et en Tunisie.

En Algérie, 1871-1872 (insurrection de 1871, colonnes expéditionnaires en Kabylie orientale, combats de Saguiet-Reha, Takitount, Houd-ben-Serrar, Sidi-Ali-Kreïr, 1871).

28ᵉ bataillon.

En Tunisie, 1881-1882 (Zaghouan, Sidi-bou-Hamida, colonne sur Kairouan, colonne Logerot sur Gabès, Zerraoua).

8671. — *28ᵉ bataillon de chasseurs à pied. Historique.* — Bordeaux, imp. H. Mauran, 1887, in-8°, 37 p.

Autre éd., ibid., 1886.

8672. — Perreau (Lieutᵗ Joseph). *Historique du 28ᵉ bataillon de chasseurs à pied, bataillon alpin...* — Paris, Charles-Lavauzelle, 1890, in-16, 71 p.

Au début, bref résumé de l'histoire générale des chasseurs à pied depuis leur création.

29ᵉ bataillon. En Tunisie, 1881-1888 (expédition de 1881-1882, combats de Hadjer-Menkoura et de Nebeur).

8673. — *Résumé de l'historique du 29ᵉ bataillon de chasseurs à pied.* — Castelsarrasin, imp. Coudol, 1ᵉʳ janvier 1887, in-8°, 18 p.

8674. — Mourin (Élie). *En Tunisie (1885-1888), notes d'un chasseur à pied.* — Nancy, imp. Berger-Levrault, 1891, in-8°, 166 p., carte.

Bul. Soc. G. Est, 1889, p. 81-94, 293-319, 503-529; 1890, p. 50-58, 288-309, 484-509; 1891, p. 32-77, carte. — Notes de séjour dans différentes garnisons de Tunisie (La Goulette, Souk-el-Djemâa, Gabès, les postes du Sud) de 1885 à 1888; l'auteur faisait partie du 29ᵉ B. C. P.

30ᵉ bataillon. En Tunisie, 1881-1883 (combat et prise de Mateur).
En Algérie, 1885-1888.

8675. — *Résumé de l'historique du 30ᵉ bataillon de chasseurs à pied.* — Grenoble, 1886, in-18, 75 p., lithogr.

c. **Bataillons d'infanterie légère d'Afrique.**

4ᵉ bataillon. En Tunisie, depuis sa création en 1889; Sud-Tunisien, 1915-1918 (colonnes mobiles et reconnaissances dans les secteurs de Dehibat et Foum-Tatahouine, combat d'El-Moghri).
Au Maroc, 1925-1926 (opérations sur le front nord marocain, dans les régions de Sidi-Belkacem et du Haut-Kert).

8676. — *Historique du 3ᵉ bataillon de marche et du 4ᵉ bataillon d'infanterie légère d'Afrique.* — Paris, Charles-Lavauzelle, 1920, in-8°, 65 p.

B. CAVALERIE.

a. Régiments de chasseurs a cheval.

En Algérie, 1858-1859; (2 esc^ons) de 1882 à 1886.   7ᵉ chasseurs
En Tunisie (3 esc^ons), 1881-1882 (Le Kef, marche sur Zaghouan, combat de   à cheval.
Ben-Saïda, opérations autour de Kairouan).

8677. — *Historique du 7ᵉ régiment de chasseurs.* — Valence, imp. J. Céas, 1891, in-8°, 195 p.

8678. — YVERT (Louis). *Historique du 7ᵉ chasseurs à cheval (1745-1896).* — Vendôme, imp. Launay, 1897, in-18, 84 p.

b. Régiments de hussards.

En Algérie, 1859 (colonnes dans le Sud de la province d'Alger), 1864-1867   1ᵉʳ hussards.
(opérations contre les Flitta, autour de Saïda, colonne expéditionnaire du Sud-Est,
1864, combat des Garat Sidi-Cheikh, colonne de Géryville, opérations contre les
Hamyan, 1865, combat de Ben-Atab, 1866), 1871-1875 (Kabylie orientale,
1871).
En Tunisie (3 esc^ons), 1881-1882 (combat de l'oued Chaïr, Mateur).

8679. — STAUB (Abbé). *Histoire de tous les régiments de hussards...*
— Fontenay, Rabuchon; Paris, Martin-Beaupré [Tanera], 1867-1869, 2 vol. in-16, XXXVI-303 et XXIII-615 p.

Le 1ᵉʳ vol. concerne le 1ᵉʳ hussards (Bercheny); le second, le 2ᵉ hussards (Chamborant); leurs campagnes en Algérie.

8680. — OGIER d'IVRY (Commandant). *Historique du 1ᵉʳ régiment de hussards...* — Valence, imp. J. Céas, 1901, in-4°, 404 p., cartes, grav., portr., couv. ill.

En Algérie, 1880-1881, 1882-1887 (colonnes du Sud-Oranais).   4ᵉ hussards.
En Tunisie, 1881-1882 (opérations contre les Mekna, Le Kef, Kairouan).

8681. — [COSSÉ-BRISSAC (Commandant de)]. *Historique du 4ᵉ hussards.* — Fontainebleau, imp. E. Bourges, 1891, in-8°, 115 p.

8682. — *Le 4ᵉ hussards. Précis historique.* — Meaux, imp. Le Blondel, 1896, in-32, 32 p.

6ᵉ hussards.   En Algérie (2 esc⁰ⁿˢ versés aux chasseurs d'Afrique), 1839-1840.
En Tunisie (3 esc⁰ⁿˢ), 1881-1886 (2ᵉ expédition, colonne sur Kairouan, 1881, colonnes dans le Sud, 1882).

8683. — Voisin (Capitaine Ch.). *Historique du 6ᵉ hussards...* — Libourne, G. Maleville, 1888, in-8°, xiii-320 p., pl., portr.

11ᵉ hussards.   En Algérie, 1874 (colonne expéditionnaire contre Si-Sliman).
En Tunisie (3 esc⁰ⁿˢ), 1881-1883 (première expédition de Kroumirie, prise du Kef, combats de Ben-Bachir et de Testour).

8684. — Lassus (Lieutᵗ de). *Historique du 11ᵉ régiment de hussards...* — Valence, imp. J. Céas, 1890, in-8°, xxxii-253 p., pl. en coul.

8685. — Michel-Béchet (J.-J.), maréchal-des-logis chef. *Historique sommaire du 11ᵉ régiment de hussards...* — Avignon, F. Seguin, 1913, in-8°, 62 p.

C. TRAIN DES ÉQUIPAGES MILITAIRES.

16ᵉ escadron.   En Tunisie (une à trois cⁱᵉˢ), depuis 1881.
Au Maroc (cⁱᵉ 12/16), 1908-1920 (opérations en Chaouïa, 1908, marche sur Fès, 1911, ravitaillements de Khénifra, opérations dans le Gharb et le Sous).
Sud-Tunisien, 1915-1918.

8686. — [Lambret (Capitaine), commandant les cⁱᵉˢ du Train en Tunisie]. *Historique des compagnies de Tunisie du 16ᵉ escadron du Train des équipages militaires.* — Tunis, imp. Finzi, 1920, in-8°, 19 p.

Quelques actions particulières du 16ᵉ esc⁰ⁿ, au Maroc en 1911, dans le Sud tunisien en 1918; résumé des créations et utilisation des unités des cⁱᵉˢ du Train de Tunisie de 1911 à 1914 (au Maroc) et de 1914 à 1918; historique, par le capitaine Durand, de la 11° c^{ie} de marche du 16° esc^{on} à l'armée d'Orient (1916-1918).

D. ARTILLERIE.

En Algérie (13°, puis 5°, puis 6° b^{ie}), 1840-1852 (occupation de Médéa et de Miliana, 1840, expédition de Biskra, l'Isly, 1844, expédition de Zaatcha, 1849, prise de Laghouat, 1852); [2° b^{ie}], 1854 (expédition de Kabylie); [2°, puis 2° bis b^{ie}), 1873-1888 (expédition d'El-Amri, 1878). **1er d'artillerie.**
En Tunisie (2° b^{ie}], avril-sept. 1881 (colonne Delebecque, colonne mobile de Tebessa).

8687. — CORDA (Capitaine H.). *Le régiment de La Fère et le 1er régiment d'artillerie, 1670-1900...* — Paris, Berger-Levrault, 1906, in-8°, XIX-432 p., 17 pl. en coul., 6 en noir, 13 croq., carte.

En Algérie (4°, 10°, 11°, 12° b^{ies}), 1831-1832; (5° b^{ie}), 1833-1843; **5° d'artillerie.**
(6° b^{ie}), 1835-1838; (7° b^{ie}), 1835-1836; (15° b^{ie} à pied), 1839-1854 (La Macta 1835, expédition contre Tlemcen, la Tafna, Dar el Atchem, 1836).
En Tunisie (8° b^{ie}), 1881 (combats du col de Fedj-Kahla, de Kef-Kebala et du Djebel bel Asker).

8688. — *Historique sommaire du 5e régiment d'artillerie à partir de l'année 1720* (extrait de l'Historique du corps). — Besançon, imp. Dodivers, 1883, in-8°, 27 p.

8689. — UZAC (Capitaine). *Historique du 5e régiment d'artillerie de 1720 à 1893, comprenant l'historique du 5e régiment d'artillerie à cheval de 1794 à 1814.* — S. l. n. d., in-4°, 492 p. et annexes, pl. en coul., lithogr.

8690. — *Extraits de l'historique du 5e régiment d'artillerie. Récits et souvenirs pour les canonniers.* — Nancy, imp. Berger-Levrault, 1895, in-32, 60 p.

6ᵉ d'artillerie.   En Algérie (5ᵉ, puis 8ᵉ bⁱᵉ), 1840 à 1854 (ravitaillement de Mascara, colonne mobile de Mostaganem, 1841, expédition contre les Flitta, contre Djidjelli, 1843, insurrection de 1851); [3ᵉ bⁱᵉ de montagne], 1871 (colonne du général Lallemand).
En Tunisie (8ᵉ bⁱᵉ et 1 section de la 2ᵉ), 1881 (brigade Galland et colonne Logerot); [3 bⁱᵉˢ], 1900-1909.

8691. — *Résumé historique. 6ᵉ régiment d'artillerie (1756-1903). Campagnes, services, actions d'éclat.* — Valence, imp. J. Céas, s. d., in-8°, 38 p.

16ᵉ d'artillerie.   En Algérie (2ᵉ bⁱᵉ), 1873-1881 (expédition d'El-Amri).
En Tunisie (2ᵉ, 12ᵉ, 13ᵉ bⁱᵉˢ), 1881-1882 (reconnaissance du marabout de Sidi Abdallah ben Djemel, combat de Ben-M'Tir, 1881).

23ᵉ d'artillerie.   En Tunisie (9ᵉ bⁱᵉ), avril-juin 1881 (occupation de Bizerte, reconnaissances sur Béja).

8692. — LITRE (Chef d'escᵒⁿ E.). *Les régiments d'artillerie à pied de la Garde. Le régiment monté de la Garde et le 23ᵉ régiment d'artillerie. Notice historique.* — Paris, E. Plon, Nourrit, 1895, in-8°, 738 p., ill., portr.

27ᵉ d'artillerie.   En Tunisie (9ᵉ, puis 7ᵉ, puis 6ᵉ bⁱᵉ), 1881-1888 (occupation de Gabès).

8693. — *Historique du 27ᵉ régiment d'artillerie.* — Douai, déc. 1900, in-4°, 23 p., dactylogr.

28ᵉ d'artillerie.   En Algérie (2ᵉ bⁱᵉ), 1873-1885, 1886-1889.
En Tunisie (deux sections de la 2ᵉ bⁱᵉ), 1881 (combat de Ben-Bachir, reconnaissance chez les Ouled Soltan).

8694. — TAFFART DE SAINT-GERMAIN (Colonel de). *Historique du 28ᵉ régiment d'artillerie.* — Vannes, imp. Commelin-Grébus, 1901, in-8°, 20 p.

30ᵉ d'artillerie.   En Algérie (3ᵉ bⁱᵉ), 1876-1881 (colonne de Bou-Saada, 1876).
En Tunisie (3ᵉ bⁱᵉ), 1881 (combat de Ben-Bachir, colonne de Tebessa).

En Tunisie (9ᵉ et 10ᵉ bⁱᵉˢ), 1881-1883 (5ᵉ et 6ᵉ brigades de renfort, colonne Corréard, Zaghouan).   31ᵉ d'artillerie.

8695. — *Historique des batteries du 31ᵉ régiment d'artillerie, 1873.* -- Le Mans, imp. E. Monnoyer, 1897, in-8°, 171 p.

Ne mentionne pas le séjour des bⁱᵉˢ en Tunisie.

En Tunisie (9ᵉ et 10ᵉ bⁱᵉˢ), 1881-1882 (brigades Philebert et Maurand, Kairouan).   34ᵉ d'artillerie.

8696. — *34ᵉ régiment d'artillerie. Historique du régiment.* — Paris, Charles-Lavauzelle, 1920, in-8°, 85 p.

En tête, bref chapitre relatif à la période de 1873 à 1914.

En Tunisie (9ᵉ et 10ᵉ bⁱᵉˢ), 1881-1882 (brigade Sabattier); [une bⁱᵉ], 1883-1888.   35ᵉ d'artillerie.

8697. — *35ᵉ régiment d'artillerie. Historique du régiment.* — S. l., 1889, in-8°, 169 p., lithogr.

En Algérie (9ᵉ, puis 7ᵉ bⁱᵉ), 1881-1883 (expédition du Sud-Oranais). En Tunisie (deux sections de munitions), 1881-1882.   36ᵉ d'artillerie.

8698. — *Historique du 36ᵉ régiment d'artillerie.* — Clermont-Ferrand, Presse régimentaire, 1900, in-4°, 3 p.

En Tunisie (2ᵉ et 8ᵉ bⁱᵉˢ), 1881 (colonne Logerot). Au Maroc (3ᵉ et 6ᵉ bⁱᵉˢ), 1912-1914 (colonnes Gueydon de Dives, Mangin et Claudel).   38ᵉ d'artillerie.

En Tunisie depuis 1910. Sud tunisien (3ᵉ bⁱᵉ bis), 1915-1918.   5ᵉ groupe d'artillerie de campagne d'Afrique.

E. GÉNIE.

4ᵉ génie. En Tunisie (2ᵉ et 3ᵉ cⁱᵉˢ du 15ᵉ batᵒⁿ), 1881-1882 (brigade Galland et colonne Jamais).

Au Maroc (6ᵉ et 7ᵉ cⁱᵉˢ), 1925-1926 (opérations sur le front nord marocain).

8699. — Retournard (Capitaine). *Historique du 4ᵉ régiment du génie...* — Grenoble, lithogr. de l'École du génie [1899], 2 vol. in-8°, 95 et 202 p.

I. Organisation successive des troupes du génie et historique des batᵒⁿˢ de sapeurs ayant porté le n° 4 depuis la création des troupes du génie jusqu'en 1814. II. Historique des détachements des 1ᵉʳ, 2ᵉ et 3ᵉ génie qui ont formé le 4ᵉ génie (v. nᵒˢ **2742** à **2746**) et de ce régᵗ depuis sa création en 1875.

F. GENDARMERIE.

8700. — Burat (Chef d'escᵒⁿ), commandant la cⁱᵉ de gendarmerie de Tunisie. *Historique spécial de la compagnie de gendarmerie de Tunisie. 1ᵉʳ août 1914-1ᵉʳ mai 1918.* — S. l. n. d., in-8°, 41 p., dactylogr.

Impression causée en Tunisie par l'ordre général de mobilisation sur les Tunisiens et les Italiens; rôle de la cⁱᵉ de gendarmerie pendant la guerre 1914-1918 et en particulier lors des événements du Sud tunisien et des troubles antijuifs de 1917; l'aide apportée au recrutement des indigènes. Un suppl. (8 p.) concerne la période du 1ᵉʳ mai 1918 au 1ᵉʳ juin 1919.

8701. — Burat (Lieutᵗ-Colonel), commandant la cⁱᵉ de gendarmerie de Tunisie. *Compagnie de gendarmerie de Tunisie. Historique 1881-1918.* — Tunis, F. Weber [1919], in-4°, 43 p., couv. ill.

Historique sommaire de la force publique attachée au corps expéditionnaire (1881-1882), devenue (15 juin 1882) détachement de gendarmerie du corps d'occupation, puis (16 nov. 1899) cⁱᵉ de gendarmerie de Tunisie; participation aux opérations militaires et de police, actes de courage accomplis par des militaires de ces unités, liste des officiers qui y ont servi, effectifs.

8702. — QUINCY (Capitaine Jean). *La gendarmerie en Tunisie. Son passé, son avenir.* Thèse... — Tunis, Guénard et Franchi, 1923, in-8°, 172 p.

Université de Paris, Faculté de droit. — Insécurité en Tunisie avant le protectorat et nécessité de notre intervention; la police dans les Territoires du Sud tunisien; Service des Affaires indigènes, le makhzen, les spahis de l'oudjak; les autorités indigènes chargées de la sécurité dans leur circonscription, la police et la gendarmerie maritime en Tunisie. Historique de la gendarmerie en Tunisie; prévôté du corps expéditionnaire (1881); détachement de gendarmerie du corps d'occupation (1882), détachement de gendarmerie de Tunisie (1885), la c^{ie} de Tunisie. Desiderata et améliorations. Bibliographie.

CHAPITRE IV.

DÉFENSE DE LA TUNISIE; POINTS D'APPUI.

8703. — Brulat (Paul). *Bizerte, son importance stratégique.* — R. Af. fr., 1887, t. V, p. 123-126.

Situation, nécessité de la création d'un port militaire.

8704. — *L'Algérie-Tunisie en cas de guerre.* — R. Fr. Étr. Col., 1888, t. VII, p. 458-459.

Au sujet d'un art. paru dans le *Moniteur des colonies*, indiquant le manque de défense en Afrique du Nord; en Tunisie, «il n'y a rien, et c'est d'autant plus grave qu'il est bien probable qu'elle serait l'objectif de l'Italie, si une guerre venait à éclater».

8705. — Revin, lieut[t]-colonel en retraite. *Quelques réflexions militaires.* — J. Sc. Mil., 1888, t. XXXI, p. 453-467.

Dans des considérations sur la situation de l'Italie, l'auteur montre les avantages que procure à la France, en cas de guerre, le protectorat de la Tunisie.

8706. — *Bizerte : son importance appréciée par les Allemands.* — R. Fr. Étr. Col., 1889, t. X, p. 42-43.

Traduction partielle d'un art. du major Otto Watchs, paru dans la *Deutsche Rundschau*.

8707. — *Bizerte, la France, l'Italie, l'Allemagne.* — Bul. Soc. Ét. Col. Mar., 1890, p. 196-199.

Extr. du *Sémaphore de Marseille*, qui a puisé lui-même ses indications dans la *Deutsche Rundschau*; les travaux et études du grand état-major allemand sur Bizerte, port de guerre.

8708. — Fontin (Paul). *Quelques mots sur Bizerte.* — Bul. Ass. Af. Nord, 1890, p. 42-49.

Engagements diplomatiques pris au sujet de Bizerte; les travaux et les mesures dont l'exécution est indispensable «à notre sécurité si compromise dans la Méditerranée».

8709. — EUVRARD (Capitaine X.). *Télégraphie optique et signaleurs, leur emploi.* — Paris, Charles-Lavauzelle, 1891, in-8°, 56 p., 4 croq.

R. I., 1891, t. IX, p. 433-456; t. X, p. 28-52, 4 croq. — En pays de montagnes, renseignements sur le réseau optique en Tunisie; rôle dans la grande guerre.

8710. — DEMANCHE (Georges). *Les travaux de Bizerte.* — *R. F. Étr. Col.*, 1892, t. XV, p. 561-565.

Les travaux en cours d'exécution; nécessité d'entreprendre des travaux de défense.

8711. — [BORGNIS-DESBORDES (Général)]. *Des opérations maritimes contre les côtes et des débarquements*, par M. D. B. G. — *Mém. Art. Mar.*, 1894, p. 1-83.

Un débarquement en Afrique «réussira toutes les fois que les troupes débarquées auront un effectif suffisant, seront munies de tout ce qu'il leur faut pour marcher et combattre, et seront conduites avec vigueur et habileté»; exemple l'expédition d'Alger (p. 62-64).

8712. — SERVONNET (Jean), lieut^t de vaisseau. *Les nouvelles cartes marines de la Tunisie...* — *R. T.*, 1894, p. 262-268; 1895, p. 218-225.

Les cartes maritimes de la Tunisie au moment de l'expédition de 1881; les missions hydrographiques après cette date; la triangulation des côtes de la Régence, difficultés rencontrées à l'intérieur. An. par H. L. [Lorin], dans *Ann. G., Bibl.*, 1896, p. 198.

8713. — *L'escadre de la Méditerranée à Bizerte* (Signé : Un marin). — *Bul. Soc. G. Com. Paris*, 1896, p. 484-486.

Lettre (16 mai 1896) sur la venue de deux cuirassés, sous les ordres de l'amiral Gervais, consacrant la prise de possession par nos escadres du lac intérieur de Bizerte; brève lettre signée E. du Fresnel sur le même objet. *Cf. Bul. Com. A. F.*, 1896, p. 185; *Bul. union col.*, 1896, p. 67.

8714. — MESPLÉ (Armand). *Bizerte et l'escadre d'évolutions.* — *Bul. Soc. G. Alger*, juillet 1896, p. 46-48.

La première visite d'une escadre française à Bizerte, les commentaires de la presse anglaise et italienne.

8715. — Duboc (Émile). *Le port de Bizerte.* — *Bul. Soc. Ét. Col. Mar.*, 1897, p. 105-108.

La question du ravitaillement de Bizerte et celle de sa défense; il ne suffit pas que le port soit défendu du côté maritime, mais il faut le mettre à l'abri d'une attaque venant de l'intérieur.

8716. — Philebert (Général Ch.). *Perspective de guerre.* — Paris, Charles-Lavauzelle [1898], in-8°, 84 p.

R. M. U., 1897, t. XI, p. 581-593, t. XII, p. 5-16, 109-124, 197-208, 293-303, 389-406.— La rivalité des intérêts commerciaux de l'Angleterre et de l'Allemagne peut finir par un conflit armé; le continent africain est le terrain de lutte future; importance de Bizerte, nécessité de pénétrer jusqu'au Tchad et de relier toutes nos conquêtes de l'Afrique; Igli doit être occupé; le moment paraît favorable pour tenter de nouveaux et énergiques efforts.

8717. — Baudoüin (Charles). *Bizerte et la défense nationale.* — *Bul. Soc. Ét. Col. Mar.*, 1898, p. 36-52, cartes, ill.

Importance de Bizerte pour la France; les travaux entrepris depuis 1886 et le projet de l'amiral Aube, les visites de l'escadre française venant prendre effectivement possession de ce port en 1895 et 1896; l'aménagement de Bizerte comme port militaire depuis 1897; la liaison par voie ferrée avec l'Algérie. An. par Bouquet de La Grye, dans *Bul. G. Hist. Descr.*, 1898, p. 222-223.

8718. — Duboc (Émile), lieut^t de vaisseau en retraite. *Bizerte, point d'appui de la flotte.* — *Q. Dipl. Col.*, 1898, t. III, p. 479-487, 2 cartes.

Importance du rôle de Bizerte; l'état précaire de notre nouveau port africain et son abandon paraissent avoir été voulus et calculés; il faut briser les entraves qui menacent de l'arrêter dans son essor.

8719. — Périssé (J.), lieut^t-colonel en retraite. *Importance militaire du chemin de fer tunisien Bizerte, Aïn-Draham, Le Kef, Thala...* — *Bul. Soc. fr. ing. col.*, 1898, n° 12, p. 11-21.

Le tracé indiqué par H. Duportal (v. n° **6867**) est indispensable pour la défense de nos colonies de l'Afrique du Nord; son importance capitale pour l'action maritime de la France. An. par E. V. [Vassel], dans *R. T.*, 1899, p. 366-367.

8720. — Périssé, lieut^t-colonel de l'art^{ie} de la Marine, en retraite. *Santiago-Bizerte.* — *Mar. fr.*, 1898, p. 400-408.

Les enseignements de la défense récente de Santiago appliqués au port de Bizerte; celui-ci exercerait une influence prépondérante dans toute guerre navale où la France serait engagée dans la Méditerranée; nécessité d'une voie ferrée reliant Tunis aux lignes d'Algérie et aux gisements de phosphates de Thala et de Tebessa.

8721. - [BÉNARD (Charles)]. *Le séjour de l'escadre de la Méditerranée dans les eaux tunisiennes, juillet 1898.* — Bordeaux, imp. G. Gounouilhou, 1898, in-8°, 34 p., ill., cartes.

R. *philomatique de Bordeaux et du Sud-Ouest*, 1er sept. 1898. — Composition de l'escadre concentrée pour la première fois dans la rade de Bizerte; aperçu sur la ville et le port de Bizerte, manœuvres exécutées par l'escadre.

8722. — PHILEBERT (Général Ch.). *En vue de la guerre.* — Paris, Charles-Lavauzelle [1899], in-16, 139 p.

Menaces de guerre qui ramènent l'attention sur la défense des colonies françaises. Nécessité de créer des armées coloniales organisées chacune dans sa colonie, avec une réserve générale en France; étude spéciale de l'organisation de l'Algérie et de la Tunisie : les lier fortement à la France, mettre leurs côtes à l'abri de tout danger, développer leurs ressources militaires, les relier aux autres colonies africaines par des chemins de fer de pénétration.

8723. — *La défense de l'Afrique du Nord et la marine en Tunisie.* — *Bul. Com. A. F.*, 1899, p. 87-88, 184, 341, 382.

L'autorité unique du général commandant le 19e C. A. en Afrique du Nord; effectifs disponibles, réorganisation des régiments de Tirailleurs; attributions du commandant de la marine en Tunisie; Bizerte; rappel des troupes envoyées en Algérie-Tunisie lors de la crise de Fachoda; départ du bataillon du 95e : «La Tunisie n'a plus maintenant un seul des soldats que la France lui avait expédiés l'année dernière».

8724. — MONTELL (A.). *La défense de Bizerte.* — *R. F. Étr. Col.*, 1899, p. 143-146.

«Le coup de fouet de Fachoda» eut pour conséquence de donner une vive impulsion aux travaux entrepris à Bizerte; le renforcement de la division d'occupation, ce qu'il reste à faire.

8725. — *Régiments de marche pour la défense des côtes.* — *R. C. M.*, 1899, 1er sem., p. 147-148, 167, 193.

Organisation, à l'aide des 4es bat^{ons}, de 7 rég^{ts} ou groupes de marche affectés à la défense des côtes de la Corse, de l'Algérie et de la Tunisie. Cf. *Défense des colonies, renforts. R. F. Étr. Col.*, 1899, p. 182.

8726. — Montell (A.). *La défense de la Tunisie.* — *R. F. Étr. Col.*, 1899, p. 300-302.

Les renforts envoyés, en 1898, en Tunisie, ne doivent pas être rappelés; ils sont encore insuffisants pour assurer efficacement la défense de la Régence.

8727. — Mesplé (Armand). *La défense des côtes par la marine.* — *N. R.*, 1899, t. CXVIII, p. 541 et 733.

Mesures provisoires, mais insuffisantes, prises en Tunisie et en Algérie; « il faut faire plus et mieux ».

8728. — Montureux (Vte de), ancien officier de cav^{ie}. *La défense des côtes de Tunisie.* — *Quinz. col.*, 1899, t. V, p. 109-110.

Nécessité de l'organisation défensive du massif montagneux qui domine Fondouk-Djedid (v. n° **5441**).

8729. — Winkler (Auguste). *Les principaux points stratégiques de la Khoumirie...* — *R. T.*, 1899, p. 310-313, carte.

Les cinq points stratégiques du nord-ouest de la Tunisie : Aïn-Draham, Souk-et-Tenine, Ouldj-es-Souk, Khanguet-Kef-Tout, Hammam-Darradji. An. par G. Yver, dans *Ann. G., Bibl.*, 1900, p. 230.

8730. — Fleury-Ravarin, député. *Notre défense maritime et coloniale...* — Paris, E. Flammarion [1900], in-8°, xv-353 p.

Programme de réformes proposé à la suite des événements de Fachoda : la réorganisation de la flotte de guerre, le personnel, la défense des côtes et des colonies, l'armée de la marine et des colonies, le conseil supérieur de la défense nationale; annexes. An. dans *R. F. Étr. Col.*, 1900, p. 384.

8731. — *Le port de Bizerte.* — *Bul. Com. A. F.*, 1900, p. 53-54.

M. de La Porte, rapporteur du budget de la Marine, signale l'insuffisance des crédits pour les travaux de Bizerte.

8732. — Isnard, député. *Rapport fait au nom de la Commission de la Marine chargée d'examiner le projet de loi relatif à l'outillage des ports de guerre et à l'établissement des bases d'opération de la* *flotte, particulièrement à Bizerte...* — Paris, imp. Motteroz, 1900, in-4°, 24 p.

Chambre des députés, 7ᵉ législature, session de 1900. Annexe au procès-verbal de la séance du 26 mars 1900, n° 1548. — Travaux projetés par la Marine et améliorations à faire à Bizerte; l'arsenal de Sidi-Abdallah.

8733. — LANESSAN (de), ministre de la Marine, et CAILLAUX (J.), ministre des Finances. *Projet de loi, adopté par la Chambre des députés, relatif à l'outillage des ports de guerre et à l'établissement des bases d'opération de la flotte...* — Paris, imp. du Sénat [1900], in-8°, 7 p.

Sénat, session ordinaire 1900. Annexe au procès-verbal de la séance du 2 juillet 1900, n° 265. — Concerne, en particulier, les travaux à exécuter pour l'outillage et l'amélioration de Bizerte (38 millions). Renvoyé à la Commission de la Marine (v. nᵒˢ **8732** et **8736**).

8734. — NED NOLL. *La défense de l'Algérie-Tunisie.* — *Bul. Com. A. F.*, 1900, p. 407-408.

Prévoir une augmentation de la défense mobile du littoral, mesures à prendre en vue d'une insurrection à l'intérieur et, en cas de guerre avec l'Angleterre, envisager un débarquement en Égypte.

8735. — LOCKROY (Édouard SIMON, *dit*), ancien ministre de la Marine. *La défense navale...* — Paris, Berger-Levrault, 1900, in-8°, XXXI-551 p.

L'auteur montre son action dans la préparation de la marine à la guerre; il indique l'état actuel de la défense navale, ce qu'il faut faire pour l'aménager; Bizerte (p. 412-424).

8736. — CUVINOT, sénateur. *Rapport fait au nom de la Commission de la Marine chargée d'examiner le projet de loi... relatif à l'outillage des ports de guerre et à l'établissement des bases d'opération de la flotte...* — Paris, imp. du Sénat [1901], in-8°, 31 p.

Sénat, session ordinaire 1901. Annexe au procès-verbal de la séance du 15 janvier 1901, n° 16. — En particulier, le programme arrêté par le département de la Marine pour l'aménagement de Bizerte et des côtes de l'Algérie. Cf. Avis de la Commission des Finances, présenté par J. Godin, *ibid.*, n° 20 (v. n° **8733**).

8737. — *La défense de Bizerte.* — *Bul. Com. A. F.*, 1901, p. 16.

Travaux qui restent à exécuter et qui vont être accélérés. Cf. *Les travaux de Bizerte.* Ibid., 1902, p. 20-21.

8738. — Bonnard (Paul). *Le chemin de fer Bizerte-Thala et la défense de la Tunisie.* — *Bul. Soc. Ét. Col. Mar.*, 1901, p. 130-139, carte.

Comparaison, au point de vue de la défense de la Tunisie, entre les deux tracés : Tunis, Kalâat-es-Senam, Le Kef et Bizerte, Mateur, Souk-el-Arba; raisons qui militent en faveur du premier.

8739. — Petrus. *Notes sur la défense des colonies.* — *Q. Dipl. Col.*, 1901, t. XII, p. 170-175.

Historique, avantages qu'a l'ennemi à conquérir nos colonies; les escadres ne suffisent pas, les colonies doivent se défendre elles-mêmes, organisation des points d'appui de la flotte, pouvoirs des gouverneurs et des commandants supérieurs des troupes, fixation de l'effectif des garnisons, points spéciaux à défendre, nature de la fortification à employer aux colonies.

8740. — Fallot (E.). *Malte et Bizerte.* — *Q. Dipl. Col.*, 1902, t. XIV, p. 129-141, 4 cartes.

Malte est le pivot sur lequel repose la politique anglaise dans la Méditerranée; nécessité pour la France de connaître cette colonie et de savoir ce qu'elle peut avoir à en redouter; la création de Bizerte va changer les conditions d'une guerre en Méditerranée.

8741. — Danrit (Capitaine) [anagramme de Driant]. *La guerre fatale, France-Angleterre...* — Paris, E. Flammarion [1902], 2 vol. gr. in-8°, 800 p., ill.

I. A Bizerte. II. En sous-marin. An. dans *Bul. Com. A. F.*, 1902, p. 96. — Autre éd., Paris, E. Flammarion [1903], 3 vol. in-12, ill. I. A Bizerte. II. En sous-marin. III. En Angleterre (v. n° **8758**).

8742. — Du Boscq de Beaumont (G.). *Bizerte, le futur Toulon africain.* — *A travers le monde*, 1902, p. 353-356, 361-364, 369-371, ill., carte.

Le vieux Bizerte, son développement, les travaux exécutés, l'arsenal de Sidi-Abdallah, Ferryville.

8743. — XIENG-LA. *La défense maritime des colonies.* — *Q. Dipl. Col.*, 1902, t. XIV, p. 213-221, 288-304, 345-357, 6 cartes.

Conditions de la lutte de nos possessions d'outre-mer, moyens de la soutenir avantageusement; l'Afrique septentrionale ou méditerranéenne (p. 349-353).

8744. — ***. *Les manœuvres navales de 1902.* — *R. P.*, 1902, t. VI, p. 148-170.

Thèmes de manœuvres proposés à nos armées navales de 1900, 1901 et 1902 dans le bassin occidental de la Méditerranée; détail des opérations, l'attaque de Bizerte par l'armée navale; critiques et enseignements.

8745. — BOUYAC (René), officier interprète de réserve. *Les grandes manœuvres de 1902 en Tunisie.* — Tunis, imp. L. Nicolas, 1902, in-8°, 35 p., 5 pl.

Notes journalières (25 sept.-12 oct. 1902) relatives aux opérations et parsemées de souvenirs historiques notamment sur l'expédition de 1881; biographies des généraux Pognard, Marmier, Dubouays de La Bégassière.

8746. — X. *Bizerte et les minerais de l'Ouenza.* — *R. G.*, 1903, t. LII, p. 243-249, carte.

Bizerte préférée à la mer de Bou-Ghrara au point de vue naval; la diplomatie obligée à donner au concept militaire une forme commerciale; Bône adversaire de Bizerte : nécessité de donner à Bizerte du frêt de sortie, services qu'un port de commerce rendrait à notre marine de guerre (v. n° **9024**).

8747. — CHAILLEY-BERT (Joseph). *La défense des colonies.* — *Quinz. col.*, 1904, p. 81-83.

A propos des conséquences de la guerre russo-japonaise; le plan d'armement et de défense n'a pas été suffisamment poursuivi depuis 1900.

8748. — *Quelques notes d'actualité sur Bizerte et Sidi-Abdallah* (Signé : Un colon militaire). — Bizerte, imp. E. Fages, 1904, in-8°, 18 p.

Bizerte et sa région; ses routes, leur défense; avenir économique, Bizerte maritime et commercial, l'arsenal et l'isthme Tindja; Sidi-Abdallah, son achèvement urgent.

8749. — [GUÉNOT (S.)]. *Bizerte* (Signé : S. G.). — *Bul. Soc. G. Toulouse*, 1904, p. 334-335.

Saurons-nous nous en servir?

8750. — MYRICA (P. de). *Sidi-Abdallah, notre base navale en Afrique.* — *A travers le monde*, 1905, p. 305-308, 3 phot., croq.

Description, travaux nécessaires.

8751. — Z. *Le danger des îles Baléares.* — *J. Sc. Mil.*, 1905, t. XXV, p. 230-239.

La transversale française Toulon-Bizerte coupe par son milieu la transversale anglaise Gibraltar-Malte; nos deux grandes bases maritimes Toulon et Bizerte; le rôle offensif des forces anglaises installées à Port-Mahon serait facilité, à l'occasion, par les torpilleurs italiens de La Maddalena.

8752. — MESSIMY (A.), député. *Les points d'appui de la flotte hors d'Europe.* — *R. P. L.*, 1905, t. IV, p. 262-265, 294-299.

Quel est leur rôle?; l'état actuel de leur organisation; les points d'appui en Algérie-Tunisie : Bizerte, Alger, Oran; les points d'appui dans les colonies proprement dites. Cf. du même, *Urgente nécessité de coordonner l'action des ministères chargés de la défense nationale. Ibid.*, p. 361-365.

8753. — TANIF (H.). *Points d'appui de la flotte.* — *Q. Dipl.Col.*, 1906, t. XXII, p. 287-300, 334-347, plans.

État dans lequel se trouvent les différents ports français capables, en temps de guerre, de rendre service à nos bâtiments de combat : Dakar, Bizerte (p. 296-299), nos ports de commerce et de guerre; ni Bizerte ni Alger «ne répondent aux besoins modernes».

8754. — PINGAUD (Albert). *Le passé et l'avenir de Bizerte.* — Paris, imp. L. de Soye, 1906, in-8°, 30 p.

Publié sous le pseud. Louis Tarcenay, et sous le titre *Bizerte*, dans *Cor.*, 1906, t. CCXXIII, p. 1137-1162. Étude du port au point de vue militaire et économique; l'œuvre accomplie, période d'observation (1881-1890), période des études (1890-1898), l'affaire de Fachoda, réalisation; constitution du point d'appui et de l'arsenal; ce qu'il reste à faire. An. par G. Yver, dans *Ann. G., Bibl.*, 1907, p. 228, et dans *Bul. Dir. agr., com. col. Tunis,* 1907, p. 580.

8755. — Bizerte. *Arsenal de Sidi-Abdallah.* — *Bul. Soc. G. Lille,* 1906, t. XLV, p. 340.

« L'arsenal a une certaine activité, mais il est bien loin d'être en plein fonctionnement ».

8756. — MONTELL (A.). *La défense de Bizerte.* — *R. F. Étr. Col.,* 1906, p. 423-436, cartes, plans.

Les travaux exécutés depuis 1880; l'organisation militaire du front de mer; ce qu'il reste à faire pour le front de terre, la garnison, l'arsenal; le retentissement qu'aurait la chute de Bizerte, en cas de guerre, sur toute l'Afrique du Nord.

8757. — SAURIN (Jules). *La défense de Bizerte compromise.* — *Bul. Soc. Ét. Col. Mar.,* 1907, p. 129-131.

Reproduit dans *Bul. Soc. G. Com. Bordeaux,* 1907, p. 181-183, et dans *Bul. R. Ét. A.,* 1907, p. 295-297. — Bizerte est invulnérable du côté de la mer; créer un port à La Goulette « serait préparer à l'avance une base d'opérations des plus favorables à l'ennemi qui assiègerait Bizerte ».

8758. — DANRIT (Capitaine) [Commandant DRIANT]. *Guerre maritime et sous-marine...* Nouvelle édition, revue et corrigée... — Paris, E. Flammarion [1908], 15 vol. in-16, ill.

Nouvelle éd. de l'ouvrage signalé sous le n° **8741**.

8759. — ***. *Un arsenal moderne. La genèse du port de Bizerte.* - *Cor.,* 1908, t. CCXXXII, p. 437-457, croq.

Historique et description de l'œuvre accomplie, les lacunes.

8760. — CAMBOURG (B°ⁿ Loïc de). *La situation économique de Bizerte et la défense nationale devant le Parlement.* — Tonnerre, imp. C. Puyfagès, 1908, gr. in-8°, 12 p.

Les causes qui ont réduit « à rien un des plus beaux ports du monde »; les avis des sociétés ou des personnes compétentes qui se sont nettement prononcées pour Bizerte et la défense nationale.

8761. — *Le ministre de la Marine à Bizerte.* — *Quinz. col.*, 1909, p. 677.

L'histoire de Bizerte est « un des plus tristes épisodes de notre IIIᵉ République »; visite de l'amiral Boué de Lapeyrère. Cf. *L'avenir de Bizerte. Ibid.*, 1910, p. 170.

8762. — Arragon, délégué à la Conférence consultative de Tunisie. *La défense de Bizerte. Lettre ouverte à M. le ministre de la Guerre.* — *R. Q. Col. Mar.*, 1910, p. 255-257.

Critiques contre l'organisation militaire des troupes de Tunisie qui est de plus en plus dégarnie de ses troupes.

8763. — Gallois (Eugène), explorateur. *Le port de Bizerte.* — *Bul. Soc. G. Marseille*, 1910, p. 306-317, cartes.

La position stratégique de Bizerte; quelques lignes sur sa valeur militaire, son arsenal et la garnison qui assure la défense terrestre. An. par J. Deniker, dans *Bul. G. Hist. Descr.*, 1912, p. 10.

8764. — Cambourg (L. de). *Philosophie de l'affaire de l'Ouenza.* — *R. Q. Col. Mar.*, 1911, p. 1-7, carte.

Les mines de l'Ouenza doivent être reliées non pas à Bône (ce qui exigerait d'ailleurs la construction d'une ligne nouvelle), mais à Bizerte, port pour lequel les minerais constitueraient le frêt lourd idéal en échange du charbon utile aux escadres françaises.

8765. — Taradel (de), Récamier, Courtis de La Rivière, Kamitowski, etc., généraux. *Bizerte, port de l'Ouenza, et la défense nationale.* — *R. Q. Col. Mar.*, 1911, p. 7-9

Lettre ouverte d'un groupe de généraux insistant sur la valeur militaire de Bizerte, dont la perte en cas de guerre entraînerait celle de l'Algérie et de la Tunisie; au point de vue de la défense nationale, Bizerte doit être le débouché obligatoire du chemin de fer de l'Ouenza.

8766. — Besson, vice-amiral. *La création de Bizerte.* — *R. Q. Col. Mar.*, 1911, p. 36-42.

Les étapes de la création de Bizerte, port de commerce, arsenal maritime; la situation admirable de ce port au point de vue militaire.

8767. — Tanif (H.) [pseud. de Mouchez, lieut^t de vaisseau]. *La situation de nos escadres au point de vue de leur réparation et de leur ravitaillement* — Q. Dipl. Col., 1911, t. XXXI, p. 710-724; t. XXXII, p. 25-33, 151-156, plans.

Les ressources de nos ports militaires, moyens de carénage, travaux en cours et en projets: arsenal de Sidi-Abdallah (p. 722-724); ressources de nos ports de commerce et des ports anglais de la Méditerranée; le ravitaillement en vivres et en munitions.

8768. — Lanessan (J.-L. de), député, ancien ministre de la Marine. *Nos forces navales, répartition et reconstitution...* — Paris, F. Alcan, 1911, in-16, xi-303 p.

Adversaire de la concentration de la flotte en Méditerranée; en cas de conflit, toutes les forces de l'Afrique du Nord devraient y être maintenues pour la défendre, aucune force navale ne pourrait empêcher une attaque du convoi qui transporterait le 19° C. A. en France; la mise en état de défense de Bizerte et des côtes d'Algérie et de Tunisie.

8769. — Davin (Commandant). *Effervescence navale en Méditerranée.* — Cor., 1912, t. CCXLVIII, p. 1087-1103.

L'auteur recherche si la France dispose d'une force navale suffisante dans la Méditerranée et si cette force restera suffisante en face de la progression des armements austro-italiens.

8770. — Arragon (H.). *Opinion des étrangers sur le port de Bizerte.* — R. Q. Col. Mar., 1912, p. 356-359.

Critique sur l'insuffisance des réalisations françaises à Bizerte; suggestions d'un étranger.

8771. — Lanessan (J.-L. de). *Les ports militaires...* — Paris, Hôtel des Ingénieurs civils [1912], gr. in-8°, 14 p.

Brochure éditée à l'occasion du 4° Congrès national des Travaux publics français (18-20 nov. 1912). Bizerte : situation, travaux exécutés depuis 1890, nouvelles améliorations à réaliser, insuffisance du programme naval du 30 mars 1912. Toulon, Brest, Cherbourg...

8772. — Chaboseau (A.). *La France, l'Italie et le transsaharien.* — R. Sc., 1913, 1er sem., p. 586-592.

Nécessité du rail pour assurer en cas de guerre le remplacement par l'armée noire des forces de l'Afrique du nord transportées en Europe; conséquences de l'établissement de l'Italie en Tripolitaine; l'auteur envisage la création de tout un réseau saharien sans s'arrêter à l'objection du rendement économique.

8773. — *A Bizerte.* — *Quinz. col.*, 1913, p. 381.

Les manœuvres en Méditerranée comportaient, pour la première fois, un ravitaillement dans le port de Bizerte.

8774. — DEMANCHE (Georges). *Bizerte préfecture maritime.* — *R. F. Étr. Col.*, 1913, p. 673-680, 3 pl.

Décret du 30 oct. constituant en arrondissement maritime le littoral de l'Algérie et de la Tunisie; les mesures de protection à prendre pour la sécurité de Sidi-Abdallah.

8775. — *Bizerte préfecture maritime.* — *Bul. Com. A. F.*, 1913, p. 406-407; 1914, p. 31-32.

Décret du 30 oct. constituant en arrondissement maritime le littoral de l'Algérie et de la Tunisie (*v.* n° **5679**). Cf. *Quinz. col.*, 1913, p. 732-733.

8776. — POIDLOUE (Commandant). *Le rôle des forces navales anglo-françaises dans la Méditerranée.* — *Q. Dipl. Col.*, 1914, t. XXXVII, p. 546-556.

Motifs invoqués par le rapporteur du budget de 1912 pour justifier la concentration de notre flotte dans la Méditerranée; le rapatriement du 19° corps serait «une opération aléatoire, en tout cas très dangereuse».

8777. — LANESSAN (J.-L. de), député, ancien ministre de la Marine. *Notre défense maritime...* — Paris, F. Alcan, 1914, in-16, iv-366 p.

Phases diverses de l'évolution par laquelle la marine de la France est devenue, trop modestement, la marine de la Méditerranée occidentale. Participation de Bizerte dans notre défense maritime; son état actuel insuffisant, travaux à exécuter pour en faire une place de guerre très forte et bien approvisionnée (p. 65-67), et pour la mettre à l'abri d'une attaque venue de terre (p. 344); conséquences qu'aurait pu avoir pour l'Angleterre l'arrivée du *Panther* à Agadir (p. 264). An. par M. Lauth, dans *R. Sc. Pol.*, 1914, t. XXXI, p. 283-284.

8778. — DAVIN (Commandant). *Bizerte, arsenal maritime et port marchand.* — *R. D. M.*, 1915, t. XXVI, p. 425-444.

Les différentes étapes de l'organisation du port de Bizerte; les incertitudes du début; les travaux exécutés; importance militaire de Bizerte en cas de conflit; nécessité de protéger également Sidi-Abdallah contre une surprise par terre.

8779. — BONNARD (Paul). *Problèmes africains intéressant la défense nationale...* — *R. Q. Col. Mar.*, 1916, p. 21-26.

I. Bizerte, l'Ouenza et la guerre; Bizerte pourrait être largement utilisé pour la fabrication des munitions. II. Le canal de Suez et le Bizerte-Tchad-Mombasa; dans l'éventualité, où le canal de Suez pourrait être fermé, la France et l'Angleterre devraient y suppléer en construisant le chemin de fer Bizerte-Tchad-Mombasa, destiné au transport rapide des indigènes et du ravitaillement vers la métropole.

8780. — SCHUCH (François). *Rapport sur les minerais de l'Ouenza, du Bou-Kadra et les intérêts de la défense nationale...* — Bizerte, imp. Vve Saint-Paul, 1917, in-8°, 15 p.

Chambre de commerce de Bizerte. — Rôle qu'auraient pu remplir les mines de l'Ouenza pendant la guerre; rivalité de Bône et de Bizerte pour l'acheminement du minerai; avantages en faveur de Bizerte. Un second rapport portant le même titre (*ibid.*, 1918, 38 p., carte) donne l'avis de personnalités sur cette question; la surproduction des mines de l'Algérie (v. n° **8781**).

8781. — CHAMBRE DE COMMERCE DE BÔNE. *Minerais de l'Ouenza et de Bou-Khadra. Rapport en réponse à une brochure présentée par la Chambre de commerce de Bizerte.* — Bône, imp. A.-M. Mariani, 1918, in-8°, 19 p.

Rapport présenté par M. Journet, président; réfutation des arguments en faveur de la sortie, dans l'intérêt de la défense nationale, des minerais de l'Ouenza, par le port de Bizerte et en particulier du plaidoyer de F. Schuch (v. n° **8780**); Bizerte, port de guerre, ne doit pas être port de commerce.

8782. — MEININGER (P.). *Un problème maritime d'après guerre : l'avenir de Bizerte.* — *Nat.*, 1919, 2° sem., p. 136-139, 3 fig.

Situation exceptionnelle de Bizerte, son rôle, son fret nécessaire; l'opposition de Bône et du gouvernement de l'Algérie.

8783. — GUIST'HAU, ministre de la Marine, et DOUMER (Paul), ministre des Finances. *Projet de loi portant fixation et affectation des établissements industriels de la Marine militaire dans la métro-*

pole et l'Afrique du Nord (renvoyé à la Commission de la Marine militaire)... — Paris, imp. Martinet, 1921, in-4°, 12 p.

Chambre des députés, *12ᵉ législature, session extraordinaire de 1921. Annexe au procès-verbal de la 2ᵉ séance du 24 déc. 1921*, n° 3637. — Le point d'appui de Bizerte et son importance; rôle des arsenaux (v. nᵒˢ **8784** et **8789**).

8784. — CHAPPEDELAINE (de), député. *Rapport fait au nom de la Commission de la Marine militaire chargée d'examiner : 1° le projet de loi portant fixation et affectation des établissements industriels de la Marine militaire dans la métropole et l'Afrique du Nord...* — Paris, imp. Martinet, 1922, in-4°, 166 p., 2 cartes.

Chambre des députés, *12ᵉ législature, session de 1922. Annexe au procès-verbal de la 2ᵉ séance du 24 mars 1922*, n° 4151. — Organisation de l'arsenal de Bizerte (p. 26-34), sa création en 1899, l'arsenal de Sidi-Abdallah, l'effectif ouvrier, le fonctionnement, l'importance de ce point d'appui. Cf. du même, Avis de la Commission des finances, *ibid.*, n° 4704, et Rapport supplémentaire, *ibid.*, n° 5520 (v. nᵒˢ **8783** et **8789**).

8785. — LE LAIDIER. *De l'importance du rôle de l'arsenal de Sidi-Abdallah dans l'Afrique du Nord et des conséquences résultant de l'application du rapport établi par M. de Chappedelaine, député et rapporteur du budget de la Marine.* — Tunis, imp. Namura et Bonici, 1922, in-8°, 11 p.

Description rapide de l'importance prise par l'arsenal de Sidi-Abdallah, créé depuis 1898; critique du rapport de M. de Chappedelaine (*J. O.*, 26 juillet 1922, p. 949), qui veut faire retirer les ouvriers français de cet arsenal.

8786. — BONNARD (Paul). *Pour le maintien de l'arsenal de Bizerte.* — *R. Sc.*, 1923, p. 405-406.

Remarques en faveur du maintien de cet arsenal que la Chambre a supprimé (7 mars 1922).

8787. — BONNARD (Paul). *Bizerte et l'arsenal.* — [Paris, P. Bonnard], 1923, in-4°, 2 p., dactylogr.

Notes et questions, n° 13.

8788. — BONNARD (Paul). *Pour le maintien de l'arsenal de Bizerte; note sous forme de vœu.* — [Paris, P. Bonnard], 1923, in-4°, 2 p., dactylogr.

Notes et questions, n° 14.

8789. — LÉMERY (Henry). *Rapport fait au nom de la Commission de la Marine, chargée d'examiner le projet de loi, adopté par la Chambre des députés, portant fixation et affectation des établissements industriels de la Marine militaire dans la métropole et l'Afrique du Nord...* — Paris, Imp. du Sénat, 1923, in-4°, 208 p., 2 graph.

Sénat, session ordinaire de 1923. Annexe au procès-verbal de la 2ᵉ séance du 20 juin 1923, n° 470. — Origine et rôle historique des arsenaux de la Marine; un chapitre sur Bizerte (p. 60-66), raisons qui motivent son maintien, son rôle comme point d'appui. Cf. Projet de loi Raiberti, de Lasteyrie, présenté au Sénat, *ibid.*, n° 368 (v. n°ˢ **8783** et **8784**).

CHAPITRE V.

L'ARMÉE COLONIALE.

8790. — FELTRE (Duc de), député. *Proposition de loi relative à la formation d'une armée coloniale...* — Paris, imp. A. Quantin, 1881, in-4°, 3 p.

Chambre des députés, 3ᵉ législature, session extraordinaire de 1881. Annexe au procès-verbal de la séance du 7 nov. 1881, n° 24. — Projet de formation d'une armée coloniale avec les corps spéciaux résidant en Afrique (v. nᵒˢ **8009, 8791, 8795, 8798, 8800** à **8802**).

8791. — STEEG (Jules), député. *Rapport sommaire fait au nom de la 1ʳᵉ commission d'initiative parlementaire chargée d'examiner la proposition de loi de M. le duc de Feltre, relative à la formation d'une armée coloniale...* — Paris, imp. A. Quantin, 1882, in-4°, 2 p.

Chambre des députés, 3ᵉ législature, session de 1882. Annexe au procès-verbal de la séance du 9 mai 1882, n° 805. — L'expérience de l'expédition de Tunisie a montré la nécessité de «créer, surtout en vue de nos possessions d'Afrique, une armée coloniale composée d'éléments plus mobiles, plus disponibles et plus permanents» (v. nᵒˢ **8009, 8790, 8795, 8798, 8800** à **8802**).

8792. — *L'armée d'outre-mer.* — *R. Sc.*, 1882, t. IV, p. 578-583.

La campagne de Tunisie a fait constater l'omission regrettable d'une armée d'outre-mer; règles de recrutement à adopter, éléments parmi lesquels on devra puiser, façon dont cette armée devra être organisée.

8793. — VACHAL, député. *Proposition de loi sur le recrutement des troupes coloniales...* — Paris, imp. A. Quantin, 1883, in-4°, 5 p.

Chambre des députés, 3ᵉ législature, session de 1883. Annexe au procès-verbal de la séance du 2 juin 1883, n° 1948. — Propose que les troupes d'infⁱᵉ et d'artⁱᵉ de marine soient recrutées par voie d'engagements en France, en Algérie-Tunisie et aux colonies.

— 371 —

8794. — *Les troupes de la marine et l'armée coloniale devant le pays; questions de bonne organisation et d'économie de sang et d'argent,* par un ancien officier supérieur. — Paris, L. Baudoin, 1883, in-8°, 75 p.

Origine des troupes dites de la Marine, leur situation actuelle; inconvénients de conserver des troupes au département de la Guerre, causes qui ont fait ajourner le passage des troupes de la Marine au département de la Guerre pour former une armée coloniale; bases du recrutement et projet de loi pour l'organisation d'une armée coloniale.

8795. — Reille (B^{on}), député. *Rapport fait au nom de la Commission de l'Armée chargée d'examiner les projets et les propositions de loi concernant la création d'une armée coloniale...* — Paris, imp. A. Quantin, 1883, in-4°, 153 p.

Chambre des députés, 3e législature, session de 1883. Annexe au procès-verbal de la séance du 18 juin 1883, n° 2012. — Projet relatif au recrutement et à la formation des troupes spéciales pour l'Algérie et les colonies; quelques lignes sur la formation des troupes indigènes en Algérie depuis le début de la conquête (p. 12); comment se recruteraient les diverses troupes qui formeraient l'armée coloniale; rappel de la formation de divers corps expéditionnaires, en particulier celui de Tunisie (p. 23); historique et formation actuelle des troupes de la marine, ce que devraient être les troupes permanentes d'Algérie (p. 59-60 et 75-79); projet de loi et tableaux d'effectifs des unités qui la composeraient. Cf. Du même, rapport supplémentaire, *ibid.*, n°^{s} 2102 (v. n° **8001, 8009, 8790, 8791, 8798** et **8800** à **8802**).

8796. — *Organisation de l'armée coloniale* (Signé : Un vieil officier). — *Sp. Mil.*, 1883, t. XX, p. 11-28.

Désappointement causé par le projet de la Commission de l'Armée; la nécessité de constituer une armée coloniale est démontrée par l'expédition de Tunisie; l'inf^{ie} de marine doit se recruter exclusivement parmi les Arabes; constitution de l'armée d'Afrique.

8797. — *La politique et l'armée coloniale* (Signé : Un vieil officier). — *Sp. Mil.*, 1884, t. XXV, p. 23-37, 97-109.

L'expédition du Tonkin ressemble plutôt à celle de Tunisie qu'à celle du Mexique; l'extension de notre politique coloniale exige le recrutement de l'armée coloniale en Algérie et dans toutes les colonies.

8798. — Reille (B^{on}), député. *Rapport fait au nom de la Commission chargée d'examiner les projets de loi concernant :*

1° *le recrutement des troupes de la marine et des colonies;* 2° *la réorganisation des troupes de la marine et des colonies et l'établissement d'un système de roulement entre les officiers de l'infanterie de la marine et les officiers d'infanterie de l'armée de terre;* 3° *l'organisation des troupes spéciales d'Afrique* (*2ᵉ rapport supplémentaire sur l'armée coloniale*)... — Paris, imp. A. Quantin, 1884, in-4°, 22 p.

Chambre des députés, *3ᵉ législature, session de 1884. Annexe au procès-verbal de la séance du 28 janvier 1884,* n° 2583. — « Les difficultés rencontrées pour les expéditions lointaines rendent plus urgente encore la solution du problème de l'armée coloniale »; organisation à donner à l'armée d'Afrique qui a fourni une grosse partie des renforts envoyés au Tonkin; objections à la constitution d'une réserve expéditionnaire empruntée à l'armée d'Afrique (v. nᵒˢ **8006, 8009, 8790, 8791, 8795** et **8800** à **8802**).

8799. — Campenon (Général), ministre de la Guerre. Peyron (Vice-Amiral), ministre de la Marine et des Colonies, et Tirard, ministre des Finances. *Projet de loi sur l'organisation des troupes coloniales et des troupes spéciales d'Afrique* (renvoyé à la Commission de l'Armée)... — Paris, imp. A. Quantin, 1884, in-4°, 48 p.

Chambre des députés, *3ᵉ législature, session extraordinaire de 1884. Annexe au procès-verbal de la séance du 14 oct. 1884,* n° 3111. — Projet de rattachement des troupes de la Marine au département de la Guerre et d'organisation des troupes d'Afrique destinées à former une réserve expéditionnaire; tableaux d'effectifs proposés des troupes d'Afrique. Cf. Avis de la Commission du budget, présenté par A. Leroy, *ibid.,* n° 3725 (v. nᵒˢ **8800** à **8803**).

8800. — Reille (Bᵒⁿ), député. *Rapport fait au nom de la Commission de l'Armée chargée d'examiner le projet de loi sur l'organisation des troupes coloniales et des troupes spéciales d'Afrique* (*3ᵉ rapport supplémentaire sur l'armée coloniale*)... — Paris, imp. A. Quantin, 1884, in-4°, 149 p.

Chambre des députés, *3ᵉ législature, session extraordinaire de 1884. Annexe au procès-verbal de la séance du 29 nov. 1884,* n° 3267. — Réorganisation de l'armée d'Afrique augmentée « tant pour l'occupation de la Tunisie que pour la constitution de la réserve coloniale »; stationnement des troupes coloniales en Afrique du Nord; modifications apportées par la Commission de l'Armée à la suite du projet de loi n° 3111 (v. nᵒˢ **8009, 8790, 8791, 8795, 8798, 8799, 8801** à **8803**); tableaux d'effectifs proposés des troupes d'Afrique.

8801. — REILLE (B^on), député. *Rapport fait au nom de la Commission de l'Armée chargée d'examiner le projet de loi sur l'organisation des troupes coloniales et des troupes spéciales d'Afrique (4ᵉ rapport supplémentaire sur l'armée coloniale)...* — Paris, imp. A. Quantin, 1885, in-4°, 41 p.

Chambre des députés, 3ᵉ législature, session de 1885. Annexe au procès-verbal de la séance du 7 mars 1885, n° 3597. — Modifications apportées aux précédents rapports (v. nᵒˢ **8795, 8798** et **8800**) à la suite des conceptions différentes du nouveau ministre de la Guerre, le général Lewal, qui renonce à la formation, à l'armée d'Afrique, d'une réserve coloniale (v. nᵒˢ **8009, 8790, 8791, 8799** et **8802**).

8802. — REILLE (B^on), député. *Rapport fait au nom de la Commission chargée d'examiner le projet de loi sur l'organisation des troupes coloniales et des troupes spéciales d'Afrique (5ᵉ rapport supplémentaire sur l'armée coloniale)...* — Paris, imp. A. Quantin, 1885, in-4°, 23 p.

Chambre des députés, 3ᵉ législature, session de 1885. Annexe au procès-verbal de la séance du 12 mai 1885, n° 3714. — Reprise du texte du rapport n° 3267 (v. n° **8800**) dont a été retiré le projet de réserve coloniale (v. nᵒˢ **8009, 8790, 8791, 8795, 8798, 8799** et **8801**).

8803. — CAMPENON (Général), ministre de la Guerre, et GALIBER (Vice-Amiral), ministre de la Marine et des Colonies. *Projet de loi, adopté par la Chambre des députés, sur l'organisation des troupes coloniales et des troupes d'Afrique (armée coloniale)...* — Paris, Imp. du Sénat, 1885, in-4°, 84 p.

Sénat, session 1885. Annexe au procès-verbal de la séance du 4 août 1885, n° 492.
— Fixe la composition d'ensemble des troupes d'Afrique et donne le détail de leur effectif; engagements et rengagements, passage des troupes coloniales dans les troupes d'Afrique; projet de rattachement des troupes de la Marine au département de la Guerre. Cf. Décret du Président de la République portant retrait de ce projet de loi, Sénat, session de 1886, n° 102 (v. nᵒˢ **8799** à **8802**).

8804. — CHAUVIGNY (Louis de). *L'armée coloniale.* — Cor., 1885, t. CXXXIX, p. 464-480.

Les récentes expéditions lointaines; une politique coloniale doit être soutenue par une armée spécialement organisée; la loi de 1872 ne se prête pas aux expéditions coloniales, expériences de Tunisie et du Tonkin, les divers projets d'organisation d'armée coloniale, notamment ceux du général Lewal et du baron Reille.

8805. — *La loi sur les troupes coloniales.* — *J. Sc. Mil.,* 1885, t. XIX, p. 161-185.

Mesures prises pour la formation du corps expéditionnaire de Tunisie; principales observations suggérées par l'étude de la nouvelle loi que l'on devrait appeler «loi de déception»; propositions de l'auteur, notamment en ce qui concerne la composition à donner aux troupes d'Afrique.

8806. — *La défense des colonies et la marine* (Signé : Un officier supérieur de la Marine, en retraite).— *R. F. Étr. Col.,* 1890, t. XII, p. 513-523.

Au sujet d'une lettre du v^{te} de Montfort (*Tablettes des deux Charentes,* 25 sept. 1890); la Guerre doit défendre le sol national, la Marine, les côtes de la métropole et ses colonies.

8807. — *L'armée coloniale* (Signé : Un officier supérieur en retraite, XXX). — *R. F. Étr. Col.,* 1890, t. XII, p. 641-662.

La formation d'une armée coloniale; éléments de recrutement créoles ou indigènes dont elle peut se composer; la question des cadres : officiers, sous-officiers, soldats européens rengagés; le ministère qui doit organiser cette armée.

8808. — C. H. *L'armée coloniale.* — *R. F. Étr. Col.,* 1890, t. XII, p. 705-712.

Les causes de dissentiment qui ajournent la solution de la question.

8809. — Freycinet (de), président du Conseil, ministre de la Guerre, Barbey, ministre de la Marine, Roche (Jules), ministre des Colonies. *Projet de loi portant organisation de l'armée coloniale* (renvoyé à la Commission de l'Armée)... — Paris, imp. Motteroz, 1891, in-4°, 50 p.

Chambre des députés, 5ᵉ législature, session de 1891. Annexe au procès-verbal de la séance du 16 février 1891, n° 1201. — Projet d'autonomie des troupes coloniales, rôle et composition, tableaux d'effectifs d'un régiment et d'un bataillon de Légion. Cf. Projet présenté au Sénat par les mêmes auteurs, session extraordinaire de 1891, n° 108 (v. nᵒˢ **8810, 8811** et **8816** à **8818**).

8810. — Reille (B^{on}), député. *Rapport fait au nom de la Commission de l'Armée chargée d'examiner le projet de loi portant organisation de l'armée coloniale...* — Paris, imp. Motteroz, 1891, in-4°, 16 p.

Chambre des députés, 5° législature, session de 1891. Annexe au procès-verbal de la séance du 10 juillet 1891, n° 1590. — Projet de rattachement des troupes coloniales au ministère de la Guerre (v. n°ˢ **8809, 8811** et **8816** à **8818**).

8811. — LOURTIES, sénateur. *Rapport fait au nom de la Commission de l'Armée chargée d'examiner le projet de loi, adopté par la Chambre des députés, portant organisation de l'armée coloniale...* — Paris, Imp. du Sénat, 1892, in-4°, 8 p.

Sénat, session 1892. Annexe au procès-verbal de la séance du 9 avril 1892, n° 101. — Étude du projet de loi du Gouvernement sur l'organisation de l'armée coloniale; nécessité d'une solution rapide, même provisoire. Cf. Rapports supplémentaires du même, *ibid.*, n°ˢ 121 et 197 (v. n°ˢ **8809, 8810** et **8815** à **8818**).

8812. — JAPY (Général), sénateur. *Proposition de loi portant organisation de l'armée coloniale* (renvoyée à la Commission de l'Armée)... — Paris, Imp. du Sénat, 1892, in-4°, 67 p.

Sénat, session 1892. Annexe au procès-verbal de la séance du 17 mai 1892, n° 117. — Rôle de l'armée coloniale, projets de loi antérieurs; critique du projet du Gouvernement d'après lequel l'armée coloniale comprendrait les troupes coloniales proprement dites et la plus grosse partie du 20° corps; étude de l'organisation générale des troupes coloniales, tableaux d'effectifs.

8813. — LEROY-BEAULIEU (Paul). *Les conditions de la colonisation à l'époque présente; la nécessité de la constitution d'une armée coloniale; les compagnies coloniales.*— Écon. fr., 1892, t. Ier, p. 449-451, 481-483.

Reproduit dans *Bul. Soc. G. Saint-Quentin*, 1888-1893, p. 411-418. — Critique de la politique coloniale française, conduite en dehors des conditions que l'expérience a démontré nécessaires; les accords inévitables entre peuples civilisés au sujet de l'interdiction de la vente des armes à feu; comment constituer la force armée indispensable pour permettre à la France de remplir sa tâche dans la part de l'Afrique qui lui est dévolue.

8814. — MARGAINE, sénateur. *Proposition de loi relative au recrutement et à l'organisation des troupes coloniales* (renvoyée à la Commission de l'Armée)... — Paris, Imp. du Sénat, 1892, in-4°, 15 p.

Sénat, session 1892. Annexe au procès-verbal de la séance du 27 mai 1892, n° 123.
— Insiste sur le rattachement des troupes coloniales au ministère de la Marine, leur réserve devant être constituée par la Légion et par les bat^{ons} d'inf^{ie} légère d'Afrique.

8815. — Freycinet (de), ministre de la Guerre, et Burdeau, ministre de la Marine et des Colonies. *Projet de loi, adopté par la Chambre des députés, adopté avec modifications par le Sénat, portant organisation de l'armée coloniale* (renvoyé à la Commission de l'Armée)... — Paris, imp. Motteroz, 1892, in-4°, 13 p.

Chambre des députés, 5ᵉ législature, session extraordinaire de 1892. Annexe au procès-verbal de la séance du 28 nov. 1892, n° 2435. — Constitution d'une armée coloniale autonome relevant du ministère de la Marine et reprise du projet Freycinet Barbey, Roche (v. n°ˢ **8809** à **8811** et **8816** à **8818**).

8816. — Reille (B°ⁿ), député. *Rapport fait au nom de la Commission de l'Armée chargée d'examiner le projet de loi,... portant organisation de l'armée coloniale...* — Paris, imp. Motteroz, 1893, in-4°, 7 p.

Chambre des députés, 5ᵉ législature, session de 1893. Annexe au procès-verbal de la séance du 4 février 1893, n° 2563. — Ne concerne que la question des contingents français dans le problème d'ensemble de la réorganisation des troupes coloniales (v. n°ˢ **8809** à **8811**, **8817** et **8818**).

8817. — Loizillon (Général), ministre de la Guerre, Rieunier (Vice-Amiral), ministre de la Marine, et Siegfried (Jules), ministre du Commerce, de l'Industrie et des Colonies. *Projet de loi... portant organisation de l'armée coloniale* (renvoyé à la Commission de l'Armée)... — Paris, Imp. du Sénat, 1893, in-4°, 4 p.

Sénat, session de 1893. Annexe au procès-verbal de la séance du 16 mars 1893, n° 84. — Projet de loi adopté par la Chambre des députés, modifié par le Sénat, adopté avec de nouvelles modifications par la Chambre des députés et soumis au Sénat. Cf. Rapport fait au nom de la Commission de l'Armée par V. Lourties, session de 1893, n° 161 (v. n°ˢ **8809** à **8811**, **8815**, **8816** et **8818**).

8818. — Reille (B°ⁿ), député. *Rapport fait au nom de la Commission de l'Armée chargée d'examiner le projet de loi... portant organisation de l'armée coloniale...* — Paris, imp. Motteroz, 1893, in-4°, 5 p.

Chambre des députés, 5ᵉ législature, session de 1893. Annexe au procès-verbal de la 2ᵉ séance du 4 juillet 1893, n° 2917. — L'armée coloniale, en ce qui concerne l'élément français, se recruterait exclusivement par des volontaires et «en cas d'expédition, s'il y a insuffisance des engagés et des rengagés volontaires, il sera fait appel à la Légion étrangère qui relève du ministre de la Guerre». Cf. Projet de loi Loizillon, Rieunier, Terrier, présenté à la Chambre, *ibid.*, n° 2916 (v. n°ˢ **8809** à **8811, 8816** et **8817**).

8819. — ***. *La défense des colonies et les expéditions coloniales.* — *R. P. L.*, 1895, t. IV, p. 13-16.

Étude sur l'organisation de l'armée nécessitée par la politique d'expansion coloniale; critique du système existant; l'auteur préconise le passage des troupes de la Marine à la Guerre par fusion pure et simple.

8820. — Cavaignac (Godefroy), député. *Proposition de loi tendant : 1° à l'organisation d'une armée coloniale ; 2° à la suppression du 19ᵉ corps d'armée actuel ; 3° à la création d'un 19ᵉ corps d'armée en France* (renvoyée à la Commission de l'Armée)... — Paris, imp. Motteroz, 1895, in-4°, 202 p.

Chambre des députés, 6ᵉ législature, session de 1895. Annexe au procès-verbal de la séance du 9 juillet 1895, n° 1488. — Situation actuelle des troupes coloniales, examen de l'organisation «surannée» du 19ᵉ C. A. d'Algérie, exagération des effectifs; situation du Service de santé en Algérie, le service de trois ans en Algérie; projet de transformation des corps spéciaux d'Algérie en réserve de l'armée coloniale, rattachement au ministère de la Guerre et autonomie de l'armée coloniale; conséquences du projet de loi en ce qui concerne l'organisation et la force de l'armée nationale; tableaux d'effectifs (v. n° **8830**).

8821. — Cavaignac (Godefroy), député. *Rapport fait au nom de la Commission du budget chargée d'examiner le projet de loi portant fixation du budget général de l'exercice 1896 (ministère de la Guerre)...* — Paris, imp. Motteroz, 1895, in-4°, 131 p.

Chambre des députés, 6ᵉ législature, session de 1895, Annexe au procès-verbal de la séance du 13 juillet 1895, n° 1539. — Étudie (p. 45-48) la question de l'armée coloniale et la réduction du 19ᵉ corps; critique de l'organisation actuelle des zouaves; avantage qu'il y aurait à la fusion de l'armée coloniale et de l'armée d'Afrique.

8822. — Montfort (Vᵗᵉ de) et La Ferronnays (Mⁱˢ de), députés. *Proposition de loi portant constitution et organisation d'une armée coloniale* (renvoyée à la Commission de l'Armée)... — Paris, imp. Motteroz, 1895, in-4°, 23 p.

Chambre des députés, 6ᵉ législature, session extraordinaire de 1895. Annexe au procès-verbal de la séance du 24 oct. 1895, n° 1569. — Projet d'organisation d'une armée coloniale par le dédoublement des régᵗˢ d'infⁱᵉ et d'artⁱᵉ de marine et l'introduction d'un régᵗ étranger spécial à 4 batᵒⁿˢ différent de ceux qui dépendent de la Guerre (v. n° **8830**).

8823. — Lannes de Montebello (Adrien), député. *Proposition de loi relative au recrutement et à l'organisation de l'armée coloniale* (renvoyée à la Commission de l'Armée)... — Paris, imp. Motteroz, 1895, in-4°, 10 p.

Chambre des députés, 6ᵉ législature, session extraordinaire de 1895. Annexe au procès-verbal de la séance du 24 oct. 1895, n° 1570. — Nécessité de constituer une réserve expéditionnaire et de préparer «le renforcement éventuel de l'armée coloniale par une importante fraction de l'armée d'Afrique, mais sans disloquer celle-ci ou la détourner de son but» (v. n° **8830**).

8824. — Cavaignac (Godefroy), ministre de la Guerre, Lockroy (Édouard), ministre de la Marine, et Guieysse, ministre des Colonies. *Projet de loi tendant à la création d'une armée coloniale et à la réorganisation du 19ᵉ corps d'armée* (renvoyé à la Commission de l'Armée)... — Paris, imp. Motteroz, 1896, in-4°, 124 p.

Chambre des députés, 6ᵉ législature, session de 1896. Annexe au procès-verbal de la séance du 8 février 1896, n° 1784. — Projet de transformation du 19ᵉ corps qui serait destiné à former la réserve des troupes coloniales; introduction du service de trois ans en Algérie, modifications à la constitution des régᵗˢ de zouaves; rattachement de l'armée coloniale au ministère de la Guerre; tableaux d'effectifs. Projet retiré par décret du Président de la République.

8825. — Cabart-Danneville, sénateur. *Proposition de loi tendant à la réorganisation de l'artillerie et de l'infanterie de marine et à la création d'une armée coloniale dépendant du ministère de la Marine* (renvoyée à la Commission de la Marine)... — Paris, Imp. du Sénat, 1896, in-4°, 306 et 70 p.

Sénat, session 1896. Annexe au procès-verbal de la séance du 11 février 1896, nᵒˢ 29 et 29 rectifié. — Critique la façon dont le ministère de la Guerre a conduit les expéditions coloniales et cherche à s'emparer de tout ce qui dépend du ministère de la Marine; leçons du passé résultant des modifications apportées à l'organisation des troupes de la Marine; histoire de l'artⁱᵉ de marine, création de l'infⁱᵉ de marine actuelle, les Tirailleurs sénégalais.

8826. — Villebois-Mareuil (Cte de). *Organisation des troupes coloniales.* — *Cor.*, 1896, t. CLXXXIII, p. 873-892.

L'armée coloniale existe, il faut l'organiser; nécessité d'assurer la défense rationnelle de notre empire colonial sans accroissement de dépenses; projets du général Campenon, de G. Cavaignac, des généraux de Miribel et Billot; le principe des troupes coloniales à la Marine doit être admis.

8827. — Cavaignac (Godefroy), ministre de la Guerre, Lockroy (Édouard), ministre de la Marine, et Guieysse, ministre des Colonies. *Projet de loi tendant à l'organisation d'une armée coloniale et à la réorganisation du 19ᵉ corps d'armée* (renvoyé à la Commission de l'Armée)... — Paris, imp. Motteroz, 1896, in-4°, 107 p.

Chambre des députés, 6ᵉ législature, session de 1896. Annexe au procès-verbal de la séance du 2 avril 1896, n° 1891. — Modification au précédent projet (v. n° **8824**); la réserve de l'armée coloniale ne serait plus en Algérie; composition de l'armée coloniale en Algérie et en Tunisie. Projet retiré par décret du Président de la République.

8828. — Brincard, Bourlon de Rouvre, Lebaudy, députés. *Proposition de loi relative à une nouvelle organisation des troupes de la Marine ainsi qu'à la constitution et au recrutement d'une armée coloniale* (renvoyée à la Commission de l'Armée)... — Paris, imp. Motteroz, 1896, in-4°, 12 p.

Chambre des députés, 6ᵉ législature, session de 1896. Annexe au procès-verbal de la séance du 10 juillet 1896, n° 2022. — Maintien des troupes coloniales au ministère de la Marine, à la disposition duquel la Légion, les corps indigènes d'Algérie-Tunisie, les bat^ons d'inf^ie légère d'Afrique, seraient mis, suivant les besoins, par le ministère de la Guerre (v. n° **8830**).

8829. — Besnard (Vice-Amiral), ministre de la Marine, Billot (Général), ministre de la Guerre, et Lebon (André), ministre des Colonies. *Projet de loi portant organisation d'une armée coloniale* (renvoyé à la Commission de l'Armée)... — Paris, imp. Motteroz, 1896, in-4°, 63 p.

Chambre des députés, 6ᵉ législature, session extraordinaire de 1896. Annexe au procès-verbal de la séance du 27 oct. 1896, n° 2063. — Projet d'organisation d'une armée coloniale et d'une réserve expéditionnaire; celle-ci comprendrait les 2 rég^ts étrangers stationnés en Algérie, qui formeraient par dédoublement trois rég^{ts}, dont deux feraient partie des troupes coloniales rattachées à la Marine, le 3e relevant du ministère de la Guerre (v. n° 8830).

8830. — Reille (B°ⁿ), député. *Rapport fait au nom de la Commission de l'Armée chargée d'examiner :* 1° *le projet de loi portant organisation d'une armée coloniale* (n° 2063); 2° *la proposition de M. Godefroy Cavaignac...* (n° 1488); 3° *la proposition de MM. le vicomte de Montfort et le marquis de La Ferronnays...* (n° 1569 et annexe); 4° *la proposition de loi de M. Adrien Lannes de Montebello...* (n° 1570); 5° *la proposition de loi de MM. Brincard, Bourlon de Rouvre et Lebaudy...* (n° 2022)... — Paris, imp. Motteroz, 1896, in-4°, 52 p.

Chambre des députés, 6ᵉ législature, session extraordinaire de 1896. Annexe au procès-verbal de la séance du 10 décembre 1896, n° 2160. — Inconvénients qui se sont présentés lors des expéditions de Tunisie et de Madagascar. Historique des troupes coloniales, leur organisation, ce qu'elles comprennent; la Légion; projet d'organisation des troupes coloniales et d'une réserve expéditionnaire empruntée à une portion spéciale du 19ᵉ corps. En annexe : liste chronologique depuis 1876 des projets, propositions et rapports concernant les troupes coloniales (v. n°ˢ 8820, 8822, 8823, 8828, 8829 et 8836).

8831. — ***. *Les cadres de l'armée coloniale.* — *Cor.*, 1897, t. CLXXXVIII, p. 633-643.

L'histoire de nos récentes conquêtes a démontré la nécessité d'un instrument spécial; emploi aussi large que possible des éléments indigènes combinés avec une quantité variable d'éléments européens; les cadres d'officiers et de sous-officiers européens seront hors de proportion avec les effectifs européens; le recrutement de ces cadres.

8832. — Burot (F.), médecin pp^{al} de la marine, et Legrand (M.-A.), médecin de 1re cl. de la marine. *Les troupes coloniales...* — Paris, J.-B. Baillière, 1897-1898, 3 t. en un vol. in-8°.

Ne fournit pour l'Afrique du Nord que quelques renseignements. I. Statistique de la mortalité (140 p.) : statistiques de 1891 à 1895, répartition des décès, mortalité suivant les colonies, causes, mortalité comparée dans les expéditions et dans les épidémies. II. Maladies du soldat aux pays chauds (184 p.) : paludisme, diarrhée et dysenterie, hépatite, typhoïde, blessures de guerre, etc. III. Hygiène du soldat sous les tropiques (218 p.) : habitation, alimentation, vêtement et équipement, service médical, police sanitaire, mesures spéciales aux expéditions, etc.

(v. n° **8237**). An. par le Com^dt H. Chassériaud, dans *N. R.,* 1898, t. CX, p. 376, et t. CXII, p. 186-187.

8833. — CABART-DANNEVILLE, sénateur. *Proposition de loi tendant à placer les troupes de la Marine, les troupes indigènes qui en dépendent et les services accessoires (administration et service de Santé aux colonies) sous le régime des lois existantes qui régissent l'armée métropolitaine* (renvoyée à la Commission de la Marine)... — Paris, Imp. du Sénat, 1898, in-4°, 176 p.

Sénat, session extraordinaire de 1897. Annexe au procès-verbal de la séance du 21 déc. 1897, n° 90. — Proposition ayant pour but de montrer que «l'armée coloniale existant, il suffit pour faire cesser l'instabilité actuelle extrêmement nuisible aux troupes de la Marine, d'appliquer à ces troupes, à leurs services accessoires, les lois qui régissent l'armée métropolitaine».

8834. — GUZMAN (E. de). *Encore l'armée coloniale...* — Paris, Charles-Lavauzelle [1898], in-8°, 23 p.

Le but d'une armée coloniale, les nécessités auxquelles elle doit satisfaire, son organisation, ses conditions d'existence et d'adaptation à la situation continentale, politique et financière de la France. An. dans *Bul. Com. A. F.,* 1898, p. 116.

8835. — BAZILLE, député. *Proposition de loi tendant à rattacher au ministère de la Guerre l'armée coloniale et tous les services militaires du ministère des Colonies...* — Paris, imp. Motteroz, 1898, in-4°, 7 p.

Chambre des députés, 7ᵉ législature, session de 1898. Annexe au procès-verbal de la séance du 6 juillet 1898, n° 174. — C'est au ministère de la Guerre qu'il appartient de garder et de défendre les colonies et les pays de protectorat; bref historique des troupes de la Marine et des troupes coloniales. Projet présenté à nouveau par le même auteur, *ibid.,* n° 506.

8836. — LANNES DE MONTEBELLO (Adrien), député. *Proposition de loi relative au recrutement et à l'organisation de l'armée coloniale* (renvoyée à la Commission de l'Armée)... — Paris, imp. Motteroz, 1898, in-4°, 9 p.

Chambre des députés, 7ᵉ législature, session extraordinaire de 1898. Annexe au procès-verbal de la séance du 28 nov. 1898, n° 442. — Reproduction du rapport de M. Reille (v. n° **8830**); les troupes coloniales «formeront un 21ᵉ corps, qui coopérera, le cas échéant, à la défense de la métropole»; une réserve générale des troupes coloniales comprenant la Légion, les bat^ons d'inf^ie légère, les **Tirailleurs** algériens, sera formée en Algérie.

8837. — CHAUTEMPS (Émile), député. *Proposition de loi relative à l'organisation de l'armée coloniale* (renvoyée à la Commission de l'Armée)... — Paris, imp. Motteroz, 1898, in-4°, 34 p.

Chambre des députés, 7° législature, session extraordinaire de 1898. Annexe au procès-verbal de la séance du 13 déc. 1898, n° 512. — Propose le rattachement des troupes coloniales au ministère de la Guerre et l'autonomie complète; dispositions concernant la Légion, les Tirailleurs, les spahis; tableaux d'effectifs.

8838. — RAIBERTI, député. *Proposition de loi sur l'organisation des troupes coloniales* (renvoyée à la Commission de l'Armée)... — Paris, imp. Motteroz, 1898, in-4°, 7 p.

Chambre des députés, 7° législature, session extraordinaire de 1898. Annexe au procès-verbal de la séance du 13 déc. 1898, n° 517. — Modifications à l'organisation des troupes coloniales en prenant comme modèle pour celles-ci les Tirailleurs algériens et la Légion; constitution d'une réserve des troupes coloniales au moyen des troupes d'Algérie.

8839. — ÉTIENNE (Eugène), député. *Proposition de loi concernant l'armée coloniale* (renvoyée à la Commission de l'Armée)... — Paris, imp. Motteroz, 1898, in-4°, 7 p.

Chambre des députés, 7° législature, session extraordinaire de 1898. Annexe au procès-verbal de la séance du 21 déc. 1898, n° 566. — « Le bon sens indique qu'il est rationnel de constituer en armée coloniale le 19° corps, puisque c'est lui qui, dans le passé, a satisfait à tous nos besoins »; nécessité d'augmenter les contingents algériens et de créer deux nouveaux rég^ts de Légion.

8840. — HART (Capitaine) [pseud. de HARTMANN (Frédéric-Émile)]. *Bases pour servir à la constitution d'une solide armée coloniale dans les conditions les plus économiques,...* — Paris, Charles-Lavauzelle [1899], in-8°, 70 p.

R. M. U., 1899, t. XV, p. 68-88, 144-162, 246-260. — Aperçus généraux sur la constitution d'une armée coloniale, éléments divers servant de bases à la constitution de l'armée coloniale (contingents européens et indigènes), mode de recrutement (rég^t colonial d'infanterie légère d'Afrique, rég^t colonial de discipline, rég^ts étrangers, de Tirailleurs algériens, etc.), rengagements, premières mises d'entretien, gratifications; les troupes coloniales indigènes des autres puissances; rattachement de l'armée coloniale à la Guerre, à la Marine ou aux Colonies. An. dans *Bul. Com. A. F.,* 1899, p. 320.

8841. — X..., général. *Un dernier mot sur l'armée coloniale.* — *J. Sc. Mil.*, 1899, t. IV, p. 409-417.

Les troupes coloniales ne peuvent jouer le double rôle de la garde permanente des colonies et de la coopération éventuelle à une guerre européenne; projet de l'auteur faisant le plus large appel aux éléments indigènes pour la constitution des troupes coloniales permettant de réduire les effectifs continentaux des troupes de la marine et des corps permanents français de l'Algérie-Tunisie.

8842. — Famin (Colonel), commandant le 5ᵉ d'inf^{ie} de marine. *L'armée coloniale.* — Paris, Charles-Lavauzelle [1899], in-8°, 64 p.

Principes sur lesquels doit reposer l'organisation de l'armée coloniale; grandes lignes de l'organisation qu'on doit lui donner; détails particuliers de cette organisation suivant qu'on adopterait la création de l'armée coloniale au département de la Guerre, à celui de la Marine ou à celui des Colonies; avantages et inconvénients. An. dans *R. M. U.*, 1899, t. XVI, p. 574, et 1900, t. XVII, p. 93; dans *Sp. Mil.*, 1900, t. XXXIX, p. 76-77.

8843. — Général ***. *L'armée coloniale, le rattachement à la Guerre.* — *R. D. M.*, 1899, t. CLIII, p. 163-176.

Critique du système existant et de la conception servant de base à tous les projets d'organisation de la force armée nécessaire à la politique d'expansion coloniale de la France; cette force composée d'éléments indigènes, métropolitains et algériens doit être rattachée à la Guerre, son état-major spécial supprimé.

8844. — Galliffet (Général de), ministre de la Guerre, Lanessan (de), ministre de la Marine, et Decrais (Albert), ministre des Colonies. *Projet de loi relatif à l'organisation de l'armée coloniale* (renvoyé à la Commission de l'Armée)... — Paris, imp. Motteroz, 1899, in-4°, 11 p.

Chambre des députés, 7ᵉ législature, session extraordinaire de 1899. Annexe au procès-verbal de la séance du 1ᵉʳ déc. 1899, n° 1245. — Projet de rattachement des troupes coloniales au ministère de la Guerre; celui-ci peut, si besoin est, recourir à la Légion, aux bat^{ons} d'inf^{ie} légère, aux rég^{ts} de Tirailleurs ou à des unités d'Afrique pour les faire coopérer au service colonial. Cf. Même projet de loi présenté au Sénat, session de 1900, n° 154 (v. n°ˢ **8845, 8846, 8498** et **8850**).

8845. — Hubert (Lucien), député. *Projet de résolution concernant le rattachement de l'armée coloniale au ministère des Colonies* (renvoyé à la Commission de l'Armée)... — Paris, imp. Motteroz, 1900, in-4°, 10 p.

Chambre des députés, 7ᵉ législature, session extraordinaire de 1899. Annexe au procès-verbal de la séance du 22 déc. 1899, n° 1318. — Critique du projet d'organisation de l'armée coloniale en ce qui concerne son rattachement au ministère de la Guerre proposé par le général de Galliffet (v. n° **8844**), avantages qu'il y aurait à la rattacher au ministère des Colonies.

8846. — Lannes de Montebello (Adrien), député. *Rapport fait au nom de la Commission de l'Armée chargée d'examiner le projet de loi relatif à l'organisation des troupes coloniales...* — Paris, imp. Motteroz, 1900, in-4°, 34 et 9 p.

Chambre des députés, 7ᵉ législature, session de 1900. Annexe au procès-verbal de la séance du 18 janvier 1900, nᵒˢ 1347 et 1347 annexe. — «Nécessité de laisser aux troupes coloniales leur existence et leur régime propres», mais de les rattacher au ministère de la Guerre; approbation du projet présenté par le Gouvernement. Cf. Rapport fait au nom de la Commission de l'Armée, présenté au Sénat par le bᵒⁿ de Courcel, Sénat, session de 1900, n° 188 (v. nᵒˢ **8844** et **8849**).

8847. — La Rocque (Général R. de). *L'armée coloniale et expéditionnaire appartient au ministère de la Guerre.* — Paris, R. Chapelot, 1900, in-8°, 49 p.

Cor., 1900, t. CIC, p. 11-37. — Les vicissitudes des troupes de la marine depuis 1815, la loi du 15 juillet 1889, les projets nombreux, notamment du bᵒⁿ Reille, d'Honoré Leygue, de Ch. de Freycinet; celui du général de Miribel doit être adopté.

8848. — Chautemps (Émile), député. *Des armées coloniales autonomes,* discours prononcé à la Chambre des députés... — Paris, J. Rueff, 1900, in-8°, vii-42 p.

Possibilité de la défense terrestre de nos principales possessions par la constitution d'armées autonomes, ayant leur recrutement et leur vie propres.

8849. — André (Général L.), ministre de la Guerre, Lanessan (de), ministre de la Marine, Decrais (Albert), ministre des Colonies. *Projet de loi, adopté par la Chambre des députés, adopté avec modifications par le Sénat, relatif à l'organisation des troupes coloniales* (renvoyé à la Commission de l'Armée)... — Paris, imp. Motteroz, 1900, in-4°, 10 p.

Chambre des députés, 7ᵉ législature, session de 1900. Annexe au procès-verbal de la séance du 15 juin 1900, n° 1715. — Rattachement définitif au ministère de la Guerre, des troupes coloniales; composition de la partie de celles-ci stationnée en France, Algérie et Tunisie (v. n°ˢ **8844, 8846** et **8850**).

8850. — LANNES DE MONTEBELLO, député. *Rapport fait au nom de la Commission de l'Armée chargée d'examiner le projet de loi adopté par la Chambre des députés, adopté avec modifications par le Sénat, relatif à l'organisation des troupes coloniales*... — Paris, imp. Motteroz, 1900, in-4°, 24 p.

Chambre des députés, 7ᵉ législature, session de 1900. Annexe au procès-verbal de la séance du 19 juin 1900, n° 1732. — Modifications apportées par le Sénat au projet de loi, en particulier en ce qui concerne le fait que les troupes coloniales pourront être stationnées en Afrique du Nord, mais en aucun cas ne participeront à sa défense; rattachement définitif des troupes coloniales au ministère de la Guerre (v. n°ˢ **8844, 8846** et **8849**).

8851. — MAGNE (Napoléon), député [et un certain nombre de ses collègues]. *Proposition de loi tendant à modifier les articles 2, 8, 9, 10 et 14 de la loi du 7 juillet 1900 sur l'organisation des troupes coloniales* (renvoyée à la Commission de l'Armée)... — Paris, imp. Motteroz, 1900, in-4°, 8 p.

Chambre des députés, 7ᵉ législature, session de 1900. Annexe au procès-verbal de la 2ᵉ séance du 9 juillet 1900, n° 1844. — Critique de certains art. qui pourraient indirectement porter atteinte au principe de l'autonomie.

8852. — *L'organisation de l'armée coloniale.* — *Bul. Com. A. F.*, 1901, sup., p. 33-38.

Extr. de décrets (déc. 1900-janvier 1901) déterminant la composition de l'organisation de l'armée coloniale.

8853. — GRENIER (Pierre). *L'armée coloniale. Thèse*... — Paris, A. Rousseau, 1902, in-8°, 206 p.

Université de Paris, Faculté de droit. — Nécessité d'une armée coloniale; rôles de l'armée coloniale; relève, réserve expéditionnaire, troupes chargées de la défense propre des colonies; bases d'une organisation d'une armée coloniale en armées locales autonomes par régions coloniales (Algérie-Tunisie, p. 80-84), rattachement de l'armée coloniale, loi du 7 juillet 1900. Appendice : les troupes coloniales étrangères. An. dans *Bul. Com. A. F.*, 1902, p. 168.

8854. — Gain (Edmond), directeur de l'Institut colonial de l'Université de Nancy. *L'armée coloniale et la défense des colonies.* — *Ann. Col.*, 1904, p. 158-180.

Étude générale sur l'armée coloniale, son origine, sa participation aux principales campagnes; les troupes indigènes : Tirailleurs algériens et tunisiens, spahis algériens et méharistes, la Légion; quelques mots sur la défense de l'Afrique du Nord et le point d'appui de Bizerte; les réserves coloniales de l'Algérie-Tunisie.

8855. — Waddington (Richard), sénateur. *Rapport fait au nom de la Commission des finances chargée d'examiner le projet de loi, adopté par la Chambre des députés, portant fixation du budget général de l'exercice 1907 (ministère de la Guerre)...* — Paris, imp. P. Mouillot, 1907, in-4°, 237 p.

Sénat, année 1906, session extraordinaire. Annexe au procès-verbal de la séance du 26 déc. 1906, n° 468. — La question de la fusion des troupes coloniales et des troupes métropolitaines, stationnement dans le midi de la France ou à l'armée d'Afrique des rég^{ts} destinés à assurer la relève des colonies (p. 52-58).

8856. — ***. *Notre armée coloniale.* — *Cor.*, 1908, t. CCXXX, p. 868-899.

Constitution, recrutement, répartition et mode de fonctionnement de notre armée coloniale (armée d'Algérie-Tunisie et armée coloniale proprement dite); est-elle prête à faire face aux différentes éventualités en vue desquelles elle a été créée ? formule à laquelle il faut s'arrêter, mesures à prendre pour assortir l'instrument à la formule.

8857. — *A propos de l'affectation éventuelle des troupes coloniales en Tunisie.* — *A. Col.*, 1913, p. 792.

Extr. de l'*Écho de Bizerte*. A propos d'un art. de R. Jouglet, dans le *Courrier de Tunisie;* Bizerte serait pour les coloniaux, à tous les points de vue, une garnison préférable à celles de France.

SIXIÈME PARTIE.

HISTOIRE LOCALE. — BIOGRAPHIES.

CHAPITRE PREMIER.

GÉOGRAPHIE, VOYAGES. — HISTOIRE LOCALE.

A. GÉOGRAPHIE, VOYAGES.

8858. — Avezac (A. d'). *Iles de l'Afrique*, par M. d'Avezac... avec la collaboration de MM. de Froberville, Frédéric Lacroix, F^d Hoefer, Mac Carthy, Victor Charlier. — Paris, Firmin Didot frères, 1848, in-8°, 192, 300 et iv-180 p., cartes, pl.

L'Univers pittoresque. Afrique, t. IV. — Ire partie : description et histoire des îles de la Méditerranée, Djerba (p. 30-75), Kerkenna (p. 76-85), la Galite (94-96).

8859. — Rabusson (A.). *De la géographie du nord de l'Afrique pendant les périodes romaine et arabe...* — Paris, J. Corréard, 1856, in-8°, 139 p., plans.

J. Sc. Mil., 1855, t. VI, p. 1-138, plans. — Étude des guerres anciennes conduisant l'auteur à apporter d'importantes modifications à la géographie, notamment à situer Cyrène dans la presqu'île du Cap-Bon, Ptolémaïs dans les ruines attribuées à Carthage et Carthage à Bougie, etc.

8860. — Piesse (Louis). *Itinéraire historique et descriptif de l'Algérie, de Tunis et de Tanger...* 2e éd... — Paris, Hachette, 1874, in-16, clxxvi-544 p., 6 cartes.

Collection des Guides-Joanne. — Édition revue et augmentée de l'ouvrage signalé sous le n° **3401**.

8861. — BAEDEKER (K.). *Italie, manuel du voyageur*... 3ᵉ partie : *Italie du Sud et la Sicile avec excursions aux îles Lipari, à Malte, en Sardaigne, à Tunis*... 4ᵉ éd... — Leipzig, K. Baedeker, 1875, in-16, L-409 p., pl., cartes.

6ᵉ éd., 1880, in-16, XLVIII-419 p., 14 pl., 25 cartes; 7ᵉ éd., 1883, in-16, XLVI-411 p., pl., cartes; 8ᵉ éd., 1887, in-16, XLVI-416 p., pl., cartes; 9ᵉ éd., 1890, in-16, XLVI-425 p., 16 pl., 26 cartes.

8862. — SAINTE-MARIE (E. de). *Sur la géographie de la Tunisie ancienne*... — Bône, imp. J. Dagand, 1878, in-8°, 38 p., carte.

Bul. Ac. Hippone, n° 14. — Étendue du territoire africain de Carthage; les connaissances des Phéniciens, l'influence de leur civilisation, l'occupation romaine; les cités florissantes de cette époque; les principales voies romaines; les auteurs modernes qui ont écrit sur la Tunisie ancienne.

8863. — SOMBRUN. *Notes sur la Tunisie*. — *Bul. Soc. G. Com. Bordeaux*, 1878, p. 65-67, 161-165, 212-216.

Bref tableau de la Tunisie, situation, sol, climat; Bizerte et ses environs, Sousse et Le Kef.

8864. — PIESSE (Louis). *Itinéraire de l'Algérie, de Tunis et de Tanger*... — Paris, Hachette, 1879, in-16, CXLIV-546 p., 7 cartes.

Collection des Guides-Joanne. — Nouvelle éd. de l'ouvrage n° **8860**. — Autres éd., 1881; 1882; 1885, *ibid.*, CXXI-598 p., 9 cartes, 10 plans. An. par le lieut^t A. du Paty de Clam, dans *Bul. Soc. G. Const.*, 1885, p. 213-219; dans *Af. expl.*, 1885, p. 254-255.

8865. — VIVIEN DE SAINT-MARTIN [et Louis ROUSSELET]. *Nouveau dictionnaire de géographie universelle contenant* : 1° *la géographie physique*...; 2° *la géographie politique*...; 3° *la géographie économique*...; 4° *l'ethnologie*...; 5° *la géographie historique*...; 6° *la bibliographie*... — Paris, Hachette, 1879-1895, 7 vol. in-4° sur 3 col.

Un suppl. (1897-1900), par L. Rousselet, parut également en fasc. et se trouve, soit relié, notamment pour les lettres A à J, soit distribué à la fin des vol. correspondants. An. dans *Bul..Com. A. F.*, 1897, p. 103-104, 248, 276; 1899, p. 35; 1899, sup., p. 100; 1900, p. 296; 1902, p. 134-136.

8866. — LUBOMIRSKI (P^ce^ Jósef). *Les pays oubliés. La côte barbaresque et le Sahara, excursion dans le vieux monde...* — Paris, E. Dentu, 1880, in-18, XXII-309 p., pl.

Vol. exclusivement descriptif; début d'une série d'études sur l'Orient, la Tunisie et l'Algérie effleurées par un touriste; Tunis et ses environs, en caboteur de Tunis à Bône, de Bône à Biskra par Constantine et Sidi Okba.

8867. — CHALON (Jean). *Un mois en Tunisie...* — Verviers, 23, Pont-St-Laurent [1880], in-12, 111 p.

Bibliothèque Gilon. — Notes de voyage (automne 1877) : Constantine, Lambèse, Batna, Biskra, Bône; Tunis, la religion, le Gouvernement, l'armée.

8868. — RAECKELBOOM. *De Sousse à Gabès par voie de terre.* — *Bul. Soc. G. Com. Bordeaux*, 1882, p. 499-503.

Description de la région entre ces deux villes, fertilité du sol.

8869. — NIOX (Commandant). *Géographie militaire. V. Europe orientale et bassin de la Méditerranée...* — Paris, L. Baudoin, 1882-1883, 2 vol. in-12, cartes.

2e vol., IIe part., le Levant, Asie mineure... Tunisie (p. 151-189, carte), 1re éd. de l'ouvrage signalé sous le n° **8890**.

8870. — SCHMIDT (Johannes). *Rapport à l'Académie royale des sciences de Berlin sur le voyage exécuté d'après ses instructions pendant l'hiver 1882-83, en Algérie et en Tunisie.* Traduit par E. Masqueray. — Alger, imp. P. Fontana, 1883, gr. in-8°, 8 p.

Bul. Cor. Af., 1883, fasc. VI, p. 394-401. — Résumé de son voyage; nécessité d'organiser une conservation effective des antiquités.

8871. — NIEL (O.), professeur d'histoire et de géographie au collège de Bône. *Tunisie. Géographie et guide du voyageur...* — Paris, Challamel aîné, 1883, in-8°, 284 p., carte.

Géographie physique, agricole, industrielle et commerciale de la Tunisie, voies ferrées, Gouvernement, divisions administratives, divisions militaires, notices historiques sur les villes et villages. An. par E. C. [Cat], dans *Bul. Soc. G. Const.*, 1884, p. 85.

8872. — PERPETUA (J.). *Géographie de la Régence de Tunis...* — Tunis, V. Finzi, 1883, in-8°, 47 p.

<small>Éd. française de la brochure *Compendio di geografia della Reggenza di Tunisi ad uso delle scuole...* (Torino, G. B. Paravia, 1883, in-8°, 47 p.). Renseignements généraux géographiques et ethnographiques; résumé de l'histoire de la Tunisie, forces tunisiennes, divisions militaires de la Régence.</small>

8873. — CONS (H.). *La Tunisie, esquisse géographique...* — Montpellier, imp. Boehm et fils [1883], in-8°, 15 p.

<small>*Bul. Soc. languedoc. G.*, 1883, p. 100-114. — Renseignements géographiques sommaires, la mer intérieure.</small>

8874. — FONCIN (P.). *De Sousse à Kairouan.* — *R. P. L.*, 1883, t. XXXI, p. 304-311.

<small>Daté de juin 1882; récit d'une excursion, nombreux détails.</small>

8875. — MICHEL (Léon). *Tunis. L'Orient africain. Arabes, Maures, Kabyles, Juifs, Levantins, scènes de mœurs...* 2ᵉ éd... — Paris, Garnier frères, 1883, in-18, VI-314 p.

<small>1ʳᵉ éd., 1867, *ibid.*, 336 p. — Récit d'un voyage en Algérie (Stora, Philippeville, Bône) et en Tunisie (Bizerte, La Goulette, Tunis et ses environs). Appendices : textes du traité de Kassar-Saïd et du pacte fondamental. An. dans *Af. expl.*, 1883, p. 174-175.</small>

8876. — RAVET (Alfred). *La Tunisie, d'après le commandeur Perpetua.* — *Bul. Soc. normande G.*, 1884, p. 99-108, 160-166.

<small>Analyse détaillée de l'ouvrage *Geografia della Tunisia, descrizione particolareggiata della Reggenza con tutte le indicazioni necessarie al viaggiatori* (Torino, G. B. Paravia, 1882, in-8°, 213 p.).</small>

8877. — COURTOIS, médecin aide-major de 1ʳᵉ cl. *Aperçu topographique de la partie nord de la Tunisie...* — *Arch. Méd. Pharm. Mil.*, 1884, t. III, p. 360-368.

<small>L'auteur accompagnait la 3ᵉ c^{ie} mixte du 29 août au 27 sept. 1883; description de l'itinéraire parcouru, état sanitaire de la c^{ie}.</small>

8878. — ARÈNE (Paul). *Vingt jours en Tunisie.* — Paris, A. Lemerre, 1884, in-18, 299 p.

N. R., 1883, t. XXIV, p. 270-306, 495-521, 747-780. — Récit d'un court voyage (août 1882) à La Goulette, Tunis, Sousse, Monastir, Kairouan. An. dans *Af. expl.*, 1885, p. 321-322.

8879. — Lee Childe (Blanche). *En Tunisie, souvenirs de voyage.* — *R. D. M.*, 1884, t. LXIV, p. 830-867.

Quelques détails sur les pays traversés : Sousse, Kairouan, l'Enfida, Tizi-Ouzou, Fort-National.

8880. — Cambon (Victor). *De Bône à Tunis, Sousse et Kairouan.* 2ᵉ éd. — Lyon, imp. du Salut public, 1885, in-8°, 191 p.

Récit de voyage : les chemins de fer algériens, Souk-Ahras, la Kroumirie, Tunis, Sousse, Kairouan, la prise de ces deux dernières villes d'après le général Riu (p. 119-124), les Travaux publics en Tunisie, la colonisation.

8881. — Piesse (L.). *De La Goulette à Tripoli.* — *Bul. Soc. G. Arch. Oran*, 1885, p. 8-15, 5 pl.

Description de la côte des Syrtes; les ports de La Goulette, Sousse, Sfax, Gabès et Tripoli.

8882. — Melon (Paul). *De Palerme à Tunis, par Malte, Tripoli, et la côte. Notes et impressions...* — Paris, Plon, Nourrit, 1885, in-8°, 212 p., grav.

Notes de voyage, indications historiques, quelques renseignements statistiques; Tripolitaine, Djerba, Gabès, Sfax, Mahdia, Sousse, Kairouan, Tunis, Bizerte. An. dans *Bul. R. Off.*, 1885, p. 743-744; par M. R., dans *J. Sc. Mil.*, 1885, t. XVIII, p. 475-476; dans *R. Sc.*, 1885, t. XXXVI, p. 503-504; par J. Gebelin, dans *Bul. Soc. G. Com. Bordeaux*, 1885, p. 411; par J.-V. B. [Barbier], dans *Bul. Soc. G. Est*, 1885, p. 446; par R. P., dans *Gaz. G.*, 1885, 1ᵉʳ sem., p. 435-436.

8883. — Périer (Amédée). *D'Alger à Kairouan.* — Lyon, imp. Mougin-Rusand, 1886, in-8°, 27 p.

Extrait du 5ᵉ *Bulletin de la Section lyonnaise du Club alpin français.* — Souvenirs d'un voyage (nov.-déc. 1884).

8884. — Carey (Henry). *D'Alger à Tunis, notes d'un alpiniste...* — Genève, imp. Ch. Schuchardt, 1886, in-12, 79 p.

Notes recueillies au cours d'un voyage organisé par le Club alpin français (Congrès de 1886); Alger, Blida, La Kabylie, Bougie, Sétif, Batna, les oasis, Tunis.

8885. — Pallu de Lessert (C.). *Les monuments antiques de la Tunisie; le décret beylical, la loi française.* — *R. Af. fr.*, 1886, t. IV, p. 237-240.

La valeur du décret beylical du 8 mars; que deviendra-t-il après la promulgation de la nouvelle loi française?

8886. — Leroy (A.-L.). *Notes et impressions de voyage. D'Alger à Tunis, avril 1884-avril 1885...* — Alger, A. Jourdan, 1886, in-8°, 40 p.

Extr. *Bul. Ass. scientifique algérienne.* — Conférence (mars 1886) à la mairie d'Alger (v. **9187**).

8887. — Sargnon (L.). *Un mois en Tunisie et en Algérie...* — Lyon, Ass. typographique, 1886, in-8°, 35 p.

Extr. des *Ann. Soc. botanique de Lyon.* — Voyage effectué (mai-juin 1885) par deux botanistes de Tunis à Alger, par Constantine, Batna, Biskra.

8888. — Gaudry (J). *Les pèlerinages en Algérie et en Tunisie...* — Paris, imp. F. Levé, 1886, in-12, 11 p.

Rapport présenté à l'Assemblée des catholiques (25 mai 1886). Idée d'instituer, pour l'Afrique, des pèlerinages analogues à ceux de la Terre-Sainte.

8889. — Simond (Charles). *Tunis et la Tunisie...* — Paris, H. Lecène et H. Oudin, 1886, in-16, 72 p., ill.

4ᵉ éd., *ibid.*, 1888; nouv. éd., *ibid.*, 1889. — Monographie physique, historique et économique de la Tunisie; les chotts et la mer intérieure, climat, population, les villes importantes; le passé de la Tunisie, l'expédition de 1881 et le Protectorat (p. 64-70). Courte bibliographie.

8890. — Niox (Lieut^t-Colonel). *Géographie militaire. V. Le Levant et le bassin de la Méditerranée...* 2ᵉ éd.... — Paris, L. Baudoin, 1887, in-12, 241 p., carte.

Chap. VIII (p. 205-234), la Tunisie : géographie physique, résumé historique, établissement du Protectorat français (v. n° **8869**).

8891. — Demanche (Georges). *Congrès du Club alpin français en Algérie. D'Alger à Kairouan, souvenirs de voyage...* — Paris, Challamel aîné, 1887, in-8°, 63 p.

R. F. Étr. Col., 1886, t. IV, p. 406-426, 512-526; 1887, t. V, p. 30-53. — Voyage en 1886 : Alger et la Kabylie, Biskra et Constantine, Tunis et Kairouan; le régime du Protectorat et le développement de la Régence. An. dans R. F. Étr. Col., 1887, t. V, p. 380.

8892. — Kératry (Cte É. de). *A travers le passé, souvenirs militaires*... — Paris, P. Ollendorff, 1887, in-16, viii-311 p.

2° éd., *ibid*. — Quelques scènes de la vie de l'armée d'Afrique sous le Second Empire; Tunis et Bizerte en 1884. An. par M. P., dans *N. R.*, 1887, t. XLVIII, p. 809-810.

8893. — Piesse (Louis). *Algérie et Tunisie*... — Paris, Hachette, 1887, in-16, xc-492 p., plans, cartes.

Collection des Guides-Joanne. — Autres éd., 1891, 1893 (*ibid.*, lxxxiv-429 p., 8 cartes, 21 plans), 1896, 1898, 1901. — Bibliographie; introduction : aperçu géographique, administratif et historique, l'armée. An. par E. F. [Fagnan], dans *R. Af.*, 1896, p. 92, et 1898, p. 388-389; dans *Af. expl.*, 1888, p. 61-63; dans *R. F. Étr. Col.*, 1893, t. XVII, p. 288.

8894. — Delauney du Dézen (E.). *Un explorateur en Tunisie*, par E. Delauney. — Limoges, E. Ardant [1888], in-8°, 147 p., ill.

Autres éd. (réimp.) [1890], [1893], *ibid*. — Récits d'aventures pour la jeunesse, qui se passent à La Goulette, Tunis, Zaghouan, Sousse, Kairouan, etc.

8895. — Carton (D^r). *Lettre de M. Carton, médecin militaire en Tunisie.* — Lille, imp. Liégeois-Six [1888], in-8°, paginé 247-259.

Ann. Soc. géol. Nord, 1887-1888, t. XV, p. 247-259. — Lettre du 26 mai 1888; détails sur Zarzis et Souk-el-Arba. Cf. *Ibid.*, p. 41-50 : autre lettre du 6 oct. 1887, concernant le poste de Métameur et la question du fleuve Triton. L'auteur accompagnait les troupes qui réprimèrent en 1887 les troubles de la frontière tripolitaine.

8896. — F. F. (Lucie). [Goyau (Lucie Félix-Faure), Mme Georges]. *Une excursion en Afrique.* — Paris, L. Baschet [1888], in-8°, 95 p., ill.

Récit d'un voyage en Algérie et en Tunisie.

8897. — FAGAULT (Paul). *Tunis et Kairouan...* — Paris, Challamel [1889], in-18, 285 p.

Notes de voyage (février-mai 1887) à Tunis et à Kairouan; description de ces villes, scènes de la vie indigène.

8898. — DU PATY DE CLAM. *Étude sur la route de Sfakes à Gafsa.* — *Bul. Soc. G. Arch. Oran*, 1889, p. 327-345.

Étude des différents itinéraires que l'on peut suivre pour aller de Sfax à Gafsa « au triple point de vue des piétons, des cavaliers et des voitures »; longueur des étapes, points d'eau, etc.

8899. — MAUPASSANT (Guy de). *La vie errante...* — Paris, P. Ollendorff, 1890, in-16, 235 p., couv. ill.

Autres éd. : Paris, P. Ollendorff, 1903, in-16, 302 p., fig.; Paris, E. Flammarion, 1925, in-18, 249 p. (*Nouvelle bibliothèque Flammarion*). — La seconde partie de l'ouvrage (p. 127-233) concerne le voyage de l'auteur d'Alger à Tunis, Kairouan et Sousse. Cf. *R. D. M.*, 1889, t. XCI, p. 520-548 : *Vers Kairouan*.

8900. — FALLOT (E.). *Une excursion à travers la Tunisie centrale...* — Marseille, typ. Barlatier et Barthelet, 1890, in-8°, 20 p.

Tiré à 25 ex. numérotés. — *Bul. Soc. G. Marseille*, 1890, p. 5-21. — Récit sommaire d'un voyage de l'Oued-Zerga, par Testour, Teboursouk, Souk-el-Djemaa, Mannsoura, à Kairouan. An. par H. Duveyrier, dans *Bul. G. Hist. Descr.*, 1890, p. 98.

8901. — [PALAT (Lieut^t)]. *Une année en Tunisie.* — *R. C. M.*, 1890, p. 385-388, 417-422, 441-444, 469-471, 493-494, 517-523, 567-570, dessins.

Notes prises au cours d'un voyage en Tunisie (1882), en particulier sur les parties centrale et méridionale, de Sousse à Gafsa et à Douz; quelques renseignements sur la vie militaire et les mœurs indigènes.

8902. — NIOX (Colonel). *Géographie militaire. VI. Algérie et Tunisie...* 2e éd... — Paris, L. Baudoin, 1890, in-12, x-437 p., fig., cartes en coul.

— 395 —

8903. — WINKLER (Capitaine). *Description de la partie supérieure de la vallée de l'oued el-Kébir (la grande rivière)...* — *Bul. G. Hist. Descr.*, 1891, p. 411-414, carte.

Orographie et hydrographie de la région comprise entre la route de Tabarka à Aïn-Draham, El Méridj et la frontière algérienne. An. par H. Duveyrier, *ibid.*, p. 113-114.

8904. — *Guide illustré du réseau des chemins de fer de la compagnie Bône-Guelma et prolongements.* — Paris, A. Challamel [1891], in-8°, 56 p., ill., carte, couv. ill.

Itinéraire par Bône, Duvivier, Le Kroubs, Tunis, Hammam-Lif, Sousse, Kairouan, Souk-Ahras, Tebessa; renseignements pratiques.

8905. — SANGNIER (Félix). *En vacances...* 2ᵉ éd. — Paris, P. Ollendorff, 1892, in-18, 327 p., ill.

Excursions en Tunisie, Tunis et Kairouan (p. 207-323), souvenirs de voyage. La 1ʳᵉ éd. (Paris, typ. E. Plon, Nourrit, 1890, in-8°, 59 p., ill.) ne comprend pas ce texte.

8906. — ROCHETTE DE FERNEX (J.). *La Tunisie...* — *Bul. Soc. neuchât. G.*, 1891, p. 59-89.

Étude d'ensemble lue au VIIIᵉ Congrès des Soc. suisses de géographie, à Neuchâtel (17 sept. 1890).

8907 — BUISSON (Eugène). *Tunisie et Algérie; notes de voyage.* — *Bul. Soc. normande G.*, 1891, p. 369-384.

Conférence à la Soc.; voyage d'un mois, par Tunis et ses environs, Constantine, Biskra, Alger, Oran, Tlemcen.

8908. — LALLEMAND (Charles). *La Tunisie, pays de protectorat français...* — Paris, May et Motteroz, 1892, in-4°, 253 p., fig. en coul.

Suite du vol. indiqué sous le n° **9225**, entièrement consacré à Tunis. Description de la Tunisie et de ses différentes régions, renseignements sur les villes, valeur du pays, avantages qu'en peut retirer le pays protecteur; quelques détails sur la frontière algéro-tunisienne; les progrès accomplis sous le Protectorat. An. dans *Af. expl.*, 1892, p. 126; dans *R. F. Étr. Col.*, 1892, t. XV, p. 61.

8909. — BERNARD (Marius). *De Tripoli à Tunis...* — Paris, H. Laurens [1892], gr. in-8°, VII-374 p., 120 ill., carte.

Autour de la Méditerranée. 1re série : *les côtes barbaresques.* — Renseignements de toute nature, surtout ethniques et locaux, concernant l'itinéraire suivi par Gabès, Sfax, Monastir, Kairouan, Sousse, La Goulette, Tunis; l'armée beylicale et l'armée d'occupation (p. 348-351). Ouvrage de vulgarisation, pas de référence.

8910. — VERNE (Frédéric). *Vingt jours en Tunisie.* — Bourg, imp. du *Courrier de l'Ain* [1892], in-8°, 83 p.

Extr. du *Bul. Soc. G. de l'Ain*. — Récit d'un voyage à Tunis et aux environs, à Sousse, Kairouan, Gafsa, Tebessa.

8911. — SOUQUET (Henri), ancien proviseur du lycée Sadiki. *Journal d'un lycéen de Tunis...* — Paris, Gedalge, 1892, gr. in-8°, 239 p., ill.

Voyage à Tunis et à travers la Tunisie.

8912. — MEYRAT (J.). *Dictionnaire national des communes de France et d'Algérie, colonies françaises, pays de protectorat et à mandat; postes, télégraphes, téléphones, chemins de fer et colis postaux...* [14e éd.] — Paris, A. Michel, 1931, in-16, II-1082 p.

Algérie (p. 925-947), Maroc (p. 957-963), Tunisie (p. 948-957). Autres éd., avec des titres légèrement différents : Tours, Deslis frères, 1892, in-16, 704 p.; *ibid.*[1899], in-16, II-906 p.; *ibid.* [1900], in-16, II-906 p.; *ibid.* [1901], in-16, II-953 p.; *ibid.* [1914], in-16, II-1008 p.; *ibid.* [1921], in-16, II-1002 p.

8913. — MINISTÈRE DE L'INSTRUCTION PUBLIQUE. *Atlas archéologique de la Tunisie. Édition spéciale des cartes topographiques publiées par le ministère de la Guerre, accompagnée d'un texte explicatif rédigé par MM. E. Babelon, R. Cagnat, S. Reinach...* — Paris, E. Leroux, 1892-1932, gr. in-fol.

En cours de publication (la seconde série par R. Cagnat et Alf. Merlin), 19 livraisons parues; feuilles de la carte topographique de la Tunisie au 1/50.000° sur lesquelles, à la demande de la Commission du Nord de l'Afrique, les officiers des brigades topographiques ont mentionné et pris note de toutes les ruines qu'ils rencontraient; les rapports qu'ils avaient joints ont été complétés par les indications que possédait le ministère de l'Instruction publique d'après les rapports de missions et les renseignements historiques, etc.; indication du nom des officiers des brigades topographiques qui ont participé à ce travail. An. par J. Toutain, dans

Historiq., 1915, t. CXIX, p. 148-149; par G. Perrot, dans *Ac. Inscr. B.-Lettres, R.*, 1893, p. 117-118; par A. R. [Rainaud], dans *Ann. G., Bibl.*, 1894, p. 35; ar G. Yver, *ibid.*, 1903, p. 215, 1904, p. 217-218, 1906, p. 228, 1908, p. 7, 909, p. 7-8, 1913, p. 8-9, 1915, p. 31-32; par L. Raveneau, dans *Bibl. g.*, 927, p. 37, et 1933, p. 417.

914. — WINKLER (Capitaine). *Extrait d'un itinéraire en Tunisie...* — Paris, E. Leroux, 1892, in-8°, 5 p.

Bul. Arch., 1892, p. 149-153. — Description du pays entre Gafsa et Gabès.

915. — WINKLER (A.). *Notice sur des voyages faits en Tunisie pendant l'année 1886.* — *Bul. Soc. G. Arch. Oran*, 1892, p. 435-460; 1893, p. 11-25, carte.

L'auteur a parcouru la Tunisie du nord au sud et de l'ouest à l'est en passant ar Kairouan et Gafsa; notes sur l'archéologie, l'orographie et l'hydrographie des gions traversées; les voies romaines du centre et du sud de la Tunisie.

916. — MICHOTTE (Félicien), ingénieur. *Conférence sur Alger et Tunis...* — *Ass. polytechnique cantonale de Lagny*, 1892-93, p. 24-32.

917. — BARAUDON (Alfred). *Algérie et Tunisie. Récits de voyage et études.* — Paris, Plon, 1893, in-18, xv-327 p.

Notes sur : Alger, ses environs, ses habitants; Constantine, son histoire; Biskra, ne, Tunis et Kairouan; quelques pages sur l'œuvre du cardinal Lavigerie en gérie, en Tunisie et au Sahara. An. dans *N. R.*, 1893, t. LXXXIII, p. 894; ns *Bul. Com. A. F.*, 1895, sup., p. 32; dans *R. F. Étr. Col.*, 1893, t. XVIII, 538.

918. — BERNARD (Marius). *De Tunis à Alger...* — Paris, H. Laurens [1893], gr. in-8°, 364 p., 120 ill., carte.

Autour de la Méditerranée. 1re série : *les côtes barbaresques.* — Suite du voyage diqué sous le n° **8909**, par Bizerte, Souk-el-Arba, Le Kef, Ghardimaou, La lle, Bône, Tebessa, Constantine, Philippeville, Djidjelli, Aïn-Beïda, Batna, Biskra, uggourt, Bougie, la Kabylie, Bou-Saâda.

919. — LALLEMAND (Charles). *Vingt jours en Tunisie... retour en France par Biskra et Constantine.* — Paris, May et Motteroz [1893], in-8° oblong, 120 p., fig. en noir et en coul.

Collection des guides-albums du touriste, par Constant de Tours. — Renseignemen' généraux pour un touriste à Tunis, Sousse, Kairouan, El-Djem, Bizerte. An. da* *Af. expl.*, 1893, p. 353-354.

8920. — Jousset (P.). *Un tour en Méditerranée, de Venise Tunis, par Athènes, Constantinople et Le Caire*... — Paris, Libr imp. réunies 1893, in-4°, 263 p., 150 ill., 8 pl. en coul.

Notes de voyage; en Tunisie (p. 239-258), La Goulette et Tunis.

8921. — Cahu (Théodore). *Loulette voyage*... — Paris, F Flammarion [1893], in-12, 354 p., couv. ill.

Souvenirs d'un touriste, notamment en Algérie (p. 247-292), à Tunis et dar l'Enfida (p. 293-334); anecdotes.

8922. — Claretie (Léo). *Feuilles de route en Tunisie*... Paris, Calmann Lévy, 1893, in-16, 294 p.

2ᵉ éd., *ibid.* — Description de Tunis, Kairouan, Sousse, Monastir, Zaghoua* notes pittoresques sur la vie, les mœurs et les coutumes des indigènes. An. da* *Af. expl.*, 1893, p. 383; dans *R. F. Étr. Col.*, 1893, t. XVIII, p. 48.

8923. — Baedeker (K.). *Italie méridionale, Sicile, Sardaigne excursions à Malte, Tunis et Corfou, manuel du voyageur*.. 10ᵉ éd... — Leipzig, K. Baedeker; Paris, P. Ollendorf, 189: in-16, xliv-414 p., pl., cartes.

11ᵉ éd., 1896, in-16, xlviii-403 p., 17 pl., 25 cartes; 12ᵉ éd., 1900, in-1 xlviii-414 p., 19 pl., 28 cartes; 14ᵉ éd., 1907, in-16, lii-499 p., 28 pl., 30 carte

8924. — *Souvenir de Tunis. Notice générale sur la Tunisie. l Tunisie aujourd'hui, descriptions, mœurs et coutumes*... — Tuni H. Lefrançois, 1893, in-8°, 8 p., ill., portr.

Généralités sur la Tunisie, description d'ensemble de Tunis à l'usage des to ristes; sans intérêt au point de vue militaire.

8925. — Carton (Dʳ), médecin-major. *De la Khroumirie a Djerid, récit de voyage en Tunisie*... — Douai, imp. O. Duthi loeul, 1894, in-8°, 32 p.

Conférence faite devant les Soc. de géographie de Lille, Tourcoing, Cambra Saint-Omer, Douai. La vie que mène le voyageur en Tunisie, où l'auteur a pas 6 années; l'avenir de la Tunisie.

926. — *Guide illustré de la Tunisie.* — Tunis, imp. Guénard et Franchi, s. d., in-8°, 202 p., ill., carte, croq.

Ouvrage dû à la «collaboration d'un certain nombre de personnalités les plus qualifiées de la Régence» et inspiré de l'*Histoire de la Tunisie*, de Pavy (v. n° **4582**); études sur Carthage, Dougga, Bulla-Regia, par le Dr Carton; le cap Bon, par Jauert de Bénac; Djerba, Gabès et les Matmata, par V. Casanova; les Territoires militaires, par Paoli, avocat, ancien officier; Sfax, par de Ceccaty; Tunis, par Ravelet.

927. — Du Paty de Clam (Cte). *Promenade en Tunisie...* — *Bul. Soc. G. Toulouse*, 1895, p. 360-387, 459-478.

Récit d'une excursion (19 juillet au 1er août 1895) dans les régions de Fériana, hala, etc.; constatations faites par l'auteur au sujet de l'inexactitude de la carte e ces régions, du manque de communications rapides entre ces points, du tracé de frontière algéro-tunisienne.

928. — La Ferronnays (Mis de). *Malte, Tripoli et le sud de la Tunisie...* — *Bul. Soc. G. Com. Paris*, 1895, p. 205-222.

Extr. d'une conférence (13 février). Renseignements sur Djerba, Gabès, le djebel latmata, Sfax, Sousse, Mahdia, Kairouan, que l'auteur a visités.

929. — Vuillier (Gaston). *La Tunisie.* — Tours, A. Mame et fils, 1896, in-fol., 288 p., grav. en noir et en coul.

Récit d'un voyage à travers la Tunisie; souvenirs sur l'expédition du marquis de orès (p. 201-210) et sur la Kroumirie (p. 267-282).

930. — Rothschild (H. de). *Notes africaines.* — Paris, Calmann-Lévy, 1896, in-16, 249 p.

Notes prises au jour le jour pendant trois voyages consécutifs en Algérie et en unisie : Alger, la Kabylie, El-Kantara, Biskra; Tunis (le guide tunisien, une idience du bey).

931. — Lorin (Henri), professeur. *Promenade en Tunisie...* — Paris, Hachette, 1896, in-4°, 48 p., ill., carte.

Le Tour du monde, 1896, t. II, p. 529-576, ill., carte. — Étude faite à la suite d'une cursion organisée par le Gouvernement de la Régence à l'occasion de la session Tunis du Congrès de l'Ass. pour l'avancement des sciences (avril 1896); aperçu énéral sur la Régence, histoire, monuments, habitants et mœurs.

932. — Gadeau de Kerville (H.). *Tunisiana et Algériana.* — Rouen, imp. J. Lecerf, 1896, in-16, 111 p., pl., couv. ill.

Souvenirs de voyage (avril 1896) : Tunis, Carthage, Oudna, Chemtou et Bull Regia, Bizerte, Medjez-el-Bab, Constantine, Biskra, Blida, Alger.

8933. — BARRILLON (E.). *Cinq semaines en Tunisie*... — Gr(noble, J. Baratier [1896], in-16, 158 p., ill.

Impressions de voyage à Tunis, Bizerte et environs.

8934. — SADNAC (Georges) [anagr. de G. CANDAS]. *La Régenc guide de la Tunisie*... — Tunis, d'Amico, 1896, in-32, II 372 p., grav., cartes.

Renseignements pratiques, géographiques et touristiques; peu de détails hist riques.

8935. — TRUMET DE FONTARCE (Armand). *Souvenirs d'Afriqu(Algérie, Tunisie; mission officielle, journal de voyages*... — Ba sur-Seine, Vve C. Saillard, 1896, gr. in-8°, 428 p., 102 fi

Notes personnelles écrites au cours de voyages en 1889 et 1895, résultats d'u mission scientifique à Tunis et à Carthage (1890-1891); peu d'intérêt au point vue militaire.

8936. — AVIGNAC (A. d'). *Tunis, Bizerte, Carthage.* — Cor 1896, t. CLXXXIV, p. 40-67.

Coup d'œil sur l'état actuel du pays, le chemin parcouru depuis le début l'occupation.

8937. — BÉGOUEN (Vte). *En Tunisie*... — Toulouse, im Lagarde et Sebille [1897], gr. in-8°, 55 p., grav.

Bul. Soc. G. Toulouse, 1897, p. 36-80, grav. — Conférence à la Soc.(8 déc. 189(Description de Tunis, de ses environs, Sousse, Monastir, Sfax; mœurs et coutum des habitants; l'œuvre de la France. Cf. résumé de cette conférence sous le ti *La Tunisie pittoresque. Ibid.*, 1896, p. 527-531.

8938. — GIDE (A.). *Notes de voyage, Tunis et Sahara.* — Me(F., 1897, t. XXI, p. 225-246.

Tunis, El-Kantara, Biskra, Touggourt.

8939. — DAUBEIL (J.). *Notes et impressions sur la Tunisie*... Paris, Plon, 1897, in-18, VII-258 p., grav.

Souvenirs de l'auteur qui a séjourné deux années en Tunisie; description de Tunis, Gabès, Sousse, Kairouan, Tabarka; notes sur la vie et les mœurs des indigènes. An. dans *R. F. Étr. Col.*, 1897, p. 255-256.

8940. — SIMOND (Charles). *En Tunisie.* — Paris, Plon [1898], in-16, 32 p., fig.

Bib. ill. *des voyages autour du monde par terre et par mer*, n° 45. — Brochure de vulgarisation, notions historiques, géographiques, ethnographiques; quelques renseignements sur les grandes villes. Cf. Trouvé (Alexis), *Au désert*. Moulins, Crépin-Leblond, 1898, in-16, 119 p. : récit d'un voyage en Tunisie, à l'occasion de l'inauguration du port de Sfax.

8941. — BÉGOUEN (Vte). *Notes sur la Tunisie...* — Foix, imp. Gadrat aîné, 1899, in-8°, 19 p., ill.

Extr. du *Bul. de la Soc. ariégeoise des sciences, lettres et arts*, 1899, t. VII. — Conférence (18 juin), à Saint-Girons. Le passé de la Tunisie, nombreux détails sur Maktar, renseignements sur la vie et les mœurs des Tunisiens, l'avenir de la Tunisie. An. par E. V. [Vassel], dans *R. T.*, 1900, p. 241-242; par L. Guénot, dans *Bul. Soc. G. Toulouse*, 1900, p. 585-586.

8942. — LAURIOL (S.), professeur. *Relation d'un voyage en Tunisie.* — Sceaux, imp. E. Charaire, 1900, in-8°, 12 p.

Voyage de quelques jours à Tunis et environs, à Kairouan et Sousse, effectué par 110 instituteurs, directeurs d'école normale, etc.

8943. — BAUDOUIN (A.). *En Tunisie, notes de voyage.* — Baugé, imp. Daloux, 1900, in-8°, II-109 p.

A Tunis, Kairouan et Sousse; résumé de conférences faites à la suite de cette excursion.

8944. — HOGGE (Joe), consul de Serbie. *En Tunisie...* — S. l., imp. La Meuse [1900], in-8°, 65 p.

Chroniques extraites du journal *La Meuse*.

8945. — MICHOTTE (Félicien). *La Tunisie*, première conférence... — *Bul. Soc. prop. col.*, 1900, n° 6, p. 3-15.

Généralités concernant notamment la géographie.

8946. — PERVINQUIÈRE (L.). *La Tunisie centrale, esquisse de géographie physique.* — Paris, A. Colin, 1900, in-8°, 24 p., 4 pl., carte.

<small>Ann. G., 1900, t. IX, p. 434-455, 4 pl., carte. — Explication de la carte de Tunisie; orographie, hydrologie, climatologie, régions naturelles, flore.</small>

8947. — LASSALLE (Ch.), archiviste d'état-major principal. *Dictionnaire des communes, administratif et militaire, France, Algérie, Tunisie, dressé en tableaux donnant pour chaque commune le rattachement au canton, à l'arrondissement, au département, à l'organisation militaire : région de corps d'armée, subdivision de région, bureau de recrutement, brigade de gendarmerie, la population, les chemins de fer, les postes, télégraphes et téléphones, les établissements et services militaires et maritimes, d'après les documents officiels des divers ministères.* — Paris, H. Charles-Lavauzelle [1900], in-8°, 1171 p.

<small>5ᵉ éd., *ibid.* [1901], in-8°, 1175 p. (v. n° **8985**). An. dans *R. M. U.*, 1900, t. XVII, p. 170-172.</small>

8948. — DAVESNE (Paul). *La Tunisie française...* — Châlons-sur-Marne, Union républicaine, 1901, in-16, 19 p.

<small>Conférence à l'Université populaire de Châlons-sur-Marne.</small>

8949. — RUZAN (J.-F.-H.). *Algérie-Tunisie, Malte, Sicile-Italie, notes d'un alpiniste dauphinois...* — Lyon, imp. E. Vitte, 1901, in-8°, 79 p., ill.

<small>Tiré à 100 ex. — Extr. du *Bul.* n° 1 de la section de la Drôme du Club alpin français. — Souvenirs de voyage (Alger, Constantine, Biskra, Tunis). Cf. Viel (Morice), *Dessins à la plume exécutés pour Algérie-Tunisie, Malte. Sicile et Italie à vol d'oiseau de J.-F.-H. Ruzan*, préface de J. de Flandreysy. Paris, A. Lemerre, 1904, in-8°, VII et 37 ff.</small>

8950. — BLONDEL (E.). *Trente jours de promenade en Tunisie.* — S. l., juin 1901, in-8°, 36 p., ill., croq.

<small>Itinéraire par Tunis, Souk-el-Arba, Aïn-Draham, Le Kef, Maktar, Thala, Tebessa, Souk-Ahras.</small>

8951. — YVER (Georges). *Le pays tunisien.*— *R. Univ.,* 1901, p. 313-318, ill.

Description du pays, nature et relief du sol, hydrographie, littoral, régions naturelles, flore et faune.

8952. — MAGER (Henri). *Atlas d'Algérie et de Tunisie.* — Paris, E. Flammarion, 1901, in-4°, 32 p., 12 cartes.

Atlas de vulgarisation. An. dans *R. F. Étr. Col.,* 1901, p. 191; par Augustin Bernard, dans *Ann. G., Bibl.,* 1902, p. 225-226.

8953. — PROTECTORAT FRANÇAIS. Gouvernement tunisien. Direction de l'Office des postes et télégraphes. *Liste des villes, villages et lieux-dits de la Régence de Tunis, avec indication des établissements de poste et de télégraphe qui les desservent.* 1913. — Tunis, imp. G. Guinle, 1913, in-8°, 192 p.

Autres éd., Tunis, imp. B. Borrel, août 1901, in-8°, 136 p.; Tunis, imp. G. Guinle, 1909, in-8°, 185 p.

8954. — *A la France. Sites et monuments. Tunisie...* — Paris, Touring-Club de France, 1902, in-4°, 119 p., 164 ill., carte en coul.

Avant-propos par Onésime Reclus. Tunis, environs, Tunisie septentrionale et Kroumirie, Sousse et Tunisie centrale, Sfax, de Gafsa au Djerid, Gabès et Sud tunisien, île de Djerba (v. n° **9024**). An. par L. Raveneau, dans *Ann. G., Bibl.,* 1907, p. 116-117.

8955. — *Algérie-Tunisie.* — *France-Album,* avril 1902-juin 1903, phot., cartes.

Album mensuel dont les n°˚ 81 à 92 sont consacrés à des phot. de villes, monuments et types particuliers de l'Algérie et de la Tunisie : Petite Kabylie, Constantine et ses environs, Oran et ses environs, de Bône à Tebessa, Batna-Timgad, Tunisie du Nord, du Centre et du Sud, Tlemcen et ses environs, province d'Alger; courtes notices sur chacune de ces régions rédigées par A. Ballu, Hinglais, Frette, Papier, Loth. An. dans *Bul Com. A. F.,* 1902, p. 96, 168, 344; dans *R. F. Étr. Col.,* 1902, p. 624, 687.

8956. — JACQUETON (G.), BERNARD (Augustin) et GSELL (Stéphane). *Algérie et Tunisie...* — Paris, Hachette, 1903, in-16, 26-LIV-428 p., 22 pl., 12 cartes.

Collection des Guides-Joanne. — Autres éd., 1905 (ibid., 26-LVII-447 p., 23 plans, 11 cartes), 1906, 1909. — L'Algérie orientale et la Tunisie ont été rédigées par G. Jacqueton, l'Algérie occidentale par A. Bernard, la partie archéologique par S. Gsell (v. n° **8979**). An. par L. Raveneau, dans *Ann. G., Bibl.*, 1904, p. 224.

8957. — LOTH (Gaston). *La Tunisie, son histoire, ses villes, ses monuments et ses cités anciennes...* — Tunis, imp. L. Nicolas, 1903, in-8°, 93 p., ill.

Fédération tunisienne, XXIIIe Congrès national de la ligue française de l'enseignement, Tunis, 12-17 avril 1903. — Résumé historique et géographique : la Tunisie avant la conquête française, la conquête française; Tunis et sa banlieue, le littoral, l'intérieur, les oasis.

8958. — VARINO (A.). *Le pays du Bey.* — Paris, F. Juven [1903], gr. in-8°, 182 p., ill.

Ouvrage de vulgarisation : Tunis, la ville européenne, la ville d'hiver, la ville arabe, les environs; Sousse, Kairouan, Gafsa, Gabès, Bizerte, la Kroumirie. Appendices : la Soc. des fermes françaises de Tunisie, la colonisation, les Travaux publics de la Régence.

8959. — BONNAFOS (R. de). *Impressions africaines.* — Paris, Bibl. internat. d'édition, 1903, in-8°, 245 p.

Récit de voyage en Algérie-Tunisie; Fort-National, Aumale, Biskra, Tunis; notes et impressions sur le pays et les mœurs musulmanes.

8960. — LORIN (Henri). *A travers la Tunisie...* — *Bul. Soc. normande G.*, 1903, p. 169-183.

Conférence à la Soc. (19 février). Résumé historique, géographique.

8961. — *De Tunis à Alger; excursion en Algérie et en Tunisie...* — Paris, C. Delagrave [1904], gr. in-8°, 233 p., ill.

3e éd., 1912, *ibid*. — Avant-propos par J. Brochet; voyage par Tunis, Constantine, Biskra, Lambèse, Timgad, Alger; quelques mots sur la colonisation. An. dans *Quinz. col.*, 1904, p. 610.

8962. — GIRARD. *De Tlemcen à Tunis...* — *Bul. Soc. G. Toulouse*, 1904, p. 153-159.

Conférence à la Soc. (16 mars); récit d'un touriste.

8963. — [GALLOIS (E.)]. *M. Eugène Gallois dans l'Afrique du Nord.* — *Bul. Soc. G. Lille*, 1905, t. XLIII, p. 185-187.

Reproduction de deux lettres (Sfax, 15 février, et Tunis, 26 février).

8964. — VATIN (Fernand). *La Tunisie et le Protectorat de la France...* — Romorantin, imp. R. Nicolas [1905], in-8°, 16 p.

Brochure de vulgarisation; fournit un résumé de la géographie physique, économique et politique de la Tunisie destiné à accompagner des projections lumineuses. Paru également sous le titre *La France en Tunisie* dans le Bul. n° 143 de la Soc. nat. des Conférences populaires (Paris, imp. A. Noel et Chalvon [1905], in-4°, 4 p., carte).

8965. — RICHARDOT (H.). *Sept semaines en Tunisie et en Algérie, avec l'itinéraire et les dépenses du voyage.* — Paris, Combet [1905], in-18, 314 p.

Voyage, en 1904, par Tunis, Sousse, Kairouan, Sfax, le Djerid, Dougga, Constantine, Timgad, Biskra, l'Aurès, Bougie, la Kabylie, Alger. An. dans *R. F. Étr. Col.*, 1905, p. 504.

8966. — LE DUC (Ph.) et BUONFILS (Jh.). *Souvenirs de voyage; la Tunisie industrielle, commerciale et pittoresque...* — Marseille, imp. Achard, 1906, in-12, 47 p., portr.

Brochure de propagande.

8967. — FAGE (René). *Vers les steppes et les oasis; Algérie, Tunisie.* Préface de Jules Claretie... — Paris, Hachette, 1906, in-16, VII-284 p., ill.

L'auteur a noté, pour lui et pour les siens, ses sensations et ses visions au cours d'un voyage en Algérie (Alger, Oran, Beni-Ounif, Figuig, Aïn-Sefra, Biskra, Constantine, Tebessa) et en Tunisie (Tunis, Zaghouan, Kairouan, Sousse, Carthage). An. dans *Bul. Com. A. F.*, 1906, sup., p. 403-404.

8968. — A. A.*** (Commandant). *Un mois de soleil.* — Paris, Berger-Levrault, 1908, in-8°, VI-135 p., 16 pl. h. t., carte en coul.

Récit de voyage en Algérie (Alger, Grande Kabylie, Timgad, l'Aurès, Biskra, Touggourt) et en Tunisie (Nefta, Tozeur, Sfax, Sousse, Kairouan, Tunis, Bizerte).

8969. — Rivière (P.-Louis). *Villes et solitudes, croquis d'Europe et d'Afrique...* Préface de Henri Barboux,... — Paris, Plon, 1908, in-16, x-283 p.

<small>Suite de récits de voyages, notamment : nuit d'Afrique (Gabès, sept. 1902), p. 175-184; au pays des ruines (Tunisie, sept. 1902), p. 185-212; la ville blanche (Tanger, avril 1907), p. 213-258. An. dans *N. R.*, 1908, t. VI, p. 287.</small>

8970. — Ginestous (G.). *Aperçu sur la géographie physique de la Tunisie...* — Tunis, Imp. moderne, 1908, in-8°, 33 p., carte.

<small>*Bul. Dir. agr., com. col. Tunis*, 1907, p. 486-517, carte. — An. de l'ouvrage signalé sous le n° **7125**.</small>

8971. — Boulard (H. de). *Excursion en Algérie et en Tunisie.* — *Bul. Soc. G. Lille*, 1909, t. LI, p. 22-53, 95-116, 148-183, phot.

<small>Effectuée du 1ᵉʳ au 27 avril 1908 par Oran, Tlemcen, Alger, Bougie, Biskra, Constantine, Tunis, Kairouan; nombreux détails.</small>

8972. — Cagnat (René), de l'Institut. *Carthage, Timgad, Tébessa et les villes antiques de l'Afrique du Nord...* — Paris, H. Laurens, 1909, gr. in-8°, 164 p., 113 grav.

<small>*Les villes d'art célèbres.* — 2ᵉ éd., 1912, *ibid.*, 164 p., 121 grav. et cartes; 3ᵉ éd., 1927, *ibid.* — Description géographique, histoire de ces villes qui symbolisent les trois phases principales qu'ont traversées la vie et le développement de l'Afrique du Nord à l'époque ancienne; bibliographie. An. dans *N. R.*, 1910, t. XIV, p. 143; par L. R. C., dans *R. G. Sc.*, 1910, p. 488.</small>

8973. — Heudebert (Lucien). *Promenades en Tunisie.* — Paris, G. Dujarric [1909], in-8°, 246 p.

<small>Notices géographique et historique de la Tunisie, population, les étrangers; Tunis et ses environs, Bizerte, Sfax et les phosphates, Gafsa, Sousse, Kairouan, Zaghouan, Gabès; progrès accomplis sous le Protectorat français, police, armée, propriété foncière; les habous, climat, cultures et colonisation, industrie, commerce, Travaux publics et voies ferrées.</small>

8974. — Zimmermann (Maurice). *D'Alger à Carthage.* — Lyon, imp. A. Geneste, 1910, in-8°, 40 p., ill.

Voyage de vacances organisé par l'Ass. des anciens élèves de l'enseignement colonial de la Chambre de commerce de Lyon (11-26 sept. 1909). An. dans *Bul. Com. A. F.*, 1910, p. 324.

8975. — Bec (H.), directeur du Collège Alaoui, Bernaudeau (A.), professeur, et Reix (J.), directeur d'École. *La Tunisie, notions élémentaires de géographie à l'usage des écoles primaires de la Régence* (4ᵉ éd.)... — Tunis, M. Tournier, 1921, in-4°, 36 p., phot., grav., cartes, couv. ill.

1ʳᵉ éd., 1910. — Préface de G. Loth; connaissances géographiques indispensables du pays et des populations.

8976. — *Grande géographie Bong illustrée; les pays et les peuples;* publiée sous la direction d'Onésime Reclus, avec la collaboration de ... [19 collaborateurs]. — Paris, Bong, 1911-1914, 5 vol. gr. in-4° à 2 col., fig., phot., plans, cartes, pl. en coul.

T. IV (1914, 406 p.) : Pelet (Paul), *Afrique du Nord (Algérie, Tunisie, Maroc)*, p. 1-74.

8977. — Roy (René). *Au pays des mirages.* — Paris, Berger-Levrault, 1911, gr. in-8°, 209 p., 27 pl., 22 ill., couv. ill.

L'auteur a séjourné pendant 6 années dans les villes du Nord et les postes du Sud depuis la frontière marocaine jusqu'aux confins de la Tripolitaine; chronique composée de fragments de lettres et de croquis d'après nature; le soldat indigène (p. 67-82), les méconnus, missionnaires et sœurs (p. 83-93).

8978. — Penet (P.). *Kairouan, Sbeitla, le Djerid. Guide illustré du touriste dans le Sud-Ouest tunisien.* — Tunis, Imp. tunisienne, 1911, in-8°, viii-138 p., fig., pl.

Guide d'excursion dans le Sud-Ouest tunisien, en particulier autour de Kairouan, à Fériana, Tozeur, Nefta, Gafsa, etc. An. dans *Quinz. col.*, 1912, p. 267.

8979. — Jacqueton (G.) et Gsell (Stéphane). *Algérie et Tunisie...* — Paris, Hachette, 1911, in-16, 44-lv-412 p., 73 cartes, 27 plans.

Collection des Guides-Joanne. — Éd. refaite de l'ouvrage n° **8956**.

8980. — *L'Algérie et la Tunisie en automobile.* — Paris, Hachette, 1911, in-16, 32 p., croq., 8 cartes en coul., tableaux.

<small>An. dans *R. F. Étr. Col.*, 1912, p. 384; dans *Quinz. col.*, 1912, p. 295-296.</small>

8981. — *Guide Michelin. Les pays du soleil.* 4ᵉ année, 1914. — Nancy, imp. Berger-Levrault, 1914, in-16, 486 p., cartes en coul., plans, fig.

<small>1ʳᵉ année, 1911, *ibid.*, 324 p., cartes en coul., plans, fig.; 2ᵉ année, 1912, *ibid.*, 494 p., cartes en coul., plans, fig. — Intéresse notamment l'Algérie et la Tunisie (p. 65-218), description de 22 itinéraires, détails sur les villes, renseignements divers.</small>

8982. — BRIEUX (Eugène), de l'Académie française. *Tunisie...* — Vincennes, les Arts graphiques, 1912, in-8°, 117 p., 12 pl., carte, couv. ill.

<small>*Les Beaux voyages.* — Leçon de choses : 1° les habitants, Berbères et Arabes; 2° Ruines, cités, paysages, promenades dans le Sud, le Djerid, les oasis de Tozeur.</small>

8983. — AUTOMOBILE-CLUB DE FRANCE. *Annuaire de route de l'A. C. F.* 14ᵉ édition, 1913. *Pays étrangers, Algérie, Tunisie, Maroc et Corse...* — Paris, Automobile-Club [1913], in-18, 363 p., cartes, plans.

<small>15ᵉ éd. [1914], *ibid.*, 403 p., cartes, plans. — Antérieurement à l'édition de 1913, les renseignements généraux relatifs à l'Afrique du Nord sont insérés dans l'*Annuaire de route* qui concerne à la fois la France et l'étranger. Ne fut plus publié après 1914.</small>

8984. — HOUTSMA (M. Th.), BASSET (R.), ARNOLD (T. W.), HARTMANN (R.)... *Encyclopédie de l'Islam. Dictionnaire géographique, ethnographique et biographique des peuples musulmans*, publié avec le concours des principaux orientalistes... — Leyde, E. J. Brill; Paris, Picard et fils, 1913, in-4°, plans, pl. [en cours de publication].

<small>T. Iᵉʳ, A-D (1913, 1.119 p.); t. II, E-K (1927, II-1.243 p.). Publié en fasc. (1ᵉʳ fasc. : 1908); les directeurs de l'éd. française ont été R. et H. Basset. Chaque nom important est l'objet d'une notice suivie d'une bibliographie; en ce qui concerne l'Afrique du Nord, ces notices ont été rédigées par : G. Yver (Abd el Kader,</small>

Alger, Algérie, Atlas, Aurès, Bilma, Biskra, Bizerte, Blida, Bône, Ceuta, Cherchel, Constantine, Djerba, Djidjelli, Fès, Figuig, Gabès, Gafsa, Ghadamès, Kabylie, Kairouan, Le Kef, Tenès...), R. Basset (les Berbères...), A. Bel (Almohades, Almoravides...), D. B. Macdonald (Allah...), E. Doutté (Agadir, Alhucemas...), C. F. Seybold (Algésiras...), Nelhil (Ghat...), A. Cour (Debdou, goum...), Robert Brunschvig (Tunis, Tunisie...), Georges Marçais (Taza...), Pierre de Cénival (Marrakech...), etc. An. par L. B. [Bouvat], dans *R. M. Mus.*, 1907, t. II, p. 86-89; par Henri Lorin, dans *Q. Dipl. Col.*, 1908,t.XXVI, p. 793,et 1913,t.XXXVI, p. 64; par R. Dussaud, dans *R. H. Relig.*, 1910, t. LXI, p. 273-274; 1911, t. LXIII, p. 252, t. LXIV, p. 136; 1912, t. LXV, p. 411, t. LXVI, p. 167 et 413-414; 1913, t. LXVII, p. 109 et 270-271, t. LXVIII, p. 124-125; 1914, t. LXIX, p. 137, 284-285, 425-426; dans *R. Historiq.*, 1926, t. CLII, p. 160; par H. Froidevaux, dans *R. H. Col. Fr.*, 1913, p. 241-244, et 1914, p. 401-402.

8985. — BARON (Ch.), off^r d'adm. de 1re cl. du service d'état-major, et LASSALLE (Ch.), off^r d'adm. p^al du service d'état-major. *Dictionnaire des communes, administratif et militaire, France, Algérie, Tunisie...* 7e éd. — Paris, H. Charles-Lavauzelle [1913], in-8°, 1331 p.

Suite du n° **8947**. — 8° éd., *ibid.*, 1915, in-8°, 1.131 p.; 16e éd., *ibid.*, 1932, in-8°, 1.659 p., concerne également le Maroc et les colonies françaises.

8986. — *Le tourisme en Tunisie.* — Paris, imp. J. Barreau [1914], in-16, 28 p., phot., couv. ill.

Brochure offerte par la c^ie des chemins de fer de Bône-Guelma et prolongements; renseignements divers, itinéraires (chemins de fer et autos).

8987. — CRÉPUT (Louis). *Souvenirs d'Orient, Turquie, Tunisie, Algérie.* — Cannes, imp. F. Robaudy, 1914, in-8°, 152 p., phot., couv. ill.

Suite d'art., qui pour la Tunisie concernent notamment Kairouan et ses mosquées (p. 85-103), l'archéologie (p. 104-111), Tozeur (p. 133-135), Bizerte (p. 136-138), les Aissaoua (p. 149-150).

8988. — *Algérie et Tunisie, Tanger, Malte...* — Paris, Hachette, 1916, in-16, LXXVI-448 p., 77 cartes, 31 plans.

Collection des Guides-Joanne, publiée sous la direction de Marcel Monmarché. — Nouvelle éd. du guide d'Algérie et de Tunisie (v. n° **8979**) corrigée et mise à jour par P. Ricard et L. Drappier.

8989. — Harry (Myriam). *La Tunisie des poètes et des soldats.* — *J. Ann.*, 1917, t. Ier, p. 528-564, ill.

<small>Conférence de vulgarisation (22 janvier). An. dans *R. T.*, 1918, p. 134.</small>

8990. — Puaux (G.). *Une croisière de l'archiduc Louis-Salvator sur les côtes de Tunisie, en 1873.* — *R. T.*, 1918, p. 253-262.

<small>Récit du voyage à bord de la *Nixe*, notamment à Zarzis, Djerba, Sfax, Mahdia, Sousse, Kairouan, Hammamet, de l'archiduc Louis Salvator de Habsbourg-Toscane, d'après son ouvrage *Yacht-Reise in den Syrten, 1873*. Prag, H. Mercy, 1874, in-4°. Cf. du même, *Eine Yachtreise an den Küsten von Tripolitanien und Tunesien*. Würzburg, L. Woerl [1890], in-16.</small>

8991. — *Grand tourisme en Algérie et en Tunisie. Sahara, oasis, sites, monuments, types...* — Paris, imp. L. Pochy [1918], in-8°, album, 40 p., carte.

<small>Touring Club de France. Comité algéro-tunisien. — Album de phot. précédé d'une courte notice en français, anglais et allemand, rédigée par A. Umbdenstock et suivi de quelques renseignements pratiques.</small>

8992. — Vassel (Eusèbe). *Le fleuve Catadas.* — Paris, E. Leroux, 1918, in-8°, 16 p.

<small>*R. Arch.*, 1919, t. VIII, p. 286-300. — Identification du Catadas avec le chenal de la Bahira et non avec l'oued Miliane. An. par Ch. Clermont-Ganneau, dans *Ac. Inscr. B.-Lettres, C. R.*, 1919, p. 220.</small>

8993. — Cruzet (Victor), interprète principal. *A travers la Tunisie. Téboursouk et Dougga. Les Ouerghemmas et les Matmatas, la région des troglodytes.*— *Bul. Sect. Tunis.*, 1919-1920, p. 159-168.

<small>Brève description des régions de Teboursouk et de Dougga, fertilité du sol, richesses minières, populations, vestiges de l'occupation romaine; mœurs et habitations des Matmata.</small>

8994. — Orgeval (R. d'). *Le tourisme en Tunisie.* — *Bul. Sect. Tunis.*, 1921, p. 117-126.

<small>Renseignements sur les questions touristiques.</small>

8995. — Du Taillis (Jean). *Le tourisme automobile en Algérie-Tunisie. Guide Dunlop.* — Paris, Éd. des guides du tourisme automobile, 1923, in-8°, 389 p., 7 cart. en coul., 34 plans, 100 phot.

8996. — CADOUX (Gaston). *Six semaines en Afrique du Nord : Tunisie, Algérie...* — Troyes, Grande imprimerie, 1923, in-16, 79 p., ill.

Simple récit de voyage de Tunis à Alger; visite des principales villes. An. dans *Bul. union col.*, 1924, p. 143.

8997. — *Algérie-Tunisie*, [*Malte*], publié sous la direction de Marcel Monmarché... — Paris, Hachette, 1923, in-16, CXIX-468 p., 61 cartes, 33 plans.

Les Guides bleus. — Nouvelle éd. de l'ouvrage n° **8988**, refondue sur un plan nouveau en raison du tourisme automobile et mise à jour par P. Ricard, J. Dalbanne et L. Drappier. Aperçu géographique par M. Larnaude; aperçu religieux, artistique et littéraire par P. Ricard. An. dans *Bul. Com. A. F.*, 1922, sup., p. 320.

8998. — *Géographie universelle Quillet, physique, économique, humaine, illustrée*, publiée en collaboration sous la direction générale de M. Maurice Allain... — Paris, A. Quillet, 1923-1926, 4 vol. in-4°, ill., pl., 2 atlas.

T. II (575 p.) [autre éd., *ibid.*, 553 p.], l'Afrique du Nord, par M. Allain : généralités (p. 217-219), le Maroc (p. 221-244), l'Algérie (p. 245-299), la Tunisie (p. 301-330). T. IV (592 p.), l'Afrique, par G. Hardy : le Moghreb, l'Afrique saharienne (p. 287-299). An. par A. Charton, dans *Bul. Soc. G. Maroc*, 1924-1925, t. IV, 2° part., p. 160-161; par Elicio Colin, dans *Bibl. g.*, 1924, p. 96, et 1927, p. 144.

8999. — BERNARD (Augustin) et FLOTTE DE ROQUEVAIRE (R. de), chef du Service cartographique du Gouvernement général de l'Algérie. *Atlas d'Algérie et de Tunisie...* — Alger, J. Carbonel; Paris, É. Larose, 1923-1933, in-fol., cartes en coul., ill., graph.

Gouvernement général de l'Algérie. Direction de l'agriculture, du commerce et de la colonisation. Service cartographique. — En cours de publication; 11 fasc. parus : I. Carte géologique; II. Carte hypsométrique; III. Isothermes; IV. Carte de la végétation; V et VI. Répartition des pluies, moyenne annuelle, moyennes mensuelles; VII. Cartes climatologiques; VIII. Habitation rurale des indigènes; IX et X. Cartes démographiques; XI. Essences forestières, carte vinicole. An. par A Charton, dans *Bul. Soc. G. Maroc,* 1924-1925, t. IV, 1re part., p. 61, et 2e part. p. 165; par J. Célérier, dans *Hesp.,* 1923, p. 535-536; par F. Domergue, dans *Bul. Soc. G. Arch. Oran,* 1923, p. 277; dans *R. T.,* 1927, p. 129-130; par L. Joleaud, dans *R. G. Sc.,* 1924, p. 151-152, 408, et 1926, p. 375; dans *Bul. Soc. G. Lille,* 1924, p. 66-68, 178-181; par L. Raveneau, dans *Bibl. g.,* 1924, p. 271-272, 1925, p. 343-344, 1927, p. 432-433, 1929, p. 439, 1930, p. 488, 1931, p. 395, 1933, p. 411-412.

9000. — Celarié (Henriette). *Un mois en Algérie et en Tunisie...* — Paris, Hachette, 1924, in-16, 247 p., 41 gr., 16 cartes.

Journal de voyage et guide du touriste, faisant ressortir le charme prenant et durable de régions où «les Romains n'y meurent que de vieillesse». An. par H. de C. [Castries], dans *R. Crit.,* 1925, t. XCII, p. 120; par J. L. L. [Lacharrière], dans *Bul. Com. A. F.,* 1924, p. 675.

9001. — *L'Afrique du Nord. Tunisie, Algérie, Maroc.* Introduction de Claude Farrère. — Paris, A. Calavas [1924], in-4°, xi-240 p., carte.

Recueil de 240 reproductions photographiques avec légendes en allemand, anglais, français, espagnol et italien.

9002. — Thiolier (Marcel). *Algérie-Tunisie-Maroc.* 2e éd. 1924. — Paris, M. Thiolier, 1924, in-8°, 120 p., 8 pl., 7 cartes, 77 ill.

Les *livrets guides du touriste. Guides Thiolier.* — 3e éd., 1925, 120-viii p., pl., cartes, ill.; 4e éd., 1926, *ibid.;* 5e éd., 1927, 120-xii p., pl., cartes, ill. — Descriptions d'itinéraires, renseignements sur les villes (v. n° **9005**).

9003. — Dal Piaz (J.). *Le rôle du tourisme en Algérie et en Tunisie.* — *Panorama,* 1er juin 1925, p. 1-33, 10 phot.

Conférence à l'École des hautes études sociales. Le rôle que nos trois colonies de l'Afrique du Nord peuvent jouer dans notre vie nationale; le rôle que le tourisme peut jouer pour cette mise en valeur.

9004. — La Fouchardière (G. de). *Au pays des chameaux.* — Paris, A. Michel, 1925, in-16, 254 p., couv. ill.

Rapides notes de voyage (Algérie, Tunisie). An. dans *Bul. Com. A. F.,* 1925, sup., p. 416.

9005. — THIOLIER (Marcel). *Algérie-Tunisie.* 6ᵉ éd. 1928. — Paris, M. Thiolier, 1928, XII (ann.)-96 p., pl., cartes, ill.

Les livrets guides du touriste. Guides Thiolier n° *17.* — A partir de la 6ᵉ éd., le guide signalé sous le n° **9002** ne comprend plus le Maroc. — 7ᵉ éd., 1929, 104-XVI p., pl., cartes, ill.

B. HISTOIRE LOCALE.

9006. — PAUTHIER (J.). *Aïn-Draham, station estivale.* — *R. T.*, 1916, p. 337-343.   Aïn-Draham

9007. — BARRY (Lieutᵗ). *Renseignements sur le territoire entre Mateur et Béja...* — *Bul. Arch.*, 1886, p. 481-495.   Béja.

9008. — DURAFFOURG (V.), capitaine au 80ᵉ de ligne. *Béja et ses environs...* — Lille, imp. L. Danel, 1886, in-8°, 31 p., 6 pl., 2 cartes.

Bul. Soc. G. Lille, 1887, t. VII, p. 214-240, 6 pl., 2 cartes. — Communication faite à la Soc. I. Béja : résumé historique, description physique de la ville, le camp militaire, fouilles exécutées par le 92ᵉ de ligne. II. Les environs de Béja : aspect général, orographie, hydrographie, climat, sources, puits, population, chemin de fer, voies de communication.

9009. — MONTELS (Jules). *Excursions en Tunisie. Béja.* — *R. T.*, 1894, p. 87-103.

Monographie de Béja, description, histoire, productions de son territoire, mœurs et légendes.

9010. — VIOLARD (Émile). *La Tunisie du Nord.* II. *Le contrôle civil de Béja. Rapport à M. le Résident général S. Pichon...* — Tunis, Imp. rapide, 1905, gr. in-8°, 92 p., phot.

Rapport détaillé sur ce contrôle civil : géographie, histoire et notamment progrès de la colonisation française. Étude reproduite dans l'ouvrage signalé sous le n° **5959.**

9011. — CROZALS (J. de). *Bizerte, son présent, son passé, son avenir.* — *R. G.*, 1881, t. IX, p. 180-191, 268-284, 409-419.   Bizerte.

Fondation de Zaritus, histoire de la ville dans l'antiquité et au moyen âge, sondages de la rade par les Anglais (1843); description des divers quartiers de la ville, population, richesse de la campagne avoisinante, cultures; mérite de la situation de Bizerte, les lacs, importance du port militaire à créer, travaux nécessaires; appel à la réalisation. Nombreuses références.

9012. — Girard (B.), commissaire de la division navale du Levant. *La Tunisie. Bizerte.* — *Bul. Soc. G. Com. Bordeaux,* 1882, p. 172-175.

Brève description de l'intérieur de la Tunisie qui commence à être mieux connu depuis l'établissement du Protectorat; Bizerte, son lac, sa rade, son port.

9013. — Canal (J.). *La Tunisie pittoresque (Bizerte).* — *Bul. Soc. G. Arch. Oran.,* 1892, p. 97-122, 235-261, 313-336, 419-434.

Voyage fait par l'auteur en Tunisie en 1890; histoire de Bizerte sous les dominations successives; expédition française de 1881 (p. 252-261), prise de Bizerte; le port de Bizerte et la presse étrangère; attitude de l'Italie dans la question des fortifications de Bizerte. An. par E.-T. Hamy, dans *Bul. G. Hist. Descr.,* 1892, p. 103, et 1893, p. 278.

9014. — Maumené (Capitaine Ch.), attaché au Service géographique de l'Armée. *Bizerte et son nouveau port...* — *Ann. G.,* 1894-1895, p. 464-479, carte, croq., 4 phot.

Bul. Soc. G. Com. Havre, 1895, p. 152-172. — La région de Bizerte, la presqu'île de Porto-Farina, les Mogods, le territoire de Mateur; résultat des travaux entrepris dans le port depuis neuf ans; Bizerte port de guerre et débouché commercial du Nord de la Tunisie.

9015. — Béhagle (Ferdinand de). *Le nouveau port de Bizerte.* — *R. G.,* 1895, t. XXXVII, p. 12-21.

Reproduit dans *Bul. Soc. G. Lyon,* 1895-1896, t. XIII, p. 278-289. — A propos de l'entrée de l'escadre à Bizerte, résumé historique, géographique et descriptif du port.

9016. — *Bizerte depuis l'occupation française.* — Bizerte, imp. Ch. Méalin, 1896, in-8°, 112 p.

I. L'expédition de Tunisie de 1881 et la prise de Bizerte : influence française en Tunisie avant 1881, visées italiennes surtout sur Bizerte, vue d'ensemble sur les origines de l'expédition et sur les opérations. II. Bizerte de la fin de l'expédition jusqu'à nos jours : importance de la position de Bizerte, la région, opinion de l'amiral anglais Spratt, ce qu'on devrait faire à Bizerte; délabrement du port en 1882, projets de l'amiral Aube et opinion de M. de Lanessan.

9017. — GRANAT (Oswald). *Le lac et le port de Bizerte.* — *Bul. Soc. G. Com. Bordeaux,* 1896, p. 363-368.

Importance de la position de Bizerte; la région et le port; causes de la lenteur de son développement, l'avenir.

9018. — MARX (Léon). *Bizerte : son passé et son avenir.* — *Bul. Mém. Soc. Af. France,* juillet 1898, p. 39-56, 3 croq.

9019. — LUDWIG SALVATOR (Erzherzog). *Bizerte en son passé, son présent et son avenir...* — Paris, J. Rothschild, 1900, in-fol., 79 p., portr., pl. en coul.

L'auteur indique les transformations survenues depuis son dernier voyage (Cf. du même, *Benzert* [Bizerte]. Prag, H. Mercy, 1897, in-fol.); le nouveau port. An. par P. M. F., dans *R. C. M.,* 1901, 1er sem., p. 17; par Héron de Villefosse, dans *Ac. Inscr. B.-Lettres, C. R.,* 1900, t. Ier, p. 672.

9020. — CASTAING (R.), commissaire de 2e cl. de la Marine. *Bizerte, les souvenirs du passé...* — Paris, R. Chapelot, 1900, in-8°, 68 p., cartes.

R. Mar., 1900, t. CXLIV, p. 473-508; t. CXLV, p. 50-79, cartes. — Vues d'ensemble sur la géologie, l'orographie, l'hydrographie, le climat et l'ethnographie; l'histoire depuis les races primitives, les vestiges du passé.

9021. — CHOPINET (D^r). *Bizerte, son passé, son présent, son avenir; une excursion au Djebel...* — *Bul. Soc. G. Toulouse,* 1901, p. 312-314.

Résumé d'une conférence faite à la Soc. (3 juin).

9022. — PINON (René). *Bizerte.* — *R. D. M.,* 1902, t. XI, p. 41-67.

Histoire et situation, établissement du protectorat et ses conséquences, la campagne diplomatique de 1896-1897 « seconde conquête de la Régence »; les travaux de Bizerte; le canal et son élargissement, les forts et redoutes, le lac, la défense mobile, l'arsenal; ce qui manque à Bizerte, vues d'avenir, la citadelle de la « plus grande France » (v. n° **9024**). An. par J.-H. F., dans *Q. Dipl. Col.*, 1902, t. XIV, p. 358-362.

9023. — ESPÉRANDIEU (Capitaine). *Bizerte.* — *R. C. M.*, 1902, p. 881-883, 911-914, 933-937, cartes.

Histoire de la ville; travaux militaires exécutés après 1881; importance maritime du port; valeur stratégique d'après les études du commandant Vignot.

9024. — *Le nouveau port de Bizerte (Tunisie)...* — Paris, 78, rue d'Anjou, 1903, in-8°, 140 p., ill., 5 cartes.

Recueil de cinq art. publié par les soins de la c^{ie} du port de Bizerte : *Aperçu géographique,* par Onésime Reclus (extr. de *Sites et monuments*); *Bizerte,* par René Pinon (v. n° **9022**); *Archéologie,* par P. Gauckler; *Le port de Bizerte et l'arsenal de Sidi-Abdallah,* par le lieut^t-colonel Espitallier (v. n° **7012**); *Bizerte et les minerais de l'Ouenza,* par X. (v. n° **8746**). An. dans *Bul. Soc. G. Est*, 1903, p. 391-392; par L. C., dans *Quinz. col.,* 1903, t. XIV, p. 298; par L. Raveneau et G. Yver, dans *Ann. G., Bibl.,* 1904, p. 219-220.

9025. — HANNEZO (Commandant G.), major au 144° de ligne, correspondant du ministère de l'Instruction publique. *Bizerte, histoire et description.* — Tunis, Imp. rapide, 1904, in-8°, 88 p., croq., dessins.

R. T., 1904, p. 193-205, 321-332, 391-406, 449-466; 1905, p. 15-25, 136-149. — Histoire de Bizerte de l'antiquité à 1904, en particulier au cours de l'expédition de 1881; occupation de la ville par la brigade Maurand (2 mai 1881); action de la colonne Bréart à La Manouba et opérations vers Mateur. Description de la ville, anciennes et nouvelles fortifications, le port. Sources indiquées. An. par G. Yver, dans *Ann. G., Bibl.,* 1906, p. 234-235.

9026. — LASSOUED (Tahar), armateur. *La légende du lac de Bizerte.* — *R. Indig.,* 1909, p. 129-131.

Légende sur la ville engloutie d'El-Mezouka à l'emplacement du lac de Bizerte.

9027. — *Sur la côte du soleil. Bizerte. Guide du touriste.* — Bizerte, Imp. française, 1920, in-8°, 25 p., ill.

Monographie de Bizerte et de ses environs, excursion dans les Mogods; l'arsenal.

9028. — CANAL (J.). *Le port de Bizerte.* — *R. Sect. Tunis.*, 1924, p. 122-127.

Origine, étymologie, histoire et développement de ce port.

9029. — BONNIARD (A.). *Bizerte et sa région.* — *Ann. G.*, 1925, p. 133-145, plan.

Description géographique, climat, population indigène et européenne; le port de Bizerte, grand port d'escale mais non grand port tunisien; plan de Bizerte. An. par Augustin Bernard, dans *Bibl. g.*, 1926, p. 390.

9030. — CONSTANS (L.-A.). [*Étude de la ville antique de Gigthis.*] Bou-Ghrara. — *Bul. Arch.*, 1915, p. XCI-XCV, CLXXXIV-CLXXXV.

9031. — CONSTANS (L.-A.). *Gigthis. Étude d'histoire et d'archéologie sur un emporium de la petite Syrte.* — Paris, Imp. nat., 1916, in-8°, 116 p., 14 pl., 3 fig.

Arch. missions scient. litt., 1916, t. XXI, 7° fasc., p. 1-116, 14 pl., 3 fig. — Ce que l'on peut retrouver de l'histoire de Gigthis (Bou-Ghrara), les fouilles exécutées, l'action du colonel Foucher et du lieut^t-colonel Donau; références nombreuses, bibliographie.

9032. — DONAU (Colonel). *Autour de Gigthis...* — *Bul. Arch.*, 1920, p. 35-54.

État actuel des connaissances sur le réseau routier qui reliait jadis Gigthis à Tacape, à Leptis Magna et à l'intérieur saharien.

9033. — WEYLAND (J.). *Le cap Bon aux temps anciens.* — *Bul.* Cap-Bon. *Com. A. F.*, 1925, sup., p. 185-191, carte.

La grande route des conquérants de l'Afrique; esquisse de la région du Cap-Bon au temps de sa prospérité. An. par G. Yver, dans *Bibl. g.*, 1926, p. 47.

9034. — WEYLAND (Joseph), contrôleur civil. *Le Cap-Bon, essai historique et économique.* — Tunis, Imp. rapide, 1926, in-8°, III-115 p., cartes.

Esquisse historique de la presqu'île du Cap-Bon aux temps anciens; les occupants (tribus maraboutiques et confréries) au moment de notre arrivée; la colonisation française (v. n° **6015**), la colonisation italienne, situation économique. An. dans *Bibl. g.*, 1927, p. 444.

Carthage.

9035. — JAUBERT (Amédée). *Note sur la partie des ruines de Carthage qui subsistaient encore au XIIe siècle de notre ère...* — *J. As.*, 1828, t. Ier, p. 375-378.

<small>Renseignements fournis par Idrisî.</small>

9036. — FALBE (C. T.), capitaine de vaisseau et consul général de Danemark. *Recherches sur l'emplacement de Carthage, suivies de renseignements sur plusieurs inscriptions puniques inédites, de notices historiques, géographiques, etc... avec le plan topographique du terrain et des ruines de la ville avec leur état actuel...* — Paris, Imp. royale, 1833, in-8°, VIII-132 p., 5 pl.

9037. — TISSOT (C.). *Géographie comparée du golfe de Carthage. Recherches sur l'emplacement de Maxula, d'Ad Aquas, de Therma, de Carpi et de Galabras.* — *R. Af.*, 1866, p. 270-285.

<small>Identification de l'emplacement de ces localités par l'examen critique des textes anciens.</small>

9038. — CAILLAT (Ph.), ingénieur de S. A. S. le bey de Tunis. *Notice sur l'ancien aqueduc de Carthage et sa restauration...* — Paris, imp. L. Hugonis, 1873, in-8°, 32 p., pl., cartes.

<small>Notice historique sur l'ancien aqueduc de Carthage, les travaux exécutés par les Romains, la restauration effectuée par l'ingénieur Colin de 1859 à 1862.</small>

9039. — SAINTE-MARIE (E. de). *Les ruines de Carthage...* — Paris, Bureaux de l'*Explorateur*, 1876, in-8°, 36 p., pl., 2 cartes.

<small>*Explorateur*, 1876, t. III, p. 60-66, 87-91, 105-110, ill., 2 cartes. — Emplacement, anciens murs, édifices, forteresse, citernes, ports... de Carthage; la chapelle de saint Louis, Carthage punique, romaine, chrétienne.</small>

9040. — GRAUX (Charles). *Note sur les fortifications de Carthage à l'époque de la 3e guerre punique...* — Paris, Imp. nat., 1878, in-8°, paginé 175-208.

<small>Extr. des *Mélanges publiés par l'École des hautes études*. — Situation de Carthage, le tracé de ses fortifications, comment elles étaient construites.</small>

9041. — GIRARD (B.). *Une visite aux ruines et aux citernes de Carthage.* — Bul. Soc. G. Com. Bordeaux, 1882, p. 113-114.

L'emplacement de l'ancienne cité carthaginoise, le tombeau de saint Louis.

9042. — SAINTE-MARIE (E. de). *Mission à Carthage...* — Paris, E. Leroux, 1884, in-4°, 234 p., ill., cartes, pl.

Ouvrage publié sous les auspices du ministère de l'Instruction publique. L'auteur arriva à Tunis, en 1873, premier drogman du consulat général de France; il fut chargé de mission dès 1874. Fouilles, inscriptions relevées; essai sur la topographie de Carthage (p. 137-208), les plans de Carthage (p. 209-231).

9043. — CHABRELY (Abbé François). *Une excursion à Carthage,* avec une lettre de S. É. le cardinal Lavigerie. — Paris, V. Palmé, 1885, in-12, 53 p.

Impressions d'un voyage (mars 1881).

9044. — TORR (Cecil). *Les ports de Carthage.* — R. Arch., 1894, t. XXIV, p. 34-47, 5 fig.

Cf. du même, *Encore les ports de Carthage, lettre à M. Salomon Reinach. Ibid.,* p. 294-307.

9045. — DELATTRE (Le P. A.-L.). *Carthage. Souvenirs de la croisade de saint Louis...* — Tunis, imp. B. Borrel, 25 août 1894, in-8°, 20 p.

Autre éd. de la brochure signalée sous le n° **4810**.

9046. — DELATTRE (Le P. A.-L.). *Petit guide du voyageur à Carthage, avec un plan des ruines de Carthage...* — Saint-Cloud, imp. Belin frères, 1895, in-16, 30 p., plan.

9047. — BABELON (Ernest). *Carthage...* — Paris, E. Leroux, 1896, in-18, 180 p., fig., pl., carte.

Guides en Algérie et en Tunisie, à l'usage des touristes et des archéologues. — La presqu'île carthaginoise, Carthage avant et pendant les guerres puniques, la constitution sociale de Carthage, la Carthage romaine, topographie de Carthage.

9048. — VELLARD (Le P. A.). *Carthage autrefois, Carthage aujourd'hui. Description et guide...* — Lille, imp. V. Ducoulombier, 1896, in-8°, 99 p., ill., plan.

<small>Résumé de l'histoire de Carthage, notice historique et descriptive des monuments de l'antiquité et des édifices nouveaux.</small>

9049. — BESNIER (Maurice). *Carthage punique,* conférence faite à la Société des amis de l'Université, le 16 janvier 1901. — Caen, imp. E. Lanier, 1901, in-8°, 24 p.

<small>Extr. du *Recueil des conférences de la Société des amis de l'Université de Normandie pour 1901.* — L'aspect actuel de l'emplacement où s'élevait Carthage, sa topographie primitive d'après les écrivains classiques, les découvertes récentes de l'archéologie.</small>

9050. — AUDOLLENT (Auguste). *Carthage romaine, 146 avant J.-C.-698 après J.-C...* — Paris, A. Fontemoing, 1901, in-8°, XXXII-850 p., 3 cartes.

<small>*Bibliothèque des écoles françaises d'Athènes et de Rome,* fasc. 84. — Les trois groupes de documents relatifs à l'histoire de Carthage; importante bibliographie. Aspects multiples de Carthage, histoire, topographie, organisation administrative, garnison, marine, caractères de son paganisme et de son christianisme, productions artistiques, littérature; synthèse de ces éléments; textes anciens et des auteurs arabes et chrétiens ayant trait à la topographie de la ville; additions et corrections (p. 835-850). An. par R. Cagnat, dans *J. savants,* 1905, p. 651-659.</small>

9051. — CARTON (D^r). *Guide express de Carthage...* — Tunis, J. Danguin, 1909, in-16, 16 p., plan.

<small>An. par Héron de Villefosse, dans *Ac. Inscr. B.-Lettres, C. R.,* 1909, p. 182.</small>

9052. — CARTON (D^r). *Note sur la topographie des ports de Carthage...* — Paris, A. Picard, 1910, in-8°, 10 p., phot.

<small>*Ac. Inscr. B.-Lettres, C. R.,* 1910, p. 622-631, phot. — Cf., *ibid.,* p. 611-613.</small>

9053. — PISTOR (Général), commandant le corps d'occupation de Tunisie. *Note sur un reste des anciens ports de Carthage...* — Paris, Imp. nat., 1911, in-8°, 7 p., pl.

<small>*Bul. Arch.,* 1911, p. 157-159, pl.</small>

9054. — POULAIN (Edmond). *Carthago…* — Tunis, Imp. rapide, 1911, in-8°, 142 p., ill., carte.

Origine, description et histoire ancienne de Carthage, mentalité des Carthaginois, recrutement de l'armée; Carthage sous les Romains, les Vandales et les Arabes; ouvrage suivi de poèmes sur Carthage et de brèves notes sur différentes villes de la Régence.

9055. — RENAULT (Jules). *Note sur les citernes de Dar-Saniat, à Carthage…* — Paris, Imp. nat., 1911, in-8°, 11 p., fig.

Bul. Arch., 1911, p. 311-317, fig.

9056. — RENAULT (Jules). *Les bassins du trik Dar-Saniat.* — *R. T.*, 1912, p. 346-368, 471-498, 543-559; 1913, p. 62-102, pl., 70 fig.

Les démolisseurs de ruines; découverte, antiquité des citernes; l'eau, sa distribution dans les réservoirs, capacité des bassins, maçonneries.

9057. — CARTON (Dr L.). *Documents pour servir à l'étude des ports et de l'enceinte de la Carthage punique…* — Paris, E. Leroux, 1913, in-8°, 136 p., fig., pl.

Bibliothèque de l'Institut de Carthage. — *R. T.*, 1911 et 1912, 10 art., fig., pl. — Développement des données exposées dans l'art. signalé sous le n° **9052**. An. par Ch. Clermont-Ganneau, dans *Ac. Inscr. B.-Lettres, C. R.*, 1913, p. 116-117.

9058. — VENTRE (Marius). *Les ports de Carthage.* — Tunis, imp. A. Fortin, 1913, in-16, 58 p., 2 cartes.

Chronologie sommaire de Carthage; la troisième guerre punique et le récit d'Appien, le rivage de la presqu'île de Carthage; la question des ports, diverses théories émises à ce sujet, description des ports et reconstitution du siège de Carthage.

9059. — CARTON (D^r). *Nouvelles recherches sur le littoral carthaginois…* — *Ac. Inscr. B.-Lettres, C. R.*, 1918, p. 140-150, 3 fig.

Cf. *ibid.*, 1919, p. 372-376.

9060. — CARTON (Dr L.). *La Carthage punique, d'après M. St. Gsell.* — *R. T.*, 1918, p. 165-182.

La topographie de la Carthage punique d'après les recherches de l'auteur et les conclusions de St. Gsell (v. n° **4697**).

9061. — CARTON (D' Louis). *T. C. F. Carthage et le tourisme en Tunisie...* — Boulogne-sur-Mer, Imp. réunies, 1919, in-16, 47 p.

Ouvrage publié sous le patronage du Touring-Club de France.

9062. — THÉPENIER (E.). *Carthage romaine, chrétienne, vandale et byzantine.* — *Rec. Soc. Arch. Const.*, 1923-1924, p. 99-115.

Conférence faite le 5 mars 1923. Histoire de Carthage depuis l'époque de sa destruction en 146 avant J.-C.; les traces de l'établissement du christianisme, les périodes vandale et byzantine; la croisade de saint Louis (1270).

9063. — CAGNAT (R.). *La véritable Carthage.* — *R. D. M.*, 1924, t. XXIII, p. 754-770.

Ce que les résultats de quarante ans de fouilles permettent de déduire sur la Carthage punique, emplacement, ports, habitants, etc.

9064. — CARTON (D' L.). *Pour visiter Carthage...* — Tunis, imp. J. Barlier, 1924, in-16, 137 p., fig., plan.

L'histoire, la topographie, itinéraires; bibliographie.

9065. — HOWARD (E.-C.). *Où était Carthage ?* — Alger, J. Carbonel, 1925, in-8°, 36 p., carte.

La question de l'emplacement exact de la Carthage punique; les divergences entre le récit d'Appien et celui de Dion au sujet de la prise de Mégara; hypothèse situant à La Goulette les ports de Carthage.

Demmer (djebel).

9066. — BLANCHET (P.). *Le djebel Demmer.* — *Ann. G.*, 1897, p. 239-254.

La région montagneuse qui s'étend du djebel Nefousa jusqu'au sud de Gabès; étude géologique, géographique, ethnographique et historique, l'état du pays à notre arrivée, quel y a été notre ouvrage? An. par G. Marcel, dans *Bul. G. Hist. Descr.*, 1897, p. 378.

9067. — Mohammad Abou Rās al Nasrī. *Description et histoire de l'île de Djerba*, traduite du manuscrit du chikhr Mohammed Abou Rasse Ahmed en-Naceur, par Exiga, dit Kayser, interprète militaire auxiliaire de 1re cl. — Tunis, Imp. franco-tunisienne, 1884, in-8°, II-29-26 p. Djerba.

Écrit en 1211 H. (1797 J.-C.); description, histoire des mechaïkh (docteurs) de Djerba, origine des constructions, récit des événements survenus dans l'île, épidémies; texte arabe. Ce manuscrit n'est pas mentionné dans *Notice sur le cheikh Mohammed Abou Ras en Nasri de Mascara*... par le général G. Faure-Biguet, paru dans *J. As.*, 1899, t. XIV, p. 304-351, 388-420. An. par Ch. Monchicourt, dans *R. T.*, 1914, p. 34-35; par René Basset, dans *Bul. Cor. Af.*, 1885, p. 185-186; dans *J. As.*, 1886, t. VII, p. 95-96.

9068. — Brulard (Lieutt A.). *Monographie de l'île de Djerba...* — Besançon, imp. C. Delagrange, 1885, in-4°, 45 p., 5 pl.

Origine du nom de l'île, géographie physique, produits, faune, flore, populations, races, langues, religion, géographie politique, histoire.

9069. — Murat (Dr Louis). *L'île de Djerba, station d'hiver...* — Arch. génér. Méd., 1901, t. VI, p. 300-325.

Son passé, opinions des voyageurs contemporains qui l'ont visitée, description de l'état actuel de l'île, climat, alimentation, habitations, communications, milieu.

9070. — *Documents musulmans pour servir à une «histoire de Djerba».* — *R. T.*, 1903, p. 50-65.

Traduction par E. Bossoutrot, interprète principal, d'un manuscrit communiqué par le khalifat de Djerba au lieutt-colonel Rebillet et relatif à l'histoire de Djerba (1545-1652); l'arrivée des troupes françaises à Sfax, en 1881 (v. n° 4846).

9071. — Gendre (F.), lieutt au 34e d'infie. *L'île de Djerba.* — *R. T.*, 1907, p. 504-522; 1908, p. 60-79, cartes.

Monographie de l'île; le sol, les côtes, les ports, histoire ancienne; population, cultures, industrie, administration; renseignements statistiques; brève bibliographie. An. par G. Yver, dans *Ann. G., Bibl.*, 1909, p. 235.

9072. — Huart (Cl.). *Un document turc sur l'expédition de Djerba en 1560...* — *J. As.*, 1917, t. IX, p. 291-502.

Complément à l'ouvrage signalé sous le n° 4868; traduction annotée de passages extraits du *Tohfat al-Kibârji asfâr al-bihâr* (histoire des expéditions navales des sultans ottomans), par Hâhji Khalifah.

9073. — Chat (Laurent), directeur du *Courrier de Tunisie*. *Djerba*. — *R. Sect. Tunis.*, 1925-1926, p. 97-147, ill.

Monographie de l'île, son histoire, description d'après un manuscrit arabe d[e] 1803; activité économique.

Djerid (le).

9074. — Tissot (Charles), ministre plénipotentiaire de France au Maroc. *Notice sur le chott el Djerid...* — *Bul. Soc. G. Paris*, 1879, t. XVIII, p. 5-25, carte.

Notes recueillies au cours de deux excursions faites en 1853 et 1857 dans l[e] chott Djerid (v. n° 4506) : description géographique de la région publiée a[u] moment où la question de la mer intérieure est mise en relief par les travaux d[u] capitaine Roudaire.

9075. — Teisserenc de Bort (L.). [*Détails statistiques sur l[e] Djerid*]. — *C. R. Soc. G. Paris*, 1885, p. 150-151.

Habitants, cultures, impôts.

9076. — *Le Djérid*. — *R. Af. fr.*, 1887, t. V, p. 275-285, 2 ill.

Description de la région; Cedada, Tozeur, Nefta; nécessité d'organiser au plu[s] vite cette zone d'oasis.

9077. — Du Paty de Clam (Cte A.), contrôleur civil suppléant. *Étude sur le Djérid...* — Paris, E. Leroux, 1894, in-8°, 56 p.

Bul. G. Hist. Descr., 1893, p. 283-338; paru également dans *Bul. Soc. G. Toulouse*, 1894, p. 245-270, 351-393. — Importance de la situation du Djerid seule voie directe permettant aux Sahariens de commercer avec l'intérieur de la Régence; commerce, ressources, coutumes, usages, croyances. Appendices. An. par Ch. Maunoir, dans *Bul. G. Hist. Descr.*, 1895, p. 9-10; par Sch. [Schirmer], dans *Ann. G., Bibl.*, 1895, p. 219.

9078. — Carton (D^r), médecin-major du 19° chasseurs à cheval. *Voyage au pays des dattes (le Djerid tunisien)...* — Lille, imp. L. Danel, 1894, in-8°, 22 p.

Bul. Soc. G. Lille, 1894, t. XXII, p. 253-272. — Conférence (15 nov.). Coup d'œil d'ensemble sur la Régence, détails sur Gafsa, Tozeur et les oasis du Djerid.

9079. — Danowitz (Jean). *Le Djérid...* — *Bul. Soc. G. Com. Paris*, 1899, p. 410-413.

Communication faite à la Section tunisienne; l'auteur a habité cette contrée pendant 4 ans : description, cultures, caravanes, avenir.

9080. — Du Fresnel (E.). *Le Djerid tunisien.* — *Bul. Soc. G. Com. Paris*, 1900, t. XXII, p. 38-46.

Le développement du Sud tunisien depuis vingt ans; la région du Djerid, fertilité, population, climat, l'importance primordiale de cette région pour la France en raison de la proximité de la Tripolitaine. An. par Paul Barré, dans *R. F. Étr. Col.*, 1901, p. 227-230; par G. Yver, dans *Ann. G., Bibl.*, 1901, p. 236.

9081. — Henry (Dr Albert), médecin de colonisation à Tozeur. *Le Djerid...* — Tunis, Imp. moderne, 1903, in-8°, 35 p.

Situation et climatologie, notes médicales, les oasis (Tozeur, El-Hamma, El-Oudiane, Nefta), les chotts, avenir du Djerid; courte bibliographie.

9082. — Poivre, secrétaire de la Chambre de Commerce de Bizerte. *Monographie du Djerid.* — *Bul. Sect. Tunis.*, nov. 1908, p. 68-95, carte.

Situation géographique, population, climat, orographie et hydrographie, principaux itinéraires, salines, faune et flore, confréries religieuses, productions, mesures à adopter pour développer la colonisation.

9083. — Lavoix (Jean). *Au Djerid.* — Douai, imp. A. Bassée, s. d., in-8°, 77 p.

Voyage au Djerid : le pays et ses habitants, Tozeur, Nefta, oasis d'El-Oudiane; Gafsa; nombreux détails. An. par E. G., dans *Bul. Soc. G. Com. Paris*, 1912, p. 141; dans *Bul. Com. A. F.*, 1911, p. 404.

9084. — Carton (D^r) et Denis (Lieut^t Ch.). *Notices sur les fouilles exécutées à Dougga (Tunisie)...* — *Bul. Soc. G. Arch. Oran*, 1893, p. 63-82, 155-175.

Dougga.

Résultat des recherches archéologiques, en particulier sur les vestiges d'aqueducs et de citernes romains.

9085. — Carton (D'), médecin-major au 19ᵉ chasseurs à cheval. *De Tunis à Dougga...* — Lille, imp. L. Danel, 1893, in-8°, 28 p.

Bul. Soc. G. Lille, 1893, t. XIX, p. 121-147, 8 pl., carte. — Conférence faite à Lille. Récit détaillé d'une région que l'auteur a parcourue en tous sens pendant six années. An. par G. Boissier, dans *Ac. Inscr. B.-Lettres, C. R.,* 1893, p. 198.

9086. — Carton (D'), médecin-major du 19ᵉ chasseurs. *Découvertes épigraphiques et archéologiques faites en Tunisie (région de Dougga)...* — Lille, imp. L. Danel, 1895, in-8°, 427 p., 211 fig., cartes, 10 pl.

Mém. de la Soc. des sciences, de l'agriculture et des arts de Lille, 5ᵉ série, fasc. IV. — Autre éd., Paris, E. Leroux, 1895, *ibid.* — Région qui fut l'une des plus prospères de l'Afrique romaine; la façon dont le sol et les eaux étaient aménagés. An. par P. Gauckler, dans *R. T.,* 1896, p. 39-50, fig.; par R. Cagnat, dans *R. Arch.,* 1895, t. XXVI, p. 408; par J. Toutain, *ibid.,* 1896, t. XXVIII, p. 263.

9087. — Carton (D'). *Le Djebel Gorra.* — *R. T.,* 1901, p. 259-278, croq.

Description de la région du djebel Gorra, les ruines de Dougga, les traces de l'occupation romaine dans cette région (v. n° **9089**). An. par G. Yver, dans *Ann. G., Bibl.,* 1903, p. 216-217.

9088. — Balut (Georges), contrôleur civil. *Tunisie. Le pays de Dougga et de Teboursouk,* suivi d'une «*étude agricole sur la région*», par N. Minangoin... — Tunis, A.-J. Marichal, 1903, in-8°, 96 p., 40 fig., plan.

Description de cette région assez ignorée, les travaux des Romains; brochure destinée surtout aux Français désireux de se fixer en Tunisie.

9089. — Carton (D'), médecin militaire. *La colonisation romaine dans le pays de Dougga...* — Tunis, Imp. rapide, 1904, in-8°, 178 p., fig., carte.

R. T., 1900 à 1904. — Le djebel Gorra (v. n° **9087**); les domaines impériaux, les grandes propriétés particulières, une colonie de vétérans; la voie militaire de Carthage à Theveste; la plaine du Krib, Thugga et sa banlieue; bibliographie. An. par G. Yver, dans *Ann. G., Bibl.,* 1903, p. 216-217, et 1905, p. 228.

9090. — Carton (D^r). *Ruines de Dougga. Thugga...* — Tunis, L. Niérat et A. Fortin, s. d., in-8°, 127-4 p., carte, ill.

Guide à travers Dougga; les environs. Bibliographie et liste des ouvrages de l'auteur. An. par E. Gallois, dans *Bul. Soc. G. Com. Paris,* 1910, p. 435-436; par A.-T. Vercoutre, dans *R. T.,* 1910, p. 346-347.

9091. — Poinssot (L.). *Plans de Gigthis et de Thugga...* — *Bul. Arch.,* 1922, p. 231-241.

Importante bibliographie concernant uniquement Thugga.

9092. — Bordier (Désiré). *El-Arbaïn, la tombe du lieutenant Jecker...* — Tunis, Imp. rapide, 1898, in-16, 30 p. El-Arbaïn.

Société fraternelle des officiers résidant en Tunisie. *Les étapes d'un vieux turco,* fragment. — Édification (26 nov. 1881) d'une tombe au lieutenant Jecker, du 125ᵉ de ligne, et à plusieurs soldats tués le 29 août 1881, dont la première sépulture avait été profanée.

9093. — *El Ayacha (Tunisie).* — *R. Af. fr.,* 1888, t. VI, p. 189-196. El-Ayacha.

Création d'un poste en 1881; tribus, notice historique, mœurs, traditions.

9094. — Bursaux. *L'oasis d'El-Guettar, ses ressources, sa décadence, moyens d'y remédier.* — *R. T.,* 1910, p. 364-373, croq., carte. El-Guettar.

Étude des moyens propres à rendre la prospérité à l'oasis d'El-Guettar, à l'est de Gabès; description de la région, les causes de son dépérissement.

9095. — Gilbert, sous-lieut^t au 71ᵉ de ligne. *Fouilles d'El-Kantara en 1882...* — Paris, Imp. nat., 1885, in-8°, 7 p. El-Kantara.

Bul. Arch., 1885, p. 119-124, pl. — Fouilles prescrites à l'arrivée du détachement du 71ᵉ à Kantara (sud de Djerba); limites de l'ancienne ville, conduits souterrains, citernes.

9096. — Jullien (J.). *Ellez (Tunisie).* — *Nat.,* 1898, 2ᵉ sem., p. 200-201, 3 phot. Ellès.

Fertilité exceptionnelle de la plaine du Sers, où se trouve le village d'Ellès.

Enfida (l'). **9097.** — Société agricole et immobilière franco-africaine. *Notice sur le domaine de l'Enfida (Tunisie).* — Marseille, typ. P. Blanc [1885], in-8°, 6 p., carte h. t.

Exposition internationale d'Anvers, 1885. — Notice de propagande.

9098. — Belenet (Lieut^t de). *Notes sur l'Enfida et la vallée de l'oued Marouf.* — *Bul. Arch.*, 1886, p. 196-214.

Voies romaines et ruines.

9099. — Société agricole et immobilière franco-africaine. *L'Enfida, son passé et son avenir.* — Paris, imp. Ch. Maréchal et J. Montorier [1889], in-4°, 72 p., ill.

Débuts de l'affaire de l'Enfida; l'Enfida en 1882, en 1889, l'avenir; autres propriétés de la Société.

9100. — [Bouvier]. *Cour d'appel d'Aix. Rapport de M. Bouvier,... expert commis dans l'instance pendante entre M. le comte de Sancy et 1° la Société marseillaise; 2° la Société franco-africaine.* — Paris, typ. A. Maulde, 1891, gr. in-8°, 78 p.

9101. — Société agricole et immobilière franco-africaine. *L'Enfida et Sidi-Tabet.* — Paris et Marseille, 1900, in-4°, 30 p., 26 phot.

Historique, description, exploitation de ces domaines.

Gabès. **9102.** — Monlezun (Capitaine J.-F.), du 4e zouaves. *Les ruines de Tacape (Gabès).* — [Paris], Imp. nat., 1885, in-8°, 8p., pl.

Bul. Arch., 1885, p. 126-131, pl. — Essai de restitution (v. n° **9107**).

9103. — Servonnet (Jean) et Lafitte (Dr Fernand). *En Tunisie. Le golfe de Gabès en 1888,...* lettre préface de M. le vice-amiral Jurien de La Gravière,... — Paris, Challamel, 1888, in-16, xviii-434 p., cartes, pl.

Étude du golfe de Gabès où les auteurs ont vécu plusieurs années; historique de Sfax, les îles Kerkenna, de Sfax à Gabès, la région des oasis, la frontière, l'île de

Djerba, climatologie; nécessité d'un bâtiment garde-côtes; chronologie des beys de la dynastie actuelle. An. par J. Gebelin, dans *Bul. Soc. G. Com. Bordeaux*, 1889, p. 62-63.

9104. — BOUTINEAU (E.), pharmacien aide-major de 1re cl., et FRAY (J.), vétérinaire en 2°. *Tunisie. L'oasis de Gabès au point de vue agricole...* — Lyon, imp. Pitrat aîné, 1890, in-8°, 64 p.

Situation, importance, population de l'oasis, climatologie, agrologie et régime des eaux, agriculture, considérations sur les procédés de culture des Arabes, améliorations à apporter à l'agriculture dans l'oasis.

9105. — BOUTINEAU (E.), pharmacien aide-major de 1re cl. *Des eaux de la région de Gabès...* — *Arch. Méd. Pharm. Mil.*, 1890, t. XV, p. 201-211.

Résultats d'analyses effectuées en 1888 et 1889; eaux provenant de sources naturelles, d'infiltrations, de puits et de puits artésiens.

9106. — LAFITTE (Dr F.). *Gabès, son passé, son présent, son avenir au point de vue des caravanes sahariennes et du commerce avec le Soudan central.* — Paris, Comité d'études tunisiennes, 1891, in-8°, 27 p.

Conférence à la Soc. G. Com. Paris (27 février). Étude des moyens pratiques pour détourner à notre profit le courant des caravanes qui vont à Tripoli et sont monopolisées ensuite par l'Angleterre et l'Italie.

9107. — HILAIRE (Capitaine Jean). *Compte rendu de fouilles exécutées en 1898 sur l'emplacement de Tacape...* — Paris, Imp. nat., 1900, in-8°, 15 p.

Bul. Arch., 1900, p. 115-125. — Complément et rectificatif à l'art. signalé sous le n° **9102**; les procédés d'irrigation de l'oasis antique de Gabès, le port.

9108. — DU PATY DE CLAM (Cte A.). *Étymologie du nom de Gabès.* — *Bul. Soc. languedoc. G.*, 1900, p. 214-217.

Gabès ou Kabès et Capas sont un seul et même nom, dont la transition fut Capes; signification de Tacape.

9109. — Du Bosco de Beaumont (G.). *L'oasis de Gabès (Sud tunisien).* — A travers le monde, 1904, p. 57-60, 4 phot.

Description, travaux effectués, communications.

9110. — Le Bœuf (Capitaine), du 121° d'inf^{ie}. [*Monographie géographique de la population indigène du territoire militaire de Gabès*]. — Bul. G. Hist. Descr., 1905, p. 177-180.

Reconstitution de l'habitat ancien des tribus actuelles, à travers l'évolution du peuplement de l'Extrême-Sud tunisien d'Hérodote à nos jours; l'œuvre de réorganisation des marabouts de la seguia el Hamra; le conquérant arabe, étouffé par l'union des Barbares du littoral et de la montagne, est contraint de s'unir à eux.

9111. — Menouillard. *Gabès, rivale de Biskra.* — R. T., 1910, p. 210-212.

L'oasis de Gabès, description et mérites de ce lieu.

9112. — Cruzet (V.). *A travers la Tunisie. L'oasis de Gabès.* — R. Sect. Tunis., 1922, p. 141-147.

Brève description de l'oasis de Gabès, d'El-Hamma et d'El-Djem, les vestiges de l'occupation romaine.

Gafsa.

9113. — *Gafsa et ses environs.* — R. Af. fr., 1887, t. V, p. 243-253, 4 ill.

Monographie de Gafsa et de sa région.

9114. — [Du Paty de Clam (Cte A.)]. *Fastes chronologiques de la ville de Gafsa...* — Tours, imp. P. Bousrez, 1895, in-8°, 38 p.

Paru partiellement dans *R.G. intern.*, 1894, p. 7-8, 31-32, 100, 124, 167-168, 219-220. — Situation, description, étude chronologique jusqu'en 1892.

9115. — Bodereau (Pierre). *La Capsa ancienne, la Gafsa moderne.* — Paris, A. Challamel, 1907, in-8°, 238 p., 11 pl., carte.

[*Faculté des lettres de Paris*, 1907-1908]. — Conditions géographiques dans lesquelles s'est développée cette oasis, influences qui ont déterminé les habitudes séculaires de ses habitants. Appendice II : géographie et histoire militaires et politiques. Bibliographie. An. par J. Toutain, dans *R. Historiq.*, 1909, t. CII, p. 362-363; par Maurice Escoffier, dans *R. É. H.*, 1908, p. 198-199; dans *Quinz. col.*, 1908, p. 542; par Augustin Bernard, dans *Ann. G., Bibl.*, 1908, p. 228.

9116. — GALBERT (Lieutt O.-J.-M.-M. de). *L'île de la Galite. Notes de voyage.* — Grenoble, imp. Allier frères [1904], in-4°, 27 p., carte, grav.   Galite (la).

Description de l'île de la Galite, dont l'auteur fut chargé de relever la carte en 1900. An. dans *R. G.*, 1904, t. LIV, p. 352. Cf. *R. F. Étr. Col.*, 1904, p. 244.

9117. — *Discours véritable de la prise de Mahommette, ville en Aphrique, par les chevaliers de Malte, avec le nombre de Turcs prisonniers.* — Lyon, imp. Thibaud Ancelin, 1602, in-12, 13 p.   Hammamet.

9118. — BORDIER (Désiré), capitaine de turcos en retraite. *Hammamet, son cimetière militaire...* — Tunis, Imp. rapide, 1898, in-16, 32 p.

Société fraternelle des officiers résidant en Tunisie. *Les étapes d'un vieux turco*, fragment. — Violation des tombes de 12 soldats des 20ᵉ et 92ᵉ de ligne; inauguration du cimetière d'Hammamet (22 nov. 1881). An. par E. V. [Vassel], dans *R. T.*, 1898, p. 384.

9119. — HANNEZO (Commandant G.). *Hergla, notes historiques.* — Sousse, Imp. française, 1908, in-8°, 8 p.   Hergla.

Bul. Soc. Arch. Sousse, 1ᵉʳ sem. 1907. — Histoire, description.

9120. — GUÉRIN (V.). *Kairouan...* — Paris, imp. L. Martinet [1861], in-8°, 18 p.   Kairouan.

Bul. Soc. G. Paris, 1860, t. XX, p. 425-442. — Lecture faite à la Soc. de géographie de Paris (21 déc.). Kairouan, capitale religieuse; histoire et description; les persécutions contre les chrétiens.

9121. — *Vingt-quatre heures à Kairouan.* — R. G., 1881, t. IX, p. 394-397.

La ville sainte tunisienne et ses environs au lendemain de l'occupation française.

9122. — Mengeot (A.). *Kaïrouan.* — *Bul. Soc. G. Com. Bordeaux,* 1881, p. 626-628.

Situation et description de la ville religieuse par excellence.

9123. — Costebonel (Lieut^t). *Kairouan en 1883.* — *Bul. Soc. G. Toulouse,* 1883, p. 720-727.

Notes sur Kairouan et la région comprise entre cette ville et Gafsa recueillies par l'auteur, lieut^t au 20e d'inf^{ie} et détaché au Service topographique; quelques mots sur le Sahel.

9124. — Rouire (D^r). *Aspect et nature du pays tunisien au nord et au midi de Kairouan...* — *Bul. Soc. languedoc. G.,* 1886, p. 414-427.

Extr. de l'ouvrage signalé sous le n° **2029**.

9125. — Barthe, pharmacien aide-major de 1re cl., à l'hôpital militaire de Kairouan. *Des eaux vives dans le cercle militaire de Kérouan...* — *Arch. Méd. Pharm. Mil.,* 1886, t. VII, p. 176-185.

Eaux de la garnison, nature du terrain de la région, pluie, analyse des eaux.

9126. — Gravier (Gabriel). *Un Rouennais à Kairouan.* — *Bul. Soc. normande G.,* 1887, p. 241-242.

Résumé d'un art. de L. de Campou paru dans le *Patriote algérien* : rôle, en 1881, d'un ancien rouennais devenu, sous le nom de Si Ahmed, gardien de la mosquée de Kairouan.

9127. — Du Paty de Clam (A.). *Essai de chronique sur Kairouan.* — *Bul. Soc. G. Toulouse,* 1888, p. 186-192.

Brève notice sur cette ville, son importance historique.

9128. — Monlezun (Commandant), du 4e Tirailleurs indigènes. *Kairouan à travers les temps...* — *Bul. G. Hist. Descr.,* 1889, p. 57-69.

Comment le site de Kairouan permet d'expliquer la fondation et l'importance historique de la ville, renseignements puisés dans les indications fournies par le terrain, certains désaccords avec les légendes indigènes.

9129. — *Note sur l'enchir Tabia et El-Houbira.* — Bône, Imp. centrale, 1895, in-8°, 31 p.

Tiré à 50 ex. — Discussions au sujet d'un domaine situé près de Kairouan sur le territoire des Souassi.

9130. — Beyram bey. *Kairouan,* communication faite à la Société khédiviale de géographie. — Le Caire, Imp. nat., 1897, in-8°, 12 p.

Bul. Soc. G. Caire, 1897, p. 768-776. — Notice historique et descriptive. An. par E. V. [Vassel], dans R. T., 1898, p. 256.

9131. — Créput (Louis). *Kairouan, ses mosquées, ses légendes.* — Tunis, imp. L. Nicolas, 1902, in-16, 45 p., phot., couv. ill.

Résumé de l'histoire de l'ancienne capitale, description de ses principales mosquées, la ville actuelle.

9132. — Douël (Martial). *Une Bruges musulmane : Kairouan.* — R., 1906, t. LXIV, p. 46-56.

9133. — Magali-Boisnard. *Kaïrouan et les ruines d'Hadrumète.* — Bul. Soc. G. Alger, 1907, p. 26-41.

Conférence faite à Alger (1er février). Description de Kairouan et de ses environs, les vestiges de l'occupation romaine.

9134. — [Hubac (Pierre) et Mirande (Charles)]. *Kairouan, ville sainte...* — Tunis, G. Guinle, s. d., in-8°, 23 p., grav., plan.

Notice touristique présentée par la fédération des syndicats d'initiative de Tunisie; aperçu sommaire de l'histoire de Kairouan, la confrérie des Aïssaouas.

9135. — Marçais (Georges). *Fouilles à Abbâssîya, près de Kairouan...* — Bul. Arch., 1925, p. 293-306.

La résidence princière des princes aghlabides au IXe siècle de J.-C.; nature des constructions, composition des murs.

Kerkenna.

9136. — ALLEMAND-MARTIN (A.). *Les îles Kerkenna, essai de colonisation agricole.* — *Bul. Soc. G. Paris,* 1904, t. X, p. 201-222, 4 phot., 2 cartes.

Géographie physique, orographie, hydrographie, oueds marins, climatologie, pluies, hygiène, flore, faune, géologie, industries agricoles et commerciales.

9137. — A. B. *Tunisie, les îles Kerkenna.* — *R. F. Étr. Col.,* 1906, p. 636-640.

Description, climat, cultures, ruines.

9138. — ALLEMAND-MARTIN. *Les îles Kerkenna.* — *Bul. Soc. G. Com. Paris,* 1907, p. 83-97.

Résumé d'une conférence faite à la section tunisienne de la Soc. : histoire et archéologie, aperçu géologique, géologie appliquée à l'agriculture, mœurs kerkéniennes. An. par Em. P., dans *Quinz. col.,* 1907, p. 516.

9139. — DAMICHEL (Oscar). *Les îles Kerkennah (Cercinna-Cercinnitis)...* — *Bul. Ac. Hippone,* 1921, n° 34, p. 91-103, carte.

Histoire, géographie, industrie, commerce, ethnographie.

Korbous.

9140. — SCHOULL (Dr E.) et REMLINGER (Dr P.). *Les eaux thermo-minérales de Korbous (Tunisie)...* 2e éd. — Tunis, Imp. rapide, 1907, in-8°, 41 p.

1re éd., 1903. — Historique, situation géographique, le village, le climat, les sources, les bains, l'étuve; analyse et action physiologique des eaux, indications thérapeutiques, ce qu'il faut faire à Korbous. Cf. *Bul. Ac. Méd.,* 1902, t. XLVIII, p. 95-96.

9141. — MALINAS (D^r). *Les eaux de Korbous à l'Institut de Carthage. Communication...* — Tunis, Imp. rapide, 1910, in-8°, 15 p., fig.

Tirage à part de la communication signalée sous le n° **8383**.

9142. — SCHOULL (D^r). *La côte du soleil. Korbous (Tunisie), station thermale d'hiver. Indications de la cure...* — Tunis, Imp. rapide, 1927, in-8°, 20 p., 4 pl.

9143. — WINKLER (A.), capitaine au 19⁰ esc^on du train des équipages. *Géographie du nord-est (sic) de la Régence de Tunis...* — *Bul. G. Hist. Descr.*, 1888, p. 62-111, carte.   Kroumirie (la).

Étude de la Kroumirie; orographie, hydrographie, voies de communication; transcription arabe des lieux mentionnés dans ce mémoire, par Camille Canova, contrôleur suppléant à Kairouan (v. n° **7511**). Cf. *ibid.*, p. 50.

9144. — WINKLER (A.). *Histoire du pays des Khoumir...* — *Bul. Soc. G. Arch. Oran*, 1892, p. 1-47, 149-201, carte.

Histoire des peuples qui ont occupé successivement la région de Bulla Regia et la partie septentrionale de la Régence; mœurs et portraits des Kroumirs, productions, climat; histoire de la région ainsi que du Kef et de Béja depuis l'antiquité jusqu'en 1887; très bref résumé de l'expédition de 1881-1882 (p. 196-198). An. par G. Jacqueton, dans *R. Af.*, 1893, p. 281; par E.-T. Hamy, dans *Bul. G. Hist. Descr.*, 1892, p. 103-104, et 1893, p. 278. Cf. *Ibid.*, 1891, p. 105-107.

9145. — MONCELON (Léon). *A travers la Kroumirie.* — *Bul. Soc. G. Com. Bordeaux*, 1892, p. 246-269, 273-293.

Notes recueillies par l'auteur en parcourant la Kroumirie; description de cette région; les pêcheurs bretons installés à Tabarka.

9146. — GANDOLPHE (Marcel). *La Goulette avant l'occupation française.* — *R. T.*, 1913, p. 200-211.   La Goulette.

Conférence (23 nov. 1912). La Goulette a occupé une place importante dans l'histoire de la Tunisie, comme port de Tunis, comme lieu de concentration des flottes de guerre de la Régence, comme point de départ des corsaires musulmans; les fortifications anciennes de La Goulette.

9147. — GANDOLPHE (Marcel). *Notes inédites sur un canon de La Goulette...* — *R. T.*, 1919, p. 216-219, 410, 2 croq.

Détails sur le canon, dit de Saint-Paul, conservé à Florence, donné, en 1867, par le bey Mohamed es Sadok à Victor Emmanuel. Cf. *ibid.*, 1924, p. 173; J. Canal, *Le canon « le Saint-Paul » de La Goulette*. *Ibid.*, 1927, p. 116-117, fig.

9148. — ESPÉRANDIEU, lieut^t au 17⁰ d'inf^ie. *Note sur des fouilles exécutées aux citernes du Kef (Tunisie).* — *Bul. Arch.*, 1885, p. 568-571.   Le Kef.

Origine de ces citernes, leur but.

9149. — Espérandieu (Lieut^t Émile). *Étude sur Le Kef...* — Paris, A. Barbier [1888], in-8°, vi-147 p., pl.

Travail rédigé pendant la campagne de Tunisie; esquisse historique du Kef et de la province dont cette ville faisait partie; épigraphie du Kef.

9150. — Monchicourt (Ch.), docteur ès lettres. *La région du Haut Tell en Tunisie (Le Kef, Téboursouk, Mactar, Thala). Essai de monographie géographique.* Thèse... — Paris, A. Colin, 1913, in-8°, xiv-487-xvii p., 12 pl., fig., 2 tabl., cartes.

Thèse pour le doctorat, Faculté des lettres de Paris, 1912-1913. — Autre éd., *ibid.* — Inventaire détaillé du Haut Tell tunisien, sol, habitants et mœurs, d'après des études faites sur place et des sources écrites citées par l'auteur; variabilité du climat, régime des eaux; les vicissitudes des tribus et des villes; les groupements ethniques et religieux, les Algériens, leur afflux avant et après l'insurrection de 1871, leur rôle en 1881, les tribus maraboutiques pacifiques ou guerrières; l'habitat des populations indigènes; les Européens, les voies de communication, les centres récents, camps militaires et villages administratifs. Extr. dans *Bul. Dir. agr., com. col. Tunis*, 1913, p. 192-196, carte. An. par Augustin Bernard, dans *Ann. G.*, 1915, p. 172-175; par E. S., dans *R. Sc.*, 1913, 2° sem., p. 477; par Jules Blache, dans *Bul. Soc. G. Paris*, 1914, t. XXIX, p. 288-290; par Pierre Clerget, dans *R. G. Sc.*, 1914, p. 276-277; par le général Bourgeois, dans *Bul. G. Hist. Descr.*, 1913, p. cxx-cxxi; dans *Bul. Com. A. F.*, 1913, p. 292; par Em. Perrot, dans *Quinz. col.*, 1913, p. 546-547; par Jacques Ancel, sous le titre *Les nomades du Tell tunisien*, *ibid.*, p. 671-674.

9151. — Cruzet (V.). *A travers la Tunisie. Le Kef et ses zaouias* — *Bul. Sect. Tunis.*, 1921, p. 129-138.

Description du Kef, « seconde ville sainte de Tunisie »; Testour, Bulla Regia.

9152. — Gandolphe (M.). *Une page de la révolte de 1864. Les incidents du Kef et la mort de l'agha Si Farhat...* — *R. T.*, 1923, p. 142-151.

Documents inédits sur la révolte de 1864 en Tunisie; ses causes, occupation du Kef par les tribus du Nord de la Tunisie; la colonie française du Kef; expédition organisée par le bey; la colonne du général Farhat, assassinat de ce dernier, déroute de ses troupes.

9153. — Canal (J.). *Le Kef, étude historique et géographique...* — Tunis, imp. Sapi, 1931, in-8°, 40 p., portr.

R. T., 1919, p. 267-277, 453-460, 514-520; 1920, p. 59-63; 1921, p. 252-258; 1924, p. 176-182. — *Soc. de géographie commerciale de Paris, section tunisienne*. — Origines du Kef, son histoire depuis la période punique jusque sous la domination turque; les incidents de frontière entre les régences de Tunis et d'Alger (1815 et 1820); cause initiale de l'intervention française en Tunisie, la colonne Logerot (avril 1881), entrée des troupes françaises au Kef; la ville actuelle.

9154. — HANNEZO (Capitaine G.), MOLINS (Capitaine L.), MONTAGNON (Lieut^t). *Notes archéologiques sur Lemta* (Leptiminus) (*Tunisie*)... — Paris, Imp. nat., 1898, in-8°, 23 p.

Lemta.

Bul. Arch., 1897, p. 290-312. — A 12 kil. S.-S.-E. de Monastir; la citadelle, le port, l'alimentation en eau.

9155. — HANNEZO (Commandant). *Mahdia* (*Tunisie*). — Tunis, Imp. rapide, 1908, in-8°, 92 p., fig.

Mahdia.

R. T., 1907, p. 227-236, 340-349, 438-443, 523-535; 1908, p. 46-59, 149-159, 244-252, 365-369, 412-427, 544, fig. — I. Notes historiques : histoire de Mahdia depuis l'antiquité jusqu'en 1907; les événements qui se déroulèrent dans la ville et aux environs de juillet à fin déc. 1881; occupation par deux c^{ies} du 71° d'inf^{ie}. II. Situation géographique. Sources indiquées.

9156. — SMET (J.-J. de), curé de Mahdia. *Mahdia* (*Africa*).. — Tunis, imp. A. Fortin, 1913, in-8°, 97 p., ill.

Monographie de cette ville, son histoire aux différentes époques; Mahdia et les corsaires, Dragut; occupation par les Espagnols au xvi° siècle, par les Français en 1881; notes archéologiques, agriculture, industrie, commerce.

9157. — TOUSSAINT (Commandant P.). *Rapport archéologique sur la région de Maktar*... — *Bul. Arch.*, 1899, p. 185-235.

Maktar.

Région levée en 1898 par la 4° brigade topographique de Tunisie (v. n° **4618**); voies de communication, description des ruines.

9158. — MONCHICOURT (Ch.), contrôleur civil stagiaire. *Le massif de Mactar, Tunisie centrale*. — *Ann. G.*, 1901, p. 346-369, carte, 3 phot.

Description géographique, climat, hydrographie, végétation; le passé et l'avenir : vicissitudes historiques, population, colonisation française; Maktar, point stratégique pour la colonisation de l'intérieur. An. dans *Bul. Dir. agr. com. Tunis*, 1902, p. 101-102.

Medjerda (la). **9159.** — Tissot (Ch.). *Extrait d'une lettre... à M. E. Desjardins, sur son exploration de la vallée de la Medjerda (Bagradas) en juin 1879.* — *Ac. Inscr. B.-Lettres, C. R.*, 1880, t. VII, p. 203-204.

<blockquote>Séance du 4 juillet 1879. Lettre datée de Marseille, 29 juin 1879; les ruines deviennent de véritables carrières où puisent les entrepreneurs de chemins de fer.</blockquote>

9160. — Tissot (Charles). *Le bassin du Bagrada et la voie romaine de Carthage à Hippone, par Bulla Regia...* — Paris, Imp. nat., 1881, in-4°, 116 p., ill., 4 cartes, 2 plans, 5 pl.

<blockquote>Extr. des *Mémoires présentés par divers savants à l'Académie des inscriptions et belles-lettres*. — Exploration des ruines de la vallée de la Medjerda, le Bagrada punique, avant la construction de la voie ferrée reliant Tunis au réseau algérien.</blockquote>

9161. — Boyé (Capitaine Marius). *Vallée de la Medjerdah, description géographique et archéologique de Manouba, Djédéida, Tébourba, Medjez-el-Bab, Slouguia, Testour, Aïn-Tunga, Téboursouk, Dougga, Aïn-Hedjah, Musti, Bordj-Messaoudi, Mattria, Béja-gare, etc....* — *Bul. Soc. G. Toulouse*, 1888, p. 40-52, 154-167; 1890, p. 143-155, pl.

<blockquote>Notes recueillies par l'auteur au cours de ce voyage dans la vallée de la Medjerda (sept. 1882-janv. 1883); troupes qui occupent cette région; population, mœurs; indications archéologiques.</blockquote>

9162. — Violard (Émile). *En Tunisie : la vallée de la Medjerda; les villes antiques : Simittu, Thuburnica et Bulla-Regia; les villages berbères : Toukabeur et Chaouach.* — *Act. afr.*, 1913, p. 1-5, 4 phot.

<blockquote>Brève description de la vallée de la Medjerda, les souvenirs historiques qu'elle renferme, les villages berbères actuels.</blockquote>

Medjez-el-Bab. **9163.** — Catrin (Louis), médecin-major de 2ᵉ cl. *Medjez-el-Bab (Tunisie), essai de topographie médicale...* — *Arch. Méd. Pharm. Mil.*, 1883, t. II, p. 301-325.

<blockquote>La vallée de la Medjerda, météorologie, faune, flore, population indigène : habitudes, pathologie, notamment syphilis et granulations.</blockquote>

9164. — MONTELS (Jules). *Excursions en Tunisie. Nabeul.* — Nabeul.
Tunis, Imp. rapide, 1889, in-18, 62 p.

Tiré à 12 exempl. — Quelques renseignements sur les habitants, leurs mœurs.

9165. — CRÉPUT (C. Louis). *Notice sur le contrôle de Nabeul...* —
Alger, imp. de la *Revue algérienne*, 1893, in-8°, 55 p.

Bibliothèque de la *Revue algérienne.* — Notice détaillée.

9166. — KADDOUR (Dr Félix). *Nabeul et son climat...* — Alger,
imp. de la *Revue algérienne*, 1894, in-8°, 15 p.

Le Neapolis des anciens, le Nabeul-el-Guedima des Arabes, le Nabeul actuel; description; «le climat de Nabeul est un des plus sains». An. par le Dr Bertholon, dans *R. T.*, 1895, p. 77-80; dans *Ann. G., Bibl.*, 1895, p. 214.

9167. — Du PATY DE CLAM (Cte). *Fastes chronologiques de la* Nefta.
ville de Nefta. — *Bul. Soc. G. Toulouse*, 1890, p. 401-417; 1891,
p. 60-68.

Monographie de Nefta; origine, histoire aux différentes époques, population.

9168. — [DUVEYRIER (Henri)]. *Le Beled (pays) Nefzâoua.* — *N.* Nefzaoua (le).
Ann. voyages, 1860, t. III, p. 349-352.

Description du pays.

9169. — *L'avenir agricole du Sahara, le Nefzaoua.* — *R. Af.
fr.*, 1887, t. V, p. 193-204, ill.

Description, populations, besoins du Nefzaoua.

9170. — IDOUX (Marius). *Notes sur le Nefzaoua (Tunisie méridionale).* — *Ann. G.*, 1902, p. 439-447.

Notes de voyages prises en 1901 et complétées par les renseignements des lieut^{ts} Flye Sainte Marie, Jeangérard, Miquel et du Dr Baumelou; limites du Nefzaoua, divisions territoriales, climat et végétation, races, tribus, oasis; le passé et l'avenir.

9171. — CHEVALIER (P.). *Le Nefzaoua (Sud-Tunisien).* — *Lyon
Col.*, 1924, p. 138-141; 1925, p. 1-5.

Description, population; toute l'activité économique réside dans l'agriculture; manque de moyens de communication et d'exemple de la colonisation européenne.

Porto-Farina. **9172.** — Cézilly (Paul). *Notice sur Porto-Farina... (Port corsaire et arsenal des beys); son passé, l'esclavage... avec une étude sur l'état actuel*, par A. Canavaggio, instituteur... — Paris, imp. Person, s. d., in-16, 62 p., carte.

Saint-Joseph-de-Thibar. **9173.** — Minangoin (N.). *Note sur l'exploitation de Saint-Joseph-de-Thibar.* — *Bul. Dir. agr. com. Tunis*, 1900, n° 16, p. 85-90.

9174. — Dupont (Mgr). *Thibar...* — *Missions cath.*, 1901, p. 460-463, 7 phot.

Le développement de la maison fondée par les Pères Blancs à Saint-Joseph-de-Thibar.

Sainte-Marie-du-Zit. **9175.** — Joly (Henri). *En Tunisie. Orphelins et colons, 1914.* — *Cor.*, 1914, t. CCXX, p. 676-692.

La situation de la Tunisie en 1914; l'orphelinat de Sainte-Marie-du-Zit et ses apprentis laboureurs.

Sfax. **9176.** — Espina (A.), agent consulaire de France à Sfax. *Notice statistique sur le caïdat de Sfax (régence de Tunis).* — *R. Or.*, 1853, t. XIII, p. 142-157.

Situation de Sfax au point de vue commercial; ressources et industrie; importation indigène (par tribus) à Sfax.

9177. — Chauvey. *La ville de Sfâk's et les îles Kerkena (Tunisie)...* — *Explorateur*, 1876, t. IV, p. 172-175, 2 cartes.

Topographie, climat, population, autorité militaire, organisation, ressources. Observations de O. Mac Carthy sur ce mémoire, *ibid*, p. 200.

9178. — Du Paty de Clam (Cte A.). *Sfax, sa prospérité pendant la dernière année (1305 ou 87-88).* — *Bul. Soc. G. Com. Paris*, 1888-1889, t. XI, p. 428-429.

Cf. du même, *Sfax, ses écoles. Ibid.,* p. 601-603, 664 (reproduit dans *Bul. Soc. languedoc. G.,* 1890, p. 228-230); du même, *Sfax en 1889. Bul. Soc. G. Com. Paris,* 1889-1890, t. XII, p. 717-718.

9179. — Du Paty de Clam (A.). *De l'origine du mot : Sfakes...* — *C. R. Soc. G. Paris,* 1889, p. 46-50.

Sfakes est la forme primitive «berbère» d'un «poste de garde».

9180. — Duraffourg (V.), capitaine au 80e de ligne. *Notice de géographie historique et descriptive sur la Tunisie. Sfax et ses environs...* — Lille, imp. L. Danel, 1890, gr. in-8°, 43 p., 2 pl., carte.

Bul. Soc. G. Lille, 1889, t. XII, p. 161-177, 251-276, 2 pl., carte. — Notice détaillée sur Sfax, commerce, agriculture, voies de communication, voies ferrées, lignes stratégiques; récit des opérations du 92e de ligne (l'auteur était lieutenant à la 2e c^{ie} du 3e bat^{on}) depuis son départ de Lyon jusqu'à la prise de Sfax; richesses de la Tunisie, travaux à entreprendre.

9181. — Luciani (N.), interprète judiciaire. *Inscription arabe découverte à Sfax.* — *R. Af.,* 1890, p. 68-78.

Texte et traduction de quatre inscriptions relatives à la restauration des remparts de Sfax; les événements qui ont pu conduire à cette nécessité du xive au xviiie siècle (v. n° **9182**). Cf. *ibid.,* 1891, p. 238-240.

9182. — Mercier (Ernest). *Les inscriptions de Sfaks.* — *R. Af.,* 1890, p. 249-258.

Notes sur les événements historiques du sud de la Tunisie du xe au xviiie siècle (v. n° **9181**).

9183. — Du Paty de Clam (Cte A.). *Fastes chronologiques de la ville de Sfaks...* — Paris, A. Challamel, 1890, in-8°, 32 p.

Situation, étymologie de Sfax, chronologie du ive siècle à 1888. An. dans *N. R.,* 1890, t. LXII, p. 447.

9184. — Monlezun (Commandant). *L'emplacement de Sfax...* — [Paris], Imp. nat., 1896, in-8°, 8 p., carte.

Bul. G. Hist. Descr., 1895, p. 214-219, carte. — Étude ayant pour objet de préciser le point du premier établissement, dont les raisons d'être auront bientôt disparu devant l'importance des travaux entrepris pour l'aménagement du port.

9185. — LORIN (Henri). *En Tunisie : le port de Sfax.* — Q. *Dipl. Col.*, 1897, t. Ier, p. 355-358.

Le débouché des terres sialines; la situation actuelle, la résistance de 1881. l'avenir de Sfax.

9186. — *Une imposante cérémonie à Sfax.* — *Bul. Com. A. F.*, 1925, p. 645-646.

Inauguration d'un monument aux morts (11 nov.); discours de M. Salsedo, président des combattants italiens, et du Résident général.

Souk-el-Arba. **9187.** — LEROY (A.-L.). *De Ghardimaou à Tunis. Souk-el-Arba.* — *R. G. intern.*, 1886, p. 79-80.

Extr. d'une conférence faite (mars 1886) à Alger; la région de la vallée de Souk-el-Arba; brève comparaison entre Tunis et Alger (v. n° **8886**).

9188. — CARTON (D^r), aide-major de 1re cl. *Deux jours d'excursion en Tunisie. Souk-el-Arba, Bulla Regia, Chemtou, Thuburnica, Ghardimaou....* — Lille, imp. L. Danel, 1891, in-8°, 28 p., fig.

Bul. Soc. G. Lille, 1891, t. XV, p. 280-292, 336-350, fig. — Nombreux détails sur ces localités, l'alimentation en eau.

9189. — CARTON (D^r). *Essai de topographie archéologique sur la région de Souk-el-Arba....* — Paris, E. Leroux, 1891, in-8°, 43 p., pl.

Bul. Arch., 1891, p. 207-247, pl. — Le réseau routier, les puits et réservoirs, la prospérité argicole.

9190. — VIOLARD (Émile). *La Tunisie du Nord. I. Le contrôle civil de Souk-el-Arba...* — Tunis, Imp. rapide, 1905, gr. in-8°, 98 p., phot.

Rapport détaillé sur ce contrôle civil, faisant ressortir notamment les progrès de la colonisation française; le rôle de l'armée «pacificatrice» et «colonisatrice», l'œuvre accomplie par le Gouvernement du Protectorat. Étude reproduite dans l'ouvrage signalé sous le n° **5959**. An. par Augustin Bernard, dans *Ann. G., Bibl.*, 1906, p. 240.

9191. — Carton (D^r). *N. O. T. Le nord-ouest de la Tunisie, ruines romaines, forêts, montagnes, colonisation...* — S. l. n. d., in-8°, 33 p., fig., cartes.

Guide illustré, à l'usage des touristes, publié par le Comité d'initiative du N.-O. tunisien, à Souk-el-Arba; détails sur Souk-el-Khemis, Souk-el-Arba, Aïn-Draham, Tabarka, Béja, Ghardimaou. An. par Héron de Villefosse, dans *Ac. Inscr. B.-Lettres, C. R.,* 1912, p. 524-525.

9192. — Denis (Lieut^t Charles). *Notes sur quelques nécropoles mégalithiques du centre de la Tunisie...* — Paris, E. Leroux, 1894, in-8°, 8 p.

Souk-el-Djemâa.

Bul. Arch., 1893, p. 138-143. — Études faites par l'auteur près du poste de Souk-el-Djemâa occupé par une c^{ie} du 3e bat. d'Af.

9193. — Bertholon (L.). *Sousse et le Sahel tunisien.* — *R. G.,* 1882, t. XI, p. 161-176.

Sousse.

Monographie de Sousse et de ses environs; description de la ville, la population et sa répartition; le chemin de fer de Sousse à Tunis; considérations sur le protectorat français.

9194. — Aubert (L.), médecin-major de 1re cl. *La topographie médicale de Sousse.* — *R. T.,* 1895, p. 545-555.

Bref historique et description de la ville, commerce, climat, état sanitaire. An. par H. L. [Lorin], dans *Ann. G., Bibl.,* 1896, p. 195.

9195. — Monlezun (Colonel). *Topographie d'Hadrumète (Sousse).* — Paris, E. Leroux, 1900, in-8°, 23 p., 9 fig.

R. arch., 1900, t. XXXVI, p. 195-215, 9 fig. — Les développements et transformations de Sousse à travers les âges.

9196. — [Bizet (Cl.)]. *Excursions en Tunisie. Livret-guide du Centre : Sousse, Monastir, Mahdia, Enfidaville, El-Djem, Kairouan.* — Sousse, Imp. française, 1904-1905, in-18, 160 p., portr., pl., plan.

Aperçu sur le Centre et le Sahel; notice historique, description de Sousse et des villes du Centre; nombreux renseignements.

9197. — Hannezo (Commandant). *Études tunisiennes. Sousse de 146 avant J.-C. à nos jours...* — Sousse, Imp.-libr. française, 1906, in-8°, 129 p., plan.

Bul. Soc. Arch. Sousse, 1903, p. 80-99, 101-132; 1904, p. 109-128, 129-151; 1905, p. 142-150, 153-157, plan. — Notes historiques détaillées sur Sousse, l'expédition de 1881; description de la ville, commandement militaire, fortifications, port; bibliographie.

9198. — Leynaud (Mgr), archevêque d'Alger. *Les catacombes africaines. Sousse-Hadrumète*, 2e éd. — Alger, J. Carbonel, 1922, in-8°, xxxv-502 p., fig.

1re éd., 1910. — Réunion d'art. parus dans *Bul. Soc. Arch. Sousse* et dans *Ac. Inscr. B.-Lettres, C. R.* Notions générales sur les catacombes; pour chacune, historique de la découverte, journal des fouilles, inventaire des inscriptions et objets retrouvés. An. par Héron de Villefosse, dans *Ac. Inscr. B.-Lettres, C. R.*, 1910, p. 641-642. Cf. Louis Jalabert, *Une cité de tombes, les catacombes chrétiennes de Sousse. Études*, 1923, t. CLXXV, p. 593-601.

9199. — Briquez (H.). *Les «Soummar» de Sousse.* — *R. T.*, 1916, p. 327-336.

Origine de l'organisation des soummar, qui devaient constituer de véritables troupes, chargées de la garde de la ville.

9200. — Gandolphe (Marcel). *Les événements de 1864 dans le Sahel et principalement à Sousse, d'après des lettres inédites.* — *R. T.*, 1918, p. 138-153.

Conférence à l'Institut de Carthage (21 nov. 1917). Causes et répression de la révolte des tribus du Sahel en 1864, d'après des lettres inédites de Pistoretti, vice-consul d'Autriche à Tunis, et les archives des postes et télégraphes de Tunis; rôle des deux navires de guerre français envoyés devant Sousse.

9201. — Beauchamp (Lieut^t M.). *L'art en Afrique du Nord; un musée de Sousse : la Salle d'honneur du 4e Tirailleurs.* — Sousse, L. Gabai [1926], in-8°, 39 p.

Conférence faite en la Salle d'honneur du 4e Tirailleurs (14 mars 1926); les splendeurs de l'antique, les antiquités de la salle d'honneur du 4e Tirailleurs; renseignements sur Sousse et ses environs.

9202. — BEAUCHAMP (Lieut^t). *Le musée militaire de Sousse.* — *A. A.*, 1926, p. 312-313, ill.

Découverte des catacombes de Sousse, en 1885, par le colonel Vincent, du 4° R. T. T., exécution des fouilles; nombreux objets déposés à la salle d'honneur de ce rég^t.

9203. — REBORA (L.), capitaine adjudant-major au 127° de ligne. *Tabarca (Thabraca), ruines, mosaïques, inscriptions inédites...* — *Bul. antiq. afric.*, 1884, t. II, p. 122-134, croq., 2 pl.   Tabarka.

Résumé historique, aspect général de la ville, ses édifices antiques.

9204. — DESFOSSÉS (Edmond). *L'île de Tabarka et les pêcheurs bretons.* — *R. G.*, 1892, t. XXX, p. 260-262.

Aperçu historique, la confédération des Kroumirs (v. n° **5020**), la transformation de la Kroumirie depuis 1881, l'émigration des Bretons de Lannion vers Tabarka.

9205. — TOUTAIN (J.). *Fouilles et explorations à Tabarka et aux environs...* — Paris, E. Leroux, 1892, in-8°, 37 p., 2 pl.

Bul. Arch., 1892, p. 175-209, 2 pl. — Le port romain, l'alimentation d'eau, grandes citernes et aqueduc.

9206. — HANNEZO (Lieut^t-Colonel). *Tabarca. Monographie.* — *R. T.*, 1916, p. 239-265, 365-392; 1917, p. 12-29, 123-137, croq., cartes.

Histoire de l'île; projet d'expédition française en 1741 et en 1742; l'expédition de 1742; les différents traités entre la France et le bey au sujet de l'île; l'expédition de 1881; opérations contre Tabarka et occupation; description géographique; tribus et races. An. sous le titre *Les convoitises de Richelieu sur l'île de Tabarca (1626-1632)*, dans *R. H. Col. Fr.*, 1919, 1er sem., p. 142-150.

9207. — FLEURY DU SERT. [*Bassin de distribution d'eau à Tebourba.*] — *Bul. Arch.*, 1915, p. CLXXXI-CLXXXII, CCI.   Tebourba.

9208. — DU PATY DE CLAM (Comte A.). *Étude sur la prise de Thala par Métellus (109 av. J.-C.) et sur la campagne de Marius*   Thala.

contre Gafsa (107 av. J.-C.). — *R. G.*, 1889, t. XXV, p. 346-353, 437-445, 2 cartes.

Le récit donné par Salluste des campagnes de Metellus et de Marius devient compréhensible si l'on situe l'antique Thala à l'henchir Cherchara, dans le massif montagneux compris entre Sfax et Gafsa.

9209. — Winkler (Capitaine). *Notice sur Thala.* — *R. T.*, 1896, p. 523-527, carte.

Avis de l'auteur sur l'emplacement probable de la fameuse forteresse dans laquelle Jugurtha mit à l'abri l'or de réserve dont il disposait.

Thelepte. **9210.** — Pédoya, chef de bat^{on} au 48e. *Notice sur les ruines de Thélepte, ancienne ville romaine, près de Fériana (Tunisie)*... — [Paris], Imp. nat., 1885, in-8°, 19 p., 3 fig.

Bul. Arch., 1885, p. 131-149, 3 fig. — Reconstitution d'une ville militaire romaine par son tracé.

Thuburnica. **9211.** — Carton (D^r), médecin militaire, et Chenel, contrôleur civil. *Thuburnica*... — Paris, E. Leroux, 1891, in-8°, 32 p., 10 fig.

Bul. Arch., 1891, p. 161-192, 10 fig. — L'établissement antique qui porte aujourd'hui le nom d'Henchir-Sidi-Ali-bel-Gassem : la forteresse, les citernes, l'aqueduc.

Thyna. **9212.** — Bureau (Jocelyn). *L'exhumation d'une ville (Thyna).* — *R. T.*, 1908, p. 205-212.

Les découvertes faites à Thyna (11 kil. de Sfax), notamment par les officiers du 4° Tirailleurs. Cf. Bertholon (D^r), *Les populations de la Byzacène; à propos de l'étymologie du nom de Thyna. Ibid.*, p. 213-216.

Tozeur. **9213.** — Du Paty de Clam (Cte A.). *Fastes chronologiques de Tôzeur*... — Paris, A. Challamel, 1890, in-8°, 43 p.

Situation, description, chronologie jusqu'en 1888. An. dans *Bul. Soc. G. Toulouse*, 1890, p. 206.

9214. — Du Paty de Clam (Cte A.), administrateur colonial. *Origine des noms de Tôzeur, de Sfaks.* — Bul. Soc. languedoc. G., 1900, p. 93-95.

Tôzeur, forme féminine berbère du mot «fort»; signification de «Sfaks» en berbère.

9215. — Combes (G.). *Le Sud tunisien. Guide touristique de la région de Tozeur...* — Tunis, Namura et Bonici, s. d., in-8°, 52 p., ill., plans, carte.

Publié sous les auspices du syndicat d'initiative de tourisme de Tozeur. Renseignements généraux sur le Djerid, promenades dans l'oasis de Tozeur, Nefta, El-Hamma, Tamerza; renseignements géographiques, ethniques et économiques.

9216. — Bou-Alleg (Mohieddine). *Réflexions d'un Saharien sur les anciens habitants de Tozeur.* — R. T., 1921, p. 41-44.

Tozeur dans le passé, généralités concernant son histoire.

9217. — *La grant desconfiture des Turcs faicte par les Chrestiens au royaulme de Tunis, traduitte selon le vray, de langue ytalienne en langue françoyse...* — Paris [1535], in-12, 8 p.

Tunis.

Publié, avec annotations, par Charles Braquehaye, sous le titre *La prise et le pillage de la ville de Tunis les 20 et 21 juillet 1535, racontés par un témoin oculaire,* dans R. T., 1904, p. 181-186, 2 pl. Cf. Général Dolot, *La prise de Tunis par Charles-Quint.* R. T., 1913, p. 497-498, pl.

9218. — Prax. *Tunis.* — R. Or., 1849, t. VI, p. 273-297, 337-358; 1850, t. VII, p. 149-161; t. VIII, p. 341-353.

Relation publiée à la suite d'une mission accomplie par l'auteur à Tunis en 1847 dans le but d'étudier le commerce de cette ville «avec l'Algérie et le pays des Noirs»; description de la ville, population, coutumes; flore du pays.

9219. — Thierry-Mieg (Ch.), fils. *Quatre jours à Tunis et Carthage.* — R. Alsace, 1860, p. 259-268, 297-304, 449-457; 1861, p. 167-173.

Voyage effectué en sept. 1859.

9220. — Gasselin (Édouard). *Petit guide de l'étranger à Tunis...* — Constantine, L. Marle, 1869, in-18, 71 p., tableau.

<small>Renseignements pratiques; les casernes de Tunis, l'armée (p. 30-33).</small>

9221. — Goguel (Montézuma). *Tunis et la Tunisie...* — *Bul. Soc. G. Est*, 1879, p. 154-159, 278-286.

<small>L'auteur construisait la ligne de Tunis à la frontière algérienne; aperçu sommaire de Tunis et de ses environs; mœurs des Arabes, produits du sol de l'ouest de la Régence.</small>

9222. — Franciosi (Charles de), fils, lieut^t au 87e de ligne. — *Dans le nord de la Tunisie...* — Lille, imp. L. Danel, 1885, in-8°, 48 p.

<small>*Bul. Soc. G. Lille*, 1885, p. 188-215. — L'auteur retrace, au cours d'une conférence, un voyage à Tunis : description de la ville, mœurs et coutumes des habitants.</small>

9223. — Contejean (Ch.). *Tunis et Carthage. Notes de voyage.* — Poitiers, imp. Marcireau [1886], in-8°, 20 p.

<small>Récit d'un court voyage effectué, en 1885, à La Goulette, à Tunis et aux environs.</small>

9224. — [Petit (Maurice)]. *Nouveau guide-indicateur de Tunis et ses environs, avec un plan.* — Tunis, Imp. franco-tunisienne, 1888, in-12, 190 p., carte, couv. ill.

<small>Renseignements sommaires de toute nature.</small>

9225. — Lallemand (Charles). *Tunis et ses environs...* — Paris, Quantin, 1890, in-4°, 245 p., 150 fig. en coul.

<small>Nouv. éd., 1892, *ibid*. — Historique de la Régence; quelques lignes sur les droits de la France, «l'intervention et l'occupation ont été légitimes autant qu'inévitables»; description des mœurs, coutumes, vie, religion des habitants, les fantasias de Tunisie (v. n° **8908**). An. dans *Sp. Mil.*, 1889, t. XLVII, p. 522-523; dans *R. Sc.*, 1889, t. XLIV, p. 812-813; dans *R. F. Étr. Col.*, 1889, t. X, p. 757-758.</small>

9226. — Girardet (L.). *Tunis, station hivernale...* — Paris, imp. F. Chatelus, 1891, in-16, 30 p., pl.

<small>Ce qu'est Tunis, son essor; ce que sera Tunis.</small>

9227. — Blairat (Eugène). *Tunis en 1891...* — Paris, C. Delagrave, 1891, in-8°, 125 p., ill.

10° éd., (réimp.), 1912, ibid. — Renseignements divers sur la population, les mœurs des habitants. Ouvrage à l'usage des touristes et des colons.

9228. — Radiot (Paul). *Tripoli d'Occident et Tunis; notes et croquis avec une visite de l'auteur à Bouvard et Pécuchet sur les ruines de Carthage.* — Paris, E. Dentu, 1892, in-16, 301 p.

9229. — Girardet (L.). *Le lac de Tunis...* — Vesoul, imp. L. Cival, 1892, in-8°, 16 p., pl.

L'auteur ne propose pas de combler le lac, mais de le creuser «à 1 m. ou 1 m. 50, en rejetant les terres à droite et à gauche, découpant capricieusement dans l'ensemble du lac des îles artificielles diverses de formes et d'étendue».

9230. — Lallemand (Charles). *Tunis.* — Alger, J. Gervais Courtellemont, 1893, gr. in-4°, 50 p., 37 ill., 12 pl.

La couverture porte *Collection de l'Algérie artistique et pittoresque*. — Description de Bizerte, de Tunis et de ses environs.

9231. — Henry (Auguste), officier de marine. *Tunis en 1842.* — *R. T.*, 1894, p. 258-261.

L'auteur a séjourné quelques mois en 1842 à bord du bâtiment français *Le Tonnerre*, en station devant La Goulette; notes sur Tunis, le bey et l'armée tunisienne.

9232. — La Forge (Jacques de). *Tunis, port de mer, notes humoristiques d'un curieux.* — Paris, E. Flammarion, 1894, in-18, 284 p.

Notes d'un touriste venu à l'inauguration du port de Tunis (mai-juin 1893).

9233. — Piesse (Louis). *Tunis et ses environs...* — Paris, Hachette, 1896, in-16, 44 p., 10 grav., 2 pl., carte.

Collection des Guides-Joanne. — Extr. du *Guide d'Algérie* (v. n° **8893**).

9234. — Carton (Dr), médecin-major. *Tunis et ses habitants...* — *Bul. Soc. G. Lille*, 1896, t. XXV, p. 252-275, 3 pl.

Conférence à la Soc. (23 février). Scènes, types qui frappent le voyageur.

9235. — [JANNIN (L.), directeur des travaux de la ville.] MUNICIPALITÉ DE TUNIS. Direction des travaux de la ville. *Création d'un quartier de plaisance près du parc du Belvédère. Cahier des charges.* — S. l. [1898], in-4°, 9 p.

9236. — PAVY (Auguste). *Tunis.* — *R. T.*, 1900, p. 267-278.

OEuvre posthume; coup d'œil sur l'histoire de Tunis plus de trente fois séculaire.

9237. — LAYER (Ernest). *Quelques jours à Tunis, notes de touriste...* — *Bul. Soc. normande G.*, 1901, p. 53-91, ill.

Tunis et ses environs, Zaghouan, La Goulette, Bizerte.

9238. — TRIVIER (L.). *Lettre de Tunisie.* — *Bul. Soc. G. Com. Bordeaux,* 1903, p. 241-246.

Lettre d'un voyageur sur Tunis et ses environs.

9239. — MONCHICOURT (Ch.), sous-chef du bureau du Contrôle civil à la Résidence générale de France à Tunis. *La région de Tunis...* — Paris, A. Colin, 1904, in-8°, paginé 145-170, carte, 2 pl.

Ann. G., 1904, p. 145-170, carte, 2 pl. — Relief du sol, climat, la grande ville, utilisation de l'eau et cultures, population indigène et européenne, groupements ethniques ou nationaux. An. dans *Bul. Dir. agr. com. Tunis,* 1904, p. 317-318.

9240. — DUCROQUET (Paul). *Le développement de Tunis.* — *Ann. Col.,* 1905, p. 310-311.

Brève description de la ville, son développement.

9241. — QUIÉVREUX (Ch.-J.). *Tunis et Carthage.* — Lille, imp. Danel, 1905, in-8°, 15 p., 2 ill.

Bul. Soc. G. Lille, 1905, t. XLIII, p. 311-326, ill. — Aperçu rapide sur l'histoire de l'Afrique septentrionale, description de Tunis.

9242. — EL ABDERY. *La ville de Tunis à la fin du XIIIe siècle. Extrait du voyage d'El Abdery à travers l'Afrique septentrionale,* au VIIe siècle de l'hégire, traduit par M. Cherbonneau. — R. T., 1905, p. 365-368.

9243. — *Tunis et ses environs.* — Paris, Hachette [1905], in-16, 48 p., grav., cartes, plans.

Guides Joanne. — Autre éd., *ibid.*, 1908, in-16, 50 p., 12 grav., 2 cartes, 2 plans. Collection des guides Joanne (v. n° **9252**).

9244. — Bertholon (D^r). *Rôle des altitudes dans l'hygiène de la population tunisoise.* — R. T., 1907, p. 155-163.

L'habitation sur les hauteurs constitue un moyen puissant d'acclimatement pour les Européens; les collines environnant Tunis, actuellement dénudées et inhabitées, sont très saines; les doter d'eau.

9245. — Saladin (Henri), architecte S. A. D. G. *Tunis et Kairouan...* — Paris, H. Laurens, 1908, in-8°, 144 p., 110 grav.

Les villes d'art célèbres. — Tunis : résumé historique, description générale, la vie indigène, maisons, palais, mosquées, souks, palais extra-muros. Kairouan : mosquées, maisons, cimetières. An. dans *N. R.*, 1908, t. VI, p. 143; par H. de C., dans *R. Crit.*, 1908, t. LXVI, p. 254; dans *R. G. Sc.*, 1908, p. 838, et 1910, p. 488; dans *Quinz. col.*, 1908, p. 542-543.

9246. — Géniaux (Charles). *Tunis, ville d'expériences sociales.* — R. P. L., 1908, t. IX, p. 124-127.

Le malentendu complet qui règne entre Européens, mahométans et israélites à Tunis, en raison de principes contradictoires qui se trouvent en présence.

9247. — Dolot (Général G.). *Note sur la caserne Saussier.* — R. T., 1908, p. 293-298, 3 phot.

L'ancienne caserne husseïnite réquisitionnée en 1881; comment elle a été transformée et améliorée par le génie français.

9248. — Molina (E.-A. de). *Vers le bleu. Perle d'Orient, Tunis.* — Paris, H. Daragon, 1910, in-16, 105 p., grav., panorama.

Description de Tunis et ses environs; les habitants. An. dans *Quinz. col.*, 1909, p. 903.

9249. — Harry (Myriam) [pseud. de Perrault (Mme)]. *Tunis la Blanche*. — Paris, A. Fayard [1910], in-16, 319 p.

Description détaillée de la ville, des mœurs et des coutumes des habitants. An. dans *R. F. Étr. Col.*, 1911, p. 128; par G. Houbron, dans *Bul. Soc. G. Lille*, 1913, t. LX, p. 234-236.

9250. — Ricard (François). *Les transformations de Tunis sous le protectorat français...* — *Le Tour du Monde*, 1910, p. 529-540, carte, ill.

9251. — Lemanski (D^r). *Tunis l'hiver.* — Tunis, F. Weber, 1911, in-4°, 151 p., ill., cartes.

Ouvrage de propagande en faveur de l'hivernage en Tunisie; indications du climat tunisien; notes sur la vie, les mœurs, description du Sud-Tunisien, principales villes de Tunisie, psychologie de la femme arabe, les chemins de fer tunisiens. An. par le Dr D. Scialom, dans *R. Méd. Hyg. tropic.*, 1911, p. 219.

9252. — *Tunis et ses environs, Le Bardo, Carthage, Korbous, Dougga, Kairouan...* — Paris, Hachette, 1911, in-16, 64 p., 15 grav., 7 plans, 2 cartes.

Collection des Guides-Joanne, publiée sous la direction de Marcel Monmarché. — Autre éd., *ibid.*, 1915, in-16, 64 p., 14 grav., 6 plans, 2 cartes. — Extr. du *Guide d'Algérie* (v. n^os **8979** et **9256**).

9253. — Valensi (J.), Vincent et Conseil (D^r). *La municipalité de Tunis à l'exposition de Gand...* — Tunis, imp. F. Weber [1913], gr. in-8°, 116 p.

Ouvrage spécialement composé pour l'exposition de Gand; détails de toute nature sur Tunis : la ville, climatologie, démographie, religions, administration municipale, enseignement public, voirie, hygiène, état sanitaire, assistance, etc.

9254. — Renault (H.). *A propos d'une pièce d'artillerie en bronze déposée au quartier Forgemol, à Tunis.* — *R. T.*, 1914, p. 319-323, fig.

Détails sur ce bel échantillon de l'industrie florentine du xviie siècle enterré dans le champ de manœuvre du Bardo et provenant vraisemblablement du fort des Andalous.

9255. — Giroud. *Vieux Tunis, nouveau Tunis.* — Tunis, imp. G. Guinle [1919], in-8°, 35 p.

Réédition de notes parues dans *Le Républicain* (avril 1906) concernant l'embellissement de Tunis et qui sont encore d'actualité.

9256. — *Tunis et ses environs, Le Bardo, Carthage, Korbous, Dougga, Sousse, Kairouan.* — Paris, Hachette, 1922, in-16, 64 p., 14 grav., 6 plans, 2 cartes.

Guides Diamant. — Autre éd., *ibid.*, 1927, in-16, 64 p., 15 grav., 6 plans, 2 cartes (v. n° **9252**).

9257. — [Ravelet (A.), directeur du Syndicat d'initiative de Tunis]. *Tunis et la Tunisie.* — Tunis, Imp. rapide [1922], in-16, 63 p., ill., carte.

Autre éd., *ibid.*, s. d., in-16, 70 p., ill., carte. — Renseignements sur la géographie, l'histoire, le Gouvernement, le climat, les principales régions et villes, puisés dans les guides Joanne et Conty et dans les ouvrages de Loth. Cf. *La Tunisie.* Tunis, Imp. rapide [1931], in-8°, 95 p. et annonces, ill., carte, couv. ill. : brochure publiée par la fédération des syndicats d'initiative de Tunis.

9258. — Gandolphe (Marcel). *Un livret-guide sur Tunis en 1883.* — *R. Sect. Tunis.*, 1924, p. 92-103, ill.

Résumé de la brochure illustrée de R. Rocchi, L.-A. Balboni et P. Ayra, *Guide du voyageur dans la ville de Tunis et ses alentours* (Tunis, imp. V. Finzi, 1883), donnant une idée de ce qu'était Tunis au lendemain de l'occupation.

9259. — Dessort (C.-H. Roger). *Histoire de la ville de Tunis,* publiée avec la collaboration de MM. C. Benattar, Chabert, Marcel Gandolphe, Grandsire, Lambispoulos, Ch. Saumagne, etc.... — Alger, imp. É. Pfister, 1924, in-4° oblong, 208 p., pl., ill., plan, carte, couv. ill.

Autre éd., *ibid.*, 1926. — Ouvrage «conçu dans un but essentiel de propagande»; réunion d'articles sur : les origines de Tunis, par C.-H.-R. Dessort; Carthage, porte de Tunis, par Ch. Saumagne; Tunis musulmane, l'expédition de Charles-Quint contre Tunis, la domination turque, la période husseinite, par C.-H.-R. Dessort; les colonies israélites de Tunis, par S. C. Benattar; les Hellènes, par Karalambispoulos, dit Lambis; la vie à Tunis (1840-1881), par Marcel Gandolphe; le Protectorat français, par C.-H.-R. Dessort; l'hôpital Sadiki, par M. Grandsire.

Utique. **9260.** — Hérisson (Maurice d'Irisson, Cte d'). *Relation d'une mission archéologique en Tunisie...* — Paris, Soc. an. de public. périod., 1881, in-4°, 289 p., 9 pl., croq., carte.

Situation d'Utique, port de guerre de premier ordre à l'époque phénicienne; son emplacement, son histoire, sa destruction par les musulmans; journal des fouilles; bibliographie.

Zaghouan. **9261.** — Duraffourg (V.), lieut^t au 92e de ligne. *Notice sur la Tunisie; reconnaissance du territoire compris entre El-Meghran, Sidi Ben-Hamida et Djebebina.* — Bul. Soc. G. Lille, 1882, p. 219-234, carte.

Reconnaissance des environs de Zaghouan, effectuée en mars 1882; orographie, hydrographie, climat, populations, productions du sol, agriculture, industrie, organisation politique, impôts; levé à 1/100.000^e de la région.

9262. — Boyé (Lieut^t Marius). *Le massif du Zaghouan, description de La Goulette, Tunis, Manouba, Mohamédia, Zaghouan, Battria, Hammamet, Nebeul, etc....* — Bul. Soc. G. Toulouse, 1883, p. 505-521, 586-614, pl.

L'auteur appartenait au 4e chass. d'Af. envoyé d'Algérie en Tunisie en juin 1882; description des régions traversées, notes sur les habitants et leurs mœurs; indications sur les différentes unités que le rég^t rencontra, releva ou accompagna; quelques renseignements archéologiques.

9263. — La Blanchère (R. de). *Renseignements sur le pays et les ruines entre Zaghouan, Djebibina et Sousse...* — Bul. Arch., 1888, p. 466-472.

9264. — *Annuaire du caïdat de Zaghouan,* année 1906. — Tunis, Imp. de l'ass. ouvrière, 1906, in-8°, 83 p., pl.

Publié par P. Ducroquet. Actes officiels et renseignements divers sur le caïdat : aperçu géographique, population, géologie, Travaux publics, reboisement, voies de communication, propriétés rurales, etc. Cet annuaire fut continué (Tunis, imp. A. Fouquet) en 1907 (in-16, 112 p., ill.) : la mine de Zaghouan, par P. D. [Ducroquet], l'aqueduc de Zaghouan, par Georges Houette, etc.; en 1908 (in-16, 96 p.) : les eaux de Zaghouan, dénombrement de la population, les manœuvres militaires de 1907, l'occupation de Zaghouan en 1881, etc.; en 1909 : note sur les sauterelles, sur Si Tahar Ladjimi, caïd de Zaghouan (1897-1899); le retour du Maroc de la 9e c^ie du 4e Trailleurs, etc.

9265. — LEWAL (Capitaine J.), commandant supérieur du cercle de Souk-Ahras. *Recherches sur le champ de bataille de Zama.* — *R. Af.*, 1858, t. II, p. 111-123.

Étude faite sur les lieux des divers documents relatifs à la bataille de Zama; hypothèses sur les emplacements occupés par les armées et la conduite des opérations.

9266. — DESJARDINS (E.). *Zama. Si Amor Djedidi.* — *Ac. Inscr. B.-Lettres, C. R.*, 1884, t. XI, p. 96-98.

Séance du 30 mars 1883. Inscription relative à la colonie de Zama, trouvée à Si Amor Djedidi; nécessité de concilier, avec les itinéraires, cet emplacement présumé du champ de bataille. Cf. *ibid.*, p. 21-23, 144, 175; *C. R. Soc. G. Paris*, 1883, p. 186.

9267. — TISSOT (Ch.). *L'inscription de Sidi-Amor Djedidi* (Colonia Zamensis)... — *Ac. Inscr. B.-Lettres, C. R.*, 1884, t. XI, p. 203-210.

Séance du 20 avril 1883. Possibilité de situer en ce lieu la bataille de Zama (v. n° **9266**). Cf. du même, *Deuxième rapport... sur l'inscription de Sidi Amor Djedidi* (Colonia Zamensis)... Paris, Imp. nat., 1883, in-8°, 10 p., pl. (*Arch. missions scient. litt.*, 1883, t. X) : «Sidi Amor Djedidi représente une des deux Zama».

9268. — HÉRON DE VILLEFOSSE (Ant.). *Découverte d'une nouvelle ville de Zama en Afrique...* — *Ac. Inscr. B.-Lettres, C. R.*, 1885, t. XII, p. 339-343.

Séance du 18 juillet 1884. Contribution par M. Letaille à la recherche du champ de bataille de Zama; inscriptions retrouvées au village de Djiamâa.

9269. — BRUNON (Général). *Recherches sur le champ de bataille de Zama...* — Montpellier, imp. Ch. Boehm, 1887, in-8°, 23 p., carte.

Bul. Soc. languedoc. G., 1887, p. 141-159, carte. — Recherches faites sur place, permettant à l'auteur de suivre les armées d'Annibal et de Scipion l'Africain depuis leur débarquement jusqu'au champ de bataille, qui serait situé au sud-est de Sidi-Youssef.

9270. — Winkler (Capitaine A.). *Bataille de Zama (19 octobre 202 avant notre ère).* — Bul. Soc. G. Arch. Oran, 1894, p. 17-46, carte.

Recherche de l'endroit où cette bataille s'est livrée, documents nécessaires à l'étude de cet emplacement, critique de ceux-ci.

9271. — Winkler (Capitaine A.). *Notes et indications sur des études et recherches à faire entre Assuras et Aquae regiae par Zama regia et Uzappa (Tunisie centrale).* — Bul. Soc. G. Arch. Oran, 1894, p. 341-360, carte.

Étude destinée à faciliter les recherches sur le terrain à propos de l'emplacement de la bataille de Zama.

9272. — Winkler (A.). *Encore la question de Zama... et les voies antiques du massif central tunisien, d'après les dernières découvertes.* — R. T., 1907, p. 93-102, 280-291, croq.

Cf. Canal (Joseph), *La bataille de Zama, recherches sur son emplacement.* Tunis, Imp. rapide, 1913, in-8°, 15 p., croq. (R. T., 1913, p. 417-429, croq.); Renault (H.), *Encore un mot au sujet de Zama.* R. T., 1914, p. 46-47.

9273. — Merlin (A.). *Où s'est livrée la «bataille de Zama»?* — J. savants, 1912, p. 504-514.

Exposé de la thèse du capitaine J. Veith parue dans le 2ᵉ part. du t. III de l'ouvrage de J. Kromayer, *Antike Schlachtfelder... Bausteine zu einer antiken Kriegsgeschichte...* Berlin, Weidmann, 1912; discussion de cette thèse. An. dans R. T., 1913, p. 490-492. Cf. Ac. Inscr. B.-Lettres, C. R., 1912, p. 417.

9274. — Howard (E.-C.). *Note sur l'emplacement du champ de bataille de «Zama».* — Bul. Soc. G. Alger, 1922, p. 722.

Hypothèse situant Zama dans la plaine à 20 km. environ à l'est du Kef. Reproduit dans R. T., 1923, p. 93-94.

Zarzis.

9275. — Du Breil de Pontbriand, officier des Affaires indigènes. *Le port de l'antique Gergis et la légende de la rivière d'huile...* — Bul. Arch., 1906, p. 251-252.

Cf. ibid., p. ccvii-ccviii.

9276. — MENOUILLARD (H.), ancien officier interprète. *Zarzis, monographie du territoire des Accaras...* Notes posthumes réunies et publiées par les soins de M. Lépiney... — *Bul. Dir. agr., com. col. Tunis,* 1912, p. 96-121, 150-168, 4 phot.

Situation et limites, relief du sol, ressources hydrauliques, climatologie, administration, impôts, origine des Accara et du nom de Zarzis, traces de l'occupation romaine, caractère et mœurs des Accara, sectes religieuses, produits du sol et de la mer, élevage, voies de communication. An. par G. Yver, dans *Ann. G., Bibl.,* 1913, p. 227.

CHAPITRE II.

BIOGRAPHIES.

A. OUVRAGES RENFERMANT DES BIOGRAPHIES DE PERSONNAGES DIFFÉRENTS.

9277. — HENRIQUE (Louis). *Nos contemporains, galerie coloniale et diplomatique*... — Paris, May et Motteroz, mars 1896-1897, 2 vol. in-8°, IX-128 et V-131 p., portr.

Biographies sommaires des hommes qui « pendant ces dernières années, ont servi d'une manière quelconque la cause coloniale » : Gabriel Hanotaux, Eug. Étienne, de Lanessan, Le Myre de Vilers, Laroche, Marcel Saint-Germain, Jules Herbette, René Millet, Tirman, Paul Révoil, etc.

9278. — WIRTH (Joseph). *Les gloires militaires de l'Alsace. Les Alsaciens sous les drapeaux français, biographies et récits militaires, traits de bravoure et de patriotisme.* — Paris, Soc. franç. d'impression et de libr. [1899], in-4°, 320 p., grav.

Participation des Alsaciens aux guerres d'Algérie et à l'expédition de Tunisie (p. 11-12, 136-151) : organisation du 1er chas. d'Af. par le colonel de Schauenbourg, noms des Alsaciens cités de 1830 à 1845; en Tunisie, le contre-amiral Conrad, les généraux Caillot, Ritter, etc.

9279. — *Les généraux de l'armée française.* — Paris, Charles-Lavauzelle, 1904, in-8°, VII-925 p.

Brèves biographies des généraux en activité de 1902 à 1904 pour lesquelles ont été utilisées les notices parues dans la *France militaire*. Généraux ayant servi en Afrique du Nord : Amourel (M.-F.-G.-T.), Andry (F.-A.), Armagnac (I.-G.-G. d'), Avon (M.-L.-A.), Babin (L.-M.-E.), Bailloud (M.-C.), Balan (G.-J.-G.-E.), Barbé (G.-N.), Barry (M.-E.-E.), Bassot (J.-A.-L.), Baudens (M.-M.-A.-L.), Bazaine-Hayter (G.-A.), Beaugier (F.-A.), Bellegarde (M.-L. de), Benoist (A.-M.-P. de), Berthier (J.-G.), Bertrand (P.-F.-L.-V.), Besson (M.-L.), Billot (J.-B.), Billy (G.-G.-M. Poterat de), Bizot (B.-A.), Blancq (M.-A.-E.), Boisdeffre (Le Mouton de), Bolgert (E.), Bonnal (G.-A.-B.-E.-H.), Bosc (C.-G.-G.), Bouic (J.-F.-M.-T.-J.), Broissia (M.-C.-E.-A. de Froissard, Mis de), Brugère (H.-J.), Bruneau (J.-P.-H.-P.), Brunet (J.-B.-L.),

Burnez (P.-M.), Calvel (H.-E.), Carette (L.-G.-E.), Castay (K.), Castex (H.-C.), Cauchemez (A.-C.), Cauvin (J.-B.-L.), Caze (M.-J.-L.-A.), Chalendar (F. de), Charbonnier (P.-F.), Chauvenet (A.-M. de), Cheroutre (H.-J.), Choquet (F.-N.), Cléric (A.-L.-E. de), Cornille (C.-A.), Coupillaud (A.-C.), Courbebaisse (P.-A.-H.), Courson de La Villeneuve (A.-E.-M. de), Cremer (H.), Croutte de Saint-Martin (L.-J.-A. Lagroy de), Cuny (O.-A.-A.-E.), Dalstein (J.-B.-J.), Daudignac (E.), Deckherr (H.-A.), Delanne (A.-L.-A.), Delanneau (P.-L.), Delavallée (E.-T.), Delor (M.-L.), Dessirier (J.-E.), Donop (R.-M.), Duchesne (J.-C.-R.-A.), Dupuy (J.-R.), Durand (L.-Ch.-E.), Entraigues (J.-C.-A. d'), Fabre (H.-J.), Fabre (P.-E.), Farny (C.-A.), Faure (J.-E.-A.-G.), Faure-Biguet (P.-V.), Ferron (A.-L.-J. de), Ferron (H.-C.-A. de), Forsanz (H.-F.-M. de), France (R.-M. de), Gauthier (E.-F.-M.), Gautrot (L.-V.-A.), Germiny (H.-M.-G.-A. Le Bègue de), Geslin de Bourgogne (Y.-M.-C. de), Gilardoni (H.-F.), Gillain (O.-V.-E.), Gillet (O.-G.-A.), Girardin (J.-M.-E. de), Girard-Pinsonnière (F.-G.), Gœtschy (P.-H.), Goiran (F.-L.-A.), Gonse (C.-A.), Grasset (M.-L.-A.), Grisot (P.-A.), Guillet (G.-E.), Guinot (G.-L.), Hagron (A.-A.-R.), Halter (M.-E.), Hartschmidt (A.), Heimburger (P.-A.), Hélouis (E.-A.-W.), Herson (L.-C.), Humbel (V.), Hürstel (M.-E.), Ivoley (J.-G. d'), Jacquelot du Boisrouvray (R.-Y.-M. de), Jannot (E.), Jeannerod (G.-F.-J.), Jolly (D.-A.), Joly (A.), Jourdy (E.), Kerdrel (R.-C.-M. Audren de), Kolb (P.-A.-V.), Konne (J.-F.-J.), Laborie de Labatut (R.-A.-E. de), La Bégassière (A.-V.-M. Dubouays de), La Blache (F.-M.-C.-V. Vidal de), La Celle (A.-L. de), Lachasse (A.-A.), Lachouque (M.-G -H.), Lacroix (H. de), La Füye (G.-A. Allotte de), La Geneste (F.-L.-A. de), Lamiraux (F.-G.), Lamothe (L.-J.-B. de), Lanes (H.-J.-M.-B.), Lanouvelle (G. Veau de), Lapérouse (L.-R. Dalmas de), Laplace (P.), La Pommeraye (R.-G.-A. Texier de), La Rivière (P.-L.-S. Coustis de), Larnac (M.-C.-V.-A.), Larrivet (L.), Larrivet (P.), Lastours (A.-M.-J. Dor de), La Tour (A.-H.-M. de Valentin de), Laude (C.-E.), Laurent (P.-G.), Laval (A.-M.-A.), Lavergne (A.), Lebrun (N.-A.), Le Joindre (C.-E.), Lelong (Michel), Lelorrain (R.-G.), Lesne (J.-E.-F.), Lestapis (A.-F. de), Lestapis (A.-G. de), Libermann (M.-L.-P.), Lucas (L.-E.-G.), Luxer (H.-D.-C. de), Luzeux (A.-F.), Lyautey (L.-H.-G.), Maggiolo (P.-H.-E.), Malafosse (F.-F.-V.), Mansuy (H.-H.), Marchand (A.-P.), Marga (A.-A.), Marion (C.-L.-R.), Marmier (M.-A.-G.), Marsaa (E.-A.-L.), Martin (E.), Mas Latrie (J.-M.-A. de), Mathis (M.-C.-E.), Maux (J.-M.), Mayniel (R.-E.-M.), Méert (A.-A.-A.), Ménestrel (D.-F.), Meneust (H.), Metzinger (L.-F.-H.), Meunier (V.-J.-A.), Mibielle (H.-F.-L. de), Michaud (G.-E.), Michel (J.), Mierry (E.-A.-L. Martin Gallevier de), Millet (C.-F.), Moinier (J.-F.), Monard (J. de), Monnot (A.-P.-A.), Montagne (A.-J.-L.), Morel (J.-F.-L.), Morlaincourt (E.-C.-M. Boucher de), Mortagne (L.-E.), Mounier (L.-L.), Naquet-Laroque (S.-P.), Négrier (F.-O. de), Nicolas (J.), Noellat (V.), Nussard (C.-A.-F.), O'Connor (F.-M.), Orcel (J.-M.), Oudard (J.-A.-C.), Oudri (E.), Palle (M.-A.), Pamard (E.-A.-A.), Papuchon (A.), Passerieu (A.-C.-J.-J.), Pau (P.-M.-C.-G.), Péchalvès (H. de Pourquery de), Pédoya (J.-M.-G.), Peigné (P.), Pelecier (A.-C.-L.), Pelous (F.-G.-A.), Pendezec (J.-M.-T.), Penel (F.), Périni (M.-J.-F.-E. Hardy de), Perreaux (C.-G.), Philebert (C.), Picard (J.-A.), Pierron (E.), Pillière (J.-F.-L.), Pillon (T.-C.-M.), Pistor (A.-F.-E.), Plagnol (F.-M.-L.), Pognard (J.-C.-J.), Poulléau (E.-J.-C.), Privat (M.-L.), Prot (E.-N.), Prudhomme (L.), Prunget (E.), Rambaud (M.-L.-D.-L.), Ramotowski (L.-T.), Rau (F.-P.-S.), Rebora (L.), Régnery (G.), Renard (P.-G.), Renouard de Sainte-Croix (L.-F.-R. de), Révérard (E.-C.-L.), Richard (J.-C.-F.), Risbourg (H.-P.-C.-B.),

Robert (V.), Roché (E.-T.-A.), Roget (G.), Roidot (J.-M.-P.-A.), Rollet (L.-P.-F.), Rouvray (G.-C.-A.), Roux (E.-G.-G.), Rungs (C.-P.-H.), Ryckebusch (C.), Saint-Julien (H.-F.-M. de), Salignac-Fénelon (M.-B.-H.-A. de), Samary (E.-J.), Sancy de Rolland (J.-C. Le Loup de), Saussier (F.-G.), Schewaebel (E.-J.), Servière (A.-T.), Sesmaisons (F.-J.-L.-M. de), Sonnois (J.-E.-A.), Souhart (G.-B.), Soyer (L.-L.-F.), Soyer (Albert), Sucillon (H.-G.-J.), Tanchot (L.), Taradel (A.-B. Gay de), Terrillon (S.-M.-R.), Tétard (C.-G.), Torcy (L.-J.-G. de), Torel (E.), Tournier (M.-C.-J.), Treymüller (L.-A.), Valuy (E.), Vergennes (H.-J.-P. Gravier de), Vieillard (E.-A.), Vilar (C.-J.), Villa (D.), Ville (A.-C.-P.-G. de), Villien (L.-F.), Villiers (M.-A.), Vimard (C.-H.), Warion (A.-C.-E.), Zurlinden (E.-A.-F.-T.).

9280. — *La mort du bey. Le nouveau bey.* — *Bul. Com. A. F.,* 1906, p. 130.

Quelques lignes sur Mohamed el Hadi et sur son successeur Mohamed en Naceur. Cf. *La mort du bey de Tunis. Quinz. col.,* 1906, p. 261.

9281. — *Nécrologie.* — *Bul. Soc. G. Paris,* 1906, t. XIII, p. 77-78.

Courtes notices concernant les généraux d'Abzac (M.-C.-V.), en Algérie (1856-1859, 1864-1870), et O'Connor (F.-M.), en Algérie (1890-1896, 1900-1904), en Tunisie (1881-1882, 1885).

9282. — LAMBERT (Paul). *Choses et gens de Tunisie. Dictionnaire illustré de la Tunisie...* — Tunis, C. Saliba aîné, 1912, gr. in-8°, xvi-446 p., 420 portr., carte.

Par ordre alphabétique, renseignements les plus importants concernant l'origine, l'histoire, la géographie, l'organisation, les exploitations agricoles et minières, les mœurs, coutumes, etc. de la Tunisie; environ 1300 biographies, 750 notices sur des localités, 250 explications de termes arabes ou tunisiens, etc.

9283. — LAMBERT (Paul). *Nos corps élus : Conseil supérieur du Gouvernement, Conférence consultative, Chambre de commerce de Tunis, Chambre d'agriculture du Nord, Chambre de commerce de Bizerte, Chambre mixte du Centre, Chambre mixte du Sud.* — Tunis, toutes les librairies [1913], in-8°, 180 p., pl., portr.

Protectorat français. Régence de Tunis. — Notices biographiques et portraits des hauts fonctionnaires de la Résidence (Stephen Pichon, Gabriel Alapetite, général Pistor, J.-B.-B. Roy, G.-L.-C.-C. Dubourdieu, Lucien Michaux, etc.) et des membres composant les **assemblées élues;** notices sur ces assemblées.

9284. — CANAL (J.). *La dénomination des rues de Tunis...* — R. T., 1918, p. 239-240.

Résumé de causeries biographiques (6 et 16 mars) sur différents personnages qui ont donné leur nom à des rues de Tunis : Le Vacher, Mathieu de Lesseps, François Bourgade, Marcescheau, Léon Roches.

B. BIOGRAPHIES INDIVIDUELLES.

9285. — DAUX (A.), ingénieur au service du bey. *Achmed-pacha, bey de Tunis, et des réformes récentes qu'il a faites dans l'administration de ses états.* — R. Or. Alg. Col., 1848, t. IV, p. 342-361.

Ahmed ben Mostefa ben Mahmoud.

Réformes entreprises par Ahmed Bey depuis son avènement au trône (1837), en particulier dans l'organisation militaire de la Régence; effectif des nouvelles forces militaires, solde et organisation.

9286. — ZEYS (Paul). *Le règne de Si-Ali bey de Tunis. Vingt ans de protectorat en Tunisie.* — Bul. R. Ét. A., 1902, p. 219-227.

Ali ben Hassen ben Mahmoud.

Le règne de Ali Bey, de 1882 à 1902, pendant lequel furent réalisées les réformes administratives, judiciaires et financières que le Gouvernement français avait jugées utiles; l'organisation de la Tunisie, le Bey, le Résident général, l'administration.

9287. — *Mort du bey de Tunis.* — R. C. M., 1902, p. 663.

Court article nécrologique du bey Ali ben Hassen ben Mahmoud; son rôle en 1881 et en 1883.

9288. — *Nos morts. Le général Allegro.* — Bul. Com. A. F., 1906, p. 271.

Allegro.

Notice biographique sur le général Allegro (nommé général de division par le bey de Tunis en 1889); son rôle comme commandant du goum qui, en 1881 et en 1882, précéda la colonne Logerot.

9289. — *M. le général de division Amourel.* — R. Art., 1908, t. LXXII, p. 424-425.

Amourel.

Notice nécrologique résumant ses états de service, en Algérie : 1880 et 1881; en Tunisie : 1881.

Baquet.
9290. — *Le général de division Baquet.* — *R. Art.*, 1924, t. XCIII, p. 199-200, portr.

> Notice nécrologique résumant ses états de service; en Tunisie : 1881-1882, comme lieut^t au 13°, puis au 10° d'art^{ie}.

Aragonès d'Orcet.
9291. — Aragonnès d'Orcet (Général Vte). *Froeschwiller, Sedan et la Commune, racontés par un témoin. Lettres et souvenirs...* publiés avec une notice biographique et des notes par L. Le Pelétier d'Aunay. — Paris, Perrin, 1910, in-16, viii-319 p., portr., grav., cartes.

> Dans la seconde part. (p. 257-316), lettres d'Algérie et de Tunisie où l'auteur servit comme lieut^t-colonel au 4° chass. d'Af. de 1881 à 1884. An. par E.-D. [Driault], dans *R. Historiq.*, 1911, t. CVI, p. 192.

Barthélemy Saint-Hilaire.
9292. — Picot (Georges). *Barthélemy Saint-Hilaire, notice historique lue en séance publique le 3 décembre 1898...* — Paris, Hachette, 1899, in-12, 88 p.

> *Institut de France.* — Notice biographique détaillée; son action en 1880-1881 comme ministre des Affaires étrangères, dans l'expédition de Tunisie.

Bel Khodja (Ahmed).
9293. — *Sidi Ahmed bel Khodja, cheikh-el-Islam de la Régence, chef de l'Université musulmane de Tunis.* — Tunis, imp. L. Nicolas, 1896, in-8°, 6 p.

> *R. T.*, 1896, p. 484-487. — Notice nécrologique provenant du journal arabe *El-Hadira*.

Benaïad.
9294. — *Notice sur le général Benaïad, sa famille et son administration à Tunis.* — Paris, imp. Cosson, 1853, in-8°, 23 p.

> Autre éd. (réimpr.), *ibid.*, Paris, imp. P. Dupont, 1875, in-8°, 28 p. — Le général Mahmoud Benaïad, naturalisé français, présente à ses nouveaux concitoyens et à l'opinion tunisienne, sa justification de l'accusation d'avoir été un ministre concussionnaire et un «aventurier avide et spoliateur».

Bertholon.
9295. — *Docteur Bertholon, de Tunis.* — *Bul. Soc. G. Arch. Oran*, 1914, p. 479-480.

Article nécrologique; médecin militaire de 1877 à 1890, prit part à la campagne de Tunisie, 1881-1882; aperçu de ses travaux sur l'ethnographie et l'anthropologie de la Tunisie.

9296. — J. M. *Le docteur Bertholon.* — *Rec. Soc. Arch. Const.*, 1914, p. 300-302.

Article nécrologique; sa carrière militaire en Tunisie au 4° zouaves, ses travaux et ses œuvres.

9297. — CHANTRE (Ernest). *Le docteur L. Bertholon (1854-1914), sa vie et ses œuvres.* — Tunis, Imp. rapide, 1915, 22 p., portr.

R. T., 1915, p. 3-22. — Article nécrologique concernant le Dr Bertholon, détaché aux ambulances de Tunisie (1882-1883), puis médecin-major de 2° cl. au 4° zouaves (1884-1890); démissionne en 1890, se fixe en Tunisie, crée en 1894 la *Revue Tunisienne* et publie de nombreux travaux sur ce pays et sur l'Afrique du Nord; liste et analyse de ces travaux. Cf. Dr L. Carton, *Bertholon et l'Institut de Carthage. Ibid.,* p. 23-28.

9298. — *Le général Besset.* — *R. C.,* 1911, t. II, p. 606-609, portr.

Besset.

Notice nécrologique résumant l'état de ses service; en Afrique : 1879-1880; en Tunisie : 1882-1883, 1884-1885.

9299. — *Le général Béziat.* — *R. Gén.,* 1902, t. XXIII, p. 389-393.

Béziat.

Discours prononce à aux obsèques par le général Carette et résumant ses états de service : en Algérie : 1851-1852; commandant le génie du corps d'occupation de Tunisie, 1883, puis commandant supérieur du génie en Algérie, tout en conservant le commandement du génie en Tunisie, 1883-1884.

9300. — *Le général Bonnet.* — *R. C. M.,* 1888, p. 727.

Bonnet.

Courte notice nécrologique; en Tunisie (1881), comme colonel du 40° d'inf^{ie}.

9301. — CAGNAT (R.). [*Éloge funèbre du commandant Bordier.*] — *Bul. Arch.,* 1922, p. LX.

Bordier.

Boulanger. **9302.** — [GRISON (Georges)]. Un curieux. *Le dossier du général Boulanger...* — Paris, Libr. illustrée [1887], in-18, III-456 p., fig., pl. en coul.

> 1re éd. de l'ouvrage suivant.

9303. — GRISON (Georges). *Le général Boulanger jugé par ses partisans et ses adversaires (janvier 1886-mars 1888).* Nouv. éd... — Paris, Libr. illustrée [1888], in-18, IV-567 p., fig., pl. en coul., couv. ill.

9304. — CHINCHOLLE (Charles). *Le général Boulanger...* — Paris, A. Savine, 1889, in-18, 442 p.

> Ne concerne que le rôle politique du général.

9305. — LOLIÉE (Frédéric). *Le général Boulanger.* — *N. R.*, 1891, t. LXXI, p. 837-841.

> Notice nécrologique résumant ses états de service et rappelant « ses démêlés avec les autorités civiles de la Tunisie ».

Bourde. **9306.** — ANTONELLI (Étienne), député. *En l'honneur de Paul Bourde.* — *Ann. Col.*, 1er juin 1926.

> L'œuvre en Tunisie de P. Bourde, directeur de l'agriculture ; ses idées sur l'exploitation du sol tunisien et la culture de l'olivier, tirées des leçons du passé.

9307. — MILLE (Pierre). *Un saint colonial.* — *R. P.*, 1926, t. II, p. 796-826.

> Biographie de Paul Bourde « saint laïque, incroyant et colonial » ou du moins « un héros civilisateur » ; son rôle dans la Tunisie méridionale notamment. An. dans *R. H. Col. Fr.*, 1926, p. 298-299 ; dans *Bul. Soc. G. Paris*, 1926, t. XLVI, p. 269.

9308. — CHEVALIER (Auguste). *Paul Bourde et l'agriculture coloniale.* — *R. bot. agr. col.*, 1926, p. 529-541, 613-628, portr.

> La vie de Paul Bourde, ses œuvres en Tunisie, son influence sur l'agriculture tropicale, son intervention en faveur de l'agriculture indigène. An. par J. Offner, dans *Bibl. g.*, 1927, p. 138-139.

9309. — ALLEMAND-MARTIN (A.). *L'œuvre de Paul Bourde en Tunisie.* — Lyon Col., 1926, p. 121-124.

9310. — GABENT (Abbé Paul). *Un oublié : l'abbé Bourgade, missionnaire apostolique, premier aumônier de la chapelle royale de Saint-Louis de Carthage, 1806-1866.* — Auch, Imp. centrale, 1905, in-8°, VII-77 p., portr.   Bourgade

Biographie détaillée; l'abbé Bourgade venu en Algérie en 1838, passe à Tunis en 1840; ses œuvres à Tunis, ses ouvrages (v. n° **9367**).

9311. — VASSEL (Eusèbe). *Un précurseur, l'abbé François Bourgade.* — Tunis, Imp. rapide, 1909, in-8°, 11 p.

R. T., 1909, p. 107-115. — Arrivé à Tunis en 1841, dote la Tunisie de son premier hôpital depuis les Espagnols, de son premier collège, de sa première presse, de son premier embryon de musée, de sa première société savante. An. par Héron de Villefosse, dans *Ac. Inscr. B.-Lettres, C. R.*, 1909, p. 393. Cf. Yvonne Abria, *Quelques documents inédits sur l'abbé François Bourgade (1806-1866). R. T.*, 1918, p. 321-327, portr., fac-similé.

9312. — LACROIX (Désiré). *Le général de Brem...* — *Moniteur de l'Armée*, 16 oct. 1881.   Brem (de).

Article nécrologique sur le général de Brem (1821-1881) : en Algérie de 1844 à 1848; commandant la 3ᵉ brigade de la colonne du Sud pendant la première expédition de Tunisie (1881).

9313. — FONCLARE (Commandant de). *Un soldat. Le lieutenant Burtin (1874-1905). Alpes-Vosges-Tunisie-Mandchourie...* — Paris. R. Chapelot, 1907, in-8°, VIII-253 p., portr.   Burtin.

Portrait biographique; nombreuses lettres extraites de la correspondance échangée entre le lieut^t, ses chefs et ses camarades; étapes de sa carrière, en particulier (p. 69-97) son séjour au 4ᵉ Tirailleurs (1902-1904), ses remarquables qualités militaires; sa mort héroïque en Mandchourie (10 janvier 1905); son souvenir au 4ᵉ Tirailleurs.

9314. — *M. le général de division de Cabanel, baron de Sermet.* — *R. Art.*, 1909, t. LXXV, p. 390-393.   Cabanel de Sermet (de)

Notice nécrologique résumant ses états de service, commande la division d'occupation de Tunisie de 1898 à 1899.

Cambon (P.) **9315.** — JULIEN (Mgr E.-L.). *Notice sur la vie et les travaux de M. Paul Cambon (1843-1924)...* — Paris, typ. Firmin-Didot, 1926, in-4°, 50 p., portr.

Académie des sciences morales et politiques. — Notice lue à la séance du 27 nov. 1926. Premiers rapports de Paul Cambon avec l'abbé Lavigerie; Gambetta le choisit comme résident général à Tunis, problèmes à résoudre, difficultés avec les colons et avec l'armée, le conflit avec Boulanger; son rôle comme ambassadeur à Londres, l'affaire marocaine.

Carrié. **9316.** — *M. le général de brigade Carrié.* — R. Art., 1912, t. LXXX, p. 135-136.

Notice nécrologique résumant ses états de service; en Algérie : 1876-1884, commande la 2ᵉ bⁱᵉ de montagne du 16ᵉ pendant l'expédition de Tunisie (avril-juillet 1881).

Carton. **9317.** — CARTON (Dʳ L.). *Ouvrages au 1ᵉʳ juillet 1920 de M. le Dʳ L. Carton.* — S. l. n. d., in-8°, 8 p.

9318. — CANAL (J.). *Le docteur Carton.* — R. T., 1925, p. 284-286.

Notice nécrologique; venu en Tunisie comme aide-major (1888), médecin-major chef de service au 4ᵉ Tirailleurs, à Sousse (1902); son activité et ses nombreux travaux sur la Tunisie. Cf. *R. Sect. Tunis.*, 1925-1926, p. 148-151, phot.

9319. — DESCHAMPS DE PAS (Justin). *A la mémoire du docteur L. Carton (1861-1924)...* — Tunis, imp. A. Guénard, 1927, in-8°, 38 p., portr., ill.

Biographie du Dʳ Carton, sa carrière militaire, sa lutte pour la sauvegarde de Carthage, son œuvre; liste de ses ouvrages.

Castay. **9320.** — *Le général Castay.* — R. Gén., 1911, t. XLI, p. 447-449.

Notice nécrologique résumant l'état de ses services; en Algérie : 1866, 1882-1884; en Tunisie : comme chef de batᵒⁿ, 1884-1886, puis comme colonel directeur du génie à Tunis, 1894-1896.

9321. — *Le colonel de Cléric.* — R. C., 1898, t. XXVI, p. 749. Cléric (de),

Notice nécrologique indiquant ses états de service; en Tunisie : 1882-1883, capitaine au 8ᵉ dragons, puis chef d'esc^{ons} au 9ᵉ hussards.

9322. — R. *Le médecin-major de 1re classe Conor.* — Cad., 1914, p. 108-109. Conor.

Notice nécrologique du Dʳ Alfred Conor; ses travaux.

9323. — E. C. *Nécrologie, le docteur Alfred Conor.* — *Tunisie méd.*, 1914, p. 128-129, portr.

9324. — Rieux, médecin-major de 1re cl. *Le médecin-major de 1re classe Conor.* — *Arch. Méd. Pharm. Mil.*, 1914, p. 668-670,

Extr. du discours prononcé par l'auteur aux obsèques du médecin-major Conor, chef du laboratoire de bactériologie de l'hôpital militaire du Belvédère, sous-directeur de l'Institut Pasteur de Tunis.

9325. — *Nécrologie. Le docteur Conor...* — R. T., 1914, p. 307-308.

Relevé de l'état des services du médecin-major de 1re cl., sous-directeur de l'Institut Pasteur de Tunis.

9326. — Nicolle (Charles). *A. Conor (1870-1914).* — *Arch. Inst. Pasteur Tunis*, 1914, p. 62, portr.

Court article nécrologique consacré au médecin-major de 1re cl., sous-directeur de l'Institut Pasteur de Tunis depuis 1909, chef du laboratoire de bactériologie de l'hôpital militaire de Tunis.

9327. — *Le général Dalstein.* — R. Gén., 1923, t. LIII, Dalstein p. 547-548.

Brève notice nécrologique résumant ses états de service; en Algérie : 1871-1875, 1878-1883, 1884-1886; courts séjours en Tunisie : 1881.

9328. — *Le général Demassieux.* — R. Gén., 1902, t. XXIV, Demassieux. p. 456-459.

Notice nécrologique résumant ses états de service; en Algérie : 1881-1887, 1890-1900; en Tunisie : 1887-1890, comme chef du génie à Tunis.

Dolot. **9329.** — *Le général Dolot.* — *Bul. Soc. G. Com. Paris*, 1924, p. 357.

Article nécrologique; la carrière du général Dolot passée presque toute entière en Tunisie; chef du génie à Tunis de 1890 à 1900, puis directeur du génie, enfin gouverneur militaire de Tunis pendant la guerre; les travaux qu'il fit exécuter en Tunisie : casernements et batteries. Cf. *Décès de M. le général Dolot. R. Sect. Tunis.,* 1924, p. 159-161, portr.

9330. — *Le général Dolot.* — *R. Gén.*, 1924, t. LV, p. 542-543.

Notice nécrologique résumant ses états de service; en Algérie : 1872; en Tunisie : 1890-1909, 1914-1917. Cf. Canal (J.), *Décès du général Dolot. R. T.*, 1925, p. 281-282.

Driant. **9331.** — JOLLIVET (Gaston). *Le colonel Driant.* — Paris, Delagrave, 1918, in-12, 264 p., fac.-similé, portr.

8ᵉ éd., 1919, *ibid.* — La vie et l'œuvre du colonel Driant; ses séjours en Tunisie auprès du g^{al} Boulanger et au 4ᵉ zouaves (1883-1886, 1888-1892, 1896-1898).

Duveyrier. **9332.** — MASQUERAY (E.). *Henri Duveyrier.* — *Bul. Com. A. F.,* 1892, VII, p. 17-19.

Notice nécrologique. Cf. *ibid.,* V, p. 24-25.

Farre. **9333.** — COSSERON DE VILLENOISY (Général). *Le général Farre.* — *R. Gén.*, 1887, p. 267-280, portr.

Biographie détaillée : en Algérie : 1853-1859, puis commandant supérieur du génie (1872-1875); ministre de la Guerre (1879-1881), lors de l'expédition de Tunisie. Cf. *Sp. Mil.*, 1887, t. XXXVII, p. 181-182 : extr. du discours du général Lallemand prononcé aux obsèques du général Farre.

9334. — *Nécrologie. Le général de division Farre.* — *R. C. M.,* 1887, 1ᵉʳ sem., p. 321-322.

Courte notice résumant ses états de service; en Algérie de 1853 à 1859 et de 1872 à 1875 (commandant supérieur du génie, puis inspecteur général); ministre de la Guerre du 28 déc. 1879 au 14 nov. 1881.

9335. — M. *le général de brigade Faure.* — *R. Art.*, 1907, t. LXXI, p. 191-192.   Faure.

Notice nécrologique résumant ses services; en Tunisie : 1881-1882, commande une b^{ie} du 16° d'art^{ie} pendant l'expédition.

9336. — MILES. *Silhouettes de guerre. Le général Fayolle.* — *Cor.*, 1918, t. CCLXXI, p. 998-1028.   Fayolle.

Biographie détaillée concernant notamment son rôle pendant la grande guerre; mentionne sa participation à l'expédition de 1881 (v. n° **9337**).

9337. — BORDEAUX (Henry). *Le maréchal Fayolle.* — Paris, G. Crès, 1921, in-16, 127 p.

Les grands hommes de la guerre 1914-1918. — Concerne surtout son rôle pendant la grande guerre; sa participation, comme lieutenant au 16° d'artillerie, à la campagne de Tunisie en 1881. Emprunts à l'art. signalé sous le n° **9336**. Paru partiellement dans *Cor.*, 1921, t. CCLXXXII, p. 713-728. An. dans *R. M. G.*, 1921, p. 882-883.

9338. — *A Jules Ferry, Tunis, 24 avril 1899.* — S. l. [1899], gr. in-8°, 40 p., 2 pl.   Ferry (J.)

Avant-propos de Gaston Deschamps; discours prononcés par C. Krantz et René Millet à l'inauguration de la statue de Jules Ferry, à Tunis; postface de Georges Perrot, de l'Institut.

9339. — RAMBAUD (Alfred). *Jules Ferry.* — Paris, Plon, 1903, in-8°, XXVIII-553 p., portr.

Biographie très détaillée. Un chapitre sur la question tunisienne et le rôle de Jules Ferry dans l'expédition de 1881 (p. 287-310). An. dans *Q. Dipl. Col.*, 1904, t. XVII, p. 711; par A. Lichtenberger, dans *R. Historiq.*, 1904, t. LXXXIV, p. 333-334; dans *Quinz. col.*, 1904, p. 360.

9340. — DEPINCÉ. *Conférence du 24 février 1907...* — Malzéville-Nancy, imp. E. Thomas, 1907, in-8°, 20 p., portr.

Conférence sur Jules Ferry (1832-1893), précédée d'une allocution de G. Bourcart.

9341. — Brulat (Paul). *Histoire populaire de Jules Ferry.* Préface de M. Ferdinand Buisson... — Paris, librairie mondiale [1907], in-8°, 127 p., portr.

9342. — Bureau (Jocelyn), pasteur. *Une page d'histoire de la IIIe République. Jules Ferry et l'expansion coloniale de la France.* — R. T., 1908, p. 463-471.

<small>Conférence faite à Sfax (31 mai). L'œuvre de Jules Ferry au point de vue colonial, en particulier pour la conquête de la Tunisie; les progrès accomplis par la Tunisie depuis 1881.</small>

9343. — Sauzède (Albert). *Le rôle colonial de Jules Ferry.* — R. P. Parl., 1911, t. LIX, p. 344-353.

<small>Court résumé, mais précis, de son rôle dans les affaires de Tunisie, du Tonkin et de Madagascar; ses principes de politique coloniale.</small>

9344. — Ferry (Jules). *Lettres... 1846-1893.* — Paris, Calmann Lévy [1914], in-8°, viii-591 p., portr.

<small>Publiées par Mme Eug. Jules-Ferry. Parues partiellement dans *R. P.*, 1914, t. III, p. 65-97, 257-277, 486-516. Lettres adressées à sa famille et à des hommes politiques; n'intéressent pas la Tunisie, sauf celles portant les n°s 229 (légende de la Tunisie donnée par Bismarck au congrès de Berlin) et 256 (l'Italie et la Tunisie). An. par Raymond Guyot, dans *R. Historiq.*, 1917, t. CXXVI, p. 323-324.</small>

9345. — [Doumer (Paul), Bouisson (Fernand), Herriot (Édouard), Tardieu (André)]. *Jules, Charles et Abel Ferry.* — Nancy, arts graphiques modernes, 1927, in-8°, 47 p.

<small>Discours prononcés pour l'inauguration d'une plaque commémorative, 1, rue Bayard, à Paris (24 juin 1927). Quelques mots sur la politique extérieure de Jules Ferry : l'opération militaire, «rapide et peu coûteuse», qui mit la Tunisie sous le Protectorat français.</small>

Forgemol de Bostquénard.

9346. — Jamont (Général). *Discours prononcé... aux funérailles de M. le général de division Léonard-Léopold Forgemol de Bostquénard...* — Paris, imp. des orphelins-apprentis, 1898, in-16, 7 p., portr.

<small>Résumé de sa vie militaire; ses campagnes d'Afrique de 1853 à 1870, commandant la division de Constantine en 1879, commandant l'expédition de Tunisie, puis commandant en chef du corps d'occupation de 1881 à 1883.</small>

9347. — DESCHANEL (Paul). *Gambetta...* — Paris, Hachette, 1919, in-8°, 302 p., portr., pl. — Gambetta.

Figures du passé. — La Tunisie au Congrès de Berlin (p. 228-229); Gambetta dans l'affaire de Tunisie; il consacre l'œuvre de Jules Ferry dans la Régence (p. 259-270).

9348. — *Le général Gillain.* — *R. C.*, 1909, t. XLIX, p. 699. — Gillain.

Courte notice nécrologique résumant ses états de service; en Algérie : 1877-1881, 1881-1890; en Tunisie : 1881, au corps expéditionnaire, comme capitaine au 3° chass. d'Af.

9349. — E. L. G. *Le général Gillon.* — *R. Gén.*, 1907, t. XXXIV, p. 595-599. — Gillon.

Notice nécrologique donnant ses états de service; en Algérie : 1854-1862, 1864-1865, 1871-1874; commandant des troupes du corps d'occupation de Tunisie : 1886-1887.

9350. — *Le général Grillon.* — *R. Gén.*, 1902, t. XXIII, p. 471-474. — Grillon.

Discours prononcé à ses obsèques par le général Carette et résumant ses états de service; en Algérie : 1859-1861, 1864-1868; en Tunisie : 1885-1886, comme directeur du génie à Tunis.

9351. — *Le général Hanoteau.* — *Bul. Soc. G. Alger*, 1923, p. 326-328. — Hanoteau (M.).

Discours prononcés par le colonel Gard et le général Benoit aux obsèques du général Maurice Hanoteau; bref rappel de la carrière de celui-ci : en Algérie, 1910, 1914-1915, 1917-1919, expédition de Tunisie, 1881-1882; gouverneur d'Alger, commandant supérieur de la défense et commandant supérieur du génie en Algérie de mars 1914 à nov. 1915, commandant supérieur du génie en Algérie de 1917 à 1919.

9352. — YVER (Georges). *Le général Hanoteau.* — *R. Af.*, 1923, p. 165-166.

Courte notice nécrologique.

9353. — *Le général Hanoteau.* — *R. Gén.*, 1923, t. LII, p. 382-383.

Notice nécrologique résumant l'état de ses services; en Tunisie : 1881-1882; en Algérie : 1910, 1914-1915, 1917-1919. Son père, le général A. Hanoteau (v. n° **3871**).

Husson. **9354.** — *Nécrologie. A.-D. Husson (1871-1911).* — *Arch. Inst. Pasteur Tunis*, 1911, p. 247.

Notice du médecin aide-major, démissionnaire en 1901, qui s'établit à Grombalia, en 1904, comme médecin de colonisation.

Klein. **9355.** — *Le général Klein.* — *R. Gén.*, 1894, p. 528-530.

Discours prononcé à ses obsèques par le général Peaucellier et résumant ses états de service; en Algérie : 1865-1870; directeur du génie à Tunis de 1889 à 1893.

La Bégassière (Dubouays de). **9356.** — *M. le général de division Dubouays de La Bégassière.* — *R. Art.*, 1903, t. LXIII, p. 310-312.

Notice nécrologique; commande la division d'occupation de Tunisie de 1899 à 1903.

Lacroix. **9357.** — Mesplé (A.). *Le commandant Lacroix.* — *Bul. Soc. G. Alger*, 1910, p. 108-110.

Article nécrologique sur cet officier, ses campagnes : en Algérie, 1878-1881 et 1881-1910, régions sahariennes, 1900, campagne de Tunisie, 1881; entra en 1883 au Service des Affaires indigènes, dont il prit la direction en 1901; ses travaux et ouvrages.

Lamy (F.-J.-A.). **9358.** — Dumoulin (Maurice). *Le commandant Lamy.* — *Bul. Soc. G. Paris*, 1903, t. VII, p. 113-115.

Analyse du livre signalé sous le n° **3930**; les états de service du commandant Lamy.

Laveran. **9359.** — Phisalix (Marie). *Alphonse Laveran, sa vie, son œuvre.* — Paris, Masson, 1923, in-8°, 268 p., portr., 30 fig., pl.

Biographie très complète, analyse détaillée de ses travaux sur le paludisme, les leishmanioses, les trypanosomes, les trypanosomiases, etc.; liste de ses publications (p. 233-262).

9360. — LAVIGERIE, cardinal. *OEuvres choisies de Son Éminence le cardinal Lavigerie, archevêque d'Alger...* — Paris, Poussielgue frères, 1884, 2 vol. in-8°, iv-540 et 546 p.

Lavigerie

Recueil de lettres, discours ou allocutions du cardinal sur les missions et l'apostolat en Afrique dans lesquels il expose souvent ses vues sur l'administration, la colonisation et la solution des conflits en Algérie et en Tunisie; l'armée et la mission de la France en Afrique (v. n° **289**); lettres sur les missions au Sahara.

9361. — GRUSSENMAYER (Mgr A.-C.), protonotaire apostolique. *Vingt-cinq années d'épiscopat en France et en Afrique. Documents biographiques sur... le cardinal Lavigerie, archevêque de Carthage et d'Alger, primat d'Afrique, à l'occasion de son jubilé épiscopal...* — Alger, A. Jourdan, 1888, 2 vol. in-8°, 558 et 536 p.

Notes et documents officiels recueillis dans des publications diverses, l'œuvre du cardinal notamment dans l'administration archiépiscopale d'Alger, rapports avec l'armée, conflit tunisien, rétablissement du siège de Carthage, ses œuvres littéraires. An. par H.-D. de G. [Grammont], dans *R. Af.*, 1888, p. 397-398; par E. A., dans *Bul. Ass. Af. Nord*, 1889, p. 160-164.

9362. — PICOT (G.), de l'Institut. *Le cardinal Lavigerie et ses œuvres dans le bassin de la Méditerranée et en Afrique.* — *Réf. Soc.*, 1889, t. VIII, p. 146-166.

Discours prononcé le 13 juin : «les œuvres de la vie la plus pleine, de l'apostolat le plus actif et du cœur le plus français de notre temps».

9363. — LOLIÉE (Frédéric). *Le cardinal Lavigerie.* — *N. R.*, 1892, t. LXXIX, p. 810-814.

Notice nécrologique résumant les traits principaux de sa biographie. «Son nom restera lié d'une manière indissoluble au souvenir de la grande colonisation africaine et de l'établissement des Français en Tunisie».

9364. — SEVIN-DESPLACES (L.). *Le cardinal Lavigerie et l'Afrique.* — *R. G.*, 1893, t. XXXII, p. 1-5.

Notice nécrologique.

9365. — Ricard (Mgr). *Le cardinal Lavigerie, primat d'Afrique, archevêque de Carthage et d'Alger (1825-1892)*... — Paris, A. Taffin-Lefort [1893], in-8°, viii-494 p., portr.

Importante biographie.

9366. — Simon (Jules). *Quatre portraits : Lamartine, le cardinal Lavigerie, Ernest Renan, l'empereur Guillaume II, suivis d'un discours prononcé pour le centenaire de l'Institut*... — Paris, C. Lévy, 1896, in-18, 335 p.

La notice sur le cardinal Lavigerie est en partie extraite de la *Vie contemporaine*, 1er janvier 1895; le toast du cardinal.

9367. — Baunard (Mgr). *Le cardinal Lavigerie*... — Paris, C. Poussielgue, 1896, 2 vol. in-16, xv-544 et 694 p., portr., carte.

2e tirage, *ibid.*, 1898, xxiv-550 et 696 p.; 3e tirage, 1912, *ibid.*, xxiv-550 et 702 p.; 4e tirage, 1921, *ibid.* — Étude détaillée de la vie et de l'œuvre du cardinal : pour l'Église, la France et l'Afrique.

9368. — Klein (Abbé Félix). *Le cardinal Lavigerie et ses œuvres d'Afrique*. — Tours, A. Mame, 1897, in-8°, 351 p., 3 portr., 20 fig., carte.

Autres éd., *ibid.*, 1909 et 1925, in-8°, 367 p., 3 portr., 20 fig., carte. — La 1re éd., Paris, C. Poussielgue, 1890, in-18, 419 p., contient le discours prononcé par Mgr Lavigerie (v. n° **289**) pour l'inauguration du service religieux dans l'armée d'Afrique. — L'auteur s'est fortement documenté sur place; l'archevêque d'Alger, les orphelins arabes et la question du prosélytisme, les Pères Blancs, la Tunisie, le cardinal Lavigerie et la France. An. dans *Cor.*, 1890, t. CLXI, p. 979; dans *Af. expl.*, 1891, p. 152-154; dans *Bul. Com. A. F.*, 1891, n° 1, p. 16. Cf. *Cor.*, 1892, t. CLXIX, p. 855-882.

9369. — Massereau (T.). *Le cardinal Lavigerie et son œuvre*. — *Bul. Musée Châteauroux*, 1900-1903, p. 182-220.

Étude sur le cardinal, en particulier sur son œuvre à Alger, ses essais d'assimilation, son influence sur les missions, sa lutte contre l'esclavagisme, ses travaux en Tunisie.

9370. — COLLEVILLE (Vte de). *Le cardinal Lavigerie...* — Paris, libr. des Saint-Pères, 1905, in-18, 231 p., portr.

<small>Les grands hommes de l'Église au XIXe siècle, t. VIII. — Biographie détaillée. An. par Em. D. de Montcorin, dans *R. É. H.,* 1905, p. 314-316.</small>

9371. — DEBIDOUR (A.). *Le cardinal Lavigerie et la République française.* — *R. P. L.,* 1908, t. IX, p. 100-105.

<small>Extr. de l'ouvrage l'*Église catholique et l'État sous la troisième République* (*1870-1906*),... t. II, 1889-1906 (Paris, F. Alcan, 1909, in-8°); le toast du 12 nov. 1890 et la politique du ralliement.</small>

9372. — LACOMBE (Bernard de). *Le cardinal Lavigerie.* — *Cor.,* 1909, t. CCXXXVI, p. 891-921.

<small>Ses œuvres entreprises, de la Tunisie au Sud algérien, aux grands lacs de l'Afrique équatoriale, à l'Orient; sa croisade contre l'esclavage. «Son nom restera lié au souvenir glorieux de la France en Algérie et en Tunisie» (M. Deschamps, *Journal des Débats*).</small>

9373. — TOURNIER (J.), aumônier du lycée Carnot, à Tunis. *Le cardinal Lavigerie et la politique coloniale de la France en Afrique (Documents inédits).* — *Cor.,* 1912, t. CCXLVI, p. 833-864.

<small>Rapport (1er déc. 1870) adressé par l'archevêque d'Alger au Gouvernement de Tours au sujet de l'Algérie; ce qui manque à ce pays aux points de vue de la colonisation (des terres et des colons), de la politique, de la défense, des indigènes, de la propriété française; action auprès du ministre des Affaires étrangères et de Gambetta au sujet de la nécessité d'assurer le Protectorat de la Tunisie; indications qu'il fournit pendant l'expédition; justification de son œuvre en Tunisie, menées italiennes en Tunisie.</small>

9374. — PHILIPPE (Antony), des Pères Blancs. *Le cardinal Lavigerie, 1825-1892.* — Dijon, Public. Lumière, 1923, in-16, 172-II p., portr.

<small>*Les grands catholiques des XIXe et XXe siècles.* — L'auteur a utilisé l'ouvrage signalé sous le n° **9367** et surtout les lettres et instructions du cardinal à ses missionnaires ainsi que des renseignements fournis par des Pères Blancs. An. par Léon Dufour, dans *Études,* 1924, t. CLXXX, p. 365-366; par Louis Jalabert, *ibid.,* 1926, t. CLXXXVIII, p. 113-114; dans *Cor.,* 1925, t. CCCI, p. 480.</small>

9375. — Goyau (Georges), de l'Académie française. *Un grand missionnaire. Le cardinal Lavigerie.* — Paris, Plon [1925], in-16, 271 p., 2 portr.

R. D. M., 1925, t. XXVI, p. 310-343, 579-609, 775-807; t. XXVII, p. 149-186. — La France en Afrique avant Lavigerie; l'œuvre du cardinal comme évêque d'Alger, puis comme devancier et conseiller de la France en Tunisie; son but «conquérir l'Afrique à la France et à la civilisation». An. par le colonel Paul Azan, dans *Bul. Com. A. F.*, 1925, p. 505-509 (reproduit dans *Bul. Office Protectorat*, déc. 1925-janvier 1926); par J. T. [Tramond], dans *R. H. Col. Fr.*, 1925, p. 477-479; par J. Ruinaut, dans *R. Q. Hist.*, 1926, t. IX, p. 229; par Louis Jalabert, dans *Études*, 1926, t. CLXXXVIII, p. 113-114; par Em. Déborde de Montcorin, dans *R. É. H.*, 1926, p. 214-216; dans *Bul. union col.*, 1926, p. 215.

9376. — *En souvenir d'un grand africain. Le centenaire de la naissance du cardinal Lavigerie.* — *Bul. Com. A. F.*, 1925, p. 626-633.

L'hommage de l'Algérie, de la Tunisie et de la Lorraine; discours prononcés par MM. Violette, Lucien Saint et le maréchal Lyautey à Alger, à Tunis et à Nancy; Lavigerie et le Maroc : «le Maroc est le pendant de la Tunisie» (Carthage, 20 déc. 1884).

9377. — Julien (Mgr Eugène), évêque d'Arras. *Lavigerie.* — *Cor.*, 1925, t. CCCI, p. 321-343.

Le grand missionnaire doublé d'un grand politique.

9378. — Jalabert (Louis). *Un grand africain : le cardinal Lavigerie.* — *Études*, 1925, t. CLXXXIV, p. 641-662; t. CLXXXV, p. 31-55.

Biographie du «grand ouvrier de l'évangélisation africaine» qui fut, «du même coup, le plus puissant agent de la politique française en terre d'Afrique».

9379. — Bertrand (Louis). *Le centenaire du cardinal Lavigerie à la Sorbonne.* — *R. D. M.*, 1925, t. XXX, p. 578-608.

Étude du caractère, de la formation et de la carrière du cardinal Lavigerie faisant notamment ressortir comment la souplesse diplomatique qu'il avait acquise comme auditeur de rote s'alliait à ses qualités d'homme d'action, comment l'archevêque d'Alger, un des plus grands héros français, a servi la cause de la civilisation et de la pénétration de la France en Afrique. «Pour se manifester tout entier, ce conquérant de taille épique aurait dû vivre en des siècles de liberté.» Cf. J. Ladreit de Lacharrière, M. *Louis Bertrand et les coloniaux. Bul. Com. A. F.,* 1926, p. 29-30.

9380. — RENARD (Chanoine Edmond). *Lavigerie.* — Paris, éd. Spes, 1926, in-16, 294 p.

Importante biographie : l'homme, l'évêque, le missionnaire, l'homme politique; appendices, bibliographie. An. par L. Raveneau, dans *Bibl. g.,* 1927, p. 39-40.

9381. — CAMBON (Jules). *Souvenirs sur le cardinal Lavigerie;* BAUDRILLART (Mgr Alfred). *Le cardinal Lavigerie, apôtre de l'Évangile;* BÉRARD (Louis). *La grandeur du cardinal Lavigerie.* — *R. H. Missions,* 1926, p. 1-39.

Discours prononcés en 1925 à la Sorbonne et à Bayonne. Le cardinal en Algérie et en Tunisie, son œuvre, son caractère, sa vie religieuse, son idéal de missionnaire : l'alliance pratique de la France et du catholicisme dans l'Afrique du Nord; sa formation intellectuelle, le «prêcheur de croisades».

9382. — CAMBON (Jules). *Souvenirs sur le cardinal Lavigerie.* — *R. D. M.,* 1926, t. XXXII, p. 277-289.

Points les plus saillants de la carrière du cardinal que l'auteur a connu, dans sa jeunesse, professeur à la Sorbonne. Départ pour la Syrie, épiscopat à Nancy et à Alger; malentendus avec le maréchal de Mac Mahon; opposition au prosélytisme inconsidéré; création de l'hôpital de St-Cyprien des Attafs; croisade contre l'esclavage, mission des Pères Blancs d'Afrique; rôle du cardinal dans l'établissement du protectorat en Tunisie; la visite de Jules Ferry à St-Eugène; le banquet du 12 nov. 1890.

9383. — BERTRAND (Louis). *Devant l'Islam, retour d'Égypte, le centenaire du cardinal Lavigerie, notre Afrique, sur un livre de Paul Adam, Saragosse.* — Paris, Plon, 1926, in-12, 259 p.

14º éd., (réimp.), *ibid.* — Recueil d'art. de l'auteur (v. nº **9379**) et d'analyses d'ouvrages. An. par Louis Jalabert, dans *Études,* 1926, t. CLXXXVII, p. 622-623.

9384. — JAMMES (Francis). *Lavigerie.* — Paris, E. Flammarion, 1927, in-16, 201 p.

Les grands cœurs. — Jeunesse, caractère, formation, carrière de Lavigerie. An. dans *R. P.,* 1927, t. VI, p. 714-715; par Louis Jalabert, dans *Études,* 1927, t. CXCII, p. 248.

Le Bœuf. **9385.** — *Un drame d'Afrique. La mort tragique du lieutenant-colonel Le Bœuf.* — *Bul. Com. A. F.*, 1918, p. 243-245.

Biographie du lieut-colonel Le Bœuf tué au cours d'une reconnaissance en avion (15 sept. 1916) dans l'Erg (Sehan-Zebs); son rôle dans l'organisation du Sud tunisien à partir de 1896; ses travaux sur cette région.

Lescot. **9386.** — *Le général Lescot.* — *R. C.*, 1913, t. V, p. 509-510, portr.

Courte notice biographique résumant l'état de ses services; en Tunisie, au corps expéditionnaire : 1881-1882; en Algérie : 1882-1884.

Lucas. **9387.** — *Le général de division Lucas.* — *R. C. M.*, 1888, p. 823.

Courte notice nécrologique; en Algérie et en Tunisie (1850-1864, 1871-1875, 1885-1887), servit aux Tirailleurs algériens, commanda la subdivision de Tunis, puis celles d'Orléansville et de Constantine; cité à l'ordre du jour du corps expéditionnaire de Kabylie (1871).

Malleterre. **9388.** — ALFASSA (Maurice). *Le général Malleterre (1858-1923).* — *N. R.*, 1925, t. LXXIX, p. 97-111, 247-258.

La vie et l'œuvre du général; pages écrites par un de ses familiers; ses campagnes de Tunisie et du Sud-Oranais, de 1880 à 1885, comme sous-lieut^t; directeur du musée de l'Armée, depuis 1919.

Marceille. **9389.** — VALENTIN (Chanoine). *Vie de l'abbé Marceille; vingt-cinq ans en Tunisie, apostolat auprès des enfants, des pauvres et des soldats; vie et manuscrits...* — Toulouse, É. Privat, 1912, in-8°, 279 p., pl., portr., carte.

Nommé aumônier du corps expéditionnaire (1881), reste en Tunisie jusqu'en 1901.

Marion. **9390.** — *Le général Marion.* — *R. C.*, 1911, t. Ier, p. 12-13, portr.

Notice biographique du général résumant ses services : en Algérie : 1868-1870, 1872-1885; commande la brigade de cavalerie de Tunisie : 1899-1900.

9391. — *Le général Marmier.* — *R. Gén.*, 1905, t. XXIX, p. 452-454. — Marmier.

Discours prononcé à ses obsèques par le général Deckherr et résumant l'état de ses services; en Tunisie : 1899-1903, comme commandant supérieur de la défense et gouverneur de Bizerte.

9392. — C. D. [DESCORPS]. *Nécrologie. Gaston Méry.* — *Bul. Soc. G. Alger,* 1897, p. 106-108. — Méry.

Article nécrologique sur cet explorateur décédé à Tombouctou; accompagna Duveyrier au Sahara en 1876, adjoint au commandant Roudaire au cours de ses travaux dans le Sud de l'Algérie et de la Tunisie, fit de nombreuses explorations au Sahara en 1891, 1892, 1893.

9393. — *L'explorateur Gaston Méry (1844-1896).* — *R. T.*, 1897, p. 232-235, phot.

Notice nécrologique rappelant ses séjours en Tunisie (mission Roudaire) et ses diverses explorations.

9394. — *Nos morts. M. René Millet.* — *Bul. Com. A. F.*, 1919, p. 306. — Millet (R.)

Courte notice nécrologique retraçant son œuvre en Tunisie et son action en faveur du Maroc.

9395. — ***. *Le bey de Tunis Sidi Mohammed.* — *R. P.*, 1904, t. IV, p. 428-440. — Mohamed el Adi ben Ali ben Hassen.

A propos de son voyage officiel en France (1904), détails sur sa vie, sa mentalité; son avènement (11 juin 1902).

9396. — *Mohammed Es Saddock, bey de Tunis.* — *Moniteur de l'Armée,* 1er nov. 1882. — Mohamed es Sadok ben Hassen ben Mahmoud.

Bref article nécrologique et détails sur les funérailles du bey.

9397. — DEMANCHE (Georges). *Le massacre de la mission Morès.* — Morès (m[is] de). — *R. F. Étr. Col.,* 1896, p. 408-416.

Récit de l'expédition; mesures qui s'imposent.

9398. — Vuillot (P.). *Le massacre de la mission de Morès.* — *C. R. Soc.G. Paris,* 1896, p. 259-261.

<small>Causes du massacre; mesures à prendre. Cf. *R. C. M.,* 1896, 1er sem., p. 653--654.</small>

9399. — *La mort du marquis de Morès.* — *Bul. Com. A. F.,* 1896, p. 209-212.

<small>But et historique de la préparation de la mission de Morès; récit détaillé de sa mort par Zmerli, seul survivant de la mission. Reproduit dans *Bul. Soc. G. Lille,* 1896, t. XXVI, p. 56-61.</small>

9400. — Noir (Louis). *Le massacre de l'expédition du marquis de Morès.* — Paris, Fayard frères [1896], in-8°, 32 p.

<small>*Bibliothèque de la vie populaire.* — Biographie du marquis de Morès; l'Angleterre et l'Afrique, valeur politique et commerciale du Sahara et du Soudan, les projets de Morès, les précédents assassinats, mort de Morès; le chemin de fer transsaharien et une exploration préalable du pays touareg.</small>

9401. — Pontmartin (Armand de). *Pages oubliées. Le marquis de Morès.* — *N. R. Int.,* 1897, 1er sem., p. 803-804.

<small>Anecdote sur le jeune Antoine de Vallombrosa, en 1872.</small>

9402. — Pavy (Auguste), publiciste. *L'expédition de Morès...* — Paris, J. André, 1897, in-12, 153 p., 2 cartes, 11 pl., portr., fac.-simil.

<small>Récit détaillé de l'expédition de Morès; intervention de la Résidence; motifs pour lesquels le commandant supérieur de Gabès n'a pas fourni d'escorte; itinéraire, guet-apens, recherche des cadavres; nécessité de ne pas laisser impunis les meurtres au Sahara. Carte itinéraire de Morès. An. par L. B., dans *R. T.,* 1897, p. 473-475; par A. T., dans *Q. Dipl. Col.,* 1897, t. Ier, p. 574-575; dans *Bul. Com. A. F.,* 1897, p. 247.</small>

9403. — *Les assassins du marquis de Morès.* — *Bul. Com. A. F.,* 1898, p. 302-303.

<small>Reproduction d'un art. de la *Dépêche Sfaxienne.* Cf. *R. F. Étr. Col.,* 1898, p. 49.</small>

9404. — Donos (Ch.). [Martrin-Donos (Bon Charles de).] *Morès, sa vie, sa mort.* — Paris, F. Laur, 1899, in-16, 276 p., portr.

2ᵉ éd., *ibid.* — Biographie détaillée de Morès par un de ses camarades d'enfance; sa carrière militaire, ses voyages, sa carrière politique, le double but de son expédition.

9405. — TALMEYR (Maurice). *L'affaire Morès.* — *R. H.*, 1900, t. VII, p. 428-432.

Déposition de Mohamed Taïeb, témoin de l'assassinat; pourquoi la justice n'agit-elle pas ?

9406. — BARRÈS (Maurice). *Une vengeance dans le désert. Mort du marquis de Morès et arrestation de ses assassins.* — *Minerva*, 1902, t. Iᵉʳ, p. 481-505.

Écrit lors du procès des assassins de Morès; physionomie de Morès, ce qu'il tentait, son départ et sa mort; arrestation des assassins.

9407. — LAUNAY (Robert de). *L'assassinat de Morès; avant les débats du procès* (Signé : Robert Launay). — *R. P. L.*, 1902, t. XVIII, p. 76-82.

Notice biographique de Morès, ses projets; le drame du 6 juin 1896 dont la justice tunisienne « doit enfin étudier, sinon éclaircir le mystère». Extr. dans *Q. act.*, 1902, t. LXIV, p. 322-330.

9408. — PASCAL (Félicien). *L'assassinat de Morès. Un crime d'État.* — Paris, imp. Hardy et Bernard, 1902, in-16, 159 p., pl., carte, portr.

Récit détaillé de la vie de Morès et de son expédition, dont l'initiative hardie a été entravée par le Gouvernement, d'après l'auteur, qui attaque et accuse.

9409. — DELAHAYE (Jules). *Les assassins et les vengeurs de Morès.* — Paris, V. Retaux, 1905-1907, 3 vol. in-18, xx-327, xx-424, xx-778 p., portr., cartes.

Études d'histoire contemporaine et peintures coloniales. I. Le marquis de Morès, son rêve africain, le milieu d'un crime d'État, Algérie et Tunisie. II. L'expédition de Morès et le guet-apens d'El Ouatia. III. La découverte et l'étouffement de la vérité sur le crime d'El Ouatia, histoire d'une procédure criminelle sous la troisième République. Nombreuses notes explicatives. An. dans *R. F. Étr. Col.*, 1906, p. 351.

9410. — Launay (Robert de). *Des journées et des hommes, histoires vraies du siècle passé...* — Paris, Nouvelle libr. nat., 1909, in-16, 307 p.

Série d'épisodes : Mazagran, février 1840, d'après des documents inédits (p. 83-111), [v. n° **810**]; l'assassinat de Palat (p. 223-248) [v. n° **4069**]; l'exécution de Morès (p. 249-276).

9411. — Droulers (Charles). *Le marquis de Morès, 1858-1896.* — Paris, Plon, 1922, in-16, 255 p., carte, 7 grav.

Biographie détaillée; enfance et jeunesse, Saint-Cyr, Saumur, vie de garnison, démission; préparatifs de l'expédition saharienne, voyage dans le Sud-Algérien, séjour dans le Souf; départ pour la Tunisie, en route pour Ghadamès, Rhat et le Haut-Nil, défections et trahisons, le guet-apens d'El Ouatia, la bataille; après la mort. Bibliographie.

Mustapha ben Ismaïl.

9412. — Gandolphe (Marcel). *Une figure tunisienne. Mustapha ben Ismaïl.* — S. l. n. d., in-8°, 4 p., portr.

R. T., 1921, p. 83-86, portr. — Notes inédites sur l'ancien garçon de bureau devenu gendre du bey Mohamed es Sadok et comblé de tous les honneurs tunisiens; son double rôle lors de l'occupation française en 1881.

Nivelle.

9413. — *Le général Nivelle, commandant en chef des armées du nord et du nord-est.* — *Lectures pour tous*, oct. 1916-mars 1917, p. 634-638, ill.

État des services du général, bref rappel de son séjour à l'état-major de la brigade d'occupation de Tunisie.

O'Neill.

9414. — *Nécrologie.* — *Sp. Mil.*, 1896, t. XXIII, p. 76.

Notice nécrologique résumant l'état des services du général O'Neill; ses nombreuses campagnes d'Afrique (1864-1868, 1878-1883, 1884-1889, 1891-1893); colonel du 2° Tirailleurs (1878-1883), prend part à l'expédition de Tunisie (1881).

Pavillier.

9415. — Ducroquet (P.). *Georges Pavillier, directeur général des Travaux publics de la Régence (1893-1903).* — *R. T.*, 1917, p. 205-214.

Notice nécrologique, résumant l'activité de G. Pavillier en Tunisie : routes, voies ferrées, ports, phosphates, etc.

9416. — *Notice sur les travaux scientifiques de M. F. Perrier.* — Paris, Gauthier-Villars, 1879, in-4°, 33 p.

Perrier.

9417. — *Discours prononcés à l'occasion de la cérémonie d'inauguration de la statue du général Perrier, à Villeraugue...* — Paris, typ. Firmin-Didot, 1892, in-4°, 22 p.

Institut de France, Académie des sciences. — Discours de G. Darboux, au nom de l'Académie des sciences, et de J. Janssen, au nom du Bureau des longitudes (v. n° **9418**).

9418. — *Discours prononcés à l'inauguration de la statue du général Perrier, à Villeraugue (Gard), le 28 août 1892.* — Paris, imp. Gauthier-Villars, s. d., in-8°, 48 p.

Discours de M. Gaussorgues, député du Gard, de G. Darboux, de J. Janssen (v. n° **9417**), de M. Teissier du Cros, conseiller général, du colonel Bassot, de Émile Jamais, sous-secrétaire d'État aux Colonies.

9419. — *Académie des sciences. Séance publique annuelle du lundi 21 décembre 1903, présidée par M. Albert Gaudry...* — Paris, typ. Firmin-Didot, 1903, in-4°, 76 p.

Institut de France, 1903, n° 19. — Darboux (Gaston), *Éloge historique de François Perrier, membre de l'Académie...* (p. 17-76) : rappelle ses travaux en Algérie (1859-1861, 1864-1870, 1874-1877) et ses trois missions en Tunisie (1878-1881).

9420. — Thévenin (Armand). *Léon Pervinquière, notice nécrologique...* — Bul. Soc. géol. France, 1914, p. 478-486.

Pervinquière.

La vie de ce géologue, liste de ses principaux travaux; le fort Pervinquière.

9421. — *Le général Lucas de Peslouan.* — R. Gén., 1895, t. X, p. 187-188.

Peslouan (Lucas de).

Discours prononcé à ses obsèques par le général Jacquemin et résumant l'état des services; en Algérie : 1861-1865, en Tunisie : 1881, commande le génie de la brigade de réserve.

Pistor. **9422.** — Miles (E.). *Le général Pistor.* — *Op.*, 27 juin 1908, p. 16-17.

> Notice biographique anecdotique du nouveau commandant de la division d'occupation de Tunisie.

Polignac (de). **9423.** — Tarry (Harold). *Le colonel prince de Polignac.* — *Bul. Soc. G. Alger*, 1904, p. 242-245.

> Article nécrologique sur Ludovic de Polignac; ses services: en Algérie, 1857-1859, 1859-1867 et 1877-1881; envoyé en mission à Ghadamès, en 1862, pour négocier avec les chefs touareg; chef d'état-major de la division de Constantine pendant l'expédition de Tunisie, 1881.

Poul (de) **9424.** — *Nécrologie.* — *R. C.*, 1893, t. XVI, p. 643-644.

> Notices résumant l'état des services du colonel de Poul; en Algérie : 1869, 1880-1886; commande le 4ᵉ hussards pendant l'expédition de Tunisie (1881).

Putz. **9425.** — *M. le général de brigade Putz.* — *R. Art.*, 1902, t. LXI, p. 401-404.

> Notice nécrologique; en Algérie, comme lieut^t, 1853-1854; en Tunisie, comme colonel commandant de l'art^{ie} du corps expéditionnaire, 1881; ses nombreux travaux et études.

Roudaire. **9426.** — Milne-Edwards (Adolphe). [*Allocution*]. — *C. R. Soc. G. Paris*, 1885, p. 41-44.

> Éloge du commandant Roudaire, ses travaux. Cf. Ferdinand de Lesseps, *L'œuvre de M. Roudaire sera continuée. Ibid.*, p. 53.

9427. — Gravier (Gabriel). *Nécrologie. Le lieutenant-colonel François-Élie Roudaire.* — *Bul. Soc. normande G.*, 1885, p. 59-63.

> Courte notice biographique; les travaux de Roudaire concernant le projet de mer intérieure.

9428. — CANAL (Joseph). *Page d'histoire de la Tunisie. Une figure qui disparaît : M. Roy, secrétaire général du Gouvernement tunisien.* — R. T., 1919, p. 367-372.   Roy.

Article nécrologique retraçant la carrière du secrétaire général depuis 1889; son action au Kef pendant l'expédition de 1881.

9429. — *Nécrologie. Le général de Saint-Jean.* — R. C. M., 1887, 2ᵉ sem., p. 476.   Saint-Jean (de).

Courte notice résumant l'état de ses services; en Algérie : 1843-1848, 1858-1863, 1864-1870 et en 1880 et 1882 comme inspecteur général de la cavⁱᵉ et des spahis; en Tunisie : 1881-1882.

9430. — *Le général de brigade de Saint-Jean.* — R. C., 1888, t. VI, p. 210-211.

Courte notice nécrologique résumant l'état de ses services.

9431. — *Le général Saussier.* — Paris, imp. Pairault, 1893, in-8°, 8 p.   Saussier.

Courte notice biographique du gouverneur militaire de Paris.

9432. — A. G. *Le général Saussier.* — N. R., 1898, t. CX, p. 531-535.

Notice biographique donnant l'état des services et résumant les campagnes du général commandant le corps expéditionnaire de Tunisie en 1884.

9433. — X. Y. Z. *Le général Saussier.* — R. Palais, 1898, t. Iᵉʳ, p. 108-126.

Notice résumant l'état des services du Gouverneur de Paris, qui fut mêlé à de nombreux événements politiques.

9434. — BUISSON. [*Discours prononcé à l'occasion des obsèques du commandant Servonnet.*] — R. T., 1897, p. 3-6.   Servonnet.

Les œuvres du capitaine de frégate attaché naval à la Résidence.

Sicre. **9435.** — *Nécrologie. A. Sicre (1879-1911).* — *Arch. Inst. Pasteur Tunis*, 1911, p. 182-183.

Courte notice de l'ancien directeur du laboratoire de bactériologie militaire à Tunis; liste de ses principaux travaux.

Stiltz. **9436.** — *M. le général de brigade Stiltz.* — *R. Art.*, 1904, t. LXV, p. 240-241.

Courte notice nécrologique; en Algérie : 1875-1880, 1881 (expédition de Tunisie) — 1885; en Tunisie : 1892-1895, commandant l'art^{ie} et le train des équipages.

Thomas (Ph.) **9437.** — Vassel (Eusèbe). *L'auteur de la découverte des phosphates africains et la mission d'exploration scientifique de la Tunisie...* — Tunis, Imp. rapide, 1899, gr. in-8°, 42 p.

R. T., 1898, p. 401-422; 1899, p. 58-70, 180-186. — Carrière militaire de Philippe Thomas, vétérinaire principal de 1re cl. en 1895; ses publications depuis 1873; attaché en 1884 comme paléontologue et géologue à la mission de l'exploration scientifique de la Tunisie; historique succinct de cette mission, liste des travaux qu'elle fit paraître; les découvertes de phosphates par P. Thomas, publications à ce sujet, résultats de ses recherches, qui n'ont pas été récompensées; «aujourd'hui, comme en 1885, le plus clair de l'avoir de M. Thomas est sa solde d'officier».

9438. — Vassel (Eusèbe). *Philippe Thomas.* — *R. T.*, 1910, p. 93-99, portr.

Courte notice biographique, ses découvertes, ses travaux. Cf., *ibid.*, 1911, p. 3-5.

9439. — Pervinquière (L.). *Le géologue Philippe Thomas.* — *R. Sc.*, 1910, 1er sem., p. 283-284.

Notice nécrologique; ses découvertes, ses travaux. Cf. du même, *Hommage à Philippe Thomas, inventeur des phosphates de l'Afrique du Nord. Ibid.*, 2e sem., p. 820-821; Bertholon (D^r), *L'œuvre de Philippe Thomas. Bul. agr. Alg. Tun.*, 1910, p. 536-358.

9440. — *Le monument de Philippe Thomas.* — *Quinz. col.*, 1913, p. 303-304.

Inauguration (25 avril) du monument à Sfax par le résident général; les conséquences incalculables des découvertes de ce vétérinaire militaire.

9441. — Gautier (Armand). *Inauguration de la statue de Philippe Thomas, à Sfax, le ... 27 avril 1913.* — Paris, Gauthier-Villars, 1913, in-4°, 5 p.

Institut de France, Académie des sciences. — Discours prononcé par M. Charléty : «les découvertes d'un modeste savant français, vétérinaire de l'armée... qui enrichit son pays en s'oubliant lui-même».

9442. — *Inauguration du monument Philippe Thomas.* — *R. T.*, 1913, p. 388-406, pl.

Discours prononcés (29 mai 1913) par le Dr Bertholon, Curtelin, Georges, vétérinaire principal, Ducloux, Ginestous, L. Pervinquière, Berthon, G. Alapetite, résident général. Cf. *Pour Philippe Thomas, matinées scolaires. Ibid.*, p. 248-254 : causerie-leçon de Ginestous, sur la découverte de Ph. Thomas et ses heureuses conséquences.

9443. — Thoumazou (Intendant Général H.). *Souvenirs militaires (1867-1909), avec une préface de Marc Langlais, une notice complémentaire (1914-1920) de l'intendant général Grandclément...* — Paris, imp. M. Dormann, 1922, in-16, 294 p., portr.

Thoumazou.

R. Int., 1921, p. 264-289, 420-447; 1922, p. 52-84, 155-177, 244-270, 323-352, 406-437, 518-534, 596-623, 698-723. — L'auteur servit comme officier de troupe de 1865 à 1873 (Rome, guerre de 1870), puis comme fonctionnaire de l'Intendance, en Algérie (1875-1880), en Tunisie, comme chef des services administratifs de la colonne Logerot, puis comme sous-intendant à Sousse (1881-1885), enfin au Tonkin, à Tunis (1892-1894), à Madagascar. Cf. *Inauguration du monument élevé à la mémoire de l'intendant général Thoumazou. Ibid.*, 1922, p. 1093-1097 (v. n° **4159**).

9444. — Gautreau (Chef d'esc^{on} Henri). *Le général Tricoche, 1824-1900.* — Paris, imp. Oberthur, 1901, in-8°, 30 p., portr.

Tricoche.

Notice nécrologique. Sert en Algérie, en 1854-1855, comme adjoint à la direction de l'art^{ie} de Constantine et prend part à l'expédition du Souf et de Touggourt; directeur de l'art^{ie} au ministère de la Guerre pendant l'expédition de Tunisie et jusqu'en 1883; inspecteur général de l'art^{ie} et des équipages militaires en Algérie et en Tunisie en 1884; député de 1890 à 1893.

Villien. **9445.** — *M. le général de division Villien.* — *R. Art.*, 1907, t. LXX, p. 135-136.

Notice nécrologique; en Tunisie : 1889-1892, comme chef d'esc^{on}; ses études.

Vincendon. **9446.** — Vincendon (Commandant J.-M.). *Le général Vincendon, 1833-1909.* — S. l. n. d., in-8°, 40 p., tabl., portr.

Tiré à 100 ex. — Notice historique d'un «brave entre les plus braves» encadrée dans le récit des opérations auxquelles il prit part; ses campagnes en Afrique : 1852-1854 (Laghouat, les Babor), 1856-1859 (Petite et Grande Kabylie), 1859-1862 (Maroc, Kabylie orientale); commande la 1re brigade de renfort pendant l'expédition de Tunisie; état complet des services, blessures, citations.